Aus Schweizer Küchen

Aus Schweizer Küchen

Originalrezepte der verschiedenen
Regionen der Schweiz
herausgegeben von Marianne Kaltenbach

Die Autorin

Marianne Kaltenbach hat sich als Gastronomie-Journalistin, Kochbuchautorin und kulinarische Expertin in vielen Fachfragen hohes Ansehen erworben. Sie ist Vorstandsmitglied vieler gastronomischer Clubs und Verbände in der Schweiz und in Frankreich. Für ihre Arbeit und ihre Bücher wurde sie vielfach ausgezeichnet. Neun ihrer Bücher erhielten Silbermedaillen der Gastronomischen Akademie Deutschlands, 1984 gewann der Titel »Meine Fischküche« die begehrte, nur selten vergebene Goldene Feder der GAD.

1993 verlieh ihr die Académie Suisse des Gastronomes für das gesamte Werk den »Grand Prix de littérature gastronomique Trophée Charles Exbrayat«, 1994 den Grand Prix der »Académie Internationale des Gourmets et des Traditions«, 1999 die Goldmedaille und das goldene Lorbeerblatt für das beste Kochbuch der Schweiz vom Förderverein des Schweizerischen Gastronomie-Museums in Thun. 2000 wurde sie mit dem Kunst- und Kulturpreis der Stadt Luzern geehrt.

Für ihr Buch »Aus Italiens Küchen« erhielt sie den Gourmand World Cookbook Award 2003 Germany in der Kategorie »Best Italian Cuisine Book«. In der internationalen Bewertung des World Cookbook Awards bekam das Buch eine besondere Erwähnung in der Kategorie »Best Italian Cuisine Book« (published outside Italy).

Marianne Kaltenbachs kulinarische Liebe reicht von regionalen Spezialitäten, dem Unkomplizierten bis zur raffinierten Küche. Es macht ihr Spaß, ihre kreativen Rezepte selber in ihrer Versuchsküche in ihrem Haus in Luzern zu testen.

Inhalt

Vorwort

Nun ist es endlich so weit. »Mein« Schweizer Kochbuch liegt überarbeitet vor mir. Jahrelang habe ich Rezepte zusammengetragen und heute nun für das neu gestaltete Werk noch ergänzt.

Mir schwebte von allem Anfang an ein Buch vor Augen, das eine charakteristische Auswahl traditioneller Rezepte umfassen sollte, die auch heute noch ihre Gültigkeit haben. Ich dachte dabei an all die schmackhaften Gerichte, die unverfälscht überliefert worden oder zu Unrecht etwas in Vergessenheit geraten sind. Da ich kein kulturhistorisches Werk zu schreiben beabsichtigte und mein Buch auch keinerlei Anspruch auf Vollständigkeit erhebt, beschloss ich, aus der Fülle der gesammelten Rezepte die für unsere heutigen Verhältnisse geeignetsten auszusuchen. Das ging natürlich nicht ohne entsprechende Experimente ab. Das Gericht durfte aber keinesfalls seinen Charakter verlieren, und Kräuter kamen nur dort dazu, wo mit einiger Sicherheit an Ort und Stelle auch die entsprechenden Pflanzen gedeihen können. Es war keineswegs einfach, aus all den zahlreichen »Scarpatschas«, »Papets Vaudois«, »Tartres au raisiné« oder Minestrone die besten Zubereitungen auszuwählen. Schmackhafte Varianten gibt es beinahe so viele wie gute Köchinnen. Immerhin hoffe ich, dass Ihnen meine Auslese gefallen wird. Sinn und Zweck dieses Kochbuches ist es auch, die Freude an Traditionen und Brauchtum zu wecken. So habe ich die volkskundlichen Informationen, die ich beim Sammeln der Rezepte erhielt, jeweils an geeigneter Stelle im Text eingefügt. Vieles ist natürlich Legende, und oft gibt es verschiedene Varianten über Begebenheiten oder die Herkunft eines Gerichts.

Bekanntlich wurde früher, als es noch keine Kühlschränke gab, der Küchenzettel weitgehend auf die Jahreszeiten abgestimmt. Nach dem naturgegebenen Rhythmus sind denn auch die Rezepte dieses Buches angeordnet. Vielleicht wird dies Hobbyköche und -köchinnen dazu anregen, wieder vermehrt die einheimischen Märkte zu besuchen oder Beziehungen zu Lieferanten auf dem Lande anzuknüpfen. Dies bereitet doch viel mehr Spaß, als immer nur alles fix und fertig vom Regal zu nehmen. Man möchte sich auch wieder auf etwas Besonderes freuen können, auf einheimische Walderdbeeren, frische Eierschwämme oder Steinpilze. Dass wir das Rad nicht ganz zurückdrehen können und wollen, ist ja klar. Aber wir sollten wieder ein wenig bescheidener werden. Zurück zu einfacheren Genüssen, zum Unverfälschten … Übrigens ist es erstaunlich festzustellen, dass diese »ehrliche« und saisonale Küche wieder neu auflebt und gefragt wird.

Wenn Sie als Leserin oder Leser auch so denken, dann werden Sie in diesem Kochbuch viel Brauchbares finden. Für Ihre kulinarische Entdeckungsreise wünsche ich Ihnen viel Spaß und guten Appetit.

Ihre Marianne Kaltenbach

Zu den Rezepten

Zuerst eine große Bitte!

Lesen Sie die Rezepte vor dem Kochen oder noch besser bereits vor dem Einkaufen genau durch. So werden Ihnen der Ablauf des Kochens und die Zusammenhänge klar, und Sie können sich anschließend alle Arbeiten genau einteilen und vieles im Voraus machen. Dieses Vorgehen ist besonders wichtig bei Gerichten, die vor dem Anrichten noch kleine Handreichungen erfordern. Gut vorbereitet ist halb gekocht!

Details, die Sie wissen müssen!

Ich habe die Rezepte dieses Buches so gestaltet, dass sie ein Höchstmaß an nützlichen Informationen bieten. Folgende Angaben wurden als Randbemerkungen angefügt:

ARBEITSAUFWAND Darunter verstehen wir die Zeit, die eine durchschnittlich geübte Hausfrau für die Vorbereitungen oder am Herd verbringen muss. Die Angaben gelten als Richtlinien.
KOCHZEIT oder je nach Rezept Backzeit, Schmorzeit, Marinierzeit usw., kurz Vorgänge, die stattfinden, ohne dass man unbedingt daneben stehen muss.
ZUTATEN Echte Schweizer Zutaten habe ich mit Absicht unter der Originalbezeichnung aufgeführt. Vielerorts sind diese ja überall leicht erhältlich. Sollten Sie sie nicht kennen, können Sie auf S. 340 nachschlagen.
TIPPS Unter diesen Rubriken sind Besonderheiten des Gerichtes, wichtige Hinweise auf die Zubereitung und persönliche Bemerkungen aufgeführt. Sie enthalten auch zum Teil Empfehlungen für die Wahl der passenden Beilagen zu den Hauptgerichten. Viele davon finden Sie in diesem Buch. Sie sind oft mit Seitenverweisen versehen und im Rezeptverzeichnis zu finden.

GARANTIE Die Gerichte dieses Buches wurden von mir durchgekocht. Sollten aber trotz allem Unklarheiten auftauchen, stehe ich gerne für Auskünfte zur Verfügung.

Januar

DIE BASLER, die sich durch ein hohes Maß an Savoir-vivre und Weltoffenheit auszeichnen, verstehen es, das neue Jahr auf eine besondere Art zu beginnen. Am Neujahrstag wird zwischen elf und ein Uhr mit Verwandten und Freunden ein Glas Hypokras (siehe S. 10), ein Gewürzwein mit Tradition, getrunken. Dazu gibt es – wie könnte es anders sein! – Basler Leckerli.

Januar

Suppen

Fleisch- und Wurstgerichte

Eintopfgerichte

Fleischlose Gerichte

Beilagen

Süßspeisen

Gebäck

Getränke

Hypokras
Gewürzwein

Arbeitsaufwand: 10 Min.
Ruhezeit: 2 Tage

Für 12 Personen:
3 Flaschen Rotwein
je 1 Flasche Rosé- und Weißwein, 300–500 g Zucker, 3–4 Zimtstangen
5–6 Nelken, 1/4 Muskatnuss
je 1 Prise Ingwer-, Koriander- und Kardamompulver
1 Stück Zitronenschale

Den Wein mit Zucker aufkochen lassen und über die Gewürze gießen. Diese Mischung 2 Tage stehen lassen, dann durch ein Sieb gießen.

Variante: Nach einer anderen Zubereitungsart werden die Gewürze in ein Mullsäcklein gegeben und an einem Faden in die Korbflasche gehängt, in die der Wein eingefüllt wurde.
Der Hypokras wird bereits Anfang Dezember auf diese Weise angesetzt. Von Zeit zu Zeit muss die Korbflasche geschüttelt werden. Sie darf nur mit einem aufgesetzten Zapfen verschlossen werden.

Tipp: Hypokras, oder – wie die Basler sagen – »Hypograss«, ist im Läckerli-Huus in Basel und in anderen Städten heute noch erhältlich.

Nidwaldner Fisch
Gefüllter Lebkuchenfisch

Arbeitsaufwand: 40 Min.
Backzeit: ca. 40 Min.
Ruhezeit: 2 Std.

Für 4 Personen:
Teig:
200 g Butter, 300 g Mehl
1 Prise Salz, 2 kleine Eier
150 g Bienenhonig
1 EL Zimtpulver
Füllung:
150 g Lebkuchen (altbacken, ersatzweise Schwarzbrot)
50 g Bienenhonig
je 50 g Zitronat und Orangeat
1 TL Zimtpulver
1 EL Zucker
Butter für die Form

Die Butter klein schneiden. Mit Mehl und Salz in eine vorgekühlte Schüssel geben. Die Mischung mit den Fingern zerreiben, bis feine Brösel entstehen. Die Eier verquirlen. Mit Honig und Zimtpulver zum Mehl geben und alles verkneten. Den Teig 2 Std. kühl stellen. Den Backofen auf 200° vorheizen. Für die Füllung die Lebkuchen fein reiben. Den Honig flüssig werden lassen. Zitronat und Orangeat fein hacken. Honig, Zitronat und Orangeat mit Zimtpulver und Zucker unter den Lebkuchen mischen. Eine Fischform aus Kupfer (oder Ton) einfetten und mit zwei Dritteln von dem Teig auslegen. Die Füllung hineingeben. Aus dem restlichen Teig einen Deckel formen und darauf legen und im Backofen (Mitte, Umluft 180°) 30–40 Min. backen.

Tipps: Anstelle der Fischform das Backblech einfetten und eine Schablone in Fischform vorbereiten, auf den Teig legen und ausschneiden. Mit einem kleinen runden Ausstecher kann man Schuppen in den Teigdeckel eindrücken.
Früher wurde meistens Lebkuchenteig verwendet. Man kann auch Mürbeteig verwenden und den Fisch nach dem Erkalten mit Puderzucker bestäuben. Blätterteig eignet sich auch gut für den Deckel des Fisches. Diesen eventuell mit dünn ausgerolltem Blätterteig dachziegelartig garnieren und mit Eigelb bestreichen.

Ächti Lozärner Chügelipaschtete
Luzerner Fastnachtspastete

Arbeitsaufwand: 30–35 Min.
Backzeit: 35–40 Min.
Kochzeit: 40–45 Min.

Für 4–5 Personen:
600–700 g Blätterteig
1 kleines Brötchen
2 Eigelbe
Füllung:
250 g Schweinefleisch
250 g Kalbfleisch
1 Zwiebel, 3 EL Butter
1/2 l Weißwein
je 150 g Kalbs- und Schweinebrät
Koriander, Majoran
300 ml Brühe
2 EL Mehl
50 g Weinbeeren, in 1 EL Träsch oder Kirschwasser eingelegt
Salz, Pfeffer, Muskatnuss
etwas Rahm, 1 EL gehackte Mandeln

Blätterteig etwa 4 mm dick ausrollen, davon zwei Rondelle von etwa 24 cm und 32 cm Durchmesser ausschneiden. Das kleinere auf ein mit Wasser abgespültes Blech legen und mehrmals einstechen. Das Brötchen mit so viel Seidenpapier umwickeln, dass eine Kugel von 37–38 cm Umfang entsteht. Diese in die Mitte des Teigbodens geben. Den Rand mit Wasser bestreichen, die größere Teigplatte darüber legen. Die Ränder fest andrücken und gleichmäßig zusammenraffen. Teigreste aufeinander legen, zu etwa 3 mm dicken und etwa 6 mm breiten Streifen schneiden. Die Eigelbe verquirlen, Pastetenhaus damit bestreichen, vier Teigstreifen kreuzweise darüber legen und zwei weitere rundum als Ringe anbringen. Einen weiteren Teigstreifen auf den Bodenrand legen und so die senkrechten Streifenenden verdecken. Backofen auf 180° vorheizen. Pastete mit Sternen, Herzen und Halbmonden aus Teigresten verzieren und eine größere Teigrosette obenauf setzen. Mit übrigem Eigelb bepinseln. Im Ofen (unten, Umluft 160°) 40 Min. backen. Nach 25 Min. mit Alufolie abdecken. Herausnehmen, 5 Min. stehen lassen. Den Deckel am oberen Ring entlang lösen, die Papierkugel herausziehen.
Das Fleisch klein würfeln. Die Zwiebel schälen und hacken. 1 1/2 EL Butter erhitzen. Fleisch und Zwiebel darin anbraten. Mit 50 ml Weißwein ablöschen und 10 Min. schmoren lassen. Das Brät mischen, mit Koriander und Majoran würzen und zu kleinen Kugeln formen. Die Brühe aufkochen lassen, die Brätkugeln darin 10 Min. ziehen lassen. Für die Sauce restliche Butter schmelzen und das Mehl darin anziehen lassen, mit restlichem Wein ablöschen. Den Jus des Ragouts und die Weinbeeren samt Träsch oder Kirschwasser beifügen. 20 Min. köcheln. Fleisch und Kügeli in die Sauce geben, nochmals erhitzen, würzen, mit etwas Rahm (oder Bouillon) verdünnen. Die Mandeln rösten. Die Füllung heiß in die Pastete füllen, Mandeln darüber streuen und den Deckel aufsetzen.

Tipps: Das haubenförmige Pastetenhaus kann man beim Bäcker bestellen. Es gibt diese Hüllen auch in Portionsgrößen. Zum Anrichten die Pastete nur bis zur Hälfte mit Ragout füllen. Die Füllung auf die Teller schöpfen. Deckel und oberen Teil der Pastete zerlegen und als Teigbeilage dazutun. Beim zweiten Service den unteren Teil der Pastete mit übriger Füllung servieren.
Varianten: Einen Apfel ins Ragout reiben und mitkochen. Oder in Butter gedünstete Champignons zugegeben, um Fleisch zu sparen.
Ich ersetze das Bratwurstbrät durch je 150 g durch den Wolf getriebenes Kalb- und Schweinefleisch und 1 fein gehackte Zwiebel. Die Kügelchen werden dadurch rustikaler und müssen pikant gewürzt werden. Eventuell das Fleisch vom Metzger hacken lassen, dann allerdings nicht so fein wie Brät.

Die »Helsete«

Vielerorts auf dem Lande erhielten die Kinder ihr Patengeschenk zu Neujahr in Form von Eierzöpfen, Ringen oder Birnbroten zusammen mit dem Neujahrsbatzen. Dieser Brauch ist vor allem in den Kantonen Aargau und Luzern noch bis in unser Jahrhundert gepflegt worden. Hier war es der »Helsweggen« und dazu einen Batzen.

Aargauer Helswegge
Aargauer Neujahrswecken

Arbeitsaufwand: 40 Min.
Ruhezeit: 50–60 Min.
Backzeit: 40–50 Min.

1 kg Mehl, Salz, Pfeffer
1/4 TL Muskatnuss, frisch gerieben
1/2 TL Nelkenpulver
1/2 TL getr. Majoran
1 TL Zucker, 550 ml Milch
30 g Hefe, 100 g Butter
1 TL Öl, 1 Ei
1 Eigelb zum Bestreichen

Das Mehl in eine Schüssel sieben, 1 1/4 TL Salz, 1/2 TL Pfeffer, die übrigen Gewürze und Zucker untermischen. 100 ml Milch erwärmen, die Hefe darin auflösen und zum Mehl geben. Restliche Milch, Salz, Butter und Öl auf 36° erhitzen. Das Ei verquirlen und unterrühren. Die Milch zur Mehlmischung geben und alles 10 Min. zu einem Teig verkneten. Den Teig zugedeckt an einem warmen Ort 50–60 Min. gehen lassen, bis sich das Volumen verdoppelt hat. Ein Backblech mit Backpapier belegen. Den Teig nochmals durchkneten und zu einem Laib formen. Mit einem Messer 3-4-mal quer einschneiden. Eigelb verquirlen. Den Laib damit bestreichen und auf das Blech geben. Im nicht vorgeheizten Backofen bei 175–200° 40–50 Min. backen.

Tipp: Der Backofen soll nicht vorgeheizt werden, damit der Weggen langsam aufgehen kann!

Dreikönigstag

Und weil wir schon beim Backen sind, sei hier der Dreikönigskuchen vorweggenommen. Im Zusammenhang mit diesem »Bohnenkuchen« gab es früher viele Bräuche im Berner Jura, in Genf und im Wallis, wo er »Gâteau des rois« genannt wird. Im Aargau, in Graubünden, St. Gallen und Luzern musste, wer das Stück mit der Bohne bekam, die Initialen K.M.B. (Kaspar, Melchior, Balthasar) über die Tür schreiben oder Bilder der Drei Könige anheften, um das Haus vor bösen Mächten zu schützen. Heute darf sich der Gewinner eine Krone aus Goldfolie aufsetzen.

Dreichönigschueche
Dreikönigskuchen

Die Zitrone waschen, abtrocknen und 1/2 TL Schale abreiben. Aus Mehl, Hefe, 1 TL Zucker, Salz, Butter, Zitronenschale, Milch und Eiern einen Hefeteig nach dem Rezept für Anke-Züpfe (siehe S. 14) zubereiten. Den Boden der Form mit Backpapier auslegen. Sultaninen und die Mandel unter den Teig kneten. Den Teig gleichmäßig in 7–9 Stücke (je nach Größe) teilen, mit den Händen zu Kugeln formen und diese nebeneinander in die Form setzen. Zugedeckt an einem warmen Ort 1 Std. gehen lassen, bis sich das Volumen verdoppelt hat. Dann 1 Std. in den Kühlschrank stellen. Den Backofen auf 200° vorheizen. Das Eigelb verquirlen, die Teigkugeln damit bestreichen. Im Backofen (Mitte, Umluft 180°) 45 Min. backen. Sofort aus der Form lösen und erkalten lassen. Mit einer Krone aus Goldfolie verzieren.

Tipp: Eventuell die Mandel durch einen Bohnenkern ersetzen.

Arbeitsaufwand: 45 Min.
Ruhezeit: 2 Std.
Backzeit: ca. 45 Min.

Für eine Springform von 24 cm Ø:
1 unbehandelte Zitrone
500 g Mehl, 20 g Hefe
1 TL Zucker, 1/2 TL Salz
3 EL Zucker, 100 g Butter
1/4 l Milch, 2 kleine Eier
75 g Sultaninen
1 ganze Mandel, 1 Eigelb

In Genf, wo die Küche bereits etwas von Frankreich beeinflusst wird, liebt man diesen besonders feinen Dreikönigskuchen.

Galette des rois
Genfer Dreikönigskuchen

Die Form mit Backpapier belegen. Den Teig etwa 3 mm dick ausrollen und die Hälfte in die Form geben. Für den Deckel einen etwa 2 cm größeren Teigkreis ausrollen. Die Butter cremig rühren, nach und nach den Zucker unterrühren. Ei mit Mandelaroma verquirlen. Mandeln und Mehl vermischen. Alles zu einer Creme verrühren. Teigboden mit einer Gabel mehrmals einstechen. Mandelmasse darauf verteilen und glatt streichen, einen etwa 3 cm breiten Rand frei lassen. Eigelbe verquirlen, den Rand mit der Hälfte bepinseln. Übrigen Teig obenauf setzen, fest andrücken. Mit einer Gabel ringsum etwas eindrücken. Den Kuchen 30 Min. kalt stellen. Backofen auf 220° vorheizen. Den Teigdeckel mit restlichem Eigelb bestreichen, mit einem spitzen Messer leicht geschwungene Ritzen anbringen. In der Mitte mit den Mandeln eine Rosette formen. Im Backofen (Mitte, Umluft 200°) 35–40 Min. backen.

Tipps: Wird der Kuchen zum Dreikönigstag gebacken, eine siebte Mandel im Kuchen verstecken. Derjenige, der sie findet, wird König. Anstelle der Mandel wurde früher ein hübsches Porzellanförmchen eingebacken, z. B. ein kleiner König. Besonders schön wird der Kuchen in einer Margaritenform.

Arbeitsaufwand: 40 Min.
Kühlzeit: 30 Min.
Backzeit: ca. 40 Min.

Für eine Springform von 28 cm Ø:
750 g Blätterteig
2 Eigelbe
6 geschälte Mandeln
Füllung:
40 g weiche Butter
40 g Puderzucker
1 sehr frisches Ei
2–3 Tropfen Bittermandel-Aroma
50 g geschälte, gemahlene Mandeln, 1 EL Mehl

Berner »Züpfe«

Am Neujahrstag darf im Bernbiet die »Züpfe« nicht fehlen. Ob der Zopfteig ein Ei enthalten soll oder nicht, darüber streiten sich Hauswirtschaftslehrerinnen, Bäuerinnen und alle anderen, die vom Züpfenbacken etwas verstehen. Die einen sagen, das Ei trockne das Gebäck aus, die anderen finden, dass gerade das Ei der Züpfe die richtige »Chuscht« gebe. Auch über den »Anken« ist man sich nicht ganz einig. Im Emmental gehört eine währschafte Portion hinein, andere sagen, sie würden ohnehin Butter draufstreichen, deshalb brauche der Teig nicht so viel. Schließlich habe ich ein Rezept ausgewählt mit viel »Anke« und Ei.

Anke-Züpfe
Grundrezept Hefezopf mit Butter und Ei

Arbeitsaufwand: 50 Min.
Ruhezeit: 1 Std. 40 Min.
Kühlzeit: 30 Min.
Backzeit: ca. 1 Std.

1 kg Mehl
1 TL Salz
1 Würfel Hefe (42 g)
1/2 l Milch
180–200 g frische Butter
1 Ei
3 Eigelbe

Mehl mit Salz mischen, in eine vorgewärmte Schüssel sieben und in die Mitte eine Mulde eindrücken. Hefe hineinbröckeln. Die Milch erwärmen, langsam dazugießen und mit Butter, Ei und 1 Eigelb zu einem festen Teig verkneten. Den Teig so lange kneten, bis er glatt ist und sich von der Schüssel löst. Zugedeckt an einem warmen Ort 1 Std. 30 Min. gehen lassen. Den Teig in zwei gleich große Stücke teilen, jeweils zu einer gleichmäßigen Rolle, die an den Enden etwas dünner wird, formen. Die Teigrollen in der Mitte rechtwinklig aufeinander legen, die beiden Enden der quer liegenden unteren Rolle links und rechts fassen und die rechte Spitze nach links, die linke nach rechts quer über die senkrechte Rolle legen. Die senkrechte Teigrolle fassen und verschränken, die beiden Enden genauso formen: Was oben war, kommt nach unten, was unten war, nach oben. Auf diese Weise abwechselnd beide Rollen verflechten, die Enden andrücken. Auf ein mit Backpapier belegtes Blech legen. Zugedeckt 10 Min. gehen lassen. Übrige Eigelbe mit 1 Prise Salz verquirlen. Den Zopf damit bestreichen und 30 Min. kalt stellen. Im Ofen bei 200° 50–60 Min. backen. Die Ofentüre in den ersten 30 Min. nicht öffnen.

Variante: Für süße Zöpfe 50–60 g Zucker zum Teig geben. Daraus können »Grittibänze« (siehe S. 312) und diese Obwaldner Vögel gebacken werden:
1 kg süßen Zopfteig wie oben zubereiten. Mit 1 EL Anissamen und 100 g Rosinen mischen. In 12 Stücke von je 80 g teilen, diese zu Rollen von etwa 2 cm Durchmesser formen. Die Rollen knüpfen, das eine Ende etwas herausziehen und zugespitzt zu einem Köpfchen formen. Beidseitig 1 Rosine als Auge in den Teig drücken. 2 Eigelbe mit etwas Milch verrühren, darauf streichen. 1 Std. kühl stellen. Ofen auf 180° vorheizen, 20–25 Min. backen.

Allerlei Heilsames für kalte Tage

Das sagten schon unsere Urgroßmütter. Um ein einziges Gramm Honig zu produzieren, müssen die Bienen 1500 bis 1600 Blüten anfliegen! Wenn die Bienen die Waben gefüllt haben und der Honig die richtige Reife hat, hebt der Imker die Waben, deren volle Zellen durch die Bienen mit Wachs verschlossen wurden, aus dem Kasten und legt den Honig frei. Die Waben werden geschleudert und der herausfließende Honig aufgefangen und gesiebt. Wenn es kalt ist oder sich eine Erkältung ankündigt, gibt es nichts Besseres als eine heiße Milch mit Honig.

Honigmilch

Arbeitsaufwand: 10 Min.

Für 1 Person:
1 EL Honig,
200 ml Milch
1 »Gutsch« Träsch (nach Belieben)

Den Honig in eine Tasse geben und den Löffel hineinstellen. Die Milch erhitzen, darüber gießen und so lange rühren, bis sich der Honig ganz aufgelöst hat. Die Honigmilch möglichst heiß trinken. Nach Belieben den Träsch zugeben.

Tipp: Träsch ist Birnenbranntwein aus der Innerschweiz. Je nach Gegend gibt man einen Gutsch (Schuss) Schnaps in die Honigmilch.

Auch diesem Wein werden heute noch ganz besonders stärkende Eigenschaften zugeschrieben.

Honigwii
Honigwein

Arbeitsaufwand: 10 Min.

1 l guter Rotwein
500 g echter Bienenhonig

Den Wein (z. B. Bordeaux) und den Honig in eine Schüssel geben und gut verrühren. Diese Mischung in saubere Flaschen abfüllen und verschließen.

Tipp: Zur Stärkung jeden Tag vor dem Essen ein Likörglas davon trinken.

Der heutige Chef des Uni-Spitals in Genf verordnet dieses Großmutter-Rezept heute noch mit Erfolg seinen älteren, operierten Patienten. Er hat mich gebeten, dieses Rezept weiter zu verbreiten.

Lait de poule
Eiermilch

Die Milch mit den Eiern im Mixer oder mit dem Pürierstab schaumig mixen und in ein großes Glas geben.

Tipp: Diesem Getränk mit seiner außerordentlich stärkenden Wirkung können Sie nach Belieben etwas Honig, Kräuter, Rum oder Cognac beimischen.

Arbeitsaufwand: 5 Min.

Für 1 Person:
1/2 l pasteurisierte Milch
2 ganz frische Eier

Das Sparen im Januar

Nach den vielen Festtagen mit dem meistens zu üppigen Essen und dem oft geschrumpften Portemonnaie geht es wieder zurück in den Alltag. Das Sparen verstanden alle Hausfrauen in der Schweiz seit Jahrhunderten. In Bergkantonen kannte man nichts anderes, und man kam zurecht mit dem, was man hatte: Milchprodukte, Dörrobst, Kartoffeln und was es sonst noch an unverderblichen Nahrungsmitteln gab. So habe ich für dieses Kapitel Rezepte aus dem Bündnerland, der Innerschweiz und dem Aargau zusammengetragen. Der Aargau ist – obwohl kein Bergkanton – hier mitvertreten, weil die Aargauerinnen von jeher gut mit Kartoffeln, »Schnitz« und Rüebli umzugehen wussten. Aargauerinnen und Luzernerinnen wetteifern jedenfalls im Zubereiten von Schnitz und Kartoffeln.

Der größte Unterschied scheint darin zu liegen, dass im Aargau gedörrte Apfelschnitze verwendet werden und das Gericht »Schnitz und drunder« heißt, während im Luzernerland die »Schnitz und Häppere« oft auch mit frischen, karamellisierten Birnen gekocht werden. Von den verschiedenen Rezepten meiner Sammlung überschneiden sich alle in der Art der Zubereitung, gleich aus welchem Kanton sie stammen. Gedörrte Äpfel werden auch mit Birnen gemischt, und meistens kommt da und dort Speck mit hinein.

100-jähriges Rezept aus dem Oberaargau:

Schnitz und drunder
Apfel mit Kartoffeln und Speck

Arbeitsaufwand: 30 Min.
Kochzeit: 30 Min.

Für 4 Personen:
1 Zwiebel
1 Knoblauchzehe
6–7 große Kartoffeln
1 kg süße Äpfel
750 g magerer Speck
1 EL Butter
1 Msp. Nelkenpulver
1 Prise getr. Bohnenkraut
100–200 ml Brühe

Zwiebel und Knoblauch schälen, beides fein hacken. Die Kartoffeln schälen und würfeln. Die Äpfel ungeschält vierteln und vom Kerngehäuse befreien. Den Speck in vier Portionen schneiden. Die Butter erhitzen. Zwiebel und Knoblauch darin glasig werden lassen. Kartoffeln, Äpfel und Speck zufügen. Mit Nelkenpulver und Bohnenkraut würzen. Brühe und 1 Glas Wasser unterrühren und bei schwacher Hitze 30 Min. kochen lassen, bis alles sämig ist.

Variante: Statt frischer Äpfel 250 g gedörrte Apfel- und 100 g gedörrte Birnenschnitze am Vorabend waschen und in kaltem Wasser einweichen. 100 g Zucker mit 20 g Butter in einer Pfanne unter Rühren hellbraun rösten. Die abgetropften Trockenfrüchte zugeben, wenden und mit genügend Einweichwasser ablöschen. 750 g Dörrspeck in Scheiben darauf legen. 6 große Kartoffeln schälen, würfeln und zugeben. Salzen und zugedeckt bei schwacher Hitze 45 Min. schmoren lassen.

Und hier noch drei fleischlose Kartoffelrezepte:

Schnitz und Härdöpfel
Birnen und Kartoffeln in Rahmsauce

4 EL Zucker in einer Pfanne braun werden lassen und mit $^{1}/_{2}$ l Wasser ablöschen. 750 g Birnen schälen, in Schnitze teilen, entkernen und darin garen. Inzwischen 1 kg Kartoffeln schälen, in etwa 3 cm große Würfel schneiden und in Salzwasser garen. Abgießen und zu den Birnen geben. 2 EL Mehl mit 200 g Rahm verrühren und in die Pfanne geben. Alles aufkochen lassen. Mit Salz und Zucker abschmecken.

Beilage: Nach Belieben mit einer heißen Zungenwurst oder Bratwürsten servieren.

Öpfel und Häppere
Apfel-Kartoffel-Gratin

Die Kartoffeln pellen und in Scheiben schneiden. Die Äpfel schälen, vom Kerngehäuse befreien und wie die Kartoffeln in gleich große Scheiben schneiden. Eine Auflaufform mit Butter einfetten. Die Kartoffeln in die Form schichten.
Die Zwiebel schälen und würfeln. 1 EL Butter erhitzen. Die Zwiebel darin glasig werden lassen. Die Kartoffeln mit Salz, Pfeffer und Majoran würzen und die Hälfte der Zwiebel darauf verteilen.
Den Backofen auf 200° vorheizen. Den Saft der Zitrone auspressen. Mit den Äpfeln mischen. Die Äpfel, 1 EL Butter in Flöckchen auf die Zwiebeln geben. Restliche Zwiebel und Majoran obenauf geben. Restliche Butter schmelzen lassen. Paniermehl über die Zwiebel streuen und die Butter darüber gießen. Im Backofen (Mitte, Umluft 180°) in 30 Min. überbacken.

Arbeitsaufwand: 25 Min.
Backzeit: ca. 30 Min.

Für 4 Personen:
500 g »Gschwellti«
1 kg säuerliche Äpfel
1 große Zwiebel
3 EL Butter
Salz, Pfeffer, Majoran
1 Zitrone
2 EL Paniermehl
Butter für die Form

Ein Rezept aus dem Kanton Uri:

Biräschtunggis
Birnen-Kartoffel-Brei mit Zwiebeln

4 große Birnen schälen, vierteln und vom Kerngehäuse befreien. 4 große Kartoffeln schälen und in Stücke schneiden. 2 EL Zucker in einer Pfanne hellgelb rösten. Die Birnenschnitze zufügen und wenden. Kartoffeln und wenig Salz zugeben. Halbhoch Wasser zugießen und alles 30 Min. kochen lassen, bis die Kartoffeln und Birnen weich sind. Dann abgießen und mit dem Kartoffelstampfer zerstoßen. 2 große Zwiebeln schälen und in Ringe oder Streifen schneiden. 2 EL Butter erhitzen und die Zwiebeln hellbraun braten. Die Zwiebeln auf dem Kartoffelbrei verteilen.

Die Küche im Baselland ist rustikaler als jene aus Baselstadt. Die Bevölkerung dieser Gegend lebte früher sehr sparsam, weil die Entlohnung der Heimarbeit der Seidenband-Industrie für eine Familie kaum ausreichte.

Birä-Chnöpfli-Gratin
Überbackene Spätzle mit Birnen

Arbeitsaufwand: 40 Min.
Kochzeit: 10 Min.
Backzeit: ca. 15 Min.

Für 4 Personen:
750 g Birnen
Saft von $^{1}/_{2}$ Zitrone
300 g Mehl, 75 ml Milch
Salz, 3 Eier, Muskatnuss
3 EL Zucker
3–4 EL Apfelsaft
2 EL Butter
60 g geriebener Greyerzer oder Tilsiter, 20 g Butter
Butter für die Form

Birnen schälen, achteln, entkernen und mit Zitronensaft beträufeln. Mehl in eine Schüssel sieben, in der Mitte eine Mulde eindrücken. Milch und 75 ml Wasser mit wenig Salz verrühren. Eier mit Muskat verquirlen und mit der Flüssigkeit nach und nach zum Mehl geben. Alles zu einem glatten Teig verarbeiten und so lange schlagen, bis er halbflüssig von der Kelle fällt. 2 l Wasser aufkochen lassen. Den Teig portionenweise auf ein kalt abgespültes Brett geben und mit einem Messer dünne Streifen abschaben und ins kochende Wasser gleiten lassen. Den Zucker in einer Pfanne erhitzen, bis er hellbraun ist. Birnen darin bissfest kochen, dabei gelegentlich umrühren und den Apfelsaft zufügen. Den Backofen auf 220° vorheizen. Eine Auflaufform einfetten. Die Butter erhitzen und die Spätzle darin anziehen lassen. Lagenweise mit den Birnen samt Saft in die Form einschichten. Mit Käse und Butter in Flöckchen bestreuen. Im Backofen (Mitte, Umluft 200°) in 15 Min. überbacken.

Tipp: »Chnöpfli« sind runde Spätzle und werden durch ein Sieb mit runden Löchern gedrückt.

Bärlauch-Chäschnöpfli
Überbackene Spätzle mit Bärlauch

20 g Bärlauchblätter waschen, fein hacken. Teig wie oben zubereiten. Bärlauch untermischen. Aus dem Teig Chnöpfli zubereiten. 1 mittelgroße, gehackte Zwiebel in 2 EL Butter glasig werden lassen. Chnöpfli zugeben, kurz mitbraten. Mit geriebenem Käse mischen. Nach Belieben kurz überbacken.

Bärlauch – das vergessene Kraut

Bärlauch, der früher sogar als Gemüse zubereitet wurde, hat seit einigen Jahren wieder großen Erfolg. Er gedeiht ab Anfang März an Waldrändern, schattigen Bachufern und in feuchten Auen. Man erkennt ihn an seinen langen schlanken Blättern, vor allem am intensiven Knoblauchgeruch – nicht zu verwechseln mit den giftigen Maiglöckchen, deren Blätter ähnlich aussehen. Bärlauch soll viele gesundheitsfördernde Eigenschaften haben. Es gibt kaum mehr ein Restaurant in der deutschen Schweiz, das im Frühling nicht mehrere Bärlauchgerichte anbietet. Sein intensives Aroma kann aber auch Fisch- oder Spargelgerichte verderben.

Härdöpfelpflute
Kartoffelnocken

Arbeitsaufwand: 50 Min.
Kochzeit: 45 Min.

Für 4 Personen:
1 kg Kartoffeln
400 ml Milch
Salz
Muskatnuss, frisch gerieben
2 Eier
3 EL Mehl
6 EL Paniermehl
70–100 g Butter

Die Kartoffeln waschen und mit Schale garen. Die Milch erhitzen. Kartoffeln warm pellen, durch die Kartoffelpresse drücken und sofort mit Milch verrühren. Mit Salz und Muskat würzen. Etwas abkühlen lassen. Die Eier verquirlen. Mit dem Mehl untermischen. Die Masse sollte halbfest sein, damit Nocken abgestochen werden können. Eventuell etwas Mehl zugeben. Salzwasser zum Kochen bringen. Aus der Masse mit einem kalt abgespülten oder gefetteten Esslöffel Pfluten abstechen, portionenweise ins Wasser geben und bei schwacher Hitze ziehen lassen. Mit einer Schaumkelle herausnehmen, sobald sie oben schwimmen. Abtropfen lassen, auf eine vorgewärmte Platte legen und warm halten. Die Butter schmelzen lassen. Das Paniermehl darin hellgelb rösten und über die Pfluten geben.

Tipp: Mit Äpfel- oder Birnenschnitzen und Milchkaffee servieren.

Härdöpfeltuurte
Festliche Kartoffeltorte

Arbeitsaufwand: 40 Min.
Backzeit: ca. 45 Min.

Für eine Springform von 26 cm Ø:
200 g »Gschwellti«, gekochte Kartoffeln in der Schale
1/2 unbehandelte Zitrone
4 Eigelbe, 3 EL Milch
2 EL Kirschwasser
200 g Zucker, 50 g Walnusskerne, 150 g geriebene Haselnusskerne
4 EL Weizengrieß
1 TL Backpulver
4–5 Eiweiße, Aprikosen- oder Himbeerkonfitüre, Zuckerglasur

Die Kartoffeln pellen und reiben. Zitronenschale abreiben und den Saft auspressen. Die Form mit Backpapier belegen. Den Backofen auf 180° vorheizen. Eigelbe, Milch, Kirschwasser, Zucker, Zitronenschale und -saft zu einer Creme verrühren. Walnusskerne (Baumnüsse) fein hacken. Mit Haselnüssen, Kartoffeln, Grieß und Backpulver zugeben und untermischen. Die Eiweiße steif schlagen und vorsichtig unterziehen. Die Masse in die Form einfüllen. Im Backofen (unten, Umluft 160°) 45 Min. backen. Den Kuchen abkühlen lassen. Nach Belieben einmal quer durchschneiden und die untere Hälfte mit Aprikosen- oder Himbeerkonfitüre bestreichen. Die zweite Hälfte darauf setzen. Mit Zuckerglasur bestreichen.

Tipp: Für die Zuckerglasur 200 g Puderzucker mit 2–3 EL Wasser oder Zitronensaft verrühren. Mit einem Pinsel auftragen. Eventuell mit Walnusskernen oder kandierten Früchten garnieren. Anstelle der Zuckerglasur die Oberfläche mit etwas Konfitürensaft bepinseln, damit der Puderzucker besser klebt. Puderzucker in ein feines Teesieb füllen und über den Kuchen sieben. Für ein Muster eventuell eine Schablone (Scherenschnitt) vorbereiten und vor dem Bestreuen auflegen.

Einige Bündner Kartoffelspeisen, die mit Salat oder »Schnitz« gute Nachtessen abgeben.

Hardepfalchüechli
Kartoffelplinsen

Die Kartoffeln schälen und in eine Schüssel reiben. Die Eier verquirlen und unter die Kartoffeln mischen. Mit Salz würzen. So viel Mehl zugeben, bis ein dickflüssiger Teig entsteht. Bratbutter in einer Pfanne erhitzen, den Teig löffelweise zugeben, glatt streichen und von beiden Seiten in 5–10 Min. knusprig braten.

Tipp: Diese Küchlein können auch in der Fritteuse in reichlich Rapsöl ausgebacken werden.

Arbeitsaufwand: 35 Min.
Backzeit: 5–10 Min. pro Portion

7–10 mittelgroße Kartoffeln
4–5 Eier, 1 TL Salz
etwas Mehl
Bratbutter zum Braten

Hardepfaltatsch
Kartoffelpfannkuchen mit Maismehl

Die Kartoffeln schälen, in eine Schüssel reiben, mit kaltem Wasser bedecken und über Nacht stehen lassen. Am nächsten Tag in ein Tuch geben, dabei das ablaufende Wasser auffangen und stehen lassen, bis sich die Kartoffelstärke, das die Kartoffeln über Nacht abgegeben haben, abgesetzt hat. Nochmals absieben und diese Kartoffelstärke zu den Kartoffeln geben. Türkenmehl und Mehl zufügen. Mit Ei und so viel Milch mischen, bis der Teig gut von der Kelle fließt. Die gekochte Kartoffel dazureiben. Die Masse mit Salz würzen. Butter in einer Pfanne erhitzen. Den Teig zugeben und wie einen gewöhnlichen Tatsch (Omelett) backen.

Tipp: Die gekochte Kartoffel durch 1 TL Kartoffelstärke ersetzen.

Arbeitsaufwand: 20 Min.
Bratzeit: 15 Min.

4–5 Kartoffeln
2 EL Türkenmehl
(feiner Maisgrieß)
2 EL Mehl
1 kleines Ei, etwas Milch
1 gekochte Kartoffel
(vom Vortag), Salz
Butter zum Backen

In der Innerschweiz sind wie in den anderen Berggegenden die traditionellen Gerichte von der Landschaft geprägt. Außer Milch, Rahm, Butter und Eiern wurde später unter anderem auch die Kartoffel zu einem wichtigen Grundnahrungsmittel. Speziell zur Fastenzeit war sie Bestandteil der täglichen Nahrung. Später machten findige Hausfrauen beliebte Spezialitäten daraus. So entstand aus den »Beckenrieder Fastenkartoffeln«, die aus Kartoffelbrei, etwas Rahm und Ei bestanden, das originelle »Ofentori«, das mit Speck gespickt wird. Seinen Namen soll dieses beliebte Gericht dem Umstand verdanken, dass es nach dem Backen von Brot durch die Ofentüre geschoben und schön knusprig überbacken wurde und zu aller Freude noch brutzelnd auf den Tisch kam.

Suuri Gummeli
Saure Kartoffeln

Arbeitsaufwand: 30 Min.
Kochzeit: 20–25 Min.

Für 4 Personen:
1 große Zwiebel
1 kg Kartoffeln
2 EL Butter, 1/2 l Brühe
Salz, Pfeffer, Muskatnuss
1 Lorbeerblatt
2–3 EL Rahm (nach Belieben)
1 1/2 EL Mehl, 1 EL Essig
1 EL gehackte Kräuter (z. B. Petersilie, Schnittlauch, Majoran)

Die Zwiebel schälen und fein hacken. Die Kartoffeln schälen und in Scheiben schneiden. Die Butter erhitzen und die Zwiebel darin glasig werden lassen. Die Kartoffeln zugeben und kurz anbraten. Mit Brühe ablöschen. Mit Salz, Pfeffer, Muskat und Lorbeerblatt würzen und 20–25 Min. kochen lassen (die Kartoffeln dürfen nicht zerfallen). Lorbeerblatt entfernen. Nach Belieben Rahm und Mehl verrühren. Kurz vor dem Ende der Garzeit unter die Kartoffeln rühren und bei schwacher Hitze eindicken lassen. Den Essig zugeben und eventuell mit Salz und Pfeffer nachwürzen. Die Kartoffeln anrichten und mit den Kräutern bestreuen.

Tipp: Kartoffeln werden im Kanton Schwyz »Gummel« genannt. Seit Generationen versuchen die Bauernfrauen, die Kartoffeln immer wieder anders auf den Tisch zu bringen. Nach einem alten Spruch gab es sie beispielsweise im Seeland früher »z'Mittag gschwellt, z'Nacht gschwellt und z'Morge grööschtet«. Hier eine Kartoffelbeilage nach altem Rezept aus dieser Gegend.

Suuri Schibli | Saure Safrankartoffeln

Für 4 Personen 600 g Kartoffeln schälen, in Scheiben schneiden und in leicht gesalzenem Milchwasser (1/4 l Milch und 1/4 l Wasser) mit 1 Lorbeerblatt und 1 Nelke knapp weich kochen. Etwas Kochflüssigkeit mit 1 EL Mehl verrühren, der Sauce zufügen und weiterkochen, bis die Kartoffeln weich sind (etwa 10 Min.). Mit Salz, einem Schuss Essig und 1 Prise Safran abschmecken.

Bohnä Gumäli
Altes Urner Bohnen-Kartoffel-Gericht

Arbeitsaufwand: 35 Min.
Kochzeit: 20 Min.

Für 4–6 Personen:
1 kg grüne Bohnen
1 kg Kartoffeln
1 mittelgroße Zwiebel
1 EL Butter, 600 ml Brühe
1 EL gehackte Petersilie

Die Bohnen waschen, putzen und in etwa 5 cm lange Stücke schneiden. Die Kartoffeln schälen und in Stücke (Möckli) schneiden. Die Zwiebel schälen und hacken. Die Butter in der Pfanne schmelzen. Die Zwiebel darin glasig werden lassen. Bohnen und Kartoffeln unterrühren. Wenig Brühe dazugießen und 20 Min. kochen lassen, dabei nach und nach die übrige Brühe zufügen. Mit Petersilie bestreut servieren.

Tipps: Mit heißen Blutwürsten schmeckt dieses Gericht am besten. Noch besser wird dieses Gericht mit gedörrten grünen Bohnen.

Nidwaldner Ofätori
Überbackenes Kartoffelpüree

Kartoffeln schälen, garen und zerstampfen. Milch, Salz und Muskat unterrühren. 30 g Butter schmelzen lassen. Das Ei verquirlen, mit warmer Butter, Käse und nach Belieben Muskat unterrühren. Den Backofen auf 220° vorheizen. Eine Gratinform mit Butter einfetten. Kartoffelbrei einfüllen und mit einem Spachtel oder Messer leicht gewölbt formen und glatt streichen. Den Speck in kleine Stifte schneiden und in die Oberfläche des Kartoffelstocks stecken. Im Backofen (Mitte, Umluft 200°) bei 15 Min. überbacken. Übrige Butter in Flöckchen auf dem Püree verteilen und weitere 10–15 Min. backen, bis die Oberfläche braun ist.

Tipps: Mit viel Salat und Most (»Ghürotnigs«) servieren. »Ghürotnigs« besteht zu gleichen Teilen aus Süßmost und gegorenem Most. Zum Dessert Apfelschnitzli mit Rosinen und Zimt reichen.

Arbeitsaufwand: 20 Min.
Backzeit: 25–30 Min.

Für 4 Personen:
1 kg Kartoffeln, 1/2 Milch
Salz, Muskatnuss
50 g Butter, 1 Ei
3 EL geriebener Sbrinz
(siehe S. 274)
200 g magerer Speck
Butter für die Form

Ofeguck mit Eier
Kartoffelpüree mit Speck und Eiern

Das Kartoffelpüree wie oben beschrieben zubereiten. Schinken würfeln, Speck in Streifen schneiden. Eigelb, Milch, Salz und Muskat unter den Kartoffelbrei rühren. Eier trennen, Eiweiße leicht steif schlagen. Mit Butter und der Hälfte der Schinkenwürfeli unterziehen. Eine Auflaufform mit Butter einfetten.
Backofen auf 220° vorheizen. Die Ofenguckmasse bergartig einfüllen, mit den übrigen Schinkenwürfeli bestreuen, mit Speckstreifen spicken. Mit einem nassen Esslöffel vier Vertiefungen in die Masse drücken, vorsichtig je 1 Eigelb hineingeben und mit Pfeffer übermahlen. Mit Käse bestreuen und im Backofen (Mitte, Umluft 200°) 10–15 Min. gratinieren.

Arbeitsaufwand: 30 Min.
Backzeit: 10–15 Min.

Für 4 Personen:
4 Portionen Kartoffelstock
100–200 g Schinken
80–100 g Speck
1 Eigelb, 100 ml Milch
Salz, Muskatnuss
4 Eier, 30 g Butter, Pfeffer
2–3 EL geriebener Sbrinz
Butter für die Form

Zuger Ofeguck
Überbackenes Kartoffelpüree mit Speck und Käse

4 Portionen Kartoffelpüree mit 1 Eigelb, 100 ml Milch oder Rahm verrühren, mit Salz und Muskat würzen. Eine Gratinform einfetten. Die Masse einfüllen und glatt streichen. Mit einem Esslöffel Vertiefungen eindrücken und diese mit 150 g Speckwürfeln und 100 g geriebenem fetten Käse füllen. 30 g Butter in Flöckchen darauf geben und gratinieren, bis die Oberfläche goldgelb ist.

Les flouttes
Kartoffelgericht aus dem Jura

Arbeitsaufwand: 50 Min.

Für 4 Personen:
100 g Butter
1 kg Kartoffeln
Salz
1 große Zwiebel
100 g Mehl
Muskatnuss, frisch gerieben
3 EL Öl
250 g Rahm

Die Butter bei Zimmertemperatur weich werden lassen. Die Kartoffeln schälen, in Stücke schneiden und in leicht gesalzenem Wasser garen. Die Zwiebel schälen und hacken. Kartoffeln abtropfen lassen und durch die Kartoffelpresse drücken oder zerstampfen. Mit Zwiebel und 50 g Butter vermischen. Mit Salz und Muskat würzen. Den Backofen auf 80° vorheizen. Einen Esslöffel in das Öl tauchen und aus dem Püree eierförmige Nocken ausstechen. Diese in eine vorgewärmte Gratinform legen. Den Rahm leicht erwärmen und über die Nocken gießen. Im Backofen warm halten. Vor dem Servieren die restliche Butter erhitzen, bis sie hellbraun ist. Die Flouttes damit begießen.

Tipp: Je nach Gegend im Jura werden diese »flouttes« in Bratbutter braun gebraten oder frittiert und nicht mit Rahm begossen.

Ein ausgezeichnetes Knöpflirezept, das etwas üppig ist. Man darf aber bei der Zubereitung an Butter nicht sparen, sonst schmeckt das Gericht nicht so gut. Das Originalrezept schreibt Mehl vor, man kann es aber auch weglassen, wenn der Kartoffelstock fest genug ist.

Aargauer Härdöpfel-Chnöpfli
Kartoffelnocken mit Zwiebeln

Arbeitsaufwand: 50 Min.
Kochzeit: 3–5 Min.

Für 4 Personen:
4 Portionen fester Kartoffelstock, 1–2 EL Mehl (nach Belieben)
3 große Zwiebeln
200 ml kalte Milch
5 EL frische Butter
Öl zum Ausbacken

Den Kartoffelstock nach dem Rezept von Seite 25 (siehe Nidwaldner Ofätori) zubereiten. Das heiße Püree eventuell mit Mehl vermischen. Es soll so fest sein, dass man es zu Knöpfli formen kann.
Die Zwiebeln schälen, in Ringe oder Streifen schneiden. Das Öl erhitzen. Die Zwiebeln darin schwimmend goldbraun ausbacken. Auf Küchenpapier abtropfen lassen.
Einen Teelöffel in die kalte Milch tauchen, aus der Kartoffelmasse walnussgroße Nocken abstechen und diese auf eine vorgewärmte Platte geben. Die Knöpfli, wenn nötig, im Backofen kurz erwärmen. Die Butter erhitzen, bis sie hellbraun ist, und über die Knöpfli geben. Zum Servieren die Zwiebeln darauf verteilen.

Das Sonntagsessen von anno dazumal: ein guter Braten und Rüebli an einer Bouillonsauce, die so fein nach Butter schmeckte.

Rüebli mit Schpäck
Karotten mit Speck

Die Rüebli putzen, schälen und in kleinfingerdicke Stifte schneiden. Die Zwiebel schälen und fein hacken. Den Speck in sehr feine Scheibchen schneiden. Die Bratbutter erhitzen, den Speck darin glasig werden lassen. Die Zwiebel zugeben und 2–3 Min. mibraten. Zucker und Rüebli unterrühren, mit Brühe ablöschen und zugedeckt 20–30 Min. kochen lassen. Mehl und Butter zu einer Kugel verarbeiten, diese im Rüeblisud auflösen und 2–3 Min. köcheln lassen. Mit Essig, Salz, Pfeffer und Muskat würzen.

Tipp: Ganz besonders gut wird dieses Gericht mit Chüttener Rüebli, einer alten Sorte mit hellgelber Farbe, die von Bauernfrauen in Küttigen (Aargau) wieder angepflanzt wird.

Arbeitsaufwand: 25 Min.
Kochzeit: 20–30 Min.

Für 4 Personen:
1 kg Rüebli, 1 Zwiebel
75 g magerer Speck, 2 EL Bratbutter, 1/2 TL Zucker
1/2 l Gemüsebrühe
1 EL Mehl, 2 EL Butter
1/2 TL Weißweinessig
Salz, Pfeffer, Muskatnuss

Carottes paysannes
Karotten nach Bauernart

Die Rüebli putzen, schälen und in kleine Stifte schneiden. Die Zwiebel fein hacken. Die Butter erhitzen. Die Zwiebel darin hellgelb dünsten. Die Rüebli zugeben und mitbraten. 100 ml Wasser, Salz und Pfeffer zugeben und zugedeckt bei schwacher Hitze 15 Min. dünsten.

Für 4 Personen:
1 kg Rüebli, 1 Zwiebel
2 EL Butter, Salz, Pfeffer

Das ist die beste Rüeblitorte:

Aargauer Rüeblichueche
Karottentorte

Arbeitsaufwand: 40 Min.
Backzeit: ca. 1 Std.

Für eine Springform von 24 cm Ø:
1 unbehandelte Zitrone
300 g Rüebli, 5 Eigelbe
300 g Zucker
300 g gemahlene Mandeln
4 EL Mehl, 1/2 TL Zimtpulver, 1 Prise Nelkenpulver
1 TL Backpulver, Salz
2 EL Kirschwasser
5 Eiweiße
3 EL Aprikosenkonfitüre
150 g Puderzucker
1 Eiweiß

Die Zitrone waschen, abtrocknen und 1 EL Schale abreiben. Für die Glasur 2 EL Zitronensaft auspressen und beiseite stellen. Die Rüebli putzen, schälen und fein raspeln. Den Backofen auf 190° vorheizen.
Eigelbe mit Zitronenschale und Zucker zu einer dicklichen Creme schlagen. Rüebli mit Mandeln unter die Eiercreme ziehen. Mehl mit Zimt- und Nelkenpulver, Backpulver und 1 Prise Salz untermischen. Kirschwasser zufügen. Die Eiweiße steif schlagen und unterziehen. Den Teig in die Form einfüllen. Im Backofen (Mitte, Umluft 160°) 1 Std. backen. Herausnehmen und kurz abkühlen lassen.
Die lauwarme Tortenoberfläche mit Konfitüre bestreichen. Für die Glasur den Puderzucker mit Eiweiß, Zitronensaft (oder Kirschwasser) verrühren. Den Guss auf der Torte mit kreisförmigen Bewegungen verteilen. Auch die Ränder mit der Glasur überziehen.

Tipps: Statt Mehl kann man auch Speisestärke verwenden. Das Kirschwasser lässt sich durch Rum oder 2 EL Zitronensaft ersetzen. Die Glasur kann auch weggelassen werden, dann die Torte nach dem Erkalten nur mit Puderzucker bestreuen oder mit kleinen Karotten aus Marzipan garnieren, die im Handel erhältlich sind.
Die Torte bleibt, locker in Alufolie gewickelt, mehrere Tage feucht und frisch. Sie kann auch auf Vorrat gebacken und tiefgekühlt werden.

Öpfel im »Tschöpli«
Äpfel im Schlafrock

Arbeitsaufwand: 40 Min.
Backzeit: 35–40 Min.

Für 12 Stück:
500 g Blätterteig, 6 Äpfel
100 ml Weißwein, 2 EL Zucker, 1 TL Zimtpulver
1 Eiweiß, 1 Eigelb

Den Blätterteig etwa 3 mm dick ausrollen, in 12 Quadrate von 10–12 cm ausrädeln. Die Äpfel (möglichst eine weiche Sorte) schälen, entkernen und halbieren. Mit dem Wein befeuchten. Zucker und Zimt mischen und etwas Zimtzucker darüber streuen. Den Backofen auf 190° vorheizen. Die Äpfel mit der Höhlung nach unten auf die Teigquadrate legen. Die Teigspitzen über den Äpfeln hochziehen und mit Eiweiß verkleben. Die Teigtaschen mit Eigelb bestreichen und mit dem restlichen Zimtzucker bestreuen. Im Backofen (Mitte, Umluft 160°) in 35–40 Min. goldgelb backen.

Sparen im »Chelleland«

Im »Chelleland« (Zürcher Oberland) verstand man sich aufs Sparen. Die Ess- und Trinkgewohnheiten dieser Gegend waren einfach, bäuerlich, die Mahlzeiten bescheiden, ja spartanisch. Es gab keine Vorschriften über die Speisefolge. Die »prötleten Härdöpfel« kamen oft schon zum Zmorge auf den Tisch, jeder bediente sich mit dem Löffel aus der gemeinsamen Schüssel und tauchte ihn samt Inhalt in den Milchkaffee. Dieser wurde übrigens sehr bald nach seiner Einführung in unseren Breiten zum Lieblingsgetränk der Schweizer. »Am Morgen gab es Brotbrocken mit Milchkaffee und am Abend zur Abwechslung Milchkaffee mit Brotbrocken«, heißt es in einem alten Zürcher Buch. Älter als der Milchkaffee ist aber diese Milchsuppe.

Milchsuppe
Rezept aus dem Zürcher Oberland

Das Brot fein zerkleinern und in eine Schüssel geben. Die frische Milch aufkochen lassen und über das Brot gießen, mit Salz und Pfeffer würzen und 15 Min. in die Wärme stellen.

altbackenes Hausbrot
200 ml Milch, Salz, Pfeffer

Ein altes Rezept, das früher im Ofenrohr fertig gegart wurde.

Tösstaler Haberröschti
Haferbrei aus dem Zürcher Oberland

Die Butter schmelzen lassen. Die Hafergrütze zugeben und bei schwacher Hitze hellgelb rösten. Salz und Rahm zufügen und solange rühren, bis der Brei gar ist. Er sollte nicht kochen. Von der Herdplatte nehmen, mit einem gut schließenden Deckel und eventuell einem dicken Tuch bedecken oder im Backofen bei 50° 10 Min. ausquellen lassen. Eventuell mit etwas heißer Milch am Tisch verdünnen.

Tipp: Dazu gab es nichts anderes als Milchkaffee und Brot.

Arbeitsaufwand: 15 Min.
Quellzeit: 10 Min.

Für 4 Personen:
2 EL Butter
200 g Hafergrütze
1/2 TL Salz
200 g Rahm

Tösstaler Sunntigsbroote
Sonntagsbraten

Arbeitsaufwand: 35 Min.
Bratzeit: ca. 1 Std. 30 Min.

Für 6 Personen:
1 kg magerer Schweinshals oder Kotelettstück
Pfeffer
4 EL Senf
4 EL Bratbutter
Salz, Majoran, Thymian
300 ml saurer Most (Sauergrauech) oder Weißwein
200 ml Fleischbrühe
5 Rüebli (Karotten)
2 Zwiebeln
1 kg neue Kartoffeln

Den Backofen auf 240° vorheizen. Fleisch mit Pfeffer einreiben und mit Senf bestreichen. 2 EL Bratbutter in einen Bräter geben und im Backofen erhitzen. Fleisch zugeben, von allen Seiten kräftig anbraten. Salz, Majoran, Thymian und sauren Most oder Wein zufügen. Die Hitze auf 200° reduzieren. Fleisch immer wieder mit der Bratflüssigkeit begießen. Brühe nach Bedarf nach und nach zufügen. Rüebli und Zwiebeln schälen, beides grob zerkleinern. Nach 40 Min. Rüebli und Zwiebeln zugeben und alles weitere 40 Min. schmoren lassen. Kartoffeln schälen, in Stücke schneiden, halb weich kochen (neue Kartoffeln nicht schälen, nur gut bürsten). In der restlichen Butter goldgelb anbraten. 5 Min. vor dem Anrichten zum Fleisch geben und mit dem Bratenfond begießen.

Beilage: Dazu passt 1 Glas Apfelwein und Boverli (grüne Erbsen). Für die Erbsen 50 g Speck sehr klein würfeln und in einer Pfanne auslassen, bis »Greuben« (Grieben) entstehen. 400 g Erbsli (frische oder tiefgekühlte) zugeben und 1–2 Min. mitbraten. 1 Tasse Wasser zugeben, mit Salz und Pfeffer würzen und 15–20 Min. kochen lassen. 1 EL Butter schmelzen lassen. 2 EL »Brösmeli« (geriebenes Brot, z. B. Weißbrot oder Zopf) unter Rühren darin rösten und über die Boverli verteilen.
Tipp: Das Wort »Boverli« kommt aus dem Französischen »pois verts« und bedeutet grüne Erbsen.

Öpfelschtückli
Apfelkompott mit Rosinen

Arbeitsaufwand: 25 Min.
Kochzeit: 20 Min.

Für 4 Personen:
750 g Äpfel, 1 TL Butter
3 EL Zucker, 100 ml Süßmost (Apfelsaft)
1 Zimtstange
2 dünne Zitronenscheiben
50 g Sultaninen oder Rosinen (nach Belieben)

Äpfel waschen, abtrocknen und in 4–6 Schnitze schneiden, dabei das Kerngehäuse entfernen. Butter mit Zucker unter Rühren hellbraun werden lassen. Äpfel zugeben und unter Rütteln bei schwacher Hitze dünsten, bis der braune Zucker daran hängen bleibt. Süßmost, Zimt und Zitronenscheiben unterrühren, bis sich der Zucker aufgelöst hat. Die Apfelschnitze zugedeckt langsam gar schmoren. Nach Belieben Sultaninen oder Rosinen mitkochen. Das Kompott lauwarm servieren.

Tipps: Früher wurden die kleinen, sehr aromatischen »Usteröpfel« verwendet, die es heute fast nicht mehr gibt. Dank einer freundlichen Bauersfrau konnte ich sie probieren. Statt Äpfel Birnen verwenden.

Das »Türkenkorn«

Im Verlaufe des 19. Jahrhunderts trat der Mais als Volksnahrungsmittel neben der Kartoffel in Erscheinung. Das »Türkenkorn«, wie man den Mais damals nach der Übersetzung des italienischen »grano turco« nannte, war bereits 1555 in der Lombardei bekannt und kam erst nach fast drei Jahrhunderten in die Schweiz. So auch im St. Galler Rheintal, wo es immer noch Maismüller gibt und die Bevölkerung heute noch gerne ihren »Türggeribel« zubereitet.

Wie der »Türggeribel« ins Rheintal kam, wird so erzählt: Türkische Arbeiter, die lange Zeit die österreichisch-schweizerische Grenze passierten, um beim Straßenbau mitzuhelfen, haben ihn mitgebracht. Am Sonntag trafen sie sich jeweils zu einer gemeinsamen Mahlzeit, zu der sie auch Schweizer einluden. Ihr Maisgericht wurde mit der Zeit im Rheintal übernommen und als Tradition behalten und eben Türggeribel genannt. Dieses einfache Gericht, das ähnlich zubereitet wird wie der »Maluns« (siehe S. 185) im Bündnerland, der allerdings nur aus Kartoffeln besteht, wird deshalb auch »Türggenmaluns« genannt. Der Türggeribel kann als Beilage serviert werden, aber meistens reicht man dazu Apfelmus oder Apfelschnitzli.

Türggeribel
Kartoffel-Mais-Gericht

Arbeitsaufwand: 40 Min.
Einweichzeit: 2 Std.
Bratzeit: 25 Min.

Für 4 Personen:
350 g Türkenmehl (feiner weißer Maisgrieß)
1 TL Salz
2 geschwellte Kartoffeln (vom Vortag)
3 EL Bratbutter
50 g frische Butter

Das Türkenmehl in einer Schüssel mit 300 ml kochendem Salzwasser übergießen und 2 Std. stehen lassen. Die Kartoffeln pellen und fein reiben. Den Maisgrieß abtropfen lassen und mit den Kartoffeln vermischen. Die Bratbutter in einer großen Bratpfanne erhitzen. Die Masse hineingeben und bei schwacher Hitze ständig wenden, bis sich kleine Knollen bilden. Die Zubereitung erfordert ziemlich viel Geduld, denn nur durch regelmäßiges Braten gelingt dieses Gericht. Die Butter in Flöckchen darüber geben. Sobald sie zergangen ist, anrichten.

Tipps: Den Maisgrieß am Vorabend mit Salzwasser oder auch mit halb Wasser und halb Milch übergießen. So kann er gut ausquellen, und die goldgelben Kügelchen des Ribels bilden sich schneller. Nach Belieben fein gehackten Speck und eventuell gehackte Zwiebeln mitrösten.

Auch im Wallis liebt man Mais, und zwar nicht nur pikant zubereitet oder mit Käse überbacken, sondern süß wie das folgende Familienrezept von einer Freundin aus Visperterminen.

Siessi Poläntä
Süße Polenta

Die Polenta nach dem Grundrezept mit Milch, wenig Salz und Zucker zubereiten. Sie sollte eher fest sein. Die Butter in einer Pfanne heiß werden lassen. Die Polenta hineingeben und bei schwacher Hitze langsam goldbraun braten und auf eine Platte stürzen. Den Rahm steif schlagen und mit dem Kompott servieren.

Tipp: Im Wallis gibt es viele Aprikosen und herrliche Williamsbirnen, die im Sommer eingemacht und im Winter unter anderem mit dieser Polenta serviert werden. Sie können auch einfach Dosenfrüchte verwenden.

Variante: Im Wallis liebt man auch den »Siesse Riis« (Süßer Reis): 1/4 l Wasser mit 1 Prise Salz aufkochen lassen. 200 g Rundkornreis zufügen und bei schwacher Hitze ziehen lassen, bis das Wasser aufgesogen ist. Danach unter ständigem Rühren etwa 1/2 l Milch zugeben. Nach etwa 30 Min. sollte der Reis ganz weich sein. Mit 4 EL Zucker süßen. Den Reis vor dem Servieren mit Zimtzucker oder nur mit Zucker bestreuen und unter dem Backofengrill kurz karamellisieren lassen.

Arbeitsaufwand: 45 Min.

Für 4 Personen:
Polenta (siehe Grundrezept S. 149)
Salz
50 g Zucker
3 EL Bratbutter
250 g Rahm
Aprikosen- oder Birnenkompott

Maisturtä
Maistorte aus Nidwalden

Die Rosinen waschen und in kaltem Wasser einweichen. Das Milchwasser (2/3 Milch, 1/3 Wasser) mit 1/2 TL Salz aufkochen lassen. Mais- und Weizengrieß zugeben und unter Rühren 15–20 Min. kochen lassen. Rosinen waschen, abtropfen lassen. Mit Zucker und 60 g Butter unterrühren und wieder aufkochen lassen. Die Form einfetten, die Masse einfüllen und glatt streichen. Den Backofen auf 190° vorheizen.
Die Äpfel schälen, in etwa 3 mm dicke Schnitze schneiden, dabei entkernen und kranzförmig auf die Maismasse legen. Die Äpfel mit Zimtzucker (1 EL Zucker und 1 TL Zimtpulver) bestreuen und mit Butterflocken belegen. Im Backofen (Mitte, Umluft 170°) 35–40 Min. backen. Nach der Hälfte der Backzeit mit Alufolie abdecken.

Arbeitsaufwand: 20 Min.
Backzeit: ca. 40 Min.

Für eine Springform von 24 cm Ø:
3 EL Rosinen, 1 l Milchwasser, Salz, 200 g Maisgrieß, 50 g Weizengrieß
4 EL Zucker, Butter
4–5 Äpfel, 1 EL Zimtzucker
Butter für die Form

Der »Spinnet« im Emmental

In alten Zeiten pflegten die Bäuerinnen an langen Winterabenden zusammenzukommen, um gemeinsam an ihren Spinnrädern die Vorräte an Flachs und Hanf zu spinnen. Dabei wurde mit Speis und Trank nicht gegeizt; man wollte zeigen, »dass man es hatte«. Emmentaler Gastlichkeit war damals schon Ehrensache – »Puntenööri« (Point d' honneur), wie man so sagte. Gleich am Anfang des Abends wurden Berge von »Chüechli« und Wein aufgetischt, und bald ging es fidel zu. Später wurde dieser Brauch ins Wirtshaus verlegt. Auch heute noch treffen sich die Bäuerinnen in den schönen alten Gasthöfen, z. B. im ältesten »Löwen« der Schweiz in Heimiswil, allerdings bereits am Nachmittag. Um den werkgewohnten Händen eine Beschäftigung zu geben, bringen die Bauersfrauen statt des Spinnrades eine »Lismete« mit. Wie früher gibt es zuerst einen Teller (heute aus Karton zum Mitnehmen!) mit Rosenchüechli, Schenkeli, Schlüferli, Strübli und Bretzeli (siehe S. 114), dazu Wein. Es wird gesungen und getanzt, und später, wenn auch die Männer eintreffen, genießt man noch ein richtiges »Möhli« mit Hamme (geräucherter, gekochter Beinschinken) oder feinen Milkenpastetli, Härdöpfelsalat und der traditionellen »Anke-Züpfe«. Die hier aufgezählten »Chüechli« sind zum Teil in anderen Kantonen, wo die Fasnacht während der Reformation nicht verboten wurde, als »Fasnachts-« oder »Chilbichüechli« bekannt. Die folgenden Emmentaler Rezepte sind aber immer noch so gut, dass ich sie im Zusammenhang mit dem »Spinnet« aufschreiben möchte.

Rosechüechli
Rosengebäck

Arbeitsaufwand: 40 Min.
Backzeit: 3–4 Min.

100 g Butter, 50 g Zucker
1/2 TL Salz, 5 Eigelbe
1 EL Kirschwasser
450 g Mehl, 1/2 l lauwarme Milch, 5 Eiweiße
Rapsöl, Puderzucker

Butter und Zucker schaumig rühren. Salz, Eigelbe und Kirsch zufügen. Mehl durchsieben. Mit Milch zu einem gleichmäßigen Teig verrühren. Die Eiweiße steif schlagen und unter den Teig ziehen. Das Öl in der Fritteuse auf 190° erhitzen. Das Rosenchüechli-Eisen im Öl erwärmen und so in den Teig tauchen, dass dieser nicht über dem Eisen zusammenfließt. Die Küchlein im Fett schwimmend ausbacken, vom Eisen abstoßen und auf Küchenpapier abtropfen lassen. Die Küchlein abkühlen lassen und mit Puderzucker bestreuen.

Tipp: Den Teig vor dem Unterziehen des Eischnees 12 Std. ruhen lassen.

Schänkeli
Berner Festtagsgebäck

Butter, Zucker und Eier schaumig rühren. Kirschwasser, Sauerrahm, 1 Prise Salz und Zitronenschale untermischen. Das Mehl durchsieben und nach und nach unterrühren, bis ein fester, formbarer Teig entsteht. Über Nacht kühl stellen. Teig in fingerlange Röllchen drehen, diese beidseitig wie eine Zigarre zuspitzen. Bratbutter auf 170° erhitzen. Die Schänkeli darin schwimmend langsam goldbraun ausbacken. Sie dürfen nicht zu schnell braun werden, weil sie innen durchgebacken werden müssen! Sie dürfen leicht aufspringen.

Tipp: Man kann aus dem Teig auch kleine Kugeln formen. Kugeln oder Schänkeli auf Küchenpapier abtropfen lassen.

Arbeitsaufwand: 40 Min.
Ruhezeit: über Nacht
Backzeit: ca. 4 Min.

50 g Butter, 130 g Zucker
2 Eier, 1 EL Kirschwasser
2 EL Sauerrahm, Salz
1 TL abgeriebene Zitronenschale, 250–280 g Mehl
Bratbutter zum Ausbacken

Schtrübli sind besonders lustige Küchlein, schon wegen ihrer Form. Sie verdanken diese dem Trichter, durch den der Teig in das heiße Öl läuft. Für den Teig gibt es unzählige Varianten, mit viel oder wenig Eiern, mit Milch, Weißwein, Rahm oder einer Mischung derselben angerührt. Hier ein altes Rezept aus dem Emmental.

Schtrübli
Ausgebackene Teigspiralen

Milch mit Salz aufkochen. Butter darin schmelzen lassen. Mehl in die Milch sieben und verrühren. Weißwein unterrühren. Eigelbe nach und nach darin verrühren. Eiweiße steif schlagen, den Teig darauf gießen und beides vermengen. Zucker und Zimt mischen. Öl erhitzen. Den Teig mit der Schöpfkelle portionsweise durch einen Trichter ins Öl geben, dabei den Trichter spiralförmig drehen, sodass schneckenförmige Gebilde entstehen. Die Schtrübli hellgelb ausbacken, auf Küchenpapier abtropfen lassen. Nach Belieben mit Zimtzucker bestreut warm servieren.

Variante: Im Westschweizer Jura macht man ähnliche Trichterküchlein, die »Striflates« heißen, mit einem leichteren Teig, ohne Eigelb, mit Wasser anstelle von Milch, mehr Weißwein, Eischnee und meistens mit 1 EL Kirschwasser. Sie werden so knuspriger. Sofort mit Puderzucker bestreut servieren.

Arbeitsaufwand: 30 Min.
Backzeit: ca. 2 Min. pro Portion

$^1/_4$ l Milch, 1 TL Salz
30 g frische Butter
250 g Mehl
2 EL Weißwein
3 Eigelbe, 3 Eiweiße
4 EL Zucker
1 TL Zimtpulver
Öl oder Bratbutter zum Backen

Der »Treberwurstfrass«

Ein über hundertjähriger Brauch, der in Ligerz am Bielersee in den Kellern der Weinbauern dieser Dörfer weiterlebt. Wenn früher in den kalten Wintermonaten die Kamine der Scheunen bei den Winzerhäusern zu rauchen begannen, wusste jeder, dass die Winzer nun mit dem Brennen des Marc (Treber) beschäftigt waren. Damals verfügte fast jeder Winzer über seine eigene Schnapsbrennerei.

Die Weinbauern, die meistens noch Selbstversorgung betrieben und natürlich auch ein oder mehrere Schweine hatten, benützten gleich die Gelegenheit, ihre Würste im Brennhafen zu kochen. Das Ergebnis war eine exquisite Spezialität, die »Treberwurst«. Heute wird sie als Attraktion von den Weinbauern im Dampf des Marc gekocht. Metzger der Gegend haben dazu eine spezielle Wurst kreiert.

Der Brauch der »Mangeailles du saucisson au marc« findet im Januar und Februar statt; man serviert herrliches Brot und Kabis- oder Kartoffelsalat oder auch Lauchgemüse dazu. In diesen Kellern sitzt man auf Holzbänken eng zusammen, lernt sich kennen, hat es lustig und beschließt meistens, im nächsten Jahr wiederzukommen.

Treberwurscht »zu Hause«
Schweinswurst im Branntwein

Arbeitsaufwand: 10 Min.
Garzeit: 40–50 Min.

Für 4 Personen:
1 Bratschlauch
1 großer Waadtländer Saucisson (siehe S. 58) oder eine Treberwurst
100 ml Marc

Die Bratfolie etwa 25 cm länger als die Wurst abschneiden und ein Ende verschließen. Backofen auf 160° vorheizen. Den Saucisson mit einer feinen Nadel mehrmals einstechen, in die Folie stecken. Mit der verschlossenen Seite nach unten in einen mittelgroßen Krug stellen, den Marc zugießen und die Folie nach Vorschrift verschließen. In eine Auflaufform legen und auf der Oberseite mit einer Nadel 5–6-mal einstechen. Im Backofen (unten, Umluft 140°) je nach Größe der Wurst 40–50 Min. ziehen lassen. Nach halber Garzeit das Wurstpaket an beiden Enden anfassen und hin und her wiegen, damit der Marc die Wurst überspült. Die Wurst herausnehmen, aufschneiden und mit dem Saft aus der Folie begießen.

Tipp: Dazu passt ein bäuerlicher Kabissalat, wie er in dieser Gegend, andernorts im Berngebiet und im Waadtland serviert wird.

Warme Chrutsalat
Kohlsalat nach Seeländer Art

Den Kohl von den äußeren Blättern befreien, halbieren, gründlich waschen, abtropfen lassen und raspeln. Die Zwiebel schälen, halbieren und in Streifen schneiden. Die Butter erhitzen. Die Zwiebel darin glasig werden lassen, anziehen lassen. Den Kohl unterrühren, mit Brühe ablöschen und 10 Min. dämpfen, bis die Brühe verdampft ist.
Inzwischen den Speck in feine Streifchen schneiden. In einer Pfanne knusprig braten. Den Kohl mit Essig begießen, pikant mit Salz und eventuell Kümmel würzen, nochmals erhitzen. In eine Salatschüssel geben, mit Speckstreifen bestreuen und lauwarm servieren.

Tipp: Oft wird zur Treberwurst (siehe S. 56) Kartoffelsalat gereicht.

Arbeitsaufwand: 30 Min.
Kochzeit: 10 Min.

Für 4 Personen:
1 mittelgroßer Weißkohl
1 Zwiebel
2 EL Bratbutter
50 ml Fleischbrühe
100 g magerer Speck
2 EL Weißweinessig
Salz, 1 EL Kümmel

Hardöpfusalat
Emmentaler Kartoffelsalat

Die Kartoffeln in der Schale weich kochen. Darauf achten, dass sie nicht zerfallen. Warm pellen und in Scheiben schneiden. Mit Salz, Pfeffer aus der Mühle und Muskat würzen. Die Bouillon erwärmen, darüber gießen und stehen lassen, bis die Kartoffeln erkaltet sind.
Die Zwiebel schälen und fein hacken. Mit Senf, Essig und Öl zu einer sämigen Sauce rühren und unter die Kartoffeln mischen. Petersilie und Schnittlauch waschen und trockenschütteln. Die Petersilie fein hacken und den Schnittlauch in Röllchen schneiden. Beides über den Salat streuen.

Tipp: Wenn Sie ganz frische Eier haben, kann man noch nach Belieben 1–2 Eigelbe zur Sauce geben.

Arbeitsaufwand: 30 Min.
Kochzeit: 42 Min.

Für 5–6 Personen:
1 kg Kartoffeln
Salz, Pfeffer, Muskatnuss
200 ml Bouillon
1 Zwiebel, 1 TL Senf
2 EL Weißweinessig
5 EL Öl, je 1 Bund Petersilie und Schnittlauch

Lic und Marc

Lic oder Weinhefebranntwein (Weindrusen) wird durch Destillation des Weintrubs gewonnen. Nach der Gärung lagert sich der Weintrub am Boden der Behälter ab. Beim Umfüllen wird er herausgeschöpft und anschließend destilliert.
Marc oder Tresterbranntwein entsteht aus der Destillation vergorener Traubentrester. Wenn die Trauben abgebeert sind, erhält man einen feineren Marc mit viermal weniger Methylalkohol.

Pasta wurde früher im Tessin als Luxus betrachtet, deshalb streckte man sie mit Hülsenfrüchten oder Kartoffeln.

Pasta e fasöö
Teigwaren und Bohnen

Arbeitsaufwand: 25 Min.
Einweichzeit: 12 Std.
Kochzeit: 1 Std. 30 Min.

Für 4 Personen:
200 g Borlotti-Bohnen
1 Karotte, 1 Stück Sellerie
1 Zwiebel, 2 EL Olivenöl
100–150 g Schwarte von Rohschinken, 200–250 g Teigwaren aus Hartweizen
2 Knoblauchzehen
2 EL gehackte Kräuter
Salz, schwarzer Pfeffer
50 g geriebener Sbrinz

Die Bohnen über Nacht in lauwarmem Wasser einweichen.
Am nächsten Tag Karotte und Knollensellerie schälen, beides sehr klein würfeln. Die Zwiebel schälen und fein hacken. Das Öl erhitzen. Karotte, Sellerie und Zwiebel darin anbraten. Die Bohnen abgießen, dazugeben und mit $^1/_2$ l kaltem Wasser bedecken. Die Schwarte vom Schinken zufügen und alles 1 Std. 30 Min. kochen lassen.
Inzwischen die Teigwaren (z. B. Hörnli oder andere kleine Pasta) nach Packungsangaben bissfest garen, abgießen und zugeben. Den Knoblauch schälen und fein hacken. Mit Kräutern (z. B. Petersilie mit Oregano oder Majoran), Salz und Pfeffer aus der Mühle abschmecken. Den Käse separat dazu servieren.

Tipps: Nach Belieben noch wenig gehackten Peperoncino beigeben. Pancetta ist geräucherter Brustspeck und kann fein gehackt statt der Schwarte zugefügt werden.

Pasta e pom | Teigwaren und Kartoffeln

300 g kleine Hörnchen oder andere Teigwaren in Salzwasser bissfest kochen. 2 große Kartoffeln klein würfeln, in 1 EL Butter anziehen lassen, mit den gut abgetropften Teigwaren, 2 durchgepressten Knoblauchzehen mischen und bei schwacher Hitze kurz erwärmen. Salzen, pfeffern und in einer vorgewärmten Schüssel anrichten. 100 g geriebenen Sbrinz dazu servieren.

Im Januar schätzt man währschafte Kost aus Hülsenfrüchten

Lozärner »Tuusig-Bohne-Ragu« – ein altes, ausgezeichnetes Gericht, dessen Geheimnisse ich den Nachfahren der Frau Stadtschreiber Krell entlocken konnte. Noch heute kocht es der Urenkel für seine Freunde. Die Zubereitung lohnt sich nur für eine größere Tischrunde. Die dazu benötigten getrockneten Borlotti-Bohnen und Tomaten sollen von »ennet« dem Gotthard nach Luzern gekommen sein!

Lozärner »Tuusig-Bohne-Ragu«
Tausend-Bohnen-Ragout

Die Hülsenfrüchte über Nacht gesondert einweichen. Zwiebeln schälen, hacken und in 5 Portionen teilen. Die Hülsenfrüchte abtropfen lassen. Je 1 EL Schweinefett erhitzen. Hülsenfrüchte einzeln mit je 1 Portion Zwiebeln anziehen lassen. Dann die Linsen mit Lammfleisch, die Borlotti mit Schweinsfuß, die weißen Bohnen mit Kalbsfuß und Markbeinen, die grünen Erbsen mit geräuchertem und grünem Speck und die gelben Erbsen mit der Entlebucher Rauchwurst in Töpfe verteilen. In jeden Topf Brühe geben, mit Salz und Pfeffer würzen. Jeweils in 2 bis 2 Std. 30 Min. garen. Während der Kochzeit eventuell noch Flüssigkeit nachgießen.
Inzwischen die Kartoffeln schälen, klein würfeln und garen. Tomaten waschen und klein schneiden, in wenig Butter anziehen lassen und beiseite stellen. Das Brot würfeln und in der restlichen Butter hellbraun rösten. Die Petersilie waschen, trockenschütteln und 3–4mal schneiden (nicht hacken). Fleisch, Wurst, Schweins- und Kalbsfuß aus den Töpfen nehmen, sobald sie weich sind, und in sehr kleine Würfelchen schneiden. Das Mark aus dem Knochen herausholen. Die Hülsenfrüchte mischen. Kartoffeln, Tomaten, Petersilie, Fleisch und Mark zugeben. Nochmals erhitzen, anrichten, mit den Brotwürfelchen bestreuen.

Tipp: Ein wunderbares Wintergericht, das auch verwöhnten Feinschmeckern gefällt.

Arbeitsaufwand: 50 Min.
Kochzeit: 2 Std. 30 Min.

Für 10–15 Personen:
je 200 g getr. gelbe Erbsen, getr. grüne Erbsen, Linsen Borlotti-Bohnen, weiße Bohnen, 4 Zwiebeln
4 EL Schweinefett
1 kg Lammfleisch mit Fett
je 1 Schweins- u. Kalbsfuß
2 Markbeine, je 500 g geräucherter Speck und grüner Speck, 1 Paar Entlebucher Rauchwürste
2 l Fleischbrühe, Salz
Pfeffer, 1 kg Kartoffeln
2 Tomaten
4 EL Bratbutter
6 Scheiben Weißbrot
1 Bund Petersilie

Ein ausgezeichnetes Hülsenfrüchte-Gericht aus dem Tessin:

Mortadella e lenticchie
Mortadella und Linsen

Linsen am Vorabend in vorgekochtes, lauwarmes Wasser einlegen. Am nächsten Tag die Zwiebel schälen und hacken. Tomaten häuten und klein schneiden. Knollensellerie schälen, klein würfeln. Butter erhitzen. Zwiebel darin glasig werden lassen. Linsen, Tomaten und Sellerie zufügen und 2–3 Min. dünsten. Mit Wein und 200 ml Brühe ablöschen und aufkochen lassen. Zugedeckt bei schwacher Hitze 1 Std. kochen lassen. Wenn nötig, etwas Brühe zufügen. Mortadella in Wasser bei schwacher Hitze ca. 50 Min. vorkochen. Etwas abkühlen lassen und pellen. Die Wurst zu den Linsen geben, weitere 30–40 Min. kochen lassen, bis die Linsen weich sind. Wenn nötig, noch Brühe oder Rotwein zufügen. Nach Belieben mit Salz und Pfeffer nachwürzen.

Arbeitsaufwand: 25 Min.
Kochzeit: 2 Std. 30 Min.

Für 6–8 Personen:
500 g Linsen, 1 Zwiebel
2 reife Tomaten, 1 Stück Sellerie, 2 EL Butter
200 ml Tessiner Rotwein
400 ml Brühe, 1 Mortadella nostrana, Salz, Pfeffer

Februar

ZUR FRÖHLICHEN Stimmung der Fastnacht gehören gebackene Küchlein. Jeder von uns kennt die zart schmelzenden und zerbrechlichen »Hasenöhrli« oder »Chneublätz«, wie sie in der Innerschweiz genannt werden. In kinderreichen Familien pflegte man sie in so großen Mengen zu backen, dass man sie in Wäschekörben auftürmte. Jeder Fastnachtskanton hat seine Chüechli.

Februar

Zur Fastnacht gehört leckeres Fasnachtsgebäck. Früher beschenkten sich Burschen und Mädchen mit »Fasnachstschüechli«, oder die Mädchen luden ihren Schatz zum »Chüechli-Essen« ein.

Chneublätze
Ausgebackene Teigfladen

Arbeitsaufwand: 40 Min.
Ruhezeit: 30 Min.
Backzeit: ca. 3 Min. pro Portion

2 Eier
1 Prise Salz
2 EL Zucker
4 EL Rahm
250–300 g Mehl
2 EL Butter
Öl zum Ausbacken
Puderzucker zum Bestreuen

Eier mit Salz, Zucker und Rahm verquirlen. Mehl und Butter in Flöckchen zufügen und, wenn möglich auf einem Brett, zu einem Teig verkneten, bis er glatt ist und Blasen wirft. Je nach Größe der Eier etwas mehr oder weniger Mehl zugeben. Der Teig muss so zart sein, dass er sich gut ausziehen lässt. Zugedeckt 30 Min. bei Zimmertemperatur ruhen lassen. Den Teig in pflaumengroße Stücke schneiden, diese hauchdünn ausrollen und über das mit einem Küchentuch bedeckte Knie ausziehen. Die Teigfladen auf Küchenpapier trocknen lassen. Öl in der Frittürepfanne auf 170° erhitzen. Die Fladen darin schwimmend backen, bis sie goldgelb sind. Auf Küchenpapier abtropfen und abkühlen lassen und mit Puderzucker bestreuen.

Tipp: Ausgerollt sind die »Chneublätze« größer als die Frittürepfanne. Zum Zusammenstoßen und Wenden in der Pfanne am besten zwei Holzlöffelstiele verwenden. Trocken, aber offen aufbewahren. In der Westschweiz nennt man dieses Gebäck »Merveilles«.

Hasenöhrli
Hasenöhrchen

Arbeitsaufwand: 35 Min.
Ruhezeit: 1–2 Std.
Backzeit: 3–4 Min. pro Portion

75 g Butter
150 g Zucker, Salz, 2 Eier
abgeriebene Zitronenschale, 100 g Rahm
2 EL Kirschwasser oder Rum
400 g Mehl
Öl zum Ausbacken

Butter schaumig rühren. Abwechselnd Zucker, etwas Salz und Eier unterrühren. Etwas Zitronenschale, Rahm und Kirschwasser oder Rum in die Masse rühren. Mehl dazusieben und untermischen. Zugedeckt 1–2 Std. ruhen lassen. Den Teig etwa 1/2 cm dick ausrollen und etwa 10 cm lange Rauten ausschneiden. Jedes Teigstück in der Mitte längs einschneiden und einen Zipfel der Raute durch die Öffnung ziehen, damit Hasenöhrli entstehen. Das Öl erhitzen. Die Hasenöhrli beidseitig 3–4 Min. frittieren. Herausnehmen und abtropfen lassen.

Tipp: Trocken aufbewahren, eventuell auf Tüchlein in einem Korb.
Variante: Aus ähnlichem Teig werden die »Fasnachtsschüsseli«, die als Dreieck ausgerollt werden, und die »Fasnachtsringli«, die man in Rondellen mit einem Loch in der Mitte aussticht, zubereitet.

Ein Rezept aus Baden von 1898. Diese »verbrühten Kugeln« wurden damals im Hotel »Adler« serviert.

Verbrüheti Chugele
Verbrühte Kugeln

Die Milch mit Salz, Zucker und Butter aufkochen lassen. Das Mehl auf einmal zugeben, alles sofort beiseite stellen und kräftig rühren, bis der Teig glatt ist und die größte Hitze verloren hat. Nach und nach die Eier unterschlagen, bis der Teig glänzt. Den Teig 30 Min. ruhen lassen. Das Öl erhitzen. Zucker und Zimtpulver mischen. Einen Esslöffel in das heiße Fett tauchen, aus dem Teig kleine Kugeln abstechen und diese im nicht zu heißen Fett goldgelb ausbacken. Die Kugeln heiß mit Zimtzucker bestreuen.

Tipp: Diese »verbrühten Kugeln« können auch als Dessert mit einer Vanillecreme (siehe S. 101) serviert werden.

Arbeitsaufwand: 30 Min.
Ruhezeit: 30 Min.

300 ml Milch, 1 Prise Salz
80 g Zucker
50 g frische Butter
250 g Weißmehl
4 Eier, 4 EL Zucker
1/2 TL Zimtpulver
Öl zum Ausbacken

Mein liebstes Fasnachtsgebäck sind die Tabakrollen. Man findet sie ab und zu in Zürich während der Fasnacht. Hier das Rezept von Konditormeister Max Frey:

Tabakrolle
Tabakrollen

Puderzucker, Haselnüsse, Mehl, Salz und Zimtpulver mischen. Mit Butter in Flöckchen und Eiern rasch zu einem zarten Teig verarbeiten. Zugedeckt 1 Std. kühl stellen. Den Teig etwa 3 mm dick ausrollen, in Rechtecke schneiden, die im Format die Hölzchen decken. Die Teigstücke um die Hölzchen wickeln, gut andrücken, mit einer Schnur schräg überspannen. Das Öl auf etwa 200° erhitzen. Die Tabakrollen darin in 3 Min. pro Portion schwimmend ausbacken. Herausnehmen, vorsichtig vom Hölzchen lösen und abkühlen lassen. Mit Konfitüre oder steif geschlagenem Rahm füllen.

Tipps: Die Spezialhölzchen sind seit einiger Zeit wieder in verschiedenen Haushaltsgeschäften erhältlich. Wenn man zum Befestigen des Teigs keine Schnüre verwenden will, kann man den Teig in schmale Streifen rädeln und spiralförmig um die Hölzchen wickeln. Dabei das Ende mit etwas Eiweiß verkleben.

Arbeitsaufwand:
Ruhezeit: 1 Std.
Backzeit: ca. 3 Min.

120 g Puderzucker
120 g gemahlene Haselnüsse, 500 g Mehl, 3 g Salz
1/2 TL Zimtpulver
250 g Butter, 4 Eier
Öl zum Ausbacken
Himbeerkonfitüre oder Schlagrahm
Hölzchen für Tabakrollen

Dank ihrer verschlungenen Form sind diese »Guetsli« besonders attraktiv:

Schlüferli
Gebackene Schleifen

Arbeitsaufwand: 50 Min.
Backzeit: ca. 3 Min.

2 Eier, 100 g Zucker
1 unbehandelte Zitrone
80 g Butter
1 EL Kirschwasser
3 EL Sauerrahm
300 g Mehl, 1 Prise Salz
1/2 TL Zimtpulver
Öl zum Ausbacken

Eier und Zucker zu einer weißlichen Creme schlagen. Zitrone waschen, abtrocknen und 1 TL Schale abreiben. Die Butter schmelzen lassen und lauwarm mit Kirschwasser, Sauerrahm und Zitronenschale zufügen. Mehl, Salz und Zimtpulver auf die Eiercreme sieben und zu einem festen Teig verarbeiten. Den Teig etwa 1/2 cm dick ausrollen und mit dem Teigrädli in etwa 3 cm breite Streifen schneiden. Diese in etwa 10 cm lange Stücke teilen. Jeweils in der Mitte etwas einschneiden und ein Ende durchziehen. Öl auf 190° erhitzen. Schlüferli darin in 3 Min. goldgelb ausbacken.

Tipps: Die Schlüferli auf Küchenpapier abtropfen lassen und frisch servieren. Nach Belieben in Zucker und Zimt wenden. Zum Ausbacken Bratbutter anstelle von Öl verwenden.

Diese Bündner Kuchen schmecken ausgezeichnet und werden auf lustige Art gebacken. Über den Namen konnte ich nichts herausfinden, außer dass die wörtliche Übersetzung »Schneeballen« heißt.

Schneeballä
Ausgebackene Kugeln

Arbeitsaufwand: 40 Min.
Ruhezeit: 1 Std.
Backzeit: ca. 3 Min.

Für 4 Personen:
500 g Mehl, 1/2 TL Salz
120 g Butter, 3 Eier
150 ml Weißwein
1 TL abgeriebene Zitronenschale
4 EL Zucker
1 TL Zimtpulver
Öl zum Ausbacken

Mehl mit Salz mischen, in eine Schüssel sieben und in der Mitte eine Mulde eindrücken. Die nicht zu harte Butter in Flöckchen dazugeben. Die Eier verquirlen, mit Wein und Zitronenschale rasch zu einem Teig verkneten. Zugedeckt 1 Std. kühl stellen. Zucker und Zimt mischen. Den Teig etwa 4 mm dick ausrollen und zu Kreisen von etwa 12–14 cm Durchmesser ausstechen. Jeden Kreis mit einem Teigrädchen in etwa 1 cm breite Streifen aufteilen, dabei den Rand nicht ganz durchschneiden. Jeden zweiten Streifen mit dem Stiel einer dünnen Holzkelle anheben (wie beim Flechten). Das Öl erhitzen. Den Stiel mit dem Küchlein in das Öl tauchen und darin schwimmend ausbacken. Vom Kochlöffel abstreifen, abtropfen lassen, mit Zimtzucker bestreuen und sofort servieren.

Tipp: Trocken und offen aufbewahren.

Walliser Chruchtele

Für die Walliser Chruchtele gibt es unzählige Rezepte. Die Chruchtele aus der Gegend von Raron enthalten Schnaps, Zimt- und wenig Nelkenpulver, jene aus Gampel zusätzlich noch Weißwein, aber keine Gewürze, und die vom Simplon werden mit Nidel und Kirschwasser veredelt. In Brig wird dem Teig etwas Safran zugefügt. Dadurch erhalten die Chruchtele eine besonders schöne Farbe und einen aparten Geschmack. Damit ist aber der Reigen der »Chiächlini« aus dem Wallis noch nicht beendet. Aus Chruchtele-Teig werden die verschiedensten Varianten zubereitet, indem Füllungen aus geriebenem Roggenbrot, Nüssen, Honig, Butter, Eiern und oft auch Wein in den Teig eingepackt werden und dieser dann zu Krapfen geformt wird. Teils werden sie im Ofen gebacken, teils in Öl frittiert. So die Hirschhörnli, die Hanini und die Hasuohrini.

Chruchtele
nach Art von Brig

Safran in der Milch auflösen. Die Butter schmelzen lassen. Das Mehl in eine Schüssel sieben. Nach und nach die Safranmilch, Butter, Eier, Salz, Wein und Kirschwasser unterrühren und den Teig kneten, bis er fest ist und Blasen wirft. Er soll so fest sein, dass er ausgerollt werden kann. Deshalb Milch und Wein vorsichtig beigeben. Den Teig etwa 4 mm dick ausrollen und in Stücke schneiden. Das Öl auf etwa 180° erhitzen. Die Teigstücke darin in 2–4 Min. pro Portion schwimmend ausbacken.

Varianten: Dem Teig nach Belieben etwas Zucker zugeben. In anderen Walliser Gegenden wird der Safran manchmal durch je 1 Msp. Zimt- und Nelkenpulver ersetzt. Anstelle von Milch kann Rahm oder gar etwas Schnaps verwendet werden.

Arbeitsaufwand: 40 Min.
Backzeit: 2–4 Min.

Für 4 Personen:
1 Prise Safran
3–4 EL lauwarme Milch
50 g Butter, 500 g Mehl
3 kleine Eier
1/2 TL Salz
3–4 EL Weißwein
1 EL Kirschwasser
Öl zum Ausbacken

Eine Spezialität aus dem Kanton Schwyz:

Schwyzer Fasnechtchräpfli
Fastnachtskrapfen

Arbeitsaufwand: 45 Min.
Einweichzeit: 12 Std.
Ruhezeit: 2–3 Std.

Grundrezept
geriebener Teig:
250 g Mehl
125 g Butter
1/2 TL Salz

Füllung:
500 g Dörrobst
(z. B. Äpfel, Zwetschgen
und Birnen)
3 EL Sultaninen
1 EL Kirschwasser
80 g Zucker
Saft und Schale von
1 unbehandelten Zitrone
je 1 Msp. Zimt-, Sternanis-
und Korianderpulver
1 Eiweiß
100 g Grießzucker
1 TL Zimtpulver
Öl oder Bratbutter
zum Ausbacken

Für die Füllung das Dörrobst am Vorabend in kaltem Wasser einweichen. Für den Teig das Mehl auf eine Arbeitsfläche sieben. Die Butter in Flöckchen darauf verteilen. Mehl und Butter mit den Händen verreiben, bis eine feinkrümelige Masse entstanden ist. Das Salz in 1/8 l Wasser auflösen, zum Teig geben und alles von der Mitte aus rasch zu einem Teig verarbeiten (möglichst nicht kneten, sonst wird der Teig zäh). Den geriebenen Teig zugedeckt 2–3 Std. kühl stellen.
Das Dörrobst kurz aufkochen und gut abtropfen lassen und durch die Flotte Lotte oder die Hackmaschine treiben. Die Sultaninen 1 Std. in Kirschwasser einlegen, dann mit Zucker, Zitronenschale und -saft sowie mit Zimtpulver, Sternanispulver und Korianderpulver unter das Dörrobstpüree rühren.
Den Teig ausrollen und runde Plätzchen von etwa 12 cm Durchmesser ausstechen. Die Ränder mit etwas Eiweiß oder Wasser bestreichen, je 1 EL Füllung darauf geben. Die Plätzchen zur Hälfte überschlagen und die Ränder fest andrücken. Für den Zimtzucker Grießzucker und Zimtpulver mischen.
Öl oder Butterschmalz auf 170° erhitzen. Die Chräpfli darin in 3 Min. goldgelb ausbacken. Die Krapfen herausnehmen, abtropfen lassen und noch warm im Zimtzucker wenden.

Tipps: Vor dem Pürieren der Früchte das Wasser gut auspressen, damit die Füllung nicht zu dünn wird. Anstelle von Grießzucker den handelsüblichen Zucker verwenden.

Varianten: Den Teig nach Belieben mit 1 Ei zubereiten, dann etwa 2 1/2 EL Wasser weglassen. Für eine süße Variante 2 EL Zucker mitverarbeiten. Manchmal gibt man der Füllung anstelle von Zwetschgen gekochte und pürierte Kastanien zu.

»Chilwi«- oder Zigerchrapfe Kirchweih- oder Zigerkrapfen

Die »Chilwi«- oder Zigerkrapfen, die man heute meistens beim Bäcker kauft, waren früher der Stolz jeder »Länder-« (Ob- oder Nidwaldner) Hausfrau. Der mit Zucker und Zimt, Rosinen und »Krapfenkörnlein« (Koriander) vermischte Ziger wird auf dünn ausgewallte Teigstücke gegeben, die man zu Krapfen formt. Diese Krapfen wie auch die Zigerchugeli werden im Anken (Bratbutter) schwimmend ausgebacken. Berühmt sind auch die weißen und braunen »Chlosterchräpfli«, die im Frauenkloster zu Sarnen besonders gut zubereitet wurden. Die braunen werden mit Bienenhonig hergestellt, für die weißen, gefüllten verwendet man noch heute schöne alte Model aus Holz oder Ton. Diese Klosterrezepte werden streng gehütet. Ich habe ein Rezept für Nonnenkräpfchen aus dem Kloster Ingenbohl gefunden und hoffe, dass sie ebenso gut schmecken wie jene aus Sarnen, ferner eines für weiße Kräpfchen, die allerdings nicht in Modeln gebacken werden.

Eine Schnellmethode zur Zubereitung von Ziger:

Grundrezept Ziger
Molkenkäse

Arbeitsaufwand: 20 Min.

Für 400 g Ziger:
2 ¹/₂ – 3 l Milch
100 ml Weißweinessig

Die Milch in einer Pfanne zum Sieden bringen. Den Essig zugießen und nochmals aufkochen lassen, dabei nicht rühren! Die Pfanne von der Herdplatte nehmen und einen Moment stehen lassen. Den Ziger mit der Schaumkelle in ein Salatsieb geben und gut abtropfen lassen.

Ein Rezept aus dem Wallis:

Ziger mit Honig
Molkenkäse mit Honig

Für 4 Personen:
400 g frischer Ziger
6 EL Honig, 100 g Rahm

Den Ziger nach dem Grundrezept oben zubereiten. Den Ziger nach dem Abtropfen mit Honig gut mischen. Zum Servieren nach Belieben mit Rahm übergießen.

Zigerchrapfe
Zigerkrapfen

Für die Füllung den Ziger mit Zitronensaft und -schale, 100 g Zucker, Rahm und 1 TL Zimtpulver verrühren. Sultaninen waschen, abtropfen lassen und mit Mandeln unter den Ziger mischen. Den Teig etwa 3 mm dick ausrollen und zu Kreisen von etwa 6 cm Durchmesser ausrädeln. Die Hälfte der Kreise mit 1 TL Füllung belegen, die Ränder mit Eiweiß bestreichen. Restliche Teigkreise darauf legen und die Ränder fest andrücken. Für den Zimtzucker übrigen Zucker und Zimt mischen. Öl auf etwa 170° erhitzen. Die Krapfen darin schwimmend 3–4 Min. ausbacken. Die Krapfen auf Küchenpapier abtropfen lassen, im Zimtzucker wenden und sofort servieren.

Variante: Für Zigerchugele (Zigerkugeln) die Füllung und den Teig wie oben beschrieben vorbereiten. Den ausgerollten Teig zu Plätzchen von etwa 15 cm Durchmesser ausstechen, diese mit Füllung belegen, zu Kugeln formen, in heißem Öl ausbacken und in Zimtzucker wenden.

Arbeitsaufwand:
40–50 Min.
Backzeit: 3–4 Min.

150 g Ziger
1 EL Zitronensaft
1 TL abgeriebene Zitronenschale
140 g Zucker, 50 g Rahm
2 TL Zimtpulver
4 EL Sultaninen
100 g geschälte gemahlene Mandeln, 250 g Blätterteig
1 Eiweiß, Öl

Ein typisches Klostergebäck

Ingebohler Nonnechräpfli
Ingenbohler Nonnenkrapfen

Eigelbe mit Zucker 15 Min. rühren. Hefe mit 1 Prise Zucker flüssig rühren und zur Eiercreme geben. Mehl durchsieben. Eiweiße steif schlagen. Mehl und Eischnee abwechselnd unterschlagen. Zugedeckt 1 Std. ruhen lassen. Für die Füllung die Mandeln mit Schale grob zerstoßen. Zitronat fein hacken. Beides mit Zucker, Zimt, Zitronenschale, Zitronat, Ei und Honigwasser mischen. Den Teig etwa $^1/_2$ cm dick ausrollen, in etwa 6 cm breite Streifen schneiden. Mit Füllung bestreichen, zusammenfalten und jeweils in etwa 4 cm lange Stücke schneiden. Auf ein bemehltes Backbrett legen, mit Mehl bestäuben, zugedeckt 24 Std. ruhen lassen. Das Blech mit Mehl bestreuen. Ofen auf 180° vorheizen. Krapfen aufs Blech setzen. Im Ofen (Mitte, Umluft 160°) 20 Min. backen. Etwa 1 Std. abkühlen lassen, vom Mehl befreien.

Varianten: Ähnliche Krapfen, aber ohne Hefe, bäckt man in Baldegg.
Statt Honigwasser 125 g geriebenen Lebkuchen mit 1 EL Zimtpulver, 1 Prise Nelkenpulver, abgeriebener Schale von 1 unbehandelten Zitrone mischen. 2–3 EL Honig unterrühren, bis eine weiche Masse entsteht.

Arbeitsaufwand: 50 Min.
Ruhezeit: 25 Std.
Backzeit: ca. 20 Min.

4 Eigelbe, 80 g Zucker
10 g Hefe, 500 g Mehl
4 Eiweiße
Füllung:
125 g Mandeln
50 g Zitronat
125 g Zucker
1 EL Zimtpulver
abgeriebene Schale von
1 unbehandelten Zitrone
1 Ei
etwas Honigwasser

Ein besonders originelles Fastnachts- und Chilbigebäck aus der March im Kanton Schwyz:

Bohne
Schwyzer Kirchweihgebäck

Arbeitsaufwand: 40 Min.
Ruhezeit: 1 Std.
Backzeit: 2–3 Min.

Für ca. 300 »Bohnen«:
4 Eier, 60 g Butter
375 g Zucker, 100 ml Milch
40 g Zimtpulver
40 g Anissamen
750 g Halbweißmehl
1 $^{1}/_{2}$ Beutel Backpulver
Öl zum Ausbacken
Puderzucker zum Bestreuen

Eier mit Butter, Zucker, Milch, Zimtpulver und Anissamen verrühren. Mehl und Backpulver mischen und nach und nach unterkneten, bis ein fester Teig entsteht. Den Teig zugedeckt 1 Std. ruhen lassen.
Aus dem Teig 8–10 Kugeln formen und diese zu langen, dünnen Würstchen drehen. Die Teigwürstchen in etwa 3 cm große Stücke schneiden. Die Teigstücke zu kleinen Bohnen formen und auf saubere Küchentücher legen. Das Öl heiß werden lassen. Jeweils 30 »Bohnen« darin langsam in 2–3 Min. ausbacken. Die »Bohnen« herausnehmen, abkühlen lassen und mit Puderzucker bestreut servieren.

Variante: In Graubünden wird ein ähnliches Gebäck, aber nur mit Rosenwasser und Zitronenschale gewürzt, zu Ostern gebacken, die so genannten »Osterbohnen«.
Statt Öl kann zum Ausbacken auch Bratbutter verwendet werden. Halbweißmehl kann durch eine Mischung aus halb Vollkorn- und halb Weißmehl ersetzt werden.

Märchler Flade
Fladen nach Märchler Art

Arbeitsaufwand: 35 Min.
Einweichzeit: 1–2 Tage
Ruhezeit: 1 Std.

Für ein großes Blech:
je 250 g gedörrte Birnen und Zwetschgen, 250 g Mehl, Salz, 4–5 EL Zucker
120 g Butter
1 unbehandelte Zitrone
1 Ei, 2–3 EL Rahm, 100 g Nüsse, Gewürze, 200 g Rahm, 2 EL Birnenhonig

Birnen und Zwetschgen in einer Schüssel mit Wasser 1–2 Tage einweichen. Dann abtropfen lassen und fein hacken. Das Mehl mit 1 Prise Salz, 2 EL Zucker und Butter zwischen den Fingern zu feinen Krümeln verreiben. Zitrone waschen, abtrocknen, 1 TL Schale abreiben und 1 EL Zitronensaft auspressen. Den Saft für die Füllung beiseite stellen. Das Ei mit Rahm und Zitronenschale mischen, zugeben und alles zu einem geschmeidigen Zuckerteig verarbeiten. Bei Zimmertemperatur 1 Std. ruhen lassen. Den Backofen auf 220° vorheizen. Ein großes Blech einfetten und mit dem Teig auslegen. Die Nüsse grob hacken. Mit Dörrobst, Gewürzen (je 1 Msp. Zimt- und Nelkenpulver), Zitronensaft und 2–3 EL Zucker vermischen. Die Masse auf den Teig streichen. Für den Guss Rahm und Birnenhonig (Obstsaftkonzentrat, siehe S. 272) verrühren und darüber gießen. Im Backofen (Mitte, Umluft 200°) 30–35 Min. backen.

Ein Ständchen für Liebesleute, Krapfen und Wein für die »Chropflimeh«-Sänger

Ein schöner, alter Zuger Brauch ist das »Chropflimeh-Singen«. An der alten Fasnacht, dem ersten Sonntag nach dem Aschermittwoch, ziehen bunt kostümierte Sangesgruppen durch das Städtchen und bringen Jungverliebten, -verlobten oder -verheirateten, die mit einem kleinen Lämpchen im Fenster von ihrem Glück künden, ein schelmisches Fasnachtsständchen. Die auf diese Weise Beglückten lassen zur Belohnung der Sänger einen Korb mit »Zuger Chropfe« und Wein an einer Schnur hinuntergleiten. Wenn die Spende gar zu bescheiden ausfiel, sollen die enttäuschten Sänger nach »meh Chropfe« gerufen haben – daher wahrscheinlich der Name des Brauches »Chropfli-meh«.

Zuger Chropfe
Zuger Krapfen

Arbeitsaufwand:
40–50 Min.
Backzeit: 3–4 Min.

400 g Ziger (siehe S. 48)
Füllung:
100 g Zucker
1/2 TL Zimtpulver
50 g gemahlene Mandeln
1–2 Tropfen Bittermandelöl
50 ml Zuger Kirschwasser
wenig Milch
500 g Blätterteig
1 Eiweiß
Öl zum Ausbacken

Den Ziger nach dem Grundrezept von Seite 48 zubereiten.
Für die Füllung den Ziger luftig rühren. Zucker, Zimt, Mandeln und Bittermandelöl untermischen. Mit dem Kirschwasser befeuchten und ebenfalls unter den Ziger mischen. Nach Bedarf etwas Milch zugeben. Die Füllung soll weich sein, aber nicht flüssig. Den Teig etwa 3 mm dick ausrollen und runde Plätzchen von 5 cm Durchmesser ausstechen. Etwas Füllung in die Mitte geben, den Rand mit Eiweiß bestreichen. Die Teigkreise zusammenklappen und am Rand fest andrücken. Zucker und Zimt mischen. Öl oder Bratbutter auf 160° erhitzen. Die Krapfen darin in 3–4 Min. pro Portion goldgelb ausbacken. Herausnehmen und abtropfen lassen.

Tipp: Die Krapfen noch warm in Zimtzucker wenden. Für den Zimtzucker 4 EL Zucker mit 1 TL Zimtpulver mischen.

Varianten: Statt Öl kann man zum Ausbacken auch Bratbutter nehmen. Anstelle von Bittermandelöl Mandelaroma verwenden.
Statt gekauftem Blätterteig einen Schnellblätterteig zubereiten. Dafür 250 g Mehl auf eine Arbeitsfläche sieben, in die Mitte eine Mulde eindrücken und 250 g Butter, 1 Glas Wasser und 1/2 TL Salz hineingeben und rasch von der Mitte aus mit dem Mehl verarbeiten. Den Teig entweder am Vorabend zubereiten oder mindestens 3–4 Std. ruhen lassen. Dieser Blätterteig geht nicht so hoch auf und blättert nicht so schön, schmeckt aber sehr gut, besonders wenn eine Füllung obenauf kommt.

Entlebucher »Pfäffer-Jasset«

Am »Güdiszischtig« (Fastnachtsdienstag) ist es in Entlebuch Sitte, um Schweinspfeffer zu jassen, d. h. Karten zu spielen. Allerdings ist es nicht irgendein Schweinspfeffer, wie man ihn um diese Jahreszeit in der Innerschweiz bekommt, sondern er wird im Ofen geschmort und die Schüssel vor dem Backen mit einem Brotdeckel versehen. Nach dem Pfefferschmaus spendet der Verlierer einen oder auch mehrere »Entlebucher Kafi«. Man sagt den Entlebuchern nach, sie hätten ein »Löchli« im »Bagge« (kleines Loch in der Wange), vom Löffel im Kafiglas!
Der traditionelle Pfeffer-Jasset wird im Restaurant »Meierisli« in Entlebuch nach wie vor alljährlich durchgeführt.

Äntlibuecher Schwynspfäffer
Entlebucher Schweinspfeffer

Arbeitsaufwand: 40 Min.
Marinierzeit: 2–3 Tage
Kochzeit: 30–40 Min.
Backzeit: 30–40 Min.

Für 4 Personen:
1 Zwiebel, 1 Lorbeerblatt
2 Gewürznelken
1 Rüebli (Karotte)
1 Stück Lauch
400 ml Rotwein
200 ml Essig
1/2 TL Salz, 6 Pfefferkörner
1 1/2 kg Schweinefleisch (magerer Hals oder Laffen)
2 EL Butter
1–3 EL Mehl
300 ml Rotwein (ersatzweise Fleischbrühe)
Salz, Pfeffer
Muskatnuss, Majoran
1 kg Schwarzbrotteig
1 Eiweiß
Butter für die Form

Für die Marinade die Zwiebel schälen, mit Lorbeerblatt und Nelken spicken. Gemüse waschen und putzen. Wein, Essig, Salz, Pfefferkörner und Gemüse aufkochen lassen. Das Fleisch in 2 1/2–3 cm große Würfel schneiden, in eine Schüssel geben, mit der Marinade begießen und 2–3 Tage stehen lassen. Das Fleisch ab und zu wenden.
Fleisch herausnehmen, abtropfen lassen. Butter erhitzen, das Fleisch darin bei starker Hitze braun anbraten. Das Gemüse aus der Marinade zugeben und 2–3 Min. mitbraten. Mit Mehl bestreuen und alles wenden. Mit 300 ml Marinade und Rotwein ablöschen. Mit Salz, Pfeffer, Muskat und Majoran würzen. Zugedeckt bei schwacher Hitze 30–40 Min. schmoren lassen.
Den Backofen auf 220° vorheizen. Eine längliche Auflaufform mit Butter einfetten. Das Fleisch einfüllen. Den Brotteig zu einem passenden Deckel ausrollen und auf das Fleisch legen. Den Rand mit Eiweiß besteichen und andrücken. In der Mitte ein Luftloch einschneiden. Im Backofen (Mitte, Umluft 200°) 30–40 Min. backen, bis der Brotdeckel braun und knusprig ist.

Tipps: Will man den Pfeffer ohne Deckel servieren, kann das Mehl auf 1 EL reduziert werden. Dafür am Ende der Garzeit 200 ml Schweinsblut unter die Sauce rühren und nicht mehr kochen lassen, sonst gerinnt die Sauce. Durch das Blut wird die Sauce ganz dunkel, und das Gericht sieht aus wie Hasenpfeffer. Bei der Zubereitung mit Teigdeckel kein Blut verwenden, weil es bei der Hitze im Ofen gerinnt. Man kann dafür etwas Kalbsjus zufügen oder sogar ein kleines Stück schwarze Schokolade. Bei Verwendung von Blut dieses mit 1–2 EL Rahm mischen und erst vor dem Anrichten unter die heiße Sauce mischen.

Der Morgenstreich in Basel

Er ist die unvergleichliche Ouvertüre zur Basler Fasnacht. Das Warten in den frühen Morgenstunden auf die »Cliquen«, die ihre schönen und witzigen Laternen in der Basler Innenstadt bei Trommel- und Pfeifenklängen herumtragen, ist ein einmaliges Erlebnis. Da nimmt man ein bisschen Frieren und zu wenig Schlaf gern in Kauf, besonders wenn man anschließend eine echte Basler Mehlsuppe und eine »Ziibele-wäie« bekommt. Übrigens soll die Zubereitung einer echten Mehlsuppe ohne Knollen und Angebranntes ein Prüfstein für angehende Basler Hausfrauen gewesen sein!

Basler Ziibelewäie
Basler Zwiebelkuchen

Arbeitsaufwand: 35 Min.
Ruhezeit: 3 Std.
Backzeit: ca. 35 Min.

Für ein Blech von 25 cm Ø:
Grundrezept Mürbeteig:
250 g Mehl, 125 g Butter
1 Ei, ½ TL Salz
50 g geriebener Käse
50 g Speck
400 g Zwiebeln
30 g Bratbutter
Salz, Pfeffer
Muskatnuss, frisch gerieben
1 EL Mehl, 150 ml Milch
3 große Eier, 150 g Rahm

Mehl auf die Arbeitsfläche sieben. Mit Butter in Stückchen, Ei, Salz und ⅛ l Wasser leicht mit den Fingern vermischen, nicht zu lange bearbeiten. Zu einer Kugel formen, in ein Tuch einwickeln und 3 Std. kühl stellen. Das Blech mit Backpapier belegen. Den Teig ausrollen und darauf legen. Mit einer Gabel mehrmals einstechen und mit dem Käse bestreuen. Speck fein würfeln. Zwiebeln schälen und in Scheiben schneiden. Speckwürfel ausbraten, bis sie glasig sind. Butter zugeben und schmelzen lassen. Zwiebeln zufügen und zugedeckt bei schwacher Hitze weich dünsten. Sie dürfen nicht gelb oder gar braun werden. Mit Salz, Pfeffer und Muskat würzen. Den Backofen auf 230° vorheizen. Die Zwiebel-Speck-Mischung etwas abkühlen lassen. Für den Guss Mehl mit Milch, Eiern und Rahm glatt verrühren, mit wenig Salz und Pfeffer würzen. Zwiebel-Speck-Mischung auf dem Teig verteilen und den Guss darüber geben. Im Backofen (Mitte, Umluft 210°) bei leicht geöffneter Tür 15 Min. backen. Die Hitze auf 210° (Umluft 190°) senken und in 20 Min. fertig backen.

Tipps: Die »Wäie« schmeckt am besten frisch. Bei einfacheren Rezepten wird nur Milch verwendet. Ab und zu entfällt der Speck.

Tarte aux oignons
Zwiebelkuchen nach Waadtländer Art

600 g Zwiebeln schälen und in feine Streifen schneiden. 3 EL Butter erwärmen. Die Zwiebeln darin glasig werden und kurz abkühlen lassen. 4 Eier und 250 g Rahm verquirlen, mit Salz, Pfeffer und Muskat würzen. Mit den Zwiebeln mischen. Das Blech mit Backpapier auslegen. 300 g geriebenen Teig (siehe S. 46) etwa 3 mm dick ausrollen, darauf legen und mehrmals mit einer Gabel einstechen. 10 Min. bei 240° vorbacken. Die Zwiebeln darauf geben, die Hitze auf 220° senken und ca. 20 Min. weiterbacken. Sollten sich Blasen bilden, diese aufstechen.

Wer sich zur Fastnachtszeit in Basel aufhält, sieht beim Bäcker flache, kuriose Gebilde aus Hefeteig:

Basler Faschtewäie
Fastenwecken

3–4 EL Milch erwärmen, die Hefe darin auflösen. Wenig Mehl zugeben und rasch zu einem Vorteig verrühren. Übriges Mehl mit Salz in eine vorgewärmte Schüssel sieben. In der Mitte eine Mulde eindrücken, den Vorteig hineingeben. Zugedeckt 15 Min. ruhen lassen. Butter bei Zimmertemperatur weich werden lassen. Übrige Milch erwärmen, mit Malzmehl in die Schüssel geben und alles zu einem glatten Teig verkneten. Den Teig mehrmals auf den Tisch schlagen. Butter unter den Teig kneten. 1 Std. kühl ruhen lassen. Während dieser Zeit den Teig zweimal hochziehen und wieder zusammenballen. Das Blech einfetten, mit Mehl bestreuen. Backofen auf 190° vorheizen. Aus dem Teig Stücke von etwa 50 g abschneiden, diese zu länglichen Laiben formen und so ausrollen, dass ovale, an beiden Enden spitz zulaufende, etwa 1 1/2 cm dicke Teigstücke entstehen. Aufs Blech legen und mit dem Handrücken längs eine Vertiefung in den Teig drücken und vier Einschnitte anbringen. Die Stücke so auseinander ziehen, dass vier Öffnungen entstehen. Eigelbe verquirlen, die »Wäien« damit bestreichen und nach Belieben mit Kümmel bestreuen. Im Backofen (Mitte, Umluft 170°) in 25–30 Min. goldbraun backen.

Tipp: In Basel findet man noch spezielle Stempel, um diese Wäien kunstgerecht einzuschneiden.

Arbeitsaufwand: 50 Min.
Ruhezeit: 1 Std. 15 Min.
Backzeit: ca. 30 Min.

Für 18–20 Stück:
400 ml Milch, 30 g Hefe
700 g Mehl, 1 EL Salz
250 g Butter
2 TL Malzmehl (beim Bäcker erhältlich)
2 Eigelbe
1 TL Kümmel (nach Belieben)
Butter und Mehl für das Blech

Basler Mählsuppe
Familienrezept Mehlsuppe

2 EL Bratbutter schmelzen lassen. 2 EL Mehl darin unter Rühren hellbraun rösten. Übriges Mehl zugeben, kurz umrühren, beiseite stellen. 1 1/2 l Wasser unterrühren, aufkochen lassen und offen bei schwacher Hitze 40 Min. köcheln lassen, bis die Suppe sämig wird. Mit Salz, Pfeffer, Muskat und Majoran würzen. Zwiebel schälen und in Ringe schneiden. 2 EL Butter erhitzen. Die Brotwürfel darin rösten. Übrige Butter erhitzen. Die Zwiebel darin hellbraun rösten. Die Suppe in Tellern anrichten und je 1 EL Rahm darüber geben, der sich wie eine Spirale an der Oberfläche ausbreitet. Brotwürfel und Zwiebel darauf geben, mit Petersilie und Schnittlauch bestreuen.

Tipp: Man kann Brotwürfel, Petersilie und Schnittlauch auch weglassen.

Arbeitsaufwand: 20 Min.
Kochzeit: 40 Min.

Für 4 Personen:
5 EL Bratbutter
4 EL Mehl, Salz, Pfeffer, Muskatnuss, Majoran,
1 Zwiebel, 4 EL Weißbrotwürfel, 4 EL Rahm
je 1 EL gehackte Petersilie und Schnittlauchröllchen

Risotto, Luganighe und ein Glas Millegusti

Das gibt es jedes Jahr auf der Piazza der größeren Orte im Tessin anlässlich des »Carnevale«. Aus dem einstigen Armenessen ist heute ein Volksfest am Fastnachtsmontag oder -dienstag geworden. Je nach Ortschaft weichen die Zugaben zum safrangelben Risotto voneinander ab. In Neggio zum Beispiel serviert man ihn mit »Lesso« (Siedfleisch), in Figino gibt es ihn für die Kinder mittags mit Geschnetzeltem und abends für die Erwachsenen mit Pilzen. Meistens begleiten ihn aber »Luganighe«, die kleinen Tessiner Schweinswürste. Dazu darf natürlich der Tessiner Wein nicht fehlen. Was nicht auf der Piazza gegessen wird, tragen die Ticinesi in einem Kesselchen nach Hause, wo sie den Reis in Ruhe genießen können. Übrigens kochen ihn die Tessiner mit Rotwein. Dieser gibt dem Risotto eine etwas weniger schöne Farbe, macht ihn aber besonders typisch und schmackhaft.

Risotto alla Ticinese
Reis nach Tessiner Art

Arbeitsaufwand: 30 Min.
Kochzeit: 15–20 Min.

Für 4 Personen:
20 g getr. Steinpilze
1 kleine Zwiebel
2 EL Butter, 300 g Reis
(z. B. Loto oder Vialone)
300 ml Rotwein, 400 ml
Brühe, Salz, Pfeffer
50 g geriebener Sbrinz
(ersatzweise Parmesan)
20 g kalte Butter

Pilze einweichen. Zwiebel schälen und hacken. Butter erhitzen. Die Zwiebel darin hellgelb werden lassen. Reis zugeben und unter Rühren leicht anrösten. Mit Wein ablöschen und einkochen lassen. Die Brühe erhitzen und mit den Steinpilzen zugeben und 15–20 Min. kochen lassen, bis der Reis die ganze Flüssigkeit aufgenommen hat. Der Reis sollte »al dente« und »all onda« sein, das heißt körnig und noch leicht flüssig. Mit Salz und Pfeffer würzen und beiseite stellen. Käse und Butter untermischen und den Risotto 2–3 Min. zugedeckt stehen lassen.

Tipps: Der Risotto sollte leicht suppig sein. Kenner rühren den Reis während der ganzen Kochzeit. Dadurch wird er würzig und cremig. Die Brühe heiß und unter Rühren zugeben. Zuletzt 50 g Rahm und Käse zufügen. Manchmal ersetzt man die Pilze durch Safran oder den Sbrinz durch Gorgonzola.

Reisanbau im Tessin

1997 wurde erstmals Reis in der Schweiz angebaut, und zwar im Maggia-Delta auf 197 m ü.M. auf dem Gemeindegebiet von Locarno. Da die Böden des Maggiatales sehr durchlässig sind, wurden die Reispflanzen nicht im stehenden Wasser kultiviert, sondern werden beregnet. Die Aussaat erfolgt im Mai und die Ernte im Oktober. Diese Versuche wurden zu einem großen Erfolg. Nun haben die Tessiner, die den Risotto lieben, ihren eigenen Reis. Die Reissorte heißt »Loto« und hat ein ovales Korn, das sich hervorragend für Risotto eignet. Der »Loto«-Reis ist sehr schmackhaft und zerfällt beim Kochen nicht.

Le Rizotto au safran de Mund
Risotto nach Walliser Art

Speck und Schinken klein würfeln. Knoblauch und Zwiebel schälen. Die Zwiebel hacken. Tomaten häuten, entkernen und klein würfeln. Speck und Schinken im eigenen Fett leicht anrösten. Sobald sie Farbe annehmen, herausnehmen und die Zwiebel darin kurz anziehen lassen. Reis zufügen und unter Rühren in 1–2 Min. glasig werden lassen. Tomaten und Thymian zugeben, Knoblauch dazupressen. Die Fleischbrühe erwärmen. Safran in 1–2 EL davon auflösen. Übrige Brühe nach und nach unter Rühren zum Reis geben. Das Fleisch in feine Scheiben schneiden. Die Butter erhitzen. Das Fleisch darin rasch unter Wenden anbraten. Nach etwa 10 Min. Kochzeit Reis, Schinken- und Speckwürfel zufügen und 5 Min. mitkochen. 1 Prise Safran kurz vor dem Ende der Kochzeit unter den Reis mischen. Mit Salz und Pfeffer kräftig abschmecken.

Tipp: Um Fleisch zu sparen, werden diesem Gericht manchmal kurz gedünstete Champignonscheiben beigegeben.

Arbeitsaufwand: 40 Min.
Kochzeit: 15–16 Min.

Für 4 Personen:
50 g magerer Speck
50 g gekochter Schinken
2 Knoblauchzehen
1 Zwiebel, 3 reife Tomaten
150 g Risottoreis (Loto, Vialone oder Carnaroli)
2 Zweige Thymian
600 ml Fleischbrühe
Safran, 600 g Kalbfleisch
2 EL Butter, Salz, Pfeffer aus der Mühle

Wenig bekannt ist, dass auch die Bündner ihre Reisrezepte haben. Sie haben dieses Gericht sicherlich – wie auch die Tessiner – von der italienischen Küche übernommen, aber etwas Typisches daraus gemacht.

Riso alla poschiavina
Puschlaver Reis

Die Milch in einem Topf aufkochen lassen. Reis und Salz zugeben und in 30 Min. weich kochen. Den Reis auf einer vorgewärmten flachen Gratinplatte anrichten. Die Eier verquirlen und auf dem Reis verteilen. Zucker und Zimtpulver mischen. Die Butter erhitzen, bis sie hellbraun ist. Die Butter auf dem Reis verteilen und sofort mit Zimt und Zucker servieren.

Tipps: Anstelle von Zimtzucker den Reis mit Apfelschnitzen oder einem anderen Kompott servieren. Für dieses Gericht müssen die Eier unbedingt besonders frisch sein.

Arbeitsaufwand: 35 Min.
Kochzeit: 30 Min.

Für 4 Personen:
1 $^{3}/_{4}$ l Milch
250 g Reis (Rundkorn)
Salz, 2 ganz frische Eier
4 EL Zucker, 1 TL Zimtpulver, 50 g Butter

Papet vaudois

Dieses traditionelle Gericht stammt aus der bäuerlichen Gegend des Kanton Waadt, wo der Lauch eines der wichtigsten und zugleich beliebtesten Gemüse ist, und dies nicht zuletzt, weil es sich durch den ganzen Winter gut aufbewahren lässt. Das Wort »papet« heißt soviel wie »Brei«, und deshalb soll auch der Lauch mit den klein gewürfelten Kartoffeln so lange geschmort werden, bis das Gericht wirklich sämig wird. Die Bindung entsteht durch die Kartoffelstärke. Manchmal wird der »Papet« mit etwas Mehl und sehr wenig Milch oder Rahm noch sämiger gemacht. Meistens wird zuletzt noch eine »Saucisse au chou« (ringförmige Schweinswurst mit Kabiszusatz) oder eine »Saucisse au foie« (mit Schweinefleisch und Leberfüllung), die allerdings nur in der kalten Jahreszeit erhältlich ist, mitgekocht. Gut passt auch der dicke »Saucisson vaudois« dazu. Leider gibt es immer weniger Metzger, die diese Wurst nach allen Regeln der Kunst herstellen. Ein »echter« Waadtländer Saucisson muss grobes, lockeres Brät enthalten, welches beim Tranchieren sozusagen aus der Haut fällt, damit man es über den Papet verteilen kann, was Gourmets gerne machen. Industriell hergestellte Saucissons sind kompakt und zu fein gekuttert und haben dadurch ihren rustikalen Charakter verloren. Auch fehlt meistens die typische Würze.

Papet vaudois
Waadtländer Laucheintopf

Arbeitsaufwand: 35 Min.
Kochzeit: 1 Std.

Für 4–6 Personen:
1 kg Lauch
2 kleine Zwiebeln
1 EL Bratbutter
Salz, Pfeffer
1/8 l Weißwein
1/8 l Bouillon
600 g Kartoffeln
1 Saucisse aux chou
1 Saucisse au foie oder
1 Saucisson vaudois

Den Lauch putzen, längs aufschneiden, gründlich waschen und in etwa 2 cm lange Stücke schneiden. Die Zwiebeln schälen und hacken. Die Bratbutter erhitzen. Die Zwiebeln darin glasig werden lassen, Lauch zufügen und kurz mitbraten. Mit Salz und Pfeffer würzen, Wein und Bouillon zugeben und zugedeckt bei schwacher Hitze 10 Min. kochen lassen. Kartoffeln schälen, klein würfeln und zugeben. Alles weitere 30 Min. kochen lassen. Wasser separat erhitzen und die Würste darin bei schwacher Hitze 30 Min. ziehen lassen. Zum Lauch geben und noch 10–20 Min. ziehen lassen. Die Würste herausnehmen, kurz heiß abspülen, über dem Lauch einstechen, darauf legen und sofort servieren.

Tipps: Oft werden die Würste nach dem Vorgaren mit 1–2 kleinen Holzspießchen eingestochen, die man vor dem Servieren auf dem Lauch herauszieht, damit der Saft ohne Spritzen auf das Lauchgemüse fließt. Manche Haus-

frauen kochen die Wurst ungestochen und stecken beim Aufschneiden ein Stück Brot an die Gabel, damit ein Teil des Wurstsaftes aufgesogen wird und nicht über das Gemüse ausläuft. Auch bei der zweiten Methode spritzt die Wurst nicht beim Tranchieren.
»Papet« bedeutet »Brei«, Lauch und Kartoffeln werden also sehr weich gekocht. »Saucisse au chou« wird mit Kabis (Kohl) angereichert. Sie ist ringförmig und dünner als der Saucisson. Dasselbe gilt für die Saucisse au foie (Leber), die es nur in der kalten Jahreszeit gibt.

Ein ländliches, aber raffiniertes Lauchrezept aus dem Waadtland:

Poireau farci
Gefüllter Lauch

Das Grüne vom Lauch entfernen und anderweitig verwenden. Das Weiße waschen und in kochendem Salzwasser 5 Min. vorkochen, dann abgießen und auf Küchenpapier trocknen lassen. Lauchenden (Wurzelseite) entfernen und die Stängel in etwa 7 cm lange Stücke schneiden. Mit einem Apfelausstecher die Lauchherzen ausstechen, und zwar so, dass Hohlräume entstehen (herausgeschnittenen Lauch für Suppe verwenden). Das Brötchen in lauwarmem Wasser einweichen. Zwiebel schälen und fein hacken. Sellerie und Rüebli schälen und fein raspeln. Knoblauch schälen. Die Butter erhitzen. Zwiebel, Sellerie, Rüebli und durchgepressten Knoblauch 3–4 Min. darin anbraten, ohne dass sie Farbe annehmen. Das Brötchen ausdrücken. Mit Brät und Zwiebel-Gemüse-Mischung in eine Schüssel geben. Mit Ei und Petersilie mischen. Mit Salz, Pfeffer und Muskat kräftig würzen. Eine Auflaufform einfetten. Den Backofen auf 200° vorheizen. Die Masse in einen Spritzsack mit glatter Tülle geben. Den Lauch damit füllen und in die Form geben. Mit Bouillon und Wein begießen. Zugedeckt im Backofen (Mitte, Umluft 180°) 40–45 Min. schmoren lassen. Nach etwa 15 Min. 350 ml Lauchsud abgießen. Für die Sauce Mehl und Butter 2–3 Min. anschwitzen. Unter Rühren Milch und Lauchsud zugeben und bei schwacher Hitze 10 Min. kochen lassen, bis sie sämig ist. Käse reiben. Übrige Flüssigkeit aus der Form abgießen (für eine Suppe aufbewahren) und die Sauce über den Lauch geben. Mit Käse und 1 EL Butter in Flöckchen bestreuen und 10 Min. bei 220° (Oberhitze) gratinieren.

Tipp: Kann als Vorspeise (in diesem Fall reicht das Gericht für 6–8 Personen) oder als Hauptgericht (eventuell nach einem Blattsalat) serviert werden.

Arbeitsaufwand:
1 Std. 5 Min.
Backzeit: 40–45 Min.

Für 4–6 Personen:
1,2 kg Lauch (schöne weiße und dicke Stangen)
Salz, 1 Brötchen, 1 Zwiebel
1 kleines Stück Knollensellerie, 1 Rüebli (Karotte)
1 Knoblauchzehe
2 EL Butter
200 g Brät von Waadtländer Schweinsbratwürsten
1 Ei
1 EL gehackte Petersilie
Pfeffer, Muskatnuss
300 ml Bouillon
200 ml Weißwein
Sauce:
2 EL Mehl, 4 EL Butter
150 ml Milch
50 g Greyerzer, 2 EL Butter
Butter für die Form

Diese delikate Schweinsbratwurst muss sorgfältig zubereitet werden. Oft wird sie vor dem Braten kurz in Wasser oder Bouillon geschwellt. Bei mir zu Hause wurde das nicht getan, um das Aroma voll zu erhalten. Das Abschwellen geschieht nur, damit die Wursthaut nicht platzt. Die Wurst kann deshalb mit etwas Weißwein in der Bratpfanne sorgfältig vorgekocht werden, bevor sie braun gebraten wird. Mit Schalotten schmeckt sie gut, braucht aber diese Zutat nicht unbedingt, da sie an sich schon sehr schmackhaft ist.

Waadtländer Bratwurst »am Meter«

Arbeitsaufwand: 15 Min.
Bratzeit: 15–20 Min.

Für 4 Personen:
400–600 g Waadtländer Bratwurst am Meter
300 ml Weißwein (ersatzweise Bouillon)
3 Schalotten (nach Belieben)

Die Wurst in eine Pfanne legen, mit 200 ml Wein begießen und bei schwacher Hitze langsam erwärmen. Sobald der Wein leise köchelt, die Wurst wenden und weiter köcheln lassen, bis alle Flüssigkeit aufgesogen ist (etwa 10 Min.). Die Wurst mehrmals mit einer feinen Nadel aufstechen und im eigenen Saft beidseitig goldbraun braten. Inzwischen nach Belieben die Schalotten schälen, hacken und mitbraten. Eventuell etwas Fett abgießen. Übrigen Wein zufügen, die Pfanne halb zudecken und die Würste noch 15–20 Min. ziehen lassen.

Tipps: Allzu lange braten sollte man diese Würste aber nicht, sie werden sonst trocken und verlieren an Geschmack.
»Am Meter« nennt man diese Bratwürste, weil sie nach Belieben lang gekauft werden. Zum Braten rollt man sie, sofern das Wurststück lang genug ist.

Ins Kapitel der Würste gehören auch die »Atrios«, Bratwürste in Rundform, die in Schweinsnetz eingepackt werden. Man findet sie ebenfalls in Payerne und vor allem auch in Lausanne, wo sie an Markttagen auf der »Place de la Riponne« in allen Varianten direkt von ländlichen »Charcuteries« angeboten werden.
Hier ein Familienrezept: Atrios nach Großmutter-Art.

Atriaux »Grand-mère«
Brät im Schweinsnetz

Arbeitsaufwand: 35 Min.
Bratzeit: 40 Min.

Für 4 Personen:
1 Knoblauchzehe
1 EL Butter

Knoblauch schälen. Butter erhitzen. Schalotten und Petersilie darin 3 Min. dünsten. Mit Bratwurstbrät, 100 ml Wein, durchgepresstem Knoblauch, Koriander und etwas Majoran mischen. Schweinsnetz mit Wasser benetzen, 8 Vierecke von etwa 14 cm Länge zuschneiden. Aus der Masse runde Atrios formen und diese in Schweinsnetz einpacken, dabei die Enden fest andrücken. 10 Min. in leise kochendem Wasser ziehen lassen, herausnehmen und abtropfen lassen. Bratbutter erhitzen, die Atrios zuerst auf der Verschlussseite, dann auf der oberen Seite hellbraun braten. Mit Marc begießen und zugedeckt bei schwacher Hitze 30 Min. schmoren lassen. Bratenfond mit übrigem Wein lösen, die Atrios herausnehmen und warm stellen. Brühe in die Pfanne gießen, stark einkochen lassen und in einer Saucière servieren.

Beilage: Dazu passt Kartoffelgratin (Gratin des amis de Morges, siehe S. 229).
Tipps: Gekauft werden Atrios in rohem Zustand. Man muss sie also vor dem Braten kurz abbrühen, insbesondere wenn sie Leber enthalten.

1 EL gehackte Schalotten
1 EL gehackte Petersilie
600 g Brät von Waadtländer Bratwurst
200 ml Weißwein
1 Msp. Koriander, Majoran
1 großes Schweinsnetz
2 EL Bratbutter
2 EL Marc, 100 ml Brühe

Pommes de terre au lard
Speckkartoffeln

Die Kartoffeln pellen und in kleine Würfel schneiden. Den Speck in etwa ½ cm dicke Streifchen schneiden und in kochendes Wasser geben. Den Speck erst 5 Min. ziehen, dann im Wasser fast erkalten lassen. Das Schweinefett (oder Butterschmalz) in einer Pfanne erhitzen. Kartoffeln und Speck zugeben und unter häufigem Wenden darin goldgelb braten. Mit Salz und Pfeffer würzen. Wenn nötig, noch etwas Schweinefett zufügen. Kartoffeln mit Speck aus der Pfanne heben, dabei das Fett gut abtropfen lassen.

Tipp: Zu den Würsten passt auch Rösti (siehe S. 213 und 214).

Arbeitsaufwand: 30 Min.
Bratzeit: ca. 20 Min.

Für 4–6 Personen:
1 kg Pellkartoffeln (vom Vortag)
200 g geräucherter Brustspeck, 2 EL Schweinefett, Salz, Pfeffer

Hörnli und Ghackets
Hörnchen und Gehacktes

Die Zwiebel schälen und hacken. Die Bratbutter erhitzen, das Fleisch darin rasch anbraten. Die Zwiebel mit den Kräutern zugeben und kurz mitbraten. Mit Mehl bestreuen, alles wenden und mit Rotwein ablöschen. Mit Salz und Pfeffer würzen. Das Fleisch bei schwacher Hitze 10 Min. ziehen lassen.
Inzwischen die Hörnchen nach Packungsangaben in Salzwasser bissfest kochen. In ein Sieb abgießen, abtropfen lassen und anrichten. Das Gehackte darauf verteilen und servieren.

Tipps: Nach Belieben etwas Kalbsfond zufügen, damit mehr Sauce entsteht. Eventuell 50 g Sultaninen waschen, abtropfen lassen und zugeben. Oder etwas gehackten Speck mitbraten. Statt Hackfleisch Braten- oder Ragoutreste verwenden.

Arbeitsaufwand: 20 Min.
Kochzeit: 10 Min.

Für 4 Personen:
1 Zwiebel, 2 EL Bratbutter
500 g Hackfleisch
2 EL gehackte Petersilie
je 1 TL getr. Majoran, Liebstöckel und Thymian
1 EL Mehl, 200 ml Rotwein
Salz, Pfeffer, 300 g Nudeln (z. B. Hörnchen)

»Greubons« sind nichts anderes als Grieben, also ausgelassener Speck. Es gibt daraus süße und salzige Speckfladen.

Taillé aux greubons
Süßer Speckfladen

Arbeitsaufwand: 35 Min.
Ruhezeit: 1 Std.
Backzeit: ca. 30 Min.

Für ein großes rechteckiges Blech:
500 g Mehl
1 TL Backpulver
250 g Grieben
1 EL Butter, 2 EL Zucker
abgeriebene Schale von
1 unbehandelten Zitrone
1/2 TL Salz, 1 Ei
200 ml Milch
1 Eigelb zum Bestreichen

Mehl mit Backpulver mischen und in eine Schüssel sieben. Die Grieben fein hacken. Mit Butter in Flöckchen, Zucker, Zitronenschale und Salz zum Mehl geben. Ei mit Milch verquirlen. Mit der Mehlmischung rasch zu einem festen Teig verarbeiten. Zugedeckt 1 Std. ruhen lassen. Den Backofen auf 200° vorheizen. Den Teig mit der Hand auf dem Blech verteilen und gleichmäßig flach drücken (er lässt sich nicht sehr gut auswallen, deshalb muss man die Hände zu Hilfe nehmen). Mit dem Messer alle 2 1/2–3 cm einschneiden, dabei einen Rand von etwa 2 cm stehen lassen. Das Eigelb verquirlen und den Teig damit bestreichen. Im Backofen (Mitte, Umluft 180°) in 30 Min. goldgelb backen. Nach dem Backen können die Streifen abgebrochen werden.

Tipps: Für die salzige Variante Zucker und Zitronenschale weglassen, dafür 2 TL Salz nehmen.
Wer selbst Speck auslassen will, kocht 1–2 ganze Äpfel mit, das gibt dem Fett einen guten Geschmack.

Der süße Rahmfladen, »Salée sucrée« genannt, gehört – wie die »Merveilles« im Waadtland – zu den meisten Festlichkeiten.

Salée sucrée
Süßer Rahmfladen

Arbeitsaufwand: 25 Min.
Backzeit: ca. 40 Min.

Für ein Blech von 24 cm Ø:
400 g geriebener Teig
2 EL Mehl
80 g Zucker
300 g Rahm
1/2 TL Zimtpulver

Den geriebenen Teig nach dem Grundrezept von Seite 46 zubereiten und zugedeckt kalt stellen. Das Backblech mit Backpapier belegen. Den Backofen auf 220° (Umluft 200°) vorheizen.
Den Teig etwa 3 mm dick ausrollen, aufs Blech legen und mit einer Gabel mehrmals einstechen. Wiederum 15 Min. kalt stellen. Den Teigboden mit Mehl und der Hälfte des Zuckers bestreuen. 50 g Rahm darauf verteilen. Den restlichen Zucker und das Zimtpulver darauf streuen. Den Fladen im Backofen (Mitte) 20 Min. backen. Übrigen Rahm auf dem Kuchen verteilen und weitere 15–20 Min. backen.

Taillaule neuchâteloise
Neuenburger Hefekuchen

Die Hefe mit 1 TL Zucker flüssig rühren. Die Milch erwärmen und die Butter darin schmelzen lassen. Mehl und restlichen Zucker mit Salz mischen und in eine vorgewärmte Schüssel sieben. Zitronen waschen, abtrocknen, die Schale abreiben. Die Zitronenschale zur Mehlmischung zugeben. Die Eier verquirlen. Milch mit Butter, aufgelöster Hefe, Eiern und Kirschwasser zufügen. Alles rasch zu einem glatten Teig verkneten. Zugedeckt an einem warmen Ort 1 Std. gehen lassen.
1 Cakeform mit Backpapier auslegen. Den Backofen auf 190° vorheizen. Aus dem Teig etwa 6 große Kugeln formen. Diese in die Form legen und mehrmals quer einschneiden. Das Eigelb verquirlen und den Teig damit bestreichen. Nach Belieben mit Teigrosetten garnieren. Den Kuchen im Backofen (Mitte, Umluft 170°) 50 Min. backen.

Tipps: Den Backofen erst nach etwa 30 Min. öffnen. Statt der Cakeform eine große Springform verwenden.

Arbeitsaufwand: 35 Min.
Ruhezeit: 1 Std.
Backzeit: ca. 50 Min.

Für 1 große Cakeform:
40 g Hefe, 300 g Zucker
1/2 l Milch, 200 g Butter
1 1/4 kg Mehl, 1/2 TL Salz
2 unbehandelte Zitronen
2 Eier, 1 EL Kirschwasser
1 Eigelb zum Bestreichen

Gâteau aux choux
Kohlkuchen

Nach dem Grundrezept von Seite 46 einen geriebenen Teig vorbereiten.
Inzwischen den Kohl putzen (Strunk entfernen) und die Blätter ablösen. Leicht gesalzenes Wasser zum Kochen bringen. Die Kohlblätter darin 5–10 Min. vorkochen. Die Kohlblätter herausnehmen, abtropfen lassen und in etwa 1/2 cm breite Streifen schneiden. Den Speck grob würfeln. Die Butter erhitzen. Den Speck darin leicht anziehen lassen. Kohlstreifen zugeben und unter Wenden einige Minuten dünsten. Mit Salz und Pfeffer kräftig würzen.
Die Form mit Backpapier auslegen. Den Backofen auf 230° vorheizen. Den Teig etwa 3 mm dick ausrollen, in die Form geben und mit einer Gabel mehrmals einstechen. Kohl mit Speck darauf verteilen.
Für den Guss Eier und Rahm verquirlen, mit Salz, Pfeffer und nach Belieben mit Kümmel würzen. Den Guss über den Kohl gießen. Den Kohlkuchen im Backofen (Mitte, Umluft 210°) 35 Min. backen, bis die Oberfläche leicht Farbe angenommen hat.

Tipp: Dieser Kuchen lässt sich auch in Tartelettenförmchen backen und zum Aperitif servieren.

Arbeitsaufwand: 35 Min.
Backzeit: ca. 35 Min.

Für eine Springform von 26 cm Ø:
300 g geriebener Teig (siehe S. 46)
1 Kohl oder Wirsing, Salz
100 g magerer Speck
1 EL Butter
Pfeffer
2 Eier, 150 g Rahm
1/2 TL Kümmel (nach Belieben)

März

DIESER MONAT war und ist noch der Fastenmonat des Jahres, liegt er doch zwischen Fastnacht und Ostern. Ursprünglich war das Maskentreiben in der zweiten Winterhälfte wohl eine heidnische Geisterbeschwörung oder Dämonenaustreibung. In den letzen Tagen vor dem großen Fasten durfte gefeiert, getobt und geprasst werden, bevor die Abtötung des Fleischs begann.

März

Suppen

Vorspeisen

Fischgerichte

Fleisch- und Wurstgerichte

Käsegericht

Fleischlose Gerichte

Beilagen

Gesalzener Kuchen

Süßspeisen

Gebäck

Faschte- oder Eierchuttle
Fasten- oder Eierkutteln

Arbeitsaufwand:
1 Std. 5 Min.
Ruhezeit: 1 Std.
Backzeit: ca. 25 Min.

Für 4 Personen:
150 g Mehl
650–700 ml Milch
1 Prise Salz
4 Eier
2 Eigelbe
3 EL Zucker
1 Vanilleschote
1 EL Speisestärke
4 Äpfel
1 EL Zitronensaft
Butter zum Backen
und für die Form

Mehl mit 250–300 ml Milch und Salz glatt verrühren. Zugedeckt 1 Std. stehen lassen. Eier verquirlen und unterziehen. Butter erhitzen, je 1 Schöpfkelle Teig zugeben und beidseitig goldbraun braten. Aus dem restlichen Teig weitere Omeletten braten. Für die Vanillesauce Eigelbe und 2 EL Zucker zu einer weißlichen Creme schlagen. Vanilleschote längs aufschneiden, mit übriger Milch aufkochen lassen. Beiseite stellen, 3–4 Min. abkühlen lassen. Die noch warme Milch bis auf ein paar Esslöffel unter Rühren zur Creme geben. Speisestärke in übriger Milch auflösen und zur Creme geben. Alles nicht ganz bis zum Kochen bringen, erkalten lassen, dabei öfter rühren. Eine Auflaufform einfetten. Backofen auf 200° vorheizen. Äpfel waschen, abtrocknen, grob raspeln. Mit übrigem Zucker und Zitronensaft mischen. Omeletten aufrollen, in Streifen schneiden, diese lagenweise mit Äpfeln in die Form schichten und mit Vanillesauce begießen. Im Backofen (Mitte, Umluft 180°) 25 Min. backen.

Tipps: Bei einfacheren Rezepten die Vanillesauce durch Milch ersetzen oder bei salzigen durch Eierguss mit Käse. Äpfel weglassen und die Eierkutteln mit Kompott servieren.

Schyterbygi
Brotspeise mit Eiern, Zürcher Rezept

Arbeitsaufwand: 30 Min.
Ruhezeit: 15 Min.
Backzeit: 15–20 Min.

Für 4 Personen:
6 Weggli, 2 EL Butter
2 EL geriebenes Brot
1/2 Vanilleschote
50 g Rosinen
300 ml Milch, Salz
3 EL Zucker
1/2 TL Zimtpulver, 4 Eier
Butter für die Form

Weggli in Streifen schneiden. Butter erhitzen, Streifen darin hellgelb rösten. Eine Auflaufform einfetten, mit Brösmeli (geriebenem Brot) bestreuen und die Streifen wie eine »Schyterbygi« (Scheiterbeige) hineinlegen. Vanilleschote längs aufschneiden. Rosinen waschen, abtropfen lassen. Beides mit Milch, 1 Prise Salz, Zucker und Zimtpulver aufkochen lassen. Eier verquirlen. Milch darüber gießen und auf dem Brot verteilen, 15 Min. stehen lassen. Ofen auf 200° vorheizen. Die Brotspeise im Backofen (Mitte, Umluft 180°) backen, bis alle Flüssigkeit aufgesogen ist.

Variante: Man kann die »Schyterbygi« auch mit gesalzener Eimilch zubereiten. Dafür den Zucker weglassen, etwas mehr Salz und nach Belieben Schnittlauchröllchen zugeben. Oder die Brotstreifen durch Eiermilch ziehen, frittieren und mit Vanillesauce übergießen.

Viele Fastengerichte kamen aus Klöstern. Aus dieser Quelle werden sicher auch die Kartäuserchlötz stammen. Zwar kann ich mich für die Schweizer Herkunft dieses Gerichts nicht verbürgen, aber immerhin scheint es lange Zeit bei uns in Mode gewesen zu sein. Jedenfalls erhielt ich beim Sammeln solcher Rezepte ein ganzes Dutzend davon, und das Rezept ist auch in allen älteren Schweizer Kochbüchern enthalten. Schön finde ich bei diesem Rezept, dass man dazu Wein verwenden durfte. Wer weiß, vielleicht konnte man damit seinen »Fastenkoller« ein bisschen ertränken!

Kartäuserchlötz
Kartäuserklöße

Arbeitsaufwand: 40 Min.
Bratzeit: 10 Min.

Für 4 Personen:
6 Weggli (Milchbrötchen vom Vortag)
$^1/_2$ l Rotwein
3 EL Zucker
4 Eier
Sauce:
300 ml Rotwein
5 EL Zucker
Zimtzucker:
4 EL Zucker
1 TL Zimtpulver
Butter zum Backen

Von den Weggli die braune Kruste ringsum abreiben, diese Brösmeli (Brosamen) aufheben. Die Weggli vierteln. Rotwein mit Zucker aufkochen und etwas abkühlen lassen. Wegglistücke darin tränken, gut abtropfen lassen. Eier verquirlen und die Wegglistücke darin wenden. Im abgeriebenen Brot wälzen (wenn nötig, noch etwas Paniermehl dazugeben). Butter erhitzen. Wegglistücke darin beidseitig goldgelb braten. Für die Sauce Rotwein und Zucker aufkochen, etwas eindicken lassen. Zucker und Zimt vermischen und über die Klöße streuen. Mit heißer Sauce servieren.

Varianten: Wegglistücke statt in Wein in Eiermilch tauchen oder mit einer Weißweinsauce aus Weißwein, Zucker und Ei oder einer roten Weinsauce mit Rosinen servieren. Hie und da werden diese Klöße zu »Pfaffenmocken«. Für die Weinsauce den Zucker hellbraun rösten, mit Wasser ablöschen und die Gewürze beifügen. Für die Zubereitung der ähnlichen Kapuzinerklöße aus der Westschweiz das Brot klein würfeln und 50 g Rosinen beigeben und mit einer Weißweinsauce servieren.

Wiisoose zu de Kartäuserchlötz
Weinsauce zu den Kartäuserklößen

3 Eigelbe, 5 EL Zucker, Saft von 1 Zitrone und $^1/_4$ l Weißwein unter Rühren erwärmen, bis eine sämige Sauce entsteht. Die Sauce darf nicht kochen, sonst zersetzt sie sich. Am besten im Wasserbad zubereiten.

Variante: Für die Rote Wiisoose 2 EL Rosinen in $^1/_4$ l Rotwein einlegen. Mit einem Zitronenschnitz, 2–3 Gewürznelken, 1 Stück unbehandelter Zitronenschale und 100 g Zucker zu einem Sirup kochen. Die Gewürze herausnehmen. Die Sauce heiß zu den Klößen servieren.

Eierröschti
Arme Ritter

Arbeitsaufwand: 25 Min.
Bratzeit: 15–20 Min.

300 g Weißbrot, Weggli oder Zopf vom Vortag
1/4 l Milch
3 EL Butter
4 Eier, wenig Salz

Das Brot in feine Scheibchen (Dünkli) schneiden. 100 ml Milch aufkochen lassen und über das Brot geben. 2 EL Butter in einer großen Pfanne erhitzen, die Dünkli darin leicht rösten. Restliche Milch mit Eiern und Salz verquirlen. Den Guss über das Brot gießen und wenden, bis die Eier fest werden. Dann zu einem Kuchen zusammendrücken, übrige Butter zugeben und zugedeckt weiterbraten, bis eine leichte Kruste entsteht.

Tipp: Auf eine heiße Platte stürzen und mit Kompott servieren.

Fotzelschnitte | Ausgebackene Brotschnitten

1/4 l Milch erhitzen. In einen Suppenteller gießen. 4 Eier mit wenig Salz und Muskatnuss verquirlen. 8 fingerdicke Brotschnitten vom Vortag an eine Gabel stecken und kurz in die Milch tauchen, durch das Ei ziehen und sofort in heißer Butter beidseitig in 10–15 Min. goldgelb braten.

Tipp: Mit Zwetschgenkompott oder Apfelmus servieren.
Variante: Oft werden diese Fotzelschnitten vor dem Backen durch einen Backteig gezogen (siehe Weinschnitten, S. 236).
Ganz ähnlich werden im Kanton Graubünden die Goldschnitten zubereitet. Dem Eierteig werden geriebene Mandeln beigegeben.

Ankeuflauf
Butterauflauf

Arbeitsaufwand: 20 Min.
Backzeit: ca. 25 Min.

Für 4 Personen:
130 g Butter, 6 Eigelbe
1/2 Tasse Zucker
6 Eiweiße, 1 Prise Salz
Butter für die Form

Die Butter schaumig rühren. Die Eigelbe mit Zucker zu einer cremigen Masse rühren. Die Eiweiße mit Salz steif schlagen. Eine Auflaufform einfetten. Den Backofen auf 180° (Umluft 160°) vorheizen. Die Eigelbmasse auf den Eischnee gießen, alles vorsichtig mischen und die Masse in die Form einfüllen. Im Backofen (Mitte) 20–25 Min. backen. Das Innere des Auflaufs soll fest werden, darf aber nicht austrocknen.

Tipp: Der Auflauf kann auch in Portionsförmchen gebacken werden.

Chalanda Mars

In einigen Teilen Graubündens huldigt man am 1. März einem uralten Brauch. Die bunt kostümierte Schuljugend begrüßt den Frühling mit Schellengeläute und Peitschenknallen. Vielerorts bringt man Lebensmittel zur »Padruna da Chalanda«, einer auserkorenen Hausfrau, die daraus einen Festschmaus zubereitet. Es gibt dazu herrlich süße karamellisierte Kastanien mit »geschwungenem Rahm« sowie die sehr beliebte »Fuatscha grassa« (siehe S. 70).

Marre mit Rahm
Kastanien mit Rahm

Die Kastanien 24 Std. in kaltes Wasser einlegen. Abgießen und alle braunen Häutchen entfernen. Die Kastanien in eine Pfanne geben, mit Wasser bedecken, Natron (doppeltkohlensaures) zugeben und 2 Std. kochen lassen, bis sie weich sind, aber nicht zerfallen.
Zucker und Zitronensaft (oder Essig) untermengen und die Kastanien karamellisieren lassen. Je nach Bedarf etwas mehr oder weniger Wasser zugießen. Den Rahm steif schlagen. Die Kastanien lauwarm oder kalt mit dem Rahm servieren.

Arbeitsaufwand: 25 Min.
Einweichzeit: 24 Std.
Kochzeit: 2 Std.

500 g gedörrte Kastanien
1/2 TL Natron, 100 g Zucker,
1 TL Zitronensaft
500 g Rahm

Paiver
Bündner Dörrobstschnitten

Das Dörrobst in eine Schüssel geben, mit Wasser bedecken und 12 Std. oder über Nacht einweichen. Am nächsten Tag im Einweichwasser 10–15 Min. kochen lassen, bis das Obst weich ist. Das Obst abgießen, abtropfen lassen und klein hacken.
Für die Sauce den Rotwein mit Zucker zu einem Sirup einkochen lassen. Mit Zimtpulver, Zitronenschale und 2–3 Umdrehungen Pfeffer aus der Mühle abschmecken. Die Bratbutter erhitzen. Die Brotscheiben darin beidseitig rösten. Die Brotscheiben auf Tellern anrichten, mit Dörrobst belegen und mit der Sauce servieren.

Varianten: Anstelle von Brot Zopfscheiben oder Toastbrot verwenden. Wenn Kinder mitessen, die Sauce durch Fruchtsirup ersetzen.

Tipp: Für die Sauce eignet sich Veltliner oder Rotwein aus Bündner Herrschaft. Das Dörrobst kann auch gemischt sein.

Arbeitsaufwand: 35 Min.
Einweichzeit: 12 Std.
Kochzeit: 15 Min.

Für 4 Personen:
200 g Dörrobst (Zwetschgen, Kirschen, Aprikosen)
400 ml Rotwein
150 g Zucker
1 TL Zimtpulver
abgeriebene Schale von
1 unbehandelten Zitrone
schwarzer Pfeffer
2 EL Bratbutter
8 Weißbrotscheiben

Die Fuatscha, dem Wort nach der italienischen Focaccia zuzuordnen, ist grassa, weil sie mit viel Butter hergestellt wird. Je nachdem ist das Verhältnis Butter zu Mehl fast 1:1. Sie wurde vor allem an Festtagen oder anlässlich von Totenwachen aufgetragen und ist charakteristisch für das Unterengadin.

Fuatscha grassa
Engadiner Buttergebäck

Arbeitsaufwand: 20 Min.
Kühlzeit: 1 Std.
Backzeit: ca. 10 Min.

Für ein großes Blech:
260 g Butter, 80 g Zucker
2 Eier, 2 Prisen Salz
1 TL abgeriebene Schale von 1 unbehandelten Zitrone, 250–350 g Mehl
1–2 EL Zucker zum Bestreuen

Butter mit Zucker, Eiern, Salz und Zitronenschale zu einem glatten Teig verrühren. Das Mehl nach und nach unterkneten, bis ein ausrollbarer Teig entsteht. Den Teig zugedeckt 1 Std. kalt stellen. Das Blech mit Backpapier auslegen. Den Backofen auf 180° (Umluft 160°) vorheizen. Den gekühlten Teig etwa 4 mm dick ausrollen. Kreise von etwa 12 cm Durchmesser ausstechen, diese auf das Blech legen und mit Zucker bestreuen. Im Backofen (Mitte) in 10 Min. goldbraun backen.

Tipps: Dies ist ein Rezept von Roland Jöhri, Champfèr, wo ich dieses Gebäck kennen gelernt habe.
Die Fuatscha grassa wird auch in großen viereckigen Fladen gebacken. In diesem Fall etwa 5 mm dick ausrollen.

Pesch magers
Pfannkuchen mit Dörrbirnen – »Magere Fische«

Arbeitsaufwand: 1 Std.
Einweichzeit: 12 Std.
Kochzeit: 5–10 Min.

Für 4 Personen:
100 g Dörrbirnen
4 Eier, 300 g Mehl, Salz
Butter, 50 g Rosinen
130 g geriebenes Brot
50 ml Milch
50 g gemahlene Mandeln
2 EL Zucker, Nelken- und Zimtpulver, Muskatnuss

Für die Füllung die Dörrbirnen in kaltem Wasser 12 Std. oder über Nacht einlegen. Für den Teig 3 Eier verquirlen. Mit Mehl, 1/2 TL Salz und 30 g weicher Butter zu einem gleichmäßigen Nudelteig verarbeiten. Wenn nötig 1/2–1 EL Wasser zugeben. Rosinen waschen und abtropfen lassen. Dörrbirnen in Wasser weich kochen, abgießen, hacken und mit den Rosinen in eine Schüssel geben. 2 EL Butter erhitzen. 100 g geriebenes Brot darin leicht anziehen lassen und zu den Birnen geben. Übriges Ei verquirlen, mit Milch, Mandeln, Zucker, je 1 Prise Nelkenpulver und 1/2 TL Zimt sowie Muskat beifügen.
Nudelteig 3 mm dick ausrollen, längliche 5 x 10 cm große Stücke ausschneiden, etwas Füllung darauf geben, Kanten darüber schlagen, die Füllung damit bedecken und fest andrücken. Reichlich Salzwasser zum Kochen bringen. »Magere Fische« zugeben, aufsteigen lassen und mit der Schaumkelle herausheben. Auf eine warme Platte geben. 20 g Butter erhitzen. Übriges geriebenes Brot darin leicht anrösten. Über den »Mageren Fischen« verteilen.

Minestra di noci
Karfreitagssuppe mit Nusskernen

Die Nusskerne mit dem Messer klein hacken. Mit dem Mehl ohne Fett in einer Bratpfanne unter Rühren hellbraun rösten.
Den Lauch putzen, längs aufschneiden, gründlich waschen und in dünne Streifen schneiden. Die Kartoffeln schälen, klein würfeln und mit dem Lauch in der Butter anziehen lassen. Mit der Brühe ablöschen. Die Nüsse mit dem Mehl darin gut verrühren. Alles 10 Min. kochen lassen.
Den Knoblauch schälen. Den Reis zugeben und den Knoblauch dazupressen, alles weitere 15–20 Min. kochen lassen. Mit Salz, Pfeffer und Muskat würzen. Nach Belieben 1 Prise Safranfäden zufügen.

Tipp: Der Reis kann auch nach Belieben durch Pasta, z. B. kleine Muscheln, ersetzt werden.

Arbeitsaufwand: 30 Min.
Kochzeit: 25 Min.

Für 4 Personen:
100 g Walnusskerne
2 EL Mehl
1 kleine Stange Lauch
2 Kartoffeln, 1 EL Butter
1 l Hühnerbrühe
1 Knoblauchzehe
60 g Reis, Salz, Pfeffer
Muskatnuss, Safranfäden

Eine Spezialität, die nicht nur im Luzernerland bekannt ist und früher auch in Klöstern für offizielle Fastenmähler zubereitet wurde, u. a. im Kanton Freiburg. Heute scheuen Liebhaber dieser Speise vor allem am Aschermittwoch oder am Karfreitag auch einen weiten Weg nicht, um sie genießen zu können.

Stockfisch nach Lozärner Art
Luzerner Stockfisch

Den getrockneten Fisch mit einem Holzhammer klopfen, in große Stücke zersägen und zugedeckt 4–5 Tage in kaltem Wasser einweichen. Das Wasser muss jeden Tag gewechselt werden. 1 1/2 l Wasser mit der Milch, Lorbeerblättern und Nelken warm werden lassen. Die Fischstücke dazugeben, sobald die Flüssigkeit lauwarm ist. Zugedeckt zum Kochen bringen und bei schwacher Hitze 1 Std. 30 Min. köcheln lassen. Den Fisch abgießen, Haut und Gräten entfernen (eine zeitraubende Arbeit!). 2 EL Butter in einer Pfanne erwärmen, den Fisch hineingeben, mit Pfeffer und wenig Salz würzen und einige Minuten zugedeckt dünsten. Zwiebeln schälen und in Streifen schneiden. Übrige Butter schmelzen lassen. Zwiebeln darin braten und auf den Fisch geben.

Tipps: Früher wurden die Zwiebeln oft im Schweinefett geröstet. Zu beachten: Es gibt auch sehr stark gesalzene Klippfische, die man bis zu 10 Tagen wässern muss, damit sie nicht zu salzig schmecken. Am besten erkundigt man sich beim Einkauf im Feinkostgeschäft. Es gibt bereits eingelegten Stockfisch, der allerdings geschmacklich oft nicht so gut ist wie die selbst behandelten Stücke. Ähnlich wird die Tessiner Variante, der Merluzzo, zubereitet.

Arbeitsaufwand: 20 Min.
Einweichzeit: 4–5 Tage
Kochzeit: 1 Std. 30 Min.

Für 4–6 Personen
1 kg getrockneter Stockfisch
200 ml Milch
2 Lorbeerblätter
2 Gewürznelken
6 EL Butter
Pfeffer, Salz
2 große Zwiebeln

Auch im Tessin ist der getrocknete Kabeljau eine Fastenspeise.
Hier ein traditionelles Klosterrezept:

Merluzzo alla ticinese
Klippfisch nach Tessiner Art

Arbeitsaufwand: 40 Min.
Einweichzeit: 3 Tage
Kochzeit: 20 Min.

Für 4 Personen:
750 g getrockneter gesalzener Kabeljau (Klippfisch)
1/4 l Milch
100 ml Olivenöl oder 100 g Butter
4 große Zwiebeln
1–2 Knoblauchzehen (nach Belieben)
4 Tomaten
1 Lorbeerblatt
Pfeffer aus der Mühle
Polenta (siehe S. 149)

Den getrockneten Fisch mit einem Küchenbeil klopfen und in große Stücke schneiden oder zersägen. In eine Schüssel legen, mit kaltem Wasser bedecken und 3 Tage einweichen. Das Wasser jeden Tag wechseln. Das Einlegen und Wässern ist wichtig, sonst ist der Fisch zu salzig und ungenießbar.
Den Fisch 2–3 Std. in Milch einlegen, gut abtupfen und in Öl oder Butter von allen Seiten anziehen lassen. Die Zwiebeln schälen, halbieren und in Streifen schneiden. Den Knoblauch schälen und fein hacken. Die Tomaten überbrühen, häuten, entkernen und klein schneiden. Zwiebeln und Knoblauch dazugeben und kurz mitbraten. Mit Tomaten und Lorbeerblatt zugeben und alles halb zugedeckt bei schwacher Hitze 20 Min. schmoren lassen. Mit viel Pfeffer übermahlen. Mit Polenta (siehe S. 149) servieren.

Tipps: Man kann auch Stockfisch (Stoccafisso), der nicht gesalzen, sondern nur getrocknet ist, verwenden.
Es gibt im Handel auch bereits entgräteten und gewässerten Klippfisch. Der Baccalà wird oft im Tessin einfach Merluzzo genannt, obwohl dies die Bezeichnung für frischen Kabeljau ist.

Variante: Tomaten weglassen und mit 150 ml Milch oder Rahm kochen lassen und 1 EL Sultaninen zufügen.

Aus den Bächen, aus den Seen

Und weil wir gerade bei den Fischen sind, in unseren Bächen und Seen gibt es einen reichen Fischbestand, und so gegen Ende März lösen auch die Sportfischer wieder ihre Patente, um mit den Berufsfischern in »Konkurrenz« zu treten.
Eine Bachforelle ist heute bereits eine Rarität, ein Rheinsalm ist nicht mehr aufzutreiben. Im Mittelalter, so liest man, galt der Rheinsalm in Basel als ganz gewöhnliche Fastenspeise. Heute ist der Rheinsalm nur noch eine Legende. Zum Glück gibt es aber jedes Jahr wieder Egli, Albeli, Balchen, Felchen und andere köstliche Fische aus unseren Seen. Im Frühjahr ist der Fang für die meisten Fischer gut. Fische werden bei uns mit mehr oder weniger Fantasie zubereitet, aber sehr reichhaltig ist die Palette der Zubereitungsarten nicht. Wir kennen Fischgerichte mit oder ohne Teig, gebacken, gedünstet, mit Kräutern oder an Rahmsauce. Die folgenden Rezepte stammen aus guten Fischrestaurants oder sind überlieferte Familiengerichte. Einen Steckbrief unserer Schweizer Fische finden Sie ab Seite 233.

Saumon à la Bâloise
Basler Salm

Arbeitsaufwand: 20 Min.
Bratzeit: 2–3 Min.

Für 6 Personen:
2 Zwiebeln
1 küchenfertiger Salm (ca. 1 1/4 – 1 1/2 kg)
Salz, Pfeffer
1–2 EL Mehl (nach Belieben)
40 g Bratbutter
1 EL frische Tafelbutter
3–4 EL Bratenjus oder Bouillon

Zwiebeln schälen und in feine Ringe schneiden. Fisch in fingerdicke Tranchen aufteilen. Mit einem Tüchlein abtrocknen (ohne dass sie gewaschen oder ins Wasser gelegt worden sind!), mit Salz und Pfeffer einreiben und nach Belieben mit Mehl bestäuben. Bratbutter in einer großen Pfanne erhitzen. Die Fischtranchen darin auf beiden Seiten in jeweils 2–3 Min. hellgelb braten. Vorsichtig mit einer großen Bratschaufel wenden, damit sie nicht zerfallen! Sobald sich das Fleisch leicht von den Gräten löst, die Fischstücke auf einer vorgewärmten Platte anrichten und warm stellen. Die Tafelbutter im Bratensatz erhitzen, die Zwiebeln darin goldgelb braten. Bratenjus oder Bouillon unterrühren und die heiße Sauce auf den Fischtranchen verteilen.

Tipp: Die Zwiebeln gleich zu Beginn in einer zweiten Pfanne goldgelb rösten, damit der Fisch nicht lange warm gehalten werden muss und die frische Butter sich auf den Fischstücken verteilt.

Seeforälle im Ofe
Seeforelle im Ofen

Arbeitsaufwand: 30 Min.
Bratzeit: 20 Min.

Für 2 Personen:
1 Seeforelle (ca. 700 g)
2 Karotten
1 große Stange Lauch
1 großer Fenchel
1 Zwiebel
2 EL Bratbutter
Salz, Pfeffer
200 ml Weißwein
2 EL gehackte Kräuter (z. B. Kerbel, Majoran, Thymian, Petersilie und Schnittlauch), 40 g Butter

Fisch beidseitig mit einem scharfen Messer im Zickzack leicht einschneiden, ausnehmen, kalt abspülen und auf Küchenpapier legen.
Karotten, Lauch, Fenchel putzen und waschen. Zwiebel schälen. Mit Gemüse in sehr feine Streifen oder Würfelchen schneiden. Backofen auf 200° vorheizen. Gemüse in 1 EL Bratbutter anziehen lassen. In eine große feuerfeste Form geben. Den Fisch beidseitig salzen und pfeffern und auf das Gemüse legen. Übrige Bratbutter erhitzen und auf dem Gemüse verteilen. Im Ofen (Mitte) leicht anbraten. Wein und Kräuter zufügen, mit Alufolie abdecken und etwa 20 Min. garen. Von Zeit zu Zeit mit Bratenfond begießen. Den Fisch aus der Form nehmen und warm stellen. Gemüse mit Fisch anrichten. Bratenfond mit Butter in Flöckchen aufschlagen und separat dazu servieren.

Tipps: Für dieses feine Fischgericht am besten Gemüse der Saison wählen. Das Rezept eignet sich vor allem für mittelgroße Fische wie Zander oder Karpfen. Man kann den eingekochten Fond auch mit 200 g Rahm sämig einkochen lassen.

Balche Zuger Art im Ofen
Felchen nach Zuger Art

Die Balchen vom Fischer oder Traiteur küchenfertig vorbereiten lassen. Mit Salz und Pfeffer einreiben. (Vor dem Würzen mit einem scharfen Messer beidseitig zickzackartig einschneiden.) Die Schalotten schälen, fein hacken. Die Butter erhitzen, Schalotten darin 2–3 Min. anziehen lassen. Kräuter zufügen und kurz mitdünsten. Den Backofen auf 200° (Umluft 180°) vorheizen. Die Balchen leicht biegen, in eine große Auflaufform legen, mit der Schalotten-Kräuter-Mischung bestreuen und mit Alufolie abdecken. Im Backofen (unten) 10 Min. dünsten. Wein zugeben und weitere 10 Min. dämpfen. Den Fisch aus der Form nehmen und zugedeckt warm stellen. Den Sud in eine kleine Pfanne gießen. Auf die Hälfte einkochen lassen, Rahm unterrühren und sämig einkochen lassen.

Tipps: Wenn eine gebundene Sauce gewünscht wird, je 1 TL Mehl und Butter mit einer Gabel mischen. Diese Mehlbutter unter die Sauce rühren und etwas eindicken lassen. Balchen sind große, besonders fleischige Felchen (Renken). Für die Zubereitung von kleinen Felchen oder Filets siehe Zuger Röteli auf Seite 304.

Arbeitsaufwand: 30 Min.
Garzeit: 20 Min.

Für 4 Personen:
4 mittelgroße Balchen
Salz, Pfeffer
100 g Schalotten
50 g Tafelbutter
3 EL gemischte gehackte Kräuter (Petersilie, Dill, Estragon, Salbei, Kerbel)
150 ml trockener Weißwein
100 g Rahm

Ein sehr altes Fischerrezept aus dem Bieler See, für das oft auch ganze Felchen verwendet werden.

Fälchefile mit Zibele
Felchenfilets mit Zwiebel und Kräutern

600 g gehäutete Felchenfilets (Renken) in eine flache Schüssel legen. Salz, Pfeffer, Muskatnuss, 1 EL gemischte gehackte Kräuter (z. B. Salbei, Majoran, Estragon, Basilikum, Dill) und 1 EL Zitronensaft mischen, darauf verteilen und 1–2 Std. ziehen lassen. Ofen auf 200° vorheizen. 1 EL eingesottene Butter in einer flachen Auflaufform verstreichen. Backofen auf 200° vorheizen. Fischfilets quer zusammenfalten und in der Form anordnen. 1 große Zwiebel schälen, fein hacken und 5 Min. in 1 EL Butter glasig werden lassen. 3 EL gehackte Petersilie und 1 EL gemischte gehackte Kräuter (z. B. Salbei, Majoran, Estragon, Basilikum, Dill) 2–3 Min. mitdünsten. Die Mischung auf den Fischfilets verteilen. Mit 30 g Butter in Flöckchen belegen. Im Ofen (Mitte) offen 5 Min. anziehen lassen. Mit 50 ml Weißwein ablöschen und weitere 10 Min. im Ofen dünsten. Mit Zitronenschnitzen von 1 Zitrone garnieren. In der Form oder portionenweise servieren. Nach Belieben vor dem Anrichten mit etwas schäumender Butter abschmelzen.

Schwale Thurgauer Art
Schwalenfilets mit Speck

Arbeitsaufwand: 30 Min.
Bratzeit: 4 Min.

Für 4–6 Personen:
800 g Schwalenfilets (ersatzweise Felchenfilets)
1 Zitrone, Salz, Pfeffer
1 EL Mehl
100 g Speck, 3 Tomaten
50 g Champignons
30 g Bratbutter
30 g frische Butter
50 g Silberzwiebeln
1 EL gehackte Petersilie

Fischfilets mit Zitronensaft beträufeln und mit Salz und Pfeffer würzen. Den Fisch im Mehl wenden. Speck würfeln, Tomaten häuten und würfeln, Champignons vierteln. Bratbutter erhitzen und den Fisch darin beidseitig goldgelb braten. Auf einer vorgewärmten Platte anrichten und warm halten. Frische Butter erhitzen. Speck, Tomaten, Champignons und Silberzwiebelchen darin jeweils 2 Min. dämpfen und auf den Filets verteilen. Mit Petersilie bestreut servieren.

Varianten: Anstelle von Schwalenfilets kann man für dieses Gericht auch Felchenfilets verwenden.
Tipp: Am Rhein und am Bodensee werden auch andere Fische auf ähnliche Art zubereitet. Oft würzt man sie mit Salbeiblättchen und serviert sie mit goldbraun gerösteten Mandelsplittern. Dafür die Mandelsplitter in einer kleinen beschichteten Pfanne ohne Fett rösten.

Hier noch ein feines Rezept meiner Großmama aus Lausanne:

Truite du Léman pochée
Seeforelle im Sud (im Bild)

Arbeitsaufwand: 30 Min.
Kochzeit: 15 Min.

Für 4 Personen:
2 große Zwiebeln
3/4 guter trockener Weißwein (z. B. Waadtländer Chasselas)
1 Zweig Thymian
1 Lorbeerblatt
4–5 Pfefferkörner
3 Salbeiblätter
je 1 Zweig Petersilie und Selleriekraut, 1 EL Salz
1 Süßwasser-Forelle (ca. 1,5–2 kg, küchenfertig)
2 Zitronen, 100 g Butter

Für den Weißweinsud die Zwiebeln schälen. Mit übrigen Zutaten für den Sud und 1/2 l Wasser in einem Fischtopf 15 Min. aufkochen, dann erkalten lassen. Die Forelle in den Sud legen und langsam erwärmen. Je nach Größe der Forelle den Fisch bei schwacher Hitze 10–15 Min. garen (nie sprudeln lassen). Den Topf von der Herdplatte ziehen und den Fisch etwa 10 Min. ruhen lassen. Die Zitronen halbieren und zum Auspressen an die Gabel stecken. Die Butter hellbraun schmelzen. Den Fisch am Tisch tranchieren (Haut abziehen und Fischfleisch portionenweise von den Gräten lösen). Mit Zitrone und geschmolzener Butter servieren.

Varianten: Anstelle von Butter passt auch eine Sauce hollandaise. Diese Forelle kann kalt serviert werden. In diesem Fall servierte meine Großmama eine hausgemachte Mayonnaise dazu. Besonders schön sieht es aus, wenn man eine rosafarbene Süßwasserforelle verwenden kann.

Tipp: Den Fisch nur ganz kurz kalt abspülen, damit der Schleim auf der Haut erhalten bleibt.

Beginnen möchte ich mit den besten Eglifilets, die ich im Waadtland gegessen habe. Es war in Lutry, deshalb erhielten sie auch diesen Namen, obwohl man fast überall am »Lac Léman« ähnlich zubereitete »filets de perches« bekommt.

Filets de perches comme à Lutry
Barschfilets nach Art von Lutry

Arbeitsaufwand: 25 Min.
Marinierzeit: 1 Std.

Für 4 Personen:
400 g kleine Eglifilets (filets de perches; Barschfilets), 300 ml Weißwein
Salz, Pfeffer, 100 g Mehl
50 g Butter, 1 Zitrone
Öl zum Ausbacken

Die Eglifilets in eine Schüssel geben, mit Weißwein begießen und 1 Std. im Kühlschrank ruhen lassen.
Den Fisch herausnehmen, abtropfen, mit Salz und Pfeffer würzen. Mit wenig Mehl bestäuben. Öl (oder auch Bratbutter) auf etwa 180° erhitzen. Die Fischfilets darin goldgelb ausbacken. Auf Küchenpapier abtropfen lassen. Auf einer vorgewärmten Platte anrichten. Die Butter hellbraun schmelzen lassen und über den Fisch gießen. Die Zitrone waschen, abtrocknen, in Schnitze schneiden und den Fisch damit garnieren.

Beilage: Dazu passen Salzkartoffeln.

Die kleinen Egli aß ich als kleines Mädchen in St. Saphorin fürs Leben gern.

Friture du lac
Gebackene Süßwasserfische

Arbeitsaufwand: 10 Min.
Backzeit: 2–3 Min. pro Portion

Für 4 Personen:
500 g ganz kleine Fischchen (z.B. Egli, Albeli usw.)
Salz, Pfeffer, 300 ml Milch
100 g Mehl, 2 Zitronen
einige Zweige Petersilie
Öl für die Frittüre

Fischchen waschen (nicht ausnehmen!) und abtrocknen. Mit Salz und Pfeffer würzen, jeweils durch die Milch ziehen, abtropfen lassen und in Mehl wenden. Öl auf etwa 180° erhitzen. Die Fische darin hellgelb ausbacken. Auf einer Papierserviette oder auf Tortenpapier servieren. Zitronen vierteln, Petersilie waschen. Mit Zitronenvierteln und Petersilie garniert servieren.

Tipp: Man kann die Fischchen in einem Papiersack mit etwas Mehl schütteln.

Variante: Für Eglifilets »Dézaley« 500 g Eglifilets (Barsch) salzen, pfeffern, mit 1 TL gehackten Kräutern (Estragon, Dill und Petersilie) bestreuen. 1 Std. liegen lassen. 3 gehackte Schalotten in 20 g Bratbutter kurz dünsten. Mit 200 ml Dézaley (Weißwein) ablöschen. Filets darin 3–4 Min. ziehen lassen. Herausnehmen, warm stellen. Sud zur Hälfte einkochen lassen. 100 g Rahm, 1 EL Tomatenmark und 1 durchgepresste Knoblauchzehe zugeben, etwas eindicken lassen. Beiseite stellen, 60 g Butter flockenweise unterarbeiten.

Filets de féras à la mode de Nyon
Felchen nach Art von Nyon

Die ausgenommenen Fische auf Küchenpapier abtrocknen und salzen. Zuerst in Milch, dann in Mehl wenden, dabei etwas Mehl wieder abschütteln. Butterschmalz erhitzen. Fische darin beidseitig 1–2 Min. braten. Weißbrot in kleine Würfel schneiden und separat in der restlichen Butter goldgelb rösten. Das überschüssige Bratfett der Fische aus der Pfanne abgießen.
Die frische Butter zu den Fischen geben und nur hellgelb werden lassen. Haselnüsse zufügen und kurz mitrösten. Die Fische anrichten und mit den Brotcroûtons bestreuen. Den Weißwein in den Bratfond geben, aufkochen lassen und separat in einer Saucière servieren.

Beilage: Dazu passen Dampfkartoffeln.

Arbeitsaufwand: 20 Min.
Bratzeit: 1–2 Min. pro Seite

Für 4 Personen:
4 Felchen (ca. 1 kg), Salz
100 ml Milch, 3 EL Mehl
3 EL Butterschmalz
2 Scheiben Weißbrot
40 g frische Butter
2 EL gemahlene Haselnüsse
100 ml La Côte Weißwein

Omble chevalier à la genevoise
Saiblinge nach Genfer Art

Fische waschen, ausnehmen und säubern. Schalotten schälen. Butter erhitzen. Schalotten darin glasig werden lassen. Fische dazulegen, salzen und pfeffern. Wein zugeben, bis die Fische zur Hälfte bedeckt sind. Mit Zitronensaft beträufeln, zugedeckt bei schwacher Hitze 5–6 Min. ziehen lassen. Herausnehmen und warm halten. Fischsud durchsieben und auffangen. 1 EL Butter zerlassen. Mehl darin hellgelb anschwitzen, mit Fischsud ablöschen, den Rahm zufügen, restliche Butter unterschlagen. Nach Belieben mit Thymian und Rosmarin würzen. Eventuell Eigelb unter die Sauce ziehen, kurz erhitzen, nicht kochen lassen. Über die Fische gießen. Mit Salzkartoffeln servieren.

Tipps: Ich lasse das Eigelb weg. Man kann auch Forellen oder Äschen (»ombres«) auf diese Art zubereiten. Der »omble chevalier« ist ein delikater Fisch aus der Familie der Saiblinge, der in den Seen des benachbarten Savoyen und auch im »Genfersee« vorkommt. Obwohl der Fisch mit Gräten zubereitet am besten zur Geltung kommt, werden auch Filets an der oben beschriebenen »Sauce genevoise« serviert. In diesem Fall diese nur 2–3 Min. garen. »Ombles« (Saiblingsart) und »ombres« (Äschen) sind nicht dasselbe. Beide gibt es im »Genfersee«, wobei die Äschen noch seltener geworden sind.

Arbeitsaufwand: 30 Min.
Kochzeit: 6 Min.

Für 4 Personen:
4 lebendfrische Ombles chevalier (oder andere Saiblinge)
8 Schalotten, $^1/_2$ EL Butter
Salz, Pfeffer
200 ml Genfer Weißwein
Saft von 1 Zitrone
Sauce:
3 EL Butter
1 TL Mehl, 2 EL Rahm
Thymian, Rosmarin (nach Belieben)
1 Eigelb (nach Belieben)

Der Kanton Wallis besteht aus dem bergigen Oberwallis und dem Unterwallis, der seinem Klima hervorragende Weine, aromatische Früchte wie Aprikosen, Birnen sowie weißen Spargel, Tomaten und andere Gemüse verdankt. Im Unterwallis verspürt man bereits kulinarische Einflüsse aus der Westschweiz, und so kocht man da auch delikate Fischgerichte, vor allem Forellen, die manchmal ganz einfach wie folgende Spezialität an feinen Weinsaucen angerichtet werden.

Truites du bisse en papillote
Forelle in Pergament

Arbeitsaufwand: 15 Min.
Garzeit: 15 Min.

Für 4 Personen:
120 g Butter, Salz, Pfeffer
1 EL gehackter Estragon
je 1 TL Petersilie und Sauerampfer, gehackt
4 lebendfrische Bachforellen (à 200 g, küchenfertig)
4 kleine Tannensprossen
etwas Butter für die Folie
8 EL Fendant

Butter, Salz, Pfeffer, Estragon, Petersilie und Sauerampfer mit einer Gabel zu einer gleichmäßigen Mischung verkneten. Diese Kräuterbutter in das Innere der küchenfertig hergerichteten Forellen einfüllen. Die Tannensprossen in das Maul der Forellen geben.
Den Backofen auf 240° (Umluft 220°) vorheizen. Pro Forelle ein entsprechend großes Stück Pergamentpapier oder Alufolie zurechtschneiden. Mit Butter bestreichen und die Forellen darauf legen. Einzeln verpacken, dabei ein Paketende geöffnet lassen. Je 2 EL Fendant zugeben und verschließen. Die Forellen im Backofen (oben) 15 Min. schmoren lassen.

Tipps: Mit Kartoffeln servieren. Bisses sind die Bergbäche im Wallis, die zwischen den Rebbergen hinunterfließen. Sauerampfer gibt es mitunter auf dem Markt oder auf Frühlingswiesen. Diese Forellen werden oft in Weißwein (Fendant) mit Salz und Pfeffer nur kurz mariniert und auf Schiefer gebraten.

Ein Bielersee-Rezept mit dem zartesten Weinteig, der auch mit etwas Hefe angerührt werden kann, was ihn noch knuspriger und luftiger werden lässt:

Eglifile im Wii
Barschfilets in Weinteig

Arbeitsaufwand: 40 Min.
Marinierzeit: 2 Std.
Backzeit: 2–3 Min.

Für 4 Personen:
500 g Eglifilets, 1 Zitrone
1/4 l Weißwein (z. B. Twanner), Salz, Pfeffer
125 g Mehl, 2 Eiweiße
Öl zum Ausbacken

Die Fischfilets in eine Schüssel legen. Den Saft der Zitrone auspressen. 50 ml Wein, Zitronensaft, Salz und Pfeffer mischen und über die Fische gießen. Abdecken und 2 Std. im Kühlschrank marinieren lassen. Für den Teig Mehl mit übrigem Wein und 1 Prise Salz verrühren. Abgedeckt 1 Std. ruhen lassen. Eiweiße steif schlagen und unter den Teig ziehen. Fischfilets aus der Marinade nehmen, abtropfen lassen. Das Öl auf etwa 180° erhitzen. Den Fisch durch den Teig ziehen und im Öl in 2–3 Min. pro Portion schwimmend backen.

Tipps: Fische auf Küchenpapier abtropfen lassen und sofort servieren, solange sie knusprig sind. Eine mit etwas Quark verrührte Mayonnaise passt dazu.

Die Kapuziner und die Schnecken

Früher pflegten, so sagt man, die Kapuziner im Herbst Schnecken zu sammeln, die dann im Klostergarten in einem runden Gehege eingesperrt wurden. Im Spätherbst wurden die Schnecken verlesen, wobei die einen sogleich in die Pfanne wanderten und die andern bis zur Fastenzeit ihren Winterschlaf hielten. Schnecken waren als Speise für fleischlose Tage von der Kirche erlaubt.

Die geistlichen Brüder bereiteten die Schnecken auf ähnliche Art zu, wie es im Burgund Brauch ist. Nach dem Abbrühen und Reinigen kochten sie die Schnecken und füllten sie zusammen mit einer raffiniert gewürzten Sauce wieder in die Häuschen ein. Die Herstellung der Gewürzbutter war und ist heute noch das Geheimnis des Mönchs, der das Rezept überliefert bekommt und je nach Begabung das Seine dazutut. Berühmt waren seit jeher auch die Schnecken aus dem Val de Travers. Leider wurde aber in dieser Hinsicht so großer Raubbau betrieben, dass das Sammeln heute in der ganzen Schweiz verboten ist. Hier die originellsten Schneckenrezepte. Davon eines aus der Westschweiz, wo die »Lie« (Drusenbranntwein) beliebt ist.

Schnägge im Nussanke
Schnecken in Nussbutter

Die Walnusskerne (Baumnusskerne) fein hacken. 2 EL Butter erhitzen. Das geriebene Brot darin hellgelb dünsten. Petersilie und Baumnusskerne (Walnusskerne) untermischen und mit der Milch zu einer Paste verrühren. Übrige Butter schmelzen lassen und ebenfalls untermengen. Mit Salz, Pfeffer und Muskat pikant würzen. Die pfannenfertigen Schnecken in das Häuschen einfüllen und die Sauce darüber geben. Erkalten lassen. Vor dem Servieren in Schneckenpfännchen im Backofen erwärmen.

Tipp: Die Masse wird auch mit ausgelassener Butter zubereitet, weil sie haltbarer ist. Werden die Schnecken sofort verspeist, kann man die frische Butter schaumig rühren und mit Brot und Kräutern vermengen. Heute kauft man die Schnecken bereits küchenfertig in Dosen samt den Schneckenhäuschen, und so muss man nur noch die Sauce dazu machen.

Arbeitsaufwand: 30 Min.
Backzeit: ca. 15 Min.

Für 50 Schnecken:
100 g Walnusskerne
200 g frische Butter
1 EL geriebenes Weißbrot
2 EL gehackte Petersilie
100 ml Milch
Salz, Pfeffer, Muskatnuss
50 Schnecken mit Häuschen (Dose)

Escargots à la lie
Schnecken in Drusenbranntwein

Arbeitsaufwand: 20 Min.
Garzeit: 5–6 Min.

Für 4 Personen:
24 Schnecken ohne Häuschen (vorgekocht)
4 Schalotten, 4 EL Butter
2 EL gemischte Kräuter
Salz, Pfeffer, 2 EL Lie

Die gekochten und gesäuberten Schnecken abgießen und abtropfen lassen. Schalotten schälen und fein hacken. Die Butter erhitzen. Die Schalotten darin in 3–4 Min. glasig werden lassen. Schnecken und Kräuter (Petersilie, Majoran, Thymian, Salbei) zufügen. Mehrmals wenden, mit Salz und Pfeffer würzen. Mit Lie (Drusenbrand) ablöschen. Schnecken portionenweise in kleine, vorgewärmte Tontöpfchen oder Soufflëförmchen einfüllen.

Beilage: Mit knusprigem Brot servieren.
Tipps: Man kann diese Schnecken auch mit Marc zubereiten, wenn keine Lie vorhanden ist. Eventuell Schnecken aus der Dose verwenden.

Bei diesem Rezept weiß man nicht so sicher, ob es wirklich aus der Gegend von Neuenburg stammt oder eventuell aus dem Elsass importiert wurde.

Jacquerie
Sauerkraut mit Schnecken

Arbeitsaufwand: 30 Min.
Kochzeit: 1 Std.

Für 4–5 Personen:
1 Zwiebel, 10 Wacholderbeeren, 2 EL Bratbutter
500 g Sauerkraut, 1 Kalbsfuß, 200 ml Weißwein
1 Lorbeerblatt, Kümmelpulver, 200 ml Bouillon
24–30 Schnecken, Schneckenbutter, 100–150 g Crème fraîche, Pfeffer

Die Zwiebel schälen, fein hacken. Wacholder zerdrücken. Butter erhitzen. Sauerkraut abtropfen lassen. Zwiebel und halbierten Kalbsfuß darin einige Minuten anziehen lassen. Sauerkraut, Wein, Wacholder, Lorbeerblatt und 1 Prise Kümmel zugeben, aufkochen, Bouillon zugießen, zugedeckt 1 Std. kochen lassen.
4–5 kleine Eierförmchen einfetten. Backofen auf 200° (Umluft 180°) vorheizen. Sauerkraut herausnehmen, abtropfen lassen, in die Förmchen einfüllen. Mit dem Stiel einer Holzkelle je 6 Vertiefungen anbringen. Mit Schnecken und Schneckenbutter belegen. Auf jede Schnecke etwas Crème fraîche geben. Mit Pfeffer übermahlen. Im Backofen (Mitte) 5–6 Min. gratinieren.

Tipps: Schneckenbutter besteht aus Butter, Salz, Pfeffer, Kräutern und viel Knoblauch.

Salate als Vorspeise

Salate waren lange Zeit »Stiefkinder« in den Schweizer Küchen. Man servierte Kopfsalat, so nebenbei zum Hauptgericht, was geschmacklich gar nicht passte. Der Essig der Salatsaucen konnte ein gutes Essen verderben. Vor etwa 40 Jahren unternahm es Nelly Hartmann, damals Redakteurin des ehemaligen Nelly-Kalenders, den Schweizer Hausfrauen diese Sitte abzugewöhnen. Ich schrieb damals ebenfalls für dieses Heft und folgte ihrem Beispiel. Diese gemeinsamen Anstrengungen entpuppten sich als Erfolg. Unsere damaligen »Kreationen« bürgerten sich ein, und heute ist es selbstverständlich, dass viele Mahlzeiten, vor allem solche mit einem rustikalen Hauptgericht, als Vorspeise einen Salat enthalten.

Säuuchrutsalat
Löwenzahnsalat

Die jungen, noch zarten Pflänzchen kurz in Salzwasser legen und abtropfen lassen. Knoblauch schälen, etwas anschneiden und eine Salatschüssel damit ausreiben. Für das Dressing Öl, Salz und Zitronensaft verrühren, Petersilie und Schnittlauch untermischen. Etwa 10 Min. vor dem Servieren die Löwenzahnblättchen mit dem Dressing anmachen, damit die Blättchen etwas mürber werden.

Tipps: Im Waadtland wird dieser Salat mit Vorliebe mit Nussöl zubereitet*.
Oft werden kleine Speckwürfelchen und Knoblauch-Croûtons beigefügt.
Auf dieselbe Art lässt sich auch Kopfsalat zubereiten. Im Tessin bestreut man den Löwenzahnsalat mit grob gehacktem Ei.

* Nussöl ist erhältlich bei D. Chatelan, Place de la Palud, Lausanne, oder in großen Lebensmittelabteilungen.

Arbeitsaufwand: 20 Min.

Für 4 Personen:
200 g zarte Löwenzahnblättchen
1 Knoblauchzehe
3 EL Rapsöl, 1 Prise Salz
1 EL Zitronensaft (ersatzweise Weißweinessig)
1 EL gehackte Petersilie
1 EL Schnittlauchröllchen

Suurampfelesuppe
Sauerampfersuppe

Sauerampfer waschen, abtropfen lassen. Die Hälfte in feine Streifen schneiden, den Rest fein hacken. Zwiebel schälen und fein hacken. Die Butter erhitzen. Hälfte des Sauerampfers und Zwiebel in Butter anziehen lassen. Mehl zugeben und anschwitzen, bis es hellgelb wird. Mit Bouillon ablöschen und 10 Min. kochen. Eigelbe mit Rahm in der Suppenschüssel verrühren. Die Suppe darüber gießen. Restlichen Sauerampfer zur Suppe geben.

Tipp: Der Sauerampfer lässt sich gut durch Brennnesselblätter ersetzen.

Arbeitsaufwand: 25 Min.
Kochzeit: 10–15 Min.

Für 4 Personen:
2–3 Hand voll Sauerampfer
1 Zwiebel, 2 EL Butter
2 EL Mehl, 1 l Bouillon
2 Eigelbe, 100 g Rahm

Zu den Fastenspeisen gehören auch die verschiedenen schmackhaften Suppen. Hier nur eine kleine Auswahl. Zuerst die Luzerner Chässoppe, die mehr ein Gericht als eine Suppe ist und den stärksten Hunger stillt, dann eine Grüendonnschtigsoppe. *(Weitere Käsesuppen siehe S. 177).*

Lozärner Chässoppe
Luzerner Käsesuppe

Arbeitsaufwand: 40 Min.
Ruhezeit: 12 Std.
Kochzeit: 10 Min.

Für 4 Personen:
300 g altbackenes Brot
350 g Käse (z. B. 200 g Greyerzer, 100 g Sbrinz, 50 g Emmentaler)
Salz, Pfeffer, Muskatnuss
1 l Milch, 2 große Zwiebeln
4 EL Bratbutter

Brot (es sollte 3 Tage alt sein!) und Käse in feine Scheibchen schneiden, beides lagenweise in eine Schüssel schichten. Mit Salz, Pfeffer und Muskat würzen. Die Milch aufkochen lassen und darüber gießen. Zudecken und 12 Std. oder über Nacht stehen lassen. Kurz vor dem Servieren zweimal rasch aufkochen lassen, dabei nicht zu stark rühren. Brot und Käse dürfen nicht zu einem Brei zerfallen! Zwiebeln schälen und in Ringe schneiden. Bratbutter erhitzen. Zwiebeln darin goldgelb braten. Suppe anrichten und die Zwiebeln darauf verteilen.

Tipps: Dazu passen Apfelstückli. Mit Weißbrot wird die Suppe feiner, aber mit Schwarzbrot bedeutend »chüschtiger«. Statt Milch kann man auch Fleischbrühe verwenden.

Grüendonnschtigsoppe
Gründonnerstagssuppe (im Bild)

Arbeitsaufwand: 35 Min.
Kochzeit: 40 Min.

Für 4 Personen:
1 Karotte, 1 Stück Sellerie
2 Stangen Lauch
2 Scheiben Weißbrot
3 1/2 EL Butter, 1 EL Mehl
1 Hand voll Spinat
1 Hand voll Mangold
1 Büschel Sauerampfer
1 kleines Büschel Bärlauch
Salatblätter, 1 Knoblauchzehe, 2 Schalotten, Kräuter
Salz, Pfeffer, Muskatnuss
1 Eigelb, 1 EL Rahm

Karotte und Knollensellerie putzen und schälen. Lauch putzen, längs aufschneiden, gründlich waschen und halbieren. Gemüse mit 1 l Wasser (ersatzweise Gemüsebrühe) aufkochen und 30 Min. kochen lassen.
Weißbrot in kleine Würfel schneiden. 2 EL Butter erhitzen, Brotwürfel darin goldgelb rösten. Übrige Butter erhitzen. Das Mehl darin 2–3 Min. anschwitzen, ohne es Farbe annehmen zu lassen. Die Gemüsebouillon durch ein Sieb dazugießen und unter Rühren aufkochen lassen.
Spinat, Mangold, Sauerampfer, Bärlauch und Salatblätter waschen, putzen und in feine Streifchen schneiden. Knoblauch und Schalotten schälen, Schalotten fein hacken. Gemüsestreifen, Schalotten und die Kräuter (je 1 EL Schnittlauchröllchen und gehackte Petersilie) in die Suppe geben. Knoblauch schälen und dazupressen. Mit Salz, Pfeffer und Muskat würzen. Eigelb mit Rahm verquirlen und unterrühren. Auf den Brotwürfelchen anrichten.

Tipps: Ich lasse heute das Ei weg und binde die Suppe mit dem Rahm und 1 EL Reismehl.

Fridolinstag im Glarnerland

In die Fastenzeit fällt auch der Fridolinstag (6. März), ein Festtag im Glarnerland zu Ehren des Landespatrons. Das Festtagsgebäck an diesem Tag ist die Glarner Pastete, ein herrliches, prächtig aussehendes Gebäck. Es enthält zu gleichen Hälften zwei verschiedene süße Füllungen, die eine aus Mandeln und die andere aus Zwetschgen. Die Miniaturausgaben dieser Spezialität mit nur einer Füllung heißen »Glarner Beggeli«.
Man kann sich diese feine Glarner Pastete jederzeit aus einer Glarner Konditorei schicken lassen, da sie, geschickt verpackt, den Transport recht gut übersteht. Wer sich selber einmal ans Werk machen möchte, dem sei hier das Rezept verraten. Den Blätterteig wird man wohl besser fertig kaufen. Es bleibt noch Arbeit genug.

Glarner Paschtetä
Gefüllte Blätterteigpastete

Arbeitsaufwand: 2 1/2 Std.
Einweichzeit: 2 Std.
Backzeit: ca. 50 Min.

Zwetschgenfüllung:
300 g gedörrte, entsteinte Zwetschgen oder Pflaumen
1 EL Zucker
1 EL Kirschwasser
1 Msp. Zimtpulver
Mandelfüllung:
30 g Butter
5 EL Zucker
2 EL Honig, 1 Ei
150 g gemahlene geschälte Mandeln
1 EL Rahm
1 EL Rosenwasser (Apotheke)
Saft und Schale von 1 unbehandelten Zitrone
500 g Blätterteig, 2 Eigelbe zum Bestreichen, Puderzucker zum Bestreuen

Zwetschgen mit kochendem Wasser übergießen und 2 Std. einweichen, dann abtropfen lassen. Durch die grobe Scheibe des Passevite treiben, mit Zucker, Kirschwasser und Zimt vermischen. Mit wenig Einweichwasser befeuchten, so dass ein festes Mus entsteht.
Für die Mandelfüllung Butter mit Zucker schaumig rühren, Honig zugeben und weiterrühren. Ei, Mandeln, Rahm, Rosenwasser sowie Zitronensaft und -schale zufügen.
Blätterteig etwa 3 mm dick zu einem großen Rechteck ausrollen. Backblech mit kaltem Wasser benetzen. Mit einer Papierschablone je eine runde bogenförmige Teigfläche von 28 cm Durchmesser und 26 cm Durchmesser ausschneiden. Die größere Teigfläche aufs Blech legen und zur Hälfte mit Zwetschgenmus und Mandelfüllung belegen, dabei einen Rand von etwa 2 cm frei lassen. Teigdeckel 8- bis 10-mal rundherum einschneiden. In der Mitte ein Luftloch anbringen. Backofen auf 230° (Umluft 210°) vorheizen. Teigdeckel vorsichtig auf die Füllung legen, die bogenförmigen Teigränder mit Wasser bestreichen und exakt aufeinander legen. Mit einer Gabel andrücken. Eigelbe verquirlen, Teig damit bestreichen. Im Ofen (Mitte) 15–20 Min. backen, die Hitze auf 210° (Umluft 190°) reduzieren und weitere 30 Min. backen. Abkühlen lassen und mit Puderzucker bestreuen.

Tipp: Dies ist die beste süße Pastete, die ich kenne. Als ich in Neuenburg studierte, brachte mir ein lieber Kollege jeweils eine aus Glarus mit, wo sein Vater die beste Konditorei hatte. Diese Jugenderinnerung und sein Rezept gaben mir später den Mut, dieses tolle Gebäck selbst herzustellen.

Versuchen wir bei diesem kleinen kulinarischen Ausflug auch gleich das ausgezeichnete Glarner Früchtebrot und die delikaten Kalberwürste.

Glarner Biräbrot
Birnenbrot aus dem Kanton Glarus

Birnen und Zwetschgen 24 Std. in kaltes Wasser einlegen. Mit dem Einweichwasser 20 Min. kochen lassen, abgießen und durch die Hackmaschine treiben. Nüsse hacken. Sultaninen in Kirschwasser einweichen.
Mehl in eine vorgewärmte Schüssel sieben, in der Mitte eine Mulde eindrücken. Hefe mit 1 TL Zucker mischen und rühren, bis sie flüssig wird. Butter erwärmen, bis sie flüssig wird. 400 ml Milch zugießen. Hefe und Butter-Milch-Mischung in die Mulde geben und verrühren. Eier verquirlen, mit 50 g Zucker und Salz zugeben. 10 Min. rühren und schlagen.
Den Teig auf eine bemehlte Arbeitsfläche geben, mit den Händen kneten und mehrmals schlagen, bis er glänzt und elastisch ist. In einer Schüssel zugedeckt an einem warmen Ort (max. 35°) 1 Std. gehen lassen.
Inzwischen Nüsse, Sultaninen, 100 g Zucker und Gewürze unter das Fruchtmus mischen. Ein Drittel des Teiges unterkneten. Aus der Masse 4–5 längliche Brote formen. Das Backblech einfetten. Restlichen Teig ausrollen, in 4–5 Rechtecke schneiden und die Früchtebrote darin einpacken. Die Enden übereinander legen. Mit der Naht nach unten aufs Blech legen.
Mit einer Gabel oder dem Teigrädchen einstechen und verzieren. Etwa 1 Std. an einem warmen Ort (35°) gehen lassen. Den Backofen auf 170° vorheizen. Die Eigelbe verquirlen, die Brote damit bestreichen und im Backofen (Mitte) 1 Std. backen. Wenn nötig, mit Alufolie abdecken.

Tipps: Das Früchtebrot hält sich in Alufolie verpackt 3–4 Wochen. Halbweißmehl ist Vollmehl, das nicht ganz dunkel ist. Man kann stattdessen auch eine Mischung aus halb Vollkorn- und halb Weißmehl nehmen.

Varianten: Auch in Graubünden gibt es ein ausgezeichnetes Birnbrot (Pan cun paira/Bündner Birnbrot). Der Teig wird aus Ruchmehl zubereitet, und die Füllung ist etwas raffinierter, weil sie außer den getrockneten Birnen zusätzlich noch Feigen, Orangeat, Zitronat, Birnenbranntwein und Rosenwasser enthält.
In anderen Gegenden der Schweiz wird eine ähnliche Birnenfüllung in Blätterteig zu einem »Biräwegge« (siehe Variante S. 312) gebacken.
In der Ostschweiz macht man Biräbrot, das außer Dörrbirnen Feigen, Weinbeeren, Orangeat und Pinienkerne enthält.

Arbeitsaufwand:
Ruhezeit: 2 Std.
Einweichzeit: 24 Std.
Kochzeit: 20 Min.
Backzeit: ca. 1 Std.

Für 4–5 Brote:
700 g gedörrte Birnen
300 g gedörrte, entsteinte Zwetschgen
200 g Baumnusskerne (Walnusskerne)
200 g Sultaninen
2 EL Kirschwasser (ersatzweise Zwetschgenwasser)
750 g Halbweißmehl
1 Würfel Hefe (42 g)
150 g Zucker
100 g Butter
$^1/_2$ l Milch
2 Eier, 1 EL Salz
1 $^1/_2$ TL Zimtpulver
je 1 Prise Nelkenpulver und Macis (Muskatblüte)
Butter für das Blech
2 Eigelbe zum Bestreichen

Die Glarner Kalberwürste findet man in den lokalen Metzgereien. Sie sind etwas ganz Besonderes, aber sehr empfindlich und können deshalb nicht gut roh verschickt werden. Wer sie nach Hause tragen will, sollte sie kühl transportieren und so rasch wie möglich verbrauchen. Sie werden in einer feinen weißen Sauce gekocht und mit Kartoffelstock und Dörrzwetschgen-Kompott serviert.

Glarner Chalberwürscht
Glarner Kalbswürste

Arbeitsaufwand: 20 Min.
Garzeit: 30 Min.

Für 4 Personen:
1 große Zwiebel
4 EL Bratbutter
1 EL Mehl
1/2 l Milch
Salz, Pfeffer
4 frische, rohe Kalberwürste

Zwiebel schälen und hacken. Die Bratbutter in einer weiten Pfanne zerfließen lassen. Zwiebel darin 2–3 Min. glasig werden lassen, ohne dass sie Farbe annimmt. Mehl zufügen und 1–2 Min. anschwitzen. Die Milch zugießen und bei schwacher Hitze 10 Min. kochen lassen, dabei gelegentlich umrühren. Die Pfanne beiseite stellen, die Sauce mit Salz und Pfeffer würzen und kurz abkühlen lassen. Die Würste hineinlegen und bei schwacher Hitze 30 Min. ziehen lassen. Darauf achten, dass die Sauce nicht kocht, damit die Würste nicht aufplatzen. Sofort heiß servieren.

Tipp: Manchmal wird im Glarnerland die Milch durch Wasser oder Fleischbrühe ersetzt.

Hier noch drei Rezepte aus der Ostschweiz, die nicht nur zur Fastenzeit, sondern das ganze Jahr über Anklang finden. Die Hefeküchlein verdanke ich einer liebenswürdigen Klosterfrau.

Wiler Hefechüechli
Wiler Dampfnudeln

Arbeitsaufwand: 40 Min.
Ruhezeit: 30–40 Min.
Backzeit: ca. 40 Min.

Für 4 Personen:
15 g Hefe, 150 ml Milch
250 g Mehl, 1 Ei
40 g Butter, 80 g Zucker
1/4 TL Salz, 500 g Äpfel
2–3 EL Zucker, Zitronensaft, 50–100 g Sultaninen
100 ml Milch, 40 g Zucker
100 g Rahm, Butter

Für den Hefeteig Hefe, Milch und Mehl anrühren. Ei verquirlen. Butter schmelzen lassen. Beides mit 40 g Zucker und Salz zufügen, den Teig kräftig kneten oder schlagen. Zugedeckt an einem warmen Ort 30–40 Min. gehen lassen. Eine Pyrexform einfetten.
Die Äpfel waschen, halbieren, entkernen und in Schnitze oder Scheibchen schneiden. Die Äpfel in die Form geben. Zucker, Zitronensaft und Sultaninen darauf verteilen.
Aus dem Hefeteig etwa 7 Kugeln formen und diese auf die Äpfel legen. Für den Guss Milch, 40 g Zucker und Rahm verrühren und die Hälfte darüber gießen. Im Backofen (Mitte) bei 80° aufgehen lassen, dann bei 180° (Umluft 160°) 30–40 Min. backen.
Kurz vor dem Ende der Backzeit den übrigen Guss über die Hefeküchlein gießen und fertig backen.

Hier noch ein paar rustikale Gerichte aus der Ostschweiz, die gut zu einem Glas Most passen.

Thurgauer Böllewegge
Zwiebelwecken nach Thurgauer Art

Entweder Brotteig mit der Butter in Flöckchen verarbeiten. Oder einen Zopfteig ohne Ei (siehe S. 14) zubereiten. Den Teig etwa 3 mm dick ausrollen und in Rechtecke von 8 x 16 cm schneiden. Speck würfeln. Zwiebeln schälen und fein hacken. Ei verquirlen, mit Zwiebeln, Speisestärke und Speck mischen. Mit wenig Salz und viel Pfeffer abschmecken. Backofen auf 200° (Umluft 180°) vorheizen. Die Teigstücke in der Mitte mit 1 EL Füllung belegen. Den Rand rundum mit Wasser befeuchten, zu Krapfen zusammenfalten. Die Ränder gut andrücken. Eigelb mit Milch mischen. Die Wecken damit bestreichen. Im Backofen (Mitte) 15–20 Min. backen. Die Weggen noch warm servieren.

Tipps: Manchmal wird der Füllung 150 g klein gewürfelter Rahmtilsiter zugefügt (dann eventuell den Speck weglassen).

Varianten: In Zürich und in der Ostschweiz werden die Zwiebeln »Bölle« genannt. In Schaffhausen gibt es die »Bölletünne« – einen pikanten Kuchen mit viel Zwiebeln und Speck (siehe S. 302). In St. Gallen verpackt man Schüblinge in den Teig, allerdings ohne Zwiebeln.

Arbeitsaufwand: 35 Min.
Backzeit: ca. 20 Min.

Für etwa 6 Stück:
500 g Weißbrotteig (vom Bäcker; oder Zopfteig ohne Ei siehe S. 14)
30 g Butter
60 g Speck
3 große Zwiebeln
1 Ei
1 EL Speisestärke
Salz, Pfeffer
1 Eigelb
1 EL Milch zum Bestreichen

Ein warmer Kartoffelsalat mit einem lustigen Namen:

Stupfete
Warmer Kartoffelsalat

Kartoffeln waschen und in der Schale garen. Zwiebeln schälen und fein hacken. Mit Öl, Essig, Salz, Pfeffer und nach Belieben Petersilie in einem Pfännchen oder Fondue-Caquelon leicht erwärmen. Die Sauce auf ein Kerzenrechaud stellen, damit sie warm bleibt. Jeder Tischgast pellt seine »Gschwellten« und tunkt sie in die Sauce. Große Kartoffeln nach Belieben halbieren oder vierteln.

Tipps: Besonders gut schmecken kleine, neue Kartoffeln. Dazu passen Würste wie Schüblinge oder Wienerli, die man im Wasser heiß macht.

Arbeitsaufwand: 20 Min.
Kochzeit: 40 Min. (im Schnellkochtopf 12 Min.)

1 kg Kartoffeln
2 Zwiebeln, 100 ml Rapsöl
2 EL Weinessig
Salz, Pfeffer
1 EL gehackte Petersilie

April

GITZI gibt es zur Osterzeit beim Metzger auf Bestellung. Dieses zarte, nicht sehr konsistente Fleisch ist allerdings nicht jedermanns Sache. Vielleicht verpacken die Appenzeller es deshalb vor dem Ausbacken in Teig, während die Bündner ihren Gitzibraten raffiniert füllen. Im Übrigen sollen die Appenzeller ihre Gitzichüechle ebenfalls den Bündnern abgeguckt haben.

April

Fleisch- und Wurstgerichte

Fleischlose Gerichte

Beilagen

Süßspeisen

Gebäck

Getränke

Gitzipaches
Zicklein nach Appenzeller Art

Arbeitsaufwand: 40 Min.
Ruhezeit: 2–3 Std.
Kochzeit: 50 Min.

Für 4 Personen:
250 g Mehl, 400 ml Milch
Salz, Muskatnuss
1 EL Butter, 4 Eier
1 kg Gitzifleisch (Schulter oder Hals), Pfeffer
1 Zwiebel, 1 Lorbeerblatt
2 Nelken, 1 Stange Lauch
2 Karotten, 1 Stück Sellerie
300 ml trockener Weißwein
2 EL Mehl, Öl, 1 Zitrone

Mehl in eine Schüssel geben und in der Mitte eine Mulde eindrücken. Milch mit 1 TL Salz und 1 Prise Muskat in die Mulde gießen und von der Mitte aus verrühren. Butter schmelzen lassen, lauwarm zufügen. Zugedeckt 2–3 Std. ruhen lassen. Eier verquirlen und zugeben.
Fleisch würfeln, salzen und pfeffern. Zwiebel schälen, mit Lorbeerblatt und Nelken spicken. Gemüse putzen und waschen, Karotten und Knollensellerie schälen. 2 l Wasser mit Wein, gespickter Zwiebel, Lauch, Karotten und Sellerie aufkochen lassen. Fleischwürfel darin bei mittlerer Hitze 50 Min. kochen lassen. Abgießen und abkühlen lassen. Fleischwürfel zuerst im Mehl, dann im Ausbackteig wenden. Öl auf 180° erhitzen. Zitrone vierteln. Fleischstücke im Öl schwimmend in 2–3 Min. pro Portion ausbacken. Mit Zitrone anrichten.

Früher wurde im Tessin, besonders in den Tälern, wenig Fleisch gegessen. Musste hin und wieder ein Tier geschlachtet werden, wurden alle Teile verwertet. Aus dem Fleisch des Schweines bereitete man hauptsächlich gut haltbare Würste wie die Mortadella oder den Cotechino zu. Nach und nach wurde es zur Gewohnheit, am Sonntag einen »Brasato« oder ein Eintopfgericht aus verschiedenen Fleischsorten zuzubereiten. Allerdings kam noch lange Zeit vor allem das Oberhaupt der Familie in den Genuss der Fleischspeisen. Mancherorts war es Brauch, dass sich die Männer Sonntagabend in der Osteria trafen, um gemeinsam ein Ragout zu essen. An Ostern aber durfte das Gitzi für die ganze Familie nicht fehlen. Meistens wurde es von der »Nonna« einfach im Ofen gebraten oder mit Salbei und Marsala, manchmal auch in Rotwein, geschmort.

Capretto in umido
Gitzi nach Tessiner Art

Arbeitsaufwand: 20 Min.
Bratzeit: 1 Std.

Für 4 Personen:
1 kg Gitzizicklein
6 Salbeiblätter
2 EL Öl, 1 EL Butter
Salz, Pfeffer
1 TL Rosmarinnadeln
100 ml Marsala

Fleisch in Stücke schneiden. Salbeiblätter hacken. Öl und Butter erhitzen. Gitzistücke darin bei starker Hitze goldbraun anbraten. Mit Salz, Pfeffer, Salbei und Rosmarin würzen. Mit Marsala ablöschen und zugedeckt bei schwacher Hitze 1 Std. schmoren lassen. Wenn nötig, von Zeit zu Zeit etwas Wasser zufügen. Den Bratenfond mit wenig Wasser lösen, eventuell nachwürzen und diesen konzentrierten Bratenjus über das Fleisch verteilen.

Variante: Aber auch diesseits des Gotthards, im Kanton Schwyz, bereitet man einen ähnlichen, etwas »konventionelleren« Gitzibraten mit Weißwein und Bouillon ohne Marsala zu.

Besonders interessant ist dieses gefüllte Gitzi:

Capretto Poschiavino
Osterzicklein nach Puschlaver Art

Rosinen waschen und abtropfen lassen. Eier verquirlen. Das Brot reiben, mit Mandeln, Rahm, Zitronenschale, Rosinen und Eiern verrühren. Die Füllung soll weich, aber nicht zu flüssig sein. Mit Salz, Pfeffer und Majoran würzen. Sofern dies nicht beim Metzger geschehen ist, die Öffnungen des Gitzis bis auf etwa 4 cm zunähen, die Füllung hineingeben und ganz zunähen. Das Gitzi in eine Bratkasserolle legen. Die Bratbutter erhitzen, darüber gießen und das Fleisch anbraten. Mit Salz und Pfeffer würzen. Zwiebeln, Knoblauch und Karotten schälen, mit Kräutern (je 1 Zweig Selleriekraut, Rosmarin) und Lorbeerblatt zufügen. Im Ofen (unten, Umluft 180°) in 1 Std. knusprig braun braten. Von Zeit zu Zeit etwas Wein zugießen.

Tipps: Dazu passen Blattspinat und gebratene Kartoffeln.
Am liebsten mag ich das Gitzi mit Butter im Ofen schön braun und knusprig gebraten, und zwar ohne Füllung oder Sauce, aber mit Kräutern fein gewürzt. Das ganze Gitzi ohne Beine zum Füllen vom Metzger vorbereiten lassen.

Arbeitsaufwand: 40 Min.
Bratzeit: ca. 1 Std.

Für 6–8 Personen:
3 EL Rosinen, 2 Eier
200 g altbackenes Brot, 4 EL geschälte gemahlene Mandeln, 4 EL Rahm, 1 TL abgeriebene Zitronenschale, Salz, Pfeffer, Majoran
1 Gitzi, 4 EL Bratbutter
4 kleine Zwiebeln, 1 Knoblauchzehe, 1 Karotte, Kräuter, 1 Lorbeerblatt
200 ml Weißwein

In der Westschweiz und auch im Tessin ist ein guter Lammbraten sehr beliebt.

Gigot d'agneau au four
Lammkeule im Ofen

Backofen auf 220° vorheizen. Knoblauch schälen, längs halbieren. Zwiebel schälen, mit Lorbeerblatt und Nelke spicken. Gemüse putzen, waschen und schälen. Lammgigot am Knochen entlang mit Knoblauch spicken. Bratbutter in einer Kasserolle oder Auflaufform erhitzen. Das Fleisch zugeben, allseitig im Backofen (unten, Umluft 200°) goldbraun anbraten. Mit Salz und Pfeffer würzen. Lauch, Sellerie, Karotte und gespickte Zwiebel zugeben. Nach 10 Min. die Hälfte des Weins zufügen. Fleisch immer wieder mit dem Bratenfond übergießen. Nach und nach den restlichen Wein zugeben. Nach 40 Min. den Ofen ausschalten und den Braten noch etwa 5 Min. darin belassen.

Tipps: Das Fleisch sollte innen nicht ganz durchgebraten, sondern zartrosa sein. In der Westschweiz liebt man es sogar leicht »saignant«.
Flageolets (Kernbohnen) passen gut dazu.

Arbeitsaufwand: 30 Min.
Bratzeit: ca. 50 Min.

Für 6–8 Personen:
2 Knoblauchzehen
1 Zwiebel, 1 Lorbeerblatt, 1 Nelke, je 1 kleines Stück Lauch und Knollensellerie
1 Karotte
1 Lammgigot (etwa 1,3 kg)
3 EL Bratbutter
Salz, schwarzer Pfeffer
300 ml Weißwein

Wo gibt's den besten Osterfladen?

Das ist schwer zu sagen. Alte Kochbücher widersprechen sich. Wird der traditionelle Osterfladen mit Reis, mit Grieß, mit einer Mischung aus Weggli und Mandeln oder sogar mit Quark und Rosinli gefüllt? Alle sind gut, und bei jedem bedauert man, dass es ihn nur an Ostern gibt. Hier die besten Rezepte unserer Urgroßmütter.

Lozärner Osterflade
Osterkuchen mit Reis

Arbeitsaufwand: 1 Std.
Ruhezeit: 1 Std.
Kochzeit: 30–40 Min.
Backzeit: ca. 1 Std.

Für eine Springform von 26 cm Ø:
1 unbehandelte Zitrone
180 g Butter, 150 g Zucker
Salz, 1 Ei, 120 g Rahm
250 g Mehl
1/2 l Milch, 125 g Reis
3 Eigelbe, 120 g geschälte gemahlene Mandeln
3 EL Rosinen, 3 Eiweiße
Butter für die Form

Zitrone waschen, abtrocknen und 2 TL Schale abreiben. Butter schaumig rühren. Mit 3 EL Zucker, 2 Prisen Salz, Ei, 2 EL Rahm und 1 TL Zitronenschale 2–3 Min. rühren. Mehl dazusieben und unterrühren. Den Teig mindestens 1 Std. kalt stellen.
Milch mit 100 ml Wasser und 3 Prisen Salz aufkochen lassen. Den Reis darin bei schwacher Hitze in 30–40 Min. zu einem dicken Brei kochen, dabei ab und zu umrühren. Reisbrei abkühlen lassen.
Übrigen Zucker und Eigelbe schaumig rühren. Mit restlicher Zitronenschale, 100 g Rahm, Mandeln und Rosinen unter den Reisbrei rühren. Die Eiweiße steif schlagen und unterziehen.
Den Backofen auf 200° vorheizen. Die Form mit Butter einfetten. Den Teig ausrollen und in die Form geben, dabei einen etwa 4 cm hohen Rand formen. Den Reisbrei darauf verteilen. Im Backofen (Mitte, Umluft 180°) 1 Std. backen.

Tipp: Nach alten Zürcher Rezepten wird der Reisbrei durch ein Sieb gestrichen.

Nidleflade | Rahmfladen

Ein oder zwei Kuchenbleche mit Butter bestreichen. 500 g Blätterteig etwa 3 mm dick ausrollen und aufs Blech legen. Mit einer Gabel mehrmals einstechen. 250 g Rahm, 2 kleine Eier, 2 EL Zucker, 1 TL abgeriebene Zitronenschale, 1/2 TL Zimtpulver und 1 EL Mehl verquirlen. 2 EL Rosinen waschen, abtropfen lassen und auf dem Teig verteilen. Den Guss darüber gießen. Im vorgeheizten Backofen (Mitte, Umluft 210°) bei 230° 20–25 Min. backen.

Tipp: Bei Verwendung von Blätterteig den Fladen beim Backen überwachen. Sobald sich beim Teigboden Blasen bilden, diese aufstechen.

Das Prunkstück der Seeländer Backkunst ist ohne Zweifel der Wistelacher Kuchen. Er wird fast in jedem Dorf etwas anders zubereitet, ist aber bis Murten ähnlich zu haben. Bestandteil aller Rezepte sind der Hefeteig und die dicke Nidle, die darüber gegossen wird. Ursprünglich stammt dieser Kuchen vom Mont Vully am Murtensee, der im Volksmund zum Wistelach wurde. Nach dem folgenden Rezept wurde er in Müntschemier im Ofenhaus der Gemeinde gebacken, wo ich zusehen durfte.

Tarte du Mont Vully

Wistelacher Kuchen

Das Mehl in eine große Schüssel sieben und in der Mitte eine Mulde eindrücken. Die Hefe in 50 ml lauwarmer Milch auflösen und hineingeben. Butter und Salz in 150 ml lauwarmer Milch auflösen. Ebenfalls in die Mulde geben und alles zu einem weichen Teig verarbeiten. Die restliche Milch nach Bedarf zugeben. Den Teig bei Zimmertemperatur um das Doppelte gehen lassen. Den Backofen auf 200° vorheizen. Das Blech mit Butter einfetten. Den Teig ausrollen, auf das Blech legen und dabei einen Rand hochziehen. Mit einem nassen Tüchlein zudecken und nochmals gehen lassen. Den Teig mit einer Gabel mehrmals einstechen. Die Würfelzucker halbieren und in Abständen von etwa 3 cm in den Teig drücken. Die Crème fraîche darüber geben und mit Grießzucker bestreuen. Im Backofen (Mitte) 30–35 Min. backen.

Tipps: Frisch gebacken schmeckt dieser Kuchen am besten.
Zum Servieren kann man ihn auch kurz aufbacken.

Varianten: In Siselen wird der Teig mit etwas mehr Butter und Ei zubereitet und der Guss mit 1 Eigelb angereichert. Die Würfelzucker werden mit dem Nudelholz zerbrochen. Zuletzt gibt man noch Butterflöckchen auf den Kuchen.

Nach einem Murtener Rezept steckt man kleine Butterflöckchen in den Teigboden, gibt wenig Crème fraîche darauf, zerschlägt die Würfelzucker mit dem Hammer und verteilt sie zusammen mit etwas Zimtpulver darüber. Dann den Rahm darauf verteilen.

In der Gegend des Mont Vully werden mit fünf Fingern Vertiefungen in den Teig gedrückt und Zuckerstücke hineingelegt. Beim Backen fließen Crème fraîche und Butter dort hinein, was den Kuchen ganz besonders gut werden lässt.

Arbeitsaufwand: 40 Min.
Ruhezeit: 1 Std.
Backzeit: ca. 35 Min.

Für ein Blech von 27 cm Ø:
500 g Mehl
10 g Hefe
200–350 ml Milch
50 g Butter
1 TL Salz
100 g Würfelzucker
250 g Crème fraîche
4 EL Grießzucker
Butter für das Blech

Seit alters her verstehen es die Tessiner, aus einfachen Zutaten köstliche Gerichte zuzubereiten. Kuchen haben sich vielfach aus einfachen Fladen entwickelt, die früher im Kamin auf einem heißen Stein gebacken wurden. Oft enthalten die Kuchenrezepte Brot – das ist auch heute noch eine gute Art, altbackenes Brot zu verwerten. Besonders festlich ist die »Torta di pane«, der traditionelle Brotkuchen, den man jeweils an religiösen Festtagen bäckt. Ursprünglich bestand er nur aus Brot, Milch, Eiern und Zucker und wurde entweder mit Fenchelsamen oder Zimtpulver gewürzt. Erst viel später kamen kandierte Früchte, Sultaninen, Schokolade und Nüsse dazu. Ab und zu gibt man noch einen Schuss Grappa in den Teig oder serviert ein Gläschen extra dazu.

Torta di pane
Tessiner Brotkuchen

Arbeitsaufwand: 40 Min.
Einweichzeit: 3 Std.
Backzeit: ca. 1 Std. 15 Min.

Für eine Springform von 28 cm Ø:
1 Vanilleschote, 1 l Milch
250 g altbackenes Brot
100 g Amaretti
je 50 g Orangeat und Cedrat, 50 g Sultaninen
50 g dunkle Schokolade
3 Eier, Salz, 180 g Zucker
1 unbehandelte Zitrone
100 g geschälte gemahlene Mandeln, Muskatnuss
1 TL Zimtpulver
2 EL Grappa, 2 EL Pinienkerne, 30 g Butter, 3 EL Paniermehl für die Form

Vanilleschote längs aufschneiden. Das Mark in die Milch kratzen, beides aufkochen lassen. Brot klein schneiden, mit Milch übergießen und zugedeckt 3 Std. stehen lassen. Amaretti zerbröseln, untermischen und 5 Min. aufweichen lassen. Die Masse durch ein Sieb oder ein Passiergerät streichen. Orangeat und Cedrat fein hacken. Sultaninen waschen und abtropfen lassen. Schokolade reiben. Eier, 1 Prise Salz und Zucker cremig schlagen. 1 TL Zitronenschale abreiben. Mit Orangeat und Cedrat, Sultaninen, Mandeln, Muskat, Zimt, Schokolade (gegebenenfalls Mandelaroma, siehe unten) und Grappa zugeben. Brotmasse und Creme zu einem gleichmäßigen Teig verarbeiten. Backofen auf 240° vorheizen. Die Form mit Backpapier auslegen, mit Paniermehl bestreuen. Die Masse einfüllen. Mit Pinienkernen und Butter in Flöckchen bestreuen. Im Backofen (Mitte, Umluft 220°) 15 Min. backen, auf 180° (Umluft 160°) herunterschalten und in 1 Std. fertig backen.

Tipps: Nach dem Backen sofort aus der Form lösen. Die Torta di pane lässt sich einige Tage aufbewahren. Am besten eine große Springform verwenden, damit der Kuchen nicht zu hoch wird. Dunkles Brot eignet sich am besten für diese Torte.
Variante: Statt Amaretti, einem Tessiner Mandelgebäck, Zwieback mit 3 Tropfen Mandelaroma verwenden.

Torta di latte | Milchtorte

Für die einfache, ursprüngliche Version des Brotkuchens 500 g Weißbrot in 1 1/2 l Milch bröckeln und einweichen, bis es die Milch aufgesogen hat und sich zu Brei verrühren lässt. Mit 8 Eiern, 200 g Zucker, 125 g Sultaninen oder Rosinen, 1/2 TL Fenchel, 1 TL Zimtpulver, 1 TL Vanillezucker gut mischen, in eine gebutterte Form geben. Mit 200 g Butterflocken belegen und 45 Min. bei 200° backen, bis die Oberfläche gelb wird.

Die Stadt St. Gallen hat nebst dem Kloster, Spitzen und Stickereien auch Kulinarisches zu bieten. So ist die Stadt berühmt für die allerbeste Bratwurst der Schweiz und andere Fleischspezialitäten wie Pasteten und Fleischkäse (Leberkäse). Ähnlich wie eine Linzertorte wird die St. Galler Klostertorte zubereitet. Ebenfalls ausgezeichnet schmeckt der Domherrenkuchen aus Biskuitteig und fein geschnittenen Apfelhälften (siehe S. 243).

St. Galler Chloschterturte

Klostertorte

Mehl durchsieben, mit Backpulver, Zucker und Mandeln mischen. Mit Butter in Flöckchen zwischen den Fingern zu Bröseln zerreiben. Zimt-, Schokoladen- und 1 Prise Nelkenpulver sowie Milch zugeben und rasch zu einem Teig verarbeiten. Zugedeckt oder in einem feuchten Tuch 1 Std. im Kühlschrank ruhen lassen.
Die Form (24 cm Durchmesser) einfetten und bemehlen. Drei Viertel des Teigs ausrollen und den Boden damit belegen. Den restlichen Teig ebenfalls ausrollen und in Streifen schneiden. Den Backofen auf 180° vorheizen. Den äußersten Rand des Bodens mit einem Streifen Teig belegen und die Konfitüre auf dem Teigboden verteilen. Ein Teiggitter auf die Konfitüre legen und am Rand andrücken. Eigelb verquirlen, das Teiggitter damit bepinseln. Im Backofen (Mitte, Umluft 160°) 45 Min. backen.

Tipp: Die Johannisbeeerkonfitüre kann man nach Belieben durch Himbeerkonfitüre ersetzen.

Arbeitsaufwand:
Ruhezeit: 1 Std.
Backzeit: ca. 45 Min.

Für eine Springform:
300 g Mehl, 1 TL Backpulver, 120 g Zucker
125 g geriebene Mandeln
150 g Butter
1 1/2 TL Zimtpulver
1 EL gesüßtes Schokoladenpulver, Nelkenpulver
2–3 EL Milch, 300 g Johannisbeerkonfitüre
1 Eigelb, Butter und Mehl

Zimtpitte

Bündner Gewürzfladen

Gemahlene Mandeln mit 170 g Zucker vermischen. Mehl durchsieben. Eigelbe verquirlen. 1 TL Zitronenschale abreiben. Mehl, weiche Butter, Eigelbe, Gewürze, Zitronenschale und Mandel-Zucker-Mischung rasch zu einem Teig verarbeiten. Backblech mit Backpapier belegen. Backofen auf 170° vorheizen. Den Teig etwa 4 mm dick ausrollen und darauf legen. Die Eiweiße mit dem restlichen Zucker steif schlagen. Mandelstifte mit dem Eiweiß mischen und mit dem Spachtel gleichmäßig auf dem Teig verteilen. Im Ofen (Mitte, Umluft 150°) in 20 Min. hellgelb backen. Noch lauwarm in Rauten schneiden.

Tipp: Bei gewissen Rezepten wird der Teigboden vor dem Belegen mit der Füllung noch mit Konfitüre bestrichen.

Arbeitsaufwand: 30 Min.
Backzeit: ca. 20 Min.

Für ein Kuchenblech:
150 g gemahlene Mandeln
250 g Zucker, 140 g Mehl
2 Eigelbe, 1/2 unbehandelte Zitrone, 140 g Butter, 2 EL Zimtpulver, Nelkenpulver
2 Prisen Muskatblüte
2 Eiweiße, 80 g Mandelstifte

Eiertütschen, Eierlaufen, Eierfarben

Einige alte Osterbräuche haben sich bis auf den heutigen Tag erhalten. Das Ei war von jeher ein Frühlingssymbol, ein Zeichen für das neu erwachende Leben und für die Fruchtbarkeit. Es wurde deshalb auch Gegenstand froher Spiele, wie sie in der Nordostschweiz, im Kanton Basel-Land und im bernischen Seeland noch heute in Form des Eierwettlaufens stattfinden. Zur Osterzeit werden in der Schweiz nicht nur Eier gekocht, bunt gefärbt und versteckt, man macht auch gerne einen feinen »Eiertätsch«, eine »Amelette«, wie man in Zürich sagt, oder eine feine Creme aus Großmutters Rezeptbuch. Man kochte in der Schweiz seit jeher viel mit Eiern, gehörten sie doch zu den Produkten, die überall und jederzeit zur Hand waren.

Das Schmücken der Ostereier ist auch in der Schweiz ein alter Brauch. Das Färben mit Naturfarben kommt wieder in Mode. Zwiebelschalen oder Tee verleihen den Eiern einen warmen Braunton. Efeu- und Brennnesselblätter färben die Eier grün. Rot- und Blauholz ergeben rote, blaue bis dunkelviolette Eier. Safran und Kümmel verleihen den Eiern eine leuchtend gelbe Farbe. Alle Pflanzenteile werden zuerst mit Wasser aufgekocht. Je nach gewünschter Farbstärke werden bereits gekochte Eier mehr oder weniger lang im lauwarmen Absud liegen gelassen. Rohe Eier können mitgekocht werden. Ein wenig Essig im Sud macht die Farben leuchtender.

Ein Rezept aus dem Emmental:

Eiervorässe
Eier in Kräutersauce

Arbeitsaufwand: 30 Min.
Kochzeit: 16 Min.

Für 4 Personen:
2 Schalotten, 2 EL Butter
1 EL Mehl, 100 ml Weißwein, 300 ml Milch
1/2 EL getr. Kräuter (Estragon, Majoran, Thymian, Basilikum), Salz, Pfeffer
Muskatnuss, 1 TL scharfer Senf, 3 EL Rahm
8 frische Eier
1 EL Schnittlauchröllchen
1 EL gehackter Petersilie

Schalotten schälen, sehr fein hacken. Butter erhitzen. Schalotten darin glasig werden lassen. Mehl zugeben und 2–3 Min. anschwitzen. Unter Rühren mit Wein ablöschen. Kurz beiseite stellen, Milch zugießen, umrühren und bei schwacher Hitze in 10 Min. sämig einkochen lassen. Getrocknete Kräuter, Salz, Pfeffer, Muskat, Senf und Rahm zugeben. Die Eier mit einer feinen Nadel oder Eierpickser 1–2-mal einstechen, damit sie nicht springen. In kochendes Salzwasser geben und in 6 Min. »pflaumenweich« kochen. Kalt abschrecken, pellen und in eine Schüssel geben. Mit Sauce begießen, mit Schnittlauch und Petersilie bestreuen.

Beilage: Dazu passt Kartoffelstock.
Variante: Statt Schalotten eine mittelgroße Zwiebel verwenden, doch mit Schalotten wird die Sauce aromatischer und feiner.
Nach einem alten Berner Rezept wird statt Wein Essig verwendet, und der Senf wird weggelassen.

Das ist die beste Creme, die ich je gegessen habe. Sie wurde mir im alten, sehr stark der Tradition verbundenen Gasthof Löwen in Heimiswil serviert. Großmutters Rezept haben mir die Nachkommen allerdings nicht verraten.

Grosi Lüdis Rumcreme
Rumcreme

Arbeitsaufwand: 15 Min.

Für etwa 6 Personen:
3 Eigelbe
140 g Zucker
150 ml Rum
3 Eiweiße, 1 Prise Salz

Eigelbe mit 120 g Zucker und Rum im Wasserbad zu einer Creme aufschlagen. Nach etwa 10 Min. wird sie warm und fest. Eiweiße mit dem restlichen Zucker und 1 Prise Salz steif schlagen und vorsichtig unter die heiße Creme ziehen. Leicht abgekühlt servieren.

Tipp: Besonders gut gelingen hausgemachte Cremes nach Großmutterart in einer Messingpfanne, sofern auf dem Flohmarkt eine aufzutreiben ist.

Crème brûlée
Gebrannte Creme

Arbeitsaufwand: 35 Min.

1 Zitrone
100 g Würfelzucker
150 g Grießzucker
1 l Milch
5 Eier

Die Zitrone waschen und abtrocknen. Die Zuckerwürfel an der Zitronenschale abreiben. Grießzucker mit 1 EL Wasser in eine Pfanne geben und hellbraun karamellisieren lassen. Die Milch und abgeriebenen Zuckerwürfel zugeben. Unter Rühren aufkochen lassen. Die Eier schaumig rühren. Die Karamellmilch auf die Eiercreme geben und kräftig schwingen. Die Creme nicht ganz zum Kochen bringen, in eine Schüssel gießen, mit etwas Zucker bestreuen und erkalten lassen.

Tipps: Nach Belieben 200 g steif geschlagenen Rahm unter die Creme mischen oder damit garnieren. Die Creme mit »Krokant« bestreuen (siehe S. 124).

Kirsiwassergreeme
Basler Kirschwassercreme

Arbeitsaufwand: 35 Min.

6 Eigelbe, 150 g Zucker
50 ml Zitronensaft
50 ml Kirschwasser
4 Eiweiße, 200 g Rahm

Eigelbe mit Zucker schaumig rühren. Zitronensaft mit Kirschwasser und 100 ml Wasser in einer Messingpfanne (wenn möglich) bei schwacher Hitze rühren und nicht ganz zum Kochen bringen. Kurz beiseite stellen, in eine Schüssel gießen und unter gelegentlichem Rühren erkalten lassen.
Vor dem Servieren Eiweiße und Rahm steif schlagen, beides vorsichtig unter die Creme ziehen.

Huusgmachte Eierliqueur
Selbst bereiteter Eierlikör

Die ganz frischen Eier mit Puderzucker und Vanillezucker schaumig rühren, bis der Zucker ganz aufgelöst ist. Kirschwasser, Schnaps (Bitter), Malaga und Rahm untermischen und in saubere Flaschen abfüllen, verschließen. Den Likör vor dem Gebrauch kräftig schütteln.

Tipp: Dieser rasch zubereitete Eierlikör ist lange haltbar (so steht es im Rezept!). Wichtig ist, dass die Eier ganz frisch sind. Bei mir wurde er frisch getrunken. Den Rahm würde ich zur Vorsicht erst beim Servieren zufügen.

Arbeitsaufwand: 20 Min.

8 Eier, 400 g Puderzucker
1 Pck. Vanillezucker
200 ml Kirschwasser
200 ml Kräuterschnaps
200 ml Malaga
250 g Rahm

Vanillecreme

Die Vanilleschote längs aufschneiden. Mit Milch und etwa 2 EL Zucker aufkochen lassen. 100 g Zucker mit den Eigelben verquirlen und so lange schlagen, bis eine Creme entsteht. Die Vanillemilch etwas abkühlen lassen und unter Rühren über die Eiercreme gießen. Unter kräftigem Schlagen bei schwacher Hitze nicht ganz zum Kochen bringen.

Tipp: Darauf achten, dass die Creme nicht kocht, sonst gerinnen die Eier und die Creme wird grießig und wieder dünn. Erkalten lassen, dabei öfter rühren. Die Milch kann auch durch Rahm ersetzt werden.

Arbeitsaufwand: 30 Min.

Für 6–8 Personen:
1–1 1/2 Vanilleschote
1 l Milch
120 g Zucker
4 Eigelbe

Cavolatte | Vanillecreme nach Tessiner Art

1 Vanilleschote längs aufschneiden, mit 1/2 l Milch, 1/2 TL abgeriebener Schale von 1 unbehandelten Zitrone oder im Sommer mit gehackten Pfirsichblättern und 1 Lorbeerblatt aufkochen lassen und beiseite stellen. 5 Eigelbe mit 150 g Zucker zu einer weißlichen Creme schlagen. Wenig heiße Milch auf die Eiercreme geben und mit dem Schneebesen gut vermischen. Zur Milch geben und nicht ganz zum Kochen bringen. 1–2 Min. beiseite stellen und weiterschlagen. Mit 2 EL Zucker bestreuen und erkalten lassen. Vor dem Servieren gut durchrühren.

Das Zürcher Sechseläuten

Mit diesem Fest feiern die Zürcher den Abschied vom Winter. Seinen Namen hat es davon, dass nach dem Winter zum ersten Mal wieder um 6 Uhr Feierabend geläutet wird. Höhepunkt des Festes ist schlags 18 Uhr das Verbrennen des »Böögg«, einer Strohpuppe, die den Winter verkörpert. Unter dem Jubel der Zuschauer umreiten Mitglieder der Zünfte, allen voran die als Beduinen verkleideten Kämbelzünfter, das Feuer. Brennt der »Böögg« nur mit Mühe und langsam, sagt dies einen Schlechtwetter-Sommer voraus. Überall auf den Straßen gibt es Bratwürste zu kaufen, in den Konditoreien findet man kleine, süße »Böögge« auf dem Holzstoß. Am Abend folgt der Schmaus der Zünfter. Man besucht sich gegenseitig in Zürichs schönen Zunfthäusern, wobei es an trefflichen Spottreden nicht fehlt. Früher begannen die Tafelfreuden manchmal schon mittags. Was da alles für Leckerbissen auf den Tisch kamen! So mussten sich die Safran-Zünfter 1877 an ihrem Sechseläutenmahl durch fünfzehn Gänge essen.

Die Zünfte und somit auch das Sechseläuten sind heute immer noch eine reine Männersache. Die Frauen mit den Kindern, in Biedermeier verkleidet, stehen beim Umzug am Straßenrand, um ihrem Herrn und Gebieter als Huldigung ein Sträußchen zu überreichen, wenn er hoch zu Ross vorüberzieht. Nun wollen viele Frauen sich dies nicht mehr gefallen lassen. Erstmals im Jahr 2000 bildeten sie eine kostümierte Gruppe, die unerlaubt hinter dem Umzug mitmarschierte. Dies gar nicht zur Freude der Zünfter!

Bachne Chalbschopf
Gebackener Kalbskopf

Arbeitsaufwand: 25 Min.
Ruhezeit: 1 Std.
Kochzeit: 2 Std.
Backzeit: 2–3 Min.

Für 4–6 Personen:
1 kg Kalbskopf, 1 EL Mehl
1/2 Zwiebel, 2 Karotten
1 Stange Lauch, 1 Stück Sellerie, 200 ml Weißwein
Salz, 1 Lorbeerblatt
1 Nelke, 4 Pfefferkörner
150 g Mehl, 200 ml Bier
1 EL Öl, 2 Eiweiße
Öl zum Ausbacken

Das Fleisch in 5–6 cm große Stücke schneiden. In eine Pfanne geben, mit etwa 2 l Wasser und Mehl bedecken. Zwiebel schälen, Gemüse waschen und putzen. Weißwein, Salz, Zwiebel, Gemüse und Gewürze zum Fleisch geben und bei schwacher Hitze 2 Std. kochen lassen. Das Fleisch im Sud erkalten lassen. Für den Ausbackteig das Mehl durchsieben, mit Bier (oder Most), Öl und Salz zu einem glatten Teig verrühren. 1 Std. ruhen lassen. Eiweiße steif schlagen und unter den Teig ziehen. Fleisch abtropfen lassen, durch den Teig ziehen. Das Öl auf etwa 170° erhitzen. Das Fleisch darin in 2–3 Min. pro Portion goldgelb ausbacken.

Tipps: Heute serviert man zu diesem Gericht entweder Tomatensauce oder eine mit Kräutern vermischte Mayonnaise, die ich mit etwas Quark bekömmlicher mache.
Das Mehl im Sud verhütet, dass das Fleisch dunkel wird. Den Kalbskopf bis zum Backen im Sud belassen.

Chalbszüngli mit Kapernsauce
Kalbszunge an Kapernsauce

Zwiebel schälen, mit Lorbeerblatt und Nelken spicken. 1 l Wasser mit Zwiebel und Zunge aufkochen lassen, bei schwacher Hitze 1 Std. 15 Min. bis 1 Std. 30 Min. kochen lassen. Für die Sauce die Butter erhitzen. Mehl darin kurz anschwitzen. Beiseite stellen, mit der kalten oder lauwarmen Bouillon begießen und rühren, bis sich alles aufgelöst hat. 20 Min. bei schwacher Hitze kochen lassen. Wein zugeben und warm halten. Die Zunge abgießen, dabei den Sud auffangen. Kalt abspülen und schälen.
Die Zunge wieder in den Sud geben und bei schwacher Hitze warm halten. Rahm mit Eigelben verquirlen und unter die Sauce rühren. Kapern abtropfen lassen und dazugeben, die Sauce erhitzen, aber nicht kochen lassen. Mit Salz und Pfeffer abschmecken. Zunge leicht schräg, bei der Spitze beginnend, in etwa 3 mm dicke Scheiben schneiden. Mit Sauce servieren.

Tipps: Mit Kartoffelstock oder Reis servieren. Zungenreste kalt essen.

Arbeitsaufwand: 40 Min.
Kochzeit: 1 Std. 50 Min.

Für 4 Personen:
1 große Zwiebel
1 Lorbeerblatt, 2 Nelken
1 Kalbszunge aus dem Salz (700–1000 g), 30 g Butter
20 g Mehl, 1/2 l Kalbs- oder Geflügelbouillon, 2 EL Weißwein, 125 g Rahm
2 Eigelbe, 2 EL Kapern
Salz, weißer Pfeffer aus der Mühle

Züri Gschnätzlets
Geschnetzeltes nach Zürcher Art

Kalbfleisch in kleine, dünne Scheibchen schneiden. Schalotten schälen und hacken. Butter in der Pfanne erhitzen. Fleisch darin bei starker Hitze kurz anbraten. Bevor das Fleisch Saft abgibt, herausnehmen und warm stellen. Schalotten in die Pfanne geben, leicht anziehen lassen. Mit Mehl bestäuben, mit Wein ablöschen. Bis zur Hälfte einkochen lassen. Rahm zugeben und etwas eindicken lassen. Mit Salz, Pfeffer und Zitronenrinde würzen. Fleisch dazugeben (nicht mehr kochen). Sofort mit Petersilie bestreut servieren.

Tipps: Wer Zürcher Gschnätzlets in einer wunderschönen Ambiance genießen will, geht am besten in das Restaurant »Kronenhalle«, wo es auch Kutteln und andere Zürcher Spezialitäten gibt.
Soll es besonders gemütlich sein, ist »Kaiser's Reblaube« oder der »Storchen« zu empfehlen.
Variante: Ich finde folgende Variante besonders gut: 200 g Kalbfleisch durch fein geschnittene Kalbsniere ersetzen. Zitronenschale weglassen und nur 100 g Rahm verwenden oder weglassen.

Arbeitsaufwand: 40 Min.

Für 4 Personen:
600 g Kalbfleisch (eventuell Filet)
4 Schalotten
3 EL Butter
1 EL Mehl
200 ml Weißwein
200 g Rahm
Salz, Pfeffer
1 Prise Zitronenrinde
1 EL gehackte Petersilie

Schpanischsupp
Zürcher Fleischeintopf

Arbeitsaufwand: 40 Min.
Kochzeit: 2 Std. 30 Min.

Für 4–5 Personen:
je 300 g Kalb-/Rindfleisch
300 g Rippli
500 g Kohl (Kabis)
120 g Zwiebeln
200 g Karotten
150 g Knollensellerie
1 l Fleischbouillon
Salz, Pfeffer
2 Lorbeerblätter, 2 Nelken
getr. Majoran, Thymian und Rosmarin
1 Bund Petersilie
1 EL Butter
10 kleine Cipollatawürstchen

Fleisch würfeln. Kohl putzen, Zwiebeln schälen, beides in feine Streifen schneiden. Karotten und Sellerie schälen, grob hacken. Rindfleisch und Bouillon aufkochen lassen. Mit Salz, Pfeffer, Lorbeerblättern, Nelken und Kräutern würzen. Zugedeckt 1 Std. köcheln lassen. Kalbfleisch, Rippli und Gemüse zugeben, eventuell etwas nachwürzen und 1 Std. weiterkochen. Lorbeerblätter entfernen. Fleisch und Gemüse herausnehmen. Petersilie waschen und hacken. Fleischbrühe aufkochen lassen und Petersilie zugeben. Butter erhitzen. Cipollatawürstchen darin braten, das Gericht damit garnieren.

Schpanischsupp soll eine Abwandlung der spanischen »Olla Podrida« sein, die auf der Pyrenäen-Südseite eine sehr nahrhafte Suppe war. Schweizer Söldner sollen sie ins Land gebracht haben, woraus Zürcher Köchinnen im 17. Jahrhundert einen Eintopf gemacht haben, den sie in schönen gusseisernen Töpfen sonntags während des Kirchenbesuches in den Kachelofen schoben. Das Zunfthaus »Zur Saffran« in Zürich hat sich für dieses traditionelle Gericht bei einer Glockengießerei zwei prächtige Bronzetöpfe nach altem Muster gießen lassen.

Züri Chuttle
Kutteln nach Zürcher Art

Arbeitsaufwand: 30 Min.
Kochzeit: 1 Std.

Für 4 Personen:
1 Zwiebel, 1 Stange Lauch
1 Karotte, 1 Stück Sellerie
600 g Kutteln (vorgekocht)
2 EL Butter, 1 TL Zitronensaft, 1 EL Mehl, je 100 ml Fleischbouillon und Weißwein, Salz, Pfeffer
Majoran, $^{1}/_{2}$ TL Kümmel
1 Lorbeerblatt

Die Zwiebel schälen und fein hacken. Gemüse waschen und putzen. Lauch in Scheiben schneiden, Karotte halbieren.
Kutteln (vorgekochte Kaldaunen) in Streifen oder kleine Vierecke schneiden. Butter erhitzen. Zwiebel und Lauch darin in 2–3 Min. glasig werden lassen. Kutteln, Karotte, Knollensellerie und Zitronensaft beifügen und ebenfalls kurz anziehen lassen. Mit Mehl bestäuben, mit Bouillon und Wein ablöschen. Mit Salz, Pfeffer, Majoran, Kümmel und Lorbeerblatt würzen.
Zugedeckt bei schwacher Hitze 1 Std. ziehen lassen. Lorbeerblatt, Karotte und Sellerie herausfischen, eventuell nachwürzen und in einem rustikalen Topf servieren.

Tipps: Dazu passen »Gschwellti« (siehe S. 341). Kutteln sind beim Metzger vorgekocht in Streifen erhältlich.

Diese zarten Kalbsleberli sollten auch zart auf den Tisch kommen! Leider werden für dieses delikate Gericht viele Rezepte herumgeboten, für welche Rinds- oder Schweinsleber gerade gut genug wäre. Kalbsleberli müssen schonend zubereitet werden, deshalb ist das alte Zürcher Rezept unserer Urgroßmütter immer noch das Richtige. Sie wickelten die Leberli mit Salbei in ein Kalbsnetz und schützten sie so vor allzu großer Hitze. Wenn ich keine Zeit dazu habe, dann lasse ich die Spießchen beiseite und brate die Leber kurz in der Pfanne. Hier das klassische Rezept.

Zürcher Zouftschpiessli

Zürcher Leberspieß

Arbeitsaufwand: 40 Min.
Bratzeit: 7–8 Min.

400 g Kalbsleber
1 Kalbsnetz
4 dünne Scheiben magerer Speck
Salz, Pfeffer
8–12 Salbeiblätter
Bratbutter oder Öl
50 ml Fleischbouillon
4 Holzspießchen

Leber häuten, von allen Filamenten befreien und in etwa 2 cm dicke Scheiben schneiden. Das Netz in lauwarmes Wasser legen, ausdrücken, ausbreiten und in etwa 8 cm große Vierecke schneiden. Die Specktranchen in 4 Stücke schneiden. Je 1 Leberscheibe auf ein Stück Netz legen, mit wenig Salz und Pfeffer würzen, je 1 Speckscheibchen und 1/2 Salbeiblatt darauf geben. Mit dem Netz zu Päckchen verschließen, diese auf Holzspießchen stecken. Die Butter erhitzen. Die Päckchen beidseitig je 2–3 Min. braten oder mit Öl bestreichen und 7–8 Min. grillieren, dabei einmal wenden. Den Bratensatz entfetten, mit wenig Bouillon aufkochen lassen.

Beilage: Auf grünen Bohnen, die mit Speck und Zwiebeln gedünstet wurden, anrichten und den Fleischsaft darüber gießen.

Leberli in der Pfanne

400 g Kalbsleber in etwa 1 cm dicke Streifen schneiden, ungesalzen in Bratbutter rasch braun braten. Aus der Pfanne nehmen. 1 EL fein gehackte Schalotte oder Zwiebel im Bratfond anziehen lassen. 1 EL zerzupfte Salbeiblättchen oder andere Kräuter hinzufügen. Etwas Butter zugeben und kurz anziehen lassen. Die Leberstreifen beigeben, wenden, salzen und pfeffern und sofort mit Rösti servieren.

Tipp: Zu Leber und Fischgerichten passen sehr gut die »Ausgebackenen Salbeiblätter« von Seite 108.

Wer gerne gebratene edle Filets liebt, versucht in einem Zürcher Zunfthaus, z. B. »Zur Waag« das Folgende. Jedenfalls gehören Erbsen und Karotten dazu, das schweizerische »Nationalgemüse«, das man bis vor ungefähr 50 Jahren noch überall serviert bekam.

Zürcher Zouftschriibertopf

Zürcher Zunftschreibertopf

Arbeitsaufwand: 30 Min.

Für 4 Personen:
3 EL Bratbutter
je 4 kleine Scheiben Rinder-, Kalbs- und Schweinefilets
je 4 Scheiben Kalbsnieren, Kalbsleber, Hirn- oder Kalbsmilken, Salz, Pfeffer
getr. Majoran und Thymian, 4 Cipollatawürstchen
4 dünne Scheiben Speck
1/2 TL gehackter Salbei
1 EL gehackte Petersilie
3–4 EL Bouillon

Die Bratbutter erhitzen. Das Fleisch darin ganz kurz beidseitig braten. Die Rinderfilets, Lebern und die Nieren sollten innen rosa bleiben. Das Fleisch mit Salz, Pfeffer, je 1 Prise Majoran und Thymian würzen und auf einem Kerzenrechaud warm stellen. Nach Belieben die Würstchen kurz abbrühen, auf Küchenpapier trocknen lassen und zusammen mit Speck und Salbei leicht anbraten. Die verschiedenen Fleischstücke auf der Beilage anordnen und mit Petersilie bestreuen. Den Bratenfond mit der Bouillon aufkochen lassen. Diesen konzentrierten Fleischsaft separat dazu servieren.

Beilagen: Kleine, rund ausgestochene Bratkartoffeln, Erbsen und Karotten auf einer Platte anrichten.

Tipps: In anderen Zunfthäusern gibt es ähnliche Gerichte, z. B. »Ratsherrentopf«, zu welchem im Zunfthaus »Zur Saffran« »Safere Rys« (Safranreis) serviert wird, vielleicht weil der Name der ehemaligen Krämerzunft dazu verpflichtet.

Zürich und seine Zunfthäuser

Wenn man in Zürich einen auswärtigen Gast zum Essen einlädt, führt man ihn in ein altehrwürdiges »Zoufthuus« (Zunfthaus) mit der typischen Zürcher Atmosphäre, wo nicht nur wunderschöne Kachelöfen, alte Porträts, schöne Kassettendecken und Butzenscheiben erhalten blieben, sondern wo die Küche noch nach alter Zünftlersitte traditionell ist. Da gibt es nicht nur das obligate Züri-Gschnätzlets. Man kann auch einen Zürcher Fleischeintopf, der früher »Spanischsupp« hieß und dessen prächtige bronzene Schüsseln im Landesmuseum besichtigt werden können, genießen oder den »Zouftschriibertopf« mit verschiedenen Filets und Innereien wählen. Und weil die Zürcher offenbar früher Innereien besonders liebten oder diese aus Sparsamkeit verwendeten, gibt es auch die »Züri-Chuttle« (Kutteln) mit Lauch und feiner Weißweinsauce, »Suuri Nierli« und »Chalbszüngli«. Früher soll es sogar »Lungge« (Lunge) gegeben haben, mit denen die Zolliker »Gschnätzlets« machten und deswegen »Lunggesüder« genannt wurden. Besonders delikat und heute noch beliebt sind die Läbereschpiessli, welche kunstgerecht zubereitet mit einem Salbeiblatt in ein Kalbsnetz gehüllt werden.

Müslichüechli

Jetzt wieder neu entdeckt wurden die »Müslichüechli«, die ihren Namen der länglichen Form und dem Salbeistiel verdanken, der wie das Schwänzchen eines Mäuschens aus der Teighülle guckt. Diese Salbeimüsli bilden entweder eine originelle Beigabe zu Fleisch- oder Fischgerichten oder zu einem Glas Wein aus der Gegend. Man kann sie aber auch mit Zimtzucker bestreuen und als Zvieri oder zum Kaffee servieren. Die Müslichüechli sind sogar in die Literatur eingegangen. Gottfried Keller schreibt darüber in den Zürcher Novellen in »Das Fähnlein der sieben Aufrechten«: »auch nahm sie (Frau Hediger) eine tüchtige Handvoll Salbeiblätter, tauchte sie in einen Eierteig und buk sie in heißer Butter zu sogenannten Mäuschen …«
Salbeimüsli gibt es auch in der Innerschweiz und in anderen Kantonen. Im Bündnerland heißen sie »Selfichüechli«. Hier mein Rezept: mit einem zarten Weinteig ohne Eigelb, der die Müsli leicht und knusprig macht. In den meisten Zürcher Rezepten werden allerdings die Müsli einfach durch Omeletten- oder Bierteig gezogen.

Salbeimüsli
Ausgebackene Salbeiblätter

Arbeitsaufwand: 20 Min.
Ruhezeit: 1 Std.

Für 4 Personen:
5 g Hefe, Zucker,
100 g Mehl, 150 ml Wein
Salz Pfeffer, Muskatnuss
20 Salbeiblätter
1 Eiweiß, Öl

Die Hefe und 1 Prise Zucker mit 1 TL lauwarmem Wasser gut verrühren. 10 Min. gehen lassen. Mehl mit Wein (oder Apfelwein), 1/4 TL Salz, Pfeffer und Muskat zu einem glatten Teig rühren. Die Hefe untermischen. Den Teig zugedeckt 1 Std. ruhen lassen.
Die Salbeiblätter waschen, auf Küchenpapier abtrocknen. Das Eiweiß sehr steif schlagen und unter den Teig ziehen.
Das Öl auf etwa 190° erhitzen. Die Salbeiblätter am Stiel anfassen, in den Teig tauchen und portionenweise in 1–2 Min. schwimmend backen.

Tipp: Passt zu einem Apéro, zu Leber und Fischgerichten als Garnitur.

Ein altmodisches Zürcher Dessert oder Zvieri sind die Triätschnitte. Einige von uns werden sich vielleicht noch daran erinnern, wie die Großmutter die braunen Schnitten aus einer Blechdose nahm und sie auf dem Tisch mit Weinsauce begoss.

Triätschnitte
Zürcher Gewürzschnitten

Zucker mit 150 ml Wasser zum Fluge (dicker Sirup) kochen. Triätpulver mit Puderzucker mischen. Backofen auf 180° vorheizen. Brotschnitten in den heißen Sirup tauchen, abtropfen lassen, auf ein Blech legen und auf einer Seite mit der Hälfte der Zucker-Triätpulver-Mischung bestreuen. Im Ofen (Mitte, Umluft 160°) trocknen lassen. Die zweite Seite ebenso behandeln. Die hart gewordenen, aber noch warmen Schnitten nochmals mit übriger Zucker-Triätpulver-Mischung bestreuen. Abkühlen lassen und in Blechdosen legen. Zitrone waschen und abtrocknen. Zuckerwürfel an der Zitrone abreiben. Mit Rotwein, Zitronensaft und Zimt erhitzen. Knapp vor dem Kochen beiseite stellen, abkühlen lassen, in eine saubere Flasche gießen und gut verschließen. Pro Person 2 Triätschnitten auf einen Teller legen, mit der Sauce übergießen und 1–2 Std. aufweichen lassen.

*) Triätpulver: 7 g Nelkenpulver, 7 g gemahlener Anis, 5 g Macispulver, 5 g geriebene Muskatnuss, 15 g Zimtpulver, 10 g Sandelholzpulver. Diese Mischung ist unter dem Namen »Triätpulver«, «Magenträs» oder «Glarner Zucker« in Drogerien oder in einer Gewürzmühle erhältlich.

Arbeitsaufwand:
1 Std. 30 Min.

150 g Zucker
2 TL Triätpulver*
200 g Puderzucker
8 halbfingerdicke Einback- oder Zopfscheiben
Sauce:
1 unbehandelte Zitrone
60 g Würfelzucker
500 ml guter Rotwein (z. B. Spätburgunder)
2 EL Zitronensaft
1/2 Zimtstange

Zederebrot
Mandelbrot nach Zürcher Art

Die Zitrone waschen und abtrocknen, die Schale abreiben und den Saft auspressen. Die Eiweiße steif schlagen, mit Puderzucker und Zitronensaft so lange rühren, bis eine glatte, glänzende Masse entsteht. Davon eine Tasse zum Glasieren beiseite stellen.
Übrige Masse mit Mandeln und Zitronenschale vermischen. Es soll ein ziemlich fester Teig entstehen, der nicht mehr an den Händen klebt. Den Teig zugedeckt 30 Min. ruhen lassen.
Das Blech einfetten. Den Backofen auf 160° vorheizen. Den Zucker auf den Tisch streuen. Den Teig darauf etwa 1 cm dick ausrollen, in kleinfingergroße Streifen schneiden und diese auf das Blech setzen. Mit der übrigen Glasur bestreichen und im Backofen (Mitte, Umluft 140°) bei 160° 15–18 Min. backen.

Arbeitsaufwand: 35 Min.
Ruhezeit: 30 Min.
Backzeit: 15–18 Min.

Für ein Backblech:
1 unbehandelten Zitrone
4 Eiweiße
500 g Puderzucker
500 g gemahlene Mandeln
einige EL Zucker
Butter für das Blech

Schweizer Schokolade – in der ganzen Welt ein Begriff

Ein Schweizer Kochbuch ohne Schoggirezepte wäre wie ein Gugelhopf ohne Rosinen. 1697 trank ein Schweizer, der Zürcher Bürgermeister Heinrich Escher, erstmals Schokolade in Brüssel und brachte die Kunde von dem süßen Getränk nach Hause. 1792 eröffnete das Bündner Brüderpaar Josty in Berlin eine Konditorei und Schokoladefabrik. »Alles, was man bei Josty bekommt, ist vortrefflich, die Schokolade geradezu klassisch«, hieß es damals. 1819 entstand in Vevey die erste Schweizer Schokoladefabrik, 1875 gelang nach acht Versuchsjahren dem Schweizer Daniel Peter die erste Milchschokolade, und 1880 stellte der Berner Rudolf Lindt zum ersten Mal eine Schokolade her, die auf der Zunge zerging. Viele andere folgten, und so wurde die Schweizer Schokolade weltweit zu einem Qualitätsbegriff. Aber nicht nur »Schokoladekafi«, wie die Zürcher die heiße Schokolade nennen, wurde getrunken, sondern die Schokolade diente auch zur Zubereitung von Cremes, Puddings und Torten. Hier ist eine kleine Auswahl von Süßspeisen, die bei uns vor allem in den Städten Mode wurden, als Schokolade in Tafeln auf den Markt kam.

Wer nach alter Zürcher Art eine Tasse heiße Schokolade trinken möchte, sollte sich einen Besuch in der Konditorei Schober an der Napfgasse 4 im Niederdorf in Zürich nicht entgehen lassen. Das Haus der Café-Conditorei Schober blickt auf eine Tradition zurück, die bis ins Jahr 1310 zurückgeht. Damals gehörte es der berühmten Familie Manesse. 1760 wurde es im Auftrag von Landvogt Lavater umgebaut, und 1834 eröffnete der Konditor Heinrich Eberle einen Süßkramladen, den später sein ehemaliger Lehrling Theodor Schober erwarb und zu dem machte, was er heute noch ist – eine überaus romantische Konditorei, die dank der Bemühungen des Zürcher Konditors Adolf Teuscher vor dem Untergang gerettet wurde. Die bewährten Schober-Spezialitäten wie heiße Schokolade, Anismodel mit dekorativen Bildern, »Geduldszeltli«, Quittenpasten und Quittenwürstli, Schoggi-Tierli, Gugelhupfe (nach Maß in alten, schönen Kupferformen gebacken) und anderes mehr sind nun weiterhin erhältlich. Nostalgiker werden begeistert sein.

Ein altes Zürcher Rezept:

Schoggoladekafi
Trinkschokolade

Arbeitsaufwand: 20 Min.

1 Tafel dunkle Schokolade (100 g), 1/2 l Milch
2–3 EL Zucker, 1 Eigelb
Schlagrahm zum Garnieren

Die Schokolade zerbröckeln, mit 100 ml Wasser in einem Pfännchen bei schwacher Hitze schmelzen lassen. Die Milch zugeben und unter ständigem Rühren zum Kochen bringen. Nach Belieben den Zucker zugeben. Das Eigelb in einem Milchtopf verquirlen, die heiße Schokolade darüber gießen und nicht ganz bis zum Kochen bringen. In Tassen gießen und nach Belieben mit etwas Schlagrahm garnieren.

Die tagesfrischen Truffes, die man vor allem in Zürich in bekannten Konfiserien kaufen kann, sind seit langem eine bekannte Schweizer Spezialität.

Schoggolade-Trüff
Schokoladen-Pralinen

Butter schaumig rühren, nach und nach den Puderzucker dazusieben. Schokolade in Stücke brechen, mit Kaffee und 1–2 EL Wasser in einem kleinen Pfännchen ins Wasserbad stellen. Unter Rühren bei schwacher Hitze schmelzen lassen. Etwas abkühlen lassen, unter die Butter arbeiten und die Masse über Nacht im Kühlschrank fest werden lassen. Mit einem Teelöffel walnussgroße Häufchen abstechen. Einzeln in ein Glas mit rundem Boden geben und durch kreisförmige Bewegungen Kugeln drehen. Man kann aber auch mit der Hand Kugeln formen. Diese in Schokoladenpulver oder Vermicelles wenden, in Pralinen-Tütchen (in Papeterien erhältlich) oder auf ein Blech geben und bis zum Gebrauch im Kühlschrank aufbewahren.

Tipp: Wenn das Formen der Kugeln Mühe bereitet, die Masse in einen Spritzbeutel mit sternförmiger Tülle füllen und ins Praliné-Tütchen spritzen.
Varianten: Man kann der Trüffemasse zur Abwechslung fein gehacktes Orangeat oder Nüsse beifügen. Für Erwachsene lässt sie sich außerdem noch mit Cognac oder Kirschwasser verfeinern, dann das Wasser weglassen.

Arbeitsaufwand: 30 Min.

150 g weiche Süßrahmbutter
150 g Puderzucker
150 g schwarze Schokolade
2 EL starker Kaffee
Schokoladenpulver oder Schokoladevermicelles

Soufflé au chocolat Suchard
Neuenburger Schokoladensoufflé

Schokolade in Stücke brechen, im Wasserbad bei mittlerer Hitze schmelzen lassen. Speisestärke mit 4 EL Milch verrühren. In einem Topf mit übriger Milch und etwas Zucker mischen und unter Rühren zum Kochen bringen. Nach 1–2 Min. von der Herdplatte ziehen. Schokolade zufügen und glatt rühren. Die Butter in Flöckchen darauf verteilen und etwas abkühlen lassen. Eiweiße mit 1 Prise Salz steif schlagen. Den restlichen Zucker unterschlagen. Die Eigelbe verquirlen und unter die Schokoladenmasse mischen. 2 EL Eischnee unterziehen. Restlichen Eischnee locker mit der Masse mischen. 4 kleine Souffléförmchen einfetten, mit Zucker bestreuen. Die Masse in die Förmchen geben, glatt streichen, dabei nicht drücken. Backofen auf 180° vorheizen. Soufflés in ein Wasserbad stellen und im Ofen (Mitte, Umluft 160°) 20–25 Min. backen. Die Ofentüre nicht öffnen, bevor die Soufflés aufgegangen sind. Vanillecreme mit Rahm verdünnen. Die Soufflés heiß mit der Sauce servieren.

Arbeitsaufwand: 35 Min.
Backzeit: ca. 25 Min.

Für 4 Personen:
75 g dunkle Schokolade
2 1/2 EL Speisestärke
200 ml Milch, 40 g Zucker
25 g Butter
4 Eiweiße von kleinen Eiern, Salz, 3 Eigelbe
Butter und Zucker für die Förmchen
Vanillecreme (siehe S. 101)
2 EL Rahm

Mai

DER MAI wird immer noch mit Liedern empfangen: In Zürich begrüßen ihn die Singstudenten, in Ragaz wird der Maibär in die Tamina geworfen, in Genf tragen die Kinder an der »Fête du Feuillu« Laubgestelle zu seinen Ehren herum, und an vielen Orten des Tessins kennt man die »Maggiolata«, wo Kinder um den Maibaum tanzen. Danach wird gegessen und getrunken.

Mai

Suppen

Krebsgerichte

Fleisch- und Wurstgerichte

Fleischlose Gerichte

Beilagen

Gesalzener Kuchen

Süßspeisen

Gebäck

Getränke

Zum Auftakt natürlich zuerst einen

Maitrank

Arbeitsaufwand: 15 Min.
Marinierzeit: 30 Min.
Kühlzeit: 30–50 Min.

Für 10–12 Personen:
200 g Zucker, 3 l Riesling
1–2 Bund Waldmeisterkraut (ohne offene Blüten)
1 Flasche leichter Rotwein
1 Stück Zitronenschale

Den Zucker in 1 l Weißwein auflösen. Das Waldmeisterkraut zusammenbinden und 30 Min. so in den Wein hängen, dass die Stiele nicht nass werden. Herausnehmen, damit der Waldmeistergeschmack nicht zu intensiv wird. Diesen Waldmeisterextrakt und den restlichen Riesling und Rotwein (z.B. Gamay oder Pinot noir) 30–50 Min. in den Kühlschrank stellen. Vor dem Servieren beides zusammengießen. Die Zitronenschale zugeben.

Tipp: In Bowlen- oder Rotweingläsern servieren. Bei neueren Rezepten wird dieser Bowle anstelle von Rotwein Schaumwein zugegeben oder nur Riesling verwendet.

Die Neuenburger und Freiburger Bricelets und die Emmentaler Bretzeli werden auf ähnliche Weise zubereitet wie die Berner Bretzeli. Oft wird der Zimt weggelassen, und bei den beiden Ersteren wurde früher anstelle von Butter teilweise Schweinefett verwendet.

Ein Berner Rezept:

Bricelets
Feine Bretzel

Arbeitsaufwand: 30 Min.
Ruhezeit: 2–3 Std.
Backzeit: ca. 1 Min.

6 Eier, 200 g Zucker
500 g Mehl
1 unbehandelte Zitrone
250 g Butter
1/2 TL Zimtpulver, Salz
1 EL Kirschwasser

Die Eier mit dem Zucker zu einer weißlichen Creme verrühren. Das Mehl dazusieben. Zitrone waschen, abtrocknen und 1 TL Schale abreiben. Die Butter bei schwacher Hitze schmelzen lassen. Mit Zimtpulver, 1 Prise Salz, Zitronenschale und nach Belieben Kirschwasser unterrühren. Den Teig 2–3 Std. ruhen lassen.
Aus dem Teig kleine Kugeln formen, diese auf das heiße Bretzeleisen geben und in 1 Min. pro Portion goldgelb ausbacken.

Tipps: Das Bretzeleisen jeweils mit einer Speckschwarte oder ein wenig Bratbutter einfetten. Teig ohne Kirschwasser und Zimt zubereiten. 4 EL Teig in die Mitte des Eisens geben, etwas auseinander ziehen, damit eine Rondelle entsteht. Die Bretzel warm in eine kleine, passende Schale drücken und abkühlen lassen. Die Körbchen mit Beeren, Creme oder Eis füllen.

Noch zwei weitere originelle Bricelets-Rezepte:

Bricelets fins au vin
Waadtländer gerollte Waffeln

Den Rahm mit Wein (z. B. Chasselas) und Zucker mit dem Schneebesen mischen. Zitrone waschen, abtrocknen und 1 TL Schale abreiben. Mit Salz zugeben. Das Mehl durchsieben und löffelweise unter die Masse arbeiten. Kirschwasser unterrühren. Den Teig mindestens 1 Std. kühl ruhen lassen.
Das Bretzeleisen mit Bratbutter bestreichen und je 2 EL Teig in die Mitte des heißen Eisens geben. In etwa 30 Sek. zu Bretzeln backen. Die noch warmen Bretzeln um den Stiel einer Teigkelle rollen.

Tipps: Die gerollten Bretzeln in einer Blechdose aufbewahren. Das Bretzeleisen jeweils mit einer Speckschwarte oder ein wenig Bratbutter einfetten.

Arbeitsaufwand: 30 Min.
Ruhezeit: 1 Std.
Backzeit: ca. 30 Sek.

125 g Rahm, 1/4 l Weißwein
250 g Zucker
1 unbehandelte Zitrone
1 Prise Salz, 500 g Mehl
1 EL Kirschwasser
Bratbutter fürs Eisen

Bricelets au cumin
Kümmelwaffeln

Das Salz in 200 ml Wasser auflösen. Mehl mit Butter, Rahm, Ei und Salzwasser zu einem gleichmäßigen Teig verarbeiten. Den Kümmel untermischen. Den Teig 12 Std. oder über Nacht ruhen lassen.
Aus dem Teig kleine Kugeln formen und in die Mitte des heißen Bretzeleisens geben. Die Waffeln in 1/2–1 Min. goldgelb backen.

Tipps: Das Bretzeleisen jeweils mit einer Speckschwarte oder ein wenig eingesottener Butter (Bratbutter) einfetten. Die Waffeln schmecken besonders gut zum Aperitif.

Variante: Nach diesem Rezept lassen sich auch Käse-Bricelets zubereiten: Kümmel durch 100 g geriebenen Käse, z. B. Greyerzer, ersetzen und dafür nur 150 g Butter für den Teig verwenden.
Diese pikanten Bretzeli serviert man gerne in den Waadtländer »Carnotzets« der Weinbauern, wo man Weine degustieren und auch kaufen kann, z. B. in Epesses, Grandvaux, Cully oder Saint Saphorin oder anderen Weindörfern des Lavaux.

Arbeitsaufwand: 30 Min.
Ruhezeit: 12 Std.
Backzeit: ca. 1 Min. pro Portion

1 TL Salz
500 g Mehl
250 g weiche Butter
250 g Rahm
1 Ei
1 EL Kümmel

Wie freut man sich doch jedes Jahr auf den ersten einheimischen Spargel! Bis zum längsten Tag (21. Juni), so sagt man, wird er im Wallis, aber auch im Berner Seeland – in der Gegend von Ins – und in Flaach im Kanton Zürich gestochen. Hier ein Grundrezept für das beliebte Frühlingsgemüse:

Spargle
Spargel

Arbeitsaufwand: 30 Min.
Kochzeit: 15 Min.

Für 4 Personen:
2 kg weißer Spargel
Salz
1 TL Zucker
1 EL frische Butter

Spargel großzügig vom Köpfchen weg nach unten schälen. Zum Stangenende hin etwas dicker schälen und die Enden um etwa 4 cm kürzen. Wasser mit Salz, Zucker und Butter zum Kochen bringen. Spargel bundweise zusammenbinden, mit den Köpfchen nach oben ins kochende Wasser stellen und 15 Min. garen. Herausnehmen und abtropfen lassen. Eine ovale oder rechteckige Platte mit einer gefalteten Serviette belegen und den Spargel darauf legen.

Tipps: Es gibt Siebeinsätze für Spargel, die das Umkippen verhindern und mit denen man das Gemüse nach dem Garen mühelos aus dem Topf heben kann. Der erste Spargel schmeckt frisch gekocht am besten!
Grüner Spargel, der seit einiger Zeit auch in der Schweiz angepflanzt wird, muss nicht oder nur sehr dünn geschält werden.
Zum Aufbewahren rohen Spargel in ein nasses Küchentuch wickeln und ins Gemüsefach des Kühlschrankes legen (bleibt so 1–2 Tage sehr frisch).

Crème d’asperges
Spargelcremesuppe; Walliser Art

Arbeitsaufwand: 35 Min.

Für 4 Personen:
1 kg dünner Walliser Spargel
Salz
2 Stück Würfelzucker
Butter, 2 EL Speisestärke
150 g Rahm, 2 Eigelbe
Pfeffer, Muskatnuss
1 EL Kerbel

Spargel waschen, schälen, die Enden abschneiden. 6 Stangen in etwa 2 cm lange Stücke schneiden. Wasser mit Salz, Zucker und 1 kleinen Stück Butter aufkochen lassen. Übrigen Spargel zusammenbinden, mit den Spargelstücken darin 15 Min garen. Spargelstücke nach 7 Min. herausfischen und abtropfen lassen. 2 EL Butter erhitzen, Spargelstücke darin weich dünsten. Spargelstangen im Mixer pürieren oder durch ein Sieb streichen. Speisestärke mit wenig Spargelsud verrühren, unter Rühren zum Spargelwasser geben, bis die Suppe leicht gebunden ist. Spargelpüree und gedünstete Spargelstücke beifügen. Rahm und Eigelbe verrühren, etwas Suppe darauf geben, dann in die Suppe geben. Kurz erhitzen, aber nicht mehr kochen lassen. Mit wenig Salz, Pfeffer und Muskat würzen. Anrichten und mit Kerbel bestreuen.

Gratin d'asperges
Walliser Spargelgratin

Spargel wie im Grundrezept auf Seite 116 beschrieben vorbereiten, bissfest garen und abtropfen lassen, dabei 1/2 l Spargelsud auffangen und beiseite stellen.
2 EL Butter erhitzen. Das Mehl darin hellgelb anschwitzen. Mit Spargelsud ablöschen und 10 Min. kochen. Rahm unterrühren und eventuell mit Bouillon etwas verdünnen, wenn die Sauce zu dick sein sollte. Mit Salz und Pfeffer würzen.
Backofen auf 230° (Umluft 210°) vorheizen. Stielansätze der Tomaten entfernen. Tomaten kurz überbrühen, häuten, klein würfeln und ausdrücken. Eine Gratinform einfetten. Übrige Butter erhitzen. Die Tomaten darin 3–4 Min. dünsten und in der Form verteilen. Nach Belieben Kalbsfond darüber geben. Spargel darauf legen, mit Rahmsauce bedecken und nach Belieben mit Käse bestreuen. Im Backofen (Mitte) 10–15 Min. überbacken, bis sich hellbraune Flecken bilden.

Tipp: Ein wenig Cognac und 1 Prise Cayennepfeffer verleihen dem Gericht eine eigene Note. Kalbsfond ist im Handel erhältlich.

Arbeitsaufwand: 40 Min.
Kochzeit: 10 Min.
Backzeit: ca. 15 Min.

Für 4 Personen:
1,2 kg Walliser Spargel
3 EL Butter
1 1/2 EL Mehl
100 g Rahm
2–3 EL Fleischbouillon
Salz, Pfeffer
5 Walliser Tomaten
1–2 EL Kalbsfond
2–3 EL geriebener Käse (nach Belieben)
Butter für die Form

Tarte aux asperges
Spargelkuchen nach Walliser Art

Den Teig nach dem Grundrezept auf Seite 46 zubereiten. Das Backblech mit Backpapier belegen. Den Backofen auf 200° vorheizen. Den Teig etwa 3 mm dick ausrollen, aufs Blech legen und mehrmals mit einer Gabel einstechen. Mit Backpapier und getrockneten Kirschsteinen oder weißen Bohnen beschweren. Im Backofen (Mitte) 15–20 Min. blind backen.
Inzwischen den Spargel putzen, halbieren und nach dem Grundrezept (siehe S. 116) bissfest garen und abtropfen lassen. Butter in einer großen Pfanne erhitzen. Spargelspitzen darin 2–3 Min. dünsten und aufheben. Crème fraîche zugeben und bei schwacher Hitze 5–10 Min. eindicken lassen. Mit Salz, Pfeffer und Muskat würzen und nach Belieben den Käse untermischen.
Backpapier mit Kirschsteinen oder Bohnen entfernen. Den Spargel auf den vorgebackenen Boden geben und im Backofen bei 220° in 10–15 Min. fertig backen. Mit den Spargelspitzen garnieren und sofort heiß servieren.

Tipp: Manchmal gibt man der Füllung 100 g klein gewürfelten Walliser Schinken zu.

Arbeitsaufwand: 40 Min.
Kochzeit: 10 Min.
Backzeit: 25–35 Min.

Für ein Blech von 24 cm Ø:
300 g geriebener Teig (siehe S. 46)
1 kg mitteldicker Walliser Spargel, 2 EL Butter
200 g Crème fraîche
Salz, Pfeffer, Muskatnuss
2 EL geriebener Käse (z. B. Raclette, Greyerzer)

Hier der Berner »Chrut-Chueche«, den man auch im Solothurnischen kennt und im Aargau, wo er Chrutwäie heißt und am Ostermontag zur Tradition gehört. »Chrut« ist frischer Spinat.

Chrutwäie
Spinatkuchen

Arbeitsaufwand: 40 Min.
Backzeit: 45–50 Min.

Für 1 Blech von 24 cm Ø:
1 kg Spinat, 1 Zwiebel
2 EL Butter
2 EL gehackte Petersilie
300 g geriebener Teig (siehe S. 46)
2 EL geriebener Käse
3 Eier, 5 EL Rahm
Salz, Pfeffer, Muskatnuss
1 EL gehackte Kräuter
100 g magerer Speck
Butter für das Blech

Den Spinat waschen, die groben Stiele entfernen. Die Zwiebel schälen und fein hacken. Die Butter erhitzen. Zwiebel und Petersilie darin 2–3 Min. dünsten. Den Spinat zufügen und zusammenfallen lassen. Herausnehmen, hacken und auspressen. Das Backblech einfetten.
Den Teig nach dem Grundrezept auf Seite 46 zubereiten. Den Backofen auf 230° vorheizen. Den Teig dünn ausrollen und aufs Blech legen. Den Teigboden mehrmals mit einer Gabel einstechen und mit Käse bestreuen.
Eier und Rahm verquirlen, den Spinat zufügen. Mit Salz, Pfeffer und Muskat würzen. Die Kräuter (z. B. Majoran und Kerbel) untermischen. Diese Masse auf den Teig geben. Den Speck in feine Scheibchen schneiden und auf der Füllung verteilen. Im Backofen (Mitte) 45–50 Min. backen. Wenn nötig, mit Alufolie abdecken.

Varianten: Anstelle von Spinat Mangold oder Spinat und Mangold gemischt verwenden. Statt geriebenem Teig Zopfteig (siehe S. 14) vorbereiten.

Aus dem Kochbuch von Frau Pfarrer Gschwind, Kaiseraugst, von 1896.

Laubfrösch
Spinaträllchen

Arbeitsaufwand: 40 Min.
Backzeit: ca. 30 Min.

1 Zwiebel, 1 EL Butter
500 g gemischtes Hackfleisch (ersatzweise Fleischreste gehackt), 2 Eier
Salz, Pfeffer, Muskatnuss
2–3 EL geriebenes Brot
500 g großblättriger Spinat
Butter
200 ml Fleischbouillon

Die Zwiebel schälen und hacken. Die Butter erhitzen. Zwiebel darin 2–3 Min. anbraten. Mit Hackfleisch mischen. Die Eier verquirlen und unterziehen. Mit Salz, Pfeffer und Muskat würzen. So viel geriebenes Brot zugeben, bis eine feste Masse entsteht. Den Spinat waschen, grobe Stiele entfernen und in Salzwasser kurz blanchieren. Abgießen, diese auf Küchenpapier ausbreiten und abkühlen lassen. Aus der Füllung kleine Rollen formen, auf den Blättern verteilen und einwickeln. Mit den Blattenden nach unten in eine mit Butter bestrichene Kasserolle oder Auflaufform legen. Bouillon dazugießen und im Backofen (Mitte) 30 Min. bei 200° schmoren. Dazu servierte Frau Pfarrer Gschwind eine mit Eigelb legierte Buttersauce.

Tipps: In anderen Rezepten heißt es, man solle die Laubfrösche zusätzlich noch mit Butter bestreuen und unter öfterem Begießen auf dem Herd leise schmoren lassen. Dann anstelle von Bouillon Kalbsjus verwenden. Zum Füllen je nach Größe 2–4 Spinatblätter übereinander legen. Die Laubfrösche schmecken auch mit Mangold.

Und nun noch eine Art Ravioli aus dem Bündnerland:

Chruutchräpfli
Spinattaschen nach Bündner Art

Mehl in eine Schüssel sieben. Mit Salz, verquirlten Eiern, 1 EL Wasser und Öl zu einem festen Nudelteig verarbeiten. Zugedeckt 30 Min. ruhen lassen.
Inzwischen den Spinat waschen, von groben Stielen befreien und roh mit dem Wiegemesser hacken. Zwiebel und Knoblauch schälen, beides fein hacken. Das Brötchen reiben. Die Butter erhitzen. Zwiebel, Knoblauch, Spinat und Kräuter darin 2–3 Min. dünsten. Das geriebene Brötchen zugeben (man kann zur Not auch etwas Paniermehl verwenden) und 2–3 Min. unter Wenden mitdünsten. Die Füllung fast erkalten lassen. Mit Ei, Rahm und Pinienkernen mischen. Mit Salz, Pfeffer, Muskat und Majoran würzen.
Den Teig so dünn wie möglich ausrollen und wie Strudelteig ausziehen, am besten auf einem Tischtuch. Die Hälfte des Teiges in Abständen von etwa 4 cm mit kleinen Spinathäuflein belegen. Mit einem mit Wasser benetzten Pinsel die Zwischenräume befeuchten. Die zweite Hälfte des Teiges darüber schlagen. Zwischen der Füllung etwas andrücken und mit dem Teigrädchen viereckige Kräpfli ausrädeln. Diese portionenweise in siedendes Salzwasser geben und bei schwacher Hitze 2–3 Min. ziehen lassen. Sobald sie an die Oberfläche kommen, mit der Schaumkelle herausfischen, in eine vorgewärmte Schüssel legen.
Inzwischen die Zwiebel schälen, halbieren, in Streifen schneiden und in Butter goldgelb braten. Die Kräpfli mit Käse bestreuen und die Zwiebelschwitze darauf verteilen.

Varianten: Anstelle der Zwiebelschwitze kann man die Kräpfli mit einer Mischung aus 1–2 EL Sud und 40 g frischer Butter begießen.
Man kann der Füllung 50 g gehackten Salsiz (siehe S. 340) beifügen. In diesem Fall die Pinienkerne weglassen.

Arbeitsaufwand: 1 Std.
Ruhezeit: 30 Min.
Kochzeit: 2–3 Min.

Für 4 Personen:
300 g Mehl
Salz, 3 Eier
1 EL Rapsöl
Füllung:
300 g Spinat
1 kleine Zwiebel
1 Knoblauchzehe
1/2 Brötchen, 2 EL Butter
je 1 EL gehackte Kräuter (Petersilie, Schnittlauch, Pfefferminze)
1 Ei, 3 EL Rahm
1 EL gehackte Pinienkerne
Salz, Pfeffer, Muskatnuss
Majoran
Zwiebelschwitze:
1 große Zwiebel
2 EL Butter
100 g geriebener Käse

Für die Zubereitung von Krebsen gibt es keine nachweisbaren schweizerischen Rezepte. In der deutschen Schweiz kocht man sie meistens im Sud, in der Westschweiz bereitet man einen delikaten, von der französischen Küche inspirierten Gratin zu. Nachdem in unseren Bächen und kleinen Seen ab Ende Mai Krebse vorkommen, hier zwei Grundrezepte.

Chräbs im Sod
Krebse im Sud; Luzerner Rezept (im Bild)

Arbeitsaufwand: 30 Min.
Kochzeit: 15–20 Min.

Für 4 Personen:
24 Krebse, 2 Karotten
1 große Zwiebel
1 Knoblauchzehe
(nach Belieben)
1 Lorbeerblatt
1 Zweig Thymian
1 Bund Petersilie
1 TL Kümmel
(nach Belieben), Salz

Krebse mit einer Bürste gründlich waschen. Karotten putzen und schälen. Zwiebel und Knoblauch schälen. Die Zwiebel grob zerkleinern, Knoblauch halbieren. 3 l Wasser mit Karotten, Zwiebel, Lorbeerblatt, Thymian, Petersilie, Kümmel und Knoblauch aufkochen lassen. Den Sud salzen und 15 Min. kochen lassen.
Die Krebse paarweise in den kochenden Sud geben und den Deckel auflegen. Sobald der Sud wieder kocht, die nächsten Krebse zufügen. Es ist unbedingt darauf zu achten, dass die Krebse ins kochende Wasser geworfen werden. Am besten 2 Pfannen verwenden, damit die Krebse gleichzeitig gar und rot werden. Die Krebse je nach Größe 2–5 Min. kochen. Im Sud servieren.

Tipp: Krebsbesteck oder Nussknacker eindecken, um das bisschen Fleisch aus den Krebszangen zu holen. Dem Sud nach Belieben Weißwein zufügen.

Gratin aux écrevisses
Krebsgratin nach Genfer Art

Arbeitsaufwand: 45 Min.
Backzeit: 10–15 Min.

Für 4 Personen:
1 große Zwiebel
400 ml Weißwein
$^{1}/_{2}$ Lorbeerblatt
1 Zweig Thymian
6 Pfefferkörner, Salz
24 Krebse, 1 TL Mehl
1 EL Butter, 200 g Rahm
weißer Pfeffer
Butter für die Form

Zwiebel schälen und grob zerkleinern. Mit Weißwein, 400 ml Wasser, Lorbeerblatt, Thymian, Pfefferkörnern und wenig Salz 15 Min. kochen lassen. Krebse mit einer Bürste gründlich waschen und paarweise (siehe oben) in den kochenden Sud geben und je nach Größe 2–5 Min. kochen. Eine Gratinform einfetten. Krebse schälen und Krebsschwänze in die Form legen. Krebssud passieren, $^{1}/_{2}$ l auffangen und auf die Hälfte einkochen lassen. Backofen auf 230° (Umluft 210°) vorheizen. Mehl und Butter mit einer Gabel verkneten, zum eingekochten Sud geben und bei schwacher Hitze rühren, bis die Sauce sämig wird. Rahm zufügen, mit Salz und Pfeffer nachwürzen und 5 Min. kochen lassen. Sauce über die Krebsschwänze geben. Im Ofen (Mitte) 10–15 Min. gratinieren.

Tipp: Vor dem Gratinieren mit 2 EL geriebenem Greyerzer bestreuen. Dazu passt ein feiner Genfer Wein, z. B. ein Glas Pinot gris oder Sauvignon.

Milch – ein ganz besonderer Saft

Im Zürcher Oberland spendeten die Bauern den Armen jeweils »Pfingstmilch«. Dies taten sie allerdings mit gewissen Hintergedanken. Sie versprachen sich durch diese Wohltätigkeit einen reicheren Milchertrag. Das Kochen mit Milch haben wir inzwischen ein bisschen verlernt. Darum hier einige typische Milchrezepte. Zuerst die Milchsuppe. Dass einst die Kappeler Milchsuppe auch so zubereitet wurde, kann ich allerdings nicht beschwören.

Milchsuppe
Aus dem Züribiet

Arbeitsaufwand: 15 Min.
Kochzeit: 5 Min.

Für 4 Personen:
Dünkli, 1 1/2 l Milch
2 EL Hafermehl, 4 Eigelbe
Salz

Die Dünkli in eine Suppenschüssel geben. Die Milch aufkochen lassen. Das Hafermehl mit den Eigelben verquirlen, in die heiße Milch geben und knapp bis zum Kochen bringen. Mit Salz würzen und die heiße Suppe über die Dünkli gießen.

Tipp: Dünkli sind dünne, im Backofen geröstete Brotscheiben. Die Suppe mit Schnittlauchröllchen bestreut servieren.

Unsere Bergkantone haben alle ihre besonderen Milchrezepte.
Hier eines aus dem Oberwallis.

Gwürzte Milchriis
Gewürzter Milchreis

Arbeitsaufwand: 10 Min.
Kochzeit: 30 Min.

Für 4 Personen:
1/2 l Milch, 2 Nelken
1 Lorbeerblatt, 1 TL Salz
1 Prise Safran
250 g Reis (Rundkorn)

Die Milch mit 1/2 l Wasser mischen. Mit Nelken, Lorbeerblatt, Salz und Safran bei mittlerer Hitze aufkochen lassen. Den Reis beigeben und bei schwacher Hitze in 30 Min. quellen lassen. Diesen Milchreis zu gesottenem Fleisch servieren.

Varianten: Dieser gesalzene Milchreis wird auf verschiedene Arten variiert: Entweder ohne Safran oder mit fein geschnittenem Speck oder luftgetrocknetem Schinken, der von Anfang an mitgekocht wird.

Riisschnitte | Reisschnitten

200 g Reis in 400 ml Wasser wie beschrieben zubereiten (aber ohne Spezialgewürze). Etwas abkühlen lassen und 100 g Zucker, 1 Ei und 1/2 TL Zimtpulver unterziehen. Auf eine Marmorplatte oder eine bebutterte Form gießen und erkalten lassen. 4 Weißbrotschnitten beidseitig in Butter leicht anrösten. Auf ein Blech legen, 1 cm hoch mit dem Reis belegen und bei Oberhitze im vorgeheizten Backofen überbräunen lassen. Eignet sich als Restegericht.

Grosis Grieschöpfli
Grießpudding nach alter Art

Die Milch mit Butter, Zucker, 1 Prise Salz und aufgeschlitzter Vanilleschote aufkochen lassen. Den Grieß unter Rühren zugeben und bei schwacher Hitze unter Rühren 10 Min. kochen, etwas abkühlen lassen. Eigelbe und Rahm verrühren. Den Eier-Rahm zugeben, erhitzen, aber nicht kochen lassen. Die Eiweiße mit 1 Prise Salz steif schlagen und unter die Puddingmasse ziehen. Die Form mit Butter bestreichen. Den Grießbrei einfüllen und 3–4 Std. im Kühlschrank fest werden lassen. Inzwischen die Mandeln in einer trockenen Bratpfanne hellgelb rösten. Den gestürzten Pudding damit bestreuen.

Tipp: Sirup zum Begießen dazu servieren. Man kann den Pudding statt in einer Puddingform auch in einer Gugelhopfform zubereiten.

Arbeitsaufwand: 30 Min.
Kühlzeit: 3–4 Std.

Für 1 große Puddingform:
3/4 l Milch, 30 g Butter
100 g Zucker
Salz, 1 Vanilleschote
120 g Grieß, 4 Eigelbe
250 g Rahm, 4 Eiweiße
Butter für die Form
4 EL Mandelblättchen

Ein liebenswürdiges Gericht ist auch das Plattenmüesli, eine Kinder- oder Krankenspeise aus früheren Zeiten, die aber auch Gesunde erfreuen kann.

Plattenmüesli
Süße Eierspeise

Zitrone waschen, abtrocknen und 1/4 TL Schale abreiben. Mit Eiern, Milch, Zucker und Salz verquirlen. Die Mischung in eine bebutterte, flache Gratinplatte geben oder in vier mit Butter bestrichene Eierpfännli füllen. Zugedeckt auf dem Herd oder im Ofen bei 170° in 15–20 Min. fest werden lassen. Das Plattenmüesli darf nicht trocken werden, und die Eier sollen nicht gerinnen. Mit Puderzucker bestreuen und sofort servieren.

Tipps: Das Plattenmüesli wird oft auch »Seidenmüesli« genannt. Es kann als kleines Essen oder Dessert serviert werden.

Arbeitsaufwand: 15 Min.
Backzeit: 15–20 Min.

Für 4 Personen:
1 unbehandelte Zitrone
6 frische Eier, 1/2 l Milch
2 EL Zucker, 1 Prise Salz
Butter für die Form
Puderzucker zum Bestreuen

Hochzyt

Auch in unserm Land wird nach wie vor mit Vorliebe im Mai geheiratet. Früher war eine solche Hochzeit eine Gelegenheit zum Auftischen und Schlemmen, ähnlich wie die Taufe. Oft dauerten die Festlichkeiten mehrere Tage, oder es kamen, wie zum Beispiel in der Ostschweiz, an die hundert Frauen am nächsten Tag zum Hochzeitskaffee. Spezielle Hochzeitsmenüs kennt man heute nicht mehr. Hier aber noch zwei süße Hochzeitsspezialitäten.

Die knusprig ausgebackenen Küchlein aus Schleitheim im Kanton Schaffhausen durften früher an keiner Hochzeit fehlen.

Schlaatemer Rickli
Schleitheimer Hochzeitsgebäck

Arbeitsaufwand: 45 Min.
Ruhezeit: ca. 12 Std.
Backzeit: ca. 2 Min.

Für 4 Personen:
150 g Zucker, 4 Eier
500 g Mehl, $^1/_2$ TL Salz
70 g Butter
1 TL abgeriebene Schale von 1 unbehandelten Zitrone, 150 g Rahm
Öl zum Ausbacken
Puderzucker zum Bestreuen

Zucker und Eier zu einer sämigen, weißlichen Creme rühren. Mehl mit Salz mischen und auf die Eiercreme sieben. Butter schmelzen und etwas abkühlen lassen, mit Zitronenschale und Rahm zufügen. Alles rasch zu einem glatten Teig verarbeiten. Zu einer Kugel formen, diese in einer Schüssel zugedeckt über Nacht ruhen lassen. Den Teig 3–4 mm dick ausrollen, etwa 7 cm breite Streifen ausrädeln, diese in Rechtecke von etwa 12 cm Länge schneiden. An jedem Rechteck der Länge nach 2 Einschnitte anbringen. Die Ecken der Rechtecke von unten durch die beiden Schlitze ziehen. Die Küchlein etwas flach drücken und 30 Min. kühl stellen. Öl auf etwa 170° erhitzen. Die Küchlein darin schwimmend in 2 Min. pro Portion goldbraun ausbacken. Abtropfen und erkalten lassen. Mit Puderzucker bestreuen.

Tipp: Dieses Gebäck kann bei Konditoreien der Region bestellt werden.

Krokant
Nougattafeln

Arbeitsaufwand: 15 Min.

100 g geschälte Mandeln (ersatzweise Haselnüsse)
100 g Zucker
Öl

Die Mandeln grob hacken. Den Zucker mit 2 EL Wasser hellbraun karamellisieren lassen. Die Mandeln zugeben und kurz mitkaramellisieren. Die Masse auf eine mit wenig Öl bestrichene Marmorplatte oder ein Kuchenblech gießen. Mit einem eingeölten Messer in kleine Vierecke (etwa 3–5 cm) schneiden.

Tipps: Den Krokant mit dem Nudelholz zerkleinern und auf Kuchen oder Cremes streuen. An Ostern gibt es daraus in den Konditoreien »Nougateier«.

Chindbettisuppe
Wöchnerinnensuppe

Karotte und Knollensellerie putzen und schälen. Das Suppenhuhn mit 1 1/2 l Wasser, Gemüse, Petersilie und Lorbeerblatt 2 Std. bis 2 Std. 30 Min. kochen. Die Bouillon absieben und das Suppenhuhn beliebig weiterverarbeiten. Die Bouillon bis auf etwa 700 ml Flüssigkeit einkochen lassen, mit Salz und Muskat würzen. Die Milch zum Kochen bringen und zur Bouillon geben. Eier mit Rahm in einer vorgewärmten Suppenschüssel verquirlen. Die heiße Suppe darauf gießen, dabei ständig mit dem Schneebesen rühren. Mit Schnittlauchröllchen bestreut sofort servieren.

Tipps: Die Kochzeit richtet sich nach Alter und Qualität des Huhns. Ein einjähriges Huhn ist ideal für eine Weiterverwendung (Kochzeit 1 Std. 30 Min.). Man kann die Suppe auch nochmals bis knapp zum Kochen bringen, muss aber aufpassen, dass sich die Eier nicht trennen.

Arbeitsaufwand: 30 Min.
Kochzeit: ca. 2 Std. 30 Min.

Für etwa 1,2 l Suppe:
1 Karotte, 1 Stück Sellerie
1 Suppenhuhn
(ca. 1-jährig), 1 Zweig
Petersilie, 1 Lorbeerblatt
Salz, Muskatnuss
1/2 l Milch
4 tagesfrische Eier
3 EL Rahm
1 EL Schnittlauchröllchen

Chindstaufi

Früher feierte man das Tauffest zu Hause. Es gab nicht nur Speisen und Getränke im Überfluss, man durfte vielerorts auch noch ein »Bhaltis« – Gebäck oder Brot – mit nach Hause nehmen. Auch Gotte und Götti sparten nicht mit Geschenken. Im Emmental war es zum Beispiel Brauch, eine schön dekorierte Taufiflasche mit der eingravierten Jahreszahl des Täuflings als Gabe zu überreichen. Diese Flasche kam dann ein Leben lang bei allen festlichen Gelegenheiten auf den Tisch. Die schönste Beschreibung einer Kindstaufe verdanken wir Jeremias Gotthelf. In der Novelle »Die schwarze Spinne« lässt sich nachlesen, wie es zu- und herging und was alles auf den Tisch kam: eine goldgelbe Fleischsuppe (siehe S. 297 Pot-au-feu) mit Safran gewürzt, verschiedene Voressen von Schwein, Schaffleisch und Leber, dann eine Berner Platte (siehe S. 298) mit Birnenschnitzen und viele gute »Chrömli«.

Heute gibt man sich auch im Emmental, wo Milch und Honig fließen, etwas bescheidener. Man begnügt sich meist mit einem schmackhaftem Schafsvoressen, einer hausgeräucherten Hamme »Jambon à l'os« (siehe S. 330) und Herdöpfelsalat (siehe S. 37), einer Berner Platte (siehe S. 298) oder einem guten Braten. Was dabei aber nie fehlen darf, ist eine goldene Ankezüpfe (siehe S. 14).

Ein Waadtländer Rezept, das ich besonders liebe.

Porc au lait
Schweinebraten an Milchsauce

Arbeitsaufwand: 30 Min.
Bratzeit: 1 Std. 30 Min.

Für 6 Personen:
1 Knoblauchzehe
2 Schweinefilets (à 600 g)
Salz, Pfeffer
Muskatnuss
2 EL Butter
1 l Milch
1 Zwiebel
2 Gewürznelken

Knoblauch schälen, in 4 Stifte schneiden und die Schweinefilets damit spicken. Mit Salz, Pfeffer und Muskat einreiben. Butter in einer Auflaufform im Ofen bei 200° flüssig werden lassen, das Fleisch darin anbraten. Nach 15 Min. die Temperatur auf 150° senken. Milch aufkochen lassen. Zwiebel schälen, mit Nelken spicken. Zum Fleisch geben und mit wenig Milch begießen. Immer wieder Milch nachgießen und den Braten wenden, bis die Milch zu einer hellgelben Sauce eingekocht ist. Wenn nötig, das Fleisch mit Alufolie abdecken. Das Fleisch in 1 Std. 15 Min. fertig braten. Die eventuell flockig gewordene Sauce durch ein Sieb streichen oder im Mixer glatt mixen.

Tipps: Gelingt auch gut mit einem mageren Schweinshals von etwa 2 kg. Die Garzeit auf etwa 2 Std. bis 2 Std. 30 Min. verlängern und die Sauce nach Belieben mit etwas scharfem Senf abschmecken. Die Milch muss vorgekocht werden, damit sie im Backofen nicht überläuft.

Daube au Salvagnin
Braten in Waadtländer Rotwein

Arbeitsaufwand: 30 Min.
Marinierzeit: 4 Tage
Bratzeit: ca. 2 Std. 30 Min.

Für 6 Personen:
1 kg magerer Schweinshals
3/4 l Roter Waadtländer
2 Zwiebeln, 1/2 Stange
Lauch, 4 Nelken
2 Lorbeerblätter
je 1 TL Thymian,
Rosmarin und Majoran
1 Salbeiblatt, 4 Schalotten
2 EL Bratbutter
Salz, Pfeffer
100 g Rahm
1 EL Speisestärke

Fleisch in eine tiefe Schüssel legen. Mit Wein begießen. Zwiebeln schälen und grob zerkleinern. Lauch putzen und waschen. Beides mit Nelken, Lorbeerblättern und Kräutern zufügen. Das Fleisch 4 Tage marinieren lassen.
Das Fleisch herausnehmen und abtrocknen. Schalotten schälen und fein hacken. Den Backofen auf 180° vorheizen. Die Bratbutter (ersatzweise Schweinefett) in einem Bräter erhitzen. Das Fleisch darin anbraten, überschüssiges Fett abgießen. Schalotten zufügen und 1–2 Min. im Bratensatz schmoren lassen. Die Hälfte der Marinade durch ein Sieb neben den Braten gießen, mit Salz und Pfeffer würzen. Zugedeckt im Backofen (unten) 2 Std. 15 Min. schmoren lassen.
Von Zeit zu Zeit etwas Marinade nachgießen. Das Fleisch aus dem Bräter nehmen. Den Bratenjus stark aufkochen lassen. Rahm und Speisestärke verquirlen. Die Sauce damit binden. Das Fleisch aufschneiden, mit wenig Sauce begießen, den Rest in einer Saucière extra servieren.

Tipp: Dazu passt der »Gratin des amis de Morges« oder ein »Papet« ohne weiße Sauce (siehe S. 229) und natürlich der gleiche Rotwein.

Dieses wunderbare Familienrezept verdanke ich einem guten Freund, dem Avvocato Riccardo Rondi aus Locarno, der sehr gerne und gut kocht.

Manzo brasato in fusione
Tessiner Schmorbraten

Das Fleisch in mittelgroße Würfel schneiden. Knoblauch schälen und in Stifte schneiden. Die Fleischwürfel damit spicken.
Für die Marinade die Karotten putzen, schälen und klein würfeln. Die Zwiebeln schälen, halbieren und mit Nelken spicken. Beides mit übrigen Zutaten für die Marinade mischen. Das Fleisch in ein Gefäß geben und mit der Marinade begießen. Abgedeckt 2 Tage im Kühlschrank marinieren lassen, dabei mehrmals umrühren.
Das Fleisch abtropfen lassen und mit Küchenpapier abtrocknen. Das Öl in einer großen Bratkasserolle erhitzen und die Fleischwürfel darin von allen Seiten kräftig anbraten.
Die Bratbutter in einer separaten Bratpfanne erhitzen und das Mehl darin braun anrösten. Mit etwas Marinade ablöschen und mit Brühe zum Fleisch geben. Apfel schälen und in feine Scheiben schneiden, mit Schokolade zufügen. Zugedeckt 1 Std. 30 Min. schmoren lassen, ab und zu etwas Fleischbrühe zugeben.
Am nächsten Tag alles aufkochen lassen, durch ein feines Sieb passieren und mit dem Fleisch etwas einkochen lassen. Vor dem Servieren nochmals stark aufkochen. Die frische Butter und den Cognac mit der Sauce verrühren und, wenn nötig, mit Salz und Pfeffer abschmecken.

Beilage: Dazu passt Polenta (siehe S.149).

Tipps: Durch das dreimalige Aufkochen und durch die lange Ruhezeit wird das Gericht besonders aromatisch.
Zu diesem Gericht gehört auch ein guter Tropfen, z. B. ein ausgezeichneter Merlot, den man auch im Sopraceneri in der Nähe von Locarno findet.

Varianten: Riccardo verwendet für die Marinade getrocknete Kräuter. Ich habe das Rezept mit frischen Kräutern nachgekocht. Im Winter kann man auch getrocknete verwenden, dann die Menge halbieren.
Ich habe anstelle von Barbera einen guten Merlot verwendet, und das Resultat war ebenfalls ausgezeichnet.

Arbeitsaufwand:
1 Std. 15 Min.
Marinierzeit: 3 Tage
Kochzeit: 1 Std. 30 Min.

Für 6 Personen:
1,2 kg Rindfleisch zum Braten (z. B. Huftdeckel)
3–4 Knoblauchzehen
2 EL Olivenöl
1–2 EL Bratbutter
1 EL Mehl
1/4 l Fleischbrühe
1 Apfel
30 g schwarze Schokolade
30 g Butter, 2 EL Cognac
Marinade:
3–4 Karotten
2–3 Zwiebeln, 4–5 Nelken
3–4 Lorbeerblätter
2–3 Zweige Rosmarin
10 Salbeiblätter
je 2 TL gehackter Majoran und Estragon
1 EL gehacktes Basilikum
1 TL Salz
1 TL Wacholderbeeren
1,5 l Barbera
1 1/2 EL Olivenöl
1 EL Essig, 1 EL Zucker

Chalbsbruscht im Ofe
Kalbsbrust nach Berner Art (im Bild)

Arbeitsaufwand: 30 Min.
Bratzeit: ca. 2 Std. 30 Min.

Für 4–6 Personen:
1 kg Kalbsbrust am Stück
Pfeffer
Muskatnuss, Salbei und Rosmarin
2 EL Bratbutter
1 Zwiebel
1 Lorbeerblatt
1 Gewürznelke
2 Karotten
Salz
1/4 l Weißwein

Den Backofen auf 240° vorheizen. Das Fleisch mit Pfeffer, Muskat, Salbei und Rosmarin einreiben. Bratbutter in einer Bratkasserolle erhitzen. Die Kalbsbrust hineinlegen, mit der heißen Butter mehrmals begießen. Im Backofen (unten) 20 Min. anbraten. Das Fleisch wenden und weitere 15 Min. braten. Zwiebel schälen, mit Lorbeerblatt und Nelke spicken. Karotten putzen, schälen, halbieren. Die Temperatur auf 180° reduzieren. Gespickte Zwiebel und Karotten zufügen. Das Fleisch beidseitig salzen und 1 Std. braten. Wein erwärmen, zwischendurch alle 5–10 Min. 1 EL Wein zum Fleisch geben und dieses ab und zu wenden. Backofentüre einen Spaltbreit offen lassen, damit der Dampf abziehen kann. Das Fleisch soll am Ende der Garzeit (nach etwa 1 Std. 30 Min.) innen saftig und zart, außen knusprig sein. Fleisch herausnehmen. Bratensatz mit 2–3 EL Wasser lösen und aufkochen. Nach Belieben nachwürzen. Den Bratensaft konzentriert einkochen lassen.

Tipps: Auf einem Brett in Tranchen von etwa 1 cm Breite servieren. Den Jus extra reichen. Dazu passt Kartoffelsalat oder Kartoffelstock.
Beim Einkauf darauf achten, dass man nicht nur den satten Fleischteil, sondern auch den lockeren unteren Teil der Brust bekommt.

Gfüllti Chalbsbruscht | Gefüllte Kalbsbrust

1 kg Kalbsbrust mit einer Öffnung innen würzen. Für die Füllung 100 g Weißbrot ohne Rinde in Stücke brechen, mit 200 ml heißer Bouillon übergießen, abgedeckt 10 Min. stehen lassen. 30 g kleine Speckwürfel, 1 fein gehackte Zwiebel, 1 EL fein gehackte Petersilie in 1 EL Butter anziehen lassen. Brot ausdrücken, zugeben und unter Wenden dünsten, bis ein Kloß entsteht. Diesen mit 1 verquirlten Ei, Salz, Pfeffer Muskat, Majoran und Thymian vermischen. Fleisch damit füllen, außen mit weißem Pfeffer einreiben. Öffnung zunähen. Mit 2–3 Kalbsknochen in eine große Auflaufform geben, mit 2 EL zerlassener Butter übergießen. Im vorgeheizten Ofen bei 240° in 30 Min. braun braten. Wie oben beschrieben in 1 Std. 30 Min. fertig garen.

Tipps: Vom Metzger eine taschenartige Öffnung anbringen lassen. Die Fleischtasche würzen, nicht zu viel Füllung locker einfüllen, weil sie beim Braten aufgeht. Die Öffnung mit Küchengarn und kleinen Stichen zunähen. Die Füllung darf beim Braten nicht herausquellen.
Das Brot für die Füllung nicht würfeln, sondern in Stücke brechen, sonst wird die Masse pappig. Ist die Füllung zu weich, etwas Speisestärke zufügen.

Nach meinem bewährten Familienrezept:

Grossmamis Hackbroote
Hackbraten

Arbeitsaufwand: 30 Min.
Bratzeit: 1 Std.

Für 4 Personen:
150 g Weißbrot, 1 Zwiebel
3 EL Bratbutter
1 EL gehackte Petersilie
600 g gemischtes Hackfleisch, 1 Ei
Salz, Pfeffer, Muskatnuss
Majoran, Thymian
2–3 EL Paniermehl
1 Kalbsnetz
4 dünne Speckstreifen
3 EL Rotwein
300 ml Bouillon
2 EL Rahm
(nach Belieben)

Das Brot in lauwarmem Wasser einweichen. Zwiebel schälen und hacken. 1 EL Bratbutter erhitzen. Zwiebel darin 2–3 Min. dünsten. Petersilie zugeben, erkalten lassen und mit Hackfleisch, ausgepresstem und passiertem Brot, Ei und Gewürzen gut mischen. Nach Bedarf Paniermehl zugeben.
Das Netz in lauwarmes Wasser tauchen, ausdrücken und auf einem Brett ausbreiten. Die Speckstreifen darauf legen. Die Fleischmasse zu einem Braten formen, darauf legen, einpacken, die Enden gut verschließen und umlegen. Die übrige Bratbutter in einer Bratkasserolle erhitzen, den Braten mit den Verschlussenden nach unten hineinlegen und ringsum anbraten. Zugedeckt bei schwacher Hitze 30 Min. braten. Nach und nach Rotwein zugeben. Den Braten wenden und in weiteren 30 Min. fertig braten. Herausheben und warm stellen. Den Bratsatz mit Bouillon lösen, stark einkochen lassen und nach Belieben Rahm unterrühren, eventuell nachwürzen. Die Sauce separat zum Fleisch servieren.

Tipps: Das Netz hält das Fleisch schön zusammen und kann mitgegessen werden, wenn es gut gebraten wurde. Das Fleisch auf der groben Scheibe hacken lassen. Kein Brät verwenden!

Ein rassiger Braten aus dem Kanton Schwyz:

Suubäggli mit suure Gummeli
Schinken mit sauren Kartoffeln

Arbeitsaufwand: 30 Min.
Bratzeit: ca. 35 Min.

Für 6–8 Personen:
1 Beinschinken ohne Knochen (vorgekocht) oder Rollschinkli
10 kleine Lorbeerblätter
10 Gewürznelken

Den Backofen auf 200° vorheizen. Den vorgekochten Schinken entschwarten, solange er noch warm ist. Das Fett krapfenförmig einschneiden. Lorbeerblätter darauf verteilen und mit Nelken befestigen. Im Backofen (Mitte, Umluft 180°) 30–35 Min. backen. Warm mit »Suure Gummeli« (siehe S. 24) oder Gummeli-Salat servieren.

Tipps: Der Beinschinken ist meistens vorgekocht erhältlich. Wenn nicht, siehe S. 330 »Jambon à l'os«. Man rechnet 200–250 g Schinken pro Person. Diese in dicken Scheiben servieren.

In Gasthöfen auf dem Lande ist es ab und zu auch heute noch Sitte, dass man am Sonntag nicht nur Kalbsbraten serviert, sondern noch Poulet dazu. Das ist so schön »bhäbig«, man will damit zeigen, dass es einen nicht reut.

Chalbsnierebroote
Kalbsnierenbraten mit Hähnchen

Das Fleisch vom Metzger entbeinen und so auseinander schneiden lassen, dass ein flaches Stück entsteht. Mit Salz, Pfeffer, Majoran und Thymian würzen. Die Niere entfetten, häuten, längs entzweischneiden, auf das Fleisch legen, einrollen und mit Küchengarn zusammenbinden. (Kalbsnierenbraten ist auch bereits gerollt erhältlich.) Bratbutter in einem Bräter erhitzen. Fleisch mit Knochen und Speckschwarte hineingeben und im Backofen (unten) bei 220° allseitig goldbraun anbraten.
Die Zwiebel ungeschält mit Lorbeerblatt und Nelke spicken. Karotten und Sellerie schälen und halbieren. Alles zum Fleisch geben. Das Fleisch würzen und weitere 40 Min. bei 200° braten. Die Bouillon nach und nach zugießen. Das Brathuhn innen und außen würzen. Den Rosmarin ins Innere stecken und das Huhn zum Braten geben. Die Hitze auf 180° reduzieren und beides weitere 45–60 Min. braten.
Den Braten und das Huhn herausnehmen. Den Bratenfond mit wenig Bouillon lösen und aufkochen. Nach Belieben Rahm und Stärke mischen, die Sauce damit leicht binden. Bratenjus oder Sauce in eine Saucière passieren. Den Braten behutsam aufschneiden, damit die Niere nicht herausfällt.

Tipp: Vor dem Aufschneiden die Schnüre entfernen und den Braten noch 5 Min. ruhen lassen. Dazu wurden früher Kartoffelstock, Erbsen und Karotten (klassisch!) oder grünes Bohnengemüse serviert. Dazu passen auch Rösti.

Arbeitsaufwand: 35 Min.
Bratzeit: ca. 2 Std. 15 Min.

Für 6–8 Personen:
1 1/2 kg Kalbsnierenstück mit der Niere, Salz, Pfeffer, Majoran, Thymian
3 EL Bratbutter
500 g Bratenknochen
1 Speckschwarte
1 Zwiebel, 1 Lorbeerblatt
1 Nelke, 2 Karotten
1 Stück Sellerieknolle
200 ml Bouillon
1 Brathuhn (ca. 1 kg, küchenfertig)
1 Zweig Rosmarin
3–4 EL Rahm (nach Belieben)
1 TL Speisestärke (nach Belieben)

Rosmarinröschti
Rohe Rösti mit Rosmarin

Die Kartoffeln schälen, waschen, in feine Scheiben hobeln und mit wenig Salz und Rosmarin mischen.
Die Bratbutter in einer Bratpfanne erhitzen. Die Kartoffeln hineingeben, mit der Bratschaufel zu einem Kuchen formen und bei mittlerer 5 Min. anbacken lassen, dann mit einem gut sitzenden Deckel fest zudecken. Die Kartoffeln bei schwacher Hitze 20 Min. braten. Zum Servieren die Rösti auf eine runde Platte stürzen.

Arbeitsaufwand: 25 Min.
Bratzeit: 20 Min.

Für 4 Personen:
800 g Kartoffeln, Salz
1 EL Rosmarinnadeln
2 EL Bratbutter

Ein klassischer Bündner Braten, der je nach Saison auch mit Lamm- oder Schweinefleisch zubereitet wird. Das »Becki« ist eine rechteckige Kupferpfanne. Sie kann durch einen gut schließenden Bräter aus Gusseisen ersetzt werden.

Bündner Beckibrate
Schafskeule nach Bündner Art

Arbeitsaufwand: 40 Min.
Bratzeit: ca. 2 Std.

Für 6 Personen:
3 Knoblauchzehen
1,5 kg Schafskeule
Salz, Pfeffer
2 EL Bratbutter
2 Zwiebeln, 1 Gewürznelke
100 ml Rotwein
(z. B. Veltliner)
3 Karotten, 1 Stück Sellerie
500 g Kartoffeln
1 Zweig Thymian
200–300 ml Bouillon

Knoblauch schälen und durchpressen. Das Fleisch mit Knoblauch, Salz und Pfeffer einreiben. Den Backofen auf 190° vorheizen. Die Bratbutter erhitzen. Das Fleisch darin allseitig gut anbraten. Zwiebeln schälen, grob zerkleinern, mit Nelke und Rotwein zugeben. Zugedeckt im Backofen (unten, Umluft 180°) 50 Min. braten.
Inzwischen Karotten, Knollensellerie und Kartoffeln schälen, würfeln, zum Fleisch geben und mit Thymian 10 Min. mitbraten. Nach und nach die Bouillon beifügen und zugedeckt 1 Std. weiterschmoren lassen. Das Fleisch aus dem Bräter nehmen, tranchieren und mit dem Gemüse und dem Bratensaft im Bräter servieren.

Tipp: Wer Schafsfleisch nicht liebt, kann 1 Lammkeule (ca. 1 kg) verwenden. Knoblauchliebhaber spicken das Fleisch mit Knoblauch.

Variante: Manchmal wird eine Schweineschulter genauso zubereitet. Statt Thymian Rosmarin zum Würzen verwenden.

Gschnätzlets Schwynsfleisch
Geschnetzeltes Schweinefleisch

Arbeitsaufwand: 35 Min.
Bratzeit: ca. 15 Min.

Für 4 Personen:
100 g gedörrte Apfelringe
200 ml Apfelwein, 600 g
mageres Schweinefleisch
Salz, Pfeffer, Cayenne-
pfeffer, 2 EL Bratbutter
200 ml Bouillon, Mehl
1 EL Butter, 200 g Rahm
1 EL Apfelbranntwein

Die Apfelringe vierteln und in etwas Apfelwein einlegen. Das Fleisch in kleine Scheibchen schneiden und mit Salz, Pfeffer und 2 Prisen Cayennepfeffer kräftig würzen.
Die Bratbutter erhitzen. Die Fleischscheiben darin rasch anbraten. Mit dem restlichen Apfelwein ablöschen. Die Apfelringe zugeben. Nach und nach etwas Bouillon zufügen und etwas einkochen lassen.
Inzwischen 2 EL Mehl mit der Butter gut verkneten. Die Mehlbutter und Rahm zum Geschnetzelten geben, gut vermischen und alles 10–15 Min. weiterkochen. Das Geschnetzelte mit Salz, Pfeffer und Apfelbranntwein (z. B. Surgrauech) abschmecken.

Beilage: Dazu passt Kartoffelpüree und Most, z. B. Surgrauech.

Zu diesem Braten aus dem Aargau gehören – wie könnte es anders sein – Karotten und gedämpfte Dörrzwetschgen.

Chalbshaxe mit Zwätschge
Kalbshaxe mit Dörrzwetschgen

Arbeitsaufwand: 40 Min.
Bratzeit: ca. 2 Std. 30 Min.

Für 6 Personen:
150 g Dörrzwetschgen
100 ml Weißwein
1 Stange Lauch, 1/2 Zwiebel
1/2 Knollensellerie
4 Karotten, 2 Kalbshaxen
3 EL Bratbutter, Salz
Pfeffer, 1 Lorbeerblatt
1 Nelke, 100 ml Weißwein
1 Kalbsfuß, halbiert
100 g Perlzwiebeln
100 ml Bouillon
3 EL Zucker, 1 TL Speisestärke, 2 EL Madeira
1 TL Tomatenmark
1 EL Butter

Die Zwetschgen in Weißwein einlegen. Den Lauch putzen, längs einschneiden, gründlich waschen und in Streifen schneiden. Zwiebel, Sellerie und Karotten schälen. Zwiebel, 1 Karotte, 1 Stück Sellerie grob hacken. Die übrigen Karotten und den Sellerie würfeln und beiseite stellen.
Kalbshaxen in einer Bratkasserolle in 2 EL Bratbutter bei mittlerer Hitze allseitig braun anbraten (auf dem Herd oder im Ofen). Mit Salz und Pfeffer würzen. Das gehackte Gemüse, Lorbeerblatt und Nelke zufügen und bei schwacher Hitze 10 Min. mitbraten. Wein und Kalbsfuß zugeben und 1 Std. 30 Min. braten. Das Fleisch immer wieder mit dem Bratenfond begießen. Wenn nötig, von Zeit zu Zeit etwas Wasser nachgießen.
Sellerie- und Karottenwürfel mit Perlzwiebeln in der übrigen Bratbutter andünsten, mit 2–3 EL Bouillon weich dünsten. Dörrzwetschgen und Einweichflüssigkeit mit 2 EL Zucker 5–10 Min. kochen lassen. Prüfen, ob das Fleisch weich ist. Eventuell noch 30 Min. oder 1 Std. weitergaren.
Das Fleisch aus dem Bräter nehmen und warm stellen. Bratenfond passieren. Speisestärke in etwas Wasser auflösen. Sauce mit Madeira, Tomatenmark und Stärke sämig kochen. Übrigen Zucker mit Butter hellgelb dünsten. Gemüsewürfel abtropfen lassen und unter Wenden darin glasieren. Mit Zwetschgen und Fleisch anrichten. Die Sauce separat dazu servieren.

Beilage: Dazu passen Nudeln oder Bratkartoffeln.

Variante: Für Kalbshaxe mit Kräutern 4 Scheiben Kalbshaxe zu je 250 g wie oben beschrieben in 2 EL Bratbutter allseitig braun anbraten. 1 große gehackte Zwiebel, 1 durchgepresste Knoblauchzehe, 1 Lorbeerblatt, Salz und Pfeffer zufügen und alles 3 Min. dünsten. Mit 400 ml Weißwein, z. B. Merlot bianco, ablöschen und bei schwacher Hitze 1 Std. 30 Min. schmoren lassen. Den Fond durch ein Sieb passieren. Mit 1 TL Speisestärke und 4 EL gehackten Kräutern (Rosmarin, Basilikum und Salbei) mischen und mit 50 ml Weißwein weitere 5 Min. kochen lassen. Das Fleisch anrichten, mit Sauce begießen und servieren.

Das Originelle an diesem Braten ist die Beigabe von Safran. Anstelle von Essig und Bouillon kann man Weißwein verwenden, die Sauce wird dadurch etwas feiner.

Gälbe Brate
Gelber Braten nach Berner Art

Arbeitsaufwand: 40 Min.
Bratzeit: ca. 2 Std. 15 Min.

Für 6 Personen:
2 EL Bratbutter
1 kg magerer Schweinebraten, 1 Saucenknochen oder 1/2 Schweinsfüßchen
1 Zwiebel, 1 Lorbeerblatt
2 Nelken, 2 Karotten, Salz
Pfeffer, 1 Zweig Selleriekraut, 1 Speckschwarte
2 EL gehackte Kräuter
300 ml Bouillon, Essig
Safran, 200 g Sauerrahm
1 TL Mehl

Die Bratbutter in einer Kasserolle im Backofen erhitzen. Fleisch und Saucenknochen oder Schweinsfüßchen darin bei 230° allseitig 30 Min. anbraten. Zwiebel schälen, mit Lorbeerblatt und Nelken spicken. Karotten putzen, schälen und halbieren. Fleisch mit Salz und Pfeffer würzen. Gespickte Zwiebel, Karotten, Selleriekraut, Speckschwarte und Kräuter (z. B. Thymian, Majoran, Maggikraut) zufügen. Bouillon mit 1 TL Essig und 2 Prisen Safran mischen und ab und zu ein wenig neben den Braten gießen. Die Hitze auf 190° reduzieren, das Fleisch zugedeckt 1 Std. 15 Min. schmoren lassen. Aus der Kasserolle nehmen.
Wenn nötig, den Bratenfond etwas entfetten, mit wenig Bouillon oder Wasser aufkochen und einkochen lassen, bis nur 2–3 EL Sauce übrig bleiben. Sauerrahm mit Mehl verrühren, zugeben und langsam erwärmen. Fleisch in Tranchen schneiden und die Sauce darüber geben.

Tipp: Ich gebe erst zum Schluss vor dem Reduzieren Safranfäden zu.
Beilage: Dazu passt Kartoffelstock.

Ein Aargauer Familienrezept:

Beizte Schwiinshalsbroote
Gebeizter Schweinehals

Arbeitsaufwand: 40 Min.
Ruhezeit: 6 Tage
Bratzeit: ca. 2 Std.

Für 6 Personen:
1 kg Schweinehals
2 EL Senf, 300 g Sauerrahm
1 Zwiebel, 1 Lorbeerblatt
1 Nelke, 2 Knoblauchzehen
1 EL Mehl, 2 EL Bratbutter
Salz, Pfeffer
300 ml Most (Apfelwein)

Fleisch mit Senf bestreichen und in eine Schüssel legen. Den Sauerrahm darüber geben. Mindestens 6 Tage kühl ruhen lassen, dabei ab und zu mit Sauerrahm übergießen. Das Fleisch aus der Schüssel nehmen. Mit dem Messerrücken Sauerrahm und Senf abstreifen. Die Zwiebel schälen, mit Lorbeerblatt und Nelke spicken. Den Knoblauch schälen, längs halbieren und den Braten damit spicken. Mit Mehl bestäuben und allseitig in Bratbutter anbraten. Gespickte Zwiebel zufügen. Mit Salz und Pfeffer würzen. Das Fleisch bei mittlerer Hitze 1 Std. 30 Min. bis 2 Std. schmoren lassen, dabei nach und nach den Most zugeben. Nach dieser Zeit sollte das Fleisch gar sein. Aus der Kasserolle nehmen und warm stellen. Die Rahmbeize zugeben und aufkochen, bis eine sämige Sauce entsteht.

Beilage: Dazu passt Kartoffelstock oder »Gschwellti«.

Ein gutes Rezept von der Großmutter. Früher konnten sich die wenigsten Rinderfilet leisten. Man kaufte Fleisch vom Vorderviertel, das geschmort werden musste.

Rindsplätzli im Saft
Geschmortes Rindfleisch

Plätzchen beidseitig mit Salz, Pfeffer und Majoran würzen. Speck klein würfeln. Karotten schälen, putzen, grob raspeln. Zwiebeln schälen und hacken. Speck in einem Schmortopf anziehen lassen, 1 EL Bratbutter zugeben und die Plätzchen darin auf beiden Seiten anbraten, dann herausnehmen. Karotten mit Zwiebeln in der übrigen Bratbutter andünsten und herausnehmen. Fleisch und Gemüse lagenweise in den Schmortopf einfüllen. Tomatenmark und Rotwein verrühren und mit Lorbeerblatt zugeben. Die Plätzchen mit Bouillon bedecken. Zugedeckt bei schwacher Hitze 1 Std. schmoren lassen, ab und zu wenden.

Beilage: Dazu passen Kartoffeln in der Schale oder Salzkartoffeln.
Varianten: Anstelle von Karotten 2 Äpfel schälen und würfeln und mit den Zwiebeln zwischen den Plätzchen verteilen. Das Tomatenmark weglassen. Statt Rotwein Apfelwein verwenden.

Arbeitsaufwand: 35 Min.
Schmorzeit: 1 Std. 15 Min.

Für 4 Personen:
8 dünne Rindsplätzchen
Salz, Pfeffer, Majoran
100 g Speck, 2 Karotten
2 Zwiebeln
2 EL Bratbutter
1 EL Tomatenmark
100 ml Rotwein
1 Lorbeerblatt
Bouillon

Chöngelibroote
Luzerner Kaninchenbraten

Die Karotte putzen, schälen, halbieren. Die Zwiebel schälen, mit Lorbeerblatt und Nelke spicken.
Das Kaninchen in große Stücke teilen. Bratbutter erhitzen. Das Fleisch darin allseitig gut anbraten. Mit Salz, Pfeffer, Majoran und Thymian würzen. Speckschwarte, Karotte, gespickte Zwiebel, Selleriekraut und Petersilie zugeben und 2–3 Min. mitbraten. Mit 150 ml Bouillon ablöschen. Halb zugedeckt bei schwacher Hitze 1 Std. schmoren lassen. Nach Bedarf immer wieder Bouillon zugießen.
Das Fleisch herausnehmen. Zitronensaft und Senf zur Sauce geben und unterrühren, etwas einkochen lassen. Die Speisestärke mit Sauerrahm oder 1–2 EL Bouillon verrühren und die Sauce damit leicht binden.

Beilage: Dazu passt Kartoffelstock.

Tipp: Man kann auch grobkörnigen Senf verwenden. In diesem Fall den Zitronensaft weglassen.

Arbeitsaufwand: 35 Min.
Bratzeit: ca. 1 Std.

Für 6 Personen:
1 Karotte, 1 Zwiebel,
1 Lorbeerblatt, 1 Nelke
1 Chüngeli (Kaninchen, ca. 1,5 kg), 2 EL Bratbutter
Salz, Pfeffer, Majoran, Thymian, 1 Speckschwarte
1 Zweig Selleriekraut
1 Bund Petersilie, 300 ml Bouillon, 1 EL Zitronensaft, 1 EL Senf
1 TL Speisestärke
4 EL Sauerrahm

Dieses Rezept ist das Geheimnis der Köchin einer ehemaligen »Güggelibeiz«.

Mischtchratzerli im Häfeli
Mistkratzer in Butter

Arbeitsaufwand: 40 Min.
Bratzeit: 35–40 Min.

Für 4 Personen:
2 Mistchratzerli (kleine Güggeli, ca. 450 g)
Pfeffer, Salz
2 Zweige Rosmarin oder
2 Salbeiblätter
300 g frische Butter

Mistchratzerli innen und außen mit Pfeffer würzen. Etwas Salz und Rosmarin oder Salbei in den Bauch geben. Die Butter erhitzen, bis sie flüssig wird, ohne Farbe anzunehmen. Mistchratzerli zugeben und 30–35 Min. braten. Dabei die Butter alle 5 Min. über die Güggeli gießen. Nach 15 Min. wenden, sodass die Oberseite in der Butter liegt, die Güggeli salzen. (Butter darf nicht braun werden.) Mistchratzerli aus dem »Häfeli« nehmen, anrichten und etwas Butter darüber gießen. Übrige Butter anderweitig verwenden.

Tipps: Der heutige Besitzer und Küchenchef lässt dieses »Güggeli« wieder aufleben. Ich verwende Bratbutter und begieße das Hähnchen zuletzt mit frischer, heißer Butter.

Hier ist das Großmutter-Rezept einer Bäuerin aus der Gruyère:

Poulet de Gruyère
Poulet nach Greyerzer Art (im Bild)

Arbeitsaufwand: 30 Min.
Bratzeit: 1 Std. 15 Min.

Für 4 Personen:
Leber und Herz vom Poulet, 100 g Weißbrot ohne Rinde, $^1/_8$ l Milch
2 EL Apfelbranntwein
1 Zwiebel, Salz, Pfeffer
2 EL gehackte Petersilie
1 Farmerpoulet (z. B Poulet de Gruyère, ca. 1,4 kg)
50 g Bratbutter
20 kleine Perlzwiebeln
5–6 kleine, reife Tomaten
$^1/_8$ l Weißwein

Leber und Herz grob hacken. Brot klein schneiden, in Milch einlegen, ausdrücken und mit Apfelbranntwein kurz mixen. Zwiebel schälen und hacken. Alles mit Zwiebel, Salz, Pfeffer und Petersilie mischen. Den Backofen auf 220° vorheizen. Das Poulet füllen und zunähen.
Die Bratbutter in einer Bratkasserolle in den Backofen (Mitte) stellen. Poulet zugeben und allseitig anbraten, ab und zu mit Fond begießen. Perlzwiebeln schälen, nach etwa 30 Min. um das Poulet legen. Die Hitze auf 180° reduzieren. Die Tomaten waschen und halbieren. Nach 45 Min. Bratzeit Tomaten mit der Schnittseite nach unten zugeben und 15 Min. weiterbraten. Das Poulet anrichten, Zwiebelchen und Tomaten dazulegen und warm halten. Bratenfond mit Wein (ersatzweise Hühnerbrühe) lösen und einkochen lassen. Separat zum Poulet servieren.

Tipps: Das Poulet zerlegen, anrichten und zu jeder Portion etwas Füllung beigeben. Die Füllung mit etwas Fleischsaft begießen. Mit Gemüse der Saison servieren. Die »Poulets de Gruyère« werden im Freien von Freiburger Bäuerinnen aufgezogen und sind qualitativ hervorragend.

Rhabarber

Wer die dicken rötlichen und saftigen Stängel in seinem Garten hat, verfügt jederzeit über die Möglichkeit, damit herrliche, zum Teil vergessene Süßspeisen zuzubereiten. Die ersten zarten und rosafarbenen Stängel ergeben das feinste Kompott, dicke und robuste hingegen kann man für Kuchen verwenden.

Rebarbereschnitte
Rhabarberschnitten

Arbeitsaufwand: 50 Min.
Kochzeit: 15 Min.

Für 4 Personen:
1 kg junger Rhabarber
1 unbehandelte Zitrone
100 ml Weißwein
100 g Zucker
1/2 Zimtstange, 8 Einbackschnitten, 100 ml Milch
3 EL Bratbutter

Den Rhabarber in etwa 1 1/2 cm lange Stücke schneiden. Von der Zitrone 1 Stück Schale abschneiden. Mit Weißwein, Zucker und Zimtstange aufkochen lassen. Rhabarber zugeben und zu einem dicken Kompott kochen. Zimtstange und Zitronenschale entfernen. Das Kompott erkalten lassen.
Die Einbackschnitten mit Milch beträufeln und in Bratbutter beidseitig hellgelb rösten. Das Rhabarbermus dick darauf verteilen und servieren.

Variante: Statt Einbackschnitten 4 Weggli (Milchbrötchen) verwenden. Diese dann quer halbieren.
Tipp: Ich bereite jeweils eine größere Menge Rhabarberkompott zu und fülle es heiß in gut verschließbare Einmachgläser. So kann ich auch im Winter die Schnitten zubereiten.

Rebarberewäie
Zürcher Rhabarberkuchen

Arbeitsaufwand: 25 Min.
Backzeit: ca. 35 Min

Für ein Blech von 28 cm Ø:
1 kg Rhabarber
400 g Hefeteig für Kuchen
2 EL Paniermehl
Butter, 5 EL Zucker
2 Eier, 1 TL Speisestärke
1/4 l Milch oder Rahm
1/2 TL Zimtpulver oder Vanillezucker

Den Rhabarber waschen, putzen, in kleine Würfelchen schneiden. Backblech mit Backpapier belegen. Nach dem Grundrezept von Seite 14 einen Hefeteig zubereiten. Den Teig etwa 3 mm dick ausrollen und aufs Blech legen. Mit einer Gabel mehrmals einstechen. Den Backofen auf 230° vorheizen. Nach Belieben mit Paniermehl bestreuen. Etwas Butter in Flöckchen und Rhabarberwürfel darauf verteilen, mit 3 EL Zucker bestreuen. Im Backofen (Mitte) 20 Min. backen. Die Eier verquirlen. Mit Speisestärke, Milch oder Rahm, Zimtpulver oder Vanillezucker verrühren. Den Guss über den Kuchen gießen und in 10–15 Min. fertig backen. Wenn nötig, mit Alufolie abdecken. Restlichen Zucker darüber streuen und nochmals für 5 Min. backen.

Tipp: Anstelle von Paniermehl gemahlene Mandeln verwenden.

Und nun noch der etwas vornehmere Rhabarberkuchen aus der Westschweiz. Ich habe ihn »à la mode de Chardonne« getauft, weil ich ihn dort vor vielen Jahren zum ersten Mal gegessen habe. Es ist nach wie vor mein Lieblingsrezept. Er wurde – so war es in diesem Bistro Brauch – mit einer guten Flasche Weißwein, einem »Chardonne« serviert. Ein Zvieri, das sich sehen lassen kann!

Gâteau à la rhubarbe
Rhabarberkuchen

Arbeitsaufwand: 30 Min.
Ruhezeit: 12 Std.
Backzeit: 35–40 Min.

Für ein Blech von 26 cm Ø:
120 g Mehl, 60 g Butter
30 g Zucker, 1 Prise Salz
25 g geschälte gemahlene Mandeln, 1 Eigelb
1 g Vanille-Extrakt
1 kg Rhabarber
4–5 EL Zucker
1–2 EL Weißwein
wenig Butter

Das Mehl auf die Arbeitsfläche sieben. Die Butter in kleine Stücke schneiden. Mit Zucker, Salz und Mandeln mischen. Mit Eigelb und Vanille-Extrakt rasch zu einem Teig verkneten. Wenn nötig, wenig Wasser zugeben. In Folie gewickelt 12 Std. im Kühlschrank ruhen lassen. Das Backblech mit Backpapier auslegen. Den Teig auf das Blech legen und von Hand darauf verteilen, dabei einen etwa 2 cm hohen Rand hochziehen.
Rhabarber waschen, putzen, schälen und in Stücke schneiden. Den Backofen auf 220° vorheizen. Den Teigboden mit einer Gabel mehrmals einstechen und den Rhabarber dicht auf dem Kuchen verteilen. Mit 2–3 EL Zucker bestreuen. Im Backofen (Mitte) 30 Min. backen. Darauf achten, dass der Teig nicht zu dunkel wird. Nach dieser Zeit den Rhabarber mit Weißwein beträufeln, mit Butter in Flöckchen und dem restlichen Zucker bestreuen und in 5–10 Min. fertig backen.

Tipp: Der trockene Chardonne-Weißwein schmeckt erstaunlich gut dazu.

Rhabarbermues mit Mandle
Rhabarbermus mit Mandeln

Arbeitsaufwand: 25 Min.
Kochzeit: 10 Min.

Für 4 Personen:
100 g Mandelblättchen
1 kg junger Rhabarber
200 g Zucker, 1 TL Speisestärke, 1 Vanilleschote

Die Mandelblättchen in einer trockenen Pfanne leicht rösten. Den Rhabarber waschen und in kleine Stücke schneiden. Mit 1/8 l Wasser, Zucker und der Speisestärke 10 Min. kochen lassen. Die Vanilleschote aufschlitzen und das Mark dazukratzen. Den Rhabarber pürieren und in Schalen anrichten. Lauwarm oder kalt mit Mandeln bestreut servieren.

Tipps: Junger rosafarbener Rhabarber muss nicht geschält werden. Anstelle von Speisestärke zum Schluss 1–2 EL Quark untermischen.

Morcheln – delikat und rar

Frische Morcheln kennen die meisten von uns nur vom Hörensagen. Und doch gibt es diese eigenwilligen Pilze bei uns – etwa an den steilen Hängen der Rigi oberhalb Weggis immer noch oder im Jura. Sie wachsen nur dort, wo es ihnen wirklich behagt. Pilzkenner wissen sie an Geheimplätzen zu finden. Übrigens gibt es in diesen Gegenden auch schwarze Trüffel, allerdings auch nur in kleinen Mengen.

Morchlesoppe nach Wäggiser Art
Morchelsuppe nach Weggiser Art

Arbeitsaufwand: 25 Min.
Kochzeit: 10 Min.

Für 4 Personen:
100 g frische Rigimorcheln
1 Karotte
1 Stück Knollensellerie
1 EL Butter
1 EL gehackte Zwiebeln
800 ml hausgemachte Fleischbouillon (nach Belieben entfettet)
Salz, Pfeffer
2 Eigelbe, 100 g Rahm

Die Morcheln entstielen, in kaltes Wasser legen und mehrmals waschen, bis kein Sand mehr vorhanden ist. Karotte und Sellerie schälen, beides in ganz feine Streifchen schneiden. Die Butter erhitzen. Gemüse mit den gehackten Zwiebeln in Butter anziehen lassen. Die Morcheln abtropfen lassen und zugeben (große halbieren). Alles zugedeckt 10 Min. dünsten. Die Bouillon zufügen und langsam erwärmen. Mit Salz und Pfeffer würzen. Eigelbe mit Rahm verquirlen, zugeben und knapp bis zum Kochen kommen lassen. Sofort anrichten und mit frischem Bauernbrot servieren.

Tipps: Dieses Rezept kann auch mit getrockneten Morcheln zubereitet werden, die man eine Zeit lang einlegt und länger dünstet. Ich gebe jeweils auch den frischen Morcheln einige fein gehackte getrocknete Morcheln zu, was das Aroma verstärkt. Die Suppe kann auch gemixt werden, was bei frischen Morcheln fast schade ist. Anstelle von Eigelb etwas Speisestärke verwenden.

Crème aux champignons | Pilzrahmsuppe

20 g getrocknete Steinpilze in $^1/_8$ l Wasser oder Fleischbrühe 10 Min. kochen. 300 g frische Champignons putzen und in feine Scheiben schneiden. In 2 EL Butter anziehen lassen. Mit den Steinpilzen samt Einweichwasser und 1–2 Knoblauchzehen im Mixer pürieren. Dann 10 Min. kochen lassen. Mit Salz und Pfeffer würzen. In Suppentellern anrichten und jeweils mit 1 EL Crème fraîche garnieren. Mit wenig Thymian bestreuen.

In der Westschweiz und im Jura gibt es die herrlichen

Morilles à la crème
Morcheln in Rahmsauce

Die Morcheln gründlich waschen und je nach Größe halbieren oder vierteln. Getrocknete Morcheln 1 Std. in Wasser einweichen und das Wasser mehrmals wechseln. Die Schalotten in der Butter 1–2 Min. dünsten. Die gut abgetropften Morcheln beifügen. Zugedeckt 10 Min. dünsten (getrocknete Morcheln etwas länger). Mit Mehl bestäuben, Weißwein beifügen, etwas einkochen lassen. Crème fraîche unterrühren und bei schwacher Hitze etwas eindicken lassen. Mit Salz und Pfeffer würzen.

Tipp: Um das Eigenaroma der Morcheln nicht zu verfälschen, sollten diesem Gericht weder Gewürze noch Bouillon oder Zitronensaft beigefügt werden.

Varianten: Für »Croûtes aux morilles« 4 dünne Modelbrotscheiben in 2 EL Butter goldgelb rösten. Je 2 Brotscheiben auf vorgewärmte Teller legen und die Morcheln mit der Sauce darauf verteilen.
Nach dem gleichen Rezept kann man auch »Croûtes aux champignons« zubereiten, dann etwas mehr Weißwein und weniger Rahm verwenden.
Man kann auch Crêpes (Pfannkuchen) backen und mit den Morcheln in Rahmsauce füllen.

Arbeitsaufwand: 25 Min.
Einweichzeit: 1 Std.

Für 4 Personen:
300–400 g frische Morcheln (oder 40 g getrocknete)
2 EL fein gehackte Schalotten
1 EL Butter
1 TL Mehl
3 EL Weißwein
250 g Crème fraîche
Salz, Pfeffer

Omelette aux morilles | Morchelomelette

6 frische Eier mit einer Gabel leicht verrühren. Die Hälfte der gedünsteten Morcheln darunter ziehen. Mit den restlichen Morcheln eine Morchel-Rahmsauce wie im Rezept oben zubereiten. Die Eiermischung in 1 EL Butter in einer Bratpfanne zu einer Omelette stocken lassen. Die Morchelcreme darauf geben, eine Omeletthälfte darüber schlagen.

Varianten: Anstelle von Omletten Crêpes backen und mit den Morcheln in Rahmsauce (Rezept oben) garnieren. Oder Blätterteig-Pastetenhüllen im heißen Backofen aufbacken und mit der Morchelcreme füllen.

Juni

EIN AUSFLUG in unseren Südkanton ist nicht nur landschaftlich ein viel versprechendes Erlebnis. Schon bei der Abfahrt denkt mancher an die herrlichen kulinarischen Genüsse, die einen »ennet« des Gotthard erwarten, an den Merlot, an Risotto, Ossobuco. Bereits am Ende des Vierwaldstättersees findet man auf der Speisekarte erste Vorboten südlicher Küche.

Juni

Suppen

Fischgericht

Fleisch- und Wurstgerichte

Eintopfgericht

Käsegericht

Fleischloses Gericht

Beilage

Mais- und Teigwaren-gerichte

Süßspeisen

Gebäck

Rys und Pohr
Reis und Lauch

Arbeitsaufwand: 35 Min.
Kochzeit: 16 Min.

Für 4 Personen:
1 große Zwiebel
2–3 Knoblauchzehen
500 g Lauch, 2 EL Butter
1 TL Mehl (nach Belieben)
3/4 l Bouillon
300 g Reis (Vialone oder Arborio), Salz, Pfeffer
120 g Urner Bergkäse
1 Stück frische Butter

Zwiebel und Knoblauch schälen. Zwiebel hacken und Knoblauch durchpressen. Lauch putzen, gründlich waschen und in etwa 1 cm breite Rädchen schneiden. Butter erhitzen. Zwiebel und Knoblauch darin hellgelb dünsten. Lauch zugeben und 2–3 Min. anziehen lassen. Nach Belieben mit Mehl bestreuen (bindet besser!), mit Bouillon auffüllen und 3–4 Min. kochen lassen. Reis zufügen, salzen und pfeffern und bei schwacher Hitze 16 Min. kochen. Den Käse reiben. Mit frischer Butter unter den Reis ziehen und servieren.

Tipps: Nach Belieben eine Zwiebelschwitze zubereiten: Dafür 4 Zwiebeln schälen, in Ringe schneiden und in 3 EL Bratbutter goldbraun braten. Auf dem Reis verteilen. Statt Urner Bergkäse geriebenen Sbrinz unter den Reis ziehen.
Ein Urner Gericht, beeinflusst vom Süden. Der »Pohr« ist vom italienischen »Porro« abgeleitet, und der »Rys« stammt auch nicht aus der Innerschweiz.

Ein äußerst originelles Rezept, das den Tessiner Einfluss ebenfalls nicht verleugnen kann.

Schwynigs und Cheschtenä
Schweinefleisch mit Kastanien

Arbeitsaufwand: 40 Min.
Einweichzeit: 12 Std.
Kochzeit: 1 Std. 15 Min.

Für 4 Personen:
400 g getr. Kastanien
1 kg geräuchertes Schweinefleisch (Rippli, Schüfeli, Wädli oder Speck)
50 g Zucker
Salz, Pfeffer
400 g Kartoffeln

Die Kastanien in kaltem Wasser 12 Std. oder über Nacht einweichen. Am nächsten Tag die braunen Häutchen entfernen. Das geräucherte Schweinefleisch in Wasser 45 Min. kochen lassen. Den Zucker in einer Pfanne braun rösten, Kastanien zugeben, kurz darin schwenken und beiseite stellen. Mit Fleischsud ablöschen, mit wenig Salz und Pfeffer würzen. Fleisch zugeben und weitere 30 Min. kochen lassen. Die Kastanien sollten nicht zerfallen. Inzwischen die Kartoffeln schälen und in Salzwasser garen. Fleisch in nicht zu dünne Scheiben schneiden. Kastanien auf eine flache Platte geben, das Fleisch darauf anrichten und mit einem Kranz von Salzkartoffeln umgeben.

Tipp: Kann auch mit frischen Kastanien zubereitet werden (siehe S. 287 Gekochte Kastanien).

Zur Jagdzeit gibt es im Urnerland und in der Leventina

Gämschipfäffer
Urner Gämsepfeffer

Das Fleisch in Ragoutstücke schneiden. Sellerie und Karotte putzen, beides schälen. Die Zwiebel schälen, mit Lorbeerblatt und Nelke spicken. Fleisch mit Gemüse, gespickter Zwiebel und Wacholderbeeren in einen irdenen Topf geben. Mit Rotwein und Essig übergießen. 3–5 Tage in der Beize belassen, die Säure macht es mürbe.
Das Fleisch herausnehmen, mit Küchenpapier abtrocknen. Die Bratbutter erhitzen und das Fleisch darin scharf anbraten. Die Beize in einer gusseisernen Kasserolle aufkochen lassen und das Fleisch dazugeben. Es soll von Flüssigkeit bedeckt sein; eventuell mit Rotwein strecken. Mit Salz, Pfeffer, Thymian und Majoran würzen. Das Mehl ohne Butter in einer Pfanne dunkelbraun rösten und zum Fleisch geben. Zugedeckt 1 Std. 30 Min. bis 2 Std. schmoren lassen. Das Fleisch aus der Sauce nehmen und warm stellen. Die Sauce passieren, Zucker zugeben, eventuell nachwürzen und zum Fleisch geben.

Tipp: Dazu passt Polenta (siehe S. 149). Zum Begießen und Trinken Tessiner Merlot nehmen!

Arbeitsaufwand: 40 Min.
Marinierzeit: 3–5 Tage
Garzeit: ca. 2 Std.

Für 4 Personen:
2 kg Gämsfleisch
1 Stück Knollensellerie
1 Karotte, 1 Zwiebel
1 Lorbeerblatt, 1 Nelke
6 Wacholderbeeren
1 l Tessiner Rotwein
50 ml Essig
50 g Bratbutter
Salz, Pfeffer, Thymian und Majoran, 2 EL Mehl
1 Prise Zucker

Noch ein währhaftes Urner Gericht:

Urner Chässuppa
Urner Käsesuppe

Das Brot in dünne Scheiben schneiden und in eine große Schüssel geben. Die Bouillon erhitzen und darüber gießen. Den Käse reiben.
Das aufgeweichte Brot mit Käse lagenweise in eine Pfanne geben. Mit Salz, Pfeffer und Muskat würzen, und, wenn nötig, noch etwas Bouillon zufügen und bei schwacher Hitze 45 Min. kochen lassen.
Für die Zwiebelschwitze die Zwiebeln schälen und hacken. Die Bratbutter erhitzen. Die Zwiebeln darin hellbraun braten. Die Suppe in Suppentellern anrichten und die Zwiebelschwitze darauf verteilen.

Tipps: In Schwyz wird der Käse erst nach dem Kochen des Brotes untergemischt. Die Suppe schmeckt auch mit Sbrinz statt mit Urner Bergkäse. Das Brot kann man auch durch die Rinde von einem Brotschinken ersetzen. Im Luzerner Land wird anstelle von Bouillon Milch verwendet.

Arbeitsaufwand: 30 Min.
Ruhezeit: 1–2 Std.
Kochzeit: 45 Min.

Für 4 Personen:
300 g altbackenes Brot
1 1/2 leichte Bouillon
250 g Urner Bergkäse
Salz, Pfeffer
Muskatnuss
2 große Zwiebeln
2 EL Bratbutter

Brischtner Birä

Durch den wärmenden Föhn reiften bereits schon früher in heißen Sommern im Urnerland sogar Kastanien und Feigen. Deshalb kam bald der Ruf nach Förderung des Obstbaus. Dies insbesondere, weil für viel Geld gedörrtes Obst eingekauft werden musste. So reiften mit der Zeit unter anderem sehr gute, fleischige »Bon-Chrétien-Birnen« (Christbirnen) im Urnerland und sogar auch in Bristen, wo man sie für den Winter in der Stube auf dem Giltsteinofen trocknete. So schrumpften sie zu dunkelbraunen, süßen, verrunzelten Gebilden. Und Frau Tresch in Bristen soll nicht nur das feine »Urner Biräbrot« damit gebacken haben. Sie kochte die Früchte mit Gewürzen in Rotwein und servierte sie danach auf einem Berg von steif geschlagenem Rahm und nannte das Ganze »Brischtner Nitlä« – ein Dessert, das heute als »Brischtner Birä« etwa wie die »Aelpler Magronä« wieder Furore macht. Der herrliche, süße Duft beim Kochen der Birnen lockte jeweils die Kinder in die Küche, so wie es in diesem Vers beschrieben ist:

I d'Chuchi, giri, gitz!
D Müätter chochät Schnitz
Ha-n-i einä wellä,
Git-s-mr mit dr Chellä

Brischtner Birä
Gedörrte Birnen in Wein

Arbeitsaufwand:
Einweichzeit: 2–3 Std.
Kochzeit: 40 Min.

Für 4 Personen:
4–8 gedörrte Birnen (ganze, fleischige Christbirnen)
$^1/_2$ l Rotwein, 50 g Zucker
1 Stück Zimtrinde, 1 Nelke
100 g Birnenhonig
300 g Rahm

Die Birnen 2–3 Std. in kaltes Wasser legen. Den Wein mit Zucker, Zimtrinde und Nelke aufkochen lassen. Die Birnen mit 100 ml Einweichwasser darin 40 Min. kochen. Im Sud erkalten lassen.
Birnenhonig zufügen und sirupartig eindicken lassen. Den Rahm steif schlagen. Die Birnen auf dem Rahm anrichten. Die Sauce separat dazu reichen oder über die Birnen gießen.

Tipp: Birnenhonig ist stark eingedickter Birnensaft (Obstsaftkonzentrat). Ein Erfolgsrezept, das ich besonders verwöhnten Gästen vorsetze.
Das Originalrezept enthält keinen Birnenhonig. Die Sauce wird aber durch diese Zugabe sämig und noch besser.

Ein weiteres Rezept mit südlichem Einfluss, eine der verschiedenen Urner Polenta-Varianten:

Polänta-Chüächa
Polenta-Kuchen

Die Birnenschnitze 12 Std. in kaltes Wasser legen. Den Speck etwa 1 cm groß würfeln. Die Fleischbrühe oder das Salzwasser aufkochen lassen. Maisgrieß (Polenta) und Maismehl mischen. Die Mischung im Sturz zugeben und unter Rühren bei schwacher Hitze aufkochen lassen, 10 Min. weiterrühren und beiseite stellen.
Die Birnen abtropfen lassen. Den Backofen auf 200° vorheizen. Die Speckwürfel in einer Pfanne leicht glasig werden lassen. Mit Birnenschnitzen unter die Polenta mischen.
Eine nicht zu hohe Auflaufform einfetten. Den Maisbrei einfüllen, mit Butter in Flöckchen belegen. Im Backofen (Mitte, Umluft 180°) 40 Min. backen.

Beilage: Dazu passt Nüsslisalat (siehe S. 331).

Arbeitsaufwand: 40 Min.
Einweichzeit: 12 Std.
Backzeit: ca. 40 Min.

Für 4 Personen:
200 g gedörrte Birnenschnitze, 200 g magerer Speck, 1,8 l Fleischbrühe
1 EL Salz, 300 g Maisgrieß
80 g Maismehl, 30 g Butter
Butter für die Form

Eine dicke Bohnensuppe, die vor allem durch die Altdorfer Suppenanstalt bekannt geworden ist. Sie wird aber in verschiedenen Varianten auch von Hausfrauen zubereitet. Hier ist eines dieser Rezepte.

Beenälisuppa
Altdorfer Bohnensuppe

Die Bohnen 12 Std. in lauwarmem Wasser einweichen.
Am nächsten Tag Zwiebel und Knoblauch schälen, die Zwiebel hacken. Die Butter erhitzen. Den Knoblauch dazupressen, die Zwiebel zugeben und beides darin 5 Min. dünsten. Das Mehl zufügen und unter Rühren hellbraun rösten. Mit Bouillon oder Wasser ablöschen und glatt rühren. Liebstöckel und Bohnenkraut zufügen.
Die Bohnen abgießen, dazugeben und 1 Std. kochen lassen. Den Reis beifügen und, wenn nötig, mit Wasser etwas verdünnen. Die Suppe mit Salz und Muskat abschmecken und 20 Min. weiterkochen.

Tipp: Wird mit gekochten Schweinswürsten zu einer Hauptmahlzeit.
Variante: Anstelle von Reis gebe ich manchmal kleine Pasta, z. B. Müscheli, dazu.

Arbeitsaufwand:
Einweichzeit: 12 Std.
Kochzeit: 1 Std. 30 Min.

Für 6 Personen:
120 g gedörrte Bohnen (z. B. Borlotti), 1 Zwiebel
1 Knoblauchzehe
4 EL Butter , 6 EL Mehl
1 $^1/_2$ l Bouillon, 1 Zweig Liebstöckel, 1 TL gehacktes Bohnenkraut, 5 EL Reis
Salz, Muskatnuss

Ricette della nonna

Die Suche nach althergebrachten typischen Tessiner Rezepten erwies sich als reichlich kompliziert. Wendet man sich diesbezüglich an Tessiner in Locarno, Ascona oder Lugano, erhält man bestenfalls Rezepte für den bereits weitgehend bekannten Risotto, die Minestrone, ein Kaninchenragout oder Ossi buchi. Auch in den Grotti findet man manchmal nicht viel mehr als einen Fisch in carpione, ein Güggeli oder vielleicht einen Brasato (Schmorbraten) nach Großmutterart auf dem Speisezettel. Wer wirklich echte Tessiner Kost ausprobieren will, muss einen der kleinen Gasthöfe in den Tessiner Seitentälern aufsuchen, wo für Gäste höchstens drei bis vier Tische stehen und nur das aufgetischt wird, was für die Familie gekocht wird.

Manchmal entwickeln im Tessin ansässige Deutschschweizer ein besonderes Talent, nach Tessiner Art zu kochen. Ihr großer Erfolg kommt sicher nicht von ungefähr, denn alle Tessinfahrer von »ennet« dem Gotthard schwärmen für echte Tessiner Kost. Gibt es denn etwas Besseres als eine gekonnt zubereitete Tessiner Polenta, die nach alter Art noch mit einer Schnur in Stücke geschnitten wird, die man mit rassiger Steinpilzsauce begießt oder zu der Luganighe, Coniglio (Kaninchenragout) oder ein feiner Arrosto (Braten) serviert werden?

Eine echte Tessiner Polenta ist nicht bloß ein simpler, eine halbe Stunde lang gekochter Maisbrei. Sie ist eine Tradition, ein von alters her im gleichen Stile mit viel Liebe und Sorgfalt zubereitetes Gericht. Sie schmeckt, nach altem Brauch dreißig Minuten in gleicher Richtung gerührt, ausgezeichnet, auch wenn es keine Kupferkessel mehr gibt.

Uccelli scapati
Kalbsröllchen nach Tessiner Art

Arbeitsaufwand: 45 Min.
Bratzeit: 15 Min.

Für 4 Personen:
1 Brötchen, 50 g magerer Speck, 1 große Zwiebel
1 EL gehackte Petersilie
2 EL Bratbutter
200 g frische Steinpilze (oder 30 g getrocknete)
8 sehr dünne Kalbsplätzchen, Pfeffer, Salz, Rosmarin, Thymian, 200 ml Rotwein (z. B. Merlot)
2 große Tomaten

Brötchen in kleine Stücke brechen, mit heißem Wasser übergießen. Nach dem Weichwerden ausdrücken, zerstoßen oder passieren. Speck würfeln. Zwiebel schälen und fein hacken. Speck mit 2 EL Zwiebel und Petersilie in $^1/_2$ EL Bratbutter 3 Min. dünsten. Pilze putzen. Die Hälfte hacken (getrocknete zuerst einweichen). Brot mit Speckmischung und Pilzen vermengen. Kalbsplätzchen beidseitig pfeffern. Füllung darauf verteilen, einrollen und mit Holzspießchen fixieren. In 1 EL Bratbutter anbraten, mit Salz, Rosmarin und Thymian würzen. Wein zugeben und halb zugedeckt 15 Min. schmoren lassen. Tomaten häuten, entkernen und würfeln. Rest Bratbutter erhitzen. Übrige Zwiebel und Tomaten darin 5 Min. dünsten, bis alle Flüssigkeit verdampft ist. Übrige fein geschnittene Pilze beifügen und mit Salz, Pfeffer und Rosmarin würzen. Fleischvögel anrichten. Tomaten-Mischung darauf geben.

Tipps: Schmeckt auch gut mit Eierschwämmchen (Pfifferlingen). Nach Belieben mit Marsala anstelle von Wein abschmecken.

Polenta alle ticinese
Tessiner Polenta

1 $^1/_2$ l Wasser mit Salz aufkochen lassen. Maisgrieß unter Rühren hineingeben, dabei immer in der gleichen Richtung rühren, bis die Polenta glatt ist. Bei schwacher Hitze 30 Min. langsam weiterrühren, bis sich am Rand eine dünne Kruste bildet. Von diesem Zeitpunkt an 10–15 Min. weiterkochen. Auf ein Holzbrett oder ein flaches Weidenkörbchen stürzen. Mit einem Leinentuch bedeckt servieren. Mit einer dünnen Schnur oder einem hölzernen Polentamesser in Portionen teilen. Dazu ein Tessiner Saucengericht servieren.

Arbeitsaufwand: 15 Min.
Kochzeit: 40–45 Min.

Für 4–6 Personen:
1 EL Salz, 400–500 g gelber Maisgrieß (nach Belieben mittelfein oder grob)

Varianten Tessiner Art

Im Tessin verwendet man meistens mittelfeinen oder auch groben Maisgrieß.

Polenta e luganighe: Die fertig gekochte Polenta mit einer Zwiebelschwitze übergießen und dazu Luganighe (frische Schweinswürste) servieren.

Polenta negra: Die Polenta mit $^2/_3$ Buchweizenmehl (Heidenmehl) und $^1/_3$ Maisgrieß zubereiten. Erkalten lassen, in Stücke schneiden und mit Knoblauchscheiben braten. Mit Tessiner Käsescheiben belegen und schmelzen lassen.

Polenta e pane: Erkaltete Polenta (evtl. Reste) klein würfeln. Mit gleich viel Brotwürfelchen in Butter braten. Nach Belieben Käsewürfelchen mitbraten.

Fette di polenta (Polentaschnitten): Polenta auf ein Blech gießen, erkalten lassen, in Scheiben schneiden, in Butter braten. Zu Saucengerichten servieren.

Varianten nach Art von Graubünden

Im Bündnerland verwendet man groben Maisgrieß, so genannte Bramata.

Aelpler Polenta: Eine etwas festere Polenta mit Bramata zubereiten, löffelweise abstechen und in kalte Milch tauchen.

Rahmpolenta: Eine weiche Polenta mit Bramata zubereiten, dabei Wasser oder Milch durch halb Rahm und halb Milch ersetzen. Nach halber Kochzeit 100 g Rosinen zufügen. Wird oft mit Salsiz (luftgetrockneten Würstchen) gegessen.

Polentagratin: Aus Bramata und Milch eine Polenta zubereiten, auf ein großes Blech gießen, abkühlen lassen. In Scheiben schneiden, lagenweise in eine große gebutterte Auflaufform geben. Mit 400 g Rahm begießen, mit 150 g geriebenem Alpkäse im vorgeheizten Backofen bei 180° 30 Min. überbacken.

Ossobuco alla casalinga
Kalbshaxen nach Hausfrauenart (im Bild)

Arbeitsaufwand: 30 Min.
Bratzeit: ca. 2 Std.

Für 4 Personen:
4 Kalbshaxen (à 250 g)
Salz, Pfeffer, 1 Zwiebel
2 Karotten, 1 Stück Sellerie
1/2 Stange Lauch, 100 ml Olivenöl, 400 ml Weißwein, 1 Knoblauchzehe
1/2 unbehandelte Zitrone
Rosmarin, Basilikum, Thymian und Salbei, 1 EL Tomatenmark, 1 Bund Petersilie, 20 g Butter

Die Kalbshaxen mit Pfeffer und Salz würzen. Zwiebel schälen und fein hacken. Gemüse waschen, putzen und klein schneiden.
Das Öl erhitzen. Das Fleisch darin goldgelb anbraten, dann herausnehmen. Im Bratenfond Zwiebel und Gemüse anziehen lassen. Mit Wein ablöschen und aufkochen lassen. Den Knoblauch schälen und dazupressen. 1/4 TL Zitronenschale abreiben und zufügen. Fleisch, Kräuter und Tomatenmark ebenfalls zugeben und alles zugedeckt 1 Std. 30 Min. bis 2 Std. schmoren lassen, bis die Kalbshaxen weich sind.
Die Petersilie waschen und hacken. Das Fleisch auf einer vorgewärmten Platte anrichten. Die Sauce durch ein Sieb passieren, eventuell mit Salz und Pfeffer nachwürzen. Die Petersilie kurz in Butter dünsten und die Mischung über die Kalbshaxen geben.

Tipp: Kalbshaxen müssen so lange gegart werden, bis sie fast zerfallen.
Beilage: Dazu passen Risotto und Tessiner Rotwein.

Busecca
Tessiner Kuttelsuppe

Arbeitsaufwand: 35 Min.
Kochzeit: 30–40 Min.

Für 4 Personen:
1 Zwiebel, 2 Knoblauchzehen, 2 EL Olivenöl
50 g Pancettawürfelchen
5 Kartoffeln, 3 Karotten
1/2 Sellerie, 3 Tomaten
2 Stangen Lauch
500 g vorgekochte, in Streifen geschnittene Kutteln
Salz, Pfeffer, je 1 Prise Safran, Majoran, Thymian, und Rosmarin, 2 EL Tomatenmark, 1 l Fleischbrühe, 100 g Sbrinz

Zwiebel und Knoblauch schälen und fein hacken. Öl erhitzen. Speckwürfelchen, Zwiebel und Knoblauch darin hellgelb rösten. Kartoffeln schälen und würfeln. Gemüse waschen, putzen bzw. schälen. Karotten, Knollensellerie und Tomaten würfeln, Lauch in feine Ringe schneiden. Alles mit den Kutteln zur Speckmischung geben und kurz dämpfen. Gewürze und Tomatenmark untermischen. Mit Fleischbrühe aufgießen. Die Suppe bei schwacher Hitze 30–40 Min. kochen lassen. Den Käse reiben und dazu servieren.

Tipps: Pancetta ist gerollter, besonders aromatischer Speck, der nicht nur in Italien, sondern auch im Tessin sehr beliebt ist. Diese Suppe wird auch von Leuten gerne gegessen, die Kutteln nicht mögen.
Varianten: Diese sehr beliebte Tessiner Suppe kann mit den verschiedensten Zutaten ergänzt oder verändert werden. Kartoffeln durch eingeweichte, vorgekochte Borlotti-Bohnen oder kleine Pasta (z. B. Muscheln, Hörnchen) ersetzen und zum Schluss zugeben.
Nach Belieben mit wenig Safran abschmecken und etwa 1/8 l Fleischbrühe durch Weißwein ersetzen.

Was könnte gemütlicher sein als ein Sommerabend in einem romantischen Tessiner Grotto bei einem Glas Merlot, einem Güggeli oder einer andern Spezialität? Ein besonders schmackhaftes Gericht ist »Lavarello in carpione«, einer Art Felchen, die in einer pikanten Gemüse-Essig-Beize eingelegt werden. Das Rezept stammt aus dem »Grotto Broggini« in Losone.

Lavarelli in carpione
Eingelegte Felchen

Arbeitsaufwand: 40 Min.
Marinierzeit: 3 Tage

Für 4 Personen:
4 ganze Lavarelli (à 220 g)
2 EL Mehl, 150 ml Öl
1 Zwiebel, 1 große Karotte
1 Stück Sellerie, 1 Stange Lauch, 1 Knoblauchzehe
1 Lorbeerblatt, je 200 ml weißer Essig und Bouillon
100 ml Weißwein
Salz, Pfeffer, Zucker
2 EL gehackte Petersilie

Die ausgenommenen Fische im Mehl wenden. 50 ml Öl erhitzen, die Fische darin goldgelb braten. In eine Schüssel legen.
Zwiebel schälen, halbieren und in feine Streifen schneiden. Gemüse waschen, putzen bzw. schälen und in sehr feine Streifchen (Julienne) schneiden. Knoblauch schälen. Zwiebel und Gemüse im restlichen Öl anziehen lassen. Knoblauch dazupressen und Lorbeerblatt zugeben.
Mit Essig, Bouillon und Wein ablöschen. Mit Salz, Pfeffer und 1 Prise Zucker würzen. Diese Beize über die Fische gießen und 3 Tage marinieren. Mit Petersilie bestreuen und kalt servieren.

Serviertipp: Probieren Sie dazu einen weißen Merlot.

Tipp: Bei dem Fisch handelt es sich um eine Felchenart. Lassen Sie sich den Fisch am besten von Ihrem Fischhändler küchenfertig vorbereiten.

Ein Grottorezept, das ich seit Jahren mit Erfolg zubereite.

Pollo alla moda di Ascona
Mistkratzer nach Asconeser Art

Arbeitsaufwand: 20 Min.
Marinierzeit: 12 Std.
Grillzeit: 30–35 Min.

Für 2 Personen:
2 Knoblauchzehen
100 ml Olivenöl, Pfeffer
1 TL Rosmarinnadeln
2 kleine Mistkratzerli, Salz
2 Zweige Rosmarin

Für die Marinade Knoblauch schälen und durchpressen. Mit Olivenöl, schwarzem Pfeffer aus der Mühle und Rosmarinnadeln mischen. Die Mistkratzerli damit begießen und mindestens 12 Std. ziehen lassen.
Die Mistkratzerli abtropfen lassen, innen und außen mit Pfeffer und Salz gut würzen. Die Rosmarinzweige in den Bauch geben und am Spieß auf dem Holzkohlenfeuer grillieren.

Tipps: Hat man keinen Spieß, kann man die Güggeli auch halbieren, mit dem Küchenbeil flach schlagen und beidseitig auf dem Rost grillieren.
Mistkratzerli sind kleine Hähnchen von etwa 400–600 g.

Die Tessiner kochen zwar traditionsgemäß meistens mit Butter und nicht mit Olivenöl. Dieses eher italienische Gericht ist aber so herrlich aromatisch, dass ich das Rezept trotzdem hier anführen möchte. Außerdem pflanzen sie seit einiger Zeit Olivenbäume an.

Coniglio all'olio
Kaninchen in Öl

Das Kaninchen in Stücke schneiden. Zwiebeln und Knoblauch schälen, die Zwiebeln hacken. Karotte schälen und in Scheiben schneiden. Tomaten häuten, halbieren und entkernen.
Das Öl erhitzen, die Kaninchenstücke hineingeben und unter ständigem Wenden bei mittlerer Hitze goldgelb anbraten.
Zwiebeln, Salbei und Thymian zufügen, Knoblauch dazupressen. Karottenscheiben, Rosmarin und Petersilie zugeben und alles bei schwacher Hitze 2–3 Min. dünsten. Tomaten zugeben und alles offen 45 Min. dünsten. Zugedeckt bei schwacher Hitze 5 Min. nachdünsten. Mit Salz und Pfeffer würzen und sofort servieren.

Tipp: Auf diese Art lassen sich auch Poulets zubereiten.

Arbeitsaufwand: 20 Min.
Kochzeit: 50 Min.

Für 4–6 Personen:
1 Kaninchen (etwa 1,5 kg)
2 Zwiebeln, 3 Knoblauchzehen, 1 Karotte, 2 Tomaten, 2 EL Olivenöl
2–3 Salbeiblätter
je 1 Zweig Thymian und Rosmarin, 2 EL gehackte Petersilie, Salz, Pfeffer

Coniglio alla campagnola
Kaninchen nach ländlicher Art

Das Kaninchen in Stücke schneiden, waschen und mit Küchenpapier abtrocknen. Den Speck fein würfeln. Die Rüebli putzen und schälen. Zwiebel und Knoblauch schälen, die Zwiebel fein hacken.
Butter erhitzen. Speck und Kaninchen darin anbraten. Mit Mehl bestäuben. Rüebli, Lorbeerblatt, Nelken, Rotwein und Bouillon, Zwiebel und Kräuter (z. B. Rosmarin, Majoran, Thymian, Salbei) zugeben. Den Knoblauch dazupressen. Mit Salz und Pfeffer würzen. Alles zugedeckt bei schwacher Hitze 1 Std. schmoren lassen.
Die Steinpilze putzen, in Scheiben schneiden, zugeben und 15–20 Min. mitschmoren. Das Fleisch herausnehmen und warm halten. Die Sauce einkochen lassen, Lorbeerblatt, Nelken und Rüebli entfernen.
Die Kaninchenleber fein hacken, mit dem Rahm mischen und unter die Sauce rühren, alles etwas einkochen lassen.

Tipp: Das Gericht kann auch mit getrockneten Steinpilzen zubereitet werden. Dann die Pilze vorher in kaltem Wasser einweichen.

Arbeitsaufwand: 30 Min.
Kochzeit: 1 Std. 20 Min.

Für 4 Personen:
1 kg Kaninchen
150 g magerer Speck
2 Rüebli (Karotten)
1 Zwiebel, 1 Knoblauchzehe,
2 EL Butter, 1/2 EL Mehl
1 Lorbeerblatt, 2 Nelken
je 200 ml Rotwein und Bouillon, 2 EL gehackte Kräuter, Salz, Pfeffer
300 g Steinpilze
100 g Kaninchenleber
100 g Rahm

Ein mürber Kuchen mit Konfitüre, der etwas in Vergessenheit geraten ist.

Frolla della nonna
Marmeladenkuchen

Arbeitsaufwand: 40 Min.
Ruhezeit: 3–4 Std.
Backzeit: 30–40 Min.

Für ein Blech von 26 cm Ø:
2 Eier, 350 g Mehl
1 unbehandelte Zitrone
200 g Butter
120 g Zucker, 1 Prise Salz
1 EL Grappa
200 g Aprikosenkonfitüre
1 Ei zum Bestreichen

Die Eier verquirlen. Das Mehl in eine Schüssel sieben. Die Zitrone waschen, abtrocknen und 1 TL Schale abreiben. Mit Butter in Flöckchen, Zucker, Salz, Eiern und Grappa (oder Maraschino) zugeben. Alles sehr rasch zu einem glatten Teig verarbeiten. Den Teig abgedeckt im Kühlschrank 3–4 Std. ruhen lassen. Das Blech mit Backpapier belegen.
Den Teig etwa $^1/_2$ cm dick ausrollen und auf das Blech legen. Etwas Teig zu einem Rand formen. Den Backofen auf 180° vorheizen. Den Teig mit Konfitüre bestreichen. Aus Teigresten dünne Rollen formen und diese gitterartig darauf legen. Das Ei verquirlen. Die Teigstreifen mit wenig Ei festkleben. Das Teiggitter und den Rand des Kuchens mit übrigem Ei bestreichen. Im Backofen (Mitte, Umluft 160°) 30–40 Min. backen. Wenn nötig, mit Alufolie abdecken.

Tipp: Schmeckt auch sehr gut mit Johannisbeer- oder Himbeerkonfitüre.

Auch die Tessiner haben ihre frittierten Küchlein, die vor allem am Tag des San Giuseppe gebacken werden.

Tortelli di San Giuseppe
Fettgebackenes nach Tessiner Art

Arbeitsaufwand: 30 Min.
Backzeit: ca. 3 Min.

1 unbehandelte Zitrone
70 g Butter, 1 EL Zucker
Salz, 150 g Mehl, 4 Eier
1 EL Rum (nach Belieben)
Öl zum Ausbacken
Puderzucker zum Bestreuen

Die Zitrone waschen, abtrocknen und 1 EL Schale abreiben. Die Butter mit Zucker, $^1/_4$ l Wasser und 1 Prise Salz aufkochen lassen. Das Mehl durchsieben und im Sturz unterrühren, bis sich ein glatter Teigklumpen bildet. Den Teig von der Herdplatte nehmen und ein Ei nach dem anderen unter den Teig arbeiten. Nach Belieben Rum und Zitronenschale zugeben und erkalten lassen. Öl auf etwa 170° erhitzen. Aus dem Teig mit einem Löffel Kugeln abstechen und diese darin portionenweise in 3 Min. goldgelb ausbacken. Vor dem Servieren mit Puderzucker bestreuen.

Tipp: Diese Tortelli müssen frisch gebacken serviert werden.

Wer kennt die Amaretti nicht? Sollten Sie »ennet« dem Gotthard keine finden, hier ein Rezept für hausgemachte, die vielleicht etwas rustikaler aussehen als die gekauften.

Amaretti
Tessiner Mandelgebäck

Die bitteren Mandeln kurz in kochendes Wasser tauchen und schälen. Auf ein Kuchenblech legen und im Backofen bei 50° 1 Std. trocknen lassen. Die Mandeln erkalten lassen und in einem Mörser sehr fein zerstoßen. Gemahlene Mandeln und Zucker zugeben und alles zusammen im Mörser gut verarbeiten, bis die Mischung gleichmäßig ist.
Die Eiweiße ganz leicht verquirlen. Nach und nach zu den Mandeln geben, bis ein fester Teig entsteht. Ein Backblech mit Mehl bestäuben. Mit zwei Löffeln kleine Häufchen darauf setzen. Diese mit Puderzucker bestreuen und bei 60° im Backofen (Mitte) 20 Min. trocknen lassen. Nach dem Backen nochmals mit Puderzucker bestreuen.

Tipps: Man kann die Amaretti auch auf Pergamentpapier oder Alufolie setzen. Sie lassen sich dann besser abheben.
Die bitteren Mandeln werden heute meistens durch Bittermandelaroma aus dem Backregal ersetzt.

Arbeitsaufwand: 30 Min.
Trockenzeit:
ca. 1 Std. 20 Min.

20 g bittere Mandeln
280 g geschälte gemahlene Mandeln
300 g Zucker
2–3 Eiweiße
1 EL Mehl für das Blech
Puderzucker zum Bestreuen

Zabaione
Weinschaum

Die Zitrone waschen, abtrocknen und $^1/_2$ TL Schale abreiben. Die Eigelbe mit Zucker in einer kleinen Pfanne cremig schlagen. Zitronenschale und Marsala zugeben und bei schwacher Hitze rühren, bis eine dicke, schaumige Masse entsteht. Sobald die Creme steigt, diese in Tassen oder Gläsern anrichten und sofort servieren.

Tipp: Die Zubereitung im Wasserbad ist schonender, dauert aber etwas länger.
Variante: Und hier noch die alte, neu entdeckte Rotweinvariante, die Rossumada. Dafür 2 Eier trennen. Eiweiße steif schlagen. 2 Eigelbe mit 120 g Zucker und nach Belieben mit 1 Prise Zimtpulver in einem Pfännchen zu einer sämigen Creme schlagen. 300 ml Rotwein zufügen und bei schwacher Hitze rühren, bis eine schaumige Masse entsteht. Eischnee zugeben und weiterrühren. Sobald die Creme steigt, diese in Rotweingläser füllen und sofort servieren.

Arbeitsaufwand:
10–12 Min.

Für 4 Personen:
1 unbehandelte Zitrone
6 Eigelbe
100 g Zucker
300 ml Marsala

Erdbeeren

Als die Frau die schönen Erdbeeren betrachtete, dachte sie, wenn die jetzt in der Stadt wären, aus denen löste man viel Geld, so schöne sind dort selten. Aber die Stadt war weit, »doch«, dachte sie, »liebt man vielleicht in den vielen Herrenhäusern da herum Erdbeeren auch mit Zucker als Erdbeerisalat oder auf andere Weise. Wenn man sie ihnen brächte, wären sie froh darüber.« Wie sie merken mochte, tat dies niemand. Die Leute sammelten wohl Erdbeeren, aber für sich zu einem Erdbeeristurm (Erdbeeren an der Milch und Habermehl), aber nicht zum Verkauf …

Aus dem »Erdbeerimareili« von Jeremias Gotthelf

Äppeeri mit Nidle – Erdbeeren mit Rahm

Am liebsten isst man bei uns in der Schweiz Erdbeeren mit Nidle, sei es, dass sie mit flüssigem Rahm übergossen werden oder dass man auf den köstlichen Beeren einen ganzen Berg Schlagrahm aufhäuft.
In neuester Zeit hat man für besonders anspruchsvolle Schlemmer sogar den üppigen Doppelrahm, die Crème de Gruyère, wieder entdeckt.
Im Tessin werden Erdbeeren auf einfache und natürliche Weise serviert, begossen mit einem Schuss Wein, Marsala, Zitronen- oder Orangensaft mit Zucker oder – für verwöhnte Gaumen – mit ein wenig Maraschino.
Dann gibt es natürlich auch in unserem Land die klassischen Erdbeerschnitten, den festlichen Vacherin, eine Erdbeeromelette oder Erdbeercreme und in der Westschweiz die »Fraises au pinot«, ein sehr beliebtes Erdbeerdessert.

Äppeeramelette
Erdbeeromelette nach Zürcher Art

Die Erdbeeren waschen, entstielen und halbieren. Mit 4 EL Zucker bestreuen, mit Zitronensaft beträufeln und 30 Min. ziehen lassen. Die Eier mit Salz, übrigem Zucker und Rahm leicht verquirlen. Die Butter in einer großen Pfanne erhitzen. Die Eiermasse in die Pfanne geben und eine Omelette backen. Auf eine warme Platte gleiten lassen, mit den Erdbeeren belegen und zusammenklappen.

Tipps: Im Winter Erdbeerkonfitüre verwenden. Die Omelette schmeckt am besten mit Walderdbeeren.

Arbeitsaufwand: 20 Min.
Marinierzeit: 30 Min.

Für 3–4 Personen:
300 g Erdbeeren
5 EL Zucker
1 EL Zitronensaft
6 frische Eier, 1 Prise Salz
4 EL Rahm, 50 g Butter

Äppeerigreeme mit Kirsch
Erdbeercreme mit Kirsch

Die Erdbeeren waschen, entstielen, klein schneiden und durch ein feines Sieb streichen, damit die Kerne zurückbleiben. Das Erdbeermus mit Puderzucker und Kirschwasser verrühren und 3 Std. kalt stellen. Den Rahm steif schlagen, das Erdbeerpüree darunter mischen. Die Creme in schöne Gläser füllen und sofort servieren.

Tipp: Mit einer Rahmrosette und je einer Erdbeere garnieren.

Arbeitsaufwand: 20 Min.
Kühlzeit: 3 Std.

Für 4 Personen:
600 g Erdbeeren
150 g Puderzucker
2 EL Kirsch, 300 g Rahm

Vacherin aux fraises
Erdbeer-Meringues-Torte

Erdbeeren waschen, entstielen und auf Küchenpapier abtrocknen. Drei Viertel der Beeren halbieren oder vierteln, mit Zucker bestreuen und 10 Min. ziehen lassen. Rahm mit Vanillezucker steif schlagen. Meringueschalen kranzförmig auf einer runden Platte anordnen, dabei mit wenig Rahm aneinander kleben. Erdbeeren mit zwei Drittel Schlagrahm mischen. Auf den Meringueschalen verteilen und glatt streichen. Die Mitte der Torte und den Rand mit Rahmrosetten und übrigen Erdbeeren garnieren. Sofort servieren.

Tipp: Aus Meringuemasse (siehe S. 299) mit dem Spritzbeutel einen runden Boden aufs Blech dressieren und wie »Meringues« trocknen lassen.

Arbeitsaufwand: 40 Min.
Marinierzeit: 10 Min.

Für 6 Personen:
750 g Erdbeeren
3 EL Zucker
500 g Rahm
1 TL Vanillezucker
12 Meringueschalen

Croûtes aux fraises
Walliser Erdbeerschnitten (im Bild)

Arbeitsaufwand: 1 Std.
Backzeit: 8–10 Min.

Für ein rechteckiges Blech:
120 g Zucker
4 Eigelbe
1 TL abgeriebene Schale von 1 unbehandelten Zitrone
4 Eiweiße
1 Prise Salz
60 g Mehl
60 g Speisestärke
1 EL Marc
750 g Erdbeeren
100 g Puderzucker
4 Blatt Gelatine
250 g Rahm

Zucker, Eigelbe und Zitronenschale zu einer weißlichen Creme schlagen. Eiweiße mit Salz steif schlagen. Mehl und Stärke zur Eiercreme sieben und vermischen. Die Masse auf die Eiweiße geben und locker vermengen. Marc zugeben. Das Blech mit Backpapier belegen. Die Masse gleichmäßig darauf verteilen und in 8–10 Min. bei 200° goldgelb backen. Herausnehmen und samt dem Blech auf eine Marmorplatte oder Alufolie stürzen. Das Blech darauf belassen, bis der Biskuit ausgekühlt ist. Durch dieses Vorgehen bleibt er feucht und wird nicht brüchig.
Die Erdbeeren waschen und entstielen. Die Hälfte mit Puderzucker mischen, im Mixer pürieren oder durch ein Sieb streichen. Die Gelatine in kaltem Wasser einige Min. einweichen. Ausdrücken, in 1 EL heißem Wasser auflösen und unter das Erdbeerpüree mischen. Rahm steif schlagen, sobald das Erdbeerpüree leicht anzieht, den Rahm unterziehen. Zwei Drittel der restlichen Erdbeeren halbieren und unter die Creme mischen. Die Füllung auf den Biskuit streichen. Im Kühlschrank fest werden lassen. Vor dem Servieren mit einem scharfen Messer in Schnitten oder Rechtecke schneiden. Dabei das Messer immer wieder in heißes Wasser tauchen. Die Schnitten mit den restlichen Erdbeeren garnieren.

Tipp: Im Wallis belegt man diese Schnitten auch mit pürierten Aprikosen. Dann den Marc durch »Abricotine«, Aprikosengeist oder Likör ersetzen.

Ärdbeerischnitte nach Basler Art
Erdbeerschnitten nach Basler Art

4 Einback quer halbieren. 2 EL Bratbutter erhitzen. Die Einbackhälften darin beidseitig goldbraun braten. 250 g Erdbeeren waschen, putzen, halbieren und in einer Schüssel mit 2 EL Zucker, $^1/_2$ TL Zimtpulver zerdrücken. Das Erdbeermus auf den Brotscheiben verteilen und lauwarm oder kalt servieren.

Tipps: Man kann die Brotschnitten zuerst in Wein tauchen, dann mit dem Erdbeermus belegen und auf der Unterseite in Butter hellgelb rösten. Oft werden die Brotschnitten zuerst durch eine Mischung aus 2 Eiern und 3 EL Milch gezogen, in Butter gebacken und dann erst mit dem Mus bestrichen.

Goldene Aprikosen

Aprikosenbäumchen wurden in der Schweiz erstmals im Jahre 1838 vom Walliser Bauern Gabriel Luizet auf einem kleinen Stück Land angepflanzt. Dank dem milden Klima gediehen sie prächtig. Obwohl ursprünglich aus Armenien stammend, wurde die herrliche Frucht im Wallis bald recht heimisch und zählt heute zu den traditionellen Schweizer Früchten. Die Aprikosen werden bei uns mit Vorliebe für Kuchen und Konfitüre verwendet. Hier einige erprobte Familienrezepte, für die es allerdings schön goldener, ausgereifter Früchte bedarf. Leider findet man auf dem Markt meist nur steinharte Exemplare.

Compote d'abricots à l'ancienne
Aprikosenkompott nach alter Art

Arbeitsaufwand: 40 Min.
Kochzeit: 5–6 Min.

Für 6 Personen:
1 kg Aprikosen, 1 Vanilleschote, 150 g Zucker,

Die Aprikosen waschen, halbieren und entsteinen, dabei 3–4 Aprikosensteine beiseite legen. Die Steine aufbrechen, die Kerne in heißes Wasser legen und schälen. Die Vanilleschote längs aufschneiden. Mit Zucker und 300 ml Wasser aufkochen lassen. Die Früchte samt den Kernen knapp weich kochen. Zuletzt den Sirup sämig einkochen lassen und über die Früchte gießen. Das Kompott kalt servieren.

Biscuit aux abricots
Aprikosen-Biskuit nach Walliser Art

Arbeitsaufwand: 50 Min.
Backzeit: ca. 10 Min.

Für 6 Personen:
1 rechteckiger Biskuitboden, 500 g Aprikosen
1 unbehandelte Zitrone
350 ml Weißwein
100 g Zucker
2 EL Maispuder
2 Eigelbe
100 g Rahm

Biskuit nach dem Rezept von Seite 158 (Walliser Erdbeerschnitten) zubereiten. Aprikosen waschen, halbieren und entsteinen. Zitrone waschen, abtrocknen. 1 TL Schale abreiben und 2 EL Saft auspressen. $^1/_4$ l Weißwein und Zucker aufkochen lassen. Aprikosen, Zitronensaft und -schale darin kochen, bis sich die Haut leicht von der Frucht löst. Im Sirup erkalten lassen. Die Aprikosen herausnehmen, den Sirup bis zur Hälfte einkochen lassen. 100 ml Weißwein und Maispuder mischen, zum Sirup geben und unter Rühren bei schwacher Hitze sämig einkochen. Beiseite stellen, Eigelbe zufügen und nur knapp zum Kochen bringen. Aprikosen mit der Wölbung nach unten auf dem Biskuit verteilen. Sauce darüber löffeln. Kalt stellen und fest werden lassen. Rahm steif schlagen. Biskuit in Vierecke schneiden, mit Rahm garnieren.

Tipp: Wenn Kinder mitessen, Weißwein durch Aprikosensaft ersetzen.

Tarte aux abricots
Aprikosenkuchen nach Walliser Art

Das Mehl in eine Schüssel sieben. Die Butter in Flocken, 1 Prise Salz und Zucker zufügen. Alle Zutaten mit den Fingerspitzen verreiben, bis eine gleichmäßige, krümelige Mischung entsteht. Die Eier leicht verquirlen, zugeben und rasch zu einem Teig verarbeiten. Nach Bedarf 2–3 EL Wasser zufügen. Den Teig zu einer Kugel formen und mindestens 1 Std. ruhen lassen. Inzwischen für den Belag die Aprikosen waschen, halbieren und entsteinen. Den Backofen auf 220° vorheizen. Den Teig etwa 3 mm dick ausrollen und aufs Blech legen. 1 EL Zucker mit Mehl und Zimtpulver mischen und darüber streuen. Dann sehr dicht mit Aprikosenhälften belegen. Im Backofen (Mitte, Umluft 200°) 35–40 Min. backen. Nach 15 Min. Backzeit mit restlichem Zucker bestreuen. Lauwarm oder kalt, aber frisch servieren.

Tipp: Im deutschsprachigen Teil des Wallis wird dieser Kuchen mit einem Guss aus Ei, Zucker und Rahm begossen.

Arbeitsaufwand: 50 Min.
Ruhezeit: 1 Std.
Backzeit: 35–40 Min.

Für ein Blech von 28 cm Ø:
250 g Mehl, 140 g Butter
Salz, 4 EL Zucker, 2 Eier
Belag:
1 kg Aprikosen
2 EL Zucker, 1 TL Mehl
$^1/_2$ TL Zimtpulver

Flan aux abricots
Walliser Aprikosenflan

Eine nicht zu hohe Gratinform mit Butter einfetten. Die Aprikosen waschen, halbieren und entkernen und mit der Schnittfläche nach unten in die Gratinform einfüllen. Jede Lage mit wenig Zucker bestreuen.
Den Backofen auf 180° vorheizen. Die Eier leicht verquirlen, mit Salz, restlichem Zucker, Milch oder Rahm und Vanille-Extrakt mischen. Den Guss auf den Aprikosen verteilen.
Die Form in ein Wasserbad stellen (größeres Gefäß bis zur halben Höhe der Form mit Wasser füllen) und im Backofen (Mitte, Umluft 160°) 20 Min. backen. Die Creme soll fest, aber nicht trocken werden.

Tipp: Mit Rahm wird dieser Flan besonders zart und schmeckt noch viel besser als mit Milch.

Arbeitsaufwand: 25 Min.
Backzeit: ca. 20 Min.

Für 4–6 Personen:
750 g schöne, reife Aprikosen, 4 EL Zucker
6 Eier, 1 Prise Salz
600 ml Milch oder Rahm
1 TL Vanille-Extrakt
Butter für die Form

Confiture d' abricots »à l'ancienne«
Aprikosenkonfitüre nach Berner Art

Arbeitsaufwand:
1 Std. 15 Min.
Marinierzeit: 2–3 Std.
Kochzeit: 10–20 Min.

1 kg schöne, reife Aprikosen
800 g Zucker
8 Aprikosensteine

Die Aprikosen waschen und klein schneiden. Mit dem Zucker mischen und 2–3 Std. stehen lassen. Inzwischen 8 Aprikosensteine öffnen, die Kerne in heißes Wasser tauchen, schälen und grob hacken. Zu den Aprikosen geben. Die Mischung in eine große Pfanne geben (früher kochte man Konfitüre in Messingpfannen) und unter Rühren zum Kochen bringen. Bis zum Breitlauf kochen (Safttropfen muss an der Holzkelle gelieren), heiß in saubere Gläser füllen und diese wie üblich sofort verschließen.

Tipp: Eventuell Gelierzucker und nur 750 g Zucker verwenden.

Pêches au vin
Pfirsich in Weißwein

Arbeitsaufwand: 20 Min.
Marinierzeit: 2–3 Std.

1 kg Pfirsiche
1 EL Zitronensaft
4 EL Zucker
1/2 l Walliser Weißwein

Die Pfirsiche kurz in heißes Wasser tauchen und häuten. Die Früchte halbieren, entkernen und in Schnitze schneiden. In eine Schüssel geben und sofort mit Zitronensaft und Zucker mischen. Den Weißwein darüber gießen und 2–3 Std. im Kühlschrank ruhen lassen. Kühl servieren.

Tipp: Statt Pfirsichen Nektarinen verwenden, sie müssen nicht gehäutet werden. Ein guter Walliser Weißwein ist zum Beispiel der Johannisberg.

Ein beliebtes Walliser Rezept:

Fraises »au pinot« | Erdbeeren in Rotwein

500 g Erdbeeren waschen, entstielen, etwas trocknen lassen und je nach Größe halbieren oder vierteln. Mit 3 EL Zucker und 2 EL Zitronensaft mischen und 1 Std. ziehen lassen. In Schalen verteilen und mit 1/4 l kühlem Pinot (Walliser Rotwein) begießen.

Tipp: Kann auch mit weißem süßem Wein zubereitet werden.

Nach einem Originalrezept von Franca Canevascini, Tenero

Pesche Villa Jelmini
Pfirsiche im Tessiner Merlot

Die Pfirsiche kurz in sehr heißes Wasser tauchen. Kalt abspülen und häuten. Die Früchte halbieren und die Steine entfernen. Den Zucker in einer weiten Pfanne karamellisieren lassen. Wein, Zimtstange, Nelke und Zitronenschale zugeben. Unter ständigem Rühren den Zucker schmelzen lassen. Die Flüssigkeit zur Hälfte reduzieren. Die Pfirsichhälften hineinlegen und beidseitig je 2 Min. garen. Die Pfirsiche aus der Pfanne nehmen und mit der flachen Seite nach unten nebeneinander legen. Die Weinsauce nochmals einige Min. stark einkochen lassen. Die Zimtstange, die Nelke und Zitronenschale entfernen und die Pfirsiche mit dem heißen Sirup begießen. Bis zum Servieren kühl stellen.
Zum Anrichten die Pfirsiche mit der Vertiefung nach oben auf Teller verteilen. Die Vertiefungen mit einer kleinen Kugel Vanille-Eis füllen. Die Amaretti mit dem Nudelholz zerkleinern und die Brösel über die Pfirsiche verteilen. Mit je 3 EL Weinsirup begießen und mit Pfefferminzblättchen garnieren.

Tipp: Im Winter kann man Pfirsichhälften aus der Dose verwenden. Amaretti gibt es zu kaufen, wenn man sie nicht selber backen will.

Arbeitsaufwand: 40 Min.
Garzeit: 4 Min.

Für 6 Personen:
3 große oder 6 kleine gelbe Pfirsiche
100 g Zucker
1/2 l Merlot (beste Qualität)
1 Zimtstange
1 Gewürznelke
Schale von 1/2 unbehandelten Zitrone
500 g Vanille-Eis
6 Amaretti (siehe S. 155)
Pfefferminzblätter zum Garnieren

Pêches aux framboises
Pfirsiche mit Himbeerfüllung

Die Himbeeren verlesen. 300 g Beeren mit 2 EL Zucker und dem Zitronensaft mischen und beiseite stellen. Die Pfirsiche kurz in heißes Wasser tauchen, häuten, halbieren und entsteinen. Die Hälften mit der Wölbung nach unten in eine flache Schale geben. Die übrigen ganzen Himbeeren mit restlichem Zucker und Himbeergeist mischen und in die Öffnungen der Pfirsiche füllen. Die beiseite gestellten Himbeeren im Mixer pürieren oder durch ein feines Sieb streichen. Das Himbeermus auf den Pfirsichen verteilen. Den Rahm steif schlagen. Die Pfirsiche damit garnieren und servieren.

Arbeitsaufwand: 20 Min.

Für 4 Personen:
500 g Himbeeren, 4 EL Zucker, 1 EL Zitronensaft
4 weiße Pfirsiche
1 EL Himbeergeist
150 g Rahm

Juli

WER ÜBER DEN MARKT geht, sieht Kirschen in allen Größen, von den großen, dunklen Basler Sorten bis zu den kleinen, aromatischen Weggiser Kirschen. Ab und zu findet man noch Sauerkirschen, aus welchen man herrliche Kuchen und Konfitüren machen kann. Wer in der Westschweiz Ausschau hält, findet die beige-roten Bigarreaux, die beim Essen so richtig knacken.

Juli

Zuerst ein Gericht, das die Zürcher »Chriesitotsch« nennen:

Chriesitötschli
Gebackener Kirschenpudding

Arbeitsaufwand: 40 Min.
Einweichzeit: 30 Min.
Backzeit: ca. 25 Min.

Für 12–18 kleine Kuchen:
200 g Weiß- oder Toastbrot ohne Rinde
1/4 l Milch, 5 Eier
1/2 unbehandelte Zitrone
125 g Butter, 175 g Zucker
1/2 TL Zimtpulver, Salz
125 g geschälte gemahlene Mandeln, 3 EL Speisestärke
750 g entsteinte Kirschen (Glas), Butter und Semmelbrösel für die Formen
Puderzucker zum Bestreuen

Das Brot 30 Min. in der Milch einweichen, ausdrücken und im Mixer pürieren. Die Eier trennen. Die Zitrone waschen, abtrocknen und die Schale abreiben. Die Butter schaumig rühren, 125 g Zucker, Zitronenschale, Zimt und 1 Prise Salz unterrühren. Mandeln und Eigelbe abwechselnd einrühren. Brot und Speisestärke unterheben. Die Kirschen abtropfen lassen. Den Backofen auf 200° vorheizen. Die Eiweiße mit dem restlichen Zucker steif schlagen (nicht zu stark aufschlagen). Den Eischnee mit der Mandelbrotmasse mischen und die Kirschen dazugeben. 12–18 kleine konische Metallformen oder Souffléformen einfetten, mit Semmelbröseln ausstreuen und die Masse einfüllen. Im Backofen (Mitte, Umluft 180°) je nach Größe der Formen 20–25 Min. backen. Die Kuchen auf ein Tuch stürzen, auskühlen lassen, umdrehen und mit Puderzucker bestäuben.

Tipps: Am besten lassen sich die Küchlein stürzen, wenn man die Böden der Formen mit Backpapier auslegt, die Wände mit Butter bestreicht und mit fein geriebenen Semmelbröseln bestreut.
Dieses Rezept erhielt ich liebenswürdigerweise von Max Frey, ehemaliger Chef-Konditor bei Honold, Zürich.

Bärner Chirschi-Tschu | Berner Kirschentorte

250 g klein geschnittenes altbackenes Schwarzbrot in 1/4 l kochender Milch einweichen und fein zerstoßen. 80 g Butter, 100 g Zucker und 4 Eigelbe rühren, bis sich das Volumen der Masse verdoppelt hat. Den Backofen auf 180° vorheizen. Brot, 50–70 g geröstete Brotwürfelchen, 60 g gemahlene Mandeln und 1 kg entsteinte schwarze Kirschen unter die Masse mischen. 4 Eiweiße sehr steif schlagen und locker unterziehen. Die Masse in eine bebutterte und mit Paniermehl bestäubte Springform geben. Den Tschu im Backofen (Mitte, Umluft 160°) 45 Min. bis 1 Std. backen. In der Form auskühlen lassen. Auf eine Tortenplatte geben. Mit Puderzucker bestreuen und nach Belieben mit Kirschen garnieren.

Tipp: Mit einer Vanillecreme (siehe S. 101) servieren.

Ein lustiges Rezept aus dem Aargau, bei welchem man die Kirschen büschelweise am Stiel fasst, durch den Teig zieht und schwimmend ausbackt.

Chriesichüechli am Stiil
Kirschkrapfen

Die Zitronenschale abreiben. Mit Mehl, wenig Salz und Zucker mischen. Nach und nach den Apfelsaft oder Apfelwein unterrühren, bis der Teig Blasen wirft. Den Teig mindestens 30 Min. ruhen lassen.
Die Eiweiße steif schlagen. Das Öl unter den Teig rühren und den Eischnee unterziehen. Je 3–5 Kirschen am untersten Ende der Stiele mit Küchengarn zusammenbinden und mit Puderzucker bestreuen.
Das Öl auf etwa 170° erhitzen. Die Kirschen durch den Teig ziehen und darin in 1–2 Min. goldgelb frittieren.

Tipp: Kleine, schwarze Kirschen eignen sich am besten. Die Krapfen mit Zimtzucker bestreut servieren. Für den Zimtzucker 1 EL Zucker mit $^1/_2$ TL Zimtpulver mischen.

Arbeitsaufwand: 40 Min.
Ruhezeit: 30 Min.
Backzeit: 1–2 Min.

Für 4 Personen:
$^1/_2$ unbehandelte Zitrone
150 g Mehl, Salz, 2 EL Zucker, $^1/_4$ l Apfelsaft oder Apfelwein, 2 Eiweiße
1 EL Öl, 500 g Kirschen mit Stiel, 1 EL Puderzucker
Öl zum Ausbacken

Chriesi-Omelette
Kirschpfannkuchen nach Zürcher Art

Für den Teig das Mehl in eine tiefe Schüssel sieben. In der Mitte eine Mulde eindrücken. Vanillezucker, Salz, Eier und Milch zugeben und alles mit dem Schneebesen verrühren, bis ein glatter Teig entsteht. Die Butter schmelzen lassen und zufügen. Den Teig, wenn möglich, etwa 3 Std. ruhen lassen.
Die Kirschen zuckern. Bratbutter in eine kleine Omelettepfanne geben und heiß werden lassen. Den Teig hineingeben. Die Pfanne so drehen, dass der Teig überall bis zum Rande verläuft, damit schöne runde Pfannkuchen entstehen. 2 EL gezuckerte Kirschen auf dem Teig verteilen und mit der Bratschaufel gut andrücken. Sobald die Crêpe auf einer Seite angebacken ist, noch ein wenig Teig auf die Kirschen gießen, etwas fest werden lassen, wenden und auf der zweiten Seite backen.

Tipp: Die Omeletten im Backofen bei 40° auf einem Teller warm halten, bis alle gebacken sind. Nach Belieben mit Zimtzucker bestreuen und heiß servieren. Aufeinander schichten und Backpapier dazwischen legen. Gegebenenfalls etwas kalten Rahm dazugeben.

Arbeitsaufwand: 30 Min.
Ruhezeit: 3 Std.

Für 4–6 Personen:
Crêpesteig:
250 g Mehl
40 g Vanillezucker
2 Prisen Salz, 4 Eier
400 ml Milch
50 g Butter
500 g entsteinte Kirschen ohne Saft
2 EL Zucker
Bratbutter zum Backen

Chriesiuflauf
Kirschenauflauf

Arbeitsaufwand: 30 Min.
Backzeit: ca. 35 Min.

Für eine Springform:
4 Weggli, 1/2 l Milch
1 unbehandelte Zitrone
150 g geschälte gemahlene Mandeln, 4 Eigelbe, 150 g Zucker, 150 g Butter
4 Eiweiße, 1 kg schwarze Kirschen (entsteint)
Butter für die Form
Puderzucker zum Bestreuen

Weggli oder Brötchen in kleine Stücke schneiden und in eine Schüssel geben. Die Milch erwärmen, über die Weggli gießen und 15 Min. stehen lassen.
Die Zitrone waschen, abtrocknen und 1 TL Schale abreiben. Die Weggli gut ausdrücken. Mandeln und Zitronenschale untermischen. Eigelbe mit Zucker zu einer sämigen Creme rühren und zur Brotmischung geben. Die Butter schaumig rühren und unter den Teig ziehen. Die Eiweiße steif schlagen. Die Kirschen waschen und entstielen.
Die Form (26 cm Durchmesser) einfetten und den Backofen auf 200° vorheizen. Die Kirschen unter den Teig mischen. Den Eischnee unterziehen. Die Masse in die Form füllen. Im Backofen (Mitte, Umluft 180°) 35 Min. backen. Vor dem Servieren mit Puderzucker bestreuen.

Tipp: Reste von Zopf oder Baguette eignen sich ebenfalls.

Dazu gehört unbedingt »Aiback«, der – nach Aussage von Basler Freunden – beim »Pfluddebegg« noch heute erhältlich ist.

Basler Kirsischnitte
Basler Kirschenschnitten

Arbeitsaufwand: 30 Min.
Marinierzeit: 30 Min.

Für 4 Personen:
12 Einbackschnitten
3 EL Butter
750 g entsteinte Kirschen
4 EL Zucker
1/2 TL Zimtpulver

Einbackschnitten beidseitig in Butter goldgelb backen. Auf einer Platte anordnen. Kirschen in eine Schüssel geben, mit 3 EL Zucker mischen und 30 Min. ziehen lassen. Den Saft abgießen und in einem kleinen Pfännchen einkochen, bis ein dicker Sirup entsteht.
Für den Zimtzucker übrigen Zucker mit Zimtpulver vermischen. Die Kirschen unmittelbar vor dem Servieren auf die gebackenen Einbackschnitten geben. Mit dem erkalteten Saft begießen und Zimtzucker darüber streuen.

Tipp: Unter »Einback« versteht man Scheiben aus Hefeteig, die im Gegensatz zu »Zwieback« nur einmal gebacken, also noch weich sind. Man kann auch Reste von Zopf, siehe S. 14, oder anderem Hefegebäck verwenden.

Diese beliebte Süßspeise gibt es im Bernerland nicht nur zur Kirschenzeit. Wer Kirschbäume hat, macht diese Früchte auch ein für den Winter. Für die in Butter gerösteten Brotwürfeli verwendet man im Emmental gerne Zopfreste, die auf dem »Brägel« oder in anderen Süßspeisen besonders gut schmecken. Mein Rezept stammt aus dem Wachstuchheft meiner Berner Großmama.

Chriesibrägel auf meine Art
Kirschsuppe

Kirschen mit Apfelsaft, Zimtstange und Zucker aufkochen lassen, bei schwacher Hitze 4–5 Min. ziehen lassen. Das Kompott abgießen, den Saft mit 1 EL Wasser und Stärke mischen und unter Rühren zu Sirup einkochen lassen. Die Kirschen wieder darunter mischen, dann in einer nicht zu flachen Platte anrichten und die Brotwürfeli kurz vor dem Servieren darüber streuen.

Variante: Für die Luzerner Kirschsuppe 1 kg Kirschen waschen, entstielen und mit 4 EL Zucker bedecken. 200 g Mehl in eine große, trockene Pfanne geben und unter Rühren bei schwacher Hitze hellbraun rösten. Erkalten lassen. Mit 400–500 ml kalter Milch zu einem gleichmäßigen, dünnen Brei rühren. Kirschen mit Saft unterziehen. 1–2 Std. im Kühlschrank ziehen lassen. Vor dem Servieren eventuell noch etwas Milch zugeben, die Suppe darf nicht zu dick sein. Kühl servieren.

Arbeitsaufwand: 35 Min.
Kochzeit: 4–5 Min.

Für 4 Personen:
1 kg entsteinte Kirschen
200 ml Apfelsaft
1 Zimtstange
3 EL Zucker
1 TL Speisestärke
geröstete Brotwürfeli

Suurchriesi-Chueche
Sauerkirschkuchen nach Zürcher Art

Die Kirschen waschen, entsteinen und mit Zucker in eine Schüssel geben. 3 Std. ziehen lassen. Die Kirschen in einem Sieb abtropfen lassen und den Saft auffangen. Das Blech einfetten. Backofen auf 230° vorheizen. Inzwischen nach dem Grundrezept von Seite 46 einen geriebenen Teig zubereiten. Den Teig etwa 3 mm dick ausrollen und aufs Blech legen. Mit einer Gabel mehrmals einstechen und dicht mit Kirschen belegen. Im Backofen (Mitte, Umluft 210°) 35 Min. backen. Wenn nötig, mit Alufolie abdecken. Inzwischen den Kirschensaft mit Zitronensaft und 100 ml Wasser zu Sirup einkochen lassen. Die Speisestärke in 2–3 EL Wasser auflösen, unter den Sirup rühren und unter Rühren bei schwacher Hitze kochen, bis sich eine geleeartige Masse bildet. Auf dem noch warmen Kuchen verteilen und erkalten lassen.

Tipp: Wichtig ist, dass der Sirup stark eingekocht wird.

Arbeitsaufwand: 40 Min.
Marinierzeit: 3 Std.
Backzeit: ca. 35 Min.

Für ein rundes Kuchenblech von 24 cm Ø:
1 kg Sauerkirschen
100 g Zucker
400 g geriebener Teig
(siehe S. 46)
1 EL Zitronensaft
1 EL Speisestärke
Butter für das Blech

Zürcher Wähen werden mit Äpfeln, Birnen, Zwetschgen und Kirschen auf dieselbe Art zubereitet. Im Bündnerland streut man über Fruchtwähen geriebenes Weißbrot, Mandeln und Butterflöckchen, zuletzt Zucker und Zimt, und lässt den Guss einfach weg.

Zürcher Chriesiwäie
Zürcher Kirschschnitten

Arbeitsaufwand: 20 Min.
Backzeit: ca. 35 Min.

300 g Weggliteig (Milch-Hefeteig, z. B. Zopfteig, siehe S. 14)
1 kg Kirschen
2 Eier
1/4 l Milch oder halb Milch, halb Rahm
Zucker
1 gestr. EL Speisestärke

Den Teig nach dem Grundrezept von Seite 14 zubereiten. Kirschen waschen und abtropfen lassen. Ein Blech mit Backpapier belegen. Den Backofen auf 230° vorheizen. Den Teig etwa 3 mm dick ausrollen und aufs Blech legen. Einen Teigrand hochziehen und mit der Gabel verzieren. Den Teigboden mit einer Gabel mehrmals einstechen. Die Kirschen dicht nebeneinander anordnen. Im Backofen (Mitte, Umluft 210°) 10 Min. backen. Inzwischen für den Guss die Eier mit Milch, 4 EL Zucker und Stärke verrühren. Den Guss über den Kuchen gießen und in 20–25 Min. fertig backen. Herausnehmen und mit Zucker bestreuen.

Tipp: Ähnlich wird der Chriesichueche nach Luzerner Art zubereitet. Anstelle von Weggliteig wird 300 g geriebener Teig (siehe S. 46) verwendet und dem Guss 200 g Sauerrahm, 100 g Ziger (siehe S. 48) oder Quark, 1 Päckchen Vanillezucker und 1 Prise Zimtpulver beigemischt.

Kirsi-Tarte | Kirschentarte aus dem Baselbiet

500 g Geriebener Teig mit Ei (siehe Tipp S. 46) für eine Springform von 26 cm Durchmesser herstellen. Für die Füllung 2 Eier trennen. Eigelbe mit 50 g Zucker sämig schlagen. Mit 50 g Butter, 2 EL Mehl und 2 TL Vanillezucker glatt rühren. Mit 60 g geriebenen Mandeln mischen. Eiweiße mit 1 Prise Salz steif schlagen und kühl stellen. Ofen auf 200° vorheizen. Zwei Drittel des Teiges auf dem Boden der Form ausrollen. Mit dem restlichen Teig einen etwa 3 cm hohen Rand formen. Den Teigboden mehrmals einstechen, mit Backpapier und Hülsenfrüchten (z. B. weißen Bohnen) belegen und im Backofen (Mitte, Umluft 180°) 15 Min. blind backen. Hülsenfrüchte und Backpapier entfernen. Eischnee unter die Füllung ziehen, diese auf dem Teigboden verteilen. 500 g entsteinte Kirschen darauf streuen, einsinken lassen und den Kuchen in 25–30 Min. fertig backen. Lauwarm oder kalt am gleichen Tag essen.

Tipp: Der Füllung nach Belieben 1–2 EL Kirsch zufügen. Es gibt entsteinte Kirschen im Beutel zu kaufen, die mehrere Wochen aufbewahrt und tiefgekühlt werden können.

Noch ein originelles Rezept für Kirschenmus aus dem Appenzellerland:

Chriesilatwäri
Kirschmus

Die entsteinten Kirschen unter Umrühren bei schwacher Hitze 30 Min. leise kochen. Zimtstange zerbrechen. Mit Zucker, Zitronenschale und Muskat zu den Kirschen geben und weitere 15 Min. kochen lassen, bis ein dickes, dunkles Mus entsteht.
Die Latwäri in saubere und vorgewärmte Gläser abfüllen und, sobald sich ein feines Häutchen gebildet hat, mit einem in Kirsch getauchten Pergamentpapier verschließen.

Tipp: Natürlich kann man die Latwerge auch auf moderne Art verschließen. Wichtig ist, dass das Mus ganz heiß in vorgewärmte Gläser abgefüllt und sofort verschlossen wird.
Variante: Das Mus kann auf die gleiche Art mit Zwetschgen zubereitet werden.

Arbeitsaufwand: 30 Min.
Kochzeit: 45 Min.

1 kg entsteinte Kirschen
1 Zimtstange
100 g Zucker
abgeriebene Schale von
1 unbehandelten Zitrone
1 Prise Muskatnuss
etwas Kirschwasser zum
Verschließen der Gläser

Marenata | Tessiner Weichselkompott

1 kg Weichseln entsteinen, mit 1 kg Zucker mischen und 3–4 Std. ruhen lassen. In einer großen Pfanne (mit Vorteil in einer Messingpfanne) kochen, bis der Saft eindickt (Gelierprobe machen!). Die Marenata sehr heiß in gut vorgewärmte Gläser mit Bügelverschluss einfüllen und diese sofort verschließen.

Variante: Auf dieselbe Art lässt sich Weichselsirup zubereiten. In diesem Fall die Kirschen nach 10 Min. Kochzeit ohne Zucker durch ein Sieb drücken, damit die Steine zurückbleiben. Den gewonnenen Saft mit Zucker zu Sirup einkochen lassen.

Americani-Trauben

Im Tessin gibt es diese ganz spezielle Traubensorte, die Americani-Trauben (»Chatzeseikerli«), die mittlerweile etwas selten geworden ist. Ich kaufe jedes Jahr vor der Weinernte, was ich davon erhalten kann. Ich entkerne und koche sie ein oder püriere die Beeren zum Einfrieren. Daraus entstehen dann das ganze Jahr über herrliche Desserts, weil diese Traubensorte ein besonders köstliches Aroma hat.

Ein Blanc Manger ist eine Spezialität, die bereits im Mittelalter bekannt war. Allerdings wurde sie damals mit Geflügelbouillon zubereitet und mit Honig gesüßt. Beliebt war dieses Gericht vor allem in Genf und Basel, wo man den Pudding heute noch kennt.

Blanc Manger aux framboises
Mandelpudding mit Himbeeren

Arbeitsaufwand: 40 Min.
Ruhezeit: 1 Std.
Gelierzeit: 4 Std.
Kochzeit: 10 Min.

Für 6 Personen:
½ l Milch
150 g Zucker
200 g geschälte gemahlene Mandeln
1 Vanillestange (ersatzweise 1 TL Vanilleextrakt)
2 TL Mandelessenz
1 Blatt Gelatine
600 g Himbeeren (evtl. tiefgefroren)
1 EL Zitronensaft
250 g Rahm
125 g Rahm zum Garnieren

Die Milch mit 120 g Zucker und Mandeln in einen Topf geben. Die Vanillestange längs aufschneiden, das Mark dazukratzen. Alles aufkochen lassen, von der Herdplatte nehmen, die Mandelessenz zugeben und zugedeckt 1 Std. ziehen lassen. Gelatine in kaltem Wasser einweichen. Himbeeren verlesen, 400 g in eine Schüssel geben und mit 2 EL Zucker und Zitronensaft mischen. Ebenfalls 1 Std. ruhen lassen.
Die Mandelmilch durch ein Haarsieb gießen. Mandeln ausdrücken, dann wegwerfen. Mandelmilch in eine saubere Pfanne geben und lauwarm erwärmen, aber nicht mehr aufkochen lassen. In eine Schüssel geben. Die Gelatine ausdrücken und darin auflösen. Mandelmilch kalt werden lassen, dabei ab und zu rühren. Inzwischen den Rahm steif schlagen. Sobald die Creme dicklich wird, den Rahm unterziehen. Mit Klarsichtfolie abdecken und im Kühlschrank in 3–4 Std. fest werden lassen.
Die Himbeeren mit Saft durch ein Sieb streichen oder im Mixer pürieren. Die Schüssel mit dem Blanc Manger kurz in heißes Wasser tauchen. Auf eine runde Platte stürzen. Übrigen Rahm halb steif schlagen, mit 1 EL Zucker steif schlagen. In einen Spritzbeutel mit großer Tülle füllen, den Pudding mit Rosetten überziehen. Mit übrigen Himbeeren garnieren. Himbeerpüree extra dazuservieren.

Tipps: Noch besser schmeckt die Himbeersauce mit 1 EL Framboise (Himbeergeist) oder Kirschwasser. Anstelle von Mandelmilch Mandelpüree (Reformhaus) und Vanillezucker verwenden.

Varianten: Himbeeren durch andere Beeren ersetzen. Statt mit Himbeeren mit Früchten der Saison garnieren. Die Masse in kleine Puddingformen füllen und mit Fruchtsauce oder Kompott servieren. Mandeln durch Walnüsse oder Haselnüsse ersetzen. Kleingehackte dunkle Schokolade unter die Masse ziehen. Mit Aprikosensauce (Zubereitung wie Himbeersauce) servieren.

Diese Spezialität ist so beliebt, dass Feinschmecker dafür von weither anreisen.

Aelpler Magroone
Makkaroni Ob- und Nidwaldner Art
(Titelbild)

Arbeitsaufwand: 30 Min.

Für 4 Personen:
250 g Kartoffeln
Salz
500 g Hörnli oder Aelplermagroone
2 große Zwiebeln
300 g Käse (z. B. Sbrinz oder Obwaldner Alpkäse)
2 EL Bratbutter
300 g Rahm (ersatzweise halb Rahm halb Milch)
Salz, Pfeffer

Kartoffeln schälen und würfeln. In Salzwasser 15 Min. vorkochen und abgießen. Oder mit den Magronen bissfest garen und abtropfen lassen. Zwiebeln schälen, halbieren und in Streifen schneiden. Käse reiben. Bratbutter erhitzen, Zwiebeln darin goldgelb braten und beiseite stellen.
Rahm aufkochen lassen und 100 g Käse unterrühren. Magronen und Kartoffeln mit der Hälfte des restlichen Käses mischen, mit Salz und Pfeffer würzen und in eine Auflaufform geben. Mit dem Käserahm begießen, mit dem restlichen Käse bestreuen. Zugedeckt auf dem Herd oder im vorgeheizten Backofen (Mitte) bei 200° erwärmen, bis der Käse geschmolzen ist. Zwiebeln darauf verteilen.

Varianten: So macht man das Gericht auf der Alp in Obwalden: Da es in den Alphütten meistens nur eine Feuerstelle gibt, muss man sich zu helfen wissen. Die Kocherei beginnt »hindersi«, d. h. einfach umgekehrt, und so nennt man diese Zubereitung spaßig »Hindersi Magroonä«. Zuerst werden im »Chessi« die Zwiebeln in Butter goldgelb gebraten, dann gibt man die »Magronen« und die Kartoffeln dazu und löscht mit heißem Wasser ab. Zuletzt werden Rahm und geriebener Alpkäse dazugegeben.

Bratchäs – Bratkäse

In Obwalden wird viel »Bratchäs« gegessen. Er wird in kleinen Laibli unter der Bezeichnung »Obwaldner Bratchäs« hergestellt, kann roh gegessen oder, ähnlich wie Walliser Raclette, an der Glut gebraten werden.
Man kann ihn aber auch in dünne Scheiben schneiden, auf den Teller geben und im Ofen einfach schmelzen lassen. Oder man lässt ihn in der Bratpfanne zergehen. Besonders gut schmeckt er, wenn man ihn flüssig über frisch gekochte »Gschwellti« gibt. Ratsam ist, die Teller vorher zu wärmen, damit der Käse flüssig bleibt.

Glarner »Höreli«
Hörnchen mit Kräuterkäse

Zwiebel schälen, fein hacken. Bratbutter erhitzen. Zwiebel darin hellgelb dünsten. Hörnli zugeben und 1–2 Min. unter Rühren mitdünsten. Mit der Hälfte der Bouillon ablöschen. Bouillon nachgeben, bis die Hörnli weich sind (je nach Teigwarensorte 15–20 Min.) und die Flüssigkeit ganz aufgesogen ist. Hörnli mit Schabziger, Butter in Flöckchen und Petersilie mischen. Mit Pfeffer übermahlen, salzen und servieren.

Tipp: Gekochte Apfelstückli (siehe S. 30) dazuservieren.
Variante: Chnöpfli zubereiten (siehe S. 20). Dem Teig 200 g mit 2 EL Wasser fein gemixten Spinat oder Kräuter (Petersilie, Schnittlauch, Majoran, Kerbel) zufügen. Chnöpfli abtropfen lassen, anrichten, mit geriebenem Schabziger bestreuen, mit etwas heißer Butter begießen.

Arbeitsaufwand: 20 Min.
Kochzeit: 15–20 Min.

Für 4 Personen:
1 große Zwiebel
2 EL Bratbutter
400 g Hörnli
1 –1 1/2 l Bouillon
150 g geriebener Schabziger, 50 g frische Butter
1 EL gehackte Petersilie
Pfeffer aus der Mühle, Salz

Grüeni Chnöpfli | Grüne Spätzle nach Glarner Art

400 g Mehl mit 3 Eiern, 1 TL Salz, 1/2 l Wasser zu einem glatten zähen Teig verarbeiten. 1 Hand voll Spinat, Petersilienblättchen und Mangoldblätter waschen, abtropfen lassen, sehr fein hacken und unter den Teig mischen, sodass dieser schön grün wird. Reichlich Wasser zum Kochen bringen und den Teig mit dem Messer von einem Holzbrettchen ins kochende Wasser schaben. Pro Portion 3–4 Min. kochen und ziehen lassen, abgießen und mit viel kaltem Wasser übergießen, bis die Chnöpfli sich nicht mehr klebrig anfühlen. 50 g Schabziger reiben. 25 g Butter in einer Pfanne erhitzen, die Chnöpfli darin abschmelzen. Lagenweise mit geriebenem Schabziger und 25 g flüssiger Butter in eine vorgewärmte Schüssel geben.

Glarner Schabziger

Schabziger wird ausschließlich im Glarnerland hergestellt. Die Kräutermischung verdankt ihren einzigartigen Charakter dem Zigerklee, der nur für die Schabzigerfabrikation gepflanzt wird. Schabziger ist erhältlich in konischen Stöckli von 45–100 g. Man kann ihn auch als Fertigfabrikat mit Butter gemischt in Karton- und Alubechern oder als Portionenmödeli kaufen. Das Aroma dieses Käses ist würzig-pikant. Er macht eine mehrmonatige Reifezeit durch, bevor er zu Stöckli verarbeitet wird; in der Originalverpackung kühl und trocken gelagert, ist er 2–3 Wochen haltbar. Der Schabziger eignet sich als rassige Abwechslung für die Käseplatte. Mit Butter vermischt lässt er sich als Brotaufstrich oder zu geschwellten Kartoffeln verwenden. Diese Mischung erhielt den spaßigen Übernamen »Luussalbi«.

Ein typisches Sennengericht ist der Milch- oder Molkenbrei, der je nach Gegend »Fenz«, »Fänz« oder »Rümli« heißt. Zu Brei eingekochter Rahm – »Rümli«, »Ghium«, »Rahmzonne« (Appenzell), »Stunggewärni« (Schwyz) oder »Milchelleta« (Wallis) genannt – ist eine vornehmere Variante dieser Gerichte. All diese Speisen werden von den Älplern in der »Beinpfanne« auf dem Holzfeuer gekocht. Beliebt ist bei den Sennen – besonders in der Innerschweiz – auch der »Nitlä-Riis«. Dieser Älpler-Nidelreis wurde früher in einer Kupferpfanne auf dem Feuerherd gekocht und schmeckte grad noch einmal so gut!

Ein Rezept aus Sisikon:

Nitlä-Riis
Rahmreis

Arbeitsaufwand: 15 Min.
Kochzeit: 30 Min.

Für 4 Personen:
1 l Milch, 1 Prise Salz
1 1/2 Tasse Reis, 150 g Rahm

Milch und Salz zum Sieden bringen. Den Reis einrühren (aufpassen, dass es keine Knollen gibt!) und 30 Min. bei schwacher Hitze kochen lassen. Den Rahm zufügen und bei schwacher Hitze 1 Std. köcheln lassen. Hie und da rühren, damit der Reis nicht anbrennt. Je länger der Reis kocht, umso besser wird er.

Tipp: Oft wird zuletzt noch ein Stückchen Butter unter den Reis gezogen.

Aus dem Bündner Oberland stammt das auch andernorts bekannte »Nidelbrot«.

Nidelbrot
Rahmbrot

Arbeitsaufwand: 30 Min.
Kochzeit: 5 Min.

Für 4 Personen:
1/2 Tasse Sultaninen
500 g altbackenes Brot
1 1/2 l Milch, Salz
100 g Zucker
1/2 TL Zimtpulver
2 Eier
1 EL flüssige Butter
250 g Rahm

Die Sultaninen in kaltem Wasser kurz einweichen, dann in einem Sieb abtropfen lassen. Das Brot in feine Scheiben schneiden. Die Hälfte der Milch erwärmen. Das Brot mit 1 Prise Salz, Zucker, Zimtpulver und den Sultaninen unterrühren und alles 5 Min. kochen lassen. Nach und nach die restliche Milch zufügen, das Brot muss ziemlich feucht sein.
Die Eier verquirlen und unterziehen. Die Masse sofort auf einer heißen Platte anrichten und die flüssige Butter unterrühren. Mit einem Suppenlöffel gitterartige Rillen ziehen und den Nidel (Rahm) darüber gießen.

Variante: Für Brottatsch 400 g Brot zerkleinern, mit Milch befeuchten. Mit 4–5 Eiern, Salz, 600 ml Milch und 200 g Schinkenwürfeln vermischen. 2 EL Butter erhitzen. Aus dem Teig 4 Omeletten backen. Mit Salat servieren.

Auf der Alp kocht man auch gerne eines jener währschaften Gerichte aus Brot und Käse, die meist noch lustige Namen haben. So nennen die Appenzeller ein solches Gericht:

»Alte Maa«
Brot-Käse-Gericht nach Appenzeller Art

Käse reiben. Brot in »Dünkli« (feine Scheiben) oder Würfel schneiden. Lagenweise mit dem Käse in eine Schüssel geben. Milch und Rahm darüber gießen und 1 Std. stehen lassen. Das Brot darf nass, aber nicht breiig werden. Die Butter erhitzen. Das Brot darin zugedeckt unter öfterem Wenden »rösch« braten.

Tipp: Dazu gehört Milchkaffee. Bei ähnlichen Gerichten, die auch »Sterz« heißen, werden gehackte Zwiebeln mitgebraten.

Varianten: Gut schmeckt auch das ähnlich zubereitete »Käsegezänk« aus dem Prättigau, bei dem das Brot mit Wasser anstatt mit Milch befeuchtet wird. Die Älpler sind Meister in der Zubereitung von Käsesuppen. Auch da gibt es unzählige Varianten. Als Abwechslung zu den bestbekannten Luzerner und Schwyzer Käsesuppen (siehe S. 84) finde ich die Variante aus Graubünden (siehe S. 185) interessant.

Arbeitsaufwand:
Ruhezeit: 1 Std.
Bratzeit: 15 Min.

Für 4 Personen:
200 g Appenzeller Rässkäse
400 g altbackenes Brot
200 ml Milch
50 g Rahm
3 EL Bratbutter

Hier eine besonders typische und gute Käsesuppe aus dem Val d'Illiez:

La soupe au plat
Walliser Käsesuppe

Zwiebeln schälen und hacken. Butter erhitzen. Zwiebeln darin in 4–5 Min. glasig werden lassen. Käse reiben. Brot in etwa 1 cm dicke Scheiben schneiden, mit Zwiebeln und Käse lagenweise in eine feuerfeste Form geben, dabei mit Käse abschließen. Bouillon aufkochen lassen, mit Muskat würzen und darüber gießen. Mit einer Schaumkelle alles zusammendrücken, damit das Brot die Flüssigkeit aufsaugen kann. Im Backofen bei 200° Oberhitze in 30 Min. goldgelb überbacken.

Tipp: Die Bündner bereiten ihre Käsesuppe ähnlich zu, lassen aber in vielen Rezepten die Zwiebeln weg und geben dafür kleine Speckwürfelchen zu.

Arbeitsaufwand: 30 Min.
Backzeit: ca. 30 Min.

Für 4 Personen:
2 große Zwiebeln
3 EL Butter
300 g Walliser Bergkäse (harte Sorte)
500 g altbackenes Brot
1/4 l Bouillon, Muskatnuss

Der Markt – ein besonderes Erlebnis

Ein Samstagsausflug könnte uns zunächst einmal nach Bern, der traditionsgebundenen Stadt, führen. Dort bieten die Berner Bäuerinnen auf ihren Ständen von der Bundesgasse über den Bärenplatz bis in die Altstadt hinunter die vielfältigsten Gemüsesorten feil, und auf dem Fleischmarkt an der Münstergasse wähnt man sich fast im Schlaraffenland der Würste, Rippli und schön dressierten Fleischstücke.

Ein andermal fahren wir vielleicht über Fribourg und Vevey nach Lausanne. Bereits in Fribourg kann man auf der Place de l'Hôtel de Ville »en passant« ein bisschen Käse einkaufen, das Gemüse der Fribourger Landschaft beschnuppern und, falls es gerade der erste Samstag im Monat ist, auf dem Flohmarkt (dem »marché aux puces«) nach einem originellen oder gar antiken Gegenstand Ausschau halten.

Weiter geht es nach Vevey, wo im Hochsommer mitten in der Stadt ein folkloristischer Markt stattfindet. Folkloristisch deshalb, weil hier Waadtländer und Waadtländerinnen in ihren hübschen Trachten Gemüse, Würste und Käse verkaufen und die Weinbaugenossenschaften in kleinen, mit dem Wappen »Liberté et patrie« versehenen Stiefelgläschen Weißwein »à discrétion« anbieten. Dazu gibt es »Salées au fromage«, die sehr bekannten Waadtländer Käseküchlein. Blasmusik, Tänze, Gesang und andere Darbietungen gehören zu dem Anlass.

Der Höhepunkt aber erwartet uns in Lausanne, wo wir den schönsten und größten der noch »echten« Märkte der Westschweiz finden. Der Rundgang könnte in der schmalen, hübschen Rue de Bourg beginnen und durch die sehr steile Rue Saint-François bis in die Nähe der Endstation der Drahtseilbahn hinunterführen. Hier stehen vor den Marktfrauen die gefüllten Körbe am Boden und bieten einen Querschnitt ihres Gartens: einige Eier, ein Huhn, schönes Gemüse, Zierkürbisse und Landblumen in allen Farben und Sorten. Zum Abschluss wandern wir hinauf zur Place de la Palud, dann zur Riponne, wo die herrlichen Waadtländer Spezialitäten angeboten werden: Bratwurst am Meter mit oder ohne Knoblauch, Saucissons, Fleischpastetchen, Salées, Taillaules (ein salziges Gebäck mit Speckgrieben), Tomme vaudoise und Käsesorten aus den Nachbarkantonen. In Zürich findet man zweimal in der Woche in den Bürkliplatzanlagen an Gemüsen, Früchten und Blumen, was das Herz begehrt. Basel stellt seinen wunderschönen Marktplatz zur Verfügung und verwöhnt die Einkaufenden mit einem herrlichen Angebot an zartesten Gemüsen, Salaten und leuchtenden Blumen. Einen der schönsten Märkte gibt es in Luzern in der Altstadt der Reuss entlang.

Wer in seinem Garten noch Stachelbeeren hat, darf sich glücklich schätzen. Sie werden heute sehr rar und nur noch zu astronomischen Preisen angeboten. Für Kompott und Kuchen eignen sich die grünen am besten.

Compote de groseilles
Stachelbeerkompott; Waadtländer Rezept

Stachelbeeren in 1 l kochendes Wasser geben, überwellen lassen, dann abgießen. Stiele und Butzen mit einem spitzigen Schnitzerchen entfernen. Wein mit 200 ml Wasser, Zimtstange und Zucker aufkochen lassen. Stachelbeeren mit Zitronensaft zugeben und mit einem (silbernen!) Löffel umrühren. Bei schwacher Hitze kochen lassen, bis die Beeren weich sind. Mit der Schaumkelle in eine Schüssel geben. Den Saft bis zur Hälfte einkochen lassen, den Sirup über das Kompott gießen. Kalt servieren.

Arbeitsaufwand: 30 Min.
Kochzeit: 10–15 Min.

1 kg harte, grüne Stachelbeeren, 1/4 l Weißwein
1 Zimtstange, 200 g Zucker
2 EL Zitronensaft

Cassisliggör
Likör von Schwarzen Johannisbeeren

Abgestielte Trübeli und Johannisbeerblätter mit Schnaps (Kernobstbranntwein) in eine Korbflasche füllen, mit einem Lappen verschließen und gut 7–8 Wochen an der Sonne ziehen lassen. Dann den Wein mit Zucker, nach Belieben Orangenblüten, Nelken, Zimtstange und Anissamen aufkochen lassen. Den Schnaps dazusieben und alles mischen. In Flaschen abfüllen, diese gut verschließen und mindestens bis zum Winter im Keller belassen. Je älter, desto besser ist der Likör.

Tipp: Lässt sich auch mit Roten Johannisbeeren zubereiten.

Arbeitsaufwand: 40 Min.
Reifezeit: 7–8 Wochen

1 kg schwarze Trübeli
10–12 Johannisbeerblätter
1 l Schnaps, 1 l Rotwein
1 kg Zucker, 40 g Orangenblüten, 10 Nelken, 1 Zimtstange, 1/2 TL Anissamen

Ein bewährtes altes Hausrezept gegen allerlei Gebresten:

Heubeeri-/Heitischnaps | Heidelbeerschnaps

3 l Obstbranntwein mit 1 kg Zucker und 250 g zerstoßenem Kandiszucker gut mischen. 500 g Heidelbeeren, 250 g Sauerkirschen, 1 Zimtstange und 2–3 Nelken zugeben und in der ersten Woche täglich umrühren. In einer Strohflasche den Sommer über (etwa 6 Monate) an der Wärme stehen lassen (Flasche nicht ganz verschließen!). Dann filtrieren und in Flaschen abfüllen.

Trübelichueche
Johannisbeerkuchen (im Bild)

Arbeitsaufwand: 35 Min.
Ruhezeit: 1 Std.
Backzeit: 35–40 Min.

Für eine Springform von 26 cm Ø:
Teig:
210 g Mehl
140 g Butter
1 Ei, 4 EL Zucker, Salz
Füllung:
500 g Johannisbeeren
200 g Zucker, 2 Eier
5 EL geschälte gemahlene Mandeln
3 Eiweiße
Butter für die Form

Für den Teig das Mehl auf ein Teigbrett oder in eine große Schüssel sieben. Die Butter in Flöckchen zugeben. Das Ei verquirlen. Alles mit Zucker, verquirltem Ei und 1 Prise Salz rasch zu einem Teig verkneten. Den Teig zugedeckt 1 Std. kühl ruhen lassen.
Für die Füllung die Johannisbeeren waschen, gut abtropfen lassen und von den Rispen streifen. In einer Schüssel mit 2 EL Zucker bestreuen. Restlichen Zucker mit den Eiern cremig rühren. Die Mandeln unterziehen. Die Eiweiße steif schlagen. Mandelmasse und Beeren zugeben und alles vorsichtig mischen.
Die Form einfetten. Den Backofen auf 200° vorheizen. Den Teig 3–4 mm dick ausrollen und die Form damit auskleiden, dabei einen Rand von etwa 4 cm hochziehen. Die Füllung darauf verteilen. Im Backofen (Mitte, Umluft 180°) 35–40 Min. backen. Darauf achten, dass die Füllung nicht dunkel wird. Eventuell nach halber Backzeit mit Alufolie abdecken. Die Mandelmasse darf hellgelb werden.

Tipp: Kann auch mit Cassis (Schwarzen Johannisbeeren) gemacht werden.

Heitichueche | Heidelbeerkuchen

Ein Backblech einfetten. Den Backofen auf 230° vorheizen. 300 g geriebenen Teig nach dem Grundrezept von Seite 46 zubereiten.
Den Teig etwa 3 mm dick ausrollen, aufs Blech legen und mit einer Gabel mehrmals einstechen. 2 EL Paniermehl mit 1 EL Zucker mischen und auf den Kuchenboden streuen. Mit Butter in Flöckchen belegen. Den Kuchen im Backofen (Mitte, Umluft 210°) 10 Min. vorbacken.
750 g Heidelbeeren verlesen, gut waschen, abtropfen lassen und auf dem Kuchen verteilen. Mit 2 EL Zucker und 1/2 TL Zimtpulver bestreuen und in 20 Minuten fertig backen.

Tipp: Das Paniermehl kann durch zerdrückte Amaretti (siehe S. 155) ersetzt werden. Das macht diesen Kuchen besonders aromatisch.

Ferien im Bündnerland

Wie wäre es mit einem kulinarischen Streifzug durch Graubünden? Die Bündner Küche ist ebenso interessant wie die Bündner Landschaft. In ihrer Eigenart lässt sie sich mit keiner andern der Schweiz vergleichen. Die charakteristischen einheimischen Produkte und manche Einflüsse aus Österreich und Italien ergaben eine reiche Auswahl an fantasievollen und schmackhaften Gerichten, die in Graubünden – im Gegensatz zu anderen Gegenden in der Schweiz – als bewährte Tradition liebevoll gehegt und gepflegt werden. Und wie mir scheint, schmeckt in den Bergen einfach alles doppelt so gut, angefangen beim herrlichen Bindenfleisch, das man zusammen mit einem Glas Veltliner genießt, bis zur einmaligen Gerstensuppe. Wobei man natürlich die herrlichen Pitten und Torten nicht vergessen darf, die in diesem Kanton mit großem Können gebacken werden.
Aus dem Bündnerland habe ich so viele Rezepte zusammentragen können, dass mir die Auswahl schwer fällt.

Ein Rezept von Myriam Albrecht:

Scarpatscha »La Rösa«
Bündner Nudelauflauf

Arbeitsaufwand: 30 Min.
Backzeit: ca. 35 Min.

Für 4 Personen:
200 g Nudeln
4 kleine Tomaten
100 g Sbrinz
400 g Zucchetti
1 Ei, Paniermehl
Butter
Salz, Pfeffer
300 g Puschlaver Mortadella (in Scheiben)
2 Eier
150 ml Milch
Muskatnuss
Butter für die Form

Die Nudeln nach Packungsangaben bissfest garen, dann abtropfen lassen. Die Tomaten waschen und in Scheiben schneiden. Den Käse reiben. Den Backofen auf 240° vorheizen.
Die Zucchetti in Scheiben schneiden. Erst in Ei, dann in Paniermehl wenden. Etwas Butter erhitzen. Die Zucchettischeiben darin braten. Auf Küchenpapier abtropfen lassen.
Eine Gratinform einfetten und die Hälfte der Nudeln hineingeben. Etwas Sbrinz darüber streuen und mit einer Lage Tomatenscheiben bedecken. Mit wenig Salz und Pfeffer würzen.
Je eine Lage Mortadellascheiben und Zucchettischeiben darauf legen. Jede Lage nochmals wiederholen, die oberste Schicht sollte aus Zucchettischeiben bestehen.
Für den Guss Eier und Milch verquirlen, noch etwas Sbrinz und Muskat beifügen und über das Gericht gießen. Mit 30 g Butter in Flöckchen belegen. Im Backofen (Mitte, Umluft 220°) 35 Min. gratinieren.

Tipp: Den Auflauf eventuell noch mit kleinen Tomatenhälften belegen.

Puschlaver Pizzöcchar
Puschlaver Pizzokels mit Gemüse

Das Gemüse waschen, putzen, eventuell schälen. Karotten in Rädchen, Bohnen in etwa 4 cm lange Stücke, den Wirsing in Streifen schneiden und den Knollensellerie würfeln. Das Selleriekraut etwas zerkleinern. In einer großen Pfanne 3–4 l Wasser zum Kochen bringen und salzen. Zuerst die Karottenrädchen, dann jeweils im Abstand von etwa 10 Min. die übrigen Gemüse in das kochende Salzwasser geben. Kochen, bis das Ganze fast gar ist. Unterdessen den Schnittlauch waschen und in Röllchen schneiden. Mit Buchweizen- und Weißmehl, Salz, Ei und etwas kaltem Wasser zu einem Spätzleteig verarbeiten. Auf ein Brett geben und mit dem Messer große Spätzle ins Gemüse schaben. Alles etwa 5 Min. kochen lassen. Abgießen und in einer warmen Schüssel anrichten: abwechselnd 1 Lage Pizzöcchar, 1 Lage geriebenen Sbrinz einschichten. Die oberste Schicht sollte Sbrinz sein. Knoblauch schälen, in Scheibchen schneiden. Kochbutter erhitzen. Den Knoblauch darin goldbraun werden lassen und über das fertige Gericht geben.

Tipps: Dazu trinken die Erwachsenen Veltliner und die Kinder Süßmost. Oft wird der Pizzokelteig nicht zu »Spätzle« geformt, sondern zu Streifen von 1 $^{1}/_{2}$ x 4 cm geschnitten.
Variante: Man kann den Teig zur Abwechslung mit 3 EL gehackten Pfefferminzblättern mischen, wie beschrieben kochen und nach dem Anrichten mit viel Käse bestreuen und mit Butter überschmelzen. Ein originelles Essen nach Großmutters Rezept.

Arbeitsaufwand: 40 Min.
Kochzeit: 30 Min.

Für 4 Personen:
400 g Karotten
400 g Bohnen
300 g Wirsing
1 Sellerie, Selleriekraut
150 g Mangoldblätter
Salz
Für den Pizzokelteig:
1 Bund Schnittlauch
50 g Buchweizenmehl
25 g Weißmehl
1 Prise Salz
1 Ei
150 g geriebener Sbrinz
2 Knoblauchzehen
70 g Kochbutter

Eine Spezialität aus dem Val Calanca mit Tessiner Einschlag:

Minestra Calanchina
Kartoffelsuppe aus dem Calancatal

Die Kartoffeln schälen und klein würfeln. Den Lauch putzen, längs einschneiden, gründlich waschen und in feine Streifen schneiden. Die Krautstiele fein zerkleinern. Die Bouillon aufkochen lassen und die Butter zufügen. Kartoffeln mit Gemüse und Reis zugeben und weich kochen. Vor dem Servieren die Milch dazugießen und nochmals kurz aufkochen lassen. Mit Salz und Pfeffer würzen.

Tipp: Mit Geißkäse und dunklem Brot zu Tisch bringen. Nach Belieben kann die Minestra noch mit kalter Milch verdünnt werden.

Arbeitsaufwand: 25 Min.
Kochzeit: 16 Min.

Für 4 Personen:
3–4 Kartoffeln, 1 Stange Lauch, 2 Krautstiele
1 l Bouillon, 1 TL Butter
200 g Reis, $^{1}/_{2}$ l Milch
Salz, Pfeffer

»Capuns« oder »Krut Capuna«

Sie seien das Lieblingsgericht von Zarli Carigiet, wurde mir einmal erzählt. Er sei nämlich nicht nur der eigenwilligste Schweizer Kabarettist, sondern auch ein guter Hobbykoch, der schon als kleiner Bub um die Mutter herumgestrichen sei und keine Ruhe gegeben habe, bis er selber ein kleines »Malünsli«, ein »Capünsli« oder ein kleines Törtchen zubereiten durfte. «Capuns« sei seine Spezialität. Freilich mache er die Gäste jeweils darauf aufmerksam, dass es sich um etwas Ausgefallenes handle. Wem das nicht behage, für den gebe es im nahe gelegenen Wirtshaus Beefsteaks und Koteletts. Das Gericht stammt aus dem Surselva, seiner Heimat. Zur Entstehung dieses Gerichts gibt es viele Geschichten. Die glaubhafteste ist, dass es in Kriegszeiten entstand, und zwar aus ganz einfachen Zutaten, die in Haus und Hof vorhanden waren. Es ist sozusagen eines von vielen Restegerichten, die meistens besonders gut schmecken.

Capuns
Mangoldwickel

Arbeitsaufwand: 40 Min.
Kochzeit: 20 Min.

Für 4–6 Personen:
300 g Weißmehl, 3 Eier
150 ml Milch
Salz, 150 g Salsiz
100 g Weißbrot
1 Zwiebel, 40 g Butter
4 EL gehackte Kräuter (Petersilie, Schnittlauch, krause Pfefferminze)
100 g Korinthen
40 Mangoldblätter
$^{1}/_{2}$ l Gemüsebouillon
200 g geriebener Alpkäse
100 g Butter

Das Mehl mit den Eiern, der Milch und wenig Salz zu einem Spätzliteig verarbeiten, bis er Blasen wirft. Salsiz und Brot in sehr kleine Würfelchen schneiden. Zwiebel schälen und fein hacken. Butter erhitzen. Salsiz, Brot und Zwiebel darin anziehen lassen. Mit 2 EL Kräutern und Korinthen unter den Teig mischen.
Die Mangoldblätter kurz in kochendes Salzwasser geben. Sie sollen lahm werden, dürfen aber nicht weich gekocht sein. Herausnehmen, gut abtropfen lassen und in jedes Blatt 1 EL Spätzliteig einrollen.
Die Gemüsebouillon aufkochen lassen. Die Capuns darin bei schwacher Hitze 20 Min. ziehen lassen. Mit einem Schaumlöffel herausnehmen, auf eine vorgewärmte Platte geben und mit den restlichen Kräutern und viel Käse bestreuen. Die Butter schmelzen, hellbraun werden lassen und über die Capuns gießen.

Varianten: Anstelle von Salsiz kleine Speckwürfel verwenden. Die Hälfte des Suds stark einkochen lassen und mit 125 g Rahm zu einer sämigen Sauce reduzieren. Die Capuns damit umgießen.

Ein ausgezeichnetes Maluns-Rezept aus dem Hotel »Stern« in Chur, wo die Liebe zur Bündner Küche groß geschrieben wird. Der Besitzer sammelte seit Jahren Spezialrezepte seiner Heimat. Der Maluns wird nach wie vor den Gästen mit hausgemachtem Apfelmus und Alpkäse serviert.

Maluns
Bündner Kartoffelgericht

Die Kartoffeln 1–2 Tage zuvor in der Schale kochen, vor der Zubereitung des Maluns pellen und auf der Röstiraffel reiben. Mehl mit den Kartoffeln gut vermischen – mit der Hand fest zerreiben, bis kein Mehl mehr separat vorhanden ist. Ein Drittel der Bratbutter in einer Eisen-Bratpfanne erhitzen, die Kartoffeln zugeben, leicht salzen und pfeffern. Etwa 40 Min. unter ständigem Stochern und Wenden rösten. Die übrige Bratbutter nach und nach zufügen. Zuletzt die frische Butter in Flöckchen untermischen. Wenn das Ganze in kleine, flockige, weiche, hellbraune Stückchen zerfällt, ist der Maluns fertig.

Tipps: Dieses Gericht erfordert viel Sorgfalt und Aufmerksamkeit. Nie braten, nur rösten und niemals mit dem Schneebesen arbeiten. Den Maluns anrichten, Butterflocken darüber geben und mit hausgemachtem Apfelmus oder Zwetschgenkompott und Alpkäse servieren. Dazu passt entweder Milchkaffee oder Veltliner.
Wichtig: Nicht zu viel Butter auf einmal beigeben, sonst wird der Maluns hart. Vor dem Servieren prüfen, ob der Maluns genug gesalzen ist. Beim Anrichten eventuell nochmals würzen.

Arbeitsaufwand: 1 Std.
Bratzeit: ca. 40 Min.

Für 4 Personen:
1 kg fest kochende Kartoffeln
350 g Mehl
100 g Bratbutter
Salz, Pfeffer
20 g frische Butter

Bündner Chässuppe
Bündner Käsesuppe

Brot oder Wasserbrötchen in feine Scheiben schneiden. Den Speck würfeln. Die Kochbutter erhitzen. Brot und Speck darin goldgelb rösten. Diese Mischung abwechselnd mit 50 g Bergkäse in eine feuerfeste Form schichten. Den Backofen auf 230° vorheizen. Die Bouillon aufkochen lassen, mit Zitronensaft abschmecken und darüber gießen. Übrigen Käse und Butter in Flöckchen darauf verteilen. Im Backofen (Mitte, Umluft 210°) in 15 Min. goldgelb überbacken.

Tipp: Nach anderen Rezepten aus diesem Kanton wird die Suppe erst zugedeckt im Ofen gekocht. 10 Min. vor Ende der Kochzeit kommt pro Person ein verquirltes Ei dazu und beim Anrichten eine zünftige Zwiebelschwitze.

Arbeitsaufwand: 25 Min.
Backzeit: ca. 15 Min.

Pro Portion:
100 g Brot oder
1 1/2 Wasserbrötchen
30 g Speck
30 g Kochbutter
80 g geriebener Bergkäse
150 ml Bouillon
Zitronensaft, Butter

Einer meiner liebsten Eintöpfe:

Schoppa da Jotta
Bündner Gerstensuppe (im Bild)

Arbeitsaufwand: 40 Min.
Kochzeit: 2 Std.

Für 6–8 Personen:
2 Karotten, 100 g Sellerie
2 Kartoffeln, 2 Stangen
Lauch, 2 Sellerieblätter
4–5 Wirsingblätter
1 Zwiebel
1 Lorbeerblatt, 1 Nelke
1 EL Butter, 1/2 Kalbsfuß
80 g Rollgerste
2 l Bouillon, Salz, Pfeffer
100 g geräucherter Speck
300 g geräuchertes
Schweinefleisch, 200 g
geräuchertes Rindfleisch
1 Eigelb, 100 g Rahm

Karotten, Knollensellerie und Kartoffeln waschen, schälen und fein würfeln. Lauch, Sellerie- und Wirsingblätter waschen und in feine Streifen schneiden. Zwiebel schälen, mit Lorbeerblatt und Nelke spicken.
Butter erhitzen. Gemüse mit Kalbsfuß darin unter Wenden anziehen lassen. Gerste zugeben und kurz mitdünsten. Mit Bouillon ablöschen, mit Salz und Pfeffer würzen. Gespickte Zwiebel, Speck, Schweine- und Rindfleisch zufügen und 2 Std. kochen lassen.
Fleisch, Speck, Kalbsfuß und gespickte Zwiebel herausnehmen. Fleisch in kleine Würfel schneiden (Kalbsfuß zuerst vom Knochen lösen) und wieder zur Suppe geben. Eigelb mit Rahm verquirlen. Zur Suppe geben und diese bis knapp zum Kochen bringen.

Tipps: Man kann, abgesehen vom Kalbsfuß, das Fleisch auch weglassen und eine Speckschwarte, Beinwurst oder Engadinerwürste mitkochen und gesondert dazu servieren.
Wenn die Suppe nicht als Eintopfgericht gedacht ist, genügt das Mitkochen der Speckschwarte. In diesem Fall kann man auch das Eigelb und den Rahm weglassen.

Plain in pigna
Überbackenes Kartoffelgericht

Arbeitsaufwand: 35 Min.
Backzeit: ca. 45 Min.

Für 4 Personen:
1 kg Kartoffeln, 50 g Rosinen, 100 g magerer Speck
100 g Salami oder Salsiz
1 EL Maismehl, 2 EL Maisgrieß, 2–3 dünne Magerspeckscheiben, Butter
1/4 l Milch, Salz, Pfeffer
Muskatnuss

Die Kartoffeln schälen. Die Hälfte der Kartoffeln reiben, den Rest in dünne Scheibchen schneiden. Nach Belieben die Rosinen waschen und abtropfen lassen. Speck und Salami oder Salsiz klein würfeln. Mit Maismehl, Maisgrieß und nach Belieben mit Rosinen unter die Kartoffeln mischen.
Den Backofen auf 190° vorheizen. Eine Gratinform mit den Speckscheiben auslegen. Die Kartoffelmischung darauf geben. 1 EL Butter erwärmen. Die Milch aufkochen und beides mischen. Mit Salz, Pfeffer und Muskat würzen und über die Kartoffeln gießen.
Mit etwas Butter in Flöckchen belegen. Im Backofen (Mitte, Umluft 170°) 45 Min. backen. Wenn nötig, mit Alufolie abdecken.

Tipp: Dazu passt als Vorspeise ein grüner Blattsalat.

Zwei ganz ausgezeichnete Rezepte, die ich Morosanis »Posthotel« in Davos verdanke.

Caponetti con buleus
Nocken mit Steinpilzen

Arbeitsaufwand: Min.

Für 5–6 Personen:
1/2 Knoblauchzehe
150 g Steinpilze (frisch oder aus der Dose)
2 EL Butter
2 EL fein gehackte Zwiebel
150 g geschälte Tomaten (Dose), Salz, Pfeffer aus der Mühle, Majoran
500 g Paniermehl
150 g Butter, 300 g Mehl
6 Eier, 400 ml Milch
100 g gekochter Spinat
1 EL gehackte Petersilie
100 g geriebener Sbrinz

Für die Sauce Knoblauch schälen und durchpressen. Steinpilze in Scheiben schneiden. Die Butter erhitzen. Zwiebel und Knoblauch in der Butter anziehen lassen, bis sie hellgelb werden. Steinpilze zugeben und 1–2 Min. mitdünsten. Tomaten hacken und zufügen. Mit Salz, Pfeffer und Majoran würzen. Alles bei schwacher Hitze 5 Min. leise köcheln lassen.
Für den Teig 400 g Paniermehl in 75 g Butter goldbraun rösten und auskühlen lassen. Das Mehl mit den Eiern und der Milch mischen. Das geröstete Paniermehl dazugeben. Den Spinat hacken. Spinat und Petersilie unter den Teig ziehen.
Salzwasser zum Kochen bringen. Den Teig großzügig (etwa wie Kleinfingerspitze) mit einem Messer vom Holzbrett ins siedende Salzwasser schaben Sobald sie obenauf schwimmen, mit der Schaumkelle herausnehmen und auf einer vorgewärmten Platte anrichten. Mit Steinpilzsauce überziehen. Sbrinz und Paniermehl darüber streuen. Mit übriger Butter abschmelzen.

Tipp: Kann auch mit getrockneten Steinpilzen zubereitet werden, diese müssen aber vorher in kaltem Wasser eingeweicht werden.

Eine Spezialität aus dem Albulatal, die ohne weitere Beilagen als Hauptgericht serviert werden kann.

Scarpatscha | Brotauflauf mit Mangold

300 g Schwarzbrot in 200 ml Milch einlegen. 200 g Bergkäse reiben. 300 g Mangold, 1 Stange Lauch und 2 Sellerieblätter putzen, waschen und klein schneiden. Mit 2 EL gehackter Petersilie in 2 EL Butter 2–3 Min. dünsten. Das Brot ausdrücken und mit dem Gemüse mischen. Mit Käse, 30 g weicher Butter und 3 verquirlten Eiern vermengen. Mit Salz und Pfeffer würzen. Den Backofen auf 180° vorheizen. Eine Auflaufform einfetten, die Masse einfüllen. Im Backofen (Mitte, Umluft 160°) in 45 Min. goldbraun backen.

Bündner Polenta

Die Bündner Polenta kommt aus dem Puschlav. Sie wird dort auf gleiche Weise – immer mit Wasser und grobem Mais (Bramata) – zubereitet wie im Tessin (siehe S. 149) und vielfältig variiert.

Wird sie ohne Fleisch und Sauce gegessen, kann man die Polenta auf verschiedene Arten bereichern:

Mit Käse: Lagenweise mit Käse anrichten und mit Butter überschmelzen.
Mit Butter: Großes Stück Butter und zum Schluss etwas Reibkäse unterrühren.
Mit Rahm: Wie beschrieben auftragen, dazu neben jedem Teller eine Tasse mit frischem Rahm stellen. So wurde sie früher im San-Bernardino-Hospiz aufgetragen.
Mit Zucker und Zimt: Mit Butter verfeinern und mit einer Mischung aus 4 EL Zucker und 1 TL Zimtpulver bestreuen.

Hexenpolenta

Wird in Chur »Polenta stria« genannt. Sie wird mit Zucker, Butter und Rosinen gekocht; als flacher Kuchen oder Schnitten beidseitig in Butter gebacken.

Polentaknödel

Polenta nach dem Grundrezept (siehe S. 149) mit 200 ml Milch zubereiten. 150 g Mehl, 100 g Rosinen und 1/2 TL Salz zufügen. Aus der Masse kleine runde Knödel formen. In schwachem Salzwasser 30 Min. leise ziehen lassen. 50 g Butter schmelzen lassen. Knödel mit der Schaumkelle herausnehmen, abtropfen lassen, in eine vorgewärmte Schüssel legen, mit 100 g geriebenem Alpkäse bestreuen und mit der Butter übergießen.

Engadiner Polenta

Polenta nach Grundrezept (siehe S. 149) aus 2/3 Bramata und 1/3 Buchweizenmehl zubereiten. Mit der heißen Milch begießen und 1–2 Std. quellen lassen. 100 g Dörrbirnen in Wasser einweichen. Abgießen, klein hacken und mit 1 Prise Salz und 80 g flüssiger Butter mischen. Zu Knödeln formen. Auf kleine Mulltüchlein setzen und diese zu Beuteln zusammenbinden. In Fleischbrühe 1 Std. 15 Min. ziehen lassen. Mit Dörrobstkompott servieren.

Diese Kalbsleberschnitten (Rezept aus dem Hotel »Stern« in Chur) werden auf Maisschnitten angerichtet. Die rassige, raffiniert gewürzte Veltliner Sauce passt besonders gut zu den kunstgerecht zubereiteten Bramataschnitten.

Chalbsläbere »dolce brusco«
Kalbsleber an Veltliner Sauce

Arbeitsaufwand: 30 Min.
Bratzeit: 5 Min.

Für 4 Personen:
1 unbehandelte Zitrone
600–800 ml Veltliner Wein
1/4 Zimtstange
10 zerdrückte Pfefferkörner
1 Nelke, 1 Lorbeerblatt
5 Wacholderbeeren
200 ml Kalbsfond
200 g Johannesbeergelee
4 Tranchen Kalbsleber (à 120 g), Salz, Pfeffer
Zitronensaft 100 g Paniermehl, 2 EL Öl

Für die Sauce die Zitrone halbieren. Mit Wein und Gewürzen aufkochen und die Flüssigkeit bis auf die Hälfte einkochen lassen. Den Kalbsfond und das Johannisbeergelee zufügen. Ebenfalls etwas einkochen lassen, dann alles durch ein Sieb passieren. Die Sauce darf nicht zu dünn sein.
Die Kalbslebertranchen mit Salz, Pfeffer aus der Mühle und 1 Spritzer Zitronensaft würzen. In Paniermehl wenden. Das Öl oder nach Belieben Bratbutter erhitzen. Die Lebertranchen darin beidseitig etwa 5 Min. braten. Sie sollen innen rosa bleiben.

Tipps: Leber auf Bramataschnitten anrichten. Mit heißer Butter abschmelzen, mit Zitronenschnitzen garnieren und mit etwas Sauce umranden. Restliche Sauce separat dazuservieren.
Bramataschnitten sind nichts anderes als Maisschnitten (siehe S. 149), die im Bündner Land mit Wasser und grobem Maisgrieß zubereitet werden.
Man kann die Leber auch in dünne Scheibchen schneiden und in der Sauce servieren.

Neben dem »Bündner Beckibraten« (siehe S. 132) gibt es noch dieses bäuerliche Schafgericht, das bis heute nichts von seiner Urchigkeit eingebüßt hat.

Bündner Schafsverdämpf
Schafsragout mit Kartoffeln

Arbeitsaufwand: 30 Min.
Schmorzeit: 1 Std. 30 Min.

Für 4 Personen:
800 g Schaf- oder Lammfleisch (Schulter oder Brust)
3 Zwiebeln, 1 Knoblauchzehe, 2 EL Bratbutter
2 Lorbeerblätter

Das Fleisch in kleine Stücke schneiden. Zwiebeln und Knoblauch schälen. Zwiebeln in Scheiben schneiden. Die Bratbutter erhitzen. Das Fleisch darin anbraten. Zwiebeln zufügen und mitbraten, bis sie schön Farbe annehmen. Dabei immer rühren, damit sie gleichmäßig gebraten werden.
Lorbeerblätter, Salz, Pfeffer, durchgepressten Knoblauch, Zimtstange und Bouillon zufügen. Zugedeckt auf dem Herd oder im Backofen 1 Std. 30 Min. schmoren lassen. (Die benötigte Zeit hängt von der Qualität des Fleisches ab.) Die Kartoffeln schälen, in Stücke schneiden und nach 1 Std. zum Fleisch geben.

Tipps: Darauf achten, dass genügend Flüssigkeit vorhanden ist, es soll nach dem Garwerden der Kartoffeln noch etwas Sauce übrig bleiben. Wenn nötig, von Zeit zu Zeit noch Bouillon nachgießen. Bei Verwendung von Lamm nur 45 Min. schmoren lassen. Lamm ist ganz mild im Geschmack und hat in dieser Beziehung nichts mehr mit Schaffleisch zu tun.

Salz, Pfeffer
1/2 Zimtstange
300–350 ml Fleischbouillon
6 Kartoffeln

Diese Fleischtorte ist berühmt und bekannt.

Churer Fleischturte
Fleischtorte aus Chur

Mehl mit Butter in Flöckchen in eine Schüssel geben. Zwischen den Fingern fein zerreiben. Eigelb leicht verquirlen. Mit lauwarmer Milch und Salz beigeben und rasch zu einem gleichmäßigen Teig zusammenkneten. Zugedeckt 1 Std. kühl stellen und ruhen lassen.
Für die Füllung den Speck würfeln. Die Zwiebel schälen und fein hacken. Bratbutter in einer großen Bratpfanne erhitzen. Gehacktes Fleisch beifügen und unter Wenden anbraten. Speckwürfelchen und Zwiebel beigeben und 5 Min. dünsten. Die Semmel in kleine Würfel schneiden, mit lauwarmer Milch übergießen und etwas aufweichen lassen. Gut ausdrücken, durch ein Sieb treiben und mit dem Fleisch gut mischen. Den Bratenfond in der Bratpfanne mit Rotwein und 50 ml Kalbsfond aufkochen. Rahm zugießen und 2–3 Min. einkochen lassen. Die Sauce zur Fleischmasse geben. Mit Salz, Paprikapulver und Majoran pikant würzen.
Den Backofen auf 220° vorheizen. Den Teig ausrollen, eine Rondelle von etwa 22 cm Durchmesser ausrädeln. Auf ein bebuttertes Blech legen. Die Füllung darauf geben, dabei einen Rand von etwa 2 cm frei lassen und mit wenig Milch bestreichen. Einen Teigdeckel von 24 cm Durchmesser ausschneiden, darüber legen und ringsum gut andrücken. Die Oberfläche der Torte mit einer Gabel, einem spitzen Messer oder dem Teigrädchen mehrmals einstechen und nach Belieben verzieren. Mit Eigelb bestreichen. Im Backofen (Mitte, Umluft 200°) 40–45 Min. backen.

Tipp: Die Füllung für diese Fleischtorte kann auch in Nudel- oder Kuchenteig zu kleinen Krapfen verpackt im heißen Fett schwimmend oder im Backofen gebacken werden.
Den Teig kann man auch durch geriebenen Teig (siehe S. 46) ersetzen.

Arbeitsaufwand: 1 Std.
Ruhezeit: 1 Std.
Backzeit: 40–45 Min.

Für 4 Personen:
220 g Mehl
175 g Butter, 1 Eigelb
50 ml lauwarme Milch
Salz
Füllung:
100 g magerer Speck
1 große Zwiebel
1 EL Bratbutter
je 250 g gehacktes Schweinefleisch und Kalbfleisch
1 Semmel
50 ml lauwarme Milch
50 ml Rotwein (am besten Veltliner)
50 ml Kalbsfond
50 g Rahm, Salz
Paprikapulver, Majoran
Butter für das Blech
Milch und 1 Eigelb zum Bestreichen

Laut dem heutigen Nachfahren vom »Fideriser Bad« sei in seinem Familienrezept kein Rosenwasser, sondern Kirsch erwähnt! Hier nun das Rezept mit dem Rosenwasser. Wenn Sie dieses durch Kirschwasser ersetzen, schmeckt die Torte ebenfalls ausgezeichnet.

Fiderіser Tuurtä
Torte nach Fideriser Art

Arbeitsaufwand: 35 Min.
Backzeit: ca. 40 Min.

Für eine mittelgroße Springform:
3 Eier
200 g Zucker
200 g Butter
375 g Mehl, Salz
½ TL Zimtpulver
1 EL Rosenwasser (Apotheke) oder Kirschwasser
200 g gemahlene Mandeln
abgeriebene Schale von 1 unbehandelten Zitrone
200 g Himbeerkonfitüre
Butter und gemahlene Mandeln für die Form

Die Eier trennen. Eigelbe mit Zucker schaumig schlagen. Die Butter schmelzen lassen und lauwarm unterrühren. Mehl dazusieben. Mit 1 Msp. Salz, Zimtpulver, Rosen- oder Kirschwasser, Mandeln und Zitronenschale unterrühren. Die Eiweiße steif schlagen und vorsichtig unterziehen. Den Backofen auf 180° vorheizen. Die Form gut einfetten, mit Mandeln bestreuen. Zwei Drittel des Teiges hineingeben und glatt streichen. Die Konfitüre darauf verteilen. Den Rest des Teiges darüber geben und seitlich andrücken. Im Backofen (Mitte, Umluft 160°) 40 Min. backen. Wenn nötig, mit Alufolie abdecken, damit die Torte nicht zu braun wird.

Variante: Für die Noeinsertorte (Domleschger Rezept) 2 altbackene Brötchen in eine Schüssel reiben. 200 g Butterflocken, 250 g gemahlene, ungeschälte Mandeln, 150 g Zucker, 1 TL Zimtpulver, 1 Prise Nelkenpulver und 2 verquirlte Eier gut mischen. Mit 3 EL Rum befeuchten und rasch zu einem Teig verkneten. Nach Bedarf 2–3 EL Mehl zugeben, bis ein mittelfester Teig entsteht. Eine Springform von 26 cm Durchmesser mit Butter bestreichen. Den Teig einfüllen und bei 180° in 40 Min. goldgelb backen. Aus der Form lösen und sofort mit Johannisbeer-Gelee bestreichen.

Bündner Schoggituurtä
Bündner Schokoladentorte

Arbeitsaufwand: 40 Min.
Backzeit: 40–50Min.

Für eine Springform:
6 Eigelbe
200 g Zucker, 80 g Butter
100 g Schwarzbrot
150 g gemahlene Mandeln
200 g dunkle Schokolade
6 Eiweiße, Salz, Butter und Paniermehl für die Form

Eigelbe und Zucker zu einer sämigen Creme schlagen. Die Butter schmelzen lassen. Das Brot (möglichst vom Vortag) reiben. Mandeln, geriebenes Brot und die lauwarme Butter unter die Eiercreme ziehen.
Die Schokolade mit 2 EL Wasser im Wasserbad schmelzen lassen und unter den Teig rühren. Backofen auf 180° vorheizen. Eine Springform von 26 cm Durchmesser einfetten und mit Paniermehl bestreuen.
Die Eiweiße mit Salz steif schlagen. Den Teig vorsichtig zum Eischnee geben, alles locker vermischen und in die Form geben. Im Backofen (Mitte, Umluft 160°) 40–50 Min. backen.

Tipp: Mit steif geschlagenem Rahm servieren.

Engadiner Nusstorte

Engadiner Zuckerbäcker sind weltberühmt. Der karge Boden ihrer Heimat vermochte sie nicht alle zu ernähren, und so mussten sie auswandern. Nur den Erfolgreichen war es vergönnt zurückzukehren, um ihren Lebensabend im Engadin zu verbringen. Auf dem Anhängeprospektchen einer Konditorei in Pontresina steht deshalb zu lesen: »Früher gingen unsere Vorfahren ins Ausland … heute schicken wir unsere Engadiner Nusstorte in die Welt!«
Diese Torte gibt es in vielen Varianten. Einmal ist der Teig fest und gerieben, dann wieder mürb. Der Teigboden wird ab und zu mit Konfitüre bestrichen, den Baumnüssen (Walnüssen) werden einige Pinienkerne beigemischt, und besonders raffinierte Rezepte schreiben für die Füllung noch fein gehacktes Zitronat und Orangeat vor. Hier ein klassisches Engadiner Rezept, wie ich es seit Jahren anwende.

Tuorta da nusch engadinaisa
Engadiner Nusstorte

Mehl, Butter in Stückchen, Salz und 100 g Zucker in eine vorgekühlte Schüssel geben. In der Mitte eine Mulde eindrücken. Die Eier verquirlen und hineingeben. Mit kühlen Händen (vorher unter den Kaltwasserhahn halten!) rasch zu einem mürben Teig verkneten. Den Teig 20 Min. kühl stellen und ruhen lassen. 200 g Zucker in einer trockenen Pfanne unter Rühren hellbraun rösten. Baumnusskerne zugeben und 2–3 Min. mitrösten. Den Rahm unterrühren. Sobald sich der Zucker aufgelöst hat, den Honig untermischen. Zwei Drittel des Teiges etwa 3 mm dick ausrollen. Den Backofen auf 180° vorheizen. Die Form einfetten. Mit Teig auslegen, dabei einen Rand von etwa 5 cm Höhe formen. Den Teigboden mit Johannisbeergelee bestreichen. Die Nussfüllung gleichmäßig darauf verteilen. Aus dem restlichen Teig einen Deckel im Ausmaß der Springform ausrollen. Den Teigrand des Bodens leicht über die Füllung biegen und mit wenig Wasser befeuchten. Teigdeckel darauf legen, mit einer Gabel mehrmals einstechen. Im Backofen (Mitte, Umluft 160°) 1 Std. backen. Eventuell mit Alufolie abdecken.

Arbeitsaufwand: 1 Std.
Ruhezeit: 20 Min.
Backzeit: 1 Std.

Für eine Springform von 26 cm Ø:
300 g Mehl, 200 g Butter
1 Prise Salz, 300 g Zucker
2 kleine Eier
240 g Baumnusskerne (Walnusskerne)
250 g Rahm
2 EL Honig
2 EL Johannisbeergelee
Butter für die Form

Türggebund | Gefüllte Nusstorte

Eine Springform (26 cm Durchmesser) einfetten. Backofen auf 180° vorheizen. 200 g Butter mit 280 g Maismehl, 20 g Speisestärke, 2 Eigelben, 100 ml Wasser, 1 Prise Salz verarbeiten, in die Form legen. Teigboden mit 4 EL Himbeer- oder Johannisbeerkonfitüre bestreichen. 125 g Haselnüsse, 125 g Mandeln und 250 g Zucker fein zerstoßen. 1 Hand voll Sultaninen, abgeriebene Schale von 1 unbehandelten Orange und 3 Eiweiße untermischen. Die Füllung auf den Teig geben. Im Ofen (Mitte, Umluft 160°) 30 Min. backen.

August

EINER HÜBSCHEN TRADITION huldigt die Fischerzunft in Rheinfelden jedes Jahr Ende August unter den Bäumen des Burgkastells auf einer kleinen Insel im Rhein. Da darf sich Groß und Klein an Hechten, Egli, Aal und Felchen erlaben, die von den Mitgliedern der Fischerzunft im Freien frittiert werden. Es gibt weder Teller noch Gabeln, dafür viel Mayonnaise und Zitrone.

August

Suppen

Fischgerichte

Fleisch- und Wurstgerichte

Eintopfgerichte

Fleischloses Gericht

Käsegerichte

Beilagen

Süßspeisen

Gebäck

Getränke

Diverses

St. Gallen

Dass man in Klöstern immer gut kochen und backen konnte, ist bekannt. So gab es auch im berühmten Benediktinerkloster in St. Gallen eine wunderbare pikante Pastete, die mit den Jahren zu einem traditionellen Gericht der Stadt wurde. Überhaupt ist die Stadt St. Gallen für ihre feinen Wurstwaren bekannt. Traditionell ist auch die St. Galler Bratwurst, die ihresgleichen sucht. Auch gibt es in den Metzgereien der Stadt feine Schüblinge und kleine Fleischpastetchen. Hier ist die heutige Version der alten Spezialität mit klösterlicher Vergangenheit:

St. Galler Klosterpastete

Arbeitsaufwand: 50 Min.
Ruhezeit: 1 Std.
Backzeit: ca. 1 Std.

Für eine Springform von 24 cm Ø:
Teig:
150 g Butter
400 g Mehl
$^1/_2$ TL Salz
2 Eier
Füllung:
120 g Weißbrot vom Vortag
2 große Zwiebeln
$^1/_2$ Bund Petersilie
900 g Kalbfleisch (ersatzweise halb Kalb- und halb Schweinefleisch)
2 EL Bratbutter
1 EL gehackter Majoran
Salz, Pfeffer aus der Mühle
1 Prise Muskatnuss
$^1/_2$ TL Korianderpulver
200 ml Weißwein
2 Eigelbe zum Bestreichen
1 EL Milch
Butter für die Form

Für den Teig die Butter in Flöckchen mit Mehl leicht zerreiben. Salz in $^1/_8$ l Wasser auflösen. Mit den Eiern dazugeben und alles rasch zu einem Teig verarbeiten. In Folie gewickelt 1 Std. kühl ruhen lassen.
Die Form einfetten. Für die Füllung das Weißbrot fein reiben. Zwiebeln schälen und hacken. Petersilie waschen, trockenschütteln und fein hacken. Das Fleisch in kleine Würfel schneiden.
Die Bratbutter erhitzen, das Fleisch darin kurz anbraten. Zwiebeln zufügen und kurz mitbraten. Das Fleisch beiseite stellen und mit Brot, Petersilie, Majoran, Salz, Pfeffer, Muskat und Korianderpulver mischen. Die Masse durch den Fleischwolf drehen. Den Wein untermischen.
Den Backofen auf 200° vorheizen. Zwei Drittel des Teiges etwa 3 mm dick ausrollen, in die Form legen und dabei einen Rand von etwa 4 cm Höhe formen. Die Füllung auf dem Teigboden verteilen. Den Teigrand etwas über die Füllung legen. Eigelbe mit Milch verquirlen. Den Rand mit etwas Eigelb bestreichen. Übrigen Teig etwas größer als die Form ausrollen, auf die Füllung legen und die Ränder gut andrücken. In der Mitte ein rundes, kleines Loch ausschneiden, damit beim Backen etwas Dampf entweichen kann. Die Pastete im Backofen (Mitte, Umluft 180°) 1 Std. backen. Wenn nötig, mit Alufolie abdecken, damit sie nicht zu dunkel wird. Warm servieren.

Tipps: Früher wurde halb Rind-, halb Schweinefleisch verwendet.
Hübsch sieht die Pastete aus, wenn man sie mit dem restlichen Teig verziert und nochmals mit Eigelb bestreicht.

Variante: Man kann auch kleine Pastetchen mit dieser Füllung zubereiten und Blätterteig verwenden: Aus dem etwa 3 mm dick ausgerollten Teig Kreise von 10 cm Durchmesser ausstechen, je ein Häufchen Füllung darauf geben. Den Teigrand leicht befeuchten und mit einem zweiten Teigkreis bedecken. Mit Eigelb bestreichen und bei 220° 15–20 Min. backen.

In einem Schweizer Kochbuch sollte das Parade-Essen unserer Armee nicht fehlen. Das Rezept stammt aus der Broschüre »Kochrezepte für die Militärküche«. Da das Rezept für eine ganze Kompanie berechnet wurde, habe ich es durch 10 geteilt. Spatz soll nämlich nur gut sein, wenn er für mindestens 10 Personen zubereitet wird. Die klassische Zubereitung erfolgt in der Kochkiste.

Schpatz
Siedfleisch mit Gemüse

Das Fleisch ausbeinen, Fett wegschneiden und in Portionen schneiden. 5 l Wasser auf die Anzahl der notwendigen Kochtöpfe verteilen und aufkochen lassen. Die Fleischportionen in die Kochtöpfe geben, aufkochen lassen und abschäumen. Mit Salz, Muskat, Lorbeerblatt und Nelke würzen. Alles 40 Min. vorkochen. Zwiebeln schälen und hacken. Gemüse waschen, putzen bzw. schälen, klein schneiden, zugeben und nochmals aufkochen lassen. Den Deckel auf die Kochtöpfe legen und das Fleisch in 2 Std. 30 Min. garen.

Tipp: Die Kochkessel werden in die Kisten verpackt und diese nicht vor 4 Std. geöffnet. Dieses Gericht eignet sich besonders bei: Fehlen von Frischgemüse zur Zubereitung von Pot-au-feu, Zeitmangel, z. B. unvorhergesehenes Biwak, Mobilmachung oder bei ungenügender Anzahl Kochkisten.

Arbeitsaufwand: 25 Min.
Kochzeit: 2 Std. 30 Min.

Für 10 Personen:
2 kg Rindfleisch zum Sieden (z. B. Federstück)
Salz, Muskatnuss
1/4 Lorbeerblatt, 1 Nelke
200 g Zwiebeln
200 g Karotten
200 g Lauch, 200 g Knollensellerie, 400 g Kabis (Kohl)

Die beiden Halbkantone Appenzell Innerrhoden und Appenzell Ausserrhoden sind bekannt für ihren weltberühmten Appenzeller Käse. Es entstehen daraus besonders originelle Käsegerichte. Das allereinfachste davon ist der »Rässchäs mit Zwiebeln und Essig«. Etwas milder schmeckt der Appenzöller Chässalat.

Appezöller Chässalat
Käsesalat nach Appenzeller Art

Käse in sehr feine Scheibchen schneiden. Zwiebel schälen, in feine Ringe schneiden oder hacken. Schnittlauch waschen und mit einer Küchenschere in Röllchen schneiden. Öl, Essig und etwas Pfeffer gut mischen. Alle Zutaten in eine Schüssel geben und 1 Std. ziehen lassen, dabei ab und zu umrühren.

Tipp: Dazu passt Bauernbrot. Appenzeller »Rässkäs« ist besonders würzig.
Varianten: Für Appenzeller Hörnlisalat mit Käse 1 Appenzeller »Pantli« (ähnlich wie Landjäger) in dünne Scheiben schneiden, 100 g Appenzeller Vollfettkäse klein würfeln. Mit einer Salatsauce aus 3 EL Essig,1 EL Öl, Pfeffer und 2–3 EL Mayonnaise mischen. 400 g große, gekochte Hörnli unterziehen.

Arbeitsaufwand: 20 Min.
Marinierzeit: 1 Std.

Für 4 Personen:
300 g Appenzeller Rässkäse
1 Zwiebel
1 Bund Schnittlauch
3 EL Öl, 1 EL Essig
Pfeffer

Der Appenzeller Käse

Der Appenzeller stammt ursprünglich – wie der Name besagt – aus dem Appenzellerland. Heute wird er aber auch in den Kantonen St. Gallen und Thurgau hergestellt. Er war schon im frühen Mittelalter über die Landesgrenzen hinaus berühmt.

Die 6–8 Kilo schweren Laibe messen etwa 30 cm im Durchmesser und 9 cm in der Höhe. Sie haben eine feuchte, genarbte, braungraue Rinde. Der Teig des vollfetten Appenzellers ist zart und weichschnittig und hat nur wenige, erbsengroße Löcher.

Sein Aroma ist herb, würzig und eigenwillig. Der Appenzeller ist nach 3–4 Monaten mittelreif und erreicht die volle Reife mit 5–6 Monaten. Die Laibe werden anfänglich täglich, später mindestens zweimal in der Woche gewendet und mit einer Sulze aus Wasser, Weißwein, Salz, Pfeffer und Gewürzen gewaschen.

Der Appenzeller eignet sich sehr gut als Tafelkäse auf der Käsplatte und ist auch sehr beliebt als Zugabe zu Geschwellten. Ein kleines Stück reifer, vollfetter Appenzeller verleiht auch dem Fondue eine würzige Note.

Es gibt davon zwei Sorten: den milden und den besonders rezenten »Rässkäs«..

Appezöller Chäsflade
Appenzeller Käsefladen

Arbeitsaufwand: 25 Min.
Backzeit: 25–30 Min.

Für ein Blech von 28 cm Ø:
300 g geriebener Teig
250 g räßer Appenzeller Käse, 1 EL Butter
3 EL gehackte Zwiebeln
2 Eier, 4 EL Mehl
150 g Rahm, 1/4 l Milch
je 1/2 TL Anis- und Korianderpulver, Salz, Pfeffer
Butter fürs Blech

Den Teig nach dem Grundrezept von Seite 46 vorbereiten. Den Käse reiben. Die Butter erhitzen. Die Zwiebeln darin 2–3 Min. dünsten, beiseite stellen und erkalten lassen.
Das Blech einfetten. Den Backofen auf 200° vorheizen. Den Teig etwa 3 mm dick ausrollen, aufs Blech legen und mit einer Gabel mehrmals einstechen. Zwiebeln und Käse auf dem Teigboden verteilen.
Für den Guss Eier mit Mehl, Rahm, Milch, Anis- und Korianderpulver, Salz und Pfeffer verrühren. Den Guss über den Käse gießen. Den Käsefladen im Backofen (Mitte, Umluft 180°) in 25–30 Min. goldgelb backen. Den Fladen heiß servieren.

Tipp: Typisch für diesen Fladen sind Anis (Aenesli) und Koriander (Pöperli). Diese beiden Gewürze lassen sich auch durch Kümmel ersetzen.

Appezöller Chäshappech

»Mer Sönne hönds luschtig, mer Sönne hönds guet« sangen die Sennen auf der Alp, wenn sie ihre einfache Kost, den »Fenz« zubereiteten. Dafür haben sie eine Unmenge Butter in einem Topf über dem Feuer zergehen und leicht bräunen lassen, dann mit Milch, Mehl und Salz zu einem Brei verrührt. Danach stellten sie die Pfanne auf den Tisch, und jeder aß mit dem Löffel aus dem Topf. Dazu gab es chüschtiges, meistens altbackenes Bauernbrot. Diesen Brauch gibt es heute immer noch. Allerdings ist die »Gsöd Suppe«, eine würzige Gerstensuppe mit Gemüse, weißen oder farbigen Bohnen und Rahm, beliebter. Dazu gibt es »Mostbröckli« oder »Pantli« (Rauchfleisch und eine Art Landjäger) oder ein Stück »Rässchäs«.

Originell wie die Bevölkerung des Appenzellerlandes ist auch dieses dort übliche Käsegericht. Käse-Omelettenteig wird durch einen Trichter kreisförmig in das heiße Öl gegossen. Dadurch bilden sich schneckenförmige Küchlein.

Appezöller Chäshappech
Gebackene Käseteigspiralen

Den Käse in feine Scheibchen schnetzeln. Die Milch erwärmen, den Käse zugeben und unter Rühren auflösen. Erkalten lassen. Mehl und Backpulver mischen und in eine Schüssel sieben. Bier zufügen und gut verrühren. Diesen Teig zur Käsemilch geben. Die Eier verquirlen und unterrühren. Der Teig soll etwas dickflüssiger sein als gewöhnlicher Omelettenteig. Den Teig 1 Std. ruhen lassen. Das Öl auf etwa 170° erhitzen. Den Teig portionenweise durch einen Trichter schneckenförmig ins heiße Öl gießen und in 2 Min. pro Portion hellgelb ausbacken.

Tipp: Passt gut zu Salat und zu einem Glas Wein oder Bier.

Arbeitsaufwand: 30 Min.
Ruhezeit: 1 Std.
Backzeit: 2 Min.

Für 4 Personen:
300 g räßer Appenzeller Käse, 400 ml Milch
500 g Mehl, 1 TL Backpulver, 300–400 ml Bier
8 Eier, Öl für die Frittüre

Appezöller Chäs-Chüechli
Appenzeller Käsekrapfen

150 g Appenzeller Käse reiben. 200 ml Milch aufkochen, den Käse darin schmelzen lassen. 250 g Mehl mit 1 TL Backpulver mischen, in die erkaltete Milch sieben. 200 ml Bier zufügen. 4 Eier teilen. Eigelbe eines nach dem andern unter den Teig arbeiten. Eiweiße mit wenig Salz steif schlagen. Eischnee unter den Teig ziehen. Den Teig in einen Spritzsack füllen und in nussgroßen Portionen ins heiße Öl (etwa 180°) geben und goldgelb (nicht zu dunkel) backen. Abtropfen lassen und heiß servieren.

Originell sind die Bacheschnette. Dazu werden Appenzeller Leckerli in Ausbackteig gewendet und ausgebacken. Man bereitet diese Schnitten zur Feier des Fasnachts- und Funkensonntags zu.

Bacheschnette
Ausgebackene Lebkuchenschnitten

Arbeitsaufwand: 10 Min.
Backzeit: 3–4 Min.

Für 4 Personen:
1 Ei, 150 g Mehl, 100 ml Milch, Salz, 2 EL Zucker
1/2 TL Zimtpulver
12 Appenzeller Leckerli
Öl zum Ausbacken

Das Ei trennen. Das Mehl durchsieben. Mit Milchwasser (halb Milch und halb Wasser) und dem Eigelb in einer Schüssel zu einem gleichmäßigen Teig verrühren.
Das Eiweiß mit 1 Prise Salz steif schlagen und den Eischnee unter den Teig ziehen. Zucker und Zimtpulver mischen.
Das Öl auf etwa 180° erhitzen. Die Leckerli portionenweise durch den Teig ziehen und im Öl schwimmend in 3–4 Min. ausbacken.
Die Bacheschnette im Zimtzucker wenden und nach Belieben warm oder kalt servieren.

Tilsiter Käse ist geschmacklich sehr interessant.

Tilsiter-Tünne
Apfelfladen aus der Ostschweiz

Arbeitsaufwand: 40 Min.
Ruhezeit: 1 Std.
Backzeit: ca. 30 Min.

Für ein Blech von 30 cm Ø:
500 g geriebener Teig
150 ml Weißwein
Füllung:
3 Äpfel
2 EL Bratbutter
2 EL Zucker
4–6 EL warmer Apfelwein
300 g rezenter Tilsiter
2 Eier
200 ml Weißwein
(z. B. Riesling, Sylvaner)
1 EL Speisestärke
Salz, Pfeffer

Den geriebenen Teig nach dem Grundrezept auf Seite 46 zubereiten, dabei das Wasser durch Weißwein (Riesling oder Sylvaner) ersetzen. In Folie gewickelt 1 Std. kühl ruhen lassen. Inzwischen die Äpfel schälen, halbieren, entkernen und in etwa 3 mm dicke Schnitze schneiden. Die Bratbutter in einer Pfanne erhitzen. Die Äpfel darin kurz anbraten, mit Zucker bestreuen und 5 Min. karamellisieren lassen. Mit Apfelwein begießen, dann kalt werden lassen. Das Backblech mit Backpapier auslegen. Den Backofen auf 220° vorheizen. Den Teig ausrollen und auf das Blech legen, dabei einen Rand von etwa 3 cm Höhe formen. Den Teig mehrmals mit einer Gabel einstechen. Zwei Drittel der Apfelschnitze darauf verteilen. Den Käse in dünne Scheibchen schneiden oder reiben und über die Äpfel streuen. Eier mit Weißwein und Speisestärke verrühren, salzen und pfeffern. Die Füllung damit begießen. Im Backofen (unten, Umluft 200°) 25–30 Min. backen. 5 Min. vor Ende der Backzeit die restlichen Apfelschnitze im Kranz auf dem Kuchen anordnen und fertig backen. Heiß servieren, damit der Käse noch flüssig bleibt.

Tipp: Ich habe dieses Rezept auch mit Birnen ausprobiert, was fast noch besser schmeckt.

Fische aus dem Bodensee

Im fischreichen Bodensee werden »Gangfische« (Blau- und Silberfelchen), Kretzer/Barsche (Egli), Schwalen, Förnli, Rost (Rotaugen) sowie Seeforellen, Zander, Hechte und seltener auch die besonders feinen Äschen gefangen. Die Thurgauer bereiten damit delikate Gerichte zu, die jeweils von Generation zu Generation überliefert werden. Die zahlreichen Restaurants am See sind deshalb für ihre Fischküche bekannt. Es werden dort ab und zu auch ganz belassene Fische serviert, so wie beispielsweise der »Hecht blau« oder »Hecht nach Arenenberger Art«, der seinen Namen dem wunderschön gelegenen Schloss »Arenenberger« verdankt, das früher dem Prinzen Louis Napoleon Bonaparte gehörte und heute noch besichtigt werden kann. Sehr beliebt sind auch die in Butter mit Salbei gebratenen »Thurgauer Felchen«, die mit fein geschnittenen, gerösteten Mandeln bestreut serviert werden.

Hecht blau

Den Hecht mit wenig Essig beidseitig beträufeln. Zwiebel und Knoblauch schälen. Die Zwiebel hacken. Das Gemüse waschen und putzen. Karotte schälen und in Scheiben schneiden.
Für den Sud 1 1/2 l Wasser mit 50 ml Essig, Wein, Salz, Gemüse, Pfefferkörnern, Zwiebel und Knoblauch aufkochen, 15 Min. kochen, dann etwas abkühlen lassen. Den Hecht hineingeben und bei schwacher Hitze 15–20 Min. ziehen lassen. Den Topf von der Herdplatte nehmen.
Die Petersilie waschen und in Sträußchen teilen. Die Zitrone achteln und die Butter schmelzen lassen. Den Hecht nach etwa 10 Min. aus dem Sud nehmen, auf einer gefalteten Serviette anrichten. Mit Petersiliensträußchen und Zitronenachteln garnieren. Die Butter auf einem kleinen Rechaud extra dazu servieren.

Tipp: Den Hecht vor dem Kochen von den senkrechten Gabelgräten befreien (siehe Hecht gebacken, S. 202).

Arbeitsaufwand: 20 Min.
Garzeit: 30–35 Min.

Für 4 Personen:
1 junger Hecht
(ca. 1–1,5 kg), Essig
1 Zwiebel
1/2 Knoblauchzehe
1/2 Stange Lauch
1 Karotte, 300 ml Weißwein, 1 1/2 EL Salz
4 Pfefferkörner
1 Bund Petersilie, 1 Zitrone
100 g frische Butter

Hecht nach Arenenberger Art

Arbeitsaufwand: 30 Min.
Backzeit: 15–20 Min.

Für 3–4 Personen:
5 Schalotten
1 Bund Petersilie
50 g Butter
1 Hecht (ca. 1 kg, küchenfertig), Salz, Pfeffer
Kerbel, Basilikum
1 Lorbeerblatt
500 ml Ostschweizer Riesling, 30 g Butter

Schalotten schälen, fein hacken. Petersilie waschen, fein hacken. Butter erhitzen. Schalotten darin anziehen lassen. Backofen auf 200° vorheizen. Den Hecht mit Salz und Pfeffer würzen. Die Haut des Fisches beidseitig im Zickzack einschneiden. Den Hecht zu den Schalotten geben, mit Kerbel, Basilikum und Petersilie bestreuen. Lorbeerblatt zugeben und mit Wein begießen. Mit Alufolie oder Pergamentpapier abdecken. Im Ofen (unten, Umluft 180°) 15–20 Min. dünsten. Den Fisch, sobald er gar ist, warm stellen. Den Sud stark einkochen lassen, beiseite stellen, Lorbeerblatt herausfischen und unter kräftigem Schlagen die Butter in Flöckchen untermischen. Den Hecht häuten, Portionen von den Gräten abheben und die Sauce separat dazu reichen.

Tipps: Mit Salzkartoffeln und Blattspinat servieren. Wer die Gräten fürchtet, kann die Filets im Backofen garen und die Bratzeit um 5 Min. verkürzen.

Hecht, gebacken

1 kleinen küchenfertigen Hecht (ca. 1 kg) in 1 $^{1}/_{2}$–2 cm dicke Tranchen schneiden. In einer Schüssel mit Salz und Pfeffer würzen und mit dem Saft von 1 Zitrone beträufeln. 1 Std. ziehen lassen. Fischtranchen abtropfen lassen, mit Küchenpapier etwas abtupfen, in 3–4 EL Mehl wenden und im heißen Öl (etwa 170°) in 3–4 Min. schwimmend ausbacken. Abtropfen lassen. Papierserviette oder Tortenpapier auf eine Platte legen, die Fischtranchen darauf anordnen und mit Zitronenschnitzen von 2 Zitronen garnieren. Dazu passt Mayonnaise.

Tipp: Der Hecht enthält senkrechte Gabelgräten, die man mit einer Pinzette herausziehen kann.

Schleie, gebraten

1 mittelgroße küchenfertige Schleie beidseitig mit einem scharfen Messer im Zickzack einschneiden. Innen und außen salzen und pfeffern. Durch 100 ml Milch oder 2 Eiweiße ziehen und in wenig Mehl wenden. 50 g Butter erhitzen. Den Fisch darin beidseitig knusprig braten (6–10 Min.). Auf einer vorgewärmten Platte anrichten, mit dem Saft von $^{1}/_{2}$ Zitrone beträufeln und mit 1 EL gehackten Kräutern (Petersilie, Schnittlauch, Dill, Salbei, Thymian) bestreuen. Zitronenschnitze von 1 Zitrone dazu servieren.

Tipp: Schleien leben gerne in stehenden Gewässern. Deshalb lebend oder nach dem Fischen mehrere Stunden wässern. Sie haben relativ viele Gräten.

Fischfilets im Bierteig

Die Eier in Eigelbe und Eiweiße trennen. Für den Bierteig das Mehl mit wenig Salz, Bier, Öl und den Eigelben zu einem glatten Teig verrühren. Den Teig 2–3 Std. ruhen lassen.
Die Eiweiße steif schlagen und unter den Teig ziehen. Den Saft von 1 Zitrone auspressen. Die übrige Zitrone vierteln.
Die Fischfilets mit Salz, Pfeffer und Zitronensaft marinieren. Das Öl erhitzen. Nacheinander 2–4 Filets durch den Bierteig ziehen und im Öl in 3 Min. pro Portion goldgelb ausbacken. Herausnehmen, abtropfen lassen und mit Zitronenvierteln und Petersilie garniert sofort servieren.

Tipp: Der Bierteig wird besonders leicht und luftig, wenn das Bier etwas abgestanden ist.

Arbeitsaufwand: 30 Min.
Ruhezeit: 2–3 Std.
Backzeit: ca. 3 Min.

Für 4 Personen:
2 Eier, 180 g Mehl, Salz
300 ml Bier, 1 EL Öl
2 Zitronen
700 g Egli- oder Felchenfilets, Pfeffer
Öl zum Ausbacken
Petersilie zum Garnieren

Trüschen werden vor allem von Fischern und Fischliebhabern wegen ihres feinen weißen Fleisches sehr geschätzt. Man findet sie in der Schweiz im Vierwaldstättersee, wo sie in großer Tiefe gefischt werden. Die Trüsche ist die einzige Art der Dorschfische, die im Süßwasser lebt.

Trüschesüppli
Trüschensüppchen nach Fischer Art

Das Fischfleisch in etwa 1 ½ cm große Stücke schneiden. Die Brühe bis auf die Hälfte einkochen lassen. Den Lauch putzen, gründlich waschen, in etwa 4 cm lange Stücke und längs in sehr feine Streifen schneiden. Die Butter erhitzen. Den Lauch darin kurz anziehen lassen, Fischstücke zugeben und alles wenden. Mit Salz und Pfeffer würzen, mit Wein ablöschen und beiseite stellen. Die Brühe nochmals aufkochen lassen. Rahm und Eigelbe verrühren. Etwas Brühe unter Rühren zugeben. Die Mischung zur Suppe gießen und knapp bis vor den Siedepunkt bringen (nicht mehr kochen, sonst gerinnen die Eigelbe!). Fischstücke und Lauch zufügen. Die Suppe sofort servieren.

Tipps: Das Süppchen nur in Kleinportionen servieren, da die Suppe sehr nahrhaft ist! Ich gebe dieser Suppe 1–2 EL trockenen Wermut (z. B. Noilly Prat) zu und ersetze den Lauch durch Fenchel. Oder den Lauch durch 2 EL fein gehackte Zwiebeln ersetzen und etwas gehackten Dill zufügen. Anstelle von Trüschen können auch andere Süßwasserfische verwendet werden, z. B. Filets von großen Felchen.

Arbeitsaufwand: 35 Min.
Kochzeit: 5–10 Min.

Für 4 Personen
(als kleine Vorspeise):
250 g Trüsche (Aalquappe), ohne Haut und Gräten
700 ml Geflügelbrühe
1 Stange Lauch
1 EL Butter
Salz, Pfeffer
50 ml Weißwein
100 g Rahm
2 Eigelbe

Die Raclette zu Hause

Das wird uns heute leicht gemacht, gibt es doch unzählige Geräte und Öfchen, die uns das offene Feuer ersetzen. So wird die Raclette immer beliebter.
Wie beim Fondue ist für die Raclette die Käsequalität für den Erfolg entscheidend. Wählen Sie einen echten Raclette-Käse AOC, z. B. Bagnes, Binn, Conches, Illiez, Orsières oder Simplon, der zwischen 3 und 5 Monaten alt ist. Echter Raclette-Käse ist nicht allzu fett, aber dennoch cremig beim Schmelzen, sehr würzig, ohne zu salzig zu sein. Ist er zu alt, eignet er sich weniger, weil er beim Erhitzen ölig wird. Man erkennt ihn an der dicken Rinde. Natürlich wird die Käseart auch in der ganzen Schweiz hergestellt, obwohl der Name »Raclette« heute geschützt ist.

Echte Raclette

Den Raclettelaib zum Reinigen leicht abschaben, halbieren und mit der Schnittfläche in den Raclette-Apparat einspannen. Sobald der Käse schmilzt, mit einem breiten Messer abstreifen und auf vorgewärmte Teller gleiten lassen. Die knusprige Rinde von Zeit zu Zeit abschneiden und den Liebehabern dieser Spezialität servieren.

Tipps: Für ein Hauptgericht 200–300 g Raclettekäse pro Person rechnen, die Hälfte reicht für eine Vorspeise. Als Getränke passen trockene Weißweine, z. B. Walliser Fendant oder auch weißer Humagne. Am bekömmlichsten ist allerdings Schwarzer Tee. Bei der Verdauung helfen Branntweine (aus Williamsbirnen), Abricotine (aus Aprikosen), Marc oder Kirschwasser.
Beilagen: Pfeffer aus der Mühle, Kartoffeln in der Schale oder Walliser Roggenbrot, Essigkonserven.

Raclette du pauvre
Käsekartoffeln im Ofen

Arbeitsaufwand: 15 Min.
Kochzeit: 30 Min.
Backzeit: ca. 10 Min.

Für 4 Personen:
4 große längliche Kartoffeln
200 g Raclette
Kümmel (nach Belieben)

Kartoffeln waschen und in der Schale in 20–25 Min. garen. Backofen auf 240° (Umluft 220°) vorheizen und ein Backblech mit Backpapier belegen. Die noch warmen Kartoffeln längs halbieren und auf das Blech legen. Den Käse in dünne Scheibchen schneiden und auf die Kartoffelhälften legen. Im Backofen (Mitte) 10 Min. überbacken, bis der Käse geschmolzen ist. Es sollte sich keine Kruste bilden. Nach Belieben mit wenig Kümmel bestreuen.

Tipps: Mit Essiggemüsen wie Cornichons, Perlzwiebeln und in Essig eingelegten Eierschwämmchen und Roggenbrot servieren.

Walliser Spezialitäten

Im Wallis wird wunderbares Roggenbrot gebacken. Es ist grobkörnig und wird zu großen runden Laiben geformt. Früher wurde es in den Dorfbacköfen gebacken und wochenlang zuhause aufbewahrt. Heute findet man es täglich frisch beim Bäcker. Dieses Brot passt nicht nur zu Raclette, sondern auch zum delikaten luftgetrockneten Rohschinken oder zu einer exquisiten Käseplatte. Es gehört auch zu den beliebten Walliser Tellern, die man in den rustikalen Restaurants als Vorspeise oder Zwischenverpflegung bestellt. Sie bestehen in der Regel aus ganz dünn geschnittenem Trockenfleisch, Schinkensorten und luftgetrockneter salamiähnlicher Wurst, anderen delikaten Wurstwaren und würzigem gehobeltem Bergkäse. Dazu gehört, wie kann das anders ein, ein Glas guter Fendant.
Kulinarisch gesehen müsste man eigentlich zwei Walliser Küchen unterscheiden: die urchige aus dem Oberwallis, wo die Gerichte – ganz ähnlich wie die Sprache – robust und originell sind; und die etwas elegantere im Unterwallis, wo viel mit Wein gekocht wird und auch früher schon eine etwas reichhaltigere Auswahl an Nahrungsmitteln zur Verfügung stand. In dieser Gegend werden die Spezialitäten zudem auch mit französischen Namen bezeichnet, und im fruchtbaren Rhônetal findet man viel Köstliches: Spargel, Aprikosen, Trockenfleisch, wunderbares Walliserbrot, Forellen aus Bächen, die von den Weinbergen hinunterfließen, und natürlich herrliche Weine, deren Auswahl immer vielfältiger wird.

Tarte saviésanne
Savièser Kartoffelkuchen

Arbeitsaufwand: 40 Min.
Backzeit: ca. 1 Std. 15 Min.

Für eine Springform von 26 cm Ø:
850 g Lauch, Salz
1 EL Butter, 1 EL Mehl
1/8 l Fleischbrühe
1/8 l Walliser Weißwein (z. B. Fendant)
3 EL Rahm, weißer Pfeffer
Muskatnuss, 500 g Blätterteig, 300 g Kartoffeln
200 g Bergkäse (z. B. Bagnes), 100 g magerer Speck (in dünnen Scheiben)
2 Eigelbe

Lauch putzen, waschen und in etwa 4 cm lange Stücke schneiden. In Salzwasser bissfest garen und abtropfen lassen. Butter erhitzen. Das Mehl darin anschwitzen, ohne dass es Farbe annimmt. Mit Brühe ablöschen, den Wein zugeben und bei schwacher Hitze 5 Min. kochen lassen. Rahm unterrühren und mit Pfeffer, Salz und 1 Prise Muskat würzen. Die Sauce erkalten lassen. Inzwischen zwei Drittel des Teigs etwa 3 mm dick ausrollen. Die kalt ausgespülte Form damit auslegen, dabei einen Rand von etwa 5 cm hochziehen. Mit einer Gabel mehrmals einstechen. Den Backofen auf 200° vorheizen. Kartoffeln schälen, in etwa 2 mm dicke Scheiben schneiden und den Teig damit belegen. Geriebenen Käse darüber streuen. Mit Sauce begießen. Lauch und Speck darauf geben. Teigrand auf die Füllung legen. Übrigen Teig ausrollen, einen Deckel in der Größe der Form ausschneiden und darauf legen. Mit verquirlten Eigelben bestreichen. Im Ofen (Mitte, Umluft 180°) in 1 Std. bis 1 Std. 15 Min. backen. Nach 20 Min. mit Alufolie abdecken.

Tipp: Man kann auch geriebenen Teig (siehe S. 46) verwenden und den Teigdeckel mit ausgestochenen Motiven aus Teigresten verzieren.

Escalope agaunoise
Schnitzel mit Schinken und Tomaten

Die Tomaten waschen und in dünne Scheiben schneiden. Je 3 Tomatenscheiben mit 1 Käsescheibe in den Schinken einwickeln.
Die Schnitzel flach klopfen, mit Salz und Pfeffer würzen. Die Schinkenfüllung auf 4 Schnitzel legen. Die übrigen Schnitzel obenauf geben und die Ränder gut zusammendrücken. Mit dem Mehl bestäuben.
Die Eier verquirlen. Die Schnitzel erst in Ei, dann in dem geriebenen Brot wenden. Die Bratbutter in einer Pfanne erhitzen. Die Schnitzel darin langsam beidseitig ausbacken.

Variante: 4 Kalbsschnitzel salzen und pfeffern. 1 EL Bratbutter schmelzen lassen und die Schnitzel darin beidseitig goldbraun braten. In eine bebutterte Auflaufform geben. Jedes Schnitzel mit je 1/2 Scheibe Schinken und jeweils 1 Scheibe Walliser Bergkäse belegen. Im vorgeheizten Backofen bei 200° überbacken, bis der Käse geschmolzen ist. Bratenfond mit 150 ml Weißwein (Fendant) aufkochen und eindicken lassen, dann über das Fleisch geben. Mit Pfeffer bestreut servieren.

Arbeitsaufwand: 35 Min.
Bratzeit: 15–20 Min.

Für 4 Personen:
2 Tomaten, 4 Scheiben Raclette oder Greyerzer
4 dünne Scheiben gekochter Schinken
8 sehr dünne Kalbsschnitzel
Salz, Pfeffer
2–3 EL Mehl
2 Eier, 100 g geriebenes Weißbrot
3 EL Bratbutter

Tarte au fromage valaisanne
Walliser Käsekuchen

Das Mehl auf eine Arbeitsfläche sieben. Die Butter in Flöckchen dazugeben und beides mit den Fingern verreiben. Die Masse mit 50 ml Salzwasser und 50 ml Wein zu einem Teig verarbeiten, aber nicht kneten. Den Teig 1 Std. kühl stellen und ruhen lassen.
Inzwischen die Form einfetten. Den Backofen auf 180° vorheizen. Den Bergkäse in feine Scheiben schneiden. Den Teig ausrollen und die Form damit auslegen. Für den Guss die Eier mit Pfeffer, Muskat, Parmesan und restlichem Wein verrühren. Den Teig mit Bergkäse belegen und den Eierguss darüber gießen. Die Tarte im Backofen (Mitte, Umluft 160°) 30–35 Min. goldgelb backen. Sofort sehr heiß servieren.

Variante: Für Gommer Flade (Tätere) 400 g geriebenen Teig (siehe S. 46) etwa 3 mm dick ausrollen und auf ein Blech von 26 cm Durchmesser legen. Mehrmals einstechen. 100 g gewaschene oder in Marc eingelegte Rosinen darauf verteilen. 300 g Rahm, 3 Eier, 3 EL Zucker und 1 TL Mehl verrühren und darüber gießen. Im vorgeheizten Ofen (Mitte) bei 220° 35–40 Min. backen.

Arbeitsaufwand: 40 Min.
Kühlzeit: 1 Std.
Backzeit: 30–35 Min.

Für eine Springform von 24 cm Ø:
250 g Mehl
100 g Butter, Salz
150 ml Walliser Weißwein (z. B. Fendant)
300 g Walliser Bergkäse
2 Eier
Pfeffer, Muskatnuss
2 EL geriebener Parmesan
Butter für die Form

Im Oberwallis findet man viele Gerichte mit überaus originellen Bezeichnungen. So wird im Goms ein Kuchen zubereitet, der »Cholera« genannt wird. Er hat aber nichts mit dieser Krankheit zu tun, sondern ist eine Verballhornung von »Schouera« wie dieser Kuchen im Oberwalliser Dialekt hieß und was so viel heißt wie »Stopft den Mund und befriedigt den Gaumen aufs Beste«. Dieses Rezept soll während einer Hungersnot im Goms entstanden sein, als dieses Tal im 18. Jahrhundert monatelang wegen großer Schneefälle von der Welt abgeschnitten war.

Cholera
Kartoffelkuchen mit Gommer Käse

Arbeitsaufwand: 40 Min.
Backzeit: 35–40 Min.

Für ein Blech von 28 cm Ø:
400 g geriebener Teig
2–3 geschwellte Kartoffeln (vom Vortag)
1 Zwiebel, 1 Stange Lauch
2 EL Butter
200 g Gommer Käse
1 Apfel, Salz, Pfeffer
1 Eigelb, 200 g Rahm, 1 Ei

Den Teig nach dem Grundrezept von Seite 46 zubereiten. Das Backblech einfetten. Zwei Drittel des Teiges etwa 3 mm dick ausrollen und aufs Blech legen. Die Kartoffeln pellen und grob reiben. Zwiebel und Lauch in feine Streifen schneiden und in Butter 4–5 Min. hellgelb dünsten. Den Käse in feine Scheibchen schneiden. Den Apfel schälen, entkernen und ebenfalls in sehr dünne Scheiben schneiden. Zuerst die Kartoffeln, Lauch, dann die Zwiebel auf dem Teigboden verteilen. Den Backofen auf 220° vorheizen. Mit Salz und Pfeffer würzen. Käse und Äpfel darüber verteilen. Aus dem übrigen Teig Streifen ausrädeln. Den Kuchen gitterartig damit belegen. Nach Belieben mit Eigelb bestreichen. Im Backofen (Mitte, Umluft 200°) 35–40 Min. backen. 10 Min. vor Ende der Backzeit Rahm und Ei verquirlen, salzen, pfeffern und in die Zwischenräume des Teiggitters auf die Füllung geben.

Tipp: Schmeckt auch mit 1 großen Birne sehr gut.

Chuchisuppa
Walliser Küchensuppe

Arbeitsaufwand:
Kochzeit: 40 Min.

Für 6 Personen:
2 Kartoffeln, 1 Stange Lauch, 2 Karotten
1/2 Kabis, 1 Zwiebel
100 g Speck, 150 ml Bouillon, 100 g Hörnli
100 g Reis, Salz, Pfeffer
100 g geriebener Käse

Etwa 1 1/2 l Wasser aufkochen lassen. Die Kartoffeln schälen und klein schneiden. Das Gemüse waschen, putzen bzw. schälen und klein schneiden. Die Zwiebel schälen und hacken. Den Speck würfeln und in einer großen Pfanne glasig werden lassen. Kartoffeln, Gemüse und Zwiebel zugeben und leicht anziehen lassen. Mit der Bouillon ablöschen und 20 Min. kochen lassen. Hörnli und Reis zufügen. Die Suppe mit Salz und Pfeffer würzen und weitere 20 Min. kochen lassen. Mit Käse bestreut servieren.

Tipp: 500 g Suppenknochen und 1–2 Ochsenschwanzscheiben im Wasser mitkochen. Kurz vor Ende der Garzeit je 2 EL gehackte Brennnesseln und Mangold zugeben.

»Gsottus«

Der Name dieses sehr typischen Eintopfes aus dem Oberwallis bedeutet nichts anderes als »Gesottenes«. Seine Zusammensetzung variiert nach Verpflegungsmöglichkeiten und Saison. Was für das echt zubereitete Gericht verwendet werden soll, ist getrocknetes Fleisch. Dieses Fleisch, sei es von Rind, Schwein, Lamm oder Ziege, Zunge oder Wurst, manchmal sogar Euter, wird mit Gewürzen und Kräutern eingelegt und danach an der Luft getrocknet. Das »Gsottus« ist seit Jahrhunderten ein traditionelles Gericht, welches vor allem an Festtagen oder im Freundeskreis und an Familienfesten auf den Tisch kommt.
Unter anderem soll es das Lieblingsgericht des berühmten Mathieu Schiner (1465–1522) gewesen sein, der 1511 Kardinal von Sitten wurde und gegen Frankreich mit Schweizer Soldaten Krieg führte. Wenn die Bauern im Oberwallis die Ehre seines Besuches hatten, mussten sie ihm »Gsottus« vorsetzen, und zwar nach seinem eigenen Rezept, das er immer bei sich hatte. Allerdings immer unter der Bedingung, dass Wachteln und Rebhühner mitgekocht werden. So mussten sie jeweils noch ganz schnell auf die Jagd.

»Gsottus«

Das getrocknete Fleisch 2–3 Tage in kaltem Wasser einlegen. Das Wasser täglich wechseln. Dörrbirnen ebenfalls über Nacht einweichen. Knoblauch schälen. Das Fleisch in einen sehr großen Topf legen, mit kaltem Wasser bedecken. Knoblauch und Zwiebel schälen. Zwiebel mit Lorbeerblättern und Nelken spicken. Beides mit dem Kräutersträußchen (Kerbel, Schnittlauch, Selleriekraut) zugeben und bei schwacher Hitze 2 Std. garen. Kartoffeln schälen. Gemüse putzen, den Kohl halbieren und alles klein schneiden. Gemüse mit Birnen und Kochwurst zum Fleisch geben und 1 Std. weitergaren. 30 Min. vor dem Ende der Garzeit den Reis in einem Mullbeutel und den Gletscherwein zufügen. Mit Salz und Pfeffer würzen. Den Käse reiben. Die Brotscheiben eventuell halbieren, wenn sie sehr groß sind, und in der Bratbutter beidseitig leicht rösten. Das Fleisch am Tisch tranchieren. Mit Gemüse und Birnen auf einer großen Platte anrichten. Brotscheiben in Suppenteller legen, mit etwas Brühe begießen, Fleisch und Gemüse darauf geben. Manchmal wird die Suppe vorweg gegessen. Den Käse separat dazu servieren.

Tipps: Meine Freunde im Wallis ersetzen die Birnen durch Apfelschnitze und zerdrücken sie zuletzt mit den gekochten Kartoffeln. Diese »Mischlete« wird separat zum Fleisch gereicht. Das getrocknete Fleisch ist meistens ein Mix von Rind, Schwein, Lamm, Ziege, Schinken, Zunge und harter Blutwurst.

Arbeitsaufwand:
1 Std. 30 Min.
Marinierzeit: 2–3 Tage
Kochzeit: 3 Std.

Für 10 Personen:
1,5 kg getrocknetes Fleisch
400 g gedörrte Birnen
2 Knoblauchzehen
1 Zwiebel, 2 Lorbeerblätter, 2 Nelken, 1 Kräuterstäußchen, 700 g Kartoffeln, 2–3 Stangen Lauch
4 Kohlrabi, 150 g Sellerie
1 Weißkohl, 1 Koch- oder Blutwurst, 300 g Reis
$^1/_2$ l Gletscherwein
Salz, Pfeffer, 200 g Alpkäse
10 Scheiben Roggenbrot
Bratbutter

Sichlete und Chilbi im Emmental

Die Sichlete ist eine Art Erntedankfest. Alle, die mitgeholfen haben, die Ernte einzubringen, werden zu einem Essen eingeladen. Bei diesem darf das Emmentaler Schafsvoressen auf keinen Fall fehlen, es gibt Hamme und Züpfe oder eine Berner Platte, viel Nidle und zuletzt einen feinen »Gaffee«, »Brächete Brönnts«, Chüechli und Chueche. Im August beginnen im Emmental auch die Älplerfeste und Schwingete, unter anderem die bekannte »Lüdere-Chilbi« hoch oben auf dem Berg oberhalb Sumiswald. Dort wird um Chacheli, Züpfen und Lebkuchen am Rad gezwirbelt, in der Tracht getanzt und etwas Währschaftes gegessen.

Ämmitaler Schafsvorässe
Emmentaler Schafsragout

Arbeitsaufwand: 35 Min.
Kochzeit: 1 Std. 15 Min.

Für 4 Personen:
600 g Schaffleisch oder Lamm (Schulter, entbeint)
1 Zwiebel, 1 Stück Sellerie
1 Karotte, 1/2 Stange Lauch
1/2 Kalbsfuß oder
2–3 Saucenknochen
2 EL Butter, 400 ml Bouillon, 2 EL Weißwein, Salz, Pfeffer, Muskatnuss
1 Lorbeerblatt, 1 Nelke
1 EL Mehl, 100 ml Wein
1 Msp. Safran, 1 Eigelb
100 g Rahm oder Milch

Das Fleisch in große Würfel schneiden. Zwiebel schälen und hacken. Gemüse waschen, putzen bzw. schälen. Karotte halbieren, Lauch in Ringe schneiden. Fleisch mit Kalbsfuß oder Saucenknochen in der Butter leicht anziehen lassen. Zwiebel und Gemüse zugeben und 1–2 Min. mitdünsten.
Mit Bouillon und Wein ablöschen. Salz, Pfeffer, Muskat, Lorbeerblatt und Nelke zugeben und alles zugedeckt bei schwacher Hitze 1 Std. 15 Min. kochen lassen. Das Lorbeerblatt entfernen.
Das Mehl mit ein wenig Wein verrühren. Mit Safran zur Sauce geben und diese etwas einkochen lassen. Das Eigelb mit Rahm oder Milch verquirlen, mit etwas heißer Sauce verrühren. Die Sauce damit binden und bis knapp zum Kochen bringen. Das Ragout eventuell mit Salz und Pfeffer nachwürzen und anrichten. Mit Kartoffelstock servieren.

Tipps: Heute verwendet man meistens Lammfleisch (Kochzeit auf 45 Min. reduzieren). Man kann das Eigelb weglassen und dafür etwas mehr Safran zugeben. Safran gehört unbedingt in die Sauce und auch heute noch in die Fleischsuppe.

Safran im Wallis

Wussten Sie, dass heute noch im Wallis Safran angepflanzt wird? Und zwar im Dörfchen Mund im Oberwallis, dem einzigen Ort, wo dieses Gewürz hier zu Lande heimisch ist. Allerdings handelt es sich nicht um eine große Plantage. Der Anbau wird aber heute wieder vermehrt gefördert. Safran gedeiht nur auf kargem Boden. In Mund wird er in Roggenfeldern angepflanzt. Dieses Kuriosum erklärt vielleicht, weshalb wir in alten Walliser und Berner Rezepten Safran finden.

Ämmitaler Härdöpfelsuppe
Kartoffelsuppe nach Emmentaler Art

Die Zwiebel schälen und hacken. Die Kartoffeln schälen und würfeln. Lauch und Karotten waschen, putzen bzw. schälen und klein schneiden. Die Bratbutter erhitzen. Die Zwiebel darin hellgelb dünsten. Gemüse und Kartoffeln zugeben und 1–2 Min. mitdünsten. Mit Bouillon auffüllen und 30 Min. kochen lassen.
Dann alles durch die Flotte Lotte treiben. Mehl mit Rahm verrühren. Zusammen mit Majoran und Petersilie zugeben und unter gelegentlichem Rühren bei schwacher Hitze 10 Min. kochen lassen. Die Suppe mit Salz, Pfeffer und Muskat würzen. Vor dem Anrichten einen kleinen Schuss Essig beifügen.

Tipps: Dazu nach Belieben geröstete Brotwürfeli servieren oder fein gescheibelten Emmentaler Käse in die Suppenteller legen und die heiße Suppe darüber gießen.

Arbeitsaufwand: 35 Min.
Kochzeit: 40 Min.

Für 6 Personen:
1 Zwiebel, 1 kg Kartoffeln
2 Stangen Lauch
2 Karotten, 2 EL Bratbutter
1 1/2 l Bouillon
1 TL Mehl, 3–4 EL Rahm
1 EL gehackter Majoran
2 EL gehackte Petersilie
Salz, Pfeffer, Muskatnuss
1 Schuss Essig

Rindsvorässe
Bauernragout

Das Fleisch in Würfel schneiden. Den Speck ebenfalls würfeln. Die Zwiebel schälen und hacken. Das Gemüse waschen, putzen bzw. schälen. Den Lauch in Streifen, die Karotten in Scheiben und den Knollensellerie klein schneiden. Die Bratbutter erhitzen. Das Fleisch darin von allen Seiten braun anbraten. Speck und Zwiebel zufügen und 2–3 Min. mitbraten. Das Gemüse zusammen mit dem Mehl zum Fleisch geben, alles 1–2-mal wenden, mit Salz, Pfeffer und Majoran würzen und die Bouillon zugeben. Das Brattüpfi zudecken und das Fleisch auf dem Herd (oder besser im Backofen) 1 Std. 30 Min. schmoren lassen. Inzwischen die Kartoffeln schälen, in Würfel schneiden, zugeben und alles weitere 30 Min. kochen lassen. Das Ragout anrichten und mit Petersilie bestreuen.

Tipp: Das Ragout kann auch mit Lamm zubereitet werden. Dann beträgt die Kochzeit etwa 45 Min.

Arbeitsaufwand: 40 Min.
Kochzeit: 2 Std.

Für 4 Personen:
600 g Rindfleisch
50 g magerer Speck
1 Zwiebel, 1 Stange Lauch
3 Karotten, 1 Stück Sellerie
1 EL Bratbutter
1 EL Mehl, Salz, Pfeffer
1 TL gehackter Majoran
1/2 l Fleischbouillon
4 große Kartoffeln
1 EL gehackte Petersilie

Schinken-Makkaroni

Arbeitsaufwand: 30 Min.
Backzeit: ca. 20 Min.

Für 4 Personen:
400 g Makkaroni, Salz
200 g Bauernschinken
50 g Emmentaler
200 g Rahm, 2 Eier
Pfeffer, Majoran,
Thymian, Muskatnuss
Butter für die Form

Die Makkaroni in reichlich Salzwasser nach Packungsangaben bissfest garen, abgießen und in einem Sieb abtropfen lassen. Den Backofen auf 220° (Umluft 180°) vorheizen. Den Schinken in kleine Würfelchen schneiden und unter die Makkaroni mischen.
Eine Gratinform einfetten. Die Makkaroni-Schinken-Mischung in die Form geben. Den Käse reiben.
Für den Guss Rahm und Eier verquirlen. Die Eier-Rahm-Mischung mit Salz, Pfeffer, Majoran, Thymian und Muskat würzen. Den Guss über die Makkaroni gießen. Die Makkaroni mit dem Käse bestreuen und den Auflauf im Backofen (Mitte, Umluft 200°) 20 Min. überbacken, bis sich eine goldene Kruste bildet.

Der Emmentaler

Dieser wichtigste Exportkäse unseres Landes ist in der ganzen Welt für seine stattlichen Löcher bekannt. Trotzdem wurde er mir im Ausland auch schon als »Gruyère d'Emmental« angeboten.

Aber wie kommen die Löcher in den Emmentaler? Das soll im ersten Monat geschehen, wenn die Zersetzung von Fett und Eiweiß zu Blasenbildungen führt. Dieser König der Käse stammt, wie sein Name besagt, aus dem Emmental. Die Laibe haben einen Durchmesser von 80–90 cm und wiegen im Durchschnitt etwa 85 kg. Für die Herstellung eines Emmentaler Käses von 81 kg braucht es rund 1000 l Milch.

Der Emmentaler Käse ist vollfett, elfenbeinfarbig, elastisch und weist etwa kirschengroße Löcher auf. Das Aroma ist abgerundet und harmonisch – sanft wie die Landschaft des Emmentals – und erinnert schwach an Haselnüsse.

Den Emmentaler sollte man möglichst bald nach dem Einkauf verbrauchen und, wenn überhaupt, nur im Gemüsefach des Kühlschrankes aufbewahren. Eine halbe Stunde vor dem Essen herausnehmen und bei Zimmertemperatur ausgepackt chambrieren lassen.

Den gut gelagerten Emmentaler erkennt man an den »Freudentränen«: wenn man ihn aufschneidet, muss es in den Löchern etwas Flüssigkeit haben. So schmeckt er roh gegessen vorzüglich. Beim Reifen im Felsenkeller wird er besonders würzig. Beim Kochen zieht der Emmentaler in heißen Käsegerichten Fäden. Beim Gratinieren bildet sich eine schöne braune Kruste.

Chüngel-Ragu
Hauskaninchenragout

Das Fleisch in Stücke schneiden. Zwiebel schälen, halbieren und in Streifen schneiden. Butter in einer Pfanne erhitzen. Das Fleisch darin von allen Seiten goldbraun anbraten. Mit Salz, Pfeffer und etwas Salbei würzen. Aus der Pfanne nehmen. Die Zwiebel zugeben und im Bratenfond leicht anziehen lassen. Mit Mehl bestäuben und dieses hellgelb rösten. Das Fleisch wieder zugeben, mit Most ablöschen und gut durchrühren. Zugedeckt bei schwacher Hitze 1 Std. 15 Min. schmoren lassen. Die Fleischstücke aus dem Brattüpfi nehmen und anrichten. Die Sauce etwas einkochen lassen und über das Fleisch geben.

Beilage: Dazu passt Kartoffelstock.

Arbeitsaufwand: 35 Min.
Kochzeit: 1 Std. 15 Min.

Für 4 Personen:
1 kg Kaninchenfleisch
1 große Zwiebel
2 EL Butter
Salz, Pfeffer, Salbei
2 EL Mehl
$^1/_2$ l vergorener Most

Bärner Röschti

Nach Einführung der Kartoffel in Europa galt sie in der Schweiz vorerst noch als giftige Zierpflanze. Aber etwa ein Jahrhundert später verdrängte sie den mittelalterlichen Haferbrei zu Gunsten der »prötleten Härdöpfel«, die sehr bald im Berner Gebiet in Roeschti umgetauft wurden, weil diese gescheibelten Kartoffeln in Form eines Kuchens in der Bratpfanne »geröstet« und als goldener Kuchen angerichtet wurden. Man aß sie auf dem Land als währschaftes Frühstück. Jeder langte mit seinem Löffel in die große Platte mit abfallendem Rand und tauchte ihn meistens danach mitsamt der Rösti noch in den Milchkaffee. Das Wort »Rösti« versteht man auch in der Westschweiz und im Tessin. Nur in Graubünden hält man noch an der romanischen Bezeichnung »Mailinterra in painch« oder »plain in pigna«, wenn sie im Ofen gebraten wird, fest.

Es ist erstaunlich, wie wenige Hausfrauen eine wirklich gute Rösti zubereiten können. Entweder ist sie so trocken, dass man daran fast erstickt, oder sie ist wie gebratener Kartoffelstock. Man streitet sich darüber, ob man sie mit Bratbutter oder Schweinefett braten soll, und viele behaupten, eine echte Berner Rösti müsse einfach auch noch Speck enthalten. Die einen schwören auf geraffelte Kartoffeln, während andere sagen, man dürfe sie nur fein scheibeln. Umstritten ist auch, ob man sie nur auf der einen Seite oder wie einen Kuchen beidseitig schön knusprig braten soll. Nun, jedem seine Rösti und auf der nächsten Seite mein Rezept, das vom Berner Teil meiner Familie von Generation zu Generation überliefert wurde.

Bärner Röschti
Rösti nach Berner Art

Arbeitsaufwand: 25 Min.
Bratzeit: 30 Min.

Für 4 Personen:
1 kg nicht zu weiche »Gschwellti« (Pellkartoffeln vom Vortag)
1 TL Salz
3 EL Bratbutter
2 EL Milch

Die Kartoffeln pellen, mit der groben Raffel in Streifchen schneiden und mit Salz würzen. Die Bratbutter in einer Eisenpfanne oder in einer beschichteten Pfanne erhitzen. Die Kartoffeln zugeben, mit der Bratschaufel zu einem Kuchen pressen, mit Milch beträufeln und hermetisch zudecken. Zwischen der Rösti und dem Deckel darf praktisch kein Hohlraum sein. Sobald die Kartoffeln schön brutzeln, die Rösti bei schwacher Hitze 30 Min. ganz leise knusprig braten. Dann die Rösti auf den Teller, welcher als Deckel gedient hat, oder auf eine Platte stürzen.

Tipps: Die meisten Frauen kümmern sich viel um die Kartoffeln und rühren oft die Rösti durcheinander – wohl die Hauptursache des Misserfolges. Zur Rösti wird oft auf dem Lande Emmentaler Käse und Milchkaffee oder Apfelwein serviert.

Varianten

Rösti mit Speck: Mageren Speck ganz fein hacken, untermischen und mitbraten.

Rösti mit Zwiebeln: So machen es vor allem die Aargauer! Nach Belieben in Streifen geschnittene Zwiebeln mit den gescheibelten Kartoffeln braten. Nach Belieben etwas Speck zugeben.

Rösti mit Käse: Urner, Walliser und Appenzeller scheibeln fetten Käse in die Rösti. In den ersten beiden Kantonen gibt man fein geschnittene Zwiebeln dazu und lässt den Speck weg, während er im Appenzellerland dazugehört. Viele Hausfrauen gaben früher noch etwas helles Kafiwasser oder Milchkaffee dazu.

Rösti mit Hörnli: Zu meinem Entsetzen musste ich in meinem ersten Luzerner Jahr feststellen, dass man hier Hörnli unter die Rösti mischt! Das soll übrigens auch in Schaffhausen beliebt sein. Auch die Tessiner mischen ab und zu Kartoffelwürfeli mit Spaghetti. Sie mischen aber noch geröstete Knoblauchscheiben darunter.

Topinambur-Rösti: Gekochte Topinambur schälen, in dünne Scheiben schneiden und wie Bärner Röschti braten. Interessanter Geschmack, der an Artischocken erinnert.

Rohe Rösti: Kartoffeln schälen, in feine Scheiben schneiden und wie Bärner Röschti zubereiten. Keine Milch zufügen.

In allen Gegenden der Schweiz entstehen im Sommer gute Dinge, die man im Winter gerne aus dem Keller heraufholt. Alle aufzuzählen oder zu beschreiben würde allein ein Buch füllen. Hier wenigstens einige davon, die ich besonders originell finde.

Süess-suuri Zwätschge
Süßsaure Zwetschgen

Arbeitsaufwand: 25 Min.
Kochzeit: 15–20 Min.

Für 2 Gläser mit Bügelverschluss (à 1 l Inhalt):
1 kg Zwetschgen
1 1/2 l Rotwein
1/2 l Rotweinessig
400 g Zucker
Schale von 1 unbehandelten Zitrone
1 Zimtstange
4 Gewürznelken
1 Lorbeerblatt

Die Zwetschgen in kaltem Wasser gut waschen, entstielen und abtropfen lassen. Jede Zwetschge mit einer Nadel einige Male einstechen, damit die Haut beim Kochen nicht platzt. Wein mit Essig, Zucker, Zitronenschale, Zimtstange, Nelken und Lorbeerblatt 15 Min. kochen lassen. Die Zwetschgen hineingeben und bei schwacher Hitze 10 Min. garen, bis sie knapp weich sind. Die Zwetschgen abgießen, dabei den Sud auffangen. Die Zwetschgen in saubere, vorgewärmte Gläser mit Bügelverschluss einfüllen. Den Sud 10 Min. bei starker Hitze einkochen lassen. Siedend heiß über die Zwetschgen gießen. Sie sollen ganz damit bedeckt werden. Die Gläser sofort verschließen. Zwei bis drei Monate in den Keller stellen.

Tipps: Eignen sich als Beilage zu gekochtem Fleisch, Schweinebraten und Wildgerichten. Diese Zwetschgen sind mindestens 1 Jahr haltbar. Man kann sie auch wie beim Rumtopf in einen großen Steinguttopf einfüllen.

Holderchueche
Holunderkuchen nach Berner Art

Arbeitsaufwand: 30 Min.
Ruhezeit: 1 Std.
Backzeit: ca. 50 Min.

Für eine Springform von 26 cm Ø:
250 g Mehl, 125 g Butter
1 Ei, 1/2 TL Salz
1/4 l Holundersirup
(siehe S. 217)
1 EL Maispuder
80 g Haselnusskerne
200 g Rahm, 1 EL Zucker
Butter für die Form

Das Mehl durchsieben. Butter in Flöckchen, Ei und Salz dazugeben und leicht mit den Fingern vermischen – nicht zu viel bearbeiten. Zu einer Kugel formen, in ein Tuch einwickeln und mindestens 1 Std. kühl ruhen lassen. Den Holundersirup aufkochen lassen, mit Maispuder verrühren und bei schwacher Hitze 15 Min. eindicken, dann abkühlen lassen. Inzwischen die Form einfetten. Backofen auf 180° vorheizen. Haselnusskerne grob hacken. Die Hälfte des Teiges in die Form legen, mit einer Gabel mehrmals einstechen und den kalten Sirup darauf verteilen. Haselnüsse darüber streuen. Aus dem übrigen Teig einen Teigdeckel ausrollen und darauf legen. Im Backofen (Mitte, Umluft 160°) 50 Min. backen. Rahm mit Zucker steif schlagen. Den Kuchen lauwarm mit Rahm servieren.

Tipp: Ich gebe zusätzlich 100 g ganze, rohe Holunderbeeren zur Füllung, wenn sie Saison haben.

Holderzonne
Holunderkompott nach Appenzeller Art

Den Zucker mit 100 ml Wasser und nach Belieben mit Zimtstange zu Sirup kochen. Die Holunderbeeren hineingeben und aufkochen lassen. Die Speisestärke mit 1 EL kaltem Wasser anrühren. Unter die Beeren rühren und alles nochmals aufkochen, dann erkalten lassen.

Tipp: Man kann die Speisestärke auch weglassen und eventuell das Kompott mit gebackenen Brotwürfeli garnieren.

Arbeitsaufwand: 15 Min.
Kochzeit: 15 Min.

100 g Zucker
1/2 Zimtstange
500 g entstielte Holunderbeeren, 1 TL Speisestärke

So wird er noch in der Innerschweiz und im Kanton Bern zubereitet:

Holdersirup | Holundersirup

2 kg Holunderbeeren entsaften (mit dem Entsafter). Den Saft abmessen und mit 400 g Zucker pro Liter Saft 10 Min. kochen lassen, bis Sirup entsteht. Heiß in saubere Flaschen mit Bügelverschluss einfüllen.

Tipp: Wirkt besonders gut gegen Erkältungen.

Holderchüechli
Gebackene Holunderblüten

Das Ei in Eigelb und Eiweiß trennen. Das Eigelb mit Mehl, Milch und 1 TL Salz zu einem Omelettenteig verrühren. Den Teig zudecken und 1 Std. stehen lassen.
Inzwischen das Eiweiß steif schlagen. Den Eischnee unter den Teig ziehen. Das Öl auf etwa 170° erhitzen. Die Holderblüten am Stiel anfassen, durch den Teig ziehen und im Öl schwimmend in 2–3 Min. pro Portion goldgelb ausbacken. Abtropfen lassen und mit Puderzucker bestreuen. Die Chüechli sofort servieren.

Tipp: Anstelle von Holderblüten kann man Dolden mit Beeren verwenden.

Arbeitsaufwand:
Ruhezeit: 1 Std.
Backzeit: 2–3 Min.

Für 4–6 Personen:
1 Ei, 150 g Mehl
200 ml Milch, Salz
8–12 Holderblüten
Öl zum Ausbacken
Puderzucker zum Bestreuen

Aus Holunder bereitet man im Wallis zwei originelle Desserts zu, die sich sehr ähnlich sind. Das »Hollermües« stammt aus dem Oberwallis und das »Sii« aus dem Unterwallis, und zwar ursprünglich aus Savièse. Letzteres wird auf etwas raffiniertere Art zubereitet und mit Wein verfeinert.

Sii
Walliser Süßspeise mit Holundersirup

Arbeitsaufwand: 40 Min.
Marinierzeit: 12 Std.
Kochzeit: 5–10 Min. pro Portion

Für 4 Personen:
250 g Walliser Brot
400 ml Wein (z. B. Dôle)
100 g Rosinen
150 ml Holundersirup
4 TL Butter, 200 g Rahm

Das Brot in kleine Würfel schneiden. In eine Schüssel geben und mit 350 ml Wein begießen und über Nacht stehen lassen. Die Rosinen waschen und im restlichen Wein einlegen.
Am nächsten Tag die Brotmasse mit einer Gabel zerdrücken oder durch die Flotte Lotte treiben. Rosinen und Holundersirup zugeben. Die Masse in vier Portionen teilen. 1 TL Butter in einer Pfanne zerfließen lassen, dann eine Portion des Muses hineingeben. Unter Rühren lauwarm werden lassen. Die restlichen Portionen auf die gleiche Art zubereiten. In Portionenschalen anrichten. Lauwarm mit leicht geschlagenem Rahm obenauf servieren.

Tipp: Den Holundersirup kann man auch durch konzentrierten Holundersaft ersetzen.

Hollermües | Holundermus

200 g Walliser Brot klein würfeln. 2 EL Butter in einer großen Pfanne erhitzen. 4 EL Mehl und Brotwürfel darin unter ständigem Wenden hellbraun rösten. Leicht salzen. 1 l Holundersaft beifügen, nach Belieben mit 4 EL Zucker süßen, aufkochen lassen und anrichten. Lauwarm servieren.

Großmamas Beerensalat
Beerensalat

Arbeitsaufwand: 20 Min.

Für 4–6 Personen:
je 100 g gemischte Beeren der Saison
1 Orange
1 EL Zitronensaft
1–2 EL Zucker

Beeren (Erd-, Him-, Stachel-, Weiße, Rote und Schwarze Johannisbeeren, Brombeeren, Heidelbeeren) waschen, wenn nötig, entstielen und in einem Sieb abtropfen lassen. Den Saft der Orange auspressen. Mit Zitronensaft mischen. Die Beeren in einer Schüssel mit dem Zucker mischen, mit dem Zitrussaft begießen und 1 Std. ziehen lassen.

Tipps: Dazu gerollte Bricelets (siehe S. 115). Die Schwarzen Johannisbeeren geben dem Dessert das gewisse Etwas.

Immer wieder werde ich von »Unterländern« nach dem Geheimnis des Röteli-likörs gefragt, der im Bündnerland als Digestif nach einem gehaltvollen Essen serviert wird. Sein feines Aroma verdankt er den gedörrten Kirschen. Deshalb verwendet man diesen Likör auch für gewisse Desserts. Jeder Hersteller hat natürlich sein geheimes Rezept. Hier das Rezept, das ich mit Erfolg ausprobiert habe:

Röteliliköı

Branntwein (z. B. Grappa) mit den Kirschen in ein großes Einmachglas geben. Die Vanilleschote längs aufschneiden, das Mark dazukratzen. Die Zitrone waschen, abtrocknen und sehr dünn ohne weiße Haut abschälen. Die Hälfte der Schale mit der Zimtstange zugeben. Das Glas gut verschließen und an einem kühlen, dunklen Ort 3 Wochen ziehen lassen.
1 l Wasser mit Zucker unter öfterem Rühren 15–20 Min. zu Sirup einkochen und kalt werden lassen. Den Branntwein durch ein Sieb gießen und mit dem Sirup mischen. In Flaschen abfüllen, verschließen und ein paar Wochen ruhen lassen.

Arbeitsaufwand: 30 Min.
Ruhezeit: 3 Wochen
Kochzeit: 20 Min.

2 l Branntwein
300 g schwarze gedörrte Kirschen, 1 Vanilleschote
1 Zitrone, 1 Zimtstange
300 g Zucker

Brächete-Brönnts | Schnaps nach Emmentaler Art

500 g Kandiszucker mit 1/2 l Wasser, 1 l Rotwein, 6 Nelken, 1 EL Kümmel, 1 zerbrochenen Zimtstange und 1 EL Wacholderbeeren aufkochen lassen, dann bei starker Hitze 15 Min. weiterkochen. Abkühlen lassen, durchsieben, mit 1/2 – 1 l Bätziwasser oder Kirschwasser mischen und in Flaschen abfüllen. Verkorken und im Keller aufbewahren.

Und nun noch ein ganz spezielles Rezept für die Zubereitung eines Alpenchrüterschnapses, des Ivalikörs. Er wird aus dem »Jelängerjelieber-Chrut« mit weißen, kamilleartigen Blümchen gebraut.

Ivalikör

Die Blätter und Blüten gut waschen, auf Küchenpapier trocknen, dann in ein Glasgefäß geben und mit 1/2 l Alkohol begießen. 10 Tage, wenn möglich an der Sonne, ziehen lassen. Dann filtrieren und übrigen Alkohol zufügen. Den Zucker und das Wasser 10 Min. kochen und erkalten lassen. Mit Alkohol mischen. In Flaschen abfüllen und einige Zeit kühl ruhen lassen.

Tipps: Anstelle von Trinksprit Grappa oder anderen Branntwein, z. B. Aquavit, verwenden. Iva ist eine bittere Schafgarbe (Achillea moschata), wächst in Graubünden und im Tessin bis auf 3000 Meter Höhe und blüht im Herbst.

Arbeitsaufwand: 30 Min.

50 g Ivablätter und -blüten
700 ml Trinksprit (Alkohol 95 %)
500 g Zucker
1/2 l destilliertes Wasser

September

LA BÉNICHON heißt eine Art Erntedankfest und Chilbi im Kanton Fribourg. Es bedeutet so viel wie die »Segnung«. So gipfelt das Ritual der Ehrenbezeigung für die einheimischen Produkte in einem Festmahl, das den ganzen Reichtum der Erde des »Uechtlandes« repräsentiert. Ein solches Menü wird im Herbst in einigen Restaurants der Gruyère in vorzüglicher Qualität serviert.

September

Fleisch- und Wurstgerichte

Eintopfgerichte

Käsegerichte

Fleischlose Gerichte

Beilagen

Gesalzener Kuchen

Süßspeisen

Gebäck

Für Chilbisenf gibt es unzählige Rezepte, von der Improvisation – Senf mit Zucker und Weißwein vermischt – bis zu den vielfältigsten Gewürzvarianten. Dieses Rezept schätze ich besonders.

Moutarde de Bénichon
Freiburger Kirchweihsenf

Arbeitsaufwand: 40 Min.
Marinierzeit: 48 Std.
Kochzeit: 30–45 Min.

2 EL Senfpulver, 200 ml Weißwein, 2 Zimtstangen
120 g Kandiszucker
Nelkenpulver, Sternanis
1/4 TL Anissamen
100 g Mehl
50 ml Obstsaftkonzentrat
2 EL Honig
120 g Rohzucker, Salz

Das Senfpulver mit Weißwein verrühren und 48 Std. ziehen lassen. Zimtstangen zerbrechen. Mit Kandiszucker, je 1 Prise Nelkenpulver und Sternanis sowie Anissamen in 700 ml Wasser aufkochen lassen. Zugedeckt 30 Min. stehen lassen. Das Zuckerwasser absieben und mit dem Mehl vermischen. Unter Rühren in 15 Min. sämig kochen. Das Obstsaftkonzentrat (z.B. Raisiné oder Birnenhonig, siehe S. 271), Honig, Senf-Wein-Mischung, Rohzucker und 1 Prise Salz zugeben. Unter Rühren bei schwacher Hitze weiterkochen, bis eine geleeartige Masse entsteht. Diese sofort heiß in Gläser einfüllen, verschließen und kühl aufbewahren. Der Chilbisenf ist im Kühlschrank etwa 10 Tage haltbar.

Tipp: Mit der traditionellen »Cuchaule« (siehe S. 223) und Süßrahmbutter als Vorspeise oder Zvieri servieren. Der Chilbisenf schmeckt auch mit »Anke-Züpfe« (siehe S. 14) sehr gut.

Pot-au-feu fribourgeois
Siedfleisch nach Freiburger Art

Arbeitsaufwand: 45 Min.
Kochzeit: 2–2 Std. 30 Min.

Für 4 Personen:
1 Zwiebel, 1 Lorbeerblatt
1 Nelke, Salz, 800 g Rindfleisch zum Sieden (Federstück, Schulter- oder Bruststpitz), 1 kleiner Kabis (Weißkohl), 1 Stange Lauch, 6 Karotten, 1 Stück Sellerie, 1 weiße Rübe, 3–4 Kartoffeln, geriebener Käse

Die Zwiebel schälen, mit Lorbeerblatt und Nelke spicken. 2 1/2–3 l Wasser zum Sieden bringen und salzen. Das Fleisch und die gespickte Zwiebel hineingeben und bei schwacher Hitze 1 Std. 30 Min. leise kochen lassen. Nach den ersten 10 Min. abschäumen.
Unterdessen das Gemüse waschen, putzen bzw. schälen. Kabis, Lauch, Karotten, Knollensellerie und weiße Rübe in Stücke schneiden. Das Gemüse zum Fleisch geben und weitere 30 Min. köcheln lassen. Die Kartoffeln schälen, in Scheiben schneiden, ebenfalls zugeben und alles weitere 30 Min. kochen lassen. Das Fleisch herausnehmen, in Tranchen schneiden und mit dem Gemüse anrichten. Die Suppe mit geriebenem Käse (Greyerzer) servieren.

Tipp: Zum Fleisch reicht man außer Senf Salzgurken oder Cornichons und Perlzwiebelchen.

Die Cuchaule ist meist süß. Ich habe sie auch schon gesalzen gegessen, und mir schmeckt sie so besser, besonders wenn der Chilbisenf mitserviert wird. In diesem Fall muss man beim folgenden Rezept den Zucker durch 1 EL Salz ersetzen.

Cuchaule
Freiburger Safranbrot

Mehl in eine vorgewärmte Schüssel sieben. In der Mitte eine Mulde eindrücken. Hefe mit Zucker anrühren, bis sie flüssig geworden ist. 2 EL Milchwasser erwärmen, mit 1 EL Mehl verrühren. Beides in die Mulde geben. Zugedeckt 20 Min. ruhen lassen. Übriges Milchwasser erwärmen, beiseite stellen und die Butter darin schmelzen lassen. Rahm zugießen. Nach und nach mit dem Mehl mischen. Salz, Ei und Safran verrühren, zugeben und zu einem glatten Teig verarbeiten. Den Teig so lange kneten, bis er Blasen wirft und nicht mehr klebt. In eine bemehlte Schüssel legen, zugedeckt 1 Std. 30 Min. ruhen lassen, bis sich das Volumen verdoppelt hat. Backofen auf 190° vorheizen. Backblech mit Backpapier belegen. Aus dem Teig 2 oder 3 runde Brote formen. Diese aufs Blech setzen, mit der Spitze des Messers oder mit einer Schere gitterartig einritzen und 10 Min. kühl stellen. Eigelb verquirlen, die Brote damit bestreichen. Im Ofen (Mitte, Umluft 170°) in 35–40 Min. (je nach Größe) goldbraun backen.

Tipp: Statt runde ovale, zum Ende hin zugespitzte, »tannenzapfenförmige« Brotlaibe formen, die Oberfläche mit dem Messer schuppenartig verzieren.

Arbeitsaufwand: 40 Min.
Ruhezeit: ca. 2 Std. 30 Min.
Backzeit: 35–40 Min.

Für 2–3 Brote:
1 kg Mehl
40 g frische Hefe
150 g Zucker
1/2 l Milchwasser
(halb Milch, halb Wasser)
80 g Butter
100 g Rahm
2 Prisen Salz
1 Ei
1 Msp. Safran
1 Eigelb zum Bestreichen

Jambon et lard au chou
Schinken und Speck nach Bauernart

Schinken nach Belieben 12 Std. in kaltes Wasser einlegen. Dann mindestens 1 Std. in Wasser vorkochen, nach Belieben entschwarten. Zwiebel schälen, mit Lorbeerblatt und Nelke spicken. Vom Kohl die äußeren Blätter entfernen. Den Kohl vierteln und Blatt um Blatt vom Strunk wegschneiden. Bratbutter erhitzen. Die Kabisblätter darin kurz anziehen lassen. 300 ml Wasser zufügen und zugedeckt 5–10 Min. kochen lassen. Schinken, Speck und gespickte Zwiebel zugeben und 50 Min. kochen lassen. Kartoffeln schälen, halbieren, zufügen und 40 Min. mitgaren. Mit Salz und Pfeffer nachwürzen.

Tipps: Statt Kohl 1 1/2 kg grüne Bohnen nehmen und diese mit Bohnenkraut würzen. Ich kaufe vom Metzger bereits etwas vorgekochten und eventuell entschwarteten Schinken. Das spart Zeit und Mühe.

Arbeitsaufwand: 30 Min.
Einlegezeit: 12 Std.
Kochzeit: ca. 2 Std. 30 Min.

Für 8–10 Personen:
1 geräucherter Schinken
1 Zwiebel, 1 Lorbeerblatt
1 Nelke, 3 große Kabis (Weißkohl), 3 EL Bratbutter, 750 g geräucherter oder gesalzener Speck
1 kg Kartoffeln, Salz, Pfeffer

Dieses Lammragout wurde früher meistens aus Schulter und Brust zubereitet. Heute liebt man dieses Gericht etwas weniger fett und kann deshalb entbeinte Lammschulter nehmen. Auch das Binden der Sauce ist Geschmackssache. Die einen bestäuben das Fleisch bereits vor dem Anbraten mit Mehl, die anderen geben es zum Schluss mit etwas Rahm bei. Wichtig ist, dass man das Fleisch mariniert.

Ragoût d'agneau aux raisins
Lammragout nach Freiburger Art

Arbeitsaufwand: 40 Min.
Marinierzeit: 2–3 Tage
Schmorzeit: 45–50 Min.

Für 4 Personen:
1 kg Lammfleisch
(Schulter und Brust)
2 große Zwiebeln
3 Knoblauchzehen
1 Zweig Thymian
1 Lorbeerblatt
250–300 ml Rotwein
2 Nelken, 100 g Rosinen
2 EL Bratbutter
1 Salbeiblatt
Salz, Pfeffer
100 g Rahm, 1 EL Mehl

Das Fleisch in Voressenstücke (Würfel) zerkleinern und in eine Schüssel legen. Zwiebeln und Knoblauch schälen. 1 Zwiebel halbieren, in Streifen schneiden und mit Thymian, 2 halbierten Knoblauchzehen und 1/2 Lorbeerblatt zugeben. Mit Rotwein bedecken und zugedeckt 2–3 Tage im Kühlschrank marinieren. Ab und zu wenden, damit die Fleischstücke immer mit Wein bedeckt sind. Übrige Zwiebel mit restlichem Lorbeerblatt und Nelken spicken. Rosinen waschen und abtropfen lassen. Fleisch aus der Marinade nehmen, mit Küchenpapier abtrocknen und in der heißen Bratbutter von allen Seiten anbraten. Die Marinade passieren und die Rosinen darin einlegen. Gespickte Zwiebel mit Salbei, Marinade mit Rosinen zum Fleisch geben. Übrigen Knoblauch dazupressen. Mit Salz und Pfeffer würzen. Zugedeckt 45–50 Min. schmoren lassen. Das Fleisch soll weich werden, darf aber nicht zerfallen. Das Fleisch herausnehmen und warm stellen. Die Sauce bei starker Hitze 3–4 Min einkochen lassen. Nach Belieben Rahm mit Mehl verrühren, zufügen und unter Rühren weiterköcheln, bis die Sauce sämig wird.

Beilagen: Dazu passen Kartoffelstock und »Püschelibire« (siehe S. 246).

Der Freiburger Vacherin

Er ist ein herrlich aromatischer, rassiger Halbhart-Käse, der nicht nur im Fondue (siehe S. 308), sondern auch auf der Käseplatte geschätzt wird. Je nach Alter ist er milder oder rezenter. Er wird in großen Laiben hergestellt und von erfahrenen Käsern gehegt und gepflegt, bis er die nötige Reife erreicht. Ich kaufe jeweils den Vacherin des alpes, der während der Sömmerung hergestellt wird.

Für die Freiburger Chilbichüechli gibt es fast so viele Rezepte wie Hausfrauen – hier ein Rezept aus einem Pfarrhaus:

Beignets de Bénichon
Freiburger Kirchweihkrapfen

Eier, Eigelbe und Zucker zu einer Creme schlagen. Die Butter schmelzen und etwas abkühlen lassen. Mehl in eine Schüssel sieben. Flüssige Butter, Eiercreme, Rahm, Kirschwasser und Salz mischen. Das Mehl löffelweise unterrühren, bis ein fester Teig entsteht. Den Teig auf einer Arbeitsfläche 10–15 Min. kneten. Abgedeckt 3–4 Std. bei Zimmertemperatur ruhen lassen. Aus dem Teig kleine Kugeln formen, diese so dünn wie möglich ausrollen. Bratbutter oder Schmalz auf etwa 180° erhitzen. Den Teig portionenweise darin in 3 Min. goldgelb ausbacken.

Tipp: Darauf achten, dass die Küchlein beidseitig gebacken werden. Auf Küchenpapier abtropfen lassen und ein wenig entfetten. Mit Puderzucker bestreut servieren.

Arbeitsaufwand:
Ruhezeit: 3–4 Std.
Backzeit: ca. 3 Min.

3 große Eier, 3 Eigelbe
4 EL Zucker, 50 g Butter
500 g Mehl
100 g Rahm
2 EL Kirschwasser
1/2 TL Salz
Bratbutter oder Schmalz zum Ausbacken

Diese runden Fladen – meine liebsten Küchlein – bestehen aus einer Art Rahmblätterteig und sind originelle Beigaben zu geschwungener Nidel und Brombeeren.

Cuquettes
Fladen nach Freiburger Art

Eigelb und Zucker zu einer Creme schlagen. Mit Crème fraîche und Salz mischen. Das Mehl durchsieben, nach und nach zugeben und zu einem festen Teig verarbeiten. 1 Std. kühl ruhen lassen. Etwa 1 cm dick zu einem langen Rechteck ausrollen. Butter in Flöckchen darauf verteilen, den Teig in vier Teile zusammenfalten und 10 Min. kalt stellen. Nochmals 2–3-mal ausrollen und zusammenfalten. Den Teig 12 Std. kühl ruhen lassen. Backblech mit Backpapier belegen. Backofen auf 220° (Umluft 200°) vorheizen. Aus dem Teig kleine Kugeln abstechen und diese etwa 2 mm dünn auf die Größe eines Desserttellers ausrollen. Mit dem Teigrädchen im Abstand von etwa 1 1/2 cm parallele Schnitte anbringen, dabei rundum einen Rand von etwa 2 cm stehen lassen, damit sie nicht auseinander fallen. Die Fladen aufs Blech legen, mit Zucker bestreuen und im Ofen (Mitte) in 15–20 Min. goldgelb backen.

Tipp: Cuquettes nach dem Erkalten aufeinander legen und frisch servieren. Sie lassen sich auch kurz aufbacken.

Arbeitsaufwand: 50 Min.
Ruhezeit: 13 Std.
Backzeit: 15–20 Min.

1 Eigelb
2 EL Zucker
300 g Crème fraîche (Crème de Gruyère)
1 Prise Salz
400 g Mehl
100 g Butter
Zucker zum Bestreuen

La grande tarte (im Bild)
Käsespeckkuchen nach Waadtländer Art

Arbeitsaufwand: 35 Min.
Backzeit: 25–30 Min.

400 g geriebener Teig
100 g magerer Speck (in Scheiben)
200 g Greyerzer, 2 Eier
100 ml Weißwein
Salz, Pfeffer
100 g Crème fraîche (nach Belieben)
1 TL Kümmel (nach Belieben)
Butter für die Form

Den Teig nach dem Grundrezept auf Seite 46 zubereiten. Den Speck in dünne Streifen schneiden. Den Käse reiben. Speck und Käse mischen. Das Blech einfetten. Den Backofen auf 200° vorheizen. Den Teig etwa 3 mm dick ausrollen und auf das Blech legen. Den Teigboden mit einer Gabel mehrmals einstechen. Die Speck-Käse-Mischung auf dem Teigboden verteilen. Im Backofen (Mitte; Umluft 180°) 15 Min. backen. Inzwischen die Eier mit Wein schaumig schlagen. Mit Salz und Pfeffer würzen. Nach Belieben die Crème fraîche unterrühren. (Kenner sagen, dass man den dicken Rahm weglassen soll.) Den Guss über den Speck und den inzwischen verlaufenen Käse gießen. Die Tarte in 10–15 Min. fertig backen. Nach Belieben mit Kümmel bestreuen und heiß servieren.

Tipp: Oft wird der Eiguss noch mit etwas Mehl gebunden.
Beilage: Dazu passt ein grüner Salat mit Knoblauch-Croûtons.

Soufflé au fromage
Käse-Soufflé nach Genfer Art

Arbeitsaufwand: 40 Min.
Backzeit: 28–30 Min.

Für 4 Personen:
4 EL Mehl
2 EL Butter
1/4 l Milch
Salz, weißer Pfeffer
4 Eiweiße
160 g geriebener Käse (z. B. Greyerzer)
4 Eigelbe
Butter für die Form

Eine Soufflé- oder hohe Auflaufform einfetten. Den Backofen auf 190° vorheizen. Das Mehl durchsieben und mit der Butter in einem kleinen Pfännchen bei schwacher Hitze 1/2 Min. anschwitzen und rühren, bis es schäumt. Die kalte Milch zugießen und zu einer dicken Sauce kochen lassen. Mit Salz und viel Pfeffer würzen. Die Sauce vom Herd nehmen. Den Backofen auf 190° (Umluft 170°) vorheizen.
Die Eiweiße mit wenig Salz steif schlagen. Den Käse unter die Sauce mischen, die Eigelbe unterrühren. Den Eischnee vorsichtig unterziehen. Die Masse in die Form füllen und am Rand ringsum mit dem Messer etwa 1 cm einkerben. Das Soufflé im Ofen (Mitte) 20 Min., bei 230° (Umluft 210°) 8–10 Min. backen. Dieser Auflauf erträgt keine Wartezeit, sonst fällt er zusammen.

Tipp: Die Ofentüre möglichst nicht vor dem Ende der Backzeit öffnen.

Ursprünglich stammt der Greyerzer Käse, ein Hartkäse, aus der Gegend von Gruyère. Schon im 12. Jahrhundert wurden auf den zur Abtei Rougemont gehörenden Alpweiden die großen Käselaibe hergestellt. Heute wird der würzige Greyerzer im ganzen Kanton Freiburg, im Waadtland, in Neuenburg, im Berner Jura und in vielen Käsereien der deutschen Schweiz produziert.

»Sèches« sind sehr dünne Teigfladen, die man entweder mit Salz und viel Butter und Speck oder als süße Variante mit Butter, Zucker und Wein belegt.

Sèche au lard
Neuenburger Speckfladen

Arbeitsaufwand: 30 Min.
Kühlzeit: 1 Std.
Backzeit: 15–20 Min.

Für ein rechteckiges Blech:
500 g Mehl
250 g Schweinefett
1/2 TL Salz
100 g magerer Speck
etwas Butter

Das Mehl mit Schweinefett zwischen kühlen Fingern verreiben. Salz und nach und nach 50–100 ml Wasser zugeben. Den Teig rasch mehrmals mit dem Handballen platt drücken. Der Teig soll fest, aber geschmeidig werden. Zu einer Kugel formen und 1 Std. kühl ruhen lassen.
Inzwischen den Speck in sehr dünne Scheibchen schneiden. Das Backblech mit Backpapier belegen. Den Backofen auf 200° (Umluft 180°) vorheizen. Den Teig 1–2 mm dick ausrollen und aufs Blech legen. Den Teigboden mit einer Gabel mehrmals einstechen. Mit Speck und einigen Butterflöckchen belegen. Im Backofen (Mitte) 15–20 Min. backen. Die Sèche darf leicht hellbraun werden. In Vierecke schneiden und warm servieren.

Tipps: Der Teig wird mit Schweinefett besonders gut. Man kann aber auch Bratbutter verwenden. Der Fladen passt gut zum Apéritif.
Variante: Für Sèche sucrée den Teig wie für die Sèche au lard zubereiten. Den Teig so dünn wie möglich ausrollen und mit einer Gabel mehrmals einstechen. Mit 50 g frischer Butter in Flocken belegen und mit 3 EL Zucker bestreuen. Im Backofen (Mitte) 15 Min. bei 220° backen, bis der Fladen hellbraun ist. Frisch gebacken servieren. Man kann auch Blätterteig verwenden.

Zu Waadtländer Würsten, Schinken oder gebratenem Fleisch passt:

Gratin des amis de Morges
Kartoffelgratin nach Art von Morges

Arbeitsaufwand: 30 Min.
Backzeit: 1 Std. 15 Min.

Für 4 Personen:
200 g Schalotten
Butter, 1 kg Kartoffeln
100 g geriebener Greyerzer
100–200 ml Waadtländer Weißwein, Salz, Pfeffer
150 g Rahm

Die Schalotten schälen und fein hacken. Eine Gratinform mit Butter einfetten. Die Kartoffeln schälen und in dünne Scheiben schneiden. Den Backofen auf 180° vorheizen. Schalotten in 1 EL Butter anziehen lassen. Mit Kartoffelscheiben und Käse lagenweise in die Form füllen. Wein mit 200 ml Wasser, Salz und Pfeffer mischen und über die Kartoffeln gießen. Im Ofen (Mitte, Umluft 160°) 1 Std. backen. Den Rahm dazugießen und weitere 15 Min. backen. Mit Alufolie abdecken, sobald die Kartoffeln schön weich sind. Kurz vor Ende der Garzeit die Temperatur etwas erhöhen und offen überbacken.

Tipp: Nach Belieben Lauchröllchen mit den Schalotten dünsten.

Der nächste Kuchen wird auch heute noch in den Bäckereien der Franches Montagnes gebacken. Sein Name stammt vom deutschen Wort Torte ab. Ursprünglich wurde dieser Kuchen mit dem »Colostrum« der Kälbermilch zubereitet. Nachdem diese nicht immer zur Verfügung steht, wird sie heute durch Sauermilch ersetzt. Um den Zuckerbelag etwas attraktiver zu machen, wurde der Kuchenrand mit einer Mischung aus Öl und Safran bestrichen. Oft gibt man dem Belag des Kuchens eine Messerspitze dieses Gewürzes zu. Hier ein Rezept für die heutige Version dieser Spezialität von George Wenger, Le Noirmont:

Toétché
Jurassischer Rahmkuchen

Den Teig nach dem Rezept von Seite 14 zubereiten. Für die Füllung das Ei mit Mehl, Crème fraîche und Safran verrühren. Mit Salz und Pfeffer würzen. Das Blech einfetten. Den Backofen auf 220° (Umluft 200°) vorheizen. Den Teig etwa 7 mm dick ausrollen, daraus einen Kreis von etwa 34 cm Durchmesser ausrädeln und aufs Blech legen, dabei einen Rand formen. Den Teig bei Zimmertemperatur 30 Min. gehen lassen. Eigelb mit Öl gut verrühren. Den Teigrand damit bestreichen. Den Teigboden mit einer Gabel mehrmals einstechen. Die Safrancreme hineingießen. Im Backofen (Mitte) 25 Min. backen. Frisch gebacken, aber kalt zu einem Aperitif oder als Vorspeise mit einem Salat servieren.

Tipps: Um das Austrocknen des Teiges zu vermeiden, kann man eine mit heißem Wasser gefüllte, feuerfeste Schüssel unten in den Backofen stellen. Früher nahm man täglich den Rahm von der abgestandenen Milch ab und sparte sie auf, bis sie schön dick und gelb wurde. Natürlich wurde sie auf diese Art sauer, und man konnte sie nur zum Kochen verwenden. So diente sie als Füllung für den »Toétché«. Georges Wenger verwendet Doppelrahm, den er mit 1 EL Joghurt sauer werden lässt.

Arbeitsaufwand: 30 Min.
Gehzeit: 30 Min.
Backzeit: 25 Min.

Für ein Blech von 30 cm Ø:
250 g Weggli- oder Zopfteig (siehe S. 14)
1 Ei
20 g Mehl
200 g Crème fraîche
1 Msp. Safran
Salz, Pfeffer
1 Eigelb
1 TL Öl
Butter für das Blech

Dieses Rezept wurde bei einem Wettbewerb für Waadtländer Rezepte anlässlich der »Fête de Lausanne« mit dem ersten Preis ausgezeichnet.

Saucisson en croûte au Dorin
Waadtländer Wurst im Blätterteig

Arbeitsaufwand: 3–5 Min.
Backzeit: 20–30 Min.

Für 4–6 Personen:
1 Knoblauchzehe
300 ml Weißwein (z. B. Dorin)
1 Lorbeerblatt
3 Nelken
1 Waadtländer Saucisson (ca. 600 g)
3 Schalotten
1 EL Butter
300 g Blätterteig
1 Eiweiß, 1 Eigelb
100 g Rahm

Den Knoblauch schälen. Mit Wein, Lorbeerblatt, Nelken und der Wurst in einer länglichen Kasserolle bei schwacher Hitze 20 Min. ziehen lassen. Wenden und nochmals 20 Min. dünsten, dann leicht abkühlen lassen. Die Schalotten schälen, fein hacken und in der Butter 3–4 Min. anziehen lassen, beiseite stellen. Den Backofen auf 220° vorheizen. Den Teig zu einem Rechteck ausrollen. Den Rand etwa 1 cm breit mit Eiweiß bestreichen. Die Wurst sorgfältig schälen, auf den Teig legen, Schalotten darauf verteilen. Locker in den Teig einpacken. Die Enden gut verschließen, mit Eigelb bestreichen, mit einem Messer verzieren. Auf ein kalt abgespültes Backblech legen. Im Backofen (Mitte, Umluft 200°) 20–30 Min. backen. Den Weinsud der Wurst bis auf 100 ml einkochen lassen, absieben und mit Rahm mischen. Mit dem Schneebesen dauernd rühren und sämig werden lassen. Die Wurst bei Tisch in Portionen schneiden. Die Sauce separat dazu servieren.

Tipp: In der Westschweiz besteckt man die Wurst in der Regel vor dem Kochen mit zwei Hölzchen (Holzspießchen). So läuft der Saft langsam in die Kochflüssigkeit, und die Wurst spritzt beim Schälen nicht.

Ein besonders exklusives Wurstrezept aus dem Waadtland:

Saucisson en papillote
Waadtländer Wurst in Bratfolie

Arbeitsaufwand: 35 Min.
Bratzeit: 30–40 Min.

Für 3–4 Personen:
1 mittelgroßer geräucherter Saucisson
3 Schalotten
1 Karotte
1 EL gehackte Petersilie
3–4 EL Waadtländer Rotwein (z. B. Salvagnin)

Backofen auf 200° vorheizen. Ein Stück Pergamentpapier locker um die Wurst rollen und ein Ende mit Küchengarn verschließen. In ein Glas stellen. Schalotten schälen. Karotte putzen und schälen. Beides fein hacken und mit Petersilie mischen. Zur Wurst geben und mit Wein begießen. Die Rolle locker verschließen und mit dem längsseitigen Verschluss nach oben in eine Auflaufform legen. Im Ofen (Mitte, Umluft 180°) 30–40 Min. ziehen lassen. Das Paket über einer Schüssel öffnen. Die Wurst herausnehmen und den Saft auffangen. Die Wurst schälen, in Rädchen schneiden und mit dem Saft begießen.

Tipps: Statt Pergament Alufolie verwenden. Diese Wurst passt auch zu Zwiebelsalat (siehe S. 258) oder Kabissalat.

Nach dem Metzgen oder bei Festlichkeiten gibt es im Waadtland und auch in Genf stets eine Fricassée. Beide Fricassées haben denselben Namen, ihre Zubereitung ist aber grundverschieden.

Fricassée de porc à la genevoise
Schweinsfrikassee nach Genfer Art

Gemüse waschen, putzen und in Stücke schneiden. Zwiebeln und Knoblauch schälen. Gemüse, Zwiebeln, Knoblauch und Gewürze mischen. Schweinsfüßchen in Stücke schneiden. Mit Fleisch und Gemüse-Gewürz-Mischung in eine Schüssel geben und mit Wein begießen. Zugedeckt an einem kühlen Ort 3 Tage stehen lassen. Jeden Tag zweimal wenden und darauf achten, dass das Fleisch immer mit Marinade bedeckt ist. Fleisch und Füßchen aus der Marinade nehmen, auf Küchenpapier abtropfen lassen. Marinade aufkochen lassen, bis zu zwei Dritteln reduzieren. Backofen auf 170° vorheizen. Fleisch und Füßchen in Butter oder Schweinefett in einer Bratkasserolle goldbraun anbraten. Mit Mehl bestäuben und 5 Min. weiterbraten. Die Marinade durch ein Sieb dazugießen. Zugedeckt im Ofen (unten, Umluft 150°) 1 Std. 30 Min. schmoren lassen. Fleisch und Füßchen-Stücke aus der Sauce nehmen und warm stellen. Die Sauce auf dem Herd noch einmal etwas einkochen, Rahm zufügen und 2–3 Min. eindicken lassen. Vom Herd nehmen und das Blut beimischen, nicht mehr kochen lassen! Die Sauce über das Fleisch geben.

Tipps: Dazu passt Kartoffelstock. Man kann das Blut weglassen. Es ist aber typisch für dieses Rezept und lässt sich geschmacklich durch nichts ersetzen. Anstelle von Schweinsfrikassee Kaninchenfleisch verwenden.

Arbeitsaufwand: 50 Min.
Marinierzeit: 3 Tage
Schmorzeit: 1 Std. 30 Min.

Für 4 Personen:
2 Karotten
1 Stück Knollensellerie
2 Zwiebeln
2 Knoblauchzehen
1 großes Lorbeerblatt
1 Zweig Thymian, 1 Nelke
2 Zweige Petersilie
5 Pfefferkörner, Majoran
1 Schweinsfüßchen
800 g Schweinsfrikassee
1 Flasche Genfer Rotwein
2 EL Butter, 2 EL Mehl
150 g Rahm
100 ml Schweinsblut

Fricassée à la vaudoise | Waadtländer Frikassee

2 Karotten in dünne Scheiben, 1 Stück Sellerie in Würfel und $^1/_2$ Stange Lauch in Rädchen schneiden. 1 Zwiebel schälen und hacken. 1 Schweinsfüßchen in Stücke schneiden. Mit 800 g Schweinsfrikassee in 2 EL Butter oder Schweinefett leicht anziehen lassen. Gemüse zugeben und 2–3 Min. mitdünsten. Mit 1 TL Mehl bestäuben, mit 200 ml Waadtländer Weißwein ablöschen. Mit 1 Lorbeerblatt, 1 Nelke, 1 durchgepressten Knoblauchzehe, 1 Zweig Petersilie, 1 Prise Koriander, Salz, Pfeffer, Majoran und Basilikum würzen. Zugedeckt 1 Std. 30 Min. schmoren lassen. Wenn nötig, etwas Wein oder Wasser zugießen. Es soll eine sämige, aber keineswegs dicke Sauce entstehen. Nach Belieben 1 EL Lie oder Marc zufügen.

Tipps: Dazu passt Kartoffelstock. Ich binde diese Sauce auf eine andere Art: Das Mehl nicht über das Fleisch geben, sondern mit etwas Butter verkneten und zum Schluss in die Sauce rühren.

Käsebeignets

Frittierte Käsebeignets kennt man im Waadtland in drei Ausführungen. Am berühmtesten sind sicher die »Malakoffs«, die ihren russischen Namen waadtländischen Söldnern verdanken, die in der Krim im Dienst der französischen Armee standen und das Rezept nach der Eroberung der Festung Malakoff Sewastopol mit nach Hause brachten. Aber auch in Genf erhebt man Anspruch auf das Urheberrecht dieser Spezialität. Die besten »Malakoffs« gibt es in Eysins ob Nyon oder in Vinzel.

Dann findet man die gewöhnlichen »Beignets au fromage«, die sich wenig von den »Malakoffs« unterscheiden, und die herrlichen »Croûtes de Vinzel«, oft auch »Boules« oder »Beignets de Vinzel« genannt, eine Spezialität aus Vinzel und Luins, deren Rezept so gut wie möglich geheim gehalten wird. »Malakoffs« und »Croûtes de Vinzel« werden im Waadtland oft verwechselt, und so findet man nicht immer auf dem Teller, was auf der Karte steht. Lassen Sie sich überraschen.

Malakoffs
Käsebeignets

Arbeitsaufwand: 30 Min.
Marinierzeit: 1–2 Std.
Quellzeit: 1 Std.
Backzeit: 2–3 Min. pro Portion

Für 4 Personen:
300 g Käse (Greyerzer oder Waadtländer Jurakäse)
100 ml Weißwein
Pfeffer aus der Mühle
150 g Mehl
200 ml Weißwein (Wasser oder Milch)
Salz
1 EL Öl
2 Eiweiße
2 EL Mehl
Öl zum Ausbacken

Den Käse in daumendicke, etwa 5 cm lange Stängel schneiden. In einer Schüssel mit Wein beträufeln und mit Pfeffer übermahlen und 1–2 Std. ziehen lassen. 150 g Mehl in eine Schüssel sieben. Mit Wein, Wasser oder Milch und Salz verrühren, bis ein glatter, nicht zu dünner Teig entsteht. Zugedeckt 1 Std. quellen lassen. Das Öl unterrühren. Die Eiweiße steif schlagen und den Eischnee unter den Teig ziehen. Die Käsestängel abtropfen lassen, im übrigen Mehl wenden. Das Öl auf etwa 190° erhitzen. Die Käsestängel durch den Teig ziehen und im Öl in 2–3 Min goldgelb ausbacken. Sofort servieren.

Tipps: Für die gewöhnlichen »Beignets au fromage« schneidet man den Käse in Rechtecke von 4 x 8 cm, die etwa 6–7 mm dick sein müssen. Das Geheimnis des Erfolges besteht darin, dass man erstens Käse wählt, der nur ganz kleine Löcher hat, und zweitens die Käsescheiben vor dem Eintauchen in den Frittüreteig gut im Mehl wendet. Wer diese beiden Punkte missachtet, riskiert, dass der Käse beim Frittieren ausfließt.

Variante: Für den Frittüreteig gibt es natürlich noch Varianten, die mit Eigelb zubereitet werden. Ich finde den Weinteig, der nur Eiweiß enthält, am geeignetsten für diese Spezialität.

Croûtes de Vinzel
Gebackene Käseschnitten

Arbeitsaufwand: 40 Min.
Frittierzeit: 3 Min.

400 g Greyerzer (oder rassiger Käse aus dem Waadtländer Jura), 2 Eier
2 Knoblauchzehen
1 EL Kirschwasser
1 TL Backpulver
2 EL Mehl
Salz, Pfeffer, Muskatnuss
1 Modelbrot, 1 Eiweiß
Öl zum Ausbacken

Den Käse reiben, die Eier verquirlen. Den Knoblauch schälen. Eier mit Käse und Kirschwasser verrühren. Knoblauch dazupressen. Backpulver mit Mehl mischen, in eine Schüssel sieben und mit der Käsemasse zu einem Teiglein verarbeiten. Mit Salz, Pfeffer und Muskat würzen.
Das Modelbrot in etwa $^{1}/_{2}$ cm dicke Scheiben schneiden. Das Eiweiß leicht verschlagen. Eine Seite der Brotscheiben mit Eiweiß bestreichen. Das ist das Geheimnis, damit die Käsemasse auf dem Brot haftet und beim Frittieren nicht abfällt.
Die Käsemasse auf die bestrichene Seite bergartig aufhäufen, so dass Halbkugeln entstehen. Die Oberfläche glatt streichen, damit beim Frittieren das Öl nicht eindringt. Das Öl auf etwa 180° erhitzen. Die Schnitten mit der bestrichenen Seite nach unten in die Frittüre geben und in 3 Min. pro Portion goldgelb ausbacken. Die Käseschnitten sofort servieren!

Croûtes au Dézaley
Käseschnitten nach Waadtländer Art

Arbeitsaufwand: 40 Min.
Backzeit: 8–9 Min.

Für 4 Personen:
150 g Champignons
1 EL gehackte Schalotten
80 g Butter, 200 ml Dézaley
Salz, Pfeffer, Muskatnuss
Paprikapulver
2 EL Mehl, 2 EL Butter
$^{1}/_{2}$ l Milch, 100 g Greyerzer
100 g Emmentaler
8 Scheiben Modelbrot
8 kleine Scheiben Schinken
Butter für die Form

Die Champignons putzen und in Scheiben schneiden. Die Schalotten in 1 EL Butter dünsten. Champignons dazugeben, kurz mitdünsten und mit Wein ablöschen. Mit Salz, Pfeffer, Muskat und Paprikapulver würzen.
Für die Sauce das Mehl in 2 EL Butter anschwitzen, mit Milch ablöschen, gut rühren und bei schwacher Hitze 10 Min. kochen lassen. Die Sauce mit Salz, Pfeffer und Muskat würzen und abkühlen lassen.
Eine Gratinform einfetten. Den Backofen auf 180° (Umluft 160°) vorheizen. Den Käse reiben. Die Brotscheiben in übriger Butter goldgelb rösten. Champignons und geriebenen Käse mit der Sauce mischen. Die Brotscheiben in der Form anordnen, mit Schinkenscheiben belegen und mit der Champignonsauce bedecken. Im Backofen (Mitte) 8–9 Min. gratinieren.

Tipps: Nach Belieben vor dem Anrichten je 2 Schnitten mit einem Spiegelei krönen. Mit einem Salat voraus als Hauptgericht servieren.
Dazu passt ein Glas Dézaley.

Vogelheu
Eierdünkli

Brot in kleine Würfel oder dünne Scheibchen schneiden. Bratbutter erhitzen. Brotwürfel darin unter ständigem Wenden hellgelb rösten. Eier mit Milch verquirlen und leicht salzen. Die Pfanne von der Herdplatte nehmen, etwas abkühlen lassen. Den Eierguss über das Brot gießen, wieder auf die Herdplatte stellen, bei schwacher Hitze ständig wenden, bis der Eierguss aufgesogen ist. Zucker und Zimt mischen. Mit Zimtzucker bestreuen.

Tipps: Das Gericht darf nicht zu trocken werden. Sobald die Eier flockig werden, die Pfanne beiseite stellen. Sollte das Brot zu viel Flüssigkeit aufsaugen, nach Belieben noch etwas Milch oder Rahm zufügen. Mit Salat oder Kompott, z. B. Apfelstückli oder gekochten Dörraprikosen, servieren.
Variante: Man kann dem Brot auch fein geschnittene Äpfel zugeben und mitrösten. Dann dem Eierguss 1–2 EL Zucker und 1/4 TL Zimtpulver beifügen.

Arbeitsaufwand: 25 Min.
Bratzeit: ca. 10–15 Min.

Für 4 Personen:
400 g altbackenes Weißbrot oder Zopf
50 g Bratbutter
4 frische Eier
200 ml Milch
Salz
2 EL Zucker
1/4 TL Zimtpulver

Dort wo es Reben gibt, kocht man gerne mit Wein. Auch im Waadtland, wo man nicht nur Fisch und Fleisch mit Chasselas, Gamay oder Pinot Noir zubereitet, sondern auch Desserts wie die »Tarte au vin«, ein Kuchen von bestechender Einfachheit, der das Weinaroma zur Geltung kommen lässt. Bei der Weinernte oder anderen festlichen Gelegenheiten darf er auf keinen Fall fehlen. Oft wird er im Trio mit der nicht minder guten »Tarte au raisiné« (siehe S. 271) und der ganz speziellen »Tarte au nillon« auf den Tisch gebracht. Den »Raisiné« und den »Nillon« findet man im Herbst auf den Märkten oder in Spezialgeschäften, die Waadtländer Spezialitäten anbieten, z. B. in der »Ferme de la Palud« in Lausanne. Ähnliche Weinkuchen werden auch in Neuenburg, Basel und in der Ostschweiz gebacken.

Tarte au vin
Waadtländer Weinkuchen

Den Teig nach dem Rezept von Seite 46 zubereiten. Das Blech einfetten. Backofen auf 240° (Umluft 220°) vorheizen. Den Teig etwa 3 mm dick ausrollen und aufs Blech legen. Den Teigboden mit einer Gabel mehrmals einstechen. Zuerst mit Mehl, dann mit der Hälfte des Zuckers bestreuen. Den Wein darüber geben. Mit Butterflocken bestreuen, Zimt und restlichen Zucker darüber verteilen. Im Backofen (Mitte) 30 Min. backen.

Tipps: Oft werden dem Wein noch 4–5 EL Rahm beigegeben. Ab und zu wird das Wasser bei der Zubereitung des geriebenen Teiges durch Weißwein ersetzt. Dadurch wird er besonders zart.

Arbeitsaufwand: 20 Min.
Backzeit: 30 Min.

300 g geriebener Teig oder gekaufter Kuchenteig
1 EL Mehl , 80 g Zucker
200 ml Waadtländer Weißwein, Butterflocken
1 TL Zimtpulver
Butter für das Blech

Rotwiiwäie | Rotweinzuckerkuchen

500 g Brot- oder Zopfteig (siehe S. 14) ausrollen und aufs Blech legen. 200 g leicht gerösteten Zucker mit 10 g Zimtpulver, 1 Prise Salz und 3 verquirlten Eiern mischen und auf dem Brotteig verteilen. Mit 50 g Butter in Flöckchen bestreuen und braun backen. Kurz vor dem Herausnehmen die Wähe mit 200 ml Rotwein oder 200 ml saurem Most (Apfelwein) übergießen, noch einige Minuten im Ofen lassen, dann sofort servieren. Bei Verwendung von Apfelwein etwa 1–2 EL mehr Zucker zufügen.

Wiitarte | Basler Weintorte

250 g Mehl, 125 g Zucker, 150 g frische Butter, 2 TL Zimtpulver und 1/2 TL Backpulver mit einer Tasse Rotwein zu einem Teig verarbeiten. 1 Std. kühl ruhen lassen. Dann halbieren und jede Hälfte fingerdick ausrollen. Das eine Teigstück auf ein Tortenblech legen, mit einer Tasse Himbeerkonfitüre bestreichen. Etwa 1 1/2 cm am Rand frei lassen, mit dem anderen Teigstück bedecken und gut andrücken. Bei etwa 180° 40–45 Min. backen.

Ein Familienrezept aus Leysin, das seit 200 Jahren zubereitet wird:

Gâteau Ormoran
Waadtländer Zuckerfladen

Arbeitsaufwand: 20 Min.
Backzeit: ca. 15 Min.

Für ein Blech von 28 cm Ø:
300 g geriebener Teig
1 EL Mehl, 100 g brauner Rohrzucker, 200 g Rahm, Zimtpulver

Den Teig nach dem Rezept von Seite 46 zubereiten. Das Blech mit Backpapier belegen. Den Backofen auf 200° vorheizen.
Den Teig etwa 3 mm dick ausrollen und aufs Blech legen. Den Teigboden mit einer Gabel mehrmals einstechen.
Mit Mehl bestreuen (am besten durch das Mehlsieb). Mit der Hälfte des Rohrzuckers (»Cassonade«) bestreuen. Den Rahm darüber geben. Mit restlichem Zucker und Zimt bestreuen. Im Backofen (Mitte, Umluft 180°) 35 Min. backen.

Äpfel und Birnen

Aus dem Kochbuch der Anna Margaretha Gessner-Kitt, das um 1680 geschrieben wurde, stammt unser ältestes Rezept für Apfelmus.
Es lautet: *Apfelmüßlin*
»Beschneid und zerschneid die Äpfel zu Brocken;
wäsche sie, laß in einem Häfelin Butter heiß
werden und thu die Äpfel darein, samt ein wenig
Wein. Zimt und Zucker. Decks zu.«

Öpfelmues mit Nidle
Apfelmus mit Rahm nach Berner Art

Geschälte oder ungeschälte Äpfel samt Kerngehäuse in Schnitze teilen. Zitrone waschen, abtrocknen und 1 Stück Schale abschneiden. Saft von 1/2 Zitrone auspressen. Apfelsaft oder Wasser mit Zitronensaft und -schale sowie Zimtstange aufkochen lassen. Äpfel zugeben und zugedeckt 3–4 Min. kochen. Unter Rühren schmoren lassen, bis sie weich sind. Äpfel pürieren. Nach Geschmack den Zucker unterrühren. Den Rahm steif schlagen und über das lauwarme Apfelmus geben.

Arbeitsaufwand: 20 Min.

1 kg Äpfel, 100 ml Apfelsaft, 1 unbehandelte Zitrone, 1/2 Zimtstange
80–120 g Zucker
300 g Rahm

Apfelmus-Varianten

Apfelmus mit Mandeln und Nüssen: Je 2 EL Mandeln und Haselnüsse rösten. 1 EL Rosinen 1/2 Std. in Rum oder Cognac einlegen, auf dem Mus verteilen. Mit 2 EL Zimtzucker bestreuen. Mit steif geschlagenem Rahm servieren.

Apfelmus mit Meringue: Apfelmus in eine bebutterte Form einfüllen. 4 Eiweiße steif schlagen, nach und nach 160 g Zucker beifügen. So lange schlagen, bis die Masse sehr steif ist und sich mit einem Messer schneiden lässt. Die Masse sofort in einen Dressiersack mit gezackter Tülle füllen und das Apfelmus damit garnieren. Bei 200° im Ofen überbacken, bis das Eiweiß gelblich wird.

Apfelmus mit Karamell: Apfelmus in eine Schale geben. 100 g Zucker rösten, bis er braun ist und zu schäumen anfängt. 1 EL Wasser und 1 TL Zitronensaft zugeben, den Zucker lösen. Apfelmus mit dem heißen Karamell übergießen.

Apfelmus »à l'ancienne« (nach alter Art): Äpfel in Butter weich schmoren, passieren und nach Belieben mit Zucker und Zimtpulver würzen. In vielen alten Rezepten wird ein Mehlteiglein zum Binden zugegeben, was ich aber nicht empfehlen möchte. Man kann es durch ein wenig Crème fraîche ersetzen.

Ein altes Luzerner Rezept – eines der einfachsten und besten Apfelrezepte, die ich kenne:

Nidleöpfel
Rahmäpfel

Arbeitsaufwand: 20 Min.
Backzeit: 30–35 Min.

Für 4 Personen:
4 große, feste Äpfel
6 EL Zucker
200 g Rahm

Den Backofen auf 200° vorheizen. Die Äpfel schälen, halbieren und das Kerngehäuse ausstechen. Die Hälften mit der Schnittfläche nach oben in eine Auflaufform legen und mit 4 EL Zucker dicht bestreuen. In die Höhlungen des Kerngehäuses Rahm gießen, und zwar so reichlich, dass ein Teil davon über die Äpfel hinweg in die Form fließt. Sofort in den heißen Backofen schieben, nach 5 Min. mit dem restlichen Zucker bestreuen und mit Oberhitze bei 200° überbacken, bis die Äpfel goldgelb karamellisiert sind (etwa 30–35 Min. je nach Apfelsorte).

Tipps: Die Äpfel sollten nicht zerfallen (deshalb eine feste Sorte nehmen) und dürfen nicht zu braun werden. Die Nidleöpfel eignen sich sehr gut als Beilage zu einem fleischlosen Essen, z. B. zu Knöpfli, Kartoffelpuffern oder Milchreis. Auf die gleiche Weise kann man auch Nidlebirnen zubereiten.

Ein raffiniertes Rezept aus »«Mostindien«:

Öpfelschpätzli
Apfelspätzle

Arbeitsaufwand: 45 Min.

Für 4 Personen:
300 g Mehl
3 Eier
150–200 ml Apfelsaft
1 Prise Zimtpulver
2 EL Zucker
1 Prise Salz
1 Apfel
50 g Butter
2 EL geriebenes Weißbrot

Das Mehl in eine Schüssel sieben. Eier mit Apfelsaft, Zimt und Zucker verrühren. Mit Mehl und Salz zu einem glatten, ziemlich festen Teig verarbeiten und schlagen, bis er Blasen wirft. Apfel schälen, fein reiben und unter den Spätzliteig ziehen. Den Teig portionenweise ab dem Spätzlibrett in kochendes Salzwasser schaben oder durch ein Spätzlisieb drücken. Sobald die Spätzli an die Oberfläche kommen, mit einer Schaumkelle aus dem Wasser nehmen. Zum Warmhalten in eine zweite, mit warmem Wasser gefüllte Pfanne geben. Sobald alle Spätzli gekocht sind, die Butter erhitzen, das geriebene Brot zugeben, hellbraun rösten und über den gut abgetropften Spätzli verteilen.

Tipp: Mit Zimtzucker aus 4 EL Zucker und 1 TL Zimtpulver bestreuen und nach Belieben warme Vanillesauce oder Kompott dazu servieren. Milchkaffee passt auch gut dazu. »Mostindien« ist der Übername des Kantons Thurgau, weil es dort sehr viele Äpfel und demzufolge auch »Most« (Apfelwein und -saft gibt, siehe S. 248).

Als Kinder brachten wir manchmal einen Apfel zum Bäcker. Der packte ihn in Weggli- oder Brotteig ein, und etwas später durften wir das gebackene »Apfelbrötchen« noch heiß und herrlich duftend für zehn Rappen wieder abholen. Das war in Zürich. In Chur scheint man seit jeher etwas anspruchsvoller gewesen zu sein. Dort bekommen die Äpfel ein vornehmes »Tschöpli« aus Blätterteig (siehe S. 28).

Ein einfaches, lustiges Apfeldessert aus dem Bündnerland:

Öpfelhürlig
Gebratene Äpfel

Die Äpfel schälen, entkernen und jeweils in 8 Schnitze teilen. Den Wein mit Zitronensaft und 1 EL Zucker mischen. Die Apfelschnitze damit begießen, abdecken und 1 Std. ziehen lassen.
Den übrigen Zucker mit dem Zimt mischen. Die Schnitze gut abtropfen lassen und im Mehl wenden. Die Bratbutter erhitzen. Die Apfelschnitze darin goldgelb braten, bis sie weich sind, aber nicht zerfallen. Aus der Pfanne nehmen, abtropfen lassen, im Zimtzucker wenden und warm servieren.

Tipp: Für dieses Rezept am besten eine feste Apfelsorte wählen. Man kann die Äpfel auch mit einem Apfelausstecher von den Kerngehäusen befreien und in Ringe schneiden.

Arbeitsaufwand: 30 Min.
Marinierzeit: 1 Std.
Bratzeit: 10–15 Min.

Für 4 Personen:
4 große Äpfel
200 ml Weißwein
1 EL Zitronensaft
5 EL Zucker
1 TL Zimtpulver
2 EL Mehl
2 EL Bratbutter

Apfelrösti kennt man in fast allen Gegenden der deutschen Schweiz. Im Aargau heißt dieses Gericht »Apfelbröisi«, und im Bündnerland feuchtet man das Brot mit Wein, in der Ostschweiz mit Most oder Rosenwasser an. Das urchigste Rezept stammt aus dem Aargau.

Öpfelbröisi
Apfelrösti

Das Brot in sehr feine Scheibchen schneiden. In der Butter unter Wenden hellgelb rösten. Die Äpfel (säuerliche Sorte) schälen, das Kerngehäuse entfernen und die Früchte in dünne Schnitze schneiden. Unter das Brot mischen, mit 2 EL Zucker bestreuen und zugedeckt dünsten – die Unterseite sollte leicht anbacken. Nach Belieben die Rosinen mitdünsten. Übrigen Zucker mit Zimt mischen. Rösti auf eine Platte stürzen und mit Zimtzucker servieren.

Tipp: Dazu wird Milchkaffee oder kalte Milch getrunken.

Arbeitsaufwand: 35 Min.
Bratzeit: 20 Min.

Für 4 Personen:
300 g altbackenes Weißbrot, 4 EL Bratbutter
500 g Äpfel, 6 EL Zucker
2 EL Rosinen, Zimtpulver

Gefüllte Äpfel scheinen eines der ältesten und beliebtesten Apfelgerichte zu sein. Man findet schon in mittelalterlichen Kochbüchern und handgeschriebenen Wachstuchheften entsprechende Rezepte. Ich habe ein Zürcher Rezept ausgewählt, das eine Art Querschnitt durch die verschiedenen Weisen der Zubereitung bildet.

Gfüllti Öpfel
Gefüllte Äpfel

Arbeitsaufwand: 35 Min.
Backzeit: 35–40 Min.

1 unbehandelte Zitrone
6 große Äpfel (z. B. Boskop)
4 EL gemahlene Mandeln oder Haselnüsse
1 EL Rosinen
3 EL Zucker
1–2 EL Rahm oder Kirschwasser (nach Belieben)
100 ml Weißwein oder Apfelsaft
Butterflocken
Butter für die Form

Eine Auflaufform einfetten. Den Backofen auf 180° vorheizen. Die Zitrone waschen, abtrocknen, 1 TL Schale abreiben und 1 EL Zitronensaft auspressen. Die Äpfel schälen, das Kerngehäuse von oben her mit einem Apfelausstecher so entfernen, dass ein durchgehendes Loch entsteht, oder die Äpfel mit einem Löffelchen aushöhlen. Sofort mit Zitronensaft beträufeln und in der Form anordnen.
Mandeln oder Haselnüsse mit Zitronenschale, Rosinen, 2 EL Zucker und nach Belieben Rahm oder Kirschwasser mischen. Die Äpfel damit füllen. Weißwein oder Apfelsaft zugießen. Die Äpfel mit Butterflocken belegen und mit dem restlichen Zucker bestreuen. Im Backofen (Mitte, Umluft 160°) 35–40 Min. backen. Die Äpfel sollen weich sein, dürfen aber nicht zerfallen. Am besten nach 30 Min. mit einer Nadel oder einem Hölzchen prüfen, ob sie weich sind. Warm servieren.

Tipps: Nach Belieben eine Vanillesauce dazu reichen. In modernen Rezepten werden die Äpfel auch mit Quark gefüllt.

Pere al forno
Gefüllte Birnen nach Tessiner Art

Arbeitsaufwand: 30 Min.
Backzeit: ca. 35 Min.

Für 4 Personen:
4 schöne große Birnen
1 EL Zitronensaft
200 g Tessiner Amaretti
200 ml Marsala, 4 EL Rahm
Bratbutter für die Form
Puderzucker zum Bestreuen

Birnen waschen, mit Küchenpapier abtrocknen, längs halbieren und entkernen, dabei leicht aushöhlen. Sofort mit Zitronensaft bestreichen. Den Backofen auf 180° (Umluft 160°) vorheizen. Eine passende Auflaufform einfetten. Die Amaretti (siehe S. 155) zerbröckeln und mit dem Nudelholz leicht zerdrücken. Mit der Hälfte des Marsalas und dem Rahm befeuchten. Die Birnen in einer passenden Auflaufform anordnen, mit dem restlichen Marsala umgießen und mit Alufolie abdecken. Im Backofen (unten) 20 Min. backen, dann in der Mitte 10–15 Min. weiterbacken. Mit Puderzucker bestreuen.

Tipp: Man kann auch schöne, große Äpfel auf diese Art füllen und backen.

Dieses Rezept stammt aus dem ältesten »Löwen« der Schweiz, einem renommierten Restaurant in Heimiswil, wo man Berner Spezialitäten hegt und pflegt. Vielerorts im Emmental wird der Teig mit Milch anstatt mit Bier angemacht. Herr Lüdi, Besitzer und Küchenchef, findet aber den Bierteig »chüschtiger«.

Öpfelchüechli
Apfelküchlein

Die Äpfel schälen, das Kerngehäuse ausstechen und die Früchte quer in etwa 1 cm dicke Scheiben schneiden. In eine flache Schüssel legen, mit Zucker bestreuen und mit Zitronensaft und Kirsch beträufeln. Das Mehl durchsieben. Mit 1 Prise Salz und Bier mischen. Das Ei trennen. Eigelb unterrühren. Den Teig 1–2 Std. ruhen lassen.
Eiweiß steif schlagen und unter den Teig ziehen. Zucker und Zimt mischen. Öl auf etwa 180° erhitzen. Apfelscheiben gut abtropfen lassen, durch den Teig ziehen und im Öl 2–3 Min. pro Portion schwimmend ausbacken. Noch warm mit Zimtzucker bestreuen.

Tipp: Bier durch Wein oder Apfelwein ersetzen.

Arbeitsaufwand: 40 Min.
Ruhezeit: 1–2 Std.
Marinierzeit: 1–2 Std.
Backzeit: ca. 2–3 Min.

4 große Äpfel (z.B. Boskop)
2 EL Zucker, je 1 EL Zitronensaft und Kirschwasser
125 g Mehl, Salz, 150 ml Bier, 1 Ei, 4 EL Zucker
1 TL Zimtpulver, Öl

Chloschterfraue
Pfannkuchen mit Apfelmus

Die Äpfel in Stücke schneiden, mit 80 g Zucker in etwas Wasser weich kochen, durch ein Sieb streichen und beiseite stellen. 2 Eier, 200 ml Milch, Mehl und 1 Prise Salz verrühren. Den Teig 1 Std. ruhen lassen.
Aus dem Teig 4 große Omeletten backen. Backofen auf 180° vorheizen. Die Omeletten mit Apfelmus bestreichen, aufrollen und in eine Auflaufform legen. Restliche Milch mit übrigen Eiern und Zucker verquirlen. Den Guss auf die Omeletten gießen. Im Ofen (Mitte, Umluft 160°) 45 Min. überbacken. Warm servieren.

Arbeitsaufwand: 45 Min.
Ruhezeit: 1 Std.
Backzeit: ca. 30 Min.

Für 4 Personen:
3 Äpfel, 100 g Zucker
5 Eier, 400 ml Milch
150 g Mehl, Salz, Öl

Apfeltatsch | Apfelpfannkuchen

250 g Mehl sieben. 2 Eigelbe verquirlen, mit 1/4 l Milch und 1 Prise Salz zum Mehl geben und verrühren. 1 Std. ruhen lassen. 4 Äpfel schälen, entkernen, in dünne Scheibchen schneiden. 2 Eiweiße steif schlagen, unter den Teig ziehen. Äpfel zugeben. 4 EL Zucker und 1 TL Zimt mischen. Teig portionenweise in heißer Butter ausbacken. Mit Zimtzucker bestreuen, warm servieren.

Annebäbis Öpfuchueche
Emmentaler Apfelkuchen

Arbeitsaufwand: 35 Min.
Backzeit: 30–35 Min.

Für 1 Blech von 24 cm Ø:
500 g geriebener Teig
1 kg Äpfel (z. B. Boskop)
3 EL gemahlene Haselnüsse
4 EL Zucker
1 TL Zimtpulver
Butterflocken
250 g Rahm

Den Teig nach dem Grundrezept von Seite 46 zubereiten. Das Blech mit Backpapier belegen. Die Äpfel schälen, entkernen und in etwa 1 cm dicke Schnitze schneiden. Den Backofen auf 220 ° vorheizen.
Den Teig etwa 3 mm dick ausrollen und aufs Blech legen. Mit Haselnüssen bestreuen und mit den Äpfeln kranzartig und dicht belegen. Zucker mit Zimtpulver mischen und die Hälfte darüber streuen. Einige Butterflocken darauf verteilen. Den Kuchen im Backofen (Mitte, Umluft 200°) 30–35 Min. backen. Mit dem restlichen Zimtzucker bestreuen und lauwarm mit Rahm servieren.

Tipps: Schmeckt auch mit Birnen sehr gut. Im Emmental wird der Kuchenteig mit Schweinefett zubereitet. Dadurch wird er besonders zart.

Basler Öpfelwäie
Feiner Basler Apfelkuchen

Arbeitsaufwand: 45 Min.
Backzeit: 45–40 Min.

Für ein Blech von 24 cm Ø:
4 Zwiebäcke
2 EL gemahlene Haselnüsse, 750 g Äpfel
50 g Butter
5 EL Zucker
50 g Weinbeeren
1 EL Basler Kirschwasser
300 g Blätterteig, 2 Eier
1 TL Vanillezucker
200 g Rahm
2 EL Zucker
1/2 TL Zimtpulver

Das Backblech mit Backpapier belegen. Die Zwiebäcke reiben, mit den Nüssen mischen und auf dem Teigboden verteilen. Die Äpfel schälen und in dünne Schnitze schneiden. Die Butter erhitzen. Die Äpfel darin wenden, mit 3 EL Zucker bestreuen und einige Minuten weiterbraten, bis sie halb gar sind, dann abkühlen lassen.
Den Backofen auf 220° vorheizen. Die Weinbeeren waschen, abtropfen lassen und in Kirschwasser einlegen. Den Blätterteig etwa 3 mm dick ausrollen und aufs Blech legen. Mit einer Gabel mehrmals einstechen. Die Apfelschnitze auf dem Teig verteilen, die Weinbeeren darüber streuen.
Für den Guss die Eier mit dem übrigen Zucker und Vanillezucker zu einer sämigen Creme schlagen und den Rahm unterziehen. Den Guss über die Äpfel gießen. Im Backofen (Mitte, Umluft 200°) in 35–40 Min. goldgelb backen. Für den Zimtzucker Zucker mit Zimtpulver mischen. Den Kuchen mit Zimtzucker bestreuen und lauwarm servieren.

Tipps: Für diesen Kuchen am besten eine Apfelsorte wählen, die nicht zerfällt. Der Zwieback lässt sich durch die doppelte Menge Haselnüsse ersetzen.

Tarte aux pommes
Apfelkuchen nach Waadtländer Art

Das Blech mit Backpapier auslegen. Den Teig nach dem Grundrezept auf Seite 46 zubereiten, dabei das Wasser durch trockenen Weißwein ersetzen. Den Teig ausrollen, aufs Blech legen und dabei einen Rand hochziehen. Den Teigboden mit einer Gabel mehrmals einstechen. Den Backofen auf 220° vorheizen. Äpfel schälen, halbieren, entkernen und in dünne Schnitze schneiden. Diese kreisförmig so auf dem Kuchen anordnen, dass sie sich leicht überlappen. Mit der Hälfte des Zuckers bestreuen. Im Backofen (Mitte, Umluft 200°) 15 Min. backen. Butter in Flöckchen auf den Äpfeln verteilen. Mit dem restlichen Zucker bestreuen und weitere 10–15 Min. backen. Lauwarm servieren.

Tipp: Schmeckt auch sehr gut mit Blätterteig.

Arbeitsaufwand: 30 Min.
Backzeit: ca. 25–30 Min.

Für ein Blech von 26 cm Ø:
300 g geriebener Teig
3 EL Weißwein
500 g leicht säuerliche Äpfel
3–4 EL Zucker
40 g frische Butter

Der folgende Apfelkuchen schmeckt ebenfalls ausgezeichnet. Er kommt aus St. Gallen und hat große Ähnlichkeit mit der Zürcher Pfarrhaustorte, die auf gleiche Weise gefüllt, aber mit geriebenem Teig zubereitet wird.

Domherrechueche
St. Galler Domherrenkuchen

Die Butter schaumig rühren. 1 Ei verquirlen. Mit Salz, 1 1/2 EL Zucker und Rahm unterrühren. Das Mehl durchsieben und nach und nach dazumischen. Den Teig 1 Std. kühl ruhen lassen.
Für die Füllung die übrigen Eier mit restlichem Zucker zu einer Creme schlagen. Mit Mandeln mischen. Zwei Äpfel ungeschält raspeln und sofort zugeben. Die restlichen Äpfel schälen, entkernen, längs halbieren.
Das Blech einfetten. Den Backofen auf 220° vorheizen. Den Teig ausrollen und aufs Blech legen. Die Mandelmasse darauf streichen. Die Apfelhälften in ganz dünne, aber noch zusammenhängende Schnitze schneiden und auf den Teig verteilen. Im Backofen (Mitte, Umluft 200°) 40 Min. backen. 5 Min. vor dem Ende der Backzeit die Äpfel mit etwas Konfitüre bestreichen. Herausnehmen und die restliche Konfitüre darauf geben.

Variante: Die Thurgauer Apfeltorte ist ähnlich wie der St. Galler Domherrenkuchen. Der Unterschied besteht darin, dass im Domherrenkuchen geriebene Mandeln und fein geraspelte Äpfel zum Eierguss gegeben werden. So entsteht statt eines Gusses ein Biskuit.

Arbeitsaufwand: 40 Min.
Ruhezeit: 1 Std.
Backzeit: ca. 40 Min.

80 g Butter
3 Eier
1 Prise Salz
3 1/2 EL Zucker
1 EL Rahm
125 g Mehl
250 g grob gemahlene Mandeln
5 ganze Äpfel
Butter für das Blech
4 EL Himbeerkonfitüre

Bärner Bireuflauf
Berner Birnenauflauf

Arbeitsaufwand: 45 Min.
Backzeit: 40–50 Min.

Für 4 Personen:
3 Eier, 1 unbehandelte Zitrone, 400 g Quark
100 g Zucker,
4 EL Speisestärke,
1 gestr. EL Backpulver,
4–5 Birnen
1 geh. EL Zucker
Butter für die Form

Eier in Eigelbe und Eiweiße trennen. Die Zitrone waschen, abtrocknen, die Schale abreiben und den Saft von einer Hälfte auspressen. Eigelbe mit Quark, Zucker und Zitronenschale schaumig rühren. Speisestärke mit Backpulver mischen und zufügen. Die Birnen schälen, in Achtel und diese in feine Scheibchen schneiden, mit Zitronensaft und Zucker marinieren.
Eine Auflaufform einfetten. Den Backofen auf 180° vorheizen. Die Eiweiße steif schlagen. Den Eischnee mit den Birnen unter die Quarkmasse ziehen. Die Masse in die Form füllen. Den Auflauf im Backofen (Mitte, Umluft 160°) 40–50 Min. backen.

Tipp: Je nach Saison können anstelle von Birnen andere Früchte verwendet werden, z. B. Zwetschgen oder Aprikosen.

Poires »au pinot«
Birnen in Weinsirup (im Bild)

Arbeitsaufwand: 25 Min.
Kochzeit: 20 Min.

Für 4 Personen:
$^1/_2$ l Pinot noir
1 Zimtstange
2 Gewürznelken
100 g Zucker, 4 Birnen
4 EL Himbeergelee

Den Wein mit Zimtstange, Gewürznelken und Zucker aufkochen und bei starker Hitze in 10 Min. etwas einkochen lassen. Inzwischen die Birnen schälen und mit Stiel in dem Weinsirup garen. Die Birnen müssen ganz bleiben. Die Früchte herausnehmen und auf einer Platte anrichten. Den Weinsirup bis zur Hälfte einkochen lassen und mit Himbeergelee gut mischen, bis das Gelee aufgelöst ist. Nach dem Erkalten über die Birnen gießen.

Tipp: Wichtig ist eine gute Qualität der Birnen und des Weines. Anstelle von Himbeergelee kann man auch Cassisgelee verwenden.

Hier ein altes, originelles Birnenrezept aus dem Luzerner Hinterland. Vor 60 bis 70 Jahren wurde es als Gericht mit roher Milch serviert.

Biräschturm
Birnen-Kartoffel-Mus

Arbeitsaufwand: 20 Min.
Kochzeit: 30 Min.

Für 4 Personen:
1 kg Birnen
3 rohe Kartoffeln
200 g Rahm oder Milch
1 EL Speisestärke
50 g Butter

Die Birnen schälen und samt dem »Bätzgi«, d. h. dem Kerngehäuse, halbieren. Die Kartoffeln schälen und in Viertel schneiden. Beides in sehr wenig Wasser weich kochen. Dann durch ein Sieb streichen. Den Rahm oder die Milch mit Speisestärke gut verrühren. Zum Püree geben und gut untermischen. Die Butter erhitzen und darüber gießen.

Tipps: Das Birnen-Kartoffel-Mus am besten als Beilage zu Siedfleisch oder anderen Fleischgerichten (z. B. Blut- und Leberwürste) servieren. Für dieses Gericht werden »teiggi«, d. h. überreife, gute Essbirnen verwendet.

Birnenkompott schmeckt besonders gut, wenn man die Früchte mit gebranntem Zucker kocht. So wird es im Kanton Freiburg gemacht, wo man die kleinen runden »poires à botzi« sogar im Karamellsirup sterilisiert oder heiß einfüllt, um sie jederzeit zu den verschiedensten Gerichten servieren zu können. Hier das Rezept aus dem Restaurant »Bauernhof« in Ulmiz, einem prächtigen, nach alten Plänen renovierten Landgasthof:

Poires à botzi / Püschelibire
Birnenkompott nach Freiburger Art

Arbeitsaufwand: 30 Min.

1 TL Zitronensaft
200 g Zucker
1 kg Püschelibirnen
(kleine runde Birnen)

Den Zucker in einer Pfanne schmelzen und mit 1 EL Wasser mittelbraun rösten. Zitronensaft zugeben. Die Birnen nicht schälen und nicht entstielen, nur die Blüte entfernen. Die Früchte im Zucker wenden, dann zugedeckt dünsten, bis sie weich sind. Von Zeit zu Zeit etwas Wasser dazugeben.

Tipps: Birnen nach Belieben in Gläser mit Schließbügel füllen. Oder als Kompott oder Beilage zu Pot-au-feu oder anderen rustikalen Gerichten servieren. Leider sind diese kleinen, besonders aromatischen Birnen rar geworden. Immer mehr muss man sie auch im Kanton Freiburg durch Birnenschnitze ersetzen, was man besonders an der Bénichon (siehe S. 220) bedauert.
Varianten: In anderen Kantonen gibt es ähnliche Rezepte, auch für größere Birnen. Oft wird der Birnensaft weniger konzentriert gekocht und zuletzt mit etwas Speisestärke gebunden. Dann heißt das Gericht »Braune Birnen«. Man kann das Kompott beim Servieren mit leicht geschlagenem Rahm mischen.

Essigbire
Emmentaler Essigbirnen

Den Essig mit 1 l Wasser, Zucker und Senf verrühren und aufkochen lassen. Birnen schälen, den Stiel belassen. In der Essiglösung weich kochen (15–30 Min., je nach Qualität der Birnen). Mit dem Sud heiß in Gläser mit Bügelverschluss einfüllen und verschließen.
Tipp: Schmecken sehr gut zu gesottenem Fleisch, Wild und kaltem Braten.

Arbeitsaufwand: 35 Min.
Kochzeit: 15–30 Min.

$^1/_4$ l Essig, 200 g Zucker
3 EL milder Senf
2 kg Birnen

Suuri Bireschtückli
Emmentaler Birnenkompott

300 ml Wasser mit Zucker und Zimtstange 5 Min. kochen lassen. Birnen schälen, entkernen und der Länge nach in 4–6 Schnitze schneiden. Sofort mit Zitronensaft beträufeln. Im Zuckerwasser garen, aber nicht zerfallen lassen. Zum Servieren die Zimtstange entfernen.

Tipp: Dieses Kompott ist aromatischer als gewöhnliches Birnenkompott, da es mit etwas Zimtrinde gekocht wird.

Arbeitsaufwand: 15 Min.
Kochzeit: 10–15 Min.

4 EL Zucker
1 Zimtstange
1 kg Birnen
1 EL Zitronensaft

Birechueche mit Rotwii
Birnenkuchen nach Winzerart

Den Teig nach dem Grundrezept von Seite 46 zubereiten. Äpfel und 2 Birnen schälen, entkernen und in kleine Schnitze schneiden. Mit Zucker, Zitronensaft, Rotwein, Zimt- und Nelkenpulver sowie Birnen- oder Apfelsaftkonzentrat (siehe S. 271) weich kochen. Die Früchte in ein Sieb gießen und den Saft auffangen. Übrige Birnen schälen, halbieren, entkernen und im aufgefangenen Birnensaft knapp weich kochen. Den Kochsaft der Birnen mit den vorgekochten Birnen- und Äpfelschnitzen pürieren und zu einem dicken Mus kochen und erkalten lassen. Das Blech einfetten. Den Teig etwa 3 mm dick ausrollen und aufs Blech legen. Mit einer Gabel mehrmals einstechen. Das Fruchtmus auf dem Teigboden verteilen. Im Backofen (Mitte, Umluft 200°) in 30 Min. vorbacken. Die Birnenhälften sternförmig auf dem Kuchen verteilen und in weiteren 10 Min. fertig backen. Das Gelee glatt rühren. Die heißen Birnen damit bestreichen. Den Kuchen kalt, aber noch am gleichen Tag servieren.
Tipp: Nicht zu große Birnen verwenden, damit sie sternförmig auf dem Mus angeordnet werden können.

Arbeitsaufwand: 1 Std.
Kochzeit: 35–40 Min.
Backzeit: 40 Min.

Für ein Blech von 26 cm Ø:
400 g geriebener Teig
3 Äpfel, 8 Birnen
80 g Zucker
Saft von $^1/_2$ Zitrone
3 ml Rotwein
je 1 Msp. Zimt- und Nelkenpulver
3 EL Birnen- oder Apfelsaftkonzentrat
Butter für das Blech
2 EL Johannisbeergelee

Kuriositäten aus »Mostindien«

Der Thurgau ist das Land der Apfelbäume. Nicht umsonst nennt man diesen Kanton scherzhafterweise »Mostindien«. Die Thurgauer haben sozusagen den Most erfunden. Er wurde allerdings inzwischen zu Apfelsaft und Apfelwein veredelt. Ältere Leute sprechen aber immer noch von »Most« und bereiten daraus nach altem Brauch einige originelle Spezialitäten zu.

Most und Mostbröckli

Was auf jeden Fall ausgezeichnet zum »Most« passt, das sind die Mostbröckli. Man findet sie nicht nur im Thurgau, sondern auch in St. Gallen und im Appenzell. Ein Mostbröckli besteht aus getrocknetem Rindfleisch. Meist wird Bauernbrot, Butter und Most dazu serviert. Die Mostbröckli werden so dünn wie möglich aufgeschnitten.

Süßmostcreme – der Trick, mit dem schon Großmama ihren Lebenspartner gebändigt und um den Finger gewickelt hat. Hier ein Rezept aus Frauenfeld:

Grosis Süessmoschtgreeme
Großmutters Apfelsaftcreme

Arbeitsaufwand: 25 Min.
Kochzeit: 5–10 Min.

Für 4–6 Personen:
1 unbehandelte Zitrone
5 Eigelbe
100 g Zucker
500 ml Süßmost
200 g Rahm

Die Zitrone waschen und abtrocknen. Die Schale abreiben und den Saft auspressen. Die Eigelbe mit Zitronensaft und -schale, Zucker und Süßmost unter ständigem Rühren bis knapp vors Kochen bringen. Einige Minuten bei schwacher Hitze weiterschlagen, dann abkühlen lassen.
Inzwischen den Rahm steif schlagen und unterziehen. Die Creme nach Belieben mit Konfekt servieren.

Tipp: Wer eine etwas einfachere Creme wünscht, kann nur 3 Eigelbe verwenden und der Creme zum Binden 1 TL Speisestärke beimischen.

Dieses merkwürdige »Fondue« habe ich nicht ausprobiert.
Hier aber für Unentwegte trotzdem das Rezept:

Thurgauer Lumpesuppe
Käsesuppe aus dem Kanton Thurgau

Den Most aufkochen lassen. In der Zwischenzeit den Käse in hauchdünne Scheibchen schneiden (ähnlich wie Hobelkäse).
Die Käsescheibchen an Fonduegabeln stecken und in den heißen Most (der vermutlich auf einem Rechaud steht) eintauchen. Dieses Gericht wird als »Zabig« empfohlen.

Arbeitsaufwand: 20 Min.

Für 4 Personen:
500 ml saurer Most
600 g Käse (z. B. Tilsiter)

Der Tilsiter

Dieser Halbhartkäse wird erst seit der Jahrhundertwende in der Schweiz hergestellt. Der Käser Wegmüller aus Felben bei Frauenfeld brachte das Tilsiterrezept aus der ostpreußischen Stadt Tilsit mit nach Hause.

Dieser neue, zarte Käse fand bald viele Anhänger und bürgerte sich rasch bei uns ein. Heute wird er vorwiegend in der Ostschweiz, vor allem in den Kantonen Thurgau und St. Gallen, hergestellt. Die 4–5 kg schweren Laibe haben einen Durchmesser von ungefähr 25 cm. Die Rinde wird stets feucht gehalten, wodurch sie die typisch rötliche Farbe erhält. Der Teig ist meistens vollfett, zart und weich, mit sauber ausgeprägten Löchlein. Das Aroma ist beim jungen Tilsiter noch mild. Erst im reiferen Stadium wird der Tilsiter rezent. Er sollte aber höchstens 6–7 Monate alt werden.

Tilsiter eignet sich vortrefflich für die Käseplatte sowie für zart gewürzten Käsesalat. Zum Kochen taugt er nur in genügend ausgereifter Qualität.

Zwätschgezyt

Der September ist der Zwetschgenmonat par excellence. Man findet diese herrlichen Früchte in verschiedenen Größen auf dem Markt: die große Bühler-Zwetschge, die sich besonders gut zum Rohessen oder für Küchlein eignet; die mittelgroßen, nicht minder aromatischen »welschen Zwetschgen« (Fellenberg) oder die Basler Zwetschgen, die beide auf vielerlei Arten verwertet werden können.

Zwätschgeschober

Grießauflauf mit Zwetschgen (im Bild)

Arbeitsaufwand: 30 Min.
Backzeit: 50–60 Min.

Für 4 Personen:
600 g Zwetschgen, 2 Eier
1/2 unbehandelte Zitrone
80 g Butter, 80 g Zucker
150 g Grieß, 150 g Sauerrahm, 150 ml Milch
Butter für die Form
Zucker und Zimtpulver zum Bestreuen

Eine Gratinform mit Butter einfetten. Die Zwetschgen waschen, entsteinen und in die Form legen. Die Eier in Eigelbe und Eiweiße trennen. Die Zitronenschale abreiben. Den Backofen auf 190° vorheizen.
Die Butter mit Zucker, Eigelben und Zitronenschale schaumig rühren. Den Grieß, Sauerrahm (oder Sauermilch) und Milch unterrühren. Die Eiweiße steif schlagen und den Eischnee unterziehen. Die Masse auf den Zwetschgen verteilen. Den Auflauf im Backofen (Mitte, Umluft 170°) 50–60 Min. backen. Mit Zucker und Zimtpulver mischen. Den Auflauf mit Zimtzucker bestreuen und warm servieren.

Tipps: Schmeckt auch mit Aprikosen oder Pflaumen sehr gut. Der »Schober« ist ein typisches Zürcher Rezept.

Zwätschgekompott

Zwetschgenkompott

Arbeitsaufwand: 25 Min.
Kochzeit: 10 Min.

Für 4–5 Personen:
1 kg Zwetschgen
100 g Zucker
1/2 Zimtstange

Zwetschgen waschen, halbieren, entsteinen. 100 ml Wasser mit Zucker und Zimtstange aufkochen lassen. Zwetschgen dazugeben und in 10 Min. knapp weich kochen. Die Zwetschgen durch ein Sieb gießen, dabei den Saft auffangen. Den Saft zur Hälfte einkochen lassen und über die Zwetschgen gießen.

Tipp: Nach Belieben mit gerösteten Brotwürfelchen oder Rahm servieren.
Varianten: Auf ähnliche Weise kann man Zwetschgenbrei zubereiten, dem man 100 ml Milch und 1 TL Speisestärke beigibt und den man über gerösteten Brotwürfeli anrichtet. Ferner kann man das Kompott für Zwetschgenschnittli aus gebackenen Einback- oder Modelbrotscheiben verwenden.

Zwätschgeröschti
Zwetschgenrösti

Arbeitsaufwand: 30 Min.
Bratzeit: 20 Min.

Für 4 Personen:
500 g Zwetschgen
4 EL Bratbutter
4 EL Zucker
250 g altbackenes Brot
(z. B. Weggli oder Zopf)

Die Zwetschgen halbieren und entsteinen. 1 EL Bratbutter erhitzen. Die Zwetschgen darin mit 1 EL Zucker kurz anziehen lassen. 50 ml Wasser zugeben und zugedeckt 2–3 Min. dünsten. Das Brot in dünne Scheibchen schneiden, in einer großen Omelettepfanne in übriger Butter hellbraun rösten. Die Zwetschgen ohne Saft, aber mit 3 EL Zucker zugeben. Unter Wenden braten. Nach und nach den Zwetschgensaft beifügen. Weiterbraten, bis nur noch wenig Flüssigkeit in der Pfanne zurückbleibt. Heiß servieren.

Tipps: Am Tisch mit Zimtzucker bestreuen. Gelingt und schmeckt auch mit Aprikosen oder Äpfeln.

Zwätschgewäie
Zwetschgenwähe

Arbeitsaufwand: 40 Min.
Backzeit: ca. 25 Min.

Für 1 mittelgroßes Blech:
300 g Kuchen- oder Weggliteig, 1 kg Zwetschgen
3 EL gemahlene Haselnüsse (nach Belieben)
2 Eier
200 ml Milch (oder 100 ml Milch und 100 g Rahm)
3 EL Zucker
1 gestr. EL Speisestärke
Butter für das Blech

Den Teig nach dem Rezept auf Seite 46 zubereiten. Zwetschgen waschen, halbieren und entkernen. Das Blech einfetten. Backofen auf 220° vorheizen. Den Teig etwa 3 mm dick ausrollen und aufs Blech legen. Den Rand durch Einrollen verdoppeln und mit einer Gabel verzieren. Den Teigboden mit einer Gabel mehrmals einstechen. Nach Belieben Nüsse auf den Teig streuen. Zwetschgen darauf kranzartig dicht nebeneinander anordnen (sehr große Zwetschgen auf der oberen Seite etwas einschneiden). Im Ofen (Mitte, Umluft 200°) 10 Min. backen. Eier mit Milch, Zucker und Stärke verrühren und auf den Kuchen gießen. Bei guter Unterhitze 20–25 Min. weiterbacken.

Tipp: In der deutschen Schweiz liebt man Obstkuchen mit Guss. Statt Eierguss einen Quarkguss aus 200 ml Milch oder Rahm, 100 g Quark, 50 g Zucker und $^1/_2$ Päckchen Vanillezucker über den Kuchen gießen.

Der Bettagskuchen

Am Bettag, dem zweiten Sonntag im September, essen unsere Waadtländer »Compatriotes« ihren Zwetschgenkuchen. Wahrlich eine sympathische Art zu »büßen«. Früher war der »Buß- und Bettag« auch zugleich ein Fasttag. So gab es vor allem auf dem Lande anstelle eines Sonntagsbratens eine Suppe und Zwetschgenkuchen »à discrétion«. Heute bringen die meisten Waadtländer, vor allem die Städter, den Zwetschgenkuchen nur noch »symbolisch« als Dessert auf den Tisch und kaufen ihn oft beim Konditor.

Gâteau aux pruneaux
Waadtländer Zwetschgenkuchen

Den Teig nach dem Grundrezept von Seite 46 zubereiten. Das Blech einfetten. Den Backofen auf 220° vorheizen.
Inzwischen die Zwetschgen waschen, halbieren und entsteinen (sehr große Zwetschgen auf der oberen Seite etwas einschneiden). Den Teig etwa 3 mm dick ausrollen und aufs Blech legen. Den Rand verdoppeln und mit einer Gabel verzieren. Den Teigboden mit einer Gabel mehrmals einstechen. Die Nüsse auf den Teig streuen. Die Zwetschgen kranzartig dicht nebeneinander auf dem Teig anordnen. Im Backofen (Mitte, Umluft 200°) 10 Min. backen. Mit Zucker bestreuen und bei guter Unterhitze 20–25 Min. weiterbacken.

Tipps: In der Westschweiz gibt man keinen Guss auf Kuchen mit Früchten. Raffiniert ist das Beträufeln nach dem Backen mit Eau de prunes (Zwetschgenbranntwein).

Arbeitsaufwand: 25 Min.
Backzeit: 30–35 Min.

Für ein mittelgroßes Blech:
500 g geriebener Teig (siehe S. 46)
1 kg Zwetschgen
3 EL gemahlene Haselnüsse
Butter für das Blech
Zucker zum Bestreuen

Zwätschgebeignets
Zwetschgenkrapfen

Für den Teig das Mehl mit Backpulver in eine Schüssel sieben. 1 Prise Salz und den Vanillezucker zufügen. In der Mitte eine Vertiefung anbringen.
Die Eier in Eigelbe und Eiweiße trennen. Die Eigelbe mit Milch verrühren, in die Vertiefung geben und mit dem Mehl von der Mitte aus verrühren, bis ein gleichmäßiger, dickflüssiger Teig entsteht. Den Teig 2 Std. ruhen lassen.
In der Zwischenzeit die Zwetschgen aufschneiden und entsteinen. Die Eiweiße steif schlagen und den Eischnee unter den Teig ziehen.
Bratbutter oder Öl erhitzen. Die Zwetschgen im Teig wenden und in Bratbutter oder Öl auf beiden Seiten in 4–5 Min. goldgelb backen. Mit Zucker bestreuen und warm servieren.

Tipp: Gut werden diese Beignets auch mit Reneclauden oder Aprikosen.

Arbeitsaufwand: 30 Min.
Ruhezeit: 2 Std.
Backzeit: 4–5 Min.

Für 4 Personen:
100 g Mehl
1/2 TL Backpulver, Salz
1/2 Pck. Vanillezucker
2 Eier, 150 ml Milch
500 g Zwetschgen
Bratbutter oder Öl zum Ausbacken
Zucker zum Bestreuen

Trippa al pomodoro
Überbackene Tomatenkutteln

Arbeitsaufwand: 30 Min.
Schmorzeit: 1 Std.
Backzeit: 10–15 Min.

Für 4 Personen:
400 g Tomaten, 1 Zwiebel
1–2 Knoblauchzehen
3 EL Bratbutter
800 g Kutteln in Streifen, vom Metzger vorgekocht
1 EL Tomatenmark
1/2 TL Thymianblättchen
Salz, Pfeffer, 300 ml Rotwein, 100 ml Fleischbrühe
50 g Käse (z. B. Greyerzer)
2 EL geriebenes Brot
2 EL gehackte Petersilie

Die Tomaten häuten, halbieren, etwas ausdrücken und klein würfeln. Die Zwiebel und den Knoblauch schälen. Die Zwiebel hacken. 2 EL Bratbutter in einem Brattopf erhitzen und die Zwiebel darin anziehen lassen. Den Backofen auf 180° vorheizen. Kutteln und Tomaten dazugeben und kurz mitdünsten. Tomatenmark und Thymian zugeben und den Knoblauch dazupressen. Mit Salz und Pfeffer würzen. Alles mischen, mit dem Rotwein (z. B. Merlot) ablöschen und aufkochen lassen. Nach 2–3 Min. die Fleischbrühe zufügen. Die Kutteln zugedeckt im Backofen (unten, Umluft 180°) 1 Std. schmoren lassen. In der Zwischenzeit den Käse reiben. Das geriebene Brot mit Petersilie mischen. In der übrigen Butter 2–3 Min. dünsten. Diese Mischung am Ende der Schmorzeit über die Kutteln verteilen, mit Käse bestreuen und offen im oberen Drittel des Backofens in 10–15 Min. leicht Farbe annehmen lassen.

Tipp: Das Gericht kann man gut vorbereiten. Die Kutteln im Voraus schmoren. Vor dem Essen wieder aufkochen lassen, mit der Brot-Petersilien-Mischung und dem Käse bestreuen und überbacken.

La Torée

Wer an einem sonnigen Herbstwochenende einen Ausflug in den Neuenburger Jura unternimmt, wird hier und dort Rauchwölklein aufsteigen sehen. Sie stammen von den zahlreichen, nach alter Tradition mit Tannennadeln und abgestorbenem Holz aus den Bergwäldern angefachten Feuern, an denen Groß und Klein herrlich duftende Güggeli, Neuenburger Würste, Kartoffeln, Käseschnitten oder Schweinskoteletten brät. Was es dazu braucht? Ein großes, bergartig aufgeschichtetes Holzfeuer mit möglichst viel Glut auf einer Jura-Alp. Sobald genügend Glut vorhanden ist, drückt man darin eine Mulde ein, in die man ungewaschene Kartoffeln legt und eine Neuenburger Wurst (zuerst in Alufolie, dann in mehrere Schichten feuchtes Zeitungspapier eingewickelt). Man bedeckt alles mit Glut und lässt es eine Stunde schmoren. Die genaue Garzeit hängt von der Größe der Wurst ab. Man kann diese auch durch gesalzene oder geräucherte Schweinskoteletten ersetzen. Deckt man die Glut zusätzlich noch mit feuchten Tannenzweigen zu, bleibt die Hitze länger erhalten. Anlässlich dieses Abstechers in den Jura hier gleich noch einige andere Spezialitäten aus dieser Gegend.

Tripes à la neuchâteloise
Kutteln nach Neuenburger Art

Die vom Metzger bereits vorgekochten Kutteln in große Vierecke von etwa 5–6 cm schneiden. Die Zwiebel schälen und mit Lorbeerblatt und Nelke spicken. Gemüse waschen, putzen bzw. schälen. Wein mit Bouillon, gespickter Zwiebel, Gemüse, Pfefferkörnern, Majoran und Thymian aufkochen lassen. Wenig Salz und die Kuttelstücke zugeben und bei schwacher Hitze 1 Std. ziehen lassen. Die Kutteln müssen sehr weich sein. Im Kochtopf auf den Tisch bringen.

Beilage: Dazu passen Pellkartoffeln und Vinaigrette. Für die Vinaigrette 2 EL Weinessig mit 1 EL scharfem Senf und 8 EL Öl verrühren. 2 Cornichons, 1 EL Kapern und 1 kleine Zwiebel sehr fein hacken. Mit 2 EL fein gehackten Kräutern (Petersilie, Schnittlauch, Rosmarin, Thymian, Majoran) untermischen. Mit Salz und Pfeffer aus der Mühle pikant abschmecken.

Tipp: Das ist mein liebstes Kuttelrezept. Voraussetzung ist aber, dass es mit verschiedenartigen Kutteln (gekrauste, gezottelte und glatte Sorten) zubereitet wird (beim Metzger am Stück vorbestellen).

Arbeitsaufwand: 35 Min.
Kochzeit: 1 Std.

Für 4 Personen:
800 g Kutteln am Stück (am besten tausendfaltig)
1 Zwiebel, 1 Lorbeerblatt
1 Gewürznelke
1 Karotte, 1 Stück Lauch
1 Stück Knollensellerie
1/2 l Neuenburger Weißwein
300 ml Bouillon
5 Pfefferkörner
Majoran, Thymian
Salz

Saucisson »Château de Colombier«
Eingebackene Neuenburger Wurst

Neuenburger Wurst 2–5 Min. in leise kochendem Wasser oder in einer Suppe ziehen lassen. Nach dem Erkalten schälen. Den Knoblauch schälen und fein hacken. Mit Senf und Wein mischen. Die Wurst damit bestreichen und in Schinkentranchen wickeln. Den Backofen auf 220° vorheizen. Blätter- oder Kuchenteig zu einem Rechteck ausrollen. Die Wurst darin einpacken. Die Teigenden mit Wasser befeuchten und gut verschließen. Eventuell mit Teigresten verzieren. Mit Eigelb bestreichen und im Backofen (Mitte, Umluft 200°) 30 Min. backen. Lauwarm oder kalt noch am selben Tag servieren.

Beilage: Dazu passen scharfer Senf und grüner Salat.
Tipp: Eignet sich auch sehr gut als Aperitif mit einem Glas Weißwein oder dem berühmten »Oeil de Perdrix« aus Neuenburg.

Arbeitsaufwand: 35 Min.
Backzeit: ca. 30 Min.

Für 4 Personen:
1 Neuenburger Wurst
1 Knoblauchzehe
1 TL Senf
1 EL Weißwein
2 dünne Schinkentranchen
300 g Blätter- oder geriebener Teig (siehe S. 46)
1 Eigelb

Omelette jurassienne
Jura-Omelette

Arbeitsaufwand: 40 Min.
Bratzeit: ca. 3 Min. pro Omelette

Für 4 Personen:
150 ml Milch, 50 g Rahm
1 Prise Salz, 6 Eier
50 g magerer Speck
$^1/_2$ Zwiebel, 2 gegarte Kartoffeln mit Schale
200 g vorgekochtes Gemüse (z. B. Karotten, Erbsen, Blumenkohlröschen, Spinat), 150 g Käse (Jura-Käse), 3 EL Butter

Milch mit Rahm, Salz und den Eiern verrühren. Den Speck würfeln. Die Zwiebel schälen und ebenfalls in Würfel schneiden. Die Kartoffeln pellen und mit dem Gemüse klein schneiden. Den Käse klein würfeln.
Den Speck in einer Pfanne anziehen lassen. 1 EL Butter und die Zwiebel zugeben und 1–2 Min. dünsten. Gemüse und Kartoffeln zufügen und alles gut mischen.
Die übrige Butter, Gemüse und wenig Käse portionenweise in eine zweite Pfanne geben. Die Eiermilch ebenfalls in Portionen darüber gießen und das Omelette bei schwacher Hitze beidseitig in 3 Min. goldgelb backen. Aus den restlichen Zutaten 3 weitere Omelettes braten.

Tipps: Man kann die Omelette zunächst auch ohne Füllung, d. h. nur mit Zwiebeln und Speck backen, dann mit Kartoffeln, Gemüse und Käsewürfeln belegen und zusammenklappen. Oft wird diese Omelette nur mit Speck und Kartoffeln gefüllt.

Laitue à la neuchâteloise
Lattich nach Neuenburger Art

Arbeitsaufwand: 30 Min.
Kochzeit: 30–35 Min.

Für 4 Personen:
4 mittelgroße Lattichköpfe
Salz
100 g Speck
1 Zwiebel
1 EL Bratbutter
$^1/_8$ l Fleischbrühe
1 Neuenburger Saucisson oder andere würzige Kochwurst

Die äußeren, etwas harten Blätter des Lattichs entfernen, dann die Lattichköpfe längs halbieren und in kochendem Salzwasser je nach Größe 5–10 Min. abbrühen. Auf Küchenpapier abtropfen lassen. Den Backofen auf 200° vorheizen. Den Speck würfeln. Die Zwiebel schälen und hacken.
Zwiebel mit Speckwürfelchen in der Bratbutter kurz anziehen lassen. Den Lattich in einer flachen, wenn möglich rechteckigen Gratinplatte anordnen. Die Brühe dazugießen und die Speck-Zwiebel-Mischung darauf verteilen. Das Gemüse mit Alufolie abdecken und im Backofen (Mitte, Umluft 180°) 30–35 Min. schmoren lassen.
Die Wurst separat in kochendem Wasser bei schwacher Hitze 30 Min. garen. Herausnehmen und auf den Lattich legen, mit einer Nadel mehrmals einstechen, damit der Saft über das Gemüse läuft. Noch 5 Min. im Backofen belassen. Vor dem Servieren die Wurst in Scheiben schneiden und auf dem Lattich verteilen.

Tipp: Dazu passen Kartoffeln in der Schale gegart oder Salzkartoffeln.

Le pâté des Princes-Evêques
Die Pastete der Fürstbischöfe

Den Teig nach dem Grundrezept auf Seite 46 mit 1 Ei zubereiten. Für die Marinade alle Zutaten 15 Min. kochen lassen.
Für die Füllung alle Fleischsorten in eine große Schüssel legen. Die heiße Marinade darüber gießen. 1–2 Tage im Kühlschrank marinieren lassen.
Lauch in dünne Scheiben schneiden. In 1 EL Butter kurz anziehen lassen. Brühe zugeben und bei schwacher Hitze 1 Std. weich schmoren, dann abtropfen lassen. Marinade abgießen, Fleisch herausnehmen und auf Küchenpapier abtrocknen. Kalbfleischwürfel in 2 EL Bratbutter leicht anziehen, ohne Farbe annehmen zu lassen. Herausnehmen und abkühlen lassen. Fleischstreifen in der gleichen Butter kurz andünsten und beiseite stellen. Marinade samt Gemüse und Gewürzen bis zu etwa einem Drittel einkochen und passieren. Schinken in Würfel schneiden.
Kalbfleischwürfel mit Lauch, Schinken und dem Hirn oder der Milke mit Petersilie durch den Fleischwolf drehen. Nach und nach mit etwas Marinade befeuchten. Die Masse mit Salz, Pfeffer und Muskat abschmecken, abkühlen lassen und einen Tag in den Kühlschrank stellen. Ebenso die vorbereiteten Filetstreifen.
Mit der übrigen Butter die Form einfetten. Den Teig etwa 4 mm dick ausrollen und zwei Drittel in die Form legen, dabei den Teig an den Rändern etwa 2 cm überragen lassen. Etwa 1 cm hoch Füllung hineingeben, glatt streichen und längs mit Filetstreifen in Abständen von etwa 1 1/2 cm belegen. Zwischen den Fleischstreifen 2–3 Cornichons platzieren. Mit einer weiteren Schicht Füllmasse bedecken, dann wiederum mit Fleischstreifen und Cornichons garnieren. So fortfahren, bis alles aufgebraucht ist. Mit Füllung abschließen.
Backofen auf 220° vorheizen. Die Teigränder auf die Füllung biegen. Aus übrigem Teig einen Teigdeckel zuschneiden, dabei 2 runde Dampflöcher anbringen und auf die Füllung legen. Die Öffnungen mit Backpapier füllen, damit sie sich beim Backen nicht schließen. Eigelbe mit 1 Prise Salz und 1 TL Wasser verrühren, die Pastete damit bestreichen. Im Backofen (unten) 30 Min. backen, dann in 20–25 Min. bei 180° (Umluft 160°) fertig backen.
Einen Tag bei Zimmertemperatur erkalten lassen, dann 6 Std. in den Kühlschrank stellen. Gelee nach Gebrauchsanweisung zubereiten und lauwarm durch die Dampflöcher in die Pastete gießen. Wieder in den Kühlschrank stellen und am nächsten Tag servieren.

Tipps: Die Ruhezeit von 24 Std. braucht die Pastete, um ihr Aroma zu entwickeln. Wer weder Hirn noch Milke mag, kann 150 g Weißbrot ohne Rinde in etwas Fleischbrühe einlegen, gut ausdrücken und mit dem Fleisch durch den Fleischwolf drehen. Gekochte Preiselbeeren (siehe S. 281) passen gut dazu.

Arbeitsaufwand: 2 Std.
Marinierzeit: 1–2 Tage
Kühlzeit: 3 Tage
Backzeit: 50–55 Min.

Für Pastetenform von etwa 1,5 l Inhalt:
700 g geriebener Teig mit Ei (siehe S. 46)
2 Eigelbe zum Bestreichen
Marinade:
1 Zwiebel, gespickt mit je 1 Lorbeerblatt und Nelke
1 Karotte, 1 kleines Stück Sellerie, gewürfelt
1 TL gehackter Rosmarin
1/2 TL Thymianblättchen
je 4–5 Wacholderbeeren und schwarze Pfefferkörner, leicht zerdrückt
3/4 l trockener Weißwein (z.B. Neuenburger Chasselas oder guter Rotwein)
Füllung:
500 g Kalbsschulter in Würfel geschnitten
je 250 g Kalbs- und Schweinsfilet in 1 cm dicke Streifen geschnitten
400 g Weißes vom Lauch
5 EL Butter, 1/2 l Brühe
200 g Bauernschinken
1 Kalbshirn oder 1 Kalbsmilke (Bries) nach Belieben
2 EL gehackte Petersilie
Salz, Pfeffer, Muskatnuss
200 g Cornichons
1 Beutel Geleepulver für 1/2 l Sulzflüssigkeit

Ziibelesalat
Zwiebelsalat wie am Bieler See

Arbeitsaufwand: 30 Min.
Kochzeit: 10 Min.

Für 4 Personen:
6 große Zwiebeln
3 EL Butter, 1 EL Weißweinessig, 1 1/2 EL Öl, 1 TL scharfer Senf, Salz, Pfeffer
1 EL gehackte Petersilie

Die Zwiebeln schälen und in etwa 7 mm dicke Ringe schneiden. Die Butter in einer Pfanne erhitzen. Die Zwiebelringe darin dünsten, bis sie gar und hellgelb sind. Aus der Pfanne nehmen und gut abtropfen lassen, dabei die Butter auffangen und für andere Zwecke verwenden.
Aus Essig, Öl, Senf, etwas Salz und Pfeffer sowie Petersilie eine pikante Salatsauce zubereiten. Die warmen Zwiebeln damit mischen.

Tipp: Warm mit Kartoffeln in der Schale oder mit einer heißen Neuenburger Wurst servieren.

Bärner Chässchnitte
Käseschnitten nach Berner Art

Arbeitsaufwand: 25 Min.
Backzeit: 10–15 Min.

Für 4 Personen:
8 dünne Scheiben Modelbrot, 40 g Butter
100 ml Milch
250 g Greyerzer, 2 Eigelbe
1 EL Kirschwasser
Salz, Pfeffer, Muskatnuss
2 Eiweiße

Die Brotscheiben auf einer Seite mit Butter bestreichen. Mit der bestrichenen Seite nach unten in eine Auflaufform oder in Portionenpfännchen legen. Die Brotschnitten mit wenig Milch beträufeln. Backofen auf 220° (Umluft 200°) vorheizen.
Den Käse reiben. Mit Eigelben, restlicher Milch, Kirschwasser, Salz, Pfeffer und Muskat gut mischen. Die Eiweiße steif schlagen und den Eischnee unterziehen. Die Masse auf den Brotschnitten verteilen. Die Schnitten im Backofen (oben) in 10–15 Min. goldgelb backen, bis der Käse geschmolzen ist.

Tipp: Noch besser werden diese Käseschnitten, wenn man die Milch durch Weißwein ersetzt, aber dann sind es keine Berner Käseschnitten mehr.

Basler Chässchnitte | Käseschnitten nach Basler Art

8 Scheiben Modelbrot auf einer Seite dünn mit Butter bestreichen. Mit der bestrichenen Seite nach unten in eine Gratinplatte oder je 2 davon in ein Eierpfännchen legen. 4 große Zwiebeln halbfein hacken. Etwa 80 g Butter in einer großen Bratpfanne erhitzen. Zwiebeln darin goldgelb dünsten. Auf den Brotscheiben verteilen. 200 g Greyerzer Käse in Scheiben schneiden, die Zwiebeln damit bedecken. Bei 230° im Backofen überbacken, bis der Käse schmilzt. Mit Pfeffer aus der Mühle bestreuen und sofort servieren.

Der Greyerzer Käse

Im Gegensatz zum Emmentaler hatte er bisher nur wenige, erbsengroße Löcher – heute darf er keine mehr haben. Oft weist er auch kleine Risse auf, in der Fachsprache »Gläs« genannt, die aber keine Qualitätsminderung bedeuten. Im Gegenteil, diese Erscheinung ist charakteristisch für den besonders mürben, aromatischen Käse. Greyerzer wird in verschiedenen Reifegraden – mild bis rassig – gegessen. Kenner lieben es, ihn auf der Käseplatte in verschiedenen Reifegraden vorzufinden. Eine weniger bekannte Variante aus dem Greyerzerland ist der »Doulce Gruyère«, ein sanfter Halbweichkäse, der die Käseplatte um eine angenehme Abwechslung bereichert.

Ches-Chiächlini
Käseküchlein nach Lötschentaler Art

Das Mehl in eine Schüssel sieben. Mit Milch, Eiern und 1/2 TL Salz verquirlen. Den Teig 1 Std. ruhen lassen.
In der Zwischenzeit den Käse in kleine Rechtecke von etwa 1/2 cm Dicke schneiden.
Den Käse portionenweise in Mehl wenden, dann durch den Teig ziehen. 2–3 EL Bratbutter in einer Omelettenpfanne schmelzen lassen. Die Küchlein in die Pfanne geben und im Fett halb schwimmend in 4 Min. pro Portion ausbacken. Mit Pfeffer würzen und heiß servieren.

Tipp: Diese Käseküchlein schmecken nur gut, wenn sie frisch gebacken und noch warm serviert werden.

Arbeitsaufwand: 40 Min.
Ruhezeit: 1 Std.
Backzeit: ca. 4 Min.

Für 4 Personen:
150 g halbweißes Mehl
200 ml Milch, 2 Eier, Salz
400 g Walliser Bergkäse
2–3 EL Mehl
Pfeffer
Bratbutter zum Backen

Beignets au fromage
Käsekrapfen aus dem Unterwallis

Wein mit Butter, 1/2 TL Salz und wenig Muskat aufkochen lassen. Mehl im Sturz zugeben, unter Rühren bei schwacher Hitze kochen, bis sich der Teig vom Topfboden löst. Den Topf von der Herdplatte ziehen. Eier einzeln unter den Teig arbeiten. Das vierte Ei vorsichtig beigeben. Der Teig darf nicht zu dünn werden. Den Käse unter den etwas abgekühlten Teig ziehen. 1 Std. kühl stellen.
Das Öl auf etwa 180° erhitzen. Aus dem Teig mit einem Dessertlöffel Kugeln abstechen und im Öl in 3 Min. pro Portion goldgelb ausbacken. Heiß servieren und nach Belieben eine kräftige Tomatensauce dazu reichen.

Arbeitsaufwand: 30 Min.
Ruhezeit: 1 Std.
Backzeit: ca. 3 Min.

Für 4 Personen:
200 ml Weißwein,
50 g Butter, Salz, Muskatnuss, 140 g Mehl, 3–4 Eier,
100 g geriebener Alpkäse,
Öl

Oktober

WER FREUDE an herbstlichen Messen hat, für den lohnt sich eine Reise nach Basel, wo Ende Oktober d'Basler Mäss – eine durch Jahrhunderte erhalten gebliebene Tradition – stattfindet. Neben Rösslispiel, Riesenrad und Marktständen gibt es noch den »Häfelimärt« auf dem Petersplatz, wo man die hübschen kleinen Tonmodel zum Ausstechen von Weihnachtsgutzi findet.

Oktober

Suppen

Vorspeise

Fleisch- und Wurstgerichte

Eintopfgerichte

Fleischlose Gerichte

Beilagen

Süßspeisen

Gebäck

Getränke

Diverses

Einige Messespezialitäten werden heute noch ähnlich wie früher zubereitet. Wer Lust dazu hat, kann es ausprobieren.

»Willst Du russische Tabletten
Von den weichen von den netten,
Sollst Du Dir im Ernst beizeiten
Folgendes wohl vorbereiten:
1/2 l Rahm, 1/2 Schoppen Milch,
1 Pfund Zucker, 3 Löffel gestossenen Zucker.
Nimm den Zucker, nimm den Rahm,
Flink die Milch dazu getan.
Stell die Pfanne auf das Feuer,
Rühren musst Du ungeheuer,
Weil es unten sonst anbrennt
Oder oben fort Dir rennt!
Rühre weiter, rühre weiter,
Aber bleibe froh und heiter,
Bis die Masse grösplig wird,
Aber brünlich sich tinguiert.«

Unter russischen Tabletten verstand man die heutigen Rahmdääfeli:

Rahmdääfeli
Rahmbonbons; einfachstes Rezept

Arbeitsaufwand:
30–40 Min.

750 g Zucker
100 g Rahm (wenn möglich dicker Doppelrahm)
wenig Butter

Zucker und Rahm so lange unter Rühren einkochen lassen, bis die Masse braun wird und Fäden zieht. Eine Marmorplatte oder ein Blech mit Butter bestreichen, die Karamellmasse darauf gießen und mit nassem Spachtel etwa 1/2 cm dick verteilen. Noch warm mit einem geölten Messer in kleine Vierecke schneiden.

Tipp: Man kann natürlich auch halb Milch, halb Rahm verwenden. Dann werden die Täfeli allerdings etwas härter. Sollte bei dieser Variante die Masse plötzlich dick und blasig werden, noch etwas Milch dazugießen und die Masse wieder glatt rühren. Die Täfeli werden weicher, wenn man der Masse zuletzt etwas Butter beifügt.

Variante: Für »Karamels« 600 g Zucker braun rösten, mit 500 g Rahm und Vanillemark etwas länger einkochen lassen, dabei ab und zu 1 TL Milch (höchstens 3 EL) zugeben. Manchmal gibt man der Mischung noch 50 g geriebene Schokolade oder geschälte gemahlene Mandeln zu.

Basler Mässmögge

Sie bestehen aus einer Zuckermasse, die mit Vanille, Zitrone, Orangenblütenwasser, Schokolade oder ähnlichen Ingredienzen parfümiert, gleichzeitig gefärbt und anschließend in gleichmäßige, fingerdicke Stränge gezogen und in Stücke geschnitten oder abgehackt wird. An der Basler Māss gibt es entweder die schwarzweißen oder rotweißen, gedrehten Mögge oder solche, die nach »Änisträpfli« schmecken, sowie die originellen hellgrünen Mocken mit den »Wybärtli« (eine Art Gaba-Täfeli) und Pfefferminzgeschmack. Man findet auch die bunten Zuckerblätzli, die ähnlich schmecken wie die gewöhnlichen Mässmögge.

Brennti Mandle
Gebrannte Mandeln

Arbeitsaufwand: 50 Min.

150 g Mandeln
150 g Zucker
1 TL Zitronensaft
wenig Öl für das Blech

Die Mandeln 1 Min. in kochendem Wasser einweichen. Wasser abgießen, die braunen Häutchen entfernen. Mandeln auf einem Tüchlein trocknen lassen. In einer Pfanne ohne Fett hellgelb rösten. Zucker, 2 EL Wasser und Zitronensaft in einer Pfanne aufkochen, bis der Zucker aufgelöst ist. Die Mandeln zugeben und unter Rühren 5–10 Min. karamellisieren lassen. Der Zucker soll sich fest um die Mandeln legen. Die Pfanne beiseite stellen und die Mandeln etwas abkühlen lassen. Nochmals aufsetzen und den Zucker wieder schmelzen lassen. Der flüssige Zucker soll sich wie ein Überzug auf die Mandeln niederschlagen. In diesem Moment die Mandeln auf das eingeölte Blech geben, mit zwei Gabeln auseinander ziehen und langsam abkühlen lassen.

Tipp: Die Beigabe von etwas Zitronensaft verhindert, dass der karamellisierte Zucker zu einem harten Klotz wird.

Türggehonig
Türkenhonig

Er verdrängte mit der Zeit den bereits erwähnten Mässmoggeteig. Ein genaues Rezept für den Türkenhonig konnte ich aber nicht ausfindig machen.
Eugen A. Meier schreibt darüber in seinem Buch »Das süsse Basel«:
»750 g Zucker, 220 g Sirup, 200 g Bienenhonig mit Wasser zu einem dicken Sirup kochen und unter den steifen Schnee von 2 Eiweiss schlagen. Die Masse ein wenig mit Zitronenöl versetzen. Wenn sie etwas abgekühlt ist, werden unter die abgeröstete Masse geröstete Mandeln oder Nüsse und etwas Zimt gewirkt, ausgerollt und Stangen davon abgeschnitten.«

Basler Spezialitäten

*Wer in Basel in einem Restaurant oder gar in einer Zunftstube auf der Speisekarte nach Basler Spezialitäten sucht, wird oft ein bisschen enttäuscht. Da gibt es bestenfalls ein Herrenschnitzel, das heißt ein »fürnehmes« Kalbsplätzli, das mit Gänseleber und Trüffeln gefüllt ist und wahrscheinlich früher einmal für die Basler »Heere us em Taigg« kreiert wurde, ferner einen Lummelbraten oder eine Käseschnitte. Privat kochen die Baslerinnen ähnlich wie andere Schweizer Hausfrauen, doch haben sie dank ihrem Humor die Gabe, für ganz alltägliche Gerichte lustige Namen zu erfinden. So wird etwa aus einem einfachen gefüllten Servelat ein »Beppiglepfer« und aus Hörnli mit Schinken ein »Schunggebegräbnis«. Das Prunkstück der Basler Küche ist ohne Zweifel der Lummelbraten, der aus Rindsfilet zubereitet wird. Dass die Basler aber zu allen Zeiten Feinschmecker waren, ersieht man aus den originellen Familienrezepten. Da gibt es zum Beispiel die »Bas de soie« der Frau Merian (Schweinsfüße, Schweinsohren und »Schweinsschnurre«) oder den »gefüllten Rachen« (mit Brot und Schweinefleisch gefüllter Schweinerachen) der Frau Heussler-Kuder, ferner eine raffinierte Fischpastete und die Lümmeli-Pastete (eine Fleischpastete mit Teigkruste) oder eine ausgezeichnete Kuttelpastete, die ich nach einem alten Familienrezept zu kochen versucht habe. Nicht unerwähnt bleiben dürfen auch die süßen Basler Spezialitäten – die bereits erwähnten Läggerli, die herrlichen Brunsli (**siehe S. 324**) und der »Schoggitorf«, ein feines Schokoladengutzi, das zum Kaffee serviert wird.*

Heereschnitzel
Basler Herrenschnitzel

Arbeitsaufwand: 35 Min.
Bratzeit: 10–15 Min.

Für 4 Personen:
4 Scheiben echte Gänseleber mit Trüffel zu je 10 g
4 Kalbsschnitzel (mit eingeschnittener Tasche)
Pfeffer, wenig Mehl
2 EL Butter, Salz, 100 ml Weißwein oder Bouillon

Die Gänseleberscheiben am Rande von der Speckschicht befreien und die Schnitzel damit füllen. Die Öffnung mit einem Holzspießchen oder einer Rouladennadel verschließen. Die Schnitzel mit Pfeffer bestreuen und nach Belieben leicht mit Mehl bestäuben.
Die Butter erhitzen. Die Schnitzel darin bei schwacher Hitze beidseitig in je 4–5 Min. goldgelb braten. Darauf achten, dass die Butter nicht allzu heiß wird und die Gänseleber nicht ausläuft. Das Fleisch herausnehmen, leicht salzen und warm stellen. Den Bratenfond mit Weißwein oder Bouillon aufkochen lassen. Über die Schnitzel gießen oder separat dazu servieren.

Beilage: Dazu passen gebratene Kartoffeln und Gemüse.

Lümmelibroote
Basler Lummelbraten

Den Speck in etwa 3 mm breite Streifen schneiden. Kleine, etwa 3 cm lange Stücke davon abschneiden, das gehäutete Filet ringsum damit spicken. Die Karotte putzen, schälen und halbieren. Die Zwiebel schälen, mit Lorbeerblatt und Nelke spicken. Den Sellerie schälen. Den Backofen auf 200° (Umluft 180°) vorheizen.
Die Butter erhitzen. Das Fleisch darin von allen Seiten rasch anbraten. Mit Salz und Pfeffer würzen. Karotte, gespickte Zwiebel und Sellerie zugeben. Nach und nach wenig Wein zugießen. Im Backofen (unten) 20–30 Min. weiterbraten, dabei häufig mit Bratensaft begießen. Es sollte nicht durchgebraten, sondern innen leicht rosa, »à point« bleiben. Auf einer vorgewärmten Platte anrichten. Den Bratenfond mit 50–100 ml Wasser aufkochen lassen. Den Rahm nach Belieben mit Kartoffelmehl verrühren. Die Sauce damit binden und entweder in einer Saucière gesondert servieren oder über das in Tranchen geschnittene Fleisch verteilen.

Tipps: Dazu passen kleine, ausgestochene gebratene Kartöffelchen und verschiedene junge Gemüse, jedes gesondert gedämpft. Das Fleisch vom Metzger spicken lassen. Heute liebt man das Filet »à point« oder saignant. Dafür nach Belieben die Bratzeit reduzieren.

Arbeitsaufwand: 20 Min.
Bratzeit: ca. 30 Min.

Für 6 Personen:
100 g Spickspeck
1 kg Lummel (Rindsfilet)
1 Karotte
1 Zwiebel
1 Lorbeerblatt
1 Gewürznelke
1 Stück Knollensellerie
2 EL Butter
Salz, Pfeffer
150 ml Weißwein
2 EL Rahm
1/2 TL Kartoffelmehl (nach Belieben)

Schoggi-Torf
Schokoladenwürfel

Die Schokolade zerbröckeln, im Wasserbad mit 4 EL Wasser schmelzen lassen. 100 g Zucker mit Eigelben schaumig rühren. Butter schmelzen lassen und lauwarm mit der warmen Schokolade zufügen. Das Mehl mit dem Backpulver mischen und zugeben. Das Blech einfetten. Den Backofen auf 160° (Umluft 140°) vorheizen.
Die Eiweiße mit dem übrigen Zucker samtig schlagen. Den Eierschnee unterziehen. Die Masse etwa 1 1/2 cm hoch aufs Blech geben. Im Backofen (Mitte) 15–20 Min. backen. Noch warm in Würfel schneiden.

Tipp: Man kann die Schoggiwürfel mit Schokoladenglasur bestreichen.

Arbeitsaufwand: 35 Min.
Backzeit: 15–20 Min.

Für ein Blech (35 x 42 cm):
500 g dunkle Schokolade
200 g Zucker, 6 Eigelbe
150 g Butter, 200 g Mehl
1 Msp. Backpulver
6 Eiweiße
Butter fürs Blech

Spanferkel wird meistens im Freien am Spieß gegrillt. Hier eine Ostschweizer Variante, wie es zuhause gebraten werden kann.

Spanferkel (im Bild)

Arbeitsaufwand: 40 Min.
Bratzeit: 50–55 Min.

Für 4–5 Personen:
1 Jungschweinrücken am Stück (ausgebeint, nur mit Kotelettknochen)
Salz, Pfeffer, Paprikapulver
2 Knoblauchzehen
1 Zwiebel
1 Lorbeerblatt
1 Gewürznelke
4 EL Bratbutter (ersatzweise Rapsöl)
1/2 l guter Rotwein (z. B. Aescher)

Die Schwarte mehrmals kreuzweise einschneiden. Salz, Pfeffer und Paprikapulver mischen, das Fleisch damit einreiben. Knoblauch und Zwiebel schälen. Zwiebel mit Lorbeerblatt und Nelke spicken. Backofen auf 220° vorheizen. Die Bratbutter in einem Bräter erhitzen. Das Fleisch darin von allen Seiten anbraten. Knoblauch und gespickte Zwiebel zugeben. Im Ofen (unten, Umluft 200°) 30 Min. weiterbraten. Die Hitze auf 120° reduzieren und noch etwa 25 Min. ziehen lassen. Mit dem Bratensaft ab und zu begießen.
Das Fleisch herausnehmen und warm stellen. Bratenfond mit Rotwein ablöschen, aufkochen und durch ein Sieb abgießen. Auf die Hälfte reduzieren, abschmecken und separat zum Fleisch servieren.

Tipps: Die Qualität des Spanferkels ist sehr wichtig. In der Ostschweiz gibt es Schweine, die mit dem Mutterschwein Auslauf haben und sich unter Bäumen auf der Wiese tummeln und, wenn vorhanden, sich vor allem von Eicheln ernähren, wie auf dem Bauerngut des Landgasthofes Farnsburg in Ormalingen, nach dessen Rezept ich es mit Erfolg gebraten habe.
Nach Belieben der Sauce 4–6 EL Rahm zufügen.

Cordon bleu
Gefülltes Kalbsschnitzel

Arbeitsaufwand: 25 Min.
Bratzeit: 10 Min.

Für 4 Personen:
4 doppelte Kalbsschnitzel (à etwa 160 g), Salz, Pfeffer
4 Scheiben roher Schinken
100 g Greyerzer in dünnen Scheiben, 2 EL Mehl
1 EL Milch, 1 Ei
6 EL feines Paniermehl von Weißbrot oder Zopf
3 EL Bratbutter

Am besten zum Füllen vom Metzger in jedes Schnitzel eine Tasche einschneiden lassen. Die Schnitzel innen und außen salzen und pfeffern. Mit Schinken und je 1 Käsescheibe füllen, gut zusammendrücken und im Mehl wenden. Milch mit Ei verquirlen. Die Schnitzel beidseitig in die Mischung tauchen, abtropfen lassen und im Paniermehl wenden.
Die Bratbutter in einer großen Pfanne erhitzen. Die Schnitzel darin beidseitig in etwa 10 Min. hellbraun braten.

Tipps: Die Kalbsschnitzel vom Metzger zum Füllen zubereiten lassen, dabei darauf achten, dass die Tasche nicht sehr groß gemacht wird. Man kann auch Schweineschnitzel auf diese Art zubereiten, was nicht mehr ganz klassisch ist, aber heute wird dieses Gericht ohnehin mit verschiedenen Füllungen wie Champignons, Milken, Peperoni bis hin zur Gänseleber abgewandelt. Dazu gab es früher meistens das »Schweizer Nationalgemüse« Erbsli und Rüebli (grüne Erbsen mit Karotten).

Quittenpaste

Eine typisch zürcherische Weihnachtsspezialität, die früher auch gerne an den Christbaum gehängt wurde. Außer den Päschli gibt es noch die Quittenwürstli, die geformt werden, indem man das eingedickte Quittenmus in Schafdärme abfüllt und die Würstchen abbindet. Für die Zubereitung der »Chüttenepäschli« gibt es schöne Keramikmodel, die heute nur noch antiquarisch aufzutreiben sind. Man kann die Quittenpaste aber auch einfach mit Weihnachtsguetzliformen ausstechen. Für die Zubereitung gibt es viele Rezepte. Sparsame Hausfrauen bereiteten sie aus den Rückständen zu, die beim Geleekochen entstanden. Bei feineren Rezepten wird der Quittensaft mitverwendet. Schön rot werden die Chrömli, wenn man eine Hand voll Brombeeren, Himbeeren, »Tierli« (Kornelkirschen) oder einige Apfelschalen mitkocht. Die »Chüttenepäschli« findet man zur Weihnachtszeit bei der Confiserie Sprüngli in Zürich. Früher gehörten die »Chüttenepäschli« unbedingt in das »Gutjahrgeschenk«, zusammen mit »Züri-Läckerli« und anderen süßen »Chrömli«, welches man seiner Gotte verschickte. Es durfte interessanterweise nicht erst an Weihnachten oder Neujahr überbracht werden, sondern einige Tage früher. Die Süßigkeiten wurden in eine kleine, geflochtene »Zaine« gelegt und mit einem Spitzentüchlein zugedeckt. Wahrlich ein hübsches Geschenk, das man eigentlich wieder aufleben lassen könnte.

Chüttenepäschli
Konfekt aus Quittenpaste

Arbeitsaufwand:
Kochzeit: 2 Std. 20 Min.
Trocknungszeit: 2–3 Tage

4 kg Quitten (ergeben ca. 2 1/2 kg Quittenmus)
100 g Brombeeren oder Apfelschalen von roten Äpfeln, 2 Zitronen
400 g Zucker auf 500 g Quittenmus
Grießzucker zum Ausrollen

Quitten gut waschen, mit einem Tüchlein abreiben und mit Schale und Kerngehäuse in kleine Stücke schneiden. Mit 200 ml Wasser und Brombeeren oder Apfelschalen unter Rühren in 1 Std. 30 Min. garen, in einer Schüssel über Nacht stehen lassen. Die Quitten durch ein Sieb oder durch die Fruchtpresse treiben. Das Fruchtmus abwiegen und in eine Pfanne geben. Saft der Zitronen auspressen. Zitronensaft und die erforderliche Menge Zucker beifügen. Unter ständigem Rühren zu einem sehr dicken Brei kochen, der sich von der Pfanne lösen muss (ungefähr 50 Min.). Eine Marmorplatte oder einen mit Alufolie ausgelegten Tisch mit Zucker bestreuen. Quittenpaste etwa 1 cm dick darauf verteilen. Die Päschli 2–3 Tage bei Zimmertemperatur antrocknen lassen (mit Folie leicht zudecken). Aus der Paste kleine Förmchen ausstechen, diese im Zucker wenden und in einer Blechdose aufbewahren.

Gâteau aux coings
Quittenkuchen

Die Quitten im Keller lagern, bis sie weicher geworden sind. Den Teig nach dem Grundrezept von Seite 46 zubereiten. Zitrone waschen, 1 TL Schale abreiben, 2 EL Zitronensaft auspressen. Quitten schälen, in dünne Schnitze schneiden, mit 300 ml Wasser und Zitronensaft 20 Min. vorkochen. Blech einfetten. Backofen auf 230° vorheizen. Den Teig etwa 3 mm dick ausrollen und auf das Blech legen. Den Teigboden mit Mehl und Zucker bestreuen. Die gut abgetropften Quittenschnitze darauf anordnen. Eier, Rahm, Zitronenschale und Zucker verquirlen und den Guss auf den Quitten verteilen. Im Backofen (Mitte, Umluft 210°) 35–40 Min. backen. Lauwarm oder kalt servieren und nach Belieben mit steif geschlagenem Rahm garnieren.

Arbeitsaufwand: 45 Min.
Kochzeit: 20 Min.
Backzeit: ca. 40 Min.

Für ein Blech (30 x 40 cm):
750 g Quitten, 500 g geriebener Teig, 1 Zitrone
1 EL Mehl, 4 EL Zucker
2 Eier, 1 Tasse Rahm
Butter für das Blech

Ein altes Zürcher Rezept:

Chüttenesuppe
Quittensuppe

Die Quitten mit einem Tüchlein abreiben, schälen, vom Kerngehäuse befreien und in dünne Schnitze schneiden. Kerngehäuse in ein Mulltüchlein einpacken und dieses zubinden. Wein und 200 ml Wasser aufkochen lassen. Quittenschnitze, Mullsäcklein, Zucker und Zimtstange zufügen und zugedeckt bei schwacher Hitze 40–50 Min. kochen lassen. Die Schnitze sollen ganz weich werden, dürfen aber nicht zerfallen. Die Weggli in kleine Würfelchen schneiden, in Butter hellgelb rösten und über das Kompott streuen oder damit vermischen.

Tipp: Es gibt zweierlei Quitten: apfelförmige und birnenförmige, wobei Letztere geschmacklich feiner sein sollen.

Arbeitsaufwand: 40 Min.
Kochzeit: 40–50 Min.

Für 4 Personen:
4 Quitten
100 ml Weißwein
150 g Zucker
1/2 Zimtstange
2 Weggli
2 EL Butter

Obst dörren

Man schält Bergamottenbirnen, lässt den Stiel daran, sticht den Butzen heraus, siedet sie mit einem Stück Zucker in Wasser, bis sie weich sind, seiht sie ab und lässt sie im kalten Ofen trocknen. Man presst sie zwischen zwei hölzernen Tellern, trocknet und presst sie erneut und wiederholt diese Prozedur 3–4-mal, bis die Birnen ganz flach und trocken sind. Dann ordnet man sie in einer Schachtel an, streut Zucker dazwischen und bewahrt sie an einem trockenen Orte auf. Wenn man dies heute noch machen will, kauft man am besten einen ganz einfachen Dörrapparat.

Die unreifen Äpfel, die vorzeitig herunterfallen, wurden früher zu einem herrlichen Gelee eingekocht. Heute lässt man sie meist einfach liegen. Eigentlich schade! Ein Rezept aus dem Aargau:

Grüene Öpfelschlee
Gelee aus unreifen Äpfeln

Arbeitsaufwand: 15 Min.
Kochzeit: 20–30 Min.

2 kg unreife Äpfel
1 kg Zucker pro Liter Fruchtsaft
100 ml Holunder- oder Zwetschgensaft (nach Belieben)

Die Äpfel waschen und in Stücke schneiden. Mit 1 l Wasser 20 Min. kochen lassen und über Nacht stehen lassen. Am nächsten Tag absieben, dabei den Saft auffangen und abmessen und pro Liter 1 kg Zucker zugeben. Unter Rühren 3–4 Min. wallend kochen lassen. Gut abschäumen. Sobald der Saft geliert (Probe machen: am Kochlöffel sollten zwei Tropfen zu einem Geleeblättchen zusammenlaufen), in saubere Gläser füllen.

Tipps: Dem Saft nach Belieben etwas Holunder beimischen, das gibt eine schöne Farbe! Gelierzucker verwenden, damit entsteht das Gelee schneller.

Gelee aus Tessiner Trauben

Arbeitsaufwand:
1 Std. 30 Min.
Kochzeit: 10–15 Min.

3 kg blaue Tessiner Trauben, 400 g Zucker auf 1/2 l Fruchtsaft (eventuell Gelierzucker)

Die Trauben gut waschen, von den Stielen zupfen und in eine Pfanne geben. So viel Wasser zugießen, bis sie knapp bedeckt sind. Bei schwacher Hitze 3 Min. köcheln, dann 5 Min. zugedeckt ziehen lassen. Durch ein Tüchlein passieren (die Zipfel an den Beinen eines umgedrehten Küchenhockers befestigen). Man kann auch auf das Kochen verzichten und die Traubenbeeren auf moderne Art auspressen. Pro 1/2 l Traubensaft 400 g Zucker zugeben, bei schwacher Hitze zum Kochen bringen und unter Rühren 10 Min. zu Gelee eindicken lassen. Heiß abfüllen und die Gläser sofort verschließen.

Hier noch ein Rezept, das lange in Vergessenheit geraten war, aber heute von Beerensammlern und Hobby-Köchinnen wieder geschätzt wird:

Wacholderlatweeri
Wacholderlatwerge nach Appenzeller Art

2 kg Wacholderbeeren
1 kg Zucker auf 1 Liter Saft

Die Beeren in einer Pfanne mit Wasser bedecken und 3 Std. kochen lassen. Den Saft durch ein Sieb passieren und abmessen. Pro Liter Saft 1 kg Zucker zugeben. In 10–20 Min. zu einem Gelee kochen. Eventuell Gelierzucker verwenden, dann die Einkochzeit auf etwa 10 Min. verkürzen.

Im Waadtland werden Äpfel oder Birnen zu einem Konzentrat gekocht, das man im Herbst in kleinen Flaschen oder Gläsern auf dem Markt erstehen kann. Der »Raisiné« wird vor allem als Zutat zu originellen Kuchenfüllungen verwendet (s. »Gâteau au nillon«, S. 290). Oft nennt man den »Raisiné« auch »vin cuit«, z. B. im Kanton Freiburg. Aber da gehen, wie ich feststellen konnte, die Meinungen auseinander. Der »Raisiné« sei nur der konzentrierte Saft. Unter »vin cuit« hingegen verstehe man die dick eingekochten ganzen Früchte. Der »vin cuit« hat mit »vin« (Wein) gar nichts gemein. Ein ähnliches Konzentrat ist die »Cougnarde«, eine Mischung aus eingekochten entkernten Äpfeln, Birnen und oft auch Quitten – oder deren Saft –, die auf ähnliche Art wie der »Raisiné« eingekocht wird. Aus 100 l Äpfel- oder Birnensaft entstehen etwa 10 l Raisiné (Kochzeit 24 Std.).

Grundrezept für Raisiné

Äpfel oder halb Äpfel, halb Birnen pressen. Den frischen Saft ohne Zucker mindestens 24 Std. unter gelegentlichem Rühren und Abschäumen zu einem dicken braunen Sirup einkochen. In Flaschen oder Konservengläser heiß abfüllen und diese hermetisch verschließen. Der »Raisiné« ist, gut verschlossen aufbewahrt, monatelang haltbar.
Im Herbst kann man den »Raisiné« auf dem Markt in Lausanne oder anderen Orten von Bauernfrauen kaufen, unter dem Jahr auch in Spezialgeschäften.

Gâteau au raisiné
Obstcremekuchen

Arbeitsaufwand: 35 Min.
Backzeit: 30–35 Min.

Für ein Blech von 24 cm Ø:
300 g geriebener Teig
1 TL Speisestärke
1 EL Zucker
4 EL Rahm
1 Ei
200 ml »Raisiné«
30 g Butter
Butter für das Blech

Den Teig nach dem Grundrezept auf Seite 46 zubereiten. Das Blech einfetten. Den Backofen auf 220° vorheizen.
Den Teig etwa 3 mm dick ausrollen, aufs Blech legen und mehrmals mit einer Gabel einstechen. Speisestärke, Zucker und Rahm gut verrühren. Ei mit »Raisiné« mischen. Die Butter in Flöckchen auf dem Teig verteilen und beides darüber gießen. Im Backofen (Mitte, Umluft 200°) 30 Min. backen. Den Kuchen beaufsichtigen und die Hitze kleiner stellen, wenn die Füllung überzulaufen droht. Etwaige Blasen aufstechen. Wenn nötig, den Kuchen abdecken, damit die Oberfläche nicht zu dunkel wird.

Tipp: Für eine Crème au raisiné 3 Eigelbe, 1 Ei und 150 ml Raisiné in einem kleinen Pfännchen gut mischen. In ein Wasserbad stellen und mit dem Schneebesen so lange schlagen, bis eine schaumige Creme entsteht. Sofort in Gläser geben und warm servieren.

Unter dem Namen Birnenhonig ist vor allem in der Innerschweiz das selbst eingekochte Birnensaftkonzentrat bekannt. Meistens werden Mostbirnen, vielfach aber auch Äpfel samt Birnen zu einem dicken braunen Sirup gekocht, den man im Winter aufs Butterbrot streicht. Er kann unter der Bezeichnung »Birnelauch« auch gekauft werden.

Birnenhonig | Birnendicksaft

Birnen entsaften oder vorkochen und den Saft durch ein Tuch, das in einem umgekehrten »Taburettli« (Küchenstuhl) aufgehängt wird, in eine Schüssel abtropfen lassen. Den klaren Saft ohne Zucker unter Rühren mehrere Stunden bei schwacher Hitze einkochen lassen, bis sich ein brauner Honig bildet. Einige Birnen mit eingekochten Quittenschnitzen geben einen besonders guten Geschmack. In Flaschen mit Bügelverschluss einfüllen.

Nidle-Birä-Honig
Birnendicksaft mit Rahm

Für 4 Personen:
500 g Rahm, 2 EL Birnenhonig, 2 EL Zucker

Den Rahm nicht ganz steif schlagen. Birnenhonig und Zucker zugeben und kräftig schlagen. Die Masse muss etwas dicker sein als eine »Sauce hollandaise« und wird zu Geschwellten oder auch als Dessert serviert.

Im Spätherbst bringen Bauernfrauen wunderschöne Kürbisse auf den Markt. Davon lässt man sich für diese aromatische Suppe eine große Scheibe abschneiden.

Chürbissuppä
Einfache Kürbissuppe

Arbeitsaufwand: 45 Min.
Kochzeit: 10–20 Min.

Für 4 Personen:
- 1 kg gelber, reifer Kürbis
- 1 Zwiebel
- 1 mittelgroße Stange Lauch
- 3 EL Butter
- $^1/_2$ l Fleischbrühe
- Salz, Pfeffer aus der Mühle
- 6 EL Rahm
- 1 EL gehackter Kerbel

Kürbis schälen und würfeln. Zwiebel schälen, fein hacken. Lauch putzen, längs einschneiden, gründlich waschen und in feine Rädchen schneiden. Kürbisstücke in 3 EL Butter unter Wenden 10 Min. anziehen lassen. Mit Zwiebel und Lauch 10–20 Min. weiter dünsten. Mit der Hälfte der Brühe ablöschen, weiterkochen, bis der Kürbis weich ist. Im Mixer pürieren. Das Püree nach Bedarf mit der übrigen Fleischbrühe etwas verdünnen. Mit Salz und Pfeffer würzen. Den Rahm steif schlagen, die Hälfte davon vor dem Servieren zur Suppe geben und diese aufmixen. In Suppentassen oder Suppenteller anrichten und mit einem Rahmtupfer garnieren. Mit Kerbel bestreuen.

Tipps: Wichtig ist, dass der Kürbis reif ist und schönes gelbes Fruchtfleisch hat. In Butter geröstete Brotwürfelchen dazu reichen.

Älplerchilbi

Eine Innerschweizer Älplerchilbi ist ein beliebtes und viel besuchtes Fest. Nach dem Chilbirummel im Freien und dem traditionellen Auftritt des »Wildwyb« und »Wildma« wärmt man sich gerne bei einem »Länderkafi« und »Chiächli«. In letzter Zeit werden bei dieser Gelegenheit von einigen Restaurants auch wieder Ob- und Nidwaldner Spezialitäten angeboten. Findige Wirte haben schnell gemerkt, dass die Städter für eine Portion Älpler-Magroone (siehe S. 174) gerne nach Beckenried, Sachseln oder Kerns fahren. Ich habe hier einige Rezepte für Länder-Spezialitäten zusammengestellt.

Ländermilchkafi

Unter dieser Bezeichnung versteht man eine spezielle Zubereitungsart des Milchkaffees, die nicht nur in Ob- und Nidwalden bekannt ist. Auch die Luzerner, die Urner und andere Innerschweizer brauten – vor allem auf dem Lande – ihren Kafi auf diese Art. Hier das Grundrezept:
1/2 l Wasser aufkochen lassen. 5 EL Kaffeepulver zugeben und nochmals aufkochen. 1/2 1 Milch beifügen und nochmals erhitzen, bis das Milchwasser steigt. In einen Krug absieben.

Dies ist ein lustiges Rezept für eine gebackene, zerzupfte Omelette, die meistens mit Apfel- oder Birnenstückli auf den Tisch kommt.

Cholermues
Zerrissene Pfannkuchen

Das Mehl in eine Schüssel sieben. Die Eier mit Rahm, Zucker und Salz verquirlen. Mit dem Mehl zu einem dickflüssigen Teig verrühren und 1 Std. ruhen lassen. Wenn nötig, noch mit wenig Milch verdünnen. Zucker und Zimtpulver mischen. Die Bratbutter in einer Pfanne erhitzen. 1 Schöpfkelle Teig einlaufen lassen. Auf der Unterseite goldgelb backen, wenden und sofort mit der Bratschaufel in kleine Stückchen zerkleinern. Weiterbacken, bis alle Teigstückchen schön hellbraun sind. Aus dem übrigen Teig 3 weitere Pfannkuchen backen. Lagenweise mit Zimtzucker anrichten.

Tipp: Die Teigstücke im Backofen bei 60° warm halten, bis alles Pfannkuchen fertig zubereitet sind.

Arbeitsaufwand: 30 Min.
Ruhezeit: 1 Std.

Für 4 Personen:
80 g Mehl, 4 Eier
250 g Rahm (oder halb Milch, halb Rahm)
2 EL Zucker, 1/2 TL Salz
4 EL Zucker
1 TL Zimtpulver
Bratbutter zum Backen

Der Sbrinz – ein berühmter Innerschweizer

Der Sbrinz ist eine der ältesten Käsesorten. Er wird als »caseus helveticus« schon von Plinius erwähnt. Jahrhundertelang galt der Sbrinzer oder Spalenkäse als wichtigstes Exportgut der Schweiz. Auf dem Wege über Gotthard und Grimsel beförderten die Säumer einstmals diesen Käse nach Italien und brachten auf dem Rückweg Reis, Wein und Kastanien in unser Land. Man nannte ihn Spalenkäse, weil er für lange Transporte in Spalen (Fässchen für 4–5 Laib Käse) verpackt wurde. Jedem Saumtier band man zwei dieser Fässchen auf den Rücken. Ein Saum wog ungefähr 150 kg. Als Saumtiere dienten vorab Pferde, aber auch Ochsen, Esel und Maultiere. Im Winter transportierte man den Sbrinz mit Schlitten, die von Pferden gezogen wurden. Zähe »Bruchochsen« hatten den Pferden und Säumern den Weg durch den Schnee zu bahnen. Der Nidwaldner Sbrinz scheint damals allen anderen Käsesorten vorgezogen worden zu sein. Der Luzerner Chronist Cysat schreibt darüber: »Von der Vychzucht und Molchen haben die Inwohner (von Nidwalden) großen Nutzen. Vil ihres Vychs und Käss, welche insonders gelobt und von den Italjänern Prienser-Käse genannt seyndt, werden mit ansehnlichem Gwünn über das Gebürg verkaufft.«

Kürzlich, im August 2003, wurde ein historischer Säumerzug, bestehend aus 20 mit Sbrinzlaiben beladenen Saumpferden, wieder authentisch inszeniert. Der Weg führte, wie in alten Zeiten, von Giswil im Kanton Obwalden über den Brünig, Meiringen und Grimsel bis nach Riale und Formazza in Italien, wo die Säumerkolonne nach 6 Tagen begeistert empfangen wurde. Wobei etwa 60 Sbrinzfans, darunter Käser, berühmte Persönlichkeiten und andere Unentwegte, diese historische Expedition zu Fuß begleiteten.

Sbrinz ist ein trockener Hartkäse, der sein kräftiges und eigenwilliges Aroma der zwei Jahre dauernden Trockenreifung verdankt. Erst nach Ablauf dieser Zeit gilt er als vollreif. Mehr als dreijähriger Sbrinz ist eine Rarität für Kenner! Sie genießen ihn in dünnen Scheiben oder gehobelt. Besonders geschätzt wird der Sbrinz auch als rassiger Reibkäse, der keine Fäden zieht. Er trägt seit kurzem das Qualitätssiegel AOC. Der Sbrinz wird nicht mit dem Messer in Stücke geschnitten, sondern wie Parmesan mit dem Käse-Stecher geteilt. Die kleinen Sbrinzbrocken werden heute sehr oft zum Aperitif gereicht.

Wild

Bereits im 16. und 17. Jahrhundert wurde Wild bei uns in der Schweiz zu einer exklusiven Spezialität. Sondervorschriften bestimmten, wann und von wem Wild gegessen werden durfte.
Im letzten Jahrhundert verspeiste man bei uns noch Bären. Besonders geschätzt waren der Bärenschinken und die nach einem alten Berner Rezept zubereiteten Bärentatzen. Typische Schweizer Wildrezepte sind rar. Die meisten Zubereitungsarten ähneln weitgehend jenen unserer Nachbarländer. Einzig bei der Beize sind gewisse Unterschiede zu verzeichnen. In alten Bündner Rezepten wird der Sauce zuletzt noch ein Esslöffel aufgelöste Schokolade zugegeben.
Hier einige Jägerrezepte aus dem Bündnerland, der Ostschweiz und der Innerschweiz. Die Beilagen sind fast überall dieselben, z. B. Spätzle, Rotkraut, Rosenkohl, Preiselbeeren, Pilze und Kastanien.

Rehpfäffer
Rehpfeffer nach Bündner Art

Die Zwiebel schälen, halbieren und jeweils mit 1/2 Lorbeerblatt und 1 Nelke spicken. Mit den übrigen Zutaten für die Beize aufkochen lassen. (Kein Salz zugeben!) Das Fleisch damit begießen und 5–7 Tage marinieren, dabei täglich wenden. Das Fleisch soll immer mit Flüssigkeit bedeckt sein.
Das Gemüse putzen, schälen und hacken. Den Backofen auf 200° vorheizen. Das Fleisch aus der Beize nehmen, gut abtrocknen und in der Butter von allen Seiten anbraten. Karotte und Sellerie unter Wenden 2–3 Min. mitdünsten. Die Beize durchsieben und zugießen. Mit Salz und Pfeffer würzen und im Ofen (unten, Umluft 180°) zugedeckt 1 Std. schmoren lassen. Das Fleisch herausnehmen und auf einer vorgewärmten Platte anrichten. Die Sauce bis auf die Hälfte einkochen lassen. Rehblut (oder Schweineblut) und Rahm unterrühren. Nochmals erhitzen, aber nicht kochen, über das Fleisch gießen.

Tipps: Dazu Kartoffelstock, Knöpfli oder Spätzli und Preiselbeeren servieren.
Wenn man die Sauce nicht mit Blut binden will, nach dem Braten des Fleisches 1 EL Mehl darüber streuen.
100 g Eierschwämmchen putzen und in 1 EL Butter weich dünsten. 100 g mageren Speck in feine Streifchen schneiden, kurz heiß abbrühen, dann in einer Bratpfanne leicht anrösten. Zum Servieren das Fleisch mit Eierschwämmchen und Speck garnieren.

Arbeitsaufwand: 1 Std.
Marinierzeit: 5–7 Tage
Schmorzeit: 1 Std.

Für 6–8 Personen:
Beize:
1 Zwiebel, 1 Lorbeerblatt
2 Nelken, 500 ml schwerer Rotwein (z. B. Veltliner)
50 ml Rotweinessig
je 1 Zweig Wacholder und Arven, 5 Wacholderbeeren
2–3 Korianderkapseln
2–3 Salbeiblätter
1 Zweig Thymian
1 1/2 kg Rehfleisch
1 Karotte
1 Stück Sellerie, 2 EL Butter, Salz, Pfeffer, 200 ml Rehblut, 50 g Rahm

Ein Rezept aus Schaffhausen:

Rehschnitzel a Schpezial-Nidelsoose
Rehschnitzel an Spezial-Rahmsauce (Bild)

Arbeitsaufwand: 20 Min.
Bratzeit: 3–4 Min.

Für 4 Personen:
8 kleine, etwa ½ cm dicke Reh- oder Hirschschnitzel
Salz, schwarzer Pfeffer
Wildbretgewürzmischung*
Mehl, 2 EL Butter
400 g Rahm

* Wildbretgewürzmischung gibt es im Spezialgeschäft.

Die Schnitzel beidseitig kräftig würzen, in wenig Mehl wenden und in der Butter beidseitig ganz kurz braten. Aus der Pfanne nehmen, auf einer heißen Platte anordnen und auf ein Rechaud stellen. Überflüssiges Fett aus der Pfanne abgießen und den Bratenfond mit dem Rahm aufkratzen. Bei starker Hitze einkochen lassen, bis die Sauce sämig wird. Nach Belieben nachwürzen. Neben die Schnitzel gießen und sofort servieren.

Variante: 500 g Rehplätzli (Rehschnitzel) in 1 EL Mehl wenden und in 1–2 EL heißer Butter rasch anbraten. Mit Salz und Pfeffer würzen, herausnehmen und warm stellen. Im Bratenfond 150 g Pilze leicht dünsten. Mit ½ l gutem Rotwein ablöschen. Etwa 5 Min. bei schwacher Hitze köcheln lassen, wenn nötig nachwürzen, 200 g Rahm zugeben, heiß werden lassen und über die Schnitzel gießen.

Selbst in einer Jägersfamilie aufgewachsen, erinnere ich mich stets gerne an die Rehleber, welche sofort zubereitet wurde.

Butterläbere
Rehleber in Butter

Arbeitsaufwand: 35 Min.
Bratzeit: 2–3 Min.

Für 4 Personen:
1 Rehleber (mit Herz und Nierli), 1 kleine Zwiebel
2 EL Butterschmalz
Salz, Pfeffer aus der Mühle
1 EL gehackte Petersilie
50 g frische Butter
je 1 Prise Thymian und Majoran

Rehleber häuten und von allen Unreinheiten und Filamenten befreien. Die Leber und nach Belieben auch das Herz und die Nierli in feine Scheibchen schneiden. Zwiebel schälen und hacken. 1 EL Butterschmalz in einer kleinen Pfanne erhitzen. Zwiebel darin in 10 Min. glasig werden lassen. Das restliche Butterschmalz in einer großen Pfanne erhitzen. Leber, Herz und Nierli ganz kurz unter Wenden darin anbraten. Vom Herd nehmen, mit Salz und Pfeffer würzen und warm stellen. Petersilie und Zwiebel mischen, 1–2 Min. dünsten, dann unter die Leber mischen. Butter hellgelb werden lassen, Thymian und Majoran zufügen, auf den Leberscheiben verteilen und sofort servieren.

Tipps: Leider kommt man zu selten zu einer Rehleber. Dieses Rezept lässt sich auch für die Zubereitung von Kaninchen- oder Geflügellebern verwenden. Wird die Leber in der Jagdhütte zubereitet, Zwiebeln, Petersilie und Gewürze weglassen und einfach in Butter braten. Bis zur Zubereitung die Leber in Milch einlegen und in den Kühlschrank stellen. Diese Milch gab man danach dem Jagdhund, der sie mit Wonne schlürfte.

Ein Rezept aus der Ostschweiz:

Haserugge
Hasenrücken an Rahmsauce

Arbeitsaufwand: 50 Min.
Bratzeit: 30–40 Min.

Für 4–6 Personen:
2 Wildhasenrücken
100 g Spickspeck (nach Belieben)
Salz, Pfeffer, Thymian
1/4 TL Wacholderpulver
80 g Butter
100 g Rahm
Saft von 1/2 Zitrone
Butter für die Form

Die Hasenrücken mit Hilfe der Spicknadel mit dem Speck spicken. Eine Auflaufform einfetten. Den Backofen auf 220° vorheizen. Fleisch mit Salz, Pfeffer und Thymian würzen und in die Form legen. Mit Wacholderpulver bestreuen und mit der Hälfte der Butter in Flöckchen belegen. Im Backofen (Mitte, Umluft 220) 30–40 Min. braten. Von Zeit zu Zeit etwas heißes Wasser daneben gießen. Nach dem Garwerden die Hasenrücken aus dem Ofen nehmen und warm stellen. Den Bratenfond mit 2 EL Wasser auflösen, Rahm zugeben und 5 Min. eindicken lassen. Die Sauce aus dem Ofen nehmen und gut würzen. Die restliche Butter in Flocken zugeben und unter Schlagen mit Zitronensaft mischen. Hasenrücken und Sauce separat servieren.

Tipps: Nach diesem Rezept lässt sich auch Rehrücken zubereiten. Gemäß Beschreibung sollen die Rücken gespickt werden. Ich finde es schade und lasse jeweils den Speck weg. Auch Rehschlegel lässt sich nach diesem Rezept zubereiten. Er darf ohne weiteres gespickt werden, benötigt aber eine längere Bratzeit. Er kann auch vorher in Beize eingelegt werden.
Sollten Sie das Fleisch »à point« wünschen, die Bratzeit um 5–7 Min. verkürzen. Ich ersetze jeweils das heiße Wasser durch Weißwein.

Ein einfaches, aber raffiniertes Wildrezept aus der Waadtländer Weingegend:

Lapin au marc à la mode de Riez
Wildhasenrücken an Trester-Branntwein

Arbeitsaufwand: 50 Min.
Marinierzeit: 3 Tage
Bratzeit: 40–45 Min.

Für 4–6 Personen:
Marinade:
1 Zwiebel, 1 Gewürznelke
5 Wacholderbeeren
5 schwarze Pfefferkörner
3–4 EL gehackte Kräuter (z.B. Majoran, Thymian,

Für die Marinade die Zwiebel schälen und mit der Nelke spicken. Wacholderbeeren und Pfefferkörner leicht zerdrücken. Alles mit Kräutern und Marc mischen. Den Hasenrücken in ein passendes Gefäß legen, mit der Marinade begießen und 3 Tage marinieren, dabei täglich zweimal wenden, damit das Fleisch von allen Seiten mit Marc getränkt wird.
Den Hasenrücken aus der Marinade nehmen, auf Küchenpapier trockentupfen, salzen und pfeffern. Den Backofen auf 180° vorheizen. Butter und Öl in einem großen Bräter erhitzen. Den Hasenrücken darin von allen Seiten kräftig anbraten. Im Backofen (unten, Umluft 160°) 30–40 Min. weiterbraten. Die Marinade durchsieben und 2–3 EL zum Fleisch geben. Den Hasenrücken während der Bratzeit öfters mit Bratensaft begießen. Sobald das Fleisch gar

ist, die übrige Marinade erhitzen, über den Hasen gießen und flambieren. Den Bratensatz loskratzen und in der Marinade lösen. Die Weintrauben waschen und abzupfen. Den Braten mit den Trauben umlegen. Den Rahm über das Fleisch gießen und das Ganze nochmals 5–10 Min. im Backofen erwärmen. Fleisch und Trauben herausnehmen und den Bratenfond noch etwas einkochen lassen. Separat in einer Saucière anrichten. Das Fleisch am Tisch tranchieren und mit den Trauben servieren.

Tipps: Dazu passt Kartoffelgratin oder frisches knuspriges Bauernbrot und ein guter Rotwein aus der Gegend. Manchmal wird der Hase mit Streifen aus grünem Speck gespickt, was ich eigentlich schade finde.

Petersilie, Salbei, Bohnenkraut)
300–400 ml guten, alten Marc (Trester-Branntwein)
1 Wildhasenrücken (küchenfertig, evtl. mit beiden Hinterläufen)
Salz, Pfeffer
3 EL Butter, 1 EL Rapsöl
400 g weiße Weintrauben
4 EL Rahm

Hasepfäffer nach Äntlibuecher Art
Hasenpfeffer nach Entlebucher Art

Für die Marinade die Karotte putzen und schälen. Die Zwiebel schälen und mit Lorbeerblatt und Nelken spicken. Beides mit $^1/_2$ l Wein, Essig, 200 ml Wasser, Salz, grob gemahlenem Pfeffer, Wacholderbeeren, Tannenzweiglein und Koriander mischen. Den Hasen in Stücke teilen und mit Knochen in der Marinade 5–7 Tage einlegen.
Das Fleisch aus der Beize nehmen und gut abtropfen lassen. Die Beize durchsieben. Den Speck würfeln. 3 EL Butter erhitzen. Das Fleisch darin von allen Seiten anbraten. Speckwürfelchen zugeben und glasig werden lassen. Mehl und übrige Butter in einem separaten Pfännchen braun rösten, 1 Prise Zucker zugeben und mit 400 ml Beize ablöschen. Die Sauce zum Fleisch gießen, den übrigen Rotwein dazugeben und 45 Min. kochen lassen. Wenn nötig nachwürzen.
Kurz vor dem Anrichten nach Belieben das Blut unter den Hasenpfeffer mischen und nur so lange erhitzen, bis dasselbe dunkel und die Sauce dicklich geworden ist. Nicht mehr kochen, sonst gerinnt die Sauce.

Tipps: Anstelle von Blut 1 EL mehr Mehl und $^1/_2$ EL mehr Butter beim Rösten verwenden. Nach diesem Rezept kann man auch Pfeffer aus anderem Wild zubereiten, z. B. aus Reh, Hirsch oder Wildschwein. Dazu passen Spätzli oder Chnöpfli (siehe S. 281), Rotkraut oder Rosenkohl und Preiselbeeren.

Arbeitsaufwand:
Marinierzeit: 5–7 Tage
Bratzeit: ca. 45 Min.

Für 4 Personen:
1 Karotte, 1 Zwiebel
1 Lorbeerblatt, 2 Nelken
600 ml Rotwein, 100 ml Essig, $^1/_2$ EL Salz, Pfeffer
6 Wacholderbeeren
1 Tannenzweiglein
3 Kapseln Koriander
1 kg Wildhase mit Knochen (mit Herz, Lunge und Leber), 50 g magerer Speck
4 $^1/_2$ EL Butter, 1 EL Mehl
Zucker
200 ml Hasen- oder Schweinsblut (nach Belieben)

Zur Wildzeit gibt es im Tessin auch Steinpilze.

Cinghiale ai funghi porcini
Wildschweinkoteletts mit Steinpilzen

Arbeitsaufwand: 40 Min.
Bratzeit: ca. 20 Min.

Für 4 Personen:
300 g frische Steinpilze
1 Knoblauchzehe
3 EL Butter, 8 Wildschweinkoteletts (Frischling, dünn geschnitten mit Knochen), 2–3 EL Grappa
1 TL Thymianblättchen
Salz, Pfeffer aus der Mühle
3–4 Wacholderbeeren
$^1/_8$ l guter Rotwein (z. B. Merlot), $^1/_8$ l Wildfond
$^1/_2$ Zimtstange

Die Steinpilze putzen und in Scheiben schneiden. Den Knoblauch schälen. 1 $^1/_2$ EL Butter erhitzen. Die Koteletts darin bei starker Hitze auf beiden Seiten in 10–15 Min. braun braten und mit Grappa begießen. Auf eine Gratinplatte legen und im Backofen bei 80° warm halten.
Übrige Butter zum Bratfond geben. Die Pilzscheiben mit dem durchgepressten Knoblauch darin unter Wenden 5 Min. braten und zum Fleisch in den Backofen geben. Mit Thymian und wenig Salz und Pfeffer würzen.
Die Wacholderbeeren leicht zerdrücken. Mit dem Wein, Wildfond und der Zimtstange zum Bratenfond geben, alles aufkochen und 5–10 Min. einkochen lassen. Abschmecken und mit Fleisch und Pilzen anrichten. Die Zimtstange entfernen.

Tipps: Dazu passen leicht gebratene Polentaschnitten und nach Belieben Rosenkohl. Oder in Butter geschmorte Birnenhälften dazu servieren.
Wildfond kann man flüssig oder in Pulverform kaufen. Getrocknete Steinpilze verwenden (diese vor dem Kochen etwa 1 Std. einweichen).

Ein Ostschweizer Rezept mit Eierschwämmchen:

Wildgschnetzlets mit Schwömm
Wildgeschnetzeltes mit Pfifferlingen

Arbeitsaufwand: 30 Min.

Für 4 Personen:
600 g Wildfleisch ohne Knochen (Reh oder Hirsch)
100 g frische Eierschwämmchen (Pfifferlinge)
6 Schalotten
1 Bund Petersilie
2 EL Butter, 1 TL Mehl
200 ml Weißwein
100 g Sauerrahm
Salz, Pfeffer, Thymian

Das Fleisch in feine Scheiben schneiden. Die Eierschwämme putzen. Die Schalotten schälen und fein hacken. Die Petersilie waschen, trockenschütteln und fein hacken.
Die Butter in einer Pfanne erhitzen. Das Fleisch darin anbraten. Schalotten zugeben und 5 Min. mitbraten. Das Fleisch aus der Pfanne nehmen. Die Eierschwämme in den Bratenfond geben und kurz dünsten. Mit Mehl bestäuben, mehrmals wenden, mit Wein ablöschen und etwas einkochen lassen. Den Sauerrahm unterrühren.
Die Sauce mit Salz, Pfeffer und Thymian würzen. Das Fleisch wieder dazugeben und in der Sauce heiß werden lassen. Das Geschnetzelte anrichten und mit Petersilie bestreut servieren.

Tipp: Schmeckt auch sehr gut mit Steinpilzen.

Beliebte Beilagen, die gut zu den Wildgerichten passen:

Chnöpfli
Grießknöpfle
Rezept vom Gasthof »Adler«, Nebikon

Die Milch (oder Milchwasser aus halb Milch, halb Wasser) mit den Eiern gut verrühren. Erst das Mehl, dann den Grieß unterrühren. 1 Gutsch Essig, wenig Salz und Muskat beigeben. Der Teig muss zähflüssig sein. Den Teig zugedeckt 1 Std. ruhen lassen.
4 l Wasser mit 1 TL Essig und 1 EL Salz aufkochen lassen. Den Chnöpfliteig durch ein Lochsieb portionenweise hineindrücken und das Wasser wieder aufkochen lassen. Die Chnöpfli mit der Schaumkelle herausheben, sobald sie an der Oberfläche schwimmen. Abtropfen lassen, mit wenig Salz und Muskat würzen. Kurz in Butter schwenken, nicht anbraten.

Tipp: Dieser Teig eignet sich auch für Spätzle, die vom Brett geschabt werden.

Arbeitsaufwand:
Ruhezeit: 1 Std.
Kochzeit: 2–3 Min.

Für 6 Personen:
1/4 l Milch (ersatzweise halb Milch, halb Wasser)
8 Eier, 500 g Mehl
100 g Grieß, Essig
Salz, Muskatnuss
50 g frische Butter

Preiselbeeri a Rotwii
Preiselbeerkompott mit Rotwein

Die Beeren von allen Unreinheiten befreien und in eine Schüssel geben. Mit Zucker bedecken und 4–6 Std. ziehen lassen. Wein mit Zimt- und Nelkenpulver aufkochen lassen und über die Beeren gießen. Über Nacht stehen lassen, dabei den Saft immer wieder über die Beeren gießen. Dies 3–4-mal wiederholen. Die Beeren samt Saft kurz aufkochen lassen, mit der Schaumkelle herausnehmen. Den Saft zu Gelee einkochen lassen. Die Beeren darin nochmals erhitzen. In einen Steinguttopf füllen und diesen verschließen.

Tipp: Man kann die Beeren auch wie Konfitüre in Gläser mit Bügelverschluss einfüllen und gut verschließen.

Arbeitsaufwand: 40 Min.
Marinierzeit: 4–6 Std.
Kochzeit: 30–40 Min.

2 kg Preiselbeeren
1 1/2 kg Zucker
700 ml schwerer Rotwein (z. B. Veltliner)
1 TL Zimtpulver
1 Prise Nelkenpulver

Preiselbeeri mit Birä | Preiselbeeren mit Birnen

300 ml Wasser mit 500 g Zucker zu Sirup kochen. 750 g Birnen schälen, vom Kerngehäuse befreien und erst in Schnitze, dann quer in dünne Scheibchen schneiden. Zum Sirup geben und 1 Std. kochen lassen, bis eine rötliche Konfitüre entsteht. 1 1/2 kg Preiselbeeren zufügen und nochmals ungefähr 10 Min. kochen. Heiß in Gläser abfüllen und diese gut verschließen.

Unsere besten Kabisrezepte

Weiß, hellgrün, sattgrün, rot, glatt und gekräuselt finden wir jetzt Kabisköpfe auf dem Markt, eine Gemüseart, die seit Jahrhunderten als besonders gesund gilt. Alle Küchen unseres Landes wurden vom Kabis zu währschaften Gerichten inspiriert.

Urner Häfelichabis
Kohl und Schaffleisch

Arbeitsaufwand: 45 Min.
Kochzeit: 1 Std. 30 Min.

Für 4 Personen:
800 g Schaf- oder Lammfleisch (Schulter ohne Bein oder Brust)
2 Zwiebeln
1 Knoblauchzehe
1 kg Kabis (Weißkohl)
2 EL Butter, 1 Lorbeerblatt
300 ml Fleischbouillon
Salz, Pfeffer, Muskatnuss
600 g Kartoffeln

Das Fleisch in mittelgroße Würfel schneiden. Zwiebeln und Knoblauch schälen, beides grob hacken. Den Kabis von den äußeren Blättern und vom Strunk befreien und in Streifen schneiden. Die Butter in einer Pfanne erhitzen. Das Fleisch darin anbraten. Aus der Pfanne nehmen und beiseite stellen. Zwiebeln, Knoblauch und Lorbeerblatt zufügen und kurz dünsten. Den Kabis zugeben, gut wenden und mit Bouillon ablöschen. Mit Salz, Pfeffer und Muskat würzen. Das Fleisch dazugeben und alles zugedeckt bei schwacher Hitze 1 Std. schmoren lassen. Die Kartoffeln schälen, in große Würfel schneiden, zufügen und weitere 30 Min. kochen lassen. Eventuell nachwürzen und in einem rustikalen Topf servieren.

Tipp: Bei Verwendung von Schaffleisch die Schmorzeit um 15–20 Min. verlängern. Man kann auch jeweils 400 g Schaf- und Schweinefleisch gemischt verwenden.

Schtunggis
Unterwaldner Eintopf

Arbeitsaufwand: 30 Min.
Schmorzeit: 1 Std. 35 Min.

Für 4–6 Personen:
800 g Schweinefleisch
1 Zwiebel, 3 Stangen Lauch
5 Karotten, 1 kg Kabis
400 g grüne Bohnen
2 EL Bratbutter
Salz, Pfeffer, Muskatnuss
Majoran, Thymian
200 ml Bouillon
800 g Kartoffeln

Fleisch (Hals ohne Knochen) vom Metzger etwa 2 cm groß würfeln lassen. Zwiebel schälen, grob hacken. Gemüse putzen, bzw. schälen. Lauch und Karotten in Scheiben und den Kabis (Weißkohl) in Streifen schneiden. Bohnen entfädeln und halbieren. Die Bratbutter erhitzen. Fleisch darin anbraten. Zwiebel zugeben und 5 Min. mitdünsten. Fleisch mit Salz, Pfeffer, Muskat, Majoran und Thymian würzen. In eine Bratkasserolle legen, mit Gemüse bedecken. Mit Bouillon begießen. Den Eintopf zugedeckt auf dem Herd oder im Backofen 1 Std. schmoren lassen. Kartoffeln schälen, klein würfeln und zugeben. Salzen und pfeffern. Zugedeckt weitere 35 Min. kochen lassen. Bei der Zubereitung im Ofen etwas Bouillon nachgießen. In der Kasserolle servieren.

Tipp: Dazu passt »Ghürotnigs« (halb süßer und vergorener »Moscht«).

Chabisschtunggis
Kohleintopf nach Muotathaler Art

Den Kabis (Weißkohl) putzen, grob zerkleinern und in Salzwasser 40 Min. kochen lassen. Die Kartoffeln schälen, in kleine Stückli schneiden und ebenfalls in Salzwasser 45 Min. kochen lassen. Beides gut abtropfen. Inzwischen 1 EL Butter erhitzen und das Mehl darin leicht anrösten. Mit Milch ablöschen, mit Salz und Muskat würzen und zum Kochen bringen. Kartoffeln und Kabis unter die Sauce mischen und kurz aufkochen lassen.

Tipps: Nach Belieben Fleischreste oder Wursträdli beigeben. Mit heißer Zwiebelschwitze übergießen und eventuell mit geriebenem Käse bestreuen.

Arbeitsaufwand: 35 Min.
Kochzeit: 45 Min.

Für 4 Personen:
600–800 g Kabis, Salz
600–800 g Kartoffeln
Butter, 1–2 EL Mehl
500–800 ml Milch
Muskatnuss

Bachne Chabis
Gebackener Kohl

Kabis in etwa 1 cm dicke Streifen schneiden und gründlich waschen. In Salzwasser 30 Min. kochen, dann in ein Sieb abgießen. Käse reiben. Schinken in Streifen schneiden. Kartoffeln pellen und in Scheiben schneiden. Eine Auflaufform einfetten. Backofen auf 200° vorheizen. Je eine Lage Kabis, Schinken und Käse in die Form geben. Die Kartoffeln darauf legen, übrigen Käse und Kabis darauf verteilen. Ei, Milch, Rahm, Salz und Pfeffer verquirlen. Den Guss darüber gießen. Butter in Flöckchen darauf geben. Im Backofen (Mitte, Umluft 180°) 30–35 Min. backen. Den Speck fein würfeln und nach 20 Min. auf den Auflauf streuen, damit er knusprig wird.

Tipp: Eventuell Ei und Milch weglassen und nur mit 250 g Rahm begießen.

Arbeitsaufwand: 35 Min.
Kochzeit: 30 Min.
Backzeit: 30–35 Min.

Für 4 Personen:
1,2 kg weißer Kabis, Salz
100 g Sbrinz, 100 g Schinken, 2 mittelgroße Pellkartoffeln, 1 Ei, 1/2 l Milch
1 Tasse Rahm, Pfeffer
Butter, Speckscheiben
Butter für die Form

Soupe aux choux
Krautsuppe nach Waadtländer Art

Den Speck waschen und in 2 l Wasser 30 Min. kochen lassen. Karotten putzen, schälen und längs halbieren. Zwiebel schälen und mit der Nelke spicken. Beides zum Speck geben. Den Kabis von den äußeren Blättern und dem Strunk befreien und in Streifen schneiden. Kartoffeln schälen und klein würfeln. Die Kabisstreifen 5 Min. in kochendes Wasser geben, abgießen und mit den Kartoffeln zu den Karotten geben. 30 Min. mitkochen. Mit Salz und Pfeffer würzen. Den Speck in feine Scheiben schneiden und die Suppe darüber anrichten. Mit Bauernbrot servieren.

Arbeitsaufwand:
Kochzeit: 1 Std.

Für 4–6 Personen:
700 g Speck aus dem Salz
2 Karotten, 1 Zwiebel
1 Nelke, 1 kg Kabis
3 Kartoffeln, Salz, Pfeffer

Chabisbünteli
Zuger Kohlwickel (im Bild)

Arbeitsaufwand: 40 Min.
Garzeit: 20 Min.

Für 4 Personen:
1 kg Kabis, Salz
1/2 Zwiebel
1 Bund Petersilie
2 altbackene Brötli
100–200 ml Bouillon
2 EL Butter
Pfeffer, Majoran
1 EL Tomatenmark
1/2 TL Rosmarinnadeln

Den Kabis von den äußeren Blättern und dem Strunk entfernen. Die einzelnen Blätter sorgfältig ablösen. In Salzwasser 10–15 Min. kochen und abkühlen lassen. Die größeren Blätter auf Küchenpapier ausbreiten. Die kleineren ausdrücken und fein hacken. Zwiebel schälen und fein hacken. Petersilie waschen, trockenschütteln und fein hacken. Die Brötli in der Bouillon aufweichen und ausdrücken. 1 EL Butter in einer Pfanne erhitzen. Zwiebel, Petersilie und den gehackten Kabis darin anziehen lassen. Mit Salz, Pfeffer und Majoran würzen. Die Brötli fein zerdrücken und zugeben. Die Masse auf den großen Kabisblättern verteilen und diese aufrollen. Übrige Butter erhitzen und die Bünteli darin 10 Min. anbraten. Tomatenmark und Rosmarin zugeben. Mit der Bouillon ablöschen und 10 Min. schmoren lassen. Wenn nötig, die verdunstete Flüssigkeit durch Bouillon ersetzen.

Tipps: Schmeckt mit Wirsing noch besser. Man kann die Füllung auch mit Hackfleisch machen.

Risotto con verze
Bündner Risotto mit Wirsing

Arbeitsaufwand: 30 Min.
Kochzeit: 40 Min.

Für 4 Personen:
1 Engadiner Wurst oder
1 Zungenwurst
600 g Wirsing
800 ml Bouillon
1 Zwiebel, 4 EL Butter
250 g Reis (Vialone)
50 g geriebener Sbrinz

Die Wurst in kochendem Wasser 25 Min. vorkochen. Den Wirsing putzen, vom mittleren Strunk befreien, waschen und in etwa 4 cm große Stücke schneiden. Die Bouillon aufkochen lassen, den Wirsing zugeben und 5 Min. kochen lassen.
Die Zwiebel schälen und fein hacken. 1 EL Butter erhitzen und die Zwiebel darin glasig werden lassen. Den Reis unterrühren. Wirsing mit Bouillon dazugeben. Die Wurst mehrmals einstechen oder in Stücke schneiden, zugeben und alles bei schwacher Hitze 16 Min. köcheln lassen, dabei gelegentlich umrühren. Restliche Butter erhitzen. Risotto anrichten, mit Käse bestreuen und mit der Butter abschmelzen.

Tipps: 50 g Speckwürfelchen mit der Zwiebel braten. Den Wirsing zur Abwechslung durch fein geschnittenen Lauch ersetzen.

Pilze – willkommene Abwechslung

Pilzkenner finden in unserem Lande eine Vielfalt von Pilzen, vom bestbekannten Eierschwamm über Totentrompeten und Steinpilzen bis zur delikaten Morchel, die allerdings nur an seltenen Plätzen, zum Beispiel im Jura und am Rigi, gedeiht und nicht im Herbst, sondern im Mai gesucht wird. Hier seien dazu zwei der besten Pilzrezepte aufgeführt.

Äntlibuecher Pilz uf Baibrot

Entlebucher Pilzschnitten

Arbeitsaufwand: 35 Min.
Backzeit: 10–15 Min.

Für 4 Personen:
4 Scheiben »Baibrot«
4 Scheiben Schinken
4 Scheiben Emmentaler
200 g Eierschwämme
2 EL Butter, 1 EL Mehl
je 4 EL Weißwein, Bouillon
Salz, Pfeffer, Majoran
Butter für die Form

Eine Auflaufform einfetten. Den Backofen auf 200° vorheizen. Die Brotscheiben in der Form anordnen. Den Schinken darauf legen und mit Käsescheiben bedecken. Im Backofen (Mitte, Umluft 180°) 10–15 Min. backen, bis der Käse schmilzt. Die Pilze putzen. Butter erhitzen und die Pilze darin 10 Min. dünsten. Mit Mehl bestäuben und mit Wein und Bouillon ablöschen. Mit Salz, Pfeffer und Majoran würzen. Alles 10 Min. dünsten. Die Pilze auf dem Käse verteilen. Sofort heiß auftragen.

Tipps: Eine Mischung von verschiedenen Pilzen schmeckt am allerbesten. Anstelle von Eierschwämmen kann man aber auch Reizker oder Steinpilze verwenden. Das Gericht schmeckt am besten mit Entlebucher Rohschinken. Baibrot ist im Ofen getoastetes Schwarzbrot.

Croûtes aux champignons

Champignonschnitten

Arbeitsaufwand: 35 Min.
Kochzeit: 10 Min.
Backzeit: 10–15 Min.

Für 4 Personen:
4 Scheiben Modelbrot
70 g Butter, 400 g Champignons, 1/2 Zitrone
2 Schalotten, 1 TL Mehl
200 ml Weißwein, 100 g Rahm, Salz, Pfeffer, Majoran, 50 g Greyerzer, 1 EL gehackte Petersilie, Butter

Die Brotscheiben in etwa 50 g Butter beidseitig goldgelb backen. Die Champignons putzen, in Scheibchen schneiden. Zitronensaft auspressen und darüber träufeln. Schalotten schälen und fein hacken. In 1 EL Butter anbraten. Champignons dazugeben, mit Mehl bestäuben und kurz anziehen lassen. Mit Wein ablöschen und 10 Min. köcheln lassen. Rahm unterrühren, mit Salz, Pfeffer und Majoran würzen und etwas eindicken lassen. Backofen auf 220° (Umluft 200°) vorheizen. Eine Auflaufform einfetten. Die Brotscheiben in die Form legen, die Sauce mit den Champignons darauf verteilen, mit Käse bestreuen. Übrige Butter in Flöckchen darauf geben. Im Backofen (Mitte) 10–15 Min. gratinieren. Mit Petersilie bestreuen und heiß servieren.

Variante: Die Champignonmischung in knusprig gebackene Pastetenhüllen aus Blätterteig füllen.

Kastanien oder Marroni?

Sehr oft werden diese beiden Begriffe verwechselt. Was für die einen Kastanien sind, nennen andere in der Schweiz »Marroni«, so z. B. im Tessin, wo sie früher ein sehr wichtiges Grundnahrungsmittel waren und unter anderem in den bergigen Gegenden das Getreide ersetzten und zu Mehl gemahlen wurden. Je nach Gegend nennt man sie »Cheschtene« oder Marroni, oft ohne die Unterschiede zwischen den beiden Sorten zu kennen. Botanisch gesehen sind die Kastanien drei- bis vierhäusig, d. h. die Fruchtteile sind durch Häute getrennt. Die »Marroni« (Maronen) hingegen sind einhäusig und eignen sich besser für Gerichte, bei denen die Früchte ganz bleiben sollen, z. B. für die Zubereitung der »Marrons glacés« oder auch für Beilagen zu Wild oder anderen Gerichten. Macht man daraus ein Püree, spielt dieser Unterschied keine wesentliche Rolle. Deshalb habe ich die Bezeichnung der folgenden Gerichte so belassen, wie sie von den Einheimischen genannt werden.

Brotni Marroni
Gebratene Maronen

Arbeitsaufwand: 20 Min.
Bratzeit: 40–50 Min.

Die Maronen auf der gewölbten Seite kreuzweise einschneiden, mit wenig Wasser befeuchten, in eine Marroni- oder Grillpfanne geben und bei mittlerer Hitze unter häufigem Rütteln braten, bis die Schalen platzen und der Inhalt weich und mehlig wird. Das dauert etwa 40 Min. Die Maronen sollten während des Bratens hin und wieder zugedeckt werden. Man kann die angefeuchteten Maronen auch auf einem Blech im Backofen braten. Das dauert allerdings ein bisschen länger (etwa 45–50 Min.). Auch bei diesem Verfahren ab und zu schütteln, damit die Maronen nicht einseitig gebraten werden.

Tipp: Im Tessin werden die Marroni in einer speziellen, gelochten Pfanne über der Glut von alten Rebstöcken gebraten.

Gkochti Marroni
Gekochte Maronen

Arbeitsaufwand: 20 Min.
Kochzeit: 40 Min.

Die Maronen auf der gewölbten Seite einschneiden. In eine Pfanne geben, mit leicht gesalzenem Wasser bedecken. Zugedeckt 40 Min. kochen lassen.

Tipp: Mit frischer Butter, Rahm oder Apfelmus servieren.

Cheschtene-Vermicelles
Kastanien-Vermicelles

Arbeitsaufwand: 1 Std.
Kochzeit: 40–50 Min.

Für 6–8 Personen:
1 kg Kastanien
1/2 TL Salz
1 Vanillestange
200 ml Milch
100 g Zucker
350 g Rahm
2 EL Kirschwasser
Meringueschalen (siehe S. 299)

Die Kastanien auf der gewölbten Seite mit einem scharfen Messer einschneiden und entweder in der Grillpfanne oder im Backofen rösten, bis sie aufspringen, oder in leichtem Salzwasser 10 Min. vorkochen. Die Schale und die inneren braunen Häutchen entfernen. Die geschälten Kastanien in eine Pfanne geben, mit Wasser knapp bedecken, Salz zugeben und etwa 30–40 Min. zugedeckt kochen lassen. Die Kastanien durch das dünnste Sieb des Passiergerätes drücken. Vanillestange längs aufschneiden und mit der Milch aufkochen. Die passierten Kastanien unterrühren und stark einkochen lassen, bis ein dickes Mus entsteht. Zucker und 100 g Rahm zufügen und nochmals etwas einkochen. Die Masse erkalten lassen, Vanillestange entfernen, mit Kirschwasser vermischen und durch das Passiergerät (mit den mittelgroßen Löchern), durch eine Kastanienpresse oder den Fleischwolf treiben. Übrigen Rahm steif schlagen. Pro Portion eine Meringueschale zerbröckeln, in eine Dessertschale geben, zuerst etwas Schlagrahm, dann die Vermicelles darauf geben und mit Rahm garnieren.

Tipp: In Haushaltsgeschäften gibt es sehr einfache und preisgünstige Pressen für den Privathaushalt, mit denen »Vermicelles« herausgedrückt werden.

La Brisolée

Eine schöne Tradition bei der Weinernte in der Westschweiz, vor allem im Wallis, in Neuenburg und im Waadtland, wo »La Brisolée« ein fröhlicher, kulinarischer Brauch ist. So versammeln sich Feinschmecker zu einem rustikalen Mahl, das zugleich eine Art Erntedankfest in den Weinbergen ist. Frisch geerntete Kastanien werden auf einer großen, gelochten Eisen-Bratpfanne über der Glut im Freien geröstet, nachdem man sie auf der gewölbten Seite quer eingeschnitten und danach sehr rasch mit kaltem Wasser abgespült hat.
Während des Röstens wird die Pfanne immer wieder geschüttelt, damit die Kastanien auf allen Seiten gleichmäßig der Hitze ausgesetzt werden. Nach ungefähr 20 Min. sollten sie eine Kruste erhalten haben. Man isst sie, solange sie noch warm sind. Dazu gibt's würzigen Alpkäse, frisches knuspriges Brot, luftgetrockneten Schinken, Nüsse, Speck, weiße Trauben und »moût« (weißer prickelnder Traubenmost), Sauser oder Weißwein.

Ein eigenwillig gewürztes Kastaniengericht:

Cheschtene mit Schpäck
Kastanien mit Speck

Die Kastanien – wie bereits beim Rezept für Vermicelles auf Seite 288 beschrieben – rösten oder vorkochen, schälen und mit 1/2 l Wasser aufsetzen. Salz, wenig Pfeffer, Anissamen und Speck zufügen. Die Kastanien 40 Min. kochen lassen, ohne umzurühren – die Flüssigkeit sollte fast verdampfen. Gegen Ende der Kochzeit Acht geben, dass die Kastanien nicht ansetzen. Vor dem Anrichten die Butter darunter ziehen.

Tipp: Für diese Zubereitungsart eignen sich Maronen (Marroni) besser. Den Anis kann man auch durch Fenchelsamen ersetzen. Das Rezept für Glasierte Kastanien steht auf Seite 294.

Arbeitsaufwand: 30 Min.
Kochzeit: 40 Min.

Für 6 Personen:
1 kg Kastanien, 1 TL Salz
Pfeffer, 1 TL Anissamen
250 g geräucherter Speck
1 kleines Stück Butter

Auch im Tessin gibt es im Oktober in jedem Dorf ein Kastanienfest, wo für alle Besucher im Freien Marroni gebraten werden und Castagnaccio gegessen wird.

Castagnaccio
Tessiner Kastanienspeise

Die Kastanien auf der gewölbten Seite einschneiden. In kochendes Salzwasser geben und kochen, bis sie aufspringen. Abgießen und noch warm schälen, dabei das braune Häutchen ebenfalls entfernen. Milch mit Vanillestange aufkochen lassen. Die Kastanien hineingeben und weich kochen (etwa 30 Min.). Den Backofen auf 200° (Umluft 180°) vorheizen. Die weichen Kastanien durch das Passiergerät treiben. Die Butter schmelzen lassen. Kastanien mit Zucker und Maraschino gut verarbeiten. Die Eier trennen. Die Eiweiße steif schlagen. Die Eigelbe unter die Kastanienmasse rühren und den Eischnee unterziehen. Eine Gratinform einfetten. Die Masse hineingeben, glatt streichen und im Backofen (Mitte) 20–30 Min. backen. Mit Zucker bestreuen und servieren.

Tipp: Dieses Gericht wird auch salzig zubereitet. In diesem Fall die Masse mit wenig Kümmel oder Rosmarin würzen.

Arbeitsaufwand: 1 Std.
Kochzeit: 40–50 Min.
Backzeit: 20–30 Min.

Für 4 Personen:
500 g Kastanien, Salz
1 l Milch
1 Vanillestange
100 g Butter
180 g Zucker
3 EL Maraschino (nach Belieben), 8 Eier
Butter für die Form
Zucker zum Bestreuen

Dieser Kuchen wird auf verschiedene Arten zubereitet. Einmal besteht die Füllung nur aus »Nillon/Nussmaische«, Milch und Zucker, ein andermal gibt man ihr etwas Zwetschgenkonfitüre, Rahm oder Raisiné (siehe S. 271) bei. Auf letztere Art wird der Kuchen vor allem in der Vallée de Joux zubereitet. Besonders gut schmeckt er, wenn man den Teigboden zuerst mit fein geschnittenen Apfelschnitzen belegt und dann die Füllung darauf gibt. Hier die Variante mit Zwetschgenmus.

Gâteau au »nillon«
Nussmaischekuchen

Arbeitsaufwand: 35 Min.
Quellzeit: 12 Std.
Backzeit: 25–30 Min.

Für ein Blech von 24 cm Ø:
120 g gemahlener »Nillon« (s. Kasten rechts)
300 ml Milch, 1 EL Baumnussöl, 3 EL Zucker
2 EL dickes Zwetschgenmus
2 EL Rahm
300 g geriebener Teig
Butter für das Blech
1 TL Mehl

Den »Nillon« am Vorabend in eine Schüssel geben. Die Milch aufkochen, darüber gießen und quellen lassen. Am nächsten Tag für die Füllung Baumnussöl, 2 EL Zucker, Zwetschgenmus und Rahm beifügen. Alles gut mischen. Den Teig nach dem Grundrezept auf Seite 46 zubereiten und etwa 3 mm dick ausrollen. Das Blech einfetten. Den Backofen auf 230° vorheizen. Den Teig auf das Blech geben und mit einer Gabel mehrmals einstechen. Im Backofen (Mitte, Umluft 210°) 10 Min. blind backen. Mit dem Mehl bestreuen. Die Füllung darauf verteilen (sie soll leicht fließen; wenn nötig, mit etwas Milch oder Rahm verdünnen!). Mit dem restlichen Zucker bestreuen und im Backofen 25–30 Min. backen.

Variante: Im Waadtland wird kein Zwetschgenmus verwendet, dafür etwas mehr Zucker (80–100 g) und 2 Eier zugegeben, und man trinkt einen süßen Wein dazu.

Eine Spezialität aus Haselnüssen, die heute noch bei besonderen Gelegenheiten im Kurhaus Menzberg gebacken wird:

Mänzbärger Turte
Menzberger Torte

Arbeitsaufwand: 45 Min.
Backzeit: 35–40 Min.

Für eine Form von 26 cm Ø:
500 g geriebener Teig
4–5 EL Brombeerkonfitüre
7 Eiweiße, 125 g geriebene Haselnüsse, 150 g Zucker
Zimtpulver, 1 TL abgeriebene Zitronenschale
2 EL Kirschwasser, Butter

Den Teig nach dem Grundrezept von Seite 46 zubereiten. Die Springform mit Butter einfetten. Den Backofen auf 190° vorheizen. Den Teig 3–4 mm dick ausrollen und in die Form legen, dabei einen etwa 4 cm hohen Rand formen. Mit Konfitüre bestreichen.
Eiweiße steif schlagen. Haselnüsse, Zucker, 1 Msp. Zimtpulver und Zitronenschale mischen. Den Eischnee locker unterziehen. Das Kirschwasser zugeben und die Füllung auf dem Teigboden verteilen. Im Backofen (Mitte, Umluft 170°) 35–40 Min. backen.

Tipp: Kann statt mit Haselnüssen auch mit Mandeln und anderer Konfitüre wie Heidelbeer- oder Himbeerkonfitüre zubereitet werden.

Wenn die Nüsse fallen

Frische Baumnüsse (Walnüsse) sind etwas Herrliches. Sie schmecken ausgezeichnet zum neuen Wein, dem »Moût« oder Sauser, und auch zu Käse. Im Waadtland werden die Nüsse nicht nur frisch gegessen oder zu delikaten Kuchen verarbeitet, sondern im Laufe des Winters von den Bauern auch zum Pressen in die Mühle gebracht. Es existieren nur noch wenige solcher Ölmühlen, wo die geschälten oder grob gehackten Baumnüsse nach alter Methode gepresst werden. Mit viel Lärm und unter sorgfältiger Überwachung durch den Fachmann werden aus 12–13 kg Nüssen ungefähr 7 l goldenes Baumnussöl gewonnen, das vor allem frischem grünem Salat ein unvergleichliches Aroma verleiht. Was dabei zurückbleibt – zwei große, runde, steinharte Kuchen –, wird in Stücke, d. h. so genannte »Nillon« zersägt. Die Bauernkinder knabbern sie anstelle von Süßigkeiten, und die Mütter backen Kuchen daraus. Sofern Sie in Lausanne oder Umgebung zufällig einmal ein Stück oder bereits gemahlenen »Nillon« kaufen können, hier das Rezept für dieses eigenwillige Gebäck.

Mühlen, die noch Baumnussöl pressen, gibt es nur noch vereinzelt. Eine steht noch in der Nähe von Morges, die »Moulin de Sévery«, wo man im Herbst die Pressung miterleben und Baumnussöl und »Nillon« kaufen kann. Dort lebt ein alter Brauch wieder auf, die »Cassée de noix«. Familien können jeweils am Bettag (1. November) teilnehmen. Der Vater knackt die Nüsse, Frau und Kinder sortieren den Inhalt. Als Belohnung gibt es eine Flasche Öl.

Nussbrot

Baumnuss-Rezept aus dem Rheintal

Das Mehl mit Zucker, Backpulver, Walnüssen (Baumnüsse), 1/2 TL Salz und 1 großen Prise Zimtpulver gut mischen. Die Eier verquirlen, beifügen und nach und nach die Milch unterrühren, bis ein schwer reißender Teig entsteht. Je nach Qualität des Mehles braucht es etwas mehr oder weniger Milch. Die Form mit Butter einfetten.
Den Backofen auf 170° vorheizen. Den Teig in die Form füllen. Im Backofen (Mitte, Umluft 150°) 40–45 Min. backen.

Tipp: Man kann dem Teig zusätzlich noch eine Hand voll Rosinen beifügen.

Arbeitsaufwand: 25 Min.
Backzeit: 40–45 Min.

Für eine Springform:
500 g Mehl, 250 g Rohzucker, 1 TL Backpulver
150 g halbe Walnusskerne
Salz, Zimtpulver, 2 Eier,
300–400 ml Milch, Butter

November

AM 11. November, am Tag des heiligen Martin, findet in Sursee ein Volksfest statt, dessen Ursprung wohl auf den alten Zinstag, der das bäuerliche Wirtschaftsjahr abschloss, zurückgeht. Allerlei Wettbewerbe, wie Wettklettern an der Stange mit Würsten und Schokolade sowie Sackgumpen, begeistern die Jungen. Hauptattraktion ist aber jedesmal der »Gans-Abhauet«.

November

Martinsgans

Arbeitsaufwand:
1 Std. 15 Min.
Bratzeit: ca. 3 Std.

Für 6–8 Personen:
2 Weggli
200 ml Hühnerbouillon
1 Zwiebel, 2 Äpfel
2 EL Butter
Herz und Leber der Gans
400 g Geflügelleber
2 EL gehackte Petersilie
1 Ei, Salz, weißer Pfeffer
Majoran
1 junge Bratgans (etwa 2 1/2 kg, küchenfertig)
Basilikum, 1/2 l Bouillon
Garnitur:
6–8 Äpfel
6 EL Preiselbeerkonfitüre
Küchengarn

Für die Füllung die Weggli klein schneiden und in Hühnerbouillon einlegen. Gut ausdrücken und durch die Flotte Lotte treiben. Zwiebel schälen, fein hacken. Die Äpfel schälen und klein würfeln. Die Butter erhitzen. Herz und Leber darin kurz anbraten, dann herausnehmen. Zwiebel und Petersilie darin 5 Min. dünsten. Äpfel zugeben und mitdünsten. Leber und Herz fein hacken oder durch den Fleischwolf drehen. Mit der Apfel-Zwiebel-Masse und Ei mischen. Mit Salz, Pfeffer und 1 TL Majoran würzen.
Die Gans innen und außen mit Salz, Pfeffer, Majoran und Basilikum einreiben und mit der Masse füllen. Die Bauchöffnung mit Küchengarn zunähen. Mit dem Rücken nach unten in eine Bratkasserolle legen. 300 ml Bouillon aufkochen lassen, die Gans damit begießen. Im Backofen (unten, Umluft 200°) zugedeckt bei 220° 1 Std. 30 Min. schmoren lassen, dann die Hälfte des ausgetretenen Fettes abschöpfen. Die Gans im eigenen, restlichen Fett noch 1 Std. bis 1 Std. 30 Min. braten. Die Haut soll knusprig braun werden. Wenn nötig, den Braten mit Alufolie abdecken und häufig mit dem Bratenfond begießen. Gelegentlich etwas Fett abschöpfen und nach Bedarf übrige Bouillon zugeben.
Für die Garnitur die Äpfel waschen, mit einem Ausstecher vom Kerngehäuse befreien und im Ofen mitbraten. Dabei darauf achten, dass sie nicht zerfallen. Vor dem Servieren mit Preiselbeeren füllen.

Tipp: Die Gans mit den gefüllten Äpfeln auf einer großen Platte anrichten. Nach Belieben mit Rotkraut, Rosenkohl, glasierten Kastanien, Kartoffelcroquetten, eventuell Preiselbeeren garnieren.

Glasierti Cheschtene
Glasierte Kastanien

Arbeitsaufwand: 30 Min.
Kochzeit: 40 Min.

Beilage für 6 Personen:
4 EL Zucker, 500 g rohe geschälte Kastanien (tiefgekühlt oder in Dosen)
200 ml Hühnerbouillon
1 TL Zitronensaft
1 Prise Salz, 20 g Butter

Zucker in einer Bratpfanne unter Rühren hellbraun karamellisieren. Kastanien zugeben. Mit Bouillon ablöschen und rühren, bis sich der Zucker aufgelöst hat. Mit Zitronensaft und Salz würzen. Die Kastanien zugedeckt etwa 40 Min. dämpfen – sie dürfen nicht zerfallen. Wenn nötig, noch etwas Bouillon zugeben. Sobald sie gar sind, sorgfältig aus der Pfanne nehmen. Den Kochsud bei starker Hitze auf die Hälfte einkochen lassen. Die Butter unterrühren und über die Kastanien geben.

Tipps: Auch für dieses Rezept würden sich »Marroni« (Maronen) besser eignen, weil sie ganz bleiben (siehe S. 287). Passen gut zu Wildgerichten.

Rootchrut mit Wii
Rotkraut mit Rotwein

Den Kabis von den äußeren Blättern und dem Strunk befreien und fein zerkleinern. Die Zwiebel schälen und fein hacken. Die Butter erhitzen. Die Zwiebel darin glasig werden lassen. Nach und nach den Kohl zugeben und unter Wenden 15 Min. dünsten, bis er zusammengefallen ist. Mit Wein ablöschen. Mit der Bouillon auffüllen, bis das Kraut knapp bedeckt ist.
Den Apfel waschen und dazureiben. Mit Salz, Pfeffer, Dill, Kümmel und 1 Prise Zucker würzen und 1 Std. 30 Min. dämpfen, bis der Kohl weich und die Flüssigkeit stark eingekocht ist. Etwa 10 Min. vor dem Anrichten den Essig beigeben.

Tipps: Essig vorsichtig zugeben, wenn das Gericht zu sauer wird, mit 1/2–1 TL Zucker korrigieren. Das Rotkraut passt nicht nur gut zur Martinsgans, sondern auch zu Schweinebraten und Wildgerichten.

Arbeitsaufwand: 35 Min.
Garzeit: 1 Std. 30 Min.

Für 6–8 Personen:
1 Rotkabis (etwa 1 kg)
1 große Zwiebel
2 EL Butter
200 ml Rotwein
200–300 ml Bouillon
1 saurer Apfel
Salz, Pfeffer
je 1/2 TL Dill und Kümmel
Zucker, 1–2 EL Weinessig

Die Vorzüge der Gans

Im Kloster von St. Gallen lobte der große Pädagoge, Musiker und Feinschmecker Mönch Ekkehard IV. in seinen Schriften mit Enthusiasmus alle Vorzüge der Gans, die er sich jeweils zu Martini gefüllt mit Quitten, Knoblauch und Gewürzen vorsetzen ließ.

Er gestand auch, dass ihm jeweils das Wasser im Munde zusammenlaufe, wenn er den Gänsen friedlich auf den Weiden beim Körnchenpicken zusehe. Dabei denke er bereits an ihr zartes Fleisch und an die delikate Leber, welche er besonders schätze. Er schlug auch vor, dass die Gans nicht nur zu St. Martin, sondern mehrmals im Jahr auf den Tisch kommen sollte. Dabei dachte er nicht daran, dass die Gänse im Frühjahr geboren werden, den Sommer im Freien verbringen und man sie im Herbst während einiger Wochen mästet, damit ihr Fleisch zart wird, und deshalb der November die beste Zeit ist, um sie zu verspeisen.

Ebenfalls liebe er die Eier der Gänse, welche er viel größer und geschmackvoller fand als jene der Hühner. Auch fragte er sich, was wohl aus Rom geworden wäre, wenn die aufmerksamen Gänse das Capitol nicht gerettet hätten. Und wie man ohne deren Federn alle seine Erlebnisse auf Papier bringen würde.

Suure Mocke
Sauerbraten nach Solothurner Art

Arbeitsaufwand: 40 Min.
Marinierzeit: 3–4 Tage
Kochzeit: ca. 2 Std.

Für 6 Personen:
1,2 kg Rindfleisch
(Schulterfilet oder Mocken)
Marinade:
1 Karotte
½ Stange Lauch
1 Zwiebel
1 Knoblauchzehe
2 Gewürznelken
1 Lorbeerblatt
1 l Rotwein (z. B. Merlot)
100 ml Weinessig
4–5 Pfefferkörner
6 Wacholderbeeren
2 Zweige Thymian
Sauce:
1 Karotte
1 kleines Stück Knollensellerie
1 Zwiebel, 50 g Speck
2 EL Bratbutter
1 Stück Brot (Anhau)
1 EL Mehl
Pfeffer aus der Mühle
100 ml Fleischbrühe
4 EL Rahm, Salz

Das Fleisch in eine tiefe Schüssel legen. Gemüse waschen, putzen und in Scheiben schneiden. Zwiebel und Knoblauch schälen. Die Zwiebel mit Nelken und Lorbeerblatt spicken. Wein mit Gemüse, Zwiebel, Knoblauch, Gewürzen und Thymian aufkochen, dann abkühlen lassen und über das Fleisch gießen. Zugedeckt im Kühlschrank 3–4 Tage marinieren lassen. Sollte das Fleisch nicht ganz mit Marinade bedeckt sein, täglich ein- bis zweimal wenden. Das Fleisch aus der Marinade nehmen und mit Küchenpapier abtrocknen. Die Marinade nochmals aufkochen lassen und durchsieben. Karotte, Sellerie und Zwiebel schälen und klein würfeln. Den Speck klein würfeln. Bratbutter in einem Bräter erhitzen. Das Fleisch darin von allen Seiten kräftig anbraten. Brot, Gemüse, Zwiebel und Speck zufügen und kurz mitbraten. Mit Mehl bestreuen und etwas Pfeffer darüber mahlen. 400 ml Marinade zum Fleisch gießen und aufkochen lassen. Mit Brühe zugedeckt bei schwacher Hitze 1 Std. 30 Min. bis 2 Std. schmoren lassen. Nach und nach noch etwas Marinade zugießen. Das Fleisch aus dem Bräter nehmen und warm halten. Für die Sauce den Rahm zugeben und bei starker Hitze cremig einkochen lassen. Mit Salz, Pfeffer und, wenn nötig, mit etwas Marinade oder einem Schuss Rotwein abschmecken. Das Fleisch in Scheiben schneiden und anrichten. Etwas Sauce mit Gemüse- und Speckwürfelchen darauf verteilen. Das Brotstück dazulegen. Die restliche Sauce extra servieren.

Beilage: Dazu passt Kartoffelpüree.
Variante: Beim Thurgauer Suurbrote (Sauerbraten) ergibt die Apfelweinmarinade eine milde, besonders aromatische Sauce: 1 kleine Karotte und ½ Lauch in feine Rädchen schneiden. 2 Schalotten in Streifen schneiden, 3 Pfefferkörner leicht zerdrücken, 1 Knoblauchzehe durchpressen und mit 1 Lorbeerblatt in eine große Schüssel geben. Das Fleisch darauf legen und mit Apfelwein und 1 EL Apfelessig begießen. Zugedeckt 3–4 Tage marinieren lassen. Täglich wenden und darauf achten, dass das Fleisch immer mit Marinade bedeckt ist. Eventuell etwas Apfelwein nachgießen.
Fleisch aus der Marinade nehmen, mit Küchenpapier abtrocknen und mit Salz und Pfeffer würzen. In Butterschmalz mit 300 g Saucenknochen (am besten Kalbsbrustknochen) kräftig anbraten. Die Marinade passieren. Das Fleisch bei schwacher Hitze 2 Std. schmoren lassen. Nach und nach etwas Marinade zugeben, 30 Min. vor dem Ende der Bratzeit das Gemüse der Marinade zugeben. Das Fleisch zum Schluss herausnehmen und warm halten. Das Gemüse (ohne Lorbeer und Knochen) mit der Sauce mixen. 3–4 EL Rahm zufügen und einreduzieren, bis die Sauce leicht gebunden ist.

Metzgete

Auf dem Land ist es üblich, das Schlachten eines Säulis mit einem währschaften Mahl zu feiern. Dieser »Metzgete«-Schmaus hat sich auch in vielen Restaurants in den Städten eingebürgert. Schlachtplatten werden vor allem im November angeboten, zur Zeit des neuen Weines. Die Schlachtplatte besteht aus Siedfleisch (gekochtem Rindfleisch), Blut- und Leberwürsten, Speck, Bratwürsten, Schnörrli, Ohren, Sauerkraut (dessen Saison gerade beginnt) und Kartoffeln, oft Kartoffelstock und Apfelstückli oder Apfelmus, dazu Brotwürfeli oder Brösmeli.

Pot-au-feu

Die Knochen mit kaltem Wasser bedecken und zum Kochen bringen, nach etwa 5 Min. abgießen und unter fließendem Wasser abspülen. Einen großen Topf zu zwei Dritteln mit Wasser füllen. Zwiebel schälen, mit Lorbeerblatt und Nelke spicken. Das Siedfleisch längs halbieren, mit Knochen, »Bouquet garni«, der gespickten Zwiebel und etwas Salz im Topf bei schwacher Hitze 2 Std. 30 Min. köcheln lassen. Zur selben Zeit separat die Rindszunge (ca. 2 Std.), den Speck (ca. 1 Std. 30 Min.) und die Saucissons (30–40 Min.) im Wasser garen. Die Markbeine säubern, kalt aufsetzen, aufkochen, abgießen und nochmals 10 Min. vor dem Servieren erwärmen. Das Gemüse putzen und separat in Salzwasser garen. Den Kabis in je 8 Stücke teilen, dabei den Strunk entfernen. Die Kartoffeln schälen und in Stücke schneiden. Die Karotten ebenfalls schälen und in Stäbchen schneiden (pro Person 2–3 Stück). Die Zunge schälen. Zuerst das Gemüse und die Kartoffeln anrichten, dann schichtweise eine Scheibe Zunge, Speck, Siedfleisch sowie Markbein und 2–3 Wurstscheiben darauf anrichten. Zuletzt mit der heißen gewürzten Bouillon übergießen. Mit Schnittlauch bestreuen. Mit der Vinaigrette, den Zwetschgen, dem Senf, den Senffrüchten und den Preiselbeeren servieren.

Tipps: Im Restaurant Galliker bekommt jeder Gast das Gericht im eigenen Topf. Als Dessert passt ein Karamellköpfchen, Apfel- oder Zwetschgenkuchen mit einem »Kafi Blumevase« (Kaffee im Glas mit Hausbranntwein) dazu.

In das älteste Restaurant der Stadt Luzern, das Wirtshaus Galliker, das seit 1856 im Familienbesitz ist, führt man gerne Gäste, die rustikale Schweizer Küche mögen. Da gibt es Schmorbraten, Kutteln, Kalbskopf, Kalbsleber mit Rösti und das einmalige »Pot-au-feu« des Hauses, das so beliebt ist, dass es dreimal in der Woche auf der Karte steht. Im größeren Teil des Restaurants sitzt man auf Holzbänken an langen Tischen, sonst in der vornehmeren »Tischtuchabteilung«. Das Galliker war früher vor allem Treffpunkt der Viehhändler und Bauern, die hinter dem Hause den Viehmarkt besuchten. Mit den Jahren wurde es zu einer Institution, wo sich Bürger jeden Standes begegnen und gemeinsam am Tisch sitzen.

Arbeitsaufwand: 40 Min.
Kochzeit: 2 Std. 30 Min.

Für 8 Personen:
800 g Rindsknochen
1 Zwiebel
1 Lorbeerblatt, 1 Nelke
1,8 kg Siedfleisch (Brustkern vom Rind)
1 »Bouquet garni« (Lauch, Knollensellerie, Karotte, Selleriestange), Salz
1 Rindszunge (ca. 1,6 kg)
450 g magerer Speck aus dem Salz
2–3 Waadtländer Saucissons (1,5 kg)
8 große Markbeine
2 EL Schnittlauchröllchen
1 kg Weißkabis
1 kg Kartoffeln
700 g Karotten
Pfeffer, Muskatnuss
Beilagen:
Vinaigrette (siehe S. 255 Rezept Neuenburger Kutteln), Süßsaure Zwetschgen (siehe S. 250)
Senf, Senffrüchte
Gekochte Preiselbeeren (siehe S. 281)

Am 5. März 1798 gab es zum ersten Mal eine Berner Platte. An diesem bemerkenswerten Tag besiegten die Berner Truppen bei Neuenegg eine dreifache Übermacht der Franzosen. Während sich die Berner bei Neuenegg so tapfer schlugen, marschierten die geflohenen Franzosen in Bern ein. Als die braven Mannen in Bern eintrafen, wurden sie mit Jubel und Tränen empfangen.
Nun schnitten die Frauen all das mitgebrachte Fleisch, die Würste und die anderen Köstlichkeiten fein säuberlich auf, damit ja jeder seinen gerechten Teil abbekomme, und legten sie auf den Gemüseberg. Und weil dieses Essen allen so vortrefflich mundete, gab es von da ab jeden Sonntag im »Kreuz« Berner Platte – auch heute noch.

Bärner Platte
Berner Platte

Arbeitsaufwand: 30 Min.
Kochzeit: ca. 2 Std.
Zusätzlich Zunge 2–3 Std.

Für 5–8 Personen:
1 Zwiebel, 1 EL Schweinefett, 1 kg Sauerkraut
5–6 Wacholderbeeren
100 ml Moscht (Apfelwein), 750 g Rippli
500 g Magerspeck aus dem Rauch, 1 Berner Zungenwurst, 1 geräucherte Rindszunge, 3–4 Gnagi
1–2 Schweinsöhrli oder Schwänzli, 500 g Rindfleisch zum Sieden
500 g Suppenknochen
1 Karotte, 1 Stück Sellerie

Die Zwiebel schälen, halbieren und in Streifen schneiden. Schweinefett (oder Bratbutter) erhitzen. Die Zwiebel darin glasig werden lassen. Das gut ausgepresste Sauerkraut und die Wacholderbeeren beifügen, mehrmals wenden und mit Moscht (oder Weißwein) sowie 300 ml Wasser ablöschen. Die Rippli (oder Laffli; Schüfeli) und den Speck zugeben und zugedeckt im Backofen oder auf dem Herd in 1 Std. 30 Min. langsam garen.
Die Kochzeit hängt von der Größe und Qualität der Fleischstücke ab und kann daher bis zu 2 Std. dauern. Deshalb mehrmals kontrollieren, damit das Fleisch nicht verkocht.
Etwa 20 Min. vor dem Ende der Kochzeit die Wurst unter das Kraut legen und mitkochen. In einem separaten Topf nach Belieben die Rindszunge 2–3 Std. in ungesalzenem Wasser ziehen lassen. Nach der Hälfte der Kochzeit Gnagi, Öhrli oder Schwänzli beifügen. Die Zunge herausnehmen, schälen und wieder beifügen.
Das Rindfleisch mit Suppenknochen und Gemüsegarnitur ebenfalls getrennt zubereiten. Nach Belieben die Fleischbouillon vorab servieren.

Tipp: Das Fleisch in Portionen schneiden, über das gut abgetropfte Kraut geben und mit Salzkartoffeln servieren.

Dörrbohnen mit Speck

200 g Dörrbohnen 12 Std. in kaltes Wasser geben. 1 Zwiebel und 1 Knoblauchzehe schälen, beides hacken. Bohnen abgießen, in Salzwasser 5 Min. abbrühen, abtropfen lassen. 1 EL Butterschmalz erhitzen. Zwiebel und Knoblauch darin glasig werden lassen. Bohnen dazugeben. Mit Brühe oder Wasser begießen. 400 g geräucherten Speck auf die Bohnen legen, mit 1 TL Bohnenkraut bestreuen. Zugedeckt 30–35 Min. garen. Salzen und pfeffern. Eventuell die Zwiebel mit $^1/_2$ TL Mehl bestreuen, damit der Fond leicht gebunden wird. Dörrbohnen gehören auf die echte »Berner Platte« (siehe oben).

Suurchrut nach Ämmitaler Art
Sauerkraut nach Emmentaler Art

Zwiebel schälen und fein hacken. Schweinefett erhitzen. Zwiebel darin hellgelb anbraten. Sauerkraut zugeben, mit Apfelwein ablöschen. Nach Belieben den Apfel fein reiben und zugeben. Wacholderbeeren und Lorbeerblatt zufügen. Das Kraut mit Bouillon bedecken und 1 Std. kochen lassen.

Tipps: Zuletzt 2–3 EL Rahm zufügen. Meistens kocht man beim Sauerkraut Speck oder Rippli mit. Sauerkraut gehört auf die »Berner Platte« (siehe S. 298). Früher kochte man das Sauerkraut stundenlang. Heute weiß man, dass dies unnötig ist. Auch wird es nicht mehr gewaschen, oder nur noch gegen Ende der Saison, wenn es etwas zu scharf geworden ist. Viele mögen es mehrmals aufgewärmt am liebsten. Im Bernbiet kocht man deshalb meistens mehr, als man für eine Mahlzeit benötigt, und macht daraus eine Rösti.

Arbeitsaufwand: 20 Min.
Kochzeit: 1 Std.

Für 4 Personen:
1 Zwiebel
2 EL Schweinefett
750 g Sauerkraut
100 ml Apfelwein (Moscht), 1 Apfel
5 Wacholderbeeren
1 Lorbeerblatt
200 ml Bouillon

Suurchrutröschti | Sauerkrautrösti

500 g Pellkartoffeln pellen, in feine Scheiben schneiden. 2 El Butter erhitzen. Kartoffeln und 50 g Speckwürfelchen zugeben und mehrmals wenden. 400–500 g gekochtes Sauerkraut abtropfen lassen, untermischen, salzen. Alles leicht anbraten und zusammendrücken. Zugedeckt und bei schwacher Hitze 20 Min. braten. Wie eine Rösti stürzen.

Meringues
Baisers

Eiweiße halb steif schlagen, nach und nach die Hälfte des Zuckers unterschlagen. Zuletzt übrigen Zucker unterziehen. Mit einem Löffel längliche Häufchen auf ein gefettetes und bemehltes Blech setzen. Leicht mit Zucker bestreuen, bei ganz schwacher Hitze im Ofen 1 Std. trocknen lassen. Sie dürfen nur schwach Farbe annehmen, sollen außen fest und innen nicht mehr klebrig sein. Ofentüre nicht ganz schließen. Wenn nötig, die Meringues im ausgeschalteten Ofen noch etwas austrocknen lassen.

Tipps: Der Meringuemasse 1/2 TL Mehl zugeben, damit sie nicht klebrig werden. Meringues sofort nach dem Backen abheben, für Schalen auf der Unterseite leicht eindrücken. Nach dem Erkalten in Dosen aufbewahren. Nie kalt stellen, sonst werden sie weich. Je 2 Schalen mit Schlagrahm gefüllt servieren. Im Emmental und Berner Oberland gehören sie als Dessert zur Berner Platte.

Für 20 halbe Schalen:
4 Eiweiße von ganz frischen Eiern
1 EL Zucker
200 g Zucker
Butter für das Blech
Mehl zum Bestreuen

D' Rauchchuchi

Hausgeräucherter Schinken wird immer seltener. Wer eine Rauchchuchi besucht hat, versteht warum. Das Räuchern ist eine unbequeme Angelegenheit für die Chuchi-Bewohner, und junge Frauen wollen solche Opfer nicht mehr auf sich nehmen. Besonders viel bringt das Räuchern auch nicht ein, höchstens einen Zustupfbatzen für die Haushaltkasse. Tagtäglich steht die Hausfrau in ihrer schwarzen Küche und kocht für die Familie. Der beißende Rauch steigt ihr in die Augen, und auch der Durchzug ist sehr unangenehm, besonders wenn es kälter wird. Weil die Wärme dem Rauchgut schadet, beginnt man ohnehin erst im Spätherbst damit, ungefähr Anfang November. Bei zu warmen Rauchküchen könnten die »Hammen« verderben, während im Sommer die Fliegen das Räuchern verunmöglichen. Im Emmental, wo man noch einzelne Rauchküchen findet, werden die Fleischstücke mit einer Spezialmischung aus Salz, Salpeter und Gewürzen viermal tüchtig eingerieben, dann ungefähr vier Wochen luftgetrocknet, bis sie durchgerötet sind. Dann bringt der Metzger die »Hammen«, Speckseiten, »Laffli« und Würste in die Chuchi, wo sie mehrere Wochen im Rauch und Durchzug hängen müssen.

Gekocht werden die hausgeräucherten Hammen im Emmental meistens nur im bloßen Wasser. Sie sind so »chüschtig«, dass es gar nicht viele Zutaten braucht. Ganz raffinierte Bäuerinnen geben dem Sud höchstens einen »Gutsch« Milch oder ein Stück »Anke« zu. Oft kochen sie die Hamme auch in einer währschaften Erbsensuppe. Heute werden Fleisch und Würste fast nur noch in modernen Installationen geräuchert, was man allerdings herausspürt.

Ämmitaler Hamme
Emmentaler Bauernschinken

Arbeitsaufwand: 30 Min.

Für 10 und mehr Personen:
1 ganze Hamme (Bauernschinken, vorgekocht vom Metzger)

Den Schinken in Wasser aufkochen und 30 Min. bei schwacher Hitze ziehen lassen. Oder im Backofen bei 150° in 30 Min. erhitzen.
Den Schinken aus dem Sud oder dem Backofen nehmen und die Schwarte abziehen. Heiß servieren. Bei Tisch in Tranchen schneiden.

Beilage: Dazu passt Kartoffelsalat.

Linsesuppä nach Ratsheereart
Linsensuppe nach Ratsherrenart

Die Linsen 12 Std. oder über Nacht in Wasser einweichen. Am nächsten Tag abtropfen lassen. Zwiebeln schälen und fein würfeln. Speck und Fleisch ebenfalls klein würfeln. 1 ½ EL Butter schmelzen lassen. Zwiebeln und Speck darin glasig werden lassen. Linsen und Fleisch zugeben und kurz mitbaten. Mit der Brühe ablöschen, aufkochen lassen und den Schaum entfernen. Schweins- oder Kalbsfuß, Bohnenkraut und die ganze Rauchwurst zugeben. Zugedeckt bei schwacher Hitze 1 Std. 15 Min. kochen lassen.
Inzwischen das Weißbrot klein würfeln und in ½ EL Butter goldbraun rösten. Die Wurst herausnehmen, in sehr kleine Würfel schneiden und wieder zur Suppe geben. Das Rindermark in der Suppe 15 Min. ziehen lassen, aus den Knochen nehmen, klein schneiden und wieder zufügen. Mit Salz und Pfeffer würzen. Anrichten und mit Brotwürfeln und Petersilie bestreuen.

Tipps: Nach Belieben einen Teil der Linsen pürieren und die Suppe damit binden. Dann etwas mehr Fleischbrühe zufügen. Schneller geht es mit Linsen, die nicht eingelegt werden müssen.

Arbeitsaufwand: 15 Min.
Einweichzeit: 12 Std.
Kochzeit: 1 Std. 30 Min.

Für 4 Personen:
200 g Linsen, 1 ½ Zwiebeln
50 g geräucherter, magerer Speck, 125 g Schaf- oder Lammfleisch, 2 EL Butter
¾ l Fleischbrühe, 100 g Schweins- oder Kalbsfuß
½ Zweig Bohnenkraut
1 Entlebucher Rauchwurst
100 g Weißbrot
2 Markbeine, Salz, Pfeffer
1 EL gehackte Petersilie

Bärner Ärbsesuppe
Berner Erbsensuppe

Die Erbsen in 2 l Wasser 12 Std. einweichen. Die Zwiebel schälen und hacken. Das Gemüse waschen, putzen, schälen und grob zerkleinern. Die Speckwürfel in einer Pfanne auslassen, Zwiebel und Gemüse kurz mitdünsten. Die Erbsen samt dem Wasser beigeben und bei schwacher Hitze 1 Std. 30 Min. bis 2 Std. köcheln lassen. Vor dem Anrichten mit Salz und Pfeffer würzen. Brot in kleine Würfel schneiden, in Bratbutter goldgelb rösten und separat zur Suppe servieren.

Varianten: 4 »Gnagi« (gepökelte Schweinshaxen) mitkochen. In der Westschweiz liebt man die »Crème aux petits pois«, eine Erbsensuppe aus frischen, grünen Erbsen. Im Winter kann man tiefgekühlte verwenden. Einige zarte Spinat- oder Kopfsalatblätter in 1 EL Butter kurz anziehen lassen. 500 g enthülste grüne Erbsen und 1 EL gehackte Schalotten zufügen. 1–2 Min. unter Rühren mitdünsten. Wenig Salz und ½ TL Zucker zugeben und mit Gemüsebrühe bedecken. 10–15 Min. garen. Die Suppe im Mixer pürieren. Vor dem Servieren noch kurz aufmixen. 3–4 EL Doppelrahm zufügen. Mit Salz und Pfeffer abschmecken. Mit 2 EL gehacktem Kerbel oder ½ TL gehackter Minze bestreuen. Mit kleinen gerösteten Brotwürfeln servieren.

Arbeitsaufwand: 30 Min.
Einweichzeit: 12 Std.
Kochzeit: ca. 2 Std.

Für 5–6 Personen:
500 g gelbe oder grüne getrocknete Erbsen
1 große Zwiebel
1 Stange Lauch
1 Karotte
1 kleiner Knollensellerie (oder Selleriekraut)
100 g Speckwürfel
Salz, Pfeffer
5–6 Scheiben Brot
3 EL Bratbutter

Berner »Zibelemärit«

Der berühmteste unserer Herbstmärkte ist sicher der »Zibelemärit«, der am vierten Montag im November stattfindet. Der Ursprung dieses Brauches ist umstritten. Einer Überlieferung zufolge wurde er den Bewohnern der Gegend zwischen Murten und Neuenburgersee als Belohnung zugesprochen, weil sie nach dem Stadtbrand von 1405 besonders tatkräftige Hilfe geleistet hatten. Bis heute sind es tatsächlich immer noch Leute aus diesem Gebiet, die ihre Gemüse auf den »Zibelemärit« bringen. Wie dem auch sei – der Anblick der zu hohen Bergen getürmten und zu Kränzen geflochtenen Zwiebeln ist herrlich! Besonders schön ist es, dass dieser Markt mitten in der Stadt stattfindet. Nach dem Einkauf wärmt man sich in einem gemütlichen Lokal, wo es »Zibelechueche« oder eine Bauernbratwurst mit »Zibele« gibt. Seit einigen Jahren treten dort auch die »Zibelegrinde« in hohen Maskenhüten auf und glossieren aktuelle lokale Ereignisse.

Bärner Zibelechueche
Berner Zwiebelkuchen

Arbeitsaufwand: 30 Min.
Backzeit: 40–45 Min.

Für ein Blech von 24 cm Ø:
300 g geriebener Teig (siehe S. 46)
750 g Zwiebeln
3 EL Butter, 4 Eier
200 g Rahm, Salz, Pfeffer

Den Teig nach dem Grundrezept von Seite 46 zubereiten. Die Zwiebeln schälen und fein hacken. 2 EL Butter erhitzen. Die Zwiebeln darin unter häufigem Wenden 15–20 Min. glasig werden, dann abkühlen lassen. Die Eier mit dem Rahm gut verrühren, mit Salz und Pfeffer würzen und mit Zwiebeln mischen. Den Backofen auf 220° vorheizen. Den Teig etwa 3 mm dick ausrollen, auf das Blech legen, mehrmals mit einer Gabel einstechen und den Zwiebelguss darauf geben. Übrige Butter in Flöckchen darauf verteilen. Im Ofen (Mitte, Umluft 200°) 40–45 Min. backen.

Varianten: Für »Schaffuser Bölletünne« den Teig mit 800 g gedünsteten Zwiebeln und 50 g Speck belegen. Mit einem Guss aus 200 g Sauerrahm, 2 Eiern, Salz, Pfeffer, Muskat und 1/2 TL Kümmel begießen. Mit einigen Butterflocken belegen. Im Backofen (Mitte, Umluft 210°) 40 Min. backen.
Backen Sie zur Abwechslung einen Zwiebelkuchen ohne Guss, wie es früher im Zürcher Oberland gemacht wurde. Zwiebeln mit Butter und fein geschnittenem Speck glasig dünsten, auf dem Teig verteilen, mit wenig Salz, Pfeffer und Kümmel würzen und goldbraun backen.

Tipp: Die »Bölletünne« wird im Frühjahr mit frischen, jungen Zwiebeln zubereitet, weil sie so besonders gut schmeckt. Statt geriebenem Teig Weggliteig nehmen. Dazu passt ein würziger Weißwein aus dem Klettgau.

Suurrüebe
Sauerrüben

Zwiebel schälen und fein hacken. Schweinefett erhitzen und Zwiebel darin hellgelb anziehen lassen. Abgetropfte Sauerrüben zugeben. Umrühren und mit Bouillon ablöschen. Apfel reiben und zugeben. Nach Belieben mit Kümmel und wenig Pfeffer würzen. Zugedeckt bei schwacher Hitze 1 Std. kochen lassen.

Variante: Wie beim Sauerkraut Speck oder Schweinefleisch aus dem Salz mitkochen.
Tipp: Zum Einlegen die Rüben schälen, gut waschen, grob reiben und lagenweise mit etwas Salz in einen Steinguttopf, »Ankehafe«, geben. Mit einem Tüchlein zudecken, mit einem Stein beschweren und so viel Wasser zugeben, dass die Rüben damit bedeckt sind. 5–6 Wochen ziehen lassen, dabei darauf achten, dass das Gemüse immer mit Flüssigkeit bedeckt bleibt.

Arbeitsaufwand: 20 Min.
Kochzeit: 1 Std.

Für 6–8 Personen:
1 Zwiebel
1 EL Schweinefett (oder Bratbutter)
1 kg Sauerrüben (geschnitten und eingelegt)
$^1/_2$ l Fleischbouillon
1 Apfel
1 TL Kümmel (nach Belieben), Pfeffer

Aus »Räben« (weißen Rüben) kocht man im Aargau einfache, sehr gute Gerichte.

Räbemues
Weißes Rübenmus

Räben und Kartoffeln schälen, beides in Stücke schneiden und in Bouillon oder Wasser zusammen weich kochen. Durch das Passiergerät treiben. Mehl mit Milch oder Rahm verrühren und aufkochen lassen. Das Mus zugeben. Mit Salz, Muskat, Pfeffer, je 1 Prise Zucker und Kümmel würzen. Zwiebeln schälen, halbieren und in Streifen schneiden. Bratbutter erhitzen. Zwiebeln darin goldgelb rösten und auf dem Räbemues verteilen. Den Speck aufschneiden und dazu servieren.

Tipp: Gekochte Apfelstückli passen dazu. Die Kartoffeln werden oft separat gekocht und getrennt serviert. Räbemues passt auch sehr gut zu Rösti!

Arbeitsaufwand:
Kochzeit: 30–35 Min.

3 Räben, 3 Kartoffeln
300 ml Fleischbouillon
2 EL Mehl, 200 ml Milch oder Rahm, Salz, Muskatnuss, Pfeffer, Zucker
Kümmel, 3 Zwiebeln
3 EL Bratbutter
400 g Kochspeck am Stück

Räbe mit Schpäck | Weiße Rüben mit Speck

1 kg weiße Rüben und 400 g Kartoffeln schälen, in fingerlange Stifte schneiden. 1 gehackte Zwiebel in 1 EL Bratbutter 3–4 Min. anziehen lassen. 1 TL Mehl mitdünsten, mit $^1/_2$ l Fleischbouillon ablöschen. Rüben und Kartoffeln, Salz, 5 zerdrückte Wacholderbeeren und 600 g grünen oder gesalzenen, halb weich gekochten Speck zufügen, 45 Min. kochen. Etwa 20 Min. vor Ende der Garzeit eine Wurst zugeben. Gemüse mit Speckscheiben anrichten.

Zug bittet zu Tisch

In Zug, einer der Schweizer Steueroasen, lässt es sich nicht nur gut leben inmitten von Bergen und Seen, sondern auch gut tafeln. Auf der Durchfahrt kauft man die legendäre Kirschtorte, die weniger mit Kirschen als mit deren gebranntem Saft zu tun hat, oder den berühmten Zugerkirsch, der auch im benachbarten Kanton Schwyz mit besonderer Sorgfalt gebrannt wird. Im November darf man im Kanton Zug die »Zuger Röteli« – eine kleine Saiblingart mit rotem Bauch – nicht verpassen. Diese delikaten Fische gibt es nur im Zuger- und Aegerisee, und sie werden nach alter Art mit Kräutern oder an einer Rahmsauce zubereitet.

Zuger Röteli nach Walchwiler Art

Rötel mit Weißwein-Kräuter-Sauce

Arbeitsaufwand: 20 Min.
Bratzeit: 10–15 Min.

Für 4 Personen:
4 EL Schalotten
3 EL Butter
8 »Röteli«
Salz, Pfeffer
8 Zweige Thymian
200 ml trockener Weißwein
125 g Rahm
2 EL gehackte Kräuter (Thymian, Majoran)
Butter für die Form

Schalotten schälen und fein hacken. 1 EL Butter erhitzen und die Schalotten darin anziehen lassen. Die Fische ausnehmen, die Bauchhöhlen kurz ausspülen. Innen und außen mit Salz und Pfeffer bestreuen. Je 1 Zweig Thymian in die Bauchhöhlen legen. Backofen auf 180° vorheizen. Eine große feuerfeste Form mit Butter ausstreichen. Die Fische hineinlegen und mit Weißwein begießen. Ein Stück Pergament- oder Alufolie mit Butter bestreichen und mit der bebutterten Seite auf die Fische legen. Im Ofen (Mitte, Umluft 160°) 10–15 Min. ziehen lassen.
Den Kochsud aus der Form in einen flachen Topf gießen und bei starker Hitze auf die Hälfte einkochen lassen. Rahm zugeben und einkochen lassen, bis die Sauce leicht sämig ist. Die Kräuter zufügen. Die Sauce nochmals erhitzen und abschmecken. Die Fische aus dem Ofen nehmen und auf der Oberseite zwischen Kopf und Schwanz häuten. Mit der Sauce begießen.

Tipp: Die Fische nicht zu lange im Ofen belassen. Sobald sich die Brustflossen leicht lösen lassen, sind sie gar. Man kann den Sud durch ein Sieb abgießen, damit die Schalotten zurückbleiben. Die Sauce wird dadurch etwas delikater. Außerhalb der Saison kann man ganze Saiblinge oder Filets nach diesem Rezept zubereiten.

Die Zuger Röteli sind ganz besonders delikate Fische. Sie werden nur in der Zeit vom 15. November bis Mitte Dezember gefangen. Diese Edelfische werden in den Zuger Restaurants meistens an einer Weißweinsauce mit Kräutern angeboten. Ich liebe sie vor allem wie Forellen gekocht und mit zerlassener Butter begossen.

Vacherin Mont d'Or

Vacherin Mont d'Or, ein feiner Tafel- und Dessertkäse, der mit seinem vollfetten Teig und dem milden, rahmigen Aroma dem Rahmkäse gleicht, kommt aus der Vallée de Joux, dem Waadtländer und dem Neuenburger Jura. Im frühen Stadium ist er unregelmäßig klein gelocht, bei voller Reife fließend. So schätzen ihn übrigens Kenner am meisten; sie ersehen seinen Reifegrad an der Oberfläche der Rinde, die sich in weiche Falten wirft. – Der Vacherin Mont d'Or kommt oft schon vier Tage nach der Herstellung zum »Affineur«, der ihn vier Wochen hindurch bis zur Konsumreife pflegt. Auf dem Markt erscheinen die runden, 500 g bis 1 kg schweren Laibe in den kühlen Monaten September bis Februar. Da er zu diesem Zeitpunkt meistens noch nicht so appetitlich fließt, packt man die Spanschachtel am besten in ein feuchtes Tuch und legt sie für höchstens eine Woche in den Keller. Kleine Vacherins bringt man rasch zur gewünschten Reife, wenn man die Oberfläche mit ein wenig Wasser bestreicht und den Käse bei Küchentemperatur 1–2 Tage ruhen lässt. Klassische Beigaben sind »Gschwellti« und, nach Belieben, ein wenig Kümmel oder Nüsse.

Tête de Moine

Der lustige Name – Mönchskopf – geht wahrscheinlich auf die Mönche des Klosters Belleley im Berner Jura zurück, die sich einst der Käseherstellung widmeten. Einige weitere Käsereien im Berner Jura stellen auch heute noch den köstlichen Tête de Moine aus der gehaltvollen Milch der Sommerweidezeit her, weshalb er in der Regel nur von September bis März zu kaufen ist. Die runden, hohen Laibe wiegen 1–2 kg; die Reifezeit dauert 3–5 Monate. Dann entfaltet der Tête de Moine sein ganzes kräftig-zartes Aroma, das an die Kräuter der Juraweiden erinnert. Vor ein paar Jahren ließ sich ein cleverer Jurassier ein kleines Gerät einfallen, die Girolle. Damit entstehen durch Drehen auf dem Käse hübsche Rosetten, die zum Aperitif oder auf kalten Platten sehr attraktiv aussehen. So originell wie sein Name war auch die Art, wie man ihn früher aß: etwa 2–3 cm unterhalb der oberen Kante des Laibes wurde eine runde Scheibe abgeschnitten und der Käse aus der Rinde herausgeschabt, damit ein hohler Deckel entstand. Am unteren Teil des Käses schnitt man ein Band von 2–3 cm Rinde weg. Dann schabte sich jeder mit senkrecht geführtem Messer seine Portion Käse aus dem Laib, wobei der obere geschälte Streifen und die Rinde intakt bleiben sollten. Will man den Käse aufbewahren, befeuchtet man die Schabfläche mit ein wenig Weißwein und verschließt den Tête de Moine mit dem Rindendeckel oder einer speziellen Keramikhaube wie eine Schachtel. Zum Tête de Moine passt natürlich ein spritziger Weißwein, frisches Brot und eventuell Kümmel. Etwaige Reste geben dem Fondue einen aparten Geschmack.

Vacherin au four
Vacherin Mont d'Or im Ofen

Arbeitsaufwand: 15 Min.
Backzeit: ca. 20–30 Min.

Für 4 Personen:
1 reifer Vacherin Mont d'Or (ca. 800 g)
3–5 EL gehaltvoller Weißwein
2 Knoblauchzehen (nach Belieben)

Den Deckel der Spanschachtel wegnehmen und den Unterteil der Schachtel in Alufolie einpacken, dabei etwas Folie am Rand vorstehen lassen und diese nach innen umbiegen. In der Mitte des Käses eine Vertiefung von 3–5 cm eindrücken. Etwas Wein hineingießen. Den Knoblauch schälen und in Stifte schneiden. Die Kruste des Käses nach Belieben mit Knoblauchstiften spicken und mit einer Gabel mehrmals einstechen.
Den Backofen auf 200° vorheizen. Den Vacherin auf der ganzen Oberfläche mit dem restlichen Wein beträufeln und im Backofen (Mitte, Umluft 180°) 20–30 Min. backen. Der Käse sollte schmelzen, aber keine Kruste bilden.

Tipp: Das Gericht wie ein Fondue mit Brotwürfeln an der Gabel essen oder auf gekochte und gepellte Kartoffeln verteilen. Dazu ein Gläschen Kirschwasser und eventuell Baumnüsse (Walnüsse) servieren.

Gommer Fondue
Walliser Fondue

Für 4 Personen:
1 Knoblauchzehe
1 gestr. TL Mehl
1 gestr. EL Butter
$^1/_2$ l Milch
600 g Gommer Käse
Pfeffer, Muskatnuss

Den Knoblauch anschneiden. Das Caquelon damit ausreiben. Mehl mit Butter in einer kleinen Pfanne hellgelb dünsten. Kurz von der Herdplatte nehmen und mit der Milch ablöschen. Unter Rühren aufkochen, dann 5 Min. bei schwacher Hitze ziehen lassen. Die Sauce in das Caquelon geben, Käse zufügen und unter kräftigem Rühren zum Kochen bringen. Mit Pfeffer und Muskat abschmecken und auf das Rechaud stellen.

Tipps: Nach Belieben kann man ein Drittel Ziegenkäse und zwei Drittel Gommer Käse nehmen und mit wenig Cayennepfeffer würzen. Im Wallis gibt man ab und zu 1 Prise Safranfäden ins Fondue.

Das Käsefondue

Von Ausländern als unsere Nationalspeise betrachtet und im »Larousse Gastronomique« als Genfer Erfindung aufgeführt, stammt das Käsefondue nach Ansicht der Neuenburger aus ihrem Kanton, womit die Waadtländer und auch die Walliser nicht unbedingt einverstanden sind. Wie dem auch sei, das Fondue sollte nach wie vor in einem Caquelon, dem bekannten Tongeschirr, zubereitet werden. Es wird darin am besten! Entscheidend sind natürlich die Käsesorten, die verwendet werden. Hier das Grundrezept und seine Abwandlungen.

Fondue

Für 4 Personen:
1 Knoblauchzehe
600 g Käse
300 ml Weißwein
1/2 TL Speisestärke oder
1/2 TL Kartoffelmehl
3 Gläschen Kirschwasser
Pfeffer, Muskatnuss

Nach Belieben den Knoblauch schälen. Das Caquelon mit der Knoblauchzehe ausreiben. Den Käse reiben oder fein hobeln und unter Rühren mit dem Wein aufkochen lassen. Die Speisestärke oder das Kartoffelmehl im Kirschwasser auflösen und unter kräftigem Schlagen beifügen. Kurz aufkochen lassen, mit Pfeffer aus der Mühle und Muskat gut würzen und servieren. Während des Essens auf einem Spirituskocher mit regulierbarer Flamme weiterköcheln lassen. Immer wieder mit den fest auf der Fonduegabel aufgespießten Brotwürfeln rühren, damit das Fondue sämig bleibt.

Fondue-Varianten

Der Geschmack des Fondues wird durch die Käsemischung bestimmt. Hier die wichtigsten Mischungen:

Neuenburger Fondue

200 g Greyerzer, 200 g Emmentaler Jurakäse, 300 ml Neuenburger Wein

Waadtländer Fondue

Wird mit Greyerzer Käse, der von verschiedenen Käselaiben stammt, und ab und zu mit etwas Jurakäse sowie Waadtländer Chasselas zubereitet. Der Knoblauch wird fein gehackt und vor dem Zugeben leicht angeschwitzt.

Freiburger Fondue Moitié-Moitié

300 g Freiburger Vacherin, 300 g Greyerzer, 300 ml leichter Weißwein

Freiburger Fondue mit Vacherin

200 g vollreifer Freiburger Vacherin pro Person (am besten eine Mischung vom Fachmann zusammenstellen lassen). In diesem Fall enthält das Fondue keinen Wein. Käse bei schwacher Hitze mit 100–150 ml heißem Wasser auflösen, nicht kochen. Bei Tisch auf ein Kerzenrechaud stellen. Mit sehr wenig Salz, Pfeffer, Muskat und durchgepresstem Knoblauch würzen. Anstelle von Brotwürfeln können auch kleine Kartoffeln in das Fondue getaucht werden.

Genfer Fondue

10 getrocknete Morcheln mindestens 1 Std. in kaltes Wasser legen. Gut abtropfen lassen, große halbieren oder vierteln. 1 EL Butter erhitzen. Morcheln darin 15 Min. dünsten. 400 g Greyerzer, je 100 g Emmentaler und Jura- oder Alpkäse reiben. Mit $^1/_4$ l Genfer Weißwein unter Rühren aufkochen lassen. $^1/_2$ TL Speisestärke mit etwas Wein anrühren und unterrühren. Sobald das Fondue gleichmäßig wird, Morcheln zugeben. Eventuell 1 Knoblauchzehe schälen und dazupressen. Mit Pfeffer übermahlen.

Le Coup du Milieu

So nennt man den Schluck Kirschwasser, den man zwecks Förderung der Verdauung während des Fonduemahles möglichst »mittendrin« zu sich nimmt. Viele Fondueliebhaber baden auch ihre Brotwürfel zunächst einmal im Kirsch, bevor sie dieselben in den Käse tauchen.

Wer einen Brotbrocken verliert

spendiert eine Flasche Wein. Am besten am Schluss der Mahlzeit, denn bei uns hat sich eingebürgert, dass das Teetrinken zu diesem Käsegericht bekömmlicher ist. Damen haben es einfacher: Wenn ihnen ein Stückchen Brot von der Fonduegabel fällt, können sie mit einem Kuss bezahlen. Den Empfänger dürfen sie sich aussuchen!

Stilechtes Fondue-Essen

Will man vor dem Fondue eine Vorspeise servieren, dann am besten ein wenig Bindenfleisch oder Walliser Trockenfleisch mit einem Gläschen Weißwein. Als süßer Abschluss passen Früchte, frischer Fruchtsalat oder ein anderes einfaches Fruchtdessert.

Dezember

IN DER DEUTSCHEN Schweiz ist es noch Brauch, dass man am 6. Dezember herrliche Lebkuchen, Birnenbrote und Weggen auftischt. Vielerorts gibt es außerdem »Grittibänze«, lustige Gestalten aus Zopfteig, dazu Butter, Birnenhonig, Milchkaffee, Äpfel und Nüsse. Samichlaus und sein Begleiter, der Schmutzli, bringen diese Leckereien den braven und weniger artigen Kindern.

Dezember

Suppen

Fleisch- und Wurstgerichte

Fleischlose Gerichte

Beilagen

Gebäck

Die älteste Schweizer Erwähnung des St. Nikolaus stammt aus Basel im 14. Jahrhundert. Am 6. Dezember wollen damals schon Jugendliche, angeführt von einem als Bischof St. Nikolaus verkleideten Jungen, durch die Stadt gezogen sein. Am Schluss des Umzuges erhielt jeder einen Teigwecken. Später wurde der Wecken zu einem lustigen Teigmännchen und seiner Begleiterin, dem »Fröwli« (Frauchen), die erstmals 1857 erschienen. Der Name »Grittibänz« oder auf Baslerisch »Grättimaa« soll durch Gritte, grittle, grättle, dem Ausdruck für das Spreizen der Beine, und Bänz, dem Kurznamen von Benedikt, entstanden sein. Dieser Kurzname von Benedikt soll damals so populär gewesen sein wie heute Hans und Heiri, die auch »Maa« (Mann) bedeuteten. So verkörpert der Grittibänz eigentlich einen alten Mann mit gespreizten Beinen, der auch den hässlichen »Schmutzli« oder den strengen Knecht Ruprecht mit der Rute darstellen sollte.

Grittibänz
Hefegebäck

Arbeitsaufwand: 1 Std.
Gehzeit: 10 Min.
Backzeit: 25–40 Min.

1–2 kg Zopfteig (siehe S. 14)
Rosinen
kandierte Kirschen
Orangeat am Stück
Silberkügelchen
Schokoladeplätzchen
kleine Ruten (können selbst hergestellt werden)
Butter für das Blech
2 Eigelbe
1 Prise Salz

Den Teig nach dem Rezept von Seite 14 zubereiten. Ein Stück Teig in der gewünschten Größe zu einem länglichen Laib formen. Das obere Viertel beidseitig eindrücken, so dass ein Kopf entsteht. Den Teig auf beiden Seiten des Laibes mit einem Messer so einschneiden, dass man Arme herausziehen kann. Den Teig unten senkrecht mit einem Messer teilen, aus den beiden Teilen werden die Beine geformt, die unterste Spitze wird zu Füßen ausgebogen. Durch Einkerben oder Aufsetzen von kleinen Teigstreifen kann man Kittelrand und Hut markieren, durch Einsetzen von Rosinen Augen und Knöpfe, mit Kirschen den Mund, mit Orangenstreifen die Kleidung und die Nase. Silberkügelchen und Schokoladeplätzchen sind nicht obligatorisch, aber Kinder freuen sich über solche Knöpfe und etwas Glitzerwerk besonders. Auch Ruten gehören dazu. 2 Bleche einfetten. Die Grittibänze darauf legen, dazwischen genügend Abstand lassen. Nochmals 10 Min. an einem warmen Ort gehen lassen. Backofen auf 170° vorheizen. Dann 30 Min. im Kühlschrank ruhen lassen. Eigelbe mit Salz verquirlen. Das Gebäck damit zweimal bestreichen. Im Ofen (Mitte, Umluft 150°) je nach Größe 25–40 Minuten backen.

Für Biräwegge, auch ein Klausgebäck, 1 kg gedörrte Birnen, 300 g gedörrte Zwetschgen ohne Stein, 100 g Feigen 12 Std. in Wasser einweichen. Im Einweichwasser 30 Min. kochen. Abtropfen lassen, fein hacken. 100 g Rosinen, 200 g gehackte Baumnüsse und Trockenfrüchte mit 150 g Zucker, 100 ml Träsch, 1 EL Zimtpulver, $^1/_2$ TL Sternanis, 1 Msp. Nelkenpulver mischen. 500 g Blätterteig rechteckig ausrollen. Ofen auf 180° vorheizen. Füllung etwa 1 cm dick darauf streichen, dabei einen Rand frei lassen und auf die Füllung drücken. Teig aufrollen, zu einem flachen Rechteck formen. Die Enden mit Eiweiß bestreichen, festdrücken. Mit Eigelb bestreichen, mehrmals mit einer Gabel einstechen. Im Ofen (Mitte, Umluft 160°) 30–40 Min. backen.

So wie der Birnenfladen kommen auch der Appenzeller Rahmfladen, der Biber- oder Zimmetfladen und die kleinen dreieckförmigen Biberli, Hüetli genannt, auf den Weihnachtstisch. In den Rahmfladen gehören unbedingt »Änesli ond Pöpperli«, was so viel heißt wie Anis und Koriander. Früher wurde für diesen Fladen bis zu zwei Wochen lang »Pelz« (Milchhaut) gesammelt, der fast grau sein durfte.

Nidleflade
Rahmfladen; altes Rezept

Den Rahm über Nacht in die Nähe des Ofens stellen, damit er sauer wird. Mit Mehl und Gewürzen glatt verrühren. Er darf etwas dicker sein als Omelettenteig. Das Blech einfetten. Backofen auf 180° vorheizen. Den Brotteig ausrollen und auf das Blech legen. Die Füllung darauf verteilen. Im Ofen (Mitte, Umluft 160°) 30–40 Min. backen.

Tipps: Rahmfladen kann man einige Tage aufbewahren. Sie werden vor dem Servieren leicht aufgewärmt (früher machte man das im »Oferöhrli«, heute im schwach geheizten Backofen). Sie werden mit Bienenhonig (»gääle Hung«) oder Melasse bestrichen und schmecken gut zu Milchkaffee.
Variante: Die Füllung der neueren Rezepte enthält weniger Mehl, dafür 1–2 Eier. Statt Rahm Sauerrahm und anstelle von Brotteig geriebenen Teig (siehe S. 46) verwenden.

Arbeitsaufwand: 30 Min.
Backzeit: 30–40 Min.

500 g Rahm (darf sauer sein)
50 g Mehl
Salz, Pfeffer
»Änesli ond Pöpperli« (siehe oben)
500 g Brotteig
Butter für das Blech

Zimtfladen

Bei Verwendung von geriebenem Teig das Blech einfetten, bei Blätterteig das Blech kalt ausspülen. Backofen auf 220° vorheizen. Den Teig nach dem Grundrezept auf Seite 46 zubereiten, etwa 3 mm dick ausrollen, auf das Blech legen und mit einer Gabel dicht einstechen. Zucker und Zimt gut mischen und gleichmäßig darüber streuen. Den Fladen im Backofen (Mitte, Umluft 180°) 5 Min. vorbacken, kurz herausnehmen. Die Butter in Flocken schneiden und auf der Zuckerschicht verteilten. Den Fladen etwa 20 Min. bei Unterhitze weiterbacken.

Tipp: Noch besser wird dieser Fladen, wenn man ganze Zimtstangen im Cutter mahlt. So wird der Zimtgeschmack intensiver und aromatischer.

Arbeitsaufwand: 20 Min.
Backzeit: ca. 25 Min.

Für ein Blech von 26 cm Ø:
300 g geriebener Teig (siehe S. 46, oder Blätterteig)
100 g Zucker
2 TL Zimtpulver
50 g frische Butter
Butter für das Blech

Mir hat es der »Märchler Fladen« (siehe S. 50) besonders angetan, der neben Birnen auch Dörrzwetschgen enthält – eine besonders feine, gut gewürzte Mischung.

Über die Entstehung dieses Gebäcks lässt sich streiten. Nach einer St. Galler Version sollen Klostermönche in der Fastenzeit anstelle von Fleisch Biber als wassernahe, das heißt nahe der erlaubten Fische lebende Tiere genossen haben. Besonders beliebt waren die Biberpfoten, und deshalb sollen die Zuckerbäcker ihre ähnlich geformten Lebkuchengebäcke »Biber« genannt haben. Mit dieser Version scheinen die Appenzeller nicht einverstanden zu sein. Der Name stamme ursprünglich aus dem lateinischen »Pigmentur«, welches Farbe, Gewürz oder Spezerei bedeutet sowie mittelhochdeutsch »Bimente« hieß und später zu »Biben-Zelten« (flachen Gewürzkuchen) wurde. Wie dem auch sei, echte Appenzeller Biberli, sagen ältere Frauen, sollten unbedingt dreieckig geformt sein und spitz zulaufen. Die Füllung müsse aus Mandelmasse, Rosenwasser und Honig bestehen. Alles andere sei eine schlechte Kopie. Geblieben ist auch der Brauch, die Biberli-Rezepte als Brautgeschenk weiterzugeben.

Appezöller Biberli
Gefüllte Appenzeller Honiglebkuchen

Arbeitsaufwand:
1 Std. 15 Min.
Ruhezeit: 12–16 Std.
Backzeit: ca. 20 Min.

300 g Vollmehl
1/2 TL Backpulver
1 EL Rosenwasser
1 TL Zimtpulver
1/2 TL Nelkenpulver
1 Prise Muskatnuss
1 Msp. Kardamompulver
200 g Honig, 50 g Zucker
Füllung:
130 g geschälte gemahlene Mandeln, 3 EL Zucker
1 EL Rosenwasser
4 EL Honig, 1 Eiweiß
Mehl für das Blech
Milch zum Bestreichen
2 TL Kartoffelmehl
3 EL Honig

Mehl mit Backpulver mischen und in eine Schüssel sieben. Rosenwasser und Gewürze zugeben. Honig mit Zucker langsam aufkochen lassen und beiseite stellen. Mehl-Gewürz-Mischung nach und nach unter die Honigmasse mischen. Den Teig kneten, bis er nicht mehr klebt. 3–4 Std. kalt stellen.
Für die Füllung Mandeln mit Zucker, Rosenwasser, Honig und Eiweiß zu einer homogenen Masse verarbeiten. Sollte sie zu flüssig sein, etwas Mandeln zugeben. Die Konsistenz soll ähnlich wie die von Marzipan sein.
Den Backofen auf 200° vorheizen. Den Teig etwa 5 mm dick ausrollen und in etwa 6 cm breite Streifen schneiden. Die Mandelmasse durchkneten, damit sie weich ist. Daraus fingerdicke Rollen formen. Die Teigstreifen mit Wasser anfeuchten, die Mandelrolle darauf legen, einrollen und die Ränder gut andrücken. Mit einem scharfen Messer im Zickzack Dreiecke schneiden. Auf bemehltem Blech über Nacht ruhen lassen.
Am nächsten Tag mit Milch bestreichen. Im Backofen (Mitte, Umluft 180°) 20 Min. backen. Für die Glasur 2–3 EL Wasser und Kartoffelmehl verrühren, aufkochen lassen und den Honig untermischen. Etwas abkühlen lassen und die Biberli noch heiß damit bestreichen.

Tipps: Anstelle von Rosenwasser passt auch Orangenblütenwasser. Nach Belieben wenig Bittermandelaroma zum Teig geben.
An Weihnachten kann man aus dem Biberliteig »Herzchen« ausstechen und mit je einem Engelsbildchen verzieren.

Lozärner Läbchueche
Luzerner Lebkuchen

Den Rahm leicht schlagen und mit Birnenhonig, Träsch, Zucker, Orangeat und Zitronat und den Gewürzen mischen. Das Mehl mit dem Backpulver dazusieben. Mit der Milch zu einem weichen Teig verarbeiten. Backofen auf 180° vorheizen. Die Masse bergartig auf ein rundes Backblech geben und im Ofen (Mitte, Umluft 160°) 40–45 Min. backen. Den noch warmen Lebkuchen mit 2 EL Birnenhonig bestreichen.

Tipps: Den Lebkuchen mit frischer Butter, mit Birnenhonig oder mit leicht gesüßtem Schlagrahm servieren. Statt Backpulver doppeltkohlensaures Natron und anstelle von Träsch Kirschwasser nehmen.

Emmi Rütter aus St. Erhard, bekannt für den besten Lebkuchen weit und breit, findet mein Rezept gut, ihres aber noch besser. Sie betont, dass die Nidle richtig sauer sein müsse. Am besten kaufe man sie in der Käserei oder lasse sie zu Hause mindestens eine Woche richtig sauer werden. Dieser Lebkuchen lässt sich in Aluminiumfolie mehrere Tage frisch halten oder auch tiefkühlen.

Arbeitsaufwand: 30 Min.
Backzeit: 40–45 Min.

Für ein Blech von 26 cm Ø:
250 g Rahm
200 g Birnenhonig
50 ml Träsch, 100 g Zucker
40 g Orangeat und Zitronat
1/2 TL Zimtpulver
1/2 TL Anissamen
je 1 Msp. Muskat- und Nelkenpulver, 1 Prise Salz
500 g Vollmehl
1 TL Backpulver
150 ml Milch
2 EL Birnenhonig zum Bestreichen

Lozärner Rosechueche
Luzerner Rollkuchen

Hefe zerbröckeln. Mit 1 TL Zucker und 2 EL lauwarmem Wasser verrühren, 10 Min. gehen lassen. 1 Prise Salz und 60 g Zucker in der Milch auflösen. Mehl sieben, die aufgelöste Hefe zugeben, mit etwas Mehl bedecken. Die Eier verquirlen und mit Butter zum Mehl geben. Mit Milch zu einem Teig kneten, bis er sich von der Schüssel löst. In eine bemehlte, vorgewärmte Schüssel legen. Zugedeckt an einem warmen Ort 1 Std. 30 Min. gehen lassen, bis sich das Volumen verdoppelt hat. Teig nochmals durchkneten. Aprikosenkonfitüre pürieren und leicht erwärmen. Sultaninen waschen, abtropfen lassen. Mit Haselnüssen, übrigem Zucker, Rahm, Mandelessenz und kandierten Früchten mischen. Form einfetten. Ein Drittel des Teiges 2–3 mm dick ausrollen, in die Form legen, einen Rand hochziehen. Übrigen Teig viereckig ausrollen. Mit Konfitüre bestreichen, Füllung darauf verteilen. Streifen von etwa 4,5 cm Breite schneiden und einrollen. 6 oder 7 Rollen herstellen, diese in 1–2 cm Abstand auf den Teig stellen. Nochmals 45 Min. an der Wärme gehen lassen, dann 20 Min. kalt stellen. Backofen auf 190° vorheizen. Eigelb verquirlen. Kuchen damit bestreichen. Im Ofen (Mitte, Umluft 170°) 40 Min. backen. Wenn nötig, mit Alufolie abdecken. Puderzucker und Zitronensaft mit 1 EL Wasser aufkochen lassen. Den kalten Rollkuchen sofort damit bestreichen.

Arbeitsaufwand: 40 Min.
Ruhezeit: 2 Std. 50 Min.
Backzeit: ca. 40 Min.

Für eine Form von 26 cm Ø:
30 g Hefe, 100 g Zucker
Salz, 50 ml lauwarme Milch, 300 g Mehl, 3 Eier
50 g weiche Butter
2 EL Aprikosenkonfitüre
80 g Sultaninen
150 g gemahlene Haselnüsse, 2 EL Rahm
1/2 TL Mandelessenz
100 g kandierte Früchte
Butter für die Form
1 Eigelb, 50 g Puderzucker
2 EL Zitronensaft

Dieser Lebkuchen ist der urchigste meiner Lebkuchensammlung. Nachfolgend die Originalzubereitung mit einigen praktischen Hinweisen.

Nidwaldner Läbchueche
Lebkuchen nach Nidwaldner Art

Arbeitsaufwand:
1 Std. 15 Min.
Backzeit: 40–45 Min.

Für 1 rechteckiges Blech:
250 g Rahm, 1 1/2 Suppenschöpfer Birnenhonig
1/2 Zitrone, Träsch
1/2 geriebene Muskatnuss
je 1/2 TL gemahlener Anis, Sternanis und Zimtpulver
250 g Zucker, 1/2 l Milch
150 g Schweinefett
750 g Ruchmehl
100 ml saurer Most (Apfelwein), 1/2 TL Natron
Butter für die Form
Birnenhonig zum Bestreichen

Rahm und Birnenhonig in einen Melkkessel (oder eine Teigschüssel!) geben. Zitronenschale abreiben, den Saft auspressen. Beides mit 1 Gläschen Träsch, Muskat, Anis, Sternanis und Zimtpulver zugeben. Den Zucker in einer Messingpfanne karamellisieren, mit Milch ablöschen, Schweinefett dazugeben und erkalten lassen. Mit den übrigen Zutaten mischen. Wenn etwas Ruchmehl beigemengt ist, wird leicht erwärmter Gärmost (saurer Most) darunter gemischt, dann so viel Mehl beigegeben, bis der Teig schwer von der Kelle fällt (das Mehlquantum kann unterschiedlich sein, der Teig soll fest, aber nicht hart werden!). Zuletzt wird das Natron mit etwas Mehl gemischt und gut unter den Teig gerührt. Der Teig wird auf das bebutterte Blech gestrichen. Der Ofen wird mit einer grobknebligen Reiswelle geheizt, der Kuchen eingeschoben und ungefähr 1 Std. gebacken. Noch warm mit verdünntem Birnenhonig bestreichen. (Im Elektro- oder Gasbackofen 40–45 Min. bei 180° backen.)

Tipp: Der Lebkuchen wird in Stücke geschnitten und mit geschwungener »Nidle« gegessen. Das Originalrezept enthielt die doppelten Mengen, weil früher die Backbleche für den Holzkohlenofen eine Länge von 1 m hatten. Meine Angaben gelten für ein heutiges Backblech.

Honigläbchueche
Basler Lebkuchen

Arbeitsaufwand: 25 Min.
Ruhezeit: ca. 15 Std.
Backzeit: ca. 20 Min.

2 unbehandelte Zitronen
1 kg Honig, 400 g Zucker
1 EL Anissamen
1 Msp. Nelkenpulver
1/2 geriebene Muskatnuss
3 EL Kirschwasser
1 kg Mehl

Zitronen waschen, Schale abreiben. Honig aufkochen lassen, in eine Schüssel gießen. Mit Zucker, Anis, Zitronenschale, Gewürzen, Kirsch und 2–4 Händen voll Mehl verarbeiten. Etwas Mehl darüber streuen, 2–3 Std. stehen lassen. Ofen auf 160° (Umluft 140°) vorheizen. Übriges Mehl unterarbeiten, 15 Std. ruhen lassen. Arbeitsfläche mit Zucker bestreuen, den Teig darauf etwa 1 cm dick ausrollen. Runde oder rechteckige Lebkuchen ausschneiden, auf ein bemehltes Blech geben. Im Ofen (Mitte) 15–20 Min. backen. Lebkuchen entweder mit kaltem Wasser oder Zuckersirup (200 g Zucker mit 200 ml Wasser kochen) oder mit heißem »Lebkuchenglanz« (100 g Kartoffelmehl rösten, mit 1/2 l Wasser ablöschen und kochen, bis sich eine Haut bildet) bestreichen. Samichlausbildli nach dem Trocknen mit Eiweiß bestreichen und aufkleben.

Lebkuchen mit Bildli

Schon in alten Chroniken wird dieses Gebäck erwähnt, wenn auch in einem anderen Zusammenhang als hier bei uns. So kam es einst in Zürich zum »Lebkuchenkrieg«. Landleute plünderten in den Tagen vor Weihnachten jene Läden »unter den Tilinen« gegenüber dem Rathaus, in welchen Lebkuchen feilgeboten wurden. Dieses Ereignis soll für die politische Entwicklung der Stadt bis zur Reformationszeit Folgen gehabt haben. Bis zum 19. Jahrhundert wurden die Lebkuchen in kunstvoll geschnitzten Ton- oder Holzmodeln hergestellt oder mit Zuckerguss verziert. Dann kamen die »Lebkuchenbildli« in Mode. Die etwas kitschigen Abbildungen von prächtigen Samichläusen mit Bart, Engelsköpfchen, Herzen mit sinnigen Sprüchen gerieten allerdings wieder etwas in Vergessenheit. Nun bringt sie die Nostalgiewelle zurück, und da und dort werden sie in Boutiquen als Rarität wieder angeboten. Die größte Sammlung der Welt besitzt die Basler Zuckerbäcker-Familie Klein. Schnäbelnde Tauben, Rosenbuketts, Engel mit Schmachtlöcklein, Vergissmeinnicht und Märchenfiguren, Herzen mit Sprüchen und vor allem natürlich St.-Niklaus-Bilder sind hundert- und tausendfach archiviert. Im »Läckerlihuus« in Basel liegen die alten, kostbarsten unter Glas. Eine wahre Fundgrube für Liebhaber. Wohl war im 17. und 18. Jahrhundert in den Städten bereits der Ring als Eheversprechen bekannt, nicht aber auf dem Land. Und so galt dann vielfach der Lebkuchen als Ehepfand. Die Lebkuchenstände waren denn auch beliebte Treffpunkte für Liebende.

Honigläckerli
Honiglebkuchen

Mandeln und Haselnüsse mit Zucker, Honig, Eiweißen und Orangeat zu einem festen Teig verkneten, den man ausrollen kann. Je nach Eiweißmenge (Größe der Eier) braucht es etwas mehr oder weniger Mandeln oder Nüsse. Mindestens 30 Min. an einem kühlen Ort ruhen lassen. Backofen auf 160° (Umluft 140°) vorheizen. Blech einfetten. Arbeitsfläche mit Puderzucker bestreuen. Teig etwa 1/2 cm dick darauf ausrollen. Formen ausstechen oder mit dem Teigrädchen Vierecke ausschneiden und nicht zu dicht aufs Blech legen. Im Ofen (Mitte) 20–30 Min. backen. Puderzucker und Zitronensaft verrühren, die noch lauwarmen Leckerli damit bestreichen. Die Leckerli erst nach einigen Tagen essen.

Tipp: Auf der Basler Herbstmesse gibt es Kopien der alten Leckerli-Model.

Arbeitsaufwand: 1 Std.
Ruhezeit: 30 Min.
Backzeit: ca. 30 Min.

130 g gemahlene Mandeln
130 g Haselnusskerne
200 g Zucker, 2 EL Honig
2 Eiweiße, 50 g Orangeat
4 EL Puderzucker, 1 EL Zitronensaft, 3 EL Puderzucker zum Ausrollen
Butter für das Blech

Basler Läggerli
Basler Leckerli (im Bild)

Arbeitsaufwand:
1 Std. 15 Min.
Ruhezeit: über Nacht

500 g Bienenhonig
510 g Zucker
2 EL Zimtpulver
1 Prise Nelkenpulver
1 TL Muskatnusspulver
120 g Mandeln
120 g Haselnusskerne
je 100 g Orangeat und Zitronat, 1 unbehandelte Zitrone, 700 g Mehl
2 Msp. gereinigte Pottasche
200 ml Kirschwasser

Honig, 350 g Zucker, Zimt, Nelken- und Muskatpulver aufkochen lassen. Mandeln, Haselnüsse, Orangeat und Zitronat hacken. Zitronenschale abreiben. Alles in den Sirup geben und beiseite stellen.
Nach und nach zwei Drittel Mehl und die Pottasche dazusieben. Das Kirschwasser zufügen. Das restliche Mehl auf die Arbeitsfläche geben. Die Teigmasse darauf gießen und rasch verkneten. Den Backofen auf 230° (Umluft auf 210°) vorheizen. Den Teig halbieren, ausrollen und auf 2 rechteckige, mit Mehl bestäubte Backbleche verteilen. Über Nacht ruhen lassen.
Im Backofen (Mitte) 15–20 Min. backen. Für die Glasur übrigen Zucker und 100 ml Wasser vom Siedepunkt an 5 Min. kochen. Die rechteckigen Leckerli sofort ³/₄ tief einschneiden. Vom Blech nehmen, mit einem Bürstchen vom Mehl befreien und mit der heißen Glasur bestreichen. Die Leckerli ganz auseinander schneiden.

Tipp: Die hausgemachten Leckerli sind die besten. Gekaufte Leckerli sind sehr klein, aber zu Hause kann man sie in beliebig große Rechtecke schneiden.

Haselnussläckerli
Haselnusslebkuchen »Schloss Utzigen«

Arbeitsaufwand:
1 Std. 30 Min.
Ruhezeit: 4–5 Std.
Backzeit: 5–7 Min.

je 3 EL Orangeat und Zitronat, je 240 g gemahlene Haselnusskerne und Mandeln, 480 g Zucker
2 EL Bienenhonig
1 EL Zitronensaft
1 EL Zimtpulver
1 Msp. Sternanis
40 g Mehl, 4 Eiweiße
65 g Puderzucker
2 EL Zwetschgenwasser
2 EL Puderzucker, Butter

Orangeat und Zitronat fein hacken. Haselnüsse hellbraun rösten, erkalten lassen. Mit Mandeln, Zucker, Orangeat, Zitronat, Honig, Zitronensaft, Gewürzen und Mehl in einer Schüssel vermischen. Eiweiße steif schlagen und unterziehen. Mit den Händen zu einem gleichmäßigen Teig verarbeiten, der sich gut kneten lässt. 1 Std. ruhen lassen. Arbeitsfläche mit Puderzucker bestreuen und den Teig darauf etwa 6 mm dick ausrollen. (Wallholz ebenfalls mit Puderzucker bestreuen, damit der Teig nicht klebt.) Blech einfetten. Aus dem Teig kleine Rechtecke ausschneiden (eventuell mit Holzmodel formen, dabei die Model immer wieder auswaschen und im Puderzucker wenden), aufs Blech legen und 3–4 Std. antrocknen lassen.
Backofen auf 200° (Umluft 180°) vorheizen. Im Ofen (oben) in 5–7 Min. trocknen lassen (größere Leckerli 2–3 Min. länger). Puderzucker durchsieben, mit Zwetschgenwasser glatt verrühren und die noch heißen Leckerli damit bestreichen.

Tipp: Das ist mein liebstes Leckerli-Rezept. Es stammt von meiner Großmama, die in Schloss Utzigen groß geworden ist.

Anisbrötli
Anisbrötchen

Arbeitsaufwand:
1 Std. 15 Min.
Kühlzeit: 12 Std.
Trocknungszeit: 24 Std.
Backzeit: ca. 15 Min.

3 Eier
300 g Puderzucker
1 geh. TL Anissamen
1 EL Kirschwasser oder Zitronensaft
1 Prise Salz
400 g Mehl
Butter fürs Blech

Eier und Puderzucker zu einer Creme schlagen (im Rührwerk 10 Min.). Anis, Kirschwasser oder Zitronensaft und Salz zugeben. Mehl dazusieben und unterarbeiten (die genaue Mehlmenge hängt von der Größe der Eier ab). Der Teig soll so fest sein, dass man ihn mühelos zu einer Kugel formen kann. Über Nacht kühl stellen. Am nächsten Morgen den Teig etwa 1 cm dick ausrollen. Holz- oder Tonförmchen darauf legen, den Teig ringsum abschneiden. Die Förmchen umdrehen und den Teig sorgfältig hineindrücken. Den Teig lösen und den Rand mit einem Teigrädchen oder Messer egalisieren. Das Blech einfetten. Anisbrötchen darauf legen. Bei Küchentemperatur 24 Std. trocknen lassen, dabei die Bleche nicht aufeinander setzen. Unsere Großmütter legten sie auf den Schrank. Darauf beruht das Geheimnis der so genannten »Füßchen« dieser Biskuits. Im Backofen (Mitte) bei 160° (Umluft 140°) 15 Min. vorsichtig backen. Sie dürfen keine Farbe annehmen. Auch die Unterseite sollte hell bleiben.

Tipp: Nach dem Backen ist dieses Gebäck hart. Damit es weich und zart wird, muss man die Brötchen 3–4 Tage offen an der Luft stehen lassen. Dann in eine Blechdose geben und erst nach 2–3 Wochen essen.
Variante: Es gibt auch weiche Anisbrötli. Den Teig mit 4 Eiern, 125 g Zucker, 50 g Butter, 3 EL Rahm, je 1 Prise Salz und Triebsalz, 1 TL Anissamen und 300 g Mehl zubereiten. 2–3 Std. ruhen lassen, Leckerli formen und bei 170° 15 Min. backen.

Badener Chräbeli | Badener Springerle

Anisbrötliteig zu fingerdicken Rollen (etwa 1½ cm dick) formen. Durch Schrägschnitt in etwa 5 cm lange Stücke schneiden. Mit einem spitzen Messer in regelmäßigen Abständen dreimal bis zur Hälfte schräg einschneiden. Chräbeli leicht biegen und auf ein gebuttertes Blech legen. Über Nacht trocknen lassen und wie oben beschrieben backen. Auch hier ist es wichtig, dass sie »Füßchen« bekommen. Daran erkennt man die Backkünstlerin! Es soll von Vorteil sein, das Backblech zum Trocknen auf eine kühle Unterlage zu stellen, z. B. auf Marmor. Auf diese Art können die Chräbeli von oben trocknen. Auch die Bündner Anisguätali und die »Pains d'anis« im Kanton Fribourg werden ähnlich zubereitet. Letztere enthalten etwas mehr Anis und werden nicht nur an Weihnachten, sondern auch an der »Bénichon« serviert (siehe S. 220). Zu den Anisguetzli gehören auch die Springerli, die je nach Gegend aus einem ähnlichen Teig bestehen und in alten Gebäckmodeln geformt werden. Bei tiefen Modeln wird der Teig hineingedrückt und mit dem Wallholz gepresst, damit er sich gleichmäßig verteilt.

Im Dezember findet man typische Weihnachtsspezialitäten wie »Marzipanläckerli«, »Chüttenenpäschli«, »Tirggeli« und andere Süßigkeiten für die kommenden Festtage in den ausgezeichneten Konditoreien der Stadt Zürich. Ein ganz besonderes Erlebnis ist zu dieser Jahreszeit ein Besuch der nostalgischen »Confiserie Schober« im Niederdorf, wo man im Biedermeierdekor »Schoggoladekafi« (heiße Schokolade), Kaffee, Tee und frisch gebackenen Gugelhopf genießen kann.

Marzipan-Läckerli
Zürcher Marzipan-Leckerli

Mandeln mit Puderzucker 2–3-mal durch die Mandelmühle drehen und pulverfein mahlen. Durch ein feines Sieb in eine Pfanne geben. Eiweiß und 1 EL Rosen- oder Orangenblütenwasser beifügen. Bei schwacher Hitze unter Rühren erwärmen, bis sich die Masse vom Boden löst. Eine Marmorplatte oder ein Backbrett dicht mit Puderzucker bestreuen, die Masse darauf geben, gut durchkneten, etwa 1 cm dick ausrollen. Hölzerne Leckerliformen mit Puderzucker ausstreuen und auf den Teig drücken. Die Förmchen sorgfältig auseinander schneiden und auf bebutterte und mit Mehl bestreute Backbleche legen. 1–2 Tage bei Zimmertemperatur trocknen lassen, von Zeit zu Zeit mit Rosen- oder Orangenblütenwasser bestreichen. Backofen auf 150° (Umluft 130°) vorheizen. Leckerli im Ofen (oben) in 8–12 Min. trocknen lassen. Für die Glasur Puderzucker mit Eiweiß, Rosen- oder Orangenblütenwasser und 1–2 TL Wasser verrühren. Leckerli sofort damit bestreichen.

Varianten: Für rote Leckerli der Marzipanmasse etwas Sandelholzpulver (erhältlich in Drogerien), der Glasur etwas Himbeersirup, Randensaft oder Speisefarbe beimischen.
Für gelbe Leckerli Orangen- oder Zitronenschale beigeben und die Glasur mit etwas Safran oder Kurkuma färben.
Für braune Leckerli Zucker-Couleur (in Confiserien erhältlich) beifügen und auch die Glasur damit färben oder etwas starken Kaffee beimengen.
Für gefüllte Leckerli Marzipanmasse in zwei etwa 4 mm dicke Vierecke ausrollen. Mit Hagebutten- oder Quittenkonfitüre bestreichen und zusammensetzen. Leckerli schneiden und wie beschrieben trocknen und backen.

Arbeitsaufwand:
1 Std. 30 Min.
Trocknungszeit: 1–2 Tage

Grundmasse:
250 g geschälte Mandeln (darunter etwa 10 bittere Mandeln)
250 g Puderzucker
1 Eiweiß
3–4 EL Rosen- oder Orangenblütenwasser (Apotheke)
200 g Puderzucker
1/2 Eiweiß
1–2 TL Wasser
Puderzucker zum Ausrollen
Butter und Mehl für die Bleche

Zürcher Tirggeli

Dieses typische Zürcher Gebäck wurde bereits im Mittelalter an Jahr- und Weihnachtsmärkten angeboten. Es wird – so berichtet der Kulturhistoriker Edwin Arnet – erstmals 1461 im Zusammenhang mit einem Gerichtsfall urkundlich erwähnt. Eine andere Aufzeichnung besagt, dass 26 Jahre später die Hexe Margarethe Stucki-Bucher lebendigen Leibes eingemauert wurde, weil sie einem Manne »in ein Tirggeli Gift zuo essen geben habe, daz er stürbe«.

Im puritanischen Zürich war der Tirggel einstmals als Luxusgebäck verboten, und auch in Schaffhausen sahen sich die Behörden zu einschränkenden Maßnahmen gezwungen, da der Verkauf der begehrten Nascherei die Leute vom Kirchenbesuch abhielt. Aber die Tirggeli wurden zusehends beliebter. Kehrte der Mann von einem Zunftessen oder einem sonstigen Festmahl heim, pflegte er seiner Familie ein »Bhaltis« zu schenken. Zusammen mit dem gebackenen Tirggel brachte er aber meist auch einen Schwips mit nach Hause, auf den sich später die Bezeichnung »Tirggel« übertrug. Die Tirggeli wurden – und werden zum Teil heute noch – in wunderschönen Modeln geformt, die Ansichten aus Zürich oder aus der ganzen Schweiz wiedergeben. Zünfte und private Sammler haben die Model aufbewahrt, die heute begehrte Antiquitäten darstellen. Heimweh-Zürcher ließen sich die Zürcher Spezialität nach allen Erdteilen zuschicken. Dank der Mannigfaltigkeit der Model wurden Tirggeli nicht nur als Ansichtskarten verwendet, sondern auch als politisches Flugblatt, Bibel, Wappen oder gar als Heiratsannonce. Das Tirggelbacken ist eine etwas heikle Angelegenheit, besonders wenn man keine Model zur Verfügung hat. Man kann diese Spezialität aber in sehr guter Qualität kaufen.

Tirggeli
Zürcher Gewürzwaffeln

Arbeitsaufwand: 40 Min.
Backzeit: 1–2 Min.

400 g Bienenhonig
70 g Puderzucker
je 1 Prise Ingwer-, Anis-, Koriander- und Nelkenpulver und Muskatnuss
3–4 EL Rosenwasser, Mehl

Honig erwärmen, mit Puderzucker und Gewürzen verrühren. Mit Rosenwasser zu Sirup verdünnen, erkalten lassen. Mit so viel Mehl verkneten, dass ein fester Teig entsteht. Diesen etwa 2 mm dick ausrollen. Holzmodel mit Öl bestreichen, den Teig darauf legen und hineinpressen. Ränder glatt schneiden. Blech einfetten, mit Mehl bestäuben. Tirggeli darauf legen. Im Ofen (Mitte) bei starker Oberhitze (220°) in 1–2 Min. trocknen lassen.

Tipp: Die »Tirggeli« kann man bestellen bei der Confiserie Schurter am Central in Zürich, wo es noch andere Zürcher Spezialitäten gibt.

Zimmetschtärne
Zimtsterne

Die Eiweiße mit 1 Prise Salz steif schlagen. Zucker und Zimt zufügen und 10 Min. weiterrühren. 5 EL Eischnee für die Glasur beiseite stellen. Den Rest mit Mandeln und Zitronensaft oder Kirschwasser sowie der Zitronenschale zu einem Teig verarbeiten und 15 Min. ruhen lassen. Die Arbeitsfläche dicht mit Zucker bestreuen. Den Teig darauf bleistiftdick ausrollen und Sterne ausstechen. Backblech mit Pergamentpapier auslegen, dieses mit Butter bestreichen. Die Sterne darauf setzen und 30 Min. stehen lassen. Backofen auf 200° (Umluft 180°) vorheizen. Die Sterne mit übrigem Eischnee bestreichen und im Ofen (Mitte) 6–8 Min. backen.

Tipps: In alten Rezepten wird empfohlen, die Zimtsterne erst nach dem Backen mit Eischnee zu bestreichen und danach kurz im ausgeschalteten Backofen nachtrocknen zu lassen. Nach Belieben den Zitronensaft durch Kirschwasser ersetzen.

Arbeitsaufwand: 40 Min.
Ruhezeit: 45 Min.
Backzeit: 6–8 Min.

2 Eiweiße, Salz
250 g Zucker
1 TL Zimtpulver
250 g gemahlene Mandeln
1 EL Zitronensaft
1 TL abgeriebene Schale von 1 unbehandelten Zitrone
Zucker zum Ausrollen
Butter für das Blech

An Weihnachtsbräuchen, die mit dem Essen zusammenhängen, hat es früher nicht gefehlt. So pflegte man beispielsweise im Berner Jura, im Waadtland und im Tessin einen kleinen Baumstamm oder Holzblock auszuhöhlen und mit Kastanien, Nüssen und Früchten zu füllen. Man versah denselben mit einem Deckel, legte ihn kurz ins Feuer und schenkte ihn dann den Kindern. Als Überbleibsel dieser schönen Weihnachtssitte findet man heute in vielen Konditoreien die »Bûche de Noël«.

Bûche de Noël
Baumstamm

Zucker und Eigelbe cremig verschlagen. Mehl mit 1 Prise Salz durchsieben. Eiweiße steif schlagen. Ein rechteckiges Backblech einfetten. Backofen auf 200° (Umluft 180°) vorheizen. Mehl und Eischnee locker unter die Eiercreme ziehen. 25 g Butter erwärmen, bis sie flüssig ist, und unter den Teig mischen. Den Teig auf dem Blech gleichmäßig verteilen. Im Ofen (Mitte) in 8–10 Min. goldgelb backen. Sofort auf eine Marmorplatte oder Alufolie stürzen. Mit dem Blech darauf abkühlen lassen, damit er feucht bleibt. Übrige Butter und Puderzucker schaumig rühren. Kirschwasser und Schokoladenpulver unterrühren. Die Hälfte der Buttercreme auf den Biskuitteig streichen. Zu einer Rolle formen und die Enden schräg abschneiden. Restliche Buttercreme in einen Dressiersack mit gezackter Tülle füllen und die Rolle in engen Längsstreifen damit überziehen. Mit Biskuitenden 2–3 »Äste« formen.

Arbeitsaufwand: 1 Std.
Backzeit: 8–10 Min.

75 g Zucker
4 Eigelbe, 75 g Mehl
Salz, 3 Eiweiße
175 g Butter
100 g Puderzucker
3 EL Kirschwasser
2 EL Schokoladenpulver
Butter fürs Backblech

Basler Brunsli
Basler Braun

Arbeitsaufwand: 20 Min.
Ruhezeit: 1 Std.

3 Eiweiße
450 g ungeschälte gemahlene Mandeln
450 g Puderzucker
75 g dunkles ungesüßtes Schokoladenpulver
oder 120 g dunkle Schokoladen-Kuvertüre
(im Wasserbad aufgelöst)
2 EL Kirschwasser
1 TL Zimtpulver
1 Prise Nelkenpulver
100 g Grießzucker zum Ausrollen
Butter für das Blech

Eiweiße leicht verrühren. Mit den übrigen Zutaten mischen. Sollte der Teig zu nass sein, etwas Mandeln zugeben. 1 Std. kühl ruhen lassen. Backblech einfetten. Die Arbeitsfläche mit Grießzucker bestreuen. Den Teig darauf etwa 1 cm dick ausrollen, mit etwas Zucker bestreuen und Herzen, Kreuze und Kleeformen ausstechen und aufs Blech legen. 1 Std. bei Küchentemperatur trocknen lassen. Backofen auf 180° (Umluft 160°) vorheizen. Die Brunsli im Ofen (oben) 5 Min. backen, bis die Oberfläche leicht verkrustet ist, aber keine Farbe angenommen hat. Auf dem Blech 2–3 Min. liegen lassen, dann auf ein Gitter geben. Die knapp ausgekühlten Guetzli sofort in eine Blechdose oder einen Plastikbeutel (zum Tiefkühlen) füllen. Nicht an der Luft herumliegen lassen, sonst werden sie hart. In Koch- und Backbüchern steht, man müsse die Brunsli bei schwacher Hitze backen. Damit erreicht man genau das, was man vermeiden will – die Guetzli werden hart.

Tipp: Mein Mann war Basler. Da gab es keine Weihnachten ohne Brunsli. Allerdings brauchte ich 3 Jahre, bis sie so ausfielen, wie seine Großmutter sie gemacht hatte: innen sehr feucht und außen mit sehr dünner getrockneter Kruste.

Totebeinli
Haselnussstangen nach Churer Art

Arbeitsaufwand: 30 Min.
Kühlzeit: 1 Std.

500 g Haselnusskerne
½ unbehandelte Zitrone
100 g Butter, 500 g Zucker
500 g Mehl, 5 Eier
1 EL Zimtpulver

Haselnüsse grob hacken, eine Hand voll davon ganz lassen. Zitronenschale abreiben. Butter schaumig schlagen. Zucker, Mehl, Eier und Zimtpulver untermischen. Übrige Haselnüsse zugeben. Den Teig in drei Stücke teilen, ausrollen und in 10–12 cm breite Rechtecke schneiden. 1 Std. kühl stellen.
Den Backofen auf 160° (Umluft 140°) vorheizen. Die Rechtecke im Backofen (Mitte) 15 Min. backen. Herausnehmen, in Stangen schneiden und nochmals 3–5 Min. im ausgeschalteten Backofen »bähen«. Sie dürfen hellbraun werden.

Tipp: Kinder mögen diese knusprigen Stangen besonders gern.

Die Bündner backen Weihnachtsguetzli, die wir im Unterland nicht kennen.

Grassins
Engadiner Buttergebäck

Arbeitsaufwand: 40 Min.
Ruhezeit: 1 Std.
Backzeit: ca. 15 Min.

150 g Butter, 125 g Zucker
Salz, 1 TL Zimtpulver
1 Msp. Nelkenpulver
250 g Mehl

Die Butter mit dem Zucker schaumig rühren. 1 Prise Salz, Zimt- und Nelkenpulver zugeben und 10 Min. weiterrühren (mit Rührwerk 2–3 Min.). Das Mehl zugeben und mit kühlen Fingern rasch zu einem Teig verkneten. Den Teig 1 Std. kühl ruhen lassen.
Den Teig etwa 3 mm dick ausrollen und Herzen ausstechen. Im Backofen (Mitte) bei 170° (Umluft 150°) in 15 Min. hellbraun backen.

Tipp: Es gibt Grassins, die nur mit Vanillezucker gewürzt werden.

Bündnerli
Bündner Zimtgebäck; Familienrezept aus Chur

150 g Butter schaumig rühren. 1 Eigelb, 150 g Zucker, 1 EL Zimtpulver und 1 Glas Weißwein dazumischen. 500 g Mehl nach und nach dazusieben und unterrühren. Den Backofen auf 150° (Umluft 130°) vorheizen. Den Teig ausrollen, mit Förmchen ausstechen. Im Backofen (Mitte) 10–15 Min. backen.

Tipp: In einer Blechdose aufbewahren. Sie sind nur etwa 2 Wochen haltbar.

Ein Rezept aus dem Münstertal:

Spagnoletti
Bündner Mandelgebäck

Arbeitsaufwand: 30 Min.
Backzeit: ca. 10 Min.

150 g Mandeln
1/2 unbehandelte Zitrone
250 g Zucker, 3 Eigelbe
3 Eier, 250 g Mehl
Butter für das Backblech

Mandeln fein hacken. Zitronenschale abreiben. Zucker mit Eigelben und Zitronenschale zu einer weißlichen Creme schlagen. 1 Ei leicht verquirlen und zufügen, 5 Min. weiterschlagen, dann die übrigen Eier auf dieselbe Art zugeben. Das Mehl untermischen. Ein großes Backblech einfetten und mit Mehl bestäuben. Den Backofen auf 150° (Umluft 130°) vorheizen. Mit 1 Teelöffel von dem Teig kleine Häufchen abstechen und auf das Blech setzen. Die Häufchen mit den Mandeln bestreuen. Im Backofen (Mitte) in 10 Min. hellgelb backen.

Tipp: Dieses Gebäck passt wunderbar in das Weihnachts-Sortiment.

Ganz lustige Guetzli sind »Hosechnöpf« aus den Konditoreien der Ostschweiz und Basel. Aber auch die werden »Gedoldszältli« genannt, weil man sie erst im Munde »mit Geduld« zergehen lassen soll, bis man dem feinen Aroma dieses delikaten Gebäcks auf die Spur kommt. Vielleicht heißen sie aber auch so, weil man das Ei mit dem Zucker eine halbe Stunde rühren muss.

Gedoldszältli
Oblatengebäck

Arbeitsaufwand: 1 Std.
Backzeit: 10–15 Min.

125 g Zucker, 1 Ei
1/2 unbehandelte Zitrone
125 g Weißmehl, 4 große rechteckige Oblaten

Den Backofen auf 150° (Umluft 130°) vorheizen. Den Zucker mit dem Ei gut 30 Min. rühren. Die Zitronenschale abreiben und zugeben. Das Mehl dazusieben und verrühren.
Die Oblaten auf ein Backblech legen. Mit einem Teelöffel oder dem Spritzsack kleine Teighäufchen darauf geben. Das Oblatengebäck im Backofen (Mitte) 10–15 Min. backen.

Tipp: Die Zältli dürfen kaum Farbe annehmen.

Hosechnöpf
»Hosenknöpfe«

Arbeitsaufwand:
1 Std. 15 Min.
Ruhezeit: 1 Std.
Backzeit: 10–15 Min.

500 g Mehl, 1 Ei
1 unbehandelte Zitrone
250 g Zucker, 60 g Butter
100–150 ml Rosenwasser

Das Mehl auf ein Backbrett sieben, eine Vertiefung anbringen. Das Ei verquirlen. Die Zitrone waschen, abtrocknen und die Schale abreiben. Zucker, Butter in Flocken, Ei, Zitronenschale und etwas Rosenwasser beifügen. Alles rasch zu einem feinen Teig verarbeiten. Nach Bedarf Rosenwasser zugeben. Es soll ein weicher Teig entstehen, der sich formen lässt. Den Teig 1 Std. ruhen lassen.
Den Backofen auf 150° (Umluft 130°) vorheizen. Aus dem Teig fingerdicke Rollen formen. Davon etwa 1 1/2 cm lange Stücke abschneiden und diese zwischen den Handballen zu »Knöpfen« drehen. Auf ein mit Mehl bestäubtes Blech legen. Im Backofen (Mitte) 10–15 Min. backen. Das Gebäck soll nur ganz wenig Farbe annehmen.

Die Escalade

Dieses traditionelle Genfer Fest erinnert alljährlich an den misslungenen savoyardischen Überfall auf die Stadt in der Nacht vom 11. auf den 12. Dezember 1602. Das Wahrzeichen der Festlichkeiten ist die »Marmite«, die den armen Savoyarden von der »Mère Royaume«, einer tapferen Frau aus dem Volk, samt der Suppe über das Haupt gegossen wurde. Zur Erinnerung an diese entscheidende Tat gibt es in den Genfer Konditoreien anlässlich der »Escalade« solche Kochtöpfe aus Schokolade oder Nougat. Diese »Marmites« werden dann feierlich zerschlagen, und während der Inhalt – farbenfrohes Marzipan-Gemüse – herausquillt, ruft man laut aus: »C'est ainsi que périssent les ennemis de la République!« (So sterben die Feinde der Republik)
Eigentlich weiß man nicht genau, was für eine Suppe die Mère Royaume, die Heldin, welche jedes Jahr gefeiert wird, den Savoyarden über die Köpfe gegossen hat. Das heutige Rezept soll Anfang des 20. Jahrhunderts von einem Küchenchef Albert Faucon erfunden worden sein. Es enthält unter anderem Kartoffeln, die zur Zeit der Escalade bei uns jedenfalls noch nicht bekannt waren.

La soupe de la Mère Royaume
Genfer Gemüsesuppe

Arbeitsaufwand: 40 Min.
Kochzeit: 2–3 Std.

Jede Hausfrau bereitet diese Gemüsesuppe auf ihre Art zu. Da und dort ist es noch Brauch, dass die Schulkinder zur Escalade ein Gemüse mitbringen. Alle mitgebrachten Gemüse werden – verbunden mit einer Geschichtslektion – zu einer Suppe gekocht. Dafür alle Gemüse zerkleinern und stundenlang bei schwacher Hitze kochen. Zuletzt nach Belieben eine Hand voll Reis zugeben.

Tipp: Zur Suppe isst man eine »Longeole« (Genfer Wurst) oder ein Stück »tomme« au marc und danach »Rissoles aux poires«.

Rissoles aux poires

500 g geriebenen Teig nach dem Grundrezept von Seite 46 zubereiten, ausrollen und runde Plätzchen von 8 cm Durchmesser ausstechen. 1 kg Birnen klein schneiden und langsam zu Mus einkochen. Mus wiegen und mit der gleichen Menge Zucker nochmals einkochen. Je 100 g fein gehacktes Zitronat und Orangeat, 2 EL Rosinen, 1 TL Zimtpulver und 1–2 EL Weißwein untermischen. Je 1 EL Füllung auf Plätzchen geben, diese zu Krapfen falten, verschließen und mit Eigelb bestreichen. Im Backofen (Mitte) bei 200° backen.

Tipp: In Genf gibt es dafür eine besondere, aber inzwischen selten gewordene Birnensorte.

Das Weihnachtsessen

Wenn mich Ausländer fragen, was eigentlich in der Schweiz zu Weihnachten Typisches auf den Tisch komme, zögere ich immer ein wenig mit der Antwort. Von Deutschland haben wir die Gans übernommen, und Amerika bescherte uns den Truthahn. Immerhin haben wir noch die Berner Platte (siehe S. 298) und den Hammen (siehe S. 300) oder das »Laffli« aus dem Emmental oder einen anderen Weihnachtsschinken, der entweder im Sud gekocht, überbräunt oder in Brotteig gebacken wird. Dazu gibt es meistens Sauerkraut oder Kartoffelsalat.

Wienachtsschinke
Weihnachtsschinken (im Bild)

Arbeitsaufwand: 30 Min.
Kochzeit: 3 Std. 15 Min.
Backzeit: ca. 15 Min.

Für 10 und mehr Personen:
1 Beinschinken (etwa 4–5 kg)
3 EL milder Senf
2 EL Zucker, Gewürznelken, Perlzwiebeln

Den Schinken 3 Std. bis 3 Std. 15 Min. im Sud ziehen lassen, dann entschwarten. Die Fettschicht mit einem scharfen Messer karoförmig einschneiden. Den Backofen auf 240° vorheizen. Zum Glasieren Senf, Zucker und 1/2 EL Wasser (oder Wein) verrühren und auftragen, den Schinken mit Gewürznelken spicken. Mit den Perlzwiebeln in eine Auflaufform geben. Den Schinken im Backofen (Mitte, Umluft 220°) 15 Min. überbräunen. Nochmals mit Glasur bestreichen, 2–3 EL Schinkensud beifügen und 10 Min. weiterbacken. Den Ofen ausschalten und den Schinken vor dem Aufschneiden noch 15 Min. darin stehen lassen. In der Form samt den Perlzwiebeln servieren.

Tipp: Dazu passt der Kartoffelsalat mit Nussöl sehr gut (siehe S. 331).

Brotschinke
Brotschinken

Arbeitsaufwand: 45 Min.
Ruhezeit: 30 Min.
Backzeit: ca. 4 Std.

Für 12 Personen:
1 Zwiebel, 1 Lorbeerblatt, 1 Nelke, 4–5 kg entbeinter Bauernschinken
6 EL Senf, 1 EL Zucker
2 EL Weißwein
3 kg Schwarzbrotteig
1 Eiweiß

Die Zwiebel schälen, mit Lorbeerblatt und Nelke spicken. Mit dem Schinken in 3 l Wasser 1 Std. kochen lassen. Die Schwarte sorgfältig entfernen. Senf, Zucker und Weißwein gut mischen. Den Schinken damit bestreichen. Den beim Bäcker vorbestellten Brotteig (pro weiteres kg Schinken etwa 750 g Teig mehr) etwa 1 cm dick ausrollen. Das Eiweiß verquirlen, den Teig damit bestreichen. Den Schinken mit der Oberseite nach unten darauf legen und gut einpacken. Die Ränder mit Wasser leicht befeuchten und fest zusammendrücken. Das Paket mit der Naht nach unten auf ein Backblech legen und 30 Min. stehen lassen. Bei 170° im Ofen (unten, Umluft 150°) 4 Std. backen. Wenn nötig, nach einiger Zeit mit Alufolie abdecken. Den Ofen ausschalten und den Schinken noch 10 Min. darin stehen lassen. Zu jeder Schinkentranche etwas Brotkruste mitservieren.

Hier noch die einfachste Art, einen Schinken zuzubereiten. Unsere »compatriotes« in der Westschweiz haben ihn so am liebsten.

Jambon »à l'os«
Gekochter Beinschinken

Arbeitsaufwand: 15 Min.
Wässerung: 24 Std.
Kochzeit: 3 Std. 15 Min.

Für 12 Personen:
1 Beinschinken (etwa 4,5 kg), 1 Zwiebel
1 Lorbeerblatt, 1 Nelke

Den Schinken in eine tiefe, große Schüssel legen. Mit kaltem Wasser bedecken und 24 Std. stehen lassen. Die Zwiebel schälen, mit Lorbeerblatt und Nelke spicken. Mit 3–4 l Wasser aufkochen lassen. Den Schinken abtropfen lassen, zugeben und 3 Std. 15 Min. darin ziehen lassen. Den Schinken entschwarten und warm oder kalt mit Senf servieren.

Beilage: Dazu passt besonders gut ein feiner Lauchgratin oder Nüsslisalat (siehe S. 331).

Ein Gericht, dessentwegen früher viele Gäste nach Chardonne in das leider verschwundene Restaurant »La Poule au Pot« pilgerten, ist der »Jambon du docteur«. Ein Arzt aus der Gegend, Dr. Champrenaud, dessen Vater und Bruder Metzger waren, verriet das Familienrezept dem Besitzer des betreffenden Restaurants, und so erhielt es seinen Namen. Hier das Rezept, das ich nach dem Essen im Restaurant aus der Erinnerung nachgekocht habe.

Le Jambon du docteur
Schinken nach Art des Doktors

Arbeitsaufwand: 30 Min.
Kochzeit: 15 Min.

Für 4 Personen:
2 Schalotten
1/2 Knoblauchzehe
4 Scheiben gekochter Schinken (1/2–1 cm dick)
1/2 EL Mehl, 2 EL Butter
300 ml Waadtländer Weißwein, Salz, Pfeffer, Zucker
1 EL Tomatenmark
2 EL Madère, 1 EL Rahm
1 EL gehackte Petersilie

Die Schalotten schälen und fein hacken. Den Knoblauch schälen. Die Schinkenscheiben beidseitig leicht anbraten. Die Schalotten kurz mitbraten. In einer kleinen Pfanne Mehl mit Butter zu einem »Roux«, also leicht hellbraun, rösten. Mit dem Wein ablöschen. Den Knoblauch dazupressen. Mit Salz, Pfeffer und 1 Prise Zucker würzen. Das Tomatenmark unterrühren und alles 10 Min. kochen lassen. Madère und Rahm unterrühren. Den Schinken anrichten und die Sauce darüber geben. Mit Petersilie bestreut servieren.

Tipp: Eine gute Verwendung von Resten eines ganz gekochten Schinkens (z. B. »Jambon à l'os«, siehe oben).

Beilage: Dazu passt Kartoffelstock und ein Gläschen Chardonnay.

Ein Kartoffelsalat, der seinen einmaligen Geschmack dem Nussöl verdankt, einer Spezialität der Gegend von Lausanne.

Salade de pommes de terre
Kartoffelsalat mit Nussöl

Die Kartoffeln waschen und mit Schale garen. Knoblauch schälen und fein hacken. Das Öl mit dem Essig, Wein, nach Belieben Senf, Salz, Pfeffer und Knoblauch verrühren. Die Kartoffeln pellen, in Scheiben schneiden und unter die Sauce mengen.

Tipp: In Genf werden dazu Longeoles serviert, oft mit Fenchel gewürzte Spezialwürste, die man zuerst kochen muss. Besonders schmackhaft sollen sie sein, wenn sie in Marc gegart werden, was ab und zu während des Destillationsprozesses gemacht wird. Ich habe noch nie Gelegenheit gehabt, dies zu versuchen. Man sagt den Winzern nach, sie würden jeweils einige Longeoles, in Jute verpackt, in den Brennapparat legen.

Arbeitsaufwand: 15 Min.

Für 4 Personen:
500 g Kartoffeln
2 Knoblauchzehen
4 EL Baumnussöl
1 TL Weinessig
1 EL Weißwein
1 TL scharfer Senf (nach Belieben)
Salz, Pfeffer

Nüsslisalat mit Ei
Feldsalat mit gehacktem Ei

Den Salat gut waschen und abtropfen lassen. Die Eier pellen, in Scheiben schneiden und hacken. Den Knoblauch schälen. Den Essig mit Salz und Pfeffer gut verrühren. Knoblauch dazupressen. Das Öl und die Kräuter zugeben und unter die Sauce mischen. Den Salat unmittelbar vor dem Servieren mit der Sauce anmachen und die gehackten Eier darüber streuen.

Tipps: Im Mai sieht man immer mehr großflächige, wunderbar gelb blühende Rapsfelder. Immer häufiger wird das früher eher verpönte Rapsöl verwendet, und heute weiß man auch seine diätetischen Qualitäten zu schätzen. In der Westschweiz nennt man den Nüsslisalat »mâche«.

Varianten: Dieser Salat lässt sich mit Käsewürfeln (z. B. von Greyerzer), gerösteten Speckwürfelchen oder geschmolzenen, im Ofen erwärmten Ziegenkäslein anreichern.
Oft mischt man auch in Butter geröstete Brotcroûtons darunter. In diesem Fall die Eier nicht hacken, sondern nur 6–8 Min. kochen, pellen und längs halbieren.

Arbeitsaufwand: 25 Min.

Für 4 Personen:
200 g Nüsslisalat (Feldsalat)
2 hart gekochte Eier
1 Knoblauchzehe
1 EL Rotweinessig
Salz, Pfeffer aus der Mühle
3 EL kalt gepresstes Rapsöl
1 TL gehackte Petersilie
1 TL Schnittlauchröllchen

Zum Nachschlagen

HIER FINDEN SIE interessante Informationen über wichtige Schweizer Fische, erhalten einen Überblick über die Palette der Schweizer Käsesorten in den verschiedenen Kantonen und lernen Schweizer Weine kennen. Im Sprachbrevier werden Schweizer Ausdrücke erklärt, und das Register enthält die Rezeptnamen in Original- und Schriftsprache.

Steckbriefe der wichtigsten Schweizer Fische

Äsche, franz.: Ombre de rivière, ital.: Temolo

Durchschnittliche Größe: 25–40 cm

Das charakteristische Merkmal dieses Fisches ist die lange, hohe Rückenflosse. Er ist kleinmäulig und hat oval verzogene Pupillen. Sein Kopf ist klein mit spitzer Schnauze und vorstehendem Oberkiefer.

Fang: Die Äsche lebt als Schwarmfisch in klaren, kühlen, schnell fließenden Gewässern mit Sand- und Kiesgrund. Bekannt ist dieser Fisch vor allem in der Ostschweiz (Rhein).

Kulinarische Eigenschaften: Die Äsche hat ein besonders zartes, aromatisches Fleisch mit einem leichten Thymiangeschmack; sie wird von Fischliebhabern besonders geschätzt. Am besten schmeckt sie in Butter gedünstet und nur mit Salz und Pfeffer gewürzt.

Barbe, franz.: Barbue, ital.: Barbo

Durchschnittliche Größe: 25–40 cm

Die Barbe hat einen schlanken Körper. Ihre mittelgroßen Schuppen sitzen tief, aber sehr regelmäßig verteilt auf der Haut. Die Augen sind braun und hoch am Kopf platziert. Unterhalb der fleischigen Lippen hat dieser Fisch einige Bartfäden (Barteln), die ihm bei der Futtersuche im Sand oder unter Steinen behilflich sind. Sie überlebt nur in sauberem Wasser. Die Rückenflossen sind kurz. Die Farbe der Barbe ist beinahe identisch mit jener des Bachbettes.

Fang: Die Barbe liebt fließende Gewässer. So findet man sie vor allem in größeren Bächen und Flüssen.

Kulinarische Eigenschaften: Das Fleisch eignet sich für Saucengerichte, z. B. mit Tomaten, Senf, auch Rotwein, oder für Fischsuppen.

Egli (Barsch), franz.: Perche, ital.: Pesce persico

Durchschnittliche Größe: 15–25 cm

Der Körper dieses Fisches ist seitlich leicht zusammengedrückt, relativ hoch, mit stumpfer Kopfform und knapp nebeneinander stehenden Rückenflossen. Die vordere hat Stachelstrahlen und am hinteren Ende einen schwarzen Augenfleck. Die Brustflossen sind gelblich, die Bauch- und Afterflossen rötlich bis zinnoberrot, der Rücken dunkel und die Seiten heller schwärzlich grün bis messinggelb, mit sechs oder sieben dunklen Querstreifen, Unterseite weiß.

Fang: In unseren Seen und langsam stömenden Gewässern.

Kulinarische Eigenschaften: Der Fisch ist ab und zu schwer erhältlich. Das Fleisch ist zart und wohlschmeckend. Meistens werden Egli filetiert zubereitet. Ganz kleine Egli (Perchettes) werden, vor allem in der Westschweiz, ganz frittiert und als »Friture« serviert. Am besten schmecken Eglifilets in Butter gebraten oder an einer Weißweinsauce.

Felchen, Renken, franz.: Féra, ital.: Coregone (Lavarello)

Durchschnittliche Größe: 30–40 cm

Die Coregonen umfassen verschiedene Fischsorten wie Blaufelchen, Balchen (Ballen), Lavaret usw., so dass man nur generell auf diese Sorten eingehen kann. Sie variieren je nach Gewässer. Ihre Färbung ist dunkelgrün bis blausilber, ihr Maul endständig bis unterständig, und sie haben je nach Sorte 20–47 Kiemendornen.

Fang: Zum Beispiel im Bodensee (Blaufelchen und Gangfisch), Neuenburger- und Bielersee (Bondelles, Pfärit, Palées), Zugersee, Vierwaldstättersee (Balchen, Ballen, Albeli).

Kulinarische Eigenschaften: Das Fleisch der Felchen ist zart, fest und leicht verdaulich. Felchen eignen sich ganz, in Tranchen oder als Filets zum Dünsten, Braten und Zubereiten in verschiedenen Saucen. Frisch geräuchert sind sie eine Delikatesse.

Flusskrebs, franz.: Ecrevisse, ital.: Gambero di fiume

Durchschnittliche Größe: ca. 10 cm

Schwarzer Krebs mit zwei ungleich großen Scheren. Ist in der Schweiz selten geworden. Wird aber nun vermehrt in Privatweihern ausgesetzt und nur noch im Hochsommer gefangen. Er wirft seinen Panzer mehrmals ab. Während der Häutung wächst die weiche Haut unter der alten, verhärtet sich und sprengt das alte Kleid ab. Außerdem hat er die Fähigkeit, ganze Glieder, die ihm abhanden gekommen sind, zu ersetzen.

Fang: Ausgesetzte Krebse werden betreut und ab Juli aus Bächen, kleinen Seen und Weihern gefangen und meistens an Restaurants oder private Feinschmecker verkauft.

Kulinarische Eigenschaften: Diese fangfrischen Krebse schmecken am besten direkt aus einem aromatischen Sud (mit Dill oder Kümmel). In der Westschweiz werden sie meistens als Gratin, Bisque (Suppe) oder als Garnitur serviert.

Forelle, franz.: Truite, ital.: Trota

Durchschnittliche Größe: Bachforelle 20–35 cm

Der Forellenkörper ist torpedoförmig, seitlich mäßig zusammengedrückt. Der Schwanzteil ist kürzer als beim Salm, die Färbung sehr unterschiedlich: schwarze und rote Tupfen, letztere meist blau oder weiß umrandet. (Erwachsene Seeforellen haben nur schwarze Flecken.) Der Rücken ist meist oliv-braungrün. Seiten und Bauch sind grüngelb bis grünsilber.

Fang: Bachforellen: in sauberen Alpen- und Bergbächen. Seeforellen: in Seen und zum Teil in großen Flüssen. Zuchtforellen: in Forellenzuchtanlagen, das ganze Jahr hindurch.

Kulinarische Eigenschaften: Bachforellen haben ein herrliches, nussiges Fleisch und sollten nur »blau« gekocht oder im eigenen Saft gegart werden. Zuchtforellen schmecken vor allem gebraten, mit Kräuter- oder anderen Saucen. Seeforellen werden meistens ganz pochiert oder oft kalt gegessen. Als Variante gibt es noch die einst aus Nordamerika eingeführte Regenbogenforelle. Sie wird wie Bach- und Zuchtforellen zubereitet.

Hecht, franz.: Brochet, ital.: Luccio

Durchschnittliche Größe: 45–70 cm
Schlanker runder Fisch mit flachem Kopf und einem entenschnabelähnlichen Maul. Rücken- und Afterflossen sind weit zurückgesetzt. Färbung lichtgrau bis metallisch, bläulich grün oder oliv- bis blaugrün, Seiten heller mit Marmorierungen oder Flecken.
Fang: in Seen und Flüssen, beste Zeit im August/September.
Kulinarische Eigenschaften: feines, kerniges, festes Fleisch. Einziger Nachteil sind die vielen und starken Gräten und die kleinen senkrechten Gabelgräten. Muss vor dem Zubereiten geschuppt werden. Kleinhechte (1–3 kg) schmecken am besten »blau« zubereitet, pochiert mit feinen Saucen, ohne Teig frittiert. Sein Fleisch eignet sich besonders gut für Füllungen, Pasteten oder »Quenelles« (kleine Fischklößchen).

Karpfen, franz.: Carpe, ital.: Carpa

Durchschnittliche Größe: 30–40 cm
Hat einen schlanken, abgeplatteten Körper mit langen Rückenflossen. Je nach Art ist er ganz bis fast nicht beschuppt. Das Maul ist endständig mit vier Barteln an der Oberlippe.
Fang: frei lebende Karpfen in Teichen und Seen.
Kulinarische Eigenschaften: Am besten geeignet sind Spiegelkarpfen. Müssen vor der Zubereitung geschuppt und lebend gewässert werden. Das Fleisch ist wohlschmeckend und leicht verdaulich. Häufigste Zubereitungsarten: »blau« gekocht oder gebacken.

Saibling, franz.: Omble chevalier, ital.: Salmerino

Durchschnittliche Größe: Seesaibling 20–40 cm
Forellenähnlicher Fisch mit grünlichem Rücken, aufgehellten Seiten und gelbrötlichem Bauch, zur Laichzeit, besonders beim Männchen, tiefrot.
Fang: in kalten, tiefen Seen. Die Saiblinge bevorzugen Temperaturen unter 10°. Kommen in den Wintermonaten an die Oberfläche. Im Walensee, Zugersee (Zuger Röteli, siehe S. 304), im Vierwaldstättersee und im Genfersee (Omble chevalier). Saiblinge werden auch im Luganersee mehrfach mit Erfolg ausgesetzt.
Kulinarische Eigenschaften: Saiblinge sind eine Delikatesse – die zartesten und schmackhaftesten Süßwasserfische, die es gibt. Das rötliche Fischfleisch hat einen feinen, nussigen Geschmack. Sie munden am besten »blau« gekocht oder in Butter gedünstet.

Zander, franz.: Sandre, ital.: Lucioperca

Durchschnittliche Größe: 40–50 cm, oft mehr
Großer, schlanker Fisch mit hechtähnlichem Kopf. Rücken und Seiten sind graugrün bis grau, die Unterseite ist silberweiß mit vielen Schuppen. In der Jugend hat er seitlich 8–10 braune Querstreifen. Er ist ein Raubfisch und ernährt sich von kleineren Fischen.
Fang: Der Zander lebt in tiefen Seen mit Sandboden oder in Flüssen.
Kulinarische Eigenschaften: Der Zander hat ein sehr gutes, mageres, festes Fleisch. Er wird pochiert, braisiert, auch im Ofen gebraten. Filetiert passt er zu feinen Saucen. Dieser Fisch eignet sich auch zum Braten, für Ragouts und Suppen.

Die Vielfalt der Schweizer Käse

Hier die traditionellen Schweizer Käse mit ihrem Herkunftsort:

Appenzell	Appenzeller, Appenzeller Rässchäs, Säntis, Geisskäse, Ziegenkäse
Basel – Baselland	Basler Mutschli
Berner Oberland	Hobelkäse (Saanen), Schnittkäse (Saanen, Rosenlaui, Hasliberg, Engstlen, Niesenkette, Frutigtal, Adelboden) Bergkäse (Saanen, Obersimmental) Alpenkäse (Grindelwald, Habkern, Laxeten, Meiringen) Alpen-Schnittkäse (Riedern, Vogts-Allgäu, Kemmeriboden, Brienzerberg/Axalp, Rothorngebiet) Brienzer Mutschli, Hornberger Mutschli, Geisskäse (Lenk, Saanen, Hornberg) Ziegenkäse (Lenk, Gstaad, Alp Seeberg, Schönried) Ziegenkäseproduktion während der Sömmerung: Feutersoey, Gsteig, Alp Iserin (Col du Pillon), Langerenboden, Turbach, Weissenburg-Berg
Emmental	Emmentaler, Alpen-Schnittkäse (Emmental, Justistal, Würzen/Unterbach) Ziegenkäse, Berner Mutschli
Jura	Fromage du Jura (Jurakäse), Jura-Mutschli (Mont Soleil), Tête de Moine (Bellelay), Chasseur Petit Val, Fornet, Erguel, Villeret, Corgémont, Ajoulot, Chaux d'Abel, Tomme du Jura
Freiburg	Freiburger Vacherin, Gruyèrekäse, Doulce Gruyère, Corale de Gruyère, Beaumont, Tomme de Gruyère, Tomme de chèvre, Double crème de Morat
Genf	Tomme, Brie frais
Glarus	Schabziger, Glarner Alpkäse, Urnerboden
Graubünden	Splügener Hobelkäse Bündner Bergkäse (Münstertal, Fetan, Tschiern, Brigels, Ardez, Flims, Nufenen, Splügen, Churer Alpen, Samnaun) Igiser Sennereikäse, Igiser Muggli Engadiner Halbweichkäse Mascarpin (Bergell), Puigna (Puschlav), Lüen (Schanfigg), Averser Geißkäse Averser Sardo Caprino Geisskäse (Disentis, Truner, Sedruner, Münstertaler)
Luzern	Sbrinz, Spalenschnitt (Entlebuch), Geißkäse (Entlebucher, Menzberger), Luzerner Rahmkäse, Frischkäse (Napf), Entlebucher Knoblauchkäse
Neuenburg	Tomme neuchâteloise, Tomme de Montagne, Délice du Vallon, Tomme de chèvre
Schwyz	Geißkäse, Bergmutschli (Morschach), Schwyzer Alpkäse, verschiedene Weichkäse
St. Gallen	Rheintaler Käse, Toggenburger Rahmkäse, Toggenburger Bloderkäse
Unterwalden (Ob- und Nidwalden)	Obwaldner und Nidwaldner Bratkäse, Sbrinz, Obwaldner Bergkäse (Frutt), Nidwaldner Käse, Seelisberger Chäsli, Geisskäse, Stanser Flade, Dallenwiler Käse
Uri	Sbrinz, Urner Käse Urner Alpkäse (Surenen, Meientaler, Gorner, Galtenebneten, Waldnacht) Maderanertaler, Urner Ziger

Tessin	Piora, Formaggio d'Alpe Leventina, Cava di Biasca, Motterascio e Prellasca (Blenio), Valle Blenia, Formaggio del Caseificio Airolo, Ambri, Nante, Formaggio Valmaggia, Verzasca, Piora, Onsernone; Formaggelli di capra (Fusio, Bosco Gurin) Formaggini (Vacca e capra) Isone, Arosia, Vezia, Fescoggia, Arogno, Valle Muggio, Mezzana, Robiola, Robiolino (Brüscion), Agrini; Gorgonzola (Blaukäse)
Thurgau	Tilsiter, Thurgauer Rahmkäse, Bischofszeller Schibli, Thurgauer Burechäs, Thurgozola (Blaukäse)
Waadt	Tomme vaudoise, Reblochon, Vacherin, Mont d'Or, Brie frais, Chèvre frais
Wallis	Raclette-Käse (Bagnes, Orsières, Heida, Gommer), Savièse, Binner, Simplon, Wallis 65, Forclaz, Anniviers, Thermen, Haudères, Illiez, Erdelens, Verbier, Tomme Valaisanne, Extrahartkäse (Etivaz)

Klassische süße Schweizer Spezialitäten

(in Konditoreien erhältlich)

Aargau	Rüeblitorte
Appenzell	Appenzeller Biber, Hosenknöpfe, Gedoldszältli, Appenzeller Leckerli
Basel	Basler Leckerli, Rahmdääfeli, Ärbsele, Fondant-Ringli, Basler Brunsli
Bern	Berner Haselnussleckerli, Honiglebkuchen, Marzipan-Zwiebeln und -Gemüse, Meringues, Rahmdääfeli, Bretzeli
Freiburg	Cuquettes, Meringues, Bricelets
Genf	Marmites de l'Escalade
Glarus	Glarner Pastete, Glarner Beggeli, Glarner Birnbrot
Graubünden	Engadiner Nusstorte, Bündner Birnbrot, Bündner Früchtebrot
Luzern	Osterfladen, Rollkuchen, Birnenweggen, Luzerner Lebkuchen, Wasserturm (Biskuit)
Neuenburg	Gaufres, Bricelets, Sèches
Schaffhausen	Katzenzüngli, Mandelschnitten, Anismodel, Schlatemer Rickli
Schwyz	Fasnachtskräpfli, Einsiedler Biberspezialitäten, Kirschstängeli
Solothurn	Solothurnerli, Solothurner Torte
St. Gallen	Biberspezialitäten, Toggenburger Birnbrote
Tessin	Colomba di Pasqua, Panettone, Amaretti
Thurgau	Thurgauer Möckli, Wäppli, Murgforellen, Gottlieber Hüppen
Unterwalden	Zigerkrapfen
Uri	Iberlitzli, Uristier (Anismodel)
Waadt	Bricelets, Sucre d'orge, Bouchons vaudois
Wallis	Galette Valaisanne, Tuiles
Zug	Zuger Kirschtorte, Zuger Krapfen
Zürich	Tirggel, Chüttenepäschli, Offlete, Züricleckerli, Zürihüppen, Osterfladen, Triätschnitten, Landenbergtorte

Kleiner Streifzug durch die Schweizer Weinberge

»Schlechten Wein nimm nicht, er freut niemand,
wird getrunken wie Wasser und ist also der teuerste. Nimm
guten Wein, der erfreut die Herzen, sie rechnen ihn dir hoch
an und trinken weniger als vom Wein, der keine Tugend hat,
als die Köpfe bös zu machen.«

Jeremias Gotthelf (aus Ueli der Pächter)

Auf diesen Seiten erhalten Sie weder einen Weinkurs noch viele Einzelheiten über die guten Tropfen meines Landes, sondern einen Überblick über die wichtigsten Weinberge.

Westschweiz

Genf

Dieser Grenzkanton ist ein hervorragendes Terrain für den Weinbau, wie z. B. in Satigny, Dardagny, Peissy und Avully. Bis vor einigen Jahren hörte man nicht viel von diesen Weinen. Es wurden vor allem Chasselas und Gamay produziert, die von lokaler Bedeutung waren. Inzwischen keltern innovative Winzer sehr erfolgreiche Spezialitäten, vor allem Weißweine wie Chardonnay, Pinot blanc, Pinot gris, Sauvignon blanc und Aligoté. Auch ihre Rotweine Pinot noir, Merlot und Gamaret sind bekannt geworden und haben den Weg zu den Kunden in der Deutschen Schweiz gefunden.

Waadt

Zwischen Genf und Lausanne liegt das Gebiet »La Côte« mit leichten, trockenen Chasselas- (Gutedel-) Weißweinen und einigen eleganten Rotweinen, Erzeugnisse aus Pinot noir. Zwischen Lausanne und Montreux liegen die allerschönsten Weinterrassen der Schweiz. Deshalb sagen Waadtländer scherzhaft, dass Deutschschweizer, wenn sie aus dem Tunnel bei Chèbres herauskommen, ihre Rückfahrkarte sofort wegwerfen, so überwältigt sind sie von der fantastischen Aussicht auf die Reben, den See und die Berge. Auch im Kanton Waadt liebt man die Chasselastraube und blieb ihr bis vor kurzem treu. Nun pflegt man aber auch den Pinot blanc und gris und neuerdings den Riesling x Silvaner und nach wie vor Gamay und Pinot noir. Am Ende des Sees lernt man besonders gehaltvolle Weiß- und Rotweine des Chablaisgebietes kennen. In Aigle sollte man das interessante Weinmuseum im imposanten Schloss besichtigen. Weitere Waadtländer Weine findet man auch im Innern des Kantons bis zum Neuenburger- und Murtensee.

Wallis

Das fruchtbare Rhônetal produziert ein Drittel aller Schweizer Weine. Die Weinterrassen liegen beidseitig des Flusses und erstrecken sich zum Teil bis weit in die Seitentäler. Dank dem sonnigen und trockenen Klima gedeihen in dieser Gegend nicht nur der bekannte Fendant und der gehaltvolle Johannisberg des »Mont d'Or«, sondern ganz besondere Spezialitäten wie der Amigne, die einmalige Petite Arvine und der Gletscherwein, der auf 3800 m Höhe gekeltert wird. Außerdem entstehen laufend neue, weiße und rote Spezialweine, die zum Teil in Barriques ausgereift werden. Auch bekannte Weinsorten wie die Syrahtraube sowie der weiße und rote Humagne werden gehegt und gepflegt. Das Wallis ist ein Eldorado für Weinfreunde. Exzellent sind auch die Süßweine dieser Gegend, die je nach Jahrgang erstaunliche Oechslegrade aufweisen, wie z. B. der »Malvoisie«. In Sierre sind im Haus der Walliserweine alle Erzeugnisse des Weinkantons zu besichtigen und auch zu probieren.

Region der drei Seen

An den drei Jura-Seen treffen sich die Französische und die Deutsche Schweiz, d. h. drei Kantone (Neuenburg, Freiburg und Bern) und zwei Sprachen.

Neuchâtel

Am Neuenburgersee entlang von Vaumarcus bis Neuchâtel entdeckt man, was dieser Kanton zu bieten hat. Auch da sind die Chasselas- und Pinottrauben noch vorherrschend. Die weißen Neuenburgerweine sind lebhaft und spritzig und sehr beliebt als Fondueweine. Daneben gibt es einige Schaumweine und neuerdings auch einen erfolgreichen Chardonnay. Aus dem Pinot noir entstehen, unter anderem in Cortaillod und Auvernier, sehr gute Rotweine. Eine besondere Spezialität ist der hellrote »Oeil-de-Perdrix«, der seinen Namen der Augenfarbe des Rebhuhnes verdankt und diesen nur tragen darf, wenn er aus Pinot noir gekeltert wird. Erwähnenswert ist auch der unfiltrierte, blassgelbe Neuenburger Chasselas.

Mont Vully am Murtensee

Am Fuß dieses romantischen Hügels liegen kleine Weinberge der Kantone Waadt und Freiburg, deren Besitzer bestens miteinander auskommen. Die Liebe zum Wein, die handwerkliche Sorgfalt verbindet sie. Ihre Weine entstehen aus den gleichen Traubensorten, denen man auch am Neuenburger- und Bielersee begegnet.

Bielersee

Die Weinberge entlang dieses Sees gehören größtenteils zum Kanton Bern. In diesem gemäßigten Klima gedeihen ähnliche Weine wie am Neuenburgersee, und ebenso Spezialitäten wie Riesling x Sylvaner, Pinot gris, Gewürztraminer, Chardonnay und Freisamer sowie der hellrote Fürst Bischof, der aus Pinot gekeltert wird. In den Weindörfern findet jeweils im Januar das Treberwurstessen (siehe S. 36) statt.

Innerschweiz

Im Kanton Zug gibt es Weinberge am See in Walchwil. Im Kanton Schwyz ist der Leutschner eine beliebte Spezialität, der zum Teil aus den Weingütern des Klosters Einsiedeln stammt. Im Urnerland, das bisher nie zu den Weinkantonen zählte, entdeckte ich oberhalb von Altdorf in Bürglen an der Sustenstraße den »Schiitzhysler«, eine beliebte Spezialität, die man im gleichnamigen Restaurant des Weinbauers unter der Weinlaube

Kleiner Streifzug durch die Schweizer Weinberge

genießen kann. Auch unten im Tal gibt es neuerdings einen ausgezeichneten Urner Rotwein. In Luzern entstehen immer mehr kleine Weinberge, wovon die wichtigsten in Kastanienbaum, in Meggen und im Seetal liegen.

Ostschweiz und Graubünden

Was den Waadtländern der Chasselas und der Gamay, ist den Ostschweizern der Riesling x Sylvaner und Blauburgunder.
Im Kanton Zürich gibt es Wein entlang des Zürichsees und der Limmat, im Unterland und im so genannten Weinland. Hier wird der Blauburgunder Klevner genannt. An Vorzugslagen gibt es guten Riesling x Sylvaner und Räuschling, eine Spezialität, die ausgezeichnet zu Fischgerichten passt, und u. a. Raritäten wie Freisamer, Scheurebe, Kerner und Completer. Im Aargau gedeihen sehr gepflegte und körperreiche Rotweine, wie auch in den Kantonen Thurgau und Schaffhausen, wo es Spezialitäten wie den gehaltvollen »Wilchinger« gibt. Im Bündner Rheintal reifen, dank des milden Klimas und den hervorragenden, innovativen Winzern der Gegend, besonders hervorragende Rotweine. Vorbild dafür ist Fläsch, wo sehr interessante Spezialitäten gekeltert werden. Auch herrscht in dieser Gegend eine eigene Weinsprache. So nennt man den Weinberg »Wingert« und den Keller, wo die Trauben meist in kleinen Mengen gepresst werden, »Torkel«. Das Resultat sind Spitzenweine, die von Kennern sehr begehrt werden. Weiter in Richtung Chur begegnet man dem Maienfelder, einem gelblichen Wein mit interessantem Bukett, der ebenfalls seine Liebhaber hat. Lohnend ist es auch, die leichteren, spritzigen Weine von Jenins, Malans, Zizers und Trimmis kennen zu lernen. In den Weinbergen bei Chur gibt es den renommierten »Churer Schiller«. Im Bündnerland trinkt man außerdem gerne Veltliner aus Norditalien, beispielsweise zum Bündnerfleisch.

Tessin

Auf der Südseite des Gotthards gedeihen im sonnigen Klima nicht nur ausgezeichnete rote und weiße Merlots, die man gerne in einem Grotto zu »Ossobuco mit Risotto« oder zu einem »Brasato« genießt. Immer mehr entdeckt man in unserer Sonnenstube neue Weinsorten. Sehr beliebt ist unter anderem der weiße Merlot, der qualitativ immer besser und gehaltvoller wird. Man experimentiert auch gerne mit Cabernet Sauvignon und produziert Gamaret, pflanzt Pinot noir in höher liegenden Lagen. Moderne Tessiner Weinbauern bauen auch andere Traubensorten an wie Semillon, Sauvignon blanc. Es entstehen auch laufend neue Schaumweine aus Merlot, Pinot noir und Chardonnay. Eine besondere Spezialität ist der »Fragolino«, ein roter Schaumwein, der aus 100 Prozent Americano-Trauben hergestellt wird.

Kleines Schweizer Sprachbrevier

A

Anken – Butter
ausrädeln – mit Rädchen Teigstücke abschneiden
auswallen – ausrollen, auswalzen

B

blähen – trockenes Rösten von Brot (im Backofen)
Bappen – Brei
Bätziwasser – Obstbranntwein
Baumnüsse – Walnüsse
Beignets – Küchlein
Bhaltis – Mitbringsel (zum Behalten)
Biber – Lebkuchen-Honiggebäck
Binätsch – Spinat
Birä, Bire – Birnen
Böllen – Zwiebeln
Bölleschweitze – Zwiebelschwitze (in Butter gebratene Zwiebeln)
Boverli – Grüne Erbsen
Bramata – grober Maisgrieß
Bratbutter – Butterschmalz
Brät – Bratwurstmasse
Bratenfond – Bratsatz
Broote – Braten
Brösmeli – Semmelbrösel
Bünteli – Wickel
Burehamme – Bauernschinken, gekocht
Bürli (Schild) – Vierteiliges Halbweißbrot

C

Caquelon – Tontopf mit Stiel zur Zubereitung von Fondue
Chäs – Käse
Cheschtene – Kastanien
Chirschi, Kirsi – Kirschen
Chnobli – Knoblauch
Choscht – Kost
Chräbeli – Anisgebäck
Chräbs – Krebs
Chräpfli – Krapfen
Chriesi – Kirschen
Chrömli (Chrämli) – Konfekt
Chrosle – Stachelbeeren
Chrut – Kraut, Spinat
Chuchi – Küche
Chueche – Kuchen
Chüechli – kleine Kuchen
Chügeli – Kügelchen
Chümi – Kümmel
Chüngel – Kaninchen
Chuscht – Aroma
chüschtig – aromatisch
Chüttene – Quitten
Cipollata – Kleine Bratwürstchen

D

Dressiersack – Spritzbeutel für Sahne- oder Cremegarnituren
Dünkli – getrocknetes, dünn geschnittenes Brot

E

Eierschwämme – Pfifferlinge
Einback – Hefegebäckscheiben

F

Fladen – flache Kuchen
Flädli – in Streifen geschnittene Pfannkuchen
Fleischvögel – Rouladen
Fotzelschnitten – gebackene Ei-Brotschnitten
Fritüre – in heißem Fett schwimmend Gebackenes; heißes Fett- oder Ölbad zum Ausbacken

G

Gigot, Schlegel – Keule
Gitzi – Kitz
gluschtig – appetitlich
Gnagi – gepökelte Schweinshaxe
Gräuchts – Rauchfleisch
Geschnetzeltes – fein geschnittenes Fleisch
Gschwellti – Schalenkartoffeln
Guetzli – kleines Gebäck
Gugelhopf – Napfkuchen
Güggeli – Hähnchen
Gummeli – Kartoffeln
Gutsch – Schuss, Schwall

H

Haber – Hafer
Hamme – Bauernschinken
Häppere – Kartoffeln
Härdöpfel – Kartoffeln
Heiti, Heidelbeeren – Blaubeeren
Holder – Holunder
Hörnli – kleine gebogene Makkaroni

J

Jass, Jasset – Kartenspiel

K

Kabis – Kohl, Kraut
Kafi – Kaffee
Kartoffelstock – Kartoffelpüree
Kefen – Zuckerschoten
Knöpfli – Spätzle, Nocken
Kutteln – Kaldaunen

L

Laffli – Schulterstück
Latwäri, Latweeri – Latwerge
Leckerli – kleines rechteckiges Honiggebäck
Lismete – Strickarbeit
Luganighe – kleine frische Schweinswürste

Kleines Schweizer Sprachbrevier

M

Marroni – Maronen
Meertrübeli – Johannisbeeren
Meringue – Baiserschalen
Metzgete – Schlachtfest; Produkte des Schlachtfestes
Milken – Kalbsmilch, Kalbsbries
Mistkratzerli – junges Hähnchen
Mocken – Brocken
Model – Backform
Mogge – Mocken
Most – Apfel- oder Birnensaft
Müesli – Mus
Müslichrut, Müsliblätter – Salbeiblätter
Mutschli – kleines rundes Brötchen

N

Nägeli – Gewürznelken
Nidel, Nidle, Nytlä – Sahne, Rahm
Nidel, geschwungene – steif geschlagene Sahne, Schlagrahm
Nidelzeltli – Sahnebonbon
Nüsslisalat – Feldsalat

O

Ofechüechli – Windbeutel
Omelette – Pfannkuchen
Öpfel – Apfel

P

Passevite – Passiergerät
Passieren – durch ein Sieb streichen
Peperoni – Paprikaschoten
Peperoncini – scharfe, kleine Pfefferschoten (Chili)
Pflümli – Pflaumenschnaps
Pfluten – Klöße
Plätzli – Schnitzel, Teigstück
prötlet – gebraten

R

Räben – Kohlrüben
Rahm – Sahne
Randen – Rote Beete
räss – scharf gesalzen
rezent – stark gewürzt
Rippli – geräucherte oder gesalzene Schweinsrippe
Rösti – Bratkartoffeln nach Schweizer Art
Rüebli – Karotten
Rys – Reis

S

Salsiz – kleine pikante Bündner Wurst
Samichlaus – St. Nikolaus
Saucisson – dicke Schweinswürste aus der Westschweiz
Sauser – junger unvergorener Wein
Schabziger – Glarner Kräuterkäse
Schlegel, Gigot – Keule
Schnitz – Obstschnittchen
Schnörrli - Schweinsschnauze
Schnurre – Maul
Schöfigs – Schaffleisch, Hammel
Schüblig – große Brühwurst
Schüfeli – geräucherte oder gesalzene Schulter
Schwämme – Pilze
schwingen – mit dem Schneebesen schlagen
Schwynigs – Schweinefleisch
Semmeli – Weißbrötchen
Siedfleisch – gekochtes Rindfleisch
Stotzen – Keule
Stunggis – weich gekochtes Gemisch
Sultaninen – Rosinen ohne Kerne
Sunntigsbroote – Sonntagsbraten
suur – sauer
Suurchrut – Sauerkraut
Suurrüebe – Sauerrüben

T

Täfeli – Bonbon
Tätsch, Tatsch, Totsch – Brei, Backwerk, Omelette
teigg – überreif, weich
Traiteur – Feinkostgeschäft
Tranche – Scheibe
Träsch – Apfel- oder Birnenschnaps
Trübeli – Johannisbeeren
Tschöpli – Joppe
Tünne – Blechkuchen nach Schaffhauser Art
Türkenkorn, Türkenmehl – Maisgrieß-Mehl
tütschen – gegeneinanderstoßen

V

verklopfen – verrühren
Voressen – Ragout

W

Wähen – Früchtekuchen nach Schweizer Art (mit Guss)
Weggen – Wecken, Weizenbrötchen
Weggli – Milchbrötchen
Wirz – Wirsing
Wybeeri – Weinbeeren

Z

Zeltli – Bonbon
Zibeli – Zwiebeln
Ziger Molkenkäse
Zmorge – Frühstück
Zmittag – Mittagessen
Znacht – Nachtessen
Znüni – Vormittagsimbiss
Züpfe – Hefezopf
Zvieri – Nachmittagsimbiss

Inhaltsverzeichnis nach Originaltiteln

(Ein zweites Inhaltsverzeichnis in Schriftsprache befindet sich auf den Seiten 347 bis 350)

Vorspeisen

Suppen

Fischgerichte

Krebsgerichte

Eintopfgerichte

Fleisch- und Wurstgerichte

Inhaltsverzeichnis nach Originaltiteln

Käsegerichte

Fleischlose Gerichte

Beilagen

Maisgrießgerichte

Gesalzene Kuchen

Gebäck

Inhaltsverzeichnis nach Originaltiteln

Süßspeisen

Getränke

Inhaltsverzeichnis in Schriftsprache

(Ein zweites Inhaltsverzeichnis nach Originaltiteln befindet sich auf den Seiten 343 bis 346)

Vorspeisen

Suppen

Fischgerichte

Krebsgerichte

Eintopfgerichte

Fleisch- und Wurstgerichte

Inhaltsverzeichnis in Schriftsprache

Käsegerichte

Fleischlose Gerichte

Beilagen

Maisgrießgerichte

Gesalzene Kuchen

Gebäck

Inhaltsverzeichnis in Schriftsprache

Süßspeisen

Getränke

Impressum

Eising FoodPhotography
mit Studios in München und Kennebunkport (Maine) ist eines der führenden Fotostudios für Lebensmittelfotografie. Zum Kundenkreis gehören renommierte Redaktionen aus dem Foodbereich sowie internationale Kunden aus Werbung und Design. Die Fotos in diesem Buch wurden von Martina Görlach gemacht, die seit vielen Jahren zum Team der Eising-Studios gehört. Foodstylist war Michael Koch.

Marianne Kaltenbach
hat bereits eine Anzahl viel beachteter Kochbücher geschrieben, die zu Klassikern geworden sind.

Lieferbar sind
Aus Italiens Küchen
ISBN 3-7742-6071-0
und
Tessiner Küche
ISBN 3-7742-85502-781-1
AT Verlag, Aarau.

Programmleitung: Doris Birk
Redaktion: Birgit Rademacker
Lektorat: Maryna Zimdars
Korrektorat: Mischa Gallé, Sabine Schlimm
Coverfoto und Foodfotografie: Eising FoodPhotographie, Martina Görlach
Foodstyling: Michael Koch
Herstellung: Markus Plötz
Gestaltung: Independent Mediendesign, München, Petra Schmidt
Satz: DTP-Satz Mocker, Eichenau
Reproduktion: Repro Ludwig Zell am See
Druck: Appl, Wemding
Bindung: Oldenbourg, Monheim

ISBN 3-7742-6629-8

Auflage: 4. 3. 2. 1.
2007 2006 2005 2004

GRÄFE UND UNZER

Ein Unternehmen der
GANSKE VERLAGSGRUPPE

Das Original mit Garantie

Ihre Meinung ist uns wichtig.
Deshalb möchten wir Ihre Kritik, gerne aber auch Ihr Lob erfahren. Um als führender Ratgeberverlag für Sie noch besser zu werden. Darum: Schreiben Sie uns!
Wir freuen uns auf Ihre Post und wünschen Ihnen viel Spaß mit Ihrem GU-Buch.

Unsere Garantie:
Sollte ein GU-Ratgeber einmal einen Fehler enthalten, schicken Sie uns das Buch mit einem kleinen Hinweis und der Quittung innerhalb von 6 Monaten nach dem Kauf zurück.
Wir tauschen Ihnen den GU-Ratgeber gern gegen einen anderen zum gleichen oder ähnlichen Thema um.

GRÄFE UND UNZER VERLAG
Redaktion Kochen & Verwöhnen
Postfach 86 03 25
81630 München
Fax 089/ 419 81 113
E-mail:
leserservice@graefe-und-unzer.de

Christopher Grey-Wilson
Marjorie Blamey

PAREYS BERGBLUMENBUCH

Blütenpflanzen der europäischen Gebirge

2., neubearbeitete Auflage

Übersetzt, bearbeitet und ergänzt
von Herbert Reisigl

Mit über 4000 Einzeldarstellungen,
davon über 3200 farbig

Parey Buchverlag Berlin 2001

Parey Buchverlag im
Blackwell Wissenschafts-Verlag GmbH
Kurfürstendamm 57, 10707 Berlin
Firmiangasse 7, 1130 Wien

Blackwell Science Ltd
Osney Mead, Oxford, OX2 0EL, UK
25 John Street, London WC1N 2BL, UK
23 Ainslie Place, Edinburgh EH3 6AJ, UK

Munksgaard International Publishers Ltd
35 Nørre Søgade
1016 Kopenhagen K, Dänemark

Blackwell Science, Inc.
Commerce Place, 350 Main Street [ZE]
Malden, Massachusetts 02148 5018, USA

Blackwell Science KK
MG Kodemmacho Building, 3F
7 – 10, Kodemmacho Nihonbashi,
Chuo-ku, Tokio 103-0001, Japan

Blackwell Science Pty Ltd
54 University Street,
Carlton, Victoria 3053, Australien

Iowa State University Press
A Blackwell Science Company
2121 S. State Avenue
Ames, Iowa 50014-8300, USA

Deutsche Übersetzung von:
Prof. Dr. Herbert Reisigl

Titel der Originalausgabe:
Collins Pocket Guide to Alpine Flowers
(2nd edition)
im Verlag HarperCollins Publishers, 1995

Gewährleistungsvermerk

In Anbetracht des ständigen Wissenszuwachses sowie der rasch voranschreitenden technischen Anforderungen und Entwicklungen haben sich der/die Verfasser/in dieses Buches intensiv bemüht, dem aktuellen Wissensstand Rechnung zu tragen. Insbesondere wurde das Werk in Einklang mit den geltenden Gesetzen, Verordnungen und Richtlinien verfaßt. Dennoch können weder der/die Verfasser/in noch der Verlag eine Garantie für die in diesem Werk enthaltenen Angaben übernehmen. Dem Leser wird daher dringend empfohlen, einschlägige Veröffentlichungen zu verfolgen und weitergehende Entwicklungen ergänzend in Betracht zu ziehen.

Die Deutsche Bibliothek – CIP-Einheitsaufnahme

Grey-Wilson, Christopher:
Pareys Bergblumenbuch : Blütenpflanzen der europäischen Gebirge / Christopher Grey-Wilson ; Marjorie Blamey. Übers., bearb. und erg. von Herbert Reisigl. – 2., neubearb. Aufl. – Berlin ; Parey, 2001 (Pareys Naturführer)
Einheitssacht.: Collins Pocket Guide to Alpine Flowers <dt.>
ISBN 3-8263-8525-X

1. Auflage: 1980, Paul Parey
2. Auflage: 2001

e-mail: parey@blackwis.de
Internet: http://www.blackwell.de

ISBN 3–8263-8525-X • Printed in Italy

Einbandgestaltung: Typographie & Grafik-Design Petra Florath unter Verwendung einer Abbildung von M. Blamey
Satz und Repro: Mitterweger & Partner, Plankstadt

Gedruckt auf chlorfrei gebleichtem Papier

Inhalt

Anhang

Bemerkungen zur 2. Auflage

Seit der ersten Auflage dieses Buches (1979) sind in der Erforschung der alpinen Pflanzen in Europa beträchtliche Fortschritte gemacht worden; im Bereich der Klassifikation und der Namengebung hat sich viel verändert. Daher schien eine verbesserte und erweiterte Neuauflage angebracht.
In der Neuauflage wurden folgende Punkte verbessert:

- Der Gültigkeitsbereich dieses Buches wurde ausgeweitet auf die Gebirge der Osteuropäischen Länder Tschechien, Ungarn, Polen und Rumänien, so daß nun auch die Karpaten, die Sudeten, die Tatra und die Transsylvanischen Alpen eingeschlossen sind. Zusätzlich werden nun auch die Dinariden (Jugoslawien), die Cantabrische Kordillere Nordwest-Spaniens sowie im Norden Island mitbehandelt.
- Die Schwarzweißtafeln der ersten Auflage sind nun durchwegs farbig und nicht mehr als Anhang am Schluß, sondern ebenso wie die Detailzeichnungen von Blättern, Blüten und Früchten an der richtigen Stelle im Haupttext eingeordnet. Wo es dem Autor und der Malerin notwendig schien, wurden an manchen Farbtafeln Veränderungen vorgenommen.
- Die wissenschaftlichen Pflanzennamen wurden auf den neuesten Stand gebracht, die Synonyme (verschiedene gebräuchliche lateinische Namen für dieselbe Pflanze) erweitert, wo der Platz es erlaubte.
- Die Verbreitungsangaben wurden neu gefaßt: sie werden mit dem international gebräuchlichen Buchstabencode für die Länder angegeben, so daß sofort ersichtlich ist, ob eine Art in einem bestimmten Land vorkommt oder nicht.

Für Hinweise, besonders zusätzliche Verbreitungs- und Höhenangaben aus dem Kreis der Benutzer sind wir stets dankbar. Obwohl wir uns um weitgehende Vollständigkeit bemüht haben, mußten aus Platzgründen die meisten „Unkräuter" (Pflanzen gestörter Lebensräume wie Straßen- und Bahnböschungen, Ödland, aufgelassene Kulturen) ebenso ausgeschlossen werden wie manche Lokalendemiten oder natürliche Kreuzungen.

Marjorie Blamey und Christopher Grey-Wilson, 1995

Einführung

Was sind Alpenpflanzen?

Die europäischen Gebirge beherbergen viele prachtvolle und eigenartige Pflanzen, die in verschiedener Weise an die vielfältigen Lebensbedingungen der Hochlagen angepaßt sind. Während zahlreiche Arten von „Talpflanzen" bis in Höhen um 1000 m und darüber gelangen, steigen nur wenige echte Hochgebirgssippen in Zentraleuropa wesentlich tiefer als 1500 m herab (meist im Schutt der Bergbäche). Nur in Nordskandinavien und auf den Britischen Inseln findet man typische Gebirgspflanzen auch in tiefen Lagen. Die Gründe dafür sind nicht ganz klar, wahrscheinlich ist neben Klima, Boden und Exposition auch die letzte Eiszeit mitverantwortlich für die zerstreuten Inseln alpiner Vegetation im Norden. Der Frühlingsenzian (*Gentiana verna*), in Mitteleuropa eine typische Gebirgspflanze, kommt in den Kalkhügeln der Burren in Westirland im Meeresniveau vor.

Die typischen „Höhenstufen der Vegetation" sind in den meisten Gebirgen gut ausgebildet (siehe Schema S. 10). Nicht immer sind sie scharf abgegrenzt, sondern oft durch allmähliche Übergänge miteinander verbunden. Nicht auf allen Bergen ist die Höhenstufenfolge lückenlos vorhanden, aber die Wald- und Baumgrenzen, die Zwergstrauchheiden- und Rasenstufen sind meist gut erkennbar. Um eine Idee von der relativen Höhenlage der Vegetationsstufen zu geben, sind einige wichtige Berge eingezeichnet worden. Als Folge des ungünstiger werdenden Temperaturklimas sinken die Höhengrenzen von Einzelpflanzen wie auch von Vegetationsstufen immer tiefer, je weiter man nach Norden kommt. In Norwegen erreicht die Waldgrenze bei 69° nördlicher Breite das Meeresniveau.

Subalpine Stufe wird die oberste Waldstufe genannt. Die dominierenden Bäume sind: in den Innenalpen besonders Zirbe und Lärche, im Westen Föhre, Lärche und Spirke, im Norden und Süden Buche und Fichte. Landwirtschaftliche Kulturen und Dauersiedlungen liegen durchwegs im Bereich des Waldes. Die Vegetation ist artenreich und bunt gemischt aus Wiesen, Gebüschen und Wäldern. An bodenfeuchten Stellen entwickeln sich schön blühende Hochstauden (z. B. Eisenhut, Alpenlattich, Alpendost). An der Obergrenze des subalpinen Waldes lockert sich der Baumbestand auf, einzelne niedrigwüchsige, oft verkrüppelte Bäumchen steigen aber oft noch wesentlich höher als der geschlossene Wald.

So ist also die Waldgrenze wohl die auffallendste und wichtigste Grenzlinie der Vegetation im Gebirge. Die Pflanzendecke oberhalb der Waldgrenze wird als **alpine Vegetation** bezeichnet. Die Flora ist zahlenmäßig ärmer an Arten, aber reich an Lebensformen, die in verschiedener Weise an den extremen Lebensraum angepaßt sind.

In der **unteren alpinen Stufe** ersetzen Zwerg- und Spaliersträucher (Alpenrosen, Beerensträucher, Zwergweiden und Gemsheide) den Wald. Höher oben reicht die kurze Produktionszeit auch für zwergige Holzpflanzen nicht mehr aus.

In der **oberen alpinen Stufe** (zwischen etwa 2400 und 2700 m) herrschen großflächig die alpinen Grasheiden (Urwiesen). In Höhen über 3000 m lockert sich die Vegetation auf und kann sich nur in wenigen geschützten Nischen in Südlage behaupten, der Anteil vegetationsfreier Schutt- und Felsflächen wird immer größer. Vorherrschend ist besonders die Polsterform: viele kleinblättrige Sprosse rücken dicht zusammen und schützen sich so gegenseitig. Die Blüten sind oft auffallend groß und leuchtend gefärbt (Anlockung von Insekten!).

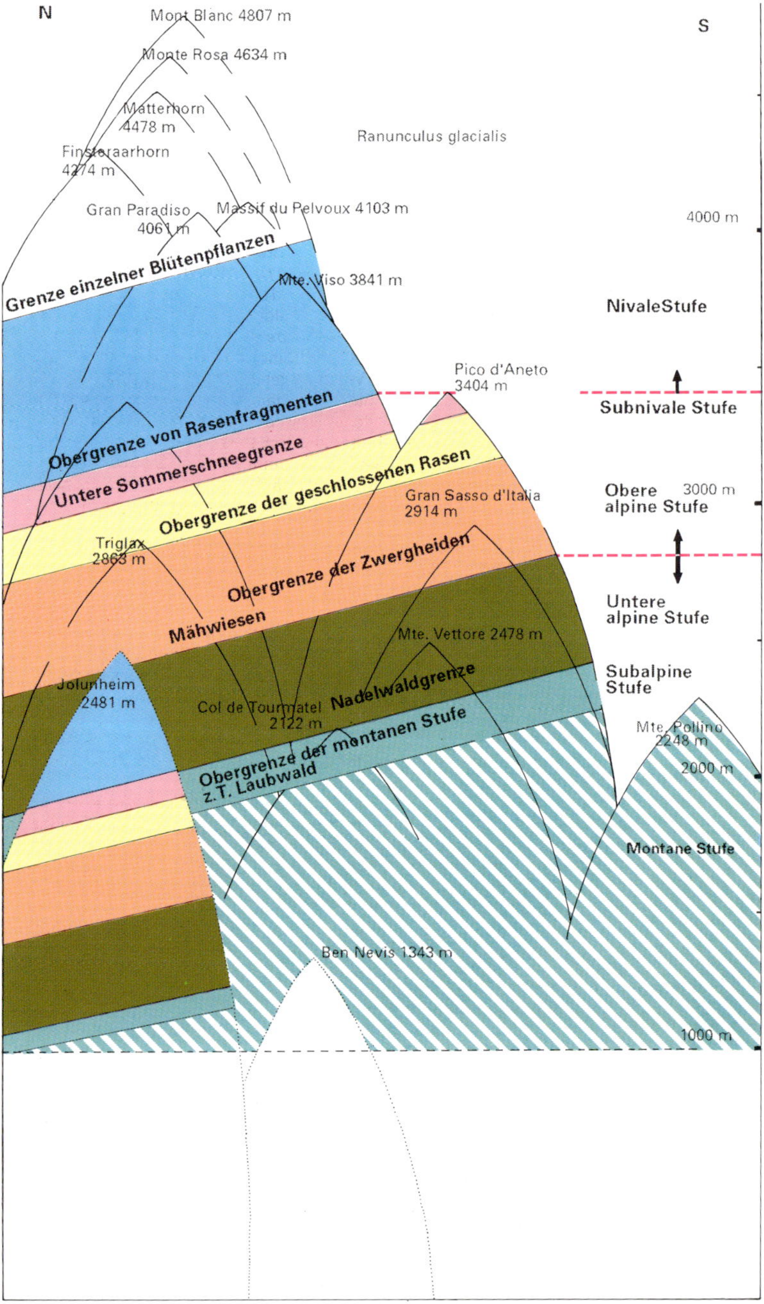

N
S
Mont Blanc 4807 m
Monte Rosa 4634 m
Matterhorn 4478 m
Finsteraarhorn 4274 m
Gran Paradiso 4061 m
Massif du Pelvoux 4103 m
Ranunculus glacialis
4000 m
Grenze einzelner Blütenpflanzen
Mte. Viso 3841 m
NivaleStufe
Pico d'Aneto 3404 m
Obergrenze von Rasenfragmenten
Subnivale Stufe
Untere Sommerschneegrenze
Obergrenze der geschlossenen Rasen
Gran Sasso d'Italia 2914 m
Obere alpine Stufe
3000 m
Triglav 2863 m
Obergrenze der Zwergheiden
Untere alpine Stufe
Mähwiesen
Mte. Vettore 2478 m
Jotunheim 2481 m
Col de Tourmalet 2122 m
Nadelwaldgrenze
Subalpine Stufe
Obergrenze der montanen Stufe z.T. Laubwald
Mte. Pollino 2248 m
2000 m
Montane Stufe
Ben Nevis 1343 m
1000 m

Die wichtigsten **Standorts- und Vegetationstypen** im Gebirge sind:

- *Alpine Rasen oder Urwiesen* – weit verbreitet oberhalb der Baumgrenze zwischen 1400 und 2800 m. Sie sind entweder natürlich oder das Ergebnis von Entwaldung zur Weidegewinnung. Diese artenreichen und meist bunten Wiesen werden im allgemeinen von Gräsern und Seggen dominiert, aber die Artenkombination wechselt stark von Ort zu Ort, vor allem abhängig von der Bodenart (sauer oder basisch, kalkreich). In den Alpen, der Tatra und den Karpaten steigen die höchsten Rasen bis gegen 3000 m.
- *Zwergstrauchheiden* – oberhalb der Baumgrenze, wo höherwüchsige Holzgewächse nicht mehr lebensfähig sind, wachsen niedrige Gebüsche und Stauden, vor allem in der Höhenlage zwischen 1400 und 2000 m. In den Kalkgebirgen dominieren häufig Legföhren (*Pinus mugo*) und Almrausch (*Rhododendron hirsutum*), auf sauren Böden die Alpenrose (*Rh. ferrugineum*), Beerensträucher der Gattung *Vaccinium* (Heidel-, Rauschbeere) und die Grünerle (*Alnus viridis*). Für trocken-warme Südhänge sind Zwergwacholder (*Juniperus communis* subsp. *alpina*) und Bärentraube (*Arctostaphylos uva-ursi*) sowie die Besenheide (*Calluna vulgaris*) bezeichnend. In Schottland und Skandinavien bestehen die subalpinen Gebüsche vor allem aus Weidenarten (zwischen 400 und 1200 m).
- *Schneeböden* – in Mulden, wo der Winterschnee länger liegen bleibt, entwickeln sich spezialisierte Pflanzengemeinschaften, die nur eine kurze Produktionszeit (2–4 Monate) benötigen. Mit dem Abschmelzen des Schnees bilden sich oft kreisförmige Blütenringe um die Schneeflecken (z. B. *Crocus vernus, Soldanella*).
- *Bachränder, Vernässungen* – sind im Gebiet häufig und beherbergen je nach Höhenlage und Boden verschiedene Pflanzengesellschaften (Quellmoore, Nieder- und Hochmoore).
- *Fels- und Schuttgesellschaften* – kommen in allen Höhenlagen vor, in den Alpen bis 3500 m oder darüber. Die Auswahl der Pflanzen hängt auch hier wieder in erster Linie vom Gesteinsuntergrund (Kalk oder Silikat) ab. Folgende Standortstypen lassen sich unterscheiden:
  1. *Moränen* – darunter versteht man Schutt, den der Gletscher seitlich oder an der Stirn abgelagert hat. Größere Moränenbildungen gibt es vor allem in jenen Bereichen der borealen Region, die in früheren Zeiten von Eis bedeckt waren.
  2. *Schutthalden* – unterhalb von Felswänden. Sie sind im allgemeinen beweglich und erhalten von oben ständig Nachschub. Die Beweglichkeit des Schutts beansprucht vor allem die Wurzeln der Pflanzen sehr stark, so daß sich zunächst nur wenige Spezialisten halten können. Erst wenn die Schutthalde sich festigt, wandern andere Pflanzen ein.
  3. *Felswände* – hier spielt wiederum die Gesteinsart, aber auch die Meereshöhe und die Exposition (schattige Nordseite, trocken-heiße Südseite) eine wichtige Rolle. Felsspalten stellen bevorzugte Wuchsorte besonders angepaßter, oft polsterbildender Pflanzen dar (z. B. *Androsace helvetica, Eritrichium nanum, Saxifraga*-Arten). Hier findet sich auch die Mehrzahl voreiszeitlicher Reliktpflanzen (Endemiten), weil dieser Standort nach dem Rückzug der eiszeitlichen Gletscher dem Wald nicht zugänglich war. Mit Schuttströmen und entlang von Bergbächen kommen Pflanzen gelegentlich aus der alpinen Stufe bis in die Tallagen herab („Dealpine Pflanzen").

Der Text

Der Text enthält alle oberhalb 1000 m wildwachsenden Blütenpflanzen der Alpen, der Pyrenäen, der Apenninen und der Gebirge von Großbritannien und Nordeuropa, ausgenommen die Grasartigen (Süßgräser – *Poaceae*, Sauergräser – *Cyperaceae*, Binsen – *Juncaceae*) und die Farngewächse (Farne, Schachtelhalme, Bärlappgewächse). Nicht aufgenommen wurden alle eingeschleppten Fremdlinge, Gartenflüchtlinge sowie die weniger auffälligen Arten der Tieflandflora, auch wenn sie gelegentlich die 1000 m-Grenze überschreiten. In Großbritannien und Nordeuropa kommt eine ganze Reihe echter Gebirgspflanzen auch tiefer als 1000 m vor, sie sind natürlich in diesem Buch aufgenommen worden. Das bei der Auswahl der Pflanzen berücksichtigte Gebiet

umfaßt Zentral- und Südwesteuropa, schließt aber auch Nordeuropa und die Britischen Inseln mit ein. Im Südwesten sind die französischen und spanischen Pyrenäen, die Cantabrische Kordillere und die Picos de Europa, in Frankreich die Cevennen und das Zentralmassiv eingeschlossen, in Zentraleuropa der Jura, die Vogesen und die gesamten Alpen nach Westen bis zur Dauphiné, zu den Seealpen (Alpes Maritimes) und den Provençalischen Alpen, nach Osten über die Karawanken, die Julischen Alpen und die Dinariden Westjugoslawiens bis zu den Karpaten, von den Bayerischen Kalkalpen im Norden nach Süden über die Dolomiten, die Ligurischen und Apuanischen Alpen bis zum Nord- und Zentralapennin, deren alpine Stufen floristisch noch viel mit den Alpen gemeinsam haben (siehe Karte S. 14, 15). Die viel stärker mediterran getönten spanischen Gebirge südlich der Cantabrischen Kordillere sind hingegen ausgeschlossen worden. Das Buch ergänzt als Schwesterband in gleicher Ausstattung „PAREYS BLUMENBUCH" von R. u. A. FITTER mit Bildern von M. BLAMEY.

Beschreibung. Text und Bilder sollen sich ergänzen und stehen daher auf gegenüberliegenden Seiten. Die Beschreibung beschränkt sich vor allem auf solche Details, die nicht unmittelbar im Bild sichtbar sind wie Größe und Lebensdauer, dafür werden die Unterschiede zwischen nahe verwandten, oft schwierig zu unterscheidenden Arten betont. Die Beschreibung der Arten erfolgte nach einheitlichem Schema auch bezüg-

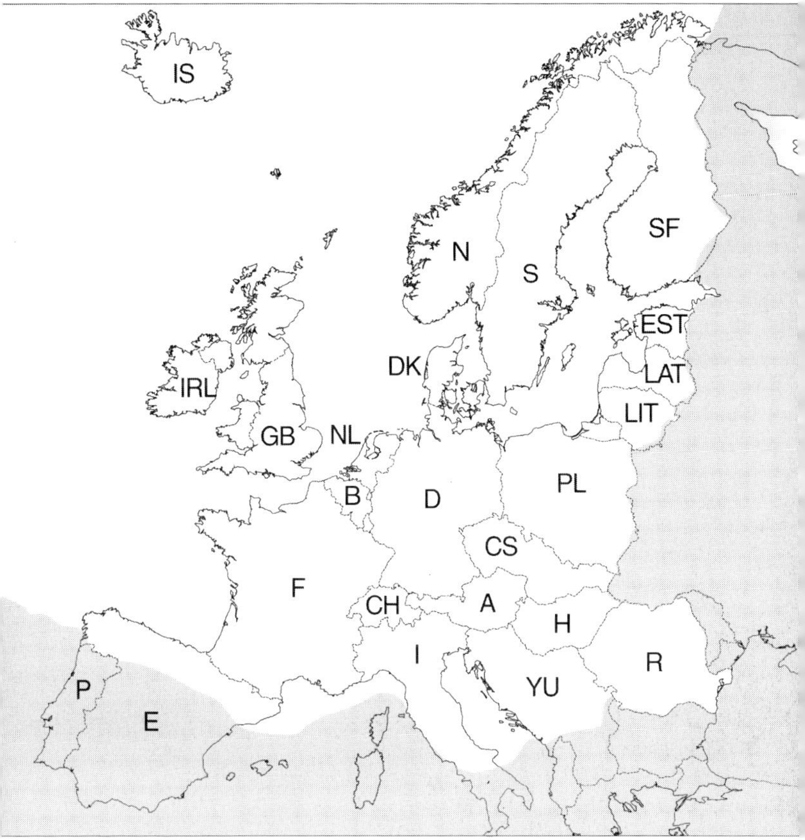

lich Standort, Höhenverbreitung, geographischer Verbreitung und Blütezeit. Bei der Beschreibung wurden einige Dinge als gegeben angenommen: wo nicht eigens angegeben, sind die Pflanzen aufrecht, die Blütenmaße beziehen sich auf den Durchmesser, die Blätter sind gestielt und gezähnt. Die beschriebenen Merkmale sind mit wenigen Ausnahmen so gewählt worden, daß sie leicht erkannt werden können, ohne daß die Pflanzen gepflückt oder ausgegraben werden müssen. Die Verwendung einer einfachen Lupe mit ca. 10facher Vergrößerung ist bei der Erkennung feinerer Merkmale wie Behaarung, Drüsen, usw. oft unentbehrlich. Bei allen größeren **Familien** und Gattungen sind kurze Beschreibungen und die Charakterisierung der Gruppen an den Anfang gestellt, die für alle behandelten Arten einer Gattung gültigen durchgehenden Merkmale brauchen dann bei den einzelnen Artbeschreibungen nicht wiederholt zu werden (z. B. Zahl der Kelch- und Kronblätter, Form der Blüte wie z. B. Korbblütler, Glockenblumen, Schmetterlingsblütler). Deutsche Namen folgen den Floren von HESS-LANDOLT oder SCHMEIL-FITSCHEN, in einigen wenigen Fällen sind sie auch frei übersetzt worden. Die lateinischen Namen folgen der FLORA EUROPAEA Bd. I–V (*Magnoliatae*). Die wichtigsten Synonyme sind v. a. bei kürzlich umbenannten, unter dem alten Namen besser bekannten Sippen in Klammern angeführt.

Numerierung. Sie entspricht bei jeder im Text beschriebenen Pflanze der Numerierung auf der gegenüberliegenden Farbtafel. Bei artenreichen Gattungen konnten

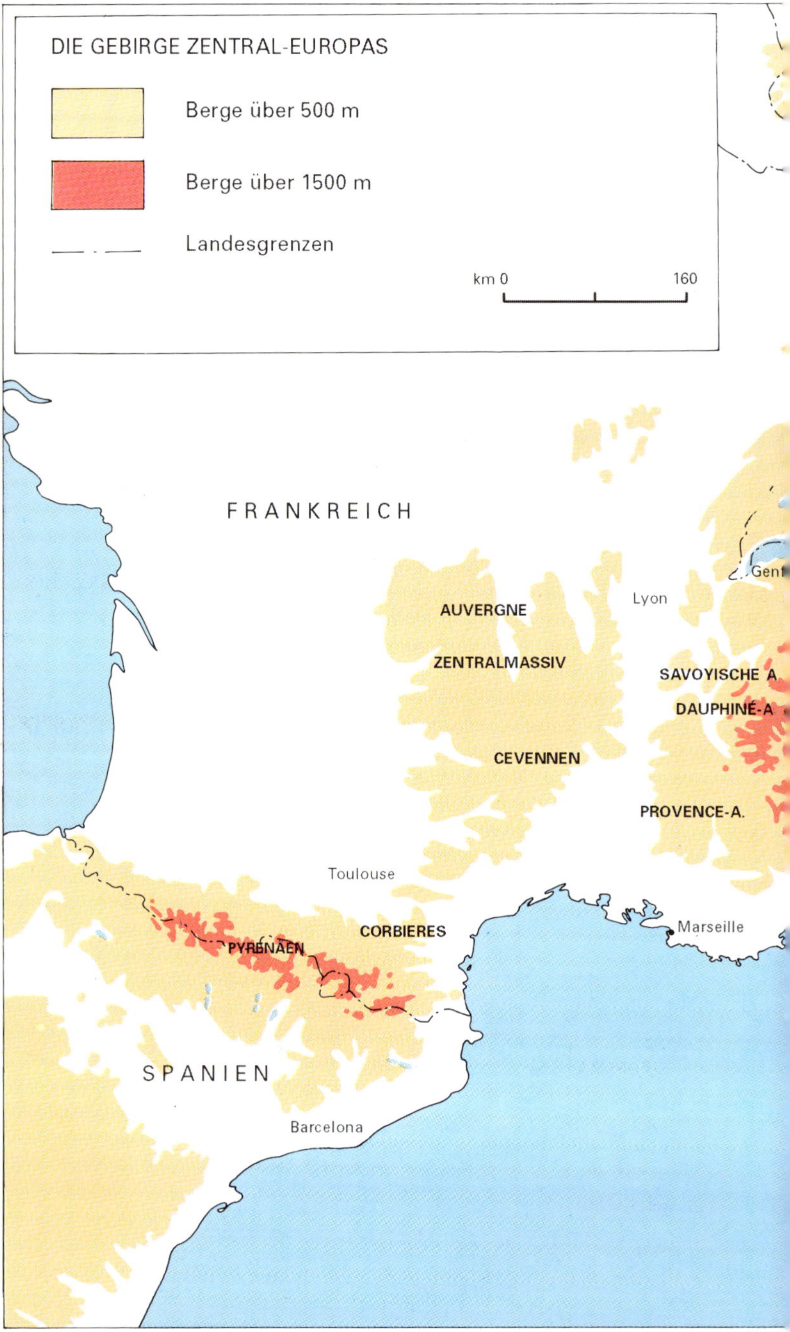
DIE GEBIRGE ZENTRAL-EUROPAS
Berge über 500 m
Berge über 1500 m
Landesgrenzen
km 0
160
FRANKREICH
AUVERGNE
ZENTRALMASSIV
CEVENNEN
Lyon
Genf
SAVOYISCHE A
DAUPHINÉ-A
PROVENCE-A.
Toulouse
CORBIERES
Marseille
PYRENÄEN
SPANIEN
Barcelona

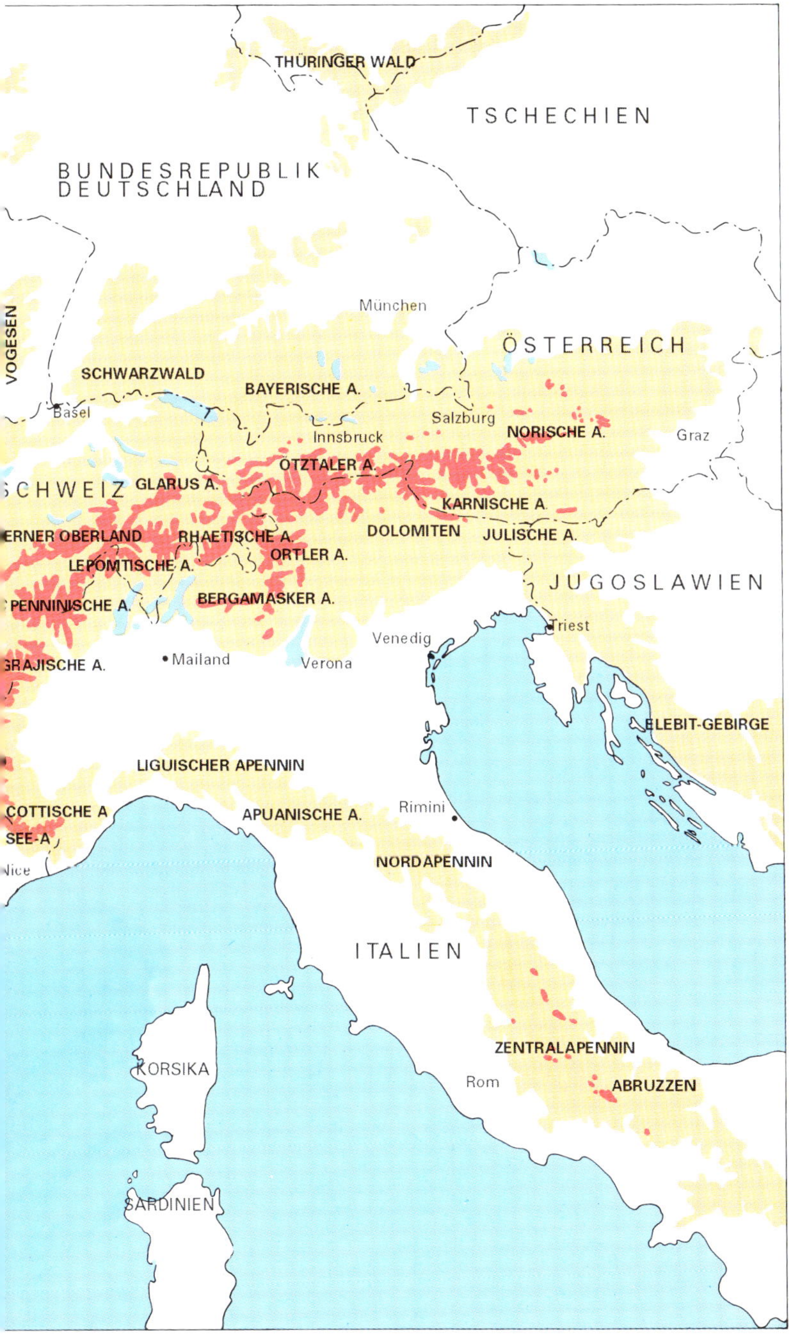
THÜRINGER WALD
TSCHECHIEN
BUNDESREPUBLIK DEUTSCHLAND
VOGESEN
München
ÖSTERREICH
SCHWARZWALD
BAYERISCHE A.
Basel
Salzburg
Innsbruck
NORISCHE A.
Graz
ÖTZTALER A.
SCHWEIZ
GLARUS A.
KARNISCHE A.
DOLOMITEN
ERNER OBERLAND
RHAETISCHE A.
JULISCHE A.
ORTLER A.
LEPOMTISCHE A.
JUGOSLAWIEN
PENNINISCHE A.
BERGAMASKER A.
Triest
Venedig
GRAJISCHE A.
Mailand
Verona
ELEBIT-GEBIRGE
LIGUISCHER APENNIN
COTTISCHE A
APUANISCHE A.
Rimini
SEE-A
Nice
NORDAPENNIN
ITALIEN
KORSIKA
ZENTRALAPENNIN
Rom
ABRUZZEN
SARDINIEN

oft nicht alle wichtigen Arten abgebildet werden, so sind oft nahe verwandte Arten oder Unterarten unter der gleichen Ziffer, aber mit Kleinbuchstaben (z. B. 3a, 3b) nur mit den wichtigsten Unterscheidungsmerkmalen angeführt.

Aggregate (agg.). Artengruppen oder „Sammelarten", die heute meist in mehrere Kleinarten aufgespalten werden. Da die Unterscheidung der Kleinarten oft erst nach genauer Überprüfung und nur dem Spezialisten möglich ist, wurde hier bei manchen schwierigen Sippen der Aggregatbegriff verwendet: *Alchemilla* und *Rubus (Rosaceae), Cirsium, Centaurea, Hieracium, Senecio (Asteraceae).*

Größenangaben. Die Größenangaben der Pflanzen beziehen sich auf durchschnittliche Standorte. Die Maße können an ungünstigen, exponierten Stellen im Gebirge unterschritten, an besonders geschützten oder gedüngten Stellen auch überschritten werden.

Lebensdauer. Nach der Lebensdauer wird unterschieden zwischen einjährigen, zweijährigen (im ersten Jahr meist Blattentwicklung, im zweiten Jahr Blüte und Frucht) und ausdauernden Pflanzen. Diese werden weiter unterteilt nach dem Vorkommen oder Fehlen und dem Grad der Verholzung in krautige, unverholzte Stauden, schwach und meist nur am Grund verholzte Halbsträucher, ganz verholzte vielästige (Zwerg-Sträucher) und hochwüchsige Bäume mit meist einem zentralen Stamm. Stauden und Sträucher bzw. Bäume können ihre Blätter alljährlich (laubwerfende) oder im Abstand von mehreren Jahren (immergrüne) erneuern.

Form und Farbe sind wichtige Merkmale bei der Bestimmung von Gebirgspflanzen, z. B. dichte oder lockere Polster, niederliegend oder kriechend, Rosetten oder Horste. Ein besonders wichtiges Merkmal ist die Blattform, Begriffe wie gefiedert usw. werden im Anhang erläutert. Behaarung oder fehlende Behaarung der ganzen Pflanze oder einzelner Teile ist oft eine wichtige Bestimmungshilfe. Die Angaben beziehen sich auf sichtbare Behaarung, die Bezeichnung kahl schließt somit eine spärliche, nur mit der Lupe erkennbare Behaarung einzelner Pflanzenteile nicht aus. Die Blütenform ist meist angegeben (glockig, trichterförmig oder schüsselförmig), die Blütenfarbe bezieht sich auf die Kronblätter oder wenn diese fehlen, auf die Kelchblätter. Bei vielen Pflanzen variieren die Farben ± stark, daneben kommen bei den meisten blühenden Pflanzen vereinzelt auch weiße Individuen vor. Für die Abbildungen wurden im allgemeinen normal gefärbte Exemplare ausgewählt, die Farbstreuung ist im Text angegeben.

Die **Blütezeit** ist in römischen Zahlen den Monaten (I–XII) entsprechend angegeben und bezieht sich auf durchschnittliche Standorte. Gerade im Gebirge können aber starke Verschiebungen zwischen früh ausapernden Sonnseiten (Südhänge) und lange schneebedeckten Schattseiten (Nordhänge) vorkommen. Im Süden des Verbreitungsgebietes bzw. in tieferen Lagen blüht die gleiche Art im allgemeinen früher als im Norden oder in hohen Lagen. Oft kann man die gleiche Art, die in mittleren Höhenlagen bereits fruchtet, an der oberen Verbreitungsgrenze noch in voller Blüte finden.

Die **Seltenheit** einer Art ist schwer zu definieren: manche Arten sind zwar weit verbreitet, aber innerhalb des Verbreitungsgebietes durch die Bindung an bestimmte Standorte (z. B. Kalkfelsen, Moore) eben nur dort zu finden. Trotzdem kann man sie nicht als selten bezeichnen. Manche Sippen bewohnen nur ein sehr begrenztes Areal (viele Endemiten), können aber innerhalb dieses Wohngebietes durchaus häufig sein. Nur solche Arten, die innerhalb eines kleinen Areals nur an wenigen Fundorten vorkommen, sollen als selten gewertet werden. Sie sind im Text durch ein Kreuz (+) gekennzeichnet (dies gilt auch für die Teilgebiete).

Geographische Verbreitung. Die Bezeichnung folgt dem internationalen Länder-Code:

A	– Österreich	IRL	– Irland
B	– Belgien	IS	– Island
CH	– Schweiz	N	– Norwegen
CS	– Tschechien und Slowakei	NL	– Niederlande
D	– Deutschland	PL	– Polen
DK	– Dänemark	R	– Rumänien
E	– Spanien	S	– Schweden
F	– Frankreich	SF	– Finnland

GB	–	Großbritannien	YU	–	Jugoslawische Staaten
H	–	Ungarn	T	–	im Gesamtgebiet verbreitet
I	–	Italien			

Vorgesetzte Kleinbuchstaben stehen für die Himmelsrichtungen:

n	–	Nord
s	–	Süd
o	–	Ost
w	–	West
z	–	Zentral

So bedeutet etwa oA, nI, noYU, daß die entsprechenden Pflanzen in den Bergen von Ost-Österreich, Nord-Italien und Nordost-Jugoslawien vorkommen. In besonderen Fällen, vor allem bei enger begrenzter Verbreitung, werden auch zusätzliche Kürzel verwendet:

Ap	–	Apennin	J	–	Jura
Cord. cant	–	Cantabrische Kordillere	Karp	–	Karpaten
Dol	–	Dolomiten	Pyr	–	Pyrenäen
Lig	–	Ligurische Alpen			

Außerdem noch:

Am	–	Amerika	●	–	endemisch (ausschließlich im Teilgebiet verbreitet)
Arkt	–	Arktis			
As	–	Asien	+	–	selten
Kauk	–	Kaukasus	()	–	eingeschleppt oder verwildert
Rußl	–	Rußland			
Skand	–	Skandinavien	lokal	–	Verbreitung lückenhaft

Falls eine Art in einer Teilregion oder im Gesamtareal nicht ursprünglich wächst, sondern eingebürgert ist, stehen die Verbreitungsangaben in Klammern. So bedeutet z. B. A, CH (F, GB) H, R, daß die betreffende Art nur in Österreich, der Schweiz, in Ungarn und Rumänien natürlich vorkommt, in Frankreich und England aber nur eingeschleppt ist.

Der **Standort** ist in vielen Fällen ein wichtiges Charaktermerkmal. Während manche Arten eine Vielzahl verschiedener Standorte besiedeln können (Wiesen, Wälder, sonnige und schattige Orte, flache, steinige oder tiefgründige humose Böden), sind andere Pflanzen an ganz bestimmte, gut definierte Standortsbedingungen ± streng gebunden (z. B. saure Torfmoore, Kalk-Felsspalten, Silikatschutt), deren Kenntnis bei der Bestimmung der Pflanzen helfen kann. Die wichtigsten Standortstypen sind im Anhang zusammengestellt (S. 395 f.).

Höhenangaben betreffen immer den Schwerpunkt der Höhenverbreitung (1600–2900 m), der im Einzelfall auch über- oder unterschritten werden kann. Der höchste angegebene Fundort ist oft ein Höhenrekord weit oberhalb der durchschnittlichen Höhenverbreitung. Ein Höhenmesser, der auch für die Einschätzung der Wettersituation nützlich ist, leistet hier gute Dienste.

Naturschutz, Heil- und Giftpflanzen. Die in Deutschland, Österreich, Südtirol und der Schweiz geschützten Pflanzen sind durch das Zeichen §, die Heilpflanzen (nach DAB 7) mit ⚕, Giftpflanzen durch ☠ kenntlich gemacht.

Bestimmen von Wildpflanzen mit Hilfe dieses Buches

Dieses Taschenbuch ist gedacht als Bestimmungshilfe am natürlichen Wuchsort, es sollte daher möglichst oft in die Natur mitgenommen werden. Dies scheint uns der bessere Weg, der das Pflücken oder gar Ausgraben von Pflanzen zu vermeiden hilft. Die „Rote Liste“ der von der Ausrottung bedrohten oder doch stärker gefährdeten Pflanzen ist leider bereits erschreckend groß (allein in Bayern ca. 380 Arten!). Zudem fällt jede gepflückte Pflanze für die Samenproduktion und damit für den Nachwuchs aus. Wirkliche Seltenheiten wird kein verantwortungsbewußter Naturfreund von ih-

rem Standort entfernen. Gerade bei hochalpinen Polsterpflanzen ist für manchen Gartenbesitzer die Verlockung groß, Exemplare auszugraben und in den häuslichen Steingarten („Alpinum") zu verpflanzen. Solche Taten sind doppelt sinnlos, weil die allermeisten Hochgebirgspflanzen im Tal nach kurzer Zeit eingehen. Viel besser eignen sich solche Gebirgspflanzen, die sich durch langjährige gärtnerische Auslese an die Bedingungen im Tal angepaßt haben und hier bei guter Pflege meist willig wachsen. Sie können von Spezialgärtnereien bezogen werden. Vorteilhaft ist auch die Mitgliedschaft bei einer Pflanzenliebhabereigesellschaft (Erfahrungsaustausch, Samen- und Pflanzentausch).
Die wichtigsten **Adressen** sind:
Gesellschaft der Staudenfreunde, Justinus-Kerner-Str. 11, 71229 Leonberg, Deutschland.
Alpine Garden Society, c/o Mr. E. M. Upward, Lye End Link, St. John's, Woking, Surrey GU21 1 SW., GB.
American Rock Garden Society, Wm. T. Hirsch, 3 Salisbury Lane, Malvern, PA 19355, USA.

Folgende Merkmale sind für eine korrekte Bestimmung von Bedeutung:
- Größe und Lebensform der Pflanze: krautig, verholzt, einjährig, ausdauernd, polsterbildend; Form und Anordnung der Blätter: gegenständig, quirlig, wechselständig, gestielt oder ungestielt, behaart oder kahl; Blattrand gezähnt oder ungezähnt, gelappt oder gefiedert.
- Blütenmerkmale: Form und Farbe, Zahl der Kelch- und Kronblätter, Staubblätter und Griffel; Blütenblätter verwachsen oder frei; Anordnung der Blüten: einzeln, aufrecht oder nickend; Form des Blütenstandes: Ähren, Trauben, Rispen, Dolden, Köpfchen usw.
- Früchte: Form und Farbe; fleischig oder trocken; Art des Öffnens usw.
- Standort: Wasserpflanzen, Sumpfpflanzen, Pflanzen feuchter oder trockener Wiesen, Wälder, Schutt, Fels, Boden sauer (über Silikat) oder basisch (über Kalk).
- Fundort: besonders bei seltenen Pflanzen mit kleinem Areal ein wichtiger Hinweis.
- Höhenlage: kann meist mit einer guten Karte auf ± 50 m bestimmt werden.

Völlig unbekannte Pflanzen können bestimmt werden entweder mit Hilfe des Bilderschlüssels (durch Ausscheiden nicht zutreffender Merkmalskombinationen) oder durch Vergleichen der unbekannten Pflanze mit den Abbildungen des Buches beim Durchblättern. Nach dem Auffinden einer ähnlichen Pflanze auf den Farbtafeln kann beim Lesen des zugehörigen Textes meist die Bestätigung gefunden werden. Bei verwandten, ähnlich aussehenden Arten gibt oft die Verbreitungsangabe Entscheidungshilfe, wenn etwa die eine Art nur in den Pyrenäen, die andere nur in den Alpen vorkommt.

Wer sich durch Schwierigkeiten bei den ersten Bestimmversuchen nicht abschrekken läßt, wird bald zunehmend Vergnügen und Bereicherung empfinden, wenn er durch genaue Beobachtung, Notizen oder Farbfotos die Feinheiten von Bau und Leben der Gebirgspflanzen kennenlernt. Mancher Amateur, der so begonnen hat, leistet heute der Wissenschaft wertvolle Dienste durch verläßliche Angaben über das Vorkommen eindeutig bestimmter Pflanzen. Ohne diese Hilfe wären die so zeitraubenden und arbeitsintensiven Unternehmungen wie die floristische Kartierung von Mitteleuropa wohl nicht denkbar. So auch hier die Bitte, interessante **Funde zu melden** (Regionalstellen der Florenkartierung an den meisten botanischen Universitätsinstituten). Siehe auch folgenden Abschnitt.

Fundortmeldungen

Die Verbreitung der einzelnen Pflanzenarten und die der Pflanzengemeinschaften sind ebenso wie die Analyse der Standorte Gegenstand intensiver wissenschaftlicher Untersuchungen. Änderungen in der Verbreitung der Arten liefern entscheidende Hinweise auf klein- oder großräumige Änderungen der Standorte. Einer laufenden Erfassung der genauen Fundorte der Einzelarten kommt ebenso wie der kartenmäßigen Erfassung der Vegetationseinheiten eine ganz wesentliche Bedeutung z. B. für alle kulturtechnischen und landschaftspflegerischen Maßnahmen zu. Die Floristik widmet sich der Verbreitung der Einzelarten, die Vegetationskunde bzw. die Pflanzensoziologie den Problemen der Verbreitung der Standorte etc., die sich mit den verschiedenen Vegetationseinheiten ergeben.

Die übergreifenden Angaben auf den Gebieten der Vegetationskunde und des Naturschutzes werden in der Bundesrepublik Deutschland von verschiedenen Einrichtungen der Bundesländer bzw. von den Instituten der Universitäten und Hochschulen sowie von der Bundesanstalt für Vegetationskunde, Naturschutz und Landschaftspflege, Bonn-Bad Godesberg, bearbeitet.

In der Bundesrepublik Deutschland widmen sich den floristischen Arbeiten u. a. die verschiedenen Arbeitsgemeinschaften, Arbeitskreise für Floristik bzw. Vegetationskunde, die fast in allen Bundesländern vertreten sind, die Botanischen Vereine bzw. Gesellschaften, die Botanischen Institute der Universitäten und Hochschulen und die Zentralstelle für die floristische Kartierung Westdeutschlands, Bereich Nord: Göttingen, Systematisch-Geobotanisches Institut der Universität, Untere Karspüle 2, Bereich Süd: Regensburg, Fachbereich Biologie der Universität, Postfach 397.

Beobachtungen über die Verbreitung insbesondere der selteneren Pflanzenarten des deutschen Gebietes oder eines Teilgebietes innerhalb der Bundesrepublik sollten den genannten Institutionen – insbesondere den Arbeitsgemeinschaften oder Zentralstellen für die floristische Kartierung – zur weiteren wissenschaftlichen Bearbeitung zugängig gemacht werden.

Naturschutz

Wer Hochgebirgspflanzen ausgräbt, um sie in seinen Steingarten zu verpflanzen, wird damit wenig Freude haben. Unter den völlig anderen Lebensbedingungen gehen sie meist schnell zugrunde. Wer ein „Alpinum" anlegen will, ist besser beraten, sich die Pflanzen in einer Spezialgärtnerei zu besorgen. Hier gibt es in großer Auswahl Alpenpflanzen, die durch lange Kultur an das Talklima angepaßt sind und daher auch in tiefen Lagen gut gedeihen.

Nie zuvor wurde über Naturschutz soviel geredet wie heute, dies birgt aber auch die Gefahr der Abstumpfung in sich. Es ist leider nur zu wahr, daß viele Arten unmittelbar von der völligen Ausrottung oder wenigstens vom Verschwinden aus Teilen ihres alten Areals bedroht sind. Übertriebener Sammeleifer, die vermehrte Anwendung von Herbiziden, vor allem aber die Zerstörung natürlicher Lebensräume haben auch ehedem häufige Pflanzen selten werden lassen. Nationalparks und Naturschutzgebiete, die in vielen Ländern geschaffen wurden, bieten den gefährdeten Pflanzen und Tieren einen Schutzraum. Freilich besteht sogar hier die Gefahr, daß zu große Besucherströme durch ihren „Trampeleffekt" größere Schäden anrichten und den Schutzwert solcher Gebiete beeinträchtigen. Wo immer ein natürlicher Lebensraum gestört wird, geht die Artenzahl rapide zurück. Nicht alle Arten sind in gleicher Weise in Gefahr, und es wäre falsch zu glauben, daß jede Pflanze in einem Schutzgebiet bedroht ist. Besonders schlimm steht es um die Pflanzen jener Standorte, die mehr und mehr aus den Alpen verschwinden, wie etwa die Bewohner der „unproduktiven" Moore, die häufig als Mülldeponien mißbraucht werden. Zum anderen stehen manche attraktive oder mystifizierte Blumen (wie der Frauenschuh und das Edelweiß) so hoch in der Gunst, daß auch Naturschutzgesetze ihren starken Rückgang nicht verhindern konnten. Solche allgemein bekannten und gesuchten, aber von der Ausrottung direkt bedrohten Pflanzen brauchen sorgfältig überlegte Schutzmaßnahmen.

Jedes Land hat seine eigenen Naturschutzgesetze, viele Pflanzen sind in allen Gebirgsländern vollkommen oder teilweise geschützt. Unter diese Schutzbestimmungen fallen auch die meisten Hochgebirgspflanzen, die sich unter den sehr harten Lebensbedingungen nur schwer fortpflanzen können und oft Jahrzehnte alt werden. **Ein solches Lebewesen mutwillig zu zerstören, ist echter Naturfrevel!**

Bewundern wir die prächtigen Bergblumen lieber in der Natur, und verzichten wir darauf, sie abzupflücken, denn wie schnell verwelkt der Strauß! So geben wir den Pflanzen eine Chance, Samen zu bilden, sich zu vermehren und auszubreiten. Helfen wir mit, daß viele Menschen auch in Zukunft an den Bergblumen Freude haben können!

Abkürzungsverzeichnis

agg.	= aggregatus (Sammelart)
alp.	= alpin
B.	= Blatt
Bl.	= Blüte
Einj./Zweij.	= Einjährige/Zweijährige
endst.	= endständig
Fam.	= Familie
Fr.	= Frucht
gegenst.	= gegenständig
grundst.	= grundständig
kult.	= kultiviert
längl.	= länglich
lanzettl.	= lanzettlich
männl.	= männlich
oberst.	= oberständig
Pfl.	= Pflanze
quirlst.	= quirlständig
rundl.	= rundlich
seitenst.	= seitenständig
St.	= Stengel
subsp.	= subspecies (Unterart)
unterst.	= unterständig
wechselst.	= wechselständig
weibl.	= weiblich
I–XII	= Monate der Blütezeit
□	= Pflanze abgebildet
∅	= Durchmesser
x	= Bastarde, Hybride
⚕	= Heilpflanze
☠	= Giftpflanze
§	= gesetzlich geschützt
±	= mehr oder weniger
●	= endemisch
+	= selten
†	= ausgestorben
()	= eingeschleppt oder verwildert

Systematische Gliederung der Samenpflanzen

Für die natürliche, d. h. der Stammesgeschichte entsprechende Gliederung der Samenpflanzen werden v. a. jene Merkmale herangezogen, die konstant sind, vor allem der Bau der Blüten- und Fruchtblätter, die chemische Natur der Pflanzenstoffe, der Feinbau der Pollenkörner. Der vegetative Bau kann auch innerhalb niedriger taxonomischer Einheiten (Familien oder Gattungen) sehr stark variieren (Sträucher, Kräuter, Polsterpflanzen) oder durch die Standortsbedingungen beeinflußt werden. Aus solchen Merkmalsvergleichen läßt sich ein hierarchisches System abgestufter Ähnlichkeiten gewinnen. Die großen Gruppen sind:

Nacktsamige Pflanzen (Abt. *Gymnospermae*): die Samen sind nicht in einem Fruchtknoten eingeschlossen, sondern frei auf der Oberseite eines Schuppenblattes, der weibliche Blütenstand ist meist ein verholzter Zapfen (Föhren, Tannen, Lärchen), ein fleischiger Beerenzapfen (Wacholder) oder der Samen hat einen fleischigen Mantel (Eibe). Die Blätter sind nadel- oder schuppenförmig, immergrün (nur die Lärche sommergrün). Männliche und weibliche Blüten sind getrennt.

Bedecktsamige Pflanzen (Abt. *Angiospermae*): Samen in einem Fruchtknoten eingeschlossen, Blätter meist nicht nadelförmig. Oft eine auffallende Blütenhülle („Blüte") vorhanden.

- Zweikeimblättrige Pflanzen – *Magnoliatae* (= *Dicotyledoneae*): Samen mit zwei Keimblättern, Blätter meist netznervig, Blüten oft mit 4–5zähligen Wirteln, oft aus grünem Kelch und gefärbter Krone bestehend. Männliche und weibliche Organe (Staubblätter und Fruchtblätter) meist in einer Blüte vereint, seltener getrennt oder auf verschiedenen Pflanzen.
- Einkeimblättrige Pflanzen – *Liliatae* (= *Monocotyledoneae*): Samen nur mit einem Keimblatt, Blätter meist mit parallelen Nerven. Blüten unscheinbar (Gräser, Sauergräser, Binsen), in kopfigen oder ährigen Blütenständen oder auffallend, dann meist aus 3zähligen gleichen Wirteln (Perigon) bestehend. Holzpflanzen fehlen in unserem Gebiet. Wichtigste Familien: Grasähnliche *(Poaceae, Cyperaceae), Liliaceae, Iridaceae, Amaryllidaceae, Orchidaceae*.

Innerhalb dieser großen Gruppen werden ähnliche Arten zu Gattungen, verwandte Gattungen zu Familien vereinigt, wobei der Grad der Ähnlichkeit abnimmt. Die Arten (species) lassen sich meist weiter in Unterarten (subspecies) und Varianten (var.) gliedern.

Seit LINNÉ (1707–1778) werden zur wissenschaftlichen Benennung der Pflanzen zwei lateinische Namen verwendet (binäre Nomenklatur): der Gattungsname (z. B. *Aquilegia* – Akelei) und der Artname (z. B. *Aquilegia vulgaris*), der häufig ein Charaktermerkmal der Pflanze bezeichnet (z. B. *Aquilegia thalictrifolia*) oder an den Entdecker erinnert (z. B. *Aquilegia bertolonii* nach dem italienischen Botaniker A. BERTOLONI, 1775–1869). Die Namengebung (Nomenklatur) ist durch internationale Vereinbarungen geregelt, so gilt z. B. von vielen im Laufe der Zeit verwendeten Namen derjenige, der die Pflanze erstmals gut kenntlich und damit eindeutig beschreibt. Der Name des erstbeschreibenden Autors wird hinter dem botanischen Pflanzennamen angefügt. Aus Platzgründen ist dieser „Autorenname" in diesem Buch weggelassen worden, da die hier verwendeten Namen mit denen der FLORA EUROPAEA übereinstimmen. Es müßte also vollständig heißen *Aquilegia vulgaris* L. (L. = LINNÉ).

Einige **Familien** können relativ leicht an bestimmten Charaktermerkmalen erkannt werden. Obwohl diese Familien im Bestimmungsschlüssel enthalten sind, sollen sie hier kurz angeführt werden. Wenn man sich die wichtigsten Merkmale einprägt, können viele Pflanzen wesentlich schneller angesprochen bzw. im Buch gefunden werden.

- Nelkengewächse, *Caryophyllaceae*. Kräuter; Blätter gegenständig; Kelchblätter 5 (oder 4), getrennt oder zu einer Röhre verbunden; Kronblätter 5 (oder 4), frei, an der Spitze gesägt, abgerundet oder ausgerandet; Staubblätter meist 10; Griffel 2, 3 oder 5; Frucht eine gezähnte Kapsel.
- Kreuzblütler, *Brassicaceae* (= *Cruciferae*). Kräuter; Blätter meist wechselständig; Kelch- und Kronblätter 4, frei; Staubblätter meist 6; 1 kurzer Griffel; Frucht eine zweifächerige, meist ovale oder lineale Kapsel (Schote).
- Rosengewächse, *Rosaceae*. Kräuter, Sträucher oder Bäume; Nebenblätter meist vorhanden; Laubblätter einfach oder gefiedert; Kelchblätter meist 5, oft am Grunde verwachsen; häufig ein Außenkelch vorhanden; Kronblätter meist 5, manchmal auch mehr oder 4, frei; Staubblätter zahlreich; Griffel 1 bis viele; Frucht eine fleischige Beere oder ein trockenes Nüßchen mit federigem oder hakigem Griffel.
- Schmetterlingsblütler, *Fabaceae*. Kräuter, Sträucher oder Bäume; manchmal verdornt; Nebenblätter meist vorhanden; Blätter wechselständig; oft gefiedert oder dreiblättrig, manchmal einfach, meist ungezähnt; Kelchblätter 5, zu einer Röhre verwachsen; Kronblätter 5: Fahne, 2 Flügel, Schiffchen (Schmetterlingsblüte); Staubblätter 10; Griffel 1; Frucht eine Hülse.
- Doldenblütler, *Apiaceae (Umbelliferae)*. Kräuter; Blätter meist doppelt gefiedert, manchmal einfach; Blüten in Dolden (Blütenstiele von einem Punkt entspringend, ± gleich lang), manchmal umgeben von großen oder stacheligen Hüllblättern; Kronblätter 5, oft ungleich; Staubblätter 5; Griffel 2; Frucht 2teilig, meist abgeflacht.
- Rauhblattgewächse, *Boraginaceae*. Rauh behaarte Kräuter (Ausnahme: *Cerinthe*); Blätter meist wechselständig; Blüten oft einseitswendig an gebogenen Ästen (Wickel); Kelchblätter 5, oft röhrig verbunden; Kronblätter 5, röhrig; Staubblätter 5, mit der Kronröhre verwachsen; Griffel 1; Frucht in 4 Nüßchen („Klausen") zerfallend.
- Lippenblütler, *Lamiaceae* (= *Labiatae*). Oft aromatische Kräuter oder Kleinsträucher; Stengel 4kantig; Blätter gegenständig; Kelchblätter 5, zu einer Röhre verwachsen; Krone 2lippig; Staubblätter 4, manchmal 2, mit der Kronröhre verwachsen; Griffel 1; Frucht in 4 Nüßchen zerfallend.
- Braunwurzgewächse, *Scrophulariaceae*. Kräuter; Stengel rund, selten 4kantig; Blätter wechselständig, manchmal gegenständig; Kelchblätter 4–5, oft am Grund verwachsen; Krone 4–5lappig, oft 2lippig, manchmal gespornt; Staubblätter 2, 4 oder 5; Griffel 1; Frucht eine vielsamige Kapsel.
- Korbblütler, *Asteraceae* und *Cichoriaceae* (= *Compositae*). Kräuter; Blätter meist wechselständig; Blüten in dichten Köpfen, die meist von vielen überlappenden Hüllblättern umgeben sind (Beispiel: Gänseblümchen, Löwenzahn, Disteln); Frucht häufig mit einer federigen Haarkrone (Pappus).

Fam. Kiefern- und Tannengewächse Pinaceae

Nadelbäume; eingeschlechtige Bl. in verholzten Zapfen. Oft forstlich angepflanzt.

1 WEISS-TANNE *Abies alba.* Immergrüner, pyramidenförmiger Baum bis 80 m; Zweige regelmäßig wirtelig angeordnet; Nadeln einzeln, flach, unterseits mit 2 weißen Wachsfurchen, oberseits dunkelgrün, gescheitelt; B.narben nach Abfallen der Nadeln oval; Zapfen aufrecht, 10–20 cm, mit *3eckigen Tragb.* zwischen den Schuppen; Zapfenspindel bleibend. IV–V. Wälder u. Forste, v. a. in luftfeuchten Gebieten, oft mit Buche in montanen Mischwäldern; 700–1400 (2100) m. T (B, DK, GB, N, S); bis zum Balkan.

2 FICHTE *Picea abies* (= *P. excelsa*). Baum mit spitzer Krone bis 60 m; Zweige regelmäßig wirtelig gestellt; Nadeln einzeln, 4seitig, zugespitzt; B.narben *wulstig vorstehend;* Zapfen hängend, zylindrisch, 10–18 cm, *ohne* vorragende *Tragb.* IV–VI. Montane u. subalp. Wälder u. Forste; 800–2400 m. T (B, DK, E, GB, IRL, NL). **2a** *P. a.* subsp. *obovata* mit dicht behaarten Zweigen, Zapfen 6–8 cm. A, CH, D, F; in den Alpen lokal.

3 LÄRCHE *Larix decidua.* Pyramidenförmiger, sommergrüner Baum bis 35 m; Zweige gelbl., biegsam, kahl; Nadeln einzeln u. gebüschelt, schlank zugespitzt, hellgrün; männl. Bl. gelb, weibl. hellrot; Zapfen aufrecht, *eiförmig*, 2–3,5 cm, *ohne* vorragende *Tragb.* III–VI. Rohböden, Blockhalden, bes. an der Waldgrenze im Fichten- u. Zirbenwald, Lärchenwiesen; bis 2500 m. A, CH, CS, D, F, H, I, PL, R (B, GB, IRL, N, S, SF, YU).

4 SCHWARZFÖHRE *Pinus nigra.* Immergrüner breitkroniger Baum bis 80 m; Borke grauschwarz; Nadeln zu 2, lang, gerade, dunkelgrün; Zapfen hängend, spitz, 5–8 cm, gelbl.-grün. V–VI. Wälder u. Forste auf trockenen Kalkböden; bis 1800 m. A, I, R, YU (T). **4a, 4b** → S. 346

5 LEGFÖHRE, LATSCHE *Pinus mugo* (= *P. montana*). Immergrüner *Strauch* mit bogig aufsteigenden Ästen u. graubrauner schuppiger Borke, bis 3,5 m; Nadeln zu 2, leicht gedreht, sattgrün; Zapfen aufrecht od. seitl. hängend, eiförmig, 2–5 cm, glänzend. V–VI. Fels u. Geröll auf Kalk u. Silikat, Moore; bestandbildend; bis 2700 m. A, CH, CS, sD, F, I, PL, R, YU (DK). **5a SPIRKE** *P. uncinata* kleiner schlanker Baum bis 15 m; Borke grau, Zapfen schmäler, 5–7 cm. A, CH, swD, n&zE, s&oF, I.

6 ZIRBE, ARVE *Pinus cembra.* Immergrüner Baum bis 25 m, mit abgerundeter od. unregelmäßig verzweigter Krone; Borke rötl.-grau; Nadeln zu 5, schlank, blaugrün; Zapfen aufrecht, eiförmig, dunkel violettbraun; eßbare Samen in Nüssen. V–VI. Oberste Waldstufe, bes. in den zentralen Silikatalpen, aber auch auf Kalk u. Dolomit; bis 2700 m. A, CH, CS, sD, oF, nI, PL, R (IS, N, S, SF). §

Fam. Zypressengewächse Cupressaceae

7 GEMEINER WACHOLDER *Juniperus communis.* Immergrüner Strauch od. Baum bis 6 m; Nadeln zu 3, stechend, graugrün; Bl. gelb, männl. u. weibl. auf verschiedenen Pfl.; Fr.zapfen beerenförmig, zuerst grün, reif blauschwarz, 5 mm, eßbar. VI–VII. Felsige u. steinige Orte, Weiden, Moore; bis 1500 m. T. ⚕ ⚔ §. **7a** → S. 346

8 WEIHRAUCH-WACHOLDER *Juniperus thurifera.* Immergrüner, pyramidenförmiger Baum bis 20 m; B. schuppenförmig, in gegenst. Paaren überlappend, *nicht stechend*, dunkelgrün; Zapfen kugelig, 7–8 mm, zuerst grün, dann dunkelpurpurn. IV–VI. Felsige u. steinige Orte; bis 1400 m. nE, s&soF. **8a** → S. 346

Fam. Eibengewächse Taxaceae

9 EIBE *Taxus baccata.* Immergrüner pyramidenförmiger Strauch od. Baum bis 20 m; Nadeln einzeln, in zwei Reihen, oberseits dunkel, unterseits hellgrün; Bl. gelbl., männl. und weibl. auf verschiedenen Pfl.; Fr. in einem *beerenartigen saftigen roten Becher* (Arillus). III–IV. Feuchte und schattige Wälder, meist auf Kalk; bis 1800 m. T, fehlt im Hohen Norden. ⚔

Fam. Meerträubelgewächse Ephedraceae

10 MEERTRÄUBEL *Ephedra distachya.* Niedriger, blaßgrüner Rutenstrauch bis 0,5 m; die winzigen Schuppenb. in gegenst. Paaren an bogig aufsteigenden Zweigen; Bl. klein, grünl., männl. u. weibl. auf verschiedenen Pfl.; Fr. kugelig, 5–6 mm, mit *fleischigen roten Schuppen*, beerenartig. V–VI. Sandige, trockene Stellen, heiße Felsen, Uferböschungen; bis 1100 m. CH, CS, E, F, H, I, R, YU. **10a** *E. d.* subsp. *helvetica* hat aufrechte, sattgrüne Zweige. A, CH, oF, I (Vinschgau), wYU. ⚕ ●

1
2
3
4
5
6
7
8
9
10

Fam. **Weidengewächse** Salicaceae

Bäume od. Sträucher; B. wechselst.; Knospenschuppen einzeln (Weiden) od. mehrere, sich deckend (Pappeln); Nebenb. oft vorhanden, klein od. groß; Bl. in aufrechten (Weiden) od. hängenden Kätzchen (Pappeln), ohne Blumenkrone, männl. u. weibl. auf verschiedenen Pfl. (zweihäusig), oft vor od. zugleich mit den jungen B., männl. Kätzchen mit vorragenden gelben od. orangen Staubb., weibl. grün; Fr. eine kleine Kapsel mit zahlreichen weißwolligen Samen. (§)

1 NETZBLÄTTRIGE WEIDE *Salix reticulata*. Niederliegender Spalierstrauch; B. rund od. eiförmig, 10–30 mm, *nicht gezähnt*, lang gestielt, oberseits glänzend grün, gelegentlich grauwollig behaart, *unterseits* weißl. und deutlich *netznervig*; Kätzchen lang gestielt, zugleich mit den B.; Staubbeutel rot. VI–VIII. Auf feuchtem Kalk-Feinschutt; 1200–2500 m. T, fehlt H, IRL. **1a KRAUTIGE W.** *S. herbacea* hat kleinere, *schwach gezähnte, unterseits glänzend* grüne B.; kurz gestielte Kätzchen, 6–20 mm. Feuchte alp. Sauerboden-Rasen, Schneeböden; 1200 bis über 3000 m. T, fehlt H. **1b POLAR-W.** *S. polaris* wie 1a, aber B. breit eiförmig, ungezähnt; Fr. haarig. Bis 1700 m. VII. N, S, SF.

2 STUMPFBLÄTTRIGE WEIDE *Salix retusa*. Niederliegender Spalierstrauch; B. längl., *an der Spitze oft eingekerbt*, 8–20 mm, ganzrandig, kurz gestielt, ober- u. unterseits glänzend grün, kahl, Nerven *undeutlich*; Kätzchen zugleich mit den B., kurz gestielt. VII–VIII. Feuchte Rasen, Schneeböden, kalkliebend; 1200–3000 m. A, CH, CS, D, E, F, I, PL, R, YU. • **2a** *S. serpyllifolia* hat viel kleinere B. (4–8 mm) u. bildet dichte, dem Boden angepreßte Spaliere. A, CH, oF, sD, nI, YU. •

3 FEINGEZÄHNTE WEIDE *Salix breviserrata*. Niederliegender od. aufrechter Kleinstrauch mit bogig aufsteigenden Zweigen, 0,5–1 m; B. eiförmig, fein drüsig gezähnt, 10–20 mm, ober- u. unterseits glänzend grün, *am Rand behaart*; Kätzchen gestielt, dunkelpurpurn, zugleich mit den B. VI–VII. Kalkschutt, feuchte Rasen, Bachufer, Moränen; 1700–3000 m. A, CH, sD, nE, oF, nI. **3a ALPENWEIDE** *S. alpina* ist immer niederliegend; B. nicht gezähnt. Kalkliebend; bis 2500 m. A, CS, sD, nI, PL, R, wYU. • **3b MYRTENWEIDE** *S. myrsinites* ähnlich 3, aber abgestorbene B. lange an der Pfl. bleibend. V–VI. Bis 1700 m. nGB, N, S, SF–Ural.

4 SEIDEN-WEIDE *Salix glaucosericea*. Knorriger Strauch, 1–2 m; B. lanzettl., über der Mitte am breitesten, 55–75 mm, *seidig behaart*, oberseits blaßgrün, unterseits blaugrün; Kätzchen lang, zugleich mit den B. VI–VIII. Feuchte steinige Orte; 1700–2500 m. A, CH, oF, nI • **4a** *S. glauca* hat breitere B. mit *krausen Haaren*. Bis 1750 m. IS, N, S, SF; arktisches Rußl.

5 HEGETSCHWEILERS WEIDE *Salix hegetschweileri*. 0,5–3 m hoher Strauch; B. oval, über der Mitte am breitesten, unbehaart, schwach gezähnt, mit stumpfem Ende, oberseits glänzend grün, unterseits blaugrün; Kätzchen kurz gestielt. V–VI. Feuchte steinige Orte, Quellen, Bachufer; 1500–2200 m. A, CH, oF, nI. • **5a** *S. phylicifolia* B. an beiden Enden gleichmäßig verjüngt. Bis 1750 m. GB, N, S (B). **5b** *S. bicolor* wie 5, aber die jungen B. seidenhaarig. +, A, CH, F, nI; Pyr, Karp.

6 PYRENÄEN-WEIDE *Salix pyrenaica*. Kleinstrauch bis 0,5 m; Zweige rotbraun; B. eiförmig-elliptisch, 10–30 mm, am Grund *abgerundet*, ungezähnt, schwach, aber am Rand stets behaart; Kätzchen lang und locker, zugleich mit den B. VII. Feuchte Rasen, Felsen; bis 2500 m. nE, sF (Pyr); Cord. cant. •

7 APUANEN-WEIDE *Salix crataegifolia*. Niederliegender od. aufrechter Strauch bis 1 m; Zweige *dunkel purpurn*; B. breit eiförmig, 65–115 mm, fein gezähnt, oberseits frisch grün, unterseits in der Jugend seidenhaarig. V–VI. Felsige Orte, auf Kalk; bis 1800 m. nI; Apuanische Alpen. •

8 ÖSTERREICHISCHE WEIDE *Salix mielichhoferi*. Strauch bis 2 m; Zweige anfangs behaart, schwarz bis braungrün; B. lanzettl. od. oval, schwach gezähnt, stumpf-grün, unterseits deutlich netznervig; Kätzchen kurz gestielt, zugleich mit den B. VI–VII. Wasserzügige, oft kalkhaltige Böden; an Bächen; bis 2100 m. A, nI; oAlpen. •

9 KAHLE WEIDE *Salix glabra*. *Kahler* Strauch bis 1,5 m; Zweige dunkelbraun; B. breit elliptisch od. oval, gezähnt, oberseits *wachsgrün*, unterseits grau; Kätzchen lang gestielt, zugleich mit den B. VI–VII. Feuchte Orte, Hochstaudenfluren, Schutthalden; auf Kalk u. Dolomit; 1300–2100 m. A, oCH, soD, nI, wYU.

1
2
3
4
5
6
7
8
9

Weidengewächse (Forts.)

1 FLAUM-WEIDE *Salix laggeri* (= *S. pubescens*). Strauch, 1–3 m; Zweige knorrig, braun od. schwärzl., in der Jugend grau-filzig; B. schmal elliptisch bis längl., nicht gezähnt, oberseits tiefgrün, unterseits weiß flaumig; Nebenb. pfeilförmig; Kätzchen groß. V–VI. Bachufer, Silikatgeröll; bis 2000 m. A, CH, oF, nl. **1a GROSSBLATT-W.** *S. appendiculata* (= *S. grandifolia*) hat *graubraune* haarige Zweige u. breitere, manchmal gezähnte B., unterseits deutlich netznervig. IV–VI. Feuchte Hochstaudenfluren; meist auf Kalk; bis 2300 m. A, CH, swCS, D, F, nl, wYU.

2 BÄUMCHEN-WEIDE *Salix arbuscula*. Strauch bis 2 m; Zweige kahl, gefurcht; B. elliptisch-lanzettl., 5–40 mm, *zugespitzt*, gezähnt, oberseits glänzend grün, unterseits grau, oft kahl; Nebenb. undeutlich; Kätzchen kurz gestielt, Schuppen mit rotbraunen Haaren. V–VI. Feuchte Rasen, steinige Orte, Moränen; bis 1300 m. nGB (Schottland), N, S, SF. **2a** *S. foetida* hat schmälere, tief gezähnte B. mit deutlichen weißen Drüsen. VI–VII. Silikatschutt; 1700–2800 m. A, CH, soF, n&zl. **2b** *S. waldsteiniana* hat schwach gezähnte größere B. als 2; Kätzchen *lang gestielt*. Kalkschutt, Grünerlengebüsch. A, CH, sD, nl, YU.

3 SPIESS-WEIDE *Salix hastata*. Veränderlicher Strauch bis 1,5 m; Zweige grünl. od. bräunl., glänzend kahl; B. breit oval od. elliptisch, ganzrandig od. fein gezähnt, fahlgrün, kahl; *Nebenb. groß*, eiförmig, abfallend; Kätzchen groß, lang gestielt, mit langen weißen Haaren. V–VIII. Feuchte Rasen, Grünerlengebüsch, Flußufer; bis 2500 m. T, fehlt GB, IRL, H, IS.

4 SCHWEIZER WEIDE *Salix helvetica*. Strauch, 0,5–2 m; Zweige dünn, anfangs graubraun, später kastanienbraun; B. oval, über der Mitte am breitesten, 15–40 mm, nicht gezähnt, oberseits glänzend grün, unterseits *weißfilzig*; Kätzchen groß, kurz gestielt. VI–VII. Feuchte Schutt-Runsen; bestandbildend; 1700–3000 m. A, CH, F, I; Alpen. ● **4a LAPPLAND-W.** *S. lapponum* hat beidseits *grau behaarte* B. gehäuft am Ende der Zweige; Kätzchen ungestielt. V–VII. Feuchte bis moorige Standorte, Bachufer, Geröll; bis 2600 m. A, CH, CS, sF, nl, PL.

5 BLAUGRÜNE WEIDE *Salix caesia*. Niederliegender od. aufrechter *kahler* Strauch bis 1 m; Zweige braun, in der Jugend matt; B. elliptisch od. eiförmig, 10–15 mm lang, nicht gezähnt, ober- u. unterseits matt blaugrün; Kätzchen rotbraun mit violetten Staubbeuteln. VI–VII. Feuchte Rasen, See- u. Bachufer; 1700–2500 m. A, CH, oF, nl.

6 WOLLIGE WEIDE *Salix lanata*. Veränderlicher Strauch bis 3 m; Zweige *dick filzig*; B. breit-oval, 10–25 mm, ungezähnt, anfangs *gelbhaarig*, später grau und fast kahl; Kätzchen gelbhaarig. V–VII. Feuchte und steinige Standorte; bis 1750 m. B, S. **6a DRÜSIGE WEIDE** *S. glandulifera* B. über der Mitte am breitesten, mit *drüsigem Rand*. nGB (zSchottland), IS, N, S, SF. Eine Anzahl größerer Weidensträucher steigt bis über 1500 m, obwohl sie hauptsächlich in tieferen Lagen verbreitet sind.

7 ZITTERPAPPEL, ESPE *Populus tremula*. Baum bis 20 m; Borke glatt, graubraun; Knospen leicht klebrig; B. *rundl.*, stumpf gezähnt, bald verkahlend, an langen dünnen Stielen bei leichtem Wind flatternd; Kätzchen hängend, rötl. od. purpurn, *vor den B.* III–V. Feuchte Waldstellen, Heiden, Schutthalden; bis nahe an die Waldgrenze (2100 m). T.

8 SCHWARZ-PAPPEL *Populus nigra*. Baum bis 30 m; Borke zerklüftet, schwärzl.; Knospen klebrig; B. *herzförmig*, zugespitzt, gezähnt, kahl, satt grün, lang gestielt; Kätzchen hängend, vor den B. III–IV. Feuchte Orte, häufig an Flußufern; bis 1800 m. T. Häufig gepflanzt (B, DK). **8a WEISS-P.** *P. alba* □ 3–5lappige B. unterseits *weißflaumig*. Feuchte Wälder; gelegentlich oberhalb 1200 m. T. Häufig gepflanzt (B, CH, DK, GB, NL).

8a Weißpappel

1
2
3
4
5
6
7
8

Fam. **Birkengewächse** Betulaceae

Laubwerfende Bäume und Sträucher mit gegenst. B.; männl. und weibl. Bl. in *Kätzchen*, getrennt, aber auf derselben Pfl. („getrennt-geschlechtig").

1 SILBER-BIRKE, HÄNGE-BIRKE *Betula pendula* (= *B. verrucosa*). Schmaler aufrechter Baum bis 30 m; Borke *silberweiß*, papierdünn abblätternd, darunter braun und rissig; Zweige unbehaart; B. rautenförmig, ungleich gezähnt; Kätzchen gelbl., die männl. hängend, die weibl. kürzer, aufrecht. III–V. Wälder, Heiden, oft auf Sand, Blockhalden; bis 2000 m. T, fehlt IS ⚕. **1a** → S. 346

2 ZWERG-BIRKE *Betula nana*. Zwergstrauch bis 1 m, manchmal fast niederliegend; Zweige unbehaart; B. *rundl.* mit tiefen stumpfen Zähnen, in der Jugend flaumig, 5–15 mm; Kätzchen wie bei 1, aber kleiner, *vor* den B. III–V. Hochmoore; bis 2200 m. A, CH, CS, D, F, GB, IS, N, PL, R, S, SF; in den Alpen selten. §

3 GRÜN-ERLE *Alnus viridis*. Dichter Strauch bis 4 m; Zweige unbehaart; B. elliptisch od. rundl., doppelt gezähnt, frisch grün; Kätzchen gelbl., gleichzeitig mit den B., die männl. hängend, die weibl. bräunl., wie winzige Föhrenzapfen. IV–V. Pionier in feuchten Runsen, bis zur Waldgrenze; 1500–2300 m. A, CH, CS, D, F, H, I, PL, R, YU. **3a, 3b, 3c** → S. 346

Fam. **Haselgewächse** Corylaceae

4 HASEL *Corylus avellana*. Laubwerfender Strauch bis 6 m; Borke glatt, braun mit hellen Punkten; B. eiförmig od. rundl., zugespitzt, gezähnt, flaumhaarig; männl. Bl. in hängenden Kätzchen, blaßgelb, weibl. aufrecht, klein, knospenähnlich mit roten Griffeln, vor den B.; Fr. eine eßbare Nuß, am Grunde mit B.hülle. I–III. Waldränder, Laubgebüsche; bis 1800 m. T, fehlt IS.

Fam. **Buchengewächse** Fagaceae

Männl. und weibl. Bl. getrennt, aber auf demselben Baum.

5 ROTBUCHE *Fagus sylvatica*. Laubwerfender Baum mit breiter Krone, bis 30 m; Borke glatt, grau; *Knospen* spitz, rotbraun; B. eiförmig, zugespitzt, Adern bes. *am Rand* deutlich; junge B. unterseits silberhaarig; Bl. grünl., die männl. zu mehreren hängend, die weibl. aufrecht, gleichzeitig mit den jungen B.; Fr. eine pyramidenförmige braune Nuß („Buch-Eckern"), von einer derb-borstigen Schale umhüllt. IV–V. Oft reine Wälder bildend, bes. in niederschlagsreichen Gebieten (Alpenrand), hier auch die Waldgrenze bildend; häufig angepflanzt; bis 1900 m. T (IRL). ⚔

6 TRAUBEN-EICHE *Quercus petraea* (= *Q. sessiliflora*). Laubwerfender Baum bis 35m; Borke grau, fein rissig; Zweige *unbehaart*; B. eiförmig, gelappt, am Grund *verjüngt*, lang gestielt; Kätzchen blaß grünl.-gelb, die männl. lang, die weibl. in kurzen Büscheln; Eicheln sehr *kurz gestielt*, Becher unbehaart. IV–V. Wälder; bis 1800 m. T, fehlt IS ⚕ **6a, 6b** → S. 346

7 FLAUM-EICHE *Quercus pubescens*. Laubwerfender Strauch, selten Baum, bis 20 m; Borke dunkelgrau, runzelig; Zweige dicht flaumig; B. im Umriß verlängert-lanzettl., 6–12 cm lang, gelappt, gestielt, in der Jugend unterseits dicht flaumig; Kätzchen blaß grünl.-gelb, die männl. lang, die weibl. in kurzen Büscheln; Eichelbecher flaumig. Häufig bestandbildend (Niederwald); bis 1500 m. Charakterstrauch der submedit. Klimazone. A, B, CH, CS, D, F, H, I, R, YU. **7a** *Qu. p.* subsp. *palensis* ist kleiner, meist strauchförmig; die B. nur 4–7 cm lang. nE, sF. ●

3 Grünerle

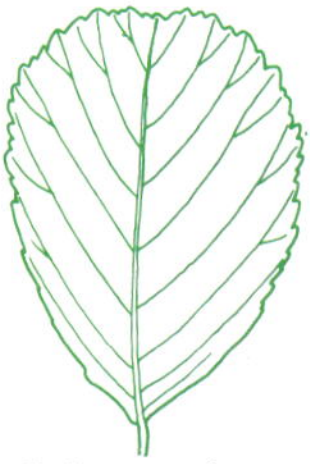

3a Schwarzerle

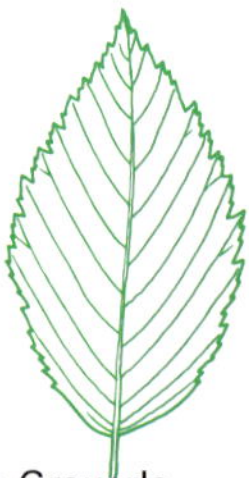

3b Grauerle

1
2
3
4
5
6
7

Fam. Brennesselgewächse Urticaceae

B. gegenst., mit Brennhaaren; Einzelbl. klein, männl. und weibl. Bl. getrennt auf der gleichen od. auf verschiedenen Pfl.

1 **GROSSE BRENNESSEL** *Urtica dioica*. Staude, 30–150 cm, mit stark *brennenden* Haaren; B. mattgrün, herzförmig, gestielt und gezähnt; Bl. bleichgrün, in langen, hängenden, kätzchenähnl. Ähren, männl. u. weibl. auf verschiedenen Pfl. VI–IX. Feuchte Wälder, Ödland, Viehläger; bis 3150 m. T. ⚕✗ **1a RUSSISCHE B.** *U. kioviensis* ist hellgrün; St. nicht behaart; Bl. einhäusig (männl. u. weibl. getrennt auf derselben Pfl.). A, CS, sD, H, R.

2 **KLEINE BRENNESSEL** *Urtica urens*. Brennende *Einj.*, 20–50 cm; B. oval, herzförmig od. am Grund verschmälert, kurz gestielt; Bl. grünl., in kurzen aufrechten od. abstehenden Ähren, männl. u. weibl. getrennt auf *derselben Pfl.* VI–IX. Kulturland, Schuttplätze; bis 2700 m. T. ⚕ ✗

Fam. Sandelholzgewächse Santalaceae

Halbparasitische Stauden, auf den Wurzeln verschiedener Kräuter und Sträucher schmarotzend; B. wechselst., ganzrandig; Bl. klein, weißl., becher- od. glockenförmig, 4–5zählig, jede mit einem längeren und 2 kürzeren Hochb., Staubb. 4–5; Griffel 1; Fr. ein kleines grünes Nüßchen.

3 **ALPEN-BERGFLACHS** *Thesium alpinum*. Schwach verzweigte Staude, 10–30 cm; B. lineal, einnervig; Bl. *4zählig*, in einseitswendigen, selten verzweigten Ähren; Hochb. 2–3 mal länger als die Bl. V–VIII. Trockene, steinige Bergwiesen; bis 2800 m. T, fehlt GB, IRL, IS, N, NL, SF. **3a PYRENÄEN-B.** *Th. pyrenaicum* 5zählige Bl., 3–4 mm lang, Ähren meist *2zeilig*, hin- und hergebogen. VI–VII. A, B, CH, CS, E, F, n&zl, PL, YU. ● **3b** *Th. p.* subsp. *grandiflorum* (= *Th. p.* subsp. *alpestre*) ähnlich 3a, aber Bl. größer, 5–5,5 mm lang. A, nol, wYU.

4 **BAYRISCHER BERGFLACHS** *Thesium bavarum*. Staude, 30–60 cm, mit meist unverzweigten St.; B. dunkelgrün, lanzettl., 3–5nervig; Bl. in locker verzweigten Ähren; Tragb. 1–2 mal so lang wie die Bl. VI–VIII. Trockene Gebüsche und Rasen; bis 1250 m. A, CH, CS, sD, oF, H, I, R, YU. **4a LEINBLATT-B.** *Th. linophyllon* hat schmal elliptische, 1–3nervige, oft gelbgrüne B. VI–VII. Steppen, Trockenwälder. Verbreitung wie 4, sowie PL.

5 **VERZWEIGTER BERGFLACHS** *Thesium divaricatum*. Kräftige, *stark verzweigte* Staude, 15–25 cm; B. lineal, einnervig; Bl. 5zählig, in verzweigten Büscheln; Tragb. *kürzer* als die Bl. VI–VIII. Trockene Wiesen und Gebüsche; bis 2150 m. E, s&oF, I, YU.

Fam. Mistelgewächse Loranthaceae

6 **MISTEL** *Viscum album*. Verholzter, regelmäßig gabelig verzweigter *Parasit* auf verschiedenen Bäumen; B. *gegenst.*, elliptisch od. längl., über der Mitte am breitesten, gelbl.-grün, ganzrandig; Bl. unansehnlich, grün, 4zählig, zu 3–5, weibl. u. männl. auf verschiedenen Pfl.; Fr. eine saftige *weiße Beere* mit klebrigem Fleisch. Bes. auf Laubhölzern (Pappeln, Apfelbäume), weniger auf Nadelhölzern. II–IV. T, fehlt IRL, IS, SF. **6a** *V. a.* subsp. *abietis* parasitisch auf Tannen. A, CH, sD, sF, H, I, YU. **6b** *V. a.* subsp. *austriacum* parasitisch auf Föhren und Lärchen. A, CH, CS, sD, I, YU.

Fam. Osterluzeigewächse Aristolochiaceae

7 **HASELWURZ** *Asarum europaeum*. Gesellige Kriechstaude, 2–10 cm; mit flaumigem St.; B. nieren- od. herzförmig, ganzrandig, lang gestielt, dunkelgrün glänzend; Bl. glockenförmig, schmutzig braun-purpurn, 12–15 mm, 3zipfelig, einzeln zwischen den B. verborgen. III–V. Auf Kalklehmböden in Laubwäldern; bis 1300 m. T, fehlt nSkand, IRL, IS (DK, GB, NL, N, S). ✗ **7a** *A. e.* subsp. *italicum* B. gleich breit wie lang, unterseits meist kahl. n&zl, YU; Crna Gora. **7b** *A. e.* subsp. *caucasicum* ähnlich 7a, aber B.oberfläche fein warzig. swCH, oF, nwl.

1
♀Bl.
♀Bl.
♂Bl.
2
Bl.
3
4
Fr.
Fr.
5
6
7
Bl.

Fam. Knöterichgewächse Polygonaceae

AMPFER *Rumex*. Meist kahle Stauden; die wechselst. B. am Grund mit einer häutigen, röhrigen Scheide („Ochrea"); Bl. klein, grün, in Büscheln, eine lang verzweigte Rispe bildend; die unteren Bl. mit einem kleinen Tragb., 3 Kronb. und 3 Kelchb., oft rötl. überlaufen, die 3 inneren bilden bei der Fr.reife vergrößerte und harte Hüllen um die 3seitige Nuß. Zur Bestimmung sind die Früchte wichtig! ⚕

1 KLEINER SAUERAMPFER *Rumex acetosella*. Zierliche Staude, 10–30 cm; B. *pfeilförmig*, die grundst. manchmal sehr schmal, lang gestielt mit schief abstehenden Zipfeln; Bl. grünl., an aufrechten, von der Mitte an verzweigten St., männl. und weibl. meist auf verschiedenen Pfl. V–VII. Saure Wiesen und Äcker; bis 2400 m. T–Eurosibirien, nAm.

2 SCHILD-AMPFER *Rumex scutatus*. Vom Grund an verzweigte Staude, 25–50 cm; B. oft blaugrün, breit spießförmig, etwa so lang wie breit; Bl. zwitterig, zu wenigen an aufrechten verzweigten St.; Fr. 4,5–6 mm. V–VIII. Pionierpfl. auf Kalk- und Silikatschutt; bis 2500 m. T, fehlt H, IRL, IS, N, SF (GB, S).

3 SCHNEE-AMPFER *Rumex nivalis*. Staude, 10–20 cm, mit zahlreichen St.; B. klein, oft alle *grundst.*, die äußersten längl., die inneren oft pfeilförmig; höchstens 2 St.b.; Bl. rötl., in lockeren, meist unverzweigten Ähren, männl. und weibl. Bl. auf verschiedenen Pfl.; Fr. 3 mm. VII–IX. Feuchter Feinschutt und Schneeböden auf Kalk; 1600–2750 m. A, CH, sD, nl, YU.

4 BERG-SAUERAMPFER *Rumex alpestris* (= *R. arifolius*, *R. montanus*, *R. amplexicaulis*). Derbe Staude, 50–120 cm, mit beblättertem St.; grundst. B. oval bis herzförmig, doppelt so lang wie breit, stark geadert; Bl. grünl., in locker *verzweigten Rispen*, männl. und weibl. auf verschiedenen Pfl.; Fr. 2,5–3 mm. VI–IX. Hochstaudenfluren, Laubwälder, meist auf saurem Boden; bis 2500 m. T, fehlt GB, IRL, IS.

5 APENNIN-SAUERAMPFER *Rumex nebroides* (= *R. gussonei*). Lockere Polster bildende Staude, 10–30 cm; Grundb. schmal pfeilförmig, zweimal so lang wie breit, mit vorwärts gerichteten Zipfeln, St.b. wenige, sehr schmal; Bl. grünl., in kurzen verzweigten Bl.ständen; Fr. 2,5–3 mm, dunkelbraune Nüßchen. VI–VIII. Kalkfelsspalten und -schutt; bis 2000 m. sF, I, YU; oPyr.

6 WIESEN-SAUERAMPFER *Rumex acetosa*. Sauer schmeckende Staude, 30–120 cm; B. pfeilförmig, 2–4 mal so lang wie breit, die Grundzipfel nach *abwärts gerichtet;* obere B. st.umfassend, Ochrea mit gefranstem Rand; Bl. in schwach verzweigten Rispen, männl. und weibl. auf verschiedenen Pfl.; Fr. 3–3,5 mm, Nüßchen *glänzend schwarz*. V–VIII. Fettwiesen; bis 2100 m. T, seltener im Süden.

7 ALPEN-AMPFER *Rumex alpinus*. Hohe Staude bis 2 m; St. oft rötl.; Grundb. herzförmig, lang gestielt, 50 cm, so lang wie breit, obere B. schmäler; Ochrea papierartig; Bl. gelbl.-grün, in dichten verzweigten Rispen, zwitterig; Fr. 4,5–6 mm. VI–VIII. Viehläger und Almhütten, stark gedüngte Wiesen; bis 2500 m. A, CH, CS, sD, E, s&oF, I, PL, R, YU (GB). **7a NÖRDLICHER A.** *R. longifolius* hat breit lanzettl. B., 3–4 mal länger als breit mit welligem Rand. Oft an Bachufern. D, DK, E, F, GB, IS, N, S, SF (CS, PL). **7b** *R. nepalensis* hat längl.-ovale, am Grund herzförmige B.; Fr.hülle mit hakigen Zähnen. Bergwaldlichtungen. z&sl, YU.

grund-
ständiges
B.
1
2
3
4
5
6
7
B.
Fr.
Fr.
Fr.
Fr.
Fr.
Fr.
Fr.

Knöterichgewächse (Forts.)

1 ISLAND-KNÖTERICH *Koenigia islandica.* Kleine Einj., oft rötl. mit *breit eiförmigen,* dunkelgrünen etwas fleischigen B.; Bl. grünl., 3teilig, einzeln od. gebüschelt. Feuchte Schlammstellen, Seeufer; bis 1500 m. nGB, IS, N, S. ⚕

2 VOGEL-KNÖTERICH *Polygonum aviculare.* Niedrige, aufrechte od. niederliegende, kahle Einj., 20–25 cm; B. lanzettl. od. eiförmig, die des Hauptst. größer, Ochrea *silbern durchsichtig;* Bl. grünl., rosa od. weiß, zu 1–6 am Grund der oberen B. VI–X. Schuttplätze, Unkrautfluren; bis 2300 m. T.

3 SCHLANGENWURZ *Polygonum bistorta.* Kahle, unverzweigte Staude, 40–80 cm; B. schmal *eiförmig-dreieckig,* die Stiele oberwärts geflügelt; Bl. rosa, in dichten, verlängerten, 10–15 mm dicken Scheinähren. VI–X. Feuchte Wiesen, meist in Gruppen; bis 2500 m. T, fehlt IS und im Großteil von Skand. ⚕

4 LEBENDGEBÄRENDER KNÖTERICH *Polygonum viviparum.* Kahle, unverzweigte Staude, 5–25 cm; B. längl. bis schmal lanzettl., am Grund verschmälert mit *umgerolltem* Rand; Bl. blaß-rosa od. weiß, in schlanken 5–10 mm dicken Ähren, der untere Teil der Ähre mit kleinen braunroten *Knöllchen* (vegetative Vermehrung). VI–VIII. Zwergstrauchheiden und alp. Rasen; bis 3200 m. T, im Süden nur im Gebirge.

5 ALPEN-KNÖTERICH *Polygonum alpinum.* Kahle Staude, 30–80 cm; B. verlängert lanzettl., an beiden Enden verschmälert; Bl. weiß od. rosa, in dünnen *verzweigten Ähren.* VII–VIII. Feuchte gedüngte Wiesen, Grünerlengebüsch; bis 2200 m. A, CH, E, sF, I, R, YU (D, GB).

6 SÄUERLING *Oxyria digyna.* Staude bis 30 cm, kahl, mehrstengelig mit überwiegend grundst., *nierenförmigen,* lang gestielten B.; Bl. sehr klein, grün od. rot, 4zählig, geknäuelt, in Ähren od. Rispen; Fr. ein hängendes geflügeltes Nüßchen. VII–VIII. Feuchter Silikatschutt, oft auf Granit, Bachufer; bis 3500 m. T.

Fam. Nelkengewächse Caryophyllaceae

B. in gegenst. Paaren, meist ganzrandig; Bl. mit 4–5 Kelch- u. Kronb.; Kelchb. getrennt od. zu einer Röhre verwachsen; Staubb. 8–10; Fr. eine trockene Kapsel.

7 JUPITER-NELKE *Lychnis flos-jovis.* Behaarte Staude, 20–90 cm; B. lanzettl.-löffelförmig, zugespitzt, die oberen ungestielt; Bl. purpurn od. scharlachrot, selten weiß, 14–18 mm, in dichten Köpfen; Kronb. ausgerandet. VI–VII. Wiesen, Felsen und Geröll; bis 2000 m. A, CH, D, I (CS); häufig kult. § ●

8 KUCKUCKS-LICHTNELKE *Lychnis flos-cuculi.* Rauhhaarige Staude, 20–90 cm; B. eiförmig bis spatelig, die oberen zugespitzt u. ungestielt; Bl. hell rosa, 30–40 mm, in locker verzweigten Büscheln; Kronb. *4lappig,* gefranst. IV–VI. Feuchte Wiesen, Niedermoore; bis 2500 m. T.

9 PECH-NELKE *Lychnis viscaria.* Am Grund verzweigte Staude, 20–90 cm; St. unter dem B.ansatz *klebrig;* B. lanzettl., überwiegend grundst., kahl; Bl. rot od. purpurn, 20 mm, in *Scheinwirteln* zu Trauben zusammengestellt; Kronb. ausgerandet. V–VI. Trockenrasen, felsige Orte, kalkmeidend; bis 1800 m. T, fehlt IS; selten im Südwesten.

10 ALPEN-PECH-NELKE *Lychnis alpina* (= *Viscaria alpina, Silene liponeura*). Kahle Staude, 5–15 cm; B. lineal od. schmal spatelig, in grundst. Rosette; Bl. blaßpurpurn, selten weiß, 8–12 mm, in dichten Köpfchen; Kronb. ausgerandet. VI–VIII. Alp. Rasen (bes. *Elynetum*); bis 3100 m. T, fehlt CS, H, IRL, PL, R, YU; selten im Ap.

11 KORNRADE *Agrostemma githago.* Einj., 30–100 cm, grauzottig; B. schmal lanzettl., zugespitzt; Bl. blaß-purpurn mit hellerer Mitte, 30–50 mm; Kronb. schwach ausgerandet; Kelch röhrig mit 5 schmalen Zipfeln, die zw. den Kronb. vorragen. VI–VIII. Bis 2000 m. Getreideunkraut. T (IS). ⚕☠

12 PETROCOPTIS *Petrocoptis pyrenaica.* Niedrige, lockersprossige Staude mit dünnen St.; B. dünn, eiförmig-lanzettl.; Bl. weiß od. sehr blaß purpurn, 10–15 mm; Kronb. schwach ausgerandet; Kelch weißl., 5–8 mm lang. V–VIII. Felsige Hänge; 1300–2800 m. nE, sF; wPyr. ● **12a** *P. hispanica* hat dickere blaugrüne B. nE; wzPyr, Jaca Region. ● **12b** *P. crassifolia* wie 12a, aber Kelch größer, 9–13 mm. nE; zPyr, Bielsa Region. ● **12c** *P. pardoi* Kronb. rosa od. rot, nicht ausgerandet. noE. ●

1
2
3
4
5
6
7
8
9
10
11
12

Nelkengewächse (Forts.)

Nelken *(Silene, Dianthus)* mit ansehnlichen Bl.; Kelch röhrig.

1 KRONLOSE NELKE *Silene uralensis* subsp. *apetala* (= *S. wahlbergella, Melandrium apetalum*). Unverzweigte, schwach behaarte Staude, 10–15 cm; B. schmal rechteckig; Bl. einzeln, 14–18 mm; Kronb. rötl. bis purpurn, *vollkommen umschlossen* von der aufgeblasenen weißen Kelchröhre. VI–VII. Feuchte Wiesen, steinige Orte; bis 1900 m. N, S, SF. **1a** *S. furcata* hat klebrige verzweigte St.; Kelchröhre 10–12 mm. N, S, SF.

2 NICKENDES LEIMKRAUT *Silene nutans*. Staude, 30–60 cm, veränderlich, behaart, klebrig; B. verlängert-spatelig, gestielt, die oberen schmäler u. ungestielt; Bl. leicht nickend; Kronb. oberseits weiß, unterseits rosa od. grünl., tief gespalten, *zurückgerollt;* Kelchröhre schmal, 9–12 mm, behaart. V–VIII. Trockenrasen, steinige Hänge; bis 2200 m. T, fehlt IRL, IS. **2a** *S. italica* ist verzweigt; Bl. aufrecht, Kronb. weniger stark zurückgeschlagen. T, fehlt IRL, IS, N, S, SF (D, GB).

3 ÖHRCHEN-LEIMKRAUT *Silene otites*. Veränderliche Zweij. od. Staude, 20–80 cm, am Grund klebrig behaart; B. verlängert-spatelig, die unteren lang gestielt; Bl. klein, 3–5 mm, *grüngelb*, in wirteligen Büscheln, männl. u. weibl. Bl. auf verschiedenen Pfl. VI–IX. Trockene sandige Orte, Steppenrasen; bis 2000 m. T, fehlt IRL, IS.

4 SÜDALPEN-NELKE *Silene elisabethae* (= *Melandrium e.*). Mehrsteng. Staude mit B.rosette, 10–20 cm; B. lanzettl., kahl od. am Rand schwach behaart; Bl. groß, 25–30 mm, rötl.-purpurn od. rosa, *gewöhnlich einzeln*; Kronb. *ausgerandet* u. *gezähnt*. VII–VIII. Kalkfels u. -schutt; 1500–2500 m. nI; sAlpen. ●

5 HERZBLÄTTRIGES LEIMKRAUT *Silene cordifolia*. Mehrsteng. behaarte Staude bis 20 cm; *B. oval bis herzförmig;* Bl. weiß od. rosa, 10–15 mm, zu 1–4 gebüschelt; Kronb. tief ausgerandet. VII–VIII. Fels und Schutt; 1200–2400 m. soF, nwI; Alpes Maritimes. ● **5a** *S. auriculata* ist höher, mit lanzettl., *am Rand* dicht behaarten B.; Bl. kleiner; Kronb. am Grund mit 2 kleinen Lappen. Kalkfelsen; bis 2000 m. nI; Apuanische Alpen. ●

6 AUFGEBLASENES LEIMKRAUT *Silene vulgaris*. Verzweigte, graugrüne, meist kahle Staude bis 60 cm; B. eiförmig-lineal, oft am Rand gewellt, 10–25 mm breit; Bl. weiß, 16–18 mm; Kronb. tief ausgerandet; Kelchröhre *aufgeblasen*, rötl. geadert. V–IX. Wiesen, Schutt; kalkliebend; bis 3100 m. T. **6a** *S. uniflora.* subsp. *glareosa* ist kleiner, *ausgebreitet;* B. lanzettl., 2–5 mm breit; Bl. mit Schlundschuppen. A, CH, CS, nE, soF, nI, wYU. **6b** *S. u.* subsp. *prostrata* ähnlich 6a, aber B. eiförmig, nicht lanzettl.; Bl. *ohne* Schlundschuppen. sA, sCH, nE, s&oF, nI, YU. **6c ROTE LICHTNELKE** *S. dioica* bis 80 cm; hat größere hellrote Bl.; Kelchröhre nicht aufgeblasen, behaart. Wiesen, lichte Wälder; kalkliebend; bis 2400 m. T (IS).

7 WALLISER LEIMKRAUT *Silene vallesia*. Staude bis 15 cm, klebrig-haarig, rasenbildend; B. verlängert-lanzettl. bis lineal; Bl. zu 1–3 gebüschelt, 14–16 mm; Kronb. oberseits blaß-rosa, unterseits rötl., tief gespalten, *mit zurückgerollten Spitzen*. VII–VIII. Felsen, Schutt, Weiden; bis 2100 m. sCH, soF, nI, swYU. ●

8 SCHMALBLÄTTRIGES LEIMKRAUT *Silene campanula*. Zarte, kahle Staude bis 20 cm; B. *lineal*, spitz; Bl. einzeln od. zu 2; Kronb. oberseits weiß, unterseits rotpurpurn, ausgerandet; Kelch 7–8 mm, kahl. VII–VIII. Feuchte Kalkfelsen; bis 2200 m. soF, nwI; Alpes Maritimes. ●

9 STEINBRECH-NELKE *Silene saxifraga*. Bis 20 cm; ähnlich 8, aber am Grund *klebrig*, behaart, *polsterförmige Rasen* bildend; Bl. oberseits weißl. od. grünl., unterseits grünl. od. rötl., Kelchröhre 8–13 mm, kahl. V–VIII. Kalkfelsen u. -schutt; bis 2400 m. sA, sCH, E, soF, I, R, YU. ●

10 PYRENÄEN-LEIMKRAUT *Silene borderei. Polsterstaude* bis 12 cm; B. meist grundst., schmal spatelig, am Rand behaart, mit *erhabenen Punkten*, obere B. lineal; Bl. rosa, zu 1–2 gebüschelt; Kronb. tief gespalten; Kelchröhre 8–10 mm, behaart. VIII. Felsen; 2000–2200 m. nE, sF; wzPyr. ●

11 STENGELLOSES LEIMKRAUT *Silene acaulis* (inkl. subsp. *longiscapa*). Dichte Kugelpolster-Staude, Triebe 1–4 cm; B. kahl, hellgrün, lineal, bis 5 mm; Bl. einzeln, kurz gestielt, rosa, 6–10 mm; Kronb. ausgerandet. VI–VIII. Felsen, Schutt, alp. Rasen; auf Silikat und Kalk; bis 3700 m. T. §. **11a** *S. a.* subsp. *bryoides* (= *S. a.* subsp. *exscapa*) Bl.stiele sehr kurz (höchstens 0,5 mm lang); Kapsel 3–5 mm. A, CH, CS, sD, E, s&oF, I, YU.

12–13, siehe S. 38.

1
2
3
4
5
6
7
8
9
10
11
12
13

Nelkengewächse (Forts.)

12 FELSEN-NELKE *Silene rupestris*. Kahle, verzweigte, graugrüne Staude bis 25 cm; B. elliptisch, gegen die Spitze am breitesten; Bl. klein, weiß od. rosa, in *lockeren Trauben*; Kronb. ausgerandet; Kelchröhre 4–6 mm, kahl. VI–IX. Silikatfels u. -schutt; bis 2900 m. T, fehlt GB, IRL, IS, H, P, YU.

13 STRAHLENSAME *Silene alpestris* (= *Heliosperma alpestre*). Dünnstengelige, verzweigte, meist kahle, oben klebrige Staude bis 30 cm; B. verlängert-lanzettl. bis lineal; Bl. weiß, 8–10 mm; Kronb. *4–6zähnig*; Kelchröhre 5–7 mm, kurzhaarig. VI–VIII. Kalkfelsen; bis 2500 m. A, nl, wYU. • **13a** *S. veselskyi* ist zarter, bis 15 cm, dicht behaart. Meist unterhalb 1500 m. A, I, YU. • **13b** *S. pusilla* (= *S. quadrifida*) ähnlich 13, aber in allen Teilen zierlicher; Bl. manchmal rosa od. lila, 6–8 mm; Kelchröhre meist kahl. Bis 2900 m. A, CH, CS, sD, E, soF, I, PL, R, YU. •

1 KRIECHENDES GIPSKRAUT *Gypsophila repens*. Kahle Staude mit kriechenden B.St. u. aufrechten Bl.St.; B. blaugrün, schmal-lanzettl., dicklich; Bl. 8–10 mm, weiß od. blaß rosa; *Kronb.* länger als Kelchb., ausgerandet. V–IX. Felsen, Geröll, alp. Rasen; auf Kalk; bis 2900 m. A, CH, CS, nE, soF, I, PL, YU.

SEIFENKRÄUTER *Saponaria*. Locker- bis dichtrasige polster- od. rosettenbildende Stauden; Bl. einzeln od. in Trugdolden; Kelch zylindrisch mit 5 kurzen Zähnen; Kronb. mit langem schmalem Nagel; 2 Griffel.

2 LÖFFELBLÄTTRIGES SEIFENKRAUT *Saponaria bellidifolia*. Meist kahle, rasige Staude, 20–40 cm; Pfl. aufrecht, unverzweigt; *B. löffelförmig*, gestielt, die oberen schmäler; Bl. 7–8 mm, gelb, in dichtem Büschel; Kronb. ausgerandet; *Staubfäden* gelb. VI–VII. Felsen, Weiden; bis 2000 m. nE, soF, I, R, YU. •

3 GELBES SEIFENKRAUT *Saponaria lutea*. Behaarte Polsterstaude, 5–10 cm; Bl.St. aufrecht, unverzweigt; Rosettenb. schmal, lanzettl.; St.b. wenige, lineal; Bl. 8 mm, gelb, in dichten Büscheln; Kronb. stumpf; *Staubfäden* dunkelviolett, vorragend. VII–VIII. Kalkfelsen, Rasen; 1500–2600 m. swCH, oF, nl. •

4 RASIGES SEIFENKRAUT *Saponaria caespitosa*. Schwach behaarte Polsterstaude, 5–15 cm; Grundb. schmal lanzettl.; St.b. kleiner, wenige; Bl. 8–14 mm, purpurn, kopfig gehäuft; Kronb. abgerundet. VII–VIII. Felsen, Geröll; bis 2100 m. nE, sF; zPyr. •

5 ZWERG-SEIFENKRAUT *Saponaria pumilio* (= *Silene p.*). Kaum behaarte Polsterstaude; *St. kurz, blattlos*; B. lineal, in Rosetten; diese Polsterrasen bildend; *Bl. einzeln*, 14–18 mm, rosenrot, selten weiß; Kronb. breit ausgerandet. VIII–IX. Sauerboden-Rasen; 1900–2600 m. A, nol, R. •

6 ROTES SEIFENKRAUT *Saponaria ocymoides*. Kriechende, rasenbildende, behaarte Staude, 10–25 cm; B. eiförmig bis spatelig; St.b. wenige, kleiner; Bl. 6–10 mm, rosa od. hell purpurn, in *verzweigten Trugdolden*; Kronb. stumpf. III–X. Felsige, steinige Orte, Föhrenwälder; auf Kalk; bis 2000 m. A, CH, D, E, F, I, YU (CS).

7 FELSENNELKE *Petrorhagia saxifraga* (= *Tunica s.*, *Kohlrauschia s.*). Kahle Staude bis 45 cm; B. *lineal*, spitz, aufrecht; Bl. 5–8 mm, weiß od. rosa, einzeln *od.* in locker verzweigten Bl.ständen; Kronb. ausgerandet. VI–VIII. Trockene Rasen, steinige, felsige Orte; bis 1300 m. T, fehlt B, IRL, IS, N, NL, PL, S (GB, S). **7a** *P. prolifera* (= *Kohlrauschia p.*) ist größer, mit unverzweigten, *dichten* Bl.ständen; Bl. rosa od. purpurn, mit großen braunhäutigen Hüllb.; einj.; kalkliebend. V–IX. T, fehlt GB, IRL, IS, N, SF.

NELKEN *Dianthus*. Rasenbildende Stauden mit steifem St. u. graugrünen linealen B.; Bl. einzeln od. in Büscheln; Kelch röhrig, an der Basis mit mehreren Paaren von Außenkelchschuppen; Kronb. lang benagelt, zur Spitze hin verbreitert, am Rand gesägt od. tief gefranst; Griffel 2, oft vorragend.

8 GABEL-NELKE *Dianthus furcatus* agg. Dichtrasige kahle Staude, 30–60 cm; *B.* lineal, flach, weich; Bl. 1–3, rosa od. weißl., ungefleckt, aber im Zentrum dunkler, 10–20 mm, gezähnt; Außenkelchschuppen halb so lang wie der Kelch. VI–VIII. Trockenwiesen, felsige und steinige Orte; bis 2000 m. swCH, soF, nwl. •

9 SEGUIERS NELKE *Dianthus seguieri*. Lockerrasige kahle Staude, 30–60 cm; B. reingrün, schmal lanzettl., 1–2 mm breit; Bl. rosa od. purpurn, mit einem Ring *dunkler Punkte* nahe dem Zentrum, 14–20 mm, Schlund haarig; Bl. einzeln od. zu 2–4; Außenkelchschuppen so lang wie der Kelch. VI–IX. Gebüsche, Rasen, steinige Orte; bis 1600 m. CH, CS, sD, noE, soF, nl. • **9a** *D. s.* subsp. *italicus* hat größere Bl. u. breitere B., 4–6 mm. nl; Apuanische Alpen.

10–11, siehe S. 40.

1
2
3
4
5
6
7
8
9
10
11

10 BART-NELKE *Dianthus barbatus*. Kahle Staude bis 60 cm, mit lanzettl. B.; Bl. purpurrosa-rötl., oft gepunktet, 20–34 mm, in *dichten flachen Trugdolden*; Außenkelchschuppen grün, spitz. VI–VIII. Wiesen, Waldlichtungen; bis 2500 m. A, CS, nE, sF, H, I, PL, R, YU. Zierpflanze! **10a** *D. b.* subsp. *compactus* hat die unteren B. gestielt; Außenkelchschuppen braun-purpurn. A, CH, CS, sD, I, R, wYU.

11 FRANSEN-NELKE *Dianthus monspessulanus*. Lockerrasige Staude bis 50 cm; B. grün, lineal, 1–3 mm, dünn, biegsam; Bl. rosa od. weiß, 20–30 mm, in locker verzweigten Büscheln zu 2–5, duftend; Kronb. tief *gefranst*; Außenkelchschuppen halb so lang wie der Kelch. VI–VIII. Rasen, steinige Orte, trockene Wälder; bis 2000 m. CH, nE, soF, nl, YU. §. **11a** *D. m.* subsp. *marsicus* ist kleiner, meist einzeln; Bl. 30–40 mm. z&sl; Ap. ● **11 b** *D. m.* subsp. *sternbergii* wie 11a, aber B. u. St. blaugrün. A, nl, wYU. **11c PRACHT-N.** *D. superbus* wie 11, aber Kronb. bis über die Mitte eingeschnitten, Mittelteil schmal, verlängert. In höheren Lagen bes. die subsp. *speciosus*; bis 2400 m. T, fehlt B, GB, IRL, IS. Selten. §

Die Arten der Gattung *Dianthus* sind schwierig zu unterscheiden. Allein in Europa gibt es 121 Arten, hauptsächlich im Mittelmeergebiet. Für die genaue Bestimmung ist die Form des Kelchs besonders wichtig, daher sollen die Zeichnungen auf S. 41 hilfreich sein.

Weitere Nelken-Arten des Gebietes:

D. arenarius ähnelt *D. plumarius*, aber die Kronb. besitzen am Grund einen grünl. od. purpurnen Fleck. CS, oD, PL, SF.

D. callizonus ähnlich *D. alpinus*, aber die St. besitzen wenigstens 5 B.paare. Bl. karminrosa, 20–30 mm. R; sKarp.

D. graniticus ähnlich *D. petraeus*, aber Kelch nur 10–15 mm lang; Bl. immer einzeln, die Krone teilweise bärtig. szF; Cevennen, Auvergne.

D. nitidus ähnlich *D. alpinus*, aber höherwüchsig, die kleineren Bl. oft paarweise. CS, PL; wKarp.

D. petraeus ähnlich *D. gratianopolitanus*, aber Bl. kleiner, 10–20 mm, einzeln od. zu mehreren, Kronb. meist nicht bärtig. R, YU; fehlt in den Alpen.

D. trifasciculatus ähnlich *D. collinus* und *D. furcatus*, aber die Außenkelchschuppen b.artig, länger als der Kelch. B. mit 7–9 Nerven; Bl. rosa, 20–24 mm, am Grund bärtig. CS, R, YU.

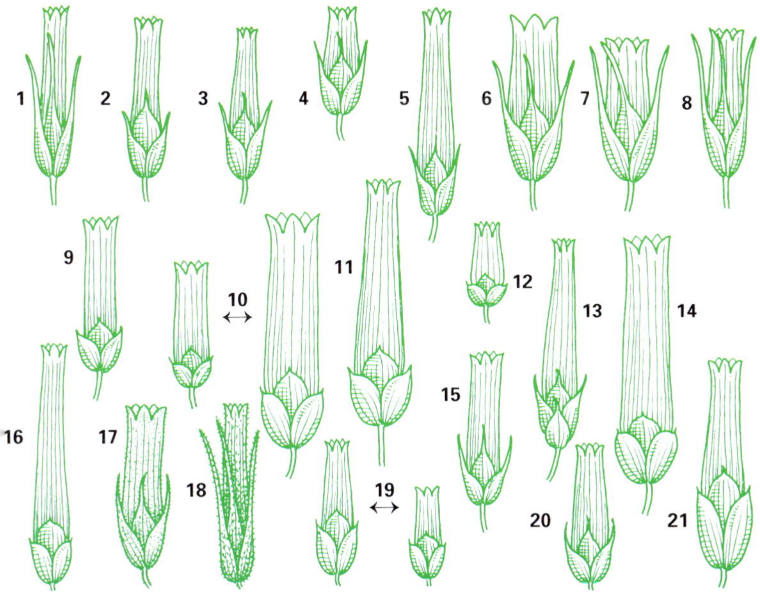

Dianthus-Kelche mit Tragblättern

1 *D. seguieri*, S. 38
2 *D. collinus*, S. 38
3 *D. furcatus*, S. 38
4 *D. barbatus*, S.40
5 *D. monspessulanus*, S. 40
6 *D. alpinus*, S. 42
7 *D. glacialis*, S. 42
8 *D. pavonius*, S. 42
9 *D. gratianopolitanus*, S. 42
10 *D. sylvestris*, S. 42
11 *D. superbus*, S. 40
12 *D. subacaulis*, S. 42
13 *D. pyrenaicus*, S. 42
14 *D. plumarius*, S. 42
15 *D. pungens*, S. 42
16 *D. serotinus*, S. 42
17 *D. deltoides*, S. 42
18 *D. armeria*, S. 42
19 *D. giganteiformis*, S. 42
20 *D. carthusianorum*, S. 42
21 *D. giganteus*, S. 42

Nelkengewächse (Forts.)

1 ALPEN-NELKE *Dianthus alpinus*. Kahle Polsterstaude, 5–20 cm; B. schmal rechteckig, die untersten 3–5 mm breit, stumpf, satt glänzend-grün; Bl. purpur-rot mit *weißen Punkten*, einzeln, 30–36 mm; Kronb. mit gezähntem Rand. VI–VIII. Rasen, Kalkfelsen; bis 2500 m. A; noAlpen. ●

2 GLETSCHER-NELKE *Dianthus glacialis*. Meist kahle Polsterstaude, 5 cm; B. lineal, 1–2 cm breit, fleischig; Bl. purpurrot, 15–18 mm, einzeln, von *B. umgeben*; Kronb. mit gezähntem Rand. VII–VIII. Rasen, steinige Orte; auf Silikat; 1900–2900 m. A, CH, CS, nl, PL, R. ● **2a** *D. g.* subsp. *gelidus* B.rand am Grund behaart, Bl. größer. R.

3 PFAUEN-NELKE *Dianthus pavonius* (= *D. neglectus*). Kahle, rasenbildende Staude, 5–10 cm; B. grasartig, spitz, 3nervig; Bl. rosa-purpurn, 20–24 mm, gewöhnlich einzeln; Außenkelchschuppen *so lang wie* der Kelch. VII–VIII. Rasen, steinige Orte; 1200–3000 m. soF, nwl; oAlpen. +

4 PFINGST-NELKE *Dianthus gratianopolitanus* (= *D. caesius*). Niedrige, kahle, *blaugrüne* Polsterstaude; B. lineal, 1–2 mm breit, ± flach; Bl. rot od. purpurn, 15–30 mm, gewöhnlich einzeln, duftend! Kelch braun-purpurn mit sehr kurzen Außenkelchschuppen. V–VII. Warme, trockene Rasen, steinige Orte; meist auf Kalk; bis 2200 m. B, CS, D, F, GB (Cheddar-Gorge), PL. § ●

5 STEIN-NELKE *Dianthus sylvestris* agg. Veränderliche, niedrige od. höhere Staude mit meist verzweigten St. (einfach bei hochalp. Formen), 10–25 cm; B. grün, lineal, grasartig, die grundst. nur 1 mm breit u. gewöhnlich *zurückgekrümmt*; Bl. rosa, 15–25 mm, selten schwach duftend, einzeln od. zu 2; Außenkelchschuppen kurz. VII–VIII. Trockene Wiesen, steinige Orte, alp. Rasen; 1000–2800 m. A, CH, sD, soF, H, I, YU. §

6 POLSTER-NELKE *Dianthus subacaulis*. Dichte, kahle Polsterstaude, 5–20 cm; untere B. kahl, lanzettl., stumpf, 1 mm breit; St.b. kürzer u. dem St. *angedrückt*; Bl. klein, blaßrosa, einzeln, 6–12 mm; Außenkelchschuppen kurz. VI–VIII. Rasen, felsige u. steinige Orte; bis 1700 m. soF, soE; Pyr. **6a** *D. pungens* hat schmälere B. u. dunkelrosa Bl. E, z&sF; Pyr. ●

7 PYRENÄEN-NELKE *Dianthus pyrenaicus*. Lockerrasige Staude mit schwach verholzten kriechenden Trieben, 15–45 cm; B. schmal lanzettl., grün, *stechend*; Bl. klein, blaß-rosa, 6–8 mm, *in verzweigten Bl.ständen*; Außenkelchschuppen kurz. VII–VIII. Rasen, felsige Orte; bis 1500 m. nE, sF; Pyr. ● **7a** *D. p.* subsp. *catalaunicus* hat blaugrüne B. u. dunkelrosa Bl., 12–16 mm. nE, sF. ●

8 FEDER-NELKE *Dianthus plumarius*. Blaugrüne, lockerrasige Staude bis 40 cm; B. lineal, 1 mm breit, spitz; Bl. weiß bis hellrosa, 24–36 mm, meist einzeln, duftend; Kronb. *tief und schmal gelappt*; Außenkelchschuppen sehr kurz. IV–VIII. Steinige Rasen, Gebüsche, Felsen; meist auf Kalk; bis 2000 m. A, CS, H, PL, YU. ● **8a** *D. serotinus* ist zarter, mit cremefarbenen Bl., zu 2–5. Sandige Standorte. CS, H, R, YU. ●

9 HEIDE-NELKE *Dianthus deltoides*. Lockerrasige, blaugrüne Staude, 15–30 cm; St. *rauhhaarig*; B. lineal, häufig über der Mitte am breitesten, mit rauh behaartem Rand; Bl. dunkel- od. blaßrosa (selten weiß) mit *dunklerem Band* nahe der Mitte sowie weißen Punkten, 15 mm; Außenkelchschuppen halb so lang wie der Kelch. VI–X. Trockenrasen, lichte Wälder; bis 2000 m. T, fehlt IRL, IS.

10 BÜSCHEL-NELKE *Dianthus armeria*. Ein- bis Zweij., 30–60 cm, steifhaarig, grün; B. längl., stumpf, flach u. dünn, die oberen lineal; Bl. klein, rosa od. rot, 10–12 mm, in *verzweigten Bl.ständen*; Außenkelchschuppen so lang wie die behaarte Kelchröhre. VI–VIII. Trockenrasen, sandige, offene Böden; bis 1250 m. T, fehlt IRL, IS, N, nS, SF.

11 PANNONISCHE NELKE *Dianthus giganteiformis* (= *D. pontederae*). Zarte Staude, 20 cm; B. lineal, 2–4 mm breit, flach, spitz; Bl. purpurn, 6–10 mm, in dichten *Büscheln*; Außenkelchschuppen braun, spitz, halb so lang wie der 10–13 mm lange Kelch. V–VI. Felsige, grasige Orte; bis 1400 m. A, CS, H, R, YU. ● **11a** *D. giganteus* ist kräftiger, bis 100 cm, mit größeren Bl., 10–16 mm; Kelch 17–20 mm lang. R, nYU (Mte. Morrone–subsp. *italicus*). ●

12 KARTHÄUSER-NELKE *Dianthus carthusianorum*. Veränderliche, kahle, rasenbildende Staude, 15–60 cm; B. lineal, spitz, 1–5 mm breit; Bl. dunkelrosa bis purpurn, 20–30 mm, in *dichten Büscheln*; Kelch u. Außenkelchschuppen *purpurbraun*, Schuppen halb so lang wie der Kelch. V–VIII. Trockenrasen, steinige Orte, lichte Wälder; bis 2500 m. T, fehlt DK, GB, IRL, IS, N, SF (sS). § ●

1
2
3
4
5
6
7
8
9
10
11
12

Nelkengewächse (Forts.)

STERNMIERE *Stellaria*. Einj. od. Stauden; Bl. weiß, in verzweigten Bl.ständen; 5 Kelchb. und 5 tief ausgerandete od. 2spaltige Kronb.; Staubb. meist 10; Griffel 3; Fr.kapsel mit 6 Zähnen.

1 HAIN-STERNMIERE *Stellaria nemorum*. Gesellige Staude mit *rundum* behaartem St., 20–40 cm; B. oval, zugespitzt, die unteren lang gestielt, die oberen sitzend; Bl. 18–24 mm; Kronb. meist bis zum Grund 2spaltig, doppelt so lang wie die Kelchb. V–VII. Hochstauden, Quellfluren der Bergstufe; bis 2400 m. T, fehlt IRL, IS.

2 VOGEL-MIERE, HÜHNERDARM *Stellaria media* agg. Oft kriechende Einj., 5–30 cm; St. rundum od. einzeilig behaart; B. oval, spitz, nur die obersten ungestielt; Bl. 6–10 mm; Kronb. meist bis zum Grund gespalten, gleich lang wie die *Kelchb.* Fast ganzjährig blühendes Garten- und Ackerunkraut; bis 2500 m. T.

3 GROSSBLUMIGE STERNMIERE *Stellaria holostea*. Staude mit *4kantigem*, etwas rauhem St., 15–30 cm; B. steif, schmal lanzettl., lang zugespitzt, sitzend; Bl. 15–30 mm; Kronb. *bis zur Hälfte* gespalten, zweimal so lang wie die Kelchb. IV–VI. Kalkarme Lehmböden, Laubwälder; bis 2000 m. T, fehlt IS, Subarkt. **3a GRAS-ST.** *St. graminea* hat weiche St. und B.; Bl. kleiner, 5–10 mm, Kronb. meist gleich lang wie die Kelchb. V–VIII. T (IS).

4 MOOR-STERNMIERE *Stellaria uliginosa* (= *St. alsine*). Ausgebreitete gesellige kahle Staude, 10–40 cm; St. unten 4kantig; B. elliptisch bis oval-lanzettl., weich, meist sitzend; Bl. klein, 4–6 mm; Kronb. kürzer als der Kelch. V–VIII. Auf nassen Tonböden, in Quellfluren und an Bächen; bis 2300 m. T, fehlt IS, Subarkt.

5 LANGBLÄTTRIGE STERNMIERE *Stellaria longifolia* (= *St. diffusa*). Kriechende od. rasige kahle Staude mit 4eckigem, unten *rauhem* St., 5–25 cm; B. schmal lanzettl., am Rand rauh; Bl. klein, 4–8 mm, in lockeren Bl.ständen; Kronb. gleich lang wie die Kelchb. VI–VII. Feuchte Waldstellen; bis 2100 m. A, CH, CS, D, nl, N, PL, R, S. **5a** *St. crassipes* ist kleiner mit ovalen B. und einzelnen, 8–10 mm großen Bl. VI–VII. zN, S. **5b** *St. borealis* (= *St. calycantha*) wie 5a, aber B. schmäler, *gelb-grün*; Bl. winzig, 3–5 mm; Kronb. kürzer als der Kelch od. fehlend. A, CH, CS, D, nl, N, PL, R, S.

MASTKRAUT *Sagina*. Kleine moosähnliche rasige od. polsterbildende Einj. od. Stauden mit zarten St. und B.; Bl. 4–5zählig, Kelchb. frei, Kronb. meist weiß, *nicht ausgerandet*, manchmal fehlend; Fr.kapsel mit 4–5 Zähnen.

6 KNOTIGES MASTKRAUT *Sagina nodosa*. Rasige Staude, 5–15 cm; B. lineal, die oberen viel kürzer, *mit B.büscheln* in ihren Achseln; Bl. 5–10 mm, einzeln od. zu *2–3*; Kronb. 5, *2–3* mal länger als die Kelchb. VII–IX. Meist kalkreiche Tonböden, Flachmoore. T.

7 KISSEN-MASTKRAUT *Sagina caespitosa*. Kleine, kissenbildende Staude; B. lineal; Bl. 6–8 mm, auf kurzen Stielen *zwischen* den B.; Kronb. 5, *länger* als die violettrandigen Kelchb. VI. Feuchte Kiesstellen, Schneeböden; bis 1670 m. IS, N, S. ● **7a** *S. intermedia* hat kleinere Bl., 3–6 mm; Kronb. 4–5, kürzer als die Kelchb. VI–VIII. IS, N, S. **7b** *S. glabra* wächst lockerer als 7; Bl. 5–10 mm, an kurzen Stielen; Kelchb. *nicht* violettrandig. VII–VIII. Bachschutt, Weiden, auf saurem Boden; 1600–2700 m. CH, s&oF, nl.

8 ALPEN-MASTKRAUT *Sagina saginoides* (= *S. linnaei*). Rasige, kahle Staude, 2–10 cm; B. lineal mit *Stachelspitze*; St.b. kürzer; Bl. 6–7 mm, einzeln od. zu 2; Kronb. 5, gleich lang wie die Kelchb. VI–VIII. Feuchte Weiden, gedüngte Schneeböden; bis 2750 m. T, fehlt B, DK, sGB, IRL, NL.

9 NIEDERLIEGENDES MASTKRAUT *Sagina procumbens*. Kahle, teppichbildende *Rosettenstaude*, 2–5 cm; B. lineal, stachelspitzig; Bl. winzig, grün-weiß, 2–4 mm, einzeln; Kronb. meist 4 od. fehlend, viel kürzer als die Kelchb. V–IX. Feuchte Äcker, Ödland; bis 2600 m. T. **9a** *S. apetala* kleine *Einj.* ohne grundst. B.rosette, Kronb. oft fehlend. T, fehlt S.

10 AUSDAUERNDER KNÄUEL *Scleranthus perennis*. Aufrechte, verzweigte, kahle Staude, 5–15 cm; B. borstig, am Grund bewimpert; Bl. klein, in Büscheln; ohne Kronb.; Kelchb. unten verbunden, mit Hautrand. V–X. Auf trockenen, sandigen, sauren Böden, Trockenrasen; bis 2250 m. T, fehlt IRL, IS, Subarkt. **10a** *S. p.* subsp *polycnemoides* bildet dichte, niedrige Kissen mit kürzeren B. nE, sF; oPyr. ●

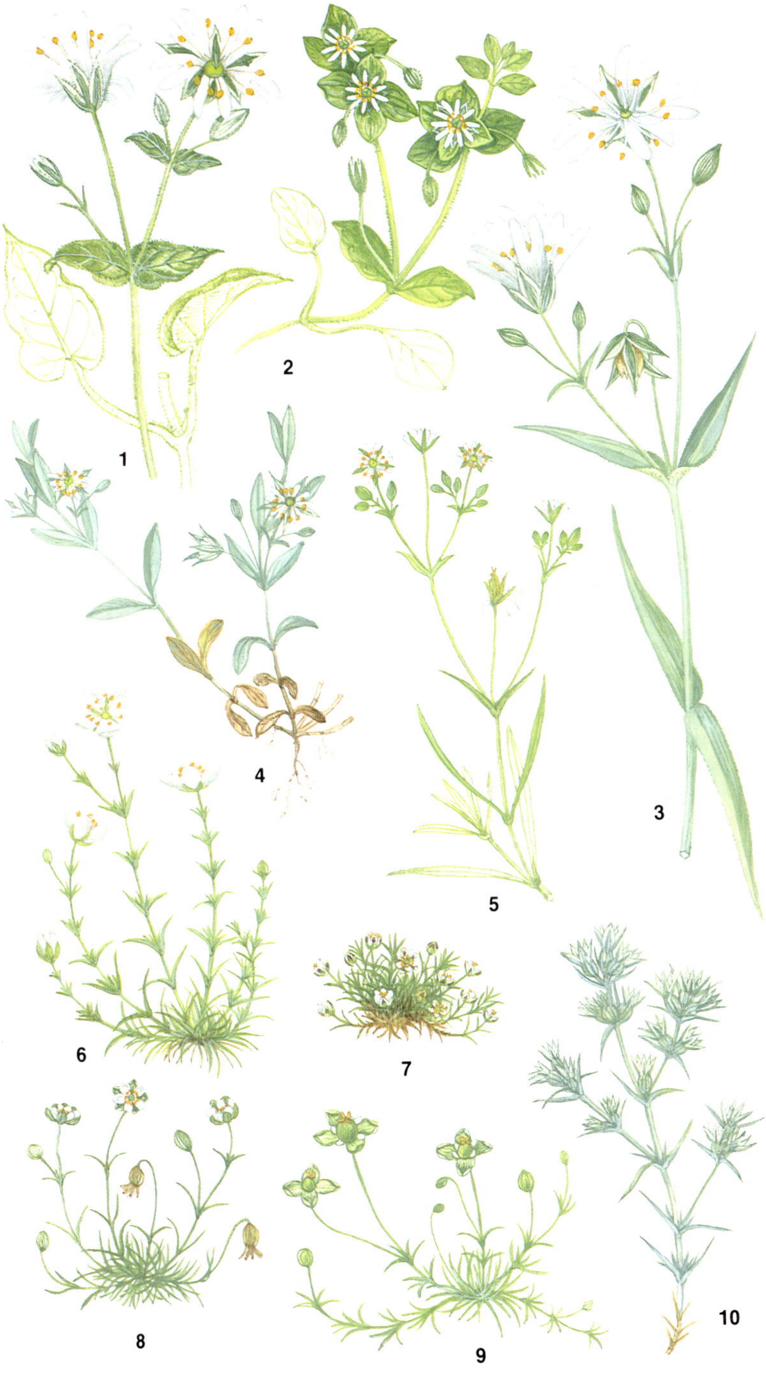
1
2
3
4
5
6
7
8
9
10

Nelkengewächse (Forts.)

HORNKRAUT *Cerastium*. Rasige Stauden; Bl. weiß, in lockeren Bl.ständen od. einzeln; Kronb. 5, seicht od. tief ausgerandet, aber selten mehr als bis zur Hälfte; Kelchb. frei; Staubb. 5 od. 10; Griffel meist 5 (*3* bei *C. cerastoides*); Fr.kapsel mit ebenso vielen Zähnen wie Griffel.

1 DREIGRIFFELIGES HORNKRAUT *Cerastium cerastoides* (= *C. trigynum*). Lockerrasige Staude, 5–15 cm; St. *mit einer Haarleiste*, sonst kahl, an den Knoten wurzelnd, B. hellgrün, lineal bis längl.; Bl. 9–15 mm, einzeln od. zu 2–3; Kronb. tief eingeschnitten; Griffel 3; Tragb. wie Laubb. VII–VIII. Kalkarme Schneeböden; 1500–3000 m. T, fehlt B, DK, sGB, IRL, H.

2 FILZIGES HORNKRAUT *Cerastium tomentosum*. Rasenbildende *weißwollige* Staude, 15–30 cm; B. lanzettl.; Bl. 15–25 mm; Kronb. 2 mal so lang wie die Kelchb., tief gespalten. V–VII. Warme steinige Orte, Felsen, Mauern. z&sl (A, CH, CS, D, DK, F, GB, IRL, NL, S). ●– Häufig kult. und verwildert.

3 SCHMALBLÄTTRIGES HORNKRAUT *Cerastium lineare*. Zierliche behaarte rasige Staude, 5–20 cm; B. lineal bis elliptisch, die der nichtblühenden St. *in lockeren Rosetten*, nur am Rand behaart; Bl. 16–20 mm, einzeln od. zu 2–3; Kronb. tief gespalten; Kelch behaart; Tragb. wie Laubb. VII–VIII. Felsen; 1600–2100 m. soF, nwl, soA. ●

4 JULISCHES HORNKRAUT *Cerastium julicum*. Polsterbildende behaarte Staude, 5–15 cm; B. schmal längl. bis elliptisch mit *umgerolltem Rand*, nur am Grund am Rand behaart; Bl. 14–18 mm, einzeln od. zu 2–3; Kronb. tief eingeschnitten; Kelch behaart; oberste Tragb. mit häutigem Rand. VII–VIII. Kalkfels und -schutt; 1900–2500 m. sA, nwl; soAlpen. ●

5 ITALIENISCHES HORNKRAUT *Cerastium scaranii*. Rasige behaarte Staude, 10–25 cm; B. oval bis elliptisch, *beidseits* behaart; Bl. 12–20 mm, einzeln od. zu 2–7; Kronb. schwach ausgerandet; Tragb. mit häutigem Rand. V–VII. Felsige Orte; bis 2000 m. I; Apuanische Alpen bis Siz. ●

6 ACKER-HORNKRAUT *Cerastium arvense* agg. Locker- od. dichtrasige, schwach behaarte Staude, 10–30 cm; B. schmal lanzettl.; Bl. 12–20 mm, zu 3–7, selten einzeln; Kronb. tief eingeschnitten, 2mal so lang wie die Kelchb.; Tragb. mit *schmalem Hautrand;* Fr. *gekrümmt*. IV–IX. Trockene warme Äcker und Wiesen, Felsen; bis 3100 m. T, fehlt IS (N, S).

7 ALPEN-HORNKRAUT *Cerastium alpinum*. Mattenbildende graugrün behaarte Staude, 5–20 cm; Haare *lang und weich*; B. längl. od. elliptisch, über der Mitte am breitesten; Bl. 18–25 mm, zu 2–5 od. einzeln; Kronb. tief eingeschnitten; Tragb. mit Hautrand. VI–VIII. Windexponierte Rasen *(Elynetum);* 1800–2850 m. T, fehlt B, IRL, NL. **7a** *C. a.* subsp. *lanatum* hat *weißwollige* B. und St. T. **7b** *C. a.* subsp. *squalidum* ähnlich 7a, aber außer den *Wollhaaren* noch Drüsenhaare. A, CH, CS, nE, sF, nl, R. ●

8 ARKTISCHES HORNKRAUT *Cerastium nigrescens* subsp. *arcticum*. *Kurz* und steif graubehaarte Staude, 2–15 cm; B. elliptisch, über der Mitte am breitesten; Bl. 20–30 mm, einzeln od. zu 2–3; Kronb. schwach ausgerandet; Tragb. laubb.ähnlich. VI–VIII. Fels und Schutt; bis 1700 m. nGB, IS, N, S, SF. **8a EINBLÜTIGES H.** *C. uniflorum* hat breitere weiche hellgrüne B. und kleinere, oft etwas cremefarbene Bl. VII–VIII. Kalkarmer Schutt; 1900–3400 m. A, CH, CS, sD, oF, nl, PL, wYU. ●

9 BREITBLÄTTRIGES HORNKRAUT *Cerastium latifolium*. Lockerrasige, drüsig behaarte Staude, 5–8 cm; B. *oval bis elliptisch*, spitz; Bl. 15–20 mm, einzeln od. zu 2–3; Kronb. schwach ausgerandet, 2 mal so lang wie die Kelchb.; Tragb. grün, laubb.artig. VII–VIII. Kalkfels und -schutt; 1600–3500 m. A, CH, CS, sD, I, PL, R. ● **9a** *C. pyrenaicum* Kronb. am Grund mit haarigem Rand, kaum länger als die Kelchb. noE, sF (oPyr). ●

1
2
3
4
5
6
7
8
9

Nelkengewächse (Forts.)

1 LANGSTIELIGES HORNKRAUT *Cerastium pedunculatum*. Lockerrasige, schwach behaarte Staude, 3–10 cm; B. lanzettl., *steif*; Bl. 7–8 mm, *glockig*, meist einzeln; die Kronb. tief eingeschnitten. VII–IX. Feuchter Silikatschutt, Moränen. A, CH, oF, nl. ●

2 KÄRNTNER HORNKRAUT *Cerastium carinthiacum*. Lockerrasige, meist kahle Staude, 5–20 cm; B. glänzend grün, oval bis lanzettl., spitz; Bl. 10–18 mm, zu 2–7; Tragb. mit breitem Hautrand. VI–VIII. Schutt und Fels, auf Kalk und Dolomit; bis 2400 m. A, oCH, nl, wYU. ● **2a** *C. c.* subsp. *austroalpinum* ist dichter *drüsenhaarig*; oberste Tragb. mit trockenhäutiger Spitze. A, s&oCH.

3 SLOWENISCHES HORNKRAUT *Cerastium subtriflorum*. Behaarte, rasenbildende Zweij. od. Staude, 10–40 cm; B. elliptisch bis eilanzettl., *ungestielt*; Bl. 12–20 mm, zu 3 od. mehr; Kelchb. mit Hautrand; unterste Tragb. laubb.ähnlich. VII–IX. Felsige Orte; 1600–2200 m. nol, nwYU; Julische Alpen. ●

4 QUELL-HORNKRAUT *Cerastium fontanum*. Behaarte Staude mit nicht blühenden, beblätterten Trieben, 10–50 cm; B. lanzettl., sitzend; Bl. 6–14 mm; Kronb. tief eingeschnitten, gleich lang wie die Kelchb.; obere Tragb. mit Hautrand. IV–IX. Viehläger, Fettweiden; bis 2400 m. T.

5 KLEINBLÜTIGES HORNKRAUT *Cerastium brachypetalum*. Grauzottig behaarte Einj., 5–30 cm; B. oval bis elliptisch, die untersten löffelförmig; Bl. 6–10, in lockeren Bl.ständen; Kronb. tief eingeschnitten, gleich lang od. kürzer als die Kelchb.; Bl.stiele unter der Bl. *gebogen*; alle Tragb. laubb.ähnlich. IV–IX. Trockene Orte; bis 1300 m. T, fehlt IRL, IS.

6 KLEBRIGES HORNKRAUT *Cerastium glomeratum*. Drüsenhaarige, oft gelbl. Einj., 5–40 cm; B. oval od. elliptisch, über der Mitte am breitesten; Bl. 5–8 mm, oft halb geschlossen bleibend, in knäuelig *gedrängten Bl.ständen;* Kronb. tief eingeschnitten, etwa so lang wie die Kelchb.; alle *Tragb. laubb.ähnlich*. IV–X. Äcker, Wegränder; bis 1300 m. T, fehlt SF.

7 SAND-HORNKRAUT *Cerastium semidecandrum*. Niederliegende od. aufrechte, drüsenhaarige Einj., 5–30 cm; B. elliptisch bis oval, die untersten über der Mitte am breitesten; Bl. 5–9 mm; Kronb. schwach ausgerandet, *kürzer als* die Kelchb.; Kelch- und Tragb. mit *Hautrand*. III–V. Trockene, steinige Orte; meist auf Kalk; bis 1650 m. T, fehlt IS.

8 NIEDRIGES HORNKRAUT *Cerastium pumilum*. Drüsenhaarige, oft rötl. überlaufene Einj., 5–15 cm; B. elliptisch, über der Mitte am breitesten, die oberen oval; Bl. 6–9 mm, in lockeren Bl.ständen; Kronb. oft *purpurn überlaufen*, etwa so lang wie die Kelchb.; Trag- und Kelchb. mit Hautrand. IV–VI. Trockenrasen, Ödland; auf Kalk; bis 1300 m. T, fehlt IRL, IS, Subarkt.

9 AUSGEBREITETES HORNKRAUT *Cerastium diffusum* (= *C. tetrandrum*). Drüsenhaarige Einj., 5–30 cm; B. oval bis elliptisch, die untersten löffelförmig; Bl. 6–14 mm; Kronb. schwach ausgerandet, *kürzer als* die Kelchb.; Tragb. meist alle laubb.ähnlich. III–VII. Trockenrasen, Sandstrand; bis 1300 m. T, fehlt IS.

Gattungsunterschiede

Weiß blühende Nelkengewächse

Arenaria: Kronb. nicht ausgerandet; Griffel 3, gelegentlich 5; Fr.kapsel mit 6 od. 10 Zähnen.

Cerastium: Kronb. schwach bis tief ausgerandet; Griffel meist 5, gelegentlich 3–4; Fr.Kapsel meist mit 10, gelegentlich mit 6 od. 8 Zähnen.

Minuartia: Kronb. nicht ausgerandet; Griffel meist 3, manchmal 5; Fr.kapsel mit 3 od. 5 Zähnen.

Moehringia: Kronb. 4–5; Griffel 2–3; Fr.kapsel mit 4 od. 6 Zähnen.

Stellaria: Kronb. tief ausgerandet bis 2spaltig; Griffel 3; Fr.kapsel mit 6 Zähnen.

1
2
3
4
5
6
7
8
9

Nelkengewächse (Forts.)

MIEREN *Minuartia*. Ähnlich *Arenaria*, aber die Kapseln mit gleich viel Zähnen wie Griffel; B. oft stachelspitzig od. ahlenähnlich; moosähnliche Polster bildend.

1 KRUMMBLÄTTRIGE MIERE *Minuartia recurva*. Dichtrasige od. polsterbildende, schwach drüsige Staude, 5–15 cm; B. *sichelförmig*, 4–10 mm, 3nervig; Bl. weiß, 7–9 mm, einzeln od. zu 2–8. VII–VIII. Krummseggenrasen, kalkarmer Felsschutt; bis 3460 m. A, CH, E, F, I, IRL, R, YU.

2 APENNINEN-MIERE *Minuartia graminifolia*. Dichte Polsterstaude mit drüsigem St., 4–15 cm; B. schmal lanzettl., steif, 10–30 mm lang; Bl. weiß, 10–16 mm, zu 2–7. VII–VIII. Felsige Orte; 1400–2000 m. I, R, YU. • **2a** *M. g.* subsp. *clandestina* ist *kahl*. YU. **2b** *M. cerastiifolia* ähnlich 2, aber B. *kürzer* als 10 mm, unterseits deutlich gekielt; Bl. 6–10 mm. nE, sF; wzPyr. •

3 FELSEN-MIERE *Minuartia rupestris*. Kriechende, lockere Rasen bildende drüsige Staude, 5–15 cm; B. klein, lanzettl., 2–4 mm, am Rand bewimpert; Bl. weiß, 7–9 mm, meist einzeln an 1–3 cm langen Stielen. VII–VIII. Sonnige Kalkfelsen und -schutt; 1900–2500 m. A, sD, oF, nI, wYU. • **3a** *M. r.* subsp. *clementei* (= *M. lanceolata*) □ ist robuster als 3; B. bis 15 mm; Bl.stiele 5–7 cm, mit 2–3 Bl. soF, nwI; Cottische Alpen. •

4 POLSTER-MIERE *Minuartia cherlerioides* (= *M. aretioides*). Sehr dichte und niedere harte Polster bildende Staude, 2–5 cm; B. winzig, 1,5–3 mm, längl.-elliptisch, stumpf, *kahl*, 3nervig, dicht dachziegelig; Bl. weiß, 4–7 mm, einzeln an sehr *kurzen Stielen*; Kronb. wenig kürzer als die 3nervigen Kelchb. VII–VIII. Kalkfels und -schutt; 2000–2500 m. A, oCH, sD, nI, wYU. • **4a** *M. ch.* subsp. *rionii* B. am *Rand bewimpert*. Silikatfels und -schutt. A, CH, sD, nI.

5 BERGAMASKER MIERE *Minuartia grignensis*. *Kahle* Staude mit zahlreichen grundst. B.büscheln, 5–20 cm; B. lineal, 5–15 mm, 3nervig; Bl. klein, weiß, 5–7 mm, bis zu 12 in verzweigten Bl.ständen; Kronb. wenig länger als die 3nervigen Kelchb. VII–VIII. Dolomitfelsen; 1300–1900 m. nI; Bergamasker Alpen. •

6 ÖSTERREICHISCHE MIERE *Minuartia austriaca*. Lockerrasige, kahle od. schwach drüsige Staude, 10–20 cm; B. *schmal lanzettl. bis lineal*, 10–20 mm, kahl; Bl. groß, weiß, 12–20 mm, einzeln od. zu 2–3; Kronb. schwach ausgerandet, ungefähr 2 mal so lang wie die Kelchb. VI–VIII. Kalkfels und -schutt; bis 2500 m. A, sD, nI, wYU. • **6a** *M. villarsii* hat breitere B. und kleinere 8–15 mm Bl. nE, s&oF, nI. •

7 FRÜHLINGS-MIERE *Minuartia verna*. Lockere Kissen bildende, drüsige Staude, 5–10 cm; B. lineal, spitz, unterseits gekielt, bis 20 mm lang; Bl. weiß, einzeln od. zu 2–7, 6–8 mm, mit *purpurnen Staubbeuteln;* Kronb. wenig länger als die Kelchb. V–IX. Rasen und Schutt, kalkliebend; bis 3400 m. T, fehlt DK, IS, NL. **7a** *M. v.* subsp. *collina* hat gelbe Staubbeutel, Kronb. wenig kürzer als die Kelchb. Tieflandsippe. oA, CS, H, noI, R.

8 HAARBLÄTTRIGE MIERE *Minuartia capillacea* (= *Alsine liniflora*). Lockere Kissen bildende, drüsige Staude, 8–30 cm; B. lineal, *steif*, 10–20 mm, 1–3nervig, am Rand kurzdrüsig bewimpert; Bl. weiß, 14–23 mm, einzeln od. zu 2–6; Kronb. 2 mal so lang wie die Kelchb. VI–VII. Warme trockene Kalkfelsen, Bachschutt; bis 2000 m. CH, oF, nI, wYU. • **8a** *M. laricifolia* ist zierlicher, mit kleineren 5–12 mm B. und Bl.; St. und Bl.stiele *dicht flaumig*. VII–VIII. Silikatfels und -schutt; bis 2000 m. A, CH, nE, sF, nI, wYU. **8b** *M. l.* subsp. *kitaibelii* Bl.stiele und Kelchb. kahl. Kalkfels und -schutt; bis 1800 m. A, CS, noI, PL, R, wYU.

9 ZWEIBLÜTIGE MIERE *Minuartia biflora*. Zierliche, schwach behaarte, kleine Rasen bildende Staude, 2–5 cm; B. lineal, 4–10 mm, einnervig; Bl. weiß, selten blaß lila, 10–12 mm, einzeln od. zu 2–3; Kronb. *wenig länger* als die Kelchb. VI–VIII. Schneeböden, Viehläger; 2000–3400 m. A, CH, nI, IS, N, S, SF.

10 ZWERG-MIERE *Minuartia sedoides*. Kahle, dichte, *flache, gelbgrüne* Polster bildende Staude, 1–4 cm; B. klein, 3–6 mm, schmal lanzettl., dicht deckend, 3nervig; Bl. grünl., 4–8 mm, einzeln, meist ungestielt; Kronb. fehlend. VII–IX. Offene steinige Rasen; auf Kalk und Silikat; bis 3800 m. A, CH, CS, sD, nE, F, nGB (Schottland), nI, PL, R, YU. •

1
2
3
3a
4
5
6
7
8
8a
9
10

Nelkengewächse (Forts.)

SANDKRAUT *Arenaria* und NABELMIERE *Moehringia*. Kleine Stauden od. Kräuter mit ganzrandigen B.; Bl. in lockeren Bl.ständen od. einzeln, weiß, selten blaßrosa; Kronb. nicht ausgerandet; Staubb. 10; Griffel 3–5; Fr. eine Kapsel, Fr.zähne doppelt so viele wie Griffel.

1 ROSA SANDKRAUT *Arenaria purpurascens*. Ausgebreitete od. aufsteigende Staude, 4–10 cm; St. oberwärts behaart; B. längl. od. lanzettl., spitz, einnervig, am Grund behaart; Bl. *blaßrosa*, manchmal weiß, 7–14 mm, zu 2–4; Kelch kahl. VII–VIII. Feuchte Felsen; 1800–2800 m. nE, s&soF; Pyr, Cord. cant. •

2 VIERZEILIGES SANDKRAUT *Arenaria tetraquetra*. Große, dichte flache Polster bildende Staude, 5–25 cm; St. *dicht dachziegelig beblättert*, meist kahl; B. oval, stumpf, an der Spitze zurückgebogen; Bl. weiß, 5–9 mm, einzeln; Kelch- und Kronb. 4 od. 5. VII–VIII. Trockene Orte; 1800–2700 m. E, sF. • **2a** *A. aggregata* hat schmälere *spitze* B.; die Bl. zu 3 bis mehr in dichten Bl.ständen. E, s&soF, nwl (Alpes Maritimes). **2b** *A. a.* subsp. *erinacea* (= *A. erinacea*) hat meist einzelne Bl., deren Stiel nicht über das Polster vorragt. oF. •

3 GROSSBLÜTIGES SANDKRAUT *Arenaria grandiflora*. Behaarte, lose Polster bildende Staude, 5–15 cm; B. *schmal lanzettl.*, spitz; Bl. weiß, 8–15 mm, einzeln od. zu 2–3 auf flaumigen Stielen; Kelch behaart. V–VIII. Trockene Orte, Fels und Schutt; auf Kalk; bis 2000 m. A, CH, CS, E, F, I.

4 HUTERS SANDKRAUT *Arenaria huteri*. Oft hängende Polster bildende, *drüsig*-flaumige Staude; B. längl., *über der Mitte am breitesten*; Bl. weiß, 15–20 mm, einzeln od. zu 2–3; Kelch behaart. VI–VIII. Dolomitfelsspalten; bis 2000 m. nol; Karnische Alpen. •

5 ZWEIBLÜTIGES SANDKRAUT *Arenaria biflora*. Rasige Staude mit lang kriechenden St., 2 cm; B. *oval* od. meist rundl., einnervig; Bl. weiß, 5–7 mm, zu 2 od. einzeln. VI–VIII. Kalkarme Schneeböden, Krautweidenflur; 1700–3200 m. A, CH, s&soF, H, I, R, YU.

6 NORWEGISCHES SANDKRAUT *Arenaria norvegica*. Lockere Rasen bildende, meist kahle Einj. od. Staude, 3–7 cm; B. längl., über der Mitte am breitesten, meist dunkelgrün; Bl. weiß, 5–6 mm, gestielt, einzeln od. zu 2–3; Staubbeutel weiß. VI–VII. Offene, steinige Orte, Kalkschutt; bis 1450 m. nGB, IS, N, S, SF. • **6a** *A. humifusa* ist teppichbildend mit kurzen Bl.stielen und *blaßroten* Staubbeuteln. N+, S.

7 BEWIMPERTES SANDKRAUT *Arenaria ciliata*. Staude mit rauhem St., 2–5 cm; B. elliptisch bis spatelig, wenigstens unten am Rand behaart; Bl. weiß, 6–10 mm, zu 2–7, selten einzeln; Staubbeutel weiß. VII–VIII. Kalksteinböden, alp. Rasen; 1400–3200 m. A, CH, CS, D, E, F, I, IRL, N, P, R, SF, YU.

8 CADI-SANDKRAUT *Arenaria ligericina*. Rasige, *drüsig behaarte* Staude, 7–40 cm; B. schmal elliptisch od. längl., blaßgrün; Bl. weiß, 6–9 mm, zu 3–10 in lockeren Bl.ständen. VII–VIII. Kalkfelsen; bis 2000 m. oE, sF; oPyr, Sierra del Cadi. •

9 SÜDOSTALPEN-NABELMIERE *Moehringia diversifolia*. Staude mit dünnem kahlem St. bis 30 cm; B. oval od. spatelig, die unteren gestielt; Bl. klein, weiß, 3–4 mm, einzeln od. zu 2–5 auf *flaumigen* Stielen. V–VII. Silikatfels und -schutt. soA. •

10 PRESOLANA-NABELMIERE *Moehringia dielsiana*. Kahle, blaugraue Staude, 2–5 cm; meist lockere od. dichte kleine Polster bildend; B. schmal längl. od. spatelig, spitz, fleischig; Bl. weiß, 10–12 mm, meist einzeln, lang gestielt. VI–VII. Kalkfelsspalten; 1300–1400 m. nl; Bergamasker Alpen +. • **10a** *M. papulosa* hat meist hängende St. und kleine 4–5zählige Bl. zl; zAp. **10b** *M. tommasinii* hat immer 4zählige Bl. Kalkfelsen. nol, nwYU; Istrien. •

11 FLEISCHIGE NABELMIERE *Moehringia bavarica*. Meist *blaugrüne*, kahle Polsterstaude bis 10 cm; B. fleischig, *lineal* bis drehrund, ungeadert; Bl. weiß, 5–8 mm, einzeln od. zu wenigen; Kronb. 5. V–VII. Kalkfelsen; bis 1600 m. A, nl, YU; vom Gardasee bis Valsugana; Murtal. • **11a** *M. b.* subsp. *insubrica* hat kürzere B. und kleinere Bl. nl; Brescianer Alpen. •

12 MOOS-NABELMIERE *Moehringia muscosa*. Lockerrasige kahle Staude mit dünnem St., 5–20 cm; B. *lineal*, spitz, 1–3nervig; Bl. weiß, 4–8 mm, zu 3–6; Kronb. meist zu 5. V–IX. Auf feuchtem schattigem Blockschutt; bis 2350 m. A, CH, CS, D, E, F, H, I, PL, R, YU. **12a** *M. glaucovirens* hat kleinere 5zählige Bl., meist einzeln od. zu 2–3; Pfl. zierlich, grau. Schattige Kalkfelsen. nl; wGardasee, Dol (Cortina). •

13 BEWIMPERTE NABELMIERE *Moehringia ciliata*. *Kriechende*, rasenbildende kahle Staude, 3–8 cm; B. lineal, fleischig, am Grund kurz bewimpert; Bl. klein, weiß, 4–5 mm, einzeln od. zu 2–3; Krone 5zählig. VI–VIII. Kalkschutt; bis 3000 m. A, CH, sD, s&oF, nl, wYU. •

1
2
3
4
5
6
7
8
9
10
11
12
13

Fam. Hahnenfußgewächse Ranunculaceae

Gebirgsarten im allgemeinen ausdauernd, gelegentlich einj. od. verholzte Klimmer; Bl. mit zahlreichen Staubb. u. gewöhnlich 5, manchmal auch mehr Kronb. od. kronb.-ähnlichen Kelchb.; Bl. manchmal mit Honigsporn od. Nektarb.; Fr. trockene Nüßchen od. Bälge, selten eine Beere (*Actaea*).

1 STINKENDE NIESWURZ *Helleborus foetidus*. Wintergrüne, unangenehm riechende Staude, 20–80 cm; alle B. am St. gestielt, handförmig geteilt mit 7–11 schmal lanzettl., gezähnten Abschnitten, die obersten ungeteilt; Bl. glockig, in Trauben, 1–3 cm; Kronb. fehlend; Kelchb. gelbgrün mit purpurnem Rand. I–IV. Wälder, Gebüsche; auf Kalk; bis 1600 m. B, CH, z&sD, n&zE, F, GB, n&zl. ⚕ ✕ ●

2 GRÜNE NIESWURZ *Helleborus viridis*. Staude mit 2 grundst. B., welche nicht überwintern, 30–50 cm; B. handförmig geteilt, mit 7–13 *schmal-elliptischen*, gezähnten Abschnitten; St.b. kleiner, ungeteilt; Bl. breit-schüsselförmig, 4–5 cm; Kelchb. apfelgrün, duftlos, von den B. übergipfelt. III–IV. Frische Wälder, Gebüsche, felsige Orte; meist auf Kalk; bis 1600 m. A, B, CH, D, nE, F, GB, nl. ⚕ ✕ § ● **2a** *H. dumetorum* hat kleinere, duftende Bl., die von den B. *nicht erreicht werden*. III–V. A, H, R, YU. ● **2b** *H. bocconei* ähnlich 2, aber mit *5–7 B.abschnitten* und gelbl.-grünen Bl., 5–7 cm. z&sl. **2c** *H. odorus* ähnlich 2b, aber die Bl. unterseits behaart, die St.bl. deutlich kleiner als die grundst. H, n&zl, R, YU. ●

3 CHRISTROSE, SCHNEEROSE *Helleborus niger*. Staude mit klumpigem Rhizom und *überwinternden* Grundb., 10–30 cm; B. handförmig geteilt, mit 7–9 elliptischen, gezähnten Abschnitten, dunkelgrün; Bl. groß, schüsselförmig, 3–10 cm, bleibend, weiß, später hellrot verfärbend. I–IV. Laubwälder, Gebüsche; auf Kalk; bis 1900 m. A, CH, sD, n&zl, wYU (CS, F). ⚕ ✕ §. **3a** *H. n.* subsp. *macranthus* hat breitere, etwas bläul.-grüne B. und größere Bl., 8–11 cm. n&zl, n&wYU.

4 WINTERLING *Eranthis hyemalis*. Kahle Staude mit kleiner Rhizomknolle, 5–10 cm; B. handförmig gelappt, *nach* der Bl.; Bl. einzeln, becherförmig, 2–3 cm, mit 5–7 gelben Kelchb. und grüner *Hochb.hülle*. I–III. Feuchte Wälder, Gebüsche; bis 1500 m. I, YU. ● Da und dort eingebürgert (B, CH, CS, D, GB, NL, H, R).

5 SCHMUCKBLUME *Callianthemum anemonoides*. Kahle Staude bis 10 cm; grundst. B. doppelt fiederschnittig, gestielt, mit schmalen blaßgrünen Abschnitten; St.b. ähnlich, ungestielt; Bl. 3–3,5 cm, weiß mit einem zentralen orangen Ring; Kelchb. 5; *Kronb.* 5–20; Fr. 5 mm lang. III–V. Schattige Felsen, lichte Nadelwälder; auf Kalk; 700–1200 m. A; noAlpen. ● **5a** *C. kernerianum* ist *kleiner*; Bl. 2–2,5 cm. V–VII. Felsige Stellen, Rasen; auf Kalk; 1700–2000 m. nl; sAlpen (Mt. Baldo). ● **5b** *C. coriandrifolium* ähnl. 5, aber die Kronb. *breiter*, die *Fr.* nur 3 mm lang. VII–VIII. Rasen, Geröll, am Rand des schmelzenden Schnees; gern auf Kalk; 1800–3000 m. A, CH, CS, nE, s&oF, nl, PL, R, wYU. ●

6 SCHWARZKÜMMEL, GRETL IN DER STAUDEN *Nigella arvensis*. Aufrechte, verzweigte Einj., 10–30 cm; B. blaugrün, mit fadenförmigen Abschnitten; Bl. 2–3 cm, lang gestielt, mit 5 blauen, grün-geaderten, am Grund schmalen Kronb. VI–VII. Getreideunkraut, Ödland. A, B, CH, CS, D, F, H, I, NL, PL, R, YU.

7 TROLLBLUME *Trollius europaeus*. Kahle Staude, 20–40 cm; grundst. B. tief handförmig geteilt, gestielt, St.b. kleiner, ungestielt; Bl. 3–5 cm, meist *kugelig* mit bis zu 10 gelben Kelchb. V–VIII. Feuchte Wiesen, sumpfige Wälder; bis 2800 m. T, fehlt B, IS, NL. §. **7a** *T. e.* subsp. *transsilvanicus* nicht größer als 20 cm; Narben gekrümmt, nicht gerade. A, H, nl R, YU.

1 Stinkende Nieswurz

2 Grüne Nieswurz

1
2
3
7
6
5
4

Hahnenfußgewächse (Forts.)

1 MUSCHELBLÜMCHEN *Isopyrum thalictroides*. Zarte, kahle graugrüne Staude, 10–30 cm; Grundb. gestielt, doppelt 3zählig; St.b. ungestielt; Bl. flach schüsselförmig, 10–20 mm, mit 5 verlängerten weißen Kelchb. III–V. Feuchte schattige Laubwälder; bis 1200 m, selten höher. A, CS, E, s&oF, H, I, PL, R, YU.

2 CHRISTOPHSKRAUT *Actaea spicata*. Kahle Rhizomstaude, stark riechend, 30–65 cm; B. regelmäßig doppelt gefiedert od. doppelt 3zählig, oberseits dunkelgrün, unterseits heller, gestielt, obere B. kleiner; Bl. *weiß*, in einer Traube, mit 4 kleinen Kronb. u. 4 lang gestielten Staubb.; Fr. eine große, glänzend *schwarze Beere*. V–VII. Feuchte Wälder; auf Kalkböden; bis 1900 m. T, fehlt IRL, IS. ☠. **2a** *A. erythrocarpa* 3teilige Bl. und *rote* Beeren. S, SF.

3 SUMPFDOTTERBLUME *Caltha palustris*. Kahle Staude, meist niederliegend, 15–50 cm; B. groß, *herzförmig*, gezähnt, dunkelgrün glänzend; Bl. becherförmig, 1,5–5 cm, *ohne* Kronb., aber mit 5 goldgelben Kelchb; Balgfr. in dichten Köpfen. III–VII. Sumpfige Wiesen, Bäche, feuchte Weiden; bis 2500 m. T. ⚕☠

EISENHUT *Aconitum*. Stauden mit kräftigem, beblättertem St. und rübenartigem od. knolligem braunem Wurzelstock; Bl. mit 5 kronb.ähnlichen Kelchb., das *oberste* helmförmig und oft gespornt; Fr. 2–5 freie Bälge (ähnlich S. 72 *Paeonia*). (§)

4 GELBER EISENHUT *Aconitum lycoctonum* subsp. *vulparia* (= *A. vulparia*). Kahle Staude, 50–150 cm; B. bis zur Mitte handförmig geteilt, mit 4–6 Abschnitten, dunkelgrün; Bl. bleichgelb, in verzweigten Trauben; *Helm* lang und schmal. VI–VIII. Wiesen, Waldlichtungen, Hochstaudenfluren; bis 2400 m. A, B, CH, CS, D, nE, F, nl, NL, PL, R, wYU. ⚕☠§ ● **4a** *A. l.* subsp. *neapolitanum* (= *A. lamarckii*) □ hat hellgrüne *B.* mit 7–8 tief geteilten Abschnitten und dichtere vielblütige Trauben. VII–VIII. sA, sCH, E, s&oF, I. ● **4b NÖRDLICHER E.** *A. l.* subsp. *lycoctonum* (= *A. septentrionale*) hat behaarte violette Bl.; der Helm ist an der Basis dicker als bei 4. Bis 1300 m. N, S, SF.

5 BLASSGELBER EISENHUT *Aconitum ánthora*. Hohe kahle Staude bis 1 m; B. bis zur Mitte handförmig geteilt, Abschnitte schmal, gelappt u. spitz; Bl. gelbl., *manchmal* blau, zu wenigen in lockerer Traube; Helm abgerundet, so breit wie hoch. VII–IX. Trockene Wiesen, felsige Orte; gern auf Kalk; bis 2200 m. A, CH, CS, E, s&oF, H, I, PL, R, YU. ⚕☠

6 BUNTER EISENHUT *Aconitum variegatum*. Oben kahle Staude bis über 1 m; B. handförmig bis zur Mitte geteilt, Abschnitte tief gelappt u. gezähnt; Bl. blauweiß gescheckt, selten ganz weiß, in lockeren Rispen; Helm verlängert, 2 mal so hoch wie breit. VII–IX. Wiesen, Waldlichtungen, Berberitzengebüsch; bis 2000 m. A, CH, CS, sD, E, s&oF, H, I, PL, R, YU. ⚕☠§● **6a RISPIGER E.** *A. v.* subsp. *paniculatum* (= *A. paniculatum*) □ hat klebrige Bl.standachsen u. violette Bl. in locker verzweigter Traube; Helm so breit wie hoch. Feuchte Wiesen, Wälder; bis 2400 m. A, CH, oF, nl. ☠§ ●

7 BLAUER EISENHUT *Aconitum napellus* subsp. *vulgare* (= *A. compactum*). Kahle Staude, 50–150 cm; B. fast bis zur Mitte handförmig geteilt, nicht unter dem Bl.stand gehäuft; Bl. violett, dunkelblau od. rotviolett in dichten Trauben; Helm abgerundet, so breit wie hoch. VII–IX. Hochstaudenfluren, Viehläger; bis 2500 m. A, CH, sD, nE, s&oF, nl, wYU. ⚕☠§ ● **7a** *A. n.* subsp. *tauricum* (= *A. tauricum*) □ hat breitere B.abschnitte; B. unter den Bl. gehäuft; Trauben gewöhnlich unverzweigt. o, soA. ● *A. n.* subsp. *napellus* ist auf swGB beschränkt.

Eisenhut: typische Blattformen

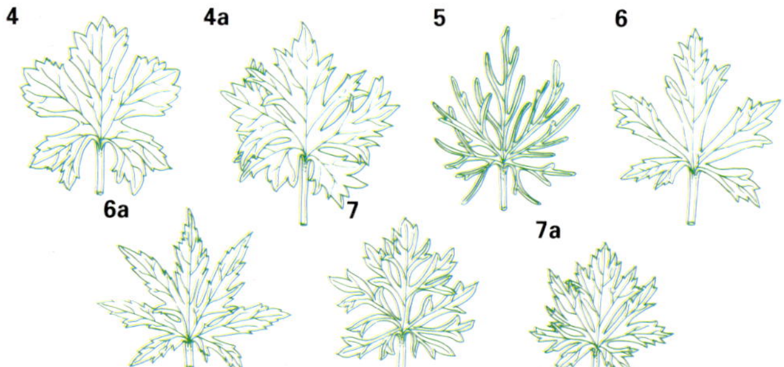

1
2
3
4
5
6
7

Hahnenfußgewächse (Forts.)

RITTERSPORN *Delphinium*. Bl. in schmalen Ährentrauben, mit 5 kronartigen Kelchb.; die oberen mit einem langen schmalen, nach hinten gerichteten Sporn; Fr. 3–5 Bälge. ☠

1 PYRENÄEN-RITTERSPORN *Delphinium montanum*. Samtig behaarte Staude mit aufrechtem St., 20–60 cm; B. *lang gestielt*, fast bis zur Mitte handförmig geteilt, mit verlängerten gezähnten Abschnitten; Bl. blaßblau, 12–20 mm, Bl.b. *schmal* längl.; Fr. behaart. VI–VIII. Wiesen, steinige Orte; bis 2000 m. nE, sF; z&oPyr. **1a** *D. dubium* ist größer mit kurzen B.stielen und dunkelblauen Bl., 16–23 mm. soF, nl; soAlpen. •

2 HOHER RITTERSPORN *Delphinium elatum*. 20–60 cm; ähnl. 1, aber St. mit geraden, nicht mit gebogenen Haaren; Bl. dunkel- od. schmutzigblau od. blauviolett, 14–17 mm, Bl.b. *breit* eiförmig od. gerundet; Sporn länger als die Bl.b.; Fr. *gewöhnlich* kahl. VI–VIII. Hochstaudenfluren, Kalkschutt; bis 2000 m. A, CH, CS, oF, I, PL, R, YU. §. **2a** *D. e.* subsp. *helveticum* Sporn *gleich* lang wie die Bl.b. wA, CH, oF. **2b** *D. e.* subsp. *austriacum* wie 2a, aber Bl. *größer*, 17–21 mm. A.

ANEMONE. Rhizomstauden mit grundst. B. u. einem Quirl von kurz gestielten od. ungestielten B. am St. unterhalb der Bl.; Bl. einzeln od. zu mehreren, schüssel- od. tellerförmig; Kelchb. 5 od. mehr, kronb.ähnlich; Fr.stand kopfig, die Nüßchen *ohne* fiederhaarige Griffel.

3 BUSCHWINDRÖSCHEN *Anemone nemorosa*. Kahle Staude, 5–20 cm; Hochb. zu 3, lang *gestielt*, bis zur Mitte handförmig gelappt, ähnlich den grundst. B., nach der Bl.; Bl. einzeln, weiß, oft rosa überlaufen, 20–30 mm, mit 6–7 Bl.b. III–V. Wälder, Gebüsche; bis 1800 m. T, fehlt IS, N, PL, R. ☠ **3a DREIBLÄTTRIGES B.** *A. trifolia* ähnl. 3, aber Hochb. 3zählig. V–VII. Laubwälder, felsige Orte; bis 1900 m. A, E, F, H, I, SF, YU. •

4 GELBLICHES WINDRÖSCHEN *Anemone ranunculoides*. Kurzhaarige Staude, 8–20 cm; Hochb. ähnl. 3, aber sehr *kurz gestielt*; Bl. einzeln od. zu 2, *gelb*, 15–20 mm, mit 5–8 Bl.b. III–V. Auen, Laubwälder; bis 1500 m. T, fehlt GB, IRL, IS. ☠ **4a** *A. r.* subsp. *wockeana* ist kleiner, bildet dichte Bestände. CS, D, PL.

5 BERGHÄHNLEIN *Anemone narcissifolia*. Behaarte Staude, 20–40 cm; B. bis zur Mitte handförmig gelappt; Bl. weiß, außen oft rosa überlaufen, 20–30 mm, in 3–8blütiger *Dolde*, 5–6 Bl.b. VI–VII. Rostseggenrasen; meist auf Kalk; 1500–2600 m. A, CH, CS, sD, E, s&oF, I, PL, R, YU. §

6 GROSSES WINDRÖSCHEN *Anemone sylvestris*. Behaarte Staude, 15–40 cm; B. fast bis zur Mitte handförmig gelappt; Bl. einzeln, weiß, 30–70 mm, mit 5 unterseits behaarten Bl.b. IV–VI. Trockene Föhren-Eichenwälder, sonnige Böschungen; bes. auf Kalk; bis 1200 m. A, CH, CS, sD, oF, H, I, PL, R, sS, YU.

7 BALDO-ANEMONE *Anemone baldensis*. Behaarte Staude, 5–12 cm; Grundb. 3zählig mit 3lappigen, gezähnten Abschnitten; Hochb. ähnlich, aber kleiner; Bl. einzeln, weiß, manchmal außen bläul., 25–40 mm, mit 8–10 spitzen Bl.b. VII–VIII. Felsige Orte, Feinschutt; auf Kalk; 1800–3000 m. A, CH, oF, nl, wYU; oft lokal. § •

8 BLAUES WINDRÖSCHEN *Anemone apennina*. Behaarte Staude, 5–15 cm; Hochb. zu 3, 3zählig, gezähnt; Grundb. ähnlich, nach der Bl.; Bl. einzeln, hellblau, selten weiß, 25–35 mm, mit 8–14 verlängerten Bl.b.; Staubbeutel blaßgelb od. weiß. III–IV. Lichte Laubwälder, Gebüsche; bis 1200 m. z&sl, YU • (A, B, D, DK, F, GB, NL, S).

3 Buschwindröschen

1
2
3
4
5
6
7
8

Hahnenfußgewächse (Forts.)

OSTERGLOCKEN, KÜCHENSCHELLEN *Pulsatilla*. Behaarte Stauden mit farnähnlichen B. und großen einzelnen, aufrechten od. nickenden Bl. mit einer feinzerschlitzten Hochb.hülle; Bl.b. gewöhnlich 5 od. 6, außen behaart; Fr. in einem Köpfchen, die Griffel mit langen silbrigen Federhaaren, oft bis zum Herbst ausdauernd. ☠ §

1 ALPEN-OSTERGLOCKE *Pulsatilla alpina*. Behaarte Staude bis 50 cm; B. doppelt gefiedert, oberseits behaart, grundst. u. St.b. *gestielt*; Bl. groß, weiß, außen oft blaurot überlaufen, aufrecht, becherförmig, 4–6 cm. V–VII. Rasen und Weiden; auf Kalk; bis 2700 m. A, CH, sD, n&zE, z, s&oF, I, wYU. § **1a SCHWEFELANEMONE** *P. a.* subsp. *apiifolia* (= *P. sulphurea*) □ hat *blaßgelbe* Bl. Rasen, Weiden; auf sauren Böden; bis 2700 m. Ähnl. Verbreitung. §

2 WEISSE OSTERGLOCKE *Pulsatilla alba*. Ähnlich 1, aber kleiner, mit kleineren Bl.b., oberseits *verkahlend*; Endabschnitt der B. bis zur Mittelrippe geteilt. V–VII. Rasen; meist auf Silikat; bis 2200 m. A, CS, sD, nE, sF, PL, R, wYU.

3 FRÜHLINGS-KÜCHENSCHELLE *Pulsatilla vernalis*. Kurzhaarige Staude, 5–30 cm; B. immergrün, gefiedert, *weniger stark* zerteilt als bei 1 und 2; B.abschnitte verlängert, gezähnt, St.b. ungestielt, lineal; Bl. weiß, außen rosa od. bläul. überlaufen, glockig, 4–6 cm, zuerst nickend, später aufrecht. IV–VI. Rasen, steinige Orte, oft am Rande des schmelzenden Schnees; 1300–3600 m. A, CH, CS, DK, nE, s&oF, nI, sN, PL, sS, SF, YU. §

4 WIESEN-KÜCHENSCHELLE *Pulsatilla pratensis* (= *P. nigricans*). Kurzhaarige Staude, 10–50 cm; B. doppelt gefiedert, die Abschnitte fiederteilig; St.b. ungestielt, schmal-elliptisch, spitz; Bl. dunkelpurpurn, manchmal blaßviolett od. grüngelb, außen grau behaart, 3–4 cm, *stets* nickend, Bl.b. mit zurückgekrümmter Spitze. IV–V. Rasen; bis 2100 m. A, CS, D, DK, H, sN, PL, sS, nwYU. ⚕☠§ ● **4a** *P. montana* ist ähnlich, mit dunkel violetten Bl., die Bl.b. nicht *zurückgekrümmt*. II–V. Trockenrasen, warme Wälder; bis 2150 m. CH, soF, nI, R, YU. § ● **4b ROTE K.** *P. rubra* □ hat dunkel rotbraune od. scnwarzrote Bl. n&oE, z&sF. ●

5 GEWÖHNLICHE KÜCHENSCHELLE *Pulsatilla vulgaris*. 5–30 cm; B. mehrfach fiederteilig, zuerst lang behaart, später fast kahl; St.b. ungestielt, lineal; Bl. groß, dunkel-violett bis blaß purpurn, glockenförmig, 5–8 cm, zuerst aufrecht, dann nickend; Staubbeutel hellgelb. V–VI. Trockenrasen; auf Kalk; bis 1200 m. A, B, CH, CS, D, F, sGB, H, PL, R, sS, YU. § ● **5a** *P. v.* subsp. *grandis* B. mit ca. 40 Abschnitten, *nach* der Bl. A, CH, CS, sD. **5b** *P. halleri* ähnlich 5, aber B. und St. dicht seidenhaarig. VI–VII. Alp. Weiden; auf Kalk; bis 3000 m. A, CH, CS, nI, PL, YU. **5c** *P. h.* subsp. *styriaca* wie 5b, aber mit *längeren* B. (5–11 statt 3–7 cm). oA (Steiermark). **5d** *P. h.* subsp. *slavica* hat meist nur 3teilige B. R; wKarp.

6 LEBERBLÜMCHEN *Hepatica nobilis* (= *H. triloba, Anemone hepatica*). Immergrüne, schwach behaarte Staude, 5–15 cm; B. 3lappig, am Grund herzförmig, gestielt, oberseits dunlkelgrün, unterseits rötl.; Bl. einzeln, becherförmig, 15–25 mm, blau od. hellrot, selten weiß, mit 6–9 Bl.b. und 3 kelchähnlichen Hochb. II–IV. Wälder, Gebüsche, Lichtungen; gern auf Kalk; bis 2200 m. T, fehlt GB, IRL, IS, NL (B). ⚕ §. **6a** *H. transsilvanica* B.abschnitte stumpf; Bl. größer, 25–40 mm. Bergwälder. zR. ●

4b Rote Küchenschelle

1
1a
2
3
4
5
6

Hahnenfußgewächse (Forts.)

WALDREBEN *Clematis*. Ausdauernde, krautige od. verholzte Kletterpflanzen od. Stauden mit gegenst., meist 1–2fach gefiederten B.; Bl. mit 4 Kronb.- ähnlichen Kelchb. u. zahlreichen Staubb.; Fr. zahlreich, in Köpfen, mit langen, federartigen Griffeln.

1 GEMEINE WALDREBE *Clematis vitalba*. Kriechende od. kletternde, verholzte laubwerfende Liane, bis 30 m lang; *B.* gefiedert, mit gezähnten Abschnitten, oft mit rankenden Stielen; Bl. grünl.-weiß, duftend, 15–20 mm, mit zahlreichen dichtstehenden Staubb.; Fr. mit behaarten Griffeln, in dichten grauen *Köpfen*. VI–IX. Wälder, Gebüsche, Hecken; bis 2100 m. T, fehlt nGB, IS, N, SF (DK, IRL, P, S). ⚕☠

2 AUFRECHTE WALDREBE *Clematis recta*. Aufrechte, *unverholzte* Staude bis 1,5 m; B. gefiedert, mit *ungezähnten eiförmigen* Abschnitten; Bl. weiß, aufrecht, 15–20 mm, duftend, in endst. Trauben. V–VI. Offene Laubgebüsche, Waldlichtungen; selten über 1100 m. A, CH, CS, D, E, F, H, I, PL, R, YU (B). ⚕☠

3 GANZBLÄTTRIGE WALDREBE *Clematis integrifolia*. Aufrechte unverholzte Staude, 40–70 cm; St. meist einfach; B. eiförmig-spitz, nicht gefiedert, nicht gezähnt; Bl. nickend, purpurn, glockig, 3–5 cm, einzeln od. zu 2–3. VI–VIII. Feuchte Wiesen; bis 1000 m. A, CS, H, I, R, YU.

4 ALPENREBE *Clematis* (= *Atragene*) *alpina*. Kriechende od. kletternde laubwerfende Liane mit dünnem, schwach verholztem St.; *B.* doppelt gefiedert, mit rankenartig gedrehten Stielen; Bl. groß, *einzeln, nickend*, 2,5–4 cm, hellblau-violett, mit kürzerer weißer Innenkrone. VI–VII. Bergwälder, Blockströme, Latschengebüsch; 1900–2900 m. A, CH, CS, D, oF, H, I, R, YU. § **4a** *C. a.* subsp. *sibirica* hat weiße od. cremefarbene Bl. sN, PL, sF

5 PYRENÄEN-ADONISRÖSCHEN *Adonis pyrenaica*. Aufrechte Staude bis 40 cm, ohne Schuppen am Grund des blaßgrünen St.; B. 2–3fach fein gefiedert; Bl. groß, 40–60 mm, mit *12* od. mehr glänzend goldgelben Kronb.; Kelch kahl. VI–VII. Felsige u. steinige Orte, Geröll; bis 2400 m. nE, s&soF. ● **5a** *A. vernalis* ist ähnlich, aber der St. am Grund schuppig; Bl. größer; Kelch behaart. IV–V. Trockenwiesen, felsige Orte; selten über 1200 m. A, CH, CS, sD, E, F, H, I, PL, R, S, YU. ⚕☠§. **5b** *A. volgensis* hat lineal lanzettl., gezähnte B.abschnitte und mehr Kronb. (H, R).

6 APENNINEN-ADONISRÖSCHEN *Adonis distorta*. Bis 15 cm; ähnlich 5, aber mit *gebogenem* St. u. B.abschnitten; St. *ohne* Schuppen am Grund; B. 2–3fach gefiedert, die grundst. *lang gestielt*; Bl. *kleiner* als bei 5 (30–45 mm); Kronb. glänzend gelb; Kelchb. behaart. Felsige u. steinige Orte; meist auf Kalk; 2000–2900 m. zI; zAp. ●

7 EINJÄHRIGES ADONISRÖSCHEN *Adonis annua*. Kahle Einj., 10–40 cm; B. 3fach fein gefiedert, die unteren ungestielt; Bl. schalenförmig, 15–25 mm, mit 4–8 scharlachroten Kronb.; Staubfäden zahlreich, schwarz od. purpurn; Kelchb. *kahl*; Nußfr. 3,5–5 mm lang. V–VIII. Getreideunkraut, Ödland; kalkliebend; bis 1500 m. CH, E, s&oF, I, YU (GB).
7a *A. aestivalis* hat rote Bl.; die unteren B. *gestielt*. A, B, CH, CS, D, E, F, H, I, PL, R, YU.
7b *A. flammea* ähnlich 7, aber größere Bl. (20–30 mm); Kelch *behaart*; Fr. mit *schwarzem* Schnabel. Verbreitung wie 7a, fehlt B.

8 MÄUSESCHWANZ *Myosurus minimus*. Kahle Einj., 5–12 cm; B. lineal, in grundst. Rosette, schwach fleischig; Bl. einzeln, klein, langgestielt, mit 5–7 grünl.-gelben Kelch- und Kronb.; *Fr.stand* schwanzartig verlängert. III–V. Lehmiges, feuchtes Kulturland; selten über 1400 m. T, fehlt IRL, IS. ⚕☠

1 Waldrebe

1
2
3
4
5
6
7
8

Hahnenfußgewächse (Forts.)

HAHNENFUSS *Ranunculus*. Bl. schalenförmig, glänzend gelb od. weiß, selten rosa, *mit* Kelch- *und* Kronb. (Unterschied zu *Anemone, Trollius* u. *Caltha*); die Fr. sind kleine Nüßchen in kopfigen Fr.ständen.

1 VIELBLÜTIGER HAHNENFUSS *Ranunculus polyanthemos*. Behaarte, stark verzweigte Staude, 20–120 cm; grundst. B. im Umriß rundl., bis zur Mitte in 5 *schmale*, gezähnte Abschnitte geteilt; St.b. ähnlich, aber kleiner; Bl. goldgelb, 18–25 mm; Kelchb. aufrecht. V–X. Trockenwiesen, Steppenböden; bis 1250 m. CS, z&oD, N, PL, S, SF. **1a** *R. p.* subsp. *polyanthemoides* ist größer, die grundst. B. nur 3geteilt mit sehr langem Mittelabschnitt. A, B, CH, CS, D, DK, F, sN, NL, PL, R, S, SF, YU.

2 WALD-HAHNENFUSS *Ranunculus serpens* subsp. *nemorosus* (= *R. nemorosus*). 20–80 cm; ähnlich 1, aber grundst. B. im Umriß *5eckig*, mit 3 breit gezähnten Abschnitten; St.b. schwach gezähnt; Bl. goldgelb, 15–20 mm; Kelchb. aufrecht. IV–X. Ungedüngte Wiesen; bis 2000 m. T, fehlt GB, IRL, IS, N, PL, S, SF. **2a** *R. s.* subsp. *serpens* ähnlich, aber zweij., mit kürzeren, an den Knoten *wurzelnden* St. A, CH, z&sD, nl. **2b** *R. s.* subsp. *polyanthemophyllus* ist größer als 2, die grundst. B. im Umriß rundl. mit kurz gestielten Mittellappen. A, CH, sD, oF, nl, wYU. **2c KRIECHENDER H.** *R. repens* □ sehr ähnlich 2a, aber kriechend mit *wurzelnden* Ausläufern; Grundb. im Umriß 3eckig, mit gestieltem Mittelabschnitt. Bis 2500 m. T. ⚕

3 WOLLIGER HAHNENFUSS *Ranunculus lanuginosus*. Dicht und weich behaarte Staude, 30–100 cm; grundst. B. im Umriß rundl., mit 3 breiten, *nicht bis* zur Mitte eingeschnittenen Lappen; St.b. ähnlich, aber kleiner; Bl. orangegelb, 20–30 mm; Kelchb. aufrecht. V–VIII. Feuchte Wiesen, Bachränder, Wälder; bis 1600 m. T, fehlt B, GB, IRL, IS, N, NL, S. **3a GIFT-H.** *R. acris* □ hat 3–7lappige B. mit *nicht gestieltem* Endabschnitt; die Bl.zipfel am Grund verschmälert; Bl. klein, goldgelb. IV–X. Mähwiesen; bis 2500 m. T, fehlt CH, GB, IRL, IS. ☠

Die folgenden *Ranunculus*-Arten (4–8) sind einander sehr ähnlich und daher schwierig zu unterscheiden. Bl. einzeln od. zu 2–3; Kelchb. aufrecht.

4 GOUANS HAHNENFUSS *Ranunculus gouanii*. Behaarte Staude, 10–40 cm; grundst. B. 3–5lappig mit eiförmigen, gezähnten Abschnitten, über der Mitte am breitesten; St.b. mit *ungezähnten* linealen Abschnitten, am Grund *st.umfassend*; Bl. goldgelb, 20–40 mm; Kelch *dicht* behaart. V–VIII. Rasen, steinige Orte; bis 2800 m. nE, sF; Pyr, Cord. cant. • **4a** *R. ruscinonensis* ist kleiner; die B. *nicht* st.umfassend. nE, sF; z&oPyr. •

5 KÄRNTNER HAHNENFUSS *Ranunculus carinthiacus*. Staude, 10–40 cm, mit kahlen B.; Grundb. 3–5lappig, mit schmalen bis eiförmigen, gezähnten Abschnitten, St.b. ähnlich, *nicht* umfassend; Bl. goldgelb, 8–22 mm; Kelch schwarz behaart. V–X. Trockene Kalkböden, Rasen, Geröll, Wälder; bis 2800 m. A, sD, E, s&oF, I, wYU. •

6 BERG-HAHNENFUSS *Ranunculus montanus*. Staude, 10–40 cm, mit behaarten od. kahlen B.; Grundb. mit 3–5 eiförmigen, gezähnten Lappen; St.b. schmäler, *halbumfassend*; Bl. goldgelb, 10–30 mm; Kelch kurzhaarig; Nüßchen mit *leicht* gekrümmtem Schnabel. V–VIII. Rasen, Schneeböden, Geröll, Wälder; bis 2800 m. A, sD, s&oF, nl, nwYU. **6a** *R. venetus* hat dicht behaarte B. und kräftigeren Fr.schnabel. nl; soAlpen. •

7 GRENIERS HAHNENFUSS *Ranunculus grenierianus*. Staude, 10–40 cm, mit stark *behaarten* B.; Grundb. mit 3–5 eiförmigen gezähnten Abschnitten; St.b. mit linealen od. lanzettl. Lappen, nahe dem Grund *am breitesten*; Bl. goldgelb, 8–22 mm; Kelch behaart; Nüßchen mit langem, hakig gekrümmtem Schnabel. V–VIII. Rasen, Schutt; bis 2800 m. A, CH, sD, oF, nl. • **7a** *R. oreophilus* wie 7, St.b. lineal; Nüßchen mit *kurzem* Schnabel. A, CH, CS, sD, oF.

8 HAKIGER HAHNENFUSS *Ranunculus aduncus*. Ähnlich 6, aber B. *immer* behaart, *die grundst. st.umfassend*; Bl. goldgelb, 12–25 mm; Kelch lang-haarig. VI–VII. Rasen; bis 2800 m. wCH, oF, nwl. •

2c 3a

Stengelgrund mit und ohne Ausläufer

1
2
3
4
5
6
7
8

1 KNOLLIGER HAHNENFUSS *Ranunculus bulbosus* agg. Stark behaarte Staude bis 50 cm mit *knollig verdickter* St.basis; grundst. u. untere B. mit 3 eiförmigen, gezähnten Abschnitten, der mittlere *gestielt*; obere B. mit lineal-lanzettl. Lappen; Bl. goldgelb, 20–30 mm; Kelchb. behaart, *zurückgeschlagen*; Bl.stiel gefurcht. IV–VIII. Trockene Wiesen; bis 2500 m. T, fehlt IS, S, Subarkt. ⚕✕ **1a** *R. sardous* ist einj., stärker behaart; St. nur schwach verdickt; Bl. kleiner, *blaßgelb*. V–VIII. Lehmige Äcker, in warmen Lagen. T, fehlt IRL, IS (N).

2 ZWERG-HAHNENFUSS *Ranunculus pygmaeus*. Fast kahle Staude, 2–4 cm; grundst. B. im Umriß *nierenförmig* mit 3–5 stumpfen Lappen; Bl. gelb, 5–10 mm. VII–VIII. Offene, feuchte Silikatrasen, Schneeböden; 1800–2800 m. A, CH, CS, nl, IS, N, PL, S, SF. ● +
2a *R. hyperboreus* ist kriechend, mit 5lappigen B.; Bl. mit nur *3 Kronb*. Bis 2100 m. Is, N, S, SF. **2b** *R. nivalis* □ ist größer als 2, mit *längerem* St. (bis 15 cm); Bl. 12–15 mm. VII. Kurzrasige Orte, Schneeböden; bis 1500 m. z&nN, nS, SF.

3 GIFT-HAHNENFUSS *Ranunculus thora*. Kahle Staude, 10–30 cm; B. blaugrün, wächsern, das unterste *groß, nierenförmig*, ungestielt, am Grund ganzrandig, nach vorne grob gezähnt; obere B. viel kleiner; Bl. gelb, 10–20 mm, einzeln od. zu 2–5; Kelch kahl. V–VII. Rasen, Legföhrengebüsch, Felsen; auf Kalk; bis 2200 m. A, CH, CS, nE, z&sF, I, PL, R, YU. ✕ ●

4 BASTARD-HAHNENFUSS *Ranunculus hybridus*. Ähnlich 3, aber kleiner, mit *2* grundst., nierenförmigen, gegen die Spitze zu grob gezähnten B.; Bl. gelb, 12–25 mm, einzeln od. zu 2–3; Nüßchen kurz geschnäbelt. VI–VII. Steinige Rasen; auf Kalk; bis 2500 m. A, sD, nI, wYU. ● **4a** *R. brevifolius* ist kleiner, mit mehreren großen, grundst. B. und lang geschnäbelten Fr. zI, YU.

5 ALPEN-HAHNENFUSS *Ranunculus alpestris*. Kahle Staude, 5–12 cm; B. glänzend *dunkelgrün*, die grundst. im Umriß rundl., 5lappig, lang gestielt; St.b. ungestielt, mit 3 linealen Lappen; Bl. weiß, 20 mm, zu 2 od. 3; Kelch kahl. VI–X. Feuchte Rasen, steinige Orte, Schneeböden; 1300–3000 m. A, CH, CS, E, z&oF, I, PL, R, YU. ● **5a** *R. a.* subsp. *traunfellneri* (= *R. traunfellneri*) □ ist kleiner; grundst. B. matt grün, 3lappig; Bl. 15 mm, einzeln. A, noI, nwYU. ●

6 GEKERBTBLÄTTRIGER HAHNENFUSS *Ranunculus crenatus*. Kahle Staude bis 10 cm; grundst. B. *rundl.-herzförmig*, vorne 3lappig, lang gestielt; St.b. lineal-lanzettl.; Bl. weiß, 20–25 mm, einzeln od. zu 2; Kronb. bisweilen ausgerandet. VI–VII. Feuchte Felsen, Geröll; 1700–2400 m. A, n&zI, R, YU. ● **6a** *R. bilobus* hat *deutlich geäderte*, nur seicht gekerbte Grundb. u. *stärker* ausgerandete Kronb. Rasen, Felsen; auf Kalk; bis 2000 m. noI; wGardasee. ●

7 EISENHUTBLÄTTRIGER HAHNENFUSS *Ranunculus aconitifolius*. Schwach behaarte Staude bis 50 cm; B. mit 3–5 verlängerten, eiförmigen Abschnitten, der mittlere bis zur B.mitte eingeschnitten; obere B. ungestielt; Bl. weiß, 10–20 mm, in *traubigen Rispen*; Kelchb. rötl.-purpurn, früh abfallend. V–VIII. Feuchte Wiesen, Hochstauden, Wälder; bis 2600 m. A, CH, CS, sD, n&zE, z&sF, I, YU. ● **7a PLATANENBLÄTTRIGER H.** *R. platanifolius* □ ist größer (bis 130 cm); B. 5–7lappig, Mittellappen *nicht* bis zur Mitte eingeschnitten. V–X. Bis 1600 m. T, fehlt GB, IRL, IS, NL, Subarkt. ●

8 SEGUIERS HAHNENFUSS *Ranunculus seguieri*. Niedrige Staude, 10–20 cm; anfangs grau flaumig behaart, später verkahlend; grundst. B. gestielt, 3–5lappig, jeder Lappen mit *schmalen, spitzen* Abschnitten; St.b. ähnlich, aber kleiner; Bl. weiß, 20–25 mm, einzeln od. zu 2; Kronb. seicht *ausgerandet*; Nüßchen flaumhaarig. VI–VII. Rasen, Geröll; auf Kalk; 1800–2400 m. A, nE, s&oF, n&zI, nwYU. ●

9 GOLDGELBER HAHNENFUSS *Ranunculus auricomus*. Schwach behaarte Staude, 20–40 cm; untere B. nur seicht gelappt; Bl. zu wenigen, gelb; Kronb. 5, *oft ungleich* groß od. manchmal fehlend; Kelchb. rötl. Feuchte Laubwälder, Wiesen; bis 2100 m. T.

7

7a

grundständige Blätter

1
2
2b
3
4
5
5a
6
7
8
9

Hahnenfußgewächse (Forts.)

1 GLETSCHER-HAHNENFUSS *Ranunculus glacialis.* Meist kahle Staude, 5–20 cm; B. dick, 3lappig, die Lappen kurz gestielt mit eckigen Zähnen; obere B. lineal; Bl. weiß, nicht abfallend, sondern sich *rosa* bis purpurn verfärbend, 25–40 mm, einzeln od. zu 2–3; *Kelch* dicht purpurbraun behaart. VII–X. Moränen, feuchtes Geröll, Schneeböden; auf Silikat; 2300–4250 m. T, fehlt B, DK, nF, GB, IRL, IS, NL, Subarkt. ‡ ⚔ (§)

2 BRENNENDER HAHNENFUSS *Ranunculus flammula.* Veränderliche kahle Staude, 8–80 cm; aufrecht od. kriechend; oft am B.ansatz wurzelnd, aber *ohne* Ausläufer; B. glänzend grün, lanzettl., schwach gezähnt, die unteren gestielt; Bl. gelb, 7–20 mm; Bl.stand verzweigt. VI–X. Nasse Wiesen, schlammige Flußufer; bis 2000 m. T. ‡ ⚔ **2a KRIECHENDER H.** *R. reptans* □ ist kleiner, mit zarteren St. und *Ausläufern*; B. schmäler, spatelig od. eiförmig; Bl. 5 mm. Feuchte Böden, Tümpel. T, fehlt B, IRL, NL. ‡ ⚔

3 ZUNGENBLATT-HAHNENFUSS *Ranunculus lingua.* Derbe kahle Staude mit langen *Ausläufern*, 50–120 cm; B. längl.-lanzettl., gezähnt, mit od. ohne Stiel; Bl. goldgelb, 30–50 mm, Bl.stiel *nicht* gefurcht. VI–IX. Nasse Wiesen, Röhricht; bis 1200 m. T, fehlt IS, Subarkt.

4 PYRENÄEN-HAHNENFUSS *Ranunculus pyrenaeus.* Meist kahle Staude, 5–15 cm; B. blaugrün, lineal bis lanzettl., *ungezähnt*, ohne Stiel; Bl. weiß, 10–20 mm, einzeln od. zu 2–3; *Kelch* weißl., kahl. V–VII. Feuchte Rasen, Schneeböden; auf Kalk; 1700–2800 m. E, sF; Pyr. ● **4a** *R. keupferi* (= *R. p.* subsp. *plantagineus*) Pfl. kräftiger, Kelchb. nicht weißl. sondern gelb-grün; Bl. 10–30 mm. A, CH, oF, nl.

5 HERZBLATT-HAHNENFUSS *Ranunculus parnassifolius.* Behaarte od. kahle Staude, 5–10 cm; B. glänzend grün, *eiförmig-herzförmig* od. breit lanzettl., gerippt, ungezähnt; Bl. weiß, oft rosa od. rot überlaufen, 20–25 mm, einzeln od. zu 2–5; Kelch behaart. VII–VIII. Felsen, Geröll, Schneeböden; auf Kalk; 1900–2900 m. noE, sF; oPyr. ● **5a** *R. p.* subsp. *heterocarpus* hat 0–5 ungleiche Kronb. A, CH, sD, nE, s&oF, n&zl. **5b** *R. p.* subsp. *cabrerensis* grundst. B. unterseits behaart. nwE. **5c** *R. p.* subsp. *favargeri* ähnlich 5, aber Nerven der B.oberseite dicht behaart. nwE, swF.

6 STENGELUMFASSENDER HAHNENFUSS *Ranunculus amplexicaulis.* Kahle Staude, 10–30 cm; Grundb. eiförmig-lanzettl., spitz, gestielt; St.b. ungestielt, am Grund st.umfassend; Bl. weiß, 20 mm; Kelch grünl., kahl, früh *abfallend.* VI–VII. Rasen; bis 2500 m. n&zE, sF.

WIESENRAUTEN *Thalictrum.* Stauden mit 2–4fach gefiederten, farnähnlichen B.; Bl. in Ähren od. Rispen, klein, mit zarten hinfälligen Kronb. u. zahlreichen gefärbten Staubb.; Fr. ein kleines geripptes od. geflügeltes Nüßchen.

7 EINFACHE WIESENRAUTE *Thalictrum simplex* agg. Kahle Staude, 20–120 cm; Grundb. 2–3fach gefiedert, Blättchen eiförmig bis lineal, bisweilen gezähnt; Bl. gelb, zuerst *nickend*, später aufrecht, in kurz verzweigten Trauben. VII–VIII. Wiesen; bis 2000 m. T, fehlt GB, IRL, IS, NL, Subarkt.

8 KLEINE WIESENRAUTE *Thalictrum minus* agg. Veränderliche kahle od. schwach drüsige Staude, 20–150 cm; B. 2–4fach gefiedert; Blättchen rundl. od. eiförmig, vorne gezähnt; Bl. gelbl., zuerst *nickend*, später aufrecht, in lang verzweigten Trauben. V–VII. Trockene Wiesen, lichte Wälder, Hochstaudenfluren; gern auf Kalk; bis 2850 m. T, fehlt IS.

9 STINKENDE WIESENRAUTE *Thalictrum foetidum. Stinkende* Staude, 10–40 cm, mit drüsigen und einfachen langen Haaren; B. aschgrau, 3–4fach gefiedert; Bl. gelb, *nickend*, Bl.trauben mit langen Ästen. VI–VIII. Trockene Felsen, steinige Orte; meist auf Kalk; 1500–2400 m. A, CH, CS, E, s&oF, H, I, R, YU.

2a Kriechender Hahnenfuß

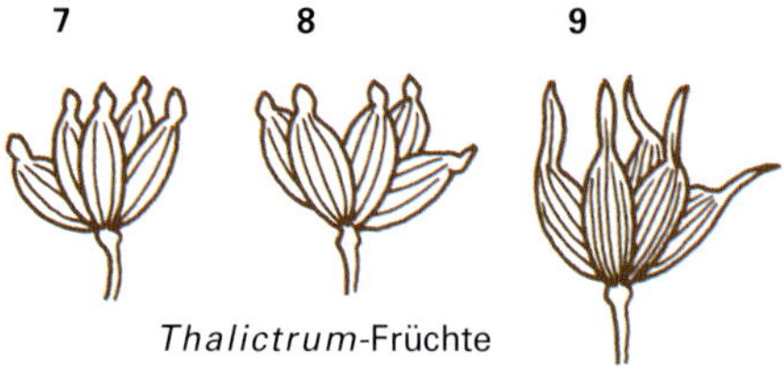

Thalictrum-Früchte

1
2
3
4
5
6
7
8
9

Hahnenfußgewächse (Forts.)

1 AKELEIBLÄTTRIGE WIESENRAUTE *Thalictrum aquilegifolium*. Behaarte Staude, 40–150 cm; B. 2–3fach gefiedert; Blättchen *verkehrt eiförmig*, gezähnt; Bl. in einer Rispe mit blaß grünweißen Kronb. und lila od. weißl. Staubb. V–VII. Feuchte Wiesen, Weiden, Auwälder; bis 2500 m. T, fehlt B, GB, IRL, IS, N, NL, Subarkt.

2 GROSSFRÜCHTIGE WIESENRAUTE *Thalictrum macrocarpum*. Kahle Staude, 30–60 cm; B. wie bei 1; Bl. mit grünl. Kronb. und gelben Staubb. in lockerer Rispe; Fr. groß, 8–10 mm, *lang geschnäbelt*. VI–IX. Feuchte Kalkfelsen; bis 2200 m. nE, sF; w&zPyr. ● **2a** *Th. tuberosum* □ mit Wurzelknollen, *weißen* Kronb. und kleinen Fr. Trockene felsige Orte; bis 2000 m. n&oE, sF; Pyr. ●

3 ALPEN-WIESENRAUTE *Thalictrum alpinum*. *Unverzweigte* Staude, 5–20 cm; B. doppelt gefiedert; Bl. mit rotbraunen Kronb., *violetten* Staubfäden und gelben Staubbeuteln. VI–VII. Feuchte alp. Rasen, Niedermoore, steinige und felsige Orte; 1900–2900 m. T, +, fehlt B, CS, D, DK, NL, PL, nS.

AKELEI *Aquilegia*. Rosettenstauden mit meist verzweigten St. und doppelt 3zähligen B.; Bl. nickend, mit 5 gefärbten Kelch- u. Kronb.; die Kronb. mit langem, nach rückwärts gerichtetem Sporn. §

4 GEMEINE AKELEI *Aquilegia vulgaris*. 30–60 cm; St. gewöhnlich behaart; Blättchen stumpf grün, *unterseits* behaart; Bl. violettblau od. purpurn, selten weiß, 3–5 cm; Sporn *hakig gekrümmt*; Staubb. gelb, wenig vorragend. V–VII. Lichte Laubwälder, Wiesen; meist auf Kalk; bis 2000 m. T, fehlt IS (DK, N, S, SF). ⚕ §. **4a** *A. transsilvanica* Kelchb. 22–44 mm. R. **4b** *A. viscosa* St. drüsig-klebrig; Bl. blau bis weißl., Sporne 15–23 mm. noE, soF.

5 DUNKLE AKELEI *Aquilegia atrata*. 30–80 cm; Blättchen kahl; Bl. *dunkel* purpurviolett, 3–4 cm; Sporn hakig; Staubb. gelb, deutlich über die Kronb. *vorragend*. V–VIII. Waldlichtungen, felsige Stellen; auf Kalk; bis 2000 m. A, CH, sD, oF, n&zI, nwYU. **5a** *A. nigricans* hat größere Bl., 5–6 cm und unterseits *behaarte* Blättchen. A, H, I, PL, R, YU. §. **5b** *A. n.* subsp. *subscaposa* hat leuchtend blaue Bl. R.

6 EINSELES AKELEI *Aquilegia einseleana*. 10–40 cm; kahl od. schwach behaart; B. blaugrün; Bl. violettblau, 2,5–3,5 cm; Sporne *gerade;* Staubb. *nicht* vorragend. VI–VII. Geröll, Felsen, Rasen; auf Kalk und Dolomit; bis 1800 m. A, z&oCH, sD, nI, wYU. § **6a** *A. thalictrifolia* B. frischgrün, glänzend, am Grund keilig verschmälert; ganze Pfl. stark *klebrig-drüsig*. VII–VIII. Im Kalkmulm unter überhängenden Felsen; bis 1600 m. nI. § ●

7 BERTOLONIS AKELEI *Aquilegia bertolonii*. 10–30 cm; St. oberwärts drüsig-flaumig; Bl. blauviolett od. dunkelblau, 2,5–3,5 cm; Kelchb. *nach unten* gerichtet; Sporn gerade od. gekrümmt. VI–VII. Wälder, Felsen; bis 1700 m. soF, nwI; Alpes Maritimes, Lig. ●

8 PYRENÄEN-AKELEI *Aquilegia pyrenaica* (inkl. *A. aragonensis*). Fast kahle Staude, 10–30 cm, mit meist verzweigtem St.; Bl. hellblau od. lila, 3–5 cm; Sporne lang, schlank, gekrümmt. VII–VIII. Felsige und steinige Orte; 1800–2500 m. E, sF. ● **8a** *A. p.* subsp. *discolor* Pfl. klein (bis 15 cm); die inneren Kronb. oft weiß od. 2farbig. nwE; Cord. cant. **8b** *A. p.* subsp. *guarensis* Pfl. drüsenhaarig, B. nur einfach 3teilig; Bl. blau bis bläul.-weiß. nE, sF; zPyr.

9 ALPEN-AKELEI *Aquilegia alpina*. 20–80 cm; oben dicht flaumig behaart; Bl. groß, hellblau, 5–8 cm; Sporne lang, gerade od. gekrümmt. VII–VIII. Feuchte Rasen, Gebüsche; auf Kalkboden; bis 2600 m. A, CH, oF, nI; wAlpen. ●

Wiesenraute: Fruchformen

1

2

2a

3

1
2
3
4
5
6
7
8
9

Fam. Pfingstrosengewächse Paeoniaceae

1 PFINGSTROSE *Paeonia officinalis*. Kräftige Staude, 50–80 cm, mit derbem Rhizom; Grundb. groß, oberseits glänzend grün, unterseits flaumig, in 20–30 Abschnitte geteilt; Bl. meist einzeln, schalenförmig, leuchtend rot, 7–13 cm; Kronb. 5–8; sehr zahreiche gelbe Staubb. V–VI. Lichte Laubwälder, Rasen; auf Kalk; bis 1700 m. CS, E, z&sF, H, I, R, YU (D). ⚕ ☓§. **1a** *P. mascula* (= *P. corallina*) die meisten B.abschnitte *ungeteilt*, breiter; Bl. rosa bis rot. E, z&sF, I, R, YU (GB).

Fam. Berberitzengewächse Berberidaceae

Bl. in kurzen Trauben; 4–6 Kronb., jedes innen mit Honigb.

2 SOCKENBLUME *Epimedium alpinum*. 20–30 cm; B. doppelt 3zählig; Blättchen herz- od. eiförmig, *dornig gezähnt*; Bl. rot, mit 4 bleichgelben Honigb., 9–13 mm. III–V. Feuchte Wälder, schattige Orte; bis 1300 m. A, n&zI, YU (B, D, DK, F, GB, NL).

3 BERBERITZE, SAUERDORN *Berberis vulgaris*. Laubwerfender stacheliger Strauch bis 4 m; B. eiförmig, dornig gezähnt; Bl. gelbe Glöckchen, 6–8 mm, in hängenden Trauben, unangenehm riechend; Fr. eine längl. rote eßbare Beere. IV–VI. Steinige, trockene Hänge; kalkliebend; bis 2300 m. T, fehlt IS, Subarkt (DK, GB, IRL, N, S, SF).

Fam. Erdrauchgewächse Fumariaceae

Oft nur als Unterfam. zu den Mohngewächsen gestellt. Kahle, dünnstengelige Einj. od. Stauden mit doppelt gefiederten B.; Bl. in kurzen Ährentrauben, 2lippig, gespornt. *Corydalis* hat verlängerte Fr.kapseln, *Fumaria* runde.

4 GELBER LERCHENSPORN *Pseudofumaria lutea* (= *Corydalis l.*). Staude, 10–30 cm, mit verzweigtem beblättertem St.; B. oberseits hellgrün, unterseits graugrün; Hochb. klein, verlängert, *ungezähnt*; Bl. goldgelb, 12–20 mm; Sporn kurz. V–X. Felsen, Mauern, Geröll; bis 1700 m. z&sCH, nI. ● **4a** *P. alba* (= *Corydalis acaulis, C. ochroleuca*) hat auch oberseits *graugrüne* B. und *weiße* Bl. mit gelbgrüner Spitze. I, YU (B, D, F, NL). ●

5 HOHLKNOLLIGER LERCHENSPORN *Corydalis cava* (= „*C. bulbosa*" der Gärten). Aufrechte Staude, 10–35 cm, mit hohler Wurzelknolle; St. *ohne* Schuppe unter dem untersten B.; Tragb. groß, *ungezähnt*, stumpf, purpurn, 18–30 mm; Sporn abwärts gekrümmt. III–V. Laubwälder, Gebüsch, Kulturland; bis 2000 m. T, fehlt GB, IRL, IS, N (NL). **5a** *C. intermedia* hat eine *eiförmige Schuppe* unter dem untersten B.; Bl. purpurn, selten weiß, 10–15 mm, in dichten, 2–8blütigen Ähren. III–IV. Laubwälder, Weiden; meist auf Kalk; bis 2000 m. T, fehlt B, CH, CS, D, F, H, I, PL, R, YU. **5b** *C. pumila* ist ähnlich 5a, aber mit *fingerförmigen* Tragb. T, fehlt IRL, IS, N, Subarkt. ●

6 FESTKNOLLIGER LERCHENSPORN *Corydalis solida* (= *C. bulbosa*). 10–20 cm; Wurzelknolle voll, unter dem untersten B. eine eiförmige *Schuppe*; Tragb. lappig *gezähnt*; Bl. trüb-purpurn, 15–25 mm, in Trauben zu 10–20; Sporne schwach gekrümmt. III–V. Laubwälder, Hecken, Kulturland; bis 2000 m. T, fehlt IRL, IS (B, DK, N).

7 POLSTER-ERDRAUCH *Sarcocapnos enneaphylla*. Stark verzweigte *Polsterpflanze*, 5–15 cm; am Grund verholzt; B. 2–3fach fiederschnittig mit eirundl. bis herzförmigen Blättchen; Bl. lang gestielt, weiß od. gelbl., mit purpurner Spitze, 8–10 mm; Sporne kurz. IV–VI. Schattige Kalkfelsspalten; bis 1200 m. n, z&oE, sF; oPyr. ●

8 GEBRÄUCHLICHER ERDRAUCH *Fumaria officinalis* agg. Dünnstengelige, blaugrüne, rankende Einj., 10–30 cm; B.abschnitte flach; Bl. purpurrosa mit dunklerer Spitze, 7–9 mm, lang *gestielt*, in Trauben; Tragb. *länger* als der halbe Bl.stiel. IV–X. Ödland, steinige Orte, Äcker; bis 1500 m. T. ⚕ **8a** *F. schleicheri* hat *kürzere* Tragb. und dunkelrosa Bl., 5–6 mm, in Trauben zu 12 od. mehr. Bis 1700 m. A, CH, CS, D, F, H, I, PL, R, YU. **8b** *F. vaillantii* ist ähnlich 8a, aber mit nur 6–12 kurz gestielten, blaßrosa Bl. mit schwarzroter *Spitze*. V–X. Bis 2100 m. T, fehlt IRL, IS, N, Subarkt.

Pfingstrose

1 Frucht

1 Same

1
2
3
4
5
6
7
8

Fam. Mohngewächse Papaveraceae

Einj. od. ausdauernde Pfl. mit einfach od. doppelt gefiederten B. und großen einzelnen Bl. mit 4 seidenpapierartig knitternden Kronb.; die Kelchb. fallen beim Aufblühen ab; Fr. eine Kapsel mit einem Ring von Löchern an der Spitze.

1 KLATSCH-MOHN *Papaver rhoeas*. Steifborstige Einj., 25–80 cm; B. einfach bis doppelt gefiedert; Bl. scharlachrot, manchmal mit dunklem Zentrum, 6–8,5 cm; Kapsel verkehrt eiförmig, *kahl*; Staubbeutel blauschwarz. V–VIII. Kulturland, Unkrautfluren der Äcker, Ödland; bis 1800 m. T, fehlt IS. ✕ **1a SAAT-M.** *P. dubium* □ hat kleinere, hellere Bl., 3–5,5 cm, meist ohne dunkles Zentrum; Kapsel kahl, *verlängert* keulenförmig. T, fehlt IS, N. ⚕

2 SAND-MOHN *Papaver argemone*. Steifhaarige Einj., 20–50 cm; B. einfach od. doppelt gefiedert; Bl. blaß scharlachrot, oft mit dunklem Zentrum, 3,5–4,5 cm; Kronb. nicht überlappend; Fr. im Umriß verlängert keulenförmig, *steifborstig*. V–VII. Ackerunkraut, Ödland; bis 1700 m. T, fehlt IS, N. **2a BASTARD-M.** *P. hybridum* □ hat meist kugelige, gerippte Kapseln mit gelbl., aufrechten Borsten; Bl. ziegelrot. V–VIII. E, F, I, sN, YU (D, GB, IRL).

3 PYRENÄEN-MOHN *P. lapeyrousianum* (= *P. suaveolens, P. s.* subsp. *endressii*). Steifhaarige Rosettenstaude, 10–20 cm; B. gefiedert, schwach borstig; Bl. gelb od. rot, 20–30 mm; Kapsel im Umriß eiförmig, *steifborstig*. VII–VIII. Kalkfelsen, Schutt, Moränen; 1800–2500 m. E, sF. ●

4 GELBER ALPENMOHN *Papaver rhaeticum* (= *P. aurantiacum*). Steif behaarte Rosettenstaude, 10–20 cm; B. einfach od. doppelt gefiedert, Blättchen *nicht* gegenst., eiförmig-lanzettl., stumpf; Bl. goldgelb, manchmal orange od. weiß, 4–5 cm. VII–VIII. Kalkfelsen u. -schutt, Moränen, Flußschotter; 1500–3050 m. sA, sCH, nE, s&oF, nI, nwYU. ● **4a** *P. sendtneri* ist kleiner, mit scharf zugespitzten Blättchen u. weißen Bl., 3–4 cm. 2000–2700 m. A, CH, n&zI, nwYU. ●

5 WEISSER ALPENMOHN *Papaver burseri*. Niedrige, meist kahle Rosettenstaude, 10–20 cm; B. einfach bis doppelt gefiedert; Blättchen meist *gegenst.*, lanzettl. od. lineal, scharf zugespitzt; Bl. weiß, 3–4 cm. VII–VIII. Kalkfelsen, Geröll, Moränen, Flußschotter; 1200–2000 m. nA, nCH, sD. ● **5a** *P. kerneri* hat gelbe Bl. mit 5 Narbenstrahlen. oA, nwI, nwYU. ●

6 ARKTISCHER MOHN *Papaver radicatum*. Behaarte Rosettenstaude, 15–25 cm; Milchsaft weiß od. gelb; B. fiederlappig; Bl. blaß bis sattgelb, manchmal rosa, 2–4 cm; Kapseln verlängert, *weichhaarig*. VI–VIII. Schutt, Geröll; bis 1850 m. Faeroer, IS, N, S (A und anderswo Kulturflüchtling). ● **6a** *P. lapponicum* hat 30 od. mehr Staubb. und schmal eiförmige, nicht rundl. Bl.knospen. N.

7 SCHÖLLKRAUT *Chelidonium majus*. Schwach behaarte, verzweigte Staude, 30–90 cm; Milchsaft gelb; B. blaugrün, wechselst., gefiedert, das endst. Blättchen 3lappig; Bl. hellgelb, 1,5–2 cm, zu 3–8 in Trugdolden; Fr. eine lange schmale Kapsel. V–X. Wegränder, Ödland; bis 1700 m. T, fehlt IS, Subarkt (IRL). ⚕✕

8 KAMBRISCHER MOHN *Meconopsis cambrica*. Schwach behaarte Rosettenstaude, 30–60 cm; B. gefiedert, die grundst. lang, die St.b. kurz gestielt; Bl. einzeln, gelb, 4–7 cm; Fr. schmal und lang, mit *kurzem Schnabel*, kahl; Milchsaft gelb. VI–VIII. Wälder, Felsen, schattige Orte; bis 2000 m. wGB, IRL, nE, w&sF, (DK, N).

1a Saat-Mohn

2a Bastard-Mohn

2
3
4
8
5
6
7

Fam. Kreuzblütler Brassicaceae (= Cruciferae)

Einj. od. ausdauernde Kräuter, selten kleine Sträucher. Blätter meist wechselst., bei hochalp. Arten oft in grundst. Rosetten. Bl. einzeln od. häufiger in einer Ähre, Traube od. Scheindolde. Bl. mit 4 freien Kelch- und Kronb. und meist 6 Staubb. Kronb. meist gleich, aber manchmal 2 größer, oft in einen Nagel verschmälert. Fr. eine lineale, rundl. od. herzförmige 2teilige Kapsel („Schote") von sehr verschiedener Größe, in der Mitte oft mit einer durchsichtigen Membran.

Die Fr.merkmale sind für die einzelnen Gattungen sehr charakteristisch und daher für die genaue Bestimmung notwendig. Bl. und Fr. sind oft gleichzeitig an der Pfl. zu finden; die typischen Merkmale sind meist auch an unreifen Fr. zu erkennen (Lupe!). Die Umrißzeichnungen auf der gegenüberliegenden Seite zeigen die häufigsten Frucht-Typen von Gebirgssippen dieser Familie.

Andere Gattungsmerkmale:

Bl. unregelmäßig (2 längere, 2 kürzere Kronb.): *Iberis*

Fr. hängend: *Isatis*

Fr. flach, 2lappig und geflügelt: *Biscutella*

Fr. klein, an der Spitze ausgerandet: meiste *Aethionema*-Arten, *Capsella, Iberis, Thlaspi*

Fr. groß und flach, wenigstens 25 mm lang: *Lunaria*

Fr. klein, eiförmig od. rundl., nicht ausgerandet: *Alyssum, Cochlearia, Draba, Erophila, Kernera, Petrocallis, Ptilotrichum*

Fr. lang und lineal: *Arabis, Brassica, Cardamine, Erysimum, Sisymbrium*

Kreuzblütler Früchte Maßstab × $1^1/_3$

1 *Sisymbrium irio*, S. 78
2 *S. austriacum*, S. 78
3 *Murbeckiella pinnatifida*, S. 78
4 *Hugueninia tanacetifolia*, S. 78
5 *Braya alpina*, S. 78
6 *Erysimum sylvestre*, S. 78
7 *E. humile*, S. 78
8 *E. hieracifolium*, S. 78
9 *Hesperis inodora*, S. 80
10 *Matthiola fruticulosa*, S. 80
11 *Cardamine pentaphyllos*, S. 80
12 *C. kitaibelii*, S. 80
13 *C. trifolia*, S. 80
14 *C. amara*, S. 80
15 *C. plumieri*, S. 82
16 *C. bellidifolia*, S. 82
17 *Brassica repanda*, S. 92
18 *Arabis vochinensis*, S. 84
19 *A. caerulea*, S. 82
20 *A. pumila*, S. 84
21 *A. turrita*, S. 84
22 *Isatis tinctoria*, S. 78
23 *I. allionii*, S. 78
24 *Alyssoides utriculata*, S. 86
25 *Alyssum wulfenianum*, S. 86
26 *A. ovirense*, S. 86
27 *A. montanum*, S. 86
28 *Lunaria rediviva*, S. 82
29 *L. annua*, S. 82
30 *Alyssum pyrenaicum*, S. 86
31 *Draba aizoides*, S. 88
32 *D. hoppeana*, S. 88
33 *D. sauteri*, S. 88
34 *D. ladina*, S. 88
35 *D. siliquosa*, S. 88
36 *D. tomentosa*, S. 88
37 *Erophila verna*, S. 90
38 *Petrocallis pyrenaica*, S. 90
39 *Cochlearia officinalis* subsp. *pyrenaica*, S. 90
40 *Kernera saxatilis*, S. 90
41 *Rhizobotrya alpina*, S. 90
42 *Pritzelago alpina*, S. 90
43 *Hymenolobus pauciflorus*, S. 90
44 *Aethionema saxatile*, S. 90
45 *Thlaspi goesingense*, S. 92
46 *Th. montanum*, S. 92
47 *Th. praecox*, S. 92
48 *Th. alpinum*, S. 92
49 *Th. cepaeifolium* subsp. *rotundifolium*, S. 92
50 *Iberis aurosica*, S. 92
51 *I. stricta*, S. 92
52 *I. spathulata*, S. 92
53 *Lepidium villarsii*, S. 94
54 *Biscutella laevigata*, S. 94
55 *B. brevifolia*, S. 94
56 *B. cichoriifolia*, S. 94
57 *Capsella bursa-pastoris*, S. 86
58 *C. rubella*, S. 86

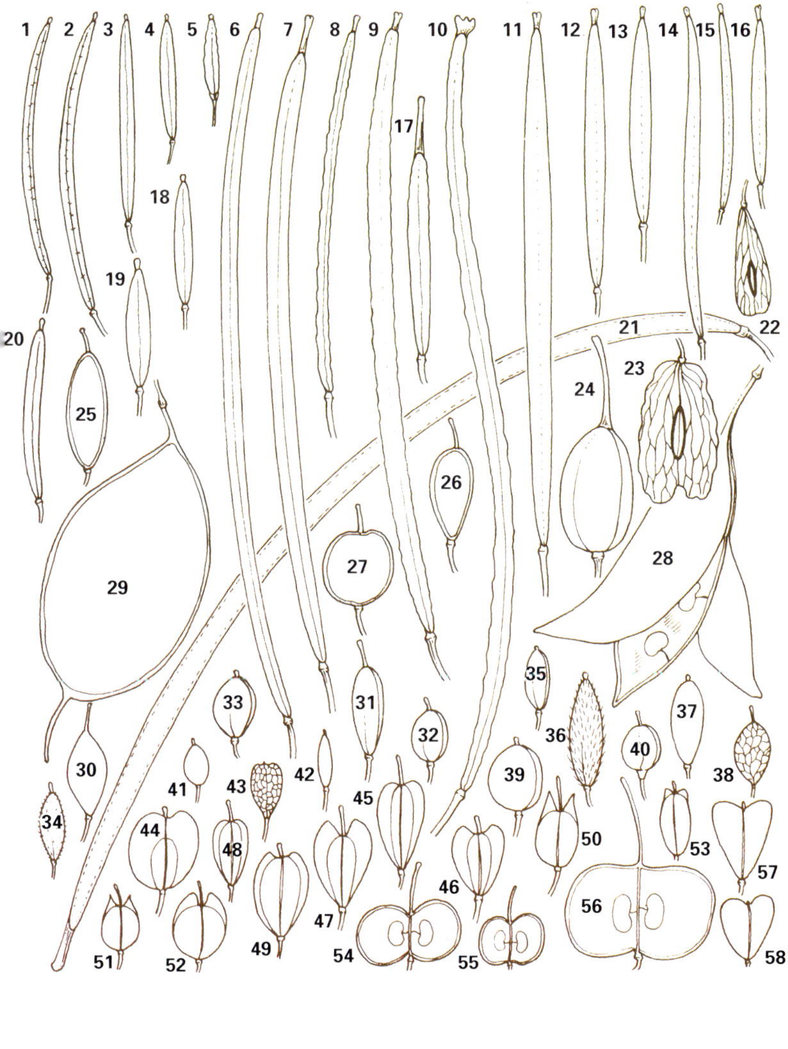
1 2 3 4 5 6 7 8 9 10 11 12 13 14 15 16 17 18 19 20 21 22 23 24 25 26 27 28 29 30 31 32 33 34 35 36 37 38 39 40 41 42 43 44 45 46 47 48 49 50 51 52 53 54 55 56 57 58

1 GLANZ-RAUKE *Sisymbrium irio*. Kahle od. behaarte Einj. bis 60 cm; untere B. gestielt, fiederlappig mit großem Endabschnitt; obere B. kleiner, schwach gelappt; Bl. gelb, 4–6 mm, in verzweigten Trauben; Fr. lineal, 25–65 mm, kaum den Bl.stand überragend. V–IX. Ödland, Äcker; bis 1400 m. T, fehlt B, IS, N, S, SF (CS, GB, H, IRL, NL). **1a FALSCHE G.** *S. loeselii* ist steifhaarig mit größeren Bl.; Fr. *kürzer* als die Bl.stände. T, fehlt IRL, IS, N, S, SF (B, CH, DK, E, F, GB, NL, S).

2 ÖSTERREICHISCHE RAUKE *Sisymbrium austriacum* (= *S. pyrenaicum*). Zweij. od. ausdauernd, kahl od. behaart, 10–100 cm; B. fiederlappig od. ungelappt, gestielt; Bl. goldgelb, 7–10 mm; Schoten lineal, 15–50 mm, *gedreht*. V–IX. Äcker, Ödland; bis 1600 m. A, B, CH, CS, D, E, F, I (NL). **2a** *S. a.* subsp. *chrysanthum* hat kürzere gedrehte Fr., 7–15 mm. n&zE, sF; z&oPyr.

3 FIEDER-RAUKE *Murbeckiella pinnatifida* (= *Sisymbrium p.*). *Sternhaarige* Staude, 5–20 cm; St. dicht beblättert; Grundb. gezähnt od. ungezähnt, 1–2 cm; St.b. fiederlappig; Bl. *weiß*, 5–6 mm, in lockeren Trauben; Kronb. *ausgerandet*; Schoten lineal, 10–30 mm, kahl. VI–VIII. Feuchte kalkarme Steinschuttböden; bis 3000 m. CS, n&zE, sF, I. ● **3a** *M. zanonii* hat *alle B.* fiederlappig; Bl. größer, 7–10 mm; Schoten länger. nI; nAp. ●

4 FARN-RAUKE *Hugueninia tanacetifolia* (= *Sisymbrium t.*). Behaarte od. fast kahle, etwas graue Staude, 30–70 cm; B. *doppelt fiederlappig*, die unteren lang gestielt; Bl. gelb, 3–6 mm, in vielblütigen lockeren Rispen; Schoten schmal längl., 6–15 mm. VI–VIII. Hochstaudenfluren, Rasen, Bachufer; 1700–2500 m. sCH, oF, nwI; swAlpen. **4a** *H. suffruticosa* ist dichter grauhaarig; die Abschnitte der unteren B. mit *nur* 1–4 statt 4–8 Lappen. nE, sF; Pyr.

5 ALPEN-BREITSCHÖTCHEN *Braya alpina*. Behaarte Rosettenpfl., 10 cm; Grundb. lanzettl., schwach gezähnt od. ganzrandig; *St.b.* 1 od. wenige; Bl. weiß od. rotviolett, 4–6 mm, in wenigblütigen Trauben; Kronb. *stumpf*; Fr. breit-lineal, 5–11 mm, kahl. VII–VIII. Felsige und steinige Orte; meist auf Kalk; 2000–3000 m. A. ● **5a** *B. linearis* bis 20 cm; Grundb. lineal; Kalkgeröll. IS, N. §. **5b** *B. purpurascens* meist *ohne* St.b. IS, N.

6 ALPEN-WAID *Isatis allionii* (= *I. alpina*). Kahle od. schwach behaarte Rhizomstaude, 10–30 cm; B. graugrün, ungestielt, ganzrandig, am Grund *st. umfassend*; Bl. gelb, 5–6 mm, in Rispen; Schötchen elliptisch, *braun*, 15–25 mm, oft an der Spitze ausgerandet. VII–VIII. Steinige Orte; bis 2350 m. oF, zI. ● **6a FÄRBER-W.** *I. tinctoria* ist größer (bis 120 cm), Zweij., mit kleineren Bl. (4 mm) und dunkelbraunen hängenden Fr. Ödland, an Straßen; bis 2000 m. T, fehlt IRL, IS. Färbepfl.

SCHÖTERICH *Erysimum*. Einj. od. ausdauernde Pfl. mit verzweigten Haaren u. schmalen B.; Bl. gelb, in verlängerten Trauben; Kelchb. aufrecht; Fr. eine lange lineale Schote.

7 WALD-SCHÖTERICH *Erysimum sylvestre*. Silbergrau behaarte Staude bis 60 cm; B. lineal bis schmal lanzettl., manchmal schwach gezähnt; Bl. zitronengelb, 10–15 mm lang; Fr. 40–90 mm, graugrün, mit einem kurzen 1–2 mm Schnabel. V–VIII. Felsige, steinige Orte, Schutt, Trockenrasen; bis 1600 m. A, nI, nwYU. ● **7a** *E. rhaeticum* (= *E. helveticum*) ist reingrün; Fr. mit längerem (2–3 mm) Schnabel. Bis 2800 m. A, CH, oF, nI. ●

8 BLASSGELBER SCHÖTERICH *Erysimum humile* (= *E. dubium, E. ochroleucum, E. decumbens*). Staude bis 40 cm, mit langen, niederliegenden B.trieben; B. längl. od. schmal lanzettl., ganzrandig; Bl. blaßgelb; Kronb. 15–25 mm lang; Fr. 35–80 mm, graugrün, mit 2–6 mm *Schnabel*. V–VI. Felsige, steinige Orte; meist auf Kalk; bis 2300 m. CH, oF. ●

9 STEIFER SCHÖTERICH *Erysimum hieracifolium* (= *E. strictum, E. marshallianum*). Grüne od. graugrüne, Zweij. od. ausdauernde Pfl. bis 120 cm; B. lineal od. längl., mit *wellig* gezähntem Rand; Bl. klein, gelb; Kronb. 7–9 mm, auf der Rückseite *behaart*; Fr. 30–55 mm, grau od. grünl., mit kurzem (1–2 mm) Schnabel. V–VIII. Wälder, felsige u. steinige Orte; meist auf Kalk; bis 1700 m. T, fehlt GB, IRL, IS, Subarkt. **9a** *E. virgatum* hat schmälere, *ungezähnte* B.; *größere* Bl.; Kronb. 10–12 mm lang. A, CH, D, nI, nwYU. ●

10 GRAUER SCHÖTERICH *Erysimum incanum*. Graugrüne *Einj.* bis 45 cm; Grundb. fiederlappig, die oberen lanzettl.; Bl. sehr klein, gelb; Kronb. 3–4 mm, auf der Rückseite behaart; Fr. 30–55 mm, grau. Felsige u. steinige Orte; bis 1800 m. n&zE, sF; Pyr.

1
2
3
4
5
6
7
8
9
10

Kreuzblütler (Forts.)

1 DUFTLOSE NACHTVIOLE *Hesperis inodora.* Dicht weißhaarige Zweij. od. Staude, 40–120 cm; B. lanzettl., grob gezähnt, die oberen *halb st. umfassend*; Bl. weiß, 15–25 mm, in lockeren Trauben, *nicht* duftend; Schoten lang, lineal, bis 100 mm. V–VII. Felsige Orte; bis 1500 m. soF; Alpes Maritimes. •

2 DUFTENDE NACHTVIOLE *Hesperis matronalis. Behaarte*, grüne Zweij. od. Staude, 40–120 cm; B. lanzettl., gelappt und gezähnt, die oberen kurz od. nicht gestielt, *nicht* st. umfassend; Bl. violett-purpurn, 15–20 mm, stark duftend; Schoten lang, lineal, bis 100 mm, aufwärts gebogen. V–VIII. Häufig kult. und an feuchten und schattigen Orten verwildert; bis 1400 m. T (B, CH, D, DK, GB, IRL, IS, N, NL, S, SF). **2a** *H. m.* subsp. *candida* hat *weiße* Bl. A, CH, CS, sD, nE, sF, R, wYU. **2b** *H. laciniata* 10–80 cm, hat tiefer gelappte untere B. und *gelbe*, rötl. überlaufene Bl. Bis 1500 m. E, sF, I, YU.

3 WILDE LEVKOJE *Matthiola fruticulosa* subsp. *valesiaca* (= *M. tristis*). Graue bis *dicht weißfilzige* Rosettenstaude bis 40 cm; St. am Grund verholzt; B. lineal od. längl., ungezähnt, mit welligem Rand od. fast fiederschnittig-buchtig; Bl. blaulila, selten gelb, 15–25 mm, in lockeren Ähren; Schote lang, lineal, 25–120 mm, zylindrisch. V–VIII. Schutt, Felsen; auf Kalk; bis 2000 m. CH, s&oF, I, YU. •

SCHAUMKRAUT, ZAHNWURZ *Cardamine.* Einj. od. Stauden mit einfachen od. gefiederten B.; Bl. weiß od. blaulila, selten baßgelb; die inneren 2 Kelchb. am Grund sackartig; Narbe schwach 2lappig; Fr. eine lineale Schote.

4 SIEBENBLATT-ZAHNWURZ *Cardamine* (= *Dentaria*) *heptaphylla* (= *C. pinnata*). Rhizomstaude, 30–60 cm; B. schwach behaart, gefiedert, mit 3–5 Paaren schmaler gezähnter Blättchen; Bl. weiß, rosa od. blau-lila, in lockerer Traube; Kronb. mit Nagel, 14–20 mm lang. V–VII. Buchenwälder; bis 1800 m. CH, sD, E, sF, I. **4a** *C.* (= *Dentaria*) *pentaphyllos* hat *handförmige, gestielte* B. mit 3–5 Blättchen u. ziemlich großen violetten Bl. Buchenwälder; bis 2200 m. A, CH, D, E, z&oF, I, wYU. •

5 VIELBLÄTTRIGE ZAHNWURZ *Cardamine* (= *Dentaria*) *kitaibelii* (= *C. polyphylla*). 20–40 cm; B. *gefiedert*, mit 2–6 Paaren lanzettl., gezähnter Blättchen; Bl. *blaßgelb*, in lockeren Trauben; Kronb. 12–16 mm. IV–VI. Buchenwälder; bis 1900 m. CH, I, wYU. •

6 NICKENDE ZAHNWURZ *Cardamine* (= *Dentaria*) *enneaphyllos.* Kahle Staude, 20–30 cm, mit knotigem Rhizom; B. *3zählig*, zu 2–4 quirlst.; Blättchen eiförmig-lanzettl., gezähnt; Bl. bleichgelb od. weiß, in gedrungener hängender Traube; Kronb. 12–16 mm. IV–VII. Buchenwälder; bis 2150 m. A, CS, sD, H, I, PL, RM, YU; s, oA (fehlt CH, F). •

7 DREIBLÄTTRIGES SCHAUMKRAUT *Cardamine trifolia.* Schwach behaarte Staude, 20 cm; die meisten B. *grundst., 3zählig*; Blättchen rundl. od. verlängert, schwach gelappt, unterseits purpurn; Bl. weiß od. rosa, mit gelben Staubbeuteln; Kronb. 9–11 mm. IV–VI. Feuchte schattige Wälder mit Buche; kalkliebend; bis 1400 m. A, CH, CS, D, F, H, I, PL, YU. •
7a *C. waldsteinii* hat meist mehr als 3 St.b.; Staubbeutel violett. Buchenwälder. A, H, YU; soAlpen selten (Koralpe)–Illyr. •

8 HASELWURZBLÄTTRIGES SCHAUMKRAUT *Cardamine asarifolia.* Kahle Staude, 20–40 cm, mit waagrechtem, kurzem Rhizom; B. *nierenförmig*, schwach gezähnt, lang gestielt, die oberen manchmal 3zählig; Bl. weiß, mit violetten Staubbeuteln; Kronb. 6–10 mm. VII–VIII. Feuchte Weiden, Bachränder, Quellen; bis 2000 m. CH, nE, s&oF, n&zI. •

9 BITTERES SCHAUMKRAUT *Cardamine amara.* Meist kahle od. schwach behaarte Staude, 20–60 cm, *ohne* Rosettenb.; B. gefiedert, mit 2–5 Paaren eiförmiger, gezähnter Blättchen; Bl. weiß, selten rötl., mit violetten Staubbeuteln; Kronb. 7–9 mm. IV–VI. Feuchte Wiesen, Bachufer, nasse Waldstellen; bis 2000 m. T, fehlt IS, Subarkt. **9a** *C. a.* subsp. *opizii* (= *C. opizii*) hat 5–8 *Paar* Blättchen und kleinere Bl. A, CH, sD, nl, wYU.

10 RETTICH-SCHAUMKRAUT *Cardamine raphanifolia.* Derbe, kahle Staude, 30–70 cm, mit grundst. B.rosette; B. gefiedert, mit 1–5 Paaren abgerundeter Blättchen; obere B. *mit schmalen* Blättchen; Bl. rot-violett, selten weiß, mit gelben Staubbeuteln; Kronb. 8–12 mm. V–VII. Feuchte Wiesen, Bachufer; bis 2500 m. E, s&oF, I, YU. •

1
2
3
4
5
6
7
8
9
10

Kreuzblütler (Forts.)

1 WIESEN-SCHAUMKRAUT *Cardamine pratensis.* Kahle Staude, 20–60 cm, mit grundst. B.rosette; B. gefiedert, mit 1–7 Paar Blättchen; Abschnitte der St.b. schmäler; Bl. weiß, violett od. rosa überlaufen; Staubbeutel gelb; Kronb. 8–13 mm, seicht ausgerandet. IV–VII. Feuchte Wiesen, Wälder, Bachufer; bis 2600 m. T, fehlt IS. **1a** *C. crassifolia* ist kleiner, ohne deutliche B.rosette; Bl. rötl.; Kronb. 6–8 mm; B. mit 1–3 Paar Blättchen. nE, sF; Pyr. ●
1b ZWIEBELTRAGENDE ZAHNWURZ *Cardamine* (= *Dentaria*) *bulbifera* hat kleine, braunrote *Brutzwiebeln* in den Achseln der oberen B. und blaß lila Bl. Hainbuchen- und Buchenwälder; bis 1600 m. T, fehlt IS, IRL, NL.

2 EFEUBLÄTTRIGES SCHAUMKRAUT *Cardamine plumieri.* 5–15 cm, zweij. od. ausdauernd, schwach behaart; untere B. efeuähnlich, mit 3–5 Lappen, obere gefiedert; Bl. weiß; Kronb. 6–8 mm, oft seicht ausgerandet. VI–VIII. Feuchte Felsen; bis 2200 m. soF, I.

3 RESEDABLÄTTRIGES SCHAUMKRAUT *Cardamine resedifolia.* Kahle Staude, 5–15 cm; untere B. *spatelig*, obere 3–7lappig; Bl. weiß; Kronb. 5–6 mm. VI–VIII. Feuchtes Silikat-Geröll, Moränen, Schneeböden; bis 3500 m. A, CH, CS, E, z, s&oF, I, PL, R, YU.

4 NORDISCHES SCHAUMKRAUT *Cardamine bellidifolia.* Winzige kahle Staude, 1–8 cm; B. meist in grundst. Rosette, *alle spatelig*, ungezähnt; Bl. weiß, zu 2–5; Kronb. 3,5–5 mm; Fr. purpur-braun. VII–VIII. Feuchtes Silikat-Geröll, Schneeböden; bis 2100 m. N, S, SF. **4a** *C. b.* subsp. *alpina* (= *C. alpina*) hat 2–3 St.b. und kürzere, braune Fr. Bis 3080 m. A, CH, sD, E, F, nl. ●

5 SAND-SCHAUMKRESSE *Cardaminopsis arenosa.* 5–80 cm, einj. bis ausdauernd, meist verzweigt, schwach behaart; B. *fiederlappig*, die oberen schmäler, gezähnt; Bl. weiß, später rosa bis lila verfärbend, 8–10 mm, in lockeren Trauben; Schoten lineal, flach zusammengedrückt, 10–45 mm lang. IV–VI. Sandige, kalkreiche Böden, Ödland; bis 1400 m. T, fehlt GB, IRL, IS, Subarkt. **5a** *C. petraea* (= *C. hispida*) ist kleiner; die oberen B. ungezähnt. Kalkfelsspalten. A, CS, D, GB, I, IRL, IS, N, PL, R, S. **5b** *C. halleri* □ ähnlich 5a, aber Grundb. *einfach od. gefiedert* mit rundl. Blättchen. A, CH, CS, sD, z&sF, I, PL, R, YU (B).

6 WILDE MONDVIOLE *Lunaria rediviva.* Grau behaarte, verzweigte Staude, 30–140 cm; B. eiförmig, spitz, scharf gezähnt, die oberen gestielt; Bl. hellpurpurn bis violett, 15–20 mm, *duftend*; Fr. *breit* elliptisch, 4–9 mm, flach zusammengedrückt, an beiden Enden verschmälert. V–VII. Feuchte, schattige Wälder, kalkliebend; bis 1400 m. A, B, CH, CS, D, DK, E, H, I, PL, R, S, YU (T).

7 KURZLEBIGE M., SILBERLING, *Lunaria annua.* Ist zweij.; Fr. an den Enden abgerundet. Wegränder, Schuttplätze; verwildert und stellenweise eingebürgert; meist unter 1200 m. I, R, YU (eingebürgert T, fehlt DK, IRL, IS). ●

GÄNSEKRESSE *Arabis.* Einj. od. ausdauernde Pfl.; die ungeteilten B. oft in grundst. Rosette, wenige St.b.; Bl. weiß od. rötl., die 2 inneren Kelchb. oft am Grunde ausgesackt; Fr. eine lange, eher flache Schote.

8 BLAUE GÄNSEKRESSE *Arabis caerulea.* Behaarte od. kahle Rosettenstaude, 5–15 cm; B. eiförmig, über der Mitte am breitesten, am Vorderende gezähnt, gestielt; Bl. blaßblau, 5–6 mm, in kurzen Trauben. VII–VIII. Moränen, Schneeböden; auf Kalk, bis 3500 m. A, CH, sD, F, nl, nwYU. ●

1
1
2
3
4
5
5b
6
7
8

1 RAUHHAARIGE GÄNSEKRESSE *Arabis hirsuta*. Behaarte Zweij. od. Staude, 15–20 cm; St. aufrecht, oberwärts verzweigt; grundst. B. in Rosette, oval, nur seicht gezähnt, gegen den Grund *verschmälert*; St.b. kleiner, oval bis lanzettl., *st.umfassend*; Bl. weiß, 3–4,5 mm, zahlreich; Schote schlank, aufrecht, 15–35 mm, kahl. V–VIII. Magerwiesen, Gebüsche, Felsen, meist auf Kalk; bis 2000 m. T, fehlt Faeroer, IS. **1a** *A. allionii* ist kleiner, mit *kahlem* St.; Bl. 5–6 mm. Feuchter Silikatschutt, Hochstaudenfluren. A, CS, sD, soF, I, PL, YU. ● **1b** *A. brassica* (= *A. pauciflora*) ist kahl, blaugrau, Schoten abstehend. A, B, CH, CS, D, E, F, I, YU. ●

2 DOLDEN-GÄNSEKRESSE *Arabis ciliata* (= *A. corymbiflora*). Behaarte Zweij. od. Staude, 6–30 cm; St. steif aufrecht, meist unverzweigt; Grundb. in Rosette, oval, über der Mitte am breitesten, gezähnt; St.b. oval bis elliptisch, am Grund *abgerundet*; Bl. weiß, 3–5 mm, in *dichten*, oft oben überhängenden Bl.ständen; Schote schlank, 12–22 mm, aufrecht. V–VII. Steinige Rasen; bis 2700 m. A, CH, CS, D, E, F, I, PL, YU; Pyr, Alpen, Ap, Balkan. ● **2a** *A. serpyllifolia* □ hat die unteren B. lang gestielt; St. und B. steifhaarig. Kalkschutt. A, CH, CS, sD, nE, s&oF, I, PL, R, YU (DK). ●

3 WOCHEINER GÄNSEKRESSE *Arabis vochinensis*. Sternhaarige Staude bis 15 cm; Grundb. in dichten Rosetten, längl., über der Mitte am breitesten, stumpf, *ganzrandig*; St.b. längl., am Grund verschmälert; Bl. weiß, 6–8 mm, in lockeren Trauben; Schote 8–15 mm lang. VI–VIII. Feuchte Kalkfelsen und -schutt; bis 2200 m. oA, noI, nwYU; soAlpen. ●

4 GEÖHRTE GÄNSEKRESSE *Arabis recta*. Rauh behaarte Einj., 10–40 cm; B. oval bis längl., ganzrandig, die untersten gestielt und zur Bl.zeit verwelkt; St.b. am Grund *pfeilförmig*, st.umfassend; Bl. winzig, weiß, 3–4 mm; Kronb. *aufrecht*; Schote dünn, unter 1 mm breit, 10–35 mm lang. IV–VI. Trockenrasen; bis 1500 m. T, fehlt DK, GB, IRL, IS, N, S, SF (B). **4a FELSEN-G.** *A. nova* (= *A. saxatilis*) ist größer, oft zweij.; Bl. 4–5 mm; Schote 25–70 mm lang, *über* 1 mm breit. VI–VII. Trocken-warme Felshänge; bis 1600 m. A, CH, nE, s&oF, nI, nwYU. ● **4b TURM-G.** *Arabis turrita* □ weichbehaarte Zweij. od. Staude, 20–70 cm; St. oft rötl.; Bl. gelbl., 12–16 mm; *Schoten sehr lang*, alle *nach einer Seite überhängend*. IV–V. Flaumeichengebüsche; bis 1500 m. T, fehlt DK, IRL, IS, N, NL, S, SF (GB).

5 KRAINER GÄNSEKRESSE *Arabis scopoliana*. Lockerrasige *kahle* Staude, 3–10 cm, *nur die B.ränder* behaart; B. oval od. längl., über der Mitte am breitesten, in den Stiel *verschmälert*, ganzrandig, meist in grundst. Rosette; Bl. weiß, 7–11 mm, in Doldentraube; Schote kurz, 6–10 mm. V–VII. Kalkschutt und Felsspalten; bis 2200 m. nwYU; Slowenische Alpen, ?I. ●

6 RAUHE GÄNSEKRESSE *Arabis scabra* (= *A. stricta*). Staude, 5–20 cm; B. meist in grundst. Rosetten, längl., gezähnt und gestielt, dick, oberseits *glänzend dunkelgrün*; Bl. *cremefarben*, 4–8 mm; Schote dünn, 35–50 mm lang. III–V. Kalkfelsspalten und -schutt; bis 1400 m. wCH, swGB+, nE, s&soF. ●

7 ZWERG-GÄNSEKRESSE *Arabis pumila*. Behaarte Staude, 5–25 cm; B. *meist* in grundst. Rosette, oval, über der Mitte am breitesten, in den Stiel verschmälert, schwach gezähnt od. ganzrandig, dunkelgrün glänzend; Bl. weiß, 6–7 mm, zu wenigen beisammen; Schote schmal, 20–40 mm lang. VI–VII. Kalkfelsspalten, Polsterseggenrasen; bis 3000 m. A, CH, sD, oF, I, nwYU; Alpen, Ap. ●

8 GLANZ-GÄNSEKRESSE *Arabis soyeri*. *Meist kahle* Rosettenstaude, 15–50 cm; Grundb. oberseits *glänzend* dunkelgrün, oval, über der Mitte am breitesten, gestielt und fein gezähnt; obere B. st.umfassend; Bl. weiß, 5–7 mm, in dichten Trugdolden; Schote schmal, 25–50 mm lang. VI–VIII. Quellfluren; auf Kalk; 1500–2800 m. nE, sF; Pyr. ● **8a** *A. s.* subsp. *coriacea* (= *A. jacquinii, A. bellidifolia*) St.b. *nicht* umfassend. A, CH, sD, oF, nI, PL, R, YU; Alpen, wKarp. ●

9 ALPEN-GÄNSEKRESSE *Arabis alpina*. Rasenbildende grauhaarige Staude, 6–40 cm; Grundb. längl., tief *gezähnt*, gestielt, St.b. ungestielt; umfassend; Bl. weiß, 6–10 mm, in lokkeren Trauben, mit ausgebreiteten Kronb.; Schote 20–35 mm lang. IV–VIII. Kalkgeröll und -felsen, Flußufer; bis 3200 m. T, fehlt IRL, NL (B).

10 CEVENNEN-GÄNSEKRESSE *Arabis cebennensis*. Behaarte Staude, 40–80 cm; St. oben verzweigt; B. oval, grob gezähnt, gestielt; Bl. blaß- od. dunkelviolett, manchmal weiß, 7–10 mm; Schoten lang, 30–45 mm. V–VII. Felsen; bis 1550 m. sF; Cev. ● **10a** *A. pedemontana* ist ähnlich, aber *kleiner* und meist kahl; Bl. stets weiß, 6–7 mm. nwI; Cottische Alpen. ●

1
2
2a
3
4
4b
5
6
7
8
9
10

STEINKRESSE *Alyssum*. Sternhaarige Stauden mit ganzrandigen B.; Bl. gelb, in dichten Trugdolden, zur Fr.zeit manchmal verlängert; Fr. längl. od. rundl., etwas aufgeblasen; Griffel bleibend.

1 **BLASENSCHÖTCHEN** *Alyssoides utriculata*. An der Basis verholzte *Rosettenstaude* bis 40 cm, einfach, sternhaarig; B. verlängert-spatelig, die unteren gestielt, ungezähnt; Bl. gelb, 8–14 mm; Schötchen kugelig aufgeblasen, lang geschnäbelt. IV–VI. Kalk-Felsspalten; bis 1500 m. oF, I, R, YU.

2 **WULFENS STEINKRESSE** *Alyssum wulfenianum*. Aufrechte od. kriechende, grau- bis *weißhaarige* Staude bis 20 cm; B. verlängert eiförmig, ungezähnt, sternhaarig; Bl. gelb, 5–7 mm, in kugeligen Köpfchen; Fr. *eiförmig, aufgeblasen*, lang geschnäbelt. VI–VIII. Trockene Felsen; bis 2000 m. A, nl, wYU; soAlpen. ● **2a OBIR-S.** *A. ovirense* ist grüner mit runderen B. und unterseits behaarten Kronb.; bis 2700 m. A, nl, wYU; soAlpen. ●

3 **BERG-STEINKRESSE** *Alyssum montanum* (= *A. thessalum*). Kriechende od. aufsteigende, grau bis weißl. behaarte Staude, 10–30 cm; B. verlängert od. spatelig, sternhaarig, die oberen schmäler; Bl. gelb, 5 mm, in verlängerten Trauben; Kronb. *ausgerandet*; Schötchen rund, aufgeblasen, lang geschnäbelt. V–VII. Trockenrasen, Felsen und Schutt; gern auf Kalk; bis 2500 m. A, CH, CS, D, E, F, H, I, PL, R, YU. §

4 **PYRENÄEN-STEINKRESSE** *Alyssum pyrenaicum* (= *Ptilotrichum p.*). Polsterbildender silbergrauer Halbstrauch bis 50 cm; B. eiförmig-lanzettl., am Grund schmäler, ungezähnt; Bl. weiß, 5–7 mm, in dichten Köpfchen; Schötchen eiförmig, flach, behaart, lang geschnäbelt. Kalkfelsen. sF; oPyr. ● **4a** *A. lapeyrousianum* (= *Ptilotrichum l.*) hat kahle, kurz geschnäbelte Fr. noE, sF; oPyr. ● **4b** *A. ligusticum* ähnlich 4a, aber Fr. in dichten Trauben. soF, nwl.

5 **AUSGEBREITETE STEINKRESSE** *Alyssum diffusum*. Graugrüne Staude mit lang kriechenden nicht blühenden St., bis 10 cm; B. oval bis elliptisch, meist über der Mitte am breitesten, die oberen B. schmäler; Bl. gelb, 5–7 mm, der Bl.stand zur Fr.zeit stark verlängert; Kronb. *seicht ausgerandet*; Schötchen rundl., 4–6 mm. V–VII. Steinige Orte, Felsen; bis 2400 m. E, s&soF. ● **5a** *A. cuneifolium* ist dichter rasig; St. und B. *grau od. weißl.*; Bl.stand kurz und dicht; Schötchen elliptisch, grauhaarig. noE, sF, I.

6 **SILBER-STEINKRESSE** *Alyssum argenteum*. Behaarte Staude, 15–50 cm, mit langen nicht blühenden Trieben; B. elliptisch, über der Mitte am breitesten, oberseits grünl., unterseits grau, die Grundb. *viel kleiner*; Bl. gelb, 3–5 mm, in lockeren Bl.ständen; Schötchen 3,5–6 mm. V–VII. Felsen; bis 1250 m. nwl; swAlpen. ●

7 **ALPEN-STEINKRESSE** *Alyssum alpestre*. St. ausgebreitet, *weißl.* od. grauhaarige Staude mit zahlreichen nichtblühenden B.rosetten, 5–20 cm; B. elliptisch, über der Mitte am breitesten od. spatelig; Bl. gelb, 3–4 mm, in lockeren Bl.ständen; Schötchen elliptisch, 2,5–4,5 mm, *etwas* unsymmetrisch. VI–VIII. Kalkfels und -schutt; 1500–3100 m. CH, oF, I; sw&zAlpen. ● **7a** *A. serpyllifolium* hat *größere* B. und kleinere, 2–3 mm Bl.; Schötchen breiter. E, sF; Pyr.

8 **HIRTENTÄSCHEL** *Capsella bursa-pastoris*. Formenreiche, behaarte od. kahle Ein- od. Zweij., 5–70 cm; B. meist in grundst. Rosette, lanzettl., fiederlappig, gezähnt od. nicht, obere B. st.umfassend; Bl. weiß, 2–3 mm, in lockeren Trauben; Kronb. *zweimal* so lang wie die grünen Kelchb.; Schötchen klein, *3eckig-herzförmig*, 6–9 mm lang. Im Tiefland fast ganzjährig blühend. Äcker, Ödland; bis 2000 m. T. **8a** *C. rubella* hat rötl. Kronb. E, F, GB, I, YU (A, CH, D).

1
2
3
4
5
6
7
8

HUNGERBLÜMCHEN, FELSENBLÜMCHEN *Draba*. Niedrige Rosettenstauden od. Einj.; B. gezähnt od. ungezähnt, häufig mit steif-borstigem Rand; Bl. klein, in lockeren, aufrechten Trauben od. Köpfchen, gelb od. weiß; Fr. ein rundes od. eiförmig verlängertes Schötchen mit kurzem Schnabel.

1 IMMERGRÜNES FELSENBLÜMCHEN *Draba aizoides*. Kahle Rosettenstaude, 5–10 cm, mit blattlosem St.; B. lineal-elliptisch, Rand borstig; Bl. gelb, 4–5 mm, kopfig gehäuft; Kronb. verlängert, *stumpf*; Schötchen elliptisch, *Schnabel* 1,5–3 mm. IV–VII. Kalkfelsen, steinige Rasen; bis 3600 m. T, fehlt DK, IRL, IS, N, S, SF. **1a** *D. hoppeana* ist kleiner; der Fr.schnabel nur 1 mm lang. VII–VIII. Kalkschutt; 2200–3600 m. A, CH, sD, oF, I. ● **1b** *D. aspera* □ wie 1, aber die B. *höchstens* 1 mm breit, der Fr.schnabel länger, 3,5–7 mm. sF, z&sI, YU. **1c** → S. 346

2 ZOTTELFRÜCHTIGES HUNGERBLÜMCHEN *Draba lasiocarpa* (= *D. aizoon*). Bis 20 cm; kräftiger als 1; B. verlängert, spitz, 3–4 mm breit, Rand borstig; Bl. sattgelb; Kronb. *abgerundet*; Schötchen längl., mit kurzem Schnabel, 1–1,5 mm. IV–V. Kalk-Felsspalten, steinige Rasen; bis 2000 m. A, CS, H, R, YU.

3 SAUTERS HUNGERBLÜMCHEN *Draba sauteri*. Lockere Polsterstaude, 2–6 cm; B. lineal od. schmal lanzettl., in Rosetten, Rand borstig; Bl. gelb, zu mehreren an kurzen (1–3 cm) blattlosen Stielen; Fr. kurz bis verlängert; Schnabel 0,5 mm. VII–VIII. Kalkfelsen, Schutt; 1900– 2900 m. A, soD; noAlpen. ●

4 ENGADINER HUNGERBLÜMCHEN *Draba ladina*. Schwach behaarte, kleine Polsterstaude, 0,5–5 cm; B. lanzettl. od. elliptisch, sternhaarig, am Rand schwach borstig; Bl. blaßgelb, zu wenigen an blattlosem St., 1–5 cm; Schötchen verlängert, Schnabel 1 mm. VII–VIII. Dolomitfelsen, Schutt; 2600–3050 m. oCH; zEngadin. ●

5 STERNHAARIGES HUNGERBLÜMCHEN *Draba stellata*. Niedrige, sternhaarige Polsterstaude bis 10 cm; St. beblättert; B. eiförmig, über der Mitte am breitesten; St.b. 1–2, oft gezähnt; Bl. weiß od. cremefarben, in Köpfchen; Schötchen elliptisch; Schnabel 1–2 mm. VI–VIII. Kalkfelsen; bis 2500 m. A; noAlpen. ● **5a** *D. norica* Grundb. lanzettl., 10–20 mm; mehr als 4 St.b.; Schötchen kahl; Fr.stand locker. Pionierrasen; 1900 m. soA+ (Koralpe). ● **5b** *D. pacheri* ähnlich 5a, aber höchstens 4 St.b.; Fr.stand dicht. Alp. Rasen; bis 2470 m. oA+ (Nied.Tauern). ●

6 KÄRNTNER HUNGERBLÜMCHEN *Draba siliquosa* (= *D. carinthiaca*). Steifhaarige Staude, 3–8 cm; B.rosetten in lockeren Polstern; St. beblättert; B. lanzettl., Rand am Grund borstig; Bl. weiß, in lockeren Köpfen, Bl.stiele kahl; Schötchen schmal längl.-elliptisch, kahl, *ungeschnäbelt*. VI–VIII. Fels und Schutt; gern auf Kalk; 1500–3600 m. A, CH, CS, sD, nE, s&oF, I, R. ● **6a** → S. 346

7 GLETSCHER-HUNGERBLÜMCHEN *Draba dubia*. Steifhaarige Staude, 3–8 cm, mit B.rosetten; St. meist beblättert; B. schmal eiförmig, ungezähnt; Bl. weiß, in kopfigen Trauben, Bl.stiele behaart; Fr. längl.-elliptisch, kahl; Schnabel kurz, 0,5 mm. V–VII. Fels und Schutt, auf Kalk und Silikat; 1300–3200 m. A, CH, CS, D, E, F, I, PL, YU; nur wKarp. **7a** *D. kotschyi* ist lockerer im Wuchs; B. breit-eiförmig, *grob gezähnt*. Kalkfelsen. R; soKarp. ● **7b FILZIGES H.** *D. tomentosa* St. u. Fr. sternhaarig-filzig. VI–VIII. Besonnter Kalkfels und -schutt; bis 3500 m. A, CH, CS, sD, oF, I, PL, YU. ●

8 FLADNITZER HUNGERBLÜMCHEN *Draba fladnizensis* (= *D. wahlenbergii*). Rosettenstaude bis 6 cm; *St. blattlos*, kahl; B. längl.-eiförmig mit borstigem Rand; Bl. weiß, in Köpfchen; Schötchen elliptisch, Schnabel kurz, 0,5 mm. VI–VIII. Felsen u. Rasen, Gipfel; meist auf Silikat; 1600–3400 m. A, CH, CS, D, F, I, IS, N, R, SF. **8a** → S. 346

9 GRAUES FELSENBLÜMCHEN *Draba stylaris*. Behaarte Zweij. bis 35 cm; St. beblättert; B. lanzettl., stumpf, manchmal gezähnt, *kurz gestielt*; *Bl.* weiß, in lockeren Trauben; Kronb. 4–5 mm, abgerundet od. schwach ausgerandet; Schötchen 6–12 mm lang mit dickem, 0,8 mm langen Griffel, längl.-lanzettl., gedreht. V–VII. Felsige, steinige Orte; meist auf Kalk; bis 2750 m. A, CH, F, nI; Alpen nach Osten bis Kauk – die nahe verwandte *D. incana* kommt nur im Norden vor: DK, nGB, IRL, IS, N, SF. **9a** → S. 346

10 MAUERBLÜMCHEN *Draba muralis*. Schwach behaarte *Einj.* bis 30 cm; St. aufrecht, beblättert; B. breit eiförmig, die oberen schwach st.umfassend; Bl. klein, weiß; Kronb. ausgerandet; Schötchen längl.-elliptisch, kahl. IV–VI. Felsen u. Mauern; bis 1300 m. T, fehlt Fareoes, IS. **10a** *D. nemorosa* hat *blaßgelbe* Bl. u. behaarte Fr. Steppenrasen. T, fehlt B, DK, GB, IRL, IS, NL.

1
1b
2
3
4
5
6
7
8
9
10

Kreuzblütler (Forts.)

1 FRÜHLINGS-HUNGERBLÜMCHEN *Erophila* (= *Draba*) *verna* agg. *Schwach* behaarte Einj., 3–20 cm, mit blattlosem St.; B. lanzettl. od. elliptisch, bisweilen gezähnt, in grundst. Rosette; Bl. weiß od. rosa, 3–5 mm; Kronb. *bis zur Mitte gespalten*; Schötchen elliptisch od. rundl., lang gestielt. III–V. Trockenrasen, sandige und steinige Plätze, Ödland; bis 1700 m. T, fehlt Faeroer.

2 STEINSCHMÜCKEL *Petrocallis pyrenaica*. Dichtrasige polsterbildende graubehaarte Staude, 2–3 cm; B. keilförmig, an der Spitze gelappt, am Rand borstig behaart; St. blattlos; Bl. blaß lila od. rosa, selten weiß, 6–7 mm; Kronb. *abgerundet*, in wenigblütigen Trauben. Fels u. Schutt; auf Kalk; 1700–2900 m. A, CH, CS, sD, nE, s&oF, I, ?R, YU. ●

3 ECHTES LÖFFELKRAUT *Cochlearia officinalis* subsp. *pyrenaica*. Kahle Zweij. od. Staude bis 50 cm; B. herz- od. nierenförmig, *fleischig*, die unteren lang gestielt, in Rosette, die oberen *st.umfassend*; Bl. weiß, 8–10 mm, in lockeren Trauben; Schötchen kugelig od. eiförmig. IV–VIII. Trockene Salzwiesen, steinige Orte, Küsten. T, A, B, CH, CS, D, DK, E, F, N, NL, PL, R, S. $ ● **3a** *C. o.* subsp. *scotica* ist niedrig, selten größer als 10 cm, oft mit blaßlila Bl.; Fr. 2,5–3,5 mm. Fels- und Sandküsten. n&swGB, n&wIRL; in GB nur in Schottland und auf den Scilly Inseln. **3b** *C. tatrae* hat eiförmige od. herzförmige Grundb. und *blaßgelbe* Bl. Granitfelsen. CS, PL; wKarp. ● **3c** *C. aragonensis* obere St.b. *lineal*; Bl. weiß od. violett; Fr. schmal elliptisch. Kalkfelsen. noE. ●

4 KUGELSCHÖTCHEN *Kernera saxatilis*. Kahle, meist verzweigte Rosettenstaude, 10–30 cm; grundst. B. lanzettl. od. spatelig, oft gezähnt, gestielt; obere eiförmig, oft halb st.umfassend; Bl. weiß, 3–5 mm, in verlängerten Trauben; Kronb. abgerundet; Schötchen eiförmig-kugelig. V–VII. Felsen u. Rasen; auf Kalk; bis 2000 m. A, CH, CS, D, E, F, I, PL, R, YU.

5 DOLOMITEN-KUGELSCHÖTCHEN *Rhizobotrya* (= *Kernera*) *alpina*. Ähnlich 3, aber klein und gedrungen, 2–4 cm; kleine Rasen od. Polster bildend; B. lang spatelig, stumpf, lang gestielt; Bl. in dichten Köpfchen, klein, weiß, 2 mm, am Grund des Bl.stiels mit einem kleinen Tragb. VII–VIII. Dolomitfels und -schutt; 1900–2800 m. noI; Dol. ●

6 GEMSKRESSE *Pritzelago* (= *Hutchinsia*) *alpina*. Rasenbildende behaarte Rosettenstaude bis 10 cm; St. blattlos; B. gefiedert, kahl, glänzend; Bl. weiß, 4–5 mm; Kronb. abgerundet, in gedrungenen Trauben; Schötchen 4–6 mm, eiförmig, zugespitzt. V–VIII. Kalkschutt und -fels; bis 3400 m. A, CH, sD, no, s&oF, I, PL, R, YU. **6a** *P. a.* subsp. *brevicaulis* hat *kahle* St.; kleinere Bl. und stumpfe 3,5 mm Schötchen. Basische und saure Böden. A, CH, oF, nI, YU. **6b** *P. a.* subsp. *auerswaldii* hat gebogene und *beblätterte* Bl.St. nE; Cord. cant. ●

7 KLEINES HIRTENTÄSCHEL *Hymenolobus pauciflorus*. Zarte schwach behaarte Ein- od. Zweij., 5 cm; B. spatelig, *3lappig* od. ganzrandig; Bl. klein, weiß, 2–3 mm, den Kelch kaum überragend, in lockeren Trauben; Schötchen 2–4 mm, rundl. od. elliptisch. V–VIII. Schaf- und Gemsläger; bis 1600 m. A, CH, oE, z&oF, I.

8 STEINTÄSCHEL *Aethionema saxatile*. Kahle verzweigte Einj. od. Staude bis 30 cm; untere B. eiförmig od. längl., stumpf, *ungezähnt*, die oberen schmäler und zugespitzt, blaugrün; Bl. weiß, lila od. rot, 3–5 mm, in Trauben; Kronb. abgerundet; Schötchen 5–9 mm, rundl., *geflügelt*. IV–VII. Fels und Schutt; meist auf Kalk; bis 2300 m. CH, CS, D, E, F, H, I, R, YU. **8a** *A. s.* subsp. *ovalifolium* hat größere Bl.; Kelchb. wenigstens 1,7 mm; Kronb. 3–5 mm lang. Kalkfelsen. E, swF. **8b** *A. thomasianum* dichter Wuchs und sehr kompakte Bl.trauben; Fr. 10–12 mm. Felshänge, oft auf Schiefer. nwI (Aostatal).●

2 Steinschmückel

1
2
3
4
5
6
7
8

Kreuzblütler (Forts.)

TÄSCHELKRAUT *Thlaspi*. Ausdauernd od. zweij., selten einj.; St.b. meist umfassend; Bl. in Kugeltrauben, zur Fr.zeit verlängert; Schötchen herzförmig, zusammengedrückt, meist geflügelt.

1 KLEINBLÜTIGES TÄSCHELKRAUT *Thlaspi brachypetalum*. 20–50 cm, zweij., kahl, blaugrün; B. elliptisch od. verlängert, gezähnt od. ungezähnt, die grundst. gestielt, in Rosette; Bl. weiß, 3–5 mm; Kronb. gleich lang wie die Kelchb.; Staubbeutel *weiß*. IV–VII. Wälder u. Weiden; meist auf sauren Böden; bis 2000 m. CH, nE, s&oF, nl. ● **1a** *Th. caerulescens* (= *Th. alpestre*) hat längere Kronb. und rötl. od. dunkelviolette *Staubbeutel*. Bis 3000 m. T, fehlt IRL (DK, IS, N, S, SF). **1b** *Th. dacicum* Kronb. deutlich länger als die Kelchb.; Staubbeutel *gelb*. R; o&sKarp. **1c** *Th. stenopterum* ähnlich 1b, aber mit schmal geflügelten Fr. n&zE.

2 APENNINEN-TÄSCHELKRAUT *Thlaspi stylosum*. Zwergige Polsterstaude, 1–3 cm; B. meist in grundst. Rosette, elliptisch-spatelig, ungezähnt, fleischig; Bl. *rötl.lila*, 8 mm; Staubbeutel violett. IV–VI. Fels und Geröll; bis 2000 m. z&sl; z&sAp. ●

3 FRÜHLINGS-TÄSCHELKRAUT *Thlaspi praecox*. Kahle, graugrüne, rasenbildende Staude, 10–20 cm; B. längl. od. eiförmig, bisweilen gezähnt, oft *unterseits violett*; Bl. weiß, 7–9 mm; Kelchb. meist mit violetter Spitze. III–V. Rasige und steinige Orte, schattige Kalkfelsen; bis 2250 m. A, oF, I, YU. **3a** *Th. goesingense* ist größer, grauhaarig; Bl.stand *oft* ästig. Feuchter Kalkschutt; +. A, H, YU. ●

4 BERG-TÄSCHELKRAUT *Thlaspi montanum*. Rasenbildende kahle Staude, 10–30 cm, mit ausläuferartigen Trieben und aufrechtem Bl.stand; B. eiförmig od. rundl., nicht od. schwach gezähnt, grau, die grundst. in Rosette, gestielt; Bl. weiß, 7–9 mm; Staubbeutel blaßgelb; *Schötchen tief ausgerandet*, Flügel über 1 mm breit. IV–V. Lichte Föhrenwälder, Rasen; auf humosen Kalklehmböden; bis 1000 m. A, B, CH, CS, D, oF, nl, YU.

5 ALPEN-TÄSCHELKRAUT *Thlaspi alpinum*. Rasen od. Polster bildende kahle Staude, 5–15 cm; B. eiförmig bis längl., stumpf, ungezähnt, die grundst. in Rosette, gestielt; Kronb. weiß, 6–7 mm; Staubbeutel gelb; *Schötchen seicht ausgerandet*; Griffel 2–3 mm; Fr.flügel unter 1 mm breit. VI–VIII. Rasen, Felsen, Geröll; auf Kalk; bis 3000 m. A, CH, oF, nl. ● **5a** *Th. alpestre* (= *Th. kerneri*) Kronb. 5 mm; Griffel 1–1,5 mm. s&soA, nl, wYU; soAlpen. **5b** *Th. kovatsii* hat kleinere Bl.; Kronb. höchstens 5 mm lang. R, noYU. ●

6 RUNDBLÄTTRIGES TÄSCHELKRAUT *Thlaspi cepaeifolium*. Kahle graugrüne Staude, 5–15 cm, mit *langen wurzelnden Ausläufern*; B. rundl. od. längl., fleischig, selten schwach gezähnt, die grundst. *meist in lockerer Rosette*; Bl. lila, 8–10 mm, honigduftend; Schötchen gekielt, *nicht geflügelt*. VI–IX. Kalkgeröll (einige var. auch auf Silikat); bis 3400 m. A, nl, nwYU; soAlpen. ● **6a** *Th. c.* subsp. *rotundifolium* ist größer, *mit* Rosettenb.; die unteren B. *gegenst.* A, CH, oF, nl, YU. ●

SCHLEIFENBLUME *Iberis*. Ähnlich Täschelkraut (Fr.!), aber die äußeren 2 Kronb. vergrößert.

7 NIEDRIGE SCHLEIFENBLUME *Iberis spathulata*. Behaarte Staude od. Einj., 3–10 cm; *B. fleischig*, spatelig, meist ungezähnt; Bl. purpurn bis weiß, in flachen Trugdolden; Schötchen schmal geflügelt. VI–VIII. Felsspalten, Schutt u. Geröll; 1500–2800 m. nE; oPyr. ● **7a** *I. sp.* subsp. *nana* (= *I. nana*) ist kahl, mit *schwach* gezähnten B. nwl; Alpes Maritimes, Lig. ●

8 DAUPHINÉ-SCHLEIFENBLUME *Iberis aurosica*. Kahle Staude, 4–15 cm; B. schwach fleischig, *schmal* verlängert-spatelig, manchmal mit 1–2 Zähnen an der Spitze; Bl. rötl. od. lila, in flachen Trugdolden. VII–VIII. Fels und Geröll; meist auf Kalk; bis 1600 m. nE, soF; sPyr, swAlpen. ●

9 EINJÄHRIGE SCHLEIFENBLUME *Iberis stricta*. 30–60 cm; kahl; St. schlank, oberseits verzweigt; B. lineal, spitz, gezähnt; Bl. klein, rosa od. lila, in flachen Trugdolden; Schötchen eiförmig, schwach ausgerandet. VI–VIII. Trockene Kalkböden, Felsen; bis 1300 m. soF; Hautes Alpes. ● **9a** *I. st.* subsp. *leptophylla* hat kaum gezähnte B. und rundl. Fr. soF, nwl; swAlpen, Lig. ● **9b** *I. amara* B. *fiederlappig*; Bl. weiß, rosa od. purpurn. Trockene Hänge, Äcker. B, CH, sD, E, F, sGB, I, NL (A, CS, H, PL, R).

10 FELSENKOHL *Brassica repanda*. Formenreich; kleine, lockere und flache Polster bildende kahle Staude bis 50 cm; alle B. grundst., spatelig od. eiförmig, gezähnt od. fiederlappig, bis 15 cm lang; Bl. gelb, 8–15 mm, zu 2–12 in Trauben; Schoten lineal, bis 5 cm lang, in den Schnabel verschmälert. IV–VIII. E, s&soF, I. ● **10a** *B. gravinae* hat *beblätterte St.* und kleinere Bl., 8–12 mm. Felsen. z&sl; Ap. ●

1
2
3
4
5
6
7
8
9
10

1 GEMEINES BRILLENSCHÖTCHEN *Biscutella laevigata*. Formenreich; borstig behaarte, seltener kahle Staude, 10–15 cm; Rosettenb. lanzettl., gelappt od. gezähnt, gestielt; St.b. schmal lanzettl., ungezähnt; Bl. gelb, 5–10 mm, in verzweigten Trauben; Schötchen flachgedrückt, *brillenförmig*, in der Mitte mit kurzem Schnabel. V–VIII. Alp. Rasen, Feinschutt, lichte Wälder; kalkliebend; bis 2600 m. A, B, CH, CS, E, F, H, I, PL, YU. **1a** *B. brevicaulis* kleinere Pfl. bis 20 cm; Fr. nur 6–9 mm. soF, nwl; swAlpen. •

2 VERZWEIGTES BRILLENSCHÖTCHEN *Biscutella scaposa*. Behaarte Staude, 40–60 cm, mit meist verzweigtem St.; Rosettenb. lanzettl. od. spatelig, 5 cm od. länger, gelappt und gezähnt; St.b. *klein od. fehlend*; Bl. gelb, 5 mm; Fr. wie 1. V–VII. Rasen und Felsen; bis 1600 m. z&nwE, sF. **2a** *B. flexuosa* hat hin- u. hergebogene St. und *halbumfassende* St.b. nE, sF; z&oPyr. •

3 ROSETTEN-BRILLENSCHÖTCHEN *Biscutella brevifolia*. Schwach behaarte Staude, 10–20 cm; B. in *dichter* Rosette, längl.-lanzettl., 1–5 cm lang, meist fiederlappig mit stumpfem Ende; Bl. gelb, 5–6 mm; Fr. wie 1. V–VII. Felsen; bis 1600 m. nE, sF; zPyr. • **3a** *B. intermedia* hat *breitere*, nur schwach gelappte B. n&zE, sF. •

4 WEGWARTENBLÄTTRIGES BRILLENSCHÖTCHEN *Biscutella cichoriifolia*. 20–50 cm; St. oben behaart; Rosettenb. längl., gelappt und gezähnt, lang gestielt; obere B. *st.umfassend*; Bl. gelb, *größer* als bei 1–3, 12–20 mm, in dichten Trauben, zur Fr.zeit verlängert; Fr. wie 1. V–VII. Besonnte Felsen, trockene Rasen; bes. auf Kalk; bis 1800 m. CH, E, s&oF, I, YU. •

5 KRESSE *Lepidium villarsii*. Schwach behaarte graugrüne Staude, 15–40 cm; B. breit elliptisch, gestielt, *nicht gezähnt*, die oberen 3eckig, ungestielt; Bl. *weiß*, 4–6 mm; Staubbeutel violett; Schötchen klein, rundl.-längl., geflügelt, an der Spitze ausgerandet. VI–VIII. Felsen, Rasen; bis 2500 m. oF; Französische Alpen. • **5a** *L. v.* subsp. *reverchonii* Fr. an der Spitze in den Griffel *verschmälert*. noE. •

6 SCHNABELSENF *Coincya richeri* (= *Rhynchosinapis r., Brassicella r.*). Kahle, verzweigte Staude, 20–60 cm; B. längl., elliptisch od. spatelig, ganzrandig od. gezähnt, lang gestielt; Bl. gelb, groß, 18–25 mm, in dichten *flachen* Trugdolden, zur Fr.zeit verlängert; Schoten lineal, über 40 mm lang, mit flachem Schnabel. VI–VIII. Alp. Rasen, Felsen; auf Silikat; bis 2000 m. soF, nwl; swAlpen. • **6a GOLDLACK-S.** *C. monensis* subsp. *recurvata* (= *Rh. cheiranthos, Brassica ch.*) □ ist *behaart*; B. fiederlappig. VI–VIII. Felsen, trockenes Ödland; bis 1500 m. B, D, E, F, n&nwl (GB, NL).

Fam. Resedengewächse Resedaceae

Einj. od. ausdauernd mit wechselst. B.; Bl. klein, in langen Ähren, mit 4–8 Kelch- u. Kronb.; Kronb. in schmale Lappen zerschlitzt; Staubb. zahlreich; Fr. eine Kapsel, die sich an der Spitze öffnet.

7 WILDE RESEDE *Reseda phyteuma*. 10–15 cm, einj. od. zweij.; B. spatelig, oft mit 1–2 Lappen an jeder Seite; Bl. weißl., 5–7 mm, Kapsel nickend. VI–IX. Kultur- und Ödland; bis 1600 m. CH, E, F, H, I, PL, R, YU (A, CS, D). **7a GELBE R.** *R. lutea* hat 1–2fach gefiederte B. und *gelbe* Bl.; Kapsel aufrecht. Bis 2000 m. T, fehlt IS, N, S, SF. **7b FÄRBER-WAU** *R. luteola* ist kahl, mit *ganzrandigen* welligen B. und gelb-grünen Bl.; Kapsel aufrecht. T, fehlt IS, N.

8 PYRENÄEN-RESEDE *Reseda glauca*. Kahle Staude, 10–40 cm, mit zahlreichen kurzästigen St.; B. *lineal*, meist ungezähnt, blaugrün; Bl. weißl., 6–7 mm, in langen lockeren Ähren; Kapsel aufrecht. VII–VIII. Rasen, Felsen, Schutt; bis 2500 m. nE, sF; Pyr, Cord. cant. •

9 STERNFRUCHT *Sesamoides clusii* (= *S. pygmaea, Reseda sesamoides*). Mehrstenglige kahle Staude, 5–15 cm, mit verholztem Grund; B. lanzettl., ungezähnt, die grundst. in dichter Rosette; Bl. wie 7, 8, weißl., 4–5 mm, in langen Ähren; Fr. *sternförmig*. V–IX. Wiesen, Felsen, feuchter Schutt; bis 2000 m. n&nwE, z, s&oF, nwl. **9a** *S. purpurascens* (= *S. canescens, Reseda p.*) hat lockere B.rosetten; Kelchzipfel 3eckig, 10–15 Staubb. E, sF, nwl.

6a Goldlack-Senf

1
2
3
4
5
6
7
8
9

Fam. Sonnentaugewächse Droseraceae

Insekteneiweiß-verdauende Pfl.; B. in grundst. Rosetten, mit langen, klebrigen roten Haaren bedeckt; Bl. 5–6teilig, in langen blattlosen Ähren. §

1 RUNDBLÄTTRIGER SONNENTAU *Drosera rotundifolia*. Rosettenstaude, 5–20 cm; B. rund, 5–8 mm, langgestielt; Bl. weiß, 5 mm, in 6–10blütigen Ähren. VI–VIII. T. §

2 LANGBLÄTTRIGER SONNENTAU *Drosera anglica*. 15–30 cm, Rosetten einzeln; Rosettenb. *aufrecht, lang spatelig*, 20–30 mm lang, allmählich in den flachen Stiel verschmälert; Bl. weiß, 6 mm, zu 3–6 in lang gestielten Ähren. VII–VIII. Hoch- u. Flachmoore, feuchte Heiden, gelegentlich auch auf schwach kalkhaltigen Böden; bis 1900 m. T, fehlt sAp. §. **2a** *D. intermedia* □ ist ähnlich, aber Rosetten *zu mehreren* und die B. rundl. verlängert, 7–8 mm lang; Bl.ähren *kurz gestielt*. T, fehlt IS, sAp. §

Fam. Dickblattgewächse Crassulaceae

Einj. od. Stauden mit dickfleischigen, meist ungezähnten B.; Bl. meist sternförmig, mit 5 od. mehr Kelch- und Kronb.; Staubb. mit den Kronb. abwechselnd od. doppelt so viele; Fr.knoten frei, gleich viele wie Kronb.

3 PYRENÄEN-MAUERPFEFFER *Mucizonia sedoides. Kahle Einj.*, 2–6 cm; dichte Rasen bildend; B. gegenst., längl., 2–4 mm, überlappend; Bl. purpurrosa, glockig, aufrecht, 6–7 mm, gebüschelt; 5 Kronb. *bis zur Mitte verwachsen*. VI–VIII. Felsen, Geröll, Schutt; kalkmeidend; 2000–3000 m. E, sF. ●

HAUSWURZ *Sempervivum*. Stauden mit dichtblättrigen Rosetten, durch Ausläufer Polster bildend; St.b. wechselst.; Bl. 8–16teilig, sternförmig, mit schmal zugespitzten Kronb.; doppelt so viel Staubb. wie Kronb. §

4 WULFENS HAUSWURZ *Sempervivum wulfenii*. 15–25 cm, B.rosetten 4–5 cm ∅; B. längl.-spatelig, nur am Rand behaart, blaugrün; Bl. zitronengelb, 20–22 mm; Kronb. am Grund mit *purpurnem* Fleck. VII–VIII. Silikatfelsen; 1700–2700 m. A, oCH, nI, wYU. ●

5 GROSSBLÜTIGE HAUSWURZ *Sempervivum grandiflorum* (= *S. gaudinii*). 10–20 cm, flache, harzduftende B.rosetten, 2–5 cm ∅; B. verlängert, am Grund verschmälert, *auch auf der Fläche behaart*, dunkelgrün mit rotbrauner Spitze; Bl. gelb, 20–36 mm; Kronb. am Grund mit purpurnem Fleck. VII–X. Silikatfelsen; bis 2500 m. sCH, nI. ● **5a** *S. pittonii* ist kleiner, Rosetten grau, *nicht* harzig; Bl. grüngelb. Auf Serpentin. A (Steiermark). ●

6 SPINNWEBIGE HAUSWURZ *Sempervivum arachnoideum*. Polsterbildende Staude, 4–12 cm; Rosetten klein, 0,5–2 cm, von *einem Netz* weißer Haare übersponnen; Bl. hellrot, 14–18 mm. VII–IX. Silikatfelsen, heiße trockene Hänge; bis 3100 m. A, CH, sD, oF, nI. **6a** *S. a.* subsp. *tomentosum* hat größere, etwas abgeflachte Rosetten mit dichterer Behaarung. wCH, nE, s&oF.

7 BERG-HAUSWURZ *Sempervivum montanum*. Polsterbildende Staude, 5–10 cm; Rosetten klein, 0,5–2 cm, behaart, harzduftend; B. eiförmig, über der Mitte am breitesten, *matt hellgrün*; Bl. purpurn, 24–30 mm. VII–VIII. Silikatfelsen und -schutt; 1500–3200 m. A, CH, CS, E, s&oF, I, PL, R (N). **7a** *S. m.* subsp. *burnatii* hat größere Rosetten, 8 cm. wCH, oF, nwI; swAlpen. ● **7b** *S. m.* subsp. *stiriacum* hat *B. mit scharfer roter Spitze*; Rosetten 2–4,5 cm ∅. oA. ●

8 DOLOMITEN-HAUSWURZ *Sempervivum dolomiticum*. Polsterstaude, 10 cm, mit kugeligen Rosetten, 2–4 cm; B. längl.-lanzettl., spitz, *schwach behaart*, hellgrün mit brauner Spitze; Bl. dunkelrosa, 18–20 mm; Kronb. mit rotbraunem Mittelstreifen. VII–IX. Kalk- und Dolomitfelsen; 1600–2500 m. noI; soAlpen, Dol. ● **8a** *S. cantabricum* hat größere, dunkelgrüne Rosetten mit roten B.spitzen und rötl.-purpurnen Bl. nE; Cord. cant. ●

9 DACH-HAUSWURZ *Sempervivum tectorum* (= *S. alpinum*). Staude, 20–50 cm, mit großen, flachen Rosetten, 3–8 cm ∅, blaugrün, rot überlaufen; B. längl.-lanzettl., fein zugespitzt, am *Rand weißhaarig*, auf der Fläche kahl; Bl. schmutzigrot, 18–20 mm, in verzweigten Rispen. VII–X. Rasen, Felsen, Geröll; bis 2800 m; auf Dächern und Mauern angepflanzt. A, CH, sD, nE, s&oF, I, wYU (S). ● **9a KATALONISCHE H.** *S. andreanum* 20 cm, Rosetten 2–2,5 cm ∅; B. eiförmig, über der Mitte am breitesten, am Rand behaart, sonst kahl; Bl. blaßrosa, 14–18 mm; Staubbeutel gelb. Kalkfelsen; bis 2500 m. nE; oPyr (Sierra del Cadi). ●

10 KALK-HAUSWURZ *Sempervivum calcareum*. Wie 9a, aber B.rosetten eher kugelig; B. breiter, *blaugrün* mit rotbrauner Spitze; Bl. blaßrosa, 14–16 mm. VII–XI. Kalkfelsen; bis 1800 m. soF, nwI; swAlpen. ●

1
2a
2
3
4
5
6
7
8
9
10

Dickblattgewächse (Fort.)

1 SPROSSENDE HAUSWURZ *Jovibarba globifera* (= *J. sobolifera*). Staude mit kurzen Ausläufern, 8–25 cm; B. *gekrümmt*, am Rand behaart, sonst kahl, graugrün mit *roter Spitze*, in kugeligen Rosetten; St.b. spitzer, überlappend; Bl. schmale gelbe Glocken, 15–17 mm; Kronb. 6, mit gezähntem Rand, aufrecht. VII–IX. Sandige und grasige Orte; meist auf sauren Böden; bis 1500 m. A, CH, CS, sD, E, F, H, I, PL, R, YU. **1a** *J. g.* subsp. *allionii* hat blaß gelbgrüne, *fein behaarte* B. und grünweiße Bl. Fels und Schutt; bis 2000 m. soA, swCH, soF, nw&nol. ● **1b SAND-H.** *J. g.* subsp. *arenaria* ähnlich 1, aber die Rosetten offener, *hellgrün*; St.b. schmäler, lang zugespitzt. Bis 1500 m. A, nol, nwYU. ● **1c** *J. g.* subsp. *hirta* ähnlich 1, aber Rosetten dunkelgrün und offener; B. nicht rotspitzig. Bis 1900 m. sA, E, I, YU. ●

FETTHENNE, MAUERPFEFFER *Sedum*. Einj. od. ausdauernde, fleischige Kräuter; B. meist wechselst. und ganzrandig (selten gezähnt), gleichmäßig am St. verteilt, ohne grundst. Rosetten; Bl. 5–8teilig, sternförmig, in verzweigten Bl.ständen; Fr. meist 5teilig (Unterschied zu Steinbrech-*Saxifraga*).

2 PURPUR-FETTHENNE *Sedum telephium*. Oft rötl. gefärbte Staude, formenreich. B. bis 7 cm, flach, rundl. bis längl., *gezähnt*; Bl. purpurrot, gelb-grün od. weißl., 8–10 mm, in dichten flachen Scheindolden. VII–IX. Schattige Orte, Felsen, Wälder; bis 1800 m. T, fehlt Faeroer, IS.

3 RUNDBLÄTTRIGE FETTHENNE *Sedum anacampseros*. Niederliegende bis aufsteigende kahle Staude, 15–30 cm; B .flach, elliptisch bis eiförmig, blaugrün, *nicht gezähnt*; Bl. innen tiefrot, außen blaulila, 8–9 mm, in dichten halbrunden Köpfen. VII–VIII. Silikatfelsen; 1400–2500 m. CH, nE, s&oF, I (N). ●

4 BLASSGELBE FETTHENNE *Sedum ochroleucum* (= *S. anopetalum*). Staude, 15–30 cm; B. schmal zylindrisch, spitz, 8–20 mm; Bl. cremefarben bis grünweiß, 12–14 mm; Bl.knospen *aufrecht*, in lockeren Scheindolden; Kelch behaart. VI–VII. Sonnige, trockene Orte, Felsen, Mauern; bis 2300 m. E, sF, CH, I, R, YU. **4a** *S. o.* subsp. *montanum* hat *hellgelbe* Bl. und dünnere B. A, CH, nE, sF, H, I, YU. ●

5 FELSEN-FETTHENNE *Sedum rupestre* (= *S. reflexum*). Ähnlich 4, aber Bl.knospen *nickend*; Bl. gelb, meist 7teilig; Kelch kahl. VI–VII. Bis 2000 m. T, fehlt IS, nSkand.

6 SCHARFER MAUERPFEFFER *Sedum acre*. Immergrüne kahle Staude, 5–15 cm; rasenbildend; B. eiförmig-zylindrisch, stumpf, 3–6 mm; Bl. hellgelb, 10–12 mm, zu 2–4. VI–VII. Felsige und sandige Orte; bis 2300 m. T. **6a** *S. sexangulare* (= *S. mite*) □ hat *schmal zylindrische* B. in 5–6 geraden Zeilen. T, fehlt E, IRL, IS, N, S, SF (GB). ⚕✗. **6b** *S. urvillei* (= *S. sartorianum*) tote B. bleibend, weißl. mit *schwarzer Spitze*. A, CS, H, R, YU. **6c** *S. alpestre* ist kleiner; B. über der Mitte *am breitesten*; Bl. 6–7 mm. Felsen, Moränen; meist auf saurem Boden; bis 3500 m. A, CH, CS, D, E, F, I, PL, R, YU. §

7 WEISSER MAUERPFEFFER *Sedum album*. Immergrüne Staude, 8–15 cm; rasenbildend; B. oft rötl. überlaufen, zylindrisch, wechselst., oberseits etwas abgeflacht, 4–12 mm; Bl. weiß, 5teilig, 4–8 mm, in lockerer abgeflachter Rispe. VI–VIII. Felsen und Mauern, Trockenrasen; bis 2500 m. T, fehlt Faeroer, IS (IRL).

8 ENGLISCHER MAUERPFEFFER *Sedum anglicum*. Rasige, immergrüne, graue od. rote, kahle Staude bis 15 cm; B. zylindrisch-rundl., 3–5 mm; Bl. weiß od. rosa, 6–9 mm; Bl. wenige. VI–IX. Silikatfelsen; bis 1800 m. E, F, GB, IRL, N, S. ●

9 DICKBLÄTTRIGE FETTHENNE *Sedum dasyphyllum*. Ähnlich 8, aber kleiner; B. meist *gegenst.*, fein drüsig, hell graugrün; Bl. weiß, rosa gestreift, 5–6 mm. VI–VIII. Silikatfelsen, Mauern; bis 2500 m. A, CH, D, E, s&oF, I, R, YU (B, DK, GB, IRL, NL).

10 QUIRLBLÄTTRIGE FETTHENNE *Sedum monregalense*. Staude, 7–15 cm; St. flaumig; B. längl.-zylindrisch, 6 mm, *gegenst.* od. zu 4 *quirlst.*, kahl; Bl. weiß, in lockeren Rispen; Kronb. mit behaartem Mittelnerv. VI–VIII. Schattige Felsen; bis 1200 m. soF, I; swAlpen, Ap. ●

11 MIERENBLÄTTRIGES FETTKRAUT *Sedum alsinefolium*. Zarte drüsige Staude, 10–15 cm; B. wechselst., rhombisch od. spatelig, dünn, 10–15 mm; Bl. weiß, 8–10 mm, in *lokkeren beblätterten Rispen*. VI–IX. Schattige Felsen, Höhlen; bis 1450 m. nwl. ● **11a** *S. magellense* ist *kahl*, mit kleineren B. und unverzweigten Bl.trauben. zl, YU; fehlt in den Alpen. ●

12 BEHAARTER MAUERPFEFFER *Sedum villosum*. *Rötliche*, meist drüsige Staude (selten zweij.), 5–15 cm; B. gegenst., schmal längl., oberseits flach, 4–7 mm; Bl. rosa, 6–8 mm, lang gestielt, in lockeren Rispen. VI–VIII. Feuchte Orte; bis 2900 m. T, fehlt B, DK, z&sl, IRL, NL.

1
2
3
4
5
6
6a
7
8
9
10
11
12

Dickblattgewächse (Forts.)

1 RISPIGER MAUERPFEFFER *Sedum cepaea*. Ein- od. zweij., 15–30 cm, gelegentlich ausdauernd; St. dünn; B. *gegenst. od. quirlig*, verlängert bis spatelig, flach, die unteren gestielt; Bl. blaßrosa, 8–10 mm, 5teilig, in lockeren Rispen. VI–VII. Feuchte schattige Orte; bis 1250 m. CH, E, s&oF, I, R, YU (D, NL).

2 DUNKLER MAUERPFEFFER *Sedum atratum*. Kahle Einj., 3–10 cm; St. aufrecht, oft dunkel braunrot; B. gegenst., längl. od. keulenförmig; Bl. cremefarben, rosa überlaufen od. gestrichelt, 5–6teilig, in dichten *flachen* Trugdolden. VI–VIII. Felsige und steinige Orte, Schneeböden; kalkliebend; bis 3200 m. A, CH, CS, D, s&oF, nI, PL, R, YU. **2a** *S. a.* subsp. *carinthiacum* ist größer, grüner, mit *grün-gelben* Bl. oA, CS, noI, PL, R, YU.

3 EINJÄHRIGER MAUERPFEFFER *Sedum annuum*. Kahl, verzweigt, ein- od. zweij., 4–12 cm, oft rötl. gefärbt; B. gegenst., schmal längl.; Bl. gelb, 5teilig, in lockeren Rispen. VI–VIII. Felsige und steinige Orte, Mauern, Schwemmland; bis 2900 m. T, fehlt B, DK, GB, IRL. **3a** *S. rubens* (= *Crassula r.*) ☐ hat schmälere und längere B.; *weiße od. rosa* Bl. Äcker, Mauern. T, fehlt A, CS, DK, GB, H, IRL, IS, PL. **3b** *S. hispanicum* (= *S. glaucum*) ähnlich 3a, aber *meist behaart*; Bl. 6–9teilig. Felsen, Wälder; bis 2250 m; oft nur verwildert. A, CH, H, I, R, YU (D, S).

4 ROSENWURZ *Rhodiola rosea* (= *Sedum r.*). Kahle graugrüne Staude, 10–35 cm; St. oft rötl.; B. wechselst., eiförmig bis längl., *gezähnt*, dick; Bl. gelb, 4teilig, in *dichten* Trugdolden, männl. und weibl. Bl. auf verschiedenen Pfl.; Staubbeutel purpurn; Fr. orange. V–VIII. Rasen, Felsen, Schutt; auf Silikat und Kalk; bis 3000 m; T.

Fam. Herzblattgewächse Parnassiaceae

5 STUDENTENRÖSCHEN, HERZBLATT *Parnassia palustris*. 5–40 cm; B. grundst., herzförmig, ganzrandig, lang gestielt; das *einzige* St.b. ungestielt, *umfassend*; Bl. einzeln, weiß, 15–30 mm; 5 Kronb. mit durchsichtigen Nerven. VI–IX. Feuchte Rasen, kalkreiche Niedermoore; bis 2500 m. T, fehlt Subarkt. **5a** *P. p.* subsp. *obtusiflora* St.b. fehlend od. nur am Grund, *nicht* umfassend. Arkt. & subarkt. Europa.

Fam. Johannisbeergewächse Grossulariaceae

6 FELSEN-JOHANNISBEERE *Ribes petraeum*. Strauch bis 3 m; B. im Umriß rundl. 3–5lappig, behaart od. kahl; Bl. glockig, rosa, in *waagerechten od. hängenden Trauben*; Beeren dunkel purpurn. IV–VI. Wälder, Bachufer, felsige Hänge; bis 2450 m. A, CH, CS, E, s&oF, H, I, PL, YU.

7 WILDE STACHELBEERE *Ribes uva-crispa* (= *R. grossularia*). Stacheliger Strauch bis 1,5 m; B. 3–5lappig, behaart od. kahl; Bl. mit rosa-grünen Kelchen und weißer Krone, zu 1–3; Beeren groß, grün, gelb od. rötl., *borstig behaart*. IV–V. Wälder, Berberitzen-Gebüsche, felsige Hänge; bis 1800 m. T, fehlt IS.

8 ALPEN-JOHANNISBEERE *Ribes alpinum*. Strauch bis 2 m; B. 3lappig, meist kahl; Bl. grünl., in *aufrechten* Trauben, männl. und weibl. auf verschiedenen Pfl.; Beere scharlachrot, kahl, fad schmeckend. IV–V. Offene Wälder, felsige Hänge; meist auf Kalk; bis 1900 m. T, fehlt B, DK, IRL, IS, NL.

9 ROTE JOHANNISBEERE *Ribes rubrum* und **SCHWARZE J.** *R. nigrum* ☐ **(9a)** sind oft im Gebiet verwildert, bes. in den Alpen. 9 hat kahle hängende Trauben von blaß-grünen Bl., später *rote* Beeren. 9a hat hängende Trauben von rötl. od. braungrünen Bl., später *schwarze* aromatische Beeren. T, fehlt IS.

3a Rötlicher Mauerpfeffer

1
2
3
4
5
6
7
8
9
9a

Fam. Steinbrechgewächse Saxifragaceae

Stauden, seltener Einj.; oft polsterförmig, mit ganzrandigen od. tief gelappten B.; B. häufig in grundst. Rosetten; St.b. wenn vorhanden wechselst. (außer wo angegeben); B. manchmal kalkinkrustiert; Bl. mit 5 Kelch- u. Kronb., 10 Staubb. und 2 Narben; Fr. eine *2schnäbelige Kapsel* (BESTIMMUNGSSCHLÜSSEL siehe S. 367) § (§)

1 HABICHTSKRAUT-STEINBRECH *Saxifraga hieracifolia*. Dicht drüsige Staude, 10–40 cm; B. groß, 3–7 cm, alle in grundst. Rosette; eiförmig od. längl., schwach gezähnt, mit dickem Stiel; Bl. *grünl.*-purpurn, 4–7 mm, in schlanken, blattlosen Ähren. VII–VIII. Feuchte Felsen, Moränen, Bachufer; bis 2400 m. A, CS, sF, N, PL, R.

2 STERN-STEINBRECH *Saxifraga stellaris*. Dichtrasige, schwach behaarte Rosettenstaude, 7–15 cm, mit blattlosem St.; B. längl. od. spatelig, gezähnt, glänzend, kurz gestielt; Bl. in lockeren Trauben, Kronb. weiß, 10–15 mm, mit je *2 gelben Punkten*; Staubbeutel rosa; Kelchb. zurückgeschlagen. VI–VIII. Quellfluren, Bachufer; bis 1900 m. T, fehlt B, DK, NL. § **2a** *S. s.* subsp. *alpigena* ist lockerrasig, mit *kleineren* Bl., 7–10 mm. A, CH, CS, D, E, s&oF, n&zl, R, YU. **2b** *S. foliolosa* ähnlich einer kleineren Form von 2, aber Rosetten meist einzeln; Bl. meist ersetzt durch kleine *Brutzwiebeln*. IS, N, S, SF.

3 CLUSIUS-STEINBRECH *Saxifraga clusii*. Behaarte Staude, 12–30 cm; B. in lockerer Rosette, eiförmig, unregelmäßig gezähnt, bis 15 cm lang; Bl. weiß, 10–16 mm, in Rispen; 2 *Kronb.* kurz, 2 lang, jedes mit 2 gelben Punkten. VI–VIII. Schattige Orte, Bachufer, Silikatfelsen; bis 2600 m. E, sF. ●

4 ARKTISCHER STEINBRECH *S. nivalis*. Staude, 5–20 cm, mit blattlosen behaarten St.; B. dick, in grundst. Rosette, grob gezähnt, unterseits purpurn; Bl. weiß od. rosa, 6 mm, in *rundl. Köpfen*. VII–VIII. Felsspalten; meist auf Basalt; bis 2100 m. Faeroer, GB, IRL, IS, N, PL, S, SF. **4a SCHLANKER S.** *S. tenuis* ist kleiner und schlanker; Bl. deutlich gestielt, in lockeren Trauben. Bis 1700 m. Faeroer, IS, N, S, SF.

5 KEILBLÄTTRIGER STEINBRECH *Saxifraga cuneifolia*. Lockerrasige Staude, 10–20 cm, mit blattlosen St.; B. fleischig, *spatelig*, meist schwach gezähnt, dunkelgrün, kahl; Bl.stiele breit, am Rand behaart; Bl. weiß, 5–8 mm, in wenigblütigen Trauben; Kelch zurückgeschlagen. VI–VIII. Wälder, schattige Felsen; bis 2300 m. A, CH, E, sF, I, R, YU.

6 SCHATTEN-STEINBRECH *Saxifraga umbrosa*. Dichtrasige, schwach behaarte Staude, 10–30 cm; B. lederig, in grundst. Rosette, verkehrt eiförmig, gezähnt, meist kahl; B.stiele breit und flach, am Rand behaart; Bl. weiß; Kronb. mit *blaßroten Punkten* und *2 gelben Flekken*, 8–10 mm, in lockeren Rispen; Kelchb. zurückgeschlagen. VI–VIII. Wälder; meist auf Kalk; bis 1850 m. nE, nsF; w&zPyr. ● **6a** *S. hirsuta* hat nierenförmige od. runde B., *oberseits und unterseits* behaart. V–VII. Bachufer; 1500–2500 m. nE, sF, swIRL (GB). ● **6b** *S. h.* subsp. *paucicrenata* hat lang elliptische B. mit *kurzen* Stielen. Kalkfels und -schutt. nE, swF; wPyr. Im Verbreitungsgebiet von 6 und 6a kommen Bastarde vor, die als *S.* × *geum* bezeichnet werden. E, F (A, B, D, I).

7 RUNDBLÄTTRIGER STEINBRECH *Saxifraga rotundifolia*. Lockerrasige, schwach behaarte Staude, 20–50 cm, mit *beblättertem* St.; B. rund od. nierenförmig, gezähnt, die unteren lang gestielt; Kelchb. aufrecht. VI–X. Feuchte schattige Orte; bis 2500 m. A, CH, CS, sD, z&sF, I, R, YU (B, GB). §

8 RAUHER STEINBRECH *Saxifraga aspera*. Lockerrasige, meist kahle Staude, 5–15 cm, mit lang kriechenden od. hängenden Trieben; B. längl.-lanzettl., spitz, mit *borstigem Rand*, ungestielt, 1 cm lang; Bl. weiß od. gelbl. mit gelber Mitte, manchmal rot gepunktet, 10–16 mm, in lockeren Trauben zu 2–5. VII–VIII. Fels und Schutt; kalkmeidend; bis 2400 m. A, CH, nE, s&oF, I. ● **8a MOOS-S.** *S. bryoides* hat kurze Triebe mit gekrümmten B. in Rosetten, welche *dichte Polster* bilden; Bl. einzeln. Rasen, Schutt, Felsen; auf Silikat; 2000–4000 m. A, CH, CS, sD, nE, s&oF, H, I, PL, R. ●

9 GOLDBLUMIGER STEINBRECH *Saxifraga hirculus*. Lockerrasige, ausläufertreibende Staude, 20–30 cm, mit rotbrauner Behaarung; St. in der unteren Hälfte beblättert; B. lanzettl., stumpf gezähnt; Bl. *goldgelb*, manchmal rot gepunktet, 20–30 mm, einzeln od. zu 2–4. VI–IX. Feuchte Orte, Moore; bis 1500 m. T, fehlt B. §

10–13 siehe 104

1
2
3
4
5
6
7
8
9
10
11
12
13

Steinbrechgewächse (Forts.)

10 DREIFINGER-STEINBRECH *Saxifraga tridactylites*. Drüsig-klebrige, oft rot gefärbte Einj., 3–15 cm; untere B. keilförmig, gestielt, ungezähnt, zur Bl.zeit verwelkt, obere 3–5lappig; Bl. weiß, 4–6 mm, in beblätterten lockeren Rispen; Kronb. *ausgerandet*. VI–IX. Mauern, Ödland; meist auf Kalk; bis 1550 m. T, fehlt Faeroer, IS. §

11 AUFSTEIGENDER STEINBRECH *Saxifraga adscendens*. Drüsig behaarte Zweij., 5–15 cm; Grundb. in *dichter Rosette*, 2–5lappig, ungestielt; Bl. weiß, selten gelbl., 6–10 mm, in wenigblütigen Rispen; Kronb. ausgerandet. VI–VIII. Weiden, feuchter Fels und Schutt, Schneeböden; 1800–3500 m. A, CH, CS, E, F, I, N, PL, R, S, SF, YU. **11a** *S. a.* subsp. *parnassica* ist kleiner als 10. z&sl; Ap. **11b** *S. petraea* hat die unteren B. in *zahlreiche* schmale Abschnitte geteilt; Bl. 14–18 mm, mit ausgerandeten Kronb. Unter schattigen Felsen. nol, nwYU. ●

12 SPINNWEB-STEINBRECH *Saxifraga arachnoidea*. Staude, 10–15 cm, mit dichter *spinnwebig-drüsiger* Behaarung; B. im Umriß rhombisch od. eiförmig, 3–7lappig; Bl. grünl.-weiß od. gelbl., 6 mm, lang gestielt, in wenigblütigen Rispen. VII–VIII. Unter überhängendem Kalkfels; bis 1700 m. nl; wGardasee. + ●

13 ZAHLBRUCKNERS STEINBRECH *Saxifraga paradoxa* (= *Zahlbrucknera p.*). Fast kahle, zarte Staude, 5–30 cm, mit niederliegenden od. aufsteigenden St.; B. nierenförmig, 5–7lappig, gestielt, dünn und glänzend; Bl. blaßgrün, in lockeren Rispen; Kronb. *etwas kürzer* als die Kelchb. VI–VIII. Feuchte schattige Silikat-Felsspalten; bis 1350 m. soA, nwYU; Kärnten, Steiermark. ●

STEINBRECH (*Saxifraga*) ist eine große und formenreiche Gattung wichtiger Gebirgspfl. Die Unterschiede zwischen den Sektionen können für eine genaue Bestimmung hilfreich sein (Einteilung siehe S. 112). Zeichnungen wichtiger Blattmerkmale sollten es zusammen mit den Textbeschreibungen und den Verbreitungsangaben dem Benutzer ermöglichen, die meisten Arten zu bestimmen. Blattzeichnungen finden sich auf den S. 105, 109, 113.

Kreuzungen kommen gelegentlich in der Natur vor und zeigen dann oft ungewöhnliche od. zwischen den Eltern stehende Merkmale. Meist sind die Elternpflanzen im Umkreis der Hybriden zu finden.

Für die Bestimmung wichtig ist auch die Kenntnis der bevorzugten Standorte: schattige od. feuchte bzw. sonnexponierte Felswände, Moränen od. Schutthänge.

Saxifraga-Blätter Maßstab Abb. 1–8: × ²/₃, Abb. 9–18 × 3

1 *S. hieracifolia*, S. 102
2 *S. stellaris*, S.102
3 *S. nivalis*, S. 102
4 *S. clusii*, S. 102
5 *S. cuneifolia*, S. 102
6 *S. umbrosa*, S. 102
7 *S. rotundifolia*, S. 102
8 *S. hirsuta*, S. 102
8a *S. h.* subsp. *paucicrenata*, S. 102
9 *S. aspera*, S. 102
10 *S. hirculus*, S. 102
11 *S. adscendens*, S. 104
12 *S. tridactylites*, S. 104
13 *S. petraea*, S. 104
14 *S. aizoides*, S. 106
15 *S. tenella*, S. 106
16 *S. glabella*, S. 106
17 *S. praetermissa*, S. 106
18 *S. arachnoidea*, S. 104
19 *S. paradoxa*, S. 104

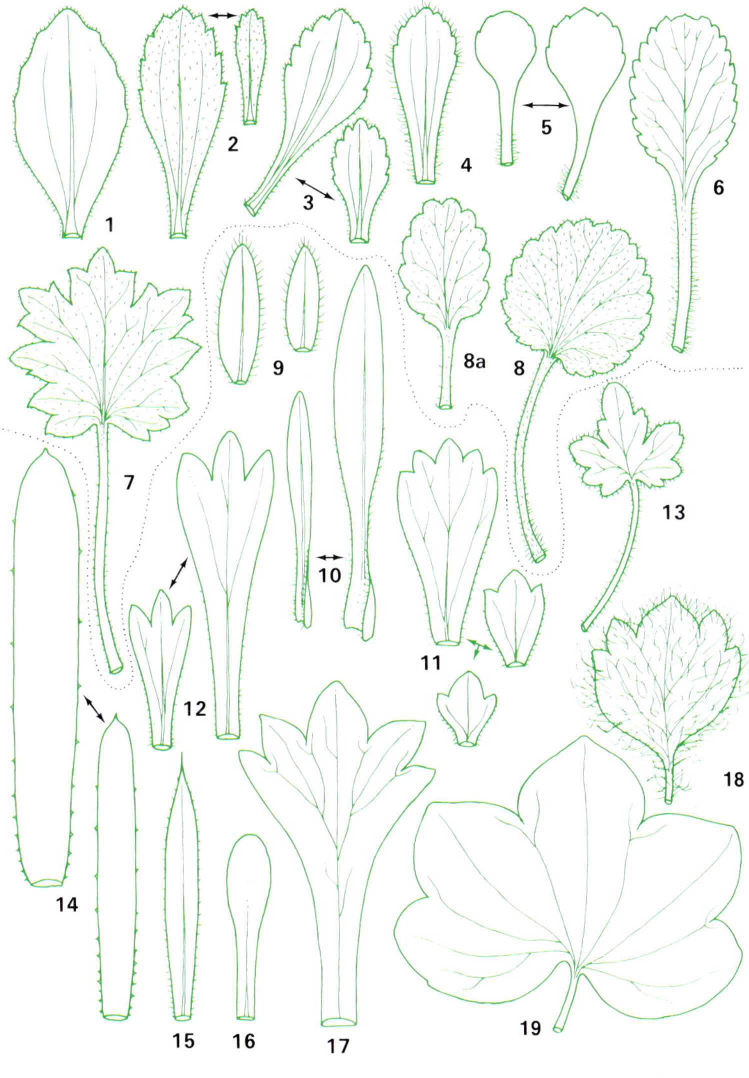
1
2
3
4
5
6
7
8a
8
9
10
11
12
13
14
15
16
17
18
19

Steinbrechgewächse (Forts.)

1 GEWIMPERTER STEINBRECH *Saxifraga aizoides.* Lockerrasige Staude, 10–25 cm; *B. fleischig,* schmal längl., 10–25 mm, manchmal schwach gezähnt, ungestielt; Bl. lebhaft gelb od. orange, manchmal rot getupft, in lockeren Trauben. VI–IX. Feuchte Orte, Quellfluren, Bachufer, Moränen; bis 3150 m. T, fehlt B, DK, NL, S. §

2 ZIERLICHER STEINBRECH *Saxifraga tenella.* Kahle niederliegende, dichte Matten bildende Staude, 5–10 cm; B. *fein nadelförmig,* 8–10 mm, am Rand behaart, ungestielt; Bl. cremeweiß, 6 mm, zu wenigen beisammen; Bl.stiel kahl, wenigblättrig. VII–VIII. Schattige Felsen und Schutt; meist auf Kalk; bis 2400 m. A, nl, nwYU; soAlpen. ● **2a** *S. glabella* hat schmal spatelige, völlig kahle B.; Bl. weiß, 5 mm. zl, sYU; zAp, Balkan. ●

3 VERNACHLÄSSIGTER STEINBRECH *Saxifraga praetermissa.* 6–12 cm; St. niederliegend, lockere Teppiche od. Polster bildend, schwach behaart mit beblätterten Ausläufern; B. längl. bis rundl., bis 10 mm, 3–5lappig; Bl. weiß, 9–10 mm, einzeln od. zu 2–3. VII–IX. Schneeböden, feuchte, schattige Schutthalden; 1500–2500 m. nE, sF; Pyr, Picos de Europa. ● **3a** *S. cuneata* ist kleiner; B. etwas klebrig, nur am Rand behaart, sonst kahl. Schattige Felsen, Mauern; auf Kalk. nE, swF; wPyr. **3b** *S. wahlenbergii* ist kahl, B.abschnitte stumpf; Bl.triebe bis 7 cm; Pfl. niedere Polster bildend. Feuchte Rasen; 1000–2500 m. CS, PL; wKarp.

4 WASSER-STEINBRECH *Saxifraga aquatica.* Große, lockere und tiefe Polster bildende Staude, 25–60 cm; B. glänzend, 15–40 mm breit, in *zahlreiche* spitze Abschnitte geteilt, gestielt, schwach behaart; Bl. weiß, 12–18 mm, in Rispen. VII–VIII. Bachufer, feuchte Orte; 1500–2200 m. nE, sF; z&oPyr. ●. Bastarde kommen vor, wo 3 und 4 beisammen wachsen: *S. × capitata.*

5 FÜNFFINGER-STEINBRECH *Saxifraga pentadactylis* agg. Polsterstaude, 6–20 cm; B. schwach drüsig, 3–5lappig; St. spärlich beblättert; Bl. weiß, 8–9 mm, in lockeren Trauben. VII–VIII. Silikatfels und -schutt; 1800–2900 m. nE, sF; Pyr, nSpan. ● **5a** *S. p.* subsp. *losae* B. steif, gleich lang wie der Stiel. noE. **5b** *S. hypnoides* □ 5–20 cm; rasenbildend mit vielen langen, entfernt beblätterten Ausläufern; B. ganzrandig od. 3lappig; Bl. rein weiß, als Knospen *nickend.* B, noF, GB, IRL, IS, N. §. **5c** *S. fragilis* (= *S. corbariensis*) hat B. mit 3 Hauptabschnitten, deren jeder weiter zerteilt ist. Kalkfels und -schutt. noE, sF; Corbières.

6 STORCHSCHNABEL-STEINBRECH *Saxifraga geranioides.* Drüsig behaarte Polsterstaude, 7–20 cm; B. tief in 9 od. mehr schmale Abschnitte geteilt, behaart; Bl. weiß, 22–24 mm, *schwach duftend,* in dichten Rispen auf schwach beblättertem St. VII–VIII. Silikatfels u. -schutt; bis 2950 m. nE, sF; oPyr, noSpan. ● **6a** *S. moncayensis* B. mit weniger als 11 Abschnitten; Bl. ca. 10–12 mm, in lockerer Traube. Schattige Silikatfelsen; 1000–1600 m. noE. ● **6b** *S. vayredana* ähnlich 6a, aber B. aromatisch duftend, selten mehr als 9 Bl. Bis 1600 m. noE.

7 HARZIGER STEINBRECH *Saxifraga intricata* (= *S. nervosa*). Drüsenhaarige, *harzduftende* Staude, lockere, aber ziemlich harte Polster bildend; B. dunkelgrün mit 3–5 schmalen Abschnitten; Bl. weiß, 8–10 mm, zu 3–12. VI–VIII. Exponierte Silikatfelsen; bis 2700 m. nE, sF; z&oPyr, Cord. cant. ●

8 PIEMONT-STEINBRECH *Saxifraga pedemontana* agg. Schwach behaarte Staude, 10–15 cm, ziemlich dichte Polster bildend; B. schwach fleischig, 5–11lappig, keilig in den breiten Stiel verschmälert, lang behaart; Bl. ziemlich groß, 18–26 mm, weiß, in gedrängten Trauben. VI–VIII. Schattige Silikatfelsen, Schutt; 1500–2800 m. sw&zA, soF, nwl; swAlpen. ● **8a** *S. p.* subsp. *prostii* hat im Umriß rundere B. mit *schmalen* Stielen. sF; Cevennen.

9–13, siehe S. 108.

1
2
3
4
5
6
7
8
5b
9
13
12a
12
10
11

Steinbrechgewächse (Forts.)

9 MANNSSCHILD-STEINBRECH *Saxifraga androsacea.* Schwach behaarte Polsterstaude, 10 cm; alle B. in kleinen Rosetten, ganzrandig od. mit 3 kurzen Lappen, am Rand behaart; Bl. weiß, 10–12 mm, zu 2–3; Kronb. schwach ausgerandet. V–VII. Schneeböden, feuchter Kalkschutt; 1500–3500 m. A, CH, CS, sD, E, sF, I, PL, R, YU. **9a** *S. seguieri* hat stets ungelappte, überall behaarte B.; Bl. kleiner, 5–6 mm, *gelbl.* VII–VIII. Silikatfeinschutt. A, CH, oF, nI. ● **9b** *S. depressa* ist größer als 9, mit verlängerten beblätterten Trieben; Bl. 8–10 mm, zu 3–8. Schattige Felskanten, feuchter Schutt; meist auf Porphyr; 2000–2850 m. noI; Dol. ● **9c** *S. italica* ähnlich 9b, aber kleiner; Bl. 1–3 an meist blattlosen Stielen. Kalkfelsen und -schutt. zI; zAp.

10 FETTKRAUT-STEINBRECH *Saxifraga sedoides.* Lockerrasige Kriechstaude, 2–4 cm; B. lanzettl. od. spatelig, 8–9 mm, ganzrandig; Bl. klein, gelb, 4–6 mm, einzeln od. zu 2–3; Kelchb. gleich lang wie Kronb. VI–IX. Schattige Felsen, Schneeböden; auf Kalk; bis 3050 m. z&nA. §. ● **10a** *S. s.* subsp. *hohenwartii* St. mit 3–5 B. s&oA, z&noI, YU. **10b** *S. aphylla* ähnlich 10, aber B. meist 3lappig; Bl. blaß grüngelb; Kronb. sehr schmal, kaum länger als die Kelchb. VII–IX. Kalkschutt; 2000–3200 m. A, CH, sD, nI.

11 PRESOLANA-STEINBRECH *Saxifraga presolanensis.* Dichte Polster bildende, drüsenhaarige gelbgrüne Staude bis 15 cm; B. schmal spatelig, dicht dachziegelig deckend, 12–15 mm, die untersten abgestorben, bleibend, weißl.; Bl. hellgelb, 6–7 mm, zu 2–4 an langen dünnen Stielen; Kronb. schmal, ausgerandet mit kurzem Spitzchen in der Mitte. VIII. N-exponierte Kalkwände; 1750–2000 m. nI; Bergamasker Alpen. ● **11a** *S. muscoides* hat kürzere Triebe mit schmal-lanzettl., behaarten, aber nur schwach drüsigen B.; Bl. weiß od. blaß zitronengelb mit *breiten*, nicht ausgerandeten Kronb. VI–VIII. Fels und Schutt; seltener auf Kalk; 3000–4200 m. A, CH, oF, I. ● **11b** *S. facchinii* wie 11a, aber mit sehr kleinen (4 mm), gelbl., rot überlaufenen Bl.; Bl. *meist einzeln*, auf kurzen Stielen zwischen den B. VII. Kalkfels und -schutt; 2200–3250 m. noI; Dol. ●

12 GEFURCHTER STEINBRECH *Saxifraga exarata.* Veränderliche behaarte Staude, 3–10 cm, ziemlich dichte, weiche Polster bildend; B. *3–5lappig*, breit gestielt, die Lappen stumpf und gefurcht; Bl. weiß od. blaßgelb, selten rosa, 7–8 mm, zu 3–8. VI–VIII. Felsen, steinige Orte; bis 3600 m. wA, CH, o&soF, nI. **12a MOSCHUS-STEINBRECH** *S. e.* subsp. *moschata* □ veränderliche behaarte, dichte Polster bildende Staude, 1–10 cm; B. 3lappig (manchmal 5lappig od. ungeteilt), 3–15 mm, Lappen abgerundet, *nicht gefurcht*; Bl. gelb od. cremefarben, selten dunkelrot, 5–8 mm, einzeln od. zu 2–7 auf meist b.losen St.; Kronb. längl., einander nicht berührend. VII–VIII. Felsen, Schutt, Rasen; 1200–4000 m. A; J, Ap. §–Oft mit 12 verwechselt, aber durch die größeren, meist weißen Kronb. und die gefurchten B. zu unterscheiden. Zwischen beiden Arten Bastarde! **12b** *S. hariotii* hat 3lappige, *glänzend grüne* B. mit furchigen, spitzen, meist kahlen Lappen. Kalkfelsen, steinige Rasen; 1600–3200 m. nwE, swF; wPyr. ●

13 CEVENNEN STEINBRECH *Saxifraga cebennensis* ist in allen Teilen viel größer; dichtere, blaßgrüne Polster; B. *lang behaart.* Schattige Kalkfelsen. sF; Cevennen.

Saxifraga-Blätter Maßstab Abb. 1–4 × 2, Abb. 5–18 × 4

1 *S. exarata*, S. 108
2 *S. cebennensis*, S. 108
3 *S. pubescens*, S. 110
3a *S. p.* subsp. *iratiana*, S. 110
4 *S. cespitosa*, S. 110
5 u. 5b *S. oppositifolia*, S. 110
5a *S. o.* subsp. *blepharophylla*, S. 110
5c *S. o.* subsp. *speciosa*, S. 110
5d *S. o.* subsp. *rudolphiana*, S. 110
6 *S. retusa*, S. 110
7 *S. biflora*, S. 110
8 *S. diapensioides*, S. 110
9 *S. tombeanensis*, S. 110
10 *S. vandellii*, S. 110
11 *S. burseriana*, S. 110
12 *S. squarrosa*, S. 112
13 *S. aretioides*, S. 112
14 *S. caesia*, S. 112
15 *S. valdensis*, S. 114
16 *S. porophylla*, S. 114
17 *S. media*, S. 114
18 *S. marginata*, S. 112

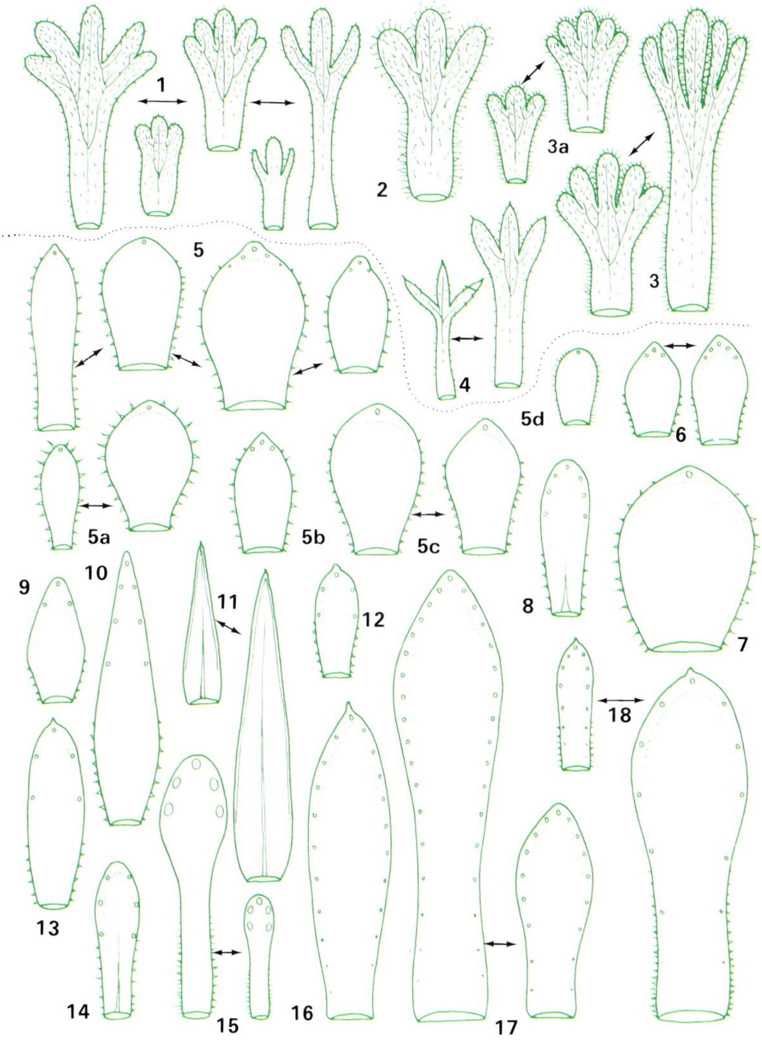
1
2
3a
3
4
5
5d
6
5a
5b
5c
7
8
9
10
11
12
13
14
15
16
17
18

Steinbrechgewächse (Forts.)

1 FLAUMIGER STEINBRECH *Saxifraga pubescens.* Lockere Polsterstaude bis 10 cm, mit großen B.rosetten; B. 10–20 mm, *5lappig,* manchmal 3lappig, lang gestielt; Bl. weiß, 8–12 mm, mit abgerundeten Kronb. VI–VIII. Felsige und steinige Orte; bis 2800 m. noE, sF; oPyr. ● **1a** *S. p.* subsp. *iratiana* □ ist kleiner, mit dichteren Polstern und *schmäleren* B. (4–10 mm); St.b. überlappend; Bl. oft rot geädert. 2400–2800 m. nE, sF; zPyr. ● **1b** *S. cespitosa* ist kompakter; B. meist 3lappig, mit spitzen Abschnitten; Bl. trübweiß od. cremefarben. Faeroer, GB, IS, N, S, SF.

2 ZWIEBEL-STEINBRECH *Saxifraga bulbifera.* 20–40 cm; St. unverzweigt, behaart, aus einer Wurzelknolle entspringend; B. im Umriß nierenförmig, stumpf und grob gezähnt, die unteren lang gestielt, drüsig; St.b. eiförmig, die oberen sitzend, alle am Grund mit *kleinen Brutknöllchen;* Bl. weiß, 14–20 mm, zu wenigen dicht beisammen. V–VI. Rasen, Felsen, schattige und trockene Orte; bis 1400 m. A, CH, CS, E, H, I, R, YU.

3 KNOLLEN-STEINBRECH *Saxifraga granulata.* Behaarte Staude bis 50 cm; B. überwiegend grundst., *nierenförmig,* stumpf gezähnt, lang gestielt, mit zahlreichen kleinen unterirdischen Brutknöllchen; Bl. weiß, 10–18 mm, in lockeren Rispen; Kronb. verlängert. III–IV. Saure Wiesen; bis 2200 m. T, fehlt Faeroer, IS. ⚕ ✕

4 NICKENDER STEINBRECH *Saxifraga cernua.* Schlanke, dünnstengelige Staude bis 30 cm; B. nierenförmig, mit 5–7 spitzen Lappen, die unteren lang gestielt, die oberen und die Tragb. am Grund *mit kleinen Brutzwiebeln;* Bl. weiß, 7–12 mm, meist einzeln od. fehlend. VII. Schattige Felsen; 1800–2500 m. A, CH, CS, GB, nI, IS, N, PL, R, S, SF. **4a** *S. rivularis* Brutknospen nur an den Grundb.; B. 3–5lappig. VIII–IX. Faeroer, nGB, IS, N, S, SF.

5 GEGENBLÄTTRIGER STEINBRECH *Saxifraga oppositifolia* (inkl. *S. murithiana* und *S. latina).* Niedrige *dichtrasige* Staude, 1–3 cm, mit langen niederliegenden Trieben; St. mit winzigen (2–3 mm), ungestielten, gegenst., oft blaugrünen B.; B. eiförmig, gegen die Spitze am breitesten, mit 1–5 Kalkporen, am Grund behaart; Bl. einzeln, blaßrosa bis tiefpurpurn, 10–20 mm, ungestielt; Staubbeutel bläul. V–VIII. Fels und Schutt, Moränen; kalkliebend; bis 3800 m. B, DK, NL; Pyr+. § **5a** *S. o.* subsp. *rudolphiana* hat sehr kompakte Polster mit winzigen, höchstens 2 mm langen, dicht dachziegelig gedrängten B.; Bl. 9–12 mm, mit spitzeren Kronb. A, CS, noI, R, YU. **5b** *S. o.* subsp. *blepharophylla* kompakte Polster; B. stumpf, spatelig, 3–4 mm, am Rand lang bewimpert. A; Alpen, YU. **5c** *S. o.* subsp. *paradoxa* hat meist *wechselst.* B. und große Bl. nE, sF; Pyr. **5d** *S. o.* subsp. *speciosa* ähnlich 5, aber B. breit, an der Spitze hautrandig; Bl. groß, purpurn, 14–20 mm. zI; Abruzzen.

6 GESTUTZTER STEINBRECH *Saxifraga retusa.* 3–10 cm; ähnlich 5, aber B. *zurückgekrümmt,* glänzend dunkelgrün; Bl. klein, hellpurpurn, 8 mm lang, *zu 2–3;* Kronb. schmal eiförmig; *Staubbeutel* orange. VI–VIII. Felsige, steinige Orte; auf Silikat; 2000–3000 m. A, CH, CS, nE, s&oF, I, PL, R. ● **6a** *S. r.* subsp. *augustana* hat lange Bl.stiele mit 2–5 Bl. von 10 mm ∅. Kalkfelsen. swCH, soF, nwI; swAlpen.

7 ZWEIBLÜTIGER STEINBRECH *Saxifraga biflora.* Lockerrasige niedrige Staude, 1–3 cm; B. breit eiförmig od. rundl., 5–9 mm, mit einer einzigen Kalkdrüse; Bl. rot, purpurn od. weißl. mit gelber Mitte, 16–20 mm, zu 2–5; *Kronb. einander nicht berührend.* VI–VIII. Feuchter Kalkschutt, Moränen, Schwemmland; 2000–3200 m. A, CH, sD, oF, nI. ●

8 POLSTER-STEINBRECH *Saxifraga diapensioides.* Dichte Polsterstaude, 3–7 cm; *St. säulenförmig* mit dachziegelig deckenden B.; B. längl., dick und steif, 4–6 mm, ungezähnt, blaugrün; Bl. weiß, 14–16 mm, zu 2–6 auf drüsigem St. VII–VIII. Kalkfelsen; 1500–2900 m. nI; swAlpen. ● **8a** *S. tombeanensis* □ hat kürzere lanzettl. B. mit einwärts gebogener scharfer Spitze; Bl. 18–23 mm. V–VI. 1700–2300 m. nI; Gardasee. ● **8b** *S. vandellii* hat längere, schmal-lanzettl., gerade, stechende B., 8–11 mm; Bl. 16 mm ∅. nI; Bergam, A. ●

9 BURSERS STEINBRECH *Saxifraga burseriana.* Dichte blaugrüne Polsterstaude, 2–5 cm; B. lanzettl., 5–12 mm, spitz; Bl. weiß, 14–28 mm, meist einzeln an beblätterten rötl. St. III–VII. Kalkfelsen, Schutt; bis 2200 m. A, sD, nI, wYU. § ●

10–11, siehe S. 112.

1
1a
2
3
4
5
6
7
8
8a
9
10
11

Steinbrechgewächse (Forts.)

10 GELBER STEINBRECH *Saxifraga aretioides*. Dichte behaarte Polsterstaude, 3–7 cm; B. schmal verlängert, 5–7 mm, mit kurzer, einwärtsgekrümmter, scharfer Spitze; Bl. *leuchtend gelb*, 10–16 mm, zu 3–5. VI–VIII. Felsen; bis 2300 m. nE, sF; Pyr, Cord. cant. ●

11 BLAUGRÜNER STEINBRECH *Saxifraga caesia*. Polsterstaude, 4–10 cm, mit flachen grau- od. blaugrünen B.rosetten; B. längl.-spatelig, rückwärtsgekrümmt, 3–6 mm, kalkinkrustiert; Bl. weiß, 8–11 mm, zu 2–5 an *zarten St*. VII–IX. Firmetum, Kalkfelsen und -schutt; bis 3000 m. A, CH, CS, sD, nE, F, I, PL, YU. § ● **11a** *S. squarrosa* hat gelbl.-grüne, dichtere, harte Polster; B. kleiner, schmäler, *nur* an der Spitze gekrümmt. VII–VIII. Dolomitfels; bis 2700 m. A, I, wYU; soAlpen. ● **11b** *S. marginata* B. gerade od. nur an der Spitze gekrümmt; Bl. größer, 7–11 mm, weiß od. manchmal blaßrosa. Kalkfelsen. z&sl, R, YU; Ap, sKarp. ●

Sektionen der Gattung Saxifraga

Sektion ***Ciliatae***: Pfl. Polster od. Matten bildend, B. ganzrandig, sommergrün; Bl.St. mit B. und gelben od. orangen Bl. Blütezeit Sommer; *S. hirculus*.

Sektion ***Cotylea***: schattenliebende Pfl. mit rundl., lang gestielten B. und aufrechten Bl.trauben; *S. rotundifolia*.

Sektion ***Gymopera***: schattenliebende, immergrüne Pfl. mit Rosetten lederiger, gezähnter B.; Bl. in lockeren Trauben, weiß od. rosa; die Kronb. oft gepunktet; *S. cuneifolia, S. hirsuta, S. spathularis, S. umbrosa*.

Sektion ***Ligulatae***: B. in immergrünen Rosetten, grün, graugrün od. weißl., nicht gezähnt, oft kalkinkrustiert; Bl. weiß od. rosa, in großen Trauben. *S. callosa, S. cochlearis, S. cotyledon, S. crustata, S. florulenta, S. hostii, S. longifolia, S. mutata, S. paniculata, S. valdensis*.

Sektion ***Mesogyne***: zarte Pfl. mit blaßgrünen B., am Grund oft mit Brutknospen; Bl. weiß. *S. carpatica, S. cernua, S. hyperborea, S. rivularis*.

Sektion ***Micranthes***: B. gezähnt in Rosetten; Bl.St. meist verzweigt, mit vielen kleinen weißen od. grünl.-weißen SternBl. *S. clusii, S. foliolosa, S. hieracifolia, S. nivalis, S. stellaris, S. tenuis*.

Sektion ***Porphyrion***: Pfl. oft dichte Polster od. Matten bildend, die ganzrandigen B. meist mit Kalkporen an der Spitze; B. gegenst. in der Subsektion *Oppositifolia* (O) Bl. mit vorragenden Kronb. (Subsektion *Kabschia*, K) od. Kronb. durch die großen rot-drüsigen Kelchb. verborgen (Subsektion *Engleria*, E); *S. aretioides* (K), *S. biflora* (O), *S. burseriana* (K), *S. caesia* (K), *S. diapensioides* (K), *S. marginata* (K), *S. media* (E), *S. oppositifolia* (O), *S. porophylla* (E), *S. retusa* (O), *S. squarrosa* (K), *S. tombeanensis* (K), *S. vandellii* (K).

Sektion ***Saxifraga***: meist immergrüne weichblättrige Stauden, Matten od. Polster bildend; *S. adscendens, S. aphylla, S. aquatica, S. androsacea, S. arachnoidea, S. bulbifera, S. cebennensis, S. cespitosa, S. cuneata, S. depressa, S. exarata, S. facchinii, S. geranioides, S. glabella, S. granulata, S. hariotii, S. hypnoides, S. moncayensis, S. intricata, S. italica, S. muscoides, S. paradoxa, S. pedemontana, S. pentadactylis, S. petraea, S. praetermissa, S. pubescens, S. sedoides, S. tenella, S. tridactylites, S. vayredana, S. wahlenbergii*.

Sektion ***Trachyphyllum***: Matten od. Polster bildende Stauden mit schmalen, spitzen bis stechenden B.; *S. aspera, S. bryoides*.

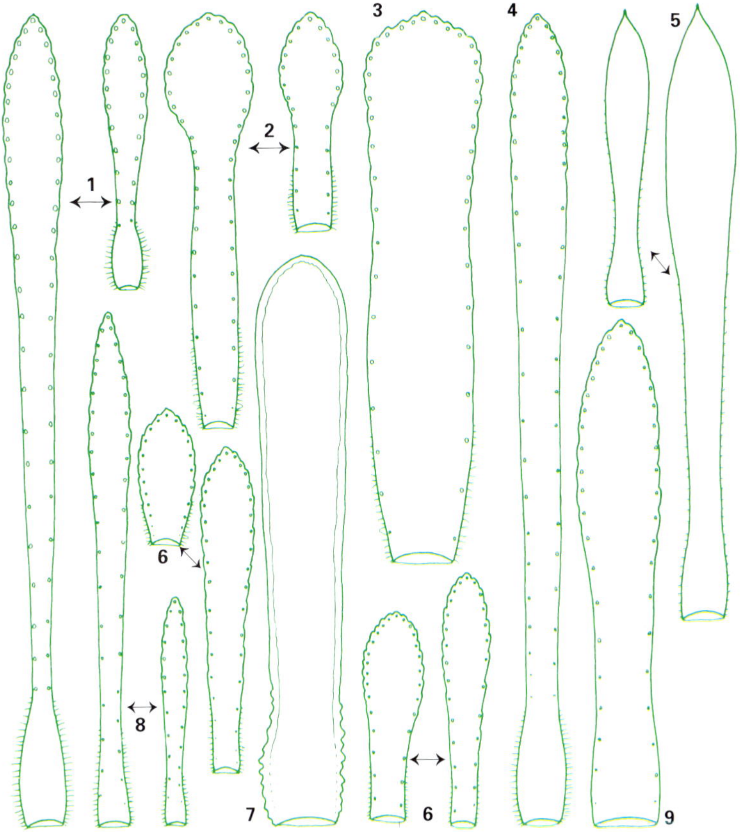

Saxifraga-Blätter Maßstab × 1, 5

1 *S. callosa*, S. 114
2 *S. cochlearis*, S. 114
3 *S. cotyledon*, S. 114
4 *S. longifolia*, S. 116
5 *S. florulenta*, S. 116
6 *S. paniculata*, S. 116
7 *S. mutata*, S. 116
8 *S. crustata*, S. 114
9 *S. hostii*, S. 114

Steinbrechgewächse (Forts.)

1 ZUNGENBLÄTTRIGER STEINBRECH *Saxifraga callosa* (= *S. lingulata*). Unregelmäßige Polster bildende Staude, 15–30 cm; B.rosetten groß, unregelmäßig; B. lang lineal od. spatelig, zugespitzt, 25–90 mm, graugrün, kalkinkrustiert; Bl. weiß, 11–16 mm; Kronb. oft am Grund *rot gefleckt*, in lockeren Rispen. VI–VIII. Kalkfelsen; bis 2500 m. soF, I; Alpes Maritimes, Ap. ● **1a** *S. cochlearis* ist ähnlich, aber kleiner und zarter; B. schmal spatelig, stumpf, 8–40 mm. Bis 1900 m. soF, n, z&nol; Alpes Maritimes, Lig. ● **1b** *S. valdensis* ähnlich 1a, aber kleiner und dicht polsterförmig; B. lineal bis lang spatelig, 4–12 mm; Bl. *rein weiß*, in abgeflachten Rispen. VII–VIII. Kalkfelsen; bis 2800 m. soF, nwl; swAlpen. ●

2 KRUSTEN-STEINBRECH *Saxifraga crustata*. Flache Polster bildende Rosettenstaude, 12–30 cm; *B. riemenförmig*, spitz, 15–60 mm, grau, kalkinkrustiert; Bl. weiß, 8–11 mm; Kronb. manchmal am Grund rot gefleckt, in schmalen, *kurz verzweigten* Rispen. VI–VIII. Kalkfelsen; 300–2800 m. oA, nl, w&zYU. ●

3 STRAUSS-STEINBRECH *Saxifraga cotyledon*. Staude, 15–50 cm; B.rosetten groß, flach, grün; B. breit längl.-spatelig, spitz, 20–60 mm, fein gezähnt, nicht verkalkt; Bl. weiß, 11–18 mm; Kronb. manchmal *rot gepunktet*, in *breit-pyramidalen*, vom Grund an verzweigten Rispen. VII–VIII. Silikat-Felsspalten; 1000–2600 m. Im s bis ins Tal. A, CH, sD, nE, I, IS, N, S.

4 SÜDALPEN-STEINBRECH *Saxifraga hostii*. 25–60 cm; B.rosetten groß, rein grün; B. an der Spitze leicht *abwärts gekrümmt*, bis 10 cm lang, gezähnt, nicht kalkinkrustiert; Bl. weiß, in oberwärts verzweigten Rispen, 9–15 mm; Kronb. rot gepunktet. V–VII. Kalkfelsen; bis 2500 m. z&oA, wYU; selten CH, H (N). ● **4a** *S. h.* subsp. *rhaetica* hat schmälere B. *mit scharfer Spitze*. nl.

5 ROTER PYRENÄEN-STEINBRECH *Saxifraga media*. Niedrige blaugrüne Polsterstaude, 2–5 cm; B. in dichten Rosetten, 7–20 mm, schmal längl., spitz, *am Grund rosa*; Bl. rosapurpurn, 4–6 mm, in schlanken Ähren; Kronb. kurz, *umhüllt vom* dunkelrot behaarten Kelch. VI–VIII. Felsen; meist auf Kalk od. Schiefer; bis 2510 m. noE, sF; oPyr. ● **5a ROTER APENNINEN-S.** *S. porophylla* □ hat flachere Rosetten; B. 6–16 mm. Kalkfelsen oberhalb 1000 m. z&sl; Ap. ●

5a Roter Apenninensteinbrech

5 Roter Pyrenäensteinbrech

1
2
3
4

Steinbrechgewächse (Forts.)

1 TRAUBEN-STEINBRECH *Saxifraga paniculata* (= *S. aizoon*). Polsterbildende Rosettenstaude, 12–30 cm; B. längl. od. *eiförmig*, über der Mitte am breitesten, *fein gezähnt, kalkinkrustiert*, 10–30 mm; Bl. weiß od. cremefarben, selten blaßrosa od. rot gepunktet, 8–11 mm, in lockeren Trauben *im oberen* Drittel des St. V–VIII. Felsige u. steinige Orte; meist auf Kalk od. Schiefer, aber auch auf Silikat; bis 2700 m. T, fehlt B, DK, GB, IRL, NL, S, SF. §

2 ORANGER STEINBRECH *Saxifraga mutata*. Staude, 10–15 cm, mit lockeren großen Rosetten; B. breit riemenförmig, stumpf, 10–70 mm, glänzend dunkelgrün, nicht kalkinkrustiert; Bl. *sternförmig*, orange, 9–15 mm, in großen lockeren Rispen. VI–VIII. Feuchter Kalk- u. Schieferschutt, Felsen; bis 2200 m. A, CH, CS, oF, H, nl; Alpen bis Tatra. § • **2a** *S. m.* subsp. *demissa* hat mehrere bis 20 cm lange Bl.rispen pro Rosette. R; sKarp.

3 WEISSER PYRENÄEN-STEINBRECH *Saxifraga longifolia*. Staude, 25–50 cm, mit *einzelner, großer* B.rosette; langlebig, aber nach der Bl. absterbend; B. schmal lineal, spitz, 30–80 cm, graugrün, kalkinkrustiert; Bl. weiß, 9–11 mm, in reichblütiger, vom Grund an verzweigter Rispe. V–VIII. Kalkfelsen; bis 2400 m. n&oE, sF; Pyr. •

4 KÖNIGS-STEINBRECH *Saxifraga florulenta*. Staude bis 30 cm, mit einzelner, vielblättriger Rosette, langsam wüchsig und langlebig, aber nach der Bl. absterbend; B. schmal längl., über der Mitte am breitesten, sehr regelmäßig dachziegelig; grün, *nicht kalkinkrustiert*; Bl. fleischrosa, 5–7 mm, in langen schmalen und spitzen Rispen. VII–IX (nicht alle Jahre blühend). Granit-Felsspalten; 1900–3250 m. soF, nwl; z Alpes Maritimes. •

Blattrosetten

3 Pyrenäensteinbrech

4 Königssteinbrech

1
3
2
4

Fam. Rosengewächse Rosaceae

Bäume, Sträucher, Kräuter; B. gegenst., oft gefiedert, meist mit Nebenb. am Grund der B.stiele; Bl. klein od. groß, einzeln od. in Bl.ständen; Kelch- und Kronb. meist 5; Kronb. getrennt; Kelchb. zu einem Becher verwachsen, oft mit Außenkelch; Staubgef. zahlreich; Fr. trokken mit freien Fr.b. od. fleischig, beerenartig, oft groß und eßbar (Apfel, Birne, Erdbeere).

1 NIEDERLIEGENDER SPIERSTRAUCH *Spiraea decumbens* subsp. *tomentosa*. Zierlicher, ausgebreiteter *laubwerfender* Strauch bis 0,5 m; B. längl., gezähnt, sitzend, unterseits grauhaarig; Bl. weiß, 5–7 mm, in rundl. Trugdolden. VI–VII. Kalkfelsen, Schutt; bis 1600 m. A, I, YU; soAlpen. ●

2 ULMENBLÄTTRIGER SPIERSTRAUCH *Spiraea chamaedryfolia* (= *Sp. ulmifolia*). Dicht verzweigter laubwerfender Strauch bis 2 m; Äste braun; B. eiförmig-lanzettl., zugespitzt, gegen das Vorderende gezähnt, *kahl*; Bl. weiß, 8–10 mm, in dichten rundl. Trugdolden. V–VI. Wälder, Gebüsche; bis 1200 m. A, CS, I, R, YU (D, F, H).

3 GEISSBART *Aruncus dioicus* (= *A. sylvestris, Spiraea aruncus*). Kahle Staude bis 2 m mit großen, doppelt gefiederten B. *ohne Nebenb.*; Bl. weiß, 5 mm, meist eingeschlechtig, in dichten, verzweigten, fingerförmigen Ähren; Gesamt-Bl.stand pyramidenförmig. V–VIII. Feuchte, schattige Orte, Schluchtwälder; meist auf saurem Boden; bis 1700 m. A, B, CH, CS, D, E, F, H, I, PL, R, YU. §

4 KNOLLIGER SPIERSTRAUCH, MÄDESÜSS *Filipendula vulgaris* (= *F. hexapetala*). Bis 80 cm; B. mit 8 od. mehr Paaren von Blättchen, am Grund mit *Nebenb.*; Bl. blaß cremefarben, unterseits rötl., 8–16 mm, in verzweigten, *oben abgeflachten* Rispen. VI–IX. Kalktrockenrasen; bis 1500 m. T, fehlt Faeroer, IS, Subarkt. **4a WIESEN-S.** *F. ulmaria* ist größer, bis 2 m; B. höchstens mit 5 Paar Blättchen; Bl. cremefarben, 4–8 mm, *duftend*. VII–IX. Feuchte Wiesen und Wälder; bis 1500 m. T. ⚕

5 STEINBEERE *Rubus saxatilis*. Niederliegende behaarte Staude, 10–50 cm, mit kleinen geraden Stacheln; einj. Triebe aufrecht; B. 3zählig, Blättchen eiförmig-elliptisch, gezähnt; Bl. weiß, 8–10 mm, mit *schmalen aufrechten* Kronb., in lockeren Bl.ständen; Sammelfr. glänzend rot mit 2–6 fleischigen, eßbaren Steinfrüchten. V–VI. Wälder, Gebüsche, schattige Felsen; bis 2400 m. T.

6 HIMBEERE *Rubus idaeus*. Staude, 100–150 cm, mit aufrechten od. gebogenen, bestachelten, verholzenden Zweigen; Äste zweij.; B. gefiedert, mit 5–7 gezähnten, unterseits *weißhaarigen* Blättchen; Bl. weiß, 10 mm, mit längl. aufrechten Kronb., in locker verzweigten Trauben; Sammelfr. rot od. orange, mit vielen kleinen fleischigen Steinfrüchten, eßbar. VI–VIII. Waldschläge, Heiden, Blockhalden; bis 2300 m; häufig kult. T, fehlt Faeroer, IS.

7 BROMBEERE *Rubus fruticosus* agg. Schwierige Gruppe mit über 40 Arten im Gebiet, aber die meisten in tiefen Lagen; klimmender, oft undurchdringliche Dickichte formender Strauch mit geraden od. krummen harten *Stacheln*; Triebe oft viele Meter lang, leicht am Boden anwurzelnd; B. stachelig, gefiedert mit 3–5 gezähnten Abschnitten; Bl. weiß od. rosa, 15–30 mm, in kurz verzweigten Doldentrauben; Sammelfr. zuerst *rötl.*, zur Reifezeit glänzend *blauschwarz*, mit zahlreichen fleischigen eßbaren Steinfrüchten. V–XI. Wälder, Gebüsche, Felsen, Ödland; selten über 1700 m. T.

8 BEREIFTE BROMBEERE *Rubus caesius*. Kriechender kleiner Strauch mit runden, schwach bestachelten, bereiften Zweigen; B. 3zählig; Blättchen 2–3lappig, gezähnt, behaart; Bl. weiß, 20–25 mm, zu 2–5; Fr. blauschwarz, bereift, mit wenigen großen eßbaren Steinfrüchtchen. V–IX. Wälder, Hecken; meist auf Kalk; bis 1200 m. T, fehlt Faeroer, IS.

9 ARKTISCHE BROMBEERE *Rubus arcticus*. Kriechende Staude ohne Stacheln, 10–30 cm; B. 3zählig, mit eiförmigen gezähnten Blättchen; Bl. *hellrot*, manchmal rosa, 15–25 mm, einzeln; Sammelfr. dunkelrot. VII. Heiden und Moore; bis 1150 m. N, S, SF.

10 MOLTEBEERE *Rubus chamaemorus*. Flaumige Kriechstaude, 5–20 cm; B. *fingerförmig gelappt*; Bl. weiß, 15–20 mm, einzeln, männl. und weibl. auf verschiedenen Pfl.; reife Sammelfr. orange. VI–VIII. Moore; bis 1400 m. CS, D, DK, GB, IRL, N, PL, S, SF.

1
2
3
4
5
6
7
8
9
10

Rosengewächse (Forts.)

ROSEN *Rosa*. Laubwerfende Sträucher mit dünnen, stark verzweigten, meist stark bestachelten Ästen; B. gefiedert, oft süß duftend; Kronb. 5, ausgerandet; Staubb. zahlreich; Fr. beerenähnlich („Hagebutte"). ⚕

1 FELDROSE *Rosa arvensis*. Ausgebreiteter Strauch bis 1 m; Zweige grün, Stacheln hakig; Blättchen 5–7, schwach behaart, unterseits mattgrün; Bl. weiß, 25–45 mm; Griffel säulenförmig *verwachsen*; Fr. kugelig od. eiförmig, rot; Kelchb. gelappt, *abfallend*. VI–VIII. Wälder, Hecken; bis 2000 m. A, B, CH, CS, D, E, F, GB, H, I, IRL, NL, YU.

2 STACHELROSE *Rosa pimpinellifolia* (= *R. spinosissima*). Kleiner Strauch bis 1 m; Zweige mit *geraden Stacheln* und steifen Borsten; Blättchen 5–11, kahl; Bl. weiß, manchmal rosa, 16–36 mm, einzeln; Fr. rundl., *purpurschwarz*; Kelchb. nicht gelappt, ausdauernd. V–VIII. Trockenes Ödland, Gebüsche, Felsen; bis 2000 m. T, fehlt E, nN, nS, SF.

3 ZIMTROSE *Rosa majalis* (= *R. cinnamomea*). Strauch bis 2 m; Zweige rotbraun, Stacheln dünn, schwach gekrümmt; Blättchen 5–7, behaart, oberseits *blaugrün*; Bl. purpurrosa, 32–50 mm, einzeln; Fr. kugelig od. eiförmig, rot; Kelchb. nicht gelappt, ausdauernd. V–VII. Bachufer, Erlenauen, trockene Böden; bis 2000 m. T, fehlt GB, IRL, IS (B, DK, NL). **3a BEREIFTE R.** *R. glauca* (= *R. rubrifolia*) □ hat blaugrüne od. rötl. kahle B.; die Bl. meist *zu 2–5*. VI–VIII. Steinige Orte, Waldsäume; bis 2100 m. A, CH, CS, E, F, H, I, PL, R, YU.

4 ALPEN-HAGROSE *Rosa pendulina* (= *R. alpina*). Strauch bis 2 m; Zweige gelbgrün od. rötl., meist *ohne Stacheln*; Blättchen 7–11, schwach behaart, hell- od. gelbgrün; Bl. purpurrosa, 26–46 mm, einzeln; Fr. *schmal, birnenförmig*, rot, behaart; Kelchb. nicht gelappt, ausdauernd. V–VIII. Bergwälder, Blockhalden; bis 2600 m. T, fehlt DK, GB, IRL, IS, N, NL, S, SF.

5 ESSIG-ROSE *Rosa gallica*. Niedriger Strauch bis 80 cm; Zweige mit Borsten und hakigen Stacheln; Blättchen 3–7, *unterseits behaart*, matt blaugrün; Bl. dunkelrosa, 50–80 mm, meist einzeln; Fr. rund bis elliptisch, hellrot, borstig; Kelchb. gelappt, *abfallend*. V–VIII. Trockene Gebüsche; bis 2000 m. T, fehlt DK, GB, IRL, IS, N, NL, S, SF (E).

6 GRIFFEL-ROSE *Rosa stylosa*. Lockerästiger Kletterstrauch bis 3 m; Zweige mit kräftigen gebogenen Stacheln; Blättchen 5–7, unterseits behaart, rein grün; Bl. weiß, manchmal rosa, 26–56 mm, einzeln od. zu mehreren; Griffel säulenförmig *verwachsen*; Fr. eiförmig od. kugelig, rot; Kelchb. gelappt, abfallend. VI–VII. Laubwälder, Gebüsche; kalkliebend; bis 2000 m. A, CH, D, E, F, GB, H, I, IRL, R.

7 BERGROSE *Rosa montana*. Strauch bis 3 m; Zweige blaugrün od. rötl. mit gebogenen od. fast geraden Stacheln; Blättchen 7–9, *kahl*, blaugrün; Bl. blaßrosa, später weiß werdend, 25–40 mm, meist einzeln; Fr. eiförmig bis schmal birnenförmig, rot, *drüsig*; Kelchb. gelappt, bleibend. VI–VII. Fels und Schutt; bis 2000 m. A, CH, E, sF, I. **7a** *R. jundzillii* hat blaß- bis tiefrosa Bl. und kleinere Fr.; Kelchb. *abfallend*. A, CH, CS, D, F, H, I, PL, R, YU.

3a Bereifte Rose

1
2
3
4
5
6
7

Rosengewächse (Forts.)

1 BLAUGRÜNE ROSE *Rosa vosagiaca* agg. Strauch bis 2 m; Zweige in der Jugend rötl., mit zahlreichen hakigen Stacheln; Blättchen 5–7, meist blaugrün, kahl; Bl. hellrosa, 25–50 mm, einzeln od. zu mehreren; Fr. rundl. od. birnenförmig, tiefrot, glatt, mit *ausdauernden, aufrechten Kelchb.* VI–VIII. Gebüsch, lichte Wälder; bis 2000 m. T, fehlt B, Faeroer, GB, IRL, IS.

2 HUNDSROSE *Rosa canina.* Lockerästiger Strauch bis 2 m od. mehr; Zweige grün, mit vielen hakigen Stacheln; Blättchen 5–7, blaugrün od. rein grün, *kahl*; Bl. rosa od. weiß, 30–50 mm, einzeln od. zu mehreren; Griffel behaart od. kahl; Fr. rundl. od. eiförmig, rot und glatt; Kelchb. *zurückgekrümmt od. fehlend.* VI–VIII. Gebüsche, Weg- und Waldränder; bis 2200 m. T, fehlt Faeroer, IS.

3 STUMPFBLÄTTRIGE ROSE *Rosa obtusifolia.* Strauch bis 2 m; Zweige grün, mit kurzhakigen Stacheln; Blättchen 5–7, blaugrün od. rein grün, *behaart*, unterseits drüsig; Bl. rosa od. weiß, 20–35 mm, einzeln od. zu mehreren; Fr. rundl. od. eiförmig, rot und glatt; Kelch zurückgeschlagen od. abfallend. VI–VIII. Schlehengebüsche; bis 2200 m. T, fehlt E, F, N, NL, SF.

4 FILZIGE ROSE *Rosa tomentosa* agg. Strauch bis 2 m; Zweige blaßgrün, bogig, mit *geraden od. schwach gebogenen* Stacheln; Blättchen 5–7, weich, dicht filzig, harzduftend; Bl. rosa, manchmal weiß, 30–45 mm, einzeln od. zu mehreren; Fr. rundl.-birnenförmig, *behaart*; Kelchb. fiederlappig, *zurückgeschlagen*, nicht ausdauernd. V–VII. Laubwälder, Auengebüsche; bis 2200 m. T, fehlt IS, SF, Subarkt.

5 APFELROSE *Rosa villosa* (= *R. pomifera*). Ähnlich 4, aber mit dünnen geraden Stacheln; Blättchen 5–7, filzig, blaugrün, harzduftend; Bl. rosa, 30–40 mm, einzeln od. zu mehreren; Fr. rundl. od. birnenförmig, behaart, mit *aufrechten, bleibenden*, fiederlappigen Kelchb. VI–VII. Gebüsche und Hecken; bis 2200 m. A, CH, D, F, H, I, NL, PL, R, YU (CS, DK, sN, sS).

6 WEINROSE *Rosa rubiginosa* (= *R. eglanteria*). Strauch bis 3 m; Zweige mit hakigen Stacheln und kurzen Borsten, bes. unter den Bl.; Blättchen 5–7, gelbl.-grün, oft rot od. braun überlaufen, unterseits klebrig, braunhaarig, süß duftend; Bl. *tiefrosa*, 18–28 mm, einzeln od. zu 2–3; Bl.stiele behaart; Fr. rundl. od. elliptisch, hellrot, glatt od. behaart; Kelchb. fiederlappig, *aufrecht, bleibend.* VI–VII. Gebüsche, trockene steinige Orte; bis 2100 m. T, fehlt E, Faeroer, IS. **6a** *R. elliptica* hat keine Borsten; Bl.stiele und Fr. nicht behaart. VI–IX. T, fehlt DK, N, NL, S, SF.

7 ACKERROSE *Rosa agrestis.* Strauch bis 2 m; Zweige bogig, mit hakigen Stacheln; Blättchen 5–7, mattgrün, unterseits drüsig; Bl. weiß, 20–38 mm, einzeln od. zu 2–3; Bl.stiele *kahl*; Fr. rundl. od. elliptisch, rot, glatt; Kelch zurückgeschlagen, *nicht bleibend.* V–VII. Hecken, Waldränder, kalkliebend; bis 2200 m. T, fehlt Faeroer, IS, N, SF. **7a KLEINBLÜTIGE R.** *R. micrantha* □ hat *behaarte Bl.stiele* und behaarte od. kahle Fr. T, fehlt DK, IS, N, S, SF.

7a Kleinblütige Rose

1
2
3
4
5
6
7

Rosengewächse (Forts.)

1 ECHTER ODERMENNIG *Agrimonia eupatoria.* Rauhhaarige Staude, 30–100 cm, mit *gefiederten B.* und Nebenb.; B.abschnitte oberseits dunkelgrün, unterseits *weiß* od. graufilzig; Bl. goldgelb, 5–8 mm, in langen Ähren; Fr.knoten gefurcht, mit kleinen aufrechten Haken. VI–VIII. Trockene Wiesen, lichte Wälder; meist auf Kalk; bis 1800 m. T, fehlt Faeroer, IS, Subarkt. **1a WOHLRIECHENDER O.** *A. procera* (= *A. odorata*) ist größer, bis 180 cm; reich drüsig, aromatisch; B. auch unterseits grün; Bl. 8–10 mm; *Fr. seicht gefurcht,* äußere Stacheln zurückgekrümmt. Straßenränder. T, fehlt Faeroer, IS, nSF, Subarkt. **1b** *A. pilosa* hat *blaß-gelbe* Bl.; reife Fr. nur 4–5 mm. PL, R, SF (CS).

2 AREMONIE *Aremonia* (= *Agrimonia*) *agrimonioides.* Behaarte Staude, 5–35 cm; ähnlich 1, aber St.b. häufig 3zählig; Bl. gelb, 7–10 mm, in kurzen beblätterten Trauben; Fr. ohne Stacheln. V–VI. Laubwaldränder, Wege; kalkliebend; bis 1900 m. A, CS, D, H, I, R, YU (CH, GB).

3 GROSSER WIESENKNOPF *Sanguisorba officinalis.* Kahle Staude, 30–100 cm; B. 3–7 paarig gefiedert, unterseits blaugrün; Bl. klein, dunkelrot, in *dichten, verlängerten,* 10–30 mm Köpfen; ohne Kronb.; Staubb. 4, vorragend. VI–IX. Feuchte Wiesen; bis 2300 m. T, fehlt zum Teil im N (SF). ⚕ **3a KLEINER W.** *S. minor* □ hat *graugrüne B.* mit 3–12 Paar Blättchen; *Bl. grünl.,* die oberen mit roten Griffeln, die unteren mit gelben Staubbeuteln, in dichten *runden* Köpfen. Trockenrasen; bis 2200 m. T, fehlt Faeroer, IS.

4 SÜDALPEN-WIESENKNOPF *Sanguisorba dodecandra.* Kahle Staude, 40–100 cm; B. 4–10paarig gefiedert, unterseits blaßgrün; Bl. klein, gelbl. bis weißl., in *dichten verlängerten,* überhängenden Ähren, 40–70 mm; Staubb. 4–15, vorragend. Hochstaudenfluren, Bachufer; bis 2000 m. nI; um Sondrio (PL, Südtirol). •

5 SILBERWURZ *Dryas octopetala.* Mattenbildender Zwergstrauch, 5–10 cm; B. immergrün, lang eiförmig od. herzförmig, gezähnt, gestielt, oberseits dunkelgrün glänzend, unterseits weißfilzig, manchmal die ganze Pfl. grauhaarig; Bl. weiß, 20–40 mm, einzeln, mit *7 od. mehr Kronb.*; Fr. mit langen *federigen Griffeln,* in schopfigem Fr.stand. V–VIII. Pionierpfl.; Kalkfels u. -schutt; bis 2500 m. T, fehlt B, DK, sI, NL. §

NELKENWURZ *Geum.* Stauden mit gefiederten, 3blättrigen od. 3lappigen B.; Bl. gelb od. rosa, mit 5–7 Kronb.; Fr. mit behaarten, hakigen od. geraden Griffeln.

6 KRIECHENDE NELKENWURZ *Geum reptans* (= *Sieversia r.*). Behaarte Staude, 5–15 cm, mit langen *rötl. Ausläufern*; B. gefiedert; Blättchen gezähnt; Bl. leuchtend dunkelgelb, 25–40 mm, einzeln; Kronb. eiförmig od. rundl.; Griffel nicht hakig. VII–VIII. Silikat-Schutt, Moränen; 1500–3800 m. A, CH, CS, D, F, I, PL, R, YU. § • **6a BERG N.** *G. montanum* □ hat *keine* Ausläufer; B. mit einem sehr großen längl. Endblättchen; Bl. goldgelb; Kronb. oft seicht ausgerandet. Bürstlingrasen; bis 3500 m. A, CH, CS, D, E, F, I, PL, R, YU.

7 BACH-NELKENWURZ *Geum rivale.* Weich behaarte Staude, 20–30 cm; B. 3paarig gefiedert, obere B. 3zählig; Bl. einzeln od. zu 2–5, *glockig, nickend,* 8–15 mm, cremefarben od. blaßrosa mit braunpurpurnen Kelchb; Griffel hakig. V–VII. Feuchte Wiesen, Bachufer; bis 2100 m. T. ⚕

8 PYRENÄEN-NELKENWURZ *Geum pyrenaicum.* Behaarte Staude, 20–30 cm, ohne Ausläufer; Grundb. gefiedert, 4–6 Paar Blättchen, das Endblättchen *sehr groß, rundl.*; Bl. hellgelb, 18–24 mm, einzeln; Kelchb. rundl.; Griffel bis nahe der Spitze verbunden, nicht hakig. VII–VIII. Steinige Rasen; bis 1800 m. nE, sF; Pyr. •

9 BENEDIKTENKRAUT *Geum urbanum.* 25–90 cm; untere B. gefiedert, obere 3zählig od. 3lappig, mit *b.ähnlichen Nebenb.*; Bl. blaßgelb, 10–15 mm; Kronb. eiförmig od. längl.; Griffel *hakig.* V–IX. Wälder, schattige Orte; bis 1850 m. T, fehlt Faeroer, IS. ⚕. **9a** *G. aleppicum* Bl. 20 mm, mit abgerundeten, ausgebreiteten Kronb. CS, H, PL, R (SF). **9b** *G. heterocarpum* weichhaarige Pfl.; Bl. 9–10 mm; Griffelspitze mit *herabgebogenen Stacheln.* oF, zl.

3a Kleiner Wiesenknopf

1
2
3
4
5
6
6a
7
8
9

Rosengewächse (Forts.)

1 WALDSTEINIA *Waldsteinia ternata*. Kriechende, behaarte Staude, 10–15 cm, mit wurzelnden *Ausläufern*; B. 3zählig; Blättchen gezähnt, am Grund verschmälert; Bl. weiß, 13–15 mm, zu 3–7, mit kleinen Hochb.; Griffel bei der Fr.reife *abfallend*. IV–V. Felsige und rasige Stellen; nur selten über 1000 m. A, CS, R, YU (SF). **1a** *W. geoides ohne* Ausläufer, Grundb. 5–7lappig. CS, H, R, YU (D).

FINGERKRAUT Potentilla. Meist kriechende Stauden mit gefingerten od. gefiederten B.; Bl. gelb, manchmal weiß od. rot, meist 5zählig; Staubb. zahlreich; Kelch und Außenkelch vorhanden; Fr.stand aus trockenen Nüßchen; Griffel abfallend.

2 STRAUCH-FINGERKRAUT *Potentilla fruticosa*. Reich verzweigter grauhaariger sommergrüner Strauch bis 1 m; in höheren Lagen oft kleinwüchsig; B. 5–7zählig, längl. bis elliptisch, ungezähnt; Bl. gelb, 16–24 mm, einzeln od. zu wenigen. VI–VIII. Felsige Orte, Flußufer; auf Kalk; bis 2600 m. E, F, GB, nol, S (N).

3 BLUTAUGE *Potentilla palustris* (= *Comarum palustre*). Schwach behaarte kriechende Staude bis 40 cm; B. gefiedert, Blättchen 5–7, längl., gezähnt; Bl. braunrot, sternförmig, 20–30 mm; Kelchb. *viel länger* als die linealen dunkelpurpurnen Kronb. V–VII. Feuchte Wiesen, Moore; auf saurem Boden; bis 2100 m. T.

4 GÄNSE-FINGERKRAUT *Potentilla anserina*. Kriechstaude, 15–50 cm, mit langen wurzelnden Ausläufern; B. gefiedert, wenigstens unterseits *silberhaarig*; Blättchen gezähnt; Bl. gelb, 14–20 mm, einzeln, mit eiförmigen Kronb. V–VIII. Feuchte Rasen, Wegränder; bis 2400 m. T–weltweit. ⚕

5 FELSEN-FINGERKRAUT *Potentilla rupestris*. Behaarte Staude, 20–60 cm, ohne Ausläufer; St. oft rötl.; B. *gefiedert*; Blättchen eiförmig od. meist rundl., gezähnt; Bl. *weiß*, 16–28 mm, einzeln od. zu mehreren. V–VI. Waldränder, felsige Orte; bis 2200 m. T.

6 VIELSPALTIGES FINGERKRAUT *Potentilla multifida*. Weich behaarte Staude, 5–25 cm; B. gefiedert; Blättchen 5–9, in schmal *lineale Zipfel* geteilt, oberseits grün, unterseits grau-silbrig; Bl. gelb, 10–14 mm. VII–VIII. Rasen, Wildläger; meist auf Silikat; 2000–3000 m. CH, s&oF, nl (SF).

7 PENNSYLVANISCHES FINGERKRAUT *Potentilla pennsylvanica*. *Grauhaarige* Staude, 15–80 cm; B. gefiedert; Blättchen 7–18, längl., grob gezähnt od. gelappt; Bl. gelb, 16–24 mm, in Doldentrauben. V–VII. Flaumeichengebüsch, Felsen und Rasen; bis 1500 m. z&oE, soF, nwl.

8 SCHNEEWEISSES FINGERKRAUT *Potentilla nivea*. Staude, 5–20 cm; St. oft weißwollig; B. *3zählig*, langgestielt, überwiegend grundst.; Blättchen eiförmig, gezähnt, oberseits grün, unterseits dicht weißfilzig; Bl. gelb, 12–18 mm, in wenigblütigen Trauben. VI–VIII. Felsen, alp. Rasen (bes. *Elynetum*); kalkhold; 1600–2600 m. A, CH, F, nl, N, S, SF. + **8a** *P. chamissonis* ist größer, B. oft mit mehr als 3 Blättchen, B.stiele mit *geraden Haaren*. N, S, SF; Arktisches Europa.

9 SILBER-FINGERKRAUT *Potentilla argentea*. Staude, 15–40 cm, mit meist filzigem, aufrechtem od. niederliegendem St.; B. *5zählig* gefingert; Blättchen fiederlappig, gezähnt, untere Blättchen mit 2–7 Zähnen, oberseits dunkelgrün, unterseits dicht *weißhaarig*; Bl. gelb, 8–12 mm, in verzweigten Bl.ständen. VI–VIII. Felsige und steinige Orte, trockene Hänge; bis 1950 m. T, fehlt Faeroer, IRL, IS. **9a** *P. neglecta* hat größere Bl., 12–16 mm; die unteren B. mit 9–11 Zähnen an jedem Blättchen. T, fehlt Faeroer, IRL, IS. **9b** *P. calabra* ähnlich 9, aber Blättchen oberseits graugrün od. weißl. z&sl; z&sAp. **9c** *P. collina* B. unterseits weißsilbrig behaart; Griffel keulig, *nicht* lineal. A, CH, CS, D, DK, F, H, I, PL, R, S.

4 Gänse-Fingerkraut

1
2
3
4
5
6
7
8
9

1 GROSSBLÜTIGES FINGERKRAUT *Potentilla grandiflora.* Dicht flaumhaarige Staude, 10–40 cm; B. 3zählig; Blättchen eiförmig od. rundl., gezähnt, oberseits hellgrün, unterseits grauhaarig; Bl. gelb, 22–32 mm, in verzweigten Bl.ständen; Kronb. seicht ausgerandet. VI–VIII. Trockene Bürstlingswiesen, Felsen (Silikat); bis 3100 m. A, CH, nE, s&oF, nl. ● **1a** *P. delphinensis* hat *5zählige,* auch unterseits grüne B.; auf Kalk; 1500–2800 m. soF; Cottische Alpen, Dauphiné. ●

2 PYRENÄEN-FINGERKRAUT *Potentilla pyrenaica. Angedrückt* behaarte Staude, 10–50 cm; B. 5zählig gefingert; Blättchen längl., gezähnt, oberseits und unterseits grün; Bl. gelb, 22–32 mm, in verzweigten Bl.ständen. VII–VIII. Rasen, felsige Orte; bis 2300 m. nE, sF; Pyr. ●

3 THÜRINGER FINGERKRAUT *Potentilla thuringiaca* (= *P. parviflora*). Stark behaarte Staude, 10–40 cm; B. fingerförmig, *Blättchen* 5–9, längl. bis lanzettl., gezähnt; Bl. gelb, 15–22 mm, in verzweigten Bl.ständen. IV–VIII. Buschwälder, Mauern, felsige Orte; bis 2500 m. CH, CS, D, F, I, R (N, S, SF).

4 ZWERG-FINGERKRAUT *Potentilla brauniana* (= *P. dubia*). Schwach behaarte Staude bis 5 cm; B. klein, 3zählig; Blättchen längl. bis eiförmig, schwach gezähnt, oberseits kahl, unterseits an den Nerven zottig; Bl. gelb, 7–11 mm, einzeln od. zu 2–3; Kronb. länger als die Kelchb.; Außenkelchzipfel stumpf. VII–VIII. Kalkschneeböden, Schutt, Rasen; 1800–3150 m. A, CH, D, E, s&oF, I, YU. ● **4a FROST-F.** *P. frigida* ist größer und *stärker behaart;* Kronb. kürzer od. so lang wie die Kelchb. Curvuletum, Silikatfels und -schutt; 2400–3700 m. A, CH, nE, s&oF, nl. ● **4b** *P. norvegica* oft einj., mit wenigen nichtblühenden B.rosetten. T, fehlt IS (B, CH, F, GB, NL, YU).

5 GOLD-FINGERKRAUT *Potentilla aurea.* Behaarte Staude bis 20 cm; B. 5zählig gefingert; Blättchen längl., gezähnt, der Endzahn *viel kleiner* als die seitlichen, am Rand silberhaarig; Nebenb. oval bis lanzettl.; Bl. goldgelb, oft in der Mitte orange, 14–24 mm, in lockeren, lang gestielten Bl.ständen; Kronb. breit, ausgerandet. VI–IX. Weiderasen; auf saurem Boden; 1400–2600 m. A, CH, CS, D, E, s&oF, I, PL, R, YU. ⚕ **5a** *P. crantzii* □ Endzahn der Blättchen *gleich* wie die übrigen; B.rand nicht silberhaarig. Trockene Rasen; kalkhold; bis 3000 m. T, fehlt B, IRL, NL. **5b** *P. tabernaemontani* (= *P. verna*) ähnlich 5, aber Kriechtriebe wurzelnd; Nebenb. der unteren *B. lineal.* Trockenwiesen; bis 3000 m. T, fehlt sl, IRL, IS. **5c KRIECHENDES F.** *P. reptans* hat an den B.knoten lange, wurzelnde Ausläufer; *Bl. einzeln.* Tonböden; bis 1700 m. T, fehlt Faeroer, IS. ⚕ **5d BLUTWURZ** *P. erecta* (= *P. tormentilla*) hat *4zählige Bl.* Wiesen, Moore; bis 2500 m. T. ⚕

6 ASCHGRAUES FINGERKRAUT *Potentilla cinerea.* Rasenbildende, dicht *sternhaarige,* graue Staude, 5–15 cm; Kriechtriebe oft wurzelnd; B. mit 3–5 längl. od. lanzettl., gezähnten, oben graugrünen, unterseits grauen Blättchen; Bl. gelb, 10–16 mm, einzeln od. zu 2–6. IV–VII. Trockenrasen und Felsen; bis 1600 m. T, fehlt GB, IRL, IS, N, NL, SF.

7 STENGEL-FINGERKRAUT *Potentilla caulescens.* Lockere Polster bildende behaarte Staude, 5–30 cm; B. 5–7zählig gefingert; Blättchen längl., gezähnt, mit 3–5 Zähnen am stumpfen Vorderende; *Bl. weiß,* 14–22 mm, in verzweigten Bl.ständen; Kronb. schmal, seicht od. nicht ausgerandet. VII–VIII. Kalk- u. Dolomitfelsen; bis 2400 m. A, sD, E, s&oF, I, YU.

8 CLUSIUS-FINGERKRAUT *Potentilla clusiana.* Lockere Polster bildende behaarte Staude, 5–10 cm; B. 5zählig gefingert; Blättchen längl., über der Mitte am breitesten, mit 3–5 *Zähnen* am stumpfen Vorderende; Bl. weiß, 20–22 mm, einzeln od. zu 2–3; Kronb. breit, ausgerandet. VII–VIII. Kalk- und Dolomitfels, Schutt; 1000–2400 m. A, sD, nl, nwYU.

9 FRAUENMANTEL-FINGERKRAUT *Potentilla alchimilloides.* Behaarte Staude, 10–30 cm; B. gefingert; Blättchen 5–7, längl.-elliptisch mit 3 kleinen Zähnen an der Spitze, oberseits kahl, unterseits dicht *silberhaarig;* Bl. weiß, 18–22 mm, in verzweigten Bl.ständen; Kronb. ausgerandet, länger als die Kelchb. VII–VIII. nE, sF; Pyr. ● **9a** *P. valderia* ist größer, grauhaarig; Blättchen in der vorderen Hälfte gezähnt; Kronb. *kürzer* als die Kelchb. soF, nwl; Alpes Maritimes. ● **9b** *P. haynaldiana* St. und B.stiele *langhaarig.* R; sKarp. **9c** *P. nivalis* B. unterseits *grün* und drüsig; Staubfäden kahl. n&oE, s&soF. ●

1
2
4
5a
3
5
7
9
6
8

Rosengewächse (Forts.)

1 DOLOMITEN-FINGERKRAUT *Potentilla nitida.* Dichte flache Polster bildende *silbergraue* Staude bis 5 cm; B. 3zählig; Blättchen längl., über der Mitte am breitesten, nur an der Spitze gezähnt; Bl. *tiefrosa*, selten weiß, 22–26 mm, einzeln od. zu zweit. VI–IX. Kalk- u. Dolomitfels, Schutt; 1200–3150 m. A, soF, nl, nwYU; sw&soAlpen, nAp. •

2 SCHMALKRONBLÄTTRIGES FINGERKRAUT *Potentilla gammopetala.* Behaarte Staude, 10–30 cm; B. 3–5zählig; Blättchen grün, oval, in der oberen Hälfte gezähnt; Bl. *cremefarben od. blaßgelb*, 14–17 mm, in verzweigten Bl.ständen; Krone, Kelch und Außenkelch gleich lang, *sternförmig.* VII–VIII. Silikatfelsen, meist Gneis; 1800–2100 m. CH, nl; zAp. • **2a** *P. apennina* Pfl. klein, alle B. 3zählig und *silberhaarig*; Blättchen schmal, nur an der Spitze gezähnt; Bl. weiß, mit *becherförmigem* Außenkelch. Schutt und Felsen; 1600–2200 m. zl; zAp. •

3 POLSTER-FINGERKRAUT *Potentilla saxifraga. Dichte Polster* bildende behaarte Staude, 15–20 cm; B. mit 3–5 linealen od. lanzettl. Blättchen, an der Spitze 3zähnig, oberseits grün und meist kahl, unterseits silberhaarig; Bl. weiß, 9–12 mm; Kronb. länger als die Kelchb. V–VI. Kalkfelsspalten; bis 1200 m. soF, nwl; Alpes Maritimes. • **3a** *P. micrantha* B. am Rand gezähnt; Griffel kahl. A, CH, CS, E, s&oF, H, I, R, YU. **3b** *P. montana* ähnlich 3a, aber Blättchen nur *vorne* gezähnt; Bl. größer; Kronb. 6–9 mm. E, w&zF. •

4 KARNISCHES FINGERKRAUT *Potentilla carniolica.* Behaarte Staude bis 5 cm; B. 3zählig; Blättchen oval, über der Mitte am breitesten, gezähnt, oberseits grün, unterseits grauhaarig; Bl. weiß, selten rosa, *klein*, 6–8 mm, einzeln od. zu 2–4. IV–VI. Kalkfelsen; bis 1600 m. nwYU. •

5 GELBLING *Sibbaldia procumbens.* Steifhaarige Rosettenstaude, 2–5 cm; B. 3zählig; Blättchen oval, über der Mitte am breitesten, an der Spitze 3zähnig; Bl. *klein*, gelb, 5 mm; Kronb. *kürzer* als der Kelch, manchmal fehlend; Staubb. 5. VII–VIII. Schneeböden, feuchte Rasen; 2000–3200 m. T, fehlt B, E, I, IRL, NL, R, YU.

6 WALD-ERDBEERE *Fragaria vesca.* Behaarte Staude bis 10 cm, mit langen wurzelnden *Ausläufern*; B. 3zählig, in grundst. Rosette; Blättchen scharf gezähnt; Bl. weiß, 15 mm, zu mehreren an einem *angedrückt* behaarten St., der nicht länger als die B. ist; Fr. eßbar. V–VI. Waldlichtungen, Lawinenrunsen; bis 2400 m. T, fehlt Faeroer. ♀ **6a ZIMT-E.** *F. moschata* □ ist größer; die Bl.stände *viel* länger als die B.; Ausläufer selten; Bl. 20 mm; Fr. am Grund ohne Samen. Bis 1800 m. T, fehlt Faeroer, IRL, IS. **6b GRÜNE E.** *F. viridis* □ ähnlich 6, aber mit *kurzen* Ausläufern; Bl.stiele abstehend behaart; Fr. am Grund ohne Samen. Bis 1900 m. T, fehlt GB, IRL, IS, NL.

FRAUENMANTEL *Alchemilla.* Schwierige Gruppe mit über 50 Arten im Gebiet. Rosettenstauden; B. seicht od. tief fingerförmig geteilt, mit meist gezähnten Abschnitten; Bl. klein, grün od. gelbl., in kopfigen Bl.ständen, 4zählig mit Kelch und Außenkelch, aber ohne Krone; Fr. ein Nüßchen.

7 FÜNFBLATT-FRAUENMANTEL *Alchemilla pentaphyllea.* Schwach behaarte Staude, 5–20 cm; St. oft niederliegend; B. klein, kaum über 3 cm, mit 3–5 *bis zum Grund* geteilten keilförmigen Abschnitten; Bl. grünl.-gelb, in 1–2 locker kopfigen Bl.ständen. VII–VIII. Fels- u. Schutthänge, Schneeböden; auf saurem Untergrund; 1850–3000 m. A, CH, oF, nl. •

8 FELS-FRAUENMANTEL *Alchemilla saxatilis.* Schwach behaarte Staude, 10–25 cm; B. 5lappig, der Mittellappen bis zur B.mitte eingeschnitten; B.abschnitte an der Spitze fein gezähnt, oberseits *kahl*; Bl. in dichten, lang gestielten Köpfen. VI–VIII. Silikatfelsen; bis 2200 m. CH, sD, E, s&oF, nl, YU. **8a** *A. transiens* B. 6–7teilig, deutlich gezähnt. CH, E, s&oF, nl, nwYU.

9 ALPEN-FRAUENMANTEL *Alchemilla alpina.* Kriechende, behaarte Staude, 10–30 cm; B. 5–7teilig, wenigstens der Mittelabschnitt bis zum Grund geteilt; B.abschnitte lang, an der Spitze gezähnt, oberseits grün, unterseits *silberhaarig*; Bl. blaßgrün, in lockeren Köpfen. VI–VIII. Wiesen, steinige Orte, lichte Wälder; auf saurem Boden; bis 2600 m. T, fehlt B, CS, DK, NL, PL, R, YU. • **9a** *A. basaltica* (= *A. opaca*) Bl.stiele *viel länger* als die B. Silikatfelsen. CH, nE, z, s&oF. • **9b** *A. subsericea* □ *ähnlich* 9, aber *B. grau*, unterseits nur schwach behaart. wA, CH, nE, s&oF, I. •

1
2
3
5
6a
6b
4
9b
7
8
9
6

Rosengewächse (Forts.)

1 VERWACHSENBLÄTTRIGER FRAUENMANTEL *Alchemilla hoppeana* agg. Behaarte Staude, 10–30 cm; B. 7–9lappig, oberseits meist kahl, unterseits schwach behaart bis silberhaarig; B.abschnitte elliptisch, längl. od. lineal, am Grund *verbunden*, in der Vorderhälfte gezähnt; Bl. blaßgrün, in verzweigten kopfigen Bl.ständen. VI–VIII. Wiesen, felsige und steinige Orte; auf Kalk; bis 2600 m. A, swD, oF. **1a** *A. plicatula* nur der mittlere B.abschnitt bis zum Grund *getrennt*. A, CH, sD, E, F, I, R, YU. • **1b** *A. conjuncta* hat oberseits stumpf blaugrüne und glänzende, unterseits behaarte B. CH, oF (GB). • **1c** *A. grossidens* B. matt grün, unterseits nur *spärlich* behaart, B.zähne 2–3 mm statt 1 mm. A, CH, sD, oF, nl. •

2 GLANZ-FRAUENMANTEL *Alchemilla splendens* agg. Staude, 10–20 cm; B. 7–11lappig, oberseits behaart od. kahl; B.abschnitte meist nur *bis zur Hälfte* eingeschnitten, jeder mit 10 od. mehr Zähnen; Bl. grünl., in verzweigten, getrennten Köpfen. VI–IX. Wiesen, steinige Orte, Waldränder; kalkhold; bis 2500 m. CH, nE, s&oF. •

3 KLEINER FRAUENMANTEL *Alchemilla glaucescens* agg. (= *A. hybrida*). Staude, 10–20 cm; St. abstehend behaart; B. *nicht größer* als 6 cm, 5–9lappig, *beiderseits* dicht weichhaarig; B. bis unter die Mitte geteilt, jeder Lappen mit 8–10 Zähnen; Bl. grünl., in dichten, verzweigten Köpfen. VI–IX. Magerwiesen, Felsen, steinige Orte; bis 2500 m. T, fehlt E, IS. •

4 GEMEINER FRAUENMANTEL *Alchemilla vulgaris* agg. (= *A. xanthochlora*). Formenreich; meist dicht behaarte Staude, 20–50 cm; St. abstehend behaart; B. *meist* größer als 6 cm, 9–11lappig, beiderseits grün; B. bis unter die Mitte geteilt, jeder Lappen mit 12 od. mehr Zähnen; Bl. blaßgrün, 3–5 mm, in lockeren verzweigten Bl.ständen. VI–IX. Feuchte Wiesen, Weiden; bis 3100 m. T.

5 TÄUSCHENDER FRAUENMANTEL *Alchemilla fallax* agg. Zartstengelige Staude bis 30 cm; St. und B.stiele *kahl* od. *angedrückt* behaart; B. 7–9lappig, oberseits kahl, unterseits schwach behaart; B. bis unter die Mitte geteilt, jeder Lappen mit 10 od. mehr Zähnen; Bl. grünl., 3–6 mm, in verzweigten Bl.ständen. VI–IX. Rasen, Felsen; bis 3100 m. A, CH, sD, E, s&oF, I, YU.

6 KAHLER FRAUENMANTEL *Alchemilla fissa* (= *A. glaberrima*). Zarte kahle Staude, 8–30 cm; B. klein, 5–7lappig; B. mindestens bis zur Mitte geteilt, jeder Lappen mit 8–12 *großen* Zähnen; Bl. blaßgrün, 3,5–5 mm, in kleinen Köpfen. VI–IX. Feuchter Feinschutt, Schneeböden; bis 2500 m. A, CH, CS, nE, s&oF, PL. •

7 GEMEINE ZWERGMISPEL *Cotoneaster integerrimus*. Laubwerfender Strauch, selten höher als 1 m; oft ausgebreitet; junge Zweige filzig, bald verkahlend; B. oval bis meist rundl., *ungezähnt*, oberseits tiefgrün, unterseits *grau-filzig*; Bl. rosa, hängend, zu 2–4; Kelch kahl od. am Rand schwach behaart; Fr. eine kleine rote Beere. IV–VI. Trockene Felsen, steinige Orte, offene Wälder; kalkhold; bis 2800 m. T, fehlt IRL, IS, Subarkt. **7a FILZIGE Z.** *C. nebrodensis* (= *C. tomentosus*) □ ist größer, mit größeren B. und rötl. Bl. *zu 3–12*; Kelch *überall* behaart. IV–V. Trockene, warme Kalkfelsen, steinige Orte; bis 2400 m. T, fehlt B, GB, IRL, IS, NL, Subarkt (DK, N, S). **7b** *C. niger* Strauch bis 2 m, Zweige glänzend rotbraun; Bl. rötl. od. rötl.-weiß; Fr. *schwarz*. CS, DK, H, N, PL, R, YU.

7a Filzige Zwergmispel

Zweig mit Früchten

1
2
3
4
5
6
7

Rosengewächse (Forts.)

1 WILDE BIRNE *Pyrus pyraster.* Laubwerfender Baum bis 20 m; Zweige *meist dornig,* grau bis braun; B. rundl. bis oval, fein gezähnt, gestielt, kahl; Bl. weiß, 25–35 mm, gebüschelt; Fr. kugelig bis birnenförmig, gelbbraun od. schwärzl., *hart.* IV. Wälder und Gebüsche; bis 1700 m. T, fehlt IRL, IS, NL, Subarkt. **1a GARTEN-B.** *P. communis* meist nicht dornig; Zweige *rotbraun;* größere, weiche, süß schmeckende Fr. Kult. und verwildert; bis 1600 m. T, fehlt Subarkt.

2 SCHNEE-BIRNE *Pyrus nivalis.* Laubwerfender Baum bis 20 m; Zweige meist nicht dornig, jung weißhaarig, später schwärzl.; B. oval, über der Mitte am breitesten, meist ungezähnt, grauhaarig; Bl. weiß, 24–28 mm, gebüschelt; Fr. kugelig, gelbgrün mit roten Punkten. IV. Sonnige Hänge, trockene offene Wälder; bis 1600 m. A, CH, CS, oF, H, I, R, YU. ● **2a** *P. austriaca* hat *lanzettl.,* am Vorderende fein gezähnte, oberseits kahle B. A, CH, CS, H, R. **2b MANDEL-BIRNBAUM** *P. amygdaliformis* B. *schmäler* als bei 2a, manchmal 3lappig; Bl. kleiner, 12–14 mm. Trockene, felsige Orte; bis 1700 m. sF, E, z&sI, YU.

3 WILDER APFELBAUM, HOLZAPFEL *Malus sylvestris.* Kleiner laubwerfender Baum bis 10 m; Zweige ziemlich dornig; B. oval bis elliptisch, zugespitzt, gezähnt, gestielt, kahl; Bl. weiß od. rosa, 30–40 mm, gebüschelt; Fr. kugelig, ein gelbgrüner, manchmal rot überlaufener Apfel. V. Offene Wälder und Gebüsche, bis 1600 m. T, fehlt Faeroer, IS, Subarkt.

4 ZWERG-EBERESCHE *Sorbus chamaemespilus.* Laubwerfender Strauch bis 1,5 m; B. elliptisch bis oval, gezähnt, ledrig, oberseits dunkel-, unterseits blaugrün; Bl. *rosa,* 5–7 mm, in kleinen dichten Bl.ständen; Kronb. schmal, aufrecht; Fr. kugelig, rot, 10–13 mm. V–VII. Offene Wälder, steinige Orte, Legföhrengebüsch; kalkhold; bis 2500 m. A, CH, CS, D, E, F, I, PL, R, YU. ●

5 VOGELBEERBAUM *Sorbus aucuparia.* Schlanker, laubwerfender Baum bis 15 m; Zweige glatt, silbergrau; B. gefiedert; Blättchen längl., gezähnt, oberseits grün, unterseits anfänglich grauhaarig; Bl. cremeweiß, 8–10 mm, in dichten Doldentrauben; Fr. eine kleine, orange od. rote Beere. V–VI. Bergwälder, Blockhalden; bis 2400 m. T, fehlt Faeroer.

6 MEHLBEERBAUM *Sorbus aria.* Laubwerfender Baum bis 25 m; Zweige grau, glatt; B. oval bis elliptisch, unter der Mitte am breitesten, seicht gelappt, gezähnt, gestielt, oberseits grün, unterseits dicht *weißfilzig;* Bl. weiß, 10–15 mm, in dichten flachen Doldentrauben; Fr. 8–15 mm, längl., rot. V–VI. Trockene Wälder, felsige Orte; meist auf Kalk; bis 1700 m. T, fehlt Faeroer, N, NL, S, SF. **6a ELS-B.** *S. torminalis* hat tiefer gelappte, unterseits flaumige od. verkahlende B.; Fr. braun, fein gepunktet. T, fehlt Faeroer, IRL, IS, N, S, SF. **6b** *S. mougeotii* ähnlich *6,* aber mit *eingeschnitten-gelappten* B., die unterseits grauhaarig sind; Fr. rot, kugelig. CH, nE, s&oF, ?nl. ● **6c** *S. austriaca* hat rundere B. als 6b; Fr. mit vielen *großen* Punkten. A, CS, H, R, YU. ●

7 FELSENBIRNE *Amelanchier ovalis.* Laubwerfender Strauch bis 3 m; Borke schwärzl.; B. oval, über der Mitte am breitesten, gezähnt, unterseits in der Jugend weißfilzig; Bl. weiß, 16–20 mm, in *kurzen* Trauben; Kronb. schmal, spitz; Fr. eine kleine blauschwarze Beere. IV–VI. Offene trockene Wälder, Felshänge; meist auf Kalk; bis 2400 m. T, fehlt GB, IRL, IS, N, NL, S, SF.

8 WEISSDORN *Crataegus monogyna* (= *C. oxyacantha*). Strauch od. kleiner Baum bis 10 m; Zweige dornig; B. oval bis rhombisch, tief 3–5lappig; Nebenb. *ungezähnt;* Bl. weiß, 8–15 mm, in breiten Trugdolden; 1 Griffel; Fr. eine rote Beere (6–10 mm). V–VI. Trockene Böden, Hecken und Gestrüpp; bis 1700 m. T, fehlt Faeroer, IS, Subarkt. ⚕✕ **8a** *C. macrocarpa* ausgebreiteter Strauch mit fein gezähnten B.lappen und gezähnten Nebenb.; Fr. 12–15 mm; Griffel 2–3. A, CH, CS, sD, oF, nl. ● **8b** *C. laevigata* ähnlich 8, aber B. *weniger tief gelappt,* fein gezähnt; Fr. 8–12 mm; Griffel 2–3. Feuchte Böden, Waldränder. T, fehlt Faeroer, IRL, IS, nSkand. ⚕✕

1
2
3
4
5
6
7
8

Rosengewächse (Forts.)

1 BRIANÇON-PFLAUME *Prunus brigantina* (= *P. brigantiaca*). Ausgebreiteter laubwerfender Baum od. Strauch bis 6 m; junge Zweige *glänzend, kahl*; B. *oval* bis elliptisch, spitz, gezähnt, oberseits glänzend, unterseits an den Nerven behaart; Bl. weiß, 15–20 mm, zu 2–5, mit den jungen B.; Fr. eine glänzende gelbe Pflaume, 25–30 mm. IV–V. Trockene, steinige Hänge, Gebüsch; 1200–1800 m. oF, nwI. •

2 SCHLEHE, SCHWARZDORN *Prunus spinosa*. Dichter, dorniger, laubwerfender Strauch bis 4 m; Borke schwarz; junge Zweige meist behaart; B. oval, über der Mitte am breitesten, fein gezähnt, mattgrün; Bl. weiß, 10–15 mm, *meist einzeln*, vor den B.; Fr. eine kleine rundl., blauschwarze bereifte Zwetschke, 10–15 mm. III–V. Hecken, Gebüsche; bis 1600 m. T, fehlt Faeroer, IS, Subarkt. ⚕

3 VOGELKIRSCHE *Prunus avium*. Baum bis 20 m; Borke rotbraun; Zweige kahl; B. längl., spitz, gezähnt, oft rötl., unterseits spärlich behaart; Bl. weiß, 14–22 mm, zu 2–6 gebüschelt; Fr. eine leuchtend rote, *meist bittere* Kirsche, 9–12 mm. IV–V. Wälder, Hecken; bis 1700 m. T, IS, Subarkt. Viele Kulturformen. ⚕

4 STEINWEICHSEL *Prunus mahaleb*. Laubwerfender Strauch od. kleiner Baum bis 10 m; junge Zweige drüsig behaart; B. oval, gezähnt, unterseits meist kahl, *am Rand drüsig*; Bl. weiß, 8–12 mm, zu 3–10 gebüschelt; Fr. eine schwarze bittere Kirsche, 8–10 mm. IV–V. Lichte warme Laubgebüsche, trockene Hänge; bis 1700 m. T, fehlt GB, IRL, IS, NL, SF (N, S).

5 TRAUBENKIRSCHE *Prunus padus*. Laubwerfender Baum bis 17 m; junge Triebe kahl; Borke braun, sich schälend, stinkend; B. elliptisch-längl., meist kahl, fein gezähnt, mattgrün; Bl. weiß, 10–16 mm, in *bogig überhängenden*, langen, stark duftenden Trauben; Fr. eine glänzende schwarze Kirsche, 6–8 mm. IV–VI. Wälder, Gebüsche, Auen, Moore; bis 2200 m. T, fehlt IS, Subarkt. ⚕ **5a** *P. p.* subsp. *borealis* (= *P. petraea*) ist strauchförmig, bis 3 m; mit *behaarten* jungen Trieben; Bl. schwach duftend. A, CH, CS, sD, PL, R, YU.

Fam. Schmetterlingsblütler, Hülsenfrüchtler
Fabaceae (Leguminosae)

Große Fam. mit charakteristischen Merkmalen: B. meist 3zählig od. gefiedert, manchmal einfach, wechselst., gelegentlich mit Dornen od. Ranken; Bl. mit 5 Kronb.; das obere, die „Fahne“, oft breit und aufrecht, die zwei seitlichen „Flügel“ überdeckend, die zwei unteren Kronb. zu einem „Kiel“ verbunden; in der Krone eingeschlossen 10 Staubb. und der Griffel; Kelch röhrig, mit kurzen od. langen Zähnen; Fr. eine sich bei der Reife öffnende Hülse.

6 GEMEINER GOLDREGEN *Laburnum anagyroides*. Laubwerfender Strauch od. kleiner Baum bis 7 m; Borke glatt; Zweige graugrün, *angedrückt behaart*; B. 3zählig; Blättchen ungezähnt, unterseits graugrün; Bl. goldgelb, in hängenden gestielten Trauben; Hülse 40–60 mm, flach, angedrückt behaart. IV–V. Wälder und Gebüsche; bes. auf Kalk; bis 2000 m. A, CH, CS, F, H, I, R, YU (GB, IRL). Häufig als Zierstrauch kult. ⚕ ☓ **6a ALPEN-G.** *L. alpinum* hat *kahle* grüne Zweige und kahle Hülsen; B. unterseits blaßgrün. A, CH, CS, F, I, YU.

7 COMERSEE-GEISSKLEE *Cytisus emeriflorus* (= *C. glabrescens*). Strauch bis 1 m; Zweige sparrig, kantig, oft ziemlich knorrig; junge Triebe behaart, gelbl.; B. 3zählig; Blättchen lanzettl., *unterseits silberhaarig*; Bl. gelb, zu 1–4 seitenst.; Hülse 25–35 mm, kahl. VI. Buschwälder, steinige Orte; bis 1850 m. sCH, nI; sAlpen. •

8 SEEALPEN-GEISSKLEE *Cytisus ardoinii*. Kleiner Strauch bis 80 cm. Junge Zweige flaumig, mit 8–10 *geflügelten Rippen*; B. 3zählig; Blättchen längl., beidseits behaart; Bl. gelb, zu 1–3 an kurzen Seitentrieben; Hülse 20–25 mm, dicht behaart. IV–V. Kalkfelsen; bis 1500 m. soF; Seealpen. • **8a** *C. sauzeanus* hat 5kantige Zweige, die Hülsen meist nur an den Kanten behaart. soF. • **8b** *C. decumbens* (= *Genista d.*) ähnlich 8a, aber mit *einfachen* längl. od. lanzettl. B. und behaarten Hülsen. CH, z&oF, I, YU.

9 PYRENÄEN-GEISSKLEE *Cytisus purgans* (= *Sarothamnus p., Genista p.*). Blaugrüner Strauch bis 1 m; Zweige kantig, spärlich beblättert, in der Jugend behaart; B. 3zählig, ungestielt, an den Bl.trieben einfach; Bl. tief-gelb, *vanilleduftend*, einzeln od. paarig an den Zweigenden; reife Hülse schwarz, 15–30 mm, behaart. V–VII. Trockene steinige Hänge, Silikatfelsen; bis 1900 m. nE, sF. **9a** *C. sessilifolius* ist kahl; *alle B.* 3zählig; Bl. zu 3–12 gebüschelt. Wälder, Gebüsche; bis 2300 m. noE, sF, I. •

1
2
3
4
5
6
7
8
9

Schmetterlingsblütler (Forts.)

1 PURPURROTER GEISSKLEE *Chamaecytisus purpureus* (= *Cytisus p.*). Meist kahler Halbstrauch bis 30 cm; B. 3zählig; Blättchen längl., spitz; Bl. *lila, rosa od. purpurn*, 15–25 mm, zu 2–3 in beblätterten Ähren; Hülse 15–25 mm, kahl. V. Gebüsche, felsige Hänge; auf Kalk; bis 1400 m. A, nl, nwYU; s&soAlpen. ●

2 BEHAARTER GEISSKLEE *Chamaecytisus hirsutus* (= *Cytisus h., C. pumilus*). Meist unter 1 m, lang und weich behaarter Halbstrauch; Zweige ± aufrecht; B. *3zählig;* Blättchen oval-elliptisch; Bl. gelb od. rötl.-gelb, 20–25 mm, die Fahne manchmal braun gefleckt, zu 1–4; Hülse lineal, 25–40 mm lang, behaart. IV–VI. Warme Rasen u. Gebüsche; oft auf Silikat; bis 1900 m. A, CH, CS, F, H, I, PL, R, YU. **2a** *Ch. polytrichus* bildet *niedere*, höchstens 30 cm hohe *Büsche*; Hülsen dicht behaart. oF, I, R, YU. ● **2b** *Ch. ciliatus* ähnlich 2, aber Blättchen *größer*, 20–30 mm, statt 6–20 mm. A, CS, H, R, YU. ● **2c** *Ch. leiocarpus* B. und Kelch (fast) kahl. R, noYU. ● **2d** *Ch. austriacus* hat dunkelgelbe Bl. in Köpfen über einem Kranz von Tragb. CS, H, R, YU.

3 FÄRBERGINSTER *Genista tinctoria*. Bis 1 m, aber meist kleiner; schwach behaarter, dornloser, laubwerfender Strauch; B. elliptisch bis lanzettl., *nicht 3zählig*; Bl. gelb, 8–15 mm, in beblätterten Ähren; Hülsen 25–30 mm, kahl. V–VIII. Wiesen, Gebüsche, offene Wälder; bis 1800 m. T, fehlt Faeroer, IRL, IS. **3a** *G. lobelii* stark verzweigter *Dornstrauch* mit einfachen B.; Bl. einzeln mit Tragb. Kalkfelsen. oE, soF. ● **3b SCHWARZER G.** *Lembotropis nigricans* (= *Cytisus n.*) hat *3zählige B.* und kleinere Bl. in blattlosen Ähren. A, CH, CS, D, H, I, PL, R, YU.

4 SEIDENHAARIGER GINSTER *Genista sericea*. Dicht verzweigter behaarter Kleinstrauch bis 40 cm; B. schmal elliptisch, einfach, oberseits grün und kahl, *unterseits silberhaarig;* Bl. gelb, 10–14 mm, zu 2–5 am Ende der Triebe; Hülsen *behaart*. V–VII. Felsige Hänge; bis 1300 m. nol, YU. ● **4a** *G. cinerea* ist aufrecht mit langen *Bl.ähren*; Hochb. entlang der Ähre gebüschelt. IV–VIII. Bis 1900 m. E, sF, I. **4b** *G. pilosa* ähnlich 4a, aber Hochb. entlang der Ähre *wechselst.* IV–X. Wälder, Heiden. T, fehlt Faeroer, IRL, IS, N, S, SF.

5 DEUTSCHER GINSTER *Genista germanica. Bedornter Kleinstrauch* bis 60 cm; behaart; B. lanzettl., unterseits behaart; Bl. gelb, 10–12 mm, in kurzen Ähren, die Fahne kürzer als der Kiel; Hülse *kurz, oval*, 5–8 mm, behaart. V–IX. Rasen, Gebüsche, Heiden; bis 2300 m. A, B, CH, CS, D, F, H, NL, n&zl, R, wYU.

6 STRAHLENGINSTER *Genista radiata* (= *Cytisanthus radiatus, Cytisus r.*). Dicht und regelmäßig verzweigter, oft fast kugeliger Strauch bis 50 cm; Zweige grün, fast blattlos; B. gegenst., *3zählig;* Blättchen lineal-lanzettl., unterseits silberhaarig, sehr klein; Bl. gelb, 8–14 mm, in wenigblütigen Köpfen; Hülse kurz, oval, 5–6 mm, 1–2samig. V–VIII. Warme trockene Hänge; meist über der Waldgrenze, aber auch tiefer; auf Kalk und Schiefer; bis 2200 m. A, CH, oF, n&zl, R, nwYU. §

7 SPANISCHER GINSTER *Genista hispanica*. Ähnlich 5, aber dichter dornig; B. lanzettl., oft über der Mitte am breitesten, unterseits behaart; Bl. gelb, 6–8 mm, in dichten, meist *kopfigen Bl.ständen*, die Fahne so lang wie der Kiel; Hülse kurz oval, 5–6 mm, meist kahl. IV–IX. Felsige und steinige Orte; bis 1500 m. E, F (oPyr), I (Lig.). ● **7a** *G. h.* subsp. *occidentalis* hat größere Bl., 8–11 mm. nE, swF; wPyr. ●

8 FLÜGELGINSTER *Chamaespartium sagittale* (= *Genista s., Genistella s.*). Kleiner dornloser Halbstrauch bis 30 cm; niederliegende Haupttriebe, von denen aufrechte, breit *grün geflügelte*, schwach behaarte Zweige entspringen; B. klein, elliptisch, wenige; Bl. gelb, 10–12 mm, in dichten, endst., ovalen Köpfen; Hülse längl., 14–20 mm, behaart. V–VII. Offene Wälder, rasige und felsige Orte; bis 1950 m. A, B, CH, CS, D, E, F, H, I, R, YU (PL). ●

9 IGELGINSTER *Echinospartum horridum* (= *Genista horrida*). Dicht dorniger Strauch bis 40 cm; *Zweige gegenst.*; B. 3zählig; Blättchen längl., über der Mitte am breitesten, unterseits silberhaarig; Bl. gelb, 12–16 mm, *einzeln od. zu 2* an den Zweigenden; Kelch schwach aufgeblasen; Hülse längl., 9–14 mm, silberhaarig. VII–IX. Kalkfelsen, steinige Rasen; bis 1800 m. nE, sz&sF. ●

1
2
3
4
5
6
7
8
9

Schmetterlingsblütler (Forts.)

1 BLAUER IGELGINSTER *Erinacea anthyllis* (= *E. pungens*). *Dorniger* Kugelstrauch, 10–30 cm, mit dicken Zweigen; B. und Zweige gegenst.; B. klein, einfach od. 3zählig, *früh abfallend*; Bl. hellblau-violett, 16–18 mm, in Köpfen zu 2 od. 3; Hülse lineal-längl., behaart. V–VI. Trockene Felshänge; meist auf Kalk; bis 2000 m. E, sF; wPyr.

2 GEMEINER STECHGINSTER *Ulex europaeus*. Dichter immergrüner Strauch bis 2,5 m, stark dornig-ästig; Dornen *gefurcht*; untere B. klein, 3zählig, obere pfriemlich; Bl. goldgelb, 14–18 mm, in bedornten Bl.ständen; mandelduftend; Kelch 3lippig, grüngelbl. behaart; Hülse oval-längl., behaart. Fast ganzjährig blühend. Heiden, sonnige, grasige Hänge; bis 1200 m. CH, D, E, GB, I, IRL, NL (A, B, CS, DK, N, S). **2a KLEINER S.** *U. minor* ist kleiner, oft niederliegend, mit kürzeren, weicheren Dornen und kleineren helleren Bl. VII–XI. E, wF, sGB. •

3 BLASENSTRAUCH *Colutea arborescens*. Laubwerfender Strauch bis 4 m, behaart und stark verzweigt; B. gefiedert; Bl. sattgelb, oft mit rotem Mal, 20–40 mm, in lockeren Trauben; Hülse groß, *aufgeblasen*, reif braun, pergamentartig. VI–VIII. Offene Wälder, Gebüsche, trockene Hänge; meist auf Kalk; bis 1600 m. A, CH, CS, D, E, F, H, I, R, YU (B, GB). ✕

TRAGANT *Astragalus*. Ausdauernde, oft Matten bildende Stauden mit meist unpaarig gefiederten, manchmal dornigen B.; Bl. in dichten Köpfen od. lockeren Trauben; Schiffchen stumpf; Kelch mit kurzen Zähnen. ⚕

4 KICHERERBSEN-TRAGANT *Astragalus cicer*. Ausgebreitete behaarte Staude, 30–60 cm; B. 10–15paarig; Blättchen lanzettl. od. eiförmig; Bl. *blaßgelb*, in dichten, rundl., lang gestielten Köpfen; Hülsen rundl., aufgeblasen, spitz, *weißzottig behaart*. VI–VII. Wiesen, Gebüsche, Wegränder; bis 1800 m. A, B, CH, CS, E, F, H, I, PL, R, YU.

5 DÄNISCHER TRAGANT *Astragalus danicus*. Schlanke behaarte Staude, 8–30 cm; Blättchen in 6–13 Paaren, oval od. längl., *stumpf*; Bl. purpurn od. blauviolett, in dichten, runden, lang gestielten Köpfen; Hülse eiförmig, aufgeblasen, *weißhaarig*. V–VII. Wiesen; meist auf Kalk; 1800–2400 m. A, CS, D, DK, F, GB, I, IRL, PL, S.

6 PURPUR-TRAGANT *Astragalus purpureus*. Schlanke behaarte Staude, 10–40 cm; Blättchen in 7–15 Paaren, elliptisch-längl., *ausgerandet*; Bl. purpurn, manchmal weißl., in dichten, runden, lang gestielten Köpfchen; Hülse eiförmig, aufgeblasen, weißhaarig. V–VII. Steinige Orte, Gebüsche; meist auf Kalk; bis 1800 m. E, s&oF, I, YU.

7 GLETSCHERLINSE *Astragalus frigidus* (= *Phaca frigida*). Aufrechte, unverzweigte, meist kahle Staude, 10–35 cm; Blättchen in 2–8 Paaren, breit elliptisch; Bl. *gelbl.-weiß*, in lockeren, lang gestielten längl. Köpfen; Hülse bräunl., elliptisch; anfangs schwarz- od. weißhaarig, verkahlend. VII–VIII. Rostseggenrasen, steinige Orte; meist auf Kalk; 1700–2800 m. A, CH, CS, D, F, Faeroer, I, N, PL, R, S.

8 ALPENLINSE *Astragalus penduliflorus* (= *Phaca p.*). Verzweigte behaarte Staude, 20–50 cm; Blättchen in 7–15 Paaren, elliptisch od. längl.-lanzettl.; Bl. goldgelb, in lockeren, lang gestielten Köpfen; Hülse eiförmig, *aufgeblasen*, anfangs schwarz behaart. VII–VIII. Wiesen, Wälder, steinige Orte; bis 2850 m. A, CH, CS, D, E, F, I, PL, R, S, YU.

9 ALPEN-TRAGANT *Astragalus alpinus* (= *Phaca alpina*). Zierliche Staude, 7–20 cm; St. niederliegend od. aufsteigend; Blättchen in 8–12 Paaren, elliptisch, stumpf od. spitz; Bl. weiß-lila mit *blauviolettem* Schiffchen, in lockeren, lang gestielten Köpfen; Hülse längl., *schwarzhaarig*. VII–VIII. Rasen, Moränen; 1900–3100 m. T, fehlt B, DK, Faeroer, IRL, IS, NL; GB angrenzend an Schottland. **9a** *A. a.* subsp. *arcticus* hat purpur-violette Bl.; Fr. 8–11 mm statt 10–15 mm lang. Arktisches Europa; fehlt IS.

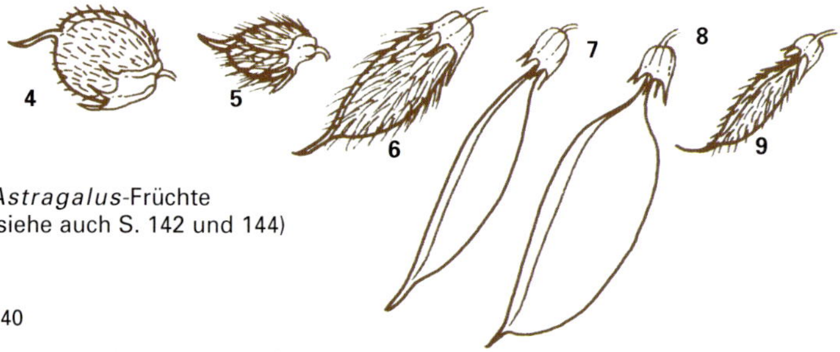

Astragalus-Früchte
(siehe auch S. 142 und 144)

1
2
3
4
5
6
7
8
9

Schmetterlingsblütler (Forts.)

1 NIEDRIGER TRAGANT *Astragalus depressus*. Behaarte Staude; St. fehlend od. bis 10 cm; Blättchen in 6–14 Paaren, längl. od. herzförmig, über der Mitte am breitesten; Bl. weißl. od. bläul.rot, in *kurz gestielten* Köpfen; Hülse lineal-lanzettl., kahl. V–VII. Trockene Rasen, sonnige Kalkfelsen; bis 2700 m. CH, E, s&oF, I, R, YU.

2 NORWEGISCHER TRAGANT *Astragalus norvegicus* (= *A. oroboides*). Kahle od. unterwärts spärlich behaarte Staude, 20–40 cm; *Blättchen* in 5–8 Paaren, längl.-oval, ausgerandet; Bl. blaßviolett, in dichten, lang gestielten Köpfen; Hülse eiförmig, schwarzhaarig. VII–VIII. Rasen; 1900–2500 m. A, CS, N, S, ?R.

3 SÜDLICHER TRAGANT *Astragalus australis* (= *Phaca a.*). Behaarte Staude, 10–30 cm; St. aufsteigend; Blättchen in 4–8 Paaren, schmal elliptisch bis oval-lanzettl.; Bl. cremeweiß; Schiffchen mit violetter Spitze; Bl. in lockeren, lang gestielten Trauben; Hülse längl.-oval, *aufgeblasen*, kahl. V–VII. Rasen, Moränen; 1800–3100 m. A, CH, CS, D, E, s&oF, I, PL, R, YU.

4 SÜSSER TRAGANT *Astragalus glycyphyllos*. Niederliegende, schwach behaarte Staude, St. bis 1,2 m; Blättchen in 4–6 Paaren, eiförmig bis breit elliptisch, stumpf; Bl. blaß cremegelb, in dichten, *kurz gestielten* Köpfen; Kelchröhre kahl; Hülse lineal-längl., schwach *gekrümmt*, kahl. VI–VIII. Offene Wälder u. Gebüsche, Wiesen. T, fehlt Faeroer, IS, Subarkt.

5 STENGELLOSER TRAGANT *Astragalus exscapus*. Niedrige, stark *behaarte* Rosettenstaude; B. in 12–19 Paaren, elliptisch-oval; Bl. leuchtend gelb; Bl.köpfe st.los, *inmitten* der B.rosette; Kelchröhre zottig; Hülse behaart. V–VII. Trockenrasen, offene Wälder; meist auf Kalk; bis 2200 m. A, CH, CS, D, E, H, I, R.

6 SÜDWESTALPEN-TRAGANT *Astragalus centralpinus* (= *A. alopecuroides*). Aufrechte, *dichthaarige* derbe Staude bis 100 cm; Blättchen in 20–30 Paaren, elliptisch bis eilanzettl.; Bl. blaßgelb, in längl. *ungestielten* Köpfen; Kelchröhre stark zottig; Hülse eiförmig, behaart. VII–VIII. Trockene warme Hänge, offene Wälder; bis 1500 m. oF, nwI; swAlpen, Bulgarien (Rhodopen). ●

7 IMMERGRÜNER TRAGANT *Astragalus sempervirens*. Graubehaarte, bedornte Polsterstaude, 5–20 cm; Blättchen in 4–10 Paaren, lineal-längl., über der Mitte am breitesten; Bl. weiß bis blaßpurpurn, in kurz gestielten Köpfen *zw. den B.*; Hülse eiförmig, stark behaart. V–VIII. Felsen und Schutt; meist auf Kalk; bis 2750 m. E, s&oF, I.

8 ÖSTERREICHISCHER TRAGANT *Astragalus austriacus*. Schwach behaarte schlanke Staude, 10–60 cm; Blättchen in 5–10 Paaren, lineal; Bl. blau und violett, in lockeren lang gestielten Köpfen; Hülse lineal, längl., spitz, behaart. VI–VIII. Trockene, steinige Rasen, Buschwerk; meist auf Kalk; bis 1700 m. A, CS, noE, s&oF, H, I, R, YU. **8a** *A. sulcatus* B. unterseits spärlich behaart; Kelchzähne *lineal*; Bl. blaßlila. oA, CS, H, R. **8b** *A. arenarius* Nebenb. *verwachsen*; Bl. größer, purpur od. lila, seltener weiß od. gelbl., 13–17 mm. CS, D, PL, S (B, E, N); Rußl.

9 TIROLER TRAGANT *Astragalus leontinus*. Manchmal st.lose, schlanke Staude bis 20 cm; blaßgrün, behaart; Blättchen in 5–10 Paaren, oval bis schmal elliptisch; Bl. violett od. blaßpurpurn, in *runden*, lang gestielten Köpfen; Hülse längl.-eiförmig, behaart. VII–VIII. Wiesen, lichte Wälder; meist auf Kalk; bis 2650 m. A, CH, oF, nI, nwYU. ●

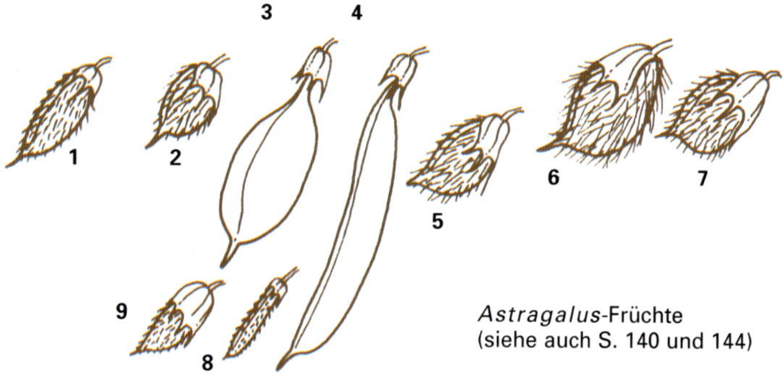

Astragalus-Früchte
(siehe auch S. 140 und 144)

1
2
3
4
5
6
7
8
9

Schmetterlingsblütler (Forts.)

1 FRANZÖSISCHER TRAGANT *Astragalus monspessulanus.* St.lose, schwach behaarte, rasenbildende Staude; Blättchen in 10–20 Paaren, rundl. bis längl., stumpf; Bl. purpurviolett, manchmal weißl., in lockeren, lang gestielten Köpfen; Hülse lineal, gekrümmt, spitz, meist *kahl.* IV–VIII. Trockenrasen, steinige Orte; meist auf Kalk; bis 2600 m. CH, E, s&oF, I, R, YU. **1a** *A. spruneri* hat meist 5–8 Paar *Blättchen* und weiße, blaß purpurne od. violette Bl. soR, oYU.

2 BLASEN-TRAGANT *Astragalus vesicarius.* Am Grund verholzte, schwach behaarte bis dicht weißhaarige Staude bis 25 cm; Blättchen in 5–10 Paaren, lineal-lanzettl. bis längl.; Bl. weißl. mit purpurner od. violetter Fahne in lockeren, lang gestielten Köpfen; Kelch aufgeblasen; Hülse längl., spitz, *stark behaart.* VI–VII. Trockenrasen, steinige Orte; bis 2000 m. A, CS, E, s&oF, H, I, R, YU. **2a** *A. v.* subsp. *pastellianus* ist größer, mit gelbl. Bl. nol; Italienische Alpen. ●

SPITZKIEL *Oxytropis.* Unterscheidet sich von *Astragalus* durch ein aufgesetztes Spitzchen auf dem *Kiel* (Schiffchen); Bl. in dicht kugeligen, lang gestielten Bl.ständen.

3 LAPPLAND-SPITZKIEL *Oxytropis lapponica.* Behaarte Rosettenstaude bis 10 cm; Blättchen in 8–14 Paaren, lanzettl. od. längl., Nebenb. ziemlich hoch verwachsen; Bl. violettblau; Hülse schmal längl., *kurz behaart.* VII–VIII. Alp. Rasen, Moränen, Schutt; 1800–3050 m. A, CH, s&oF, I, N, S, SF, YU. **3a** *O. deflexa* Bl. weißl.; Nebenb. nicht verwachsen. nN.

4 BERG-SPITZKIEL *Oxytropis jacquinii* (= *O. montana, Astragalus montanus*). Schwach behaarte, kräftige Rosettenstaude, 5–40 cm; Blättchen in 14–20 Paaren, lanzettl. od. schmal eiförmig; Nebenb. *kaum verbunden*; Bl. purpurviolett; Hülse eiförmig, spitz, schwach aufgeblasen, *kurz gestielt*, schwach behaart. VII–VIII. Alp. Rasen, steinige Orte; meist auf Kalk; 1500–2900 m. A, CH, sD, oF, nl; Alpen, J. ● **4a** *O. carpatica* ist st.los mit leuchtend blauen Bl. CS, PL, R; Karp. ●

5 DREIBLÜTIGER SPITZKIEL *Oxytropis gaudinii* (= *Astragalus triflorus* var. *gaudinii*). Ausgebreitete st.lose, *grau-seidige* Staude, 3–10 cm; Blättchen in 10–12 Paaren, lanzettl.; Bl. lilablau; Hülsen schmal längl., behaart. VII–VIII. Rasen, steinige Orte; Kalkschiefer; 1800–3100 m. wCH, oF, nwl; swAlpen. ● **5a** *O. amethystea* □ ist dicht wollig, mit *13–20 Paar* Blättchen; Bl. lila bis blaßpurpurn; Hülsen eiförmig, dicht behaart. noE, oF; oPyr, swAlpen. ● Bastarde mit 4 im gemeinsamen Areal.

6 VERKANNTER SPITZKIEL *Oxytropis pyrenaica* (= *O. neglecta, O. samnitica*). Sehr formenreich! St.lose rosettige, filzige Staude bis 20 cm; Blättchen in 12–20 Paaren; längl.-elliptisch bis lanzettl.; Bl. purpurn od. blauviolett; Kelch meist dicht dunkel behaart; Hülse schmal eiförmig, spitz, schwach behaart. VII–VIII. Rasen, Kalkfelsen; bis 3000 m. A, CH, E, s&oF, I, R, YU. ● **6a** *O. triflora* (= *Astragalus triflorus*) □ ist zarter, mit *weniger als 12 Paar* Blättchen und nur 3–5 Bl. im Köpfchen. Kalkschiefer. A, nol; oAlpen. ●

7 GELBER SPITZKIEL *Oxytropis campestris* (= *Astragalus c.*). St.lose, filzige Rosettenstaude; Blättchen in 10–15 Paaren, elliptisch od. lanzettl.; Bl. blaßgelb, Köpfe auf 5–20 cm langen Stielen. VII–IX. Rasen, felsige Orte; bis 3000 m. T, fehlt B, DK, Faeroer, IRL, IS, NL, nSkand. **7a** *O. c.* subsp. *tiroliensis* hat *blaßviolette od. weißl.* Bl. A, oCH, nl. ● **7b** *O. c.* subsp. *sordida* hat gelbl. od. blaß violette Bl. und verlängert zylindrische (nicht eiförmige) Hülsen. N, SF.

8 PYRENÄEN-SPITZKIEL *Oxytropis foucaudii.* St.lose behaarte Staude; Blättchen in 12–16 Paaren, oval-lanzettl.; Bl. lila, Köpfe auf 5–20 cm langen Stielen; Hülsen elliptisch, *behaart.* VII–VIII. Rasen und Felsen; bis 2600 m. nE, sF. ●

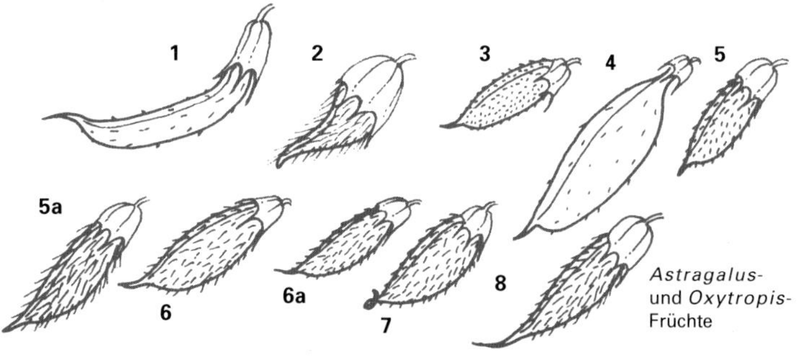

Astragalus- und *Oxytropis-* Früchte

1
2
3
4
5
6
7
8

1 SEIDENHAARIGER SPITZKIEL *Oxytropis halleri* (= *O. sericea, Astragalus sericeus*). *Seidenhaarig-zottige* st.lose Staude, 5–30 cm; Blättchen in 10–14 Paaren, oval-lanzettl.; Bl. blaupurpurn, in dichten, gestielten 25–35 mm Köpfen; Hülsen oval bis schmal elliptisch, dicht kurzhaarig. VII–VIII. Trockenrasen, Grasheiden, Moränen; gern auf Kalkschiefer; 1500–2950 m. A, CH, CS, nE, s&oF, nGB, nI, PL, R. **1a** *O. h.* subsp.*velutina* hat *stärker behaarte* kräftigere Bl.standschäfte; Krone blaßpurpurn. wA, oCH; zAlpen. ●

2 ZOTTIGER SPITZKIEL *Oxytropis pilosa* (= *Astragalus pilosus*). *Dicht* langhaarige Rosettenstaude, 20–50 cm; Blättchen in 9–13 Paaren, längl.; Bl. *blaßgelb*; Hülse oval od. längl., spitz, stark behaart. VI–VIII. Grasige steinige Orte, Geröll; bis 2600 m. A, CH, CS, sD, oF, H, I, PL, R, S, YU.

3 DRÜSIGER SPITZKIEL *Oxytropis fetida* (= *Astragalus fetidus*). St.lose, *drüsenhaarige*, unangenehm riechende Rosettenstaude, 5–15 cm; Blättchen in 15–25 Paaren, lanzettl. bis längl.; Bl. gelbl.; Hülse längl., schwach gekrümmt, behaart. VII–VIII. Rasen und Schutt; auf Kalk; 1800–3000 m. CH, oF, nI.

WICKEN *Vicia*. Stauden od. Einj.; kletternd od. spreizklimmend; St. nicht geflügelt; B. gefiedert, das Endblättchen meist ersetzt durch eine Ranke; Bl. in lockeren, gestielten od. ungestielten, oft einseitigen Trauben, selten einzeln; Hülse schmal längl., bei der Reife braun, aufbrechend.

4 SILBER-WICKE *Vicia argentea*. *Silberhaarige* Staude, 10–40 cm; B. mit 7–9 Paar linealen stumpfen Blättchen ohne Ranke; Bl. weiß mit violetten Adern, 18–25 mm, in gestielten Trauben; Hülse längl., braunhaarig. VII–VIII. Wiesen, steinige Orte, Schutt; 1600–2300 m. nE, sF. ●

5 VOGEL-WICKE *Vicia cracca*. Schwach behaarte, klimmende Staude bis 1 m; B. mit *Ranken*; Blättchen in 6–15 Paaren, lineal bis längl.; Bl. blauviolett, 8–12 mm, zu 10–30 in gestielten Ähren; Hülse längl., braun, *kahl*. VI–VIII. Wiesen, Gebüsche, Waldränder; bis 2200 m. T. ⚘ **5a** *V. incana* hat *dicht behaarte* St.; Ähren mit 20–40 Bl. A, CH, CS, E, s&oF, I, YU. **5b** *V. tenuifolia* hat *größere* purpurne, blaßlila od. blaulila Bl., 12–18 mm. T, fehlt IRL, IS, N, nS, SF (GB, NL). **5c** *V. onobrychioides* ist ähnlich 5, aber Bl. viel größer, 17–24 mm, violett mit hellerem Schiffchen. CH, E, s&oF, I, YU. **5d WALD-W.** *V. sylvatica* □ ist *kahl* mit weißen, purpurn geaderten Bl., 12–20 mm. Gebirgswälder. T, fehlt B, IS, NL.

6 BLASSGELBE WICKE *Vicia oroboides*. Schwach behaarte Staude, 25–50 cm; B. mit nur 1–4 Paaren eiförmiger zugespitzter großer Blättchen *ohne Ranke* od. Endblättchen; Bl. blaßgelb, 14–19 mm, in kurz gestielten Trauben; Hülse längl., kahl, *schwarz*. V–VII. Wiesen und Wälder; bis 1600 m. E, sF. ●

7 PYRENÄEN-WICKE *Vicia pyrenaica*. Meist kahle, niederliegende Staude, 5–30 cm; B. mit 3–9 Paaren ovaler bis längl. Blättchen, *mit einer Ranke* endend; Bl. leuchtend violett purpurn, 16–25 mm, einzeln; Hülse längl., kahl, schwarz. VI–VIII. Weiden und Schutt; 1400–2500 m. E, sF. ●

8 ZAUN-WICKE *Vicia sepium*. Behaarte Staude, 30–100 cm; B. mit *verzweigter Ranke*; Blättchen in 3–9 Paaren, oval bis längl.; Bl. verwaschen blaupurpurn, 12–15 mm, in *kurz gestielten* Köpfen; Hülse längl., schwarz, kahl. IV–X. Wegränder, Gebüsche, Wiesen; bis 2150 m. T, fehlt Faeroer. **8a** *V. grandiflora* Nebenb. am Grund *gezähnt*; Bl. 23–35 mm, gelb, manchmal rot überlaufen. A, CS, H, I, R, YU (D, PL).

9 BEHAARTE WICKE *Vicia hirsuta*. Zarte behaarte *Einj.*, 20–70 cm; B. mit verzweigter Ranke; Blättchen in 4–10 Paaren, lineal bis längl.; Bl. *klein*, schmutzig weiß, rötl. überlaufen, 2–5 mm, in kurz gestielten Trauben; Hülse längl., schwarz, behaart. V–VIII. Trockenrasen, Ödland; bis 1800 m. T, fehlt Faeroer (IS). **9a** *V. tetrasperma* hat *bleichpurpurne* Bl., 4–8 mm, und braune *kahle* Hülsen. T.

Die **FUTTER-WICKE** *V. sativa* und die **SAUBOHNE** *V. faba* werden häufig kult.; bis 2200 m. T, fehlt Faeroer, IS, Subarkt.

Oxytropis-Früchte (siehe auch S. 144)

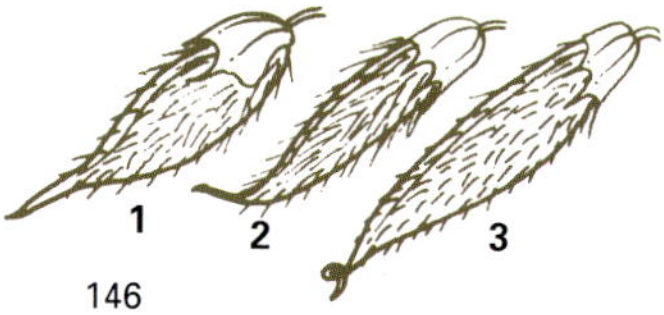

5d Waldwicke

1
2
3
4
5
6
7
8
9

Schmetterlingsblütler (Forts.)

PLATTERBSE *Lathyrus*. Ähnlich den Wicken, aber nicht klimmend; St. *kantig od. geflügelt*; B. häufig mit weniger Blättchen; Bl. größer, meist in einseitswendigen gestielten Trauben.

1 FRÜHLINGS-PLATTERBSE *Lathyrus vernus* (= *Orobus v.*). Meist kahle Staude, 20–50 cm; *St. kantig*; B. ohne Ranken; Blättchen in 2–4 Paaren, oval od. lanzettl., spitz; Bl. rotpurpurn, blau werdend, Bl.stand locker, 2–9blütig, 13–20 mm; Hülse längl., kahl, braun. IV–VI. Laubwälder und Gebüsche; meist auf Kalk; bis 1900 m. T, fehlt Faeroer, GB, IRL, IS. **1a** *L. venetus* hat *rundere* Blättchen und *braundrüsige* Hülsen; Bl.stand dicht, 10–30blütig. A, CS, H, R, YU.

2 GELBE PLATTERBSE *Lathyrus laevigatus*. Kahle Staude, 20–60 cm; B. ohne Ranken; Blättchen in 2–6 Paaren, elliptisch od. oval; Bl. *gelb* od. orange, 15–25 mm; Hülse kahl, braun. VI–VII. Wiesen und Wälder; meist auf Kalk; bis 2300 m. A, CH, CS, D, nE, F, I, PL, R, YU. ● **2a** *L. l.* subsp. *occidentalis* ist schwach behaart mit schmäleren Blättchen. CH, E, F, I; swAlpen, Pyr. ● **2b SPIESS-P.** *L. aphaca* □ hat große laubb.ähnliche Nebenb. und eine Ranke, aber *keine Blättchen*; Bl. einzeln, gelb. T, fehlt DK, IRL, IS, N, S, SF (B, CH, D, GB, NL).

3 SCHMALBLÄTTRIGE PLATTERBSE *Lathyrus filiformis* (= *L. canescens*). Kahle od. schwach behaarte Staude, 5–50 cm; St. kantig gefurcht; B. *ohne Ranken*; Blättchen in 2–4 Paaren, schmal lineal-lanzettl., spitz; Bl. violettrot, 14–22 mm; Hülsen kahl, braun. V–VII. Felsige Weiden; auf Kalk; bis 1450 m. oE, sF, nl. **3a** *L. bauhinii* hat größere Bl., 20–27 mm. CH, sD, nE, s&oF, YU. ●

4 UNGARISCHE PLATTERBSE *Lathyrus pannonicus* agg. Formenreich. Kahle od. schwach behaarte Staude, 20–50 cm; St. schmal geflügelt od. gefurcht; B. ohne Ranken; Blättchen in 1–4 Paaren, lineal od. längl.-lanzettl.; Bl. blaß cremefarben, rötl. *überlaufen*, 10–18 mm; Hülse kahl, hellbraun. V–VI. Feuchte und trockene Rasen und Gebüsche; bis 1200 m. A, CS, D, F, H, I, PL, R, YU.

5 BERG-PLATTERBSE *Lathyrus montanus* (= *L. macrorrhizus*). Kahle Staude, 15–50 cm; St. geflügelt; B. ohne Ranken; Blättchen in 2–4 Paaren, lineal bis elliptisch; Bl. rot, sich grünblau *verfärbend*, 10–16 mm; Hülse kahl, rotbraun. IV–VI. Weiden, Wälder, Gebüsche; meist auf saurem Boden; bis 2200 m. T, fehlt Faeroer, IS, Subarkt.

6 WIESEN-PLATTERBSE *Lathyrus pratensis*. Klimmende, kahle od. behaarte Staude, 30–90 cm; St. kantig; B. mit Ranke; nur *ein Paar* lineale od. lanzettl. Blättchen; Bl. gelb, 10–16 mm; Hülse manchmal behaart, schwarz. V–VIII. Wiesen, Gebüsche; bis 2150 m. T. **6a** *L. hallersteinii* Blättchen 8–15 mm statt 2–9 mm breit. R, oYU. ●

7 RANKEN-PLATTERBSE *Lathyrus cirrhosus*. Kahle, klimmende Staude, 90–120 cm; St. geflügelt; B. mit verzweigten Ranken; Blättchen in 2–3 Paaren, elliptisch od. längl.-lanzettl.; Bl. rosa, 12–17 mm; Hülse kahl, hellbraun. V–VII. Trockene Rasen, Gebüsch; bis 1600 m. nE, sF; Pyr, Cevennen. ●

8 GARTEN-PLATTERBSE *Lathyrus latifolius*. Klimmende Staude bis 3 m, kahl od. behaart; St. *breit geflügelt*; B. mit verzweigten Ranken; nur *ein Paar* ovale od. elliptische Blättchen; Nebenb. breit; Bl. groß, purpurrosa, 20–30 mm; Hülse kahl, braun. VII–IX. Gebüsche und Hecken; kult. od. verwildert; bis 1500 m. T, fehlt DK, IRL, IS, N, S, SF (B, D, GB). **8a** *L. heterophyllus* hat 2–3 Paar Blättchen an den oberen B. und *kleinere* Bl., 12–22 mm. Blockhalden; bis 1900 m. A, CH, CS, D, E, I, z&sS, PL. **8b, 8c** → S. 346

9 ZIEGELROTE PLATTERBSE *Lathyrus setifolius*. Kahle Einj., 10–60 cm; Blättchen lineal; Bl. *einzeln*, orange od. braunrot, 8–11 mm, an langen zarten Stielen. V–VII. Trockene Rasen, lichte Gebüsche; bis 1300 m. E, sF, I, R, YU.

FUTTER-PLATTERBSE *L. sativus*. Häufig kult. u. eingebürgert; bis 1800 m. z, s, oEur.

2b Spieß-Platterbse

8c Knollige Platterbse

1
2
3
4
5
6
7
8
9

Schmetterlingsblütler (Forts.)

HAUHECHEL *Ononis*. Stauden od. kleine Sträucher; oft drüsig behaart und dornig; B. 3zählig od. einfach, an einer Pfl.; Bl. rosa od. gelb; Hülse oval od. längl., behaart, aufbrechend.

1 RUNDBLÄTTRIGE HAUHECHEL *Ononis rotundifolia*. Behaarter, reich verzweigter Halbstrauch, 35–50 cm; Blättchen elliptisch bis rundl., *stumpf*, gezähnt; Bl. rosa od. weißl., 16–20 cm, in lang gestielten Bl.ständen zu 2–3 od. einzeln. V–VIII. Trockene Wälder, felsige Orte; meist auf Kalk; bis 1750 m. A, CH, E, s&oF, n&zl. ●

2 STRAUCHIGE HAUHECHEL *Ononis fruticosa*. *Aufrechter* behaarter Halbstrauch, 25–100 cm; Blättchen längl.-lanzettl., *spitz*, sägezähnig, *kahl*; Bl. rosa, 10–20 mm, zu 1–3 in lang gestielten Bl.ständen. V–VIII. Trockene felsige Orte; bis 1600 m. nE, s&oF; zPyr.

3 MT. CENIS-HAUHECHEL *Ononis cristata* (= *O. cenisia*). Oft rasenbildende, behaarte, am Grund verholzte Kriechstaude, 5–35 cm; Blättchen längl., gezähnt; Bl. rosa, 10–14 mm, einzeln auf zarten Stielen. VI–IX. Wiesen, Fels, Schutt; meist auf Kalk; bis 1800 m. n&oE, s&soF, zl. ●

4 GESTREIFTBLÄTTRIGE HAUHECHEL *Ononis striata*. Schwach verholzte, schwach filzige Staude bis 20 cm; Blättchen rundl. bis längl., über der Mitte am breitesten, gezähnt; Bl. gelb, 10–13 mm, einzeln od. in kleinen, kurz gestielten Köpfchen. VI–VIII. Kalkfelsen; bis 1800 m. E, sF, I; fehlt Alpen. ● **4a** *O. aragonensis* hat *größere* Blättchen; Bl. 12–18 mm, in lockeren, endst. Bl.ständen. VI–VII. Rasen und Felsen; bis 2500 m. n&oE, sF; Pyr. **4b GELBE H.** *O. natrix* □ 20–40 cm, größer als 4a; verzweigt und *stark drüsig*; Bl. sattgelb, oft rot geädert, 14–20 mm. V–VII. Trockenrasen; auf Kalk; bis 2100 m. CH, sD, E, s&oF, I, YU.

5 DORNIGE HAUHECHEL *Ononis spinosa*. Aufrechte od. aufsteigende behaarte Staude, 30–60 cm, mit dornigen Zweigen; Blättchen schmal oval, stumpf od. spitz, gezähnt; Bl. rosa od. purpurn, 6–20 mm, meist einzeln. IV–IX. Wiesen, trockene Hänge, Ödland; gern auf Kalk; bis 1800 m. T, fehlt Faeroer, IRL, IS, SF. ⚕ **5a KRIECHENDE H.** *O. repens* ist niedriger, meist ausgebreitet, *ohne od. mit schwachen Dornen*; Blättchen an der Spitze ausgerandet. T, fehlt nSkand (SF).

6 HOHER HONIGKLEE *Melilotus altissima*. Kahle Zweij. od. Staude, 80–140 cm; B. 3zählig, Blättchen längl.-oval, stumpf, gezähnt; Bl. gelb, 5–7 mm, in schlanken gestielten Ähren; Hülsen längl., spitz, behaart, reif schwarz. VI–IX. Feuchtes Ödland, Feldränder; bis 2000 m. T, fehlt IS, SF, Subarkt. **6a GEBRÄUCHLICHER H.** *M. officinalis* hat braune, *kahle Hülsen*; Schiffchen der Bl. kürzer als die Flügel. Wegränder; bis 2000 m. T, fehlt Faeroer, IS (DK, GB, IRL, N, S, SF). ⚕ ✕

7 WEISSER HONIGKLEE *Melilotus alba*. Kahle Zweij., 30–150 cm; B. 3zählig, Blättchen oval-längl., gezähnt; Bl. weiß, 4–5 mm, in gestielten Ähren; Hülsen *kahl*, reif graubraun. VII–X. Feldränder, Ödland; bis 1850 m. T, fehlt Faeroer, IRL, IS, Subarkt (B, GB). ✕

8 PYRENÄEN-SCHNECKENKLEE *Medicago hybrida*. Kahle Staude, 10–40 cm; B. 3zählig; Blättchen breit oval bis rundl., spitz, fein gezähnt; Bl. *klein*, gelb, 2–3 mm, zu 2–5 in gestielten Bl.ständen; Hülse längl., sichelförmig, spitz, reif schwarz. VI–VIII. Wälder, felsige Orte; auf Kalk; bis 1600 m. sF; nPyr, Corbières. ● **8a HOPFENKLEE** *M. lupulina* ist *behaart*, mit 10–15 Bl.trauben; Hülsen *nierenförmig*, schwarz. Trockenwiesen; bis 2300 m. T, fehlt Subarktis (Faeroer, IS).

9 HALBSTRAUCHIGER SCHNECKENKLEE *Medicago suffruticosa*. Schwach filzige aufsteigende Staude, 5–35 cm; B. 3zählig; Blättchen oval od. herzförmig, über der Mitte am breitesten, gezähnt; Bl. gelb, 3–6 mm, zu 3–8 in gestielten Bl.ständen; Hülsen in 2–4 *Spiralen* gedreht, mit einem Loch in der Mitte. VII–VIII. Felsige Orte; bis 2300 m. oE, sF; Pyr, Corbières. ● **9a LUZERNE** *M. sativa* □ formenreich; mit *größeren*, 6–11 mm, blauen, rötl. od. gelben Bl.; Hülsen gekrümmt od. spiralig. Lehmige Kalkböden; bis 1800 m. T, fehlt Faeroer, IS, Subarkt. Kult. u. verwildert.

4b Gelbe Hauhechel

9a Luzerne

1
2
3
4
5
6
7
8
9

KLEE *Trifolium*. Stauden, seltener Einj.; mit 3zähligen, meist gestielten B.; Rand der B. schwach gezähnt; Bl. in dichten kugeligen od. verlängerten Bl.ständen; Flügel länger als das Schiffchen; Hülsen klein, oft ± verhüllt von toten Bl.resten.

1 ALPENKLEE *Trifolium alpinum*. Kurzstengelige kahle Rosettenstaude, 15–20 cm; Blättchen lanzettl. od. lineal; Bl. *groß*, rosa od. hellpurpurn, dunkler geadert, selten cremefarben, 18–25 mm, in 3–12blütigen Köpfen. VI–VIII. Wiesen, Bürstlingweiden; auf saurem Boden; 1700–2500 m. A, CH, nE, s&oF, I. ●

2 BERGKLEE *Trifolium montanum*. Unverzweigte Staude, 15–50 cm, mit wollig behaartem St.; Blättchen oval, lanzettl. od. elliptisch, oberseits kahl; Bl. *weiß od. gelbl.*, 7–9 mm, in dichten kugeligen Köpfen. V–VII. Trockene Wiesen, offene Wälder; meist auf Kalk; bis 2600 m. T, fehlt DK, GB, IRL, IS, NL.

3 KRIECHENDER KLEE *Trifolium repens*. Kriechende, am B.ansatz wurzelnde behaarte Staude, 20–50 cm; Blättchen häufig mit einem *halbmondförmigen weißen* Fleck, oval od. elliptisch; Bl. weiß od. blaßrosa, selten rot, 7–10 mm, in dichten kugeligen Köpfen, *süß duftend*. V–X. Wiesen, Ödland; bis 2750 m. T. Häufig kult. ⚕✗

4 MORÄNEN-KLEE *Trifolium pallescens*. *Kahle*, oft kreisförmig ausgebreitete Staude, 10–20 cm; Blättchen elliptisch od. oval, über der Mitte am breitesten; Bl. gelbl.-weiß od. rosa, *beim Verblühen dunkelbraun*, 6–10 mm, in dichten Köpfchen, honigduftend; Winkel zwischen den Kelchzähnen spitz. VII–IX. Moränen, feuchte Weiden, Schutt; auf saurem Boden; 1800–2700 m. A, CH, E, s&oF, I, R, YU. ● **4a** *T. thalii* stumpf *grüne B.* und weiße od. rote Bl. in eiförmigen Köpfen. Wiesen und Weiden; auf Kalk; bis 3100 m. A, CH, sD, nE, s&oF, I. ● **4b BASTARD-K.** *T. hybridum* ist ähnlich 4, aber größer, *mit* weißen und rosa Bl.; Winkel zwischen den Kelchzähnen stumpf. Bis 2150 m. T, fehlt Faeroer, IS. Kult. ✗

5 BRAUNKLEE *Trifolium badium*. Behaarte od. kahle Rosettenstaude, 10–20 cm; *oberste B. gegenst.;* Blättchen elliptisch od. rautenförmig; Bl. goldgelb, *beim Verblühen braun*, 7–9 mm, in dichten kugeligen Köpfchen. VII–VIII. Wiesen und Weiden; meist auf Kalk; 1400–2800 m. A, CH, CS, E, s&oF, I, PL, R, YU. ●

6 SCHWARZBRAUNER KLEE *Trifolium spadiceum*. Ziemlich ähnlich 5; Blättchen längl.; Bl. goldgelb, beim Verblühen schwarzbraun, 6 mm, in *dichten längl. Köpfen*. VI–VIII. Moore, nasse Wiesen; auf saurem Boden; bis 2200 m. A, CH, CS, D, nE, I, N, S, SF, YU.

7 INKARNATKLEE *Trifolium incarnatum*. Zottig behaarte *Einj.*, 20–40 cm; Blättchen rundl. bis längl., über der Mitte am breitesten; Bl. *blutrot*, rosa od. weiß, 10–12 mm, in dichten langen Bl.ständen. V–VII. Kult. u. verwildert bis 1500 m. T, fehlt Faeroer, IRL, IS; oft kult. **7a STEIN-K.** *T. saxatile* grauhaarig mit kleinen weißl. od. rosa Blütchen, 3–4 mm, zu wenigen in *ungestielten Köpfen*. Bachufer, Schutt und Moränen; bis 3100 m. A, CH, oF, nI. ●

8 WIESENKLEE *Trifolium pratense*. Formenreich. Aufrechte behaarte Rosettenstaude, 15–40 cm; B. oft mit *weißem, halbmondförmigem* Fleck, längl.-lanzettl. od. rundl.; Nebenb. 3eckig, grannig bespitzt; Bl. rötl.-purpurn, manchmal rosa od. weiß, 12–15 mm, in dichten kugeligen Köpfen. V–X. Wiesen, Weiden; bis 2700 m. T. Häufig kult. ✗ **8a** *T. p.* var. *frigidum* (= *T. nivale*) Bl.köpfe groß; meist über 30 mm, schmutzig weiß od. rosa; Pfl. dicht behaart. T.

9 CREMEWEISSER KLEE *Trifolium noricum*. Behaarte Rosettenstaude, 8–20 cm; B. meist grundst., Blättchen elliptisch od. längl.; Nebenb. weißl., spitz; Bl. cremefarben, 15 mm, in dichten kugeligen Köpfen. VII–VIII. Wiesen und Weiden; auf Kalk; 1600–2600 m. A, I, nwYU; oAlpen, Ap. ●

10 ZICKZACK-KLEE *Trifolium medium*. Schwach behaarte Staude, 20–50 cm; St. *meist zickzack-gebogen*; Blättchen oval, längl. od. elliptisch, schwach gezähnt; Nebenb. 3eckig, kahl; Bl. pupurn, 12–20 mm, in dichten kugeligen od. ovalen Köpfen. V–VII. Magere Wiesen, Waldränder; meist auf Kalk- od. Lehmboden; bis 2100 m. T, fehlt Faeroer, IS. **10a HÜGEL-K.** *T. alpestre* hat kleine *ungestielte* Bl.köpfe und purpurne Bl.; Nebenb. lineal bis schmal lanzettl., *an der Spitze behaart*. Bis 2300 m. T, fehlt Faeroer, GB, IRL, IS, N, NL, S, SF.

1
2
3
4
5
6
7
8
9
10

Schmetterlingsblütler (Forts.)

1 PURPURKLEE *Trifolium rubens. Kahle* aufrechte Staude, 20–70 cm; Blättchen längl.-lanzettl. od. elliptisch, scharf gezähnt; Nebenb. eiförmig od. lanzettl.; Bl. *purpurn*, manchmal weiß, 15 mm, in dichten längl.-walzl. Köpfchen. VI–VIII. Trockene lichte Wälder, Gebüsche; bis 2500 m. A, CH, CS, nE, z&sF, H, n&zl, PL, R, YU. ●

2 UNGARISCHER KLEE *Trifolium pannonicum.* Aufrechte, behaarte Staude, 20–50 cm; Blättchen längl.-lanzettl. od. elliptisch; Nebenb. *lineal*; Bl. gelbl.-weiß, 20–25 mm, in dichten kugeligen od. längl., lang gestielten Köpfchen. V–VIII. Wiesen, offene Gebüsche; bis 1200 m. CS, oF, H, I, PL, R. **2a SCHWEFEL-K.** *T. ochroleucon* hat kleinere Bl., 15–20 mm, in *kurz gestielten* Köpfchen. Schattige und feuchte Orte; bis 1800 m. T, fehlt DK, IRL, IS, N, NL, S, SF.

3 ALPEN-HORNKLEE *Lotus alpinus* (= *L. corniculatus* var. *alpinus*). Kahle Rosettenstaude bis 10 cm; B. *gefiedert;* Blättchen 5, lanzettl. od. rundl.; Bl. gelb, mit rotem Fleck, 12–18 mm, zu 1–3 in gestielten Köpfchen. V–VIII. Zwergstrauchheiden u. Rasen, Rohböden; 2300–3100 m. A, sD, nE, sF, I, YU. **3a HORNKLEE** *L. corniculatus* agg. □ ist viel *größer*, niederliegend mit 3–6blütigen Köpfchen. V–IX. Bis 1600 m. T (IS).

4 PURPUR-WUNDKLEE *Anthyllis montana.* Am Grund verholzte, *rasenbildende*, grauseidig behaarte Staude; B. gefiedert; Blättchen schmal elliptisch bis schmal längl., ungezähnt; Bl. hell purpurn, in dichten, runden, gestielten Köpfen; Tragb. kürzer als die Bl. VI–VII. Rasen, felsige und steinige Orte; meist auf Kalk; bis 2400 m. A, CH, E, s&oF, I, R, YU. § **4a** *A. m.* subsp. *jacquinii* hat *rosa* Bl.; Tragb. länger als die Bl. A, noI, nwYU; oAlpen, Balkan.

5 GEMEINER WUNDKLEE *Anthyllis vulneraria.* Formenreiche seidenhaarige Zweij. od. Staude, 20–60 cm; B. gefiedert, die untersten mit 5–7 Blättchen, das Endblättchen größer; Bl. gelb od. rot, in kugeligen Köpfchen; Kelchröhre oben rötl. V–VIII. Trockene Weiden, felsige und steinige Orte; meist auf Kalk; bis 3000 m. B, D, DK, F, GB, IRL, N, NL, S, SF. ‡ Im Gebiet folgende Unterarten: **5a** *A. v.* subsp. *vulnerarioides* ähnlich 5, aber unterste B. mit 1–5 Blättchen; Bl. gelb; Kelch oben rot, 7–9 mm. nE, s&oF, zl. ● **5b** *A. v.* subsp. *forondae* ähnlich 5a, aber *robuster*; unterste B. mit 9–13 Blättchen; Kelch 9–13 mm. nE, s&oF, nwl. ● **5c** *A. v.* subsp. *carpatica* ist schwächer behaart als 5a, alle B. mit 1–7 Blättchen; Bl. hell- bis dunkelgelb od. rötl.; Kelch weiß, 9–12 mm. B, CH, CS, DK, F, GB, I, IRL, PL, YU. ● **5d** *A. v.* subsp. *alpestris* ähnlich 5c, aber Kelch länger, 13–15 mm, grauschwarz behaart; B. meist nur aus dem stark vergrößerten Endb. bestehend. A, CH, CS, E, F, H, I, PL, R, YU. **5e** *A. v.* subsp. *pyrenaica* ähnlich 5c, aber Kelch *oben rot*; Bl. rosa od. rot. nE, sF; Pyr, Cord. cant. ● **5f** *A. v.* subsp. *lapponica* St. und Kelch seidenhaarig, B. mit 1–9 Blättchen. nGB, N, S, SF. ●

6 STRAUCHIGE KRONWICKE *Coronilla emerus.* Locker verzweigter laubwerfender Strauch, 1–2 m; Zweige grün; B. gefiedert, *graugrün;* Blättchen in 2–4 Paaren, oval, über der Mitte am breitesten; Bl. hellgelb, oft mit roter Spitze, 14–20 mm, zu 2–4 in gestielten Bl.ständen; Hülsen lineal, spitz, 5–11 cm lang. IV–V. Trockene, warme Böden, Gebüsche, Waldränder; bis 1800 m. T, fehlt GB, IRL, IS, NL (DK). ●

7 SCHEIDIGE KRONWICKE *Coronilla vaginalis.* Am Grund schwach verholzte Staude bis 50 cm; B. gefiedert, blaugrün; Blättchen in 2–6 Paaren, längl. bis rundl., *weiß berandet;* Bl. klein, gelb, 6–10 mm, in 4–10blütigen Köpfen; Hülsen lineal-längl., 1,5–3,5 cm, zw. den Samen *verschmälert.* VI–VIII. Trockene Wiesen, offene Wälder; auf Kalk; bis 2250 m. A, CH, CS, sD, s&oF, H, I, R, YU. ● **7a** *C. minima* Blättchen *nicht* gestielt; Nebenb. häutig. sCH, nE, s&oF, I. **7b** *C. elegans* Köpfchen mit bis zu 18 weißen od. rosa Bl. Wälder und Gebüsche. A, CS, H, R, YU. ●

8 HUFEISENKLEE *Hippocrepis comosa.* Kurzhaarige, ausgebreitete Staude, 10–25 cm; B. gefiedert; Blättchen in 3–8 Paaren, lineal bis längl.; Bl. gelb, 6–10 mm, in lang gestielten Köpfchen; Hülse gedreht, mit *hufeisenförmigen* Abschnitten. IV–VI. Rasen, steinige Orte; auf Kalk; bis 2800 m. T, fehlt DK, Faeroer, IRL, IS, N, S, SF.

3a Hornklee

1
2
3
4
5
6
7
8

Schmetterlingsblütler (Forts.)

1 SÜSSKLEE *Hedysarum hedysaroides*. Meist kahle Staude, 8–25 cm; B. gefiedert; Blättchen in 4–6 Paaren, oval od. elliptisch; Bl. violett-rot, 13–25 mm, in lang gestielten Ähren; Hülse längl., *zwischen den* Samen in 2–5 Abschnitte *eingeschnürt*. VII–VIII. Kalkrasen (bes. Rostseggenrasen), steinige Orte; bis 2800 m. A, CH, CS, sD, s&oF, I, PL, R, nwYU; Arkt. Rußl: subsp. *arcticum*. ● **1a** *H. h.* subsp. *exaltatum* ist schlanker, aber *höher*, bis 40 cm; mit 6–10 Paar Blättchen. sA, sCH, nl; sAlpen.

2 WEISSER SÜSSKLEE *Hedysarum boutignyanum*. Aufrechte, kahle Staude, 50–60 cm; B. gefiedert; Blättchen in 4–8 Paaren, elliptisch bis oval, über der Mitte am breitesten; Bl. cremefarben od. weiß, manchmal blau geadert, in lang gestielten Ähren; Hülse wie 1. VII–VIII. Weiden, steinige Orte; bis 2800 m. oF; swAlpen. ●

ESPARSETTE *Onobrychis* hat kurze, nicht aufspringende Hülsen mit *netzaderigen* Seiten und oft gezähntem Rand.

3 SILBER-ESPARSETTE *Onobrychis argentea* subsp. *hispanica*. Silberhaarige Staude, 10–35 cm; B. gefiedert; Blättchen in 5–8 Paaren, elliptisch bis schmal längl.; Bl. rosa mit dunkleren Adern, 10–14 mm, in lang gestielten Ähren; Hülse rundl., 4–8 mm, *behaart*. VI–VIII. Wiesen, felsige und steinige Orte; bis 2000 m. n&oE, sF; Pyr. ● **3a** *O. pyrenaica* ist *kleiner*; schwächer behaart; Bl. 8–10 mm lang. nE, sF; Pyr. ● **3b FELS-E.** *O. saxatilis* rosettenbildend, *weißfilzig*; mit 6–15 Paar Blättchen; Bl. blaßgelb, rosa geadert; Rand der Hülse nicht gezähnt. Bis 1800 m. nE, s&oF, nl; oPyr, swAlpen.

4 BERG-ESPARSETTE *Onobrychis montana*. *Schwach behaarte*, niederliegende bis aufsteigende Staude, 15–40 cm; B. gefiedert; Blättchen in 5–8 Paaren, elliptisch bis oval od. längl.; Bl. rosa mit purpurnen Adern, 10–14 mm, in lang gestielten Ähren; Hülse rundl., 7–12 mm, mit gezähntem Rand. VII. Weiden, steinige Orte; auf Kalk; 1400–2500 m. A, CH, CS, sD, oF, I, PL, R, YU.

5 SAND-ESPARSETTE *Onobrychis arenaria*. Niederliegende od. aufrechte, kahle od. behaarte Staude, 20–50 cm; B. gefiedert, mit 3–12 Paaren lineal-längl. bis elliptischer Blättchen; Bl. rosa mit purpurnen Adern, *kleiner* als bei 4, 8–10 mm, in lang gestielten Ähren; Hülse klein, rundl., 4–6 mm, mit gezähntem Rand. VI–IX. Weiden, steinige Orte; bis 2500 m. A, CH, z&oF, I, PL, R, YU. **5a** *O. a.* subsp. *taurerica* hat größere Bl., 10–12 mm; die Fahne auf der *Oberseite blaß rosa*. soA, nol, nwYU; soAlpen. ●

Fam. Sauerkleegewächse Oxalidaceae

Stauden mit 3zähligen B.; Bl. 5zählig, offen becherförmig; 10 Staubb.; Fr. eine Kapsel.

6 KUCKUCKS-KLEE, WALD-SAUERKLEE *Oxalis acetosella*. Schwach behaarte Staude, 5–15 cm, mit kriechendem Wurzelstock; B. hellgrün, säuerlich schmeckend; Blättchen herzförmig; Bl. weiß, lila geadert, manchmal rötl. überlaufen, *einzeln*. IV–VII. Schattige Wälder; bis 2100 m. T. $ ☓

7 GELBER SAUERKLEE *Oxalis corniculata*. Niederliegende, ästige Staude, 10–30 cm, mit wurzelnden St.; B. grün, oft rot überlaufen; Blättchen herzförmig; Bl. gelb, 4–7 mm, in *lang gestielten Dolden*. V–X. Trockenes Ödland, Kulturland; oberhalb 1000 m gelegentlich als Unkraut verschleppt. T, fehlt Faeroer, IS (A, B, CS, D, GB, IRL, NL, PL, R, SF). ☓

4 Berg-Esparsette

1
2
3
4
5
6
7

Fam. Storchschnabelgewächse Geraniaceae

Behaarte Stauden, selten Einj.; mit gegenst. od. wechselst., handförmigen (*Geranium*) od. gefiederten (*Erodium*) B.; Bl. schalenförmig, lang gestielt; 5 Kronb.; 10 Staubb.; Fr. 5teilig, lang geschnäbelt, in Teilfrüchte zerfallend. ⚕

1 DICKWURZELIGER STORCHSCHNABEL *Geranium macrorrhizum*. 20–50 cm; ganze Pfl., v. a. der Wurzelstock *stark aromatisch* duftend; B. tief in 5–7 Lappen zerteilt; Bl. rosa bis purpurrot, 20–25 mm, paarweise od. zu wenigen beisammen; Kronb. abgerundet. VII–VIII. Schattige Kalkfelsen, Schutt; bis 2500 m. A, soF, I, R, YU (B, D, GB).

2 ASCHGRAUER STORCHSCHNABEL *Geranium cinereum*. St.lose Rosettenstaude; alle B. grundst., 2–3 cm, bis über die Hälfte in 5–7 Lappen zerschnitten, behaart, auf der Unterseite manchmal grauseidig; Bl. paarweise, blaßlila mit dunkleren Adern, 25–30 mm; Kronb. seicht ausgerandet. VII–VIII. Grasige und felsige Orte; 1500–2400 m. nE, sF; Pyr. ● (subsp. *cinereum*). **2a** *G. c.* subsp. *subcaulescens* hat größere B. und rötl.-purpurne Bl. z&sl. **2b SILBER-S.** *G. argenteum* ähnlich 2, aber *B. silbergrau* und Bl. blaßrosa. VII–VIII. Kalkfels u. -schutt; 1700–2200 m. soF, n&zl, nwYU. ●

3 BLUTROTER STORCHSCHNABEL *Geranium sanguineum*. Rosettenstaude, 30–70 cm; B. meist am St.; fast bis zur Mitte in 5–7 Lappen geteilt; Bl. leuchtend rot-purpurn, selten rosa od. weiß, einzeln od. paarweise; Kronb. seicht ausgerandet. VI–IX. Waldränder, Gebüsche; wärmeliebend; bis 1900 m. T, fehlt Faeroer, IS, NL.

4 WIESEN-STORCHSCHNABEL *Geranium pratense*. 45–80 cm; B. bis zum Grund in 5–7 Abschnitte geteilt; Bl. paarweise, hell lilablau, 25–30 mm; Kronb. *abgerundet*; Bl.stiele nach der Bl. *zurückgekrümmt*, aber zur Fr.reife aufrecht. VI–IX. Wiesen; meist auf Kalk; bis 1900 m. T, fehlt Faeroer, IS.

5 WALD-STORCHSCHNABEL *Geranium sylvaticum*. Behaarte Staude, 30–60 cm; B. ähnlich 4; Bl. paarweise, blau, rotviolett od. rosa, 12–25 mm; Kronb. abgerundet; Bl.stiele *immer aufrecht*. VI–VIII Hochstaudenfluren, Bergwälder; meist aut saurem Boden; bis 2400 m. T. **5a UFER-S.** *G. s.* subsp. *rivulare* hat *weiße*, rot geaderte *Bl*. CH, oF, nl; wAlpen. ● **5b** *G. s.* subsp. *caeruleatum* B. tiefer geteilt; Bl. kleiner, leuchtend *violettblau*. R, nYU; sKarp. ●

6 PYRENÄEN-STORCHSCHNABEL *Geranium endressii*. 30–80 cm; B. fast bis zur Mitte in 5 Lappen geteilt; Bl. einzeln, rosa, 24–28 mm, lang gestielt; Kronb. kaum ausgerandet. VI–VII. Feuchte Wiesen, Bachufer; bis 1200 m. nE, swF; wPyr (B, GB). ● **6a** *G. versicolor* Bl. weiß od. blaßlila mit dunkelvioletten Adern; Kronb. tief ausgerandet. z&sl, YU (F, GB, IRL). ●

7 KNOTIGER STORCHSCHNABEL *Geranium nodosum*. 20–40 cm; B.stiel am Grund knotig verdickt, *bis zur Hälfte* in 3–5 Lappen geteilt; Bl. hellrosa od. violett, mit *dunkleren Adern*, 20–30 mm; Kronb. ausgerandet. V–IX. Offene Wälder, Gebüsche; bis 1600 m. CH, nE, z&sF, n&zl, wYU (B, F, GB, NL). ●

8 BRAUNER STORCHSCHNABEL *Geranium phaeum*. Behaarte Staude, 40–60 cm; B. bis zur Hälfte in 5–7 Abschnitte geteilt; Bl. paarweise, *schwarzpurpurn od. braunviolett*, 16–20 mm; Kronb. schwach zurückgeschlagen, oft spitz. VI–VIII. Feuchte Wiesen, offene Wälder; bis 2400 m. T, fehlt Faeroer, IS, Subarkt (B, DK, GB, IRL, NL, S).

9 SUMPF-STORCHSCHNABEL *Geranium palustre*. 30–80 cm; B. fast bis zur Mitte 5–7lappig; Bl. paarweise, *blaßpurpurn* od. hellrot, 20–30 mm; Kronb. nicht od. seicht ausgerandet; Fr.stiel abwärts gebogen. VI–VIII. Sumpfwiesen; bis 1500 m. T, fehlt Faeroer, GB, IRL, IS, N, NL, nS. **9a** *G. asphodeloides* rosa-lila Bl. mit dunkleren Adern; Kronb. oft leicht ausgerandet. sl, R.

10 SPREIZENDER STORCHSCHNABEL *Geranium divaricatum*. Verzweigte Einj., 20–60 cm; B. *fast bis zum Grund* 3–5lappig; Bl. rosa, 8–12 mm, zu wenigen beisammen; Kronb. ausgerandet, gleich lang wie die stachelspitzigen Kelchb. V–VIII. Wälder, Gebüsche; bis 2000 m. CH, CS, D, E, F, H, I, PL, R, YU.

1
2
3
4
5
6
7
8
9
10

Storchschnabelgewächse (Forts.)

1 BERG-STORCHSCHNABEL *Geranium pyrenaicum*. Verzweigte Einj., 20–60 cm; B. *bis zur Hälfte* 5–7lappig; Bl. paarweise, purpurrosa od. lila, 14–18 mm; Kronb. *tief ausgerandet*. V–X. Wiesen, Wegränder, offene Wälder; bis 1900 m. T, fehlt Faeroer, IS. **1a** *G. sibiricum* Bl. lila mit dunkleren Adern; Kronb. schwach ausgerandet; Haare an der Fr. abstehend. R (A, CH, CS, D, F, H, PL).

2 WEICHER STORCHSCHNABEL *Geranium molle*. Grauzottig behaarte Ein- od. Zweij., 10–30 cm; St. *langhaarig*; untere B. weniger als bis zur Hälfte 5–7lappig; obere B. wechselst., tiefer geteilt; Bl. paarweise, purpurrosa, 5–12 mm; Kronb. tief ausgerandet. IV–IX. T, fehlt IS (Faeroer). **2a KLEINER S.** *G. pusillum* □ hat kurzhaarige St. und blaßlila Bl., 4–7 mm. T, fehlt Faeroer, IS (IRL). **2b RUNDBLÄTTRIGER S.** *G. rotundifolium* □ ähnlich 2, aber B. rundl., *seicht gelappt*; Bl. rosa, 9–13 mm; Kronb. nicht od. nur seicht ausgerandet; bis 1600 m. T, DK, Faeroer, N, NL, S, SF.

3 GEMEINER STORCHSCHNABEL, RUPRECHTSKRAUT *Geranium robertianum*. Ein- od. Zweij., 10–50 cm, stark duftend, oft rötl.; B. bis zum Grund in 3–5 gestielte Lappen geteilt; Bl. paarweise, hellrosa, 15–22 mm; Kronb. stumpf; Bl.staub orange. V–IX. Schattige Orte, Felsen, Mauern, Blockschutt; bis 2000 m. T, fehlt Faeroer, IS. **3a** *G. purpureum* hat *kleinere* purpurrosa Bl., 8–16 mm, und gelben Bl.staub. E, F, z&sGB, IRL, I, YU. **3b** *G. lucidum* B. glänzend; Kelchb. gekielt. T, fehlt Faeroer, IS, NL.

4 GEMEINER REIHERSCHNABEL *Erodium cicutarium*. Ein- od. Zweij., 10–40 cm; meist drüsig behaart; B. doppelt gefiedert; Bl. purpurrosa, lila od. weiß, 7–16 mm, in lang gestielten Dolden; Kronb. oval bis elliptisch, oft ungleich. VI–IX. Feldränder, Ödland; bis 2100 m. T, fehlt Faeroer, IS; weit verschleppt.

5 FELSEN-REIHERSCHNABEL *Erodium petraeum*. *St.lose* Rosettenstaude; stark duftend; B. doppelt gefiedert, farnähnlich, grau od. silbern behaart; Bl. rosa, 15–25 mm, in Dolden zu 2–5, selten einzeln. V–VI. Felsige und steinige Orte; auf Kalk; bis 1700 m. sF; zPyr. ● **5a** *E. p.* subsp. *lucidum* □ hat ± kahle, glänzend grüne B. und weiße, rosa geaderte Bl.; meist nur auf Silikatfelsen. nE, sF; z&oPyr. ● **5b** *E. p.* subsp. *glandulosum* hat stark drüsige B. und violette od. purpurne Bl.; 1 od. 2 Kronb. größer, am Grund mit schwärzl. Fleck. nE, sF; Pyr. ● **5c** *E. p.* subsp. *crispum* □ ähnlich 5b, aber Bl. weiß, blaßrosa od. lila mit roten Adern; obere Kronb. gefleckt; B. nicht drüsig. nE, sF; oPyr, Corbières.

6 GROSSER PURPUR-REIHERSCHNABEL *Erodium manescavi*. *St.lose Staude*; B. groß, bis 30 cm, doppelt gefiedert, behaart; Bl. groß, purpurn od. karminrot, 25–35 mm, zu 5–20 in Dolden; Tragb. rundl. VII–VIII. Wiesen und Weiden; bis 2300 m. sF; zPyr. ●

7 APENNINEN-REIHERSCHNABEL *Erodium alpinum*. Kurz und zerstreut behaarte Staude bis 20 cm; B. doppelt gefiedert, grün od. angedrückt grauhaarig; Bl. violett, 14–24 mm, zu 2–9 in Dolden; Kronb. rundl. od. keilförmig; Tragb. schmal lanzettl. od. dreieckig. VII–VIII. Steinige Orte; bis 2000 m. zI; zAp. ●

2a Kleiner Storchschnabel

2b Rundblättriger Storchschnabel

grundständige Blätter

1
2
3
4
5
5c
5a
6
7

Fam. **Wolfsmilchgewächse** Euphorbiaceae

WOLFSMILCH *Euphorbia*. Pfl. mit Milchsaft; B. wechselst., meist ungestielt und ungezähnt; Bl. klein, in verzweigten doldenähnlichen Bl.ständen, von 2 auffallenden grünen od. gelbgrünen Tragb. umhüllt; Kelch- u. Kronb. fehlend; eine einzelne 3griffelige weibl. Bl. ist umgeben von mehreren männl. Bl., die nur aus einem Staubgefäß bestehen und teilweise in einem kelchähnlichen Becher eingeschlossen sind; am Grund mit 4–5 rundl., halbmondförmigen Drüsen; Fr. eine 3teilige Kapsel. ⚔

1 IRISCHE WOLFSMILCH *Euphorbia hyberna*. Staude, 30–60 cm; B. längl., unterseits filzig, rötl. verfärbend; Bl. und Tragb. gelbgrün; Drüsen nierenförmig; Fr. gestielt, mit langen und kurzen Warzen. IV–VII. Feuchte, schattige Orte; bis 2000 m. E, F, GB, nl, s&wIRL. **1a** *E. h.* subsp. *canuti* Fr.kapsel *kaum gestielt*. soF, nwl; Alpes Maritimes.

2 KRAINER WOLFSMILCH *Euphorbia carniolica*. Behaarte od. kahle Staude, 50–70 cm; St. am Grund *schuppig*, zu mehreren; B. längl., groß, 40–70 mm, am Grund verschmälert; Bl.becher lang gestielt; Drüsen *braungelb*, oval; Fr. kurz warzig. IV–VI. Wälder u. Gebüsche; bis 1900 m. A, oCH, nl, R, YU. ● **2a ÖSTERREICHISCHE W.** *E. villosa* subsp. *austriaca* ist bis 120 cm groß; Drüsen queroval, ohne Hörner; B. wenigstens unterseits zottig; Fr. fein warzig, langhaarig. VI–VII. Hochstaudenfluren. T, fehlt nEuropa.

3 PYRENÄEN-WOLFSMILCH *Euphorbia chamaebuxus*. Kahle Kriechstaude, 5–15 cm, mit aufrechtem, am Grund schuppigem St.; B. klein, 10–30 mm, elliptisch bis längl., über der Mitte am breitesten; Dolden wenigblütig; Bl. oft einzeln; 4 *rötl.* Drüsen; Fr. mit lappigen Warzen. VI–VIII. Felsen und Geröll; bis 2000 m. nE, sF; wPyr, Cord. cant. ●

4 BLAUGRÜNE WOLFSMILCH *Euphorbia myrsinites. Grau- od. blaugrüne* kahle Staude bis 40 cm; St. aufsteigend, dick, fleischig; B. gebüschelt, oval bis *fast rund*, mit spitzem Vorderende; Bl. gelbgrün; Drüsen mit lang keuligen Hörnern, oft rötl.braun; Fr. glatt. III–VI. Felsen und Rasen; bis 2260 m. z&sl, R, YU.

5 FELS-WOLFSMILCH *Euphorbia saxatilis*. Bläulich-grüne kahle Staude bis 20 cm, mit aufsteigendem St.; B. klein, 2–25 mm, in *grundst. Rosette* u. am St.; Rosettenb. schmal längl., die anderen längl. bis rundl.; Bl. grünl.-gelb; Drüsen mit 2 Hörnern; Fr. glatt. VI–VII. Kalkfels u. -schutt, bes. Schwarzföhrenwald; bis 1200 m. oA, nwYU; oAlpen. ● **5a** *E. kerneri* ist größer, mit breiteren, an der Spitze *nicht ausgerandeten* B. soA, nol, nwYU; soAlpen. ●

6 SÜDWESTALPEN-WOLFSMILCH *Euphobia valliniana*. Ähnlich 5, aber stärker blaugrün, ohne grundst. B.rosetten; B. klein, 3–19 mm, rundl. bis längl.; Bl. grünl.gelb; Drüsen nierenförmig, *ohne Hörner*; Fr. meist glatt. IV–V. Felsige Hänge; auf Kalkschutt; bis 2000 m. soF, nwl; swAlpen. ●

7 ZYPRESSEN-WOLFSMILCH *Euphorbia cyparissias*. Hell grünl.-gelbe kahle Staude, 20–50 cm; B. lineal, dicht stehend, manchmal rot werdend; Bl.dolden goldgelb; Drüsen mit kurzen Hörnern, bräunl.; Fr. meist glatt. IV–VI. Weiden, Waldlichtungen, Ödland; bis 2650 m. T, fehlt Faeroer, IRL, IS, Subarkt (DK, GB, N, S, SF).

8 EINJÄHRIGES BINGELKRAUT *Mercurialis annua*. Schwach behaarte od. kahle Einj., 20–40 cm; St. verzweigt; B. *gegenst.*, oval bis elliptisch, gezähnt, kurz gestielt; Bl. winzig, grün, in gestielten od. ungestielten Bl.ständen, männl. und weibl. oft auf verschiedenen Pfl. IV–XI. Kultur- und Ödland; bis 1800 m. T, fehlt Faeroer, IS (IRL, N, S, SF). ⚕⚔

9 AUSDAUERNDES BINGELKRAUT *Mercurialis perennis*. Unverzweigte, behaarte, stinkende Staude, 15–35 cm; B. gegenst., an der Spitze der St. gehäuft, lanzettl., gezähnt; Bl. winzig, grünl., die männl. in langen gestielten Knäueln, die weibl. in kleinen, meist ungestielten Gruppen, auf verschiedenen Pfl. II–V. Wälder, schattige Orte; bis 1800 m. T, fehlt Faeroer, IS, Subarkt. ⚕⚔ **9a** *M. ovata* hat breitere, rundl. B., die ± *gleichmäßig am St. verteilt* sind. A, CH, CS, sD, H, I, PL, R.

4 Blaugrüne Wolfsmilch

1
2
3
4
5
6
7
8
9

Fam. Leingewächse Linaceae

Zarte Stauden od. Einj. mit ganzrandigen B.; Nebenb. fehlend; Bl. mit 5 in der Knospe spiralig überlappenden Kronb. und 5 Kelchb., nur bei Sonnenschein geöffnet; Fr. eine Kapsel.

1 STAUDEN-LEIN *Linum perenne* agg. Kahle, vielstengelige Staude, 10–60 cm; B. wechselst., lineal bis schmal lanzettl., einnervig; Bl. in lockeren Rispen, blaß bis leuchtend blau, 18–25 mm; Bl.stiele *aufrecht*; inneres Kelchb. oft stumpf. V–VIII. Trockene Wiesen; bis 1700 m. T, fehlt B, DK, Faeroer, nGB, IRL, N, NL, S, SF. **1a** *L. austriacum* hat *zurückgekrümmte* Bl.stiele und meist 3nervige B. Trockenrasen. A, CH, CS, sD, E, z&sF, H, I, PL, R, YU (DK). **1b** → S. 347

2 HALBSTRAUCHIGER LEIN *Linum suffruticosum* subsp. *salsoloides*. Ausgebreitete, am Grund verholzte kahle Staude, 5–25 cm, mit verzweigten St.; nichtblühende Triebe vorhanden; B. wechselst., *lineal*, graugrün, am Rand *umgerollt*; Bl. weiß, mit rosaroter od. violetter Mitte, 20–30 mm. V–VII. Grasige und felsige Orte; bis 1750 m. n&zE, z, s&soF, nwI.

3 GELBER LEIN *Linum flavum*. Kahle, am Grund verzweigte Rosettenstaude bis 60 cm; B. wechselst., spatelig bis lanzettl., 3nervig; Bl. in Scheindolden, gelb, 25–30 mm. V–VIII. Trockenrasen; bis 1600 m. A, CS, sD, H, I, PL, R, YU. **3a** → S. 347

4 KLEBRIGER LEIN *Linum viscosum*. *Behaarte*, am Grund verzweigte Staude bis 60 cm; obere B. und Tragb. drüsig; B. samtig, oval bis lanzettl., 3–5aderig; Bl. in Trugdolden, rosa, 25–35 mm. VI–VIII. Trockenwiesen; bis 1900 m. A, sD, nE, s&oF, nI, nYU. ● **4a** → S. 347

5 PURGIER-LEIN *Linum catharticum*. Zierliche gabelig verzweigte kahle Einj., 8–30 cm; B. *gegenst.*, längl. bis lanzettl., einnervig; Bl. klein, in lockeren verzweigten Bl.ständen, weiß mit gelber Mitte, 4–6 mm. V–IX. Rasen; bes. auf Kalk; bis 2350 m. T. ⚕

Fam. Kreuzblumengewächse Polygalaceae

Kahle Stauden mit meist wechselst., ganzrandigen B. ohne Nebenb.; Bl. mit 5 Kelchb., die inneren 2 groß und kronb.artig („Flügel"), seitlich der 3 echten Kronb. („Kiel"), die am Grund verbunden sind; 8 Staubb., oft zu einer Röhre verwachsen; Fr. flach, herzförmig, oft geflügelt.

6 BUCHSBAUM-KREUZBLUME *Polygala chamaebuxus*. Halbstrauchig, *immergrün*, *Mattenbildend*, 5–30 cm; B. oval bis lanzettl., glänzend grün, lederig; Bl. mit gelbem Kiel und weißen, rosaroten od. purpurnen Flügeln, 12–18 mm, in beblätterten Trauben. IV–IX. Föhrenwälder; bis 2500 m. A, CH, sD, oF, nI, R, YU. ●

7 PYRENÄEN-KREUZBLUME *Polygala vayredae*. Ähnlich 6, aber B. *lineal* bis *schmal* lanzettl.; Bl. rosa-purpurn. IV–V. Meist unter 800 m. noE; oPyr. ●

8 NIZZA-KREUZBLUME *Polygala nicaeensis*. Staude, 15–40 cm, mit aufrechten Bl.St.; B. lanzettl. bis lineal, die unteren über der Mitte am breitesten; Bl. blau od. rosa, 8–11 mm, in schlanken Trauben; Flügel *3–5nervig*. IV–VI. Trockene Wiesen, steinige Orte; bis 1700 m. A, CH, sD, E, s&oF, H, I, YU.

9 SCHOPFIGE KREUZBLUME *Polygala comosa*. Ähnlich 8, aber untere B. vor der Bl. *abfallend*; Bl. lila-rosa, 4–6 mm, in langen Trauben; Flügel 1–3nervig. V–VII. Trockene Rasen, offene Wälder; bis 2200 m. A, B, CH, CS, D, E, F, H, I, NL, PL, R, YU.

10 BERG-KREUZBLUME *Polygala alpestris*. Zierliche Staude, 7–15 cm; B. lanzettl., am St. nach oben *größer werdend* u. dicht gehäuft; Bl. blau od. weiß, 4–6 mm, Flügel 1–3nervig. V–VIII. Wiesen und Weiden; bis 2200 m. A, sD, E, s&oF, nI, YU. ●

11 MOOR-KREUZBLUME *Polygala serpyllifolia*. Zierliche Staude, 5–20 cm; die unteren B. gegenst., längl. bis elliptisch; die oberen B. schmal-lanzettl., meist wechselst.; Bl. meist blau, 4,5–5,5 mm, die oberen Kronb. *länger* als die Flügel. V–VIII. Saure Wiesen, feuchte Weiden; bis 1800 m. T, fehlt IS, S, SF. **11a** → S. 347

12 BITTERE KREUZBLUME *Polygala amara*. Vielstengelige Staude, 5–20 cm, mit grundst. B.rosette; B. *bitter*, elliptisch bis längl.; St.b. spitz, wechselst.; Bl. blau, violett, rosa od. weiß, 4,5–8 mm, in langen Trauben. IV–VII. Feuchte Wiesen; auf Kalk; bis 2600 m. A, CS, sD, H, PL, R, YU. ⚕ ● **12a** *P. amarella* die *stumpfen* B. nahe dem Vorderende am breitesten; Bl. 2–4,5 mm. T, fehlt E, Faeroer, IRL, IS, YU. ●

13 ALPEN-KREUZBLUME *Polygala alpina*. Niederliegende *Rosettenstaude*, 1–5 cm; B. nicht bitter, längl. bis lineal; St.b. viel kleiner, *wechselst.*; Bl. blau, 4–4,5 mm, in kurzen Trauben. VII–VIII. Weiden; meist auf Kalk; 1500–3000 m. CH, nE, s&oF, nI. ● **13a** *P. supina* subsp. *hospita* ist größer mit ovalen B. und größeren Bl.; nur *1–3* Bl. pro Traube. Felsen. swR, noYU. ●

1
2
3
4
5
6
7
8
9
10
11
12
13

Fam. Ahorngewächse Aceraceae

Laubwerfende Bäume od. Sträucher mit lang gestielten, gegenst., handförmigen B.; Bl. klein, grünl.gelb, in Trauben; Kelch- und Kronb. 4–5 od. Kronb. fehlend; Staubb. meist 8; männl. und weibl. Bl. auf derselben Pfl.; Fr. aus 2 einsamigen, geflügelten Teilfrüchten verwachsen.

1 SPITZAHORN *Acer platanoides*. Breitkroniger Baum bis 30 m; Borke hellgrau, glatt od. rauh; B. groß, mit 5 *lang zugespitzten Hauptlappen*, jeder buchtig gezähnt, hellgrün, mit gelber und roter Herbstfärbung; Bl. gelbgrün, 8 mm, in aufrechten Rispen, vor den B. erscheinend; Winkel zw. den Fr.flügeln stumpf. IV. Luftfeuchte Laubmischwälder; bis 1600 m. T, fehlt Faeroer, IRL, IS, Subarkt (GB, NL). **1a APENNIN-A.** *A. lobelii* ist ein schmalkroniger Baum mit dunkelgrauer Borke; B.abschnitte *nicht* gelappt, oberseits glänzend hellgrün; Bl. kleiner, 5 mm, blaßgrün. z&sl; z&sAp. ●

2 FELDAHORN *Acer campestre*. Strauch od. kleiner Baum bis 25 m; Borke hellgrau, rissig; *Zweige oft behaart*, meist mit Korkleisten; B. klein, mit 5 stumpfen Lappen, jeder wieder seicht gelappt, beim Austrieb rötl.; Bl. blaßgrün, 6 mm, in aufrechten Rispen, zugleich mit den B.; Fr.flügel fast waagerecht, meist behaart. IV–V. Laubwaldränder; als Hecken gepflanzt; bis 1500 m. T, fehlt Faeroer, IS; nSkand (IRL). **2a** *A. monspessulanum* B. klein bis 8 cm, *lederig*, unterseits etwas graugrün. A, sD, E, sF, I, R, YU.

3 BERGAHORN *Acer pseudoplatanus*. Breitkroniger Baum bis 30 m; Borke glatt, grau, im Alter abblätternd; Zweige kahl; B. mit 5 stumpf *gezähnten* Lappen, unterseits bald verkahlend; Bl. blaßgrün, 6 mm, in hängenden Rispentrauben, zugleich mit den B.; Fr.flügel rechtwinkelig. IV–V. Luftfeuchte Bergwälder; bis 2000 m. A, B, CH, CS, D, E, F, H, I, NL, PL, R, YU (DK, GB, IRL, sS). **3a ITALIENISCHER A.** *A. opalus* □ ist ein kleinerer Baum mit stärker lederigen, weniger gezähnten, kleineren, *unterseits meist behaarten* B.; Borke glatt; Bl. blaßgelb, zu wenigen in hängenden Trugdolden, gleichzeitig mit den B. IV. Flaumeichenwälder; bis 1900 m. CH, wD, E, s&oF, z&sl. ● **3b** *A. obtusatum* ähnlich 3a, aber *B.lappen stumpf*, unterseits behaart. z&sl, YU. **3c** *A. tataricum* Strauch od. kleiner Baum bis 30 m mit ungeteilten od. schwach 3lappigen B.; Bl. grünl.-weiß in aufrechten Trauben; Fr. mit parallelen Flügeln. A, CS, H, R, YU.

Fam. Spindelstrauchgewächse Celastraceae

Bäume od. Sträucher mit gegenst. B. und 4–5zähligen Bl.; Fr. eine etwas fleischige, intensiv gefärbte Kapsel; Samen mit deutlich gefärbtem, fleischigem Mantel.

4 PFAFFENHÜTCHEN *Euonymus europaeus*. Laubwerfender Strauch od. kleiner Baum bis 6 m; Zweige grün, 4kantig, Borke glatt, grau; B. elliptisch bis oval, fein gezähnt, gestielt, im Herbst rot gefärbt; Bl. unscheinbar grünl.-weiß, 8–10 mm, *4zählig*, in lockeren Bl.ständen am Grund der unteren B.; Fr.kapsel leuchtend korallenrot, 4lappig; Samen mit leuchtend orangem Mantel. V–VII. Laubwaldränder, Gebüsche; bis 1600 m. T, fehlt Faeroer, IS, SF. ☠

5 BREITBLÄTTRIGER SPINDELSTRAUCH *Euonymus latifolius*. Laubwerfender Strauch od. kleiner Baum bis 5 m; Zweige graubraun, etwas *zusammengedrückt*; B. breiter als bei voriger, oval, fein gezähnt, kurz gestielt; Bl. grünl.-braun, 8–10 mm, meist 5zählig, in lockeren, lang gestielten Bl.ständen; Fr.kapsel rosa, 5lappig. V–VI. In schattigen luftfeuchten Lagen, Lindenwälder. A, CH, CS, sD, s&oF, I, R, YU. ☠ **5a WARZIGER SPINDELSTRAUCH** *E. verrucosus* □ ist kleiner; *runde* Zweige mit schwarzen Korkwarzen; Bl. rötl.-grün, zu 1–3 auf 4 cm langen Stielen, 4zählig; Samen schwarz, zur Hälfte vom roten Mantel umgeben. Warme Laubwälder. A, CS, H, nl, PL, R, YU.

1
2
3
3a
4
5
5a

Fam. Stechlaubgewächse Aquifoliaceae

1 STECHLAUB *Ilex aquifolium.* Kleiner immergrüner Strauch od. Baum bis 10 m; Borke glatt, rauh; B. wechselst., oval mit stacheligem Rand, dunkelgrün glänzend; Bl. weiß, 5–6 mm, mit 4 Perigonb., in dichten Knäueln am Grund der Blätter, männl. und weibl. auf verschiedenen Bäumen; Fr. eine scharlachrote Beere. IV–V. In luftfeuchten schattigen Wäldern, gern auf Kalk; bis 2000 m. T, fehlt CS, Faeroer, IS, PL; Skand. ☠.

Fam. Lindengewächse Tiliaceae

Laubwerfende Bäume mit herzförmigen gezähnten wechselst. B.; Bl. in hängenden Büscheln, zur Hälfte mit einem großen längl. Tragb. verwachsen; Bl. 5zählig; Staubb. zahlreich; Fr. ein kugeliges Nüßchen. ⚕

2 WINTER-LINDE *Tilia cordata.* Breitkroniger Baum bis 30 m; Borke glatt, dunkelbraun, buckelig; junge Zweige ± kahl; B. herzförmig-spitz, 3–8 cm, graugrün, unterseits mit braunroten Haarbüscheln in den B.winkeln; Bl. gelbl., zu 4–10, *duftend.* VI–VII. Kalkschuttböden in warmen Lagen, Wälder. Häufig gepflanzt; bis 1500 m. T, fehlt IRL, IS, Subarkt. ⚕

3 SOMMER-LINDE *Tilia platyphyllos.* Baum bis 30 m; Borke glatt, dunkelbraun, *ohne* Buckel; junge Zweige meist flaumig; B. größer, 6–12 cm, *unterseits grau-flaumig,* mit weißen Haarbüscheln in den Winkeln der B.nerven; Bl. gelb-weiß, duftend, zu 2–5. VI–VII. Schattige Laubwälder; bis 1800 m. Häufig angepflanzt. T, fehlt IRL, IS, N, n&zS, SF (GB). ⚕ **3a** *T. tomentosa* B. weiß, unterseits sternhaarig; Bl. schmutzig-weiß. H, R, YU. **3b** *T. × vulgaris* □ ist der Bastard zwischen 2 und 3. Die Merkmale liegen zwischen den Eltern.

Fam. Ölbaumgewächse Oleaceae

4 GEWÖHNLICHE ESCHE *Fraxinus excelsior.* Hoher laubwerfender Baum bis 40 m; Borke grau, anfangs glatt, später rissig; Knospen groß, *schwarz;* B. *gegenst., gefiedert;* Blättchen gezähnt, nicht gestielt; Bl. ohne Krone, Staubbeutel dunkelpurpurn, zuletzt grünl., in Büscheln, vor den B.; Fr. eine flache und dünne geflügelte Nuß. IV–V. Auen, Laubmischwälder; meist auf Kalk; bis 1600 m. T, fehlt Faeroer, IS, Subarkt. ⚕ **4a** *F. angustifolia* Knospen *braun;* Zweige stets kahl; Blättchen schmal längl.; gleich viele B.zähne wie Seitennerven. Laubwälder, Auen. A, CS, E, H, I, R, YU.

5 MANNA-ESCHE *Fraxinus ornus.* Hoher laubwerfender Baum bis 10 m; Borke grau, glatt; Knospen grau od. bräunl.; B. gegenst., gefiedert; Blättchen gezähnt, kurz gestielt; *Bl. cremeweiß,* mit unangenehmem Geruch, Kronb. lineal; die verzweigten Bl.rispen gleichzeitig mit den B. V–VI. Trockene Kalkfelshänge. A, CH, CS, E, s&oF, H, I, R, YU. ⚕

1
2
3b
3
4
5

Fam. Buchsbaumgewächse Buxaceae

1 BUCHSBAUM *Buxus sempervirens.* Immergrüner Strauch od. kleiner Baum bis 5 m; B. klein, 2 cm lang, *gegenst.*, elliptisch, lederig, glänzend, ganzrandig; Bl. winzig, weißl.-grün, 2 mm, ohne Kronb., in dichten Büscheln am Grund der oberen B., die unteren Bl. des Bl.standes männl., die oberen weibl.; Fr. eine kleine 6hörnige Kapsel. III–IV. Trockenwarme Hänge, meist auf Kalk, Flaumeichenwälder; bis 1600 m. Häufig gepflanzt. A, B, CH, D, E, F, GB, I, YU (R). ⚕☓

Fam. Kreuzdorngewächse Rhamnaceae

Laubwerfende, manchmal bedornte Sträucher od. kleine Bäume mit gegenst. od. wechselst. B. und hinfälligen Nebenb.; Bl. meist 4zählig; Kelch glockig; Kronb. klein, manchmal fehlend; Griffel 2–4teilig; Fr. eine schwarze, bitter schmeckende Beere mit 2–4 Samen. Die Kreuzdornarten (2–4) haben 4zählige Bl.; Knospen mit Schuppen.

2 PURGIER-KREUZDORN *Rhamnus catharticus.* Laubwerfender Strauch od. dorniger kleiner Baum bis 6 m; B. gegenst., breit oval bis elliptisch, fein gezähnt, gestielt, bis 6 cm lang, mit 2–3 Paar gebogenen Seitennerven; Zweige oft am Ende verdornt; Bl. 4 mm, in *doldigen* Büscheln an den alten Zweigen, männl. und weibl. Bl. auf verschiedenen Pfl.; Beeren zuerst rot, dann schwarz. V–VI. Wälder, Gebüsche, Hecken; meist auf Kalk; bis 1500 m. T, fehlt Faeroer, IS; nSkand. ⚕☓ **2a FELSEN-K.** *Rh. saxatilis* □ bis 1 m; dicht und sparrig verzweigter, stark dorniger Kleinstrauch; *B. kleiner*, 1–3 cm lang, elliptisch bis lanzettl., sehr kurz gestielt; ältere Zweige mit *mehreren* Dornen. Warme Felshänge, Buschwälder. A, CH, CS, sD, E, s&oF, H, I, R, YU. ●

3 ZWERG-KREUZDORN *Rhamnus pumilus.* Niederliegender, *nicht verdornter*, laubwerfender Spalierstrauch mit stark verzweigten und gedrehten Ästen; B. *wechselst.*, oval bis elliptisch, glänzend, fein gezähnt od. ganzrandig, mit 4–9 Paar Nerven; Bl. gelbgrün, in Büscheln am Grund der jungen Zweige; Beeren blauschwarz. V–VIII. Sonnige Kalkfelsspalten; 1000–3050 m. A, CH, sD, E, s&oF, I, YU. ●

4 ALPEN-KREUZDORN *Rhamnus alpinus.* Aufrechter laubwerfender Strauch bis 3 m; Zweige nicht *gedreht* und nicht dornig; B. wechselst., oval, stumpf, am Grund meist herzförmig, mit 9–15 Paar Nerven; Bl. grünl., 3–4 mm, in Büscheln am Grund der jungen Zweige; Beeren blauschwarz. V–VI. Trockene Kalkfelsböden, lichte Wälder; bis 2150 m. A, CH, sD, E, s&oF, I. **4a** *Rh. a.* subsp. *fallax* aufrechter Strauch mit *kahlen* Zweigen; B. beidseitig grün. A, YU. **4b** *Rh. a.* subsp. *glaucophyllus* B. *oberseits* blau- od. grau-grün. nwI; Apuanische Alpen. ●

5 FAULBAUM *Frangula alnus.* Aufrechter, laubwerfender, *nicht* verdornter Strauch od. kleiner Baum bis 5 m; B. wechselst., oval, über der Mitte am breitesten, glänzend grün, *nicht gezähnt*; Bl. grünl., 3 mm, in kleinen Büscheln an den jungen Zweigen; Beeren rot, schwarz werdend. V–VI. Feuchte Wälder, Moore; bis 1800 m. T, fehlt Faeroer, IS, Subarkt. ⚕☓

6 FELSEN-FAULBAUM *Frangula rupestris.* Kleiner Strauch bis 80 cm; B. elliptisch bis rundl., fein gezähnt od. ganzrandig, unterseits behaart, gestielt; Bl. klein, grünl., 5zählig, in *kleinen* Büscheln; Bl.stiele behaart; Beeren rot, schwarz werdend. V–VI. Kalkfelshänge, Buschwälder; bis 1200 m. noI, YU. ●

1
2
2a
3
4
5
6

Fam. Malvengewächse Malvaceae

Beblätterte filzige od. weichhaarige Einj. od. Stauden; Bl. einzeln od. in Bl.ständen am Grund der B.; Kronb. 5, ausgerandet; Kelchb. in 2 Kreisen; Staubb. zahlreich, zu einer Röhre verwachsen; Fr. eine flache, von den Kelchb. umgebene Scheibe. ⚕

1 SIGMARSKRAUT *Malva alcea*. Aufrechte Staude, 50–120 cm; St. mit verzweigten Haaren; B. im Umriß rundl.-herzförmig, mit 5 gezähnten Abschnitten, obere B. tiefer geteilt und mehrlappig; Bl. groß, *einzeln*, rosa, 3,5–6 cm; äußerer Kelch *breit*. VI–IX. Wegränder, Gebüsche, Wälder; bis 2000 m. T, fehlt GB, IRL, IS; nSkand (N, SF). • **1a** *M. moschata* □ hat tiefer geteilte B. mit 5–7 schmalen Lappen; St. mit *unverzweigten* Haaren; äußere Kelchb. schmal. Bis 1500 m. T, fehlt nGB, IS (DK, H, N, S, SF).

2 WILDE MALVE *Malva sylvestris*. Zweij. od. Staude, 30–120 cm; St. mit verzweigten *od.* einfachen Haaren; B. rundl. od. nierenförmig, mit 3–7 gezähnten Abschnitten; Bl. rosa od. purpurn mit dunkleren Adern, 2–5 cm, zu 2 od. *mehr* beisammen. V–IX. Wiesen, Ödland; bis 1800 m. T, fehlt Faeroer, IS.

3 WEGMALVE, KÄSPAPPEL *Malva neglecta*. *Niederliegende* Einj., 10–40 cm; B. rundl. od. nierenförmig, mit 5–7 gezähnten Abschnitten; Bl. blaßlila bis weißl., 1,5–2 cm, zu 3–6 beisammen. V–IX. Feldränder, Ödland; bis 1900 m. T, fehlt Faeroer, IS.

Fam. Springkrautgewächse Balsaminaceae

Wasserreiche kahle Einj. mit wechselst. B. und gespornten Bl.; reife Fr. explosiv aufspringend.

4 WALD-SPRINGKRAUT, RÜHR-MICH-NICHT-AN *Impatiens noli-tangere*. 30–60 cm; B. oval bis elliptisch od. lanzettl., gestielt; Bl. groß, gelb, mit braunen Punkten, zu 3–6 in *kurz gestielten* Trauben; Sporn abwärts gekrümmt, 10–20 mm. VII–IX. Feuchte schattige Waldstellen; bis 1500 m. T, fehlt Faeroer, IRL, IS, Subarkt. ⚕ **4a KLEINES S.** *Impatiens parviflora* hat kleine blaßgelbe Bl. mit *kurzem* 3–5 mm Sporn. VI–X. (T, fehlt im Hohen Norden)–Herkunft Zentralasien.

Fam. Ölweidengewächse Elaeagnaceae

5 SANDDORN *Hippophaë rhamnoides*. Laubwerfender Strauch bis 4 m; Zweige braun, stark verdornt; B. schmal lanzettl., ungezähnt, silbergrau; Bl. vor den B., klein, grüngelb, ohne Bl.hülle; männl. u. weibl. Bl. auf verschiedenen Pfl.; Fr. eine leuchtend orange eßbare Beere (Vitamin C-reich). IV–V. Auf Sand u. Schotter, Flußufer, trockene Hänge; bis 2000 m. T, fehlt Faeroer, IS, Subarkt (IRL). ⚕

Fam. Seidelbastgewächse Thymelaeaceae

Kleine Sträucher, manchmal Kräuter mit wechselst., ungezähnten B.; Bl. röhrig, mit 4 ausgebreiteten Kelchzipfeln; Kronb. fehlend; Fr. eine meist fleischige Beere od. ein Nüßchen.

6 VOGELKOPF, SPATZENZUNGE *Thymelaea passerina* (= *Passerina annua*). Meist kahle Einj., 15–40 cm; B. schmal lanzettl., spitz; Bl. klein, grünl., einzeln od. zu 2–3; Fr. ein behaartes Nüßchen. VII–IX. Acker, Ödland; bis 1200 m. A, B, E, o&sF, H, I, PL, R, YU.

7 GEDREHTER VOGELKOPF *Thymelaea tinctoria* (= *Passerina t.*). Kleinstrauch bis 50 cm; Ästchen rauh, gedreht, junge Triebe behaart; B. schmal längl.; Bl. einzeln, gelb, 5–6 mm; Fr. kahl. IV–VI. Felsige Wälder, Gebüsche; auf Kalk; bis 1200 m. noE, sF; Pyr. • **7a** *Th. dioica* hat schmälere B.; *kahle* Triebe; Bl. 6–8 mm; Fr. behaart. V–VIII. Kalkfelsen; bis 2000 m. n&oE, s&soF, nwI; Pyr, swAlpen. • **7b** *Th. calycina* ähnlich 7, aber B.spitze mit *umgerolltem* Rand. VI–IX. Steinige Orte; bis 2500 m. nE, sF; z&wPyr. • **7c** *Th. pubescens* niedrige, behaarte, am Grund verholzte Staude; B. schmal bis breit elliptisch; Bl. gelb, 6 mm, *zu 2 od. 3*; Fr. kahl. VI–VII. Trockene, felsige Orte; bis 1700 m. ?sF, no&oE; oPyr. •

1
2
1a
3
4
5
6
7

Seidelbastgewächse (Forts.)

1 GEMEINER SEIDELBAST *Daphne mezereum.* Laubwerfender Strauch bis 1 m; B. längl.-lanzettl., hellgrün; Bl. purpurrosa, 7–9 mm, zu 2–4, meist vor den B. erscheinend, stark duftend; Fr. eine *korallenrote* glänzende Beere. II–VII. Wälder; meist auf Kalk; bis 2600 m. T, fehlt sE, Faeroer, w&nGB, IRL, sl, IS; nSkand (DK). ⚕ ☠ §

2 LORBEER-SEIDELBAST *Daphne laureola.* Immergrüner Strauch bis 1 m; B. lederig, längl.-oval, über der Mitte am breitesten, dunkelgrün, glänzend; Bl. *gelbgrün,* 6–10 mm, in hängenden Büscheln, schwach duftend; Fr. eine *schwarze* Beere. I–IV. Bergwälder; bis 1600 m. T, fehlt Faeroer, nGB, IRL, IS, N, NL, S, SF (DK). **2a** *D. l.* subsp. *philippi* ist kleiner, ausgebreitet, mit kleineren Bl., 5–6 mm. nE, sF; Pyr. § ●

3 ALPEN-SEIDELBAST *Daphne alpina.* Knorriger verzweigter laubwerfender Strauch bis 50 cm; B. schmal längl., graugrün, an den Zweigenden gebüschelt; Bl. weiß, 4–6 mm, in Büscheln zu 4–10, duftend. IV–VI. Kalkfelsen; bis 2000 m. A, CH, nE, z, s&oF, n&zl, nwYU. §. **3a** *D. oleoides* immergrün mit ledrigen B.; cremeweiße Bl. Kalkfelsen. z&sE, z&sl, YU; fehlt in den Alpen. **3b** *D. blagayana* Strauch mit ausgebreiteten Zweigen; Bl. mit Tragb., Kronb. stumpf. R, n&oYU; sKarp.

4 HEIDERÖSCHEN *Daphne cneorum.* Immergrüner *ausgebreiteter* Zwergstrauch, 10–30 cm; Zweige gerade, junge Triebe *behaart;* B. längl. od. schmal spatelig, stumpf; Bl. rosa, mit 6–10 mm langer Röhre; Kelchzipfel rundl.; Bl. in Büscheln zu 6–10, duftend; Fr. eine braungelbe Beere. IV–VIII. Steinige Orte, Weiden, Föhrenwälder; meist auf Kalk; bis 2150 m. A, CH, CS, sD, nE, s&oF, H, n&zl, PL, R, YU. ☠ § ● **4a STEIN-R.** *D. striata* □ ist *völlig* kahl; die B. an den Zweigenden rosettig gehäuft; Bl. rötl.-purpurn. V–VIII. Alp. Rasen; auf Kalk. 1500–2900 m. A, CH, sD, oF, nl, nwYU; Alpen. § ●

5 FELS-SEIDELBAST *Daphne petraea.* Dichter immergrüner Zwergspalierstrauch, 1–3 cm, mit knorrigen Zweiglein; B. klein, lanzettl. od. keilförmig, unterseits gekielt; Bl. hellrosa, schimmernd, mit behaarter, 9–15 mm langer Röhre, in Büscheln zu 3–5, duftend. VI–VII. Kalkfelsspalten; 1400–2000 m. nl; Gardasee. § ● **5a** *D. arbuscula* B. lineal, mit *umgerolltem* Rand. Kalkfelsen; 900–1300 m. oCS. ●

Fam. Zistrosengewächse Cistaceae

Kleine dünnästige Halbsträucher mit gegenst., ganzrandigen B.; Bl. 5zählig, flach tellerförmig, in kurzen einseitigen Trauben; Kelchb. ungleich; Staubb. zahlreich; Fr. eiförmig.

6 GEMEINES SONNENRÖSCHEN *Helianthemum nummularium.* Formenreich. Meist niederliegender Halbstrauch, 10–40 cm; B. längl., lanzettl. od. oval, unterseits weißfilzig, einnervig; Bl. gelb, orange od. weiß, 14–22 mm. VI–IX. Trockene Wiesen, felsige Orte; meist auf Kalk; bis 2800 m. T, fehlt Faeroer, IS, N. **6a** *H. n.* subsp. *glabrum* □ B. auch unterseits grün, kahl; Bl. gelb. A, CH, E, s&oF, I, YU. **6b** *H. n.* subsp. *semiglabrum* □ Bl. rosa. sF, nl; Alpes Maritimes, nAp. ● **6c** *H. n.* subsp. *grandiflorum* □ ähnlich 6a, aber B. behaart. Verbreitung wie 6a. **6d, 6e, 6f** → S. 347

7 WEISSES SONNENRÖSCHEN *Helianthemum apenninum.* Locker ausgebreiteter Halbstrauch, 10–30 cm; B. lineal, unterseits grauweiß behaart, am Rand *umgerollt;* Bl. weiß, mit gelber Mitte, 18–20 mm. V–VII. Trockenrasen; auf Kalk; bis 1800 m. B, CH, sD, E, F, sGB, I.

8 ALPEN-SONNENRÖSCHEN *Helianthemum oelandicum* subsp. *alpestre* (= *H. alpestre*). Kleinstrauch bis 20 cm; B. längl. bis schmal lanzettl., grün, *meist kahl,* ohne Nebenb.; Bl. gelb, 14–20 mm. V–IX. Trockenrasen, Bergwiesen; meist auf Kalk; 1600–2900 m. A, CH, CS, E, F, I, PL, R, YU. *H. oelandicum* subsp. *oelandicum* ist auf sS (Öland) beschränkt.

9 GRAUFILZIGES SONNENRÖSCHEN *Helianthemum canum.* Aufrechter od. ausgebreiteter Halbstrauch bis 20 cm ; B. elliptisch bis schmal lanzettl., an den Triebenden gebüschelt, oberseits grün od. grauhaarig, unterseits grau-weiß; Bl. klein, gelb, 8–15 mm. V–VII. Trockene steinige Orte; auf Kalk; bis 1650 m. T, fehlt B, Faeroer, NL; Skand. **9a** *H. c.* subsp. *piloselloides* hat *breitere,* gleichmäßig an den Trieben stehende B. nE, sF; Pyr. ●

10 STRAUCHIGES SONNENRÖSCHEN *Helianthemum lunulatum.* Halbstrauch bis 20 cm; mit knorrigen, im Alter stechenden Zweigen; B. elliptisch-lanzettl., grün, schwach behaart; Bl. gelb; Kronb. am Grund mit orangem Fleck, 14–16 mm, einzeln od. zu 2–3. VI–VIII. Felsen; bis 1600 m. nwl; Alpes Maritimes. ●

1
2
3
4a
4
5
6
7
9
10
8
6e
6a
6f
6b
6d
6c

Fam. Johanniskrautgewächse Hypericaceae

Kahle od. selten behaarte Stauden mit gegenst. od. quirlst., ungezähnten B.; B. mit durchsichtigen Adern, oft drüsig gepunktet, meist ungestielt; Bl. gelb, in verzweigten Rispen, manchmal einzeln; Kelch- und Kronb. 5; Staubb. zahlreich; Fr. eine Kapsel. ⚕

1 QUIRLBLÄTTRIGES JOHANNISKRAUT *Hypericum coris.* Am Grund verholzte Staude, 15–40 cm, mit aufrechtem St.; B. lineal, mit umgerolltem Rand, zu 4 *quirlst.*; Bl. hellgelb, 20 mm, in verlängerten Rispen, selten einzeln. V–VII. Sonnige Kalkfelsen; bis 2000 m. CH, soF, n&zI. ●

2 PYRENÄEN-JOHANNISKRAUT *Hypericum nummularium.* Aufrechte od. kriechende kahle Staude, 8–30 cm; B. gegenst., oval od. rundl., unterseits blaugrün, nahe an der Spitze *mit zwei* schwarzen Punkten; Bl. gelb, manchmal rot geadert, 20–30 mm, einzeln od. zu wenigen. VI–IX. Kalkfelsspalten; bis 2500 m. nE, s&soF. ● **2a BEHAARTES J.** *H. hirsutum* ☐ ist *filzig*; B. schmäler. Wälder und Flußufer; bis 1600 m. T, fehlt Faeroer, IS, Subarkt.

3 BERG-JOHANNISKRAUT *Hypericum montanum.* Aufrechte Staude, 30–60 cm; B. gegenst., eiförmig bis längl.-elliptisch, am Rand *mit* schwarzen Drüsen; Bl. blaßgelb, 10–15 mm, in flachen Doldenrispen, duftend. VI–IX. Wälder, Gebüsche; meist auf Kalk; bis 1900 m. T, fehlt Faeroer, IS; nSkand.

4 ALPEN-JOHANNISKRAUT *Hypericum richeri.* Aufrechte vielstengelige Staude, 10–50 cm; B. gegenst., oval bis elliptisch od. meist 3eckig; Bl. hellgelb, 20–25 mm, in flachen Doldenrispen; Kronb. fein schwarz *gepunktet.* VI–IX. Wiesen, Schutt, Wälder; meist auf Kalk; bis 2500 m. CH, E, s&oF, I, R, YU. ● **4a** *H. r.* subsp. *burseri* hat größere Bl., 30–45 mm; B. am Grund *st.umfassend.* nE, sF; Pyr, Cord. cant. ● **4b** *H. umbellatum* B. schwarz gepunktet; Fr. ohne schwarze Drüsen. Bergwälder. R, YU. ●

5 VIERKANTIGES JOHANNISKRAUT *Hypericum maculatum.* Aufrechte Staude, 30–60 cm; St. vierkantig; B. gegenst., oval od. längl., meist ohne durchscheinende Punkte; Bl. goldgelb, 20 mm, in Doldentrauben; Kronb. am Grund mit feinen schwarzen Punkten und Streifen. VI–IX. Feuchte Wiesen, Bachufer. Waldränder; bis 2650 m. T, fehlt IS, Subarkt.

6 ECHTES JOHANNISKRAUT *Hypericum perforatum* agg. 30–70 cm; St. aufrecht, *2kantig*; B. oval bis lineal, mit vielen *durchscheinenden* Punkten; Bl. goldgelb, 20 mm; Kronb. am Grund und am Rand mit feinen Punkten. V–IX. Heiden, Wälder, Gebüsche; bis 2000 m. T, fehlt Faeroer, IS; weit verschleppt. **6a** *H. elegans* Rand der Kelchb. mit schwarzen Drüsenzähnen. A, CS, D, H, R, YU.

7 NIEDERLIEGENDES JOHANNISKRAUT *Hypericum humifusum.* Dünnstengelige, meist niederliegende Staude, 5–20 cm; B. gegenst., längl. od. lanzettl. mit durchscheinenden Punkten; Bl. klein, gelb, 8–10 mm. VII–X. Offene Wälder und Gebüsche; auf Silikat; bis 1800 m. T, fehlt Faeroer, sI, IS, N, nS.

Fam. Tamariskengewächse Tamaricaceae

8 RISPELSTRAUCH, DEUTSCHE TAMARISKE *Myricaria germanica.* Kahler *immergrüner Strauch* bis 2 m; B. sehr klein, *schuppenartig*, blaugrün, überlappend; Bl. rosa, 5–6 mm lang, in dichten *kätzchenähnlichen* Ähren; Samen mit lockeren Haarbüscheln. V–VIII. Sand- und Geröllbänke an Bächen und Flüssen; bis 2400 m. T, fehlt B, Faeroer, GB, sI, IRL, IS, NL.

2a Behaartes Johanniskraut

1
2
3
4
5
6
7
8

Fam. Veilchengewächse Violaceae

Rosettenbildende Stauden, manchmal Einj., mit od. ohne Ausläufer; B. wechselst., oft grundst., gezähnt, am Grund mit *Nebenb.*; Bl. einzeln, mit 5 Kronb., das unterste am größten, gespornt; Fr. eine kleine, mit 3 Klappen aufspringende Kapsel. Hybriden häufig!

1 WOHLRIECHENDES VEILCHEN *Viola odorata*. Behaarte, mit *langen, wurzelnden Ausläufern* kriechende Staude, 5–15 cm; B. rundl.-herzförmig, lang gestielt, Nebenb. oval; Bl. dunkelviolett od. weiß, 15 mm, *duftend*; Kelchb. stumpf. III–V (manchmal VIII–IX). Hecken und Gebüsche; bis 1400 m. T, fehlt Faeroer, IS, SF; kult. u. verwildert. ⚕ **1a** *V. suavis* hat kurze dicke Ausläufer; Bl. größer, violett mit weißem *Schlund*. A, CH, CS, E, F, I, PL, R, YU (D).

2 WEISSES VEILCHEN *Viola alba* subsp. *scotophylla*. Kriechende, schwach behaarte Staude, 5–15 cm, mit langen, *nicht wurzelnden* Ausläufern; B. dunkelgrün, oval od. dreieckig-herzförmig, lang gestielt; Nebenb. schmal lanzettl., *am Rand behaart*; Bl. weiß, manchmal violett, 15–20 mm, duftend. III–IV. Laubwälder und Gebüsche; bis 1200 m. A, CH, CS, I, R, YU.

3 RAUHHAARIGES VEILCHEN *Viola hirta*. Behaarte Staude *ohne Ausläufer*, 5–10 cm; B. blaßgrün, herzförmig; Nebenb. breit lanzettl., am Rand behaart; Bl. violett, 15 mm, nicht duftend; Sporn dunkelviolett. III–VI. Weiden, offene Wälder; meist auf Kalk; bis 2000 m. T, fehlt Faeroer, IS, Subarkt. **3a HÜGEL-V.** *V. collina* hat schmale Nebenb. und blaßblaue duftende Bl. mit *weißl.* Sporn. III–IV. T, fehlt DK, Faeroer, GB, IRL, IS, NL, Subarkt.

4 PONTISCHES VEILCHEN *Viola ambigua*. Niedrige, schwach behaarte Rosettenstaude, 5–10 cm, ohne Ausläufer; B. *längl.-oval*, lang gestielt; Nebenb. *dunkelgrün*, breit lanzettl., kurz gezähnt; Bl. dunkelviolett, 10–15 mm, duftend. IV–VIII. Wiesen und Heiden; auf sauren Böden; bis 2300 m. A, CS, H, R, YU. **4a** *V. thomasiana* hat am Grund schwach herzförmige B. und schmal lanzettl. Nebenb.; Bl. lila od. meist weiß. Trockenwiesen; auf saurem Boden; 1000–2300 m. A, CH, oF, nI; z&sAlpen. ●

5 PYRENÄEN-VEILCHEN *Viola pyrenaica*. Schwach behaarte Staude, 5–10 cm; B. *glänzend grün*, herzförmig; Nebenb. lanzettl., kurz gezähnt; Bl. blaßviolett mit *weißem Schlund*, 15 mm, duftend. III–VII. Wiesen, offene Wälder, schattige Orte; bis 2250 m. A, CH, nE, s&oF, n&zI, YU.

6 SAND-VEILCHEN *Viola rupestris* (= *V. arenaria*). Behaarte Rosettenstaude, 3–8 cm; B. herzförmig, lang gestielt; Nebenb. oval-lanzettl., gezähnt od. nicht; Bl. rötl.-violett, blaßblau od. weiß, 10–15 mm; Sporn kurz, blaßviolett. III–VII. Trockene Wiesen, Geröll, Heiden; auf Kalk; bis 3100 m. T, fehlt Faeroer, IRL, IS. **6a WUNDER-V.** *V. mirabilis* ist größer, mit blaßvioletten, *duftenden* Bl., 20 mm; Sporn *lang*, weißl. Wälder; bis 1800 m. T, fehlt Faeroer, GB, IRL, IS, NL. **6b** *V. jooi* Nebenb. mit dem B.stiel verwachsen, nicht frei; Bl. rötl. od. purpur-violett, duftend. Kalkfelsen. zR. ●

7 HAIN-VEILCHEN *Viola riviniana*. Meist kahle Rosettenstaude, 7–25 cm; B. herzförmig, lang gestielt; Nebenb. lanzettl., gezähnt; Bl. blauviolett, 14–25 mm, *nicht duftend*; Kronb. breit; Sporn kurz, weißl. od. blaßpurpurn. IV–VI. Trockene Wiesen, Wälder; bis 1800 m. T. **7a WALD-V.** *V. reichenbachiana* (= *V. silvestris*) hat schmale B. und Nebenb.; Bl. *violett*, in der Mitte dunkler, 12–18 mm; Kronb. schmal; Sporen tief violett. T, fehlt Faeroer, IS, SF; nSkand. **7b** *V. sieheana* Bl. größer als bei 7, blaßblau od. weiß, mit kräftigem weißen Sporn. Wälder, schattige Felsen. R.

8 HUNDS-VEILCHEN *Viola canina* agg. Kahle od. schwach behaarte Staude, 5–30 cm; B. *nicht in Rosette*, oval bis lanzettl., am Grund herzförmig; Nebenb. meist gezähnt; Bl. blau od. weiß, 15–25 mm; Sporn weiß od. grünl.gelb; Kelchb. *spitz*. IV–VII. Offene Wälder, Heiden; auf saurem Boden; bis 2500 m. T. **8a** *V. c.* subsp. *montana* St. *aufrecht;* B. undeutlich herzförmig; Bl. blau od. weiß. T.

9 SUMPF-VEILCHEN *Viola palustris*. Meist kahle Rosettenstaude, 8–15 cm; B. herz-*nierenförmig*; Nebenb. oval-lanzettl., gezähnt od. nicht; Bl. blaßlila, 10–15 mm, nicht duftend. IV–VII. Feuchte Wiesen, Moore; 1200–2600 m. T, fehlt im südlichsten und südöstlichen Teil des Gebietes.

10 ZWEIBLÜTIGES VEILCHEN *Viola biflora*. 5–15 cm; St. dünn, *kriechend*; B. in Rosette, blaßgrün, nieren- od. herzförmig; Nebenb. klein, oval, schwach gezähnt; Bl. *hellgelb*, 15 mm. V–VIII. Feuchte schattige Orte; bis 3000 m. T, fehlt B, DK, Faeroer, GB, IRL, IS, NL.

1
2
3
4
5
6
7
8
9
10

1 FIEDERBLÄTTRIGES VEILCHEN *Viola pinnata*. Schwach behaarte Rosettenstaude, 5–10 cm; B. *fächerförmig*, mit fingerartigen Lappen; Nebenb. weißl., lanzettl.; Bl. blaßviolett, 10–20 mm, duftend. VI–VIII. Kalkgeröll, Föhrenwälder, Rasen; bis 2500 m. A, CH, oF, nl, nwYU; Alpen.

2 VERSCHIEDENBLÄTTRIGES VEILCHEN *Viola diversifolia*. Kurzborstig behaarte Rosettenstaude, 3–10 cm; untere B. rundl. bis breit oval, *ganzrandig*, gestielt, die oberen schmal längl. od. eiförmig; Nebenb. längl., gezähnt; Bl. violett, 15–20 mm, duftend. VI–VII. Rasen und Felsen; bis 2600 m. nE, sF; o&zPyr. •

3 MT. CENIS-VEILCHEN *Viola cenisia*. Kahle od. schwach behaarte Rasenstaude, 3–5 cm; B. *klein*, oval od. längl., ganzrandig, lang gestielt; Nebenb. *ähnlich den B.*, aber kleiner; Bl. hellviolett, 20–25 mm; Sporn dünn, 5–8 mm lang. VI–IX. Kalkfels und Schutt; bis 2900 m. CH, oF, nwl; sw&zAlpen. § • **3a BERGAMASKER V.** *V. comollia* hat hellviolette Bl. mit *orangem od. dunkelgelbem* Fleck; Sporn kurz, 3–5 mm. nl; Orobische Alpen. •

4 SEEALPEN-VEILCHEN *Viola valderia*. Ähnlich 3, aber B. größer; Nebenb. am Grund *tief gezähnt*; Bl. hellviolett, 20 mm; Sporn schlank, 7–10 mm. VI–IX. Silikatfels und -schutt; bis 2900 m. soF, nwl; Alpes Maritimes. • **4a APENNINEN-V.** *V. magellensis* hat Nebenb. mit schwach gezähntem Grund, die B. *kurz und kräftig gestielt*; Bl. violett od. rosa, die oberen 2 Kronb. oft dunkelviolett. Weiden und Schutt; auf Kalk; bis 2900 m. zl; zAp. •

5 ALPEN-VEILCHEN *Viola alpina*. *St.lose* kahle Rosettenstaude, 4–10 cm; B. glänzend grün, oval-herzförmig, stumpf gezähnt, lang gestielt; Bl. violett, 20–30 mm; Sporn kurz, 3–4 mm. VI–VII. Rasen und Schutt; auf Kalk; 1600–2200 m. A, CS, PL, R; oAlpen, Karp. • **5a** *V. nummulariifolia* hat kurze St. und kleinere, *hellblaue* Bl., 10–12 mm. Silikatschutt, Rasen. soF, nwl; Alpes Maritimes. •

6 LANGSPORNIGES VEILCHEN *Viola calcarata*. Kahle od. behaarte Rosettenstaude, 3–10 cm; B. rundl. oval od. lanzettl., stumpf gezähnt, gestielt; Nebenb. längl., schwach gezähnt; Bl. zu 1–2, violett, 20–30 mm; *Sporn lang*, 8–15 mm. IV–X. Rasen und Schutt; 1300–2400 m. A, CH, sD, oF, nl, nwYU. § • **6a KARAWANKEN-V.** *V. c.* subsp. *zoysii* □ hat *gelbe* Bl. Kalkfelsen. A, I, YU; soAlpen, Karawanken Alpen. • **6b** *V. c.* subsp. *villarsiana* hat *tiefgezähnte* Nebenb.; Bl. zu 1–4, gelb, blau od. weiß. wCH, oF, nwl; swAlpen. •

7 HORN-VEILCHEN *V. cornuta*. Ähnlich 6, aber Nebenb. oval-dreieckig, tief eingeschnitten gezähnt; Bl. *duftend*, violett od. lila, 20–35 mm; Kronb. schmal; Sporn lang und spitz, 10–15 mm. nE, sF; Pyr (A, CH, CS, GB, I, R, YU). •

8 BERTOLONIS VEILCHEN *Viola bertolonii* (= *V. heterophylla*). Meist kahle Staude bis 30 cm; B. rundl., oval od. lanzettl., stumpf gezähnt, lang gestielt; *Nebenb.* fiederschnittig; Bl. violett od. gelb, 20–30 mm; Sporn lang, 9–12 mm. VII–VIII. Wiesen; bis 2150 m. soF, n&nol; Alpes Maritimes, nAp. •

9 DUBYS VEILCHEN *Viola dubyana*. Kahle od. behaarte Staude, 10–30 cm; B. rundl., stumpf gezähnt, gestielt, die oberen lineal bis lanzettl.; Nebenb. fiederschnittig; Bl. violett mit gelbem *Schlundfleck*, 20–25 mm; Sporn schlank, kurz, 5–6 mm. V–VII. Kalkschutt, trokkene Wiesen; bis 2100 m. nl; Italienische Alpen zwischen Comosee und Gardasee. • **9a** *V. declinata* hat beblätterte Ausläufer und tiefviolette Bl.; Sporn 3–4 mm. 800–2000 m. CS, R.

10 STIEFMÜTTERCHEN *Viola tricolor*. Formenreich. Kahle od. behaarte Einj. od. Zweij., 5–30 cm; B. herzförmig, oval od. lanzettl., stumpf gezähnt; Nebenb. fiederschnittig, mit *langem Endabschnitt*; Bl. violett, gelb od. zweifarbig, 10–25 mm; Kronb. schmal; Sporn kurz, 3–6 mm. IV–X. Äcker, Wiesen. T. ⚕ **10a** *V. t.* subsp. *subalpina* ist meist *ausdauernd*; mit gelben Bl.; das obere Kronb. manchmal violett. Bis 2700 m. A, CH, CS, nE, s&oF, nl, R, YU. **10b** *V. eugeniae* hat größere violette od. gelbe Bl. mit *breiteren Kronb.*; B. rundl., lang gestielt. l; Ap. •

11 GELBES VEILCHEN *Viola lutea*. Behaarte od. kahle Staude, 8–20 cm, mit *zartem kriechendem* St.; B. oval, längl. od. lanzettl., gezähnt, lang gestielt; Nebenb. fiederschnittig, der Endabschnitt nicht größer; Bl. gelb, violett od. zweifarbig, 15–30 mm; Sporn kurz, 3–6 mm. V–VII. Alp. Kalkrasen, Weiden; auch auf Silikat; bis 2000 m. A, B, CH, CS, D, nE, F, GB, IRL, NL, PL. **11a** *V. bubanii* 10–25 cm, Staude mit violetten Bl. und *langem* (10 mm) Sporn. nE, sF; Pyr, nSpanische Gebirge. •

1
2
3
4
5
6
6a
7
8
9
10
11

Fam. Nachtkerzengewächse Onagraceae

Meist behaarte Staude; Bl. mit 4 Kelchb. und 4 ausgerandeten Kronb. (bei *Circaea* nur 2); 8 Staubb.; Fr. der Weidenröschen sind lange schmale, schotenähnliche, 4fächerige Kapseln mit seidenhaarigen Samen. Hybriden häufig.

1 ALPEN-HEXENKRAUT *Circaea alpina*. Schwach behaarte Staude, 5–20 cm; B. gegenst., *herzförmig*, gestielt; Bl. winzig, weiß mit zwei tief ausgerandeten Kronb.; Fr. längl. mit hakigen Borsten. VI–VIII. Feuchte Tannen- u. Erlenwälder, Bachufer; meist auf saurem Boden; bis 2200 m. T, fehlt Faeroer, IRL, IS.

2 WALD-WEIDENRÖSCHEN *Epilobium* (= *Chamaenerion*) *angustifolium*. Robuste, meist kahle vielstengelige Staude, 60–140 cm; B. *wechselst.*, lanzettl., schwach gezähnt; Bl. groß, lebhaft rosa-purpurn, 20–30 mm; Kronb. *schwach ausgerandet*; Fr. rötl.-purpurn. VI–IX. Waldlichtungen, Blockhalden, Bachufer; bis 2500 m. T, im Süden +.

3 FLEISCHERS WEIDENRÖSCHEN *Epilobium fleischeri*. Vielstengelige kahle Staude, 20–50 cm; B. wechselst., schmal lanzettl., seicht gezähnt; Bl. lebhaft rosa, 20–25 mm; Kronb. längl.-elliptisch, *nicht ausgerandet*. VII–IX. Schutt, Moränen, Bachufer; meist auf saurem Boden; bis 2700 m. A, CH, sD, nl, nwYU; Alpen. • **3a ROSMARIN-W.** *E. dodonaei* ist größer, mit schmäleren, *schwach behaarten* B. Kiesbänke; bis 1500 m. A, CH, sD, z&oF, H, I, PL, R, YU. **3b** *E. latifolium* ähnlich 3, aber Bl.stand mit höchstens 7 Bl., die Kronb. eiförmig, *nicht* ausgerandet. IS–nAs, nAm.

4 WESTLICHES WEIDENRÖSCHEN *Epilobium duriaei*. Schwach behaarte Staude, 25–40 cm; B. gegenst., oval, seicht gezähnt, obere B. wechselst.; Bl. rosa; Kronb. ausgerandet, 6–10 mm; Narbe *4lappig*. VI–IX. Silikatfels, Bachufer; bis 2500 m. wCH, nE, s&oF. • **4a RAUHHAARIGES W.** *E. hirsutum* □ ist viel größer, stark behaart; *B.* am Grund *st.umfassend*; Bl. größer, purpurrosa; Kronb. 10–16 mm. Feuchte Wälder, Ödland. T, fehlt Faeroer, IS. **4b KLEINBLÜTIGES W.** *E. parviflorum* ähnlich 4a, aber B. schmäler, *nicht umfassend*; Kronb. 4–9 mm. Staunasse Böden, Tümpel. T, Faeroer, IS.

5 BERG-WEIDENRÖSCHEN *Epilobium montanum*. Schwach behaarte Staude, 30–80 cm; St. *rund*; B. gegenst., oval, gezähnt; obere B. wechselst.; Bl. purpurrosa; Kronb. ausgerandet, 6–10 mm; Narbe *4lappig*. V–VIII. Schattige Orte, Waldschläge; bis 2600 m. T, fehlt IS. **5a HÜGEL-W.** *E. collinum* ist *kleiner*, mit blaß purpurrosa Bl.; Kronb. 3–6 mm lang. Trokkene Böden, Schutt. T, fehlt DK, Faeroer, GB, IRL, IS, NL. • **5b** *E. lanceolatum* ist ähnlich 5, aber St. undeutlich 4kantig; B. *meist* alle wechselst., länger gestielt; *Bl. weiß*, später rosa. Silikatschutt. T, fehlt DK, Faeroer, IRL, IS, N, S, SF.

6 QUIRLBLÄTTRIGES WEIDENRÖSCHEN *Epilobium alpestre* (= *E. trigonum*). Weichhaarige Staude, 30–80 cm; B. meist zu 3–4 *quirlst.*; Bl. rosa-violett; Kronb. 6–12 mm lang; Narbe *keulenförmig*. VI–VIII. Offene Wälder, Gebüsche; bis 2400 m. A, CH, CS, sD, nE, s&oF, I, PL, YU. **6a VIERKANTIGES W.** *E. tetragonum* (= *E. adnatum*) hat *gegenst. ungestielte* B. und purpurrosa Bl.; Kronb. 3–7 mm lang. T, fehlt Faeroer, IRL, IS, (N).

7 NICKENDES WEIDENRÖSCHEN *Epilobium nutans*. 8–15 cm; B. *alle gegenst.*, oval od. elliptisch, seicht gezähnt, *ungestielt*; Bl. blaßviolett; Kronb. 3–6 mm lang; Narbe keulig. VI–VIII. Feuchte Orte, Quellfluren; bis 2500 m. A, CH, CS, nE, s&oF, I, PL, R. • **7a SUMPF-W.** *E. palustre* hat *ungezähnte* B. und blaßrosa od. weiße Bl. Feuchte Orte; bis 2300 m. T. **7b** *E. roseum* hat deutlich gestielte B.; Bl. weiß, später rosa gestreift. T, fehlt Faeroer, IS.

8 ALPEN-WEIDENRÖSCHEN *Epilobium anagallidifolium* (= *E. alpinum*). Kriechende Staude, 5–15 cm; St. nur an den Längslinien behaart; B. gegenst., oval od. elliptisch, seicht gezähnt; obere B. wechselst.; Bl. *klein*, bleich purpurn; Kronb. 3–4 mm lang; Narbe keulig. VI–IX. Feuchter Schutt, Schneeböden; auf saurem Boden; bis 3000 m. T, fehlt B, DK, IRL, NL.

9 MIERENBLÄTTRIGES WEIDENRÖSCHEN *Epilobium alsinifolium*. Schwach behaarte Kriechstaude, 10–30 cm; ähnlich 8, aber größer; B. gezähnt; Bl. purpur-rosa; *Kronb.* 7–11 mm lang. VI–VIII. Bachränder, Quellen; bis 2900 m. T, fehlt B, DK, NL. •

4a Rauhhaariges Weidenröschen

1
2
3
4
5
6
7
8
9

Fam. Hartriegelgewächse Cornaceae

Laubwerfende Sträucher od. Stauden mit gegenst., ganzrandigen, gestielten B.; Bl. in Dolden, 4zählig; Fr. eine Beere.

1 ROTER HARTRIEGEL *Cornus sanguinea*. Verzweigter Strauch bis 4 m, mit geraden *rötl. Zweigen*; B. breit elliptisch od. oval, spitz, blaßgrün, im Herbst sich rot verfärbend; Bl. weiß, 7–12 mm, in dichten Dolden; Fr. eine schwarze Beere. V–VII. Waldränder; auf Kalk; bis 1500 m. T, fehlt Faeroer, IS.

2 KORNELKIRSCHE *Cornus mas*. Stark verzweigter Strauch od. kleiner Baum bis 8 m, mit grüngelben Zweigen; B. oval od. elliptisch; Bl. gelb, 3–4 mm, in kleinen Dolden, *vor den B.*; Fr. eine eiförmige glänzende rote eßbare Steinfr. II–III. Lichte Wälder, Flaumeichenbusch; bis 1500 m. A, B, CH, CS, sD, oF, H, I, R, YU.

3 SCHWEDISCHER HARTRIEGEL *Chamaepericlymenum suecicum* (= *Cornus suecica*). Kriechende, teppichbildende Staude bis 25 cm; B. rundl. bis elliptisch, ungestielt; Bl. klein, schwarz-purpurn, in einer Dolde, von 4 auffallenden *weißen, kronb.ähnlichen Hüllb.* umgeben; Fr. eine kleine rote Beere. VI–VIII. Heiden, Moore; auf saurem Boden; bis 1200 m. D, DK, Faeroer, nGB, IS, N, NL, PL, S, SF.

Fam. Efeugewächse Araliaceae

4 EFEU *Hedera helix*. Immergrüne kriechende od. kletternde Liane bis 20 m; B. glänzend grün, meist im Umriß dreieckig, mit 3–5 seichten Lappen; die B. der Bl.triebe ungeteilt; Bl. meist 5zählig, blaßgrün mit gelben Staubb., in *dichten Dolden*, unangenehm riechend; Fr. eine kleine schwarze Beere. IX–XI. Auf Bäume od. Mauern klimmend od. am Waldboden kriechend; bis 1800 m. T, fehlt Faeroer, IS, SF. ☠

Fam. Doldengewächse Apiaceae (= Umbelliferae)

Große, gut charakterisierte Fam.; Bl. meist in flachen Dolden (alle Bl.stiele – Doldenstrahlen – von einem Punkt ausgehend); oft an den primären Strahlen Dolden zweiter Ordnung; B. wechselst., ohne Nebenb., oft 2–3fach fiederschnittig; Bl. klein, 5zählig; Kronb. oft verschieden groß; 5 Staubb.; am Grund der primären Doldenstrahlen oft Hochb. („Hülle"); Fr. trocken, oft gerippt und flach, in 2 Samen zerfallend (für die Bestimmung sind die Fr. notwendig). Siehe S. 194.

5 HEILKRAUT, SANIKEL *Sanicula europaea*. Kahle Staude, 5–120 cm; St. oft rötl.; grundst. B. im Umriß rund, 3–5lappig, glänzend, lang gestielt; Bl. weißl. od. blaßrosa, in dichten kleinen Dolden; Fr. rundl. mit hakigen Borsten. V–VII. Wälder; gern auf Kalk; bis 1600 m. T, fehlt Faeroer, IS. ⚕

6 GRÜNE SCHAFTDOLDE *Hacquetia epipactis*. Kahle Kriechstaude, 10–25 cm; grundst. B. im Umriß rund, *3lappig*, die Lappen keilförmig, gezähnt, glänzend grün; Bl. gelb, in kleinen, kopfigen Dolden, umgeben von einer *großen Hülle* gezähnter Tragb. IV–V. Buchenwälder, Gebüsche; bis 1500 m. A, CS, noI, PL, YU. •

STERNDOLDE *Astrantia*. Leicht kenntlich an den kleinen dichten Dolden, die von vielen schmalen u. spitzen, häutigen, kronartigen Hochb. umgeben sind; B. 3–9fach fingerlappig, gezähnt, die unteren lang gestielt.

7 GROSSE STERNDOLDE *Astrantia major*. Meist unverzweigte Staude, 30–90 cm; Grundb. 3–5lappig, Lappen breit oval, grob gezähnt; Dolden 20–30 mm, mit grün-weißen od. rosa Bl.; Hochb. oberseits grün und rosa od. purpurn, unterseits weißl., so lang wie die Dolden. VI–IX. Hochstaudenfluren, Wälder; meist auf Kalk; bis 2000 m. T, fehlt B, Faeroer, IRL, IS, N, NL, S, SF (DK, GB, SF). **7a** *A. m.* subsp. *carinthiaca* Hüllb. doppelt so lang wie die Dolden. sA, sCH, nE, s&soF, nI.

8 KLEINE STERNDOLDE *Astrantia minor*. 15–30 cm, zierlicher als 7; Grundb. 5–9lappig, die Lappen lanzettl. od. elliptisch, *bis zum Grund getrennt*; Dolden 10–15 mm, mit rosa Bl.; Hochb.hülle dünn, weiß, länger als die Dolde. VII–VIII. Rasen, lichte Wälder; bis 2700 m. wCH, nE, s&oF, nwI; Pyr, swAlpen. •

9 BAYERISCHE STERNDOLDE *Astrantia bavarica*. Zarte Staude bis 60 cm; Grundb. 5lappig, *nur* der Mittelabschnitt bis zum Grund geteilt; Dolden 10–20 mm, mit weißen Bl.; Hüllb. weißl., länger als die Dolde, *ohne* Quernerven. VI–VIII. Wiesen, Gebüsche und Wälder; auf Kalk; bis 2300 m. A, sD, nI, nwYU. • **9a** *A. carniolica* ist ähnlich, aber B. nicht bis zur Mitte geteilt; Hüllb. *kürzer* als die Dolde. Bis 1600 m. sA, noI, nwYU; soAlpen. •

2
3
4
5
7
8
6
9

Doldengewächse (Forts.)

1 ALPEN-MANNSTREU, EDELDISTEL *Eryngium alpinum*. Aufrechte, blaugrüne kahle Staude, 30–80 cm; Grundb. oval bis herzförmig, *dornig gezähnt*, lang gestielt; Bl. klein, stahlblau, in dichten eiförmigen Doldenköpfen, umgeben von einer Krause aus schmalen, dornig gezähnten, *violettblauen Hochb.* VII IX. Rostseggenrasen, Hochstaudenfluren; meist auf Kalk; bis 2500 m. A, CH, ?CS, oF, nl, YU. § ●

2 SILBER-MANNSTREU *Eryngium spinalba*. Gedrungene kahle Staude, 20–35 cm; Grundb. rundl. bis herzförmig, unregelmäßig gelappt, grob dornig gezähnt, lang gestielt; Bl. blauweiß, in eiförmigen Köpfen, umgeben von einer Hülle aus schmalen dornigen *grünweißen Hochb.* VI–VII. Trockene Felsen, Geröll; meist auf Kalk; 1400–1700 m. soF, nwl; swAlpen. ●

3 PYRENÄEN-MANNSTREU *Eryngium bourgatii*. Kahle aufrechte Staude, 15–45 cm; St. meist stahlblau überlaufen; Grundb. tief eingeschnitten und gelappt, dornig gezähnt, grün, entlang den Adern weiß gemustert; Bl. bläul., in dichten kugeligen Köpfen, umgeben von einer Hülle stahlblauer, entfernt gezähnter, dorniger Hochb. VII–VIII. Trockene Felsen, steinige Orte; bis 2000 m. E, sF; Pyr. ●

4 BERGKERBEL *Chaerophyllum hirsutum*. Tiefgrüne weichhaarige Staude, 30–100 cm; B. 2–3fach gefiedert mit spitzen, keilförmigen Abschnitten; Bl. weiß bis rosa, in lockeren Dolden; Kronb. *am Rand* fein behaart; Fr. schmal längl., 8–12 mm, nach oben verjüngt. VI–VIII. Feuchte Wälder, schattige Orte, Hochstaudenfluren; bis 2500 m. A, CH, CS, sD, E, F, H, I, PL, R, YU (B, DK). **4a** *Ch. elegans* hat *schmälere*, lang zugespitzte B.abschnitte. A, CH, nl. ● **4b** *Ch. villarsii* ähnlich 4a, aber schwächer behaart, *borstig*, mit größeren Fr., 8–20 mm. A, CH, sD, oF, nl, YU. ●

5 SÜSSDOLDE *Myrrhis odorata*. Stattliche, weichhaarige, *aromatische* Staude, 150 cm; B. 2–3fach gefiedert, Abschnitte längl.-lanzettl., gezähnt; Bl. weiß, mit *ungleichen Kronb.*; Tragb. fehlend; Fr. schmal längl., geschnäbelt, 15–25 mm, reif glänzend dunkelbraun. VI–VIII. Rasen, steinige Orte, Wälder; bis 2000 m. A, CH, sD, E, F, I, YU. Alte Kulturpfl. ⚕

6 STRIEMENSAME *Molopospermum peloponnesiacum*. Robuste kahle Staude, 80–150 cm; untere B. groß, 2–4fach fiederschnittig mit lanzettl., scharf gezähnten Abschnitten, dunkelgrün; Bl. weiß, mit großer Gipfeldolde, Seitendolden in Quirlen; Hüllb. fehlen; Fr. oval, gerippt mit schmalen Flügeln, 12 mm. V–VIII. Steinige Weiden, offene Gebüsche; bis 2000 m. CH, sD, nE, soF, nl, nwYU. ●

7 KNOLLENKÜMMEL *Bunium alpinum* subsp. *petraeum*. Kahle Staude bis 50 cm, mit Erdknolle; St. niederliegend; grundst. B. 2–3fach gefiedert, Abschnitte schmal elliptisch, *stumpf*; Bl. weiß; Kronb. oval, ausgerandet; Dolden 3–5strahlig; Hüllb. lineal; Fr. längl., 3,5–5,5 mm, gerippt. VII–VIII. Felsen und Rasen; bis 2500 m. zl; zAp. ●

8 KEGELFUSS *Conopodium pyrenaicum*. Aufrechte kahle Staude, 40–70 cm, mit kugeliger Wurzelknolle; Grundb. 2–3fach gefiedert, Abschnitte oval, stumpf; *B.stiele scheidig*; Bl. weiß; Kronb. oval, ausgerandet, auf der Unterseite *braun geadert*; Dolden 6–16strahlig; Fr. längl., 3–4 mm, schmal gefurcht. VI–VII. Rasen und Felsen; bis 1500 m. nE, sF; wPyr. ●

1 Alpen-Mannstreu: grundständige Blätter

3 Pyrenäen-Mannstreu: Grundblätter

2
3
5
4
8
7
6

Doldengewächse (Forts.)

1 GROSSE BIBERNELLE *Pimpinella major.* Kahle Staude, 40–90 cm; St. tief gefurcht, hohl, oberwärts verzweigt; untere B. sehr groß, meist einfach gefiedert, mit 3–9 Abschnitten; St.b. kleiner, mit *scheidigem* Grund; Bl. weiß od. tief rosa, in dichten Dolden; Hüllb. fehlend; Doldenstrahlen 10–15; Fr. eiförmig, etwas flachgedrückt, 2–3,5 mm, weißl., mit vorstehenden Rippen. V–IX. Rasen, steinige Orte; bis 2300 m. T, fehlt Faeroer, IS, Subarkt. ⚕ **1a** *P. siifolia* ist kleiner, mit schmäleren B.abschnitten und schmal geflügelten Fr., 5–7 mm. Bergweiden. nE, swF; wPyr, Picos de Europa. ⚕ ● **1b KLEINE B.** *P. saxifraga* □ ähnlich 1, aber St. voll, nur seicht gefurcht, meist weichhaarig. T, fehlt IS, SF. ⚕

2 DETHAWIA *Dethawia tenuifolia.* Kahle zierliche Staude, 10–40 cm; mit biegsamem St.; B. meist grundst., 3fach gefiedert mit dicht stehenden Abschnitten; Bl. weiß; Kronb. elliptisch; Doldenstrahlen 4–10; Hüllb. 1–3, ungleich; Fr. eiförmig, 4–6 mm, gerippt. VII–VIII. Fels und Schutt; bis 2000 m. nE, sF; Pyr, Cord. cant. ●

3 PYRENÄEN-BERGFENCHEL *Seseli nanum.* Kahle *Polsterstaude* bis 10 cm; B. doppelt gefiedert mit längl.-elliptischen Abschnitten; Bl. weiß od. rosa, in dichten, kugeligen Dolden; Strahlen 5–8; Hüllb. meist fehlend; Fr. längl., flach, *stachelig.* VII–IX. Felsspalten und Schutt; bis 2000 m. nE, sF; Pyr. ● **3a** *S. montanum* wächst *nicht* rasig, bis 70 cm; Dolden locker. CH, nE, s&oF, z&sl, YU; in den Alpen selten. **3b** *S. cantabricum* ähnlich 3a, aber Krone blaßgelb od. rötl. nE; oCord. cant. ●

4 AUGENWURZ *Athamanta cretensis.* Behaarte Staude, 15–30 cm; B. 3–5fach gefiedert mit schmal-linealen Abschnitten; Bl. weiß; *Kronb. ausgerandet;* Doldenstrahlen 5–15; Hüllb. vorhanden od. fehlend, manchmal fiederschnittig; Fr. längl., 6–8 mm, fein behaart. VI–VIII. Schutt und Fels; auf Kalk; bis 2700 m. A, CH, E, oF, I, YU. ● **4a** *A. cortiana* ist niedrig, bis 10 cm, *stark verzweigt;* Dolden dicht, mit 15–20 Strahlen. Kalkfelsen. nI; Apuanische Alpen. ●

5 GRAFIA *Grafia golaka* (= *Hladnikia g.*). Kahle *blaugrüne* Staude, 50–100 cm; B. 3–4fach gefiedert; Abschnitte oval od. rautenförmig; Bl. weiß; Kronb. ausgerandet; Doldenstrahlen 12–22; Hüllb. zahlreich, oval, spitz; Fr. längl., 8–13 mm, gerippt. VII–VIII. Kalkfelsen; bis 1800 m. no&zI, wYU; zAp, soAlpen. ●

6 XATARDIA *Xatardia scabra.* Kurze, dicke, kahle, meist unverzweigte Staude, 10–25 cm; B. 2–3fach gefiedert, die Abschnitte schmal 3eckig, gezähnt; B.stiele den St. am Grund breit scheidig umfassend; *Bl. grünl.gelb;* Kronb. lanzettl.; Doldenstrahlen sehr ungleich lang, borstig; Fr. eiförmig, 6–7 mm, gerippt. VII–IX. Kalk- und Schieferschutt; 1600–2300 m. noE, sF; oPyr. ●

7 RÄDCHENBLÜTE *Trochiscanthes nodiflora.* Kahle Staude, 100–200 cm; St. mit *gegenst. od. quirlst.* Verzweigungen; B. 3–4fach gefiedert, die Abschnitte oval, gezähnt; Bl. grünl.weiß, in zahlreichen lockeren kleinen Dolden; Doldenstrahlen 4–8; Hüllb. 1 od. fehlend; Fr. eiförmig, 6 mm, schwach gerippt. V–VIII. Bergwälder; bis 1600 m. swCH, soF, nI. ●

8 BÄRENWURZ *Meum athamanticum.* Kahle, *stark aromatische* Staude, 20–50 cm; B. 3–4fach gefiedert mit zahlreichen *fadenförmigen* Abschnitten, meist grundst.; Bl. weiß od. purpurn; Kronb. oval; Doldenstrahlen 3–15; Hüllb. 0–2; Fr. längl.-eiförmig, 4–10 mm, stark gerippt. VI–VIII. Schutt, saure Weiden; bis 2700 m. A, B, CH, CS, sD, nE, F, GB, I, PL, YU (N). ⚕ ●

9 ÖSTERREICHISCHER RIPPENSAME *Pleurospermum austriacum.* Schwach behaarte Zweij. od. Staude, 50–200 cm; *St. gerippt,* hohl; B. 2–3fach gefiedert, breit *3eckig,* die Abschnitte oval, fiederlappig; Bl.stand pyramidal; Bl. weiß; Kronb. rundl.; Doldenstrahlen 12–20; Hüllb. zahlreich, zurückgeschlagen; Fr. eiförmig, gerippt. VI–IX. Schattige, feuchte Wälder, Hochstaudenfluren; bis 2000 m. A, CH, CS, sD, oF, H, I, PL, R, S, YU. ●

1b Kleine Bibernelle

1
2
3
4
5
6
7
8
9

Doldengewächse (Forts.)

HASENOHR *Bupleurum*. Kahle Einj. od. Stauden mit ungeteilten B.; Bl. klein, gelb od. rötl., in kleinen Dolden; Dolden zweiter Ordnung von einem Kranz ovaler od. rundl. Laubb.-ähnlicher Hüllb. umgeben (ausgenommen 5); Fr. eiförmig.

1 LANGBLÄTTRIGES HASENOHR *Bupleurum longifolium*. Gelbliche od. rot überlaufene Staude, 30–150 cm; untere B. *elliptisch-spatelig* od. lanzettl., lang gestielt; die oberen B. eiförmig od. rundl., st.umfassend; Bl. gelbl.; die Dolden mit 5–12 Strahlen. VII–VIII. Hochstaudenfluren, Laubwälder; kalkhold; bis 2000 m. A, CH, CS, sD, z&oF, H, PL, R, YU.

2 PYRENÄEN-HASENOHR *Bupleurum angulosum*. Staude, 15–40 cm; Grundb. lineal bis lanzettl., gestielt; obere B. 3–5, herzförmig, st.umfassend; Bl. gelbl.; die Dolden mit 3–6 Strahlen. VII–VIII. Kalkfelsen; 1500–2300 m. n&noE, sF; Pyr. ● **2a STERN-H.** *B. stellatum* □ hat *nur 1* schmäleres St.b. Trockene Wiesen, Gebüsche; auf saurem Boden; bis 2650 m. A, CH, oF, nI; Alpen. ●

3 FELS-HASENOHR *Bupleurum petraeum*. Polsterbildende Staude bis 50 cm; Grundb. lineal, grasartig; St.b. meist fehlend; Bl. gelbl.; die Dolden mit 5–15 Strahlen. VII–VIII. Kalkfels und -schutt; 1300–2300 m. A, soF, nI, nwYU; s&oAlpen. ●

4 BERG-HASENOHR *Bupleurum ranunculoides*. Staude bis 60 cm; untere B. *lineal* bis schmal lanzettl. od. spatelig, *3nervig*, mit flachem Stiel; obere B. oval, spitz, halb st.umfassend; Bl. gelbl.; Dolden mit 3–10 Strahlen. VII–VIII. Felsen; kalkliebend; bis 2600 m. A, CH, CS, nE, s&oF, n&zI, PL, R, YU. **4a** *B. r.* subsp. *gramineum* untere B. mit *eingerolltem Rand;* obere B. lineal-lanzettl. sA, sCH, nI, YU.

5 SICHELBLÄTTRIGES HASENOHR *Bupleurum falcatum*. Staude bis 100 cm, selten einj.; Grundb. längl.-elliptisch, *oft gebogen*, gestielt; St.b. lanzettl. bis lineal, halb st.umfassend; Bl. gelbl.; die Dolden mit 3–15 fadendünnen Strahlen; Hüllb. *lineal-lanzettl.*, ungleich groß. VII–X. Trockenrasen, Ödland; bis 1600 m. T, fehlt DK, Faeroer, nGB, IRL, IS, N, NL, S, SF. **5a** *B. f.* subsp. *cernuum* hat *lineale*, ungestielte B. sA, sCH, sCS, nE, s&soF, I, sR, YU.

6 ENDRESSIA *Endressia pyrenaica*. Meist kahle unverzweigte Staude, 5–40 cm, mit *b.losem* St.; alle B. grundst., doppelt gefiedert, die Abschnitte schmal längl.-lanzettl.; Bl. weiß; die Dolden mit 9–25 Strahlen; *Hüllb. fehlend*; Fr. oval. VIII–IX. Subalp. Wiesen; bis 2200 m. noE, sF; oPyr. ● **6a** *E. castellana* hat *behaarte* St. nE; fehlt Pyr. ●

7 WILDER KÜMMEL *Carum carvi*. Kahle Staude, 30–80 cm, mit *beblättertem, verzweigtem* St.; B. 2–3fach gefiedert, Abschnitte lineal-lanzettl.; Bl. weiß; Dolden mit 5–16 Strahlen; meist ohne Hüllb.; Fr. längl., gerippt, *aromatisch*. V–VII. Wiesen; bis 2200 m. T (Faeroer, GB, IRL, IS). ⚕ **7a** *C. rigidulum* untere B.abschnitte breiter; Bl. oft gelbl.-weiß. nI, YU; Apuanische Alpen, Balkan. ●

8 PYRENÄEN-BRUSTWURZ *Selinum pyrenaeum* (= *Angelica pyrenaea*). Schwach verzweigte kahle Staude, 20–50 cm; St. mit 1–2 B. od. blattlos; B. 2–3fach gefiedert, Abschnitte lineal bis lanzettl.; Bl. *gelbl.-weiß*; Kronb. herzförmig; die Dolden mit 3–9 Strahlen; Hüllb. u. Kelchb. *fehlend*; Hüllchenb. lineal. VI–VIII. Wiesen und Weiden; bis 2300 m. n&nwE, z, o&sF. ● **8a** *S. carvifolia* hat stark gerippte beblätterte St. T, fehlt Faeroer, IRL, IS.

2a Stern-Hasenohr

1
2
3
4
5
6
7
8

Doldengewächse (Forts.)

1 KLEINES LIEBSTÖCKL *Ligusticum mutellinoides* (= *L. simplex*). Meist kahle Staude, 5–15 cm, mit *unverzweigtem* St.; alle B. grundst., 2–3fach gefiedert, im Umriß oval mit schmalen spitzen Lappen; Bl. weiß od. rosa; Kronb. ausgerandet; *Doldenstrahlen* 8–20; Hüllb. *zahlreich*, lineal; Fr. elliptisch, 2–5 mm, gerippt, meist glatt. VII–VIII. Windrasen (*Elynetum*), steinige exponierte Orte; 1900–3350 m. A, CH, CS, sD, oF, nI, PL, R, YU. **1a** *L. ferulaceum* bis 60 cm; St. vom Grund an verzweigt; Blättchen schmäler; Hüllb. fiederschnittig. o&soF, nwI; J, swAlpen. •

2 ALPEN-LIEBSTÖCKL *Ligusticum mutellina*. Meist kahle Staude, 10–50 cm; St. mit 1–2 *wechselst. Ästen*; B. meist grundst., 2–3fach gefiedert, im Umriß 3eckig, mit schmal lanzettl. Lappen; Bl. meist rötl.; Kronb. ausgerandet; Doldenstrahlen 7–10; *Hüllb.* 1–2, lanzettl. od. fehlend; Fr. längl., 4–6 mm, gerippt. VII–VIII. Feuchte Rasen, Schneeböden; bis 3000 m. A, CH, sD, oF, I, PL, R, YU. • **2a GLÄNZENDES L.** *L. lucidum* (= *L. seguieri*) ist viel größer (bis 130 cm); St. mit *gegenst. od. quirlst. Ästen*, B. bis 60 cm fein zerteilt; Dolden groß, mit 20–50 Strahlen. VI–VII. Bergwiesen; auf Kalk. CH, E, s&oF, I, YU. •

3 WILDE BRUSTWURZ *Angelica sylvestris*. Robuste, meist kahle Staude bis 100 cm; St. oft purpurn; B. 2–3fach gefiedert mit breiten gezähnten Abschnitten, obere B. viel kleiner, Stiele *scheidig aufgeblasen*; Bl. weiß od. rosa, in großen Dolden; Kronb. lanzettl.; Hüllb. meist fehlend, Hüllchenb. fädig; Fr. oval, flach, 4–5 mm, mit *breitem Hautflügel*. VI–IX. Feuchte, schattige Wälder; bis 1800 m. T. ⚕ **3a** *A. archangelica* hat *grüne St.* und cremefarbene od. grün-weiße Bl.; Fr. mit *Korkflügeln*. Feuchte Orte. T; häufig kult. für Konfekt und Likör, bes. im N eingebürgert. **3b** *A. razulii* ähnlich 3, aber Fr. größer, 8 mm, schmal geflügelt. n&nwE, sF. •

4 ECHTES LIEBSTÖCKL *Levisticum officinale*. Stark aromatische verzweigte Staude, 100–250 cm; B. 2–3fach gefiedert, *glänzend*, mit breit gezähnten Abschnitten; Bl. grünl.-gelb; Doldenstrahlen 12–20, gefurcht; Hüllb. zahlreich, die oberen am Grund verbunden; Fr. längl.-eiförmig, 5–7 mm, gelb od. braun. VI–VIII. Häufig kult. und verwildert; bis 1200 m. (T, fehlt Faeroer, IRL, IS) – Heimat Iran. ⚕

5 VENEZIANISCHER HAARSTRANG *Peucedanum venetum*. Kahle *rötl. Staude*, 50–150 cm; St. stark verzweigt; B. 2–4fach gefiedert, die Abschnitte meist fiederlappig; die oberen B. viel kleiner, mit breit *scheidigen Stielen*; Bl. weiß, in *breiten Dolden*; Kronb. oval; Doldenstrahlen 10–25; Hüllb. schmal-lanzettl.; Fr. längl. 5,5–6 mm, geflügelt. VI–VIII. Buschige, steinige Hänge; bis 1500 m. sCH, noE, s&soF, I, nwYU. •

6 MEISTERWURZ *Peucedanum ostruthium*. Meist kahle Staude, 40–100 cm; St. mit *wechselst.* Ästen; B. doppelt 3zählig, die Abschnitte oval, gezähnt, obere schmal, mit *aufgeblasen scheidigen* Stielen; Bl. weiß od. rosa; ohne Hüllb.; Doldenstrahlen 30 od. mehr; Fr. meist rundl., 4–5 mm, breit geflügelt. VI–VIII. Feuchte Wiesen, Bergwälder, Bachufer; 1400–2800 m. A, CH, CS, sD, E, s&oF, I, PL, YU (B, DK, GB, N, S). Alte Heilpfl. ⚕ • **6a RIESEN-HAARSTRANG** *P. verticillare* ist größer (bis 300 cm); mit *gegenst. od. quirlst.* Ästen; Fr. 7–9 mm, breit geflügelt. Trockene Kalkhänge. A, oCH, H, n&zI, nwYU. •

7 ÖSTERREICHISCHER BÄRENKLAU *Heracleum austriacum*. Zierliche behaarte Staude, 20–50 cm; St. verzweigt; B. *gefiedert*, die Abschnitte oval, gezähnt, behaart; Bl. weiß od. rosa, in flachen Dolden; Doldenstrahlen 6–13, ungleich lang; Kronb. *tief ausgerandet*; Hüllb. meist vorhanden; Fr. breit oval, 7–11 mm, breit geflügelt. VII–IX. Subalp. Rasen, Bergwälder; bis 2100 m. A, zCH, soD, noI, nwYU; oAlpen. • **7a GEMEINER B.** *H. sphondylium* ist viel größer, mit dickem, oft borstigem St.; Dolden mit 15–45 Strahlen. T. **7b KLEINER B.** *H. minimum* ähnlich 7, aber kleiner, mit kleinen *kahlen* B.zipfeln; Doldenstrahlen 3–6. VII–VIII. Kalkgeröll; bis 2500 m. soF. •

8 BREITBLÄTTRIGES LASERKRAUT *Laserpitium latifolium*. Meist kahle Staude, 60–150 cm; B. groß, doppelt gefiedert, Abschnitte oval-herzförmig, *gezähnt*; Bl. weiß, mit ausgerandeten Kronb.; Doldenstrahlen 25–40; Hüllb. zahlreich; Fr. oval, 5–10 mm, schmal geflügelt. VII–VIII. Offene Wälder, steinige Hänge; bis 2000 m. T, fehlt Faeroer, GB, IRL, IS, NL, nSkand. **8a BERG-L.** *L. siler* hat schmälere, *nicht gezähnte* Blättchen und 20–50 Doldenstrahlen. A, sD, E, s&oF, I, YU • **8b** *L. nestleri* ähnlich 8, aber Dolden mit wenigen *hinfälligen* Hüllb. Kalkfelsen. E, sF. • **8c** *L. krapfii* ähnlich 8b, aber Bl. *grünl.gelb* od. *rosa*. A, CH, I, PL, R, YU • **8d, 8e, 8f** → S. 347

1
2
3
4
5
6
7
8

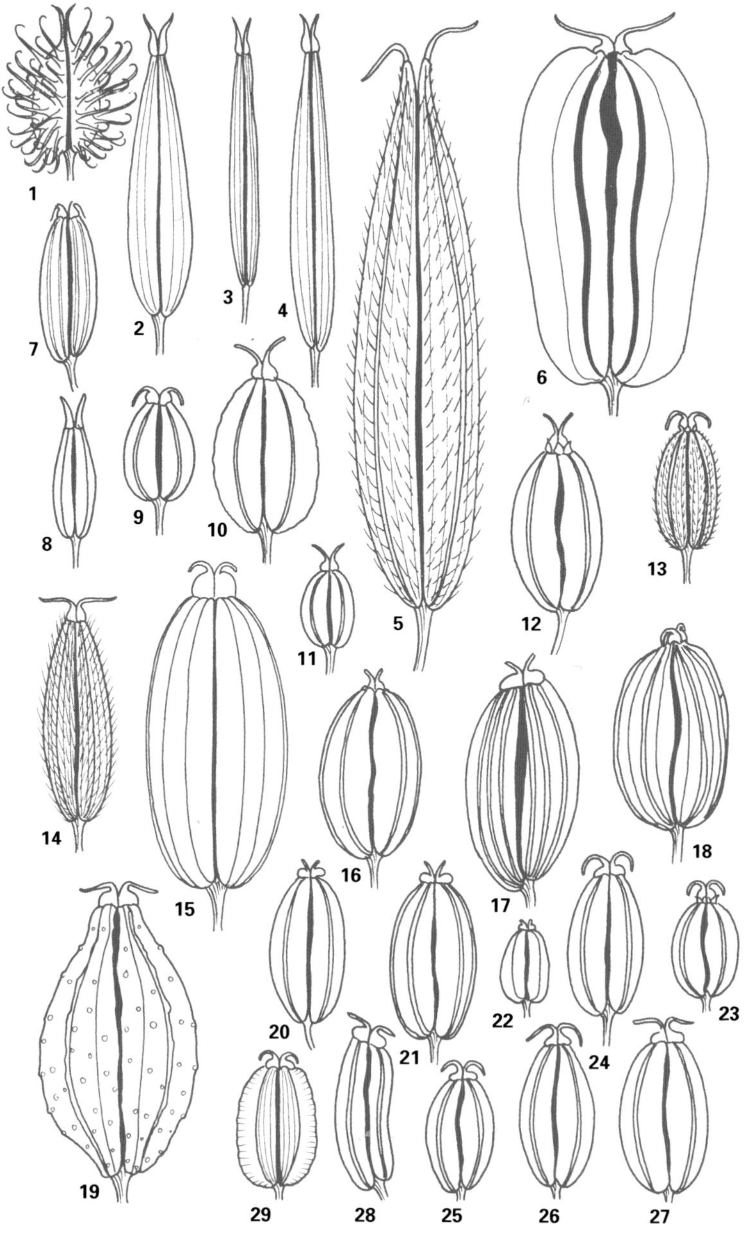
1
2
3
4
5
6
7
8
9
10
11
12
13
14
15
16
17
18
19
20
21
22
23
24
25
26
27
28
29

Umbelliferen-Früchte Maßstab × 4

1 *Sanicula europaea*, S. 184
2 *Chaerophyllum hirsutum*, S. 186
3 *Ch. elegans*, S. 186
4 *Ch. villarsii*, S. 186
5 *Myrrhis odorata*, S. 186
6 *Molopospermum peloponnesiacum*, S. 186
7 *Bunium alpinum*, S. 186
8 *Conopodium pyrenaicum*, S. 186
9 *Pimpinella major*, S. 188
10 *P. siifolia*, S. 188
11 *P. saxifraga*, S. 188
12 *Dethawia tenuifolia*, S. 188
13 *Seseli nanum*, S. 188
14 *Athamanta cretensis*, S. 188
15 *Grafia golaka*, S. 188
16 *Trochiscanthes nodiflora*, S. 188
17 *Meum athamanticum*, S. 188
18 *Xatardia scabra*, S. 188
19 *Pleurospermum austriacum*, S. 188
20 *Bupleurum longifolium*, S. 190
21 *B. angulosum*, S. 190
22 *B. ranunculoides*, S. 190
23 *Endressia pyrenaica*, S. 190
24 *Ligusticum mutellina*, S. 192
25 *L. mutellinoides*, S. 192
26 *L. lucidum*, S. 192
27 *L. ferulaceum*, S. 192
28 *Carum carvi*, S. 190
29 *Selinum pyrenaeum*, S. 190
30 *Angelica sylvestris*, S. 192
31 *Levisticum officinale*, S. 192
32 *Peucedanum venetum*, S. 192
33 *P. ostruthium*, S. 192
34 *P. verticillare*, S. 192
35 *Heracleum minimum*, S. 192
36 *H. austriacum*, S. 192
37 *H. sphondylium*, S. 192
38 *Angelica archangelica*, S. 192
39 *Laserpitium latifolium*, S. 192
40 *L. halleri*, S. 192
41 *L. peucedanoides*, S. 192

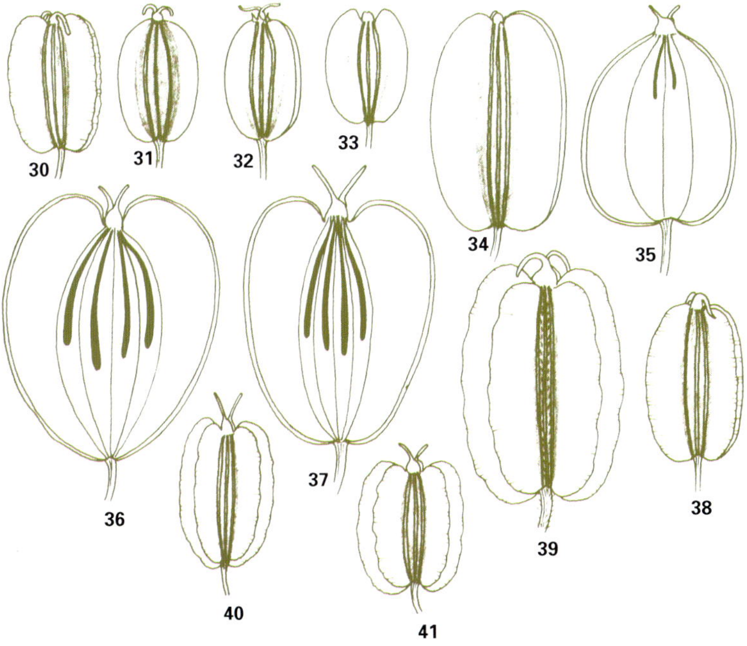

Fam. Wintergrüngewächse Pyrolaceae

Wintergrüne, kahle kriechende Stauden mit grundst. od. quirligen gestielten B.; Bl. 5zählig, nickend, offen od. geschlossen, schalenförmig, in Ährentrauben od. Dolden; Fr. eine trockene Kapsel.

1 KLEINES WINTERGRÜN *Pyrola minor*. 10–20 cm; B. in grundst. Rosette, breit elliptisch, fein gezähnt, blaßgrün; B.stiel *kürzer* als die Spreite; Bl. weiß od. lilarosa, 7 mm, kugelig, in Ährentrauben; Griffel *nicht vorragend*. VI–VIII. Wälder, Zwergstrauchheiden und Moore; bis 2700 m. T.

2 MITTLERES WINTERGRÜN *Pyrola media*. Staude, 10–25 cm; B. in grundst. Rosette; rundl. bis oval, fein gezähnt, dunkelgrün; B.stiel so lang od. kürzer als die Spreite; Bl. weiß od. blaßrosa, 7–10 mm, kugelig, in Ährentrauben; Griffel gerade, *vorragend*. VI–VIII. Wälder, Moore, Heiden; bis 2200 m. T, fehlt B, Faeroer, sl, S, NL. **2a** *P. grandiflora* hat größere Bl., 15–20 mm; Griffel gekrümmt. Tundra, IS.

3 RUNDBLÄTTRIGES WINTERGRÜN *Pyrola rotundifolia*. Ähnlich 2, aber B.stiel *länger* als die Spreite; Bl. reinweiß, 8–12 mm, kugelig-schüsselförmig; *Griffel s-förmig* gekrümmt, vorragend. VI–IX. Wälder, Heiden; meist auf Kalk; bis 2300 m. T, fehlt Faeroer, GB, sl, IRL, IS, NL, Subarkt. **3a** *P. norvegica* ist kleiner, mit runderen, am Rand *netzaderigen* B. Bis 1450 m. N, S, SF. ● **3b** *P. carpatica* ähnlich 3a, aber Tragb. länger als die Bl.stiele. CS, R; Karp. ●

4 GRÜNLICHES WINTERGRÜN *Pyrola chlorantha*. Staude, 10–30 cm; B. längl.-rundl., fein gezähnt, oberseits blaßgrün, unterseits dunkler; B.stiel *länger* als die Spreite; Bl. blaß *gelbgrün*, 8–12 mm, in Ährentrauben; Griffel s-förmig, vorragend. VI–VIII. Föhrenwälder, grasige Orte; bis 2200 m. T, fehlt GB, IRL, IS, NL, Subarkt; im Westen selten.

5 EINSEITIGES WINTERGRÜN *Orthilia secunda* (= *Pyrola s.*). Staude, 10–20 cm; B. in grundst. Rosette, oval, elliptisch od. rundl., gezähnt, blaßgrün; B.stiel kürzer als die Spreite; Bl. grünl.weiß, 5–6 mm, eiförmig, in *einseitswendigen Ährentrauben*; Griffel gerade, vorragend. VII–VIII. Wälder, Moore; bis 2200 m. T (B).

6 EINBLÜTIGES WINTERGRÜN *Moneses uniflora* (= *Pyrola u.*). Staude, 5–10 cm; B. *gegenst.*, rundl. od. oval, gezähnt, in den Stiel verschmälert, blaßgrün; Bl. *einzeln*, weiß, 13–20 mm, weit offene Schüsseln; Griffel gerade, vorragend. V–VIII. Subalp. Nadelwälder; bis 2100 m. T, fehlt Faeroer, IRL, IS (B).

7 WINTERLIEB *Chimaphila umbellata* (= *Pyrola u.*). 8–15 cm; B. *quirlst.* od. gegenst., schmal oval, über der Mitte am breitesten, gezähnt, in den Stiel verschmälert; Bl. blaßrosa, 7–12 mm, kugelig-becherförmig, in *doldenähnlichen* Bl.ständen; Griffel nicht vorragend. VI–VII. Föhrenwälder; bes. auf Sand; bis 500 m. T, fehlt B, E, GB, I, IRL, IS, NL.

Fam. Fichtenspargelgewächse Monotropaceae

8 FICHTENSPARGEL *Monotropa hypopitys*. Humuszehrende Staude ohne B.grün, 10–25 cm; St. aufrecht, unverzweigt, gelbl.; B. *schuppenartig*, oval-elliptisch, gelbl. bis bräunl.; Bl. blaß gelbl. od. elfenbeinweiß, lang glockig, mit 4–5 Kronb. in nickenden Bl.ständen; zur Fr.zeit aufrecht. VI–IX. Feuchte Waldstellen, bes. unter Birken und Föhren; bis 1800 m. T, fehlt Faeroer, IS.

Wintergrün-Blüten

1
2
3
4
5
6
7
8

Fam. Diapensiengewächse Diapensiaceae

1 DIAPENSIA *Diapensia lapponica.* Immergrüne *polsterbildende* kahle Staude bis 6 cm; B. schmal spatelig, lederig, glänzend, ganzrandig; Bl. weiß, 10 mm, einzeln an kurzen Stielen; Staubb. 5; Narben 3lappig. V–VII. In offenen Schuttgesellschaften; bis 1600 m. nwGB, IS, N, S, SF; GB+.

Fam. Krähenbeerengewächse Empetraceae

2 KRÄHENBEERE *Empetrum nigrum.* Immergrüner Zwergstrauch, 10–45 cm, meist bestandbildend; junge Ästchen rötl.; B. *wechselst.*, nadelartig, glänzend dunkelgrün mit *eingerolltem* Rand; Bl. klein, rosa od. rötl., 1–2 mm, am Grund der B., 6zählig; männl. und weibl. Bl. auf verschiedenen Pfl.; Fr. eine kugelige *schwarze* Beere. VI–VII. Moore. T, fehlt sl; in den Alpen selten. **2a** *E. n.* subsp. *hermaphroditum* ist aufrechter, mit breiteren B.; Bl. zwitterig, die Staubb. oft um die Fr. herum *erhalten bleibend.* Alp. Zwergstrauchheiden; bis 3050 m. A, B, CH, D, DK, n&zl, N, S, SF; im Süden selten.

Fam. Heidekrautgewächse Ericaceae

Kleine immergrüne od. sommergrüne Halbsträucher od. Zwergsträucher mit meist ganzrandigen dunkelgrünen B.; Bl. meist 4–5zählig, glocken-, becher- od. röhrenförmig, einzeln od. in Bl.ständen; Fr. eine trockene Kapsel od. eine fleischige eßbare Beere (bei *Vaccinium*).

3 MOOSÄHNLICHE CASSIOPE *Cassiope* (= *Harrimanella*) *hypnoides.* Niederliegender mattenbildender Halbstrauch, 5–15 cm; B. *wechselst.*, schuppenartig, schmal längl., spitz, *einander deckend*; Bl. weiß, mit karminroten Kelchb., kugelig-glockig, 4–5 mm, einzeln, an langen Stielen nickend. VII–VIII. Feuchte, moosreiche Tundra, Bachufer, Schneeböden; bis 1900 m. IS, N, S, SF; Arktisches Europa, Skand.

4 VIERKANTIGE CASSIOPE *Cassiope tetragona.* 10–30 cm, aufrechter als 3; B. *gegenst.*, daher am St. in 4 Zeilen; Bl. cremeweiß mit gelbl. Kelchb., glockig, nickend, 6–8 mm. VI–VIII. Trockene, steinige Heiden; meist auf Kalk; bis 1650 m. N, S, SF; Arktisches Europa.

5 LAPPLAND-ALPENROSE *Rhododendron lapponicum. Mattenbildender* immergrüner Kleinstrauch bis 50 cm; B. längl., lederig, oberseits dunkelgrün, unterseits rostig beschuppt, am Rand *eingerollt*; Bl. violettpurpurn, offen-glockig, 8 mm, zu 3–6. V–VI. N, S, SF–nAm.

6 MOOSBEERE *Vaccinium oxycoccus* (= *Oxycoccus quadripetalus*). Niederliegender immergrüner Kriechstrauch, 10–30 cm; B. oval, oberseits dunkelgrün, unterseits bläul.-weiß mit eingerolltem Rand; Bl. rosa, mit 4 *ausgebreiteten od. zurückgebogenen* Kronb. und vorragenden Staubb.; Bl.stiel lang, flaumig, einzeln od. zu mehreren; Fr. eine runde od. birnenförmige, rote od. braune, oft getupfte Beere. V–VII. Torfmoore; bis 2000 m. T, fehlt E, Faeroer, sF, z&sl; im Süden selten. **6a** *V. microcarpum* hat 3eckige B. und kleinere Bl. mit *kahlen* Stielen. A, CH, CS, D, GB, nl, IS, N, NL, PL, R, S, SF, YU.

7 PREISELBEERE *Vaccinium vitis-idaea.* Niederliegender, kriechender *immergrüner* Zwergstrauch, 8–30 cm; B. elliptisch bis längl., oberseits dunkelgrün, unterseits hellgrün, drüsig punktiert, am Rand umgerollt; Bl. weiß, rosa überlaufen, offen glockig, 5–6 mm lang, in nickenden Bl.ständen zu 3–6; Fr. eine kugelige *rote eßbare Beere.* V–VIII. Moore, Heiden, trockene Nadelwälder; bis 3040 m. T, fehlt E, z&sl. ⚕

8 RAUSCHBEERE, MOOSBEERE *Vaccinium uliginosum.* Aufrechter *sommergrüner* Zwergstrauch bis 75 cm; B. oval, blaugrün, netznervig; Bl. blaßrosa, glockig, 4–6 mm, zu 1–3; Fr. eine kugelige *blaubereifte* Beere. V–VI. Moore, Nadelwälder, Zwergstrauchheiden; T, fehlt z&sl, IRL; in den Alpen selten. ☠ **8a** *V. u.* subsp. *microphyllum* (= *V. gaultherioides*) ist in allen Teilen kleiner, *oft mattenbildend.* A, CH, CS, D, F, I, N, S, SF; arktisch-alpin, bis 3300 m.

9 HEIDELBEERE *Vaccinium myrtillus.* Ähnlich 8, aber B. hellgrün, gezähnt; Bl. blaßgrün, rosa überlaufen, 4–6 mm, meist einzeln; Fr. eine blauschwarze Beere. IV–VI. Nadelwälder, Zwergstrauchheiden, Moore; bis 2900 m. T. ⚕

1
2
3
4
5
6
7
8
9

Heidekrautgewächse (Forts.)

1 ROSTROTE ALPENROSE *Rhododendron ferrugineum*. Immergrüner Strauch bis 1 m, oft in dichten Beständen; B. elliptisch-längl., glänzend, oberseits dunkelgrün, unterseits *rotschuppig*, am Rand *umgerollt*; Bl. hell- od. dunkelrosa, glockig, gebüschelt; Fr. eine trokkene Kapsel. V–VIII. Im Unterwuchs der Zirben-Lärchenwälder, Zwergstrauchheiden; bis 3200 m. A, CH, nE, s&oF, nI, nw&wYU; Pyr, Alpen, J. § ● **1a BEHAARTE A., ALMRAUSCH** *Rh. hirsutum* □ hat heller grüne, *am Rand* bewimperte B. und hellrosa Bl., kleiner als bei 1. V–VII. In Legföhrenbest., Schutthalden; auf Kalk; bis 2600 m. A, CH, sD, F, nI, nw&wYU (CS, R). § ●

2 ROSMARINHEIDE *Andromeda polifolia*. Kriechender kahler Halbstrauch, 15–30 cm; B. lineal-lanzettl., oberseits glänzend graugrün, unterseits weißl.; Bl. hellrosa, verblassend, in nickenden runden Glocken, zu wenigen beisammen. VI–VIII. Torfmoore, feuchte Heiden; bis 1150 m. T, fehlt Faeroer, sF; lokal sAlpen, oKarp. ⚕ ⚔

3 IMMERGRÜNE BÄRENTRAUBE *Arctostaphylos uva-ursi*. Niederliegender, lang kriechender, *mattenbildender* Kleinstrauch, 30–100 cm; B. oval, über der Mitte am breitesten, dunkelgrün, *ganzrandig*; Bl. grünl.-weiß bis rosa, nickende Glocken, zu wenigen beisammen; Fr. eine glänzende rote mehlige Beere. VI–IX. Offene Wälder, trockene, felsige Heiden; auf saurem Boden; bis 2800 m. T, fehlt B, E, Faeroer; im Süden selten. ⚕ **3a ALPEN-B.** *A. alpinus* (= *Arctous a.*) □ ist laubwerfend, mit hellgrünen, behaarten, *gezähnten* B. und roter Herbstfärbung; Beere schwarz. Kalkhold; bis 2700 m. T, fehlt B, Faeroer, sGB, IRL, IS, NL. ⚕

4 SCHNEE-HEIDE *Erica herbacea* (= *E. carnea*). B. *zu 4* im Quirl; Bl. hell- od. fleischrosa, urnenförmig, mit vorragenden dunkelpurpurnen Staubbeuteln. II–VI. Föhrenwälder, alp. Rasen, steinige grasige Orte; bes. auf Kalk; bis 2700 m. A, CH, CS, sD, oF, n&zI, YU. ● **4a** → S. 347 **4b WANDER-H.** *E. vagans* □ B. zu 4 od. 5; Bl. lilarosa od. weiß, in langen *dichten beblätterten Rispen*, mit vorragenden purpur-braunen Staubbeuteln. V–VIII. Heiden und Wälder; auf Silikat; bis 1800 m. E, wF, swGB (CH). ●

5 GLOCKENHEIDE *Erica tetralix*. *Grauflaumiger* Kleinstrauch, 20–70 cm; B. *zu 4*, lineal, spitz; Bl. hellrosa, nickend, rundl.-glockig, in dichten Köpfen; Staubbeutel nicht vorragend. VI–X. Moore, feuchte Heiden, Föhrenwälder; auf saurem Boden; bis 2200 m. T, fehlt A, Faeroer, I, IS, R, YU (CH, CS). **5a ÖSTLICHE HEIDE** *Bruckenthalia spiculifolia* B. zu 4–5 in unregelmäßigen Quirlen, oft mit Haarspitze; Bl. glockenförmig, 3 mm, rosa bis rot, in endst. Trauben; Kelchb. *verwachsen*. Saure Weiderasen, offene Wälder. R, n&oYU.

6 BESENHEIDE *Calluna vulgaris*. Bestandbildender Kleinstrauch, 30–90 cm; B. winzig, *schuppenförmig*, gegenst., in Zeilen; Bl. rosa-lila od. hellpurpurn, in schlanken einseitswendigen Trauben; Kelch u. Krone *nicht verwachsen*. VII–X. Moore, trockene Heiden, Wälder; auf saurem Boden; bis 2700 m. T. ⚕

7 ZWERG-ALPENROSE *Rhodothamnus chamaecistus*. Behaarter Kleinstrauch bis 40 cm; B. längl.-elliptisch, hellgrün, *am Rand gewimpert*; Bl. hellrosa, groß, schüsselförmig, 30–40 mm, einzeln od. zu 2–3, die *Kronb. nicht verwachsen*. V–VII. Fels und Schutt; Dolomit und Kalk; bis 2400 m. A, soD, noI, nwYU; oAlpen. § ●

8 ALPEN-AZALEE, GEMSHEIDE *Loiseleuria procumbens*. Niederliegender, kahler *Spalierstrauch*, 2–3 cm; B. elliptisch, immergrün, klein, glänzend, dunkelgrün, mit umgerolltem Rand; Bl. *klein*, blaßrosa, sternförmig, zu 2–5. V–VII. An windexponierten Kanten in alp. Zwergstrauch- und Grasheiden; auf saurem Boden; bis 3000 m. T, fehlt B, CS, DK, sGB, z&sI, IRL, NL, PL.

9 BERGHEIDE *Phyllodoce caerulea*. Kleinstrauch, 10–35 cm; B. wechselst., schmal längl., am Rand rauh; Bl. lila bis rosa-purpurn, glockig, nickend, *größer* als bei 4–6, meist zu 2–6 am Ende der Triebe. VI–VIII. Gebirgsheiden; bis 2600 m. sF, nGB, IS, N, S, SF; Pyr und Schottland selten.

1

1
2
3
1a
3a
4
4b
9
7
5
6
8

Fam. Schlüsselblumengewächse Primulaceae

Ausdauernde, seltener einj. Kräuter mit ungeteilten B.; Bl. mit 5 meist zu einer kürzeren od. längeren Röhre verwachsenen Kronb.; Kelchb. 5; Fr. eine Kapsel. Die Primeln haben grundst. B.rosetten; Bl. in lang gestielten doldigen Bl.ständen od. direkt aus der B.rosette entspringend; Kronb. ausgerandet, am Grund röhrig verwachsen; Kelchröhre mit kurzen Zähnen. ‡

1 STENGELLOSE PRIMEL *Primula vulgaris*. Behaarte Staude, 5–10 cm; B. längl. mit grob *runzeliger* Oberfläche, in den Stiel *verschmälert*; Bl. blaßgelb mit orangem Zentrum, 20–30 mm, *einzeln* an langen behaarten Stielen, duftend. III–VI. Wald- und Gebüschränder, Wiesengräben; bis 1500 m. T, fehlt IS, PL, S, SF. §–Bildet Kreuzungen mit 2 und 3.

2 WALD-SCHLÜSSELBLUME *Primula elatior*. Behaarte Staude, 10–30 cm; B. ähnlich wie bei 1, aber die Spreite gegen den Stiel stärker abgesetzt; Bl. blaßgelb mit orangem Zentrum, 15–25 mm, zu 1–20 in einem nickenden *einseitswendigen Bl.stand*, kaum duftend. III–VIII. Schattige Wiesen; bis 2700 m. T, fehlt IRL, IS, Subarkt. ‡ **2a** *P. e.* subsp. *intricata* hat *allmählich* in den Stiel verschmälerte B. und deutlich *verjüngte* Fr.kapseln. A, CH, E, s&oF, I, YU. ● **2b** *P. e.* subsp. *leucophylla* B. unterseits grauhaarig; Kelch *kurz*, 6–8 mm. R; oKarp. ●

3 FRÜHLINGS-SCHLÜSSELBLUME *Primula veris* (= *P. officinalis*). Behaarte Staude, 10–25 cm; B.spreite am Grund *plötzlich* in den Stiel verschmälert, runzelig; Bl. goldgelb, mit orangem Fleck in der Mitte, 10–15 mm, bis zu 30 in einem nickenden, einseitswendigen Bl.stand, *duftend*. IV–VI. Wiesen und Weiden; bis 2200 m. T, fehlt IS, Subarkt. ‡ ● **3a** *P. v.* subsp. *columnae* B. unterseits behaart mit *herzförmigem* Grund. A, CH, E, s&oF, nl, YU.

4 MEHL-PRIMEL *Primula farinosa*. 5–20 cm; St. und B.unterseite *mehlig weiß* bestäubt; B. spatelig od. elliptisch, gezähnt; Bl. lila-rosa, purpurn, selten weiß, mit *gelbem Auge*, 8–16 mm, zu 2 bis vielen in einer Dolde. V–VIII. Feuchte Wiesen; auf Kalk und Silikat; bis 3000 m. T, fehlt B, IRL, IS, Subarkt. §. **4a** *P. nutans* nicht weiß-mehlig, Tragb. am Grund etwas geöhrt. Wiesen, oft in Meeresnähe. N, S, nSF. **4b** *P. egaliksensis* Bl. klein, nur 5–8 mm, weiß od. lila; B. nicht mehlig. Wiesen, oft in Meeresnähe. nIS; arktisches Am.

5 LANGRÖHRIGE SCHLÜSSELBLUME *Primula halleri* (= *P. longiflora*). Staude, 20–25 cm; B. hellgrün, längl. od. spatelig, seicht gezähnt, unterseits gelb-*mehlig*; Bl. lila od. violett mit gelbem Auge, 15–20 mm, mit langer *schmaler* Röhre, zu 2–12 in einer Dolde. VI–VII. Bergwiesen, alp. Rasen; auf Kalk; bis 2900 m. A, CH, CS, oF, nl, PL, R, YU. § ●

6 KLEBRIGE SCHLÜSSELBLUME, ROSS-SPEIK *Primula glutinosa*. *Drüsige* Staude, 5–10 cm; B. dunkelgrün, schmal spatelig, stumpf gezähnt; Bl. satt violett, 12–18 mm, zu 2–8 in einer Dolde, duftend; Kronb. *tief ausgerandet*. VI–VIII. Krummseggenrasen, Silikatfels; 1800–3300 m. A, oCH, nl, wYU; oAlpen. § ●

7 PRACHT-PRIMEL *Primula spectabilis*. Schwach drüsige Staude, 2–15 cm; B. frisch *glänzend*-grün, breit lanzettl. bis rhombisch, mit *weißem Hautrand*; Bl. hellviolettrot, 20–30 mm, zu 2–5 in einer Dolde; Kronb. tief ausgerandet. V–VIII. Felsen und Rasen; auf Kalk; bis 2500 m. nl; sAlpen. § ● **7a** *P. glaucescens* ist sehr ähnlich, aber B. schmäler, schwach *bläul.-grün*, oberseits ohne dunkle Punkte. Bis 2400 m. nl; sAlpen. § ●

8 WULFENS PRIMEL *Primula wulfeniana*. Ähnlich 7, aber kleiner; B. *glänzend blaugrün*, mit Hautrand; Bl. hellrot od. lila mit *weißer Mitte*, 25–30 mm, zu 1–2. V–VIII. Kalkfelsen und Rasen; bis 2200 m. A, nol, R, YU; Karnische Alpen, Julische Alpen, Karawanken. § ● **8a CLUSIUS-P.** *P. clusiana* B. mit *häutigem und behaartem* Rand; Bl. hellrot od. violett mit weißer Mitte, zu 1–4 in einer Dolde. V–VIII. nA, sD; noAlpen. § ● **8b** *P. kitaibeliana* ähnlich 8a, aber B. *oberseits* behaart. Kalkfelsen. wzYU. ●

9 KLEINSTE PRIMEL *Primula minima*. 1–3 cm; sehr kleine B.rosetten; B. glänzend dunkelgrün, keilförmig, vorne *tief* gezähnt; Bl. hellrosa mit weißem Auge, 15–30 mm, zu 1–2, *kurz gestielt*; Kronb. tief ausgerandet. V–VII. Rasen; auf Kalk und Silikat; Schneeböden; 2000–3000 m. A, CS, sD, I, PL, R, wYU. § ●

1
2
3
4
5
6
7
8
9

Schlüsselblumengewächse (Forts.)

1 GANZBLÄTTRIGE PRIMEL *Primula integrifolia*. Schwach drüsige Staude, 2–6 cm; B. hellgrün, lanzettl. od. oval, am Rand *behaart, nicht gezähnt*; Bl. rosa-purpurn od. rosa-lila, 15–25 mm, zu 1–3; Bl.stiele oft rötl. V–VIII. Steinige Rasen, Schneeböden; auf Silikat; 1900–2700 m. A, CH, nE, s&oF, nl; oPyr, zAlpen. § ● **1a** *P. tyrolensis* □ hat rundl., fein gezähnte B. und lila-rosa Bl. mit weißer Mitte, *einzeln* od. zu zweit an *kurzen Stielen*. V–VI. Dolomitfelsen; bis 2300 m. nol; Dol. § ●

2 ALLIONIS PRIMEL *Primula allionii*. *Stark drüsige* Staude bis 10 cm, mit kleinen B.rosetten; B. graugrün, längl. od. rundl., am Grund verschmälert, ganzrandig od. gezähnt, *drüsig gepunktet*; Bl. rosa bis purpurn, selten weiß, 5–20 mm, einzeln od. bis zu 5, *kurz gestielt*. III–V. Schattige Kalkfelsen; bis 1900 m. soF, nwl; Alpes Maritimes. ●

3 BREITBLÄTTRIGE PRIMEL *Primula latifolia* (= *P. viscosa*). Drüsige, etwas fleischige Staude, 5–15 cm; B. hellgrün, breit-längl., am Grund in den Stiel verschmälert, manchmal an der Spitze gezähnt; Bl. purpurn od. dunkelviolett mit *mehlweißem* Schlund, 15 mm, zu 2–20 in einseitswendiger Dolde, lang gestielt, *drüsig*. VI–VII. Silikatfelsspalten; 1800–3050 m. CH, nE, s&oF, nl; Pyr, sw&zAlpen. § ●

4 GESÄGTBLÄTTRIGE PRIMEL *Primula marginata*. *Mehlig-weiße* Staude bis 10 cm; B. lanzettl., tief gesägt, mit dicht drüsigem und intensiv mehligem Rand; Bl. blaulila mit mehligem Schlund, 18–28 mm, zu 3–15 in gestielter Dolde. VI–VII. Kalkfelsspalten und Schutt; bis 2600 m. soF, nwl; swAlpen. ●

5 AURIKEL, PLATENIGL *Primula auricula*. 10–25 cm, B. weich, hellgrün, wenigstens am Rand weißmehlig, lanzettl. od. rundl., ganzrandig od. gezähnt; Bl. *gelb* mit mehlig-weißem Schlund, 15–25 mm, zu 2–30 in lang gestielten Dolden, stark duftend. V–VII. Kalkfelsspalten, alp. Rasen; bis 2900 m. A, CH, CS, sD, oF, H, I, PL, R, YU. §. **5a** *P. palinuri* hat drüsige duftende B. und schmälere, eher glockenförmige Bl. Küstenfelsen. swl (südl. Neapel). ●

6 PIEMONT-PRIMEL *Primula pedemontana*. Staude bis 10 cm; B. weich, *glänzend grün*, längl. od. lanzettl., in den Stiel verschmälert, gezähnt, *am Rand fein rotdrüsig*; Bl. purpurn od. dunkelrosa mit weißer Mitte, 20–25 mm, zu 2–15 in einer Dolde. VI–VII. Silikatfelsen, steinige Weiden; 1400–3000 m. nE, s&soF, nwl; swAlpen, Cord. cant. ● **6a** *P. apennina* ist kleiner, die B. *mit* gelb-braunen Drüsen; Bl. blaßrosa. V–VIII. Sandsteinfelsen. nl; Ap. § ● **6b** *P. daonensis* (= *P. oenensis*) 3–10 cm, ähnlich 6, aber B. schmäler, *lang gestielt*, stark drüsig und *rot gepunktet*; Bl. blasser. VI–VII. Silikatfelsen, steinige Weiden; 1600–2800 m. A, oCH, nl; Rhätische Alpen bis Dol. § ●

7 ZOTTIGE PRIMEL *Primula villosa*. Stark drüsige fleischige Staude, 10–15 cm; B. oval, meist gezähnt, in den dünnen Stiel verschmälert, mit feinen roten Drüsen; Bl. rosa bis lila, mit weißer Mitte, 20–30 mm, zu 2–5 an drüsigem Stiel, der *viel länger* als die B. ist. IV–VI. Silikatfelsen, steinige Weiden; bis 2200 m. A, soF, nl, nwYU. § **7a BEHAARTE P.** *P. hirsuta* □ 3–10 cm, ist kleiner, mit runderen, *grob gezähnten* B.; Bl. lila bis tief purpurrot, zu 1–15 an Stielen, die *gleich lang wie* die B. sind. IV–VII. Silikatfelsen, *Curvuletum*; bis 3600 m. A, CH, nE, s&oF, nl; zPyr, Alpen. § ●

Vor kurzem wurden in den südl. Kalkalpen 3 neue rotblühende Primeln entdeckt: *P. grignensis* an der Grigna (Comersee), *P. albenensis* am Mte. Alben (nördl. Bergamo) und *P. recubariensis* in den Piccole Dolomiti bei Recoaro.

8 SCHOTTISCHE PRIMEL *Primula scotica*. Ähnelt einer kleinen Mehlprimel; 5–10 cm, einj. od. zweij. mit *weißmehligen* St. und B.; B. elliptisch, ganzrandig; Bl. dunkel purpurn, mit blaßgelber Mitte, 5–8 mm, in *kurz gestielten* Dolden. V–VI. Feuchte Weiden in Meeresnähe. nGB; nSchottland. ● **8a NORDISCHE P.** *P. scandinavica* hat nur unterseits mehlige B. und *lang gestielte* Dolden. Feuchte Wiesen; auf Kalkböden; bis 1500 m. N, nwS. ● **8b** *P. stricta* ist kleiner als 8a, mit schmäleren, gestielten, *schwach mehligen* B.; Bl. blaßlila od. violett. VI–VII. Bis 1150 m. IS, N, S, SF.

9 GOLDPRIMEL *Vitaliana primuliflora* (= *Gregoria vitaliana, Douglasia v., Androsace v.*). Rasen- od. polsterbildende Staude, 5–12 cm; B. in winzigen Rosetten, längl.-lanzettl. bis lineal, *ganzrandig*, grün od. graugrün. V–VII. Felsen, steinige Rasen; meist auf saurem Untergrund; 1700–3100 m. oA, nol, nwYU; soAlpen. ● **9a** *V. p.* subsp. *canescens* B. und Kelche behaart. nE, s&oF, nwl. **9a** *V. p.* subsp. *cinerea* B. oberseits dicht *sternhaarig*. CH, nE, s&oF, nwl. **9c** *V. p.* subsp. *praetutiana* B. verlängert, mit abgerundeter wolliger Spitze. zl; zAp.

1
1a
2
3
4
5
6
7
7a
8
9

Schlüsselblumengewächse (Forts.)

MANNSSCHILD *Androsace*. Abb. der B. siehe S. 209, Schlüssel siehe S. 383.

Oft polsterbildende Stauden, gelegentlich einj. Pfl.; B. meist in grundst. Rosetten, oft klein und dicht gedrängt. B. einfach, ganzrandig od. gezähnt, manchmal borstenhaarig, Haare einfach od. verzweigt. Bl. einzeln od. in lockeren bis dichten doldenähnlichen Bl.ständen; Krone mit kurzer Röhre und 5 ausgebreiteten, meist abgerundeten Zipfeln, am Schlund verengt; Fr. eine 5teilige Kapsel mit wenigen bis vielen Samen.

1 MILCHWEISSER MANNSSCHILD *Androsace lactea*. Schwach behaarte Staude, 5–20 cm, lockere Rosettenpolster bildend; B. *lineal*, *ungezähnt*; Bl. milchweiß mit gelbem Auge, 8–12 mm, einzeln od. bis zu 6 in lang gestielten Dolden; Kronb. *ausgerandet*. V–VIII. Felsen, Schutt, Rasen; auf Kalk; bis 2400 m. A, CH, CS, sD, oF, nl, PL, R, w&zYU. ●

2 STUMPFBLÄTTRIGER MANNSSCHILD *Androsace obtusifolia*. Schwach behaarte Staude, 5–10 cm; B. spatelig, *stumpf*, am Rand schwach sternhaarig; Bl. weiß od. blaßrosa, 6–9 mm, einzeln od. bis zu 7 in lang gestielten Dolden; Kronb. nicht ausgerandet. VI–VIII. Silikatfels und -schutt, Krummseggenrasen; 1500–3500 m. A, CH, CS, sD, oF, n&zl, PL, R, YU. ●

3 ROTER MANNSSCHILD *Androsace carnea*. Schwach behaarte Polsterstaude, 3–8 cm, mit hellgrünen B.rosetten; B. lineal, spitz, 10–15 mm, lang *behaart*, am Rand borstig; Bl. rosa od. weiß mit gelbem Auge, 5–8 mm, zu 2–8 in kurz od. lang gestielten Dolden; Kronb. rundl. VII–VIII. Silikatfels und -schutt, Rasen; 1400–3100 m. s&oF, wCH, nE, nl. ● **3a** *A. c.* subsp. *laggeri* □ hat kleinere B.rosetten; B. 4–6 mm, kahl. nE, sF; zPyr. **3b** *A. c.* subsp. *rosea* □ hat größere B.rosetten; B. 10–25 mm, kahl. o&szF, noE; Massif Central bis oPyr. **3c** *A. c.* subsp. *brigantiaca* □ hat schwach gezähnte B., bis 30 mm lang, und weiße Bl. in länger gestielten Dolden als bei 3. swCH, soF, nwl; swAlpen.

4 ZWERG-MANNSSCHILD *Androsace chamaejasme*. Flache Polster bildende Staude, 2–10 cm; B. längl., 5–16 mm, *am Rand* lang weiß-seidig behaart; Bl. weiß od. blaßrosa mit gelbem Auge, 5–7 mm, zu 2–7 in kurz od. lang gestielten Dolden. VI–VII. Felsen und Rasen; auf Kalk od. Silikat; bis 3000 m. A, CH, CS, D, s&oF, nl, PL, R, YU. **4a ZOTTIGER M.** *A. villosa* □ ist sehr veränderlich, aber die B.rosetten rundl., die B. überall lang seidenhaarig, bes. an der Spitze. Kalkfels und -schutt, alp. Rasen; 1200–3000 m. A, CH, nE, s&oF, I, R, YU.

5 PYRENÄEN-MANNSSCHILD *Androsace pyrenaica*. Dunkelgrüne Staude, bis 2 cm, dichte halbkugelige Polster bildend; B. schmal längl., 3–5 mm, einander überlappend, mit geraden Haaren bedeckt; Bl. weiß mit gelbem Auge, 4–5 mm, einzeln. VI–X. Granitfels und Schutt; 2000–3000 m. nE, sF; z&oPyr. ●

6 SCHWEIZER MANNSSCHILD *Androsace helvetica*. Dichte Kugelpolster bildende graubehaarte Staude; B. längl. bis spatelig, 2–6 mm, von kurzen geraden *Haaren* bedeckt; Bl. weiß mit gelbem Auge, 4–6 mm, einzeln. V–VIII. Kalkfelsen; 2000–3500 m. A, CH, sD, oF, nl. ● **6a** *A. vandellii* (= *A. imbricata*) □ hat *sternhaarig*-flaumige B. und Bl. an kurzen *Stielen*. 2000–3000 m. A, CH, E, s&oF, nl; bes. Penninische Alpen. ●

7 GRAUER PYRENÄEN-MANNSSCHILD *Androsace cylindrica* (= *A. hirtella*). Dichte graugrüne Kugelpolster bildende Staude; B. längl., 5–8 mm, *flaumig* mit geraden od. Sternhaaren; Bl. weiß mit gelbem Auge, selten rosa, 7–9 mm, einzeln an kurzen *dünnen Stielen*. VII–VIII. Kalkfels; 2000–3500 m. nE, sF; zPyr. + ●

8 MATHILDAS MANNSSCHILD *Androsace mathildae*. Polsterstaude mit großen B.rosetten; B. lineal, 10–15 mm, *glänzend grün*, kahl; Bl. weiß od. rosa, 5 mm, einzeln an kurzen dünnen Stielen. VII–VIII. Felsspalten; 2000–2800 m. cl; Abruzzen, Ap. ●

9–10, siehe S. 208.

1
2
3
3b
3a
3c
4a
5
4
6
6a
7
8
9b
10a
9a
9
10

9 WEICHHAARIGER MANNSSCHILD *Androsace pubescens.* Locker polsterförmige graugrüne Staude; B. längl. od. spatelig, 4–10 mm, bedeckt mit kurzen geraden od. *verzweigten Haaren*; Bl. weiß od. rosa, mit gelbem Auge, 4–6 mm, einzeln, kurz gestielt. VI–VII. Fels und Schutt; auf Kalk od. Silikat; 2000–3800 m. CH, nE, s&oF, nl. ● **9a** *A. ciliata* □ ist größer, mit borstig berandeten B.; die Bl. 5–8 mm, rosa od. violett, mit einem orangen od. gelben Auge. 2800–3400 m. nE, sF; zPyr. + ● **9b DOLOMITEN-M.** *A. hausmannii* □ hat schmal lanzettl., fleischige, schwach gekrümmte sternhaarige B.; Bl. weiß od. rosa, mit gelbem Auge. VII–VIII. Kalkfels und -schutt; 1900–3100 m. A, sD, nl, wYU; oAlpen. ●

10 GLETSCHERMANNSSCHILD *Androsace alpina* (= *A. glacialis, Aretia alpina*). Dichte Flachpolster bildende Staude; B. längl.-lanzettl., 5–10 mm, kurz *sternhaarig;* Bl. weiß od. rosa, mit gelbem Auge, 7–9 mm, einzeln, kurz gestielt. VII–VIII. Silikatschutt und Felsen; 2000–4000 m. A, CH, oF, nl. ● **10a** *A. wulfeniana* □ bildet dichtere Polster; B. 3–5 mm, Bl. größer, dunkelrosa, 10–12 mm; Kronb. gerade. VI–VII. Schieferfelsen; 2000–2600 m. A, nol; Hohe Tauern, Karnische Alpen. ● **10b** *A. brevis* ähnlich 10, aber B. kleiner, spatelig, 3–5 mm, Haare verzweigt. 1700–2600 m. sCH, nl; Comersee. ●

Kreuzungen kommen im Gebiet gelegentlich zwischen zwei Elternsippen vor. Die wichtigsten Kreuzungen sind:

A.* x *aretioides (*A. alpina* × *A. obtusifolia*): bildet lockere Matten; B. eiförmig, sternhaarig. Bl.stiele 10–20 mm lang mit 1–3 rosa Bl. mit gelbem Zentrum.

A.* x. *escheri (*A. chamaejasme* × *A. obtusifolia*): sehr ähnlich *A. chamaejasme* aber B.behaarung gemischt aus geraden silbrigen Haaren und Sternhaaren.

A.* x *heerii (*A. alpina* × *A. helvetica*): Merkmale intermediär; B.rosetten lockerer als bei *A. helvetica;* B. mit Gabelhaaren; Bl. blaßrosa.

A.* x *hybrida (*A. helvetica* × *A. pubescens*): B.rosetten ähnlich locker wie bei *A. pubescens;* B. kleiner, mit geraden Haaren; Bl. weiß.

A.* x *pedemontana (*A. carnea* × *A. obtusifolia*): kleine Rosettenpfl. ähnlich *A. obtusifolia;* Bl. weiß mit gelbem Zentrum, Bl.dolden dichter.

Androsace Blätter Abb. 1–7 Maßstab × 2, 5; Abb. 8–20 × 4

Form und Größe der Blätter sind wichtige Bestimmungsmerkmale. Noch wichtiger ist die Behaarung: manche Arten besitzen nur einfache, andere verzweigte od. sternartige Haare od. eine Mischung aus beiden. Außerdem können die Haare entweder nur am Blattrand od. auf der ganzen Blattoberfläche sitzen.

1 *A. maxima*, S. 210
2 *A. septentrionalis*, S. 210
3 *A. chaixii*, S. 210
4 *A. elongata*, S. 210
5 *A. lactea*, S. 206
6 *A. obtusifolia*, S. 206
7 *A. carnea*, S. 206
7a *A. c.* subsp. *laggeri*, S. 206
7b *A. c.* subsp. *rosea*, S. 206
7c *A. c.* subsp. *brigantiaca*, S. 206
8 *A. chamaejasme*, S. 206
9 *A. pyrenaica*, S. 206
10 *A. villosa*, S. 206
11 *A. helvetica*, S. 206
12 *A. vandelii*, S. 206
13 *A. cylindrica*, S. 206
14 *A. mathildae*, S. 206
15 *A. pubescens*, S. 208
16 *A. ciliata*, S. 208
17 *A. alpina*, S. 208
18 *A. hausmannii*, S. 208
19 *A. wulfeniana*, S. 208
20 *A. brevis*, S. 208

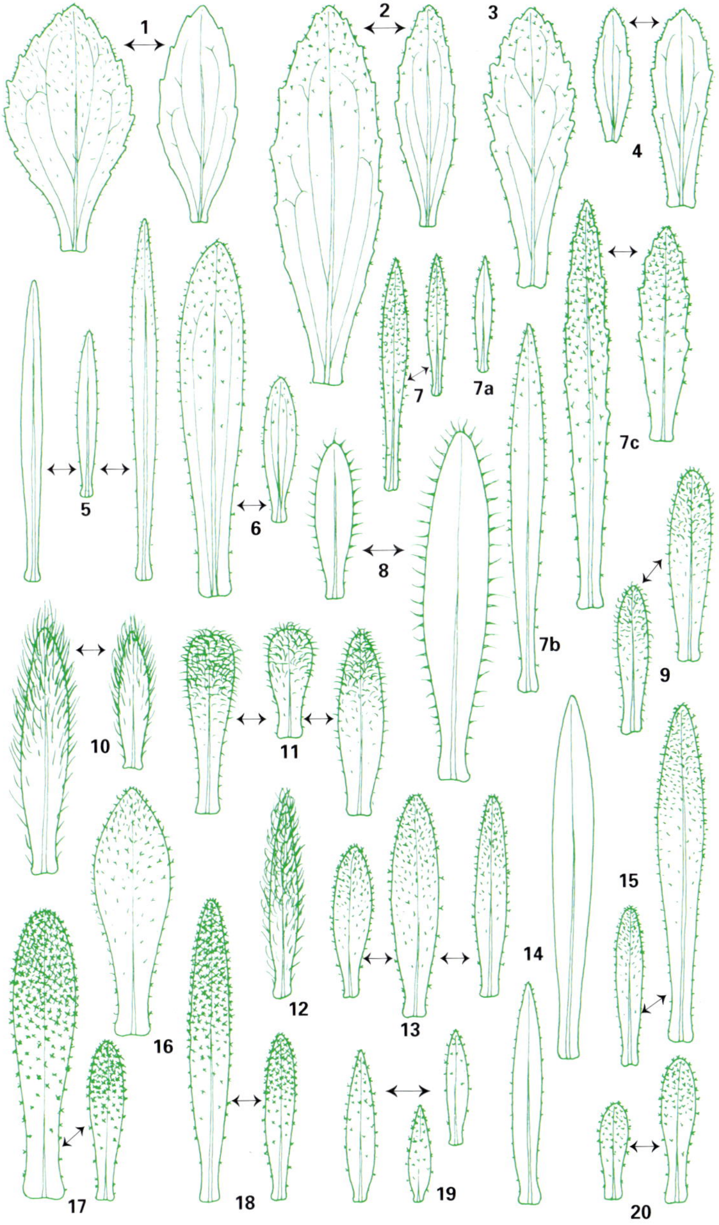

1
2
3
4
5
6
7
7a
7b
7c
8
9
10
11
12
13
14
15
16
17
18
19
20

Schlüsselblumengewächse (Forts.)

1 GROSSKELCHIGER MANNSSCHILD *Androsace maxima*. Behaarte Einj., 5–10 cm; B. elliptisch, gezähnt, alle in grundst. Rosette; Bl. klein, weiß od. blaßrosa, *umgeben von* größeren grünen Kelchb., in einer Dolde. IV–V. Trockene Äcker, Ödland; bis 1600 m. A, CH, CS, D, E, F, H, I, R, YU.

2 NORDISCHER MANNSSCHILD *Androsace septentrionalis*. Flaumige Einj. od. Zweij., 5–20 cm; B. längl. bis elliptisch, gezähnt, alle in grundst. Rosette; Bl. weiß od. blaßrosa, 4–5 mm, *lang gestielt*, zu 5–20 in Dolden. VI–VII. Trockene Rasen, sandige Orte, Äcker; bis 2200 m. A, CH, CS, DK, oF, I, N, PL, R, S, SF. **2a** *A. chaixii* ist ähnlich, aber mit *lockeren*, 5–8 blütigen Dolden und *größeren* Bl. IV–VII. Offene Wälder, felsige Rasen; bis 1800 m. soF; Alpes Maritimes. ●

3 VERLÄNGERTER MANNSSCHILD *Androsace elongata*. Ähnlich 2, aber *meist kahl* und die B. oft ungezähnt; Bl. klein, weiß, mit gelbem Schlund, 3 mm, zw. den Kelchzähnen verborgen. V–VII. Trockenrasen; bis 2200 m. A, CH, CS, z&sD, nE, s&oF, H, PL, R, YU.

4 HEILGLÖCKCHEN *Cortusa matthioli*. Behaarte Staude bis 40 cm; B. *rundl.*, gelappt und gezähnt, kräftig grün, gestielt, in grundst. Rosette; Bl. hell purpurn, nickend, glockig, 9–11 mm, in Dolden an der Spitze langer blattloser St. VI–VII. Feuchte Orte in der subalp. Stufe: Grünerlengebüsch, Hochstaudenfluren; kalkhold; bis 2200 m. A, CH, CS, sD, oF, I, PL, R, YU. §

5 KLEINES ALPENGLÖCKCHEN, EISGLÖCKCHEN *Soldanella pusilla*. Kahle Staude mit dunkelgrünen rundl. od. nierenförmigen immergrünen B.; St. bis 10 cm; Bl. violett-rosa, einzeln, *schmale nickende Glocken, seicht* gefranst. V–VIII. Feuchte alp. Rasen, Schneeböden; auf Silikat; bis 3100 m. A, oCH, sD, n&zI; oAlpen. ●

6 ZWERG-ALPENGLÖCKCHEN *Soldanella minima*. Ähnlich 5, aber B. kleiner; St. und B.stiele kurzdrüsig; Bl. hellrosa-lila od. weiß, *konische, seicht* gefranste einzelne *Glöckchen*. V–VII. Feuchte Rasen und Schneeböden; auf Kalk; bis 2500 m. A, soD, nI, wYU; oAlpen. **6a** *S. m.* subsp. *samnitica* hat *schmale Bl.glocken*. zI; Ap. § ● **6b** *S. austriaca* ähnlich 6, aber B. kreisrund, an der Basis schwach *herzförmig*; Bl. weißl. Feuchte Rasen; Kalkschneeböden. A. ●

7 GEMEINES ALPENGLÖCKCHEN *Soldanella alpina*. Meist größer als 5; kahle, bestandbildende Staude; B. dunkelgrün, rundl. herz- od. nierenförmig, gestielt; Bl. violett od. violettblau, weit offene, *tief gefranste* Glöckchen, zu 2–4. IV–VIII. Feuchte Weiden, Schneeböden; auf Kalk; bis 3000 m. A, CH, sD, E, z, s&oF, nI, nwYU. ● **7a UNGARISCHES A.** *S. hungarica* subsp. *minor* B.stiele und St. kurzdrüsig; B. unterseits oft violett. V–VII. Nadelwälder und Moore; bis 1700 m. CS, PL, R. **7b** *S. h.* subsp. *major* hat bis 8 Bl., B. bis 50 mm breit. A, CS, I, PL, R, YU. **7c BERGGLÖCKCHEN** *S. montana* ähnlich 7, aber behaart; Bl. zu 6–8. A, CS, sD, nI, PL, R (SF).

8 PYRENÄEN-GLÖCKCHEN *Soldanella villosa*. Kräftiger als 7a und b; B.stiele und St. schwach behaart; B. *unterseits grün*; Bl. violett, tief gefranste Glocken, zu 3–4. V–VII. Feuchte, schattige Stellen; auf Kalk; bis 1700 m. nwE, swF; wPyr. ●

9 WASSERFEDER *Hottonia palustris*. Blaßgrüne kahle Wasserstaude mit *untergetauchten* fein gefiederten B.; Bl. blaßlila mit gelber Mitte, in traubigen Quirlen über der Wasseroberfläche. V–VII. Süßwassertümpel; bis 1500 m. T, fehlt IRL, IS, N, SF; lokal.

10 ALPENVEILCHEN *Cyclamen purpurascens* (= *C. europaeum*). Kahle Staude mit Erdknolle, 5–15 cm; B. *rundl.-herzförmig*, gestielt, glänzend dunkel-grün, oft heller gefleckt, unterseits purpurn; Bl. karminrosa, mit dunklerem Schlund; Kronb. *zurückgeschlagen*; Bl. duftend; Bl.stiele zur Fr.zeit *spiralig* eingerollt. VI–X. Wälder und Gebüsche; auf Kalksteinböden; bis 2000 m. A, CH, CS, sD, soF, H, nI, YU, PL. ⚕ ⚔ **10a** *C. hederifolium* (= *C. neapolitanum*) ☐ hat gelappte, *efeuähnliche* B.; Bl. blaßrosa od. weiß mit *5eckigem* Schlund, oft vor den B. VIII–X. Gebüsche, steinige Orte; bis 1200 m. sCH, s&soF, I, YU; Südalpen, Julische Alpen.

1
2
3
4
5
6
7
8
9
10
10a

Schlüsselblumengewächse (Forts.)

1 WALD-GILBWEIDERICH *Lysimachia nemorum*. Immergrüne kahle Kriechstaude, 10–40 cm; B. hellgrün, rundl. od. lanzettl., spitz, gegenst.; Bl. hellgelb, tellerförmig, 6–8,5 mm, mit *schmalen* Kelchzähnen. V–VII. Feuchte, schattige Waldstellen; bis 1800 m. T, fehlt IS, Subarkt.

2 PFENNIGKRAUT *Lysimachia nummularia*. 20–60 cm; ähnlich 1, aber B. rundl.-herzförmig, stumpf; Bl. gelb, *schalenförmig*, 8–16 mm, mit breiten Kelchzähnen. V–VII. Feuchte Wiesen, Gräben, Teichufer; bis 1800 m. T, fehlt IS, Subarkt (SF). ⚕

3 PUNGEN *Samolus valerandi*. Kahle Staude, 20–40 cm; St. verzweigt od. einfach; B. oval od. spatelig, hellgrün, in grundst. Rosette und am St. wechselst.; Bl. *weiß*, schüsselförmig, 2–3 mm, in lockeren Trauben. VI–VIII. Nasse Salz- und Tonböden; bis 1200 m. T, fehlt Faeroer, IS, N.

4 SIEBENSTERN *Trientalis europaea*. Kahle Staude, 10–20 cm, mit kriechendem Wurzelstock; B. lanzettl., glänzend grün, meist *in einem Quirl* nahe der St.spitze; Bl. weiß, sternförmig, mit 5–9 Kronb., meist einzeln. VI–VII. Moore, Nadelwälder; auf saurem Boden; bis 2000 m. T, fehlt IRL; lokal.

5 KLEINSTER GAUCHHEIL *Anagallis minima* (= *Centunculus minimus*). Winzige, kahle Einj., 2–6 cm; B. oval, wechselst. VI–VIII. Feuchte Äcker, Heiden, offene Wälder, sandige Stellen; bis 1150 m. T, fehlt Faeroer, IS.

6 ZARTER GAUCHHEIL *Anagallis tenella*. Zarte kahle kriechende Staude, 5–15 cm; B. oval od. rundl., kurz gestielt, gegenst.; Bl. rosa, selten weiß, offene Becher, 6–10 mm. V–IX. Feuchte Rasen, Sumpfwiesen, Torfmoore; bis 1200 m. A, B, CH, D, F, GB, nl, IRL, NL.

Fam. Bleiwurzgewächse Plumbaginaceae

Die alpinen Arten mit grundst. B.rosette; Bl. 5zählig, in Köpfen, mit papierenen Hüllb., an zarten blattlosen Stielen.

7 WEGERICH-GRASNELKE *Armeria alliacea* (= *A. plantaginea*). Staude, 25–35 cm; mit lineal-lanzettl., spitzen, *geaderten* graugrünen B.; Bl.köpfe purpurn bis weiß, 10–20 mm. V–IX. Trockene Rasen, steinige Wiesen, Schutt; bis 3000 m. CH, s&oF, sD, E, I. ● **7a** *A. ruscinonensis* ist ähnlich, aber mit *stumpfen* B., kürzeren St. und rosa od. weißen Bl.köpfen. Silikatfelsen, Berge nahe der Küste; bis 1300 m. noE, sF. ●

8 HALLERS GRASNELKE *Armeria maritima* subsp. *halleri* (= *A. halleri*). Flaumige Staude bis 30 cm; B. grasartig, *einnervig*, am Rand behaart; Bl.köpfe hellrosa od. rötl., 10–15 mm. VI–VIII. Steinige Wiesen; bes. auf Serpentin; 1800–2900 m. sD, nE, F, NL, PL. ⚕ ● **8a ALPEN-G.** *A. maritima* subsp. *alpina* (= *A. alpina*, *Statice montana*) hat *kahle* B. VII–VIII. Schutt, feuchte Rasen, *Curvuletum*; 1400–3100 m. A, CH, CS, sD, nE, s&oF, nl, R, YU. § ● **8b** *A. m.* subsp. *sibirica* ähnlich 8a, aber B. *schmäler* als 2 mm. nSkand, arktisches Am.

Fam. Sperrkrautgewächse Polemoniaceae

9 HIMMELSLEITER *Polemonium caeruleum*. Einziger europäischer Vertreter der Fam. Kahle Rosettenstaude, 30–90 cm; B. *gefiedert*, wechselst.; Bl. blau od. weiß, offen schalenförmig, 18–25 mm; die 5 Kronb. bis zur Hälfte verbunden. V–VIII. Felsen, feuchte Wiesen, Wälder; bis 2300 m. T, fehlt IRL; nicht häufig.

Fam. Windengewächse Convolvulaceae

Windende Einj. od. Stauden (*Convolvulus*); *Cuscuta* parasitisch; B. wechselst., ohne Nebenb.; Bl. 5zählig, trichter- od. glockenförmig; Fr. eine Kapsel.

10 ACKERWINDE *Convolvulus arvensis*. Staude, 30–70 cm, mit windenden od. kriechenden St.; in der Jugend etwas flaumig; B. pfeilförmig, gestielt; Bl. rosa od. weiß, trompetenförmig, 15–30 mm. VI–IX. Äcker, Wiesen, Ödland; bis 1850 m. T, fehlt Faeroer, IS, Subarkt. ⚕

11 QUENDEL-SEIDE *Cuscuta epithymum*. Zarte klimmende Einj.; St. *fadenförmig*, rötl.; B. winzig, schuppenförmig; Bl. winzig, blaßrosa, becherförmig, in dichten Knäueln; Kelch- und Kronb. spitz. Parasitisch auf Thymian, Ginster, Augentrost u. a. VI–X. Wiesen und Heiden; bis 2200 m. T, fehlt Faeroer, IS. **11a NESSEL-S.** *C. europaea* hat größere Bl.; manchmal gelbl.-grüne St.; Kelch- u. Kronb. stumpf. Parasitisch auf Brennesseln, Weiden u. a. T, fehlt Faeroer, IRL, IS. ⚕

1
2
3
4
5
6
7
8
9
10
11

Fam. Fieberkleegewächse Menyanthaceae

Ausdauernde Wasserpfl. mit 5zähligen Bl. und wechselst. B.; Kronb. am Grund kurzröhrig; Fr. eine Kapsel. Nahe verwandt mit den Enziangewächsen.

1 FIEBERKLEE *Menyanthes trifoliata.* Kriechende kahle Staude mit kurzen aufrechten Trieben; B. 3zählig; Blättchen längl. od. rhombisch, seicht gezähnt, über Wasser; Bl. rosa und weiß, 15 mm, lang weiß *gefranst,* in lockeren Trauben. V–VII. Torfmoore, Tümpel, Sümpfe; bis 1800 m. T. ⚕ §

2 SUMPFROSE *Nymphoides peltata.* Kriechende kahle Staude bis 150 cm, mit schwimmenden B. und St.; B. fast *kreisrund,* mit *herzförmigem* Ausschnitt, oft rot gefleckt; Bl. gelb, 30–40 mm, mit gesägtem Rand. VI–IX. Teiche, langsam fließende Gewässer; bis 1200 m. T, fehlt IRL, IS, N, S, SF (CH, DK, S); oft lokal.

Fam. Enziangewächse Gentianaceae

Kahle Einj. od. Stauden mit gegenst. ungezähnten B.; Bl. einzeln, in Quirlen od. verzweigten Bl.ständen, meist 4–5zählig, aber manchmal bis zu 12 Kronb. od. -abschnitte; Kronb. am Grund verwachsen od. mit langer Röhre; Fr. eine vielsamige 2blättrige Kapsel. ⚕

3 GELBER ENZIAN *Gentiana lutea.* Staude, 50–120 cm; B. groß, oval, spitz, *gerippt,* blaugrün, die oberen st.umfassend; Bl. gelb, sternförmig; 5–9 Kronb. in Quirlen am Grund der oberen B.; Staubbeutel frei. VI–VIII. Bergwiesen, felsige Hänge; 2500 m. A, CH, sD, E, s&oF, I, R, YU (CS). ⚕ § ● **3a** *G. l.* subsp. *symphyandra* Staubbeutel miteinander verwachsen. sA, nol, wYU; soAlpen.

4 PUNKTIERTER ENZIAN *Gentiana punctata.* Staude, 15–60 cm; B. elliptisch od. lanzettl., graugrün, gerippt, die unteren gestielt; Bl. blaßgelb, braun-purpurn getupft, aufrecht, glockig, 15–35 mm lang, in den oberen B.winkeln gehäuft; Kelchröhre mit 5–8 Zähnen. VII–IX. Wiesen, lichte Wälder, felsige Orte; bis 3050 m. A, CH, CS, D, s&oF, I, PL, R, YU. § ● **4a** *G. burseri* hat gelbe, braun gepunktete Bl.; Kelchröhre papierartig, *einseitig aufbrechend.* VII–VIII. Bis 2700 m. s&oF, nwl; swAlpen. ●

5 PURPUR-ENZIAN *Gentiana purpurea.* Staude, 15–60 cm; B. lanzettl. od. oval, deutlich gerippt, die unteren gestielt; Bl. *rötl.-purpurn* mit dunklen Punkten, aufrechte Glocken, 15–25 mm, am Grund der oberen B. gehäuft; Kelchröhre papierartig, einseitig aufbrechend. VII–X. Wiesen und Weiden, lichte Wälder; 1600–2750 m. A, CH, sD, oF, nl, sN. § ● **5a PANNONISCHER E.** *G. pannonica* hat purpurne Bl. mit rotschwarzen Punkten; Kelchröhre mit *5–8 Zähnen.* VII–IX. Bis 2500 m. A, CH, swCS, D, nl, nwYU. § ●

6 SCHWALBENWURZ-ENZIAN *Gentiana asclepiadea.* Staude, 30–90 cm, mit schlankem, aufrechtem od. aufsteigendem St.; B. lanzettl., lang zugespitzt, ungestielt; Bl. dunkelblau, lang trichterig mit helleren Streifen, 35–50 mm, am Grund von B. VIII–X. Feuchte Wiesen, schattige Waldstellen; gern auf Kalk; bis 2200 m. A, CH, CS, sD, oF, H, I, PL, R, YU. § ●

7 LUNGEN-ENZIAN *Gentiana pneumonanthe.* Staude, 15–80 cm, mit schlankem, aufrechtem St.; B. schmal längl. od. lanzettl., *einnervig,* ungestielt; Bl. hellblau, außen grün gestreift, lang trichterförmig, 25–50 mm, einzeln od. zu mehreren. VII–X. Sumpfige Orte, Heiden; auf sauren Böden; bis 1500 m. T, IRL, IS, Subarkt. §

1
2
3
4
5
6
7

Enziangewächse (Forts.)

1 STEIRISCHER ENZIAN *Gentiana frigida*. Rosettenstaude, 5–10 cm; B. bandförmig, hellgrün; Bl. *gelbl.-weiß*, außen blau überlaufen, gestreift, lang glockig, 20–35 mm, einzeln od. zu 2–3. VII–IX. Rasen, steinige Orte; kalkmeidend; 2000–2500 m. zA, CS, PL, R; Steirische Alpen, Karp. ●

2 KARAWANKEN-ENZIAN *Gentiana froelichii*. Rosettenstaude, 5–10 cm; B. lineal-lanzettl. od. längl., spitz; Bl. hellblau, *nicht gefleckt*, aufrecht, röhrig-trichterig, 30–40 mm, einzeln od. zu 2 auf kurzem St. VII–IX. Schutt und Rasen; auf Kalk; 1400–2400 m. oA, nol, nwYU; soAlpen. ●

3 KREUZ-ENZIAN *Gentiana cruciata*. 15–40 cm; dicht beblättert; B. oval-lanzettl., glänzend grün; Bl. stumpf blau, außen grünl., 20–25 mm, aufrecht, Kronröhre mit *4 Zipfeln*, in dichten Büscheln am Grund der B. VII–X. Trockene Wiesen, Wälder, felsige Orte, bis 2000 m. A, B, CH, CS, D, E, s&oF, H, I, NL, PL, R, YU. **3a** *G. c.* subsp. *phlogifolia* Kelchzähne lineal (nicht 3eckig), Krone nur 2x (nicht 3x) länger als der Kelch. R. ●

4 NIEDERLIEGENDER ENZIAN *Gentiana prostrata*. *Einj.*, 3–5 cm, mit dünnem niederliegendem od. aufrechtem St.; B. klein, schmal längl. od. spatelig, graugrün; Bl. stahlblau, am Grund grünl., 10–20 mm, einzeln; Kronröhre mit 10 Zipfeln. VII–VIII. An lückigen Stellen in alp. Rasen; 2000–2800 m. A, oCH, nl; oAlpen.

5 PYRENÄEN-ENZIAN *Gentiana pyrenaica*. Staude, 3–10 cm; B. klein, schmal lanzettl., spitz, einander deckend; Bl. violettblau, am Grund grünl., röhrig-trichterförmig, 20–30 mm lang, 10lappig, einzeln; Staubb. cremeweiß. VI–IX. Feuchte Rasen, sumpfige Stellen; bis 2800 m. noE, sF, R; oPyr, Karp.

6 CLUSIUS-ENZIAN *Gentiana clusii*. Rosettenstaude bis 10 cm; B. lederig, elliptisch bis längl.-lanzettl.; Bl. groß, trompetenförmig, kräftig blau, 50–70 mm lang, innen nicht od. nur schwach grün gepunktet, einzeln; Kelchzähne *3eckig*, Buchten zw. den Kelchzipfeln spitz. IV–VIII. Bergwiesen, Weiden, lichte Wälder; meist auf Kalk; bis 2800 m. A, CH, CS, s&swD, sF, nl, PL, R, n&wYU. § ●

7 WESTLICHER ENZIAN *Gentiana occidentalis*. Ähnlich 6, aber Kelchzähne am Grund verschmälert; Kronzipfel grünl. punktiert. V–VIII. Rasen, steinige Orte; auf Kalk; bis 3000 m. nE, sF; wPyr, Cord. cant. ● **7a** *G. ligustica* hat Bl. mit grün gepunkteter Innenseite; die Kronzipfel in eine *lange feine Spitze* ausgezogen. V–VIII. 2800 m. soF, no&zl; Alpes Maritimes, zAp. ● **7b** *G. dinarica* ähnlich 7, aber B. breit eiförmig; Kronzipfel fein zugespitzt. zl, YU; Abruzzen. ●

8 STENGELLOSER ENZIAN *Gentiana acaulis* (= *G. kochiana*). Rosettenstaude bis 10 cm; B. elliptisch od. lanzettl., stumpf, graugrün; Bl. große Trompeten, tiefblau mit *grün gepunkteter* Innenseite, manchmal purpurn od. rosa, selten weiß, 40–70 mm; Kronzipfel spitz; Bl. einzeln, gestielt; Kelchzähne schmal lanzettl., am Grund etwas zusammengezogen, Buchten breit, mit häutiger Verbindung. V–VIII. Rasen, steinige Orte, lichte Wälder; auf saurem Boden; 1400–3000 m. A, CH, CS, sD, noE, n&zl, R, nwYU. § ● **8a** *G. angustifolia* hat *schmal* bandartige od. spatelige B. V–VIII. Rasen, steinige Orte; auf Kalk; bis 2500 m. CH, s&oF, nwl; Pyr, swAlpen, Jura. ●

9 ALPEN-ENZIAN *Gentiana alpina*. Rosettenstaude ähnlich 8, aber kleiner und gedrungener; B. *rundl.-eiförmig*, graugrün; Bl. sehr kurz gestielt, 30–40 mm, dunkelblau od. himmelblau, innen grün gepunktet, einzeln; Kronzipfel abgerundet. VI–VIII. Rasen, steinige Orte; auf Silikat; 2000–2600 m. w&sCH, nE, s&oF, nl; sw&szAlpen, zPyr. ●

8

1
2
3
4
5
6
7
8
9

Enziangewächse (Forts.)

1 FRÜHLINGS-ENZIAN *Gentiana verna.* Rosettenstaude, 1–8 cm; B. lanzettl. od. elliptisch, *hellgrün;* Bl. einzeln, hell- od. dunkelblau od. purpurn, selten weiß, 15–25 mm; Kronröhre mit 5 ovalen Zipfeln; *Kelch schmal geflügelt.* III–VIII. Feuchte Wiesen, Bergweiden; auf Silikat und Kalk; bis 3000 m. A, CH, CS, sD, z, s&oF, nGB, I, wIRL, PL, R, YU. (§) **1a** *G. v.* subsp. *tergestina* (= *G. t.*) hat schmälere, längere B. und *breiter geflügelten* Kelch. IV–VI. Trockene Rasen; auf Kalk; bis 2000 m. I, YU; sAlpen, Ap.

2 KURZBLÄTTRIGER ENZIAN *Gentiana brachyphylla.* Rosettenstaude, 0,5–1 cm; B. rundl.-rautenförmig, blaugrün, lederig; Bl. einzeln, hellblau, 15–25 mm, mit schmal ovalen Zipfeln; Kelch sehr schmal, *nicht geflügelt.* VI–VII. Rasen, steinige Orte, Bachgeröll; auf Silikat; 1800–2400 m. A, CH, sD, nE, s&oF, nI, YU. **2a** *G. b.* subsp. *favratii* (= *G. orbicularis*) hat schmal geflügelte Kelche und dunkelblaue Bl. mit *rundl.* Kronzipfeln. VII–IX. Polsterseggenrasen, steinige Orte; auf Kalk; 2000–2800 m. A, CH, nI, R, nwYU; Alpen, Karp. ● **2b** *G. pumila* □ ähnlich 2, aber *mit* schmal lanzettl. B.; Bl. mit 3eckig zugespitzten Kronzipfeln. VI–VIII. Feuchte Rasen; auf Kalk; 1600–2800 m. A, oCH, nI, nwYU; oAlpen. **2c** *G. p.* subsp. *delphinensis* ähnlich 2b, aber mit stumpfen Kronzipfeln. swCH, s&oF, nwI; Pyr, swAlpen.

3 BAYERISCHER ENZIAN *Gentiana bavarica.* Rasige Staude, 4–20 cm; B. klein, gelbgrün, längl. bis spatelig, stumpf, am St. überlappend; Bl. einzeln, dunkelblau, manchmal violett od. weiß, 16–20 mm; Kronzipfel längl., stumpf. VII–IX. Feuchte, sumpfige Wiesen; 1800–3600 m. A, CH, sD, oF, nI, nwYU. ● **3a** *G. rostanii* hat hellgrüne, schmal lanzettl., spitze B. und himmelblaue Bl. 2400–2900 m. oF, nwI; sw&szAlpen. **3b TRIGLAV-E.** *G. terglouensis* □ ist ähnlich 3, aber kleiner, mit himmelblauen Bl. und spitzen Kronzipfeln; B. oval-lanzettl., *aufrecht.* Rasen, steinige Orte; auf Kalk; 1900–2700 m. A, oCH, nI, nwYU; s&oAlpen. ● **3c** *G. t.* subsp. *schleicheri* B. ausgebreitet, die grundst. in Rosette. wCH, soF. ●

4 SCHNEE-ENZIAN *Gentiana nivalis.* Zierliche aufrechte Einj., 2–15 cm, mit verzweigtem St.; B. gegenst., die grundst. in Rosette, lanzettl. od. elliptisch, hellgrün; Bl. leuchtend blau, 12–18 mm; Kronröhre mit 5 spitzen Zipfeln; Kelch schwach aufgeblasen, breit geflügelt. V–VIII. Feuchte Wiesen, alp. Rasen; bis 2500 m. T, fehlt B, DK, sGB, IRL, NL.

5 SCHLAUCH-ENZIAN *Gentiana utriculosa.* Vom Grund an ästige Einj., 6–20 cm; B. gegenst. u. in Rosette, lanzettl. od. elliptisch, hellgrün; Bl. tiefblau, 12–18 mm; Kronröhre mit 5 spitzen Zipfeln; Kelch schwach aufgeblasen, breit geflügelt. V–VIII. Sumpfige Wiesen, Rasen, steinige Orte; bis 2500 m. A, CH, sD, s&oF, I, R, YU. §

GENTIANELLA – ähnlich *Gentiana*, aber die Bl. mit weißl. gefranstem Schlund.

6 GEFRANSTER ENZIAN *Gentianella ciliata.* Niedrige Zweij. bis 15 cm. B. (lineal-) lanzettl., die grundst. löffelförmig; Bl. einzeln, blau, 25–50 mm mit langen Fransenhaaren am Rand der 4 eiförmigen Kronb. VIII–IX. Trockene Wiesen, Waldränder; bes. auf Kalk; bis 2500 m. T, fehlt GB, IRL, IS, N, S, SF. § **6a** *G. detonsa* Kelchzipfel ungleich, Fransen am Rand der Kronb. kurz. Feuchte Wiesen, oft in Meeresnähe. IS, nN. **6b** *G. aurea* Bl. klein, nur 7–10 mm lang, blaßgelb, selten blau. IS, N, S, SF; Arktisches Europa.

7 ZIERLICHER ENZIAN *Gentianella tenella.* Am Grund verzweigte Einj., 4–8 cm; B. spatelig od. elliptisch, meist in grundst. Rosette; Bl. alle grundst., lila, hellviolett, selten weiß, 4–6 mm, lang gestielt, mit 4 Kronzipfeln. VII–IX. Weiden und alp. Rasen; meist auf Silikat; 1500–3100 m. A, CH, CS, sD, E, s&oF, nI, IS, N, PL, R, S, SF. **7a ZWERG-E.** *G. nana* ist kleiner, 2–3 cm, mit 5zähligen Bl. VII–IX. Lückige Rasen; meist auf Kalkschiefer; 2200–2800 m. A, noI; oAlpen. ●

8 APENNINEN-ENZIAN *Gentianella columnae.* Verzweigte Staude, 2–15 cm; B. lanzettl.; Bl. 10–20 mm, purpurn od. weißl. mit 4 Kronzipfeln; Kelch mit 2 breiten äußeren Zipfeln und 3 schmalen inneren. VII–IX. Wiesen, steinige Orte; bis 1800 m. zI; zAp. ●

9 FELD-ENZIAN *Gentianella campestris.* Einj. od. Zweij., ästig, 5–20 cm; B. oval, spitz; St. beblättert; Bl. blaulila od. weiß, 15–25 mm, mit 4 Kronzipfeln; Kelch mit 2 breiten äußeren Zipfeln, die die 3 schmalen inneren einschließen. VII–X. Weiden, Heiden, Bergwiesen; bis 2750 m. T. **9a** *G. hypericifolia* ähnlich 8, aber die Kelchzipfel über, *nicht unter der Mitte* am breitesten. nE, sF; w&zPyr. ●

1
2
2b
3
4
3b
5
7
9
6
8

Enziangewächse (Forts.)

1 BITTERER ENZIAN *Gentianella amarella*. Einj. od. zweij., 5–30 cm; St. über dem Grund verzweigt; B. oval bis schmal lanzettl.; Bl. rötl.-violett, manchmal weiß od. gelbl., 14–22 mm, mit 4 od. 5 Kronzipfeln; Kelch mit 5 *gleichen*, linealen Zipfeln. VI–X. Magerrasen, sandige Orte; bis 1800 m. T, fehlt E, nGB, IS, NL. **1a** *G. a.* subsp. *septentrionalis* Bl. oft etwas kleiner, oft 4zählig. nGB (nSchottland), IS. ●

2 DEUTSCHER ENZIAN *Gentianella germanica* agg. Ähnlich 1, aber *vom Grund an* verzweigt; Bl. stets mit 5 Kronzipfeln, lavendelblau od. violett, 20–35 mm, manchmal weiß. VII–IX. Wiesen und Weiden; meist auf Kalk; bis 2700 m. A, B, CH, CS, sD, F, GB, I, NL, R, YU. §. **2a** *G. bulgarica* Bl. 10–20 mm lang; Kelchröhre viel kürzer als Kelchzipfel. R, oYU. ● **2b** *G. ramosa* ähnlich 2a, aber Bl. *sehr kurz* gestielt. CH, nl. ● **2c** *G. engadinensis* Bl. blaßviolett od. weiß bis 20 mm lang; Kelchzipfel am Rande fein *gefranst*. CH, nl. **2d** *G. anisodonta* ähnlich 2c, aber Bl. violett-blau, 20–30 mm lang. A, CH, CS, sD, nwYU. ● **2e** *G. aspera* ähnlich 2c, aber Kelchzipfel gleich, auf dem Mittelnerv behaart. A, CH, CS, sD, nwYU. ● **2f** *G. austriaca* ähnlich 2c, aber Bl. 25–45 mm lang, purpurn od. violett; Kelch *kahl*. A, CS, D, H, PL, R, YU. ● **2g** *G. lutescens* ähnlich 2f, aber Bl. oft *gelbl.*, 18–25 mm lang. A, CS, D, PL, R, YU. ●

3 GEMEINES TAUSENDGULDENKRAUT *Centaurium erythraea* (= *C. umbellatum*, *Erythraea centaurium*). Zweij., 15–40 cm; St. verzweigt; B. elliptisch bis spatelig, in grundst. Rosette, St.b. kleiner; Bl. rosa od. purpurn, selten weiß, 10–14 mm, in flachen Doldenrispen; Kronröhre mit 5 Zipfeln. VI–IX. Trockenrasen, buschige Hänge, steinige Orte; bis 1400 m. T, fehlt Faeroer, IS, N, SF. **3a** *C. suffruticosum* ähnlich 3, aber Rosettenb. gegen den Grund *nicht verschmälert*. VI–IX. E, sF.

4 KLEINES TAUSENDGULDENKRAUT *Centaurium pulchellum*. Vom Grund an ästige od. unverzweigte Einj., *ohne* grundst. B.rosette, 3–15 cm; B. oval bis lanzettl.; Bl. purpurrosa, selten weiß, 5–9 mm, in lockeren Trauben; Kronröhre mit 5, selten 4 Zipfeln. VI–IX. Feuchte kalkreiche Wiesen, Äcker, Wegränder; bis 1200 m. T, fehlt Faeroer, IS.

5 BITTERLING *Blackstonia perfoliata*. Graugrüne Einj., 15–40 cm; B. oval od. 3eckig, am Grund auf der ganzen Breite verwachsen; Grundb. längl., in Rosette; Bl. gelb, 10–15 mm, mit 6–12 längl. Kronb. V–IX. Feuchte Wiesen, lichte Wälder, Ödland; auf Ton od. Lehm; bis 1300 m. T, fehlt DK, IS, N, S, SF.

6 KÄRTNER SAUMNARBE *Lomatogonium carinthiacum*. Dünnstengelige Einj., 2–12 cm; B. meist grundst., oval bis längl., hellgrün; Bl. sehr blaß blau, flach schüsselförmig, 10–25 mm, einzeln an langen, blattlosen Stielen; Kronb. 4 od. 5. VIII–X. Sandige Wiesen und Weiden; bes. an Bachufern; 1400–2700 m. A, CH, sD, I, R. **6a** *L. rotatum* hat linear- lanzettl. Kelchlappen, gleich lang od. länger als die Krone. Feuchte Standorte. IS.

7 MOOR-ENZIAN *Swertia perennis*. Unverzweigte Staude, 15–40 cm; B. oval bis elliptisch, gelbgrün, die oberen st.umfassend; Bl. blau od. violettrot, selten gelbl.-grün od. weiß, *sternförmig*, 20–30 mm, in lockeren Trauben; Kronb. 4 od. 5, spitz. VII–X. Kalkmoore, Sumpfwiesen der Bergstufe; bis 2500 m. A, CH, CS, sD, nE, F, I, PL, R, YU. §

Fam. Hundsgiftgewächse Apocynaceae

8 KLEINES IMMERGRÜN *Vinca minor*. Meist kahle immergrüne *Kriechstaude* bis 20 cm; St. dünn, an den Knoten wurzelnd; B. gegenst., lanzettl. od. elliptisch, dunkelgrün glänzend; Bl. einzeln, blauviolett, 25–30 mm, *propellerähnlich*, mit 5 verwachsenen Kronb. II–V. Im Schatten von Wäldern und Gebüschen; bis 1300 m. T, fehlt IS. **8a** *V. herbacea* B. schmäler mit schwachen Nerven, weich, im Herbst absterbend; Bl. blau 25–35 mm. A, CS, H, R, YU.

1
2
3
4
5
6
7
8

Fam. Schwalbenwurzgewächse Asclepiadaceae

Überwiegend tropische Fam.; nur eine Art im Gebiet.

1 SCHWALBENWURZ *Vincetoxicum hirundinaria* (= *V. officinale, Cynanchum vincetoxicum*). Stockbildende Staude, 30–90 cm; B. gegenst., oval bis lanzettl., ganzrandig; Bl. weiß od. gelbl.-grün, in der Knospe purpurn, 3–10 mm, 5teilig, in Trugdolden am B.grund. V–VIII. Sonnige Kalkschutthalden, Föhrenwälder, Gebüsche. T, fehlt GB, IRL, IS, nSkand. ⚕ **1a** *V. h.* subsp. *intermedium* mit *gelben* Bl. noE, sF.

Fam. Rauhblattgewächse Boraginaceae

Einj. od. Stauden; meist rauh od. borstig behaart, mit ungeteilten wechselst. B.; Bl. 5zählig; Kronb. zu einer kurzen od. langen Röhre verwachsen; Fr.knoten oberständig, 4- od. 2teilig, oft borstig od. stachelig. Schwierige Fam. mit zahlreichen ähnlichen Arten.

2 GEWÖHNLICHER STEINSAME *Lithospermum officinale*. Borstig behaarte, dicht beblätterte Staude, 30–80 cm; B. breit bis schmal lanzettl., spitz; Bl. gelbl. od. grünl.-weiß, 4–6 mm, in dichten Spiralen; Nüßchen *glänzend*, weiß. V–VIII. Hecken, Augebüsche, Laubwaldränder; bis 1600 m. T, fehlt Faeroer, IS, Subarkt.

3 ROTBRAUNER STEINSAME *Buglossoides purpurocaerulea* (= *Lithospermum p.*). Behaarte Staude, 20–50 cm; B. lanzettl. bis schmal elliptisch, spitz; Bl. zuerst rötl.-purpurn, *aber bald* hellblau, 14–19 mm, in kleinen Büscheln am Ende der St.; Nüßchen glänzend weiß. IV–VI. Laubwälder, Flaumeichengebüsche; wärmeliebend; bis 1200 m. T, fehlt IRL, IS, Skand. § **3a** *B. gastonii* hat st.umfassende B. und kleinere Bl., 12–14 mm; Nüßchen gelbl. Wälder, felsige Hänge; bis 2000 m. swF; wPyr. ●

4 ACKER-STEINSAME *Buglossoides arvensis* (= *Lithospermum a.*). Rauhhaarige Einj., 15–50 cm; B. längl. bis spatelig, spitz; Bl. klein, schmutzig-weiß, rötl. od. blau, 4–9 mm, am Ende der Äste gebüschelt; Nüßchen bräunl. IV–IX. Äcker, Waldränder; bis 2300 m. T, fehlt Faeroer, IS.

5 STRAUCHIGER STEINSAME *Lithodora oleifolia* (= *Lithospermum o.*). Locker verzweigter Kleinstrauch bis 50 cm; steifhaarig; B. längl. bis spatelig, stumpf, oberseits matt grün, *unterseits weißl.*; Bl. blaßrosa, später blau, 6–7 mm, gebüschelt; Krone schmal trichterförmig, mit abgerundeten Zipfeln. V–VII. Felsen; bis 1100 m. noE; oPyr, + (sF). ●
LOTWURZ *Onosma*. Borstige Stauden mit röhrigen gelben Bl.

6 PYRENÄEN-LOTWURZ *Onosma bubanii*. Graugrüne unverzweigte Staude, 15–20 cm; B. schmal längl., mit *geraden* Borsten; Bl. blaßgelb, 16–20 mm. V–VI. Trockene, steinige Orte; meist auf Kalk; bis 1700 m. nE; Spanische Pyr. ● **6a** *O. vaudensis* ist kräftiger, mit verzweigtem St.; die unteren B. über der Mitte am breitesten. wCH; Rhonetal. ●

7 SAND-LOTWURZ *Onosma arenaria*. Staude od. Zweij., 15–70 cm, mit einfachem St. und grundst. B.rosette; B. längl.-spatelig, mit *geraden und Sternhaaren* bedeckt; Bl. blaßgelb, 12–19 mm, in verzweigten Bl.ständen. V–VII. Felsige und steinige Orte; bis 1700 m. A, CS, sD, H, R, YU. **7a** *O. austriaca* hat mehrere verzweigte Bl.stände und größere Bl., 18–22 mm. oA; Österreichische Alpen. ● **7b** *O. helvetica* (= *O. taurica* subsp. *helvetica*) □ Staude; B. ähnlich 7; Bl. blaßgelb, 20–24 mm, fein behaart. V–VI. Steinige und sandige Orte; bis 2500 m. wCH, soF, nwI; swAlpen. ●

8 BORETSCH *Borago officinalis*. Stechend behaarte Einj., 25–60 cm; B. oval, spitz, mit welligem Rand, die unteren gestielt; Bl. hellblau, 20–25 mm, sternförmig, mit spitzen, schwach zurückgebogenen Kronzipfeln und *vorragender* Staubfadensäule. V–IX. Kulturland, trockene öde Orte; bis 1800 m. T, fehlt IRL, IS, Skand. – Heil- und Gewürzpfl. ⚕

8 *Boretsch*

1 *Schwalbenwurz:* Frucht mit Samen

1
2
3
4
5
6
7
7b

Rauhblattgewächse (Forts.)

1 KLEINE WACHSBLUME *Cerinthe minor*. Kahle Einj., Zweij. od. Staude, 15–60 cm; B. längl. bis oval, graugrün, am Rand rauh, oft *weiß gefleckt*, obere B. ungestielt; Bl. blaßgelb, manchmal mit 5 violetten Punkten im Schlund, 10–12 mm, glockig, mit spitzen Zipfeln. V–IX. Wiesen, Äcker, Ödland; auf Kalk; bis 2200 m. A, CH, CS, sD, o&soF, H, I, PL, R, YU. **1a** *C. m.* subsp. *auriculata* ist ausdauernd, mit bauchigeren Bl., Bl.stiele *kurzborstig*. A, CH, I, YU.

2 KAHLE WACHSBLUME *Cerinthe glabra* (= *C. alpina, C. major*). Kahle Zweij. od. Staude, 25–45 cm; B. längl. bis oval, glatt, *nicht gefleckt*, obere B. am Grund herzförmig, ungestielt; Bl. gelb, mit 5 dunkel rotpurpurnen Punkten im Schlund, 8–13 mm, röhrig-glockig, mit *abgerundeten* Kronzipfeln. V–VII. Wiesen, feuchte Gebüsche, Hochstaudenfluren der subalp. Stufe; bis 2600 m. A, CH, CS, sD, ?nE, s&oF, I, PL, R, YU.

3 MOLTKIA *Moltkia suffruticosa*. Rasenbildender, dicht beblätterter Halbstrauch, 20–40 cm, mit kriechendem Wurzelstock; B. lineal, spitz, rauhhaarig, oberseits grün, unterseits *weißl.*; Bl. blau, 13–16 mm, schmal glockig, mit abgerundeten Zipfeln, aufrecht, in dichten bogigen Bl.ständen. V–VII. Steinige Trockenrasen; auf Kalk; bis 1200 m. nl; Apuanische Alpen, soAlpen, nAp. ●

4 NATTERNKOPF *Echium vulgare*. Aufrechte, stechend borstige Zweij., 30–90 cm; B. elliptisch bis lanzettl., die oberen schmäler; Bl. blau, Knospen rosa, 10–19 mm, trichterförmig, mit abgerundeten Zipfeln, in großen verzweigten Bl.ständen; Staubb. *vorragend*. VII–IX. Wegränder, steinige Orte, Rasen; bis 1800 m. T, fehlt Faeroer, IS, Subarkt.

5 GEMEINES LUNGENKRAUT *Pulmonaria officinalis*. Behaarte Staude, 12–30 cm; B. *herzförmig*, grün und weiß gefleckt; Bl. rosa, später blau od. blauviolett, 13–18 mm, trichterförmig, gebüschelt. III–V. Wälder und Gebüsche; meist auf Kalk; bis 1900 m. T, fehlt IRL, IS, N, nS, SF (GB). ⚕ ● **5a** *P. obscura* hat *ungefleckte* od. schwach grün gefleckte B. Ähnliche Verbreitung. **5b** *P. rubra* B. oval, rauh-haarig, selten gefleckt, Bl. *rot*. R, z&oYU. ● **5c** *P. filarszkyana* ähnlich 5b, aber B. schmäler, weich-haarig, ungefleckt. R; Karp.

6 STEIERISCHES LUNGENKRAUT *Pulmonaria stiriaca*. Behaarte Staude, 10–30 cm; B. längl., spitz, am Grund verschmälert, grün, weiß gefleckt; Bl. hellblau, 14–18 mm, trichterförmig. IV–VI. Lichte Wälder; bis 1300 m. A, nwYU; oAlpen. ● **6a** *P. saccharata* hat rötl.-violette od. blauviolette Bl. soF, n&zI (B). ●

7 BERG-LUNGENKRAUT *Pulmonaria montana*. Weichhaarige Staude mit drüsigem *St.*, 15–50 cm; B. lang lanzettl., oberseits glänzend und weichhaarig, ungefleckt od. grün gefleckt, obere B. am Grund herzförmig; Bl. rosa, später azurblau, 15–20 mm, trichterförmig. IV–V. Wiesen, Wälder; bis 1900 m. B, CH, D, F, NL. **7a** *P. mollis* (= *P. montana* subsp. *mollis*) B. weich-haarig; Bl.stand *drüsig*, Bl. violett-blau od. violett. A, CH, CS, D, H, PL, R, YU. **7b** *P. vallarsae* Sommerb. gefleckt, gewellt. nl. ●

8 SCHMALBLÄTTRIGES LUNGENKRAUT *Pulmonaria angustifolia* (= *P. azurea*). Rauh behaarte Staude, 15–30 cm; B. *schmal* lanzettl., in den kurzen Stiel verschmälert, ungefleckt; Bl. rot od. purpurn, später azurblau, 12–20 mm, trichterförmig; Kelchröhre schmal. IV–VII. Wälder und Wiesen; auf saurem bis basischem Boden; bis 2600 m. A, CS, D, DK, F, H, I, PL, sS. **8a** *P. visianii* hat kürzere B. und eine breite Kelchröhre; auf Kalk; bis 2600 m. nwYU. **8b** *P. kerneri* ist ähnlich 8a, aber mit weiß gefleckten B. IV–VII. A; noAlpen. ●

9 LANGBLÄTTRIGES LUNGENKRAUT *Pulmonaria longifolia*. Ähnlich 8, aber mit weißgefleckten od. grüngefleckten B.; Bl. rot, später violett, 8–12 mm, trichterförmig, in dichten Bl.ständen. IV–VII. Wälder, schattige Orte; bis 2000 m. F, sGB, H. ●

4 Natternkopf

1
2
3
4
5
6
7
8
9

Rauhblattgewächse (Forts.)

1 GEMEINER BEINWELL, WALLWURZ *Symphytum officinale*. Verzweigte rauhhaarige Staude, 30–120 cm; St. *geflügelt*; B. breit lanzettl., die unteren sehr groß, gestielt; Bl. cremeweiß, rosa od. purpurviolett, röhrig-glockig, 12–18 mm, in *gegabelten, spiralig gekrümmten Bl.ständen*. V–VI. Feuchte Wiesen, Wassergräben; bis 1600 m. T, fehlt IS (DK, IRL, N, S, SF). **1a KNOTIGER BEINWELL** *S. tuberosum* ist kleiner, mit blaß gelbl.-weißen Bl.; die Grundb. zur Bl.zeit *verwelkt*. Wälder, feuchte Hecken; bis 1600 m. A, CH, CS, D, E, F, sGB, H, I, PL, R, YU.

2 GEWÖHNLICHE OCHSENZUNGE *Anchusa officinalis*. Rauhhaarige verzweigte Staude od. Zweij., 30–90 cm; B. lang lanzettl., die unteren gestielt; Bl. violett od. rötl., manchmal weiß, 7–15 mm, in spiralig gekrümmten Bl.ständen; Kronröhre 5–7 mm. V–IX. Wegränder, trockene Wiesen; oft auf Kalk; bis 1800 m. T, fehlt E, GB, IRL, IS, SF, Subarkt (GB). **2a KRUMMHALS** *A. arvensis* (= *Lycopsis a.*) ist einj., mit kleinen blauen Bl., 4–6 mm. Äcker. T, fehlt IS, Subarkt. **2b** *A. barrelieri* ist ähnlich 2, aber Bl. blau od. blauviolett, 7–10 mm; Kronröhre nur 1,5 mm lang. V–VII. Wälder und Äcker; bis 2300 m. H, I, R, YU.

3 SCHARFKRAUT *Asperugo procumbens*. Niederliegende od. aufsteigende borstige Einj., 15–60 cm; B. meist gegenst., lanzettl.; Bl. purpurn, 2–3 mm, zu 1–3 an kurzen nickenden Stielen am Grund der B.; Fr. vom vergrößerten Kelch umhüllt. V–XI. Kultur- und Ödland; bis 2600 m. T, fehlt B, GB, IRL, IS (NL).

VERGISSMEINNICHT *Myosotis*. Meist weichhaarige Einj. od. Stauden mit längl. od. lanzettl., meist ungestielten B.; Bl. klein, blau, oft in der Knospe rosa, in gabeligen, locker spiraligen Bl.ständen; Samen glänzend, braun od. scnwarz.

4 ACKER-VERGISSMEINNICHT *Myosotis arvensis*. Zweij., 15–40 cm; Grundb. in Rosette, über der Mitte am breitesten; Bl. himmelblau, 3–4 cm; Kelchröhre mit hakigen Haaren. IV–X. Äcker, Wegränder, schattige Orte; bis 2000 m. T. **4a** *M. ramosissima* ist einj., kleiner, oft nur wenige cm groß; die Kelchzipfel zur Fr.zeit ausgebreitet. T, fehlt Faeroer, IS.

5 BUNTES VERGISSMEINICHT *Myosotis discolor*. Zierliche Einj., 5–25 cm; B. oval-lanzettl.; Bl. zuerst cremefarben, später blau, 3–4 mm; Kelchzähne zur Fr.zeit gekrümmt. V–VI. Äcker und Ödland; bis 2000 m. T. **5a** *M. stricta* (= *M. arenaria*) B. hakig behaart; Bl. klein, 1–2 mm, blaß- od. tiefblau. T, fehlt GB, IRL, Faeroer. **5b** *M. speluncicola* ist ähnlich 5a, aber Bl. *weiß*. Höhlen. soF, zl.

6 WALD-VERGISSMEINNICHT *Myosotis sylvatica*. Verzweigte Staude, 15–40 cm; B. oval od. elliptisch; Bl. himmelblau, 6–8 mm, flach; Kelchröhre mit kurzen, angedrückten, hakigen Haaren. IV–VII. Waldränder, feuchte Wiesen; bis 2000 m. T, fehlt IRL, IS, Subarkt. **6a** *M. decumbens* Kronröhre *länger* als der Kelch. T, fehlt Faeroer, IRL, IS, NL. ●

7 ALPEN-VERGISSMEINNICHT *Myosotis alpestris*. Rasige Staude, 5–15 cm; B. oval bis spatelig, beidseits behaart, die grundst. manchmal gestielt; Bl. hell- od. dunkelblau, manchmal weißl., 6–9 mm, flach; Kelchröhre *hakig behaart*, Kelchzähne zur Fr.zeit gekrümmt; Samen schwarz. IV–IX. Rasen, feuchte Wälder; 1500–2800 m. A, CH, CS, D, E, F, GB, I, PL, R, YU.

8 PYRENÄEN-VERGISSMEINNICHT *Myosotis alpina* (= *M. pyrenaica*). Ähnlich 7, aber B. kahl; *Bl.stiele* und Kelchröhre hakig behaart. IV–IX. Felsen, Schutt, Weiden und Rasen; 1500–2800 m. nE, sF; Pyr. ● **8a** *M. stenophylla* gleicht 7 und 8, aber die Haare *gerade*. A, CS, H, PL, R.

9 RASIGES VERGISSMEINNICHT *Myosotis laxa* (inkl. *M. caespitosa*). Einj. od. Zweij., 15–40 cm, vom Grund an verzweigt; Bl. leuchtend blau, 2–4 mm; Kelchröhre lang gestielt, nur mit geraden Haaren; Samen dunkelbraun. V–IX. Feuchte Rasen; bis 1600 m. T, fehlt IS.

10 SUMPF-VERGISSMEINNICHT *Myosotis scorpioides* agg. (= *M. palustris*). *Kriechende* Staude, 10–30 cm; St., B. und Kelchröhre dicht angedrückt behaart, hakige Haare fehlen; Bl. himmelblau, manchmal rosa od. weißl., 4–8 mm; Kronb. schwach ausgerandet. VI–IX. Feuchte Orte, Tümpel, Bachränder; bis 2000 m. T, fehlt E.

11 LAMOTTES VERGISSMEINNICHT *Myosotis lamottiana*. Ähnlich 10, aber St. *rauhhaarig*, glänzend; Bl. kleiner. VI–IX. Feuchte Wiesen; 1500–2000 m. nE, sz&sF. ●

1
2
3
4
5
6
7
8
9
10
11

1 HIMMELSHEROLD *Eritrichum nanum*. Seidig-zottig behaarte dichte *Polsterstaude*, ähnlich einem Zwerg-Vergißmeinnicht, 1–2 cm; B. in Rosetten, schmal längl. bis spatelig; Bl. hell bis leuchtend blau, seltener weißl., 7–9 mm, in kurz gestielten Büscheln zu 3–7. VII–VIII. Dolomit- und Silikatfels und -schutt; 2500–3600 m. A, oCH, nl, R, YU. § ● **1a** *E. n.* subsp. *jankae* ist dicht weißhaarig, B. 3 mm breit. R; o&sKarp. ●

2 GEMEINER IGELSAME *Lappula squarrosa* (= *L. echinata*, *L. myosotis*). Verzweigte behaarte Einj. od. Zweij., 20–40 cm; B. grau, längl. bis lanzettl., ungestielt; Bl. hellblau, 2–4 mm, in lockeren *beblätterten Bl.ständen*; Fr. aufrecht, eiförmig, mit 2 Reihen von gekrümmten Stacheln. VI–VIII. Trockene Hänge, Wegränder, Ödland; bis 2500 m. T, fehlt GB, IRL, IS, Subarkt (D, DK, NL, PL, SF). **2a** *L. deflexa* (= *Hackelia d.*) hat größere Bl., 3–6 mm; Fr. *nickend*. A, CH, CS, D, E, F, I, N, R, SF.

3 GEDENKEMEIN *Omphalodes verna*. Schwach behaarte Kriechstaude, 5–20 cm; B. meist grundst., oval bis *herzförmig*, spitz, lang gestielt; Bl. himmelblau, 8–10 mm, in lockeren Trauben; Kronb. rundl. III–V. Feuchte Bergwälder; kalkmeidend; bis 1200 m. A, I, R, YU (B, CH, CS, D, F, GB, H, NL, PL). **3a** *O. scorpioides* ist zweij. mit lanzettl. od. spateligen B.; Bl. *klein*, blau, 3–4 mm. oA, CS, D, H, PL, R.

4 GEMEINE HUNDSZUNGE *Cynoglossum officinale*. Graue, weich-haarige Zweij., 30–100 cm; B. längl. bis lanzettl., die oberen st.umfassend; Bl. schmutzig *braunpurpurn*, trichterförmig, 5–6 mm lang; Fr. flach, mit hakigen *Stacheln*. V–VIII. Trockene, steinige Orte; bis 2400 m. T, fehlt IS, Subarkt. **4a** *C. magellense* (= *C. apenninum*) ist eine niedrige Staude mit schmal lanzettl. B. und rötl. Bl., 8 mm lang. VI–VIII. Wiesen; bis 2000 m. z&sl; z&sAp. ● **4b** *C. nebrodense* ist kleiner als 4, mit rötl.-violetten Bl. und *rundl.* Fr. Wälder; bis 2150 m. E, z&sl.

5 ITALIENISCHE MONDBLUME *Solenanthus apenninus*. Zweij., 60–120 cm; Grundb. groß, elliptisch od. breit lanzettl., die oberen kleiner, *st.umfassend*; Bl. purpurn. trichterförmig, 7–9 mm, in *dichten*, verzweigten Spiralen. VI–VIII. Wälder und Weiden; bis 1800 m. z&sl; z&sAp, Sizilien. ●

Fam. Eisenkrautgewächse Verbenaceae

6 EISENKRAUT *Verbena officinalis*. Rauhhaarige Staude, 30–70 cm; St. steif aufrecht, 4kantig; B. gegenst., rautenförmig, die unteren fiederlappig, gestielt; Bl. hell-lila, 2–5 mm, in schlanken blattlosen Ähren; Kronröhre 5zählig, schwach *2lippig*. VI–IX. Ödland und Felsen; bis 1500 m. T, fehlt Faeroer, IS, N, S, SF. ⚕

Fam. Lippenblütler Lamiaceae (= Labiatae)

Aromatische Einj. od. Stauden, manchmal Kleinsträucher, mit *4kantigem* St.; B. meist ungeteilt, *gegenst.*; Bl. in Ährentrauben od. Köpfen, selten einzeln; Kelch röhrig, 5zähnig, oft 2lippig; Krone 2lippig mit offenem Schlund; Staubb. 4 od. 2; Fr. im Kelch verborgen, in 4 Teilnüßchen („Klausen") zerfallend.

7 ALPEN-HELMKRAUT *Scutellaria alpina*. Schwach behaarte Staude, 10–40 cm; B. oval, gezähnt, die unteren gestielt; Bl. violett, die Unterlippe oft *weißl.*, 20–25 mm lang, in *4zeiligen* Köpfen; Tragb. oft purpurn. VI–VIII. Kalkfels und -schutt, Rasen; bis 2500 m. CH, D, E, s&oF, I, R, YU. **7a** *S. orientalis* hat graue B. und *gelbe* Bl. R, YU.

8 BERG-GAMANDER *Teucrium montanum*. Mattenbildender Halbstrauch, 10–25 cm; B. ledrig, schmal elliptisch, ungezähnt, unterseits weißfilzig, mit *umgerolltem* Rand; Bl. in flachen cremeweißen Köpfen, 12–15 mm lang. V–VIII. Kalkschutt und -fels, trockene Weiden; bis 2400 m. T, fehlt DK, GB, IRL, IS, N, S, SF.

9 PYRENÄEN-GAMANDER *Teucrium pyrenaicum*. Niederliegende bis aufsteigende zottig behaarte Kriechstaude, 10–30 cm; B. rundl. bis oval, *gezähnt*; Bl. in rundl. Köpfen, weiß od. purpurn mit weißer Unterlippe, 14–16 mm. Fels und Schutt, trockene Weiden; kalkhold; bis 2000 m. nE, sF; Pyr. ●

10 GEMEINER GAMANDER *Teucrium chamaedrys*. Schwach behaarter Halbstrauch, 15–30 cm; B. längl. od. breit oval, gekerbt, *dunkelgrün* glänzend; Bl. hell od. tief purpurn, 9–16 mm, in *beblätterten Ähren*. V–IX. Trockene Hänge, lichte Wälder; bis 1800 m. T, fehlt IRL, IS, Skand (GB). **10a** *T. lucidum* ist größer und fast *kahl*. VI–VIII. Trockene, felsige Hänge. soF, nwl; swAlpen. ●

1
2
3
4
5
6
7
8
9
10

GÜNSEL *Ajuga.* Stauden, manche einj.; Oberlippe der Krone sehr kurz, Unterlippe 3lappig; Kelch mit 5 gleichen Zähnen.

1 **PYRAMIDEN-GÜNSEL** *Ajuga pyramidalis.* Kriechstaude, 15–20 cm; St. *rundum* behaart; B. oval, seicht gezähnt od. ganzrandig, die unteren gestielt; Bl. blaß violettblau od. dunkelviolett, selten rosa od. weiß, 10–18 mm, in dichten beblätterten Ähren. IV–VIII. Wiesen, bes. Bürstlingsrasen; auf saurem Boden; 1300–2800 m. T, fehlt sE, z&sl. **1a GENFER GÜNSEL** *A. genevensis* hat deutlicher gezähnte, oft seicht gelappte B. und hellblaue, seltener rosa Bl. Sonnige Wiesen; auf Kalk. T, fehlt GB, IRL, IS, N. **1b** *A. laxmannii* Bl. einzeln; B. st.umfassend. H, R, YU.

2 **KRIECHENDER GÜNSEL** *Ajuga reptans.* Kriechstaude, 10–30 cm, mit wurzelnden *Ausläufern*; St. mit 2 behaarten Linien; Bl. blau, selten rosa od. weiß, 14–17 mm, in beblätterten Ähren; die Tragb. oft purpurn. IV–VII. Feuchte Tonböden, Wiesen und Wälder; bis 2000 m. T, fehlt IS, Subarkt.

3 **GELBER GÜNSEL** *Ajuga chamaepitys.* Grauzottig behaarte, schwach harzduftende Einj., 5–20 cm; B. mit *3 schmalen* Zipfeln, die Zipfel oft gelappt od. gezähnt; Bl. gelb, fein rot gepunktet, 10–15 mm, teilweise zw. den B. versteckt. V–IX. Äcker, steinige Orte; meist auf Kalk; bis 1600 m. T, fehlt IRL, IS, Skand.

4 **TENORES GÜNSEL** *Ajuga tenorii.* Schwach behaarte bis kahle Staude bis 5 cm; B. längl. bis spatelig, gezähnt; Bl. hellblau, 16–25 mm; obere Tragb. *kürzer* als die Bl. V–VI. Auf Silikat; bis 1400 m. z&sl; Ap. ●

5 **YSOP-GLIEDKRAUT** *Sideritis hyssopifolia.* Behaarte od. kahle Staude od. Halbstrauch, 10–30 cm; B. lineal bis oval od. spatelig, schwach gezähnt od. ganzrandig, kurz gestielt; Bl. blaßgelb, manchmal purpurn überlaufen, 10 mm, in dichten längl. Scheinähren. VII–VIII. Steinige Weiden, Felsen; meist auf Kalk; bis 1800 m. wCH, E, s&oF, nI (D). ● **5a** *S. endressii* ist ähnlich, die Bl. in lockeren Scheinähren, außen gelb, innen braun od. purpurn, 9–20 mm. Bis 1800 m. oE, sF. ● **5b** *S. montana* Bl. schwarzbraun mit gelber Unterlippe. A, CS, E, soF, H, I.

HOHLZAHN *Galeopsis.* Einj. mit Bl. in endst. od. verzweigten Bl.Ständen; Oberlippe der Bl. gewölbt, Unterlippe 3lappig; Kelch glockig, 5zähnig. ⚕

6 **ACKER-HOHLZAHN** *Galeopsis ladanum* (= *G. intermedia*). 10–40 cm; St. 4kantig, fast bis zum Grund behaart; B. oval bis lanzettl., am Grund verschmälert, gezähnt; Bl. dunkelrosa mit gelben Flecken auf der Lippe, 15–28 mm; Kelch grün. VII–X. Äcker, Schutthalden; gern auf saurem Boden; bis 2400 m. T, fehlt GB, IRL, IS, Subarkt. **6a SCHMALBLÄTTRIGER H.** *G. angustifolia* □ hat *schmälere* lineale od. lineal-lanzettl. B. und weißhaarige Kelche. Bis 2000 m. T, fehlt IS, N. **6b** *G. reuteri* ist größer als 6, die *runden* St. kahl. Fels und Schutt; bis 1600 m. soF, nwI; Alpes Maritimes. ●

7 **PYRENÄEN-HOHLZAHN** *Galeopsis pyrenaica.* Behaarte Einj. bis 40 cm; St. 4kantig; B. oval bis 3eckig, gezähnt, kurz gestielt, samtig behaart; Bl. rosa-purpurn mit dunkleren Flecken, 17–25 mm. VIII–IX. Silikatsand und -geröll, an Bächen; 2200 m. noE, sF; oPyr. ● **7a GELBLICHER H.** *G. segetum* hat größere, *blaßgelbe* Bl.; die Unterlippe manchmal purpurn gefleckt. VII–IX. B, CH, D, DK, E, F, GB, I, NL (A, CS, H, R, YU).

8 **BUNTER HOHLZAHN** *Galeopsis speciosa.* Verzweigte behaarte Einj., 30–70 cm; B. oval bis lanzettl., spitz gezähnt, kurz gestielt; Bl. *gelb*, mit einem großen purpurnen Fleck auf der Unterlippe, 27–34 mm. VII–IX. Gebüsche, Kulturen, Ödland; bis 1700 m. T, fehlt E, IS und im südlichsten Teil des Gebietes, (IRL).

6a Schmalblättriger Hohlzahn

1
2
3
4
5
6
7
8

Lippenblütler (Forts.)

1 WEICHHAARIGER HOHLZAHN *Galeopsis pubescens*. Weißhaarige, verzweigte Einj., 30–60 cm; B. oval, spitz, am Grund schwach herzförmig, gezähnt, gestielt; Bl. rosarot mit *gelben Flecken* auf der Unterlippe, 20–25 mm. VII–IX. Lichte Wälder, Äcker, Hecken; bis 1600 m. A, CH, CS, D, z&sF, H, I, PL, R, YU (B, NL). •

2 GEMEINER HOHLZAHN *Galeopsis tetrahit*. Rauhhaarige verzweigte Einj., 20–100 cm; B. lanzettl. bis breit oval, spitz, am Grund *verschmälert*, gezähnt, gestielt; Bl. blaß rosapurpurn, mit dunkler Zeichnung, selten gelbl. od. weißl., 15–20 mm. VII–X. Lichte Wälder, Heiden, Wegränder, Ödland; bis 2400 m. T. **2a** *G. t.* subsp. *glaucocerata* hat kahle *St.* oF; Französische Alpen. • **2b** *G. bifida* hat kleinere Bl. als 2, selten länger als 15 mm, der Mittellappen d. Unterlippe *deutlich* 2teilig. Saure Torfböden. T, fehlt Faeroer, IS, Subarkt.

SALBEI *Salvia*. Stauden mit gegenst. od. quirlst. Bl. in langen Ährentrauben; Oberlippe der Krone gerade od. gekrümmt, Unterlippe 3lappig; Kelch 2lippig; 2 Staubb.; Griffel vorragend.

3 KLEBRIGER SALBEI *Salvia glutinosa*. Verzweigte, stark drüsige Staude bis 120 cm; B. oval bis herzförmig, gezähnt, gestielt; Bl. *gelb*, mit rotbrauner Zeichnung, 30–40 mm, zu 2–6 quirlig. VI–IX. Waldlichtungen, Gebüsche; meist auf Kalk; bis 1800 m. T, fehlt B, nF, GB, IRL, IS, NL, Skand. **3a** *S. austriaca* B. oberseits *kahl*; Bl. gelbl.-weiß, 12–17 mm lang, zu 4–9 im Quirl. A, CS, H, R, YU.

4 WIESEN-SALBEI *Salvia pratensis*. Haarige, schwach aromatische Staude, 30–80 cm; B. oval bis längl., stumpf, gezähnt, gestielt, die oberen B. kleiner, ungestielt; Bl. violettblau, 20–30 mm, zu 3–6 quirlig. V–VIII. Trockene Wiesen; meist auf Kalk; bis 1900 m. T, fehlt DK, nGB, IRL, IS, N. **4a** *S. dumetorum* hat schmal eiförmige B.; Bl. meist 10–20 mm lang. R. **4b** *S. transsylvanica* B. unterseits dicht weißhaarig, Bl. violett od. blau, 16–21 mm lang. n&zR. •

5 QUIRL-SALBEI *Salvia verticillata*. Behaarte, oft rot überlaufene unangenehm riechende Staude, 30–60 cm; B. oval-herzförmig, am Grund mit einem od. *2 Lappen*, gezähnt, gestielt; Bl. lilablau od. purpurn, 8–15 mm, in *dichten Quirlen* zu 15–30. V–VIII. Trockene Wiesen, Wegränder, steinige Orte; meist auf Kalk; bis 2400 m. A, CH, E, F, H, I, PL, R, YU (B, D, DK, GB, N, NL, S).

6 HAIN-SALBEI *Salvia nemorosa*. Behaarte Staude, 20–50 cm; B. längl.-herzförmig, stumpf, gezähnt, gestielt, die oberen kleineren ungestielt; Bl. klein, dunkel violettblau, 8–12 mm, zu 2–6 quirlig. V–VIII. Trockene Rasen, Wegränder und Gebüsche; bis 1450 m. A, CH, CS, D, H, I, PL, R, YU (F, GB, N, S).

1
2
3
4
5
6

Lippenblütler (Forts.)

TAUBNESSEL *Lamium*. Einj. od. Stauden mit aufrechtem St. und quirlst. Bl. in den B.achseln; Kelch röhrig, mit 5 Zähnen; Oberlippe d. Krone gewölbt; Unterlippe meist herzförmig.

1 GROSSBLÜTIGE TAUBNESSEL, NESSELKÖNIG *Lamium orvala*. Kahle od. schwach behaarte Staude, 40–100 cm; B. 3eckig-oval, gestielt, unregelmäßig grob gezähnt, bis 15 × 9 cm; Bl. rosa od. weißl., purpurn geadert, 24–45 mm, Ober- und Unterlippe mit *gesägtem Rand*. V–VII. Laubwälder, Hochstaudenfluren; bis 1600 m. wA, sH, nl, wYU. ● **1a** *L. garganicum* subsp. *laevigatum* Bl. kleiner; Oberlippe schwach gezähnt, 10–15 mm lang; Staubbeutel behaart, nicht kahl. Felsen. oF, I, R, YU.

2 WEISSE TAUBNESSEL *Lamium album*. Behaarte kriechende Staude mit aufrechtem St., 30–40 cm, schwach aromatisch; B. herzförmig, gezähnt, gestielt; Bl. weiß, 20–25 mm, behaart. IV–IX. Hecken, Wegränder, Ödland; bis 2300 m. T (IRL, IS). ⚕ **2a GEFLECKTE T.** *L. maculatum* □ ist *stärker* aromatisch; Bl. rosa-purpurn. Bis 2000 m. T, fehlt DK, IRL, IS, N (GB, S).

3 ROTE TAUBNESSEL *Lamium purpureum*. Behaarte, oft rötl. Einj. bis 40 cm; B. oval od. herzförmig, stumpf gezähnt, gestielt; Bl. rosapurpurn, 10–18 mm. III–XII. Äcker, Ödland; bis 2500 m. T (IS). **3a** *L. hybridum* hat schärfer gezähnte B. und kleinere Bl. T.

4 STENGELUMFASSENDE TAUBNESSEL *Lamium amplexicaule*. Behaarte Einj. bis 30 cm; B. rundl. od. oval, stumpf gezähnt, die unteren gestielt, die oberen sitzend und halb st.umfassend; Bl. rosapurpurn, 14–20 mm. IV–XII. Äcker, Gärten; bis 2500 m. T (IS).

5 GELBE TAUBNESSEL, GOLDNESSEL *Lamiastrum galeobdolon* (= *Galeobdolon luteum*). Behaarte kriechende Staude, 25–60 cm; St. aufrecht; B. oval, dunkelgrün, stumpf gezähnt, gestielt; Bl. *gelb*, grün gestreift, 17–25 mm, in dichten Quirlen zu 8–16; Unterlippe 3lippig. IV–VII. Laubwälder; bis 2000 m. T, fehlt IS, Subarkt (N, SF). **5a** *L. g.* subsp. *montanum* hat schärfer gezähnte B. und *Quirle* von 20–30 Bl. T, fehlt IS, Subarkt; im N selten. **5b** *L. g.* subsp. *flavidum* ähnlich 5a, aber *nicht* kriechend, mit kleineren Bl. Feuchte Kalksteinböden. A, CH, sD, I, nwYU. ●

6 STRAUCHIGE SCHWARZNESSEL *Ballota frutescens*. Stark verzweigter, schwach stechender Strauch bis 60 cm; B. klein, oval bis längl., ungezähnt od. fein gezähnt, gestielt; Bl. weiß od. lila, 12–15 mm, in Quirlen von 8–12. VI–VII. Felsen; bis 1200 m. soF, nwI; swAlpen. ●

7 SCHWARZNESSEL *Ballota nigra*. Ästige behaarte stark aromatische Staude, 30–120 cm; B. oval bis längl., gezähnt, gestielt; Bl. rosa od. lila, 12–14 mm, in dichten Quirlen am B.grund; Kelch mit 5 fein gespitzten Zähnen, zur Fr.zeit zurückgekrümmt. VI–IX. Ödland, Böschungen, Waldränder; bis 1500 m. T, fehlt Faeroer, IS, N, nS, SF.

KATZENMINZE *Nepeta*. Behaarte Stauden mit dichten Bl.quirlen auf beblätterten St.; Unterlippe der Krone dreilappig, Oberlippe zweilappig; Kelch mit 5 meist gleichen Zähnen, 15nervig.

8 BREITBLÄTTRIGE KATZENMINZE *Nepeta latifolia*. Dicht behaarte, etwas blaugrüne Staude, 50–120 cm; B. oval-längl., am Grund herzförmig, gezähnt, *meist ungestielt*; Bl. blau, 8–11 mm, in Quirlen, eine lange Ähre bildend. VII–IX. Wiesen, Waldlichtungen; bis 1700 m. E, sF. ●

9 GEWÖHNLICHE KATZENMINZE *Nepeta cataria*. Verzweigte grau-flaumige Staude mit *Minzenduft*, 40–100 cm; B. oval-herzförmig, gezähnt, gestielt; Bl. weiß mit purpurnen Punkten, 7–10 mm, in endst. Ähre, darunter entfernt einzelne Quirle. VI–IX. Böschungen, Hecken, felsige Orte; bis 1500 m. T. Kult.

2a Gefleckte Taubnessel

1
2
3
4
5
6
7
8
9

Lippenblütler (Forts.)

1 KLEINE KATZENMINZE *Nepeta nepetella*. Graugrüne verzweigte Staude, 30–80 cm; B. lanzettl. bis längl., unterseits grauhaarig, gezähnt, gestielt; Bl. weiß, rosa od. blauviolett, 10–12 mm, in lockeren Rispen. VII–VIII. Trockene felsige u. steinige Orte, Flußgeröll; bis 1700 m. E, s&oF, I.

ZIEST *Stachys*. Behaarte Stauden, seltener Einj., mit aufrechtem St.; Bl. quirlig, in dichter od. lockerer beblätterter Ähre; Unterlippe der Krone 3lappig, Oberlippe 1–2lappig; Kelch mit 5 gleichen Zähnen, 5–10nervig.

2 DICHTBLÜTIGER ZIEST *Stachys monieri* (= *St. densiflora, Betonica hirsuta*). Borstige Staude, 10–30 cm, mit grundst. B.rosette; B. längl., am Grund herzförmig, gezähnt, die oberen kurz gestielt; Bl. rosa od. purpurn, 20–24 mm, in dichten kurzen stumpfen Ähren. VII–VIII. Trockene Rasen; meist auf Kalk; bis 2400 m. A, CH, E, F, I, H, R. ●

3 DICHTBLÜTIGER ZIEST *Stachys officinalis* (= *Betonica o.*). Weichhaarige od. meist kahle Staude, 20–70 cm, mit grundst. B.rosette; B. längl. bis oval, am Grund herzförmig, gezähnt, die unteren gestielt; Bl. rötl.-purpurn, 12–18 mm, in dichten stumpfen Ähren. VI–X. Lichte Wälder, Rasen und Heiden; bis 1800 m. T, fehlt IS, Subarkt (N, SF).

4 DEUTSCHER ZIEST *Stachys germanica*. Grauweiße *wollig-filzige* Staude, 60–120 cm; B. längl. bis herzförmig, fein gezähnt, die unteren lang gestielt, die oberen sitzend, oberseits grün, unterseits grauweiß; Bl. blaß rosa-purpurn, 15–20 mm, quirlig, in endst. Ähren. VI–IX. Waldränder und Lichtungen, Fels und Schutt; meist auf Kalk; bis 1750 m. T, fehlt DK, IRL, IS, NL. **4a ALPEN-Z.** *Stachys alpina* hat drüsig behaarte St. und schmutzig purpurne Bl., 15–20 mm. Schattige, feuchte Orte, Hochstaudenfluren, Bergwälder; auf Kalk; bis 2000 m. T, fehlt DK, nGB, IRL, IS, N, S, SF.

5 WALDZIEST *Stachys sylvatica*. Stechend rauhhaarige grüne Staude, 30–100 cm; B. oval-herzförmig, gezähnt, *alle gestielt*; Bl. schmutzig rot-purpurn mit weißer Zeichnung auf der Unterlippe, 13–18 mm, in lockerer Ähre. VI–X. Wälder, Hecken, schattige Orte; bis 1700 m. T, fehlt Faeroer, IS, Subarkt.

6 SUMPFZIEST *Stachys palustris*. Behaarte Staude, 30–100 cm; B. längl. bis lanzettl., am Grund herzförmig, gezähnt, nur die *unteren gestielt*; Bl. blaß-purpurn, 12–15 mm, quirlig, in Ähren. VI–X. Feuchte Gräben, Flußufer; bis 1600 m. T. Oft Kreuzungen mit 5.

7 AUFRECHTER ZIEST *Stachys recta*. Schwach behaarte aromatische Staude, 25–70 cm; B. längl. od. oval, grün, fein gezähnt, die unteren gestielt, die oberen schmäler, sitzend.; Bl. blaßgelb, purpurn gestreift, 15–20 mm, quirlig, in schmalen verzweigten Ähren. VI–IX. Trockenrasen, Ödland; bis 2250 m. A, B, CH, CS, D, F, H, I, PL, R, YU. **7a** *St. annua* ist kleiner, einj., alle B. gestielt; Bl. weiß od. blaßgelb. Äcker, Ödland; meist auf Kalk. T, fehlt GB, IRL, IS (DK, N, S). **7b GELBLICHER Z.** *St. alopecuros* hat 3eckige B. und blaßgelbe Bl., 15–20 mm. VI–VIII. Magere Wiesen, Gebüsch und Schutt; auf Kalk; bis 2000 m. A, CH, D, E, z&sF, I, YU. ●

8 IMMENBLATT *Melittis melissophyllum*. Behaarte, stark duftende Staude mit aufrechtem St., 20–50 cm; B. längl. od. oval, am Grund herzförmig, gezähnt, gestielt; Bl. weiß mit rosa Zeichnung, rosa od. purpurn, 25–40 mm, *in wenigblütigen* Quirlen am Grund der B. V–VII. Lichte Laubwälder, Hecken; bis 1400 m. T, fehlt DK, nGB, IRL, IS, N, S, SF. ●

8 Immenblatt Farbvarianten

1
2
3
4
5
6
7
8

Lippenblütler (Forts.)

1 GUNDELREBE *Glechoma hederacea.* St. kriechend, weichhaarig, mit aufsteigenden Bl.zweigen, bis 25 cm; B. nierenförmig, stumpf gezähnt, lang gestielt; Bl. blaßviolett od. rosa, 15–22 mm, in lockeren Quirlen am B.grund. III–VI. Wälder, Wiesen, Ödland; bis 1600 m. T, fehlt Faeroer, IS. **1a** *G. hirsuta* Bl. 20–30 mm lang, blaßblau mit weißen Punkten; Pfl. dichter behaart. Ähnliche Standorte. A, CS, H, I, PL, R, YU.

2 BERG-DRACHENKOPF *Dracocephalum ruyschiana.* Staude mit aufrechtem St., 10–30 cm; B. schmal lanzettl., kahl, ganzrandig, *mit umgerolltem Rand*; Bl. blauviolett, selten rosa od. weiß, 20–28 mm, zu 2–6 in endst. Ähren. VI–IX. Bergwiesen, lichte Wälder; bis 2200 m. A, CH, D, s&oF, nH, I, N, PL, R, S. § **2a** *D. austriacum* □ hat große Bl.; die B. *mit* 3–5 schmal lanzettl. Abschnitten. V–VI. Felsige Hänge, Trockenrasen. A, CH, CS, oF, H, I, R. § **2b** *D. thymiflorum* Einj.; Bl. *klein*, blau-lila, 7–9 mm; B. eiförmig mit herzförmigem Grund. R (DK, PL, S, SF).

3 GEMEINE BRUNELLE *Prunella vulgaris.* Kriechende, schwach behaarte Staude, 5–30 cm; B. oval bis rautenförmig, stumpf gezähnt od. ganzrandig, die unteren gestielt; Bl. in *dichten Köpfen*, dunkel-violettblau, 13–15 mm, die Oberlippe gerade. VI–X. Wälder, Wiesen; bes. auf Kalk; bis 1400 m. T. ⚕ **3a GROSSBLÜTIGE B.** *P. grandiflora* ist größer; Bl. 20–25 mm, mit bogig gekrümmter Oberlippe, violettblau mit weißl. Kronröhre und Unterlippe; Bl.köpfchen *ohne* Hochb. T, fehlt GB, IRL, IS, N, NL, SF.

4 WEISSE BRUNELLE *Prunella laciniata.* Behaarte Kriechstaude, 5–25 cm; B. längl., *fiederlappig*, die unteren gestielt; Bl. cremeweiß, selten rosa od. purpurn, 15–17 mm, in längl. Köpfchen. VI–X. Trockene Rasen, Ödland; bis 1300 m. T, fehlt IRL, IS, N, NL, S, SF (GB).

5 ALPEN-BERGMINZE *Acinos alpinus* (= *Calamintha alpina, Satureja a.*). Behaarte Staude mit schlankem St., 8–30 cm; B. *elliptisch bis oval*, ungezähnt od. an der Spitze schwach gezähnt; Bl. violett, mit weißer Zeichnung auf der Unterlippe, 10–20 mm, in lockeren Quirlen am Grund der B. VI–IX. Trockene Wiesen, steinige Orte, Kalkschutt; bis 2500 m. A, CH, CS, sD, s&oE, F, I, PL, R, YU. ⚕ **5a** *A. arvensis* (= *Calamintha acinos*) □ ist ähnlich, aber meist einj.; die Bl. nur 7–10 mm lang. Bis 2000 m. T, fehlt Faeroer, IS. **5b** *A. suaveolens* ähnlich 5, aber B. *schmäler*, 2–3mal so lang wie breit, zugespitzt. z&sI, R, z&oYU. **5c** *A. rotundifolius* ähnlich 5a, aber die B. *rundl.*, unterseits stark nervig. z&sE, zI, R, YU.

6 GROSSBLÜTIGE BERGMINZE *Calamintha grandiflora.* Schwach behaarte Staude, 30–50 cm; B. oval od. längl., spitz gezähnt, gestielt; *Bl. groß*, dunkelrosa, 25–40 mm, in locker beblätterten Trauben. VI–X. Lichte Wälder, steinige Orte; bis 1600 m. A, E, s&oF, I, R, YU.

7 WALD-BERGMINZE *Calamintha sylvatica* (= *Satureja calamintha*). Behaarte, nach *Minze duftende* Staude, 30–60 cm; B. oval od. meist rundl., gezähnt, gestielt, dunkelgrün; Bl. rosa od. lila, 10–22 mm, in lockeren beblätterten Trauben. VI–X. T, fehlt DK, IS, N, S, SF.

8 KLEINE BERGMINZE *Calamintha nepeta.* Behaarte Staude, 30–80 cm; B. grau, breit-oval, stumpf, mit kleinen Zähnen; Bl. blaßlila od. weiß, 10–15 mm, in lockeren beblätterten Trauben; Kelchröhre zur Fr.zeit bärtig. VII–X. Trockene steinige Orte, Gebüsche; bis 1300 m. A, CH, E, s&oF, sGB, H, I, YU (D).

9 ZWERG-STRAUCHMINZE *Micromeria marginata* (= *M. piperella, Thymus marginatus*). Thymian-ähnlich; ausgebreiteter Zwergstrauch, 10–20 cm, mit kurzen aufrechten Zweiglein; B. klein, oval, stumpf, ganzrandig; Bl. purpurn od. lila, 12–16 mm, in lockeren Köpfen. VI–VIII. Felsige und steinige Orte. soF, nwI; Alpes Maritimes. ● **9a** *M. thymifolia* ist eine größere Pfl. mit elliptischen B. und kleineren weißen od. violetten Bl., 5–9 mm lang, Kelchzähne gleichförmig. Felsstandorte. H, n&zI, YU. ●

5a Ackerbergminze

2a
2
3
4
1
8
7
6
5
9

Lippenblütler (Forts.)

1 DOST *Origanum vulgare.* Ästige behaarte Staude, 30–50 cm; aromatisch duftend; B. oval, schwach gezähnt od. ganzrandig, gestielt; Bl. purpurn od. weißl., 4–7 mm, in verzweigten Bl.ständen mit *dunkelpurpurnen* Hochb. und vorragenden Staubb. VII–IX. Waldränder, trockene Wiesen, Schutt und Fels; bis 2000 m. T, fehlt Faeroer, IS, Subarkt.

THYMIAN, QUENDEL *Thymus.* Aromatische kriechende Stauden od. Halbsträuchlein; B. klein, dick, stumpf, ungezähnt, der Rand am Grund borstig behaart; Bl. in kleinen Köpfen od. Ähren; Staubb. vorragend.

2 FELD-THYMIAN *Thymus serpyllum.* Mattenbildende Staude, 5–30 cm, mit *nicht-blühenden,* kriechenden Zweigen; St. rundum behaart; B. lineal bis elliptisch, mit *behaartem Rand,* ungestielt; Bl. blaßrosa bis rosa-purpurn, 3–6 mm, in rundl. Köpfen. IV–IX. Trockene Rasen, steinige Orte; bis 3000 m. T, fehlt A, CH, CS, z&sF, I, IRL, IS, R, YU. ⚕

3 KAHLER THYMIAN *Thymus glabrescens.* Halbstrauch mit kriechenden Bl.zweigen, 5–15 cm; St. rundum behaart; B. elliptisch-lanzettl. bis schmal oval, die der Bl.St. wenigstens 3 mm breit; Bl. blaßrosa bis purpurn, 3–6 mm, in rundl. Köpfen, oft mit einem getrennten Bl.quirl unter dem Köpfchen. V–VIII. Trockenrasen, steinige Orte; bis 1500 m. A, CH, CS, F, H, I, PL, R, YU; fehlt im Großteil der sAlpen. **3a** *Th. g.* subsp. *decipiens* St.b. *schmäler als* 3 mm. sA, sCH, nI, swYU.

4 BEHAARTER THYMIAN *Thymus praecox* subsp. *polytrichus.* Kriechender Halbstrauch bis 10 cm; St. nur an zwei Seiten behaart; B. oval bis spatelig, kurz gestielt; Bl. rosa-purpurn, 3–6 mm, in rundl. Köpfchen. V–IX. Meist kalkreiche sonnige Wiesen und Felsen; bis 3000 m. A, CH, I, E, s&oF, nwYU. ● **4a** *Th. nervosus* ist ähnlich, aber mit sehr *schmalen,* spateligen B., 1,5 mm breit. nE, s&soF; Pyr, Mt. Ventoux. ● **4b** *Th. pulcherrimus* B. mit einem deutlichen Randnerv. nz&oCS, PL, R.

5 ARZNEI-THYMIAN *Thymus pulegioides.* Bes. aromatischer Halbstrauch, 25–30 cm, ohne wurzelnde Ausläufer; St. rundum behaart; B. oval bis längl., oberseits kahl, gestielt; Bl. rosa-purpurn, 6 mm, quirlig, in Ähren. VII–IX. Auf Sandböden, mageren Weiden; bis 2000 m. T, fehlt IS, Subarkt. **5a** *Th. alpestris* hat neben blühenden Zweigen kriechende, *nicht blühende* und 4zeilig behaarte St. VII–IX. A, CS, PL, R. ●

6 YSOP *Hyssopus officinalis.* Aromatischer Halbstrauch, 30–50 cm; B. schmal lanzettl., behaart od. kahl, ganzrandig; Bl. violett od. blau, selten weiß od. rosa, quirlig, in *beblätterten* Ähren. VII–IX. Trockenrasen, felsige Hänge; bis 2000 m. A, CH, CS, E, F, H, I, YU (B, D, NL, PL). **6a** *H. o.* subsp. *aristatus* hat die oberen B. weiß bespitzt. E, sF.

MINZE *Mentha.* Aromatische Stauden mit kriechenden Ausläufern; Bl. klein, 4lappig, lila od. blaßpurpurn, in dichten Quirlen od. Ähren; Staubb. vorragend. Hybriden häufig. ⚕

7 ACKERMINZE *Mentha arvensis.* Behaarte Staude, 10–40 cm, unangenehm riechend; B. lanzettl. bis breit oval, gezähnt; Bl. lila od. weiß, in dichten Quirlen, die St.spitze beblättert. VII–X. Feuchte Orte, Wassergräben; bis 1800 m. T, fehlt Faeroer, IS, Subarkt.

8 WASSERMINZE *Mentha aquatica.* Behaarte, oft rötl. Staude, 30–100 cm, angenehm duftend; B. oval, gezähnt, gestielt; Bl. lila, in *dichten langen,* manchmal verzweigten *Köpfen.* VII–X. Wassergräben, Tümpel, nasse Wiesen; bis 1700 m. T (IS).

9 ROSS-MINZE *Mentha longifolia.* Weichhaarige Staude, 30–100 cm; St. *weiß od. grau;* B. lang, elliptisch, spitz, gezähnt, meist ungestielt, weißfilzig; Bl. lila od. weiß, quirlig, in *schmalen verzweigten Ähren.* VII–X. Äcker, Hecken, feuchte Orte; bis 1900 m. T, fehlt GB, IRL, IS, N, NL, nS, SF. **9a ÄHREN-M.** *M. spicata* ist stark aromatisch mit meist kahlen *grünen* B. T, fehlt IS, Subarkt; Küchengewürz.

10 POLEI-MINZE *Mentha pulegium.* Flaumig behaarte, stark aromatische Staude, 10–40 cm; St. niederliegend od. aufrecht; B. oval, schwach gezähnt, kurz gestielt; Bl. lila, in dichten Quirlen, diese in Ähren, aber ohne endst. Bl.köpfchen. VII–X. Feuchte Orte; bis 1800 m. T, fehlt DK, Faeroer, IS, N, S, SF.

1
2
3
4
5
6
7
8
9
10

Lippenblütler (Forts.)

1 SCHMALBLÄTTRIGER LAVENDEL *Lavandula angustifolia* (= *L. spica*). Stark verzweigter, aromatischer Strauch, 20–60 cm; *B. lanzettl. bis lineal*, zuerst weißl., später graugrün; Bl. lavendelblau od. purpurn, 10–20 mm, in dichten langen Ährentrauben an langen blattlosen Stielen. VI–VII. Heiße Felshänge; meist auf Kalk; bis 1800 m. E, s&oF, I, YU. ⚕ **1a** *L. a.* subsp. *pyrenaica* hat die Bl.tragblätter länger als die Kelche. noE, sF; oPyr. ●

2 DRACHENMAUL *Horminum pyrenaicum*. Schwach behaarte *Rosettenstaude*, 10–30 cm; B. oval bis rundl., gekerbt, lang gestielt, dunkelgrün, runzelig; Bl. dunkel violettblau, 17–21 mm, in einseitswendigen Ährentrauben. VI–VIII. Weiderasen, felsige Orte, offene Wälder; auf Kalk; bis 2500 m. A, CH, sD, E, z, s&oF, I, YU.

Fam. Braunwurzgewächse Scrophulariaceae

Einj., Zweij. od. Stauden mit drehrunden od. gerippten, selten auch 4kantigen St. und wechselst. od. paarigen B.; Bl. flach, schalenförmig od. röhrig, mit 4–5 Zipfeln, manchmal 2lippig; Staubb. 2 od. 4; Fr. eine vielsamige Kapsel.

3 KRIECHENDES LÖWENMAUL *Asarina procumbens* (= *Antirrhinum asarina*). Flaumig-drüsige Staude mit niederliegendem, am Grund verholztem St.; alle B. *gegenst.*, oval-herzförmig, gekerbt, gestielt, 5 × 6 cm; Bl. einzeln, blaßweißl.-gelb, mit gelbem Fleck auf der Unterlippe, 30–35 mm. IV–IX. Schattige Silikatfelsen; bis 1800 m. sF, noE; oPyr. ●

4 MAJORANBLÄTTRIGES LÖWENMÄULCHEN *Chaenorhinum origanifolium* (= *Linaria origanifolia*). Schwach behaarte, meist kriechende Staude bis 35 cm; B. grün, lanzettl. od. oval bis rundl., ganzrandig, die unteren gegenst.; Bl. purpurn mit einem *orangen Fleck* auf der Unterlippe, mit offenem Rachen, 9–20 mm, in lockeren beblätterten Bl.ständen; Sporn kurz, 2–5 mm. IV–VII. Kalkfels und -schutt; bis 1500 m. sF, noE; oPyr. ●

5 WEICHES LÖWENMÄULCHEN *Antirrhinum molle*. Weich behaarter Zwergstrauch bis 40 cm, mit dünnen niederliegenden od. aufsteigenden St.; B. oval bis elliptisch, die unteren gegenst.; Bl. weiß od. blaßrosa, mit gelbem Rachen, 25–35 mm, ungespornt, in lockeren beblätterten Trauben. V–VIII. Kalkfelsen und Mauern, steinige Orte; bis 1800 m. noE; o&zSpanische Pyr, Andorra. ● **5a, 5b** → S. 347

LEINKRAUT *Linaria*. Stauden mit endst. Trauben kleiner, gespornter, 2lippiger Bl.; B. ganzrandig.

6 GEMEINES LEINKRAUT *Linaria vulgaris*. Aufrechte kahle Staude, 30–80 cm; B. lineal, wechselst.; Bl. gelb, 25–33 mm, in dichten Trauben; Sporn lang, 10–13 mm. V–IX. Äcker, steinige Orte; bis 1600 m. T, fehlt Faeroer, IS, Subarkt. **6a** *L. angustissima* hat *kleinere* blaßgelbe Bl. mit 7–10 mm langem Sporn. Felssteppen. A, CH, CS, E, s&oF, H, I, R, YU. **6b PYRENÄEN-L.** *L. supina* (= *L. pyrenaica*) □ niedrige graugrüne Einj. od. Staude; oberseits oft drüsig, wenigstens die unteren B. *quirlst.*; Bl. blaßgelb, oft violett überlaufen, 13–20 mm, in kurzen Trauben; Sporn lang, 10–15 mm. Bis 2000 m. E, s&oF, I. **6c** *L. tonzigii* ähnlich 6b, aber B. breiter, längl.-elliptisch, fleischig; die Bl. größer, in *kopfigen Trauben*; Kelch zottig. Dolomitschutt; 1700–2500 m. nI; Bergamasker Alpen. ●

7 ALPEN-LEINKRAUT *Linaria alpina*. Kahle Einj. od. Staude mit niederliegendem St., 8–15 mm; B. lineal bis lang lanzettl., quirlst., graugrün; Bl. violett mit einem gelben od. weißen Fleck auf der Unterlippe od. einfärbig lila, 13–22 mm, in kopfigen Trauben; Sporn 8–10 mm. V–VIII. Moränen- und Bachschutt; 1500–3800 m. A, CH, CS, D, E, s&oF, I, R, YU.

8 GESTREIFTES LEINKRAUT *Linaria repens*. Kahle graue aufrechte Staude, 20–80 cm; B. lineal bis elliptisch, spitz, in Quirlen, oben wechselst.; Bl. weiß od. blaßlila, dunkler gestreift, 8–15 mm, in lockeren Trauben; *Sporn kurz*, 3–5 mm. VI–IX. Wegränder, Äcker; bis 2300 m. sD, nE, z&sF (A, CH, CS, D, F, GB, IRL, N, NL, P, SF).

9 MAUER-LEINKRAUT *Cymbalaria muralis* (= *Linaria cymbalaria*). Dünnstengelige kriechende od. hängende kahle Staude, 8–30 cm; B. *handförmig gelappt*, meist wechselst.; Bl. einzeln an langen Stielen am B.grund, lila od. violett mit gelbem Fleck auf der Unterlippe, 9–15 mm; Sporn kurz, 1,5–3 mm. IV–X. Schattige Felsen, Mauern; bis 2000 m. T, fehlt IS. **9a** *C. pallida* hat blaß-lilablaue Bl.; Sporn 6–9 mm. VI–VIII. Fels und Schutt; bis 2100 m. zI (CS, GB). ●

10 LEBERBALSAM *Erinus alpinus*. Behaarte Staude, 5–20 cm; B. oval, an der Spitze am breitesten, gezähnt, am Grund gehäuft; Bl. lila-purpurn, selten weiß, ungespornt, 6–9 mm ∅, mit 5 *ausgerandeten* Kronzipfeln. V–X. Felsen, Schutt, steinige Rasen; bis 2400 m. wA, sCH, E, z&sF, n&zI. § ●

2
1
4
3
6
6b
5b
5a
5
8
7
10
9

Braunwurzgewächse (Forts.)

BRAUNWURZ *Scrophularia*. Stauden mit 4kantigem St.; B. meist gegenst., gezähnt und gestielt; Bl. klein, in schlanken verzweigten Rispen, 2lippig mit 5 stumpfen Zipfeln.

1 FRÜHLINGS-BRAUNWURZ *Scrophularia vernalis*. Weich behaarte Zweij. od. Staude, 30–60 cm; B. oval bis herzförmig, gestielt, doppelt gezähnt; Hochb. wie die Laubb.; Bl. *gelbl.-grün, nicht* 2lippig, 6–8 mm. IV–VI. Auf feuchten Lehmböden, in schattigen Wäldern; bis 1800 m. A, CS, sD, sF, H, I, PL, R, YU (B, DK, GB, NL, S).

2 PYRENÄEN-BRAUNWURZ *Scrophularia pyrenaica*. Drüsig-wollige Staude, 20–80 cm; B. *rundl.*, am Grund oft herzförmig; Bl. gelbl., mit rötl.-brauner Oberlippe, 8–11 mm. VI–VII. Schattige Felsen; bis 1900 m. nE, sF; Pyr, lokal. ●

3 ZOTTIGE BRAUNWURZ *Scrophularia scopolii*. Behaarte Staude bis 100 cm; B. oval bis lanzettl., am Grund oft herzförmig; Hochb. schmal lanzettl.; Bl. grünl., mit purpurbrauner Oberlippe, 7–12 mm. VI–VIII. Feuchte Bergwälder; bis 2300 m. A, CS, H, I, PL, R, YU. **3a** *S. alpestris* hat größere B., bis 15 cm. Feuchte Wälder, Flußufer. nE, sF; Pyr. ● **3b** *S. heterophylla* B. tief gezähnt od. fiederschnittig; Bl. rötl.-purpurn bis grünl., 6–9 mm. Felsstandorte. R, oYU.

4 KNOTIGE BRAUNWURZ *Scrophularia nodosa*. *Kahle*, unangenehm riechende Staude, 40–100 cm; St. schmal geflügelt; B. oval bis lanzettl., manchmal am Grund herzförmig; Hochb. schmal-lanzettl. bis lineal; Bl. grün mit purpur-brauner Oberlippe, 7–10 mm. VI–IX. Feuchte schattige Wälder. T, fehlt Faeroer, IS, Subarkt. **4a WASSER-B.** *S. auriculata* (= *S. aquatica*) hat oft *2 Lappen* am Grund der B.; Kelchzähne weiß berandet. Bachufer. B, CH, sD, E, F, GB, I, IRL, NL. **4b GEFLÜGELTE B.** *S. umbrosa* (= *S. alata*) ähnlich 4a, aber St. breiter geflügelt; Bl. *olivbraun*. T, fehlt Faeroer, IS, Subarkt.

5 HUNDS-BRAUNWURZ *Scrophularia canina*. Unangenehm riechende Staude, 20–70 cm; B. oft purpurn überlaufen, *doppelt fiederlappig*, nur die unteren gegenst., B.zipfel lineal, spitz; Hochb. lineal; Bl. dunkel *purpurviolett* mit weißem Rand, Oberlippe ein Drittel so lang wie die Kronröhre, Bl.stiele kurz drüsig. VI–VIII. Kalksteinböden, Flußgeröll; bis 2000 m. A, CH, sD, E, z&sF, I, YU. **5a** *S. c.* subsp. *hoppii* (= *S. juratensis*) 20–40 cm; weniger stark riechend; Bl.stand mit längeren *Drüsenhaaren*, Oberlippe der Bl. halb so lang wie die Kronröhre. so&oF, sCH, I; J, sAlpen, Ap. ●

6 SCHLAMMKRAUT *Limosella aquatica*. Kahle Einj. mit *kriechenden Ausläufern*, 3–6 cm; B. in grundst. Büscheln, spatelig, ganzrandig, lang gestielt; Bl. winzig, weiß, oft rosa überlaufen, 4–5zählig, einzeln auf zarten Stielen, zur Fr.zeit abwärts gebogen. VI–IX. Kalkarme Schlammböden an Seeufern; bis 1800 m. T, fehlt Faeroer.

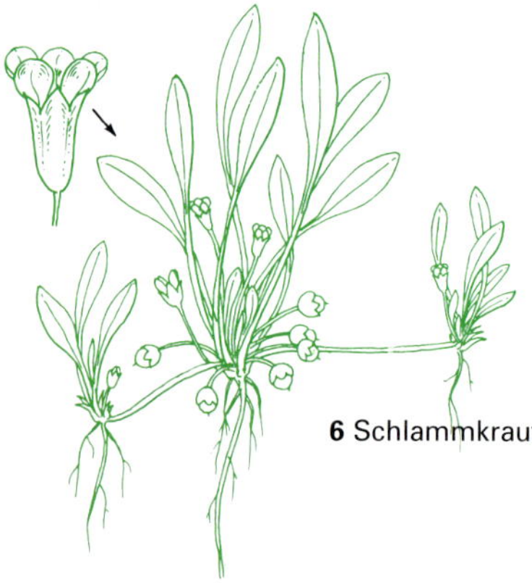

6 Schlammkraut

1
Fr.
2
3
Bl.
Bl.
4
5

Braunwurzgewächse (Forts.)

KÖNIGSKERZE *Verbascum*. Stattliche kräftige Zweij.; im ersten Jahr eine große B.rosette; B. am St. wechselst.; Bl. flach, mit 5 Kronzipfeln, in langen, manchmal verzweigten Ährentrauben; Staubb. 5.

1 FILZIGE KÖNIGSKERZE *Verbascum phlomoides*. Grauweiße od. gelbl.-mehlige Pfl., 1–2 m; Rosettenb. lang-elliptisch, gezähnt od. ganzrandig; obere B. oval bis lanzettl., scharf zugespitzt; Bl. gelb od. orangegelb, 20–55 mm, Bl.stand unverzweigt; Staubb. weiß- od. gelbwollig. VII–IX. Trockene steinige Orte, Gebüsche; bis 1400 m. A, CH, CS, D, E, F, H, I, PL, R, YU (B, GB). ⚕ **1a** *V. densiflorum* (= *V. thapsiforme*) ähnlich, aber die St.b. dicht dem St. angepreßt. A, B, CH, CS, D, DK, E, F, H, I, NL, PL, R, YU. ⚕

2 KLEINBLÜTIGE KÖNIGSKERZE *Verbascum thapsus*. Graue od. weißmehlige Pfl., 30–180 cm; Grundb. elliptisch bis längl., gegen die Spitze am breitesten, obere B. dem *geflügelten* St. anliegend; Bl. gelb, 12–35 mm, Kronzipfel oval, Bl.stand unverzweigt; Staubfäden weißwollig. VII–IX. Trockene steinige Orte, Lichtungen; bis 1850 m. T, fehlt IS, Subarkt. **2a** *V. t.* subsp. *crassifolium* ist ähnlich, aber die *unteren B.* gestielt, die Kronzipfel längl. A, CH, E, z&oF, I, YU. **2b** *V. argenteum* ist weißfilzig; Bl.stände verzweigt; die Staubb. *violett*wollig. sl; sAp. ●

3 FLOCKIGE KÖNIGSKERZE *Verbascum pulverulentum*. Dicht weißmehlige Pfl., 60–130 cm; Kronb. oval bis längl., gegen die Spitze am breitesten; St.b. vom *stielrunden St.* abstehend; Bl. gelb, 18–25 mm; Staubfäden weißwollig; Bl.stand verzweigt. VII–VIII. Steiniges Ödland; bis 1200 m. B, CH, D, E, F, z&sGB, H, I, R, YU (A). **3a** *V. lychnitis* hat kantige *St.* und oberseits meist kahle, dunkelgrüne B.; Bl. gelb od. weiß. T, fehlt nGB, IRL, IS, Subarkt (N, S, SF).

4 SCHWARZE KÖNIGSKERZE *Verbascum nigrum*. Grüne, nicht mehlige behaarte Staude, 30–100 cm; St. kantig; Grundb. oval bis längl., am Grund herzförmig, stumpf gezähnt, gestielt; Bl. gelb od. cremefarben, mit purpurnen Punkten; Staubfäden violettwollig; Bl.stand unverzweigt od. mit wenigen kurzen Ästen. VII–IX. Trockene Orte, Bergwiesen; bis über 1800 m. T, fehlt nGB, z&sI, IRL, Subarkt. **4a** *V. chaixii* hat *runde St.* und graugrüne B.; Bl. gelb mit *purpurnem* Schlund; Bl.stand verzweigt. VI–IX. A, CH, CS, noE, H, I, PL, R, YU. ● **4b** *V. ch.* subsp. *austriacum* B. nicht gelappt, unterseits grün. Steppen. A, I, YU; oAlpen von Tirol ostwärts.

5 WOLLIGE KÖNIGSKERZE *Verbascum lanatum*. Grünl. Pfl. mit kantigem St., 50–120 cm; B. oval od. längl., am Grund herzförmig, stumpf gezähnt, gestielt, oberseits grün, unterseits grauhaarig; Tragb. und Kelche *kahl*; Bl. gelb, 16–28 mm; Staubfäden violettwollig; Bl.stand dicht, unverzweigt. VI–IX. Bergwälder; bis 2000 m. A, nI, R, YU. ● **5a** *V. glabratum* ähnlich 5, aber Bl.ähren verzweigt. R, n&oYU; oKarp, Balkan. ●

2 Kleinblütige Königskerze

4 Schwarze Königskerze

1
2
3
4
5

1 GROSSBLÜTIGER FINGERHUT *Digitalis ambigua* (= *D. grandiflora*). Zweij. od. Staude, 30–120 cm; B. oval-lanzettl. od. meist 3eckig, fein gezähnt, ungestielt, oberseits glänzend grün, unterseits grauhaarig; Bl. außen *blaßgelb*, innen cremefarben, braun genetzt, 40–50 mm, röhrig-glockig, in langen schmalen Ährentrauben. VI–VIII. Wälder, steinige Orte; bis 2000 m. A, B, CH, CS, sD, z&oF, H, I, PL, R, YU; fehlt Pyr. ‡✕§ **1a KLEINER GELBER F.** *D. lutea* hat dichte einseitswendige Ährentrauben; Bl. *kleiner*, 9–25 mm, blaßgelb od. weißl. A, B, CH, sD, E, F, I (CS, PL). ‡✕§ ● **1b** *D. ferruginea* Bl. klein, 15–35 mm, gelbbraun od. rotbraun mit dunkleren Adern. H, z&sI, R, YU. **1c** *D. lanata* ähnlich 1b, aber die Bl.standsachse drüsenhaarig (nicht kahl); Bl. weißl. od. gelbl. mit violetten od. braunen Adern. Wälder, Gebüsche. H, R, oYU (A). ● **1d** *D. purpurea* Bl. purpurn, groß, 40–45 mm. Waldlichtungen; kalkmeidend; bis 1700 m. nwE, swF; z&wPyr (A, DK, H, NL, PL).

2 WULFENIA *Wulfenia carinthiaca*. Meist kahle Staude, 20–50 cm; B. in grundst. Rosette, rundl. bis oval, über der Mitte am breitesten, gekerbt, gestielt, dunkelgrün; Bl. dunkel violettblau, 12–15 mm, röhrig-glockig, in dichten Ährentrauben. VII–VIII. Feuchte Weiden; auf saurem Boden; 1500–2000 m. oA, noI, nwYU; soAlpen. § ●

EHRENPREIS *Veronica*. Einj. od. Stauden mit gegenst. B.; Bl. einzeln od. in Ährentrauben, mit 4 verwachsenen Kronb. und 4 Kelchb.; das untere Kronb. oft kleiner; 2 Staubb.; Fr. eine flache herzförmige Kapsel.

3 ROSETTEN-EHRENPREIS *Veronica bellidioides*. Behaarte Staude, 5–15 cm; B. längl. od. spatelig, meist fein gezähnt, kurz gestielt, die grundst. in Rosette; Bl. dunkel-violettblau, 9–10 mm, in kopfigen Bl.ständen. VII–VIII. Krummseggenrasen, Bürstlingweiden; auf saurem Boden; 1400–3000 m. A, CH, CS, sD, E, z&sF, I, PL, R, YU. ● **3a** *V. b.* subsp. *lilacina* hat *lila* Bl. mit *weißer* Mitte. swCH, nE, s&soF, nwI; Pyr, swAlpen.

4 QUENDEL-EHRENPREIS *Veronica serpyllifolia*. Kriechende *und wurzelnde* behaarte Staude mit aufrechten Bl.stielen, 8–20 cm; B. oval, ganzrandig od. fein gezähnt, kurz gestielt, hellgrün; Bl. weiß od. blaßblau mit dunkleren Streifen, 6–10 mm, kurz gestielt, in lockeren Trauben zu 20–40. V–VIII. Wiesen und Weiden; meist in tieferen Lagen. T. **4a** *V. s.* subsp. *humifusa* hat Trauben mit 8–15 lang gestielten Bl. Bis 2500 m. T, bes. in höheren Lagen.

5 ALPEN-EHRENPREIS *Veronica alpina*. Behaarte Staude, 5–10 cm; B. graugrün, oval bis elliptisch, ganzrandig od. fein gezähnt, sitzend; Bl. blau, 7 mm, in kleinen Köpfchen. VII–VIII. Steinige Rasen, Schneeböden; auf sauren Böden; bis 3500 m. T, fehlt B, DK, IRL, NL.

6 FELSEN-EHRENPREIS *Veronica fruticans*. Am Grund verholzte behaarte Staude, 6–20 cm; B. schmal längl. bis oval, meist über der Mitte am breitesten, ganzrandig od. fein gezähnt, kurz gestielt; Bl. dunkelblau mit roter Mitte, 11–15 mm, in *kurzen Trauben*. VI–IX. Felsen, steinige trockene Rasen; auf Silikat; bis 3000 m. T, fehlt B, DK, IRL, NL. **6a** *V. fruticulosa* □ hat *kleinere* hellrote Bl. Kalkfels und -schutt; bis 2800 m. A, CH, sD, z&sF, nI, nwYU. ●

7 PYRENÄEN-EHRENPREIS *Veronica nummularia*. Niederliegende mattenbildende, am Grund verholzte und blattlose Staude mit kurzem aufrechtem St., 5–15 cm; B. breit elliptisch bis oval od. rundl., ganzrandig, kurz gestielt; Bl. blau od. rosa, 6–8 mm, in Köpfchen. VI–VIII. Feuchte Felsen, Schutt; oft auf Schiefer; bis 1800 m. nE, sF; Pyr, Cord. cant. ●

8 PONAS EHRENPREIS *Veronica ponae*. Kriechende flaumige Staude mit aufrechten Bl.stielen, 10–50 cm; B. längl.-lanzettl. bis oval, gezähnt, meist sitzend; Bl. blaulila, 10 mm, in lockeren *Trauben*. VI–VIII. Feuchte Felsen, Wälder, schattige Orte; 1200–2500 m. E, sF; Pyr. ●

9 SPANISCHER EHRENPREIS *Veronica aragonensis*. Zarte ausgebreitete behaarte Staude, 10–25 cm; B. längl. bis elliptisch, ganzrandig od. stumpf gezähnt; Bl. blaßblau, 8–10 mm, in lockeren wenigblütigen Trauben. VI–VII. Kalkfels und -schutt; bis 2100 m. nE; zPyr (E). ●

10 ÖSTERREICHISCHER EHRENPREIS *Veronica austriaca* (= *V. dentata*). Aufrechte od. manchmal ausgebreitete Staude, 10–25 cm; B. breit-oval bis schmal-lanzettl., fiederlappig, gezähnt, kurz gestielt; Bl. leuchtend blau, 10–13 mm, in *paarigen Ährentrauben*; Kelch behaart. VI–VIII. Trockene Rasen; bis 1800 m. A, CS, nI, PL, R, YU. **10a** *V. a.* subsp. *teucrium* (= *V. teucrium*) ist größer mit ungezähnten od. scharf gezähnten B. T, fehlt DK, GB, IRL, IS, N, S, SF. **10b** *V. prostrata* □ wächst ausgebreitet; Bl. klein, 6–8 mm; Kelch kahl. A, B, CH, CS, sD, F, H, I, NL, PL, R, YU.

1
2
3
4
5
6
6a
7
8
9
10
10b

Braunwurzgewächse (Forts.)

1 BREITBLÄTTRIGER EHRENPREIS *Veronica urticifolia* (= *V. latifolia*). Aufrechte, schwach behaarte Staude, 10–70 cm; B. 3eckig, oval, scharf gezähnt, sitzend; Bl. rötl.-lila, 7 mm, in *gegenst. gestielten Trauben* in der Achsel der oberen B. V–VII. Buchenwälder, Hochstaudenfluren; meist auf Kalk; bis 2000 m. A, CH, sD, z&sF, n&zI, PL, R, YU.

2 ECHTER EHRENPREIS *Veronica officinalis*. Behaarte Kriechstaude, bis 20 cm; B. oval bis elliptisch, gezähnt, kurz gestielt; Bl. blau-lila, dunkler geadert, 8 mm, in gegenst., gestielten Trauben. V–VIII. Auf trockenen sauren Böden, Heiden, Föhrenwälder; bis 2150 m. T. **2a** *V. allionii* ist ± kahl; St. am Grund verholzt; Bl. *blau*, in einer sehr dichten Ähre. VII–VIII. Trockene Wälder und Weiden; 1800–2700 m. soF, nwI; swAlpen. ●

3 BERG-EHRENPREIS *Veronica montana*. Aufsteigende Staude mit *rundum behaartem* St., 10–25 cm; B. breit oval, gezähnt, gestielt, hellgrün; Bl. blaßlila, 8–10 mm, in *wechselst. Trauben*. IV–VII. Feuchte Laubwälder; bis 1400 m. T, fehlt Faeroer, IS, N, nS, SF. **3a SCHILD-E.** *V. scutellata* □ ist meist *kahl*, zierlicher mit schmal-lanzettl., schwach gezähnten B.; Bl. kleiner, 5–6 mm. VI–VIII. Seeufer, Moore; bis 1800 m. T, fehlt Faeroer.

4 WASSER-EHRENPREIS *Veronica anagallis-aquatica*. Fleischige kahle Staude mit wurzelnder Grundachse, 30–60 cm; B. blaßgrün, oval od. lanzettl., gezähnt, die oberen halb st.umfassend; Bl. blau, violett geadert, 5–10 mm, in gegenst., gestielten Ährentrauben. VI–VIII. Bachränder, Quellfluren; bis 1450 m. T, fehlt Faeroer. **4a** *V. catenata* □ hat dunkelgrüne, schmal-lanzettl. B. und kleinere *hellrosa* Bl., 3–5 mm. T, fehlt Faeroer, IS, N, nS, SF.

5 FELD-EHRENPREIS *Veronica arvensis*. Aufrechte od. aufsteigende behaarte Einj., 5–25 cm; B. 3eckig, oval, gezähnt, die unteren kurz gestielt; Bl. winzig, blau, 2–3 mm, in dichten beblätterten Ähren *an der Spitze* der St. III–X. Äcker, Trockenrasen; bis 2100 m. T, fehlt Faeroer (IS). **5a FRÜHLINGS-E.** *V. verna* □ hat die oberen B. *fiederlappig*. Steppen. T, fehlt Faeroer, IRL, IS, Subarkt.

6 ACKER-EHRENPREIS *Veronica agrestis*. Kriechende, behaarte Einj., 10–25 cm; B. *meist wechselst.* bis auf die untersten, oval, gezähnt, kurz gestielt; Bl. weißl. mit rosa od. blauen obersten Kronb., 3–*6* mm, *einzeln*, lang gestielt. III–IX. Feuchte Äcker; bis 1800 m. T, fehlt Faeroer, IS. **6a GLÄNZENDER E.** *V. polita* □ hat *blaue Bl.* und rundere B.; Kelchzähne oval, am Grund überlappend. Bis 2100 m. T, fehlt Faeroer, IS. **6b MATTER E.** *V. opaca* □ ähnlich 6a, aber Kelchzähne längl.-lanzettl., *nicht* überlappend. T, fehlt nE, sF, Faeroer, GB, IRL, IS.

7 EFEUBLÄTTRIGER EHRENPREIS *Veronica hederifolia*. Niederliegende behaarte Einj., 5–50 cm; B. meist wechselst., im Umriß rundl., aber mit *3–7 Zipfeln*; Bl. blau od. lila, 4–9 mm, *einzeln*, lang gestielt. IV–VIII. Äcker, Weinberge; bis 1800 m. T, fehlt Faeroer, IS.

8 LANGBLÄTTRIGER EHRENPREIS *Veronica longifolia*. Aufrechte, behaarte od. kahle Staude, 40–100 cm; B. *gegenst. od.* zu 3–4 in *Quirlen*, meist lineal-lanzettl., spitz, scharf gezähnt, kurz gestielt; Bl. blaßblau od. lila, 6–8 mm, in dichten Ähren, oft mit kurzen Ästen. VI–VII. Naßstandorte, Auen; bis 1250 m. T, fehlt E, sF, Faeroer, GB, IRL, IS. **8a** *V. paniculata* St. stärker verzweigt, Bl. blau, 7–14 mm, Bl.stiele 3–5 mm. Felsen und Rasen. A, CS, H, PL, R, YU. **8b** *V. bachofenii* ähnlich 8, aber B. 3eckig mit herzförmigem Grund. Felsen im Wald. nR, oYU.

1
2
3
3a
4
4a
5
5a
6
6a
6b
7
8

Braunwurzgewächse (Forts.)

1 BLATTLOSER EHRENPREIS *Veronica aphylla*. Rasige behaarte Staude, 3–6 cm; B. in Rosetten, elliptisch bis spatelig, manchmal gezähnt, kurz gestielt; Bl. lila, 6–8 mm, zu 2–6. VII–IX. Steinige Rasen, feuchter Feinschutt; auf Kalk; 1200–3000 m. A, CH, CS, sD, E, s&oF, PL, R, YU. ● **1a** *V. baumgartenii* St. beblättert, aufsteigend, B. *kahl*. R, oYU. ●

2 GAMANDER-EHRENPREIS *Veronica chamaedrys*. Aufsteigende behaarte Staude, 10–30 cm; B. längl. bis oval, gezähnt od. gelappt, kurz gestielt od. sitzend; St. zweizeilig behaart; Bl. leuchtend blau mit weißem Auge, 10 mm, in gegenst. Trauben an der Spitze des St. III–VII. Rasen, Hecken, lichte Wälder; bis 2250 m. T, fehlt Faeroer (IS).

3 BACHBUNGEN-EHRENPREIS *Veronica beccabunga*. Kriechende und wurzelnde, etwas fleischige kahle Staude, 30–60 cm; B. rundl. bis längl., gezähnt, kurz gestielt; Bl. hell- od. dunkelblau, 5–7 mm, in gegenst. Trauben. V–IX. Bäche, Tümpel, feuchte Orte; bis 2500 m. T. **3a** *V. scardica* B. *dünn*, oft mit rötl. Adern. A, CS, H, R, YU.

4 ÄHRIGER EHRENPREIS *Veronica spicata* (= *Pseudolysimachion spicatum*). Behaarte Kriechstaude mit aufrechten St., 10–35 cm; B. lineal bis lanzettl. od. oval, stumpf gezähnt, kurz gestielt; Bl. blau, 4–8 mm, in dichten *endst. Ähren*. VII–IX. Trockene Rasen, Waldränder, felsige Orte; bis über 2000 m. T, fehlt B, IRL, IS (NL); GB+.

5 DOLOMITEN-EHRENPREIS *Paederota bonarota* (= *Veronica b.*). Staude, 7–20 cm, mit ledrigen glänzenden, ovalen bis rundl., gezähnten, kurz gestielten B., die oberen schmäler; Bl. violettblau od. rosa, 10–13 mm, in endst., nickenden Ähren. VI–VIII. Kalkfelsspalten; bis 2500 m. A, nI, nwYU; oAlpen. ●

6 GELBER EHRENPREIS *Paederota lutea* (= *Veronica l.*). Ähnlich 5, aber Bl. blaßgelb, 10–13 mm; B. oval bis lanzettl., gezähnt, sitzend od. kurzgestielt. VI–VIII. Kalkfelsspalten; bis 2100 m. A, nI, wYU; oAlpen.

WACHTELWEIZEN *Melampyrum*. Halbparasitische Einj. mit gegenst., meist gezähnten B.; Bl. 2lippig mit kurzer Röhre, die Oberlippe rundl., die Unterlippe 3lappig; Kelch 4zähnig; Staubb. 4.

7 KAMM-WACHTELWEIZEN *Melampyrum cristatum*. Schwach flaumhaarige Staude, 15–40 cm; B. schmal-lanzettl., sitzend; Tragb. purpurn, gesägt; Bl. gelb und purpurn, 12–16 mm, Schlund meist geschlossen, in kurzen 4kantigen Ähren. VI–IX. Trockenrasen, Waldränder; bis 1500 m. T, fehlt Faeroer, IRL, IS, nN, NL, nS. **7a** *M. velebiticum* hat *gelbe Bl.*, 20 mm, mit offenem Schlund; nur die obersten Tragb. gezähnt. CH, s&oF, nI, nwYU. ● **7b** *M. subalpinum* (= *M. nemorosum* var. *subalpinum*) ähnlich 7a, aber die Tragb. *tief* gezähnt. A. ● **7c** *M. vaudense* ähnlich 7, aber *Bl. gelb*, 16–20 mm, Tragb. tief gezähnt. wCH, oF; swAlpen, J. ● **7d** *M. italicum* ähnlich 7c, aber Tragb. nur *schwach* gezähnt; Bl. 14–16 mm. I; Ap. ● **7e** *M. bihariense* Kelch an den Nerven behaart, Bl. größer, 18–24 mm. H, R, zYU. ●

8 ACKER-WACHTELWEIZEN *Melampyrum arvense*. Staude, 15–40 cm; B. lanzettl., ganzrandig od. gezähnt; Tragb. grün, weißl. od. rötl., tief gezähnt; Bl. purpurrosa mit gelber Zeichnung, 20–25 mm, Rachen geschlossen, in lockeren Ähren. VI–IX. Trockenrasen, felsige Orte, Äcker; bis 1500 m. T, fehlt z&sE, z&nGB, sI, IRL, IS, N, z&nS, nSF.

9 WIESEN-WACHTELWEIZEN *Melampyrum pratense*. Kahle od. borstig behaarte Einj., 15–40 cm; B. lineal bis oval, ganzrandig; Tragb. grün, ganzrandig od. gezähnt; Bl. weißl. bis kräftig gelb, manchmal rot überlaufen, 10–18 mm, Rachen meist geschlossen, in lockeren beblätterten, einseitswendigen *Ähren*. VI–IX. Offene Wälder, Lichtungen, Torfmoore; bis 2250 m. T, fehlt Faeroer, IS. **9a WALD-W.** *M. sylvaticum* 8–25 cm, ist kleiner *mit kleineren Bl.*, 8–10 mm, oft rot gefleckt, Rachen offen. VII–IX. Bis 2500 m. T fehlt z&sE, Faeroer, sI. ● **9b HAIN-W.** *M. nemorosum* hat gestielte B. und wenigstens die *obersten Tragb. blauviolett* überlaufen. Bis 1500 m. A, CH, CS, D, DK, H, I, PL, R, sS, SF, YU.

10 Tozzia *Tozzia alpina*. Behaarte halbparasitische hellgrüne Staude, St. 4kantig; B. gegenst., sitzend, eiförmig; Bl. goldgelb, innen purpurn gepunktet, 4–10 mm lang, trichterförmig, 5lappig. VI–VII. Feuchte Wiesen, Hochstaudenfluren; auf Kalk; bis 2250 m. A, CH, sD, nE, s&oF, n&zI, wYU. ● **10a** *T. a.* subsp. *carpathica* hat blaßgelbe Bl., 4–7 mm lang. CS, PL, R, oYU.

1
2
3
4
5
6
7
8
9
10

Braunwurzgewächse (Forts.)

AUGENTROST *Euphrasia*. Kleine Einj. mit kleinen gegenst., gezähnten, sitzenden B.; Bl. mit offenem Schlund, die Oberlippe 2lappig, die Unterlippe größer, 3lappig; Bl. in Köpfen od. Ähren.

1 GEMEINER AUGENTROST *Euphrasia rostkoviana*. Behaarte, oft rot überlaufene Einj., 5–25 cm; B. oval od. längl., gezähnt; Bl. weiß mit gelbem Schlund, die Oberlippe oft lila, 8–12 mm. VII–X. Wiesen, offene Wälder; bis 3000 m. T, fehlt Faeroer, IRL, IS. **1a** *E. r.* subsp. *montana* Pfl. meist unverzweigt, drüsig. Verbreitung wie 1. **1b** *E. hirtella* ist kleiner, die Bl. nur 4–7 mm. Wiesen und Weiden; bis 2300 m. A, CH, D, E, F, I, R, YU. **1c** *E. drosocalyx* wie 1b, aber die B. gegen den Grund verschmälert und nur schwach behaart. A, CH, sD, oF, nwYU; Alpen. •

2 GEZEICHNETER AUGENTROST *Euphrasia picta*. Ähnlich 1a, aber drüsenlos, 3–20 cm; B. rundl. bis 3eckig od. längl., gezähnt; Bl. weiß od. lila, violett geadert, mit gelbem Schlund, 7–10 mm. VII–IX. Wiesen und Weiden; 1500–2500 m. A, CH, CS, sD, H, I, PL, R, YU. • **2a** *E. arctica* B. drüsenhaarig; Fr.kapsel wenigstens 2mal so lang wie breit. CS, DK, Faeroer, GB, IRL, N, PL, R, S, SF. •

3 BUSCH-AUGENTROST *Euphrasia nemorosa* (= *E. nitidula*). Kräftige behaarte Einj., 5–30 cm; B. elliptisch bis längl. od. 3eckig, gezähnt, *meist dicht behaart*; Bl. klein, weiß bis lila, 5–7 mm. VI–IX. Magerrasen; bis 2300 m. T, fehlt Faeroer, H, I, IS, R, YU. • **3a** *E. coerulea* Pfl. kleiner als 15 cm, mit purpurnen od. weißen Bl.; Oberlippe lila. CS, PL, R. •

4 STEIFER AUGENTROST *Euphrasia stricta*. Aufrechte verzweigte Einj., 5–30 cm; meist stark rötl. überlaufen; B. *glänzend grün*, kahl, oval od. lanzettl., gezähnt; Bl. lila od. weiß, mit blauen Adern und gelbem Schlund, 7–10 mm. VI–IX. Trockene Rasen, Gebüsche; bis 2600 m. T, fehlt Faeroer, IRL, IS, Subarkt (GB). • **4a** *E. pectinata* ist *kaum rot* überlaufen; Bl. kleiner, weiß od. manchmal lila. A, CH, CS, E, F, H, I, R, YU.

5 ALPEN-AUGENTROST *Euphrasia alpina*. Rot überlaufene Einj., 3–10 cm, kaum verzweigt; B. oval od. lanzettl., gezähnt, behaart od. kahl; Bl. meist dunkel-lila, 8–14 mm. V–IX. Wiesen und Weiden; über Silikat; 1500–2500 m. CH, nE, s&oF, n&zI; Pyr, wAlpen, n&zAp. • **5a** *E. christii* hat *blaßgelbe* Bl. CH, nI. • **5b ZWERG-A.** *E. minima* ist kleiner als 5, nicht rot überlaufen; Bl. 4–6 mm, weißl. od. blaßgelb mit lila Oberlippe. Magerrasen; bis 3250 m. A, CH, CS, sD, nE, z, s&oF, I, PL, R, YU. • **5c** *E. micrantha* ähnlich 5, aber die B. *stets kahl* und schmäler; die Bl. lila od. purpurn, 4–7 mm. *Calluna*-Heiden. T, fehlt ganz im Süden. •

6 SALZBURGER AUGENTROST *Euphrasia salisburgensis* agg. Purpurn od. bronze überlaufene Einj., 5–25 cm; B. schmal-längl. od. oval, am Grund verschmälert, beidseits mit 2–4 spitzen Zähnen, kahl; Bl. weiß, manchmal purpurn, mit gelbem Schlund, 5–7,5 mm. VII–IX. Rasen, Gebüsche, Schutt; auf Kalk; bis 2600 m. T, fehlt B, DK, Faeroer, z, n&oIRL, IS, NL. **6a** *E. portae* hat meist *grüne B.*; Bl. 7,5–9 mm, mit weißer Unter- und lila Oberlippe. Bis 2300 m. nI; sAlpen. •

ZAHNTROST *Odontites*. Halbparasitische Einj. mit gegenst., sitzenden B.; Bl. klein, in einseitigen endst. Ähren, 2lippig, die Unterlippe 3lappig, drüsig; Staubb. vorragend.

7 DRÜSIGER ZAHNTROST *Odontites viscosa*. 10–40 cm; St. ästig, drüsig behaart; B. lineal bis längl., meist ganzrandig; Bl. gelb, 5–6 mm. VII–IX. Föhrenwälder, trockene Hänge; bis 1600 m. swCH, E, sF, nwI.

8 GELBER ZAHNTROST *Odontites lutea*. Verzweigte, meist kahle Einj., 15–50 cm; B. lineal, gezähnt od. ganzrandig; Bl. kräftig gelb, 5–8 mm, in lockeren Ähren. VIII–X. Trockenwiesen und Gebüsche; auf Kalk; bis 1800 m. A, CH, CS, sD, E, F, H, I, PL, R, YU.

9 ROTER ZAHNTROST *Odontites verna*. Verzweigte, oft *purpurn behaarte* Einj., 10–50 cm; B. lanzettl., gezähnt; Bl. rosa, 8–10 mm, in dichten beblätterten Ähren. VIII–X. Feuchte Äcker, Wiesen, Ödland; bis 1800 m. T, fehlt Faeroer, IS. **9a** *O. granatensis* Bl.krone kahl, matt-purpurn, 6–7 mm lang. nE; Cord. cant.

10 TRAUERBLUME *Bartsia alpina*. Halbparasitische flaumige unverzweigte Staude, 10–25 cm; B. gegenst., oval, gezähnt, sitzend; Bl. dunkel purpurviolett, 15–20 mm, 2lippig mit offenem Schlund, in kurzen Ähren, mit purpurvioletten Hochb. VI–VIII. Feuchte Wiesen, Bachufer, Quellmoore; bis 2700 m. A, CH, CS, D, E, F, Faeroer, GB, I, IS, N, PL, R, S, YU. **10a** *B. spicata* hat häufig einen verzweigten St.; die *oberen Bl.tragb.* schmäler, nicht gezähnt. nE, sF; Cord. cant. •

1
2
3
4
5
6
7
8
9
10

Braunwurzgewächse (Forts.)

LÄUSEKRAUT *Pedicularis*. Halbparasitische Stauden mit gefiederten B., die Fiedern gezähnt od. gelappt, St.b. wechselst. od. quirlig; Bl. 2lippig, mit offenem Schlund, Taubnessel-ähnlich, die Oberlippe gekrümmt, helmförmig, oft geschnäbelt, die Unterlippe 3lappig; Kelch glockig-röhrig mit 5 Zipfeln; Staubb. 4.

1 STENGELLOSES LÄUSEKRAUT *Pedicularis acaulis*. St.lose Staude, 5–10 cm; B. fiederlappig; Bl. rosa, 18–35 mm, am B.grund gehäuft. VII–VIII. Feuchte schattige Wiesen der Bergstufe; auf Kalk; bis 2700 m. nI, nwYU. •

2 VIELBLÄTTRIGES LÄUSEKRAUT *Pedicularis foliosa*. Stattliche behaarte Staude, 20–50 cm; St.b. meist in der *oberen St.hälfte*, 2–3fach fiederschnittig; Bl. blaßgelb, 15–25 mm, in dichten kurzen Ähren, die Oberlippe ungeschnäbelt; Tragb. länger als die Bl., laubb.ähnlich. VII–VIII. Rostseggenrasen, Bachufer, Gebüsch; oft auf Kalk; bis 2500 m. A, CH, sD, E, z, s&oF, I. • **2a** *P. hacquetii* ist größer, der Kelch *dicht wollig*; bis 1700 m. A, CS, I, PL, R, YU; soAlpen, Karp. •

3 TRÜBROTES LÄUSEKRAUT *Pedicularis recutita*. Meist kahle Staude, 20–40 cm; B. fiederschnittig; Bl. grünl.-gelb, schmutzig braunrot *überlaufen*, 12–15 mm, in dichten Ähren; Oberlippe ungeschnäbelt; Tragb. kürzer als die Bl. VII–VIII. Feuchte Wiesen, Hochstaudenfluren; 1500–2550 m. A, CH, sD, oF, I, YU. •

4 QUIRLBLÄTTRIGES LÄUSEKRAUT *Pedicularis verticillata*. Behaarte od. kahle Staude, 5–15 cm; B. zu 3–4 *in Quirlen*, fiederschnittig; Tragb. oft purpurn; Bl. hellpurpurn, 12–18 mm, in dichten stumpfen Ähren, die Oberlippe ungeschnäbelt. VI–VIII. Feuchte Wiesen und Weiden, Blaugrasfluren; auf Kalk; 1500–3100 m. A, CH, CS, D, E, F, I, PL, R, YU. **4a ROSAROTES L.** *P. rosea* subsp. *rosea* behaarte Staude, 3–15 cm; oben oft purpurn überlaufen; B. fiederschnittig, die meisten *grundst.*; Bl. rosa bis lila, 12–18 mm, in dichten runden Köpfen, die Oberlippe dunkler, ungeschnäbelt; Tragb. *länger* als die Bl. VII–VIII. Steinige Rasen, Schutt; auf Kalk; bis 2700 m. A, nI, nwYU. • **4b** *P. r.* subsp. *allionii* hat die *oberen Tragb.* 2lappig. s&soF, nwI. **4c** *P. hirsuta* ähnlich 4a, aber St. oberwärts und Kelch *wollig* behaart. VI. Bis 1400 m. N, S, SF.

5 BRAUNSPITZIGES LÄUSEKRAUT *Pedicularis oederi*. Behaarte Staude, 5–10 cm; St. wenigblättrig od. blattlos; B. fiederschnittig; Bl. gelb mit braunspitziger Oberlippe, 12–20 mm, in dichten kurzen Trauben; Tragb. kürzer als die Bl. VII–VIII. Rasen; meist auf Kalk; bis 1950 m. A, CH, CS, D, F, I, N, PL, R, S, YU. **5a** *P. flammea* ist kleiner, die Bl. 10–20 mm lang; Kelch kahl. Bis 1300 m. IS, N, S.

6 SUMPF-LÄUSEKRAUT *Pedicularis palustris*. Behaarte od. kahle Einj. od. Zweij., 20–70 cm; St. von Grund an verzweigt, oft purpurn; B. 1–2fach fiederschnittig; Bl. rötl. od. blaßrosa, 15–25 mm, in lockeren Ähren, die Oberlippe mit 2 seitlichen Zähnen, nicht geschnäbelt; Kelch 2lippig, zur Fr.zeit aufgeblasen; Tragb. so lang wie die Bl. V–IX. Feuchte Wiesen, saure Moore; bis 1800 m. T, fehlt z&sE, z&sI, IS. **6a WALD-L.** *P. sylvatica* meist Staude; die Oberlippe der Bl. ohne seitliche Zähne; Kelch nicht 2lippig. T, fehlt Faeroes, IS, nN, nS, SF. • **6b** *P. asparagoides* ähnlich 6a, aber St. unverzweigt. noE, sF; oPyr. • **6c** *P. sudetica* Bl.stand verzweigt, Bl. rosa bis purpurn. CS, PL; Sudeten.

7 SCHOPFIGES LÄUSEKRAUT *Pedicularis comosa*. Behaarte Staude mit beblättertem St., 10–40 cm; B. doppelt fiederschnittig; Bl. blaßgelb, 15–25 mm, in dichten stumpfen Ähren, die Oberlippe mit *kurzem* Schnabel. VI–VIII. Wiesen und Weiden; 1400–2250 m. CS, nE, z&sF, I, R, YU. •

8 KNOLLIGES LÄUSEKRAUT *Pedicularis tuberosa*. Behaarte Staude mit beblättertem St., 10–20 cm; B. doppelt fiederschnittig; Bl. blaßgelb, 15–20 mm, in dichten Köpfen, die Oberlippe lang geschnäbelt; Kelch behaart; Tragb. kürzer als die Bl. VI–VIII. Rasen und Weiden; auf saurem Boden; 1200–2900 m. A, CH, nE, s&oF, n&zI. • **8a** *P. elongata* ist größer; St. *2zeilig* behaart; Bl. kleiner; Kelch nur am Rand der Zähne behaart. Trockene Rasen, Schutt; auf Kalk; bis 2300 m. oA, noI, nwYU; soAlpen. • **8b** *P. julica* ähnlich 8a, aber Kelch auch auf der Fläche behaart. Auf Kalk. oA, noI, nwYU; soAlpen. • **8c LAPPLAND-L.** *P. lapponica* hat weniger tief gelappte B. als 8 und kleinere Bl.stände; Bl. meist waagrecht stehend; Kelch glokkig. Bis 1700 m. N, S, SF.

1
2
3
4
5
6
7
8

Braunwurzgewächse (Forts.)

1 KOPFIGES LÄUSEKRAUT *Pedicularis rostratocapitata*. Staude, 8–20 cm; St. mit 1–2 behaarten *Linien*; B. kahl, grün, purpurn überlaufen, doppelt gefiedert, mit längl., gezähnten od. ungezähnten Abschnitten; Tragb. gefiedert; Bl. rosa od. purpurn, 15–25 mm, geschnäbelt, in endst. Köpfchen; Unterlippe am Rand bewimpert od. kahl (subsp. *glabra*: Bergamasker Alpen); Kelchröhre meist kahl. VI–VIII. Rasen, Weiden, Schutt; meist auf Kalk; bis 2800 m. A, CH, sD, nl, nwYU; oAlpen. ● **1a** *P. kerneri* 5–15 cm; wenige große Bl.; Kelchröhre unten verschmälert; Unterlippe der Krone kahl; längere Staubfäden oben bärtig. Krummseggenrasen; bis über 3200 m. A, CH, nE, s&oF, nl; Pyr, Alpen. ●

2 AUFSTEIGENDES LÄUSEKRAUT *Pedicularis ascendens*. Meist kahle Staude, 15–20 cm; B. gefiedert mit gelappten Abschnitten; Tragb. gefiedert; Bl. mattgelb, 12–16 mm, geschnäbelt, in dichten Ähren; Kelchröhre kahl. VII–VIII. Steinige Rasen; auf Kalk; bis 2000 m. CH, oF, nl. ● **2a** *P. baumgartenii* Tragb.-abschnitte gezähnt und behaart; Bl. 14–20 mm lang. Trockenrasen. R; sKarp. ●

3 FLEISCHROTES LÄUSEKRAUT *Pedicularis rostratospicata* (= *P. incarnata*). Staude mit behaartem St., 20–40 cm; B. doppelt gefiedert, kahl; Tragb. ungezähnt; Bl. rosa bis purpurn, 10–13 mm, lang geschnäbelt, in lockeren Ähren; Kelchröhre wollig. VII–VIII. Bergwiesen; gern auf Kalk; 1500–2700 m. A, CH, sD, s&oF, nl, nwYU; Alpen, oPyr+ (Mt. Canigou). ●

4 PYRENÄEN-LÄUSEKRAUT *Pedicularis pyrenaica*. 10–25 cm; St. mit 2 behaarten Linien; B. doppelt gefiedert, kahl; Tragb. den St.b. ähnlich, aber kürzer; Bl. rosa, 15–20 mm, lang geschnäbelt, in kurzen Ähren; Kelchröhre kahl. VI–VIII. Rasen und Schutt; 1500–2800 m. nE, sF; Pyr. ● **4a** *P. mixta* hat *kahle*, dichter beblätterte St.; Bl. rosa mit dunklerem Schnabel. nE, sF; Pyr, Cord. cant. ● **4b** *P. cenisia* □ ähnlich 4, aber St., Tragb. und Kelche weißhaarig. VII–VIII. 1500–2600 m. soF, nl; swAlpen, Apuanische Alpen, nAp. ●

5 GEDREHTES LÄUSEKRAUT *Pedicularis gyroflexa*. Flaumig behaarte Staude, 15–25 cm; B. doppelt gefiedert; Tragb. wie die St.b., aber kürzer; Bl. rosa, 18–25 mm, kurz geschnäbelt, in dichten Ähren; Kelchröhre flaumig. VII–VIII. Rasen und Schutt; auf Kalk; 1600–2800 m. s&swCH, s&oF, nwl; Pyr, sAlpen. ● **5a** *P.g.* subsp. *praetutiana* hat kahle B. l; Ap. ● **5b** *P. elegans* ähnlich 5a, aber Bl. kleiner, gestielt; Kelchröhre nur schwach behaart. z&sl; z&sAp. ●

6 TAUERN-LÄUSEKRAUT *Pedicularis portenschlagii*. 2–10 cm; St. mit *2* behaarten Linien; B. kahl, gefiedert, mit ovalen gezähnten Abschnitten; Tragb. wie die Grundb., aber kürzer; Bl. rosa od. purpurn, 20–25 mm, einzeln od. zu 2–3; Kelchröhre meist kahl. VI–VIII. Rasen und Schutt; auf Silikat; 1700–2600 m. A; noAlpen. ●

7 FARNBLÄTTRIGES LÄUSEKRAUT *Pedicularis asplenifolia*. 2–8 cm; St. *oberwärts rothaarig*; B. kahl, schmal, gefiedert; Tragb. wie die Grundb., aber kleiner, rotwollig; Bl. rosa, 15–17 mm, kurz geschnäbelt, zu 2–5; Kelchröhre rotwollig. VII–VIII. Rasen und Schutt; auf saurem Boden; 1900–2800 m. A, oCH, nl; oAlpen. ●

4b Mt. Cenis-Läusekraut

1
2
3
4
5
6
7

Braunwurzgewächse (Forts.)

KLAPPERTOPF *Rhinanthus*. Aufrechte, halbparasitische Einj.; Bl. gelb, in endst. Ähren, mit großen Tragb., 2lippig, die Oberlippe helmförmig; Kelch größer, etwas aufgeblasen. Schwierige Gruppe mit veränderlichen Arten.

1 KLEINER KLAPPERTOPF *Rinanthus minor*. Meist kahle Einj., 10–15 cm; St. oft gefleckt; B. oval-längl. bis schmal-lanzettl., gezähnt, dunkelgrün; Tragb. 3eckig, fein gezähnt, kahl; Bl. kräftig gelb mit violetter Spitze, 13–15 mm, gerade, mit offenem Schlund. V–IX. Feuchte Wiesen; bis 2000 m. T. **1a** *R. groenlandicus* B. und Tragb. tief und scharf gezähnt. Faeroer, IS, N, S, SF.

2 APENNINEN-KLAPPERTOPF *Rhinanthus wettsteinii*. 10–20 cm; B. lanzettl. mit wenigen Zähnen nahe der Spitze; Tragb. länger als der Kelch, 3eckig, behaart; Bl. 18 mm, Schlund geschlossen. VI–IX. Wiesen; bis 1500 m. z, sAp. ● **2a** *Rh. antiquus* hat breitere B. und kahle Tragb. z&sI; z&sAp. ●

3 BEGRANNTER KLAPPERTOPF *Rhinanthus aristatus* (= *Rh. angustifolius*). 5–50 cm; *St. schwarz gestreift*; B. schmal-lanzettl., gezähnt; Tragb. schmal 3eckig, kahl, die unteren Zähne lang grannig *ausgezogen*; Bl. gelb mit violetter Spitze, 15–18 mm, gebogen, mit offenem Schlund. VI–IX. Wiesen und Gebüsche; bis 2500 m. A, CH, CS, sD, soF, nI, wYU. ● **3a ALPEN-K.** *Rh. alpinus* (= *Rh. pulcher*) Tragb. ohne begrannte Zähne; Bl. gelb, purpurn *überlaufen*. oA, CS, PL, R. ● **3b** *Rh. carinthiacus* ähnlich 3a, aber Tragb. und Kelche *behaart*. soA; Kärnten. ●

4 BURNATS KLAPPERTOPF *Rhinanthus burnatii*. 20–40 cm; St. nicht schwarz gestreift; B. längl., gezähnt; Tragb. länger als der Kelch, *am Rand behaart*; Bl. einfarbig gelb, 20 mm, Schlund geschlossen. VI–IX. Wiesen; bis 2000 m. soF, nI, wYU; sAlpen. ● **4a** *Rh. songeonii* hat kahle Tragb. und Kelche. soF, nI; sAlpen. ● **4b** *Rh. rumelicus* Zähne nur am Grund der Tragb. (nicht gleichmäßig verteilt). CS, H, R, YU.

5 GEMIEDENER KLAPPERTOPF *Rhinanthus ovifugus*. 10–30 cm; St. schwarz gestreift; B. schmal-lanzettl. od. oval, gezähnt; Tragb. kaum länger als der Kelch, kahl, die unteren Zähne lang grannig; Bl. gelb, 20 mm, schwach gekrümmt, *Rachen* geschlossen. VII–IX. Wiesen und Gebüsche; bis 2000 m. sCH, soF, nI, wYU. ● **5a** *Rh. borbasii* Tragb. *viel länger* als der Kelch. A, CS, H, R, YU. ●

6 SCHMALBLÄTTRIGER KLAPPERTOPF *Rhinanthus angustifolius* (= *R. major*). 10–50 cm; St. schwarz gestreift; B. lineal bis lanzettl., gezähnt; Tragb. länger als der Kelch, kahl, mit kleinen Zähnen; Bl. blaßgelb, 16–20 mm, schwach gebogen, Rachen geschlossen. VI–IX. Wiesen; bis 2500 m. T, fehlt E, Faeroer, I, IRL, IS.

7 BEHAARTER KLAPPERTOPF *Rhinanthus alectorolophus*. 20–60 cm; St. nicht gestreift; B. lanzettl. bis oval, gezähnt, *hellgrün*; Tragb. breit 3eckig, kahl, gleichmäßig gezähnt; Bl. 20 mm, schwach gebogen, Rachen geschlossen. V–IX. Wiesen; bis 2300 m. A, B, CH, CS, F, nI, NL, PL, n&nwYU. ●

8 SCHUPPENWURZ *Lathraea squamaria*. Schwach flaumige parasitische Staude, 10–30 cm; St. weißl., blaßrosa od. gelbl., mit Schuppenb., wechselst., oval-herzförmig, ganzrandig; Bl. weiß, blaßpurpurn überlaufen, 14–17 mm, röhrig-glockig, in dichten einseitswendigen Ähren, anfangs nickend. III–V. Auf den Wurzeln von Bäumen und Sträuchern, v. a. Hasel, Birke und Erle; bis 1600 m. T, fehlt Faeroer, IS, Subarkt.

Fam. Gloxiniengewächse Gesneriaceae

9 RAMONDA *Ramonda myconi* (= *R. pyrenaica*). Behaarte Staude, 6–12 cm; B. dunkelgrün, in *flacher Rosette*, oval, grob gekerbt, runzelig, unterseits rosthaarig; Bl. blau bis violett, 20–30 mm, 5lappig, einzeln od. zu wenigen an langen St.; Staubbeutel gelb. VI–VIII. Schattige Kalkfelsspalten; bis 1800 m. nE, sF; w&zPyr. ●

Klappertopf: mittlere Tragblätter

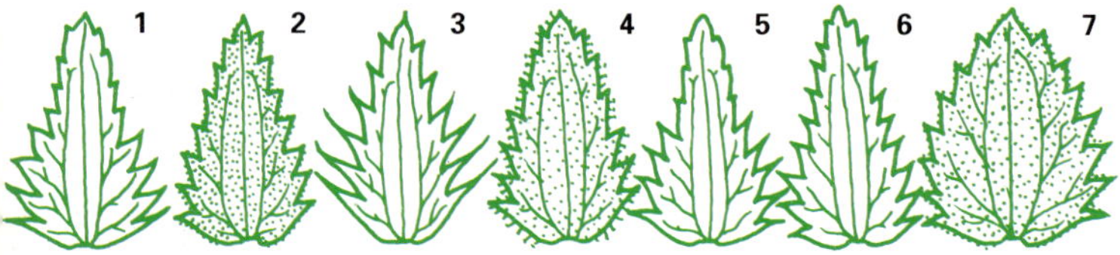

1
2
3
4
5
6
7
8
9

Fam. Nachtschattengewächse Solanaceae

Krautige Pfl. mit wechselst. B. ohne Nebenb.; Bl. 5zählig; Kronb. zu einer kurzen od. längeren Röhre verwachsen; Staubb. mit der Kronröhre verwachsen; Fr. eine fleischige Beere od. eine Kapsel. Viele Giftpflanzen!

1 TOLLKIRSCHE *Atropa belladonna*. Behaarte od. kahle verzweigte Staude, 50–150 cm; B. groß, oval, spitz, ganzrandig, kurz gestielt; Bl. bräunl.-violett od. grünl., *glockenförmig*, 15–30 mm, meist einzeln; Fr. eine große, *glänzend schwarze*, stark giftige Beere. VI–IX. Oft bestandbildend auf Waldschlägen; auf kalkreichen Böden; bis 1700 m. T, fehlt Faeroer, IS, N, SF (DK, IRL, S). ⚕☠

2 TOLLKRAUT *Scopolia carniolica*. Kahle, meist schwach verzweigte Staude, 20–60 cm; B. elliptisch od. oval, spitz, ganzrandig, gestielt, die unteren *schuppenförmig*; Bl. außen dunkel braunviolett, innen gelbl.-grün, nickend, trichterförmig, 15–25 mm, einzeln; Fr. eine rundl. Kapsel. V–VIII. Auf Steinböden in Buchenwäldern; bis 1200 m. A, CS, H, I, PL, R, YU (D, DK). (⚕)

3 SCHWARZES BILSENKRAUT *Hyoscyamus niger*. Drüsenhaarige, unangenehm riechende Ein- od. Zweij., 20–80 cm; B. oval bis längl., nicht gezähnt, manchmal seicht gelappt, die unteren gestielt, die oberen st.umfassend; Bl. blaßgelb, *purpurn geadert*, breit glockig, 20–30 cm, in dicht beblätterten einseitigen Ähren; Fr. eine Kapsel. V–IX. Stickstoffreiche Böden, Wegränder, Schuttplätze; bis 1900 m. T, fehlt Faeroer, IS. ⚕☠. **3a** *H. albus* St.b. *deutlich gestielt*; Bl. gelbl. mit grünem od. rötl. Schlund. E, I, SF, R, YU. ⚕

4 BITTERSÜSS *Solanum dulcamara*. Klimmende, kahle od. flaumige Staude bis 2 m; B. oval, spitz, am Grund oft *herzförmig od. 2lappig*, ungezähnt od. gelappt, gestielt; Bl. violett, selten weiß, 10–15 mm; Kronb. zurückgeschlagen; die gelben Staubb. als Säule vorragend; Bl. in verzweigten Trugdolden; Fr. eine glänzende rote Beere. V–IX. Waldlichtungen, Auen, Hecken; bis 1700 m. T, fehlt Faeroer, IS. ☠

5 SCHWARZER NACHTSCHATTEN *Solanum nigrum*. Verzweigte, kahle od. behaarte Einj., 20–60 cm; B. oval-rhombisch bis lanzettl., meist stumpf gezähnt, gestielt; Bl. weiß, 10–14 mm; Kronb. zurückgebogen; Staubb. als Säule vorragend; Bl.stände in den B.achseln od. gegenüber den B.; Fr. *mattschwarz od. gelbgrün*. VII–X. Schuttplätze, Äcker; bis 1750 m. T, fehlt Faeroer, IS. ☠. **5a** *S. luteum* ähnlich 5, aber Bl. in Büscheln zu 3–5 (statt 5–10); reife *Beeren* gelb, orange od. rot. Ödland, Kulturgrund. T, fehlt IRL, IS (B, DK, NL, sS).

6 BOCKSDORN *Lycium barbarum* (= *L. halimifolium*). Strauch bis 2,5 m mit gebogenen Zweigen und meist wenigen Dornen; B. *schmal-elliptisch*, bis 10 cm lang; die trichterförmigen Bl. sind 8–9 mm lang, zuerst purpurn, später bräunl.; Bl. einzeln od. in wenigblütigen Büscheln in den B.achseln; Staubb. weit vorragend; reife Fr. eine rote Beere. VI–VIII. Hecken und Gebüsche; häufig eingebürgert; Heimat China. (A, B, CH, CS, D, DK, GB, H, I, IRL, N, NL, PL, R, sS, YU). **6a** *L. chinense* ähnlich 6, aber die B. unter der Mitte am breitesten, lanzettl., die unteren viel größer als die oberen; Bl. 10–15 mm. Hecken, stellenweise eingebürgert; Heimat China. (CH, CS, D, F, GB, H, I, IRL, NL, R, sS).

Außer den genannten Nachtschattengewächsen kommen noch folgende Arten häufiger vor: **KARTOFFEL** *Solanum tuberosum* (Beeren ☠), **TOMATE** *Lycopersicon esculentum*, **TABAK** *Nicotiana rustica* sind häufige Kulturpflanzen. Tomate und Tabak v. a. im Süden.

1
2
3
4
5
6

Fam. Kugelblumengewächse Globulariaceae

Stauden od. Zwergsträucher, oft mattenbildend; B. meist ungezähnt, wechselst. od. in Rosetten, glänzend; Bl. klein, in dichten kugeligen Köpfchen; Krone 2lippig, die Oberlippe 2lappig, die Unterlippe 3lappig; Staubb. 4.

1 APENNINEN-KUGELBLUME *Globularia incanescens*. Sommergrüne Kriechstaude, 3–10 cm; B. von Kalkausscheidungen *graugrün*, mehlig, rundl. bis lanzettl., plötzlich in den Stiel verschmälert, ungezähnt; Bl. köpfe hellblau, 15 mm, an beblätterten St. V–VIII. Felsen, steinige Hänge; bis 2000 m. nl; Apuanische Alpen, nAp. ●

2 LANGSTENGELIGE KUGELBLUME *Globularia punctata* (= *G. elongata*, *G. willkommii*). Immergrüne Staude mit aufrechtem St., 10–30 cm; Grundb. oval bis spatelig, manchmal 3zähnig od. an der Spitze ausgerandet, lang gestielt; St.b. spitz, ungestielt; Bl.köpfe blau, 10–15 mm. V–VII. Wiesen, Felsen, offene Wälder; meist auf Kalk; bis 1650 m. A, B, CH, CS, sD, F, H, I, R, YU. ✕

3 HERZBLÄTTRIGE KUGELBLUME *Globularia cordifolia*. Immergrüner *kriechender* Halbstrauch, dichte Matten bildend, 3–12 cm; alle B. grundst., dunkelgrün, lederig, spatelig, an der Spitze ausgerandet od. schwach 3lappig; Bl.köpfe lilablau, 10–20 mm; die St. oft mit 1–2 B.schuppen. V–VII. Kalkfels und -schutt; bis 2600 m. A, CH, CS, sD, E, s&oF, H, I, YU. ✕ ● **3a** *G. repens** ist kleiner, mit lanzettl. od. elliptischen spitzen B. E, s&soF, nwl. ● **3b** *G. meridionalis** ähnlich 3, aber *kräftiger*; B. bis 90 mm lang. o&soA, I, YU. ●

4 SCHAFT-KUGELBLUME *Globularia nudicaulis*. Immgrüne Staude, 10–25 cm; St. aufrecht, blattlos, aber mit kleinen Schuppen; B. dunkelgrün, lederig, oval bis spatelig, an der Spitze rundl. od. ausgerandet, gestielt; Bl.köpfe blau, 15–30 mm. VI–VIII. Trockene Wiesen und Wälder; bis 2700 m. A, CH, sD, nE, s&oF, nl, nwYU. ✕ **4a** *G. gracilis* ist kleiner, mit kurzen Ausläufern; Bl.köpfe nicht mehr als 15 mm. nE, sF; Pyr. ●

Fam. Fettkrautgewächse Lentibulariaceae

Insektenverdauende Stauden feuchter Standorte; B. drüsig klebrig, in Rosetten (Fettkräuter) od. fein zerteilt mit kleinen Blasen, untergetaucht lebend (Wasserschlauch); Bl. 2lippig, gespornt; Unterlippe 3lappig. §

5 ALPEN-FETTKRAUT *Pinguicula alpina*. Staude, 5–15 cm; B. elliptisch, längl. od. lanzettl., blaßgelb bis grün; Bl. weiß, mit 1–2 gelben Flecken im Schlund, 8–10 mm; Sporn kurz, stumpf. VI–VIII. Moore, Bachufer, feuchte Felsen, alp. Rasen; kalkstet; bis 2600 m. T, fehlt B, DK, Faeroer, IRL, IS, NL; GB. †

6 DÜNNSPORNIGES FETTKRAUT *Pinguicula leptoceras*. Staude, 5–20 cm; B. längl. bis oval, gelbl.-grün; Bl. blau mit weiß behaartem Schlundfleck, 16–25 mm; Sporn kurz, 4–6 mm. V–VII. Feuchte Wiesen; bis 2500 m. A, CH, oF, nl; Alpen, Apuanische Alpen, nAp. ● **6a** *P. villosa* ist kleiner mit bräunl. B.; Bl. sehr klein, 7–8 mm, blaßviolett mit 2 gelben Schlundflecken. VII. Sphagnum-Moore; bis 1100 m. N, S, SF.

7 LANGBLÄTTRIGES FETTKRAUT *Pinguicula longifolia*. Staude, 7–13 cm; B. schmal-elliptisch bis schmal-lanzettl.; Bl. groß, lila bis blaßblau, mit großem, weiß behaartem Schlundfleck, 30–40 mm; Kronzipfel rundl.; Sporn lang, gekrümmt, 10–16 mm. VII. Feuchte Felsen; bis 1600 m. nE, sF; Pyr. ● **7a** *P. l.* subsp. *reichenbachiana* hat sehr *schmale* Kelche und schmälere B. soF, nw&zl; Apuanische Alpen, zAp. ● **7b** *P. l.* subsp. *caussensis* hat kleinere Bl., 20–35 mm lang. szF; Causse. ●

8 GROSSBLÜTIGES FETTKRAUT *Pinguicula grandiflora*. 6–20 cm; B. längl. bis oval, blaßgrün; Bl. violett bis blaßblau mit weißem Schlund, 25–35 mm; Kronzipfel längl.; Sporn 10–12 mm lang. IV–VII. Moore, feuchte Felsen; bis 2500 m. wCH, nE, s&oF, swIRL (wGB). ●

9 GEMEINES FETTKRAUT *Pinguicula vulgaris*. 5–20 cm, Staude; B. längl. bis oval, gelbl.-grün; Bl. violett, 15–22 mm, mit weißem Schlundfleck; *Sporn* kurz, 3–6 mm. V–VII. Moore, feuchte Heiden, Rasen; bis 2300 m. T.

10 KLEINER WASSERSCHLAUCH *Utricularia minor*. Zarte Wasserstaude; B. untergetaucht, in fadenförmige Zipfel zerteilt, mit kleinen durchscheinenden Bläschen; St. schlank, aufrecht, bis 25 cm; die 2–6 blaßgelben, 6–8 mm langen Bl. mit kurzem Sporn, über Wasser. VI–IX. Tümpel und Moore; bis 1850 m. T.

1
2
4
3a
3
3b
8
10
7
6
5
9

Fam. Wegerichgewächse Plantaginaceae

WEGERICH *Plantago.* Stauden mit deutlich nervigen od. gerippten B. in grundst. Rosette, manchmal flach ausgebreitet; Bl. unscheinbar, meist 4zählig in dichten, lang gestielten, zur Fr.zeit oft verlängerten Ähren; Staubb. auffallend; Fr. eine kleine Kapsel.

1 ALPEN-WEGERICH, ADELGRAS *Plantago alpina.* Kahle od. schwach behaarte *Rosettenstaude*, 5–15 cm; B. *lineal*, weich, 3nervig, die innersten 3eckig; Bl. weißl.-grün, in schmalen Ähren, 10–30 mm, Tragb. oval, kürzer als die Bl. VII–VIII. Wiesen u. Weiden, auf kalkarmen Lehmböden; bis 3000 m. A, CH, sD, zE, s&oF, I. ●

2 BERG-WEGERICH *Plantago atrata* (= *P. montana*). Meist schwach behaarte Staude mit einzelnen od. vielen B.rosetten, 5–15 cm; *B. grün*, schmal-lanzettl., lang zugespitzt; Bl. blaugrün, in kurzen Ähren, 10–25 mm; Staubbeutel gelb od. violett; Tragb. *rundl.* mit häutigem Rand. V–VIII. Feuchte kalkreiche Wiesen; 1500–2500 m. A, CH, CS, sD, E, z, s&oF, I, PL, R, YU. **2a** *P. monosperma* hat kürzere *silberhaarige* B. und kürzere Ähren; Staubbeutel weiß; 1500–2800 m. nE, sF; z&oPyr. ● **2b** *P. fuscescens* in allen Teilen größer als 2, bis 40 cm; seidig-zottig behaart. V–VI. Bergwiesen; bis 1700 m. CH, F, I; w&sAlpen, nAp. ●

3 SCHLANGEN-WEGERICH *Plantago maritima* subsp. *serpentina* (= *P. serpentina*). *Meist kahle* Rosettenstaude, 10–30 cm; B. lineal, grasartig, 2 mm breit, fleischig, manchmal mit wenigen Zähnen; Bl. weißl.-grün, in langen Ähren, bis 70 mm; Staubbeutel gelb; Tragb. oval, lang zugespitzt. VI–VIII. Trockene steinige Böden, Bürstlingrasen; bis 2400 m. A, CH, nE, sF, I, YU. **3a** *P. m.* subsp. *maritima* ist eine Strandpfl. salz- und basenreicher Standorte. Europäische Küsten. **3b** *P. holosteum* (= *P. carinata*) hat *sehr schmale*, weniger als 2 mm breite, steife B. und kürzere Ähren. V–IX. Meist auf saurem Boden, Trockenrasen; bis 2600 m. sA, sCH, nE, s&soF, I.

4 SPITZWEGERICH *Plantago lanceolata.* Behaarte od. meist kahle Rosettenstaude, 10–40 cm; *B. lanzettl.*, ganzrandig od. schwach gezähnt, mit 3–5 Nerven; Bl. braun, in schwärzl., 5–50 mm langen Ähren auf 5rippigem Stiel; Staubbeutel blaßgelb. IV–X. Wiesen, Wegränder, Ödland; bis 2300 m. T, fehlt Subarkt. ⚕ **4a SILBER-W.** *P. argentea* □ hat die B. bes. unterseits oft *silbern behaart*; Ähren 5–20 mm lang, die Stiele mit 6 od. mehr Furchen; Staubbeutel *weiß*. Trockene steinige Rasen; auf Kalk. noE, s&oF, H, I, R, YU.

5 GROSSER WEGERICH *Plantago major.* Kahle od. behaarte Staude, oft nur mit einer einzigen Rosette, 10–30 cm; B. *breit oval bis elliptisch*, gestielt, ganzrandig od. gezähnt, 3–9nervig; Bl. blaß grünl.-gelb, die zugespitzte Ähre etwa so lang wie der *nicht geriefte Stiel*; Staubbeutel rosa, später gelbl.-braun. VI–X. Wiesen, Wege; bis 2800 m. T (IS).

6 MITTLERER WEGERICH *Plantago media.* Grauflaumige Staude mit einer od. wenigen B.rosetten, 20–40 cm; B. elliptisch od. oval-elliptisch, gestielt, ganzrandig od. gezähnt, 7–9nervig; Bl. weißl., duftend, in stumpfen Ähren, 20–60 mm, kürzer als die langen *gerillten* Stiele; Staubbeutel lila, manchmal weißl. V–VIII. Trockene Wiesen; auf Kalk; bis 2450 m. T. **6a** *P. gentianoides* B. kahl od. nur schwach behaart mit 3–5 Hauptnerven; Staubfäden *weiß*, nicht lila; B.rosetten fast immer einzeln. Naßstellen in steinigen Weiden. R, nYU; bes. s&oKarp.

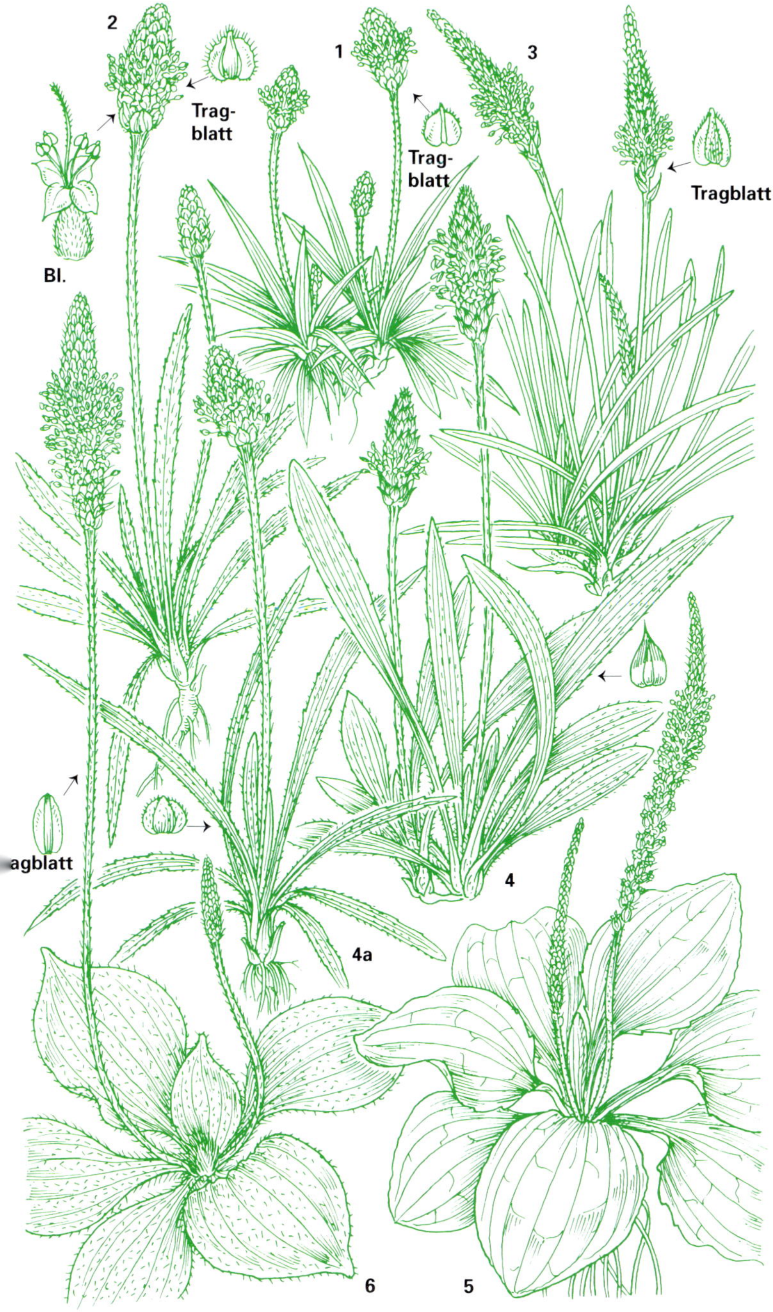
2
Trag-
blatt
1
Trag-
blatt
3
Tragblatt
Bl.
agblatt
4
4a
6
5

Fam. Sommerwurzgewächse Orobanchaceae

Behaarte unverzweigte Stauden, manchmal Einj; blattgrünlose Vollschmarotzer auf Wurzeln anderer Pfl.; St. aufrecht, mit Schuppenb. und dichten Ähren röhriger, 2lippiger Bl.; Oberlippe schwach 2lappig, Unterlippe 3lappig; Fr. eine eiförmige vielsamige Kapsel. Oft sehr lokal verbreitet. Die Kenntnis der Wirtspfl. hilft bei der Bestimmung dieser schwierigen Arten.

1 SAND-SOMMERWURZ *Orobanche arenaria*. Drüsenhaarige, bläul. od. violett gefärbte Staude, 15–45 cm; Schuppenb. lanzettl.; Bl. blauviolett, 25–35 mm; mit *behaarten Staubb.* und weißer Narbe; jede Bl. mit 3 Tragb. Schmarotzt auf Wermut u. a. Pfl. VI–VII. Flußalluvionen; bis 1800 m. A, CH, CS, D, E, F, H, I, PL, R, YU. **1a** *O. purpurea* hat kleinere *blauviolette*, dunkler geaderte Bl. und kahle Staubb. Schmarotzt auf Schafgarben, Wermut und anderen Korbblütlern. Ödland; bis 1800 m. T, fehlt Faeroer, nGB, IRL, IS, N, nS, SF.

2 QUENDEL-SOMMERWURZ *Orobanche alba*. Drüsenhaarige purpur-rote *duftende* Staude, 10–30 cm; Schuppenb. lanzettl.; Bl. purpurn, gelb od. weißl., 15–25 mm; Mittellappen der Unterlippe größer als die Seitenlappen; Staubfäden am Grund *behaart*; unter jeder Bl. ein Tragb. Schmarotzt auf Thymian u. a. Lippenblütlern. IV–VIII. Wälder, grasige Orte; bis 1800 m. T, fehlt Faeroer, IS, N, NL, nS, SF. **2a DISTEL-S.** *O. reticulata* ist größer, 30–90 cm, braunviolett od. gelbl.-purpurn; Staubfäden meist kahl; Unterlippe mit 3 gleichen Lappen. Auf Disteln. Äcker, steinige Orte; bis 1500 m. T, fehlt B, Faeroer, IRL, IS, N, nS, SF.

3 AMETHYST-SOMMERWURZ *Orobanche amethystea*. Schwach drüsige, bräunl., rosa od. bläul. Einj. od. Staude, 20–45 cm; Schuppenb. schmal-lanzettl. bis oval, spitz; Bl. *cremefarben od. weiß*; violett, rosa od. braun überlaufen, 15–25 mm; Staubfäden am Grund behaart; Oberlippe tief 2lappig; ein Tragb. unter jeder Bl. Schmarotzt auf Mannstreu, Karotten und verschiedenen Korbblütlern. VI–VIII. Äcker, steinige Orte; bis 2200 m. CH, sD, E, F, GB, I, YU. **3a BEIFUSS-S.** *O. loricata* hat weiße od. blaßgelbe Bl. mit violetten Adern; Oberlippe nur *schwach* 2lappig. Auf Wermut u. a. Korbblütlern, gelegentl. auf Doldenblütlern. V–VII. A, B, CH, CS, DK, E, F, H, I, NL, PL, R, YU. **3b KLEETEUFEL** *O. minor* ist kleiner als 3a, schmarotzt v. a. auf Klee. T, fehlt B, Faeroer, IRL, IS (DK, IRL, PL, sS).

4 LABKRAUT-SOMMERWURZ *Orobanche caryophyllacea* (= *O. vulgaris*). Gelbl. od. rötl. Einj., 20–45 cm; Schuppenb. 3eckig, lanzettl., spitz; Bl. *duftend*, rosa od. blaßgelb, schmutzig purpurn überlaufen, 20–32 mm; Staubfäden am Grund behaart; Narbe purpurn; ein kurzes Tragb. pro Bl. Schmarotzt auf Labkraut. Bis 1600 m. T, fehlt DK, Faeroer, IRL, IS, N, S, SF. **4a GAMANDER-S.** *O. teucrii* 10–30 cm. Schmarotzt auf Gamander. A, B, sD, E, F, H, I, R, YU. **4b** *O. lutea* ähnlich 4, aber mit gelbl. od. rötl.-braunen Bl. und gelber od. weißer Narbe. Auf Klee u. a. Leguminosen. A, CH, CS, sD, E, F, NL, H, I, PL, R, YU.

5 GROSSE SOMMERWURZ *Orobanche elatior* (= *O. major*). Rötl. od. honigbraune Staude, 20–70 cm; Bl. gelb, oft rosa überlaufen, 18–25 mm; Staubfäden am Grund behaart; Narbe gelb; 1 Tragb., *so lang wie die Bl.* Auf Flockenblumen, Kugeldisteln u. a. Korbblütlern. VI–VII. Bis 1600 m. T, fehlt Faeroer, B, DK, z&sI, IRL, IS, N, NL, nS. **5a ELSASS-S.** *O. alsatica* 20–50 cm; St. am Grund *angeschwollen*; Bl. und Tragb. kleiner; Bl. oft purpurn od. braun überlaufen. Auf Doldenblütlern. A, CH, CS, sD, H, PL, R, YU.

6 LASERKRAUT-SOMMERWURZ *Orobanche laserpitii-sileris*. Ähnlich 5, aber kräftiger; St. am Grund angeschwollen; Bl. bräunl.-violett, am Grund gelbl., 22–30 mm, mit 1 Tragb. Schmarotzt auf Laserkraut. VI–VIII. Bis 1600 m. A, CH, oF, nwYU; sehr lokal in den Alpen. ●

7 HELLGELBE SOMMERWURZ *Orobanche flava*. Gelbl. od. bräunl. Staude, 20–40 cm; St. am Grund etwas angeschwollen; Bl. gelb, rötl. überlaufen, 15–22 mm; Staubfäden am Grund behaart, Narbe blaßgelb. Auf Eisenhut, Dost und Huflattich. VI–VII. Steinige Orte; bis 1700 m. A, CH, CS, F, H, I, PL, R, YU. **7a SALBEI-S.** *O. salviae* ist niedriger, mit behaartem Griffel und gelber, später orangebrauner Narbe. Auf Salbei. Bis 1200 m. A, CH, sD, oF, nl, R, YU. **7b** *O. lucorum* ähnlich 7a, aber die Narbe *zum Schluß* rötl. od. purpurn. Auf Berberitzen und Brombeeren. A, CH, sD, nl.

8 BLUTROTE SOMMERWURZ *Orobanche gracilis*. Gelbe od. rötl. Staude, 30–60 cm; Schuppenb. oval od. lanzettl.; Bl. gelb, außen rötl., *innen dunkelrot glänzend*, 15–25 mm; Narbe gelb; 1 kurzes Tragb. Auf Hülsenfrüchtlern. VI–VIII. Bis 1350 m. A, CH, CS, sD, E, F, H, I, PL, R, YU.

1
2
3
4
5
6
7
8

Fam. Labkrautgewächse, Krappgewächse Rubiaceae

Stauden, selten Einj. mit zarten 4kantigen St.; B. in Quirlen; Bl. klein, trichterförmig, 4zipfelig; Kelch fehlend; Fr. ein 2lappiges Nüßchen.

LABKRAUT *Galium*. Einj. od. Stauden, oft mit dünnen 4kantigen St. und quirlst., spitzen B.; Bl. meist weiß od. gelb, 3–4zählig in verzweigten endst. od. seitenst. Bl.ständen; Fr. 2teilig mit je 1 Samen, manchmal mit hakigen Borsten bedeckt. Schwierige Gruppe mit vielen ähnlichen Arten.

1 NORDISCHES LABKRAUT *Galium boreale*. Steife aufrechte Staude, 20–40 cm; St. 4kantig, unten kurzhaarig; B. lanzettl., *meist zu 4*, dunkelgrün glänzend, 3nervig, am Rand rauh; Bl. weiß, 3–4 mm, in dichten schmalen Rispen; Fr. mit gekrümmten Borsten. VI–VIII. Föhrenwälder, Magerwiesen; bis 2200 m. T, fehlt Faeroer.

2 WALDMEISTER *Galium odoratum* (= *Asperula odorata*). Bestandsbildende *zarte Staude*, 10–30 cm; St. aufrecht, 4kantig, kahl, nur an den Knoten behaart; B. schmal-elliptisch, zu 6–9 im Quirl, am Rand rauh, hellgrün; Bl. weiß, 4–7 mm, in doldigen Köpfen, duftend; Fr. mit hakigen Borsten. IV–VI. Buchenwälder; bis 1600 m. T, Faeroer, IS.

3 DREIBLÜTIGES LABKRAUT *Galium triflorum*. Staude mit dünnem, 4kantigem, *schwach behaartem* St., 20–50 cm; B. schmal-elliptisch, zu 6–8 in Quirlen; Bl. winzig, weiß, 1,5–2,5 mm, in wenigblütigen (meist 3), end- od. seitenst. Bl.ständen; Fr. mit gekrümmten Borsten. VI–VIII. Schattige Fichten- und Erlenwälder; bis 1200 m. CH, N, S, SF; in den Alpen selten.

4 SUMPF-LABKRAUT *Galium palustre*. Zarte hellgrüne Staude, 15–50 cm; St. 4kantig, rauh; B. elliptisch, über der Mitte am breitesten, zu 4–6 im Quirl; Bl. weiß, 2–3 mm, 4zählig, in lockeren Trugdolden; Staubbeutel rot; Fr. *schwarz, glatt*. V–VIII. Sumpfwiesen, Moore; bis 2100 m. T. **4a MOOR-L.** *G. uliginosum* hat schmal lanzettl., *scharf zugespitzte* B. zu 6–8 im Quirl; Staubbeutel gelb. VI–IX. Marschen und Moore. T, fehlt Faeroer, nSkand. **4b** *G. trifidum* hat die B. zu 4 quirlst.; Bl. *3zählig*. oA, sF, N, PL, S, SF.

5 WIESEN-LABKRAUT *Galium mollugo*. Kahle od. behaarte, lockerrasige, bogig aufsteigende Staude, 30–150 cm; St. 4kantig, glatt; B. längl., *einnervig*, in Quirlen zu 6–8; Bl. weiß, 3 mm, in lockeren verzweigten Rispen; Fr. schwarz. VI–IX. Fettwiesen, lichte Wälder; bis 2100 m. T, fehlt DK, Faeroer, IS, N. **5a** *G. album* hat größere Bl., 3–4 mm. T, fehlt Faeroer (IRL, IS, N, S, SF).

6 GLÄNZENDES LABKRAUT *Galium lucidum* agg. Staude mit glattem und meist kahlem St., bis 70 cm; B. schmal-lanzettl.; Bl. *blaßgelb bis grünl.*, 3–5 mm, in verzweigten Rispen. V–VIII. Trockene Kalksteinhänge, Trockenrasen, lichte Wälder; bis 1600 m. A, CH, CS, sD, E, s&oF, H, n&zI, R, YU. Hierher: **6a** *G. truniacum* ohne Ausläufer. Kalkschutt. A, D; noAlpen. ● **6b** *G. meliodorum* mit Ausläufern. Kalkschutt. A; noAlpen. ● **6c** *G. montis-arerae* mit langen Ausläufern. Kalkschutt. I; Bergamasker Alpen. ●

7 WALD-LABKRAUT *Galium sylvaticum*. Kahle Staude, 50–100 cm; *St. rundl.*; B. elliptisch bis lanzettl., blaugrün, am Rand rauh; Bl. weiß, 2–3 mm, vor der Blüte meist nickend, in lockeren Rispen; Fr. blaugrün, glatt. VI–IX. Lichte Laubwälder; bis 1600 m. A, B, CH, CS, F, H, nI, NL, PL, YU. **7a** *G. aristatum* ist kleiner u. meist kahl, aber die *St. 4kantig*, B. hellgrün. Lichte Wälder. A, sD, s&oF, nI. **7b** *G. laevigatum* St. an den unteren B.knoten *wurzelnd*, unten rundl., oben 4kantig. A, CH, oF, I, YU; Alpen, Ap. ●

8 FELSEN-LABKRAUT *Galium saxosum* agg (ohne Abb.). Rasige Staude, 5–15 cm; St. dünn, 4kantig, kahl; B. lanzettl. bis lineal mit Knorpelspitze, zu 5–6 in Quirlen; Bl. weiß, 1, 5–2 mm, zu 3–10 in kurzen Bl.ständen; Fr. glatt. VII–VIII. Kalkschutt; bis 2500 m. oF, nI; w&szAlpen ● **8a, 8b, 8c, 8d, 8e** → S. 347

9 ROTES LABKRAUT *Galium rubrum* (ohne Abb.). 20–50 cm; St. dünn, rundl., am Grund behaart; B. elliptisch, über der Mitte am breitesten, zu 7–9 in Quirlen; Bl. *dunkelpurpurn*, 1,5–2 mm, in zylindrischen Bl.rispen. VI–VIII. Trockene, lichte Laubwälder, meist auf kalkarmen Böden; bis 2000 m. sCH, nI; sAlpen, nAp. ● **9a** *G. obliquum* hat gelbe od. grünl. Bl. u. schmälere B. Auf trockenen warmen Kalkböden. zI; zAp. ●

10 UNGLEICHBLÄTTRIGES LABKRAUT *Galium anisophyllon* (ohne Abb.). Rasige, meist kahle Staude, 5–15 cm; B. elliptisch, über der Mitte am breitesten, rauh, zu 7–9 in Quirlen; Bl. *gelbl.-weiß*, 2–4 mm, in rundl. Bl.ständen. VI–VIII. Kalkschutt, steinige Rasen; bis 1900 m. A, CH, CS, sD, z&oF, I, PL, R, YU. ●

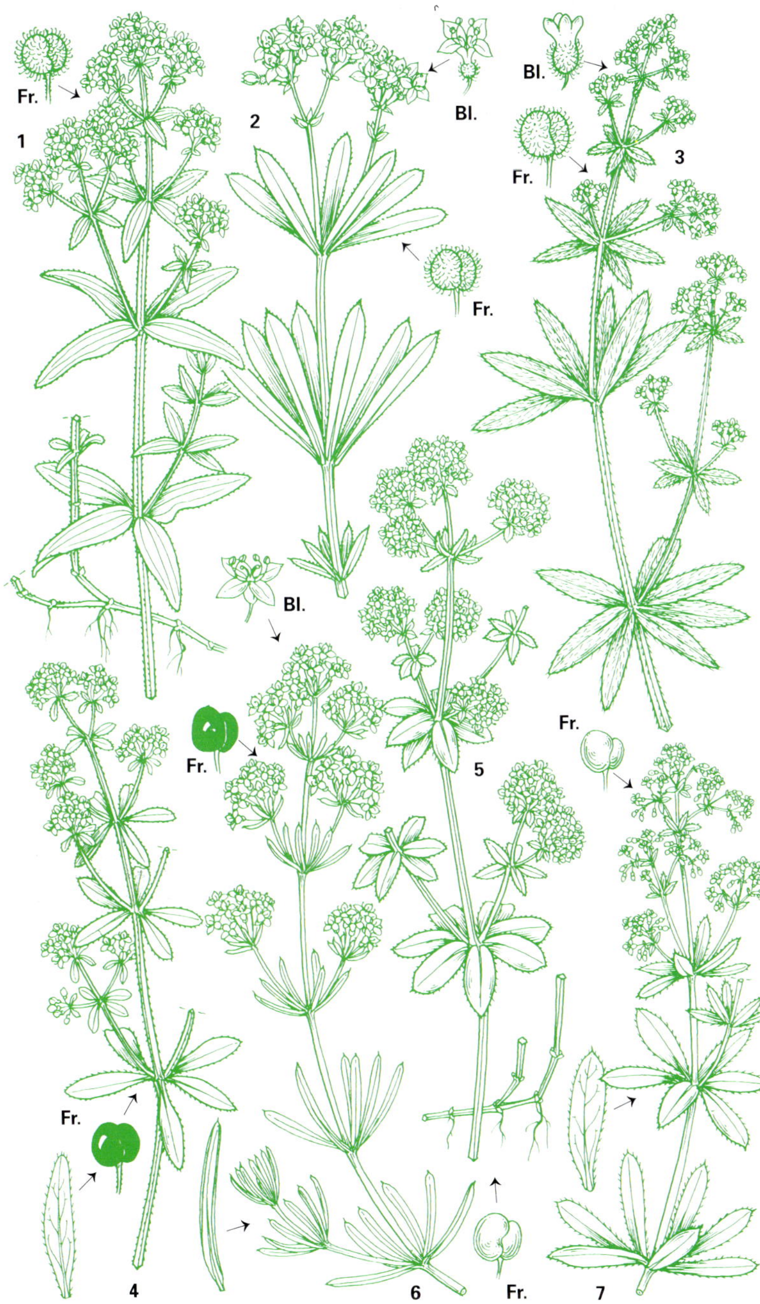
Fr.
1
2
Bl.
Fr.
Bl.
Fr.
3
Bl.
Fr.
5
Fr.
Fr.
4
6
Fr.
7

Labkrautgewächse (Forts.)

1 ECHTES LABKRAUT *Galium verum*. Schwach behaarte Staude, 10–70 cm; St. schlank; B. lineal, oberseits glänzend dunkelgrün; Bl. goldgelb, 2–3 mm, kurz röhrig, in beblätterten Rispen, duftend. VI–IX. Trockenrasen, feuchte Wiesen; bis 2000 m. T, fehlt Faeroer.

2 SCHWEIZER LABKRAUT *Galium megalospermum* (= *G. helveticum*). Meist kahle kriechende Staude, 5–25 cm; B. oval, zu 4–8 quirlst., am Rand mit hakigen Borsten; Bl. gelbl.-weiß, 2 mm, in verzweigten Doldenrispen. VI–VIII. Rasen und Schutt; auf Kalk; bis 3200 m. A, CH, sD, oF, nl; Alpen. ● **2a, 2b** → S. 347

MEIER *Asperula*. Ähnlich Labkraut, aber die Bl. mit langer Röhre.

3 SECHSBLÄTTRIGER MEIER *Asperula hexaphylla*. Niederliegende kahle Staude, 5–20 cm; B. lanzettl., meist *zu 6 quirlst.*; Bl. rosa, 5–6 mm, in endst. Doldenrispen. VI–VII. Kalkfelsen; bis 2000 m. soF, nwl; swAlpen. ● **3a** *A. hirta** hat kleinere, am Rand behaarte B. Bis 2600 m. VII–VIII. nE, sF; w&zPyr. ●

4 PYRENÄEN-MEIER *Asperula pyrenaica* agg. Lockere Polster bildende Staude, 2–20 cm; St. schwach behaart od. kahl; B. lineal bis elliptisch, *zu 2–4 quirlst.*, die unteren breiter; Bl. blaßrosa od. purpurn, 3–5 mm, in Trugdolden. VI–VIII. Kalkfelsen, Rasen; bis 2000 m. nE, sF; Pyr. ● **4a, 4b, 4c** → S. 347

5 TURINER MEIER *Asperula taurina*. Behaarte Staude mit unterirdischen Kriechtrieben, 20–40 cm; B. lanzettl. od. oval, 3nervig, zu 4 quirlst.; Bl. weiß od. blaßgelbl., 7–11 mm, in dichten endst. Trugdolden, von einer Hochb.hülle umgeben. VII–VIII. Buchenwälder, Gebüsche, schattige Felsen; bis 1300 m. A, CH, E, s&oF, H, I, R, YU (D, DK, GB).

6 BLAUER ACKER-MEIER *Asperula arvensis*. Zierliche kahle Einj., 20–30 cm; B. lanzettl., stumpf, zu 6–8 quirlst.; Bl. *blauviolett*, 3–6 mm, in dichten verzweigten Trugdolden. IV–VII. Äcker; bis 1500 m. T, fehlt B, Faeroer, GB, IRL, IS (CS, DK, N, S).

Fam. Geißblattgewächse Caprifoliaceae

Sträucher od. Halbsträucher mit gegenst. B.; Bl. 5lappig mit kurzer od. langer Röhre, manchmal 2lippig; Kelch aus 5 kleinen Zähnen; Fr. unterst., eine fleischige Beere.

7 NORDISCHES MOOSGLÖCKCHEN *Linnaea borealis*. Immergrünes kriechendes Halbsträuchlein bis 1 m; B. oval, gezähnt, dunkelgrün; Bl. rosa-weiß, glockig, 5–9 mm, paarweise an langen St., nickend, duftend. VI–VIII. Subalp. Nadelwälder, Zwergstrauchheiden; 1200–2200 m. T, in GB nur Schottland, fehlt B, E, Faeroer, IS.

8 BLAUE HECKENKIRSCHE *Lonicera caerulea*. Laubwerfender Strauch bis 2 m; B. elliptisch bis längl., meist spitz, kurz gestielt, kahl; Bl. gelbl.-weiß, glockig, mit 5 Zipfeln, 12–16 mm, außen behaart, paarweise; Beere blauschwarz. V–VII. Wälder, Gebüsche; auf sauren Böden; 1300–2600 m. A, CH, CS, D, nE, F, I, R, S, SF, YU (N). ☠ **8a** → S. 347

9 PYRENÄEN-HECKENKIRSCHE *Lonicera pyrenaica*. Laubwerfender *kahler* Strauch bis 1 m; B. blaugrün, oval, spitz, kurz gestielt; Bl. weiß, oft rot überlaufen, glockig mit 5 gleichen Zipfeln, 12–20 mm, paarweise; Beere *leuchtend rot*. V–VII. Wälder und Felsen; meist auf Kalk; bis 1500 m. nE, sF; Pyr, noE. ☠ ●

10 ALPEN-HECKENKIRSCHE *Lonicera alpigena*. Laubwerfender schwach behaarter Strauch bis 3 m; B. längl. bis elliptisch, spitz, in der Jugend *am Rand behaart*; Bl. gelbl. od. grünl.-gelb, rotbraun überlaufen, 2lippig, 12–20 mm, paarweise; Beeren scharlachrot. V–VII. Wälder, Gebüsche, Felsen; auf Kalk; bis 2300 m. A, CH, CS, sD, E, s&oF, I, R, YU. ☠ ●

11 SCHWARZE HECKENKIRSCHE *Lonicera nigra*. Laubwerfender behaarter od. kahler Strauch bis 2 m; B. schmal-elliptisch bis längl., oberseits rein grün, unterseits *blaugrün*; Bl. blaßrosa, 2lippig, 6–10 mm, außen behaart, paarweise, schwach duftend; Beere schwarz. V–VII. Wälder, Gebüsche, steinige Orte; bis 1800 m. A, CH, CS, sD, nE, s&oF, H, I, PL, R, YU. ☠ ●

12 ROTE HECKENKIRSCHE *Lonicera xylosteum*. Laubwerfender behaarter Strauch bis 3 m; B. meist rundl. od. oval, gestielt, graugrün, beidseits *behaart*; Bl. gelbl.-weiß, 2lippig, 8–12 mm, außen behaart, paarweise; Beeren leuchtend rot. V–VI. Wälder; meist auf Kalk; bis 1800 m. T, in GB+, fehlt Faeroer, IRL, IS, Subarkt. ☠

13 WALD-GEISSBLATT *Lonicera periclymenum*. Laubwerfende verholzte Liane; B. längl. bis elliptisch, oberseits dunkelgrün, unterseits blaugrün; Bl. cremeweiß, oft rot überlaufen, 2lippig, 35–50 mm, in endst. Dolden, *stark duftend*; Beeren rot. VI–X. Wälder, Gebüsche, Hecken; bis 1800 m. T, fehlt Faeroer, IS, R, SF, Subarkt (CS). ☠

1
2
3
3a
4
5
6
7
8
9
10
11
12
13

Geißblattgewächse (Forts.)

1 WOLLIGER SCHNEEBALL *Viburnum lantana.* Laubwerfender, filzig behaarter Strauch bis 6 m; B. oval, fein gezähnt, gestielt, oberseits grün und runzelig, unterseits weißl.; Bl. cremeweiß, becherförmig, 5–9 mm, in *dichten Scheindolden,* duftend; Fr. eine anfangs rote, später schwarze Beere. IV–VI. Lichte Wälder und Gebüsche; auf Kalk; bis 1600 m. T, fehlt DK, Faeroer, nGB, IS, NL, PL, SF, Subarkt (N, S). **1a GEMEINER S.** *V. opulus* hat 3–5lappige B.; die äußeren Bl. der Scheindolde *viel* größer als die inneren, steril; reife Beeren rot. T, fehlt Faeroer, IS, Subarkt.

2 TRAUBEN-HOLUNDER, ROTER HOLLER *Sambucus racemosa.* Laubwerfender Strauch bis 4 m; Borke grau; B. *gefiedert;* Blättchen oval od. elliptisch, gezähnt; Bl. cremeweiß, becherförmig; in dichten *pyramidalen Rispen;* Fr. eine glänzende rote Beere. IV–VI. Bergwälder; bis 2050 m. T, fehlt Faeroer, IS, Subarkt (DK, GB, N, S, SF). **2a SCHWARZER H.** *S. nigra* hat flache Trugdolden und schwarze Beeren. Bis 1600 m. T, fehlt Faeroer, IS, Subarkt. ⚕ **2b ZWERG-H., ATTICH** *S. ebulus* bis 2 m; *ausgebreitete Staude;* gefiederte B. und b.ähnliche Nebenb.; Bl. weiß mit *roten* Staubbeuteln; Beeren schwarz. T, fehlt Faeroer, IS, N, SF (DK, GB, IRL, S). ☠

Fam. Bisamkrautgewächse Adoxaceae

3 BISAMKRAUT *Adoxa moschatellina.* Kahle, blaßgrüne, *bestandsbildende* Staude, 8–15 cm; B. doppelt 3zählig, lang gestielt; Blättchen gelappt; Bl. blaßgrün, klein, 5lappig, in dichten kleinen Köpfchen; Fr. eine grüne hängende Beere. III–VI. Feuchte Wälder, Hecken, schattige Orte; bis 2000 m. T, IRL+, fehlt E, Faeroer, IS.

Fam. Baldriangewächse Valerianaceae

Stauden mit gegenst. B.; B. am Grund des St. gehäuft; keine Nebenb.; Bl. klein, mit röhrig verwachsenen Kronb., oft gespornt od. am Grund sackartig, in Scheindolden od. Rispen; Staubb. 3 (1 bei *Centranthus*); Fr. klein, einsamig, mit federigem bleibendem Kelch.

4 GEMEINER BALDRIAN *Valeriana officinalis.* Staude, 50–160 cm, mit *gefurchtem kahlem St.;* B. gefiedert, die unteren gestielt; Bl. rosa od. weiß, 2,5–5 mm lang, in verzweigten Doldenrispen, die Röhre am Grund ausgesackt. VI–VIII. Feuchte Wiesen, Ufer, lichte Wälder; bis 2400 m. T, fehlt B, DK, Faeroer, GB, IRL, N, NL, S, SF. ⚕ **4a** *V. o.* subsp. *collina* hat unterwärts *dicht behaarte* St. und kleinere Bl., 2,5–5 mm. An trockenen Standorten. A, CH, sD, E, F, GB, IRL; lokal in noEuropa. **4b** *V. o.* subsp. *sambucifolia* hat Ausläufer. B, D, DK, N, NL, S, SF; lokal in z&sEuropa.

5 PYRENÄEN-BALDRIAN *Valeriana pyrenaica.* Dunkelgrüne Staude, 70–110 cm, mit einzelnem gefurchtem St.; *an den Knoten behaart;* Grundb. oval, am Grund herzförmig, gezähnt, lang gestielt; St.b. ungestielt mit 1–2 Paaren kleiner Blättchen am Grund; Bl. rosa, 2,5–3 mm, in dichten Köpfen. VI–VIII. Feuchte Wiesen, Wälder; bis 2400 m. nE, sF; Pyr, Cord. cant. (GB, IRL). ●

6 KUGELBLUMEN-BALDRIAN *Valeriana globulariifolia.* Kriechende Staude, 6–25 cm, mit aufrechtem kahlem St.; Grundb. längl. od. spatelig, nicht gezähnt, gestielt; St.b. mit 3–5 schmalen Blättchen, gestielt; Bl. rosa, 4–5 mm, in kleinen dichten Köpfchen. VI–VIII. Kalkfelsen; bis 2200 m. nE, sF; Pyr, Cord. cant. ● **6a SUMPF-B.** *V. dioica* 15–30 cm; St. *an den Knoten schwach behaart;* Bl. 2,5–5 mm. V–VI. Feuchte Wiesen, Moore; bis 1800 m. T, fehlt Faeroer, IRL, IS, nN, nS, SF. ⚕

7 DREIBLATT-BALDRIAN *Valeriana tripteris.* 15–50 cm; St. an den Knoten behaart; Grundb. oval, am Grund herzförmig, gezähnt, lang gestielt; St.b. *3zählig,* meist kurz gestielt; Bl. rosa od. weiß, 2–4 mm, in gestielten Trugdolden. VI–VIII. Wälder, Gebüsche, Felsen; meist auf Kalk; bis 2600 m. A, CH, CS, sD, nE, F, H, I, PL, R, YU. **7a BERG-B.** *V. montana* hat ungezähnte Grundb. und ovale, gezähnte, ungeteilte St.b. IV–VII. A, CH, CS, sD, E, z&sF, I, R, YU. ●

8 SCHUTT-BALDRIAN *Valeriana saliunca.* Rosettenstaude mit *kahlem* St., 5–12 cm; Grundb. lanzettl. bis spatelig, ungezähnt, kurz gestielt; St.b. lanzettl., manchmal 3lappig, ungestielt, nur in einem Paar; Bl. tiefrosa, 3,5–4,5 mm, in endst. Köpfchen. VII–VIII. Fels und Schutt, steinige Hänge; meist auf Kalk; 1800–2700 m. A, CH, oF, n&zl Alpen, zAp.

9 ECHTER SPEIK *Valeriana celtica.* Kahle Staude, 5–15 cm; alle B. oval od. längl., ungezähnt, gestielt, die oberen schmäler; Bl. gelbl. od. bräunl., 1–2 mm, in *ährenförmigen Bl.ständen;* männl. und weibl. Bl. auf verschiedenen Pfl. VII–VIII. Sauerboden-Rasen; 1800–2800 m. A, CH, oF, nl; Alpen. § ●

1
2
3
4
5
6
7
8
9

Baldriangewächse (Forts.)

1 FELS-BALDRIAN *Valeriana saxatilis*. Staude mit kahlem St., 10–30 cm; Grundb. elliptisch, längl. od. lanzettl., lang gestielt, ganzrandig od. gezähnt; *St.b. fehlend od.* nur ein Paar; Bl. weiß, 1–2 mm, in locker verzweigten Bl.ständen, männl. und weibl. Bl. auf verschiedenen Pfl. VI–VIII. Kalkfelsen; bis 2500 m. A, CH, sD, nI, nwYU; o&zAlpen, nAp. •

2 BRAUNBLÜTIGER BALDRIAN *Valeriana elongata*. Staude mit schlankem schmalem St., 5–25 cm; Grundb. oval od. längl., schwach gezähnt, lang gestielt; St.b. 1–2 Paare, oval od. 3eckig, kurz gestielt; Bl. *bräunl. od. grünl.*, 1–2 mm, in langen lockeren Rispen, männl. und weibl. auf verschiedenen Pfl. VI–VIII. Kalkfels und -schutt; 1400–2200 m. nA, nI, nwYU; oAlpen. •

3 ZWERG-BALDRIAN *Valeriana supina*. Staude mit *behaartem St.*, 3–10 cm; Grundb. spatelig od. rundl., stumpf gezähnt od. ganzrandig, gestielt; St.b. 1–2 Paare, schmäler, ungestielt; Bl. tief rosa, 3–4 mm, in dichten Köpfen, männl. und weibl. auf verschiedenen Pfl. VII–VIII. Kalkschutt und -fels, Schneeböden; 1800–2900 m. A, CH, sD, nI, nwYU; z&oAlpen. •

4 SPORNBLUME *Centranthus angustifolius*. Verzweigte kahle *grau-grüne* Staude, 30–80 cm; B. lineal, stumpf, ungezähnt, mit mehreren kleineren B. an den Knoten; Bl. rosa, 7–9 mm, am Grund gespornt, in lockeren verzweigten Köpfen. V–VIII. Fels und Schutt; meist auf Kalk; bis 2000 m. nwCH, s&oF, n&zI. • **4a** *C. lecoqii* ist kleiner, die St. schwach verzweigt; die B. lanzettl., spitz, *ohne* kleinere B. an den Knoten. n&oE, sF; Pyr, Gebirge von n&noE.

Fam. Glockenblumengewächse Campanulaceae

Stauden mit wechselst., ungeteilten B.; oft mit Milchsaft; Nebenb. fehlend; Bl. 5zählig, einzeln od. in Köpfen od. Ähren; Krone glocken- od. sternförmig, die Kronb. zu einer kurzen od. langen Röhre verwachsen; Fr. eine vielsamige Kapsel.

5 BERG-SANDGLÖCKCHEN *Jasione montana*. Behaarte Einj. od. Zweij., 15–50 cm; St. oberwärts blattlos; B. schmal-längl. bis schmal-lanzettl., meist ungezähnt, aber oft mit welligem Rand; Tragb. oval od. 3eckig, kürzer als die Bl.; Bl. blau, selten rosa od. weiß, in *kugeligen Köpfen*. V–IX. Sandige trockene Rasen und Heiden; auf saurem Boden; bis 1700 m. T, fehlt Faeroer, IS, nN, nS, nSF.

6 KLEINES SANDGLÖCKCHEN *Jasione crispa* (= *J. humilis*). Am Grund dicht beblätterte behaarte Staude, 2–10 cm; oft mit kurzen nicht blühenden Trieben; B. längl. od. lanzettl., gezähnt od. ganzrandig; Tragb. oval, gezähnt, grün od. purpurn; Bl. blau, in kugeligen Köpfen. VII–VIII. Rasen und Schutt; auf saurem Boden; bis 2500 m. noE, sF; oPyr. • **6a** *J. laevis* (= *J. perennis*) ist größer (bis 60 cm) mit zahlreichen nicht blühenden Kriechtrieben und *tief gezähnten* Tragb. Trockene Wiesen; bis 1900 m. B, sD, E, F, I, R, YU (SF). •

TEUFELSKRALLE, RAPUNZEL *Phyteuma*. Bl. in dichten kugeligen Köpfen od. Ähren; Krone mit 5 lang bandförmigen Zipfeln, am Grund und anfangs auch an der Spitze verbunden (nicht bei 7); Narbe lang, vorragend.

7 DOLOMITEN-TEUFELSKRALLE *Physoplexis comosa* (= *Phyteuma comosum*, *Synotoma comosa*). Kahle Rosettenstaude, 2–10 cm; B. nierenförmig bis längl., grob gezähnt, gestielt, glänzend dunkelgrün od. blaugrün; Bl. rosa-lila mit dunkel-violetter Spitze, 16–20 mm, die Kronzipfel an der Spitze *verbunden* bleibend; in großen kugeligen Köpfen, bis 50 mm Ø. VII–VIII. Kalkfelsspalten; bis 2000 m. s&soA, noI, nwYU; s&soAlpen, Dol. § •

8 ÄHRIGE RAPUNZEL *Phyteuma spicatum*. Kahle Staude, 30–40 cm; B. oval-herzförmig, gezähnt, lang gestielt, die oberen B. lineal; Tragb. lineal, kurz; Bl. gelbl. od. *grünl.-weiß*, in zylindrischen Ähren, bis 6 cm. V–VII. Wiesen, Laubwälder; bis 2100 m. T, fehlt Faeroer, IRL, IS, nN (S, SF). • **8a** *Ph. pyrenaicum* Grundb. zur Bl.zeit *verwelkt*; die Bl. schieferblau. n&zE, sF. • **8b SCHWARZBLAUE R.** *Ph. ovatum* (= *Ph. halleri*) ähnlich 8, aber Tragb. oval; die Bl. *schwarzviolett*. VI–VIII. Bis 2400 m. A, CH, sD, s&oF, nI, nwYU. •

9 ZIESTBLÄTTRIGE RAPUNZEL *Phyteuma betonicifolium*. Staude, 20–70 cm; St. am Grund oft schwach behaart; B. oval-lanzettl., am Grund abgestutzt, gezähnt, lang gestielt, die oberen lineal; Tragb. schmal, klein; Bl. rötl.-blau bis rotviolett, in zylindrischen Ähren (bis 4 cm). V–VIII. Wiesen und Wälder; bis 2650 m. A, CH, sD, oF, nI; Alpen. •

10 SCHWARZWURZEL-RAPUNZEL *Phyteuma scorzonerifolium*. Meist kahle Staude, 30–90 cm; B. schmal-lanzettl., gezähnt, die oberen kleiner; Tragb. lineal, klein; Bl. blaß blaulila, in zylindrischen Ähren (bis 5 cm). VI–VII. Wiesen, lichte Wälder; bis 2200 m. CH, oF, nI; z&swAlpen, n&zAp. • **10a, 10b** → S. 347

1
2
3
4
5
6
7
8
9
10

Glockenblumengewächse (Forts.)

1 SCHWARZE TEUFELSKRALLE *Phyteuma nigrum*. Kahle Staude, 20–50 cm; B. längl.-elliptisch, am Grund herzförmig, stumpf gezähnt, gestielt, die obersten viel schmäler; Tragb. lineal, *länger als die Bl.*; Bl. schwarzviolett, selten blau od. weiß, in ovalen od. zylindrischen Köpfen. VII–IX. Wiesen und Wälder; kalkmeidend; bis 1200 m. A, B, CS, D, z&oF. ●

2 SEEALPEN-TEUFELSKRALLE *Phyteuma cordatum* (= *Ph. balbisii*). Schlanke, kahle od. behaarte Staude, 15–25 cm; B. rundl. od. nierenförmig, gezähnt, lang gestielt, die oberen herzförmig, kurz gestielt; Tragb. *klein*; Bl. blauweiß, in kugeligen od. längl. Köpfen. VII–VIII. Kalkfelsen; bis 2000 m. soF, nwl; Alpes Maritimes. ●

3 RUNDKÖPFIGE TEUFELSKRALLE *Phyteuma orbiculare*. Schwach behaarte Staude, 10–50 cm; B. schmal-lanzettl. bis herzförmig, gezähnt, gestielt, die obersten schmäler; Tragb. oval, gezähnt od. ganzrandig; Bl. dunkelblau od. violettblau, selten weiß, in kugeligen Köpfen. V–X. Wiesen und Weiden; oft auf Kalk; bis 2600 m. A, B, CH, CS, sD, E, F, sGB, H, I, PL, R, YU. **3a** *Ph. sieberi* hat *breitere*, oval-lanzettl., ungestielte obere B. und breitere Tragb. Kalkfelsen; 1600–2600 m. A, nl, nwYU; soAlpen. ●

4 SCHEUCHZERS TEUFELSKRALLE *Phyteuma scheuchzeri*. Kahle Staude, 12–50 cm; B. lanzettl. bis herzförmig, dick blaugrün, gezähnt, lang gestielt, die oberen schmal-lanzettl., ungestielt; Tragb. lineal, *viel länger* als die Bl.; Bl. sattblau, in kugeligen Köpfen. VI–VII. Flaumeichenwald, trockene Hänge; bis 2600 m. sCH, soF, nl, nwYU; sAlpen, nAp. ● **4a** *Ph. charmelii* hat dünnere, *sattgrüne* B., die grundst. zur Bl.zeit meist verwelkend. VII–VIII. Bis 1900 m. E, s&oF, sl; Pyr, Ap. ●

5 RHÄTISCHE TEUFELSKRALLE *Phyteuma hedraianthifolium* (= *Ph. carestiae*). Kahle Staude, 2–20 cm; *alle B.* lineal, in der Mitte am breitesten, entfernt gezähnt; Tragb. lineal, länger als die Bl.; Bl. dunkel blauviolett, als Knospen gerade, in kugeligen Köpfen. VI–VIII. Silikatfels, steinige Orte; 1800–3100 m. CH, nl; z&sAlpen. ●

6 GRASBLÄTTRIGE TEUFELSKRALLE *Phyteuma hemisphaericum*. Kahle Staude, 3–30 cm; B. schmal lanzettl. bis lineal, *meist nicht gezähnt*; Tragb. oval, manchmal am Grund gezähnt; Bl. dunkel violettblau, in der Knospe gekrümmt, in kugeligen Köpfen. VII–VIII. Steinige Rasen; auf saurem Boden; bis 2900 m A, CH, sD, E, s&oF, l. ●

7 NIEDRIGE TEUFELSKRALLE *Phyteuma humile*. Kahle Staude, 2–12 cm; B. lineal, über der Mitte am breitesten, seicht gezähnt, am Grund des St. büschelig gehäuft; Tragb. oval, gezähnt, *so lang wie die Bl.*; Bl. dunkel blauviolett, in kugeligen Köpfen. VII–VIII. Steinige Rasen, Felsschutt, Moränen; auf saurem Boden; 1800–3200 m. CH, oF, nwl; w&swAlpen. ●

8 ARMBLÜTIGE TEUFELSKRALLE *Phyteuma globulariifolium* (= *Ph. pauciflorum*). Meist kahle Staude, 1–7 cm; St. meist blattlos; B. in Rosette, längl. od. spatelig, stumpf gezähnt, gestielt; Tragb. oval, meist kürzer als die Bl., mit *behaartem Rand*; Bl. tief violettblau, als Knospe gekrümmt, in kugeligen Köpfen. VII–IX. Rasen und Felsen; kalkmeidend; 2000–3000 m. oA, nl; oAlpen. ● **8a** *Ph. g.* subsp. *pedemontanum* ist größer, mit spitzen B. und lanzettl. Tragb. Bis 1300–2600 m. wA, CH, nE, s&oF; Pyr, wAlpen. ● **8b** *Ph. rupicola* ähnlich 8, aber die Grundb. *rundl.*, die Köpfe nur 4–6blütig. sF; oPyr. ● **8c** *Ph. confusum* (= *Ph. nanum*) ähnlich 8, aber größer, mit breiteren B.; die Tragb. *kahl*. Sauerboden, Rasen. A, R, YU. ●

9 GRASBLÄTTRIGE KRUGGLOCKE *Edraianthus graminifolius*. Staude mit behaartem St., 10–20 cm; B. schmal lanzettl. od. lineal, ungezähnt; Tragb. oval, spitz, meist kürzer als die Bl.; Bl. blau od. blauviolett, 12–20 mm, *aufrechte Glocken*, in Büscheln zu 3–6; Fr.kapsel an der Spitze öffnend. V–VIII. Felsige steinige Orte; 1500–2300 m. z&sl, wR, YU. ● **9a** *E. dinaricus* B. mit umgerolltem Rand, oberseits grauhaarig, bis 2,5 mm breit. w&zYU. ● **9b** *E. serpyllifolius* hat kahle, flache, spatelige B. und dunkelviolette Bl. wYU. ●

1
2
3
4
5
6
7
8
9

Glockenblumengewächse (Forts.)

GLOCKENBLUMEN *Campanula*. Stauden, manchmal Zweij. od. Einj.; die Bl. einzeln, gebüschelt od. in Ährentrauben, nickende od. aufrechte Glocken, blau od. purpurn, manchmal weiß, bei *C. thyrsoides* gelb.

1 MONT CENIS-GLOCKENBLUME *Campanula cenisia*. Behaarte Kriechstaude mit zahlreichen nicht blühenden Ausläufern, die B.rosetten bilden, 1–5 cm; B. blaugrün, oval, über der Mitte am breitesten, ganzrandig, ungestielt; Bl. blaß lilablau, 10–15 mm, *sternförmig offen*, aufrecht, einzeln. VII–IX. Moränen, Schutt, Felsen; bes. auf Kalkschiefer; 2000–3100 m. A, CH, oF, nl; Alpen. • **1a** *C. arvatica* hat *gezähnte* B. und größere, blaßblaue od. violette Bl. Kalkfelsen. nwE. •

2 KRÖNCHEN-GLOCKENBLUME *Campanula zoysii*. Zierliche kahle rasenbildende Staude, 5–10 cm; B. oval bis längl., ganzrandig; Bl. blaßblau, 15–20 mm, einzeln od. bis zu 5, schmal glockig, an der Spitze mit krönchenartig gefalteten Zipfeln und fast geschlossenem Schlund. VII–VIII. Kalkfels und -schutt; bis 2300 m. soA, nol, nwYU; Julische Alpen, Karawanken. § •

3 WIESEN-GLOCKENBLUME *Campanula patula*. Behaarte od. kahle Staude, 30–70 cm; St. schlank aufrecht; B. oval, über der Mitte am breitesten, gezähnt, die oberen schmäler und ungestielt; Bl. lila, manchmal weiß, 20–25 mm, aufrechte offene Glocken *in lockeren Rispen*; Kelchzähne lineal. VI–VII. Wiesen, Wälder, Gebüsche; bis 1600 m. T, fehlt Faeroer, IRL, IS (DK, N, S). **3a** *C. p.* subsp. *costae* ist robuster, mit langen gezähnten Kelchzipfeln. sF; Pyr, Val d'Aran. • **3b RAPUNZEL-G.** *C. rapunculus* hat kleinere, blaßblaue od. weiße Bl., 10–20 mm, in verlängerter schlanker Rispe. Trockenrasen. T, fehlt Faeroer, IRL, IS (DK, GB, S).

4 AUSLÄUFERTREIBENDE GLOCKENBLUME *Campanula rapunculoides*. Schlanke behaarte od. meist kahle Staude mit kantigem St., 30–80 cm; B. oval-herzförmig, die unteren lang gestielt, die oberen schmäler und ungestielt; Bl. tief purpurn od. violett, 20–30 mm, *hängend*, in langen Ährentrauben; Kelchzähne zurückgeschlagen. VII–VIII. Felder, Weg- und Waldränder; bis 2000 m. T, fehlt Faeroer, IS, arkt. Europa (GB, IRL).

5 PFIRSICHBLÄTTRIGE GLOCKENBLUME *Campanula persicifolia*. Kahle Staude, 40–100 cm; B. lanzettl. od. oval, spitz, fein gezähnt, ungestielt; Bl. violettblau, 30–40 mm, breit glockig, *schwach nickend*, in lockeren Trauben. VI–VIII. Wiesen, lichte Wälder; bis 3000 m. T, fehlt Faeroer, IRL, IS, Subarkt (GB).

6 BÄRTIGE GLOCKENBLUME *Campanula barbata*. Behaarte unverzweigte Staude, 5–30 cm; B. vor allem in grundst. Rosette, lanzettl. od. längl., ungezähnt, mit gewelltem Rand, grauborstig; Bl. blaßblau, 20–30 mm, innen *weißhaarig*, nickend, in lockeren einseitswendigen Trauben. VI–VIII. Magerrasen, lichte Wälder; bis 3000 m. A, CH, CS, sD, oF, sN+, PL, nwYU; Alpen, oSudeten. •

7 ALPEN-GLOCKENBLUME *Campanula alpina*. Behaarte aufrechte Staude, 10–20 cm; B. vor allem in grundst. Rosette, schmal-lanzettl., 5–10 mm, *fein gezähnt*; Bl. lila bis lavendelblau, 15–20 mm, schwach nickende Glocken in lockeren Rispen. VII–VIII. Felsige und steinige Orte; kalkmeidend; 1250–2400 m. A, CS, sD, nl, PL, R, YU; oAlpen, Karp. •

8 PYRENÄEN-GLOCKENBLUME *Campanula speciosa* (= *C. corbariensis*, *C. oliveri*). Aufrechte, unverzweigte, borstig behaarte Zweij. od. Staude, 25–50 cm; B. schmal-lanzettl., 5–10 cm, seicht gezähnt, am Grund des St. gehäuft; Bl. blauviolett, 30 mm, meist aufrechte Glocken in *pyramidalen Trauben*; Außenkelchzipfel kurz, breit, zurückgeschlagen. VI–VIII. Kalkfels und -schutt; bis 1600 m. nE, s&soF; Corbières, Cevennen, z&oPyr. • **8a** *C. affinis* subsp. *bolosii* unverzweigte, borstig behaarte Zweij.; B. schmal-lanzettl., 10–15 cm, ungestielt; Bl. violett, 20–40 mm, bauchig-glockig; Kronzipfel am Rand behaart. noE; oPyr. •

9 GROSSE SÜDWESTALPEN-GLOCKENBLUME *Campanula alpestris* (= *C. allionii*). Kriechende behaarte Staude, 15–20 cm; Grundb. in Rosette, schmal-lanzettl., ungestielt, seicht gezähnt; St.b. lineal; Bl. blaß bis tief violettblau, lang röhrig-glockig, 30–45 mm, *meist einzeln*, oft nickend. VII–VIII. Kalkfels und -schutt; 1400–2800 m. soF, nwl; swAlpen. •

1
2
3
4
5
6
7
8
9

Glockenblumengewächse (Forts.)

1 FELSEN-GLOCKENBLUME *Campanula petraea*. Behaarte Staude, 10–45 cm; B. oval-lanzettl., gezähnt, gestielt, unterseits weißhaarig; Bl. blaßgelb, 12 mm, in *dichten Köpfen*. VII–X. Kalkfelsspalten; bis 1300 m. soF, nl; swAlpen, sAlpen, sehr lokal. •

2 BÜSCHEL-GLOCKENBLUME *Campanula glomerata*. *Rauhhaarige* Staude, 25–60 cm; untere B. lanzettl. bis längl. od. elliptisch, am Grund herzförmig od. abgerundet, gezähnt, lang gestielt, obere schmäler, nicht gestielt; Bl. dunkelviolett od. blaupurpurn, 15–25 mm, *in dichten Köpfen*; Kelchzähne lanzettl. VI–VIII. Wiesen, Waldränder und Gebüsche; bis 1700 m. T, fehlt Faeroer, IRL, sl, IS. **2a** *C. foliosa* ist größer, mit *schwach geflügelten* B.stielen; Kelchzähne sehr schmal. Bis 1800 m. z&sl, zYU. • **2b** *C. transsilvanica* untere B. am Grund verschmälert und mit *geflügelten Stielen*; obere ungestielt, herzförmig. Wiesen und Weiden. R. •

3 ÄHREN-GLOCKENBLUME *Campanula spicata*. Behaarte Staude, 20–70 cm; Rosettenb. schmal-lanzettl., ungezähnt; St.b. schmäler, spitz; Bl. lila od. blau, 17–22 mm lang, in *langen beblätterten spitzen Ähren*. VII–VIII. Felsige und steinige sonnige Orte, Steppenrasen; 1500–2400 m. A, CH, oF, n&zl, nwYU; Alpen, n&zAp. •

4 STRAUSS-GLOCKENBLUME *Campanula thyrsoides*. Borstig behaarte Zweij., 30–50 cm; B. längl.-lanzettl., mit welligem Rand; obere B. schmäler, st.umfassend; Bl. blaßgelb, 17–22 mm lang, in *dichten stumpfen Ähren*. VII–IX. Alp. Rasen, steinige Orte; auf Kalk und Schiefer; 1500–2700 m. A, CH, sD, oF, nl, nwYU; Alpen, J. § • **4a** *C. t.* subsp. *carniolica* Bl.ähren weniger dicht, bis 60 cm, Tragb. länger als die Bl. Waldränder. oA, YU.

5 BERGAMASKER GLOCKENBLUME *Campanula raineri*. Behaarte Rosettenstaude, 5–10 cm; B. graugrün, oval od. längl., gezähnt, meist ungestielt; Bl. meist einzeln, fast sitzend, blaßblau, 30–40 mm lang, breite aufrechte Glocken. VIII–IX. 1300–2200 m. nol; Bergamasker Alpen. • **5a** *C. morettiana* hat kleinere und rundere, tiefer gezähnte B. und *kleinere, schmalglockige*, dunkler blaue Bl. VIII–IX. 1500–2300 m. nol; Dol. • **5b** *C. carpatica* hat *breitovale* od. *rundl.* Grundb.; Bl. blaßblau, manchmal weiß. CS, PL, R (H); Karp. •

6 RIESEN-GLOCKENBLUME *Campanula latifolia*. Behaarte Staude, 60–150 cm; St. stumpfkantig; B. oval, am Grund herzförmig, gezähnt, lang gestielt, die obersten ungestielt; Bl. groß, blau, 40–55 mm, *in lockeren Trauben*; Kelchzähne aufrecht. VII–IX. Gebüsche, Wiesen, Bergwälder; bis 1600 m. T, fehlt Faeroer, IS, Subarkt (B, NL). **6a NESSEL-G.** *C. trachelium* hat stärker kantige, *borstige St.* und rauhhaarige B.; Bl. violettblau od. blaßblau, 30–40 mm lang. Laubwälder. T, fehlt Faeroer, IS, Subarkt. **6b** *C. bononiensis* ähnlich 6a, aber B. unterseits *weißhaariger*; Bl. kleiner, 10–20 mm, in einseitswendigen Trauben. Bis 1500 m. A, CH, CS, sD, soF, nl, H, PL, R, YU.

7 RUNDBLÄTTRIGE GLOCKENBLUME *Campanula rotundifolia* agg. Kahle Staude, 10–40 cm; *St. zierlich*, aufsteigend; B. rundl. bis nierenförmig, stumpf gezähnt, gestielt; am Grund der St. gehäuft, die oberen B. schmal-lanzettl., ungestielt; Bl. hellblau, 12–20 mm lang, *nickend*, einzeln od. zu wenigen, als Knospen aufrecht. V–IX. Wiesen, lichte Wälder; bis 2200 m. T. **7a KARNISCHE G.** *C. carnica* (= *C. linifolia*) Bl. *in der Knospe nickend*; Bl. größer, 22–26 mm; Kelchzähne pfriemlich, meist länger als die Krone, zurückgeschlagen. Kalkfelsspalten; bis 2000 m. s&oA, nl, nwYU. • **7b** *C. scheuchzeri* ähnlich 7, aber *alle B.* schmal lanzettl. od. lineal, ungestielt; Bl. violettblau. Rasen und Felsen; auf saurem Boden; bis 3400 m. A, CH, sD, nE, s&oF, nl, PL, YU. • **7c** *C. rhomboidalis* ähnlich 7, aber St.b. *oval*; Bl. in einseitswendiger Traube. Bergwiesen. CH, o&soF, nl (A, B, CS, D, NL). • **7d ARKTISCHE G.** *C. uniflora* □ ist kleiner als 7, mit kleinen *einzelnen* Bl., 5–10 mm; Grundb. oval, nicht gezähnt. VII. Heiden, grasige Orte; bis 1600 m. IS, N, S, SF.

5 Bergamasker Glockenblume

1
2
3
4
5
6
7
7d

Glockenblumengewächse (Forts.)

1 SPANISCHE GLOCKENBLUME *Campanula hispanica.* Staude bis 75 cm; St. aufrecht, unterwärts behaart; Grundb. herzförmig, gezähnt, gestielt; St.b. lanzettl., in der unteren Hälfte des St. gehäuft; Bl. blau, 10–14 mm lang, in lockeren Bl.ständen, in der Knospe aufrecht; Kelchzähne lineal, der Kronröhre *angepreßt;* Fr. nickend. VI–VIII. Felsige, steinige od. sandige Orte; bis 2500 m. E, sF. • **1a** *C. h.* subsp. *catalanica* ist größer, bis 75 cm, mit lockeren Bl.ständen. noE; oPyr. • **1b** *C. fritschii* hat oberwärts blattlose St. und größere Bl., 18–22 mm. soF; Alpen der Provence. • **1c** *C. apennina* ähnlich 1, aber mit kahlen St., welche bis zum Bl.stand dicht beblättert sind; *Fr. aufrecht.* zl; zAp. • **1d** *C. bértolae* ähnlich 1b, aber Bl. größer, 12–20 mm; St. behaart; Fr. *nickend.* nwl. • **1e** *C. pseudostenocodon* ähnlich 1b, aber niedriger; St. unterwärts *oft behaart.* sl; sAp. • **1f** *C. moravica* St. oberwärts blattlos; Bl.stand dichter. nA, CS, H, R, nYU. •

2 FRANZÖSISCHE GLOCKENBLUME *Campanula recta.* Behaarte Staude, 20–40 cm; Grundb. oval-lanzettl., *ganzrandig,* gestielt; St. mit zahlreichen ungestielten, schmäleren B.; Bl. blau, 15–22 mm, zu wenigen, *in der Knospe nickend;* Kelchzähne abstehend; Fr. nickend. VI–VIII. Rasen und Felsen; bis 1800 m. z&sF, nE; Pyr. • **2a** *C. precatoria* hat schwach gezähnte B.; St.b. halb umfassend, nicht bis zum Bl.stand reichend. Bergwiesen, Weiden. noE, sF; oPyr. •

3 SONDERBARE GLOCKENBLUME *Campanula witasekiana.* Schwach behaarte Staude, 25–35 cm; St. kantig, bis zum Bl.stand beblättert; Grundb. rundl. od. nierenförmig, stumpf gezähnt, gestielt; obere B. lanzettl. bis lineal, ganzrandig, ungestielt; Bl. blau, 12–16 mm lang, *in Rispen,* als Knospen nickend; Kelchzähne schmal 3eckig, spreizend. VII–VIII. Wiesen und Felsen; bis 1800 m. A, nl, YU; oAlpen. •

4 ZIERLICHE GLOCKENBLUME *Campanula cochlearifolia* (= *C. pusilla*). Zierliche behaarte od. meist kahle Kriechstaude, 5–10 cm; Grundb. herzförmig od. rundl., gezähnt, gestielt; St.b. lanzettl., gezähnt; Bl. hellblau, selten weiß, 12–16 mm lang, *einzeln od. zu wenigen,* als Knospen nickend; Kelchzähne lineal, spreizend. VI–VIII. Fels und Schutt; meist auf Kalk od. Schiefer; bis 3400 m. A, CH, CS, sD, nE, s&oF, I, PL, R, YU. • **4a** *C. cespitosa* ist größer, mit ovalen od. rautenförmigen Grundb.; Bl.glocken an der Spitze *verengt.* VIII–IX. Kalkfels und -schutt; bis 2100 m. A, nol, nwYU; oAlpen. •

5 JAUBERTS GLOCKENBLUME *Campanula jaubertiana. Dicht behaarte* Kriechstaude, 3–6 cm; Grundb. rundl. bis elliptisch, am Grund herzförmig, stumpf gezähnt, gestielt; St.b. oval bis elliptisch, gezähnt; Bl. hellblau, trichterförmig, 8–12 mm lang, einzeln od. zu 2–4; als Knospen nickend. VII–VIII. Kalkfelsen; bis 2000 m. nE, sF; z&oPyr. •

6 COTTISCHE GLOCKENBLUME *Campanula stenocodon.* Unterwärts behaarte Kriechstaude, 12–20 cm; Grundb. rundl. od. herzförmig, scharf gezähnt, gestielt, zur Bl.zeit verwelkt; St.b. lineal-lanzettl., meist ungezähnt; Bl. blaupurpurn, 12–18 mm lang, *schmale hängende Glocken* in wenigblütigen Rispen, Knospen nickend. VII–VIII. Felsen, steinige Orte; bis 1800 m. soF, nwl; swAlpen. • **6a** *C. beckiana* ist größer, mit *vielblütigen* Rispen. VII–IX. Wiesen, lichte Wälder. oA, nwYU; v. a. noAlpen. •

7 DUNKLE GLOCKENBLUME *Campanula pulla.* Zierliche Staude, 7–15 cm; St. an den Kanten behaart od. kahl; Grundb. oval od. rundl., stumpf gezähnt, gestielt; St.b. oval od. elliptisch; Bl. dunkel purpurblau, 18–24 mm, *einzeln,* nickend. VII–VIII. Rasen, Schutt und Felsen; auf Kalk; 1500–2200 m. nA; noAlpen. •

8 AUSGESCHNITTENE GLOCKENBLUME *Campanula excisa.* Kriechstaude, 5–15 cm; St. behaart; Grundb. herzförmig bis rundl., scharf gezähnt, gestielt; St.b. schmal -lanzettl., ungezähnt; Bl. blau od. lilablau, 10–16 mm; schmale Buchten zwischen den Kronzipfeln *rundl. ausgeschnitten.* VI–IX. Silikatfels und -schutt; 1400–2350 m.CH, nwl; sw&zAlpen. •

1
2
3
4
5
6
7
8

Fam. Kardengewächse Dipsacaceae

Einj. od. Stauden mit gegenst. B.; die grundst. B. oft in Rosette; Bl. in dichten Köpfchen, jede Bl. röhrig mit Kelch und 4–5 Kronzipfeln, 4 vorragende Staubfäden; die äußeren Bl. des Köpfchens oft mit 2–3 größeren Kronzipfeln; Fr. klein, einsamig.

1 ALPEN-KOPFBLUME *Cephalaria alpina*. Derbe behaarte Staude, 60–140 cm; Grundb. gefiedert od. leierförmig mit 3–8 Paaren lanzettl. Blättchen; St.b. kleiner, mit weniger Blättchen od. ungeteilt; *Bl.köpfe gelb*, 20–30 mm, flach, an langen schlanken Stielen. VII–VIII. Wiesen, Wälder, Hochstaudenfluren, Kalkschutt. A, CH, oF, nwYU; Alpen, J. • **1a** *C. radiata* obere B. lineal; Bl.köpfe größer. R. • **1b** *C. laevigata* ähnlich 1a, aber B. kahl. R, nYU. •

2 GLÄNZENDE SKABIOSE *Scabiosa lucida*. Kahle Staude mit unverzweigtem St., 10–30 cm; in der oberen Hälfte blattlos; B. glänzend grün, oval-lanzettl., seicht gekerbt, gestielt; obere B. fiederlappig, mit großem Endabschnitt; Bl.köpfchen rötl.-purpurn, 10–20 mm, flach. VI–IX. Trockene Bergwiesen, steinige Orte; auf kalkreichen Böden; bis 2700 m. A, CH, CS, sD, s&oF, H, I, PL, R, YU. • **2a** *S. l.* subsp. *stricta* St. bis oben beblättert; B. großteils ungeteilt. oA, nwYU. **2b** *S. l.* subsp. *pseudobanatica* Hüllb. länger und stärker behaart. PL, R; Karp. • **2c** *S. columbaria* ähnlich 2, aber dicht samtig behaart. A, B, CH, CS, D, DK, E, F, GB, H, I, NL, PL, R, sS, YU. **2d** *S. ochroleuca* Bl. *blaßgelb*. Trockenrasen. A, CS, D, H, n&zI, PL, R, YU (F).

3 SÜDALPEN-SKABIOSE *Scabiosa vestina*. Behaarte Staude, 10–40 cm; Grundb. schmal spatelig, ungezähnt, gestielt; St.b. fiederspaltig, die Blättchen lineal od. lanzettl.; Bl.köpfe purpurn, 20–30 mm, die äußeren Blütchen doppelt so groß wie die inneren. VI–IX. Steinige Rasen; auf Kalk; bis 1900 m. nI; sAlpen, nAp. • **3a** *S. graminifolia* bildet Kugelbüsche aus Rosetten *silbergrau* behaarter, schmal lanzettl. B.; Bl.köpfe blaulila. Auf Kalk; bis 1800 m. CH, E, s&oF, I, YU. **3b** *S. silenifolia* Pfl. kleiner, *höchstens* 12 cm; Bl.köpfe kleiner, lilablau. Felsige Weiden. zI, YU; fehlt in den Alpen. •

4 PYRENÄEN-SKABIOSE *Scabiosa cinerea* (= *S. pyrenaica*). Weißhaarige Staude, 10–30 cm; St. oberwärts blattlos; Grundb. lanzettl., gezähnt, gestielt; St.b. mit großem Endabschnitt und 1–2 Paaren kleinerer linealer Blättchen; Bl.köpfe blaupurpurn, 10–20 mm, flach. VI–IX. Trockene Wiesen, steinige Orte; bis 2000 m. nE, sF; Pyr. • **4a** *S. c.* subsp. *hladnikiana* hat graue B.; der St. bis oben *beblättert*. noI, nwYU; oAlpen.

5 TEUFELSABBISS *Succisa pratensis*. Behaarte Staude bis 100 cm; grundst. B. in einer Rosette, elliptisch, ungezähnt, gestielt, oft purpurn gefleckt; obere schmäler, manchmal gezähnt; Bl.köpfe kugelig, dunkel violettblau, 15–25 mm, Blütchen in der Größe alle gleich, manchmal nur weibl. VI–X. Feuchte Wiesen, Wälder; bis 2400 m. T. **5a** *S. pinnatifida* Grundb. gezähnt; mittlere St.b. gelappt. nwE. •

6 WALD-WITWENBLUME *Knautia dipsacifolia* (= *K. sylvatica*). Behaarte Staude, 20–100 cm; B. hellgrün, längl.-oval, am Grund verschmälert, gezähnt; Bl.köpfe lila od. purpurn, 25–40 mm, die äußeren Bl. größer als die inneren. VI–IX. Schattige Waldstellen, Gebüsche; bis 2000 m. A, oB, CH, CS, D, z&oF, H, I, PL, R, YU. • **6a** *K. ressmannii* untere St.internodien *kahl*; B. dick, glänzend. Lichte Nadelwälder, Rasen. noI, nwYU; soAlpen. • **6b** *K. salvadoris* untere B. kahl und oft ganzrandig; Bl.köpfe rosa. noE, sF; oPyr. • **6c** *K. longifolia* B. schwach glänzend, nur am Rand behaart; Bl.köpfe groß, 3,5–5 cm, rosa-purpurn. A, CH, nI, R, YU. • **6d** *K. velutina* hat glänzende B., die oberen gelappt, mit kurzer silbriger Behaarung. Bl.köpfe purpurn, 2–3 cm. Bergwiesen, Kalkfelsen. nI; sAlpen. • **6e** *K. persicina* ähnlich 6d, aber Bl.stiele *nicht* drüsig; Bl. rot. nI; Gardasee-Gebiet. • **6f** *K. subcanescens* ähnlich 6, aber B. *grauweiß*, auch unterseits behaart; Bl.köpfe violettpurpurn. Wiesen. soF, nwI; swAlpen. • **6g** *K. baldensis* ähnlich 6e, aber B. schmal-lanzettl., oberseits dicht grau behaart. nI; Gardasee. • **6h** *K. kitaibelii* hat gelappte St.b. und *gelbe* Bl.köpfe, 3–4 cm. A, CS, D, H, PL.

1
2
3
4
5
6

Fam. **Korbblütler** Compositae

Die Korbblütler sind eine sehr große, vielgestaltige Fam.: Bl. klein, in dichten Köpfchen, von zahlreichen kelchähnlichen Hüllb. umgeben; Krone röhrig, mit 5 kleinen Zähnchen (die inneren „Scheibenblüten") od. bandförmig (die randlichen „Zungenblüten"); Bl.köpfe entweder nur aus Scheibenbl. bestehend (*Asteraceae, Tubuliflorae*) od. die zentralen Scheibenbl. umgeben von Zungenbl., od. nur Zungenbl. (*Cichoriaceae, Liguliflorae*); Fr. klein, mit sitzendem od. gestieltem federigem Kelch (Pappus).

1 GOLDRUTE *Solidago virgaurea.* Behaarte od. meist kahle Rosettenstaude, 10–90 cm; B. lanzettl. od. längl., über der Mitte am breitesten, gezähnt, gestielt, die oberen schmäler, ungestielt; Bl.köpfe goldgelb, 15–20 mm, *kurzstrahlig*, in verzweigten Bl.ständen. VII–X. Lichte Wälder, Heiden, Rasen; bis 2800 m. T, fehlt Faeroer, IS. **1a** *S. v.* subsp. *miniata* ist die niedrige Form höherer Lagen.

2 GÄNSEBLÜMCHEN *Bellis perennis.* Behaarte Staude, 5–15 cm; B. in Rosette, spatelig, gezähnt; Bl.köpfe einzeln, lang gestielt, mit gelber Scheibe und weißen, vorne rötl. Zungenbl., 15–25 mm. Fast ganzjährig blühend. Wiesen; bis 2500 m. T (Faeroer, IS, N, S, SF). ⚕

ASTER. Bl.köpfe groß, mit einer Reihe von langen blauen, purpurnen, lila od. weißen ausgebreiteten Zungenbl., die eine gelbe Scheibe umgeben.

3 ALPEN-ASTER *Aster alpinus.* Behaarte Staude, 5–20 cm; B. elliptisch bis spatelig, ungezähnt, die oberen schmäler, ungestielt; Bl.köpfe einzeln, violettblau, rötl. od. selten weiß, 35–45 mm. VII–IX. Trockene alp. Rasen, steinige Orte; kalkhold; bis 3200 m. A, CH, CS, sD, E, z&sF, I, PL, R, YU. § **3a ALPEN-MASSLIEBCHEN** *A. bellidiastrum* (= *Bellidiastrum michelii*) ähnlich 2, hat breitere, oft gezähnte B.; Bl. rosa od. weiß, 20–40 mm, auf blattlosem St. IV–IX. Feuchte Rasenstellen; kalkhold; bis 2800 m. A, CH, CS, sD, soF.

4 HERBST-ASTER *Aster amellus.* Behaarte Staude, 20–60 cm; B. lanzettl. bis oval, schwach gezähnt od. ganzrandig; Bl.köpfe blau od. purpurn, 20–30 mm, in verzweigten Doldenrispen, selten einzeln; äußere Hüllb. kürzer als die inneren. VIII–IX. Trockenrasen, lichte Wälder, felsige Orte; bis 1400 m. A, CH, CS, D, F, H, I, PL, R, YU. §

5 PYRENÄEN-ASTER *Aster pyrenaeus.* Behaarte Staude, 40–90 cm; B. längl.-lanzettl., schwach gezähnt, halb st.umfassend; Bl.köpfe lilablau, 20–35 mm, lang gestielt, einzeln od. zu 2–5; *alle Hüllb. gleich lang.* VII–IX. Feuchte Wiesen, steinige Orte; bis 2000 m. sF; w&zPyr. •

6 DREINERVIGE ASTER *Aster sedifolius* subsp. *trinervis.* Schwach behaarte Staude, 30–100 cm; manchmal einj.; B. lineal bis lanzettl. od. elliptisch, die *unteren 3nervig*; Bl.köpfe blau od. lila; wenige Zungenbl., 15–20 mm, in dicht verzweigten Trauben. VI–IX. Äcker, trockene Orte, Ödland; bis 1800 m. A, CS, E, sF, H, I, R, YU. •

BERUFSKRAUT *Erigeron.* Ähnlich *Aster*, aber Bl.köpfe klein, mit mehreren Reihen schmaler, kurzer Zungenbl. und bleichgelbem Diskus. Schwierige Gruppe!

7 ATTISCHES BERUFSKRAUT *Erigeron atticus.* Drüsig behaarte Staude, 20–60 cm; B. oval, über der Mitte am breitesten, die unteren gestielt; Bl.köpfe 25–35 mm, mit aufrechten, violetten od. purpurnen Zungenbl., in Rispen. VII–IX. Steinige Rasen; kalkarme Böden; bis 2200 m. A, CH, CS, sD, s&oF, I, PL, R, YU. • **7a** *E. gaudinii* (= *E. glandulosus*) ist kleiner; die St. in od. unter der Mitte verzweigt, schwächer drüsig. Silikatfels. A, CH, D, s&oF, nl; Alpen, Schwarzwald. • **7b SCHARFES B.** *E. acer* ist eine graue Ein- od. Zweij.; St. *nicht* drüsig; oft purpurn; Bl.köpfe 10–15 mm; Zungenbl. schmutzig-purpurn, sehr kurz. T, fehlt Faeroer, IS.

8 VIELGESTALTIGES BERUFSKRAUT *Erigeron glabratus* (= *E. polymorphus*). Schwach behaarte Staude, 5–30 cm; St. schlank; B. schmal spatelig od. längl., gestielt, nur am Rand behaart; Bl.köpfe 15–20 mm, mit ausgebreiteten lila od. weißen Zungenbl.; die Scheibenbl. gelb od. rötl.-braun; einzeln od. zu 2–3 (selten bis 6); *Hüllb. grün* mit brauner Mitte, schwach behaart. VII–IX. Alp. Rasen, Kalkfels und -schutt; bis 3000 m. A, CH, CS, sD, E, s&oF, I, PL, R, YU.

9 ALPEN-BERUFSKRAUT *Erigeron alpinus.* Behaarte Staude, 4–40 cm; St. unverzweigt; B. schmal elliptisch bis spatelig, spitz; die unteren gestielt; Bl.köpfe einzeln od. zu wenigen, 20–30 mm, mit ausgebreiteten lila Zungenbl. und blaßgelben Scheibenbl.; Hüllb. vorne *lila*, behaart. VII–IX. Steinige saure Böden, Weiden und Rasen; 1500–3050 m. A, CH, CS, sD, E, F, I, PL, R, YU. **9a** *E. epiroticus* ähnlich 7, aber *kleiner*, meist unter 10 cm; Bl.köpfchen einzeln; Strahlenbl. purpurn; Hüllb. wollig. zl; zAp. •

1
2
3
4
5
6
7
8
9

Korbblütler (Forts.)

1 EINKÖPFIGES BERUFSKRAUT *Erigeron uniflorus.* 2–10 cm; Bl.köpfchen klein, einzeln, 10–15 mm; Zungenbl. weiß od. blaßlila, Scheibe gelb; Hüllb. *weißwollig*, an der Spitze lila. VII–IX. In schwach sauren alp. Rasen; bis 3000 m. T, fehlt B, DK, Faeroer, GB, IRL, IS, NL. **1a** *E. humilis* (= *E. unalaschkense*) hat *schwarze od. dunkelviolette* Hüllb. Bis 1400 m. IS, N, S, SF.

2 VERKANNTES BERUFSKRAUT *Erigeron neglectus.* Behaarte Staude, 10–30 cm; B. spatelig od. lanzettl., *nur am Rand behaart;* die oberen ungestielt; Bl.köpfe einzeln, 12–18 mm; Zungenbl. lila, Scheibenbl. gelb; Hüllb. behaart mit lila Spitze. VII–IX. Trockene Kalkfelsen, alp. Rasen; 1800–2600 m. A, CH, sD, oF, nl; Alpen. ● **2a** *E. borealis* hat biegsame St.; die jungen B. behaart. Wiesen und steinige Plätze. nGB, IS, N, S, SF.

3 KATZENPFÖTCHEN *Antennaria dioica* (= *Omalotheca d.*). Rasenbildende filzige Staude mit *wurzelnden Ausläufern*, 6–25 cm; B. oval, spatelig, stumpf, ganzrandig, oberseits graugrün, unterseits weißwollig; Bl.köpfe zu mehreren in dichten Trugdolden, ohne Zungenbl., weiß, rosa od. rot, die männl. 6 mm, die weibl. größer, auf verschiedenen Pfl. V–VII. Trockene Wiesen und Heiden; auf saurem Boden; bis 3000 m. T, fehlt Faeroer, IS. $ **3a ALPEN-K.** *A. alpina* ist kleiner, mit kleineren Bl.köpfchen; die Hüllb. an der Spitze grünbraun. VII–VIII. Bis 2200 m. N, S, SF. ● **3b** *A. nordhageniana* ähnlich 3, aber nicht grauwollig; St. und Unterseite der B. rötl. nN+. ●

4 KARPATEN-KATZENPFÖTCHEN *Antennaria carpatica* (= *Omalotheca c.*). 5–20 cm; ähnlich 3, aber *ohne Ausläufer*; B. längl. bis lineal, spitz; Bl.köpfchen braun od. schwärzlich. VII–VIII. Felsige und steinige Rasen; 1500–3100 m. A, CH, CS, nE, s&oF, nl, PL, R, YU. ●

5 EDELWEISS *Leontopodium alpinum.* Dicht weißfilzige od. grauwollig behaarte Staude, 3–15cm; B. längl., über der Mitte am breitesten, ganzrandig; die oberen schmäler; Bl.köpfchen klein, gelbl.-weiß, in einem dichten, flachen Bl.stand, *umgeben von* einem Stern auffallend großer, weißwolliger B. VII–IX. Alp. Rasen, felsige Hänge; meist auf Kalk; 1700–3400 m. A, CH, CS, s&oF, nl, PL, R, YU. § **5a** *L. a.* subsp. *nivale* bis 5 cm; B. kurz spatelig. zl; Abruzzen. ●

6 ZWERG-RUHRKRAUT *Omalotheca supina* (= *Gnaphalium supinum*). Grauwollige winzige Rosettenstaude, 2–10 cm; B. schmal-lanzettl., ungezähnt, einnervig; Bl.köpfe klein, rundl., ohne Zungenbl., rötl., von braunen Hüllb. umgeben; Bl. zw. den obersten B. *gebüschelt.* VII–IX. Moränen, Schneeböden; auf saurem Boden; 1400–3400 m. T, fehlt B, H, IRL, NL. **6a** *O. hoppeana* (= *Gnaphalium h.*) ist größer und schlanker; B. am Grund 3nervig. Auf kalkreichen Böden; bis 2650 m. A, CH, CS, sD, oF, nl, PL, YU; J, Alpen, wKarp. ●

7 WALD-RUHRKRAUT *Omalotheca sylvatica* (= *Gnaphalium sylvaticum*). Grauwollige Staude, 15–50 cm; B. lanzettl. bis lineal, ganzrandig, *meist einnervig*, oberseits grün, unterseits weißfilzig; Bl.köpfe rötl. od. gelbl., von braunen Hüllb. umgeben, einzeln od. in langen beblätterten Ähren. VII–IX. Lichte Wälder; bis 2500 m. T, fehlt Faeroer. **7a NORWEGISCHES R.** *O. norvegica* (= *Gnaphalium norvegicum*) ist kleiner, bis 25 cm; mit breiteren, lanzettl., *3nervigen*, beidseits weißfilzigen B. Wiesen und Weiden, lichte Wälder; meist auf saurem Boden; 1200–2800 m. T, fehlt B, Faeroer, sGB, IRL, NL.

8 BERG-HUNDSKAMILLE *Anthemis cretica* (= *A. montana*). Flaumige od. schwach behaarte Staude, 10–30 cm; B. fiederschnittig, gestielt, weißhaarig od. kahl und grün; Bl.köpfe einzeln, weiß mit gelber Scheibe, 25–40 mm, Zungenbl. manchmal fehlend; Hüllb. wollig. VII–IX. Fels und Schutt; auf Silikat; bis 2000 m. wCS, sF, I, R, YU. **8a** *A. c.* subsp. *alpina* (= *Santolina a.*) ist meist kleiner, bis 20 cm; B. dicht *gelbl. behaart*; Zungenbl. meist fehlend. Kalkfelsen. zl; Abruzzen. ● **8b KARPATEN-H.** *A. carpatica* (inkl. *A. styriaca*) □ ähnlich 8, aber B. *hellgrün*, 1–2fach fiederschnittig; Bl.köpfe 30–50 mm; Hüllb. kahl. Rasen, steinige Orte. A, CH, nE, I, PL, R, YU; sPyr, oAlpen, Karp. **8c** *A. c.* subsp. *petraea* ähnlich 8b; Bl.köpfchen 20–30 mm. zl; zAp; vielleicht auch in den oPyr. ●

9 SÜDLICHE HUNDSKAMILLE *Anthemis triumfetti* (= *Cota t.*). Flaumig behaarte aufrechte Staude, 30–60 cm; St. einzeln, *über der Mitte* verzweigt; B. fiederlappig, die Blättchen gezähnt; Bl.köpfe weiß mit gelber Scheibe, 30–50 mm. V–VIII. Sonnige Hänge, steinige Wälder; bis 1600 m. CH, E, s&oF, I, R, YU. **9a ACKER-H.** *A. arvensis* ist eine *verzweigte Einj.* mit 1–3fach fiederlappigen grauen B. Felder, Ödland; bis 1950 m. T, fehlt Faeroer.

1
2
3
4
5
8b
8
7
9
6

Korbblütler (Forts.)

WUCHERBLUME, MARGERITE *Leucanthemum*. Stauden mit gezähnten od. fiederschnittigen B.; Bl.köpfe flach, mit weißen Zungen- und gelben Scheibenbl.

1 WIESEN-MARGERITE *Leucanthemum vulgare* agg. (= *Chrysanthemum leucanthemum*). Graue od. dunkelgrüne behaarte od. kahle Staude, 20–60 cm; untere B. längl.-spatelig, fiederschnittig, gezähnt od. ungezähnt, lang gestielt; obere ungestielt, *st. umfassend*; Bl.köpfe meist einzeln, 25–50 mm; Hüllb. mit braunem Rand. VI–VIII. Wiesen, lichte Wälder; bis 2700 m. T (Faeroer, IS). **1a** *L. burnatii* St.grund mit weißhäutigen Scheiden. soF; Alpes Maritimes.

2 SCHWARZE WUCHERBLUME *Leucanthemum atratum* agg. (= *Chrysanthemum a., Ch. halleri*). Rasenbildende, behaarte od. kahle Staude, 8–30 cm; Grundb. spatelig, stumpf gezähnt od. gelappt, lang gestielt; St.b. ähnlich, ungestielt; Bl.köpfe einzeln, 20–50 mm; Hüllb. mit dunkelbraunem Rand und kleinem schuppenförmigem Anhängsel an der Spitze. VII–IX. Fels und Schutt; meist auf Kalk; bis 2800 m. A, CH, sD, oF, I, YU; v. a. Alpen, Ap. ●

3 ALPEN-WUCHERBLUME *Leucanthemopsis alpina* (= *Tanacetum alpinum, Chrysanthemum a.*). Behaarte Staude, 3–10 cm; St. meist blattlos; B. oval bis spatelig, gezähnt od. fiederlappig, grünl. od. grau; Bl.köpfe einzeln, 10–40 mm; Zungenbl. weiß, später oft *rötl.* VII–VIII. Alp. Rasen, Moränen, Schneeböden; 1800–3900 m. A, CH, CS, sD, nE, s&oF, n&zI, PL, R, YU. ●

4 ZYPRESSEN-HEILIGENKRAUT *Santolina chamaecyparissus*. Immergrüner, *silberweiß behaarter* aromatischer Halbstrauch, 20–60 cm; B. lineal, fiederlappig od. gezähnt; Bl.köpfe *kugelig*, goldgelb, 10–15 mm, ohne Zungenbl.; Hüllb. weißfilzig. VII–IX. Steinige trockene Böden, Mauern, Weinberge; bis 1200 m. nE, s&oF, nwI (CH). **4a** *S. c.* subsp. *tomentosa* ist größer, mit kahlen B. und weißl. od. blaßgelben Bl.köpfen. nE, s&soF, zI. Häufig kult.

SCHAFGARBEN *Achillea*. Aromatische Stauden mit wechselst., 1–3fach fiederschnittigen B.; Bl. klein, mit kurzen Zungenbl., meist in flachen od. verzweigten Trugdolden.

5 DOLOMITEN-SCHAFGARBE *Achillea oxyloba*. Behaarte Kriechstaude bis 20 cm, mit aufsteigendem St.; die meisten B. grundst., fiederschnittig; Bl.köpfe *einzeln od. zu 2–3*, weiß mit blaßgelber Scheibe, 20–30 mm. VII–IX. Kalkschutt und -fels; 1600–2800 m. oA, noI; Dol, soAlpen. ● **5a** *A. o.* subsp. *mucronulata* hat doppelt fiederschnittige B., meist *am St.* I; Ap. ● **5b** *A. barrelieri* ähnlich 5, aber B. und St. silberhaarig. z, sAp. **5c** *A. schurii* ähnlich 5a, aber B.abschnitte lanzettl., nicht lineal. CS, R; Karp. ●

6 SCHWARZE SCHAFGARBE *Achillea atrata*. Nur schwach aromatische Staude, 5–25 cm; St. wenigstens oberwärts *braunhaarig*; B. dunkelgrün, doppelt fiederschnittig, die Abschnitte schmal-lanzettl., meist kahl; Bl.köpfe weiß, mit weißl. Scheibe, 12–18 mm, zu 2–10. VII–IX. Steinige Rasen, Schutt; meist auf Kalk od. Schiefer; 1700–3000 m. A, CH, sD, oF, nI, nwYU; Alpen. ⚕ ● **6a** *A. clusiana* ist stark aromatisch; St. weißhaarig. A, YU; nach Osten bis Bulgarien und Griechenland. ●

7 MOSCHUS-SCHAFGARBE, JOCHKAMILLE *Achillea moschata* (= *A. erba-rotta* subsp. *moschata*). Meist kahle, stark aromatische Staude, 5–25 cm; B. hellgrün, fiederschnittig, die Zipfel lanzettl.; Bl.köpfe weiß, mit *weißl. Scheibe*, 10–15 mm, in lockeren Trugdolden zu 3–25. VII–IX. Steinige Rasen, Schutt; auf Silikat; 1500–3500 m. A, CH, I; zAlpen, Ap. ⚕ ●

6 ZWERG-SCHAFGARBE *Achillea nana*. *Grauwollige* Rosettenstaude, 5–10 cm; B. 1–2fach fiederschnittig, Zipfel lanzettl.; untere lang gestielt; Bl.köpfe reinweiß, 9–11 mm, in dichten Trugdolden zu 6–8. VII–IX. Silikatschutt und -fels; 1700–3800 m. CH, oF, n Alpen. ●

3 Alpenwucherblume

1
2
3
4
5
6
7
8

Korbblütler (Forts.)

1 SILBER-SCHAFGARBE *Achillea clavennae*. Silberhaarige Kriechstaude, 10–30 cm; B. fiederlappig, die Zipfel lanzettl., manchmal gezähnt; Grundb. lang gestielt; Bl.köpfe weiß, mit weißer Scheibe, 10–20 mm, in *lockeren Trugdolden* von 5–25. VII–IX. Schutt und Fels; meist auf Kalk; 1500–2500 m. A, CH, sD, nl, nw&wYU. •

2 EINFACHBLÄTTRIGE JOCHKAMILLE *Achillea erba-rotta*. Meist kahle Staude, 5–25 cm; B. *nicht* fiederlappig, sondern spatelig bis lanzettl., gezähnt; die Zähne oft am Grund breiter; Bl.köpfe weiß, 14–16 mm, in lockeren Trugdolden von 10–30. VII–VIII. Rasen, felsige Orte; auf Silikat; 2000–3200 m. swCH, soF, nwl; swAlpen. • **2a** *A. e.* subsp. *rupestris* hat rasigen Wuchs und *ganzrandige* B. Auf Kalk. I; Ap. • **2b** *A .e.* subsp. *calcarea* hat rasigen Wuchs und fiederschnittige B. Auf Kalk. nl; Ap. •

3 GROSSBLÄTTRIGE SCHAFGARBE *Achillea macrophylla*. Meist kahle Staude, 50–100 cm; B. groß, fiederlappig mit 8–12 lanzettl., gezähnten, spitzen Abschnitten; Bl.köpfe weiß, 13–15 mm, in lockeren Trugdolden zu 5–40. VII–IX. Schattige feuchte Orte, Hochstauden; bis 2500 m. A, CH, sD, nl (CS); Alpen, nAp. **3a** *A. lingulata* ähnlich 3, aber mit gezähnten, nicht gelappten, drüsig-gepunkteten B.; Bl.köpfe kleiner. Felsen, Wiesen. R, z&oYU. •

4 RAINFARNBLÄTTRIGE SCHAFGARBE *Achillea distans*. Schwach behaarte Staude bis 120 cm; B. fiederlappig, Abschnitte breit, gezähnt; untere B.abschnitte der oberen B. st.umfassend; Bl.köpfe rosa, 5–6 mm, zu vielen in *breiten* verzweigten Trugdolden. VI–IX. Weiden, Waldränder, Gebüsche; bis 2500 m. A, CH, oF, H, I, PL, R, YU. • **4a** *Achillea d.* subsp. *tanacetifolia* Bl.köpfe rosa, Strahlbl. 2,5–4 mm lang. sA, nl; sAlpen.

5 GEMEINE SCHAFGARBE *Achillea millefolium* agg. Meist behaarte aromatische Staude, 20–60 cm; B. 2–3fach fein gefiedert, oberseits behaart, dunkelgrün; Bl.köpfe weiß od. rosa mit cremefarbener Scheibe, 4–6 mm, in *großen flachen* Trugdolden. VII–IX. Wiesen, Wegränder; bis 2800 m. T. ⚕☠ **5a HÜGEL-S.** *A. collina* hat oberseits kahle B.; Bl. weiß. A, CH, CS, sD, H, nl, R, YU. • **5b** *A. pannonica* ist ähnlich 5, aber *grau bis silbergrau*; Bl. weiß. Trockene steinige Orte. A, CS, H, R, YU. •

6 ANDORRA-SCHAFGARBE *Achillea chamaemelifolia*. Vom Grund an verzweigte, schwach behaarte Staude bis 50 cm; B. fiederlappig, kahl, die Abschnitte lineal, ganzrandig; Bl.köpfe weiß, 4–9 mm, in lockeren Trugdolden. VI–VIII. Felsige Orte; bis 1700 m. noE, sF; oPyr. •

7 DUFTENDE SCHAFGARBE *Achillea odorata*. Kurzhaarige Staude, 10–20 cm; St. einfach; B. 1–2fach fiederlappig, Abschnitte eiförmig, gezähnt; Bl.köpfe weiß bis blaßgelb, 3–4 mm, in großen dichten Trugdolden. V–VII. Trockene steinige Orte; bis 1450 m. E, s&soF, nwl.

8 SUMPF-SCHAFGARBE *Achillea ptarmica*. Behaarte, nicht aromatische Staude, 30–60 cm; B. ungeteilt, lanzettl., fein gezähnt, ungestielt, die oberen halb st.umfassend, kahl; Bl.köpfe weiß mit cremefarbener Scheibe, 14–18 mm, in locker verzweigten Trugdolden. VII–IX. Feuchte Wiesen, Wassergräben; auf saurem Boden; bis 1700 m. T, fehlt z&sl, oR, YU (IS).

9 PYRENÄEN-SCHAFGARBE *Achillea pyrenaica*. Schwach behaarte Staude; B. dunkelgrün, ungeteilt, lanzettl., gezähnt, kurz *drüsenhaarig*; Strahlenbl. weiß, Röhrenbl. cremefarben, Köpfchen 18–20 mm, in locker verzweigten Trugdolden. VII–IX. Feuchte Rasen; bis 1800 m. nE, z&sF; Pyr. •

8 Sumpf-Schafgarbe: mittlere Stengelblätter

1
2
3
4a
5
6
7
8
9

WERMUT, EDELRAUTEN *Artemisia*. Meist aromatische Stauden mit wechselst., fiederteiligen B.; Bl.köpfchen klein, ohne Zungenbl.; in einfachen od. verzweigten Ährentrauben. ⚕☓

1 WALLISER WERMUT *Artemisia vallesiaca* (= *A. maritima* subsp. *vallesiaca*). Weißfilzige, stark aromatische, am Grund verholzte Staude mit zahlreichen grundst. B.rosetten, 20–40 cm; B. 1–3fach fiederlappig, die obersten oft ungelappt; Bl.köpfchen eiförmig, gelb od. orangegelb, 3–5 mm. VIII–X. Felsige Trockenrasen; auf Kalk; bis 1300 m. swCH, soF, nwl; swAlpen.

2 FELSEN-EDELRAUTE *Artemisia eriantha* (= *A. petrosa*). Silberweiß behaarte Staude mit grundst. B.rosetten, 10–30 cm; B. *doppelt 3zählig od. fingerförmig*, gestielt, die oberen sitzend; Bl.köpfchen gelb, 3,5–4,5 mm, in schwach verzweigten Ähren; Bl. behaart, Tragb. oval, häutig, mit braunem Rand, behaart. VII–IX. Silikatfels und -schutt; 2000–3150 m. CS, nE, s&oF, n&zl, PL, R, YU. • **2a SCHWARZE E.** *A. genipi* (= *A. spicata*) 5–15 cm; ist etwas weniger behaart; die Köpfchen unscheinbar, zahlreich, mit schwärzl. Hüllb.; Krone gelb, *kahl*. VII–VIII. Fels und Schutt, bes. auf Kalkschiefer; bis 3800 m. A, CH, F, I; Alpen. • **2b SCHNEE-E.** *A. nivalis* ähnlich 2a, aber Pfl. kahl, St. rötl., Köpfchen 2–3 mm. swCH. •

3 DUFTLOSER WERMUT *Artemisia insipida. Nicht aromatische* Staude, 15–30 cm; B. 1–2fach fiederlappig, Zipfel lineal, oberseits grün, *unterseits silberhaarig*; Bl.köpfchen nickend, gelb, 3 mm, in verzweigten Trauben; Bl. behaart, Tragb. hautrandig, behaart. VII–IX. Felsige Rasen; bis 1400 m. soF (Gap); vielleicht +. •

4 KAMILLEN-WERMUT *Artemisia chamaemelifolia. Kahle*, schwach aromatische Staude, 20–60 cm; B. 2–3fach fiederlappig, die oberen ungestielt, *halb st.umfassend*; Bl.köpfchen gelb, 2,5–3 mm, in gedrängter Rispe; Tragb. lineal, meist kahl. VII–VIII. Felsige Trockenrasen; bis 2400 m. nE, s&soF, nwl; Pyr, Cord. cant, swAlpen.

5 GLÄNZENDE EDELRAUTE *Artemisia nitida. Weißseidige* Staude, 20–40 cm; untere B. fingerförmig, obere fiederlappig, Lappen gestielt, lineal; Bl.köpfchen gelbl., 4–6 mm, in *einseitigen Trauben*, Kronzipfel dicht behaart. VII–IX. Porphyr- und Dolomitfelsspalten; 1200–2400 m. soA, nol, nwYU; Dol, soAlpen. • **5a** *A. pedemontana* Pfl. weiß-wollig; Bl.köpfe 4–6 mm. Kalkfelsen; bis 1500 m. n&zE, z&sl, R; lokal.

6 ECHTE EDELRAUTE *Artemisia umbelliformis* (= *A. mutellina*, *A. laxa*). Lockere, *polsterbildende* silberhaarige Staude, 10–20 cm; B. fingerförmig gelappt mit linealen Zipfeln; Bl.köpfchen gelb, 3,5–4,5 mm, zu wenigen in schlanken Ähren; Bl. behaart, Tragb. silberhaarig. VII–IX. Fels und Schutt; auf Silikat und Kalk; 1300–3700 m. A, CH, sD, soF, nl; Alpen, nAp. **6a GLETSCHER-E.** *A. glacialis Köpfchen* am Ende des St. gehäuft, leuchtend gelb, Bl. kahl. Silikatfels und -schutt; 1900–3200 m. swCH, soF, nwl; swAlpen. •

7 SCHWARZER WERMUT *Artemisia atrata*. Schwach behaarte, nicht aromatische Staude, 10–30 cm; B. *grün*, 2–3fach fiederteilig, farnartig, *drüsig punktiert*; Bl.köpfchen grüngelb, 3,5–4 mm, in schlanken Ähren od. Trauben; Bl. an der Spitze behaart. VII–VIII. Subalp. Rasen; auf Kalk; 1800–2400 m. wF, nl, nwYU; immer sehr lokal. • **7a NORWEGISCHER W.** *A. norvegica* hat *weniger* als 10 Bl.köpfchen, jedes lang gestielt und schwach nickend, 8–9 mm; bis 1900 m. nwGB, zN.

8 PYRENÄEN-WERMUT *Artemisia herba-alba* (= *A. aragonensis*). Aromatischer, *von Grund an verzweigter* graubehaarter Halbstrauch, bis 60 cm; B. *klein*, fiederlappig, kurz gestielt od. ungestielt; Bl.köpfchen gelbl., 3 mm, in Rispen; Bl. kahl. VII–VIII. Felsen; bis 2000 m. n&zE, sF; lokal. •

9 FELD-WERMUT *Artemisia campestris*. Formenreiche, kaum aromatische Staude, 20–60 cm; St. *kahl, braunrot*; B. 2–3fach fiederlappig, in der Jugend silberhaarig, später verkahlend, die untersten gestielt; Bl.köpfchen gelbl. od. rötl., 1,5–4 mm, in reich verzweigten Rispen. VIII–IX. Trockenrasen, Ödland; gern auf Sandboden; bis 2000 m. T, fehlt Faeroer, IRL, IS. **9a** *A. c.* subsp. *alpina* ist kleiner, mit *schmaler* Rispe. 1000–2000 m. A, CH, sD, oF, nl, nwYU; lokal. • **9b ARKTISCHER W.** *A. c.* subsp. *borealis* (= *A. borealis*) St. bis 25 cm; Bl.köpfchen größer, 5–6 mm, meist nur 1–3 Köpfchen im Rispenast. Fels und Schutt; 1500–2800 m. A, CH, sD, oF, nl, nwYU; Sibirien, Grönland.

1
2
3
4
5
6
7
8
9

1 HUFLATTICH *Tussilago farfara.* Kriechende behaarte Staude, 5–20 cm; alle B. grundst., rundl.-herzförmig mit spitzen Zähnen, gestielt, *unterseits weißfilzig,* oberseits grün; Bl.köpfe leuchtend gelb, *Zungenbl. kurz,* einzeln an mit *purpurnen Schuppen* bedecktem St., oft vor den B.; Fr. mit weißem Pappus. II–VIII. Lehmige feuchte Böschungen, staunasse Wiesen; bis 2600 m. T. ⚕

2 ALPENLATTICH *Homogyne alpina.* Kriechende Staude, 15–30 cm, mit aufrechtem St.; die meisten B. grundst., nierenförmig, stumpf gezähnt, lang gestielt, *oberseits glänzend dunkelgrün,* unterseits heller od. purpurn, behaart; St.b. schuppenförmig; Bl.köpfe rötl.-purpurn, *ohne Zungenbl.,* becherförmig, 10–15 mm, einzeln. V–VIII. Wälder, Bachufer, feuchte Rasen, Schneeböden; bis 3000 m. A, CH, CS, D, nE, z, s&oF, n&zl, PL, R, YU (GB). • **2a, 2b** → S. 348

3 WEISSE PESTWURZ *Petasites albus.* Bestandbildende filzige Staude, 10–30 cm; St. mit Schuppen; Grundb. rundl.-herzförmig, gelappt und gezähnt, jung unterseits dicht *weißfilzig,* lang gestielt; Bl.köpfe gelbweiß, ohne Zungenbl., pinselförmig, in dichten kopfigen Trauben; Hüllb. hellgrün. III–IV. Feuchte Waldstellen, Bachufer; bis 2200 m. T, fehlt B, IRL, IS, nN, NL, nS, SF (Faeroer, GB). **3a, 3b, 3c** → S. 348

4 GRAUER ALPENDOST *Adenostyles alliariae.* Graubehaarte Staude, 50–120 cm; untere B. 3eckig-herzförmig bis nierenförmig, grob gezähnt, lang gestielt, *unterseits mattgrün, spinnwebig-flockig,* obere viel kleiner, st.umfassend; Bl.köpfe klein, purpurn, ohne Zungenbl., 6–8 mm lang, in dichten verzweigten Trugdolden; 3–4 Bl. je Köpfchen. VII–VIII. Bachufer, feuchte Felsen, Hochstaudenfluren; bis 2700 m. A, CH, CS, sD, E, z&sF, I, PL, R, YU. • **4a** *A. a.* subsp. *hybrida* (= *A. pyrenaica*) hat größere Bl.köpfchen mit je 12–15 Bl. nE, s&soF, nl, R, YU. **4b KAHLER A.** *A. alpina* (= *A. glabra*) ist kleiner, mit *nierenförmigen,* unterseits kahlen B. Feuchte Kalksteinböden, Wälder, Schutthalden; bis 2500 m. A, CH, sD, oF, I, nwYU; Alpen, J, Ap. • **4c WEISSFILZIGER A.** *A. leucophylla* (= *A. tomentosa*) ähnlich 4a, aber kleiner; St. und B. weißfilzig, obere B. gestielt. Silikat-Geröllhalden; 1900–3100 m. A, CH, oF, nl; Alpen. •

5 OCHSENAUGE *Buphthalmum salicifolium.* Weichhaarige Staude, 20–50 cm; St. in der oberen Hälfte verzweigt; B. längl. bis schmal-lanzettl., schwach gezähnt od. ganzrandig, die unteren gestielt; Bl.köpfe goldgelb, 30–50 mm, Zungenbl. lang. VI–VII. Trockene Waldränder, steinige Orte; bis über 2000 m. A, CH, CS, sD, o&soF, H, nl, w&nwYU. •

6 ARNIKA *Arnica montana.* Aromatische weichhaarige Staude, 30–60 cm; St. mit 1–2 gegenst. B.paaren; Grundb. elliptisch bis längl., ganzrandig, meist unter der Mitte am breitesten, in Rosette; Bl.köpfe groß, 4,5–6 cm, meist einzeln, goldgelb, Zungenbl. lang. V–VIII. Bürstlingweiden, lichte Wälder; bis 2850 m. T, fehlt Faeroer, GB, z&sl, IRL, IS, nN, nS, SF. ⚕ (§) **6a** *A. angustifolia* subsp. *alpina* (= *A. alpina*) ist kleiner, mit schmäleren B. und kleineren Bl., 3,5–4,5 cm. nN, nS, nSF; arktisches Europa.

GEMSWURZ *Doronicum* hat große flache wechselst. B.; Bl.köpfe groß und flach, gelb.

7 ÖSTERREICHISCHE GEMSWURZ *Doronicum austriacum.* Bestandbildende behaarte Staude bis 100 cm; Grundb. oval-herzförmig, schwach gezähnt, gestielt; St.b. umfassend, die *unteren gestielt;* Bl.köpfe 5–6 cm, zu 5–12 in *verzweigten Bl.ständen.* VII–VIII. Wälder, Bachufer, schattige Wiesen; bis 2000 m. A, CS, D, nE, z&sF, H, nl, PL, R, YU. **7a, 7b** → S. 348

8 GROSSKÖPFIGE GEMSWURZ *Doronicum grandiflorum* (= *D. scorpioides*). Behaarte Staude bis 35 cm; Grundb. oval, in den langen Stiel *verschmälert,* gezähnt; obere lanzettl., st.umfassend; Bl.köpfe *einzeln,* 3,5–6,5 cm; Zungenbl. mit Pappus. VII–VIII. Felsschutt, steinige Rasen; auf Kalk; 1300–2900 m. A, CH, sD, s&oF, I, YU. • **8a** *D. plantagineum* bis 80 cm; Zungenbl. *ohne* Pappus. Wälder und Weiden. E, F, I (GB, NL). • **8b** *D. clusii* (= *D. styriacum*) hat elliptische, dicht behaarte Grundb. A, CH, CS, nE, s&oF, nl, PL, R, YU. **8c** *D. glaciale* bis 20 cm; B. etwas fleischig, am Rand kurz drüsig. Lang schneebedeckte Schutthalden; bes. auf Kalk. A, CH, sD, nl, YU. •

9 HERZBLÄTTRIGE GEMSWURZ *Doronicum columnae* (= *D. cordatum*). Kahle od. schwach behaarte, bestandbildende Staude, 15–60 cm; B. überwiegend grundst., 3eckig-herzförmig, gestielt, gezähnt, unter 5 cm; St.b. sitzend, umfassend; Bl.köpfe einzeln, 3–6 cm. V–VIII. Feuchte, steinige Kalkböden, offene Wälder; bis 2300 m. A, soD, I, R, YU. **9a** *D. carpetanum* hat die unteren St.b. gestielt und *umfassend;* Bl.köpfe meist zu 2–3. n&zE. •

1
2
3
4
5
6
7
8
9

Korbblütler (Forts.)

KREUZKRAUT, GREISENKRAUT *Senecio*. Stauden, manchmal Einj. mit wechselst. B.; Bl.köpfchen oft in Trugdolden, selten einzeln, gelb od. orangegelb, meist mit Zungenbl. Große und schwierige Gruppe mit vielen Arten und Formen. ⚘

1 OBIR-KREUZKRAUT *Senecio ovirensis*. Drüsige, grau behaarte Staude, 20–80 cm; Grundb. aufrecht, oval bis lanzettl., *grob gezähnt*, mit breit geflügelten Stielen, zur Bl.zeit verwelkt; St.b. kurz gestielt od. sitzend; Bl.köpfe groß, goldgelb, 30–40 mm, zu 3–10 in lockeren Trugdolden, jeder Kopf mit 18–21 Zungenbl. V–VII. Feuchte und schattige Orte; bis 2500 m. A, CH, sD, nE, s&oF, H, n&zl, YU. ● **1a, 1b, 1c, 1d** → S. 348

2 WERMUTBLÄTTRIGES KREUZKRAUT *Senecio abrotanifolius*. Schwach behaarte Staude, 20–40 cm; B. *2–3fach fiederlappig*, gestielt, Zipfel lineal, die obersten weniger stark geteilt; Bl.köpfe orangegelb mit *braunen Streifen*, groß, 25–40 mm, zu 2–5, mit 10–12 Strahlenbl. VII–IX. Kalkfels, Legföhrengebüsch; bis 2700 m. A, B, CH, CS, sD, nl, PL, R, nwYU; Alpen, Karp. ● **2a** *S. a.* subsp. *tirolensis* die Silikatsippe mit rein orangen Bl.köpfen. A; zoAlpen. **2b** *S. a.* subsp. *carpaticus* Köpfchen einzeln. R; Karp, Balkan. **2c** *S. adonidifolius* 30–70 cm; Bl.köpfchen gelb, 10–16 mm, mit 3–6 Strahlenbl, in dichten Trugdolden. Felsige Wiesen auf Silikat. noE, z, s&oF. ● **2d** → S. 348

3 PYRENÄEN-KREUZKRAUT *Senecio pyrenaicus* (= *S. tournefortii*). Kahle od. schwach behaarte Staude, 20–60 cm; B. in der Mitte des St. gehäuft, längl. bis schmal-lanzettl., spitz, die oberen kurz gestielt; Bl.köpfchen gelb, 25–40 mm, mit 10–16 Strahlenbl., in Trugdolden. VII–VIII. Rasen und Felsen; 1300–2000 m. E, sF. ●

4 GEMSWURZ-KREUZKRAUT *Senecio doronicum*. Flockig behaarte Staude, 20–60 cm; B. elliptisch bis oval, gezähnt, gestielt, dunkelgrün, *unterseits weißfilzig*, obere schmäler, halb st.umfassend; Bl.köpfe groß, tiefgelb od. orangegelb, 30–60 mm, mit 22 Strahlenbl, einzeln od. zu 2–4. VII–VIII. Alp. Rasen und Zwergstrauchheiden; auf basischem Boden; bis 3100 m. A, CH, sD, E, z&sF, I, R, YU. **4a** *S. scopolii* (= *S. lanatus*) hat *immer einzelne*, blaßgelbe Bl.köpfe. Kalkhold. I, YU. ●

5 GANZRANDIGES KREUZKRAUT *Senecio integrifolius*. Grau- od. weißfilzige Staude, 20–50 cm; B. meist in *flachen Rosetten*, oval bis rundl., gestielt, oft ungezähnt, obere kleiner, sitzend; Bl.köpfe gelb od. goldgelb, 15–25 mm, zu 3–15 in Trugdolden, jedes Köpfchen mit 12–15 Strahlenbl. V–VI. Trockene Weiden; kalkhold; bis 2200 m. T, fehlt B, E, Faeroer, IRL, IS, NL. **5a** *S. i.* subsp. *capitatus* bis 30 cm; die ganze Pfl. auch im Alter grauweiß-wollig; Bl.köpfe orangerot, selten gelb, mit od. ohne Strahlenbl. VI–VII. Steinige Rasen; kalkhold; 1800–2500 m. A, CH (Alpen, J), F, I, PL. ● **5b** *S. i.* subsp. *aurantiacus* (= *S. aurantiacus*) ähnlich 6, aber Bl.köpfe orange od. braunrot, manchmal ohne Strahlenbl. Bergwiesen, offene Wälder; bis über 1000 m. A, CS, PL (Karp), YU; bes. oAlpen (D). ●

6 ALPEN-KREUZKRAUT *Senecio cordatus* (= *S. alpinus*). Kahle Staude, 30–40 cm; B. *herzförmig*, oft am Grund gelappt, grob gezähnt, gestielt, unterseits graufilzig, obere B. kleiner, oval; Bl.köpfe gelb od. orangegelb, 25–40 mm, zu 5–20 in Trugdolden, jeder Kopf mit 12–21 Strahlenbl. VII–IX. Gedüngte Wiesen, Lägerstellen; bis 2150 m. A, CH, sD, oF, n&zl; Alpen, n&zAp. ● **6a** *S. subalpinus* hat unterseits grüne B., die *oberen B.* fiederlappig. Hochstaudenfluren. A, CS, soD, PL, R. ●

7 GRAUES KREUZKRAUT *Senecio incanus*. *Graue od. silberweiße*, filzige Staude, 5–15 cm; B. im Umriß breitoval, lang gestielt, bis zur Mitte fiederlappig mit linealen Abschnitten, obere weniger tief gelappt od. ganzrandig; Bl.köpfe tiefgelb, 10–13 mm, mit 3–6 Strahlenbl, zu 4–10 in *dichten Trugdolden*. VII–IX. Krummseggenrasen, Felsschutt; 1700–3500 m. sCH, swF, nl; s&swAlpen, nAp. ● **7a** *S. i.* subsp. *carniolicus* hat schmälere Grundb. als 1, *über der Mitte am breitesten*, nicht bis zur Mitte gelappt; Pfl. grau, verkahlend. oA. **7b, 7c** → S. 348

8 EINKÖPFIGES KREUZKRAUT *Senecio halleri* (= S. *uniflorus*). Dicht *silberweiße*, filzige Staude, 3–10 cm; Grundb. lang-gestielt, im Umriß längl., tief gezähnt; Bl.köpfe *einzeln*, 20–25 mm, mit 10–16 Strahlenbl., orangegelb. VII–IX. Silikatschutt, Weiden; 1900–3600 m. s&swCH, soF, nl; s&swAlpen. ● Pitschenjoch/Zill 09/04

9 HAIN-KREUZKRAUT *Senecio nemorensis*. Schwach behaarte, dicht beblätterte Staude, 60–150 cm; B. oval bis lanzettl., gezähnt, gestielt, die oberen kleiner und st.umfassend; Bl.köpfe gelb, 15–25 mm, mit 5–6 Strahlenb., in lockeren Ebensträußen; Hüllb. oft mit schwarzer Spitze. VII–IX. Hochstaudenfluren, Buchenwälder; bis 2200 m. B, CH, CS, D, H, nl, NL, PL, R, YU (sS). **9a, 9b** → S. 348

1
2
3
4
5
6
7
8
9

Korbblütler (Forts.)

EBERWURZ *Carlina*. Zweij. od. Stauden mit stacheligen B.; Bl.köpfe groß, mit stacheligen äußeren Hüllb. und schmalen spitzen weißen od. gelben inneren Hüllb., die eine Scheibe von zahlreichen Röhrenbl. umgeben. Bl.köpfe bei Schlechtwetter geschlossen.

1 **SILBERDISTEL** *Carlina acaulis*. Zweij. od. ausdauernd, 5–30 cm, meist stengellos; B. in flacher Rosette, fiederschnittig, stachelig, unterseits oft behaart; Bl.köpfe einzeln, 5–10 cm, mit *sternförmig* ausgebreiteten silbrigen inneren Hüllb., Scheibe weißl. od. purpurbraun. VII–IX. Steinige Weiden, lichte Wälder; bis 2800 m. A, CH, CS, sD, n&zE, z&sF, H, I, PL, R, YU. $ § • **1a** *C. a.* subsp. *simplex* St. bis 60 cm; mit *bis zu 6* Bl.köpfen. Verbreitung ähnlich 1.

2 **ACANTHUSBLÄTTRIGE EBERWURZ** *Carlina acanthifolia*. Stengellose monokarpische (nach der Blüte absterbende) Staude; ähnlich 1, aber B. breiter, *unterseits weißsamtig*; Bl.köpfe einzeln, 12–15 cm, mit weit ausgebreiteten strohfarbenen inneren Hüllb., Scheibe lila. VII–IX. Wiesen, steinige Orte; meist auf Kalk; bis 1800 m. E, z&sF, I, PL, R, YU. • **2a** *C. a.* subsp. *cynara* hat schmälere B. und hellgelbe innere Hüllb. nE, sF, nI; Pyr, nAp.

3 **GOLDDISTEL** *Carlina vulgaris*. Aufrechte Staude, 15–50 cm; B. kurz, schmal längl. od. oval, dornig gezähnt, die unteren oft wollig, *ohne* grundst. Rosette; Bl.köpfe *klein*, 2–4 cm, mit strohfarbenen inneren Hüllb., einzeln od. zu 2–3. VII–IX. Wegränder, steinige grasige Orte, offene Wälder; bis 1750 m. T, fehlt Faeroer, IS, nN, nS.

4 **WEICHE SILBERSCHARTE** *Jurinea mollis*. Grauhaarige, einfache od. verzweigte Staude, 30–70 cm; die unteren B. fiederlappig, mit welligem od. umgerolltem Rand, obere oft ungelappt, lineal-lanzettl.; Bl.köpfe purpurn, 25–45 mm, einzeln od. zu wenigen, nur Röhrenbl.; Hüllb. mit zurückgebogener purpurner Spitze. V–VIII. Trockenrasen, steinige Orte; bis 2000 m. A, CS, H, nI, nwYU; bes. im pannonischen Raum. • **4a** *J. m.* subsp. *moschata* hat einen stark verzweigten beblätterten St.; Bl.köpfe zu 5 od. mehr beisammen. I; Ap. **4b** *J. m.* subsp. *transsylvanica* ähnlich 4, aber alle B. kahl. zR. **4c NIEDRIGE S.** *J. humilis* (= *J. bocconi*) St. nicht über 4 cm; Bl.köpfe hellrot, 20–25 mm, einzeln *inmitten* einer B.rosette. VI–VIII. Trokkene, felsige Orte. E, sF; Pyr, Cord. cant.

ALPENSCHARTE *Saussurea*. Nicht stachelige Stauden; Bl.köpfe einzeln od. gebüschelt, pinselförmig; ohne Zungenbl.; Staubb. deutlich vorragend.

5 **ZWERG-ALPENSCHARTE** *Saussurea pygmaea*. Dicht beblätterte behaarte Staude, 2–12 cm; B. lineal bis schmal-lanzettl., spitz, meist gehäuft; Bl.köpfe einzeln, violettpurpurn, 25–35 mm. VII–VIII. Fels und Schutt; auf Kalk; 1600–2550 m. A, sD, nI, nwYU, PL; oAlpen, wKarp. •

6 **ECHTE ALPENSCHARTE** *Saussurea alpina*. Aufrechte Staude, 5–30 cm; St. oft behaart; B. oval bis breit-lanzettl., am Grund verschmälert, die unteren gestielt, gezähnt od. ganzrandig, oberseits kahl, dunkelgrün, unterseits spinnwebig graufilzig; Bl.köpfe dicht gebüschelt, purpurn, 10–15 mm. VII–IX. Alp. Rasen, Fels und Schutt; auf kalkreichem Boden; 1500–3000 m. A, CH, CS, D, nE, F, I, IRL, N, PL, R, S, YU. **6a** *S. a.* subsp. *macrophylla* hat *rundl.*, am Grund nicht verschmälerte B. oA, noI, nwYU; soAlpen. • **6b** *S. a.* subsp. *depressa* (= *S. depressa*) St. 2–8 cm; am Grund *niederliegend*; B. oberseits spinnwebig-filzig. Kalkschutt. A, CH, sD, oF, nI, nwYU; Alpen. •

7 **ZWEIFARBIGE ALPENSCHARTE** *Saussurea discolor* (= *S. lapathifolia*). Aufrechte filzige Staude, 10–20 cm; B. 3eckig-lanzettl., am Grund *abgerundet od. herzförmig*, gezähnt, gestielt, oberseits grün, unterseits weißfilzig, die oberen schmäler und st.umfassend; Bl.köpfe hellviolett, 12–18 mm, zu mehreren, duftend. VII–IX. Felsen, steinige Rasen; auf Kalk und Granit; 1400–2800 m. A, CH, CS, sD, nI, R, nwYU. •

8 **STENGELLOSE ESELSDISTEL** *Onopordum acaulon*. Stengellose, grau- od. weißwollige Zweij.; B. in Rosette, 40 × 12 cm, lanzettl. bis elliptisch, gelappt und dornig gezähnt, lang gestielt; Bl.köpfe weiß, ohne Zungenbl., 40–60 mm, von zahlreichen schmalen stachelspitzigen Hüllb. umgeben, einzeln od. bis zu 6. VII–VIII. Trockenrasen, felsige Orte; bis 1800 m. E, sF; Pyr, Spanische Gebirge, Corbières. • **8a** *O. rotundifolium* (= *Berardia subacaulis*) bis 15 cm; hat rundere, *nicht stachelige*, schwach gezähnte weißfilzige B. und einzelne blaßgelbe od. lilarosa Bl.köpfe, von langen spinnwebig-filzigen Hüllb. umgeben. Schutt und Fels; 1500–2500 m. soF, nwI; swAlpen. •

9 **GROSSE ESELSDISTEL** *Onopordum acanthium*. Weiß- od. graufilzige Zweij., 50–150 cm; St. derb, dornig, geflügelt; B. längl.-oval bis lanzettl., stachelig spitz, sitzend; Bl.köpfe purpurn, manchmal weiß, 35–50 mm, meist einzeln; Hüllb. zahlreich, gelb bedornt. VII–IX. Schuttplätze, Wegränder; bis 1500 m. T, fehlt Faeroer, IRL, IS (DK, GB, sS). **9a** *O. a.* subsp. *gautieri* Bl.köpfe zu 3–5, 25–40 mm. nE, sF; z&oPyr. •

2
3
1
6
9
4
5
7
8

Korbblütler (Forts.)

DISTELN *Carduus* und *Cirsium*. Stauden mit dornig geflügelten St. und wechselst., bestachelten B.; Bl.köpfe ohne Zungenbl., rundl. und pinselförmig, oft purpurn, umgeben von einer Hülle aus zahlreichen meist dornspitzigen Hüllb.; Fr. glatt, mit federigem Pappus (*Cirsium*) od. einfachem Pappus (*Carduus*).

1 NICKENDE DISTEL *Carduus nutans*. Staude mit *weißwolligem St.*, 30–100 cm; B. fiederschnittig, mit langen od. kurzen Stacheln; Bl.köpfe leuchtend rotpurpurn, 20–45 mm, einzeln od. zu mehreren, nickend, auf stachellosem Stiel; Hüllb. purpurn. VI–IX. Trockenrasen, Ödland; bis 2500 m. A, B, CH, CS, D, E, GB, NL, I, YU (DK, sS).

2 APENNINEN-DISTEL *Carduus chrysacanthus*. Staude bis 40 cm, mit weißwolligem St.; B. fiederlappig, unterseits weißwollig; Bl.köpfe purpurn, 30–50 mm, auf stacheligem Stiel; Hüllb. behaart, lang dornig zugespitzt, die äußeren meist zurückgeschlagen. VI–VIII. Trockenrasen, steinige Orte; bis 2300 m. oE, z&sI. ●

3 BERG-DISTEL *Carduus personata*. Staude, 60–180 cm; St. schmal geflügelt, kurz stachelig; B. lanzettl. od. oval, weichstachelig, unterseits spinnwebig, die *oberen ungeteilt*; Bl.köpfe purpurrot, 15–25 mm, in *dichten Köpfen*; Hüllb. schmal, nicht dornig, die äußeren zurückgekrümmt. VII–VIII. Feuchte Wiesen, Bachufer; bis 2300 m. A, CH, CS, sD, z&sF, n&zI, PL, R, YU. ●

4 SEEALPEN-DISTEL *Carduus litigiosus*. Zweij. bis 70 cm; St. breit geflügelt, weißfilzig; B. fiederlappig, beidseits weißwollig; Bl.köpfe purpurn, 20–30 mm, zu 2–5; Hüllb. am Rand weißhaarig, *nicht zurückgekrümmt*. V–VII. Trockenrasen, steinige Orte; bis 1400 m. soF, nI. ● **4a** *C. l.* subsp. *horridissimus* St. breit 3eckig, geflügelt; Stacheln bis 12 mm; B. bis 25 cm. sF; Alpes Maritimes.

5 ALPEN-DISTEL *Carduus defloratus* agg. Staude, 30–80 cm; St. kahl od. schwach weißhaarig, nicht geflügelt, oberwärts blattlos; B. lanzettl., meist kahl, ganzrandig, dornig gezähnt; Bl.köpfe purpurn bis rosa, 20–30 mm, einzeln, *schwach nickend*; Hüllb. kahl, aufrecht, die äußeren *s-förmig* gekrümmt. VI–X. Wiesen, steinige Orte, offene Wälder; gern auf Kalk; bis 3000 m. A, CH, CS, z&sD, H, nI, PL, R, YU. ● Formenreich!

6 EBERWURZBLÄTTRIGE DISTEL *Carduus carlinifolius*. Kahle od. weißhaarige Staude bis 50 cm; im oberen Teil *stark verzweigt*; St. oben ungeflügelt, nicht stachelig; B. dick, fiederlappig, ± kahl; Stacheln bis 10 mm lang; Bl.köpfe purpurn, 20–30 mm, meist einzeln; Hüllb. meist stachelig, oft zurückgebogen. VII–X. Trockene Rasen, steinige Orte, Schutt; bis 2500 m. CH, n&noE, s&oF, I. ● **6a** *C. argemone* B. dünn; Stacheln höchstens 2–3 mm. CH, E, F, I; Pyr, Corbières, Cord. cant., J, wAlpen. ●

7 WEG-DISTEL *Carduus acanthoides*. Zweij. bis 150 cm; St. schwach weißhaarig; B. fiederlappig, mit langen weichen Stacheln, nur unterseits an den Nerven behaart, sonst kahl; Bl.köpfe rotpurpurn, 20–25 mm, einzeln od. zu mehreren auf *stacheligen Stielen*; Hüllb. aufrecht od. abstehend, schmal, lang zugespitzt. VI–IX. Wegränder, Ödland, Hecken; bis 2000 m. T, fehlt E, swF, Faeroer, IS (CH, N). **7a** *C. crispus* hat kurze, schmal geflügelte Bl.kopfstiele, bis 8 cm lang; alle Hüllb. aufrecht. Bis 1900 m. T, fehlt Faeroer, GB, IRL, IS, Subarkt.

8 SÜDLICHE ALPENDISTEL *Carduus carduelis*. Staude bis 80 cm; St. meist kahl, oben ungeflügelt und stachellos; B. fiedrig gelappt, oberseits kahl, unterseits spinnwebig; Bl.köpfe purpurn, 15–30 mm, einzeln; Hüllb. schmal, die äußeren s-förmig gekrümmt. VI–VIII. Bergwiesen; bis 3000 m. oA, noI, nwYU; oAlpen. ●

Distelfrüchte

1
2
3
4
5
6
7
8

Korbblütler (Forts.)

1 EBENSTRÄUSSIGE DISTEL *Carduus affinis*. Staude bis 100 cm; St. weißflockig, schmal geflügelt; B. fiederlappig, langstachelig; unterseits behaart; Bl.köpfe purpurn, 10–25 mm, in verzweigten *Trugdolden*; Hüllb. lineal, aufrecht, spitz. VI–VIII. Bergwälder, Wiesen; bis 1850 m. z&sl; Ap. ●

2 PYRENÄEN-DISTEL *Carduus carlinoides* (= *C. pyrenaicus*). *Weißfilzige* Staude bis 40 cm; St. geflügelt und bis zu den Bl.köpfen sehr stark stachelig; B. fiederlappig, lang bedornt; Bl.köpfe rosa od. purpurn, manchmal weiß, 18–25 mm, in *dichten Büscheln*; Hüllb. aufrecht, stachelspitzig. VII–IX. Grasige und steinige Orte, Schutt; bis 2200 m. E, sF. ●

3 STENGELLOSE KRATZDISTEL *Cirsium acaule* (= *C. acaulon*). Staude; St. meist fehlend od. bis 15 cm; B. in flacher Rosette, fiederlappig; Bl.köpfe einzeln, rotpurpurn, 30–50 mm; Hüllb. aufrecht, dachziegelig deckend. VII–IX. Magerwiesen; bes. auf Kalk; bis 2550 m. T, fehlt Faeroer, nGB, IRL, IS, Subarkt.

4 WOLLKÖPFIGE KRATZDISTEL *Cirsium eriophorum*. Kräftige Zweij. bis 2 m; St. nicht geflügelt, weißhaarig; B. fiederlappig, stark stachelig, spinnwebig-weißfilzig; Bl.köpfe groß, purpurrot, 40–70 mm, *meist einzeln*; Hüllb. abstehend, dicht spinnwebig-wollig. VII–IX. Sonnige Weiden; auf Kalk; bis 2100 m. T, fehlt DK, Faeroer, nGB, sl, IRL, IS, N, S, SF. ● **4a** *C. spathulatum* ist kleiner, mit etwas kleineren Bl.köpfen; die Hüllb. *kahl* od. weißhaarig, aber *nicht spinnwebig-wollig*. sw&sCH, soF, nl. ● **4b** *C. morisianum* hat die St. oberwärts verzweigt; B. fiederlappig, halb st.umfassend, unterseits meist weißhaarig, lang stachelig; Bl.köpfe purpurn, 45–65 mm; Hüllb. weißhaarig, mit langer zurückgekrümmter Stachelspitze, 10–30 mm lang. VII–IX. soF, I; swAlpen, Ap. ● **4c** *C. richteranum* ist *kleiner*, bis 60 cm; Bl.köpfe in Trugdolden; Hüllb. mit 4–8 mm langen Stacheln. sF; nPyr, Corbières. ●

5 ZWEIFARBIGE KRATZDISTEL *Cirsium helenioides* (= *C. heterophyllum*). Staude, 50–100 cm, mit unterirdischen Ausläufern; St. oben blattlos, ungeflügelt, weißwollig; B. lanzettl., ganzrandig od. manchmal fiederlappig, gezähnt, nicht *stachelig*, unterseits weißfilzig; Bl.köpfe rotpurpurn, 30–50 mm, einzeln od. zu 2–4; Hüllb. aufrecht. VI–VIII. Feuchte Wiesen, Hochstaudenfluren, Grünerlengebüsch; bis 2400 m. T, fehlt B, E, Faeroer, sl, NL, YU (IS). Bastarde mit *C. spinosissimum* häufig.

6 BACH-KRATZDISTEL *Cirsium rivulare*. Staude, 40–100 cm; St. über der Mitte blattlos, ungeflügelt; B. elliptisch od. längl., groß, meist fiederlappig (oft nur am Grund), weichstachelig, *hellgrün*; Bl.köpfe purpurn, manchmal weiß, 25–30 mm, einzeln od. zu 2–5; Hüllb. aufrecht. VI–VIII. Feuchte Wiesen, Niedermoore; bis 1750 m. A, CH, CS, D, nE, s&oF, H, nl, PL, R, YU (S). **6a** *C. montanum* ist größer, mit breiteren B. und *abstehenden od. zurückgebogenen* Hüllb. Feuchte Gebüsche, Bachränder; bis 1600 m. soF, n&zl, n&sYU; v. a. sAlpen, Ap. ●

7 WALDSTEINS KRATZDISTEL *Cirsium waldsteinii* (= *C. pauciflorum*). Staude, 50–150 cm; St. unverzweigt, bis zur Spitze beblättert; B. oval, gelappt od. tief gezähnt, Zähne weichstachelig, unterseits spinnwebig-weiß; Bl.köpfe purpurn, 25–35 mm, zu 3–8; Hüllb. aufrecht, nur an der Spitze abstehend. VI–VIII. Feuchte und schattige Orte; auf saurem Boden; bis 1650 m. A, CS, PL, R, YU. ●

3 *Cirsium acaule*

1
2
3
4
5
6
7

Korbblütler (Forts.)

1 KÄRTNER KRATZDISTEL *Cirsium carniolicum*. Schwach verzweigte Staude, 60–100 cm; St. mit dichter und langer *rotbrauner* Behaarung; B. *flach*, oval bis elliptisch, gelappt und am Rand stachelig; Bl.köpfe blaßgelb, 17–21 mm, einzeln od. zu 2–7, kurz gestielt; Hüllb. abstehend, weichstachelig. VII–VIII. Wiesen und Gebüsche; auf Kalk; bis 1600 m. A, nol, nwYU; oAlpen. ● **1a** *C. c.* subsp. *rufescens* hat größere Bl.köpfe; Tragb. viel länger als die Köpfchen. nE, sF; w&zPyr. ●

2 BLASSGELBE PYRENÄEN-KRATZDISTEL *Cirsium glabrum*. Staude, 20–40 cm; St. kurzhaarig; B. kahl, längl., am Grund verschmälert, fiederig gelappt *mit derben Stacheln*; Bl.köpfe blaßgelb, 10–35 mm, meist einzeln, von Hochb. umgeben; Hüllb. aufrecht od. abstehend, kurz bedornt. VII–IX. Feuchter Schutt, Bachufer; bis 3000 m. nE, sF; Pyr. ●

3 ALPEN-KRATZDISTEL *Cirsium spinosissimum*. Staude, 20–120 cm; St. langhaarig; B. gelbgrün, st.umfassend, meist behaart, fiederspaltig, stachelig; Bl.köpfe blaßgelb, 20–25 mm, *in dichten Köpfen* zu 2–10, von langen blassen bestachelten Tragb. umgeben; Hüllb. aufrecht, langstachelig. VII–IX. Feuchte Wiesen und Weiden, Schutt, Lägerstellen; bis 3100 m. A, CH, sD, oF, n&zI, nwYU. ● Sonnjoch, Ginzling

4 KLEBRIGE KRATZDISTEL *Cirsium erisithales*. Meist verzweigte, *oberwärts* blattlose Staude, 60–120 cm; B. dunkelgrün, fiederlappig, die Lappen gezähnt, schwach stachelig, am Grund st.umfassend; Bl.köpfe zitronengelb, *nickend*, 20–30 mm, einzeln od. zu 2–5; Hüllb. aufrecht, spitz. VII–IX. Lichte Wälder, Wiesen; meist auf Kalk; bis 2000 m. A, CH, CS, z&oF, H, n&zI, PL, R, YU.

FLOCKENBLUME *Centaurea*. Stauden, seltener Einj., mit wechselst. B.; Bl.köpfe mit einer Hülle zahlreicher dachziegelartig deckender Schuppenb.; jedes Hüllb. an der Spitze mit einem gezähnten, stacheligen, federigen od. schuppigen Anhängsel; innere Bl. röhrig, umgeben von einem Kranz auffallender, aber steriler sternförmiger Röhrenblütchen.

5 ZWEIFARBIGE FLOCKENBLUME *Centaurea dichroantha*. Schwach verzweigte Staude, 20–50 cm; B. grün, *kahl*, fiederlappig, die Abschnitte lineal; Bl.köpfe gelb, rötl.-gelb od. purpurn; Hülle 10–12 mm; Hüllb. am Rand rötl.-braun gefranst, am Ende fein bedornt. VII–VIII. Rasen und Felsen; auf Kalk; bis 1250 m. nol, nwYU; soAlpen. ●

6 FELSEN-FLOCKENBLUME *Centaurea rupestris*. Einfache od. oberwärts schwach verzweigte Staude, 10–50 cm; B. am Rand *rauh*, unterseits oft wollig-flockig, 1–2fach fiederlappig, die Abschnitte schmal, spitz; Bl.köpfe blaßgelb od. orange; Hülle 12–15 mm; Hüllb. mit 3eckigem braungefranstem Anhängsel, mit Stachelspitze. VI–VII. Trockenrasen, steinige Orte; bis 1100 m. I, YU; soAlpen, Ap. ●

7 GRIGNA-FLOCKENBLUME *Centaurea grinensis*. Verzweigte behaarte Staude bis 100 cm; B. 1–2fach fiederlappig, die Abschnitte längl. od. lanzettl.; Bl.köpfe purpurn; Hülle 15 mm; die Hüllb. mit 3eckigem schwarzem Anhängsel und 3–5 Fransen auf jeder Seite. VII–VIII. Trockene Rasen und Felsen; auf Kalk; bis 1400 m. sA, sCH, nI, nwYU; sAlpen. ● **7a** *C. g.* subsp. *fritschii* ist größer, bis 2 m; Anhängsel der Hüllb. mit 11–15 (nicht 7–11) langen Zähnen. sCS, H, R.

8 VORALPEN-FLOCKENBLUME *Centaurea alpestris*. Meist unverzweigte Staude, 30–50 cm; B. fiederlappig, die Abschnitte oval, stumpf, gezähnt; Bl.köpfe purpurn; Hülle 20 mm, schwarz; die dunkelbraunen, gefransten Anhängsel *verdecken* die Hüllb. VI–VIII. Rasen und Waldlichtungen; auf steinigen kalkreichen Böden; bis 2000 m. A, CH, CS, nE, s&oF, nI, PL, YU; fehlt Ap. ●

9 BADENER GLOCKENBLUME *Centaurea badensis*. Unverzweigte Staude, 60–100 cm; B. glänzendgrün, gefiedert, die unteren mit lanzettl., ungezähnten Abschnitten, die oberen schmäler; Bl.köpfe purpurn; Hülle 15–18 mm; Hüllb. braun od. schwarz, mit weißfedrigem Anhängsel. VII–VIII. Trockene buschige Hügel; auf Kalk. oA, soCS. ● **9a** *C. sadleriana* innere Hüllb. mit weißem Anhängsel mit schwarzem Zentrum. oA, nH, soCS.

5 *Centaurea dichroantha*, Farbvarianten

1
2
3
4
5
6
7
8
9

Korbblütler (Forts.)

1 SÜDLICHE FLOCKENBLUME *Centaurea alpina*. Aufrechte kahle Staude, 40–100 cm; B. blaugrün, gefiedert, die Abschnitte längl.-lanzettl., an der Spitze gezähnt; Bl.köpfe hellgelb, einzeln; Hülle 18–20 mm; die Hüllb. oval, die äußeren ohne, die innersten mit kleinem *rundl. Anhängsel*. VII–VIII. Föhrenwälder, Gebüsche; auf Kalksteinböden; bis 1200 m. soF, nl, E, YU; lokal, bes. sAlpen, isolierte Vorkommen in E und YU.

2 BLÄULICHE FLOCKENBLUME *Centaurea spinabadia* (= *C. coerulescens*). Zweij. od. Staude, 20–50 cm; B. weißl. od. grün, steif, die unteren doppelt fiederlappig; Bl.köpfe purpurn, einzeln; Hülle 10–12 mm; die Hüllb. mit gefranstem Anhängsel, Hüllb. rötl.-schwarz, in einen *kurzen gebogenen Dorn* auslaufend. V–VIII. Felsige Hänge; meist auf Kalk; bis 1100 m. n&noE, sF. ●

3 RISPIGE FLOCKENBLUME *Centaurea paniculata*. Aufrechte, stark verzweigte kurzhaarige Zweij., 20–60 cm; B. grün, die unteren 1–2fach fiederlappig; Bl.köpfe purpurrosa, einzeln od. zu 2–6; Hülle 3–6 mm; Hüllb. mit gefranstem Anhängsel, in einen kurzen *geraden Dorn* auslaufend. V–VIII. Wegränder, Schuttplätze; auf warmen Sandböden. E, s&soF, I. ● **3a** *C. bracteata* Staude bis 60 cm; von der Mitte an verzweigt; B. spinnwebig-flockig, rauh, lanzettl.; Bl.köpfe einzeln; Hülle kugelig, 14–20 mm; Anhängsel rund, schüsselförmig, silberweiß-häutig; Bl. rosa. VI–VII. Trockene Wiesen, lichte Wälder. A, CH, F, I, YU; bes. sAlpen. ●

4 WEISSBLÄTTRIGE FLOCKENBLUME *Centaurea leucophaea*. Stark verzweigte Zweij., 30–50 cm; untere B. fiederlappig, zuerst *weißfilzig od. grau*, später grün; Bl.köpfe rosapurpurn od. lila, in flachen Trugdolden; Hülle 6–9 mm; die Hüllb. braun, manchmal gefleckt od. weißhaarig, stachelspitzig, mit einem hellbraunen od. gelbl. gefransten Anhängsel. VII–IX. Trockenrasen, felsige Hänge; bis 1600 m. noE, s&soF, nwl. ● **4a, 4b** → S. 348

5 SCHWÄRZLICHE FLOCKENBLUME *Centaurea nigrescens* (= *C. rotundifolia* z.T.). Aufrechte, schwach verzweigte, behaarte Staude, 40–100 cm; untere B. gestielt, elliptisch bis lanzettl. od. oval, ungezähnt, gezähnt od. manchmal seicht gelappt, die oberen schmäler, fiederlappig od. ganzrandig, am Grund verschmälert; Bl.köpfe purpurn, einzeln; Hülle 10–12 mm, eiförmig-zylindrisch; die Hüllb. grün, mit schwarzem od. braunem 3eckigem gefranstem Anhängsel; Pappus fehlend od. sehr kurz. VII–VIII. Wiesen und Weiden, offene Wälder; bis 2200 m. A, CH, CS, sD, oF, H, I, R, YU. **5a, 5b** → S. 348

6 PERÜCKEN-FLOCKENBLUME *Centaurea phrygia* (= *C. austriaca*). Aufrechte, einfache od. verzweigte, behaarte Staude bis 80 cm; B. grün, die unteren lanzettl. bis oval, gezähnt od. ganzrandig, die oberen am Grund rundl.; Bl.köpfe *purpurn*, einzeln; Hülle 15–20 mm; die Hüllb. mit federigem, schwarzem od. dunkelbraunem Anhängsel, die inneren Anhängsel länger als die mittleren. VII–IX. Wiesen, Wälder, Gebüsche; bis 2200 m. A, CH, CS, D, DK, H, I, sN, PL, R, SF, YU (sS). **6a** *C. p.* subsp. *pseudophrygia* B. st.umfassend; die inneren Anhängsel braun, nicht federig, kürzer als die mittleren. Verbreitung ähnlich 6. ●

7 EINKÖPFIGE FLOCKENBLUME *Centaurea uniflora*. Aufrechte, meist unverzweigte, weißfilzig behaarte Staude, 15–30 cm; B. grün od. grau; die unteren längl.-lanzettl. od. elliptisch, meist schmäler als 1 cm, gezähnt, gestielt, die oberen st.umfassend; Bl.köpfe hellpurpurn, *einzeln*; Hülle 17–21 mm; die Hüllb. mit langen federigen schwarzbraunen Anhängseln; Pappusborsten 0,5–1 mm. VII–VIII. Warme trockene Wiesen, felsige Hänge; bis 2600 m. oF, nl; swAlpen. ● **7a FEDERIGE F.** *C. nervosa* ähnlich 7, aber B. bis 25 mm breit, gezähnt, grün od. grauhaarig, rauh; Pappusborsten 1,5–3 mm lang. A, CH, oF, nl, R, YU; Alpen, nAp, sKarp.

8 RHAETISCHE FLOCKENBLUME *Centaurea rhaetica*. Aufrechte, unverzweigte od. schwach verzweigte, schwach weißfilzige bis fast kahle Staude, 10–50 cm; B. längl. od. lanzettl., bis 2,5 cm breit, gezähnt od. ganzrandig, die oberen meist st.umfassend; Bl.köpfe rosa bis purpurn, einzeln; Hülle 14–20 mm; die Hüllb. mit federigen schwarzbraunen Anhängseln. VII–VIII. Föhrenwälder, Schutt, Rasen; auf trockenen Kalkböden; bis 2200 m. sCH, nl; sAlpen. ● **8a** → S. 348

9 BERG-FLOCKENBLUME *Centaurea montana*. Aufrechte, behaarte Staude mit *breit geflügeltem* St., 30–70 cm; B. grün od. spinnwebig-flockig, längl. od. lanzettl., ganzrandig od. manchmal schwach gezähnt; Bl.köpfe mit blauen strahlenden Randbl. und violetten inneren Bl., einzeln; Hülle 10–15 mm; die Hüllb. mit einem kurzen, dunkelbraunen, kammartig gefransten Anhängsel. V–VII. Buchenwälder, Hochstaudenfluren; meist auf Kalk; bis 2100 m. A, B, CH, CS, sD, nE, F, n&zI, PL, YU (GB, SF). § ● **9a, 9b, 9c** → S. 348

1
2
3
4
5
6
7
8
9

Die Gattung *Centaurea* zählt allein in Europa wenigstens 220 Arten, davon bes. viele im Mittelmeerraum. Einzelne Unterscheidungsmerkmale sind nicht immer klar definiert, aber die Kombination von Blüten- und Blattmerkmalen ermöglicht meist die Artbestimmung. Besonders wichtig sind die Feinmerkmale der Blüten-Hüllblätter; diese können einfach sein od. aber mit gezähnten od. federigen Anhängseln von heller, brauner od. schwarzer Farbe. Die Zeichnungen auf S. 313 illustrieren einige dieser Merkmale. Die abgebildeten Hüllblätter stammen aus einer mittleren Reihe der Hülle.

Weitere wichtige *Centaurea*-Arten des Gebietes:

C. alpestris mittelgroße Staude mit einfachen od. schwach verzweigten St. und fiederlappigen B.; Bl.köpfe purpurn, die äußeren Bl. länger als die inneren; Bl.-Hüllb. mit einem dunkelbraunen Anhängsel, das die Hüllb. vollständig bedeckt. A, CH, CS, s&oF, nl, PL, noYU; Pyr, Alpen, J, wKarp. ●

C. atropurpurea hohe Staude bis 150 cm; St. schwach verzweigt; Grundb. fiederlappig; Bl.köpfe dunkelpurpurn, selten gelb, die äußeren Bl. nur wenig länger als die inneren. Hüllb. mit einem schwarzen, weiß gezähnten Anhängsel, das die Hüllb. vollständig bedeckt. Felsige Hänge. R, n&noYU. ●

C. jacea mittelgroße Staude; St. einfach od. verzweigt, unter dem Bl.kopf verdickt; B. rauhhaarig, die grundst. lanzettl., ungeteilt od. fiederlappig; Bl.köpfe purpurn, selten weiß, in flachen Trugdolden; Hüllb. mit einem rundl., hellbraunen gezähnten Anhängsel, das die Hüllb. verdeckt. Wiesen, offene Wälder und Gebüsche; bis über 1200 m. T, fehlt Faeroer, IRL, IS (GB).

C. kotschyana ähnlich *C. jacea*, St. unverzweigt, bis 100 cm; Grundb. einfach, *nicht geteilt*. R, nYU; bes. in den oKarp. ●

C. mollis ähnlich *C. montana,* selten größer als 45 cm, St. ungeflügelt od. schwach geflügelt; B.unterseite grau; äußere Bl. violett, innere blau. Bergwiesen. CS, H, PL, R, YU. ●

Centaurea Blütenhüllblätter Maßstab x 4

Form und Größe der Blütenhüllblätter sind für eine genaue Bestimmung besonders wichtig. Die Form der Anhängsel schwankt von schwach gesägtem Rand bis zu kamm- od. federartigen Strukturen; die Farbe variiert von weißl.-braun bis schwarz. Die Zeichnungen auf der gegenüberliegenden Seite stammen aus einer mittleren Reihe der Hülle.

1 *C. dichroantha*, S. 308
2 *C. rupestris*, S. 308
3 *C. alpestris*, S. 308
4 *C. alpina*, S. 310
5 *C. badensis*, S. 308
6 *C. paniculata*, S. 310
7 *C. maculosa*, S. 310
8 *C. transalpina*, S. 310
9 *C. nigrescens*, S. 310
10 *C. montana*, S. 310
11 *C. triumfetti*, S. 310
12 *C. cyanus*, S. 310
13 *C. procumbens*, S. 310
14 *C. uniflora*, S. 310

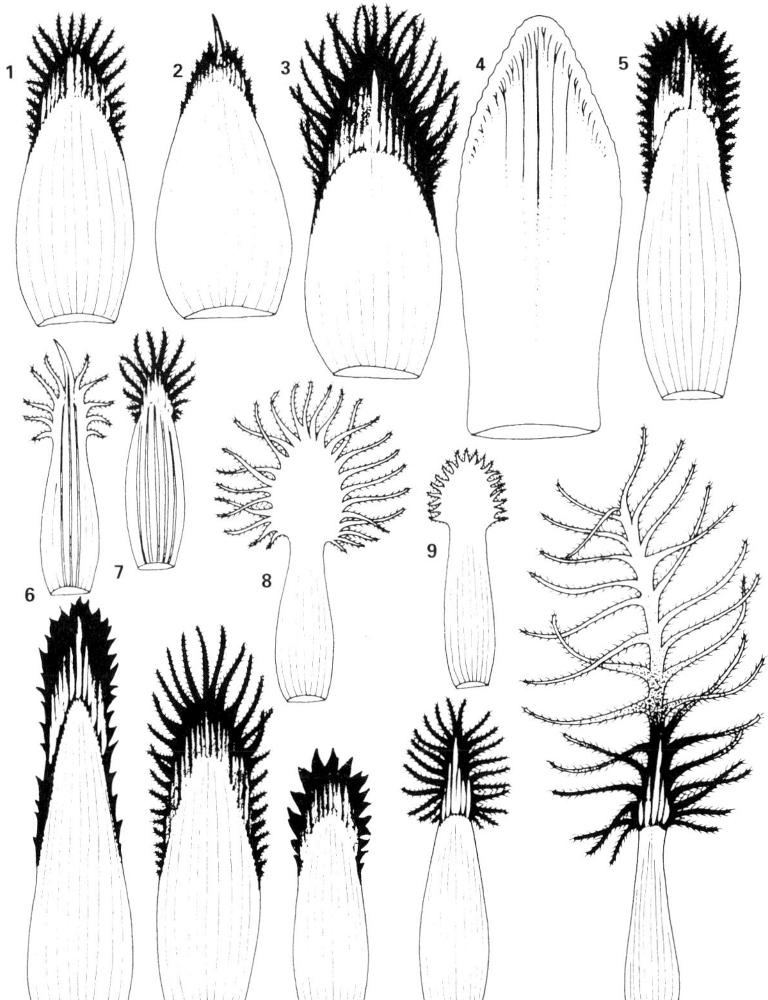

1
2
3
4
5
6
7
8
9
10
11
12
13
14

Korbblütler (Forts.)

Die Arten 1–4 haben Distel-ähnliche Bl.köpfe; 5–9 haben Löwenzahn-ähnliche Bl.köpfe, die bei Schlechtwetter geschlossen sind.

1 FÄRBERSCHARTE *Serratula tinctoria*. Schlanke, schwach verzweigte kahle Staude, 30–100 cm, *ohne Stacheln*; B. fiederschnittig, fein gezähnt, obere B. oft lineal; Bl.köpfe ohne Zungenbl., purpurn od. weißl., 15–20 mm lang, kurz gestielt, *in Doldentrauben*; Hülle längl. mit purpurnen Hüllb. VII–X. Feuchte Wiesen, offene Wälder und Gebüsche; 1600–2400 m. T, fehlt Faeroer, z&sl, IS, nN, nS, SF.

2 RIESENSCHARTE *Serratula lycopifolia* (= *Carduus lycopifolius*). Staude bis 100 cm; St. kahl; B. rauhhaarig, die unteren oval, tief gezähnt, lang gestielt, die oberen B. fiederschnittig, ungestielt; Bl.köpfe *einzeln*, purpurn, 25–40 mm; Hülle kugelig. VI–VII. Wiesen und Gebüsche; bis 1800 m. A, CS, soF, H, R, YU. ● **2a** *S. nudicaulis* St. einköpfig; alle B. in grundst. *Rosette*. Trockenwiesen; auf Kalk. wCH, E, s&oF, I; Pyr, Ap.

3 ARTISCHOCKEN-FLOCKENBLUME *Leuzea centauroides* (= *Rhaponticum c.*). Derbe, wollig behaarte Staude bis 100 cm; B. fiederschnittig, gezähnt, die oberen kleiner, ungestielt, oberseits grün, unterseits weißwollig; Bl.köpfe groß, ohne Zungenbl., purpurn, 60 mm, pinselartig, einzeln; Hüllb. braun, *schmal lanzettl.*, gezähnt. Bergwiesen, Hochstaudenfluren; bis 2000 m. nE, sF; Pyr. ●

4 RIESEN-FLOCKENBLUME *Leuzea rhapontica* (= *Centaurea r.*, *Rhaponticum scariosum*). Filzige Staude, 50–180 cm; B. lanzettl. bis oval, gezähnt, gestielt, oberseits grün, unterseits graufilzig; Bl.köpfe groß, ohne Zungenbl., rosa bis purpurn, 60–70 mm, einzeln; Hüllb. oval, spitz, am Rand behaart. VII–IX. Hochstaudenfluren; meist auf Silikat; 1400–2600 m. wA, CH, soF, nl; sw&zAlpen. ● **4a** *L. r.* subsp. *heleniifolia* (= *Rhaponticum scariosum* subsp. *lyratum*) ist größer, mit größeren Bl.köpfen; die B. am Grund *beidseits* gelappt, unterseits weißfilzig; Hüllb. stumpf. Auf Kalk; 1400–2200 m. A, CH, oF, nl, nwYU; Alpen. **4b** *L. r.* subsp. *bicknellii* ähnlich 4a; Bl.köpfe sehr groß, 90–120 mm; St. *bis zur Spitze beblättert;* die grundst. B. fiederschnittig. soF, nwl; Alpes Maritimes, Lig.

5 HASENLATTICH *Prenanthes purpurea*. Kahle blaugrüne Staude, 60–150 cm; B. elliptisch-längl., geigenförmig, gezähnt, *st.umfassend*; Bl.köpfchen violett od. purpurn, 10–20 mm lang, mit 3–6 Zungenbl., in lockeren *etwas nickenden* Rispen. VII–XI. Buchenwälder, Bachufer, schattige Orte; bis 2050 m. A, CH, CS, sD, E, z&sF, H, I, PL, R, YU.

6 MILCHLATTICH *Cicerbita alpina* (= *Mulgedium alpinum*). Staude mit Milchsaft, 60–130 cm; St. meist unverzweigt, *rötl. behaart*; B. kahl, die untersten fiederlappig, mit großem 3eckigem Endabschnitt, obere B. kleiner, st.umfassend; Bl.köpfe hellblau od. lilaviolett, 20–28 mm, in beblätterten Trauben. VII–IX. Hochstaudenfluren, Waldlichtungen, Bergwälder; bis 2200 m. T, fehlt B, DK, Faeroer, z&sl, IRL, IS, NL. **6a** *C. plumieri* B. grob gesägt, fiederschnittig; Bl.stand vollständig *kahl*. CH, sD, nE, F (GB). ●

7 BLAUER LATTICH *Lactuca perennis*. Kahle Staude mit Milchsaft, 20–80 cm; St. verzweigt; B. graugrün, fiederschnittig, die Abschnitte oft gezähnt, die oberen B. st.umfassend, die unteren kurz gestielt; Bl.köpfe blau od. lila, 30–40 mm, lang gestielt, in lockeren Rispen. V–VIII. Warme Kalkfelshänge, Trockenrasen, Mauern; bis 2100 m. A, B, CH, CS, D, E, F, H, I, R, YU. **7a** *L. quercina* ist 1–3jährig, mit *leierförmigen B.* und gelben *Bl.köpfen*. A, CS, D, oF, H, nl, R, sS, YU. **7b KOPFSALAT** *L. sativa* kult. und verwildert bis 2500 m.

8 EINKÖPFIGES FERKELKRAUT *Hypochoeris uniflora*. Derbe rauhhaarige Staude, 15–60 cm; B. hellgrün, meist grundst., lanzettl., gezähnt; St.b. schmäler; Bl.köpfe *gelb*, 40–50 mm, einzeln, auf kräftigem, *unter dem Köpfchen verdicktem* St.; Pappus einreihig. VI–VII. Magerwiesen; auf Silikat; bis 2600 m. A, CH, CS, sD, I, PL, R, YU. ● **8a GEFLECKTES F.** *H. maculata* hat schwach verzweigte St. mit Schuppenb.; Grundb. schwach gelappt, *dunkel purpurn gefleckt*, Bergwiesen; auf Kalk; bis 1800 m. T, fehlt Faeroer, IRL, IS, nN, nS. **8b** *H. radicata* ähnlich 8a, aber B. tiefer gelappt, *nicht gefleckt*. Wiesen; bis 1800 m. T, fehlt Faeroer, IS, SF.

9 KRONLATTICH *Calycocorsus stipitatus* (= *Willemetia s.*). Staude, 20–30 cm; St. dicht dunkel behaart; B. meist grundst., oval od. längl., über der Mitte am breitesten, kahl, matt hellgrün, gezähnt; St.b. 1–2, lineal od. fehlend; Bl.köpfe gelb, 11–14 mm, einzeln od. zu 2–5; Hüllb. lineal, spitz. VII–IX. Feuchte Wiesen; bis 2500 m. A, CH, CS, sD, s&oF, I, YU. ●

1
2
3
4
5
6
7
8
9

Korbblütler (Forts.)

Alle Arten dieser Tafel haben Bl.köpfchen ohne Scheibenbl.

1 HAINSALAT, STINKKOHL *Aposeris foetida*. Schlanke, schwach behaarte Staude mit stinkendem Milchsaft, 10–20 cm; *alle B. grundst.*, fiederlappig, die Abschnitte rhombisch, mit 1–2 Zähnen *an der Basis*; Bl.köpfe gelb, 25–30 mm, wenigblütig; Pappus fehlend. V–VIII. Bergwälder, feuchte Wiesen; gern auf Kalk; bis 2000 m. A, CH, CS, sD, soF, nI, PL, R, nw&zYU.

2 GRANNEN-SCHWARZWURZEL *Scorzonera aristata*. Schwach behaarte Staude mit rübenartiger Wurzel, 10–40 cm; St. blattlos; B. *lineal bis schmal lanzettl.*, spitz, meist ungezähnt; Bl.köpfe einzeln, goldgelb, 20–40 mm; die Bl. viel länger als die kelchähnlichen Hüllb. VII–VIII. Bergwiesen; auf Kalk; bis 2300 m. A, nE, s&oF, n&zI, nwYU. ● **2a, 2b, 2c** → S. 349

3 WIESEN-BOCKSBART *Tragopogon pratensis*. Kahle, schwach verzweigte Einj. od. Staude, 30–60 cm; B. lineal, grasähnlich, *st.umfassend*; Bl.köpfe goldgelb, 40–60 mm, nur bei Sonne geöffnet; Hüllb. oft länger als die Bl.; Fr.stand auffällig. V–VIII. Wiesen; bis 2600 m. T, fehlt Faeroer, IS, Subarkt. ‡ **3a** *T. dubius* ist größer; St. unter dem Bl.kopf *verdickt*. Bis 2150 m. A, CH, CS, D, E, F, H, I, R, YU (B).

4 GRASNELKEN-HABICHTSKRAUT *Tolpis staticifolia* (= *Hieracium staticifolium*). Meist kahle Staude, 10–50 cm; Grundb. lineal bis lineal-lanzettl., meist ungezähnt; St.b. wenige, lineal; Bl.köpfe hellgelb, 15–25 mm, die inneren Blütchen oft *purpurbraun*; Hüllb. lineal bis schmal elliptisch, *sternhaarig*. VI–VII. Kalkfelsen, Flußschotter; bis 2500 m. A, CH, sD, oF, H, nI, YU. ●

LÖWENZAHN *Leontodon*. Rosettenstauden mit einzelnen gelben Bl.köpfen auf langen Stielen; selten verzweigt.

5 PYRENÄEN-LÖWENZAHN *Leontodon pyrenaicus*. Behaarte Staude, 7–30 cm; B. schmal elliptisch bis längl., über der Mitte am breitesten, ungezähnt, gestielt; St.b. klein, schuppenähnlich; Bl.köpfe 20–25 mm; Hüllb. dunkelhaarig. VII–VIII. Wiesen, steinige Orte, Gebüsche; meist auf saurem Boden; bis 3000 m. nE, sF; Pyr. (subsp. *pyrenaicus*). ● **5a** *L. p.* subsp. *helveticus* ist größer, bis 50 cm; B. gezähnt; Hüllb. *weißl. behaart*. A, CH, z&oF, nI, w&nwYU; bes. Alpen. **5b, 5c** → S. 349

6 BERG-LÖWENZAHN *Leontodon montanus*. Behaarte Staude, 2–10 cm; B. lineal od. längl., über der Mitte am breitesten, gelappt und gezähnt mit großem Endabschnitt; Bl.köpfe 20–30 mm; Hüllb. *blaßgrau* und schwarz behaart. VII–VIII. Kalk- und Schieferfeinschutt; bis 2900 m. A, CH, CS, sD, nE, s&oF, n&zI, PL, R, YU. ● **6a, 6b** → S. 349

HABICHTSKRAUT *Hieracium*. Rosettenstauden mit Milchsaft; Bl.köpfe einzeln od. zu mehreren, umgeben von unregelmäßigen Reihen deckender Hüllb.; Bl. meist gelb, manchmal orange od. rot. Sehr schwierige artenreiche Gruppe. Zahlreiche Bastarde.

7 NIEDRIGES HABICHTSKRAUT *Hieracium humile* agg. Dunkelgrüne od. blaugrüne *steifhaarige* Staude, 10–30 cm; Grundb. elliptisch, längl. od. lanzettl., tief gezähnt, gestielt; St.b. meist wenige, klein und schuppenartig; Bl.köpfe gelb, 15–25 mm, in lockeren Bl.ständen zu 4–12. VI–VIII. Kalksteinböden u. Felsen; bis 2500 m. A, CH, sD, E, F, I, YU.

8 ALPEN-HABICHTSKRAUT *Hieracium alpinum* agg. Grüne, zottig behaarte Staude, 6–20 cm; Grundb. elliptisch bis längl. od. spatelig, ganzrandig od. gezähnt, gestielt, bes. am Rand drüsig; Bl. gelb, 25–35 mm, Köpfe *meist einzeln*; Tragb. schwärzl. VII–VIII. Alp. Rasen (bes. Krummseggen); bis 3000 m. T, fehlt B, E, Faeroer, IRL, NL. **8a** *H. arolae* agg. hat größere St.b. und kleinere Bl.köpfe *zu 2–10*. A, CH, nI, R, YU. **8b GEWÖHNLICHES H.** *H. pilosella* ist weißhaarig; Bl.köpfe einzeln, zitronengelb, 20–30 mm, *an langen blattlosen* St.; Ausläufer bildend. V–X. Wiesen und Weiden; bis 3000 m. T, fehlt Faeroer, IS, Subarkt. **8c ZOTTIGES H.** *H. villosum* ist stärker weißzottig, bes. die Hüllen; B. ohne Drüsenhaare. Alp. Rasen; auf Kalk. A, CH, CS, D, F, I, PL, R, YU. ●

9 WOLLIGES HABICHTSKRAUT *Hieracium lanatum* (= *H. tomentosum*). Dicht weißwollige Staude, 10–50 cm; Grundb. oval-elliptisch bis lanzettl., ungezähnt od. schwach gezähnt, gestielt; St.b. ähnlich, aber sitzend; Bl.köpfe gelb, 20–30 mm, lang gestielt, zu 2–8; Hülle weißhaarig. V–VII. Trockenrasen, Felsen, Föhrenwälder; bis 2100 m. wCH, soF, nwI. ●

10 ORANGEROTES HABICHTSKRAUT *Hieracium aurantiacum* agg. Hellgrüne od. graugrüne, stark behaarte kriechende Staude, 20–60 cm; B. wenige, schmal-lanzettl.; St.b. 1–4; St. und Hülle schwarzhaarig; Bl.köpfe orangerot, 15–20 mm, zu 2–8 in dichten Trugdolden. VI–VIII. Weiden und Zwergstrauchheiden; auf saurem Boden; bis 2600 m. T, fehlt Faeroer, IRL (B, DK, GB, NL, IS). **10a** → S. 349

2
3
4
5
1
8
7
10
9
6

PIPPAU *Crepis.* Stauden; B. in grundst. Rosette und am St. wechselst.; Bl.köpfe einzeln od. zu mehreren, löwenzahnähnlich; die äußere Hüllb.reihe deutlich kürzer als die innere und oft abstehend; Pappus weiß, manchmal gelbl.

1 SUMPF-PIPPAU *Crepis paludosa.* Schwach behaarte Staude mit beblättertem, oberwärts verzweigtem St., 25–100 cm; B. *kahl,* lanzettl., unregelmäßig tief und scharf gezähnt, die unteren gestielt, die oberen mit *spitzen* Zipfeln st.umfassend; Bl.köpfe gelb od. orangegelb, 15–25 mm, in lockeren Doldenrispen; Hüllb. lineal, schwarzdrüsig behaart. VII–IX. Nasse Wiesen, Hochstaudenfluren; bis 2150 m. T, fehlt Faeroer.

2 WEICHER PIPPAU *Crepis mollis.* Schlanke gelbhaarige od. kahle Staude, 30–70 cm; B. elliptisch bis längl., ganzrandig od. fein gezähnt; Stiel geflügelt, die oberen B. mit abgerundeten Zipfeln *st.umfassend;* Bl.köpfe blaßgelb, 20–30 mm, zu wenigen in lockerer Doldenrispe; Hüllb. lineal, schwärzl. od. gelbl. behaart. VII–VIII. Auwälder, Moore; bis 1400 m. A, CH, CS, D, noE, F, nGB, I, PL, R, YU. **2a** *C. lampsanoides* hat leierförmige Grundb.; alle B. gezähnt. E, z&sF. ●

3 BERG-PIPPAU *Crepis bocconi* (= *C. pontana, C. montana*). Kräftige behaarte Staude, 15–60 cm; B. längl., über der Mitte am breitesten, gezähnt, die unteren mit kurz geflügelten Stielen, die *oberen st.umfassend,* ganzrandig, alle B. nur am Rand behaart; Bl.köpfe gelb, 40–55 mm, einzeln; Hüllb. lanzettl., beidseits grün od. gelbl. behaart. VI–VIII. Rostseggenrasen; 1100–2500 m. A, CH, sD, oF, nI, YU. ● **3a** *C. conyzifolia* (= *C. grandiflora*) hat fein *drüsig behaarte,* oft tiefer gezähnte B. und bis 9 Bl.köpfe auf einem über der Mitte verzweigten St. Magere Wiesen; bis 3000 m. A, CH, CS, sD, E, z&sF, I, PL, R, YU. **3b** *C. pyrenaica* (= *C. blattarioides*) 20–60 cm; Bl.köpfe einzeln od. bis 5; Hüllb. *innen kahl.* Hochstaudenfluren; bis 2200 m. A, CH, sD, n&noE, s&oF, nI, nwYU. ●

4 ALPEN-PIPPAU *Crepis alpestris.* Behaarte Staude, 10–35 cm; untere B. längl., über der Mitte am breitesten, *tief gezähnt bis fiederlappig,* mit geflügelten Stielen; die oberen B. ± st.umfassend; Bl.köpfe gelb, 20–30 mm, *meist einzeln;* Hüllb. lanzettl., grau od. gelbl. behaart. VI–IX. Bergwiesen, meist auf Kalk; bis 2150 m. A, CH, CS, sD, oF, nI, R, YU.

5 PYRENÄEN-PIPPAU *Crepis albida.* Behaarte Staude, 5–50 cm; B. *meist grundst.,* lanzettl. bis längl., gezähnt bis fiederlappig; Bl.köpfe gelb, 25–45 mm, *einzeln od.* zu 2; Hüllb. weiß od. gelbl. behaart. VI–VIII. Kalkfelsspalten, steinige Rasen. E, s&soF, nwI; bes. Pyr, Alpes Maritimes.

6 ABGEBISSENER PIPPAU *Crepis praemorsa.* Behaarte od. meist kahle Staude mit kurzem Rhizom, 25–60 cm; B. meist alle *in grundst. Rosette,* längl.-oval, über der Mitte am breitesten, in den kurzen Stiel verschmälert; Bl.köpfe klein, *gelb,* 15–18 mm, in lockeren, längl. Bl.ständen. V–VI. Trockene Wiesen, Waldränder; meist auf Kalk; bis 1800 m. T, fehlt B, E, Faeroer, GB, IRL, IS, nN, NL, nS. **6a** *C. p.* subsp. *corymbosa* (= *C. froelichiana*) Bl. in Doldenrispe. nI, sCH. ● **6b** *C. p.* subsp. *dinarica* (= *C. incarnata*) ähnlich 6a, aber Bl. rosa. nI, sA, wYU; Dol, soAlpen. ●

7 ZWERG-PIPPAU *Crepis pygmaea.* Kahle bis weißfilzige Staude, 5–15 cm; B. oft rötl., *nicht* in grundst. Rosette, elliptisch bis rundl., gezähnt, mit *wellig geflügeltem Stiel;* Bl.köpfe blaß bis goldgelb, 20–25 mm, die äußeren Strahlenbl. unterseits oft rötl.-purpurn, meist mehrere Bl.köpfe an langen Stielen in den B.achseln; Hüllb. lanzettl., dicht weißfilzig. VII–VIII. Feuchter Kalkschutt; 1600–3000 m. CH, E, s&soF, n&sI. ●

8 TRIGLAV-PIPPAU *Crepis terglouensis* agg. (inkl. *C. jacquinii*). Schwach behaarte Staude, 2–6 cm; B. *meist grundst.,* längl. bis lineal, fiederlappig od. ganzrandig, oft kahl; Bl.köpfe gelb, 20–45 mm, meist einzeln; Kronröhre außen behaart; Hüllb. schmal-lanzettl., dicht *schwarzhaarig.* VII–VIII. Kalkschutt; meist über 2000 m. A, oCH, sD, nI; z&oAlpen. ● – oft verwechselt mit *Leontodon montanus!* **8a** *C. rhaetica* ist kleiner mit ganzrandigen od. seicht gezähnten B.; Stiel geflügelt; Bl.köpfe einzeln; Hüllb. längl., lang abstehend, *grüngelb behaart.* VII–IX. Feuchter Kalk- und Silikatschutt; 2000–3000 m. A, CH, oF, nI; w, z&sAlpen. ●

9 GOLD-PIPPAU *Crepis aurea.* Schwach behaarte Staude, 5–30 cm; B. *alle grundst.,* längl., über der Mitte am breitesten, gezähnt od. fiederlappig; Bl.köpfe rotorange od. gelborange, 20–30 mm, meist einzeln auf *langen und dünnen Stielen;* Hüllb. lanzettl., abstehend schwarz behaart. VI–IX. Magere Weiden, Fettwiesen; meist auf saurem Boden; bis 2800 m. A, CH, sD, oF, nI, nwYU; Alpen. ● **9a** *C. a.* subsp. *glabrescens* (= *C. columnae*) hat kleinere Köpfchen und meist *kahle* Hüllb. I; Apuanische Alpen, Ap.

1
2
3
4
5
6
7
8
9

Korbblütler (Forts.)

KUHBLUME, LÖWENZAHN, PFAFFENRÖHRLEIN *Taraxacum*. Stauden mit Milchsaft; die oft fleischigen B. in Rosetten; Bl.köpfe auf hohlen blattlosen St., meist gelb, nur Strahlenbl.; Hüllb. 2reihig, die äußeren kürzer; Fr. zylindrisch, 10rippig. Schwierige und formenreiche Gruppe mit sehr vielen Mikrospezies. ⚕ ✕

1 GEHÖRNTE KUHBLUME *Taraxacum ceratophorum*. Kurz behaarte Staude, 5–10 cm; B. groß, dunkelgrün, breit-lanzettl., 8–20 cm, mit großen 3eckigen Lappen, Stiel geflügelt; Bl.köpfe 35–50 mm, auf *behaartem St.*, Strahlenbl. schmal, gelb, rotbraun od. purpurn gestreift; Hüllb. oval bis lanzettl., grün. VI–VIII. Schneeböden; auf Silikat; bis 2650 m. A, CH, oF, IS, N, S, SF.

2 SUMPF-KUHBLUME *Taraxacum palustre*. Kahle od. schwach behaarte Staude, 5–30 cm; B. *lineal bis schmal lanzettl.*, 5–20 cm, fein gezähnt od. seicht gelappt; St. kahl, lang und dünn, oft rötl.; Bl.köpfe 25–50 mm, Strahlenbl. blaßgelb, manchmal grau od. purpurn gestreift; Hüllb. oval, purpurn od. violett überlaufen, mit Hautrand. IV–VIII. Sumpfwiesen, Moore, Bachufer; bis 2200 m. T, fehlt E, sF, Faeroer, IS. **2a SCHWÄRZLICHE K.** *T. nigricans* kurzhaarige Staude, 8–15 cm; B. hellgrün, spatelig, 8–15 cm, gezähnt od. gelappt; St. lang, geflügelt; Bl.köpfe 25–35 mm, auf schwach behaarten Stielen; Strahlenbl. dunkel- bis orangegelb, grau od. purpurn gestreift; Hüllb. lanzettl., *dunkel violettpurpurn*. VI–IX. Felsige Rasen; bis 2200 m. A, CH, CS, oF, sD, nl, PL, R, YU. ● **2b KAPUZEN-K.** *T. cucullatum* ähnlich 3, aber B. größer, dunkelgrün; Bl.köpfe 30–45 mm, auf behaarten Stielen, *Strahlenbl. gelbbraun* mit weißl. Rand, manchmal purpurn, an der Spitze oft kapuzenförmig eingerollt; Hüllb. oval-lanzettl., oft purpurn überlaufen. VI–IX. Schneeböden, Viehläger; bis 2200 m. A, CH, oF, nl; Alpen ●

3 ALPEN-KUHBLUME *Taraxacum apenninum* (= *T. alpinum*). Schwach behaarte bis weißflockige Staude, 2–5 cm; B. in *flachen Rosetten*, weich, lanzettl., 3–10 cm, gelappt; Stiele lang, geflügelt; Bl.köpfe 15–20 mm, auf zarten Stielen, Strahlenbl. gelb mit einem grauen od. braunen Streifen; Hüllb. schmal-lanzettl., grün. VII–IX. Viehläger, Schneeböden; 1500–3300 m. A, CH, CS, sD, E, s&oF, I, PL, R, YU. ●

4 BREITBLÄTTRIGE KUHBLUME *Taraxacum fontanum*. Robuste behaarte Staude, 5–15 cm; B. sehr breit, hellgrün, oval, ungelappt od. gelappt und gezähnt; Bl.stiele breit geflügelt; Bl.köpfe 25–35 mm, auf behaarten Stielen, Strahlenbl. lang, schmal, orangegelb, purpurbraun gestreift; Hüllb. lanzettl., grün mit blassem Rand. VII–IX. Bergwiesen; bis 2500 m. A, CH, CS, sD, oF, nl, PL, R, YU. ●

5 SCHLITZBLÄTTRIGE KUHBLUME *Taraxacum dissectum*. 2–10 cm; B. zahlreich, dunkler grün, spatelig, bis zur Mitte in gezähnte Zipfel *zerschnitten*, unterseits behaart, Stiel kurz, schmal; B. meist in mehreren Rosetten; Bl.köpfe 20–30 mm, auf zarten *kahlen* Stielen, Strahlenbl. blaßgelb, grau od. rot gestreift. VI–VIII. Alp. Rasen; bis 3100 m. CH, E, sF, nl; w&zAlpen, Pyr.

6 PACHERS KUHBLUME *Taraxacum pacheri*. Schwach behaarte Staude, 2–6 cm; B. dünn, 3–5 cm lang, spatelig, stumpf und seicht gezähnt; Bl.köpfe 20–30 mm, Strahlenbl. *gelb, braun od. grau gestreift;* St. unter dem Bl.kopf behaart; Hüllb. oval bis lanzettl., dunkelgrün. VII–IX. Feuchter Kalkfeinschutt; 2000–2900 m. A, CH, oF, nl; w&zAlpen. ●

7 GLETSCHER-KUHBLUME *Taraxacum glaciale*. Kahle Staude, 3–7 cm; B. längl. od. spatelig, 2–6 cm lang, ungelappt od. fiederlappig; Bl.köpfe klein, 10–15 mm, Strahlenbl. gelb, grau od. rot gestreift; Hüllb. lineal, außen schwärzl. I; Ap. ●

8 WARZENFRÜCHTIGE KUHBLUME *Taraxacum phymatocarpum*. Kahle Staude, 4–10 cm; B. hellgrün, schmal spatelig, 2–7 cm lang, ungelappt od. mit flach 3eckigen Lappen; Bl.köpfe 15–25 mm, Strahlenbl. weiß od. gelb, grauviolett od. purpurn gestreift; Hüllb. oval, graugrün od. schwärzl.; Früchtchen stachelig. S-Arkt. In den Alpen nahe verwandte Sippen: *T. handelii* windexponierte Rasen; 2500–2800 m. A, CH, nN. **8a SCHRÖTERS K.** *T. schroeterianum*. Kahle Staude, 5–15 cm; B. schmal spatelig, 5–15 cm, seicht gelappt od. gezähnt mit *langen rötl. Stielen*; Bl.köpfe 28–32 mm, die Strahlenbl. *dunkelgelb;* Hüllb. oval, spitz, graugrün, oft rot überlaufen. VII–IX. Flachmoore; bis 2750 m. CH, oF, nl. ●

9 HOPPES KUHBLUME *Taraxacum hoppeanum* (ohne Abb.). Kräftige behaarte Staude, 10–30 cm; B. dunkel olivgrün, lanzettl., mit langen und schmalen spitzen Lappen, die vorne gezähnt sind, Stiel geflügelt; Bl.köpfe groß, 35–45 mm, auf behaarten, oberwärts *rot überlaufenen* Stielen, Strahlenbl. hellgelb, purpurn gestreift; Hüllb. oval-lanzettl., dunkelgrün. VII–VIII. Trockene Bergwiesen; bis 2300 m. A, CH, CS, oF, I, PL, R, YU.

1
2
3
4
5
6
7
8

Fam. Liliengewächse Liliaceae

B. ungeteilt, meist mit langen parallelen Nerven; unterirdisch eine Zwiebel, ein Rhizom od. eine Knolle; Bl. mit 6 Perigonb. (3 Kelch- und 3 ähnliche Kronb., meist gefärbt); Staubb. 6; Fr. eine 3teilige Kapsel od. Beere.

1 KELCH-LILIENSIMSE *Tofieldia calyculata*. Kahle unverzweigte Staude, 10–30 cm; B. flach schwertförmig, mit 5 od. mehr Nerven, bleichgrün; St.b. kleiner; Bl.stiel mit becherförmigem Vorb.; Bl. klein, blaß gelbl.-grün, in 2–6 cm langer walzlicher Traube. VII–IX. Feuchte Wiesen, Kalkflachmoore, auch auf trockenen Standorten; bis 2500 m. A, CH, CS, D, nE, z&sF, nI, PL, R, sS, YU. ● **1a KLEINE L.** *T. pusilla* 5–12 cm; B. 3nervig; Bl.stand kopfig; Tragb. 3teilig, grün. VII–VIII. T, fehlt B, DK, E, z&sGB, z&sI, IRL, NL, R, YU. ●

2 BLAUSTERN *Aphyllanthes monspeliensis*. Horstbildende Staude mit zahlreichen, binsenähnlichen St., ohne B., ohne Zwiebel, 10–25 cm; Bl. einzeln od. zu 2–3, offen tellerförmig, 20–25 mm; Perigonb. blau mit dunklem Mittelstreifen. IV–VII. Trockene steinige Orte; bis 1400 m. E, sF, w&zI.

3 PYRENÄEN-LICHTBLUME *Merendera pyrenaica* (= *M. montana*, *M. bulbocodium*). Ähnlich 4, aber kleiner; B. schmal, gefurcht, im ersten Frühling erscheinend, vor der Bl. vertrocknend; Bl. kräftig rosa; die lineal-lanzettl. Perigonb. ausgebreitet-zurückgeschlagen, am Grund *nicht* verbunden. VIII–IX. Wiesen, Schutt; 1500–2500 m. E, sF; Span. - Gebirge, Pyr. ●

4 HERBSTZEITLOSE *Colchicum autumnale*. Kahle Staude, 5–25 cm; B. zu 2–4, oval-lanzettl., kräftig glänzend grün, *im Frühling zusammen* mit den Fr. erscheinend, vor der Bl. (im Herbst) vertrocknend; Bl. groß, 20–45 mm, krokusähnlich, aber mit 6 *Staubb.*, lilarosa od. weiß, unten zu einer langen weißl. Röhre verwachsen. VIII–X. Feuchte Wiesen; bis 2000 m. T, fehlt Faeroer, IS, N, nS, SF (DK, sS). ⚕✕ **4a** *C. alpinum* ist kleiner, mit schmäleren B. und Perigonb.; Bl. 20–30 mm lang. VIII–IX. Wiesen; auf saurem Boden; bis 2000 m. sCH, soF, I.

5 FRÜHLINGS-LICHTBLUME *Bulbocodium vernum* (= *Colchicum bulbocodium*). Kahle Staude, 5–20 cm; B. zu 2–3, lanzettl., gefurcht, gleichzeitig mit den Bl.; Bl. krokusähnlich, aber mit 6 Staubb., lilarosa od. weiß; die lineal-lanzettl. Perigonb. *am Grund verbunden*. II–V. Trockene Wiesen; bis 2000 m. sA+, CH, nE, s&soF, nI. § ● **5a** *B. versicolor* hat kleinere Bl., 2,5–3 cm. Trockenrasen tieferer Lagen. H, zI, R, YU.

6 WEISSE TRICHTERLILIE *Paradisea liliastrum*. Kahle Staude, 30–50 cm; B. lineal, grundst.; Bl. trompetenförmig, 40–50 cm, weiß, duftend, in lockeren einseitigen Trauben. VI–VIII. Fettwiesen; bis 2500 m. A, CH, E, s&oF, n&zI, nwYU. § ●

7 ASTLOSE GRASLILIE *Anthericum liliago*. Schlanke, kahle, unverzweigte Staude, 30–80 cm; alle B. grundst., lineal, grasartig; Bl. *sternförmig*, weiß, 30–40 mm, in lockeren Trauben. V–VII. Trockenrasen, Felshänge, Flaumeichenwald; bis 1800 m. T, fehlt Faeroer, GB, IRL, IS, N, z&nS, SF; in NL † § **7a ÄSTIGE G.** *A. ramosum* □ hat *kleinere Bl.*, 20–25 mm, in Rispen. VI–VIII. Bis 2000 m. Verbreitung ähnlich 7. §

8 ACKER-GELBSTERN *Gagea arvensis* (= *G. villosa*). Seidig behaarte Staude, 5–15 cm; B. 2, grundst., grasartig, gefurcht, länger als der St.; Bl. sternartig, gelb, 20–30 mm, in trugdoldenartigem Bl.stand, am Grund mit 2 großen Tragb. II–V. Wiesen und Äcker; bis 2200 m. T, fehlt Faeroer, GB, IRL, IS, N, n&zS, SF; in B †. **8a** *G. lutea* hat ein einzelnes *kahles* Grundb. und kleinere Bl. III–V. Laubwälder, Obstgärten; bis 1700 m. T, fehlt Faeroer, IRL, IS. **8b** *G. pratensis* ähnlich 8a, aber mit einem sehr langen Grundb. und 4 ungleichen Tragb. am Grund der Bl.stiele. III–IV. Äcker. T, fehlt B, Faeroer, GB, IRL, IS, N, n&zS, SF.

9 PYRENÄEN-GELBSTERN *Gagea nevadensis* (= *G. soleirolii*). Behaarte Staude, 5–15 cm; 2 grundst., grasartige B. *kürzer als der St.*; Bl. sternförmig, gelb, 15–20 mm, in lockeren Trugdolden; am Grund des Bl.stieles mit einem *kurzen* Tragb. III–IV. Rasen, Felsen; bis 2500 m. E, sF. ● **9a** *G. minima* ist ähnlich, aber meist mit einem einzelnen, kleinen, an der Spitze gebogenem Grundb.; Bl. kleiner. V–VI. Subalp. Wiesen; bis 1600 m. T, fehlt B, Faeroer, GB, IRL, IS, NL. **9b** *G. bohemica* ähnlich 9, aber Pfl. kleiner, bis 4 cm; Grundb. fadenförmig und biegsam. Trockenrasen, Felssimse. A, CS, z, o&sD, wF, wGB (Wales+), H, I, YU.

10 RÖHRIGER GELBSTERN *Gagea fistulosa*. Ähnlich 8 u. 9, aber Grundb. *binsenförmig*, hohl; Bl. sternförmig, gelb, 15–30 mm, am Grund mit 2 sehr großen spitzen Tragb. V–VII. Gedüngte Bergwiesen, Viehläger; 1200–2800 m. A, CH, nE, s&oF, I, R.

1
2
3
4
5
6
7
7a
8
9
10

Liliengewächse (Forts.)

ZWIEBEL *Allium*. Unverzweigte kahle Stauden; stark nach Zwiebeln od. Knoblauch riechend; Bl. glockig od. sternförmig, mit getrennten Perigonb., in doldenförmigen od. kugeligen Bl.ständen, oft durchmischt mit Brutzwiebeln; Bl.stand anfangs von 1–2 papierartigen Hüllb. umgeben, die später meist abfallen.

1 WEINBERG-LAUCH *Allium vineale* agg. Steife Staude, 30–50 cm; B. zylindrisch, gefurcht; Bl. rosa od. grünl., 5 mm, glockig, *gemischt* mit od. völlig ersetzt durch Brutzwiebeln; Staubbeutel von *2 seitlichen* Zähnen des Staubfadens überragt; Hüllb. kürzer als der Bl.kopf. VI–VIII. Trockenwiesen, Äcker, Weinberge; bis 1900 m. T, fehlt Faeroer, IS.

2 KUGELKOPFIGER LAUCH *Allium sphaerocephalon* agg. Staude, 30–70 cm; B. halb stielrund, rinnig, hohl; Bl. purpurrosa, 5 mm, glockig, in dichten Köpfen; Staubb. vorragend; ohne Brutzwiebeln; *Tragb. kurz*, papierartig. VI–VIII. Trockenrasen und Felsen; bis 2650 m. T, fehlt DK, Faeroer, IRL, IS, N, NL, S, SF.

3 STEIFER LAUCH *Allium lineare* (= *A. strictum*). Staude mit zylindrischer Zwiebel, 20–50 cm; B. lineal, oberseits flach, unterseits gerundet; St. bis zur Mitte beblättert; Bl. rosa od. purpurn, 4–7 mm, in dichten kugeligen Köpfen; Perigonb. schmal, mit purpurnem Kiel; Staubb. vorragend; Hüllb. so lang wie der Bl.kopf. VII–VIII. Felsige Orte; bis 3000 m. A, CH, CS, z&sD, nl, PL.

4 BERG-LAUCH *Allium senescens* subsp. *montanum*. Staude, 30–70 cm; B. lineal, *oberseits flach*, stumpf, meist grundst.; Bl. purpurrosa, 5–6 mm, in dichten Köpfen; Staubb. vorragend; Hüllb. kürzer als der Bl.kopf. VI–VIII. Trockenwiesen, Felsspalten, Föhrenwälder; bis 2300 m. A, CH, CS, D, E, F, H, I, PL, R, sS, YU (N).

5 WOHLRIECHENDER LAUCH *Allium suaveolens*. Staude, 20–50 cm; Zwiebel von parallelen Fasern umhüllt; B. lineal, flach; St. bis zur Mitte beblättert; Bl. purpurn, in dichten Köpfen; Staubb. vorragend; Hüllb. kürzer als der Bl.kopf, stumpf. VIII–X. Wechselfeuchte Tonböden, Wiesen und Gebüsch; bis 1200 m. A, CH, sD, oF, H, nl, YU.

6 SCHNITTLAUCH *Allium schoenoprasum* (= *A. sibiricum*). Horstbildende Staude, 10–40 cm; B. *röhrig*, fein zugespitzt, alle grundst.; Bl. pupurn od. violettrosa, 9–12 mm, glokkig, kurz gestielt, in dichten Köpfen; Staubb. *nicht vorragend*; Hüllb. kürzer als der Bl.kopf. VI–VII. Subalp. Flachmoore, feuchte steinige Hänge; bis 2600 m. T, fehlt Faeroer, IS, Subarkt. ⚕

7 ROSS-LAUCH, FELD-LAUCH *Allium oleraceum*. Ähnlich 1. Blaugrüne Staude, 30–80 cm; B. halbzylindrisch, gefurcht, hohl, unterseits meist rauh; St. bis zur Mitte beblättert; Bl. rosa, grünl. od. weiß, 5–7 mm, mit Brutzwiebeln; Staubb. *nicht vorragend*; Hüllb. spitz, *viel länger* als der Bl.stand. VI–VIII. Wiesen, Äcker, Schutt, Gebüsche; bis 2150 m. T, fehlt Faeroer, IRL (IS). **7a GEKIELTER L.** *A. carinatum Staubb. lang vorragend*; B. gekielt. Kalktrockenrasen; bis 1750 m. T, fehlt Faeroer, IS, N, n&zS, SF (B, GB, IRL, NL).

8 NARZISSENBLÜTIGER LAUCH *Allium narcissiflorum*. 30–50 cm; B. lineal, flach, bis 5 mm breit, alle grundst.; Bl. purpurrosa, 10–18 mm, *glockenförmig*, aufrecht, zu 3–6; Zwiebel mit Faserschopf. VII–VIII. Kalkfels und -schutt; 1500–2000 m. soF, nwl; swAlpen. ● **8a SÜDALPEN-L.** *A. insubricum* ähnlich 8, aber Bl. größer, nickend; Zwiebel ohne Faserschopf. Kalkgeröll. nl; südl. Kalkalpen zw. Comersee und Gardasee. ●

9 FELS-LAUCH *Allium saxatile*. 20–50 cm; B. fadenförmig; Bl. rosa od. weiß, 3–5 mm, in dichten Köpfen; Staubb. vorragend; Hüllb. spitz, *viel länger* als der Bl.stand. VIII–IX. Felsen; bis 2100 m. n&zl, R, YU.

10 ALLERMANNSHARNISCH *Allium victorialis*. 30–80 cm; Zwiebel rhizomartig; B. längl. bis elliptisch, gefaltet, gestielt; Bl. grünl.-weiß bis gelbl., 4–6 mm, in kugeligen Bl.köpfen; Hüllb. so lang wie der Bl.stand. VI–VIII. Hochstaudenfluren, Zwergstrauchheiden; 1400–2600 m. A, CH, CS, D, E, F, H, I, PL, R, YU. ⚕ §

11 BLASSGELBER LAUCH *Allium ericetorum* (= *A. ochroleucum*). 20–50 cm; B. dünn und flach, bandförmig; Bl. gelbl. od. weiß, manchmal rosa überlaufen, in dichten Köpfen, 10–25 mm Ø; Staubb. vorragend; Hüllb. so lang wie der Bl.stand. VII–VIII. Alp. Rasen; auf Kalk; bis 2000 m. A, nE, swF, n&zl, R, YU. ●

12 GELBER LAUCH *Allium flavum*. 20–50 cm; B. fadenförmig, rinnig, blaugrün; Bl. *hellgelb*, 4–5 mm, anfangs nickend, später aufrecht; Staubb. vorragend; Hüllb. spitz, viel länger als der Bl.stand. VI–VIII. Trockenrasen und Felsen; bis 1500 m. A, CS, oF, H, I, R, YU. ●

13 BÄRLAUCH *Allium ursinum*. 20–50 cm, Herden bildend; B. *breit elliptisch, hellgrün*, alle grundst., mit starkem Knoblauchgeruch; *Bl. weiß*, sternförmig, 8–10 mm, in Trugdolden; Hüllb. kürzer als der Bl.stand. IV–VI. Auen, Buchenwälder; bis 1900 m. T, fehlt Faeroer, IS, Subarkt. ⚕

1
2
3
4
5
6
7
8
9
10
11
12
13

Liliengewächse (Forts.)

1 WEISSER GERMER *Veratrum album.* Kräftige behaarte Staude, 60–140 cm; B. breit, oval, längs gefaltet, unterseits behaart; Scheinst. aus den B.scheiden gebildet; Bl. sternartig, weiß, außen hellgrün *od.* ganz grünl.-gelb, 12–15 mm, in Rispentrauben. VI–VIII. Weiden und Wiesen, Waldlichtungen; bis 2700 m. T, fehlt B, Faeroer, GB, IRL, IS, n&zN, NL, S. ⚕ ☠ **1a SCHWARZER G.** *V. nigrum* hat schwarzpurpurne Bl., 10 mm. Bis 1600 m. A, CH, CS, oF, H, I, PL, R, YU.

2 AFFODILL *Asphodelus albus.* Kahle Staude, 50–120 cm; alle B. grundst., bandförmig-rinnig; Bl. groß, sternförmig, weiß od. rosa überlaufen, 40–50 mm, in dichten Ährentrauben; Hüllb. dunkelbraun. V–VII. Bergwiesen, Gebüsche; bis 1600 m. E, z&sF, H, I, YU. §

3 PYRENÄEN-SCHACHBLUME *Fritillaria pyrenaica.* Staude mit wechselst. B., 15–60 cm; Bl. 1–2, glockig, 25–30 mm, dunkelpurpurn, mit blaßgelbem und purpurnem Schachbrettmuster, selten ganz grünl.-gelb; innere Perigonb. an der Spitze zurückgekrümmt. V–VII. Wiesen, felsige Hänge; bis 2000 m. nE, z&sF; bes. Pyr. ●

4 GEMEINE SCHACHBLUME, KUCKUCKS-EI *Fritillaria meleagris.* 15–30 cm; obere St.hälfte mit 4–6 graugrünen, schmal-lanzettl. B.; Bl. einzeln od. zu 2, breit laternenförmig, 30–50 mm, hell od. dunkelrot-purpurn mit dunklerem Karo. IV–V. Nasse Wiesen, Bachufer; bis 1200 m. T, fehlt Faeroer, z&nGB, z&sI, IRL, IS (DK, N, S, SF); in B †. § **4a** *F. m.* subsp. *burnatii* hat *stumpfe* (nicht spitze) untere B. und purpurne Bl. Alp. Weiderasen. swCH, soF, nI. ●

5 SÜDALPEN-SCHACHBLUME *Fritillaria tubiformis* (= *F. delphinensis*). Staude 10–20 cm; mit wechselst., lanzettl. B. *im oberen* Teil des St.; Bl. einzeln, breit laternenförmig, 35 mm, tief rotpurpurn, undeutlich *kariert.* IV–VI. Bergwiesen; auf Kalk; bis 2000 m. soF, nwI; swAlpen. ● **5a** *F. t.* subsp. *moggridgei* hat gelbe, braun od. purpurn gesprenkelte Bl. soF, nwI; bes. Alpes Maritimes.

6 ZIERLICHE SCHACHBLUME *Fritillaria orientalis* (= *F. tenella*). 10–40 cm; B. schmal, gegenst. od. *quirlst.*; Bl. klein, glockig, 20–30 mm, schmutzig purpurn od. grünl.-gelb, purpurn überlaufen, oft mit Schachbrettmuster. IV–V. Felsige Wiesen; bis gegen 1200 m. soF, I, R, YU.

7 HÜLLBLATT-SCHACHBLUME *Fritillaria involucrata.* 10–40 cm; B. gegenst., lanzettl., die obersten zu *3* unter den nickenden Bl.; Bl. zu 1–3, groß, laternenförmig, 35–40 mm, grünl. od. gelbl. mit purpurnem Muster. IV–V. Steinige Wälder; bis 1500 m. soF, nwI. ●

8 SÜDLICHE WILDTULPE *Tulipa australis* (= *T. sylvestris* subsp. *australis*). Schlanke kahle Staude, 20–40 cm; wenige lineale grasartige B. *ohne* vorragende Nerven od. Furchen; Bl. groß, gelb; die äußeren 3 Perigonb. *oft* grün od. rot überlaufen und zurückgebogen. IV–VII. Trockene Bergwiesen; bis 2000 m. A, CH, E, z&sF, I, YU; vielleicht auch in CS, R. §

9 ROTE WILDTULPE *Tulipa gesnerana* (= *T. didieri*). Kahle od. schwach behaarte Staude; B. 2–5, dickl., elliptisch, verlängert od. schmal-lanzettl.; Bl. orangerot; Kelchb. gelbrandig, 45–75 mm lang; selten alle Perigonb. gelb od. purpurn. IV–V. Bis 1500 m. (wCH, E, s&oF, I); Heimat unsicher.

8 Südliche Wildtulpe

1
2
3
4
5
6
7
8
9

Liliengewächse (Forts.)

LILIEN *Lilium*. Stattliche Stauden mit unterirdischen Schuppenzwiebeln; Bl. auffällig; Perigonb. oft zurückgeschlagen, turbanartig; Staubb. und Griffel vorragend.

1 TÜRKENBUND *Lilium martagon*. Kahle Staude, 30–100 cm, mit rotgesprenkeltem St.; B. am St. in *Quirlen*, elliptisch, dunkelgrün glänzend; Bl. in lockeren Bl.ständen, stumpf rosa bis purpurn, innen dunkler gefleckt; Kronb. zurückgeschlagen; Staubb. rosa. VI–VIII. Waldränder; meist auf Kalk; bis 2800 m. A, CH, CS, sD, E, F, H, I, PL, R, YU (B, DK, GB, NL, sN, sS, SF). §

2 FEUERLILIE *Lilium bulbiferum*. Behaarte Staude, 20–90 cm; B. wechselst., schmal lanzettl., mit schwarzen Brutzwiebeln am Grund; Bl. zu 1–5, sehr groß, trichterförmig *aufrecht*, leuchtend orange mit dunklen Punkten. V–VII. Trockene Wiesen, felsige Hänge; bis 2800 m. A, CH, CS, sD, nE, H, I, PL, R, nwYU. § ● **2a SÜDLICHE F.** *L. b.* subsp. *croceum* ☐ *ohne* Brutzwiebeln. wA, CH, oF, nl.

3 KÄRNTNER LILIE *Lilium carniolicum*. Staude, 20–90 cm; mit wechselst., längl.-lanzettl. B.; Bl. einzeln od. wenige, turbanartig, *zinnoberrot od. orangegelb*, mit hellen Flecken; Staubbeutel orange. VI–VII. Wiesen, Gebüsche; bis 2300 m. sA, nol, R, YU; bes. soAlpen. § ●

4 ROTE LILIE *Lilium pomponium*. Schlanke Staude, 20–60 cm; B. *lineal*, gehäuft, mit silbrigem Rand; Bl. turbanartig 3–8, *glänzend scharlachrot*, innen fein schwarz gepunktet; Staubbeutel rotpurpurn. V–VII. soF, nwl; bes. Alpes Maritimes. ●

5 GELBE PYRENÄEN-LILIE *Lilium pyrenaicum*. Stinkende Staude, 50–100 cm; B. zahlreich, wechselst., schmal-lanzettl., glänzendgrün, am Rand behaart; Bl. in lockerer Traube, turbanartig, gelb mit braunen Punkten, selten orange; Staubbeutel orange. VI–VIII. Wiesen, Waldlichtungen, felsige Hänge; bis 2200 m. nE, sF; bes. Pyr (GB). ●

6 HUNDSZAHN *Erythronium dens-canis*. Staude, 10–30 cm; B. *meist zu 2*, grundst., elliptisch od. lanzettl., meist dunkelgrün-bräunl. mit hellgrünen Flecken; Bl. groß, einzeln, leuchtend rosa mit zurückgeschlagenen Perigonb. und vorragenden Staubb. III–IV. Waldränder, Gebüsche und Wiesen; bis 2000 m. A, CH, z&sCS, E, F, H, n&zl, R, YU. § ● **6a** *E. d-c.* var. *niveum* hat gelb gefleckte B. und weiße Bl. swR.

2a Südliche Feuerlilie

1
2
3
4
5
6

Liliengewächse (Forts.)

1 FALTENLILIE *Lloydia serotina.* Zierliche kahle Staude, 5–10 cm; B. grasartig, graugrün, die St.b. viel kürzer als die grundst.; Bl. aufrecht, trichterförmig, 10–20 mm, weiß mit braunroten Adern, meist einzeln. VI–VIII. Windexponierte alp. Rasen (*Curvuletum, Elynetum*); 1800–3000 m. A, CH, CS, sD, F, wGB (nWales), nI, PL, R, YU.

2 ZWEIBLÄTTRIGE MEERZWIEBEL, BLAUSTERNCHEN *Scilla bifolia.* Kahle Staude, 10–25 cm; B. *meist zu 2*, schmal bandförmig, glänzendgrün; Bl. sternförmig, 10–16 mm, leuchtendblau, manchmal rosa od. weiß, in lockeren Trauben; *ohne Tragb.* III–VI. Laubwälder, feuchte Wiesen; auf Kalk; bis 1500 m. T, fehlt DK, Faeroer, GB, IRL, IS, N, S, SF (NL). §
2a FRÜHLINGS-M. *Scilla verna* □ hat 3–6 schmale B. und violettblaue Bl. mit *bläul. Tragb.* III–VI. Heiden, Wiesen und Wälder; bis 2000 m. E, F, Faeroer, GB, IRL, N; Westeuropa. **2b** *S. sibirica* Bl. nickend, einzeln od. paarweise, 18–26 mm. Heimat RußI, im Gebiet eingebürgert (A, CS, NL, R, YU).

3 PYRENÄEN-MEERZWIEBEL *Scilla liliohyacinthus.* Kräftige kahle Staude, 10–50 cm; B. breit bandförmig, in grundst. Rosette; Bl. sternförmig, 18–20 mm, blau, in lockeren Trauben auf langem St.; Tragb. grünl., *so lang wie* die Bl.stiele. IV–V. Wiesen; bis 2000 m. E, z&sF.

4 BRAUNE SOMMERHYAZINTHE *Dipcadi serotinum.* Schlanke kahle Staude, 10–40 cm; B. schmal, grasartig, graugrün, spitz; Bl. schmal glockig, 12–15 mm, *gelbbraun;* die äußeren 3 Perigonb. an der Spitze zurückgeschlagen; Bl. in lockeren Trauben. VII–VIII. Sandige und felsige Orte; bis 2400 m. E, sF; I †.

5 DOLDIGER MILCHSTERN *Ornithogalum umbellatum.* Kahle Staude, 10–30 cm; B. lineal, grasartig, glänzendgrün, mit zentraler *weißgestreifter* Furche; Bl. sternartig, 20–30 mm; Perigonb. glitzerndweiß, außen *grün gestreift*, in *Trugdolden.* IV–VI. Wiesen, Gebüsche, Äcker; bis 1600 m. T, fehlt Faeroer, IS, Subarkt; im Norden möglicherweise nur eingebürgert.

6 PYRENÄEN-MILCHSTERN *Ornithogalum pyrenaicum.* Kahle Staude, 15–80 cm; B. lineal-bandförmig, graugrün, alle grundst., zur Bl.zeit meist *verwelkt;* Bl. sternförmig, 10–18 mm, grünl.-weiß, in langer *Ährentraube.* V–VI. Wiesen und Wälder; bis 1200 m. A, B, CH, E, F, sGB, I, R, YU. § **6a** *O. sphaerocarpum* mit blaß weißl.-grünen Bl. und rundl., nicht längl. Fr.knoten. A, CS, sF, H, I, R, YU.

7 PYRENÄEN-HYAZINTHE *Brimeura* (= *Hyacinthus*) *amethystina.* Kahle Staude bis 20 cm; B. lineal, grasartig, grundst.; Bl. *röhrig-glockig*, 7–10 mm, blau, in lockeren Trauben. V–VII. Wiesen, Schutt, steinige Orte; bis 1500 m. sF, n&noE; Pyr, Berge von noE. ●

8 GEMEINE BISAMHYAZINTHE *Muscari neglectum* (= *M. racemosum*). Kahle Staude, 10–20 cm; B. fadenförmig-grasartig, gefurcht, alle grundst., meist am Boden *ausgebreitet;* Bl. kugelig-glockig, 4–5 mm, dunkel violettblau od. schwarzblau, mit 6 weißen Zähnen, in dichten Ährentrauben, nach Pflaumen duftend. III–V. Äcker, Obstgärten; bis 1600 m. T, fehlt B, DK, Faeroer, IRL, IS, N, NL, S, SF (GB). **8a TRAUBENHYAZINTHE** *M. botryoides* ist ähnlich, aber mit wenigen, eher aufrechten, gegen die Spitze verbreiterten B. und blaßblauen od. violetten, fast geruchlosen Bl. III–V. Wiesen, Weinberge; bis 2000 m. A, CH, CS, sD, n&noF, H, I, PL, R, YU (B, NL). ●

9 SCHOPFIGE BISAMHYAZINTHE *Muscari comosum* (= *Leopoldia comosa*). Kahle Staude, 20–40 cm; B. lang bandförmig; Bl. glockenförmig, die unteren braungrün, die *oberen* violettblau, kleiner und aufrecht, steril. IV–VII. Äcker, Weinberge; bis 1300 m. T, fehlt Faeroer, IRL, IS, N, S, SF (B, DK, GB, NL).

10 MAIBLÜMCHEN, SCHATTENBLUME *Maianthemum bifolium.* Kahle Staude, 8–20 cm; bestandbildend; B. zu 2, *herzförmig*, glänzend; Bl. sternförmig, klein, 2–4 mm, weiß, *4zählig*, in kurzen Ähren; Fr. eine rote Beere. IV–VII. Wälder; bis 2100 m. T, fehlt z&sE, Faeroer, z&sI, IRL, IS.

2a Frühlings-Meerzwiebel

1
2
3
4
5
6
7
8
9
10

Liliengewächse (Forts.)

1 KNOTENFUSS *Streptopus amplexifolius*. Kahle Staude, 20–100 cm, mit aufrechtem *hin- und hergebogenem* beblättertem St.; B. herzförmig, *st.umfassend*, ungestielt; Bl. glockig, 9–10 mm, grünl. weiß, einzeln; Bl.stiele teilweise mit dem St. verwachsen; Fr. eine rote Beere. V–VII. Bergwälder, Grünerlengebüsch; meist auf sauren Böden. A, CH, CS, sD, nE, z&sF, nI, PL, R, YU.

2 QUIRLBLÄTTRIGES SALOMONSIEGEL *Polygonatum verticillatum*. Kahle Staude, 30–70 cm, mit aufrechtem St.; B. zu 3–6 *in Quirlen*, schmal-lanzettl., ungestielt; Bl. glockig, 6–10 mm, weiß mit grüner Spitze, zu 1–4; Fr. eine rote Beere. V–VII. Hochstaudenfluren, Wälder; bis 2400 m. T, fehlt z&sE, Faeroer, z&sI, IS, SF.

3 DUFTENDES SALOMONSIEGEL *Polygonatum odoratum* (= *P. officinale*). Kahle Staude, 15–40 cm, mit kantigem übergebogenem St.; B. *wechselst.*, oval od. elliptisch, ungestielt; Bl. schmal glockig, 18–22 mm, weiß mit grüner Spitze, einzeln od. zu 2, duftend; Fr. eine blauschwarze Beere. V–VI. Trockenwiesen und -gebüsche, Schutthalden; bis 2200 m. T, fehlt Faeroer, IRL, IS, nN, nS, nSF. **3a VIELBLÜTIGES S.** *P. multiflorum* hat *stielrunde* St. und grünl.-weiße, nicht duftende, *trichterförmige* Bl. Verbreitung wie 3. **3b** *P. latifolium* Nerven der B.unterseite fein behaart; Bl. zu 1–5, 10–18 mm lang, nicht duftend. A, CS, H, I, R, YU.

4 MAIGLÖCKCHEN *Convallaria majalis*. Bestandbildende kahle Staude, 10–20 cm; *B. zu 2*, grundst., längl. bis elliptisch, gestielt; Bl. *rundl.-glockig*, 6–8 mm, weiß, in lockeren einseitigen Trauben, stark duftend; Fr. eine rote Beere. IV–VI. Laub- und Föhrenwälder; auf tiefgründigen Kalkböden; bis 2300 m. T, fehlt Faeroer, IRL, IS, nN, nS. ⚕✕§

5 EINBEERE *Paris quadrifolia*. Kahle Staude, 10–40 cm; B. zu 4–5 *quirlst.*, oval, kurz gestielt, netznervig; Bl. einzeln, aufrecht, sternförmig, gelbl.-grün; mit 4–8 Perigonb. und vorragenden Staubb.; Fr. eine schwarze Beere. V–VI. Laubwälder; meist auf Kalk; bis 2000 m. T, fehlt Faeroer, IS, Subarkt. ✕

Fam. Yamswurzgewächse Dioscoreaceae

Stauden mit Wurzelknollen, herzförmigen B. und 6zähligen Bl.; männl. und weibl. getrennt, auf derselben od. auf verschiedenen Pfl.

6 SCHMERWURZ *Tamus communis*. Kahle kletternde Staude mit windendem St. bis 3 m; B. wechselst., dunkelgrün glänzend, gestielt; Bl. klein, sternförmig, hellgrün, die männl. in schlanken aufrechten Trauben, die weibl. in hängenden Trauben, auf *verschiedenen Pfl.*; Fr. eine glänzende rote *Beere*. V–VIII. Wälder, Gebüsche; bis 1200 m. T, fehlt DK, nGB, N, NL, S, SF (IRL).

7 PYRENÄEN-YAMSWURZ *Borderea pyrenaica* (= *Dioscorea p.*). Kahle Staude, 10–30 cm, mit kantigem, oberwärts verzweigtem St.; B. lang gestielt, oft paarweise; Bl. winzig, grünl., die männl. in lockeren Trauben, die weibl. zu 1–3, alle auf derselben Pfl.; Fr. eine trokkene dreiflügelige Kapsel. VI–IX. Fels und Schutt; bis 2500 m. nE, sF; zPyr. ● **7a** *B. chouardii* hat durchscheinende, unter der Spitze verschmälerte, *glänzend grüne* B.; Fr.kapsel 8–9 mm (nicht 12–20 mm) lang. nE; zE, Pyr. ●

Fam. Aronstabgewächse Araceae

8 GEMEINER ARONSTAB *Arum maculatum*. Kahle Staude, 20–50 cm; B. grundst., pfeilförmig, dunkelgrün, manchmal gefleckt, lang gestielt; Bl. winzig, in dichten Quirlen, die männl. über den weibl. in einem *fingerförmigen* purpurnen Kolben, umgeben von einem blaßgrünen, purpurn gefleckten Hüllb.; Fr.stand mit leuchtend orangen Beeren. IV–V. Feuchte Wälder, schattige Gebüsche; bis 1250 m. T, fehlt Faeroer, IS, N, S, SF (DK). ⚕✕§

8 Gemeiner Aronstab

1
2
3
4
5
6
7
8

Fam. Narzissengewächse Amaryllidaceae

Kahle Stauden mit Erd-Zwiebel, grundst. linealen B. und blattlosem Bl.stand; ein Hochb. nahe der Bl.; Bl. mit 5 kronb.ähnlichen Perigonb., die inneren 3 entweder kleiner (Schneeglöckchen) od. mit einer zentralen becher- od. trompetenartigen Nebenkrone (Narzisse); Fr. unterst., eine Kapsel.

1 **FRÜHLINGSKNOTENBLUME** *Leucojum vernum.* 10–30 cm; B. bandförmig, tiefgrün; Bl. nickend, glockig, 15–20 mm, mit 6 *gleichen* Perigonb., weiß, grün bespitzt, einzeln od. zu 2. II–IV. Feuchte Laubwälder, Wiesen, meist bestandbildend; bis 1600 m. A, B, CH, CS, D, E, F, H, nl, PL, R, YU (GB, DK, NL). ☠ § ●

2 **SOMMERKNOTENBLUME** *Leucojum aestivum.* Staude, 30–50 cm; B. lang-bandförmig, freudig-grün; Bl. nickend, glockig, 15 mm; Perigonb. weiß mit grüner Spitze; Bl. *zu 3 bis mehreren.* IV–VI. Nasse Wiesen; bis 1300 m. T, fehlt Faeroer, IS, N, S, SF (DK, E). ☠ §

3 **SCHNEEGLÖCKCHEN** *Galanthus nivalis.* 8–15 cm; B. meist 2, bandförmig, graugrün; Bl. einzeln, nickend, 20–25 mm, weiß; die 3 *inneren Perigonb. kürzer,* mit grüner Spitze. II–IV. Auwälder, feuchte Wiesen; bis 1600 m. T, fehlt Faeroer, IS, Subarkt; im W und N des Gebietes wahrscheinlich nur eingebürgert. § ● **3a** *G. elwesii* B. am Grund halbröhrig, einander umschließend; innere Perigonb. durchaus grün. zYU, R.

4 **DICHTER-NARZISSE** *Narcissus poeticus.* Staude, 20–40 cm; B. lang bandförmig, aufrecht, graugrün; Bl. einzeln, 4–6 cm, mit 6 weißen, rundl.-ovalen Perigonb. und einer *kleinen* schalenförmigen orangen od. gelben Nebenkrone; süß duftend. IV–V. Bergwiesen; bis 2300 m. A, CH, E, z&sF, I, YU (B, CS, D, GB). § ● **4a** *N. p.* subsp. *radiiflorus* ☐ hat schmälere B. und am Grund *verschmälerte* Perigonb. H, z&sI, R, YU.

5 **BINSEN-NARZISSE** *Narcissus requienii* (= *N. juncifolius*). Zierliche Staude, 10–30 cm; B. fadenförmig, 1–2 mm , sattgrün; Bl. meist zu 2–5, klein, 15–20 mm, sattgelb mit einer kurzen, schüsselförmigen Nebenkrone, süß duftend. IV–V. Weiden, steinige Orte; bis 1600 m. sF; Pyr. ● **5a FELSEN-N.** *Narcissus rupicola* ähnlich 5, aber mit blaugrünen B., 1,5–5 mm breit; Bl. größer, einzeln, 15–30 mm, duftend; Nebenkrone flacher, tellerförmig, nicht schüsselförmig. IV–V. Kalkmeidend, Felsspalten; bis 1600 m. zE.

6 **GELBE NARZISSE, OSTERGLOCKE** *Narcissus pseudonarcissus.* Staude, 15–40 cm; B. bandförmig, grau- od. blaugrün, stumpf; Bl. einzeln, schwach nickend, groß; Perigonb. hellgelb, oval; Nebenkrone lang trompetenförmig, 25–35 mm, goldgelb, mit gefranstem Rand; Bl.stiel über dem Tragb. 3–12 mm lang. III–VI. Bergwiesen und Weiden, bes. im Nardetum; bis 2200 m. GB, CH, eF, NL (A, CS, I, R, YU). § ● **6a** *N. p.* subsp. *abscissus* (= *N. bicolor*) ☐ ist leicht kenntlich an den mittelgroßen Bl. mit weißen Perigonb. und einer zylindrischen orangegelben Nebenkrone mit geradem, *nicht auswärts gewölbtem* Rand; Bl.stiele 15–35 mm lang. nE, sF; Pyr, Corbières. **6b** *N. p.* subsp. *nobilis* ☐ ist größer als 6, mit sehr großen, oft aufrechten Bl.; Perigonb. cremefarben; Nebenkrone goldgelb, am Rand nach außen gewölbt; Bl.stiel 8–15 mm lang. n&nwE; Pyr, Picos de Europa. **6c** *N. p.* subsp. *pallidiflorus* ist kleiner als 6, mit blaßgelben, manchmal zweifarbigen Bl.; Bl.stiel 3–11 mm lang. nE, sF; Pyr, Cord. cant. **6d**. *N. p.* subsp. *moschatus* (= subsp. *alpestris*) ☐ ähnlich 6c, aber Bl. weiß od. cremefarben, *nickend* mit einer langen schmalen Trompete; Bl.stiele 10–25 mm lang. nE, sF; Pyr, Cord. cant. **6e** *N. p.* subsp. *major* hat gleichmäßig dunkelgelbe Bl. mit gedrehten Perigonb. E, sF.

7 **KLEINE NARZISSE** *Narcissus minor.* Bis 10 cm; B. schmal bandförmig, grau- od. blaugrün; Bl. einzeln, schwach nickend, *kleiner* als 6; Perigonb. hell- od. dunkelgelb, Trompete dunkelgelb, 16–25 mm lang, vorne etwas erweitert; Bl.stiel 15–20 mm lang. III–VI. Rasen und Gebüsch; bis 2200 m. nE, sF (soF); Pyr, Gebirge von nE. ●

4 Dichternarzisse

1
2
3
4
4a
5
6
6d
7
6a
6b

Fam. Schwertliliengewächse Iridaceae

Kahle Stauden mit Zwiebeln od. Wurzelstöcken; B. flach, schwertartig, rinnig od. lineal; Bl. einzeln od. zu mehreren, mit 3teiligen Tragb.; Fr. unterst., eine 3fächerige Kapsel.

SAFRAN, KROKUS *Crocus*. Niedrige st.lose Stauden mit Erdknolle; B. schmal lineal mit weißer Mittelfurche; Bl. pokalartig mit 6 ähnlichen Perigonb., 3 Staubb. und 3teiliger, oranger Narbe. ⚔

1 FRÜHLINGS SAFRAN *Crocus albiflorus* (= *C. vernus* subsp. *albiflorus*). 5–15 cm; Faserhülle der Wurzelknolle schwach netzartig; B. grün, zur Bl.zeit teilweise entwickelt; Bl. *reinweiß*, aber oft am Grund violett gestreift od. violett; Griffel *kürzer* als die Staubb. II–VI. Blüht nach der Schneeschmelze. Bergwiesen; bis 2700 m. A, CH, CS, sD, nE, s&oF, H, I, nwYU. • **1a** *C. biflorus* Faserhülle der Wurzelknolle sich ringförmig ablösend; Bl. hellila, dunkler geadert. II–III. Trockenrasen. nl; sAlpen, Ap–Mediterran.

2 ROTER KROKUS *Crocus vernus* (= *C. napolitanus, C. purpureus*). Faserhülle der Wurzelknolle schwach netzartig; B. grün, zur Bl.zeit teilweise entwickelt; Bl. doppelt so groß wie bei 1, *purpurn od. purpurviolett*, am Grund oft dunkler; Griffel *länger* als die Staubb. II–VI. Nach der Schneeschmelze blühend. Bergwiesen. I, H, R, YU (GB). **2a** *C. carpetanus* hat blaßlila Bl. mit feinen dunkleren Adern, Bl.b. 20–36 mm lang; Griffel weißl. od. blaßgelb. Wiesen, offene Föhrenwälder; bis 2300 m. nwE. •

3 RIVIERA-KROKUS *Crocus versicolor*. Hülle der Wurzelknolle nur mit parallelen Fasern; B. blaugrün, zur Bl.zeit teilweise entwickelt; Bl. weiß od. blaß lila, die äußeren 3 Perigonb. violett *gestreift*. II–IV. Wiesen, steinige Orte; bis 1600 m. soF, nwl. • **3a BLATTLOSER K.** *C. nudiflorus* hat dunkelpurpurne, nicht gestreifte Bl. auf *sehr langem* Stiel, vor den B. IX–XI. Rasen und Gebüsche; bis 1100 m. nE, swF; w&zPyr, Picos de Europa.
• **3b** *C. medius* hat violette od. dunkelpurpurne Bl. mit *dunkleren Adern*, selten länger als 16 cm. Bergwiesen; bis 1400 m. soF, nwl. •

SCHWERTLILIEN *Iris*. Rhizom- od. Zwiebelstauden; Bl. mit 3 äußeren hängenden und 3 kleineren inneren aufrechten Perigonb. sowie 3 kürzeren breiten gefärbten Griffelästen, die je ein Staubb. einschließen.

4 PYRENÄEN-SCHWERTLILIE *Iris latifolia* (= *I. xiphioides*). Staude mit Zwiebel, 50–100 cm; B. lang-lineal, rinnig, oberseits glänzend; Bl. sehr groß, leuchtend violettblau, manchmal weiß, die äußeren Perigonb. in der Mitte weiß und gelborange, nicht bärtig. VII–VIII. Wiesen; bis 2000 m. nE, sF; Pyr, Cord. cant. •

5 GESCHECKTE SCHWERTLILIE *Iris variegata*. Rhizomstaude mit oberwärts verzweigtem St., 10–40 cm; B. schwertförmig, sattgrün; Bl. gelb od. gelbweiß, die äußeren Perigonb. violett od. braunrot geadert und bärtig; Hochb. oft purpurn. VI–VII. Felsige und grasige Orte; selten über 1200 m. A, z&sD, H, R, YU (CH, I). •

6 GRAS-SCHWERTLILIE *Iris graminea*. Rhizomstaude mit *zweiseitig* zusammengedrücktem St., 15–25 cm; B. schmal schwertförmig; innere Perigonb. purpurn, äußere Perigonb. hellila, violett od. rötl. geadert. V–VI. Wiesen und Gebüsche; bis 1100 m. A, CH, CS, D, nE, sF, H, I, PL, R, YU. **6a** *I. ruthenica* hat rundl. St.; Bl. violett, die äußeren Perigonb. weißl. mit violetten Adern, nicht duftend. z&oR.

7 GELBE SCHWERTLILIE *Iris pseudacorus*. Rhizomstaude mit verzweigtem St., 60–120 cm; B. schwertförmig, mit erhabener Mittelrippe; Bl. gelb, äußere Perigonb. mit grünen Adern; Bl. zu 1–3. VI–VIII. Wassergräben, Ufer; bis 1200 m. T, fehlt IS. §

8 STINKENDE SCHWERTLILIE *Iris foetidissima*. Staude, 40–80 cm; B. schwertförmig, sattgrün, beim Zerreiben übelriechend; Bl. strohfarben, schmutzig violett od. graupurpurn überlaufen und geadert, zu 2–3; Griffelarme blaßgelb; Fr.kapsel aufbrechend, mit *leuchtend orangen* Samen. V–VII. Lichte Wälder, Gebüsche; selten über 1200 m. E, F, GB, I (CH, IRL).

9 DEUTSCHE SCHWERTLILIE *Iris germanica*. Rhizomstaude mit verzweigtem St., 30–80 cm; B. breit schwertförmig, kürzer als der St.; Bl. groß, duftend, blauviolett od. weiß und blau, zu 2–3; äußere Perigonb. mit auffallendem *gelbem Bart*. V–VI. Trockene, felsige Hänge; bis 1250 m. Häufig kult. und im Gebiet wohl nur verwildert, (T, fehlt Faeroer, IRL, IS, N, NL, S, SF). ⚕ **9a** *I. aphylla* ist kleiner, die B. *länger* als der St.; Bl. kleiner, violett od. purpurn. CS, z&sD, soF, H, I, PL, R, YU. **9b** *I. reichenbachii* ähnlich 9a, aber Deckb. *scharf gekielt*, Bl. violett, braunpurpurn od. grüngelb. z&nYU, R.

1
2
3
4
5
6
7
8
9

Fam. Orchideengewächse Orchidaceae

Unverzweigte Stauden, meist mit knollig od. fingerartig verdickten Wurzeln; B. einfach, ungezähnt, meist etwas fleischig; Bl. meist in Ähren od. Köpfen, selten einzeln, monosymmetrisch, von verschiedener Form, oft gespornt; das untere Kronb. im allgemeinen größer („Lippe“), die Sepalen oft flügelartig od. zusammen mit den zwei oberen Kronb. zu einem „Helm“ zusammenschließend.

1 FRAUENSCHUH *Cypripedium calceolus*. 30–50 cm; B. oval bis lanzettl., stark gerippt, hellgrün; Bl. meist einzeln, 6–9 cm, mit rotbraunen ausgebreiteten Perigonb. (äußere Sepalen, innere Petalen) und pantoffelförmiger gelber Lippe. V–VII. Wälder und Gebüsche; meist auf lockeren Kalkböden; bis 2000 m, sehr lokal. A, CH, CS, D, DK, noE, s&oF, nGB (nEngland+), H, I, sN, PL, R, sS, SF.

2 HUMMELBLUME *Ophrys holosericea* (= *O. fuciflora*, *O. arachnites*). 15–30 cm; B. elliptisch, stumpf; Bl. in kurzen Ähren; die 3 äußeren Perigonb. rosa od. weiß, die 2 kleinen inneren Perigonb. rosa, kurz; Lippe samtig, braun, 4eckig, mit gelbgrünem Muster, oft mit zentralem blauem Mal. VI–VII. Trockenrasen; auf Kalk; bis 1300 m. A, B, CH, z&sCS, sD, oF, sGB+, H, I, R, YU. **2a BIENEN-B.** *O. apifera* hat 3 bes. große rosa äußere Perigonb. und 2 kurze hellgrüne innere Perigonb.; Lippe rundl., samtbraun, mit gelbem Muster und rotem Mal. Trockenrasen, Gebüsche; auf Kalk. T, fehlt Faeroer, IS, N, S, SF. **2b** *O. sphegodes* ähnlich 2a, aber Kelch- und Kronb. gelbl.-grün, die Lippe mit einem bläul., X- od. H-förmigen Spiegel. IV–VI. T, fehlt Faeroer, IRL, IS, N, NL, S, SF; in GB+, nur im Süden. **2c** *O. insectifera* (= *O. muscifera*) hat eine schmale, an der Spitze gegabelte, braunsamtige Lippe mit glänzend blauem Spiegel. Warme, trockene Wiesen, Gebüsche und Wälder; bis 1850 m. T, fehlt Faeroer, IS und Subarkt.

3 WANZEN-KNABENKRAUT *Orchis coriophora*. 20–30 cm; B. schmal-lanzettl.; Bl. klein, in dichter Ähre, unangenehm riechend; Sepalen und Petalen braunrot, zu einem spitzen Helm zusammenschließend; Lippe rötl.-purpurn, 3lappig, gepunktet; Sporn sehr kurz, nach unten gekrümmt. IV–VII. Wiesen; bis 1800 m. T, fehlt Faeroer, GB, IRL, IS, N, S, SF (in NL †).

4 LOCKERBLÜTIGES KNABENKRAUT *Orchis laxiflora*. 30–60 cm; B. schmal-lanzettl., einfarbig grün; St. und Tragb. oft purpurn; Bl. in lockerer Ähre, purpurn, mit 2 abstehenden Sepalen und einem Helm, der von dem oberen Sepal und den 2 Petalen gebildet wird; Lippe 2lappig; Sporn kurz, waagrecht. III–VI. Sumpfwiesen; bis 1150 m. T, fehlt Faeroer, GB (außer swGB), IRL, IS, N, NL, n&zS, SF. **4a** *O. palustris* (= *O. laxiflora* subsp. *palustris*) □ hat eine größere *3teilige* Lippe, 9–15 mm lang, Sporn gegen die Spitze verschmälert. Verbreitung ähnlich 4, im Süden seltener.

5 MÄNNLICHES KNABENKRAUT *Orchis mascula*. 20–40 cm; B. schmal-längl., spitz, meist *dunkelpurpurn* gefleckt; Bl. in lockeren Ähren, purpurn, manchmal rosa od. weiß, die 3 Sepalen an den Rändern gewellt, *hochgeschlagen*; die Petalen helmförmig; Lippe seicht 3lappig, dunkel gepunktet; Sporn lang, nach oben gerichtet. VI–VII. Wiesen, Zwergstrauchheiden; bis 2650 m. T, fehlt IS. ⚕ **5a** *O. m.* subsp. *hispanica* mit sehr dunklen Bl. und aufrechten Kelch- und Kronb. nE; zPyr.

6 HELM-KNABENKRAUT *Orchis militaris*. 30–60 cm; B. breit, längl., glänzend, ungefleckt; Bl. in langen Ähren, grau- od. lilarosa mit dunkler Zeichnung; Sepalen und Petalen einen Helm *formend*; Lippe mit 2 schmalen Seitenarmen und 2 breiteren Mittellappen, in der Ausbuchtung mit einem kurzen Spitzchen; Sporn kurz, nach *abwärts gekrümmt*. IV–VI. Magerrasen, Gebüsche; auf Kalk; bis 1800 m. A, B, CH, CS, D, E, F, sGB+, H, I, NL, PL, R, sS, YU. ⚕

7 KLEINES KNABENKRAUT *Orchis morio*. 10–30 cm; B. schmal-längl., ungefleckt; Bl. in lockerer längl. Ähre, purpurn, rosa od. weiß; duftend; Sepalen und Petalen einen Helm bildend, die Sepalen auffallend *grün geadert*; Lippe seicht 3lappig; Sporn lang, waagerecht od. nach oben gekrümmt. V–VI. Trockene und feuchte Wiesen, lichte Wälder; bis 1800 m. T, fehlt Faeroer, IS, SF, Subarkt. ⚕

8 BLASSES KNABENKRAUT *Orchis pallens*. 20–40 cm; B. breit-längl., glänzend, ungefleckt; Bl. in eiförmigen od. längl. Ähren, *blaßgelb*, selten purpurrot; die äußeren Sepalen nach oben abstehend, das mittlere Sepal mit den Petalen einen Helm bildend; Lippe 3lappig, *nicht gepunktet*; Sporn waagerecht od. nach oben gekrümmt, kürzer als der Fr.knoten. IV–VI. Bergwiesen, lichte Wälder; kalkliebend; bis 2000 m. A, CH, CS, sD, oF, H, n&zI, PL, R, YU. ⚕

9 PROVENCE-KNABENKRAUT *Orchis provincialis*. 10–30 cm; B. längl.-lanzettl., oft braun gepunktet; Tragb. blaß; Bl. in dichten längl. Ähren, *hell od. dunkelgelb*; die 3lappige Lippe *braun* gepunktet und in der Mitte oft orange; Sporn lang, nach oben gekrümmt. IV–V. Rasen und Gebüsche; bis 1300 m. s&swCH, E, sF, I, YU.

1
2
3
4
4a
5
6
7
8
9

Orchideengewächse (Forts.)

1 PURPUR-KNABENKRAUT *Orchis purpurea*. 30–80 cm; B. breit, längl., glänzend, nicht gefleckt, meist grundst.; Bl. duftend, in dichten bis 15 cm langen Ähren; Sepalen und Petalen einen *purpurgrünen* Helm bildend; Lippe blaßrosa mit dunkleren Punkten, gelappt, mit 2 schmalen „Armen" und 2 breiten „Beinen"; Sporn kurz, abwärts gerichtet. V–VI. Lichte Wälder, Flaumeichengebüsch; auf Kalk; bis 1500 m. Selten. T, in GB+ (nur im Süden), fehlt Faeroer, IS, N, S, SF. ⚕

2 AFFEN-ORCHIS *Orchis simia*. 20–50 cm; B. breit, längl. od. lanzettl., glänzend, ungefleckt; Bl. in dichten stumpfen Ähren, blaßrosa, dunkler gepunktet und überlaufen; die Lippe männchenartig mit schmalen, vorn *aufwärts gekrümmten* Armen und Beinen, Mittelzipfel und Sporn kurz, abwärts gekrümmt. V–VI. Trockenrasen, offene Gebüsche; bis 1500 m. B, CH, D, E, F, soGB+, swH, I, NL, R, YU.

3 DREIZÄHNIGES KNABENKRAUT *Orchis tridentata*. 20–40 cm; B. längl.-lanzettl., ungefleckt; Bl. in dichten *rundl. Köpfen*, mit purpurnem Helm; die Lippe weißl., am Rand rotpurpurn, auf der Fläche gepunktet, mit kurzen breiten Armen und Beinen und kurzem Mittelzipfel; Sporn so lang wie die Lippe. IV–VI. Trockene Wiesen, Gebüsche; bis 1500 m. A, CH, CS, sD, E, s&oF, H, I, PL, R, YU.

4 BRAND-KNABENKRAUT *Orchis ustulata*. 10–30 cm; B. längl., spitz, ungefleckt; Bl. *klein, duftend*, in dichten konischen Köpfchen; die Knospen und die Helme schwarzpurpurn, später verblassend; Lippe weiß, rotpurpurn gefleckt, mit sehr kurzen Armen und Beinen; Sporn sehr kurz. V–VI. Trockene Wiesen; auf Kalk; bis 2100 m. T, fehlt Faeroer, IRL, IS, N, n&zS; in NL † ⚕

FINGERWURZ-KNABENKRÄUTER *Dactylorhiza*. Ähnlich *Orchis*, aber Knollen handförmig; der St. meist gleichmäßig beblättert; Hochb. laubb.artig; Sepalen abstehend; Sporn abwärts gekrümmt.

5 HOLUNDER-KNABENKRAUT *Dactylorhiza sambucina* (= *Orchis s.*). 10–30 cm; B. elliptisch bis schmal-lanzettl., glänzend hellgrün, ungefleckt; Bl. in eher kurzen dichten Ähren, entweder *blaßgelb* mit purpurn gepunkteter Lippe und hellgrünen Tragb. od. *purpurn* mit rötl. Tragb.; Lippe rundl.-flach, schwach 3lappig; Sporn dick, etwa so lang wie der Fr.knoten. IV–VII. Bergwiesen, Waldlichtungen; bis 2100 m. T, fehlt B, Faeroer, GB, IRL, IS, NL, Subarkt.

6 FLEISCHROTES KNABENKRAUT *Dactylorhiza incarnata*. 20–60 cm; B. 4–5, aufrecht, lanzettl., an der Spitze haubenartig, am Grund verschmälert, meist ungefleckt; Tragb. *länger als* die Bl.; Bl. klein, in zylindrischen Ähren, purpurn, rosa od. weißl.; Lippe 5–6 mm lang, schwach 3lappig, am Rand nach hinten gefaltet; Sporn halb so lang wie der Fr.knoten. V–VII. Feuchte Wiesen, Kalkmoore; bis 2100 m. T, fehlt IS, Subarkt. **6a, 6b, 6c** → S. 349

7 BREITBLÄTTRIGES KNABENKRAUT *Dactylorhiza majalis* (= *Orchis latifolia*). 20–50 cm; kräftige gedrungene Pfl.; St. hohl; B. 4–6, breit, längl. bis lanzettl., blaugrün, *meist braun gefleckt*; untere Tragb. länger als die Bl.; Bl. in dichten, eiförmig verlängerten Ähren, purpurn; Lippe 9–10 mm lang, mit Punkten und Linien, rundl., 3lappig. V–VII. Sumpfwiesen, Niedermoore; bis 2500 m. T, fehlt Faeroer, IS, N, nS, SF. **7a** → S. 349

8 GEFLECKTES KNABENKRAUT *Dactylorhiza fuchsii*. Schlanke Pfl. bis 50 cm; St. nicht hohl; B. 7–12, rundl. bis elliptisch, meist *dunkel gepunktet*; untere Tragb. kürzer als die Bl.; Bl. in längl. Ähren, rosa od. blaßlila; Lippe 6–9 mm lang mit purpurnen Punkten und Linien, *deutlich* 3lappig, der Mittellappen länger als die seitl.; Sporn etwa so lang wie der Fr.knoten. VI–VIII. Wälder, trockene Wiesen; meist auf Kalk; bis 2200 m. T, fehlt E, sF, Faeroer, z&sI, IS. **8a** → S. 349

9 KOHLRÖSCHEN, BRUNELLE *Nigritella nigra*. 8–25 cm; B. schmal, lineal-lanzettl., spitz; Bl. klein, *schwarzpurpurn*, manchmal rosa, in dichten runden Köpfchen, stark nach Vanille duftend; Petalen und Sepalen abstehend; Lippe oben. V–IX. Bergwiesen, Bürstlingrasen; bis 2800 m. A, CH, D, nE, s&oF, n&zI, N, S, YU, fehlt GB. **9a** → S. 349

10 STENDELWURZ *Serapias vomeracea*. 20–40 cm; B. lanzettl., ungefleckt; Tragb. rotviolett, spitz, *länger als* die Bl.; Bl. groß, in wenigblütiger Ähre; die Sepalen und Petalen bilden einen spitzen grauvioletten Helm; Lippe braunrot, spitz. IV–VI. Trockenrasen; bis 1100 m. sCH, E, z&sF, I, YU.

11 PUPPEN-ORCHIS, OHNSPORN *Aceras anthropophorum*. 20–40 cm; B. lanzettl., gekielt, glänzend; Bl. *grünl.-gelb*, in schmaler, dichter Ähre; Sepalen und Petalen einen rundl. Helm formend; Lippe männchenartig, mit langen Armen und Beinen, oft orangebraun überlaufen, *ohne Sporn*. V–VI. Trockenwiesen, lichte Gebüsche; auf Kalk; bis 1500 m. B, CH, sD, E, F, z&sGB, NL, I, YU.

1
2
3
5
4
7
6
9
8
11
10

Orchideengewächse (Forts.)

1 RIEMENZUNGE, BOCKS-ORCHIS *Himantoglossum hircinum.* Hell- od. graugrüne Staude, 30–70 cm; B. längl.-lanzettl., bald verwelkend; Bl. in einer bis 25 cm langen Ähre, mit Bocksgeruch; Helm purpurgrau; Lippe *sehr lang,* wellig gedreht, hellpurpurn, grünl.-rot gepunktet, 3lappig, die 2 Seitenlappen viel kürzer als der bandförmige Mittellappen; Sporn kurz. V–VII. Trockenrasen; auf Kalk; bis 1800 m. Selten. T, in sGB+, fehlt DK, Faeroer, nGB, IRL, IS, N, S, SF.

2 SPITZ-ORCHIS *Anacamptis pyramidalis.* 20–50 cm; B. schmal-lanzettl., hellgrün, ungefleckt; Bl. karminrot, selten weiß; Bl.stand anfangs *pyramidenförmig,* später zylindrisch; Sepalen abstehend, helmartig; Lippe 3lappig; Sporn lang gekrümmt. V–VIII. Trockene Wiesen, lichte Wälder; auf Kalk; bis 1900 m. T, fehlt Faeroer, IS, N, nS, SF.

3 EINKNOLLE *Herminium monorchis.* 10–30 cm; B. oval-längl., gelbgrün; Bl. *klein,* gelbgrün, in lockerer dünner Ähre, *honigduftend;* Sepalen und Petalen abstehend; Lippe 3lappig, der Mittellappen länger; Sporn sehr kurz. V–VIII. Wiesen; auf Kalk; bis 1800 m. Selten. T, fehlt Faeroer, IRL, IS, Subarkt; in H †.

4 ZWERG-KNABENKRAUT *Chamorchis alpina.* Bis 10 cm; B. *grasartig,* rinnig; Bl. klein, grün, stehend; Sporn fehlend; Bl. zu wenigen in lockerer Ähre. VII–VIII. Alp. Rasen; auf Kalk; bis 2700 m. A, CH, CS, oF, nl, N, R, S, SF, YU. ●

5 GRÜNE HOHLZUNGE *Coeloglossum viride.* 10–25 cm; B. bläul.-grün, rundl. bis längl. od. lanzettl.; Bl. klein, gelbl.-grün, rotbraun überlaufen od. rot in schmaler Ähre; Sepalen und Petalen helmförmig; Lippe längl., 3lappig, der Mittellappen kleiner; Sporn sehr kurz. V–VIII. Bergweiden und Wiesen, Wälder; meist auf saurem Boden; bis 2500 m. T.

6 WEISSE HANDWURZ *Pseudorchis albida* (= *Leucorchis a., Gymnadenia a.*). 10–30 cm; B. oval, die oberen schmäler; Bl. klein, grünl.-weiß mit gelbgrüner 3lappiger Lippe, der Mittellappen größer, in dichter stumpfer Ähre; Sporn kurz und dick. VI–IX. Wiesen und Weiden; bis 2500 m. T. ●

7 MÜCKEN-HANDWURZ *Gymnadenia conopsea.* Bis 70 cm; B. schmal lanzettl., nicht gefleckt; Bl. purpurrosa, *duftend,* in dichter schlanker Ähre; Sepalen abstehend, Petalen helmbildend; *Lippe kurz* 3lappig; *Sporn lang und dünn.* VI–VIII. Zwergstrauchheiden, Magerrasen; auf Kalk und Silikat; bis 2500 m. T, fehlt Faeroer, IS, Subarkt. **7a WOHLRIECHENDE H.** *G. odoratissima* ist eine zartere Pfl. mit graugrünen B. und blaßrosa od. weißen, stark Vanille-duftenden Bl. in kurzer, dichter Ähre. V–VIII. Magerrasen; auf Kalk; bis 2700 m. A, B, CH, CS, sD, E, F, H, I, PL, R, YU, sS.

SUMPFWURZ *Epipactis.* Stauden mit ovalen od. lanzettl., st.umfassenden, gerippten B.; Bl. nickend, in einseitswendigen Ähren; jede Bl. mit einem schmalen Tragb.; Petalen und Sepalen abstehend; Lippe kurz, gelappt od. nicht gelappt, ohne Sporn.

8 BRAUNROTE SUMPFWURZ *Epipactis atrorubens* (= *E. atropurpurea*). Rot überlaufene Staude, 60–80 cm; St. flaumhaarig; B. breit, am St. 2reihig; Bl. *dunkel-weinrot od. rötl.-violett,* duftend; Lippe kürzer als die Sepalen. V–VIII. Trockenrasen, Föhrenwälder; bis 2200 m. T, fehlt Faeroer, IS, Subarkt. **8a BREITBLÄTTRIGE S.** *E. helleborine* (= *E. latifolia*) hat *spiralig beblätterte* St. und größere, grünl.-gelbe, rot überlaufene, nicht duftende Bl.; Lippe rundl., vorne nach unten gerollt. VI–IX. Waldlichtungen; bis 1800 m. T, fehlt Faeroer, sl, IS, Subarkt. **8b** *E. leptochila* ähnlich 8, aber kleiner; die Bl. grün, weiß od. gelb überlaufen; *Lippe spitz,* so groß wie die Sepalen. VII–VIII. Birken- und Nadelwälder; selten über 1000 m. T, fehlt DK, E, Faeroer, I, IRL, IS, N, S, SF. ● **8c** *E. microphylla* ähnlich 8a, aber B. viel kleiner und runder; Bl. kleiner, grüner mit rotem Rand; Lippe rund mit kurzer Spitze. V–VIII. Kalk-Buchenwälder; bis 1350 m; selten. A, B, CH, CS, F, D, E, H, I, PL, R, YU. **8d** *E. muelleri* ähnlich 8a, aber die Bl. blaßgrün; Lippe innen *rötl.* Flaumeichenwälder; auf Kalk. A, B, CH, CS, D, oF, H, NL. ● **8e WEISSE S.** *E. palustris* hat größere Bl. als 8; Sepalen braunpurpurn od. grün; Petalen rot und weiß; Lippe weiß, die becherförmige Basis rot gestreift, mit gekraustem Rand, länger als die Sepalen; Fr. flaumig. VII–VIII. Sumpfwiesen; bis 1800 m. T, fehlt Faeroer, IS, Subarkt. **8f** → S. 349

9 DINGEL *Limodorum abortivum.* Kräftige unverzweigte Staude ohne B.grün, 60–80 cm; St. *violettblau;* B. schmal schuppenförmig, violett; Bl. in langen Ähren, groß, violett, mit abstehenden Sepalen und Petalen; Lippe gelbl. mit violettem Rand, 3eckig; Sporn lang und spitz. V–VII. Wälder, Gebüsche, Trockenrasen; auf Kalk; bis 1200 m. T, fehlt DK, Faeroer, nF, GB, IRL, IS, N, NL, S, SF.

1
2
3
4
5
6
7
8
9

Orchideengewächse (Forts.)

1 ROTES WALDVÖGELEIN *Cephalanthera rubra*. Schwach purpurn überlaufene Staude, 30–80 cm; B. schmal-lanzettl., am Grund st.umfassend, deutlich gerippt; Bl. *rosa bis rotlila*, nicht weit geöffnet, in lockerer Ähre; Lippe weißl. mit abwärts gekrümmter Spitze, nicht gespornt. V–VII. Lichte Laub- und Nadelwälder; auf Kalk; bis 1800 m. T, in GB+, fehlt Faeroer, n&zB, IRL, IS, Subarkt (NL †). **1a SCHWERTBLÄTTRIGES W.** *C. longifolia* hat längere, schmal lanzettl. B. und *weiße*, weiter geöffnete Bl.; die Lippe gefurcht, orangegelb; Tragb. klein. T, fehlt Faeroer, IS, Subarkt (NL †). **1b WEISSES W.** *C. damasonium* ähnlich 1a, aber mit breiteren B. und großem, laubb.ähnlichem Tragb. V–VII. Bis 1300 m. T, fehlt Faeroer, IRL, IS, N, n&zS, SF, nach Osten bis zum Kauk.

2 SOMMER-WENDELORCHIS *Spiranthes aestivalis*. Schlanke gelbgrüne Staude, 10–30 cm; alle B. *lineal*, grasartig, die oberen kürzer; Bl. sehr klein, weiß, nicht gespornt, in dünner *spiraliger Ähre*. V–VIII. Flachmoore, Sumpfwiesen; bis 1250 m. Selten. A, B, CH, CS, D, E, F, H, I, NL, YU (GB †). **2a HERBST-W.** *S. spiralis* hat eine grundst. Rosette ovaler blaugrüner B., die *vor der Blüte verwelken*; St. mit Schuppenb.; Bl. weiß mit grünl. Lippe, süß duftend. VIII–X. Trockenrasen; selten über 1000 m. T, fehlt Faeroer, IS, N, S, SF.

3 WALDHYAZINTHE, ZWEIBLÄTTRIGE KUCKUCKSBLUME *Platanthera bifolia*. Bis 60 cm; *2 grundst.*, oval-elliptische, glänzend grüne B.; St.b. kleiner, schuppenförmig; Bl. gelbl. od. grünl.-weiß, Vanille-duftend, in lockeren Ähren; Sepalen und Petalen abstehend; Lippe lang, schmal, ungeteilt; Sporn lang, gebogen; Pollinien (verklebte Bl.staubmassen) parallel. V–VII. Wiesen, lichte Wälder, Zwergstrauchheiden; bis 2300 m. T, fehlt IS. ‡ **3a GRÜNE W.** *P. chlorantha* ist größer, mit breiteren B.; Sporn an der Spitze verdickt; Pollinien *schrägstehend*. Bis 1800 m. T, fehlt Faeroer, IS.

4 GROSSES ZWEIBLATT *Listera ovata*. Bis 60 cm; B. *paarweise* am Grund der St., oval, gerippt, stumpfgrün; Bl. klein, gelbgrün, nicht gespornt, in langen schlanken Ähren; Sepalen und Petalen offen helmförmig; Lippe lang, tief zweispaltig. V–VII. Laubwälder, feuchte Wiesen; gern auf Kalk; bis 2100 m. T, fehlt Faeroer. **4a MOOS-Z., HERZBLÄTTCHEN** *L. cordata* sehr zarte unscheinbare Staude, 6–20 cm, mit einem Paar *herzförmiger*, glänzender B. in der Mitte des St.; Bl. rötl.-grün, Moschus-duftend; Lippe mit 2 kurzen Seitenlappen und langem gegabeltem Mittellappen. V–IX. Moosige Bergwälder, Moore; 1300–2300 m. T, fehlt z&sE, H, z&sI.

5 VOGELNESTWURZ *Neottia nidus-avis*. Humuszehrer ohne B.grün, 20–40 cm; St. honigfarben, mit Schuppenb.; Bl. blaßbraun, honigduftend, nicht gespornt, in dichten breiten Ähren; Petalen und Sepalen klein, offen helmförmig; Lippe breit, 2teilig. V–VII. Nadelwälder, Kalkbuchenwälder; bis 1700 m. T, fehlt Faeroer, IS. Die Pfl. ähnelt manchen Sommerwurzarten (*Orobanche*; siehe S. 268), aber diese haben eine 3lappige Lippe.

6 NETZBLATT *Goodyera repens*. Zierliche Staude mit *kriechenden Ausläufern*, 10–30 cm; B. oval, spitz, in grundst. Rosette, St.b. kleiner, schuppenförmig; Bl. klein, weiß, duftend, in schlanker gedrehter drüsenhaariger Ähre; Sepalen abstehend, Petalen helmförmig; Lippe kurz und spitz, nicht gespornt. V–VIII. Trockene Föhrenwälder; bis 2200 m. T, fehlt Faeroer, IRL, IS.

7 KORALLENWURZ *Corallorhiza trifida*. Unscheinbare grünl. Staude, 7–30 cm; Humuszehrer; St. gelbgrün, mit *langen scheidigen* Schuppenb.; Bl. gelbl.-grün od. gelbl.-weiß, nicht gespornt, in lockeren wenigblütigen Ähren; Sepalen und Petalen abstehend; Lippe schwach 3lappig, weißl., mit rotem Fleck. VI–VIII. Schattige Laub- und Nadelwälder, Moore; 1400–2700 m. T, fehlt Faeroer, IRL (NL †).

8 GEISTERORCHIS, WIDERBART *Epipogium aphyllum*. Humuszehrende zarte blaßgelbe Pfl., 10–20 cm; mit korallenähnlich verzweigter fleischiger Grundachse; St. durchscheinend, mit langen scheidigen *blaßbraunen* Schuppen; Bl. groß, einzeln od. zu 3–4; Petalen und Sepalen gelbl.-weiß, lang, schmal und hängend; Lippe *rötl., sackartig, wie der sackartige Sporn* nach oben gerichtet. VI–IX. Schattige feuchte Wälder; bis 1900 m. Oft jahrelang nicht blühend. T, fehlt Faeroer, IRL, IS, NL; meist selten und nur lokal.

9 KUGELORCHIS *Traunsteinera globosa* (= *Orchis g.*). 20–50 cm; B. graugrün, längl. elliptisch, alle st.ständig; Bl. klein, hellrosa, mit purpurnen Punkten, in dichter kugeliger Ähre; Sepalen und Petalen abstehend; Lippe kurz 3lappig; Sporn kurz. V–VIII. Bergwiesen; auf Kalk; bis 2600 m. A, CH, CS, sD, nE, s&oF, H, n&zI, PL, R, YU.

1
2
3
4
5
6
7
8
9

Anhang

Ergänzende Artenliste

In Ergänzung zu den Artbeschreibungen neben den Bildtafeln (S. 22–244) sind im folgenden weitere, meist seltenere oder nur lokal auftretende Arten der Gebirgsflora Europas mit kurzen Merkmals- und Verbreitungsangaben aufgelistet. Die Anordnung folgt den Hinweisen im Bildteil und ist in der Mehrzahl der Fälle mit der Ähnlichkeit zu den dort abgebildeten Arten begründet.

Seite 22

4a *Pinus nigra* subsp. *salzmannii* kleinerer Baum mit gebogenen blaugrünen Nadeln; Zapfen 4–6 cm. E, sF; Cevennen, Pyr. **4b ROTFÖHRE** *P. sylvestris* ist kleiner als 4; Borke rötl. abblätternd; Nadeln graugrün, gedreht; Zapfen eiförmig, braun, 3–6 cm. V–VI. Wälder, Moore, Heiden; bis 2300 m. T (B, DK, IRL, IS, NL).

7a ZWERG-WACHOLDER *Juniperus communis* subsp. *alpina* (= *J. sibirica, J. nana*) kleinerer, niederliegender Strauch; Nadeln plötzlich in eine kurze Spitze verschmälert, nicht stechend. VI–VII. V. a. in höheren Lagen; bis 3600 m. T. ☠ §

8a SADEBAUM, SEVENSTRAUCH *Juniperus sabina* niederliegender Strauch mit kleinen Schuppenb.; Beerenzapfen 4–6 mm, reif blauschwarz. III–V. Felsen, Trockenrasen, lichte Nadelwälder; bis 2300 m. A, CS, D, E, F, I, PL, YU; Pyr, zAp–lokal von E bis Rußl. ☠

Seite 28

1a *Betula pubescens* subsp. *carpatica* meist strauchförmig; Borke *grau od. bräunl.*, darunter nicht rissig; Zweige *flaumig*; B. gleichmäßig gezähnt. T.

3a SCHWARZ-ERLE *Alnus glutinosa* □ wie 3, aber meist baumförmig, bis 20 m; Borke dunkelbraun, runzelig; B. *rundl.*, mit stumpfer Spitze, klebrig; Kätzchen vor den B. II–III. Waldmoore, Flußufer; bis 1800 m. T, fehlt IS. **3b GRAU-E.** *A. incana* □ ähnlich 3, aber größer; junge Zweige behaart; B. eiförmig-spitz, *unterseits grau*. Flußauen; bis 1600 m. A, CH, CS, D, F, H, I, N, PL, S, SF, YU (E, GB, IRL, NL). **3c** *A. brembana* Strauch bis 1,5 m; B. viel kleiner als bei *A. viridis*, 30–40 mm lang, 6–25 mm breit; Zapfen 5–9 mm, männl. Kätzchen nur 10–30 mm. IV–V. Flachgründige waldfreie Felshänge (Silikat) zw. 1500 und 1900 m. CH, nl; Hauptverbreitung im südl. Tessin.

6a PYRENÄEN-EICHE *Quercus pyrenaica* kleinerer Baum mit *flaumigen* B. und Trieben. Felsige Hänge, waldbildend; bis 1400 m. E, F. **6b STIELEICHE** *Q. robur* hat verlängerte B., der B.grund überlappt den kurzen Stiel; Zweige und B. fast kahl; Eicheln *lang* gestielt; oft in Reinbeständen bis 1400 m. T, fehlt IS.

Seite 88

1c *Draba alpina* ähnlich 1, aber die B. breiter, eiförmig-lanzettl., *schwach* behaart; Haare verzweigt. VII. Bis 1650 m. IS, N, S, SF.

6a *Draba norvegica* oft mit einer einzelnen Bl. am Grund des Bl.standes; Fr. oft behaart, *abstehend*. noA, Faeroer, nGB, IS, N, S, SF.

8a *Draba dorneri* die grundst. B. spitz, oberseits kahl, nur am Rand behaart. R; sKarp.

9a ARKTISCHES FELSENBLÜMCHEN *Draba nivalis* zweij. od. ausdauernd mit blaß blaugrünen B.; St. *meist blattlos*; Bl. cremeweiß. VI. Bis 1920 m. IS, N, S, SF.

Seite 148

8b *Lathyrus sylvestris* ist ähnlich 8, aber mit *schmalen* B. und Nebenb. und kleineren Bl., 13–20 mm. Lichte Wälder. T, fehlt Faeroer, IRL, IS, Subarkt. **8c KNOLLIGE P.** *L. tuberosus* □ ist ähnlich 8, aber St. kantig, *nicht geflügelt*; Wurzeln knollig; Bl. klein, scharlachrot, 12–20 mm. Äcker, Weinberge. T, fehlt IRL, N, SF (DK, GB, S).

Seite 164

1b FLACHS *Linum usitatissimum* ist *einj.*; alle B. 3nervig; selten kult. u. verwildert.

3a *Linum tauricum* St. stark verzweigt mit bis zu 20 (statt 25 od. mehr) Bl. R, YU.

4a *Linum hirsutum* stärker behaart; Bl. *blau*. A, CS, H, PL, R, YU.

11a *Polygala carueliana* hat alle B. wechselst., lineal od. spatelig; Bl. etwas größer mit grünl., rotüberlaufenem Flügel. nwl; Apuanische Alpen. •

Seite 174

6d *Helianthemum nummularium* subsp. *pyrenaicum* □ B. unterseits weißhaarig, wie bei 6, aber Bl. *rosa*. nE, sF. • **6e** *H. n.* subsp. *berterianum* □ ähnlich 6d, aber B. unterseits grauhaarig. soF, I; Alpes Maritimes, Ap. • **6f** *H. n.* subsp. *obscurum* □ ähnlich 6c, aber Kelch zwischen den Adern behaart. A, CH, CS, D, H, R, sS, YU.

Seite 192

8d *Laserpitium peucedanoides* ähnlich 8a, aber Dolden nur mit 2–15 Strahlen; untere B. doppelt bis 3fach 3zählig, mit sehr schmalen Abschnitten. A, noI, nwYU; soAlpen. • **8e** *L. nitidum* ähnlich 8, aber B. *am Rand behaart*. nI; Italienische Alpen. • **8f** *L. halleri* ähnlich 8, aber kleiner; B.abschnitte *in 5–7 lineale Zipfel zerteilt*; Bl. weiß od. rosa. Bürstlingsrasen. A, CH, oF, nI; lokal in den Alpen. •

Seite 200

4a GRAUE HEIDE *Erica cinerea* dickästiger kahler Kleinstrauch, 15–75 cm; B. zu *3 quirlig*, lineal, dunkelgrün, oft bronze überlaufen; Bl. glockig, hellrot bis purpurn, in endst. verzweigten Trugdolden od. Rispen. V–IX. Heiden, Wälder, trockene Moore, felsige Orte; bis 1500 m. B, wD, E, F, Faeroer, GB, nI, IRL, sN, NL.

Seite 242

5a IMMERGRÜNES LÖWENMÄULCHEN *Antirrhinum sempervirens* □ behaarter brüchiger Zwergstrauch bis 25 cm, mit niederliegenden St.; B. *ledrig*, dunkelgrün, längl. od. elliptisch, kurzhaarig; Bl. kleiner, 15–25 mm, weiß mit gelbem od. violetten Rachen. Felsen, steinige Orte; bis 2000 m. nE, sF; zF, Spanische Pyr. • **5b GROSSES L.** *A. majus* □ aufrechte Staude, 30–60 cm, mit schmal-lanzettl. B. und großen, 33–45 mm, gelben, rosa od. purpurnen Bl. V–X. Bis 1600 m. E, z&sF (A, B, CH, CS, D, GB, IRL, NL, R, YU).

Seite 270

8a *Galium cometerhizon* Silikatschutt. nE, sF; z&oPyr. • **8b** *G. palaeoitalicum* zierliche Polsterpfl. Felsen u. offene Rasen. I; Apuanische Alpen, sAp. • **8c** *G. pyrenaicum* hat *sehr schmale*, dicht überlappende B. E, sF. • **8d** *G. austriacum* ist ähnlich 8, aber Bl. kleiner, rein weiß. Rasen und Nadelwälder. A, CS, H, wYU; oAlpen, wKarp. **8e** *G. caespitosum* ist ähnlich 8c, aber St. rundl., B. in Quirlen zu 6–10; Bl. gelbl.-weiß, 2–4 mm. nE, wF; Pyr.

Seite 272

2a MTE. BALDO-LABKRAUT *Galium baldense* agg. B. kahl, beim Trocknen schwarz; Bl. zahlreich, gelbl.-weiß. **2a** *G. tendae* Silikat-Felsspalten. F, I; swAlpen. • **2b** *G. noricum* Kalkrasen. A, D, I, YU; oAlpen. •

4a *Asperula neilreichii* obere B. *paarweise*, die Bl. außen kahl. A, CS, R; noAlpen, Karp. • **4b** *A. rupicola* ähnlich 4, aber St. kahl; Bl. 4–5 mm. soF, nwI; swAlpen. • **4c HÜGEL-M.** *A. cynanchica* 10–50 cm; B. stets zu 4, alle schmal-lanzettl.; Bl. weißl. od. rosa. VI–IX. T, fehlt DK, Faeroer, IS, N, S, SF.

8a *Lonicera caerulea* subsp. *pallasii* hat *behaarte* B. und schmälere Bl. noA, CS, R.

Seite 276

10a *Phyteuma michelii* ist kleiner, mit schmäleren, linealen, *am Rand behaarten* B. VII–VIII. Kalkmeidend. soF, nI; sw&sAlpen. • **10b** *Ph. zahlbruckneri* ähnlich 10, aber die B. *am Grund* rundl. od. herzförmig; Bl. dunkelblau od. blauschwarz. A, nwYU; oAlpen. •

Seite 298

2a *Homogyne discolor* hat die Grundb. *unterseits* weißfilzig; die St.b. größer. Auf Kalk. A, soD, nol, nwYU. • **2b** *H. sylvestris* ähnlich 2, aber die B. *seicht gelappt*; untere St.b. gestielt; St. oft verzweigt, mit 2 od. mehr Bl.köpfen. Bergwälder; kalkhold. oA, nol, nwYU; soAlpen. •

3a SCHNEE-PESTWURZ *Petasites paradoxus* (= *P. niveus*) hat 3eckig-herzförmige B.; Bl.köpfe lilapurpurn mit *rötl. Hüllb.* Feuchte Orte; auf Kalk; bis 2600 m. A, nE, s&oF, nl, R, nw&wYU. • **3b GEMEINE P.** *P. hybridus* ähnlich 3, aber Bl.köpfe blaß lilarosa od. gelbl., *nicht duftend*; Hüllb. purpurn; B. groß, unterseits grauhaarig. Bis 1800 m. T, fehlt Faeroer, IS (DK, N, S, SF). **3c** *P. frigidus* ähnlich 3, aber mit kleineren, nur grob gezähnten B. und kleineren Bl.köpfen. Bis 1700 m.N, S, SF.

7a KRIECHENDE GEMSWURZ *Doronicum pardalianches* meist über 50 cm, mit knollig verdickten Ausläufern; stärker behaart, die unteren St.b. gestielt, aber *nicht umfassend*, tief herzförmig; Bl.köpfe 3–5 cm, meist zu 2–6. V–VII. Bergwälder. B+, sD, E, F, NL+, I (A, CS, GB). • **7b** *D. cataractarum* ist kräftiger, bis 130 cm, aber die Grundb. kahl; Bl.köpfe 4–7 cm. Bachufer; 1250–2000 m. A; Koralpe. § •

Seite 300

1a *Senecio ovirensis* subsp. *gaudinii* (= *S. brachychaetus*) ist kaum drüsig; Köpfchen zu 5–15 in dichter Trugdolde. A, F, D, CH, I, YU. **1b** *S. helenitis* hat ungezähnte od. seicht gezähnte B. und *kleinere* Bl.köpfe, 20–25 mm. A, B, CH, sD, nE, F. **1c** *S. rivularis* ähnl. 7, aber B. *herzförmig*, die oberen halb st.umfassend; Bachufer. A, CS, D, H, I, PL, R; YU. **1d** *S. balbisianus* hat dickere St. als 1; B. breit oval od. längl., die obersten st.umfassend. Feuchte Orte. soF, nwl; swAlpen. •

2d FELS-KREUZKRAUT *Senecio squalidus* (= *S. rupestris*). Unangenehm riechende, behaarte od. meist kahle Einj., Zweij. od. Staude mit verzweigtem St., bis 60 cm; untere B. *fiederlappig* mit breit geflügeltem Stiel, obere st.umfassend; Bl.köpfchen gelb, 15–25 mm, mit 10–13 Strahlenbl., in Trugdolden; Hüllb. mit schwarzer Spitze. VI–VIII. Straßenränder, Ödland; bis 2300 m. A, CH, CS, sD, I, R, YU (DK, F, GB, IRL, H). •

7b *Senecio personii* hat die unteren B. mit *lanzettl.* Abschnitten; Köpfchen wenige, groß. nol; Alpes Maritimes. • **7c** *S. leucophyllus* ist kräftiger als 1, Bl.köpfe größer, zu 10 od. mehr in Trugdolden, jedes Köpfchen mit *10–16* Strahlenb. Schutt; 1500–2700 m. noE, sF; oPyr, Gebirge von zsF. •

9a *Senecio nemorensis* subsp. *fuchsii* (= *S. fuchsii*) ist oft rötl. überlaufen, die oberen B. kurz gestielt, nicht st.umfassend. A, CH, E, sF, I, YU. **9b** *S. cacaliaster* Bl. meist ohne Strahlenbl., manchmal 1–3 weißl.-gelbe Strahlenbl. in jedem Köpfchen. Bis 1900 m. A, F, I, R, YU; bes. soAlpen.

Das **GEWÖHNLICHE KREUZKRAUT** *Senecio vulgaris* und das **DRÜSIGE KREUZKRAUT** *S. viscosus* sind häufige Einj. und Unkräuter, die bis 2300 m steigen können.

Seite 310

4a *Centaurea leucophaea* subsp. *pseudocaerulescens* (= *C. pseudocineraria*) Hülle 10–13 mm; Anhängsel mit kurzem Dorn und 8–9 Fransen auf jeder Seite. sF; Alpes Maritimes. • **4b** *C. maculosa* ähnlich 4a, aber mit einköpfigen Ästen, purpurnen Bl.köpfen und grünl. behaarten od. kahlen B. A, CH, sD, z&oF, nl; Trockenrasen; bes. Alpen.

5a *Centaurea carniolica* (= *C. vochinensis*, *C. rotundifolia* z.T.) hat die unteren B. elliptisch od. rundl.-oval, die oberen ähnlich, oft *halb st.umfassend*; Bl.köpfe rosa, einzeln od. zu mehreren. oA, nol, H, R, n&nwYU. • **5b** *C. transalpina* (= *C. dubia*) 40–80 cm; *stärker verzweigt* als 5; Bl.köpfe einzeln od. 2–4, rosaorange od. rosa; Hülle kugelig, 12–18 mm. sA, sCH, soF, nl; sAlpen. •

8a *Centaurea procumbens* ist kürzer, 5–30 cm; die unteren B. breiter, *oft* seicht gelappt, graugrün od. weißhaarig. Trockene Felshänge; 800–1500 m. soF; swAlpen. •

9a *Centaurea triumfetti* (= *C. axillaris*) hat schmal geflügelte St. und spinnwebig-weißfilzige, *lineal-lanzettl.* B. Steinige Bergwiesen, lichte Wälder; auf Kalk; bis 2000 m. A, CH, CS, sD, E, s&oF, H, I, PL, R, YU. **9b** *C. pinnatifida* kleine Staude bis 20 cm; B. grau behaart; Bl. violett. Alp. Rasen. R; s&oKarp. **9c KORNBLUME** *C. cyanus* 20–80 cm; einj.; B. unterseits weißflockig. Getreideäcker bis 1800 m. T, oft nur lokal, fehlt im Hohen Norden.

Seite 316

2a ÖSTERREICHISCHE SCHWARZWURZEL *Scorzonera austriaca* hat St. mit *3–6 Schuppenb.* und blaßgelben Bl.; Wurzelstock faserig. V–VII. Trockenrasen, felsige Orte; bis 2800 m. A, CH, CS, sD, z&oF, H, I, R, YU. **2b NIEDRIGE SCHWARZWURZEL** *Scorzonera humilis* ähnlich 2a, aber Wurzelstock nicht faserig; untere St.b. *ähnlich den grundst.*, obere schuppig. Sumpfwiesen; bis 1700 m. A, B, CH, CS, D, E, GB+, H, I, N, NL, PL, R, sS, YU. ● **2c** *Scorzonera purpurea* (inkl. *S. rosea*) ähnlich 2, aber Bl. blaßlila od. *purpurrosa*. Trockene und feuchte Wiesen; bis 2000 m. A, CS, z&sD, oF, H, n&zI, PL, R, YU.

5b ALPEN-LÖWENZAHN *Leontodon hispidus* subsp. *alpinus* hat *gezähnte* B.; St. 5–15 cm; meist rauhhaarig. T, fehlt Faeroer, IS. ● **5c** *Leontodon croceus* 5–30 cm; ähnlich 5b, aber B. lineal bis schmal-längl., fein gezähnt. A, I, R, YU; oAlpen, o&sKarp. ●

6a *Leontodon montanus* subsp. *montaniformis* ist kleiner; Hüllb. schwärzl. behaart. A, CH, CS, D, E, F, I, PL, R, YU; z&oAlpen, zAp, Balkan. **6b HERBST-LÖWENZAHN** *Leontodon autumnalis* ist größer, bis 50 cm; mit *verzweigtem St.* und dunkelgelben, außen rot gestreiften Bl. VII–X. Wiesen; bis 2600 m. T.

10a *Hieracium lactucella* agg (= *H. auricula*) 5–20 cm; zerstreut behaart, mit schmäleren *blaugrünen* B.; Bl. gelb, oft rotgestreift od. rotspitzig, zu 2–5. Rasen; meist auf Kalk; bis 2600 m. T, fehlt Faeroer, IRL, IS, Subarkt.

Seite 340

6a *Dactylorhiza incarnata* subsp. *ochroleuca* ähnlich 6, aber Bl. blaßgelb. T. **6b BLUTROTES KNABENKRAUT** *Dactylorhiza cruenta* ist kleiner, die B. *purpurn gefleckt*, an der Spitze nicht kapuzenartig; Bl. rötl. od. dunkelpurpurn; Lippe nicht gezähnt. Verbreitung ähnlich 6, fehlt E, sF, z&sI, YU. **6c** *Dactylorhiza traunsteineri* ähnlich 6, aber B. nicht kapuzenartig; Bl. größer, purpurn; Lippe 7–9 mm lang, mit deutlicher purpurner Zeichnung, schwächer gefaltet. Flachmoore; bis 1700 m. T, fehlt E, F, H, z&sI, R.

7a *Dactylorhiza majalis* subsp. *alpestris* ist kleiner; die unteren B. nahe der Spitze am breitesten. A, CH, nE, s&oF, nI, nwYU; Pyr, Alpen.

8a *Dactylorhiza maculata* hat längere Bl.; die Lippe 7–11 mm, seicht 3lappig, der Mittellappen *klein, zahnartig*. Heiden und Moore; auf saurem Boden. T.

9a ROTES KOHLRÖSCHEN *Nigritella miniata* (= *N. rubra*) hat *rosa* od. fleischfarbene Bl.; die breite Lippe am Grund tütenartig zusammengezogen (Unterschied zu roten Formen von *N. nigra*). V–VII. 1600–2300 m. A, oCH, nI, R, nwYU.

Seite 342

8f VIOLETTROTE SUMPFWURZ *Epipactis purpurata* ähnlich 8, aber die B. *graurot*, am St. spiralig; Bl. blaß grünl.-weiß; außen rötl.-grün; Lippe kürzer als die Sepalen, weiß, violett gesprenkelt, an der Spitze nach unten gerollt. VII–IX. Laubwälder; auf Kalk; bis 1400 m. A, B, CH, CS, DK, F, D, H, PL, R, YU (bis RußI). ●

Hauptschlüssel

Bäume und größere Sträucher siehe S. 357

Blätter parallelnervig, lineal oder bandförmig, manchmal pfeilförmig; Blüten meist mit 6, manchmal mit 3 Kronblättern; Staubblätter 6 oder 3, aber nie mehr als Kronblätter: Einkeimblättrige (*Liliatae = Monocotyledonae*) siehe S. 359.

Blätter netznervig, meist breit, seltener lineal; Blüten meist mit 4, 5 oder mehr Kronblättern oder Blütenzipfeln, selten 2, 3 oder 6; Staubblätter selten 3 oder 6, oft mehr Kronblätter: Zweikeimblättrige (*Magnoliatae = Dicotyledonae*), siehe unten.

Farben Code:

w	weiß	lila	lila
ge	gelb	br	braun
gr	grün	h.	hell
bl	blau	h.ge	hellgelb
rosa	rosa	h.bl	hellblau
rot	rot	h.gr	hellgrün
vio	violett		

Einzelblüten groß oder auffallend

w

Zwei Kronblätter
Alpenhexenkraut *Circaea alpina* **182**

Drei Kronblätter

ge

br

Haselwurz *Asarum europaeum* **30**
Arktischer Hahnenfuß *Ranunculus hyperboreus* **66**

Vier freie oder nur am Grund verwachsene Kronblätter

w

Aufrechte Waldrebe *Clematis recta* **62**
Kreuzblütler *Brassicaceae* **76–94**
Turiner Waldmeister *Asperula taurina* **272**
Alpen-Bergflachs *Thesium alpinum* **30**
Mastkraut *Sagina* **44**

w

Meier, Labkraut *Asperula, Galium* **270, 272**
Waldrebe *Clematis* **62**
Schweizer Labkraut *Galium helveticum* **272**

ge

Kreuzblütler *Brassicaceae* **76–94**
Echtes Labkraut *Galium verum* **272**

ge

Sockenblume *Epimedium alpinum* **72**

gr

Waldrebe, *Clematis vitalba* **62**
Pfaffenhütchen *Euonymus europaeus* **166**
Mistel *Viscum album* **30**

h.bl

Blaue Gänsekresse *Arabis caerulea* **82**
Kärntner Saumnarbe *Lomatogonium carinthiacum* **220**

bl

Ackermeier *Asperula arvensis* **272**
Cevennen-Gänsekresse *Arabis cebennensis* **84**

rosa

Kreuzblütler *Brassicaceae* **76–94**
Meier *Asperula* **272**

rot

Kreuzblütler *Brassicaceae* **76–94**
Pyrenäen-Meier *Asperula pyrenaica* **272**
Rotes Labkraut *Galium rubrum* **270**

w
ge
rosa
bl

Christophskraut *Actaea spicata* **56**
Kreuzblütler *Brassicaceae* **76–94**
Mohn *Papaver* **74**

rot

Wald-Weidenröschen *Epilobium angustifolium* **182**

w
rosa

Schleifenblume *Iberis* **92**

w
bl
rosa
vio

Ehrenpreis *Veronica* **248, 250**

rosa

Moosbeere *Vaccinium oxycoccus* **198**

bl

Alpenrebe *Clematis alpina* **62**

Vier verwachsene Kronblätter, oft eine Kronröhre bildend

w
rosa

Apenninen-Enzian *Gentianella columnae* **218**
Kleines Tausendguldenkraut *Centaurium pulchellum* **220**

ge
gr

Lorbeer-Seidelbast *Daphne laureola* **174**

bl

Enzian *Gentiana* 214–218

rosa

Seidelbast, Steinröschen *Daphne* **174**

ge
gr

Seidelbastgewächse *Thymelaeaceae* **172–174**

Fünf freie oder nur am Grund verwachsene Kronblätter

w
ge
rosa

Mauerpfeffer, Fetthenne *Sedum* **98, 100**
Steinbrech *Saxifraga* **104–112**
Sandkraut *Arenaria* **52**

br
rot

Blutauge *Potentilla palustris* **126**

w

Mauerpfeffer *Sedum* **98, 100**
Siebenstern *Trientalis europaea* **212**
Alpen-Bergflachs *Thesium alpinum* **30**

ge

Mauerpfeffer *Sedum* **98, 100**

vio

Moor-Enzian *Swertia perennis* **220**

w

Blüten klein oder mittelgroß (bis 15 mm ∅): Pflanzen auf den Seiten: **32, 36, 38, 44–52, 56, 62, 78–96, 98–118, 126–132, 156, 162, 184–200, 226, 228, 274**

w

Blüten groß (über 15 mm ∅): Pflanzen auf den Seiten: **54, 58, 66, 100, 118–130, 134, 164, 172, 174**

ge

Blüten klein oder mittelgroß (bis 15 mm ∅): Pflanzen auf den Seiten: **38, 124–128, 174, 176, 212**

ge

Blüten groß (über 15 mm ∅): Pflanzen auf den Seiten: **54, 56, 60, 64, 124–128, 164, 174, 176**

ge

Strauchiges Sonnenröschen *Helianthemum lunulatum* **174**
Mäuseschwanz-*Myosurus* **62**
Bisamkraut *Adoxa moschatellina* **274**

gr

Breitblättriger Spindelstrauch *Euonymus latifolius* **166**
Schwarzkümmel *Nigella arvensis* **54,**
Leberblümchen *Hepatica nobilis* **60,**

bl

Wiesen-Storchschnabel *Geranium pratense* **158,**
Leinkräuter *Linum* **164,**
Moor-Enzian *Swertia perennis* **220,** Ramondia *Ramonda myconi* **260**

rosa

Pflanzen auf den Seiten **38, 98, 132, 134, 158, 160, 164, 200**
Pfingstrose *Paeonia* **72**
Arktische Brombeere *Rubus arcticus* **118** Storchschnabel *Geranium* **158, 160**

rot

Lichtnelke, Leimkraut *Lychnis, Silene* **34–38**
Hahnenfuß *Ranunculus* **64–68** Rosen *Rosa* **120, 122**

w

Fingerkräuter *Potentilla* **126–130** Käspappel *Malva neglecta* **172** Löffelblättriges Seifenkraut *Saponaria bellidifolia* **38** Hahnenfuß *Ranunculus* **64–66**

ge

Berg-Nelkenwurz *Geum montanum* **124** Lichtnelke, Leimkraut *Lychnis, Silene* **34–38,** Hahnenfuß *Ranunculus* **68,** Rosen *Rosa* **120, 122,**

rosa

Dolomiten-Fingerkraut *Potentilla nitida* **130,** Storchschnabel *Geranium* **158, 160,** Malven *Malva* **172**

vio
rot

Lichtnelken Lychnis **34**
Leimkraut *Silene* **36, 38**
Storchschnabel *Geranium* **158**
Wilde Malve *Malva sylvestris* **172**

w

Leimkraut *Silene* **36**
Storchschnabel *Geranium* **158**
Hornkräuter *Cerastium* **46, 48**

rosa

Leimkraut *Silene* **36**

w

Sternmieren *Stellaria* **44**

w

Strahlensame *Silene alpestris* **38**

rosa

Kuckucks-Lichtnelke *Lychnis flos-cuculi* **34**

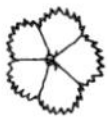
w
rosa
rot

Nelke *Dianthus* **38–42**

rosa

Alpenveilchen *Cyclamen* **210**

br
vio

Tollkirsche *Atropa belladonna* **262**

bl
vio

Gewöhnliche Küchenschelle *Pulsatilla vulgaris* **60**

w

Wintergrün *Pyrola* **196**
Cassiope **198**

ge

Sauerdorn *Berberis* **72**

gr
rosa

Wintergrün *Pyrola* **196**

rosa

Zwergalpenrose *Rhodothamnus chamaecistus* **200**

h.gr

Nieswurz *Helleborus* **54**

w
ge
bl

Veilchen *Viola* **178, 180**

Fünf verwachsene Kronblätter, oft eine Kronröhre bildend

w

Mannsschild *Androsace* **206–210**
Vergißmeinnicht *Myosotis* **226**

h.ge

Steinsame *Lithospemum* **222**

ge

Goldprimel *Vitaliana primuliflora* **204**

bl

Vergißmeinnicht *Myosotis* **226**

rosa

Mannsschild *Androsace* **206–210**
Strauchiger Steinsame *Lithodora oleifolia* **222**

vio

Steinsame *Lithospermum* **222**
Ochsenzunge *Anchusa officinalis* **226**

w – rosa – bl – vio

Enziane *Gentiana* **214–218**
Tausendguldenkraut *Centaurium* **220**

w

Pungen *Samolus valerandi* **212**
Schwalbenwurz *Vincetoxicum hirundinaria* **222**

ge

Pfennigkraut *Lysimachia nummularia* **212**
Schwalbenwurz *Vincetoxicum hirundinaria* **222**

bl

Himmelsleiter *Polemonium coeruleum* **212**
Krugglocke *Edraianthus* **278**
Glockenblume *Campanula* **280–284**

rosa

Mauerpfeffer *Mucizonia* **96**
Gauchheil *Anagallis* **212**

h.ge

Sprossende Hauswurz *Jovibarba globifera* **98**

w
rosa

Fieberklee *Menyanthes trifoliata* **214**

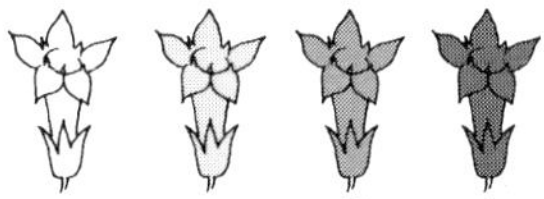

w ge bl vio

Enziane *Gentiana* **214–218**

vio

Natternkopf *Echium* **224**

ge

Kuhtritt *Wulfenia* **248**

rot

Alpenrose *Rhododendron* **198, 200**

ge rot

Schlüsselblumen *Primula* **202, 204**

lila

Schlüsselblumen *Primula* **202, 204**
Wasserfeder *Hottonia palustris* **210**

bl

Immergrün *Vinca* **220**

w

Bärentraube *Arctostaphylos uva-ursi* **200**
Moosglöckchen *Linnaea borealis* **272**
Glockenblumen *Campanula* **280–284**

h.ge

Fichtenspargel *Monotropa hypopitys* **196**

h.ge

Bilsenkraut *Hyoscyamus niger* **262**

h.ge

Blaue Heckenkirsche *Lonicera coerulea* **272**
Strauß-Glockenblume *Campanula thyrsoides* **282**

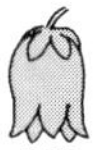

rosa

Besenheide *Calluna vulgaris* **200**
Glockenblumen *Campanula* **280–284**

w
rosa

Preiselbeere *Vaccinium vitis-idaea* **198**

w
rot

Heidekraut *Erica* **200**
Heilglöckchen *Cortusa matthiola* **210**

br

Tollkirsche *Atropa belladonna* **262**

w
lila
rosa

Eisglöckchen
Soldanella **210**

w
rosa

Heidelbeere
Vaccinium myritillus **198**
Rosmarinheide
Andromeda polifolia **200**

ge

Alpenrachen *Tozzia alpina* **252**

h.ge

Braunwurzgewächse,
Rachenblütler
Scrophulariaceae **242–260**

bl
vio
rosa

Lungenkräuter *Pulmonaria* **224**
Hundszunge *Cynoglossum* **228**
Baldrian *Valeriana* **274, 276**

w
h.ge
rosa

Baldrian *Valeriana* **274, 276**

ge

Lotwurz
Onosma **222**

ge

Beinwell *Symphytum* **226**

Sechs oder mehr Kronblätter
(siehe auch den Schlüssel für die Monokotyledonen, S. 359)

w
ge
rosa

Mauerpfeffer *Sedum* **98, 100**

Krähenbeere
Empetrum nigrum **198**

Mäuseschwanz *Myosurus* **62**

ge
rot

Hauswurz
Sempervivum **96**

w
bl
rosa

Windröschen *Anemone* **58**
Leberblümchen
Hepatica nobilis **60**
Silberwurz *Dryas* **124**
Siebenstern *Trientalis* **212**

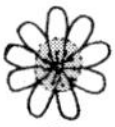
w

Schmuckblume
Callianthemum **54**

ge

Winterling
Eranthis hyemalis **54**
Teufelsauge
Adonis aestivalis **62**
Hahnenfuß *Ranunculus* **64–68**
Nelkenwurz *Geum* **124**
Bitterling *Blackstonia* **220**

w
rosa
bl

Buschwindröschen
Anemone nemorosa **58**
Leberblümchen
Hepatica nobilis **60**

rot

Teufelsauge
Adonis aestivalis **62**
Pfingstrose *Paeonia* **72**

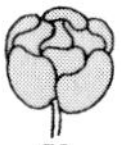
ge

Trollblume
Trollius europaeus **54**

w
ge
lila

Winterling
Eranthis hyemalis **54**
Gelbliches Windröschen
Anemone ranunculoides **58**
Alpen-Osterglocke
Pulsatilla alpina **60**

Küchenschellen *Pulsatilla* **60**

h.ge

Sprossende Hauswurz
Jovibarba globifera **98**

bl

Enziane *Gentiana* **214–218**

Blüten mit einem oder mehreren deutlichen Spornen

w
ge
bl

Veilchen *Viola* **178, 180**

ge
bl

Eisenhut *Aconitum* **56**

bl

Rittersporn *Delphinium* **58**

w
ge
rosa

Erdrauch *Fumaria* **72**
Lerchensporn *Corydalis* **72**

ge

Springkraut *Impatiens* **172**

w
ge
rot
bl

Leinkraut *Linaria* **242**
Fettkraut *Pinguicula* **264**

ge

Wasserschlauch *Utricularia* **264**

w
h.ge
rosa

Baldrian *Valeriana* **274, 276**

w
bl
vio

Akelei *Aquilegia* **70**

Einlippige Blüten

w
ge
bl
rosa

Gamander *Teucrium* **228**
Günsel *Ajuga* **230**

Zweilippige Blüten

w
ge
rosa
bl

Lerchensporn *Corydalis* **72**
Erdrauch *Fumaria* **72**
Kreuzblume *Polygala* **164**

Einzelblüten klein, in ± lockeren Blütenständen oder dichten Köpfen

Kugelige dichte Köpfe
(siehe auch Zwiebel *Allium, S. 324)*

w
rosa
bl
vio

Weiden *Salix* **24, 26**
Kleiner Wiesenknopf *Sanguisorba minor* **124**
Frauenmantel *Alchemilla* **130, 132**
Quendel-Seide *Cuscuta* **212**
Bisamkraut *Adoxa* **274**

Grasnelke *Ameria* **212**
Ackermeister *Asperula arvensis* **272**
Kugelblumen *Globularia* **264**
Teufelskrallen *Phyteuma* **276, 278**
Teufelsabbiß *Succisa* **186**

Längliche dichte Köpfe oder Ähren

ge
gr

Weiden *Salix* **24, 26**

gr

Wegerich *Plantago* **266**

w
rosa

Heckenkirsche, Geißblatt *Lonicera* **272**

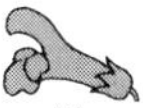
w
ge
rosa
bl
rot
vio

Lippenblütler *Lamiaceae* **228–242**
Braunwurzgewächse *Scrophulariaceae* **242–260**
Sommerwurzgewächse *Orobanchaceae* **268**

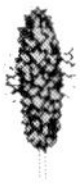
rot

Großer Wiesenknopf *Sanguisorba officinalis* **124**

h.ge
bl
vio

Teufelskrallen *Phyteuma* **276, 278**

Blüten in langen Ähren

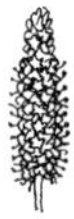

w
ge
rosa

Schlangenknöterich *Polygonum bistorta* **34**
Reseden *Reseda* **94**
Südalpen-Wiesenknopf *Sanguisorba dodecandra* **124**
Ampfer *Rumex* **32**

In hängenden kätzchenähnlichen Ähren

h.ge

Pappeln *Populus* **26**
Hasel *Corylus* **28**

gr

Eichen *Quercus* **28**
Nessel *Urtica* **30**

Blüten in doldigen Blütenständen

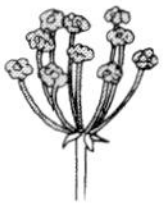

gr
ge

Wolfsmilch *Euphorbia* **162**
Doldenblütler *Apiaceae* **184–192**

Blüten in gänseblümchen- oder löwenzahnähnlichen Köpfchen

w
ge
rosa

Korbblütler *Compositae (Asteraceae, Cichoriaceae)* **288–320**

Mit distelähnlichen Köpfen

bl
rot

Mannstreu *Eryngium* **186**
Carduus, Cirsium **304–308**

Blüten in nadelkissenähnlichen Köpfen

gr.ge

Schaftdolde *Hacquetia epipactis* **184**
Hasenohr *Bupleurum* **190**

rosa

Sanikel *Sanicula* **184**

ge
bl

Skabiose *Scabiosa* **286**

Blüten mit auffallenden Büscheln von Staubgefäßen

h-ge
lila

Wiesenraute *Thalictrum* **68, 70**

Bestimmungsschlüssel Bäume und größere Sträucher

In diesem Schlüssel nach Blattmerkmalen sind alle Bäume und Sträucher über 1 m erfaßt. Bäume sind gekennzeichnet durch ein (B), Sträucher durch ein (St).

Zwergmispel (St) **134**
Färberginster (St) **138**

Roter Hartriegel (St) **184**
Kornelkirsche (B, St) **184**
Efeu (St) **184**
Alpenrosen (St) **200**
Heckenkirschen (St) **272**
Buchsbaum (St) **170**
Faulbaum (B, St) **170**

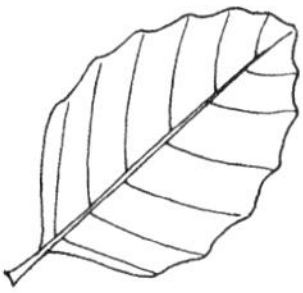

Buche (B) **28**

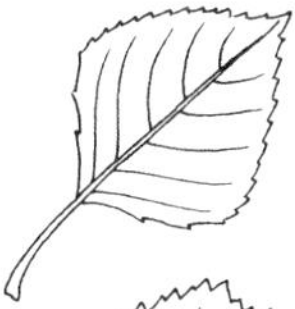

Schwarz- u.
Weißpappel (B) **26**
Birken (B) **28**

Erle (B, St) **28**
Hasel (St) **28**
Faulbaum (B, St) **170**

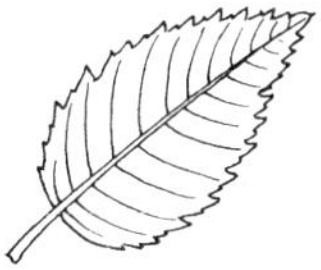

Hasel (St) **28**
Ulmenblättriger
Spierstrauch (St) **118**
Kirschen (B) **136**
Mehlbeerbaum (B) **134**
Schneeball (St) **274**
Pfaffenhütchen (B, St) **166**
Kreuzdorn (B, St) **170**

Wilder Apfelbaum (B) **134**
Felsenbirne (St) **134**
Birnen (B) **134**

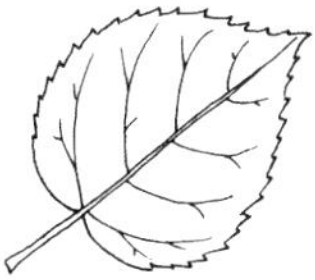

Linden (B) **168**

Weiden (B, St) **24, 26**
Birnen (B) **134**

Mehlbeerbaum (B) **134**

Weißdorn (B, St) **134**

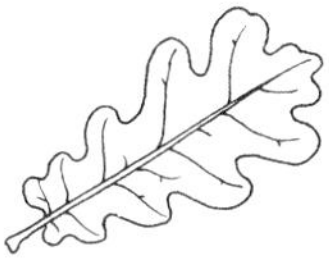

Eichen (B) **28**

Berberitze (St) **72**

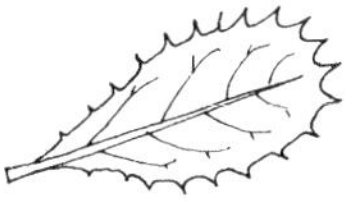

Stechlaub (B, St) **168**

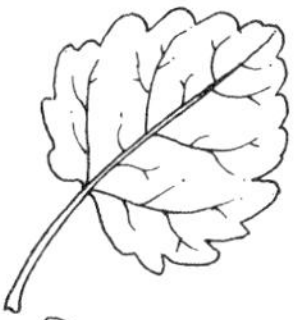

Zitterpappel (B) **26**

Efeu (St) **184**

Feld-Ahorn (B, St) **166**
Ital. Ahorn (B) **166**
Stachel- u.
Johannisbeeren (St) **100**

Spitzahorn
u. Bergahorn (B) **166**

Goldregen (B) **136**
Ginster,
Geißklee (St) **136**, **138**

Brombeeren (St) **118**

Strauchige Kronwicke (St) **154**
Blasenstrauch (St) **140**

Vogelbeerbaum (B) **134**
Wildrosen (St) **120**, **122**
Holunder (St) **274**
Esche (B) **168**
Manna-Esche (B, St) **168**

Föhren (B) **22**

Tanne (B) **22**
Fichte (B) **22**
Lärche (B) **22**
Wacholder (St, B) **22**
Eibe (B) **22**

Weihrauch-
Wacholder (B) **22**
Sevenstrauch (St) **22**

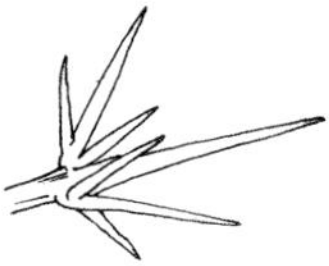

Stechginster (St) **140**

Bestimmungsschlüssel Monokotyledonen

Blüten mit deutlicher Lippe, oft mit Sporn

Orchideen **338–344**

Blüten ohne Sporn oder Lippe
3 Staubblätter *(Iridaceae)*

Krokus **278**

Schwertlilien **336**
Iris
(Amaryllidaceae)

Blätter herzförmig

Aronstab **332**

Maiblümchen **330**

Pyrenäen-Yamswurz **332**

männl. u. weibl. Blüten auf verschiedenen Pflanzen

6 Staubblätter
Fruchtknoten unterständig

Frühlingsknotenblume **334**

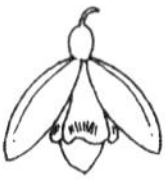

Schneeglöckchen **334**

Dichter-Narzisse **334**

Osterglocke **334**

Fruchtknoten oberständig

Liliensimse, Blaustern **322**
Graslilie, Gelbstern **322**
Zwiebel, Lauch **324**
Weißer Germer, Affodil **326**
Milchstern, Blausternchen **330**
Einbeere **332**

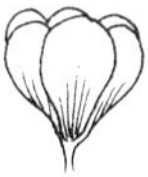

Faltenlilie **330**

Wildtulpe **326**
Tulipa didieri **326**

Feuerlilie **328**

Pyrenäen-Lichtblume
Frühlings-Lichtblume **322**

Weiße Trichterlilie **322**

Knotenfuß **332**

Hundszahn **328**

Türkenbund **328**

Schachblumen **326**

Maiglöckchen **332**
Sommerhyazinthe **330**

Traubenhyazinthen **330**

Salomonsiegel **332**

Pyrenäen-Hyazinthe **330**

Bestimmungsschlüssel Nelkengewächse
Caryophyllaceae

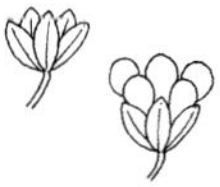

1. Blüten ohne Kronblätter **2**
Blüten mit Kronblättern **3**

2. Kelchblätter getrennt: *Sagina* .... S. 44
Kelchblätter in der unteren Hälfte verwachsen:
Scleranthus .... S. 44

3. Blüten grünlich-gelb oder gelb **4**
Blüten weiß **5**
Blüten rosa, rötlich, purpurn oder lila **16**

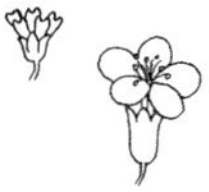

4. Blüten winzig, 3–5 mm, grünlich-gelb: *Silene otites* . . S. 36
Blüten 7–8 mm, gelb: *Saponaria bellidifolia,*
S. lutea .... S. 38

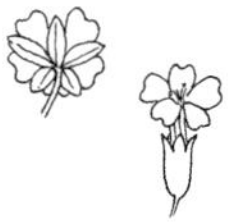

5. Kelchblätter frei **6**
Kelchblätter zu einer Röhre verbunden **10**

6. Kronblätter ausgerandet oder gespalten **7**
Kronblätter abgerundet **8**

7. Griffel 3, Kronblätter bis zur Hälfte oder tiefer
gespalten: *Stellaria* .... S. 44
Griffel meist 5, Kronblätter weniger als bis zur
Hälfte gespalten: *Cerastium* .... S. 46, 48

8. Moosähnliche Pflanzen mit winzigen Blüten,
Griffel 4–5: *Sagina* .... S. 44
Pflanzen nicht moosähnlich, Blüten
6 mm Ø oder mehr, Griffel 2–3 .... **9**

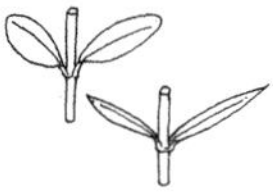

9. Blätter rundlich, länglich oder elliptisch, selten
lineal; Kapselzähne meist 6: *Arenaria, Moehringia* . . S. 52
Blätter lineal-lanzettlich oder lineal, oft sehr spitz,
Kapselzähne meist 3: *Minuartia* .... S. 50

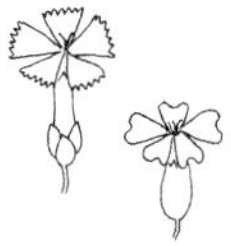

10. Außenkelch vorhanden, Kronblätter vorne gefranst:
Dianthus .... S. 40, 42
Außenkelch fehlend, Kronblätter nicht gefranst **11**

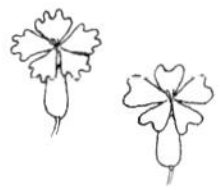

11. Kronblätter mit 3–5 Buchten: *Silene alpestris* .... S. 38
Kronblätter einfach ausgerandet **12**

12. Griffel 3, Blüten mit Schlundschuppen:
Silene vulgaris, S. cordifolia, S. campanula,
S. saxifraga, S. rupestris .... S. 36, 38
Griffel 2, Blüten ohne Schlundschuppen **13**
Griffel 5, Blüten mit Schlundschuppen **14**

13. Pflanzen aufrecht, Blüten 5–8 mm:
Petrorhagia saxifraga .... S. 38
Pflanzen niederliegend, Blüten 8–10 mm:
Gypsophila repens .... S. 38

14. Kronblätter kürzer oder so lang wie der Kelch,
unscheinbar: *Silene uralensis* .... S. 36
Kronblätter länger als der Kelch, auffallend **15**

15. Außenkelch vorhanden: *Dianthus* .... S. 38–42
Außenkelch fehlend **16**

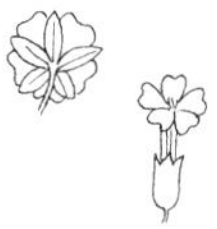

16. Kelchblätter nicht verwachsen **17**
Kelchblätter zu einer Röhre verwachsen **18**

17. Kronblätter ausgerandet: *Cerastium pumilum* ...... S. 48
Kronblätter abgerundet: *Arenaria purpurascens* .... S. 52

18. Kronblätter abgerundet **19**
Kronblätter abgeschnitten oder ausgerandet **20**

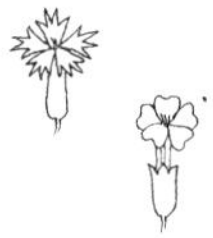

19. Polsterpflanzen: *Saponaria caespitosa* .... S. 38
Pflanzen ausgebreitet: *Saponaria ocymoides* .... S. 38

20. Kronblätter abgeschnitten oder in 4 oder mehr
Lappen ausgebuchtet **21**
Kronblätter nur einfach ausgebuchtet **22**

21. Kronblattzipfel lang lineal: *Lychnis flos-cuculi* ...... S. 34
Kronblattzipfel kurz, abgerundet: *Silene alpestris* .... S. 38

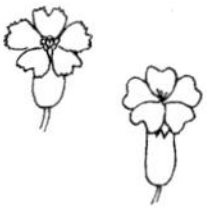

22. Kronblätter am Rand fein gezähnt:
Silene elisabethae . . . . S. 36
Kronblätter ganzrandig, nicht fein gezähnt **23**

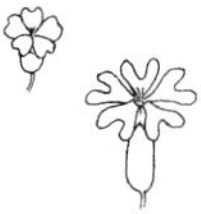

23. Blüten klein, unter 12 mm Ø **24**
Blüten groß, über 12 mm Ø **28**

24. Pflanzen dichte moosähnliche Polster bildend:
Silene acaulis . . . . S. 36
Pflanze nicht dichte Polster bildend **25**

25. Blüten in dichten, köpfchenähnlichen Blütenständen:
Silene alpestris . . . . S. 38
Blüten einzeln oder in locker
verzweigten Blütenständen **26**

26. Griffel 3: *Silene rupestris* . . . . S. 38
Griffel 5: *Petrocoptis pyrenaica* . . . . S. 34
Griffel 2: **27**

27. Pflanzen aufrecht, Blüten 8–10 mm:
Petrorhagia saxifraga . . . . S. 38
Pflanzen ausgebreitet, Blüten 8–10 mm:
Gypsophila repens . . . . S. 38

28. Kelchzipfel blattartig, viel länger als die Krone:
Agrostemma githago . . . . S. 34
Kelchzipfel kürzer als die Krone,
nicht blattähnlich **29**

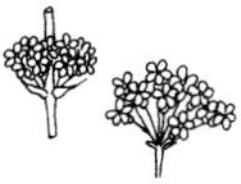

29. Blütenstand aus Quirlen gebildet: *Lychnis viscaria* . . . S. 34
Blüten in Köpfen, verzweigten Blütenständen
oder einzeln **30**

30. Griffel 2, mattenbildende Pflanzen, Blüten purpurn
auf blattlosen Stielen: *Saponaria pumilio* . . . . S. 38
Griffel 3, lockere Polster, seltener Matten bildende
Pflanzen, Blüten kräftig oder blaßrosa, oberseits
oft weißlich, auf beblätterten Stengeln **31**
Griffel 5, Blüten purpurn, rot oder blaßrosa **32**

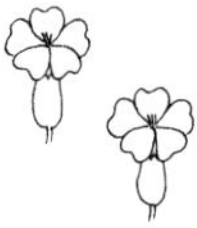

31. Blüten kräftig rosa: *Silene dioica* . . . . S. 36
Blüten oberseits weißlich oder blaßrosa, unterseits
rötlich oder grünlich-rosa: *Silene nutans,*
S. cordifolia, S. vallesia, S. campanula,
S. saxifraga . . . . S. 36

32. Pflanzen aufrecht, Blüten purpurn oder rot:
Lychnis flos-jovis . . . . S. 34
Pflanzen ausgebreitet, Blüten blaßrosa:
Petrocoptis pyrenaica . . . . S. 34

Bestimmungsschlüssel Kreuzblütler *Brassicaceae*

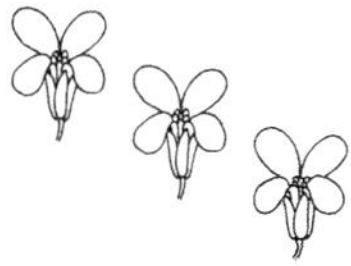

1. Blüten weiß oder cremefarben **2**
Blüten gelb **27**
Blüten rosa, purpurn, rot, selten blau **41**

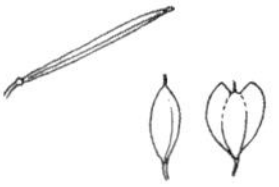

2. Frucht lineal („Schote") **3**
Frucht rundlich, länglich oder herzförmig („Schötchen"); meist kleine, polsterbildende Pflanzen **13**

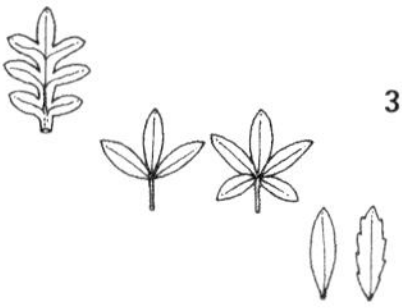

3. Blätter gefiedert oder fiederlappig **4**
Blätter 3zählig oder handförmig gefingert **7**
Blätter ungeteilt, ganzrandig oder gezähnt **9**

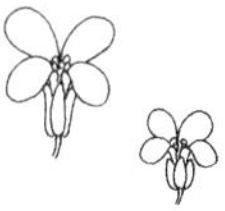

4. Blüten groß, 14–20 mm: *Cardamine heptaphylla* . . . S. 80
Blüten klein, 5–10 mm **5**

5. Blätter gefiedert: *Cardamine amara* . . . . S. 80
Blätter fiederlappig **6**

6. Blüten 5–6 mm: *Murbeckiella pinnatifida* . . . . S. 78
Blüten 8–10 mm: *Cardaminopsis arenosa* . . . . S. 82

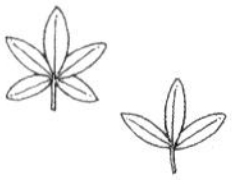

7. Blätter handförmig gefingert:
Cardamine pentaphyllos . . . . S. 80
Blätter 3zählig **8**

8. Blüten in nickenden Blütenständen:
Cardamine enneaphyllos . . . . S. 80
Blüten in aufrechten Blütenständen:
Cardamine trifolia, C. resedifolia . . . . S. 80, 82

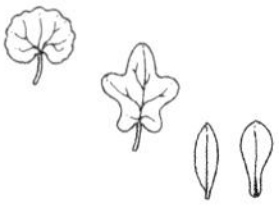

9. Blätter nierenförmig: *Cardamine asarifolia* . . . . S. 80
Blätter efeuähnlich: *Cardamine plumieri* . . . . S. 82
Blätter länglich, lanzettlich oder spatelig **10**

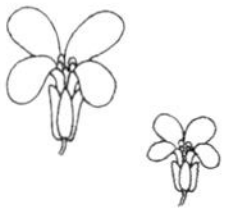

10. Blüten groß, über 15 mm: *Hesperis inodora* . . . . S. 80
Blüten klein, unter 10 mm **11**

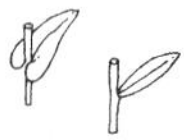

11. Stengelblätter umfassend: *Cardaminopsis* . . . . S. 82
Nicht stengelumfassend **12**

12. Stengel beblättert, Pflanzen kahl:
Cardamine bellidifolia . . . . S. 82
Stengel blattlos, Pflanzen behaart: *Braya alpina* . . . . . . S. 78

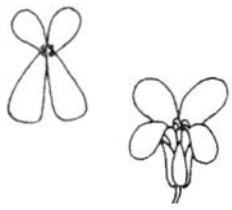

13. Kronblätter ungleich: *Iberis* . . . . S. 92
Kronblätter gleich **14**

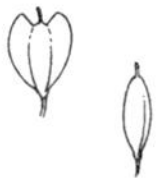

14. Frucht geflügelt, an der Spitze meist ausgerandet **15**
Frucht nicht geflügelt, nur selten an der Spitze ausgerandet **17**

15. Staubfäden geflügelt: *Aethionema* .... S. 90
Staubfäden nicht geflügelt **16**

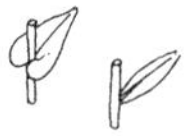

16. Stengelblätter umfassend: *Thlaspi* .... S. 92
Stengelblätter nicht umfassend: *Lepidium* .... S. 94

17. Frucht 3eckig-herzförmig, Blätter oft fiederlappig; ein- oder zweij. Pfl.: *Capsella bursa-pastoris* .... S. 86
Frucht elliptisch, oval oder rundlich **18**

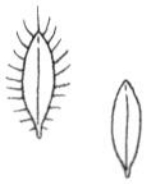

18. Blätter am Rand borstig, kleine Polsterstauden: *Draba carinthiaca, D. fladnizensis* .... S. 88
Blätter am Rand nicht borstig **19**

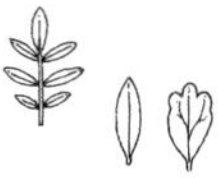

19. Blätter gefiedert, polsterbildende Stauden oder Zweijährige: *Hutchinsia alpina* .... S. 90
Blätter ungeteilt, selten gezähnt, manchmal an der Spitze gelappt **20**

20. Blätter silbergrau behaart: *Ptilotrichum pyrenaicum* S. 86
Blätter nicht silbergrau behaart **21**

21. Fruchtkapsel gedreht, Stengel blattlos: *Draba incana* .... S. 88
Fruchtkapsel nicht gedreht, Stengel beblättert **22**

22. Jede Blüte am Grund mit einem kleinen Hochblatt; Blüten winzig, 2 mm: *Rhizobotrya alpina* .... S. 90
Blüten am Grund ohne Tragblatt **23**

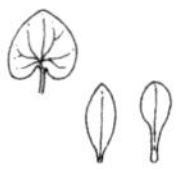

23. Blätter herz- oder nierenförmig, die oberen stengelumfassend; Blüten 8–10 mm: *Cochlearia officinalis* .... S. 90
Blätter oval, lanzettlich oder spatelig; Blüten 2–7 mm **24**

24. Zarte Ein- oder Zweijährige **25**
Rasen- oder polsterbildende Stauden **26**

25. Alle Blätter grundständig, lanzettlich oder oval, Blüten 3–5 mm: *Erophila verna* .... S. 90
Blätter auch am Stengel, vorne oft 3lappig; Blüten 2–3 mm: *Hymenolobus pauciflorus* .... S. 90
Blätter auch am Stengel, oval, die oberen halb-stengelumfassend; Blüten 2 mm, Kronblätter ausgerandet: *Draba muralis* .... S. 88

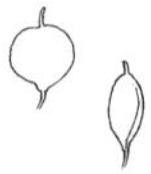

26. Frucht im Umriß rundlich: *Kernera saxatilis* .... S. 90
Frucht im Umriß elliptisch oder länglich: *Draba dubia, D. stellata* .... S. 88

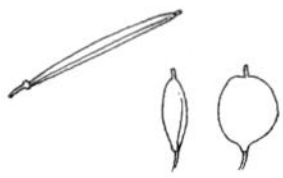

27. Frucht lineal, lang **28**
Frucht oval, elliptisch oder rundlich, kurz **37**

28. Blätter 3zählig: *Cardamine enneaphyllos* .... S. 80
Blätter fiederlappig oder gefiedert **29**
Blätter einfach, gezähnt oder ganzrandig **35**

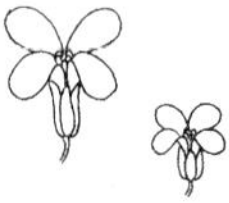

29. Blüten groß, 12–25 mm **30**
Blüten klein, 3–10 mm **32**

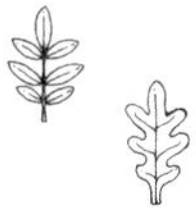

30. Blätter gefiedert, Blüten 12–16 mm, Blätter grün:
Cardamine kitaibelii .... S. 80
Blätter fiederlappig **31**

31. Blätter grau oder weißlich, Blüten 15–25 mm, blaßgelb,
flach: *Matthiola fruticulosa* .... S. 80
Blätter grün, Blüten 12–15 mm, gelb, flach:
Brassica repanda .... S. 92
Blätter grün, Blüten 20–25 mm, gelb mit purpurnem
Nagel: *Coincya monensis* subsp. *recurvata* .... S. 94

32. Blätter grau, Blüten 3–6 mm **33**
Blätter grün **34**

33. Blätter doppelt fiederlappig: *Hugueninia
tanacetifolia* .... S. 78
Blätter einfach fiederlappig: *Erysimum incanum* ..... S. 78

34. Niedrige kahle Polsterpflanzen, Blüten 8 mm oder
größer: *Brassica repanda* .... S. 92
Größere Pflanzen, Blüten 4–10 mm:
Sisymbrium irio, S. austriacum .... S. 78

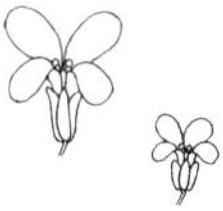

35. Blüten klein, 7–10 mm: *Sisymbrium austriacum,
Erysimum hieracifolium* .... S. 78
Blüten groß, 15–27 mm **36**

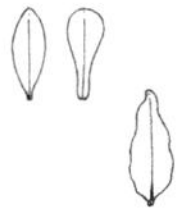

36. Blätter oval oder spatelig: *Coincya* .... S. 94
Blätter länglich oder lanzettlich, meist mit welligem
Rand: *Erysimum sylvestre, E. humile* .... S. 78

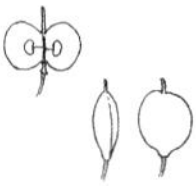

37. Frucht brillenförmig, Blätter meist gezähnt oder
gelappt: *Biscutella laevigata* .... S. 94
Frucht nicht brillenförmig, rundlich bis elliptisch **38**

38. Frucht dunkelbraun, hängend, oft an der Spitze aus-
gerandet; Blätter stengelumfassend: *Isatis allionii* .... S. 78
Frucht nicht dunkelbraun oder hängend,
nicht ausgerandet, Blätter nicht stengelumfassend **39**

39. Stengel blattlos, alle Blätter grundständig mit borstigem
Rand, niedrige Polsterstauden, Blüten 4–5 mm: *Draba
aizoides, D. lasiocarpa, D. sauteri, D. ladina* ..... S. 88
Stengel beblättert **40**

40. Blüten 8–14 mm: *Alyssoides utriculata* .... S. 86
Blüten 3–7 mm: *Alyssum* .... S. 86

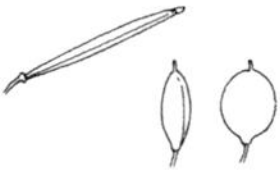

41. Frucht lineal, lang **42**
Frucht länglich, elliptisch oder rundlich, kurz **48**

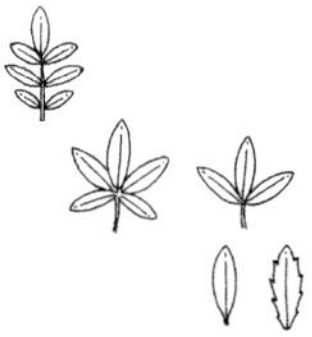

42. Blätter gefiedert oder fiederlappig **43**
Blätter fingerförmig oder 3zählig **45**
Blätter einfach, gezähnt oder nicht **46**

43. Blätter gefiedert: *Cardamine heptaphylla, C. raphanifolia, C. amara, C. bulbifera, C. pratensis* .... S. 80, 82
Blätter fiederlappig **44**

44. Blüten 8–10 mm: *Cardaminopsis arenosa* .... S. 82
Blüten 15–20 mm: *Hesperis matronalis, Matthiola fruticulosa* .... S. 80

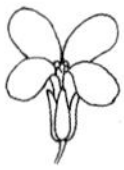

45. Blüten 10–12 mm, Blätter dreizählig: *Cardamine trifolia* .... S. 80
Blüten über 15 mm, zuletzt einige Blätter gefingert: *Cardamine pentaphyllos* .... S. 80

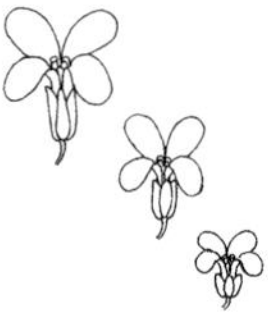

46. Blüten groß, 15–25 mm, rötlich-lila: *Matthiola fruticulosa* .... S. 80
Blüten mittelgroß, 7–10 mm, dunkelviolett: *Arabis cebennensis* .... S. 84
Blüten klein, 4–6 mm **47**

47. Blüten schmutzigblaßblau, Blätter vorn stark gezähnt: *Arabis caerulea* .... S. 82
Blüten purpurn, Blätter ungezähnt oder schwach gezähnt: *Braya alpina* .... S. 78

48. Frucht groß, 20 mm oder größer, Blüten halb hängend: *Lunaria annua, L. rediviva* .... S. 82
Frucht klein, unter 10 mm, aufrecht oder abstehend **49**

49. Blüten 3–5 mm, Stengel meist beblättert, niedrige Staude: *Aethionema saxatile* .... S. 90
Blüten 6–10 mm, Blätter meist grundständig, Polsterpflanzen **50**

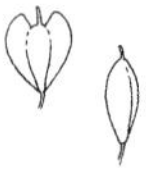

50. Frucht geflügelt, Blätter ganzrandig: *Thlaspi stylosum* S. 92
Frucht nicht geflügelt **51**

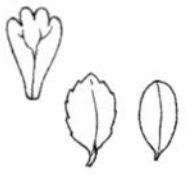

51. Blätter keilförmig, vorne gelappt: *Petrocallis pyrenaica* .... S. 90
Blätter rundlich oder länglich, schwach gezähnt oder ganzrandig: *Thlaspi cepaeifolium* subsp. *rotundifolium* .... S. 92

Bestimmungsschlüssel Steinbrech *Saxifraga*

1. Blüten fehlend, durch Brutzwiebeln oder Brutknospen ersetzt oder mit einer einzigen endständigen, meist unfruchtbaren Blüte von 10 mm ∅, Stengel meist einfach, kürzer als 30 cm . . . **2**
Blüten vorhanden; daneben zuweilen auch Brutknospen . . . **3**

2. Blätter nierenförmig, Blütenstiele zart: feuchte Felsen, Lägerfluren: *S. cernua* . . . S. 110
Blätter länglich keilförmig, Blütenstiele dicker: *S. foliolosa* . . . S. 102

3. Pflanze nach der Blüte absterbend, ohne Ausläufer oder Brutknospen . . . **4**
Pflanze ein- bis mehrmals blühend, mit Ausläufern, Brutzwiebeln oder Wurzelstock überdauernd . . . **10**

4. Mehrjährig, Blätter lederig, in dichten Rosetten . . . **5**
Ein- oder zweijährig, Blätter weich . . . **6**

5. Blätter stumpf, mit weißen Kalkschuppen, Blüten weiß, in langen Rispen; Kalkfelsen: *S. longifolia* . . . S. 116
Blätter zugespitzt, ohne Kalkschuppen, Blüten blaßrosa; Silikatfels: *S. florulenta* . . . S. 116

6. Fruchtknoten oberständig, Pflanze kahl oder schwach behaart . . . **7**
Fruchtknoten halb unterständig, Pflanze meist behaart . . . **8**

7. Blüten weiß; feuchte schattige Felsen: *S. hederacea* . . . o-medit. YU
Blüten gelb: *S. cymbalaria* . . . o-Karp., R

8. Grundständige Blätter tief gelappt, Blütenstiele lang, Kronblätter ausgerandet, Blütenrispe locker; schattige Kalkfelsen: *S. petraea* . . . S. 104
Grundständige Blätter ganzrandig oder kurz 3–5lappig, Blütenstiele meist kurz . . . **9**

9. Fruchtkapsel länger als breit, gegen den Grund verschmälert. Pflanze 2jährig, Blätter 3–5zähnig, in Rosetten; Weiderasen, Schafläger: *S. adscendens* . . . S. 104
Fruchtkapsel fast kugelig; Pflanze einjährig, Blätter nicht in Rosetten, zur Blütezeit verwelkt; lückige Trockenrasen: *S. tridactylites* . . . S. 104

10. Brutknospen in den Achseln der grundständigen Blätter . . . **11**
Brutknospen fehlend oder in den Achseln der Stengelblätter . . . **15**

11. Oberseite der Kronblätter drüsig; trockene Wiesen, Waldränder: *S. bulbifera* . . . S. 110
Kronblätter kahl . . . **12**

12. Blätter handförmig gelappt mit 5–9 ganzrandigen, eiförmigen oder dreieckigen Abschnitten . . . **13**
Blätter gekerbt mit mehr als 9 Abschnitten oder in 3–5 eiförmige gekerbte Abschnitte geteilt; sandige Rasen tieferer Lagen: *S. granulata* . . . S. 110

13. Brutknospen in den Achseln der Stengelblätter vorhanden; schattige überrieselte Felsen in Schluchten: *S. cernua* . . . S. 110
Brutknospen nur in den Achseln der grundständigen Blätter . . . **14**

14. Abschnitte der Stengelblätter eiförmig bis lanzettlich, stumpf, Kronblätter 3–5 mm; nasse Orte: *S. rivularis* . . . S. 110
Abschnitte der Stengelblätter dreieckig, spitz, Kronblätter 5–7 mm; feuchte Felsen: *S. carpatica* . . . S. 112

15. Blüten gelb oder orange . . . **16**
Blüten weiß, grünlich, blassgelb, rosa oder rot . . . **20**

16. Größere Blätter 6–15 mm breit; feuchter Dolomitschutt und Fels: *S. mutata* . . . S. 116
Größere Blätter höchstens 5 mm breit . . . **17**

17. Blätter weich . . . **18**
Blätter hart und steif . . . **19**

18. Blätter fleischig; Quellfluren, feuchter Schutt; kalkhold: *S. aizoides* . . . S. 106
Blätter dünn, Pflanzen rasig, mit kurzen beblätterten Ausläufern; Moore: *S. hirculus* . . . S. 102

19. Staubfäden so lang wie die Kronblätter, Blätter mit stechender Spitze; feuchte schattige Felsen: *S. juniperifolia* . . . Bulgarien
Staubfäden kürzer als die Kronblätter, Blätter stumpf, mit Hautrand: *S. aretioides* . . . S. 112

20. Fruchtknoten oberständig 21
Fruchtknoten halb unterständig 28

21. Kelchblätter zurückgeschlagen 22
Kelchblätter aufrecht oder abstehend 28

22. Blätter mit schmalem Hautrand 23
Blätter ohne Hautrand 24

23. Kronblätter meist mit roten Punkten, Fruchtknoten rosa, Blätter gezähnt oder gekerbt: *S. umbrosa* .... S. 102
Kronblätter ohne rote Punkte, Fruchtknoten weiß, Blätter im unteren Drittel der Spreite ganzrandig; feuchtschattige Felsen in Wäldern: *S. cuneifolia* .... S. 102

24. Wenigblütig; Blütenstand mit beblätterten roten Knospen der Triebe: *S. foliolosa* .... S. 102
Meist vielblütig; falls Knospen vorhanden, im Blütenstand verteilt 25

25. Untere Tragblätter groß, laubblattartig, Zweige der Blütenrispe zart; feuchte schattige Felsen, Bachränder: *S. clusii* .... S. 102
Tragblätter klein, Rispenäste kräftig; Quellfluren: *S. stellaris* .... S. 102

26. Blätter nierenförmig oder rundlich, gestielt; Hochstaudenfluren, feuchte Wälder: *S. rotundifolia* .... S. 102
Blätter lineal oder länglich, sitzend 27

27. Triebe lang kriechend, Blätter der nichtblühenden Triebe nicht in Rosetten, gerade, viel länger als die Achselknospen; Silikatfels und -schutt: *S. aspera* .... S. 102
Blattrosetten polsterbildend, Blätter gekrümmt, nur wenig länger als die Achselknospen; alpine und nivale Schutt- und Felsfluren auf Silikat: *S. bryoides* .... S. 102

28. Blätter lederig, sitzend, nicht gelappt, meist mit Kalkschuppen 29
Blätter weich oder gestielt oder gelappt, selten mit Kalkschuppen 54

29. Blätter gegenständig, Blüten rot 30
Blätter wechselständig oder grundständig 32

30. Kelchblätter gewimpert 31
Kelchblätter nicht gewimpert; windexponierte alpine Grate, kalkmeidend: *S. retusa* .... S. 110

31. Obere Blätter flach; 2 bis mehrere Blüten; feuchte alpine Silikatschuttfluren: *S. biflora* .... S. 110
Obere Blätter gekielt; Blüten einzeln; frische alpine Fels- und Schuttfluren, kalkhold: *S. oppositifolia* .... S. 110

32. Blüten gelblich oder blaßrosa 33
Blüten dunkelrosa oder purpurn 51

33. Kronblätter grünlich-gelb, kürzer als die Kelchblätter; Kalkfelsen oberhalb 1500 m: *S. luteoviridis* .... o-s Karp., Bulgarien, R
Kronblätter weiß (selten blaßrosa oder blaßgelb) 34

34. Größere Blätter wenigstens 15 mm lang 35
Blätter kürzer als 15 mm 41

35. Blätter fein gesägt oder gekerbt 36
Blätter ganzrandig oder seicht gebuchtet 38

36. Blütenrispen bis über 50 cm lang,Blüten an langen zarten Stielen; warme Silikatfelsspalten tieferer Lagen: *S. cotyledon* .... S. 114
Blütenrispen kürzer, Blüten an kurzen kräftigen Stielen, an der Spitze der Rispenäste gehäuft 37

37. Blätter vorne schwach aufwärts gebogen, Blüten zu 1–3 an der Spitze der Rispenäste gehäuft; alpine Felsfluren, kalhold: *S. paniculata* .... S. 116
Blätter vorne eher nach abwärts gebogen, Blüten zu 3–9 an der Spitze der Rispenäste; Kalkfelsspalten: *S. hostii* .... S. 114

38. Blätter mit einem deutlichen Hautrand außerhalb der Kalkdrüsen; Kalkfelsen: *S. marginata* .... S. 112
Blätter ohne Hautrand, Kalkdrüsen randständig 39

39. Untere Rispenäste mit 4 oder mehr Blüten; Kalkfelsen: *S. callosa* .... S. 114
Untere Rispenäste mit 1–3 Blüten 40

40. Blätter spatelig; Kalkfelsen: *S. cochlearis* . . . . . S. 114
Blätter lineal; Kalkschutt und -fels: *S. crustata* . . . . . S. 114

41. Blätter stumpf oder zugespitzt **42**
Blätter stachelspitzig **48**

42. Blätter in der vorderen Hälfte gesägt: *S. paniculata* . . . . . S. 116
Blätter in der vorderen Hälfte ganzrandig **43**

43. Blattoberfläche unregelmäßig narbig; Kalkfelsspalten: *S. valdensis* . . . . . S. 114
Blattoberfläche glatt, Blattrand mit Kalkdrüsen **44**

44. Blattunterseite drüsenhaarig: *S. spruneri* . . . . . Yu?, Bulgarien
Blattunterseite kahl, Blattrand in der unteren Hälfte gewimpert **45**

45. Blätter mit Hautrand, Kronblätter 7–13 mm **46**
Blätter ohne Hautrand, Kronblätter 4–6 mm **47**

46. Blätter bis 1,5 mm breit, unter der Mitte am breitesten; Kalkfelsspalten: *S. diapensioides* . . . . . S. 110
Blätter 1,5–3 mm breit, oberhalb der Mitte am breitesten: *S. marginata* . . . . . S. 112

47. Blätter vom Grund an bogig gekrümmt, Blütenstand oben stärker behaart; Kalkfels und Schuttfluren, Polsterseggenrasen: *S. caesia* . . . . . S. 112
Blätter am Grund gerade, nur an der Spitze etwas gekrümmt, Blütenstand unten stärker behaart; Kalkfels- und Schuttfluren: *S. squarrosa* . . . . . S. 112

48. Blüten einzeln; Kalkfelsspalten: *S. burseriana* . . . . . S. 110
Blüten zu 2 oder mehreren **49**

49. Blätter flach, grau, vorne gesägt: *S. paniculata* . . . . . S. 116
Blätter nadelartig, grün **50**

50. Blätter 8–11 mm lang, stechend; Dolomitfelsspalten: *S. vandellii* . . . . . S. 110
Blätter 3–5 mm lang, mit gekrümmter Stachelspitze; Kalkfelsspalten: *S. tombeanensis* . . . . . S. 110

51. Kronblätter länger als die Kelchblätter, Blüten einzeln an kurzen Stielen: *S. oppositifolia* . . . . . S. 110
Kronblätter nicht länger als die Kelchblätter, unauffällig **52**

52. Blüten deutlich gestielt, Blütenstand oft verzweigt **53**
Blüten fast sitzend, in einfacher Ähre; Kalkfelsspalten: *S. porophylla* . . . . . S. 114

53. Kronblätter 2–3 mm lang; Kalkfelsspalten: *S. media* . . . . . S. 114
Kronblätter 4–5 mm lang; Kalkfelsspalten: *S. stribrnyi* . . . . . Bulgarien

54. Alle Blätter ganzrandig **55**
Wenigstens einige Blätter gezähnt, gekerbt oder gelappt **68**

55. Blätter gegenständig: *S. biflora* . . . . . S. 110
Blätter wechselständig oder grundständig **56**

56. Kronblätter ansehnlich, länger als die Kelchblätter, meist rein weiß **57**
Kronblätter nur wenig länger als die Kelchblätter, gelblich oder bräunlich **62**

57. Triebe zur Blütezeit mit deutlichen Achselknospen, Blätter lineal, zugespitzt; Kalkfels: *S. conifera* . . . . . E (Cord. cant)
Triebe zur Blütezeit ohne Achselknospen **58**

58. Blätter nur am Rand kurz gewimpert, sonst kahl **59**
Blätter behaart **60**

59. Blätter stumpf: *S. glabella* . . . . . S. 106
Blätter zugespitzt; schattige Kalkfels und -schuttfluren: *S. tenella* . . . . . S. 106

60. Triebe nicht polsterbildend, Behaarung lang, ohne Drüsen; neutrale Schuttfluren, Schneeböden: *S. androsacea* . . . . . S. 108
Dichte harzduftende Polster bildend, Behaarung kurz, mit Drüsen **61**

61. Blätter lineal-lanzettlich, ganzrandig, abgestorbene Blätter beim Trocknen an der Spitze grauweiß; hochalpine Schuttfluren und Rasen, etwas kalkhold: *S. muscoides* . . . . . S. 108
Blattspreite mit 3–5 Zipfeln, selten ungeteilt, Blätter beim Trocknen braun; Schutt und Rasen, etwas kalkhold: *S. moschata* . . . . . S. 108

62. Kronblätter spitz oder stachelspitzig **63**
Kronblätter stumpf oder ausgerandet **64**

63. Kronblätter lineal; Kalkschneeböden: *S. aphylla* .... S. 108
Kronblätter eiförmig; feuchte Kalkfels und -schuttfluren: *S. sedoides* .... S. 108

64. Blätter wenigstens 12 mm breit, Blütentriebe blattlos; feuchte Silikat-Gesteinsfluren: *S. hieracifolia* .... S. 102
Blätter höchstens 5 mm breit, Blütentriebe beblättert **65**

65. Kronblätter schmal lineal, ausgerandet mit Spitzchen in der Mitte; an feuchtschattigen überhängenden Kalkfelsen: *S. presolanensis* .... S. 108
Kronblätter stumpf, länglich-oval **66**

66. Triebe sehr kurz, Blätter grundständig; feuchte Silikatschuttfluren: *S. seguieri* ... S. 108
Triebe länger, polsterbildend **67**

67. Abgestorbene Blätter braun, Blüten gelblich: *S. moschata* .... S. 108
Abgestorbene Blätter weißgrau, Blüten dunkelgelb bis purpurrot; hochalpiner Dolomitschutt und -fels: *S. facchinii* .... S. 108

68. Kronblätter weiß oder blaßrosa **69**
Kronblätter grünlich, gelblich oder purpurn **92**

69. Blätter kahl oder mit sitzenden Drüsen **70**
Blätter wenigstens am Rand oder am Stiel behaart (Lupe!) **72**

70. Blattabschnitte am Grund 4–8 mm breit; schattiger Kalkfels und -schutt: *S. cuneata* .... S. 106
Blattabschnitte am Grund 1–3 mm breit **71**

71. Blätter weich, Stengel schwach verholzt, Pflanze mattenbildend; feuchte Rasen: *S. wahlenbergii* .... S. 106
Blätter etwas ledrig, Stengel verholzt, polsterbildend; Silikatfels und -schutt: *S. pentadactylis* .... S. 106

72. Kronblätter ausgerandet **73**
Kronblätter spitz oder stumpf **74**

73. Blütenstand mit 1–3 Blüten: *S. androsacea* .... S. 108
Blütenstand beblättert, mit zahlreichen Blüten, Blätter in gelappte Abschnitte zerteilt; schattige Kalkfelsen tieferer Lagen: *S. petraea* .... S. 104

74. Blätter gezähnt oder gekerbt, in grundständiger Rosette **75**
Blätter gelappt **76**

75. Blüten mit sehr kurzem Stiel, in dichtem kopfigem Blütenstand: *S. nivalis* ...... S. 102
Blüten deutlich gestielt, in lockerem Blütenstand: *S. tenuis* .... S. 102

76. Blatttriebe sehr kurz, Blätter in Rosette **77**
Blatttriebe ziemlich lang, Polster oder Matten bildend **79**

77. Blätter oberseits mit kurzen Drüsenhaaren **78**
Blätter oberseits und Blattrand lang behaart: *S. androsacea* .... S. 108

78. Blätter 6–9 mm breit; feuchter Porphyrschutt: *S. depressa* .... S. 108
Blätter 3–4 mm breit: *S. italica* .... S. 108

79. Blatt- und Kelchbehaarung sehr kurz (0,1 mm), mit Drüsenköpfchen, die Oberfläche dadurch fein warzig erscheinend **80**
Haare länger als 0,3 mm **81**

80. Blätter 18–25 mm breit mit dreieckigen spitzen Abschnitten, Kronblätter 9–15 mm; Silikatfels und -schutt: *S. geranioides* .... S. 106
Blätter 3–15 mm breit, dunkelgrün, etwas lederig mit länglich-linealen stumpfen oder spitzen Abschnitten, Kronblätter 4–6 mm; Silikatfelsen: *S. nervosa* .... S. 106

81. Pflanze zur Blütezeit mit deutlichen Achselknospen, Blattabschnitte stachelspitzig: *S. hypnoides* .... S. 106
Pflanze ohne Achselknospen **82**

82. Nur die Blattunterseite behaart: *S. wahlenbergii* .... S. 106
Auch der Blattstiel, der Blattrand und gelegentlich die Blattoberseite behaart **83**

83. Behaarung sehr lang spinnwebartig, Stengel weich, nicht aufrecht, Kronblätter gelblich-weiß; im feuchten Kalkmulm unter regengeschützten Überhängen: *S. arachnoidea* .... S. 104
Behaarung nicht spinnwebartig, Stengel aufrecht, Kronblätter meist reinweiß **84**

84. Stengel niederliegend, Blütenstiele in den Blattachseln; feuchter Schutt, Schneeböden: *S. praetermissa* .... S. 106
Stengel aufrecht, Blüten endständig **85**

85. Wasserpflanzen, Blütenstengel meist länger als 30 cm: *S. aquatica* .... S. 106
Landpflanzen, Blütenstengel selten länger als 10 cm **86**

86. Kronblätter dreimal länger als breit, Kelchblätter lineal; schattige Silikatfelsen: *S. pedemontana* .... S. 106
Kronblätter meist nur zweimal länger als breit, Kelchblätter dreieckig oder oval **87**

87. Blätter meist mit kurzer Drüsenbehaarung **88**
Blätter meist mit langer Behaarung, ohne Drüsen, Blütenknospen nickend: *S. hypnoides* .... S. 106

88. Blattabschnitte oberseits gefurcht **89**
Blattabschnitte nicht gefurcht **91**

89. Blätter mit kurzer, oft schwacher Drüsenbehaarung, Kronblätter zweimal so lang wie breit; Silikatfels und -schutt: *S. exarata* .... S. 108
Blätter mit dichter und langer Drüsenbehaarung, Kronblätter 1,5mal so lang wie breit **90**

90. Blätter frischgrün, Stengelblätter ungeteilt, Rosettenblätter dreiteilig; schattige Kalkfelsen: *S. cebennensis* .... S. 108
Blätter dunkelgrün, tief 3–5teilig; hochalpine Felspflanze: *S. pubescens* .... S. 110

91. Blattdurchmesser 5–8 mm: *S. moschata* .... S. 108
Blattdurchmesser 10–12 mm: *S. cespitosa* .... S. 110

92. Blätter in grundständiger Rosette, Blütenstengel blattlos: *S. hieracifolia* .... S. 102
Blütenstengel beblättert **93**

93. Blätter bis 6 mm breit, ungeteilt oder dreispaltig **94**
Blätter über 6 mm breit, mit 5 oder mehr Abschnitten **97**

94. Blattoberfläche gefurcht; Kalkfels: *S. hariotii* .... S. 108
Blattoberfläche nicht gefurcht **95**

95. Kronblätter lineal, viel schmäler als die Kelchblätter: *S. aphylla* .... S. 108
Kronblätter eiförmig oder länglich **96**

96. Kronblätter spitz oder ausgerandet, Blatttriebe niederliegend: *S. sedoides* ..... S. 108
Kronblätter stumpf, Blatttriebe aufrecht: *S. moschata* .... S. 108

97. Blätter fast kahl; feucht-schattige Gneisfelsen: *S. paradoxa* .... S. 104
Blätter mit langer spinnwebiger Behaarung: *S. arachnoidea* 104

Bestimmungsschlüssel Rosengewächse *Rosaceae*

1. Bäume oder Sträucher, bisweilen rankend oder kriechend … **2**
Rasen oder Polster bildende Stauden, manchmal mit zweijährigen Stengeln oder einjährig … **16**

2. Blätter fingerig gelappt: *Rubus fruticosus* … S. 118
Blätter gefiedert … **3**
Blätter einfach, manchmal gelappt … **5**

3. Bäume mit großen Blättern, Blüten cremeweiß, 8–10 mm; unangenehm riechend *Sorbus aucuparia* … S. 134
Sträucher, Blüten groß, über 15 mm … **4**

4. Laubwerfend, Blättchen gezähnt, Blüten weiß oder rosa, Kronblätter ausgerandet: *Rosa* … S. 120, 122
Halbimmergrün, Blättchen nicht gezähnt, Blüten gelb, Kronblätter nicht ausgerandet: *Potentilla fruticosa* … S. 126

5. Blätter nicht gezähnt, niedrige oft niederliegende Sträucher, Blüten rosa: *Cotoneaster* … S. 132
Blätter gezähnt … **6**

6. Blätter seicht oder tief gelappt, Blüten weiß … **7**
Blätter ganzrandig, Blüten weiß oder rosa … **8**

7. Blätter fein gezähnt, Zweige nicht verdornt: *Sorbus aria* … S. 134
Blätter mit wenigen groben Zähnen, Zweige verdornt: *Crataegus* … S. 134

8. Blüten rosa … **9**
Blüten weiß … **10**

9. Bäume, Blüten groß, 30–40 mm, mit ausgebreiteten Kronblättern: *Malus sylvestris* … S. 134
Sträucher, Blüten klein, 5–7 mm, mit aufrechten Kronblättern: *Sorbus chamaemespilus* … S. 134

10. Griffel 1 … **11**
Griffel 2–5 … **13**

11. Blüten einzeln, meist vor den Blättern erscheinend; Dornstrauch; Frucht eine blauschwarze bereifte kleine Zwetschke: *Prunus spinosa* … S. 136
Blüten bei voller Belaubung in bogigen Trauben; kleine unbedornte Bäume, Frucht eine kleine schwarze Kirsche: *Prunus padus* … S. 136
Blüten mit den jungen Blättern erscheinend, in Büscheln; Bäume … **12**

12. Blüten 14–22 mm, Frucht eine leuchtend rote Kirsche:
Prunus avium . . . . S. 136
Blüten 15–20 mm, Frucht eine große gelbe Zwetschke:
Prunus brigantina . . . . S. 136
Blüten klein, 8–12 mm, Frucht eine kleine schwarze Kirsche:
Prunus mahaleb . . . . S. 136

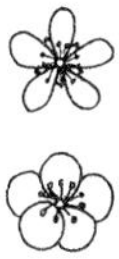

13. Blüten in aufrechten Trauben, Kronblätter schmal länglich,
Sträucher mit kleinen blauschwarzen Beeren:
Amelanchier ovalis . . . . S. 134
Blüten in Büscheln, Kronblätter abgerundet, Sträucher
mit Kapseln oder Bäume mit großen gelbgrünen apfel-
oder birnförmigen Früchten **14**

14. Kleine Sträucher mit Büscheln von 5–10 mm großen Blüten:
Spiraea decumbens, Sp. chamaedryfolia . . . . S. 118
Bäume ohne Dornen: *Pyrus communis, P. nivalis* . . . . S. 134
Bedornte Bäume **15**

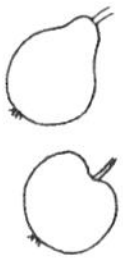

15. Frucht meist birnförmig, steinig, Griffel bis zum Grund frei:
Pyrus pyraster . . . . S. 134
Frucht apfelförmig, nicht steinig, Griffel in der unteren
Hälfte verwachsen: *Malus sylvestris* . . . . S. 134

16. Stengel stachelig, Blüten weiß **17**
Stengel nicht stachelig **19**

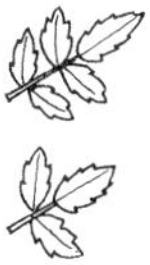

17. Blätter gefiedert, Frucht rot: *Rubus idaeus* . . . . S. 118
Blätter 3zählig **18**

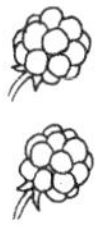

18. Blüten groß, 20–25 mm, Frucht blauschwarz:
Rubus caesius . . . . S. 118
Blüten klein, 8–10 mm, Frucht glänzend rot:
Rubus saxatilis . . . . S. 118

19. Blätter einfach, gezähnt, Blüten einzeln, weiß, 20–40 mm:
Dryas octopetala . . . . S. 124
Blätter fingerförmig geteilt oder gelappt **20**
Blätter gefiedert **33**

20. Blüten in dichten runden oder länglichen Köpfen,
ohne Kronblätter **21**
Blüten in lockeren Köpfen, verzweigten Blütenständen
oder einzeln, Kronblätter vorhanden **23**

21. Blüten dunkelrot: *Sanguisorba officinalis* .... S. 124
Blüten grün oder grüngelb **22**

22. Blüten in runden Köpfen, grün: *Sanguisorba minor* .... S. 124
Blüten in schmalen und langen nickenden Kolben, grünlich-gelb: *Sanguisorba dodecandra* .... S. 124

23. Blüten rosa oder purpurn **24**
Blüten weiß oder cremefarben **25**
Blüten gelb **28**

24. Blüten nickend, glockig, 8–15 mm: *Geum rivale* .... S. 124
Blüten aufrecht, sternförmig, 20–30 mm, braun-purpurn *Potentilla palustris* .... S. 126

25. Blüten klein, 4–8 mm **26**
Blüten groß, 10–28 mm **27**

26. Nebenblätter fehlend, Blüten in pyramidalen Rispen: *Aruncus dioicus* .... S. 118
Nebenblätter vorhanden, Blüten in Doldenrispe: *Filipendula ulmaria* .... S. 118

27. Niedrige Pflanzen, Blüten 16–28 mm: *Potentilla rupestris* .... S. 126
Große Pflanzen, Blüten 8–16 mm: *Filipendula vulgaris* .... S. 118

28. Blüten in langen schmalen Ährentrauben: *Agrimonia eupatoria, A. procera* .... S. 124
Blüten in kleinen verzweigten Blütenständen oder einzeln **29**

29. Blätter unterseits silberig oder grau **30**
Blätter unterseits grün **31**

30. Blüten einzeln an kriechenden Stengeln, Blätter unterseits silberhaarig: *Potentilla anserina* .... S. 126
Blüten zu mehreren am aufrechten Stengel, Blätter unterseits grau: *Potentilla multifida, P. pennsylvanica* .... S. 126

31. Blüten groß, 18–40 mm: *Geum montanum, G. reptans, G. pyrenaicum* .... S. 124
Blüten klein, 7–15 mm, obere Blätter oft 3zählig **32**

32. Frucht mit hakigen Borsten: *Geum urbanum* .... S. 124
Frucht ohne Borsten: *Aremonia agrimonioides* .... S. 124

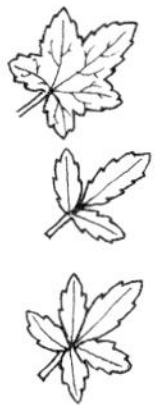

33. Blätter handförmig gelappt **34**
Blätter 3zählig **35**
Blätter fingerförmig gelappt **42**

34. Blüten winzig, 3–6 mm, gelbgrün: *Alchemilla* .... S. 130, 132
Blüten groß, 15–20 mm, weiß: *Rubus chamaemorus* .... S. 118

35. Blüten rosa oder rot **36**
Blüten gelb **38**
Blüten weiß **39**

36. Blüten rot, kriechende Staude, Blättchen rundum gezähnt:
Rubus arcticus .... S. 118
Blüten rosa, niedrige Polsterpflanzen, Blättchen nur vorne gezähnt **37**

37. Blüten klein, 6–8 mm: *Potentilla carniolica* .... S. 130
Blüten groß, 22–26 mm: *Potentilla nitida* .... S. 130

38. Blüten winzig, 4–5 mm: *Sibbaldia procumbens* .... S. 130
Blüten mittelgroß, 7–18 mm: *Potentilla brauneana, P. cinerea, P. nivea* .... S. 126, 128
Blüten groß, 22–32 mm: *Potentilla grandiflora* .... S. 128

39. Pflanzen mit wurzelnden Ausläufern; Blüten 13–20 mm:
Waldsteinia ternata, Fragaria vesca .... S. 126, 130
Pflanzen ohne wurzelnde Ausläufer **40**

40. Blüten klein, 6–12 mm: *Potentilla saxifraga, P. carniolica* .. S. 130
Blüten groß, 15–26 mm **41**

41. Blättchen rundum gezähnt: *Fragaria moschata* .... S. 130
Blättchen nur vorne gezähnt: *Potentilla nitida* .... S. 130

42. Blüten winzig, grünlich-gelb: *Alchemilla* .... S. 130, 132
Blüten gelb oder cremefarben **43**
Blüten weiß **46**

43. Blätter unterseits grün: *Potentilla pyrenaica, P. thuringiaca* .... S. 128
Blätter unterseits weiß oder grau **44**

44. Blüten cremefarben oder blaßgelb: *Potentilla gammopetala* .... S. 130
Blüten goldgelb **45**

45. Niedrige mattenbildende Pflanze, Kronblätter nicht ausgerandet:
Potentilla cinerea .... S. 128
Niedrige mattenbildende Pflanze, Kronblätter ausgerandet:
Potentilla aurea .... S. 128
Lockerrasige Staude, Kronblätter seicht ausgerandet:
Potentilla argentea .... S. 126

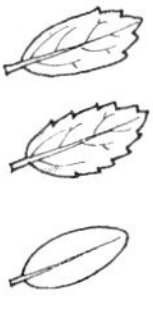

46. Blättchen nur vorne gezähnt, unterseits silbrig:
Potentilla alchemilloides .... S. 128
Blättchen meist rundum gezähnt, unterseits grün:
Potentilla caulescens .... S. 128

Bestimmungsschlüssel Schmetterlingsblütler
Fabaceae

1. Bäume oder Sträucher **2**
Nicht verholzte Kräuter oder Stauden **15**

2. Zweige verdornt **3**
Zweige nicht verdornt **6**

3. Blüten rosa, zugleich mit den Blättern:
Ononis spinosa . . . . S. 150
Blüten blauviolett, nach dem Laubfall:
Erinacea anthyllis . . . . S. 140
Blüten gelb **4**

4. Kelch zweilippig: *Ulex* . . . . S. 140
Kelch 5zähnig **5**

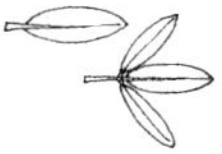

5. Blätter einfach: *Genista germanica*, G. *hispanica* . . . . . S. 138
Blätter 3zählig: *Echinospartum* . . . . S. 138

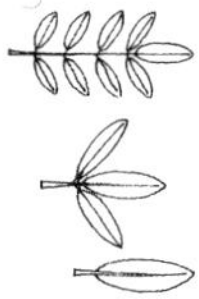

6. Blätter gefiedert **7**
Blätter 3zählig **9**
Blätter einfach **14**

7. Blüten purpurn; niedriger dichter Halbstrauch:
Anthyllis montana . . . . S. 154
Blüten gelb; lockerwüchsige Sträucher **8**

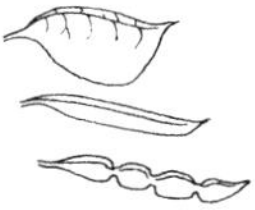

8. Fruchthülsen aufgeblasen: *Colutea arborescens* . . . . . . S. 140
Fruchthülsen lineal, spitz: *Coronilla emerus* . . . . S. 154
Fruchthülsen lineal, zwischen den Samen
eingeschnürt: *Coronilla vaginalis* . . . . S. 154

9. Blüten purpurn, lila oder rosa **10**
Blüten gelb **11**

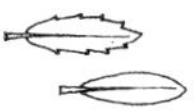

10. Blättchen gezähnt: *Ononis* . . . . S. 150
Blättchen ungezähnt: *Chamaecytisus purpureus* . . . . . S. 138

11. Kleine Bäume; Blüten in hängenden Trauben:
Laburnum . . . . S. 136
Sträucher; Blüten zu wenigen gebüschelt oder
in aufrechten Ährentrauben **12**

12. Blüten in langen Ährentrauben:
Lembotropis nigricans . . . . S. 138
Blüten in Büscheln **13**

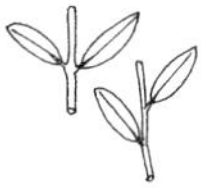

13. Blätter und Zweige gegenständig: *Genista radiata* .... S. 138
Blätter und Zweige wechselständig:
Cytisus emeriflorus, C. *ardoinii, C. purgans, Chamaecytisus hirsutus* .... S. 136, 138

14. Zweige geflügelt, Blätter entfernt stehend:
Chamaespartium sagittale .... S. 138
Zweige nicht geflügelt, Blätter dicht stehend:
Genista tinctoria, G. sericea .... S. 138

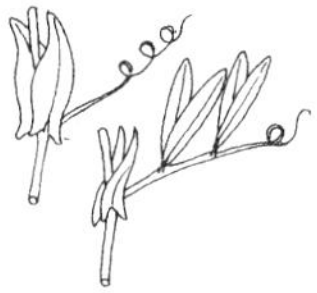

15. Blättchen fehlend (durch große grüne Nebenblätter ersetzt):
Lathyrus aphaca .... S. 148
Blättchen nicht vorhanden **16**

16. Pflanzen mit Ranken **17**
Pflanzen ohne Ranken **18**

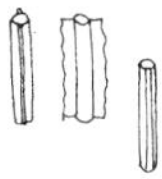

17. Stengel geflügelt oder kantig: *Lathyrus* .... S. 148
Stengel nicht geflügelt oder kantig: *Vicia* .... S. 146

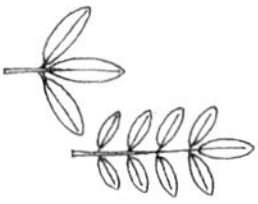

18. Blätter 3zählig **19**
Blätter gefiedert **24**

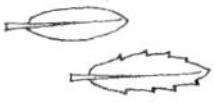

19. Blättchen ungezähnt **20**
Blättchen gezähnt **21**

20. Blüten einzeln, gelb: *Tetragonolobus maritimus* ..... S. 154
Blüten in kopfigen Blütenständen, rosa, rot oder gelb:
Trifolium .... S. 152, 154

21. Blüten in langen schlanken Ährentrauben: *Melilotus* ... S. 150
Blüten in länglichen oder rundlichen Köpfen **22**

22. Blüten rosa: *Ononis* .... S. 150
Blüten gelb **23**

23. Blüten 6 mm lang oder länger, Frucht gerade oder schwach gekrümmt: *Trifolium* .... S. 152, 154
Blüten meist 3–5 mm lang, Frucht gekrümmt oder spiralig: *Medicago* .... S. 150

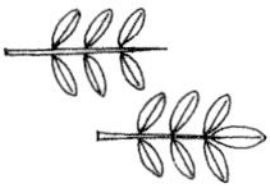

24. Blätter paarig, ohne Endblättchen **25**
Blätter unpaarig mit Endblättchen **26**

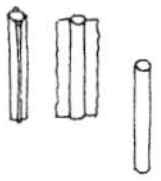

25. Stengel geflügelt oder kantig: *Lathyrus* .... S. 148
Stengel nicht geflügelt oder kantig: *Vicia* .... S. 146

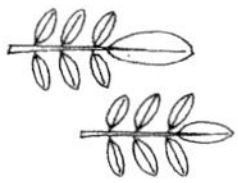

26. Endblättchen größer als die seitlichen: *Anthyllis vulneraria* .... S. 154
Endblättchen gleich groß wie die seitlichen **27**

27. Blättchen 5: *Lotus corniculatus* .... S. 154
Blättchen 7 oder mehr **28**

28. Unteres Kronblatt (Schiffchen) mit aufgesetzter Spitze: *Oxytropis* .... S. 144, 146
Schiffchen stumpf **29**

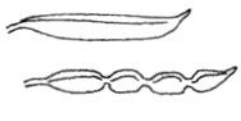

29. Fruchthülse zwischen jedem Samen eingeschnürt und in einsamige Teilfrüchte zerbrechend **30**
Frucht zwischen den Samen nicht eingeschnürt **31**

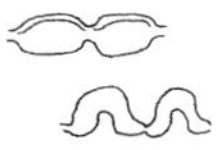

30. Blüten 8 oder mehr, in Ährentrauben; Fruchtabschnitt länglich: *Hedysarum* .... S. 156
Blüten bis zu 6 im Köpfchen, Teilfrüchte hufeisenförmig: *Hippocrepis comosa* .... S. 154

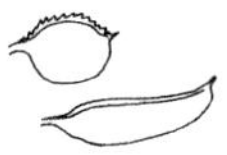

31. Fruchthülse rundlich, netznervig, oft am Rand gezähnt: *Onobrychis* .... S. 156
Fruchthülsen länglich oder oval, manchmal etwas aufgeblasen, am Rand nicht gezähnt **32**

32. Griffel kahl: *Astragalus* .... S. 140–144
Griffel unterseits behaart: *Vicia argentea* .... S. 146

Bestimmungsschlüssel Doldenblütler *Apiaceae*

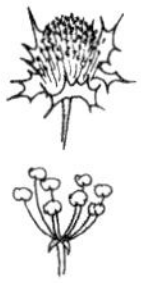

1. Blütenköpfe distelähnlich, von stacheligen Hochblättern
umgeben: *Eryngium* ... S. 186
Blütenköpfe flach, nicht distelähnlich; Hochblätter –
wenn vorhanden – nicht stachelig ... **2**

2. Alle Blätter ungeteilt, ganzrandig: *Bupleurum* ... S. 190
Blätter meist 3–5fingerig gelappt ... **3**
Blätter meist 1–3fach fiederlappig ... **4**

3. Blütenköpfe weiß oder rosa ohne deutliche Hochblätter:
Sanicula europaea ... S. 184
Blütenköpfe gelb, umgeben von großen gezähnten Hochblättern:
Hacquetia epipactis ... S. 184
Blütenköpfe weiß oder rosa, umgeben von zahlreichen schmalen
papierartigen, grünspitzigen Hochblättern: *Astrantia* ... S. 184

4. Blüten weiß ... **5**
Blüten grünlich-gelb, grünlich oder gelblich ... **14**
Blüten rosa, rot oder purpurn ... **15**

5. Pflanzen kahl ... **6**
Pflanzen wenigstens oberwärts behaart ... **11**

6. Früchte deutlich geflügelt: *Peucedanum venetum*,
Laserpitium ... S. 192
Früchte nicht geflügelt ... **7**

7. Pflanzen unter 30 cm groß ... **8**
Pflanzen über 30 cm groß ... **10**

8. Früchte borstig: *Seseli nanum* ... S. 188
Früchte nicht borstig ... **9**

9. Niedrige Pflanzen, alle Blätter grundständig:
Endressia pyrenaica ... S. 190
Stengel mit Blättern: *Conopodium pyrenaicum* ... S. 186
Dethawia tenuifolia, Meum athamanticum ... S. 188

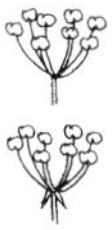

10. Hüllblätter fehlend: *Conopodium pyrenaicum* ... S. 186
Pimpinella major, Meum athamanticum ... S. 188
Carum carvi ... S. 190
Ein oder mehrere Hüllblätter vorhanden:
Molopospermum peloponnesiacum,
Bunium alpinum ... S. 186
Dethawia tenuifolia, Grafia golaka,
Meum athamanticum ... S. 188

11. Früchte geflügelt: *Angelica sylvestris, Peucedanum ostruthium, Heracleum, Laserpitium* …… S. 192
Früchte nicht geflügelt …… **12**

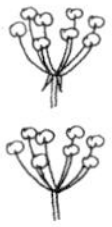

12. Hüllblätter vorhanden: *Pleurospermum austriacum* …… S. 188
Ligusticum mutellinoides …… S. 192
Hüllblätter fehlend …… **13**

13. Früchte behaart: *Athamanta cretensis* …… S. 188
Früchte kahl: *Chaerophyllum hirsutum, Myrrhis odorata* …… S. 186

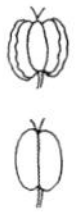

14. Früchte geflügelt: *Angelica sylvestris, Ligusticum, Laserpitium krapfii* …… S. 192
Früchte nicht geflügelt: *Xatardia scabra, Trochiscanthes nodiflorus* …… S. 188
Selinum pyrenaicum …… S. 190

15. Früchte geflügelt …… **16**
Früchte nicht geflügelt …… **17**

16. Pflanzen kahl: *Laserpitium krapfii, L. halleri* …… S. 192
Pflanzen schwach behaart: *Angelica sylvestris, Peucedanum ostruthium* …… S. 192

17. Pflanzen wenigstens oben behaart …… **18**
Pflanzen kahl …… **19**

18. Hüllblätter fehlend: *Chaerophyllum hirsutum* …… S. 186
Wenigstens 1–2 Hüllblätter vorhanden: *Ligusticum mutellinoides, L. mutellina* …… S. 192

19. Niedrige Polsterpflanze; Früchte borstig: *Seseli nanum* …… S. 188
Größere Pflanzen; Früchte nicht borstig: *Pimpinella major, Meum athamanticum* …… S. 188

Bestimmungsschlüssel Primeln
Primula

1. Jüngere Blätter nach unten gerollt, nicht fleischig, mit runzliger Oberfläche; Kelch kantig **2**
Jüngere Blätter nach oben eingerollt, etwas fleischig, mit glatter Oberfläche; Kelch zylindrisch **14**

2. Blätter mehlig **3**
Blätter nicht mehlig **7**

3. Kronröhre 2–3mal so lang wie der Kelch; alpine Kalkrasen: P. *halleri* .... S. 202
Kronröhre 1–1,5mal so lang wie der Kelch **4**

4. Blüten nur mit langen Griffeln **5**
Etwa gleich viele Blüten mit langen wie mit kurzen Griffeln **6**

5. Durchmesser der Krone 5–8 (– 10) mm, Narbe 5lappig; feuchte Wiesen in Meeresnähe: P. *scotica* .... S. 204
Durchmesser der Krone 9–12 (– 15) mm, Narbe kopfig; kalkreiche Berghänge: P. *scandinavica* .... S. 204

6. Kelch glockig, Zähne spitz; Schneeböden, schattige Felsen: P. *frondosa* ...... Bulgarien
Kelch zylindrisch, Zähne meist stumpf; Kalkniedermoore: P. *farinosa* .... S. 202

7. Blüten gelb **8**
Blüten lila, rosa, purpurn oder violett **10**

8. Blüten gestielt, einzeln aus der Mitte der Blattrosette entspringend, oft Polster bildend; Wiesen, lichte Laubgebüsche: P. *vulgaris* .... S. 202
Blüten in einer Dolde am Ende eines Schaftes **9**

9. Blüten schwefelgelb, Kelch der Krone anliegend, Fruchtkapsel meist länger als der Kelch; Wiesen: P. *elatior* .... S. 202
Blüten dunkler gelb, manchmal mit orangem Schlund, Kelch bauchig, Kapsel kürzer als der Kelch, Blüten duftend; Wiesen: P. *veris* .... S. 202

10. Blüten gleichgriffelig **11**
Blüten verschiedengriffelig **12**

11. Krondurchmesser 10–15 mm: P. *frondosa*
Krondurchmesser 4–9 mm, Blätter spatelig, allmählich in den Stiel verschmälert: P. *stricta* .... S. 204

12. Tragblätter am Grund geöhrt; feuchte Wiesen in Meeresnähe: P. *nutans* .... S. 202
Tragblätter nicht oder nur schwach geöhrt, Stengel bis 20 cm hoch, Krone meist über 10 mm **13**

13. Kelch glockig, Zähne spitz: P. *frondosa* ....
Kelch zylindrisch, Zähne stumpf; Kalk-Niedermoore: P. *farinosa* .... S. 202

14. Blüten gelb, Blätter etwas fleischig, glatt, wenigstens am Rand wie der zylindrische Kelch mehlig; Kalkrasen, Felsspalten: P. *auricula* .... S. 204
Blüten lila, violett, rosa oder rot **15**

15. Blätter verkehrt dreieckig, an der Spitze tief und eng gezähnt; Krummseggenrasen: P. *minima* .... S. 202
Blätter nicht dreieckig, stumpf gesägt oder grob buchtig gezähnt **16**

16. Blattrand und Kelchinneres mehlig **17**
Blattrand und Kelchinneres nicht mehlig **18**

17. Blätter auf der Fläche grünlich, Blüten blaulila; Kalkfelsspalten: P. *marginata* ... S. 204
Blätter auch auf der Fläche mehlig, klebrig-drüsig, aromatisch; Dolomitfelsspalten: P. *albenensis* .... S. 204

18. Blattrand kahl oder mit kleinen sitzenden Drüsen **19**
Blattrand fein behaart, einzelne Drüsen kurz gestielt (Lupe!) **24**

19. Tragblätter den Kelch umhüllend, Blüten violett; saure Schneeböden: P. *glutinosa* .... S. 202
Tragblätter den Kelch nicht einschließend **20**

20. Blätter oberseits fein punktiert **21**
Blätter oberseits nicht punktiert **22**

21. Die größeren Blätter lanzettlich, nicht am Boden aufliegend;
feuchte Rasen: P. *deorum* .... Bulgarien
Die größeren Blätter eiförmig-rhombisch, dem Boden aufliegend;
Kalkrasen, Felsspalten: P. *spectabilis* .... S. 202

22. Krone im Schlund mehlig; feucht-schattige Felsen: P. *carniolica* ....
Krone im Schlund nicht mehlig **23**

23. Dolden meist 3–5 blütig; Kalkrasen: P. *glaucescens* .... S. 202
Dolden meist 1–2 blütig; Kalkfels und Rasen: P. *wulfeniana* .... S. 202

24. Spitzen der Haare meist braun oder schwarz **25**
Spitzen der Haare farblos **29**

25. Einzelne Haarspitzen schwarz, Kelchzähne abstehend,
Frucht kürzer als der Kelch; Silikatfelsspalten: P. *hirsuta* .... S. 204
Viele Haarspitzen schwarz **26**

26. Blätter meist 6–12 mm breit, verlängert keilförmig, vorne mit seichter Zähnung;
Blütenschaft länger als die rotdrüsigen Blätter, längste Blütenstiele 1–6 mm;
alpine Sauerbodenrasen: P. *daonensis* .... S. 204
Blätter meist 9–16 mm breit, Blütenstiele 4–15 mm **27**

27. Längste Haare wenigstens 0,3 mm, Blätter eiförmig; Silikatfelsspalten:
P. *villosa* .... S. 204
Längste Haare kürzer **28**

28. Blätter oberseits sehr kurz flaumig bis fast kahl, Blattrand rotdrüsig;
Silikatfels, saure Rasen: P. *pedemontana* .... S. 204
Blätter oberseits gleichmäßig von kurzen kräftigen Haaren bedeckt,
Blattrand nicht rot; Sandsteinfelsen: P. *apennina* .... S. 204

29. Stengel unter 1 cm lang, 1–5blütig, Blätter klebrig–drüsig;
schattige Kalkfelsen: P. *allionii* .... S. 204
Stengel 2–4 cm; Blätter rundlich, 2 cm, braunrot-drüsig; Kelchzähne
nicht abstehend; Dolomifelsspalten: P. *grignensis* .... S. 204
Stengel 1–2 cm lang, 1–7blütig, Blätter rundlich, meist unter 2 cm,
dicht flaumig-drüsig; Kalkfels und Rasen: P. *tyrolensis* .... S. 204
Stengel länger als 4 cm , Blütenstiele bis 2 mm, meist länger als die Tragbätter **30**

30. Wenigstens die Hälfte der Tragblätter eiförmig **31**
Mehr als die Hälfte der Tragblätter lineal-lanzettlich **32**

31. Stattliche Pflanzen (bis 18 cm), Blüten violett, Dolden anfangs einseitswendig;
Silikatfels: P. *latifolia* .... S. 204
Niedrigere Pflanzen (bis 7 cm), Blüten rot, Dolde regulär; Haare kräftig,
3zellig; Rhizom mit zahlreichen verwitterten Blattresten; Harzduft schwach;
Silikatfels: P. *hirsuta* .... S. 204
Blüten lilaviolett, Haare zarter, neben 3zelligen auch 4zellige Haare,
Rhizom kaum mit Blattresten; Harzduft intensiv; Dolomitfels:
P. *recubariensis* .... S. 204

32. Blattrand gewimpert, Haare z. T. anliegend; feuchte Silikatrasen:
P. *integrifolia* .... S. 204
Blattrand fein kurzhaarig, Haare abstehend **33**

33. Blätter fast rund, meist unter 2 cm: P. *tyrolensis* .... S. 204
Blätter verkehrt eiförmig bis lanzettlich **34**

34. Blätter am Rand und auf der Oberfläche feinhaarig; Kalkfels, steinige Rasen:
P. *kitaibeliana* .... S. 202
Blätter nur am Rand dicht feinhaarig, auf der Oberfläche meist kahl;
Kalkfels, steinige Rasen: P. *clusiana* .... S. 202

Bestimmungsschlüssel Mannsschild
Androsace

1. Blüten in Trugdolden **2**
Blüten einzeln **10**

2. Einjährig; alle Blüten entspringen aus einer Blattrosette; nicht blühende Blattrosetten fehlend **3**
Stauden; wenigstens einige, oft viele nicht blühende Blattrosetten vorhanden, Pflanzen rasen- oder polsterbildend **6**

3. Blütentragblätter groß, 6 mm oder länger, gleich lang oder länger als die Blütenstiele; Krone kleiner als der Kelch: *A. maxima* . . . . S. 210
Blütentragblätter klein, meist 3–5 mm lang, viel kürzer als die Blütenstiele **4**

4. Krone weiß, winzig, 3 mm, kleiner als der Kelch: *A. elongata* . . . . S. 210
Krone weiß oder blaßrosa, 4–7 mm, größer als der Kelch **5**

5. Einzeiblüten 5–7 mm, zu 5–8 in Dolden: *A. chaixii* . . . . S. 210
Einzelblüten 4–5 mm, zu 9–30 in Dolden: *A. septentrionalis* . . . . S. 210

6. Blattrand mit langen einfachen Haaren **7**
Blattrand kahl oder mit Sternhaaren **8**

7. Blätter in flachen Rosetten, bis auf den Rand kahl: *A. chamaejasme* . . . . S. 206
Blätter in rundlichen Rosetten, auch auf der Fläche behaart: *A. villosa* . . . . S. 206

8. Blätter spatelig oder länglich, oberhalb der Mitte am breitesten, meist breiter als 2 mm: *A. obtusifolia* . . . . S. 206
Blätter lineal, schmäler als 2 mm **9**

9. Blüten weiß, Kronzipfel ausgerandet, Blütenstiele kahl: *A. lactea* . . . . S. 206
Blüten meist rosa, Kronzipfel nicht ausgerandet, Blütenstiele behaart: *A. carnea* . . . . S. 206

10. Blüten mit 2–3 Tragblättern am Grund des Kelchs: *A. pyrenaica* . . . . S. 206
Blüten ohne Tragblätter **11**

11. Blütenstiele 20 mm oder länger: *A. lactea* . . . . S. 206
Blütenstiele kürzer als 20 mm **12**

12. Blätter kahl, manchmal am Rand behaart: A. *mathildae* . . . . S. 206
Blätter wenigstens vorn und am Rand behaart **13**

13. Pflanze silbergraue oder weißliche Polster bildend: A. *vandellii* . . . . S. 206
Pflanze grüne oder graugrüne Polster bildend **14**

14. Blüten klein, 4–6 mm **15**
Blüten größer, 7 mm oder mehr, auf 4–20 mm langen Stielen **18**

15. Winzige Polster aus wenigen Rosetten: A. *hausmannii* . . . . S. 208
Größere Polster bildend **16**

16. Blütenstiele fehlend oder 1–2 mm lang; Blüten weiß: *A. helvetica* . . . . S. 206
Blütenstiele deutlich, 5–15 mm lang **17**

17. Blätter 1–2,5 mm breit; Blütenstiele 5 mm; Blüten weiß oder rosa, 4–6 mm: *A. pubescens* . . . . S. 208
Blätter 2–4 mm breit; Blütenstiele 5–15 mm lang; Blüten rosa oder violett; 5 mm oder größer: *A. ciliata* . . . . S. 208

18. Alte Blätter ausdauernd, die Sprosse dicht säulig umkleidend; Blüten weiß oder rosa, 7–9 mm: *A. cylindrica* . . . . S. 206
Alte Blätter nicht ausdauernd; Blätter nur an der Sproßspitze **19**

19. Blätter 2–4 mm breit; Blüten rosa oder violett, 6–8 mm: *A. ciliata* . . . . S. 208
Blätter 1–2 mm breit; Blüten 7–12 mm **20**

20. Blüten dunkelrosa, 10–12 mm: *A. wulfeniana* . . . . S. 208
Blüten weiß oder rosa, 7–9 mm **21**

21. Blätter 5–10 mm lang; Blütenstiele unter 10 mm lang: *A. alpina* . . . . S. 208
Blätter 3–5 mm lang; Blütenstiele oft 10–20 mm lang: *A. brevis* . . . . S. 208

Bestimmungsschlüssel Enziane
Gentiana

1. Blüten gelb, kräftige Pflanzen ... **2**
Blüten blau, rosa oder rot, manchmal weiß; kräftige oder kleine Pflanzen ... **4**

2. Kronzipfel schmal, vom Grund an getrennt, einfarbig: *G. lutea* ... S. 214
Blüten glockig, Krone mit kurzen Zipfeln, gepunktet ... **3**

3. Kelch an einer Seite gespalten, meist ungezähnt; Blüten gelb, meist braun gepunktet: *G. burseri* ... S. 214
Kelch nicht einseitig gespalten, mit 5 gleichen Zähnen, Blüten blaßgelb, purpurn gepunktet: *G. punctata* ... S. 214

4. Blüten in Köpfen oder Quirlen; Blätter groß, 10 cm oder länger ... **5**
Blüten einzeln, zu 2 oder in verzweigten Blütenständen (einj. Arten); Blätter klein, unter 10 cm ... **7**

5. Blüten blau, 4zählig: *G. cruciata* ... S. 216
Blüten purpurn, dunkler gepunktet, 5–7zählig ... **6**

6. Kelch an einer Seite gespalten, meist ungezähnt: *G. purpurea* ... S. 214
Kelch nicht gespalten, mit 5 gleichen Zähnen: *G. pannonica* ... S. 214

7. Blüten 10zählig, Zwischenzipfel nur wenig kleiner ... **8**
Blüten 5zählig, Zwischenzipfel winzig ... **9**

8. Einjährige ohne nichtblühende Blatttriebe; Blüten klein, 10–20 mm, stahlblau: *G. prostrata* ... S. 216
Stauden mit zahlreichen nichtblühenden Blatttrieben; Blüten größer, 20–30 mm, purpurblau: *G. pyrenaica* ... S. 216

9. Blüten trompetenförmig, groß, mit weitem Schlund ... **10**
Kronzipfel rechtwinklig von der Kronröhre abstehend, Krone meist klein, mit engem Schlund ... **20**

10. Zahlreiche Blüten in beblätterten Trauben, Pflanzen meist größer als 10 cm ... **11**
Blüten einzeln, manchmal zu 2–3; Blätter meist in grundständiger Rosette, Pflanzen bis 10 cm groß ... **12**

11. Blätter 3–5nervig, Blüten außen nicht grün gestreift: *G. asclepiadea* ... S. 214
Blätter einnervig, Blüten außen grün gestreift: G. *pneumonanthe* ... S. 214

12. Blüten cremefarben, blau gestreift, Schlund mit blauen Punkten: *G. frigida* ... S. 216
Blüten blau, oft im Schlund mit grünen Punkten ... **13**

13. Blüten hellblau, schmal, mit aufrechten Zipfeln, oft zu 2–3 beisammen: *G. froelichii* ... S. 216
Blüten meist tiefblau, oft im Schlund grün gepunktet, weit geöffnet, immer einzeln, Kronzipfel horizontal ... **14**

14. Blüten im Schlund nicht grün gepunktet ... **15**
Blüten im Schlund grün gepunktet ... **16**

15. Kelchzipfel 3eckig, an der Basis am breitesten, Kronzipfel stumpf: *G. clusii* ... S. 216
Kelchzipfel lanzettlich oder oval, oberhalb der Basis am breitesten, Kronzipfel spitz: *G. occidentalis, G. dinarica* ... S. 216

16. Blätter meist rundlich, wenig länger als breit: *G. alpina* ... S. 216
Blätter deutlich mehr als 2mal länger als breit ... **17**

17. Blätter schmal-lanzettlich, oft oberhalb der Mitte am breitesten: *G. angustifolia* ... S. 216
Blätter länglich bis elliptisch ... **18**

18. Kelchzipfel 3eckig, an der Basis am breitesten, Kronzipfel stumpf: *G. clusii* ... S. 216
Kelchzipfel lanzettlich oder oval, oberhalb der Basis am breitesten, Kronzipfel spitz ... **19**

19. Kelchzähne länger als breit (bis 1,5mal); Pflanzen saurer Böden: *G. acaulis* ... S. 216
Kelchzähne kaum länger als breit; Pflanzen basischer Böden: *G. occidentalis, G. ligustica* ... S. 216

20. Einjährige ohne nichtblühende Blatttriebe, Blüten in verzweigten Blütenständen **21**
Stauden mit nichtblühenden Blatttrieben, Blüten einzeln **22**

21. Kelch schmal, 2–3 mm breit; kantig, aber nicht geflügelt: *G. nivalis* .... S. 218
Kelch breit, 4–7 mm, breit geflügelt: *G. utriculosa* .... S. 218

22. Blätter meist in deutlichen grundständigen Rosetten **23**
Blätter nicht in grundständigen Rosetten, oft am Stengel überlappend **26**

23. Kelch an den Kanten deutlich geflügelt, Stengelblätter kleiner als die Rosettenblätter: *G. verna* .... S. 218
Kelch kantig, nicht geflügelt, Stengelblätter gleich groß oder größer als die Rosettenblätter **24**

24. Blätter schmal-lanzettlich: *G. pumila* .... S. 218
Blätter rautenförmig, rundlich oder oval **25**

25. Stengelblätter fehlend oder höchstens 1 Paar; Blüten deutlich gestielt: *G. brachyphylla* .... S. 218
Mehrere Paare Stengelblätter vorhanden, das oberste Paar direkt unter der Blüte: *G. terglouensis* .... S. 218

26. Blätter lineal-lanzettlich, etwa 4mal länger als breit: *G. rostanii* .... S. 218
Blätter oval bis spatelig, höchstens 2mal länger als breit **27**

27. Blätter oberhalb der Mitte am breitesten, glattrandig: *G. bavarica* .... S. 218
Blätter unterhalb der Mitte am breitesten, mit rauhem Rand: *G. terglouensis* ... S. 218

Bestimmungsschlüssel Fransen-Enziane
Gentianella

1. Kronzipfel am Rand lang gefranst, ohne Schlundschuppen **2**
Kronzipfel am Rand nicht gefranst, aber mit bärtigen Schlundschuppen **4**

2. Krone unter 12 mm, Blüten blaßgelb, selten blau, 4 oder 5zählig, zahlreich am Ende der Triebe; See- und Meeresufer: *G. aurea* .... S. 218
Krone über 25 mm, Blüten einzeln **3**

3. Kelchzipfel gleich, Krone mit langen Fransen; steinige Kalkrasen: *G. ciliata* ..... S. 218
Zwei Kelchzipfel länger und schmäler; Fransen der Krone kurz bis fehlend, Stengel vom Grund an verzweigt; feuchte Orte in Meeresnähe: *G. detonsa* ..... S. 218

4. Kelchzipfel mit gewelltem schwarzem Rand, Blüten 5zählig:
G. crispata .... Bulgarien, sl, YU
Kelchzipfel mit grünem Rand **5**

5. Blüten 4zählig, Kelchzipfel sehr ungleich, die 2 größeren die 2 kleineren bedeckend ... **6**
Blüten 4 oder 5zählig, Kelchzipfel in etwa gleich, einander nicht deckend **7**

6. Kelchzipfel unterhalb der Mitte am breitesten, Stengelblätter eilanzettlich:
G. campestris .... S. 218
Kelchzipfel oberhalb der Mitte am breitesten, Stengelblätter breit oval:
G. hypericifolia .... S. 218

7. Kelch meist bis zum Grund geteilt, Kelchzipfel der Krone nicht anliegend **8**
Kelch höchstens bis ¾ geteilt, die Kelchzipfel der Krone meist anliegend **9**

8. Blüten meist 4zählig, Blütenstiele mehrmals länger als die Krone, Kronzipfel abstehend; neutrale alpine Rasen: *G. tenella* .... S. 218
Blüten meist 5zählig, Blütenstiele höchstens 2mal so lang wie die Krone, Kronzipfel aufrecht; Kalkschieferschutt, Rasenlücken: *G. nana* .... S. 218

9. Krone meist größer als 25 mm **10**
Krone meist kleiner als 25 mm **18**

10. Kelchbuchten rundlich **11**
Kelchbuchten spitz **14**

11. Krone 10–20 mm, Kelchzipfel viel länger als die Kelchröhre **12**
Krone 18–45 mm, Kelchzipfel etwa doppelt so lang wie die Kelchröhre **13**

12. Blütenstiele kurz, Pflanzen fast polsterartig; kalkhold: *G. ramosa* .... S. 220
Blütenstiele lang: *G. bulgarica* .... S. 220

13. Kelchzipfel meist deutlich länger als die Kelchröhre, Krone 25–45 mm; Magerrasen tieferer Lagen: *G. austriaca* .... S. 220
Kelchzipfel gleich lang oder kürzer als die Kelchröhre, Krone 18–25 mm:
G. lutescens .... S. 220

14. Kelchzipfel nicht gewimpert: *G. germanica* .... S. 220
Kelchzipfel deutlich (manchmal sehr kurz) gewimpert **15**

15. Zwei Kelchzipfel viel breiter als die anderen, Ränder deutlich zurückgerollt, Mittelrippe nicht gewimpert **16**
Zwei Kelchzipfel nur wenig breiter als die anderen, Ränder flach, Mittelrippe gewimpert **17**

16. Krone kleiner als 20 mm, schmutzig violett oder weiß, Kapsel sitzend:
G. engadinensis .... S. 220
Krone 20–30 mm, blauviolett, Kapsel deutlich gestielt: *G. anisodonta* .... S. 220

17. Blätter schmal-lanzettlich. *G. pilosa* .... soAlpen, I, YU
Blätter eiförmig oder eilanzettlich: *G. aspera* .... S. 220

18. Krone mehr als doppelt so lang wie der Kelch, trichterförmig, etwa so lang wie die mittleren Stengelblätter; Pflanzen vom Grund an mit langen Trieben; alpine Pflanzen, meist unter 15 cm hoch; bodenvag; Magerrasen, Flachmoore:
G. germanica .... S. 220
Krone weniger als 2mal so lang wie der Kelch, meist kürzer als die mittleren Stengelblätter, Pflanzen meist ohne lange Grundtriebe; Pflanzen tieferer Lagen, bis über 50 cm groß; feuchte Weiden, Flachmoore: *G. amarella* .... S. 220
Eine dicht verzweigte, fast polsterförmige Pflanze mit 4zähligen blauen Blüten, spitzen Kelchbuchten und lanzettlichen Blättern ist *G. columnae* aus dem zApennin–I .... S. 218

Bestimmungsschlüssel Rauhblattgewächse
Boraginaceae

1. Blüten gelb, cremefarben oder weiß **2**
   Blüten blau, rosa, purpurn oder rot **6**

2. Blüten röhrig **3**
   Blüten flach oder schalenförmig, nicht röhrig **5**

3. Blätter glatt, oval oder länglich; Blüten oft mit violetten Flecken: *Cerinthe minor, C. glabra* . . . . S. 224
   Blätter rauh, borstig **4**

4. Blätter länglich-elliptisch; Blüten cremefarben oder weiß: *Symphytum officinale, S. tuberosum* . . . . S. 226
   Blätter lineal-lanzettlich; Blüten gelb: *Onosma* . . . . S. 222

5. Stauden; Schlund der Krone innen kahl: *Lithospermum officinale* . . . . S. 222
   Einjährige; Schlund der Krone innen behaart: *Buglossoides arvensis* . . . . S. 222

6. Staubblätter deutlich vorragend **7**
   Staubblätter nicht vorragend **8**

7. Blüten sternförmig, 20–25 mm ∅, Staubblätter verwachsen: *Borago officinalis* . . . . S. 222
   Blüten unregelmäßig röhrig, 10–19 mm lang, Staubblätter getrennt: *Echium vulgare* . . . . S. 224

8. Kleinsträucher, Blüten blau **9**
   Unverholzte Kräuter **10**

9. Locker verzweigter Strauch; Blätter länglich-spatelig, Blüten 6–7 mm: *Lithodora oleifolia* . . . . S. 222
   Dicht verzweigter Polsterstrauch; Blätter lineal; Blüten 13–16 mm: *Moltkia suffruticosa* . . . . S. 224

10. Blüten röhrig oder glockig **11**
    Blüten flach, die Kronzipfel teller- oder schüsselförmig **14**

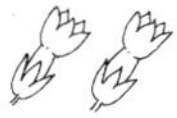

11. Blüten braunrot, 5–6 mm: *Cynoglossum officinale* . . S. 228
Blüten rosa, purpurn, blau oder purpurrot,
7 mm oder länger **12**

12. Blüten klein, 7–9 mm lang: *Solenanthus* . . . . S. 228
Blüten groß, 12 mm oder länger **13**

13. Griffel vorragend, Stengel geflügelt:
Symphytum officinale . . . . S. 226
Griffel nicht vorragend, Stengel nicht geflügelt:
Pulmonaria . . . . S. 224

14. Kleine Polsterpflanze; Blüten blaß bis leuchtend blau:
Eritrichum nanum . . . . S. 228
Pflanzen nicht polsterbildend **15**

15. Blätter oval oder herzförmig: *Omphalodes verna* . . . . . S. 228
Blätter schmal länglich bis lanzettlich oder lineal **16**

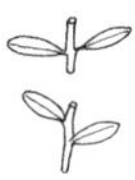

16. Blätter gegenständig, Blüten winzig, rötlich, 2–3 mm:
Asperugo procumbens . . . . S. 226
Blätter wechselständig, Blüten über 3 mm ∅ **17**

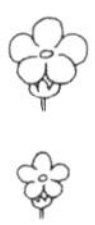

17. Blütenschlund durch behaarte Schuppen verschlossen:
Anchusa officinalis . . . . S. 226
Blütenschlund nicht durch behaarte Schuppen
verschlossen, falls Schuppen vorhanden,
hinter der Schlundöffnung verborgen **18**

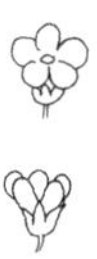

18. Pflanzen weich behaart, Kronzipfel flach ausgebreitet:
Myosotis . . . . S. 226
Pflanzen rauhhaarig; Kronzipfel schalenförmig **19**

19. Blüten innen kahl, blaßblau, 2–4 mm:
Lappula squarrosa . . . . S. 228
Blüten innen behaart, blau oder purpurn, 4–9 mm:
Buglossoides arvensis . . . . S. 222

Bestimmungsschlüssel Lippenblütler *Lamiaceae*

1. Blüten weiß 2
   Blüten gelb oder cremefarben 8
   Blüten rosa, lila oder purpurn 12
   Blüten blau oder violett 17

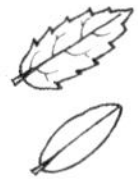

2. Blätter gezähnt 3
   Blätter ungezähnt 7

3. Blüten ohne oder mit sehr kleiner Oberlippe: *Ajuga* . . . . . . S. 230
   Blüten mit deutlicher Oberlippe 4

4. Einjährig: *Stachys annua* . . . . . . S. 236
   Ausdauernd 5

5. Blüten purpurn gepunktet: *Nepeta cataria* . . . . . . S. 234
   Blüten nicht purpurn gepunktet 6

6. Blüten klein, 10–20 mm lang: *Galeopsis tetrahit* . . . . . . S. 232
   Nepeta nepetella . . . . . . S. 236
   Calamintha nepeta . . . . . . S. 238
   Blüten größer, über 20 mm lang: *Lamium album*,
   Melittis melissophyllum . . . . . . S. 236
7. Blüten groß, 20–28 mm lang:
   Dracocephalum ruyschiana . . . . . . S. 238
   Blüten klein, 3–12 mm lang: *Origanum vulgare Hyssopus*,
   Mentha . . . . . . S. 240

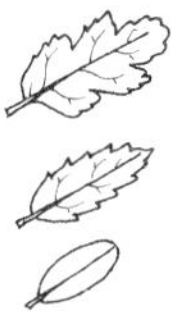

8. Blätter gelappt und gezähnt 9
   Blätter gezähnt, nicht gelappt 10
   Blätter ganzrandig 11
9. Blattabschnitte schmal; Blüten gelb mit sehr feiner Oberlippe:
   Ajuga chamaepitys . . . . . . S. 230
   Blattabschnitte breit; Blüten cremfarben mit deutlicher
   Oberlippe: *Prunella laciniata* . . . . . . S. 238
10. Blüten 15–25 mm lang: *Sideritis* . . . . . . S. 230
    Galeopsis tetrahit, Galeopsis pubescens . . . . . . S. 232
    Lamiastrum galeobdolon . . . . . . S. 234
    Stachys recta . . . . . . S. 236
    Blüten 30–40 mm lang: *Galeopsis speciosa* . . . . . . S. 230
    Salvia glutinosa . . . . . . S. 232
11. Oberlippe sehr klein: *Teucrium montanum* . . . . . . S. 228
    Oberlippe gleich groß wie die Unterlippe: *Sideritis* . . . . . . S. 230

12. Blätter ungezähnt 13
    Blätter gezähnt 15

13. Blätter gefiedert: *Dracocephalum austriacum* ... S. 238
Blätter einfach ... **14**

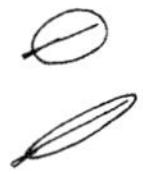

14. Blätter oval oder rundlich: *Micromeria* ... S. 238
Origanum, Mentha ... S. 240
Blätter schmal-elliptisch oder lanzettlich:
Dracocephalum ruyschiana ... S. 238
Lavandula ... S. 242

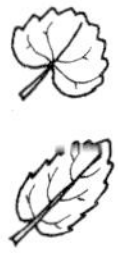

15. Blätter nierenförmig: *Lamium amplexicaule* ... S. 234
Glechoma hederacea ... S. 238
Blätter oval oder herzförmig ... **10**

16. Blüten sehr klein, 3–7 mm lang: *Mentha* ... S. 240
Blüten klein, 8–15 mm lang: *Teucrium pyrenaicum,*
T. chamaedrys ... S. 228
Ajuga pyramidalis ... S. 230
Salvia verticillata, S. nemorosa ... S. 232
Lamium purpureum, Ballota frutescens, B. nigra ... S. 234
Stachys ... S. 236
Calamintha sylvatica, C. nepeta ... S. 238
Blüten mittelgroß, 16–25 mm lang: *Scutellaria alpina* ... S. 228
Ajuga pyramidalis, A. reptans, Galeopsis ... S. 230, 232
Salvia pratensis ... S. 232
Lamium purpureum ... S. 234
Stachys ... S. 236
Calamintha sylvatica ... S. 238
Blüten groß, über 25 mm lang:
Galeopsis speciosa, G. ladanum ... S. 230
Salvia pratensis ... S. 232
Lamium orvala ... S. 234
Melittis melissophyllum ... S. 236
Calamintha grandiflora, C. sylvatica ... S. 238

17. Blätter ungezähnt, einfach ... **18**
Blätter gezähnt oder gelappt ... **19**

18. Blätter kurz, elliptisch bis oval: *Acinos alpinus,*
A. arvensis ... S. 238
Blätter lang, schmal-elliptisch bis lanzettlich:
Dracocephalum ruyschiana ... S. 238
Hyssopus ... S. 240
Lavandula ... S. 242

19. Blätter gefiedert: *Dracocephalum austriacum* ... S. 238
Blätter gelappt: *Prunella laciniata* ... S. 238
Blätter einzeln, gezähnt: *Ajuga* ... S. 230
Nepeta latifolia ... S. 234
Nepeta nepetella ... S. 236
Glechoma hederacea, Prunella ... S. 238
Horminum pyrenaicum ... S. 242

Bestimmungsschlüssel Rachenblütler
Scrophulariaceae

1. Blüten deutlich zweilippig **2**
Blüten nicht deutlich zweilippig, 4–5lappig **13**

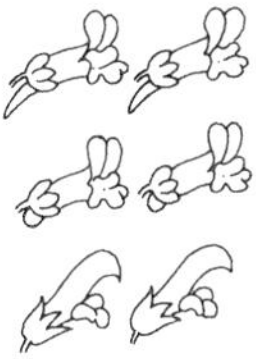

2. Blüten gespornt **3**
Blüten nicht gespornt, aber am Grund sackig **5**
Blüten weder gespornt noch sackig **6**

3. Blätter handförmig, gelappt: *Cymbalaria muralis* ...... S. 242
Blätter lineal **4**

4. Kronschlund geschlossen: *Linaria* .... S. 242
Kronschlund offen: *Chaenorhinum* .... S. 242

5. Blätter handförmig, gelappt: *Asarina procumbens* ..... S. 242
Blätter lineal-elliptisch: *Antirrhinum* .... S. 242

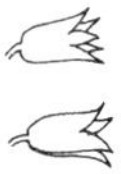

6. Kelch 5zipfelig **7**
Kelch 4zipfelig **8**

7. Blätter fiederlappig, federig, 4 Staubblätter:
Pedicularis .... S. 256, 258
Blätter nicht fiederlappig, 2 Staubblätter: *Paederota* ..... S. 252

8. Pflanzen bleich, ohne Blattgrün: *Lathraea squamaria* ... S. 260
Pflanzen grün **9**

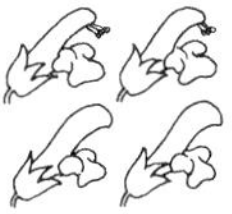

9. Staubblätter vorragend **10**
Staubblätter nicht vorragend **11**

10. Blüten gelb: *Odontites lutea, O. viscosa* .... S. 254
Blüten rot: *Odontites verna* **11**

11. Blätter nicht gezähnt; Blüten gelb oder rosa:
Melampyrum .... S. 252
Blätter gezähnt **12**

12. Blüten dunkelviolett, 15–20 mm; Stengel unten
mit Schuppen: *Bartsia alpina* .... S. 254
Blüten gelb, 13–20 mm, Stengel unten nicht schuppig,
Kelch aufgeblasen: *Rhinanthus* .... S. 260
Blüten lila, weiß, gelblich-weiß, oder zweifarbig,
4–14 mm, Stengel unten nicht schuppig,
Kelch nicht aufgeblasen: *Euphrasia* .... S. 254

13. Krone röhrig **14**
Krone flach, nicht röhrig **17**

14. Blüten groß, 10 mm oder länger **15**
Blüten klein, unter 10 mm; 4 Staubblätter **16**

15. Blüten gelb oder gelblich; 4 Staubblätter: *Digitalis* .... S. 248
Blüten blau; 2 Staubblätter: *Wulfenia carinthiaca* ...... S. 248

16. Blüten gelb, Stengel rund: *Tozzia alpina* .... S. 252
Blüten grünlich-gelb, oft rotbraun gepunktet, Stengel
oft 4kantig: *Scrophularia* .... S. 244

17. Blüten groß, 12 mm oder mehr **18**
Blüten klein, unter 12 mm, blau, rosa, weiß
oder purpurn **19**

18. Blüten gelb, 5lappig; 5 Staubblätter: *Verbascum* .... S. 246
Blüten blau, rosa oder weißlich, 4lappig:
2 Staubblätter: *Veronica fruticans, V. austriaca* .... S. 248

19. Blätter nicht gezähnt, Blüten winzig, 3 mm:
Limosella aquatica .... S. 244
Blätter gezähnt; Blüten 5–12 mm **20**

20. Blüten 5lappig, Lappen ausgerandet; 4 Staubblätter:
Erinus alpinus .... S. 242
Blüten 4lappig, Lappen nicht ausgerandet;
Staubblätter 2: *Veronica* .... S. 248–252

Bestimmungsschlüssel Korbblütler
Compositae (Asteraceae, Cichoriaceae)

1. Blütenköpfe nur aus Röhrenblüten bestehend
(*Cichoriaceae*)

Stachelige Pflanzen mit distelähnlichen Blütenköpfen:
Onopordum . . . . S. 302
Cirsium . . . . S. 306, 308
Carduus . . . . S. 304, 306
Carlina . . . . S. 302

Blütenköpfe kornblumenartig, die äußeren Blüten
vergrößert, sternartig: *Centaurea* . . . . S. 308–312

Blütenköpfe pinselähnlich; Pflanzen nicht stachelig:
Blütenköpfe weiß
Antennaria . . . . S. 290
Petasites . . . . S. 298
Onopordum rotundifolium (= *Berardia subacaulis*) . . . . S. 302
Blütenköpfe gelb
Santolina chamaecyparissus . . . . S. 292
Artemisia . . . . S. 296
Senecio . . . . S. 300
Petasites . . . . S. 298

Blüten rosa

Antennaria . . . . S. 290
Omalotheca . . . . S. 290

Petasites . . . . S. 298

Blütenköpfe purpurn
Blütenköpfe groß, über 60 mm

Cirsium helenioides . . . . S. 306
Leuzea centauroides, *L. rhapontica* . . . . S. 314
Blütenköpfe kleiner, bis 40 mm
Saussurea . . . . S. 302
Homogyne . . . . S. 298
Petasites paradoxus . . . . S. 298

Adenostyles . . . . S. 298
Jurinea mollis . . . . S. 302
Cirsium helenioides . . . . S. 306
Serratula . . . . S. 314

Blütenköpfe von wolligen Hochblättern umgeben
Leontopodium . . . . S. 290

Omalotheca . . . . S. 290

2. Blütenköpfe mit Röhren- und Strahlenblüten (*Asteraceae*)
Alle Blüten gelb

Arnica montana ... S. 298
Buphthalmum salicifolium ... S. 298

Senecio ... S. 300

Tussilago farfara ... S. 298
Doronicum ... S. 298
Achillea odorata ... S. 294

Alle Blüten weiß
Achillea ... S. 294

Strahlenblüten weiß, röhrige Scheibenblüten gelb
Bellis perennis ... S. 288

Anthemis ... S. 290
Leucanthemum ... S. 292

Strahlenblüten blau, röhrige Scheibenblüten gelb
Aster ... S. 288
Erigeron ... S. 288, 290

Alle Blüten rosa
Achillea tanacetifolia, A. millefolium ... S. 294

Strahlenblüten rosa, röhrige Scheibenblüten gelb
Erigeron ... S. 288, 290
Leucanthemopsis alpina ... S. 292

3. Blütenköpfe nur aus Strahlenblüten bestehend
(löwenzahnähnlich)

Blütenköpfe weiß
Crepis praemorsa ... S. 318
Blüten gelb
Scorzonera aristata ... S. 316
Tragopogon pratensis ... S. 316
Hieracium ... S. 316
Tolpis staticifolia ... S. 316
Leontodon pyrenaicus ... S. 316

Taraxacum ... S. 320
Crepis ... S. 318
Hypochoeris uniflora ... S. 314
Calycocorsus stipitatus ... S. 314
Aposeris ... S. 316

Leontodon helveticus, L. montanus ... S. 316

Senecio ... S. 300

Blüten blau
Cicerbita alpina ... S. 314
Lactuca perennis ... S. 314
Blüten rosa
Scorzonera aristata ... S. 316
Lactuca perennis ... S. 314
Crepis praemorsa subsp. *dinarica* ... S. 318
Blüten purpurn
Scorzonera aristata ... S. 316
Prenanthes purpurea ... S. 314
Blüten orange oder rötlich
Hieracium aurantiacum ... S. 316
Crepis paludosa ... S. 318
Crepis aurea ... S. 318

Vegetation der Europäischen Gebirge und des Hohen Nordens

Alpen

In den niederschlagsreichen Randgebieten der Alpen wird die oberste Hochwaldstufe von Buchen-Tannen- oder reinen Buchenwäldern gebildet, in den Zwischenalpen von der Fichte, in den silikatischen Westalpen von der Spirke (*Pinus uncinata*), in den Innenalpen von Zirbe und Lärche. Ausgedehnte Zwergwälder der Legföhre (*Pinus mugo*) steigen auf Schutt und Fels in den Kalkalpen noch höher als Buche und Fichte. Oberhalb der Waldgrenze beginnt die **waldfreie alpine Stufe** der Zwergstrauchheiden (untere alpine Stufe) und Urwiesen (obere alpine Stufe). Die Zwergstrauchheiden sowohl der Alpen als auch der arktischen Tundra werden von Ericaceen dominiert, wobei der Gesteinsuntergrund (Kalk oder Silikat) und die Dauer der winterlichen Schneedekke differenzierend wirken. Die Gattungen Alpenrose (*Rhododendron*), Preisel- und Heidelbeere (*Vaccinium*), Bärentraube (*Arctostaphylos*) sind neben Frühlingsheide (*Erica herbacea*), Besenheide (*Calluna vulgaris*), Gemsheide (*Loiseleuria procumbens*) und Zwergalpenrose (*Rhodothamnus chamaecistus* – nur Ostalpen) teilweise mit mehreren Arten vertreten. Auf den Hohen Norden beschränkt sind Schuppenheide (*Cassiope*) und Blauheide (*Phyllodoce*), auf Moore Moosbeere (*Oxycoccus*), Sumpfrosmarin (*Andromeda*) und Sumpfporst (*Ledum*) sowie die Zwergbirke (*Betula nana*). Für lang schneebedeckte Mulden („Schneeböden") sind neben wenigen krautigen Spezialisten besonders zwergwüchsige Spalierweiden (*Salix herbacea*) kennzeichnend.

In den alpinen Rasen oder Urwiesen herrschen besonders Arten der Gattungen *Carex* (Seggen) und *Elyna* (Nacktried) zusammen mit wenigen Gräsern (*Poa*, *Festuca*, *Helictotrichon*, *Sesleria*), Binsen (*Juncus*) und Simsen (*Luzula*) vor. Wichtigste Rasentypen sind:

- auf Sauerboden über Silikatgestein (zentrale Innenalpen) der Krummseggenrasen (*Caricetum curvulae*, „*Curvuletum*")
- an Windecken über Kalk und Silikat der Nacktriedrasen (*Elynetum*)
- auf tiefgründigen basischen Böden über Kalk in Südexposition die Blaugras-Horstseggenrasen (*Seslerio-Caricetum sempervirentis*)
- auf flachgründigen Steinböden, besonders in Nordexposition und auf exponierten Graten die meist kleinflächigen Polsterseggenrasen (*Caricetum firmae*, „*Firmetum*")
- in den blumenreichen Weiderasen der Hochlagen herrscht der Bürstling (*Nardus stricta*) vor: *Nardetum*.

Je nach Exposition und Lage (am Rand oder im Inneren des Gebirges) lösen sich die geschlossenen Rasen zwischen etwa 2500 und 3000 m in einzelne, durch fast vegetationsfreie Schutt- und Felsflächen voneinander getrennte und meist nur wenige Quadratmeter große Fragmente auf. In dieser Höhenlage wird das unmittelbar auf die Pflanzen wirkende Mikroklima des Standortes wesentlich wichtiger als das Allgemeinklima (Großklima). Auf geringen Entfernungen von oft nur wenigen Metern (z. B. Nord- oder Südseite eines Grates) entscheiden die krassen Unterschiede der Lebensbedingungen über Vorkommen oder Fehlen von Pflanzenwuchs. Besonders deutlich sichtbar wird dies in den Innenalpen in Höhenlagen zwischen 2400 und 2700 m, wo das Geländerelief aus vom Wind abgeblasenen Buckeln und schneegefüllten Mulden ein Mosaik aus Rasen und „Schneetälchen" (besser „Schneeböden") erzeugt. Auf diesen Schneeböden können nur Pflanzen mit besonderer Anpassung an die kurze Vegetationszeit (3–4 Monate) gedeihen. Nach der Dauer der Schneebedeckung lassen sich Blütenpflanzen-Schneeböden mit Krautweide (*Salix herbacea*), Eisglöckchen (*Soldanella*), Gelbling (*Sibbaldia*) und Zwergruhrkraut (*Omalotheca supina*) und Moosschneeböden (oft nur 2 Monate Aperzeit) mit dem Haarmützenmoos *Polytrichum norvegicum*, Lebermoosen der Gattung *Anthelia* und der Safranflechte (*Solorina crocea*) unterscheiden.

Die Höhen über etwa 3000 m (nivale Stufe) bieten nur mehr einem kleinen Kreis von Spezialisten, besonders Polsterpflanzen (v. a. Steinbrech- und Mannsschildarten sowie Polsternelken) Lebensmöglichkeit. Der „König der Alpenpflanzen", der Gletscher-

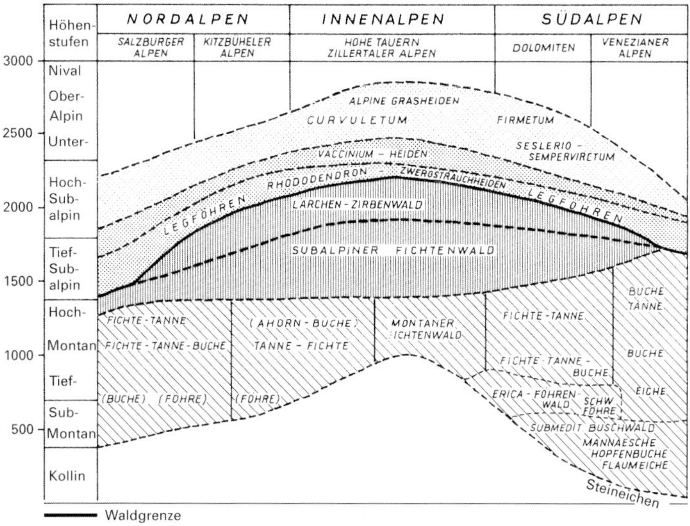

hahnenfuß, zeigt keine besonderen äußeren Anpassungen; allein durch die Einpassung in die klimatischen Gegebenheiten des hochalpinen Lebensraumes (Schneeschutz bei sommerlichen Schlechtwettereinbrüchen) vermag er hier zu gedeihen. Aber selbst der nackte Fels ist noch von „niederen Pflanzen" (Kryptogamen), besonders von Krustenflechten besiedelt, die mit ihrem Stoffhaushalt bestens an die extrem ungünstigen Lebensbedingungen (Stoffgewinn oft noch bei Minusgraden) angepaßt sind. Selbst im Gletscherfirn leben noch einzellige Algen, die gegen die hohe Strahlung durch rote Farbstoffe geschützt sind (Roter Schnee – *Chlamydomonas nivalis*).
Während die bisher behandelten Höhenstufen der Wälder, Zwergstrauchheiden und alpinen Rasen im wesentlichen durch das Großklima bestimmt sind („Klimazonale Pflanzengesellschaften") sind für Schneeböden, Schutt- und Felsfluren und Feuchtbiotope nicht in erster Linie Klimafaktoren, sondern andere (häufig durch Bodeneigenschaften erzeugte) Wirkungen maßgebend („Azonale Pflanzengesellschaften").

Pyrenäen

Die Vegetation der Fels- und Schuttfluren enthält großteils die gleichen Gattungen wie die der Alpen, aber zum Teil andere (endemische) Arten. Die Rasenvegetation ist hingegen weit stärker unterschieden. An Stelle der Blaugras-Horstseggenrasen der Kalkalpen kommen in den Pyrenäen Schwingelarten (*Festuca scoparia*) vor, die Windrasen des *Elynetum* beherbergen zahlreiche Besonderheiten. Die dem alpinen Krummseggenrasen entsprechenden Grasfluren werden ebenfalls von Schwingeln (*Festuca supina*) beherrscht. Die Krummsegge selbst fehlt in den Pyrenäen nicht völlig, ist aber kleinflächig auf die nordexponierten Schneeböden der Gipfelgrate beschränkt.

Apennin

In der subalpinen Stufe fehlen – mit Ausnahme einiger Standorte im Nordapennin – die Alpenrosen; die Legföhrengebüsche kommen nur auf wenigen höheren Bergen vor; auf der Maiella bilden sie oberhalb des Buchenwaldes einen Gürtel, der bis 1900 m reicht. Die Grünerle fehlt; nur die Wacholderheiden (*Juniperus alpina*) erreichen den Süden der Halbinsel. Die Heidelbeerheiden klingen von Nord nach Süd allmählich aus und werden zunehmend durch neue mediterrane Gebirgspflanzengesellschaften (mit Dornpolstern) ersetzt. Letzte Ausläufer finden sich z. B. in den M. Sibillini zwischen 2100 und 2300 m. Die Verbreitung der Besenheide (*Calluna vulgaris*) endet bereits im Toskanischen Apennin. Auf südseitigen Kalkschutthalden bildet der Strahlenginster (*Genista radiata*) ähnlich wie in den südöstlichen Kalkalpen dichte Bestände. Die Alpenrosenbestände der Zentraleuropäischen Gebirge sind im Apennin durch die intensive Weidewirtschaft stark verändert worden, weiter im Süden treten zunehmend mediterrane Arten auf. Eine große Rolle spielen im Kalkgebirge auch die Trockenheit und die Verkarstung, so daß Schutt- und Felsstandorte überwiegen. Nur am Ostrand des Gran Sasso entstanden über tertiärer Molasse tiefergründige Böden. Hier steigt die Rasenvegetation bis auf 2450 m an. Während die Blaugras-Horstseggenrasen, die Polsterseggenrasen und die Silberwurzteppiche des Nordapennin in ihrer Zusammensetzung noch fast völlig den alpischen entsprechen, werden die Leitarten dieser Rasen im Zentralapennin durch andere (vikariierende) Arten ersetzt, nämlich die Blaugräser *Sesleria tenuifolia*, noch weiter südlich *S. nitida*, und die Segge *Carex levis*. Die Gattung Edelweiß hat im Apennin eine eigene Art (*Leontopodium nivale*) entwikkelt. Auf besseren Böden gedeihen ausgedehnte Weiderasen des Bürstlings (*Nardetum*). Wo die Überweidung den Kalkboden bis auf das Fels- und Schuttskelett degradiert hat, wachsen offene Fluren aus den harten robusten Schwingelhorsten der *Festuca dimorpha*, durchsetzt von dornigen Traganth-Polstern (*Astragalus sirinicus, A. sempervirens*) und dem dornigen Nelkengewächs *Drypis spinosa* – ein gänzlich mediterranes Bild!

Karpaten, Hohe Tatra

Im Vergleich zu den Alpen übersteigen nur geringe Anteile dieses großen Gebirges die 2000 m-Linie, der höchste Gipfel erreicht 2663 m (gegenüber 4807 m). Der Vegetationscharakter ist mitteleuropäisch. Die Karpaten sind auch viel ärmer an eigenständigen Arten (Endemiten): nur 95 gegenüber 398 in den Alpen.
Über Buchen-Tannen- und Fichtenwäldern, die bis über 1500 m ansteigen, folgt eine Legföhrenstufe bis gegen 1900 m, die stellenweise nach Rodung durch sekundäre Heidelbeerheiden ersetzt wird. Die Rasenvegetation der Gipfelregion wird durch *Juncus trifidus – Sesleria disticha* (mit *Campanula alpina, Primula minima, Avenula versicolor*) gebildet, die Krautweiden-Schneeböden (*Salix herbacea*) enthalten mit *Saxifraga perdurans* ein neues Element. Für flachgründige Kalkfelsböden zwischen 1000 und 2100 m sind Polsterseggenrasen (*Carex firma*) bezeichnend. Weiderasen des Bürstlings (*Nardetum*) steigen vom Tal bis 1800 m. Besonders erwähnenswert sind die endemischen, blumenreichen Rasen des Karpatenschwingels (*Festuca carpatica*) über feuchtem Kalk-Ruhschutt.
In der Hohen Tatra fehlen viele alpine Pflanzengesellschaften, die in den Ostkarpaten vorkommen, z. B. Lärchen-Zirbenwald, Grünerlengebüsche, Alpenrosenheiden, Besenheiden, Gemsheiden und Krummseggenrasen.

Dinarische Gebirge

Sie stellen im Anschluß an die slowenischen Berge eine Fortsetzung der Ostalpen dar. Nach Südosten wird es zunehmend wärmer und trockener, so daß der Florencharakter „mediterraner" wird. Die Dinarischen Gebirge bestehen überwiegend aus Karbonatgesteinen, in Serbien und Nordbulgarien gibt es aber auch größere Silikatmassive. Die Gebirgsvegetation hat physiognomisch durchaus Ähnlichkeit mit jener der Alpen, die Flora ist reich an Endemiten. Über subalpinen Fichtenwäldern, Legföhren- und Grünerlengebüschen mit Hochstaudenfluren (1500 bis 1750 m) folgt eine Stufe der Zwergstrauchheiden mit Alpenrose und Wacholder (*Rhododendron hirsutum, Juniperus alpina*), Heidelbeerheiden und der endemischen *Bruckenthalia*. Die alpine Stufe beginnt bei etwa 2200 m, erreicht aber nirgendwo die klimatische Schneegrenze. Die Rasen über Karbonatgestein ähneln den alpischen, enthalten aber viele eigene Arten. Die wichtigsten Rasengesellschaften werden dominiert von *Sesleria juncifolia* (offen, windexponiert), *Festuca pungens* (geschlossen, tiefgründige Böden) und *Carex ferruginea* (gut wasserversorgt). Auf sauren Böden wird der alpische Krummseggenrasen durch die *Sesleria comosa*-Gesellschaft ersetzt, die an windexponierten trockenen Graten wächst (mit *Juncus trifidus, Festuca halleri, Agrostis rupestris, Elyna myosuroides*). Auf tiefgründigen Böden stocken Bürstlingweiden (*Nardetum*) und die endemische *Poa violacea*-Gesellschaft mit Goldschwingel (*Festuca paniculata*) und Buntschwingel (*Festuca varia*).

Cantabrische Kordillere

In der subalpinen Stufe oberhalb 1600 bis 1700 m breiten sich auf basischen Böden Wacholder-Bärentraubenheiden mit Polsterginster (*Genista occidentalis*) aus, die Felsspaltenfluren sind gekennzeichnet durch *Dethawia tenuifolia, Saxifraga aizoides* und *Potentilla nivalis*. In den Sauerbodenheiden dominieren neben Wacholder vor allem Heidelbeere, Rauschbeere und Besenheide.
Die alpine Stufe ist nur auf den Picos de Europa oberhalb 2200 bis 2400 m ausgebildet. Über Karbonatuntergrund wachsen die aus den Alpen vertrauten Nacktriedrasen (*Elynetum*) mit Horstsegge, Pyrenäenspitzkiel, Stengellosem Leimkraut und Frühlingsmiere, im Schutt findet man Zwergpippau (*Crepis pygmaea*) und Feingezähnte Weide (*Salix breviserrata*), in Felsspalten *Potentilla nivalis, Valeriana apula* und *Globularia repens*. Im Silikatgebiet der Peña Prieta werden die Rasen durch *Juncus trifidus* und *Oreochloa elegans* gekennzeichnet (mit *Agrostis rupestris, Minuartia recurva, Saxifraga moschata*).

Skandinavien

Die Abgrenzung der Höhenstufen in den Skandinavischen Gebirgen entspricht nicht genau jener in den Alpen. Die subalpine Stufe wird von Birkenwald (*Betula tortuosa*) und Weiden beherrscht und endet bei 600 bis 750 m Meereshöhe. Nach dem Unterwuchs kann man unterscheiden zwischen Heide-Birkenwald mit Krähenbeere (*Empetrum*) und Heidelbeere (*Vaccinium myrtillus*), Hochstauden-Birkenwald (gras- und farnreich) und Sumpf-Birkenwald (mit Wollgräsern und anderen Feuchtpflanzen).
Die Vegetation der unteren alpinen Stufe (bis etwa 1000 m Meereshöhe) unterscheidet sich nicht wesentlich vom Unterwuchs des Birkenwaldes, ist aber artenreicher. Der zunehmende Einfluß des Windes drängt anspruchsvolle Hochstauden auf geschützte Standorte zurück.
In der mittleren alpinen Stufe herrschen niedrige Zwergstrauchheiden von *Cassiope hypnoides* und *Salix herbacea*, z. T. auch von *Phyllodoce coerulea* und *Loiseleuria* sowie Rasen von *Juncus trifidus* und *Carex bigelowii*. Auf kalkreichem Untergrund gedeihen Silberwurz-Teppiche und Polsterpflanzen wie *Silene acaulis, Saxifraga oppositifolia* und *Diapensia lapponica*.
Die obere alpine Stufe (oberhalb 1200 bis 1400 m) ist auch während der sommerlichen Vegetationsperiode dem Bodenfrost ausgesetzt, die Vegetation ist lückenhaft. Von den skandinavischen Botanikern werden drei Unterstufen unterschieden:

- die Stufe der Krautweiden (*Salix herbacea*) bis 1500 m
- die Stufe des Gletscherhahnenfußes (*Ranunculus glacialis*) 1500 bis 1700 m
- die Kryptogamenstufe (über 1700 m) mit einzelnen meist sterilen Individuen von Blütenpflanzen

Die obere alpine Stufe Skandinaviens entspricht also der subnivalen und nivalen Stufe der Alpen.

Gebirgspflanzen in Großbritannien

Wie wir gesehen haben (Seite 9, Einführung), steigt die subalpine und alpine Höhenstufe in Europa immer tiefer herab, je weiter wir uns nach Norden bewegen. Gleichzeitig nimmt die Artenzahl schnell ab, was vor allem auf die vollkommene Vergletscherung während der Eiszeiten zurückzuführen ist. In Großbritannien und Skandinavien war diese Wirkung besonders stark; dennoch überlebten auf isolierten Bergen eine geringe Zahl arktischer und alpiner Pflanzen. In den Alpen, den Pyrenäen und anderen Gebirgen Zentraleuropas gab es dagegen am Gebirgsrand zahlreiche, immer eisfreie „Refugien“, von denen aus nach dem endgültigen Rückzug der Gletscher (in den Alpen vor ca. 20 000 Jahren) eine schnelle Wiederbesiedlung der eisfreien Schuttflächen erfolgte.

Die britische Gebirgsflora beschreibt man am besten als „verarmt“; sie setzt sich aus ungefähr 130 meist seltenen und nur lokal verbreiteten Arten zusammen. Für die nordeuropäischen Gebirge und die Arktis können als endemisch gelten:

Cerastium arcticum
Cornus suecica
Deschampsia caespitosa ssp. *alpina*
Diapensia lapponica
Draba norvegica
Erigeron borealis
Koenigia islandica
Minuartia rubella
Rubus chamaemorus
Sagina nivalis
Salix lanata
Saxifraga caespitosa
Saxifraga rivularis

Überraschenderweise konnten *Diapensia lapponica* und *Koenigia islandica* erst kürzlich auf den Britischen Inseln entdeckt werden.
Eine zweite Gruppe britischer Gebirgspflanzen hat Verbindung mit dem Süden (Alpen, Pyrenäen), fehlt aber in den Skandinavischen Gebirgen:

Alchemilla conjuncta
Gentiana verna
Minuartia sedoides
Myosotis alpestris
Oxytropis halleri
Thlaspi caerulescens
Viola lutea

Ein weiterer Verbreitungstyp ist der „Arktisch-alpine“. Hierhin gehören Arten, die heute sowohl im Hohen Norden, als auch in den europäischen Gebirgen vorkommen, deren ehemals wohl geschlossene Verbreitung aber nach den Eiszeiten durch die Wiederbewaldung in zwei Teilareale zerstückelt wurde. Beispiele sind etwa die Silberwurz (*Dryas octopetala*) und der rote Steinbrech (*Saxifraga oppositifolia*).
Freilich ist es im einzelnen oft schwierig, das „Alpine Florenelement“ zu definieren, da manche Pflanzen, die in den Alpen und Pyrenäen eindeutig der alpinen Höhenstufe zugeordnet werden können, in Großbritannien bis zum Meeresspiegel herabsteigen (*Gentiana verna* in Irland) oder wie die Mehlprimel (*Primula farinosa*) in Großbritannien auch in tieferen Lagen vorkommen. *Primula scotica*, nahe verwandt und wohl ein Abkömmling der alpinen Mehlprimel, wächst ausschließlich auf grasigen Klippen im Hochland von Nordwest-Schottland. Wer sich für diese interessanten Fragen von Florengeschichte und Verbreitung im einzelnen interessiert, sei auf die weiterführende Literatur verwiesen.

Anmerkungen zur Pflanzenökologie

Die im Hauptteil diese Buches angeführten Arten der Gebirgsflora Europas sind nicht gleichmäßig in den Teilgebieten (siehe S. 8) verbreitet, sondern treten nur an bestimmten Standorten auf. Als **Standort** bezeichnet man die Summe aller Umweltfaktoren wie z. B. Klima, Boden, Energie- und Wasserhaushalt, andere Pflanzen und Tiere etc., die am Wuchsort einer Pflanzenart auf diese einwirken und ihre Entwicklung, ihr Wachstum und ihre Verbreitung heute bestimmen. Daß manche Arten in allen hier behandelten Gebieten, andere nur in einem einzigen und hier oft nur auf eng begrenztem Raum vorkommen (Endemiten), hängt mit der wechselvollen **Erdgeschichte** zusammen. Größten Einfluß auf die Lebenswelt hatte die Klimakatastrophe

der Eiszeiten (Dauer etwa 2 Mio. Jahre, Ende ca. 20 000 vor heute), die sehr viele Pflanzen an ihrem ursprünglichen Standort vernichtete oder sie von dort vertrieb.
Höhere Pflanzen haben – abgesehen von der Verbreitung durch Samen und Früchte – keine Möglichkeit der aktiven Ortsveränderung. Sie müssen demnach mit den Standortsfaktoren, die sie vorfinden, zurechtkommen. **Pflanzenökologie** ist die Lehre vom „Haushalt" der Pflanzen. Eng verknüpft mit dem Haushalt ist die Gestalt der Pflanzen, ihre „Lebensform", die sich als Antwort, als Reaktion auf die ständigen Einwirkungen von außen in den langen Zeiträumen der Evolution herausgebildet hat. Die höheren Pflanzen sind unter optimalen Lebensbedingungen in den Tropen entstanden und haben von hier aus durch Spezialisierung ihres Haushalts und Anpassung ihrer Form allmählich auch viel ungünstigere Lebensräume wie die kalten Hochgebirge und die wasserarmen Wüsten erobern können.
Im Haushalt der Pflanzen können zwei große, gemeinsam wirkende Faktorenkomplexe unterschieden werden:
die physikalisch-chemisch wirkenden Faktoren der unbelebten Umwelt (z. B. Klima und Boden): abiotische Faktoren;
die Faktoren der Lebenswelt (andere Pflanzen und Tiere, die miteinander im Wettbewerb um den Standort stehen): biotische Faktoren.
Jede einzelne Pflanzenart hat verschiedene Ansprüche an Menge und Zusammensetzung dieser Faktoren; Klima und Boden wirken nur teilweise direkt, teilweise werden sie durch andere Pflanzen und Tiere beeinflußt. Das komplizierte Wirkungsgefüge aus belebter Natur und unbelebter Umwelt nennen wir **Ökosystem**.

Abiotischer Faktorenkomplex

Beispiele von Faktoren, die überwiegend nicht durch andere Organismen, sondern durch Klima und Boden bedingt sind.
Klima-Faktoren beeinflussen wesentlich die Hauptverbreitung der Pflanzen. Die generelle Abnahme der Temperatur vom Äquator (Tropen) zu den Polen hin findet ihren Ausdruck in den großen Klima- und Vegetationszonen der Erde. Auch in Europa ergibt dieses Temperaturgefälle in Verbindung mit der Abnahme der Niederschläge von Westen nach Osten deutliche Unterschiede des Klima- und Vegetationscharakters. Der Westen besitzt ein luftfeuchtes ozeanisches Klima mit relativ milden und feuchten Wintern, der Osten ein lufttrockeneres, kontinentaleres Klima mit relativ strengeren Wintern.
Temperatur-Abnahme mit zunehmender geographischer Breite nach Norden, ebenso aber im Gebirge mit zunehmender Meereshöhe führt zu einer Verkürzung der frostfreien Zeit und damit zur Verkürzung der jährlichen Vegetationsperiode. Jene Gebirgspflanzen, die sowohl im Hohen Norden als auch in den Alpen vorkommen („Arktisch-alpine") finden daher in Skandinavien im Meeresniveau ähnliche Lebensbedingungen (aber ein anderes Lichtklima) wie in höheren Lagen der Alpen.
Licht ist ein Teil der Strahlung, wobei spektrale Zusammensetzung, spektrale Energieverteilung, Wechsel der Tageslänge während der Jahreszeit eine Rolle spielen. Im Unterschied etwa zu den Alpen herrscht im Hohen Norden während des Winters Dauernacht, während des Sommers Dauertag. Die Sonnenstrahlung ist auch die eigentliche Ursache für die Temperatur von Luft und Boden und die Eigentemperatur der Pflanzengewebe.
Niederschläge nehmen im allgemeinen mit der Entfernung vom Meer nach Osten ab, jedoch mit zunehmender Höhe in den Gebirgen, besonders an den West- oder Nordabhängen wieder zu. Ost- und Südhänge liegen oft im Regenschatten und sind daher meist niederschlagsärmer. Viele Pflanzenarten, deren Verbreitungsschwerpunkt im kontinentalen Klima liegt, finden in diesen Regenschattengebieten (z. B. in den Trokkentälern der Innenalpen) ihre westliche Verbreitungsgrenze; sie fehlen dem feuchten westlichen oder nördlichen Teil des Gebietes. Wesentlich ist die Menge des für die Pflanzen verfügbaren Wassers.
Boden-Faktoren. Der primär durch Klima-Faktoren bestimmte Standort einer Pflanzenart und damit ihr mögliches Vorkommen in einem Gebiet wird ganz wesentlich durch den Boden beeinflußt, der sich über den verschiedenen Gesteinen entwickelt hat. Die Bodenbildung selbst ist wiederum eine Folge der Einwirkung von Temperatur,

Niederschlag und Pflanzenwuchs und verläuft unter den ungünstigen Klimabedingungen des Hochgebirges äußerst langsam. Zwei Extreme der Bodenbildung haben einerseits über kalkarmen Silikatgesteinen zu sauren, kalkfreien oder kalkarmen und andererseits über kalkhaltigen Gesteinen zu neutralen bis alkalischen, meist kalkreichen Böden geführt, die jeweils von bestimmten kalkmeidenden bzw. kalkertragenden Pflanzenarten besiedelt werden. Die Löslichkeit der für die Pflanzenernährung nötigen Mineralstoffe hängt wesentlich vom Säuregrad des Boden ab.
Als spezielle Bodenbildung finden sich im Gebirge v. a. die stark sauren Rohhumusböden der Nadelwälder und Zwergstrauchheiden sowie die extrem sauren und nährstoffarmen Böden der Hochmoore, die jeweils von Spezialisten besiedelt werden.

Zusammenfassend ergibt sich, daß die Verbreitung der einzelnen Pflanzenarten durch die Mannigfaltigkeit abiotischer Faktoren des Standortes und die Unterschiede im Haushalt der Arten wesentlich bestimmt wird und daß an gleichen Standorten Arten mit gleichen Standortsansprüchen, häufig auch mit der gleichen Lebensform zu erwarten sind. Solche Arten mit sehr ähnlichen Standortsansprüchen können typische Pflanzengemeinschaften (Vegetationseinheiten = „Assoziationen") bilden.

Biotischer Faktorenkomplex

Beispiele von Faktoren, die überwiegend durch andere lebende Organismen (Pflanzen, Tiere, Menschen) bedingt sind.
Pflanzen. Abgesehen von wenigen Standorten – wie z. B. manchen Rohböden, auf denen Einzelpflanzen in großem Abstand voneinander wachsen – wird bei wohl ausgebildeten Pflanzengemeinschaften der Standort jeder Pflanze stets von Nachbarpflanzen beeinflußt. Dieser Einfluß kann z. B. in einer Beschattung, in einem Nährstoff- und Wasserentzug durch die Wurzeln der Nachbarpflanze bestehen oder darin, daß eine Pflanzenart Stoffwechselprodukte ausscheidet, die als Schadstoffe das Wachstum und die Entwicklung einer anderen Pflanzenart beeinflussen. Zwischen den Individuen entsteht also eine vielfältige **Konkurrenz** am Wuchsort, und zwar zwischen Individuen der gleichen Pflanzenart ebenso wie zwischen solchen verschiedener Pflanzenarten. Wichtig, oft sogar entscheidend sind aber nicht nur die Wechselwirkungen zwischen höheren Pflanzen, sondern auch die Wirkungen der Mikroorganismen des Bodens, der Bakterien, Kleintiere, besonders aber der Pilze. Sie können als Schädlinge Pflanzen befallen, aber auch als Nützlinge eine für höhere Pflanzen wertvolle Symbiose mit den Wurzeln eingehen (Mykorrhiza).
Die Wechselwirkungen zwischen den Pflanzenindividuen stellen die vorherrschenden biotischen Faktoren in der Vegetation dar. Die Konkurrenz hat entscheidende Bedeutung für die Auslese der Arten einer Pflanzengemeinschaft. Eine **Vegetationseinheit** ist demnach eine Gesellschaft von Pflanzen mit ähnlichen Standortsansprüchen, die sich in einem gewissen Konkurrenzgleichgewicht befinden. Eine Änderung des Standorts verändert auch das Gleichgewicht; je nach Ausmaß und Art dieser Änderung wird sich entweder ein neues Konkurrenzgleichgewicht einstellen oder aber eine Gesellschaft von Pflanzen mit einer anderen Artenzusammensetzung entstehen.
Zusammenfassend ergibt sich, daß auf einen **Standort** sowohl abiotische als auch biotische Faktoren einwirken, die beide durch den unterschiedlichen Haushalt der einzelnen Pflanzen die Verbreitung der Arten bestimmen. Arten mit gleichen oder ähnlichen Standortsansprüchen können eine standorttypische Pflanzengesellschaft ausbilden. Unter gleichen Standortbedingungen ist die Artenzusammensetzung einer Pflanzengesellschaft auch weitgehend ähnlich. Die Artenzusammensetzung charakterisiert also die Pflanzengesellschaft. Eine bestimmte Artenkombination und somit die Pflanzengesellschaft selbst erlaubt Rückschlüsse auf den Standort, das Zusammenwirken aller ökologischer Faktoren.
Tiere liefern durch Tritt, Verbiß, Fraß, durch ihre Stoffwechselprodukte, durch das Verschleppen von Samen und Früchten eine große Zahl weiterer Faktoren, die für die Verbreitung von Pflanzen wichtig sind und in den Standort eingehen, oftmals nur lokal wie z. B. an Wildwechseln, mancherorts aber auch besondere Vegetationseinheiten erzeugend. So führt z. B. die reichliche Düngung durch tierische Stoffwechselprodukte in der Umgebung von Almhütten in den Alpen zu einer „Lägerflur" mit einer Flora stickstoff-

liebender Pflanzen. So wie hier für manche Pflanzenarten erst ein Standort geschaffen wurde und sich eine spezialisierte Pflanzengemeinschaft ausgebildet hat, sind verschiedene weitere Vegetationstypen erst durch Tiere möglich geworden. Laufender Verbiß durch die Beweidung ist der Hauptfaktor des Standorts der Pflanzen in Rinder-Weiden; der Verbiß durch Schafe verhinderte im Bereich der deutschen bewaldeten Mittelgebirge über kalkhaltigen Gesteinen den Aufwuchs von Sträuchern und Bäumen und führte zur Ausbildung der Kalktrockenrasen; Schafweide ist mit dem vom Menschen früher durchgeführten Plaggenhieb der Hauptfaktor, der in nordwestdeutschen Sandgebieten zur Verheidung führte. Diese Vegetationseinheiten der Weide, des Halbtrockenrasens und der Heide entwickeln sich ohne Beweidung früher oder später wieder in die ursprüngliche Waldvegetation zurück.
Tierische Pflanzenschädlinge wie z. B. Gallwespen, Blatt- und Stengelminierer sind ebenfalls Standortsfaktoren.
Menschen. In sehr großen Teilen Europas sind Standorte und Verbreitung der einzelnen Pflanzenarten durch landwirtschaftliche, gärtnerische und technische Maßnahmen des Menschen beeinflußt. Diese Maßnahmen bewirken tiefgreifende Veränderung vieler abiotischer Faktoren wie z. B. des Wasserhaushaltes der Böden, umfangreiche Bodenbewegungen, Produktion von Schadstoffen usw. Zur Schaffung von Äckern, Grünland und Forsten hat der Mensch großräumig die natürliche Vegetation beseitigt. Diese Eingriffe haben zur flächenmäßigen Ausdehnung vorhandener oder neuer Standorte geführt, auf denen sich besondere Arten mit entsprechenden Standortansprüchen ausbreiten und eigene Vegetationseinheiten ausbilden konnten. Diese neuen Pflanzengemeinschaften ersetzen dann die natürliche Vegetation und kennzeichnen eine durch den Menschen bedingte („anthropogene") Kulturlandschaft, in der heute bisweilen Pflanzenarten wie z. B. die Fichte in den ausgedehnten Nadelwaldbeständen Norddeutschlands vorherrschen, die in diesen Gebieten ursprünglich nicht oder in anderen Fällen nur vereinzelt auftraten.
Der Einfluß des Menschen auf den Standort einzelner Pflanzenarten und ganzer Vegetationseinheiten ist im Bereich der Äcker und des Grünlandes besonders deutlich. Nach Pflanzung oder Aussaat der Nutzpflanzen, durch das Pflügen oder durch die wiederholte Mahd einer Wiese wird ein besonderer Standort geschaffen, an dem nur bestimmte Pflanzenarten überleben, die dann mit den Nutzpflanzen zusammen eine eigene, von den kulturtechnischen Maßnahmen abhängige Pflanzengemeinschaft ausbilden.
In den **Alpen** hat die zunehmende Besiedlung der Täler und die damit verbundene Verkehrserschließung durch Straßen beträchtliche Teile der Naturlandschaft verbraucht. Ungleich größer aber sind jene Flächen im Bereich der Waldgrenze und darüber, die für Skipisten mit der Planierraupe ihrer natürlichen Vegetationsdecke und des Bodens beraubt wurden und nun für Jahrzehnte als häßliche Wunden und meist auch als gefährliche Erosionsstellen die Gebirgslandschaft verschandeln. Unter den ungünstigen Klimabedingungen des Hochgebirges dauert eine natürliche Wiederbesiedlung bis zur geschlossenen Vegetation Jahrhunderte. Menschliche Nachhilfe durch künstliche Begrünung bringt nur geringen Erfolg, weil von standortgerechten Pflanzen kaum Samen verfügbar sind. Große Eingriffe in die Berglandschaft und den Wasserhaushalt ganzer Gebirgsteile (Bachableitungen) stellen auch die meist hochgelegenen Staubekken der Elektrizitätswirtschaft dar. Die großartigen, von stäubenden Wildbächen geprägten Schluchttäler der Hohen Tauern (z. B. Iseltal, Osttirol) sollten nach den Vorstellungen der Energieplaner trockengelegt werden, was wenigstens teilweise verhindert werden konnte.

Beispiele von Vegetationseinheiten

Im größten Teil Europas würde – durch das Klima bedingt – Waldvegetation vorherrschen, wenn nicht durch die einschneidenden Maßnahmen des Menschen (Acker- und Grünlandwirtschaft) dieser Wald beseitigt oder an seinem Wiederentstehen behindert worden wäre. Der Wald ist also die optimale, klimatisch bedingte Vegetationsform, die **KLIMAX-VEGETATION** (= zonale Vegetation).
In der ursprünglichen Vegetation herrschen von den Tieflagen bis in die Bergregion der Mittelgebirge und bis in die entsprechende Höhenstufe der Hochgebirge des mittleren

und südlichen Europa sommergrüne Laubmischwälder vor. Im nördlichen Teil Europas und in den höheren Gebirgslagen schließen sich bis zur alpinen bzw. zur arktischen Waldgrenze immergrüne Nadelwälder an. Sie sind in den Tieflagen oft nur noch in Resten, in den Hochlagen und im Hohen Norden häufig noch in weitgehend natürlicher Ausprägung vorhanden.
Die Wälder des Gebietes zeigen – abgesehen von den Moosen, die den Boden besiedeln – im allgemeinen einen typischen Aufbau aus drei Schichten, einer Baum-, Strauch- und Krautschicht. Im sommergrünen Wald umfaßt die Krautschicht viele Arten, die im zeitigen Frühjahr vor dem Laubaustrieb der sie später beschattenden Sträucher und Bäume blühen (Frühlingsblüher).
Besonderheiten des Bodens im Zusammenwirken mit dem Klima haben innerhalb der Laubmischwälder zu Wald-Vegetationseinheiten unterschiedlicher Artenzusammensetzung oder zu unterschiedlichen Mengenanteilen der einzelnen Arten geführt:
Auf nährstoffreichen, tiefgründigen, kalkhaltigen Lehmböden Mitteleuropas herrschten im Flachland und im unteren Hügelland ursprünglich vielerorts **Eichen-Hainbuchenwälder**, u. a. mit Hainbuchen und Stieleichen vor, die fast ganz durch Ackerflächen verdrängt worden sind. An diesen Waldtyp können sich in den Mittelgebirgen artenreiche **Buchenwälder** anschließen, in die je nach Klima, Kalkgehalt, Hanglage usw. wärmeliebende Arten aus südlichen Gebieten eindringen, so daß an klimatisch besonders günstigen Orten, besonders im Süden und auf Kalk, gelegentlich auch Arten der submediterranen **Flaumeichenwälder** auftreten können. An lokalklimatisch bevorzugten Stellen der Meeralpen und der Südalpen (Gardasee) sowie am Südfuß der Pyrenäen kommen sogar immergrüne mediterrane Vegetationseinheiten vor (**Steineichen-Buschwald**).
An kalkarmen oder kalkfreien Standorten hat sich im mittleren westlichen Gebiet auf sauren Sandböden des Flachlandes die Entwicklung zu einem **Stieleichen-Birkenwald** vollzogen, an dessen Stelle vielerorts ausgedehnte artenarme Heiden, Kiefern- oder Fichtenforste getreten sind. In den westlichen Südalpen werden die Eichen-Birkenwälder vielfach durch **Kastanienhaine** ersetzt. Im niederschlagsärmeren, kontinentalen Osten Europas sind durch das Eindringen der Waldkiefer **Föhrenwälder** entstanden. In der unteren Stufe der Mittelgebirge, in denen die Bodenbildung über kalkarmen oder kalkfreien Gesteinen vor sich gegangen ist, kommt verschiedentlich noch die natürliche Vegetation in Form von **Buchen-Traubeneichenwäldern** vor, die vielerorts aber durch Fichtenforste ersetzt worden sind.
In Nordeuropa ebenso wie in den höheren Lagen der südlichen Gebirge (im Harz bereits oberhalb etwa 900 m) haben sich – klimatisch bedingt – ausgedehnte **Fichtenwälder** auf rohhumusreichen Böden entwickelt.
Die Entwicklung zur Klimax-Vegetation in Form der oben beschriebenen Wälder mit ihrer jeweils typischen Baum-, Strauch- und Krautflora ist in den Tieflagen z. B. an den Ufern der Gewässer durch hohen Grundwasserstand oder durch wiederholte Überflutungen begrenzt und hat zur Ausbildung von **Au-Wäldern** auf Lehmböden, u. a. mit Eschen und Ulmen, heute meist ersetzt durch Wiesen und Weiden, und zu verschiedenen „Bruchwäldern", z. B. **Erlen-Bruchwäldern** auf Flachmoortorf und Birken-Bruch bzw. Nadelholzbruch (Föhre, Fichte) auf nährstoffarmem saurem Torf, geführt. Diese Bruchwälder sind vielfach das Endstadium einer Verlandung der Gewässer bzw. der Flachmoorentwicklung.

Wiesen stellen eine Vegetationsform dar, bei der im allgemeinen Gräser vorherrschen, Sträucher und Bäume aber fehlen. Durch wiederholte Mahd wird diese Vegetationsform im Bereich der ursprünglichen Wald-Klimaxvegetation durch den Menschen aufrechterhalten. Standortfaktoren, die ebenso eine Entwicklung von Sträuchern und Bäumen verhindern, haben zur Ausbildung natürlicher **Urwiesen** jenseits der arktischen und alpinen Baumgrenze und in den Überflutungsgebieten der Flüsse und Küsten geführt. Im ersten Fall sind es die niedrigen Temperaturen, die die Entwicklung höher wachsender Bäume und Sträucher ausschließen, im zweiten Fall sind es Überflutungen, der Eisgang der Flüsse oder auch der Meersalzgehalt des Überflutungs- oder Grundwassers, die auslesend wirken.
Trockenrasen – abgesehen von den trockenen sauren Sandrasen – sind vielerorts in den mittleren und südlichen Berggebieten nach Beseitigung des ursprünglichen Wal-

des entstanden und enthalten je nach Bodenfeuchte und Salzgehalt des Bodens eine artenreiche Flora, in die zahlreiche wärmeliebende Arten aus südlichen oder trockenheitsertragende Arten aus östlichen Gebieten eingewandert sind.

Acker-Unkrautfluren sind Pflanzengemeinschaften aus meist krautigen Nutzpflanzen und einer großen Zahl anderer krautiger Arten, die als Standortspezialisten durch die kulturtechnischen Maßnahmen des Menschen ausgelesen wurden. Die Artenzusammensetzung ist einerseits von Art und Rhythmus der für die Kultur der Nutzpflanze erforderlichen technischen Maßnahmen, anderseits naturgemäß von allen übrigen Standortfaktoren abhängig. Häufig kommt es auf Äckern ebenso wie in vielen **Schutt-Unkrautfluren** zu einer Anreicherung von Nährstoff-, v. a. Stickstoff-liebenden Arten, die großteils aus trockeneren östlichen oder wärmeren südlichen Gebieten in das westliche oder nördliche Europa vorgedrungen sind. Viele schöne Ackerunkräuter wie Kornrade und Kornblume sind durch den massiven Einsatz von Unkrautbekämpfungsmitteln aus weiten Teilen Europas fast ganz verschwunden.

Azonale Vegetation

Schutt- und Felsstandorte sind besonders interessant, weil sie einerseits weitgehend konkurrenzfreie Wuchsplätze bieten, anderseits besondere morphologische Anpassungen des Wurzelsystems erfordern, da der zu Tal fließende Schutt starke Zugkräfte entwickelt. Hier sei an die bekannte Einteilung von Schröter (1926) in Schuttstauer, Schuttdecker, Schuttstrecker usw. erinnert. Mit den Schuttströmen, die im Kalkgebirge auch im Landschaftsbild auffallen, gelangen zahlreiche alpine Arten bis in die Talregion und ins Alpenvorland, wo sie oft im Uferschutt der Gebirgsflüsse zusagende Lebensbedingungen vorfinden („Dealpine Arten").
Weniger beansprucht werden Pflanzen im Ruhschutt der Grundmoränen zurückweichender Gletscher. Hier kann die Wiederbesiedlung des eisfrei gewordenen Vorfeldes gut verfolgt werden, wobei die Pflanzen verschiedenste Strategien der Eroberung und Behauptung eines Standortes einsetzen. Mit diesen sehr interessanten dynamischen Lebensvorgängen beschäftigt sich die relativ junge Wissenschaft der **Populationsbiologie.**
Felsspalten stellen einen besonders extremen Standortstyp dar, weil die Pflanzen nicht nur die Fähigkeit besitzen müssen, ihre Feinwurzeln in schmalste Risse vorzutreiben und sich mit einem geringem Wasser- und Nährstoffangebot zu begnügen, sondern auch noch extreme Temperaturunterschiede zwischen Tag und Nacht zu ertragen. Günstiger als die Südlage ist die schattige und kühlere, daher ausgeglichenere Nordexposition. Auch dieser Standort war immer weitgehend konkurrenzfrei, so daß die meisten präglazialen Reliktendemiten hier zu finden sind, während die Optimalstandorte nach den Eiszeiten wieder vom Wald besiedelt wurden.
Feuchtbiotope. Nicht nur im Tal, sondern auch in der alpinen Stufe gibt es interessante Feuchtstandorte, die von speziellen Pflanzengesellschaften besiedelt sind:

- Quellfluren mit schwellenden Moospolstern (z. B. *Drepanocladus*), Sternsteinbrech (*Saxifraga stellaris*) und Gewimpertem Steinbrech (*Saxifraga aizoides*), Studentenröschen (*Parnassia*) und Fettkräutern (*Pinguicula*).
- Niedermoore der Alpen werden von Seggen und Binsen dominiert. Sie erhalten von oben ständig Nachschub von frischem Mineralwasser.
- Hochmoore werden von Torfmoosen der Gattung *Sphagnum* gebildet, die durch ständiges Spitzenwachstum kleine Pflanzenhügel („Bülten") bilden. Da ihr Wasserbedarf ausschließlich durch die Niederschläge gedeckt wird, liegt die Hauptverbreitung in (sub)ozeanischen Klimazonen. Ihre Obergrenze fällt ungefähr mit der heutigen Waldgrenze zusammen. In den Europäischen Gebirgen sind sie meist nur kleinflächig ausgebildet und weit weniger häufig als etwa in Großbritannien und Skandinavien.

Verzeichnis von Fachausdrücken

Die unten folgende Zusammenstellung umfaßt eine Auswahl der im deutschen Sprachgebrauch bei der Beschreibung von Pflanzen häufiger gebrauchten Fachausdrücke.

☐ verweist auf die Randabbildungen.

Achsenbecher: becher- oder röhrenförmig erweiterte bzw. verlängerte Blütenachse

Ähre ☐: Blütenstand mit sitzenden Blüten an unverzweigter, nicht verdickter Stengelachse

Ähre

Ährenrispe: ährenähnlicher, verzweigter Blütenstand mit kurzen Rispenästen

Ausläufer ☐: ober- oder unterirdisch kriechender verlängerter Seitensproß

Außenkelch ☐: kelchähnlicher Blattwirtel unmittelbar unter der Blütenhülle

Baum: ausdauerndes Holzgewächs mit Stammbildung

Beere: Schließfrucht mit vollständig fleischiger Fruchtwand

Beerenzapfen: ährenförmiger fleischiger Fruchtstand mit Verwachsung von Achse und Blättern

Ausläufer

Blüte: gestauchter Sproß mit Staubblättern und/oder Fruchtblättern

Blütenachse: im Bereich der Blüte nicht gestreckte Sproßachse

Blütenhüllblätter: Kelchblätter, Kronblätter oder ähnliche, wirtelig angeordnete, die Blüte umhüllende Blätter

Blütenstandsboden: ± verbreiterte Achse eines Blütenstandes mit sitzenden Blüten

Brutzwiebel ☐: zwiebel- oder knollenförmige **(Brutknöllchen)** Knospe, sich später ablösend

Außenkelch

Büschel ☐: Blütenstände unterschiedlicher Verzweigungstypen mit straußartig oder fast kopfig gedrängt stehenden Blüten

Bulbille: siehe Brutzwiebel

Butte: Scheinfrucht aus becherförmigem fleischigem Achsenbecher, trockene Schließfrüchte enthaltend

Brutzwiebel

Deckblatt: Tragblatt einer ausgetriebenen Achselknospe, letztere bisweilen verdeckend

Döldchen: Dolde zweiter Ordnung bei zusammengesetzter Dolde

Dolde: kugeliger oder schirmartiger Blütenstand mit gestielten Blüten, Blütenstiele alle von einem Punkt der Stengelachse entspringend

Doldenrispe: schirmartiger rispiger Blütenstand

Doldentraube: schirmartiger traubiger Blütenstand

Dorn: pfriemförmige, verholzte Umwandlung von Blättern, Sprossen oder Wurzeln

dorsiventral: hier: Blüten mit deutlicher Ober- und Unterseite (z. B. Lippenblüte)

Büschel

Einjährige: Lebensdauer 1 Vegetationsperiode (sommerannuell) oder Keimung im Herbst und Blüte im folgenden Frühjahr (winterannuell)

Fahne: oberes Kronblatt der Schmetterlingsblüte; siehe S. 136

Flügel: seitliche Kronblätter der Schmetterlingsblüte; siehe S. 136

Frucht: nach Bestäubung und Befruchtung vergrößerte Fruchtblätter (bzw. Fruchtknoten) einer Blüte mit reifenden oder reifen Samen

Fruchtblatt: umgewandeltes Blatt der Blüte, in der Regel Samenanlagen mit Eizelle tragend und Narbe oder auch Griffel bildend

Fruchtknoten ☐: unterer, meist knotig verdickter Teil der Fruchtblätter

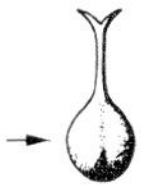

Fruchtknoten

gefiedert □: zusammengesetztes Blatt mit (meist) gegenständigen Blättchen an einer Blattspindel
gefingert □: zusammengesetztes Blatt mit mehreren ungestielten Blättchen, alle an einem Punkt entspringend
geflügelt □: flügelartige Auswüchse oder Blattbildungen an Stengeln, Blüten, Früchten etc.
gegenständig □: zwei einander gegenüberstehende Blätter an einem Stengelknoten
gelappt □: hier: Blattspreite eingeschnitten oder mit buchtigem Umriß
gespalten □: ± spitzwinkeliger Einschnitt z. B. bei Kronblättern

gefiedert (unpaarig)

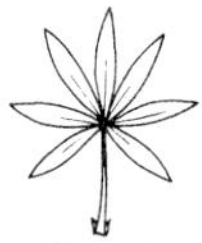
gefingert

geflügelt (Stengel)

geflügelt (Schmetterlingsblüte)

geflügelt (Frucht)

gelappt

Gliederhülse: Schließfrucht, aus einem Fruchtblatt gebildet, hülsenähnlich, quer zerbrechend
Gliederschote: Schließfrucht, aus dem oberen Teil von zwei Fruchtblättern gebildet, schotenähnlich, quer zerbrechend
Griffel □: oberer, verjüngter Teil von Fruchtblättern, Narbe und Fruchtknoten verbindend

gespalten

Halbstrauch: ausdauernde, mindestens in unteren Teilen verholzende Pflanze; Triebspitzen im Herbst oder Winter absterbend
handförmig: ± tiefe Lappung oder tiefe Teilung einer einfachen Blattspreite; alle Blatthauptnerven aus einem Punkt entspringend
Hochblatt: Blatt (oft vereinfacht) zwischen typischen Laubblättern und Blüte
Honigblatt □: verschieden gestaltetes, oft kronblattartiges Blatt mit Nektarien
Hüllblatt: verschieden gestaltetes Tragblatt eines Blütenstandes; Blätter des Hüllkelches
Hüllchenblatt: Hüllblatt eines Döldchens
Hülle: Gesamtheit der Hüllblätter
Hüllkelch: kelchähnliche Hüllblättter eines Blütenstandes
Hülse: Streufrucht aus 1 Fruchtblatt gebildet, sich an 2 Seiten öffnend (Schmetterlingsblütler)

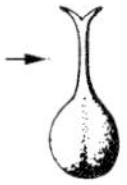
Griffel

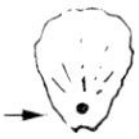
Honigblatt (→ : Nektarien)

immergrün: grüne Laubblätter länger als 2 Jahre an der Pflanze bleibend
Insektivore: tierisches Eiweiß (u. a. von Insekten) verdauende Pflanze

Kätzchen □: ährenähnlicher Blütenstand, später als Ganzes abfallend
Kapsel: Streufrucht aus mehreren Fruchtblättern gebildet
Kelch □: unterer, meist grün gefärbter Blattwirtel einer doppelten Blütenhülle
Kelchblatt: Einzelblatt des Kelches
Kernfrucht: Schließfrucht aus fleischiger Blütenachse gebildet, dünnwandige Fruchtblätter und Samen („Kerne") umschließend
Kiel: siehe Schiffchen (S. 136, 150)

Kätzchen

Kelch

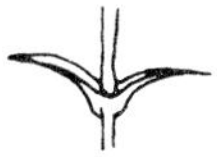

gegenständig Knoten

Klause: einsamige Teilfrucht (Nüßchen) mit verholzter Wand aus zweiblättrigem 4samigem Fruchtknoten entstanden (Lippenblütler)

Knolle: kugel- oder spindelförmig verdickte Sprosse oder Wurzeln; Speicherorgan

Knoten □: Blattansatzstelle des Sprosses, gelegentlich verdickt

Kolben: Blütenstand mit sitzenden Blüten an unverzweigter verdickter Stengelachse

Kronblatt: Einzelblatt der Krone

Krone u. Kelch

Krone □: oberer, meist auffällig gefärbter Blattwirtel einer doppelten Blütenhülle

lanzettlich: lanzenspitzenähnliche Organform (v. a. Blätter), größte Breite unterhalb der Mitte

lineal: ± parallelrandige Organform

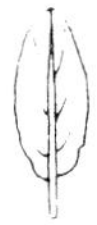

Mittelrippe

Mittelrippe □: stärkster rippenartiger Nerv in der Mitte der Blattspreite

Nagel: siehe Platte

Narbe □: oberster, bisweilen etwas verdickter oder lappig verlängerter Teil von Fruchtblättern, Keimbett für Blütenstaub bildend

Nebenblatt □: Blattbildung am Grunde des Blattstieles

Narben

Nebenkrone: kronblattartige Organe einer Blüte, an Kronblättern oder anderen Teilen der Blüte gebildet

Nektarien: Zuckerlösungen absondernde Drüsen

netznervig □: Blattnerven netzartig verzweigt

Nuß: Schließfrucht mit vollständig holziger Fruchtwand

oberständig: Fruchtknoten frei oberhalb der Wirtel der Blütenhülle stehend

Ochrea: häutiges Hüllblatt; siehe S. 34 Nr. 3

Nebenblätter

Pappus: Federkrone der Korbblütler-Frucht; siehe S. 305

Parasit: hier: Pflanze, die ihre gesamten oder einen Teil (Hemiparasit) ihrer Nährstoffe anderen lebenden Pflanzen entnimmt

Platte: verbreiteter Teil eines Kronblattes (verjüngter Teil an der Basis eines Kronblattes: Nagel)

radiärsymmetrisch: Blüte mit mehr als 2 Symmetrieebenen

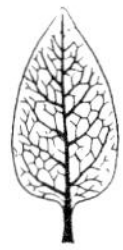

netznervig

Ranke □: faden- oder stielförmige, gelegentlich verzweigte Blatt- oder Sproßdifferenzierung bei bestimmten Kletterpflanzen

Rhizom □: unterirdischer, meist horizontal wachsender Speichersproß

Rispe: mehrfach verzweigter Blütenstand mit meist gestielten Blüten

Saprophyt: Moderpflanze; Pflanze, die ihren Bedarf an organischen Nährstoffen abgestorbenen Pflanzenresten entnimmt

Schaft: blattloser, einen Blütenstand tragender Stengelabschnitt

Scheibenblüten: siehe S. 293

Ranken

Scheindolde: doldenähnlicher Blütenstand (Doldenrispe, Doldentraube)

Schiffchen: untere Kronblätter der Schmetterlingsblüte; siehe S. 122

Schließfrucht: Frucht sich nicht öffnend und Samen entlassend

Schote, Schötchen: siehe S. 77 (v. a. Kreuzblütler)

sommergrün: grüne Laubblätter nur eine Vegetationsperiode an der Pflanze bleibend

Rhizom

Spalierstrauch: Holzpflanze mit dem Boden aufliegenden Stämmen und Ästen

Spatha: scheidenförmiges, bisweilen lebhaft gefärbtes Hochblatt unterhalb eines Blütenstandes

Sproß: pflanzliches Grundorgan mit Stengelknoten und von Blättern umhüllter Knospe

Stachel □: pfriemförmiger, oft verholzter Auswuchs an verschiedenen Organen

Stachel

Staubbeutel □: oberer, beutelförmiger Teil des Staubblattes, Blütenstaub (Pollen) enthaltend

Staubbeutel

Staubblatt: stark umgewandeltes Blatt der Blüte, in der Regel aus Staubfaden und Staubbeutel bestehend
Staude: krautige, ausdauernde, mehrmals blühende Pflanze
Steinfrucht: Schließfrucht, außen mit fleischiger, innen mit holziger Fruchtwand
Streufrucht: Frucht sich öffnend und Samen entlassend
Strahlenblüten: siehe S. 288 (Korbblütler)
Strauch: ausdauerndes Holzgewächs mit Verzweigung unmittelbar über der Bodenoberfläche; ohne Stammbildung
submers: untergetaucht

Tragblatt □: Blatt mit einer meist ausgetriebenen Achselknospe

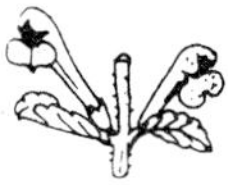

Tragblätter

Traube □: Blütenstand mit gestielten Blüten an unverzweigter Stengelachse

Traube

unterständig: Fruchtknoten in die Blütenachse eingesenkt, mit ihr verwachsen, unterhalb der Wirtel der Blütenhülle

Valve: Fruchtklappe
Vorblatt: unterste, meist schuppenförmige, vereinfachte Blätter an einem Seitenorgan des Sprosses

wechselständig □: an jedem Stengelknoten nur ein Blatt stehend

wechselständig

wintergrün: grüne Laubblätter über Winter an der Pflanze bleibend
Wirtel □: mehr als 2 Blätter an einem Stengelknoten einander gegenüberstehend

Wirtel

Wurzel: pflanzliches Grundorgan ohne Blätter und Knoten, wachsende Spitze nicht von Blättern umhüllt
Wurzelsproß: aus einer Wurzel entstandener Sproß

Zapfen: ährenförmiger Blüten- oder Fruchtstand, Achse und Tragblätter später verholzend (v. a. Nadelhölzer)
zurückgeschlagen □: Seitenorgane eines Stengels (z. B. Kelchblätter) durch Zurückkrümmen oder Herabschlagen dem Stengel genähert oder anliegend

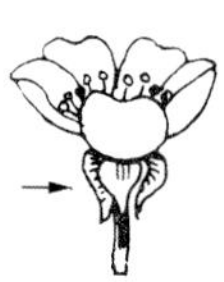

zurückgeschlagen

Zweijährige: krautige, einmal blühende Pflanze; im 1. Jahr im Frühjahr oder Frühsommer keimend, im 2. Jahr blühend, fruchtend und absterbend
Zwiebel: Speicherorgan aus verdickter Sproßachse und schuppenförmigen verdickten Blättern
zygomorph: Blüte mit 1 Symmetrieebene, z. B. Lippen- und Rachenblütler, Orchideen

Weiterführende Literatur

(Auswahl)

Länderfloren (meist mit Bestimmungsschlüsseln, oft ohne Abbildungen)

Adler, W., Oswald, K. und *R. Fischer* (1994): Exkursionsflora von Österreich. – Stuttgart.

Clapham, A. R., Tutin, T. G. und *E. F. Warburg* (1952): Flora of the British Isles. – Cambridge. 5 Bde.

Fiori, A. (1969): Nuova Flora analitica d'Italia. – Firenze 1923–25. – Reprint, Bologna.

Fournier, P. (1977): Les quatres flores de la France. – Paris.

Hess, E. und *E. Landolt* (1972): Flora der Schweiz. 3 Bde. – Basel.

Lid, J. (1985): Norsk og Svensk Flora. – Oslo.

Kohlhaupt, P. und *H. Reisigl* (1974): Blumenwelt der Dolomiten. – Bozen.

Oberdorfer, E. (1979): Pflanzensoziologische Exkursionsflora für Süddeutschland und die benachbarten Gebiete. – Stuttgart. – Auch als T (1994).

Pignatti, S. (1982): Flora d'Italia. 3 Bde. – Bologna.

Rothmaler, W. (1994): Exkursionsflora von Deutschland. 4 Bde. – Stuttgart.

Stace, C. (1991): New Flora of the British Isles. – Cambridge.

Schmeil, O. und *J. Fitschen* (2000): Flora von Deutschland und seinen angrenzenden Gebieten. – (Quelle & Meyer).

Tutin, T. G. und Mitarbeiter (1964–1979): Flora europaea. 5 Bde. – Cambridge.

Bilderfloren (meist ohne Schlüssel, aber mit Farbfotos; viele Taschenbücher – T)

Anchisi, E., Bernini, A., Cartasegna, N. und *F. Polani* (1995): Escursioni floristiche sulle Alpi. – Gruppo floristico Oltrepò pavese.

Aichele, D., Aichele, R., Schwegler, H. W. und *A. Schwegler* (1977): Blumen der Alpen und der nordischen Länder. – Kosmos Naturführer. – Stuttgart (T).

Blamey, M. und *Ch. Grey-Wilson* (1989): The illustrated Flora of Britain and Northern Europe.

Finkenzeller, X. und *J. Grau* (1984): Alpenblumen. – Farbige Naturführer. – München (T).

Fitter, R., Fitter, A. und *M. Blamey* (2000): Pareys Blumenbuch. Wildblühende Pflanzen Deutschlands und Nordwesteuropas. – Berlin.

Garcke, A. (1972): Illustrierte Flora. Deutschland und angrenzende Gebiete. – Hamburg.

Hegi, G., Merxmüller, H. und *H. Reisigl* (1965): Alpenflora. – Hamburg (T).

Körner, CH. (1999): Alpine plant life. Berlin.

Landolt, E. (1992): Unsere Alpenflora. – Stuttgart (T).

Langer, W. und *H. Sauerbier* (1997): Endemische Pflanzen der Alpen und angrenzender Gebiete. – Eching.

Lauber, K. und *G. Wagner* (1996): Flora Helvetica – 3750 Farbfotos. – Bern.

Lippert, W. (1981). Fotoatlas der Alpenblumen. – (Gräfe & Unzer).

Mertz, P. (2000): Pflanzengesellschaften Mitteleuropas und der Alpen. – (Ecomed).

Mossberg, B., Stenberg, L. und *S. Ericson* (1992): Den Nordiska Floran. – Wahlström und Widstrand.

Pitschmann, H., Reisigl, H. und *H. Schiechtl* (1965): Bilderflora der Südalpen. – Stuttgart.

Polunin, O. und *B. E. Smythies* (1988): Flowers of South-west Europe. – Oxford (T).

Reisigl, H. (1987): Blumenwelt der Alpen. – Innsbruck.

Reisigl, H. (1980): Alpenblumen. – Innsbruck.

Wendelberger, E. (1984): Alpenpflanzen. Blumen, Gräser, Zwergsträucher. – München.

Vegetationsökologie

Horvat, J., Glavac, V. und *H. Ellenberg* (1974): Vegetation Südosteuropas. – Stuttgart.

Ellenberg H. (1996): Vegetation Mitteleuropas mit den Alpen. – Stuttgart.

Franz, H. (1979): Ökologie der Hochgebirge. – Stuttgart.

Mucina, L., Grabherr, G. und *T. Ellmauer* (1993): Die Pflanzengesellschaften Österreichs. – Stuttgart.
Ortner, P. und *Ch. Mayr* (1981): Naturführer Südalpen. – Bozen.
Ozenda, P. (1988): Die Vegetation der Alpen im europäischen Gebirgsraum. – Stuttgart.
Pott, R. (1992): Die Pflanzengesellschaften Deutschlands. – Stuttgart.
Peinacho Lorca, M. und *S. Rivas Martinez* (1987): La Vegetation de Espana. – Universidad de Alcalá de Henares.
Reisigl, H. und *R. Keller* (1987): Alpenpflanzen im Lebensraum. – Stuttgart.
Reisigl, H. und *R. Keller* (1999): Lebensraum Bergwald. – Stuttgart.
Schröter, C. (1926): Das Pflanzenleben der Alpen. – Zürich.

Register der lateinischen Artnamen

Normalschrift: derzeit gültige wissenschaftliche Namen (nach Flora Europaea).
Kursivschrift: gebräuchliche Synonyme.

Register deutscher Pflanzennamen